EUROPA-FACHBUCHREIHE
für wirtschaftliche Bildung

# Betriebswirtschaftslehre der Unternehmung

17. Auflage

Verfasst von Lehrern der wirtschaftswissenschaftlichen Fachrichtung

**Lektorat:** Gerd Kümmel, Bad Saulgau

VERLAG EUROPA-LEHRMITTEL · Nourney, Vollmer GmbH & Co.
Düsselberger Straße 23 · 42781 Haan-Gruiten

**Europa-Nr.: 92079**
**Europa-Nr.: 92206 (mit CD)**

**Mitarbeiter des Arbeitskreises**

| | | |
|---|---|---|
| Kugler, Gernot | Dr. oec. publ., Dipl.-Kfm. Oberstudiendirektor | Stuttgart |
| Kurtenbach, Stefan | Dipl.-Hdl., Studienrat | Bad Saulgau |
| Müller, Jürgen | Dipl.-Volksw., Studienrat | Freiburg |
| Ohlhauser, Thomas | Dipl.-Hdl., Studienrat | Tübingen |
| Richtsteiger, Klaus-Jürgen | Dipl.-Hdl., Oberstudienrat | Freiburg |
| Rosum, Kai | Dipl.-Hdl., Studienrat | Stuttgart |
| Rupp, Martin | Dipl.-Betriebsw., Oberstudienrat | Reutlingen |
| Ziegler, Dietmar | Dipl.-Hdl., Oberstudienrat | Heidelberg |

**Mitarbeiter früherer Auflagen**

| | | |
|---|---|---|
| Böhmer, Ernst | Dipl.-Kfm., Studiendirektor | Bietigheim |
| Kuhn, Harald | Dipl.-Hdl., Studiendirektor | Mannheim |
| Kümmel, Gerd | Dipl.-Hdl., Oberstudiendirektor | Bad Saulgau |
| Uhl, Siegfried | Dipl-Hdl., Studiendirektor | Ulm (Donau) |
| Weinreuter, Peter | Dipl.-Hdl., Oberstudiendirektor | Freiburg |

**Leitung des Arbeitskreises und Lektorat**

Gerd Kümmel, Hübschleweg 19, 88348 Bad Saulgau

**Bildbearbeitung**

Verlag Europa-Lehrmittel, 42781 Haan-Gruiten

17. Auflage 2000

Druck 5 4 3 2 1

Alle Drucke derselben Auflage sind parallel einsetzbar, da sie bis auf die Behebung von Druckfehlern untereinander unverändert sind.

ISBN 3-8085-9217-6
ISBN 3-8085-9222-2 (mit CD)



Satz: PrintOut Druckgestaltungs-GmbH, Castrop-Rauxel
Druck: Druckhaus Arns, 42853 Remscheid

## Vorwort zur 1. Auflage

Dieses Buch eignet sich insbesondere für den einführenden und fortgeschrittenen Unterricht in der Sekundarstufe II an Wirtschaftsgymnasien und Wirtschaftsoberschulen, an Fachgymnasien und Fachoberschulen, an Berufskollegs, Berufsaufbauschulen und Fachschulen für Betriebswirtschaft, als propädeutisches Lehrwerk im tertiären Bildungsbereich an Akademien, beim berufspädagogischen und wirtschaftswissenschaftlichen Studium und für Lehrgänge von Betrieben und Verbänden.

Die Benutzer des Buches sollen eine klar umrissene Vorstellung gewinnen von

- den Erscheinungen des Wirtschaftslebens, wie sie sich aus der Sicht der **Betriebswirtschaft einer Unternehmung** darstellen;
- den allen Betriebswirtschaften gemeinsamen **Funktionen:** Beschaffung, Leistungserstellung, Absatz, Finanzierung, Rechnungsführung und Rechnungslegung und der Steuerleistung an die Gesellschaft;
- den für die Betriebswirtschaft wichtigen **Rechtsformen** von Unternehmungen und deren **Rechtsbeziehungen** untereinander sowie zu ihrer Umwelt.

Bei der Gestaltung des Stoffes wurde darauf geachtet, die elementaren Erscheinungen und Prozesse so darzustellen, dass sie Ausgangspunkt für die Lösung betriebswirtschaftlicher und auch volkswirtschaftlicher Probleme sein können.

Bei den vielseitigen Beziehungen der Stoffgebiete untereinander war es nicht zu vermeiden, Sachverhalte nachstehender Abschnitte teilweise vorwegzunehmen und Hinweise auf später folgende Abschnitte zu geben.

Zahlreiche farbige Skizzen, grafische Darstellungen und Tabellen sollen den Lernenden auch schwierige Zusammenhänge in anschaulicher Weise klar machen und die Übersicht über den Stoff erleichtern. Ein umfassendes Stichwörterverzeichnis macht das Lehrbuch auch als Nachschlagewerk verwendbar.

Das Verfasserteam setzt sich aus Lehrkräften zusammen, die über Unterrichtserfahrung an Wirtschaftsgymnasien und Wirtschaftsschulen verfügen und zum Teil auch Lehraufträge an Akademien und Hochschulen sowie an Lehrgängen für Erwachsenenbildung versehen.

Trotz aller Erfahrung und Bemühung werden dem Lehrbuch Unvollkommenheiten anhaften. Die Verfasser sind deshalb dankbar für jede Stellungnahme und Anregung, die einer Verbesserung dienen.

Stuttgart, im November 1970 **Die Verfasser**

## Vorwort zur 17. Auflage

Die vorliegende 17. Auflage berücksichtigt Wünsche und Anregungen, die an den Arbeitskreis herangetragen wurden, sowie Änderungen wirtschaftlicher Daten und gesetzlicher Rahmenbedingungen bis Herbst 2000.

Die in mehreren Kapiteln und zahlreichen Beispielen enthaltenen Beträge wurden, soweit wie möglich, bereits auf EURO umgestellt.

Das Buch wurde auf der Grundlage der neuen amtlichen Rechtschreibregeln erstellt.

Die „Aufgaben und Lösungen zur Betriebswirtschaftslehre der Unternehmung" sind unter der Europa-Nr. 94713 erschienen. Das Buch enthält die Lösungen und Antworten zu den Aufgaben und Fragen am Schluss der einzelnen Kapitel des Lehrbuches. Das Lehrbuch ist auch mit eingelegter CD-ROM mit den verwendeten Gesetzestexten erhältlich.

Im Herbst 2000 **Die Verfasser**

# Inhaltsverzeichnis

# Abkürzungen

| | |
|---|---|
| **A**fA | **A**bsetzung für Abnutzung |
| AGB-G | Gesetz zur Regelung des Rechts der Allgemeinen Geschäftsbedingungen (AGB-Gesetz) |
| AHK | Anschaffungs- oder Herstellungskosten |
| AktG | Aktiengesetz |
| AO | Abgabenordnung |
| ArbGG | Arbeitsgerichtsgesetz |
| ArbPlSchG | Gesetz über den Schutz des Arbeitsplatzes bei Einberufung zum Wehrdienst (Arbeitsplatzschutzgesetz) |
| ArbSchG | Gesetz über die Durchführung von Maßnahmen des Arbeitsschutzes zur Verbesserung der Sicherheit und des Gesundheitsschutzes der Beschäftigten bei der Arbeit (Arbeitsschutzgesetz) |
| ArbZG | Arbeitszeitgesetz |
| **B**BankG | Gesetz über die Deutsche **B**undesbank (Bundesbankgesetz) |
| BBergG | Bundesberggesetz |
| BBiG | Berufsbildungsgesetz |
| BErzGG | Gesetz über die Gewährung von Erziehungsgeld und Erziehungsurlaub – Bundeserziehungsgeldgesetz – |
| BeschSchG | Gesetz zum Schutz der Beschäftigten vor sexueller Belästigung am Arbeitsplatz (Beschäftigungsschutzgesetz) |
| BetrVG | Betriebsverfassungsgesetz |
| BewG | Bewertungsgesetz |
| BGB | Bürgerliches Gesetzbuch |
| BImSchG | Gesetz zum Schutz vor schädlichen Umwelteinwirkungen durch Luftverunreinigung, Geräusche, Erschütterungen und ähnliche Vorgänge (Bundes-Immissionsschutzgesetz) |
| BKGG | Bundeskindergeldgesetz |
| BUrlG | Mindesturlaubsgesetz für Arbeitnehmer (Bundesurlaubsgesetz) |
| **E**igZulG | **E**igenheimzulagengesetz |
| EinzelhG | Gesetz über die Berufsausübung im Einzelhandel |
| EntgeltFZG | Gesetz über die Zahlung des Arbeitsentgelts an Feiertagen und im Krankheitsfall (Entgeltfortzahlungsgesetz) |
| EStDV | Einkommensteuer-Durchführungsverordnung |
| EStG | Einkommensteuergesetz |
| EStR | Einkommensteuer-Richtlinien |
| **G**BO | **G**rundbuchordnung |
| GebrMG | Gebrauchsmustergesetz |
| GenG | Gesetz betreffend die Erwerbs- und Wirtschaftsgenossenschaften (Genossenschaftsgesetz) |
| GeschmMG | Gesetz betreffend das Urheberrecht an Mustern und Modellen (Geschmacksmustergesetz) |
| GewO | Gewerbeordnung |
| GewStG | Gewerbesteuergesetz |
| GG | Grundgesetz für die Bundesrepublik Deutschland |
| GmbHG | Gesetz betreffend die Gesellschaften mit beschränkter Haftung |
| GOB | Grundsätze ordnungsmäßiger Buchführung |
| GOS | Grundsätze ordnungsmäßiger Speicherbuchführung |
| GRK | Gemeinschaftsrichtlinien für die Kostenrechnung |
| GVG | Gerichtsverfassungsgesetz |
| GWB | Gesetz gegen Wettbewerbsbeschränkungen |

| | |
|---|---|
| **H**GB | **H**andelsgesetzbuch |
| HK | Handwerkskammer |
| HypBankG | Hypothekenbankgesetz |
| **I**HK | **I**ndustrie- und Handelskammer |
| InsO | Insolvenzordnung |
| ISO | International Organisation for Standardisation |
| **J**ArbSchG | Gesetz zum Schutze der arbeitenden **J**ugend (Jugendarbeitsschutzgesetz) |
| **K**AGG | Gesetz über **K**apitalanlagegesellschaften |
| KSchG | Kündigungsschutzgesetz |
| KStG | Körperschaftsteuergesetz |
| **L**MBG | Gesetz über den Verkehr mit **L**ebensmitteln, Tabakerzeugnissen, kosmetischen Mitteln und sonstigen Bedarfsgegenständen (Lebensmittel- und Bedarfsgegenständegesetz) |
| LStDV | Lohnsteuer-Durchführungsverordnung |
| **M**arkenG | Gesetz über den Schutz von **M**arken und sonstigen Kennzeichen (Markengesetz) |
| MG | Gesetz über die Mitbestimmung der Arbeitnehmer in den Aufsichtsräten und Vorständen der Unternehmen des Bergbaus und der Eisen und Stahl erzeugenden Industrie – Montan-Mitbestimmungsgesetz – |
| MitbestG | Gesetz über die Mitbestimmung der Arbeitnehmer (Mitbestimmungsgesetz) |
| MuSchG | Gesetz zum Schutze der erwerbstätigen Mutter (Mutterschutzgesetz) |
| **N**achwG | Gesetz über den **N**achweis der für ein Arbeitsverhältnis geltenden wesentlichen Bedingungen (Nachweisgesetz) |
| **P**AngV | **P**reisangabenverordnung |
| PatG | Patentgesetz |
| PostG | Gesetz über das Postwesen |
| ProdHaftG | Gesetz über die Haftung für fehlerhafte Produkte (Produkthaftungsgesetz) |
| PublG | Gesetz über die Rechnungslegung von bestimmten Unternehmen und Konzernen (Publizitätsgesetz) |
| **R**EFA | **R**EFA-Verband für Arbeitsgestaltung, Betriebsorganisation und Unternehmensentwicklung e.V. |
| RKW | Rationalisierungskuratorium der deutschen Wirtschaft |
| ROG | Raumordnungsgesetz |
| **S**checkG | **S**checkgesetz |
| SchwbG | Gesetz zur Sicherung der Eingliederung Schwerbehinderter in Arbeit, Beruf und Gesellschaft (Schwerbehindertengesetz) |
| SGB | Sozialgesetzbuch |
| StGB | Strafgesetzbuch |
| **T**VG | **T**arifvertragsgesetz |
| **U**mweltHG | **U**mwelthaftungsgesetz |
| UStG | Umsatzsteuergesetz |
| UWG | Gesetz gegen den unlauteren Wettbewerb |
| **V**erpackV | Verordnung über die Vermeidung und Verwertung von **V**erpackungsabfällen (Verpackungsverordnung) |
| **W**G | **W**echselgesetz |
| **Z**PO | **Z**ivilprozessordnung |

# 1 Grundlagen der Wirtschaft

Der Mensch braucht Güter, um existieren und ein menschenwürdiges Dasein führen zu können. Mit der Produktion und Bereitstellung von Gütern **dient die Wirtschaft** also **dem Menschen.**

## 1.1 Bedarfsdeckung als Aufgabe der Wirtschaft

Ursache allen Wirtschaftens sind die *Wünsche* der Menschen *nach Gütern,* ihre **Bedürfnisse.**

### 1.1.1 Bedürfnisse und Bedarf

„Ein jeder Wunsch, wenn er erfüllt, kriegt augenblicklich Junge" (Wilhelm Busch).

**Der Mensch hat Bedürfnisse. Sie sind unbegrenzt, unterschiedlich, wandelbar, von verschiedenen Bedingungen abhängig und im Einzelnen mehr oder minder dringlich.**

a) **Primärbedürfnisse** *(Grund- oder Existenzbedürfnisse)* sind Bedürfnisse, deren Befriedigung *zur Erhaltung des Lebens,* des Existenzminimums, *notwendig* ist.

   **Beispiele:** Bedürfnisse nach ausreichender Nahrung, Kleidung, Wohnung und Grundbildung; Bedürfnisse nach gesunder Umwelt, insbesondere nach reiner Luft und sauberem Trinkwasser.

b) **Sekundärbedürfnisse** *(Kultur- und Luxusbedürfnisse)* sind Bedürfnisse, deren Befriedigung *den Lebensstandard* über das Existenzminimum *erhöht* und *das Lebensgefühl steigert.*

   **Beispiele:** Bedürfnisse nach verfeinerter Kost, anspruchsvoller Kleidung, gehobener Bildung, sozialer Geltung, Kunstgenuss und vielfältigen Möglichkeiten der Urlaubs- und Freizeitgestaltung.

Die Bedürfnisse treiben den Menschen an, zu ihrer Befriedigung tätig zu werden. In welchem Maße die Menschen ihre Bedürfnisse befriedigen können, hängt ab von ihrer Leistungsfähigkeit, ihrer Leistungsbereitschaft und den verfügbaren Mitteln (Einkommen und Vermögen).

**Bedarf** im wirtschaftlichen Sinne ist nur der Teil der Bedürfnisse, den der Mensch **mit den ihm zur Verfügung stehenden Mitteln** befriedigen will und kann.

Da nur der am Markt wirksam werdende Teil der Bedürfnisse zu Umsätzen führt, versuchen Industrie und Handel, den Bedarf insgesamt und in seiner Zusammensetzung zu beeinflussen. Dies gelingt umso mehr, als durch günstige Preise die Kaufkraft der Verbraucher erhöht wird.

**Zur Wiederholung und Vertiefung**

1. a) Belegen Sie den oben zitierten Satz von Wilhelm Busch mit Beispielen aus Ihrem persönlichen Leben.
   b) Auf welche Eigenschaften der menschlichen Bedürfnisse können Sie daraus schließen?
   c) Nennen Sie Beispiele dafür, dass Bedürfnisse
      – individuell verschieden, – wandelbar, – von verschiedenen Bedingungen abhängig sind.
   d) Wie muss die Wirtschaft eines Landes beschaffen sein, damit sie den Eigenschaften der Bedürfnisse bei der Güterversorgung möglichst gerecht wird?
2. Versuchen Sie, die Bedürfnisse nach folgenden Gütern entsprechend ihrer Dringlichkeit als Existenz-, Kultur- oder Luxusbedürfnisse einzuordnen:
   a) Auto eines Schülers,
   b) Auto eines Handelsvertreters,
   c) Zigaretten,
   d) Schönheitsoperation,
   e) Theaterbesuch.
   Begründen Sie Ihre Entscheidungen.

3. Nennen Sie Beispiele für Existenzbedürfnisse, für Kultur- und Luxusbedürfnisse
   a) eines Deutschen und eines Inders,
   b) eines deutschen Arbeiters vor 50 Jahren und heute.
   Warum ergeben sich dabei wesentliche Unterschiede?
4. a) Welche Kulturbedürfnisse sind für Sie von Bedeutung?
   b) Worauf könnten Sie in einer wirtschaftlichen Notsituation verzichten?
5. Mit welchen Mitteln versuchen Industrie und Handel, Bedürfnisse in Bedarf umzuwandeln?

## 1.1.2 Wirtschaftsgüter

Die **Mittel,** die **zur Befriedigung der menschlichen Bedürfnisse** dienen können, nennt man **Güter.**

Einen Überblick über die Güter, unter denen man nicht nur materielle, sondern auch immaterielle Güter (Rechte) und Dienstleistungen versteht, gibt Bild 1.

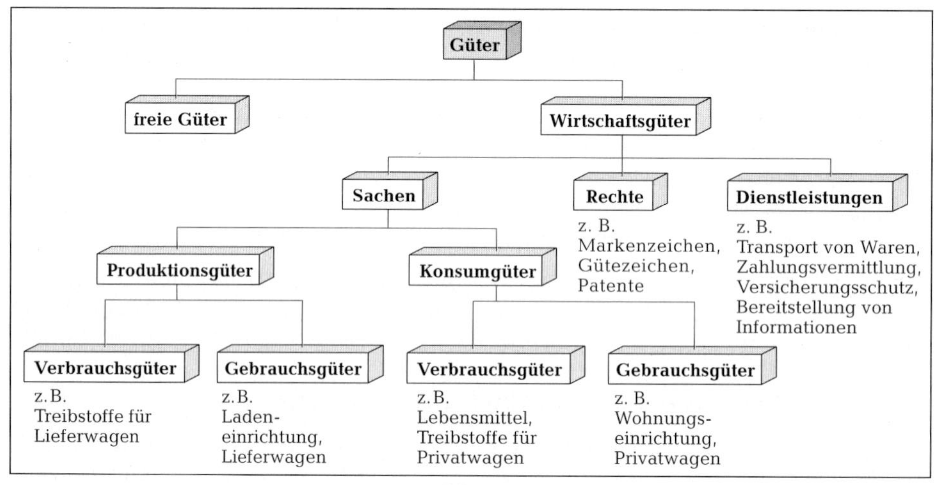


Bild 1

Die Bedürfnisse der Menschen sind unbegrenzt, nicht aber die zu ihrer Befriedigung benötigten Güter. Nur wenige Güter sind so reichlich vorhanden, dass der Mensch seine Bedürfnisse nach ihnen ohne Mühe und Aufwand befriedigen kann. Man nennt sie **freie Güter.**

**Beispiele für freie Güter:** Luft, Sonnenlicht, Regenwasser.

Aber auch die freien Güter können sehr leicht zu knappen Gütern werden, wenn der Mensch nicht sorgfältig mit ihnen umgeht.

**Beispiel:** Das Wasser des Rheins steht vielen Gemeinden als Uferfiltrat zur unbegrenzten Verwendung zur Verfügung. Bei Einleitung von Schadstoffen, die durch die natürliche Filterung des Bodens nicht beseitigt werden, ist das dann nicht mehr möglich.

Die meisten Güter sind **knappe Güter.** Die Gründe dafür sind:

- Die meisten Stoffe und Kräfte kommen in der Natur nur in beschränkter Menge vor, sodass sich bei wachsendem Bedarf die Grenzen des Wirtschaftswachstums immer deutlicher abzeichnen.
- Der Mensch muss die benötigten Stoffe und Kräfte der Natur erst mühevoll abringen, und zwar unter Einsatz seiner ebenfalls begrenzten Arbeitskraft und begrenzter technischer Mittel, die zuvor produziert werden müssen.

- Die meisten Güter sind in den verschiedenen Wirtschaftsräumen in ungleicher Menge vorhanden. Politische Grenzen, die oft auch wirtschaftliche Grenzen sind, können gebietsweise die Knappheit verschärfen.

Die Knappheit der meisten Güter zwingt den Menschen zu **wirtschaften,** d.h. geistige und körperliche Kraft aufzubringen, um die *Knappheit* weit gehend *zu überwinden.* Dabei sind die hervorgebrachten Güter sparsam zu verwenden und, soweit möglich, nach ihrer Nutzung wiederum *in die Güterproduktion zurückzuführen* **(Recycling).** Nur so kann nachhaltig und dauerhaft der Unbegrenztheit der menschlichen Bedürfnisse eine möglichst große Gütermenge gegenübergestellt werden.

**Beispiel:** Gebrauchte Flaschen werden gesammelt, eingeschmolzen und wiederum zur Glasherstellung verwendet.

Nur **die knappen Güter** sind Gegenstand des Wirtschaftens. Man nennt sie deshalb **Wirtschaftsgüter.**

**Produktionsgüter** werden *zur Herstellung eines neuen Gutes* benötigt, während **Konsumgüter** unmittelbar *der Befriedigung von Bedürfnissen* dienen. *Nur einmal verwendbare Güter* werden **Verbrauchsgüter,** *mehrmals zu benutzende Güter* **Gebrauchsgüter** genannt.

**Zur Wiederholung und Vertiefung**

1. Sonnenlicht und Atemluft sind als Beispiele für freie Güter genannt. Prüfen Sie, unter welchen Umständen diese Beispiele nicht zutreffen.
2. Elektrischer Strom ist ein knappes Gut. Wie könnte man die Knappheit mildern?
3. Stellen Sie fest, wie lange die Rohstoffbestände der Erde voraussichtlich reichen werden.
4. Welche Wirtschaftsgüter eignen sich für ein Recycling?
5. Welche Dienstleistungsgüter nehmen Sie täglich in Anspruch?
6. Suchen Sie nach Beispielen dafür, dass dasselbe Gut sowohl als Konsumgut als auch als Produktionsgut verwendet werden kann.
7. Prüfen Sie, ob ein Küchenherd ein Konsumgut oder ein Produktionsgut ist.
8. Erläutern und unterscheiden Sie die Begriffe „Konsumgut" und „Verbrauchsgut".

### 1.1.3 Wirtschaftliches (ökonomisches) Prinzip

Um ein möglichst hohes Maß an Bedürfnisbefriedigung zu erreichen, bemühen sich die Menschen, die knappen Wirtschaftsgüter sparsam und vernünftig einzusetzen. Sie handeln damit nach dem **Vernunft-** oder **Rationalprinzip.**

Für das wirtschaftliche Handeln lassen sich daraus folgende **Grundsätze (Prinzipien)** ableiten:

**a) Das Maximalprinzip.** Es verlangt, dass mit gegebenen Mitteln eine *möglichst hohe* Leistung erzielt wird.

**Beispiel:** Die Werbeabteilung einer Möbelfabrik kann über 100.000 EUR verfügen. Sie soll damit einen möglichst hohen Umsatz vorbereiten.

**b) Das Minimalprinzip (Sparprinzip).** Es verlangt, dass eine vorbestimmte Leistung mit *möglichst geringen* Mitteln erzielt wird.

**Beispiel:** Eine Möbelfabrik beabsichtigt, in einer Sonderaktion 50 Küchen zu verkaufen. Der dafür erforderliche Werbeaufwand soll möglichst niedrig sein.

Ungeachtet des Unterschieds verwendet man für beide Grundsätze den Ausdruck

**„wirtschaftliches oder ökonomisches Prinzip".**

Das Handeln nach dem ökonomischen Prinzip ist **Leitsatz für alle Wirtschaftseinheiten,** also *für Unternehmen* und *Haushalte.*

**Zur Wiederholung und Vertiefung**

1. Welche der folgenden wirtschaftlichen Vorgänge zwingen zum Handeln
   a) nach dem Maximalprinzip,
   b) nach dem Minimalprinzip?
   - Sie wollen Ihren Urlaub in Spanien verbringen; dafür stehen Ihnen 1.500 EUR zur Verfügung.
   - Für den Bau eines Einfamilienhauses stehen 150.000 EUR Eigenkapital und 240.000 EUR Fremdkapital zur Verfügung.
   - Ein Wohnhaus ist zum Verkauf ausgeschrieben. Als „Verhandlungsbasis" ist ein Preis von 380.000 EUR genannt.
2. Warum sollte in der Wirtschaft in der Regel das ökonomische Prinzip angewandt werden?
3. Welche Abweichungen vom ökonomischen Prinzip könnte es in einem Betrieb geben?

### 1.1.4 Methoden der Bedarfsdeckung

Je nachem, ob der Bedarf *durch den einzelnen Menschen* oder *durch die Gemeinschaft* gedeckt wird, unterscheidet man:

**a) Individuelle Bedarfsdeckung.** Dabei trifft *der einzelne Konsument* im Rahmen der verfügbaren Kaufkraft die Entscheidung, welche Güter aus dem Sozialprodukt er erwerben möchte (Freiheit der Konsumwahl). Er bezahlt sie *unmittelbar* mit seinem Geld.

**Beispiel:** Jemand kauft einen Mantel, ein Paar Schuhe, ein Auto. Er wählt selbst, kauft und bezahlt.

**b) Kollektive Bedarfsdeckung.** Dabei wird der Bedarf einer größeren Gruppe von Menschen durch deren Körperschaft (Staat, Gemeinde, Verein) gedeckt. Die Konsumentscheidungen treffen *die zuständigen Organe dieser Körperschaft* nach deren Haushaltsplan. Der Erwerb der Güter wird *mittelbar* durch Beiträge der Mitglieder (Steuern, Abgaben, Umlagen, Vereinsbeiträge) finanziert.

**Beispiel:** Der Bedarf an Verkehrswegen, Schulen, Krankenhäusern, Sportplätzen, Umweltschutzanlagen wird meist kollektiv gedeckt.

Die **individuelle** Methode ist die typische Form der Bedarfsdeckung in einer **marktwirtschaftlichen** Ordnung. Sie gewährt dem Einzelnen ein Höchstmaß an persönlicher Entscheidungsfreiheit beim Konsum und insgesamt ein Höchstmaß allgemeiner Güterversorgung. Je stärker jedoch die Bevölkerung wächst und je dichter die Besiedelung politisch begrenzter Gebiete wird, desto wirtschaftlicher ist in manchen Fällen der Übergang von der individuellen zur kollektiven Bedarfsdeckung. Diese ermöglicht außerdem einer größeren Zahl von Menschen, Bedürfnisse zu befriedigen, die sie als Einzelne nicht befriedigen könnten, weil ihnen die Mittel und Möglichkeiten dazu fehlen.

**Beispiel:** Die Abfallbeseitigung war früher den einzelnen Haushaltungen überlassen. Sie wird heute durch die gemeindliche Müllbeseitigung (Müllabfuhr, Mülldeponien, Müllverbrennungsanlagen) besorgt.

Die **kollektive** Methode ist die typische Form der Bedarfsdeckung in einer **zentralverwaltungswirtschaftlichen** Ordnung. Dabei hat der Einzelne keinen unmittelbaren Einfluss auf Art und Menge der Güter, die zum Zwecke der kollektiven Bedarfsdeckung produziert werden. Je mehr Bedarf kollektiv gedeckt wird, über desto größere Anteile des Einkommens, die in der Form von Steuern oder anderen Beiträgen an die Körperschaften abzuführen sind, entscheiden Dritte anstelle des Einzelnen; Planungsirrtümer und Fehlentscheidungen gehen zu Lasten der Allgemeinheit. Auch wächst mit der Zunahme der Finanzmasse die Macht der zentralen Entscheidungsträger und damit die Gefahr des Machtmissbrauchs.

Die kollektive Bedarfsdeckung geschieht überwiegend durch die öffentliche Hand (Bund, Länder, Gemeinden). Ihr Verbrauch und ihre Investitionen ermöglichen daher einen Überblick darüber, welcher Anteil des Volkseinkommens der kollektiven Bedarfsdeckung dient (Bild 2).

| Jahr | Volkseinkommen | Verbrauch und Investitionen der öffentlichen Hand | |
|---|---|---|---|
| | Mrd. DM | Mrd. DM | in % des Volkseinkommens |
| **Früheres Bundesgebiet** | | | |
| 1960 | 240,1 | 50,2 | 20,9 |
| 1970 | 530,4 | 137,6 | 25,9 |
| 1980 | 1.139,6 | 350,9 | 30,8 |
| 1990 | 1.892,2 | 499,6 | 26,4 |
| **Deutschland** | | | |
| 1995 | 2.657,3 | 769,1 | 28,9 |
| 1996 | 2.701,6 | 781,9 | 28,9 |
| 1997 | 2.751,5 | 772,9 | 28,1 |
| 1998 | 2.823,2 | 777,8 | 27,6 |
| Quelle: Monatsberichte der Deutschen Bundesbank | | | |

Bild 2

### Zur Wiederholung und Vertiefung

1. Suchen Sie Beispiele für Bedarf, den Sie individuell nicht decken können.
2. a) Nennen Sie Güter Ihres Bedarfs, die Ihnen vom Bund, vom Land, von der Gemeinde zur Verfügung gestellt werden.
   b) Wie werden diese Güter „bezahlt"?
3. Der Angestellte X wohnt am Rande eines Ballungsgebietes und arbeitet bei einer in der Stadtmitte gelegenen Bank (Entfernung 20 km). Es besteht eine gute Busverbindung. Preis der Wochenkarte 20 EUR. Trotzdem fährt er allein im eigenen Auto. Selbstkosten nach Abzug des Steuervorteils je km 0,35 EUR.
   a) In welcher Weise deckt X seinen Fahrbedarf?
   b) Erwägen Sie die Vor- und Nachteile seines Verhaltens für ihn und für die Gesellschaft.
4. a) Beschreiben Sie die für die Marktwirtschaft typische Form der Bedarfsdeckung.
   b) Nennen Sie die Vorteile dieser Form der Bedarfsdeckung.
   c) Auf welche Ursachen ist die zu beobachtende Zunahme kollektiver Bedarfsdeckung zurückzuführen?
5. Ein Bürger demonstriert zugleich für Nulltarif bei der Straßenbahn und gegen zu hohe Steuerbelastung. Sehen Sie in diesem Verhalten Logik oder Widerspruch?

## 1.2 Wirtschaftseinheiten

**Bedarfsdeckung** vollzieht sich durch **Produktion und Konsum** von Wirtschaftsgütern (Bild 3).

**a) Produktion (Leistungserstellung).** Durch planmäßigen Einsatz von Arbeit und sachlichen Mitteln werden fortgesetzt Wirtschaftsgüter erzeugt, die mittelbar oder unmittelbar der Bedarfsdeckung dienen. Dieser Produktionsprozess vollzieht sich in Stufen von der Rohstoff- und Energiegewinnung bis zur Bereitstellung der Güter in Einzelhandels- oder sonstigen Dienstleistungsunternehmungen.

**Unternehmungen** treten auf den Märkten als Nachfrager nach Arbeitsleistungen und sachlichen Mitteln auf, die sie zur Erstellung von Produktions- und Konsumgütern benötigen. Sie finanzieren sich vornehmlich aus den Verkaufserlösen.

**b) Konsum (Leistungsverwendung).** Die von den Unternehmungen produzierten Güter werden mittelbar oder unmittelbar zur Bedarfsdeckung verwendet. Unmittelbare Bedarfsdeckung vollzieht sich vornehmlich in Haushalten.

**Haushalte** treten daher auf den Märkten vorwiegend als Nachfrager nach Konsumgütern auf. Sie finanzieren die Deckung ihres Bedarfs hauptsächlich aus Geldeinkommen, die sie durch die Bereitstellung von Arbeitsleistungen und sachlichen Mitteln zur Leistungserstellung bezogen haben.

## 1.2.1 Unternehmungen, Staat und Haushalte als Wirtschaftseinheiten

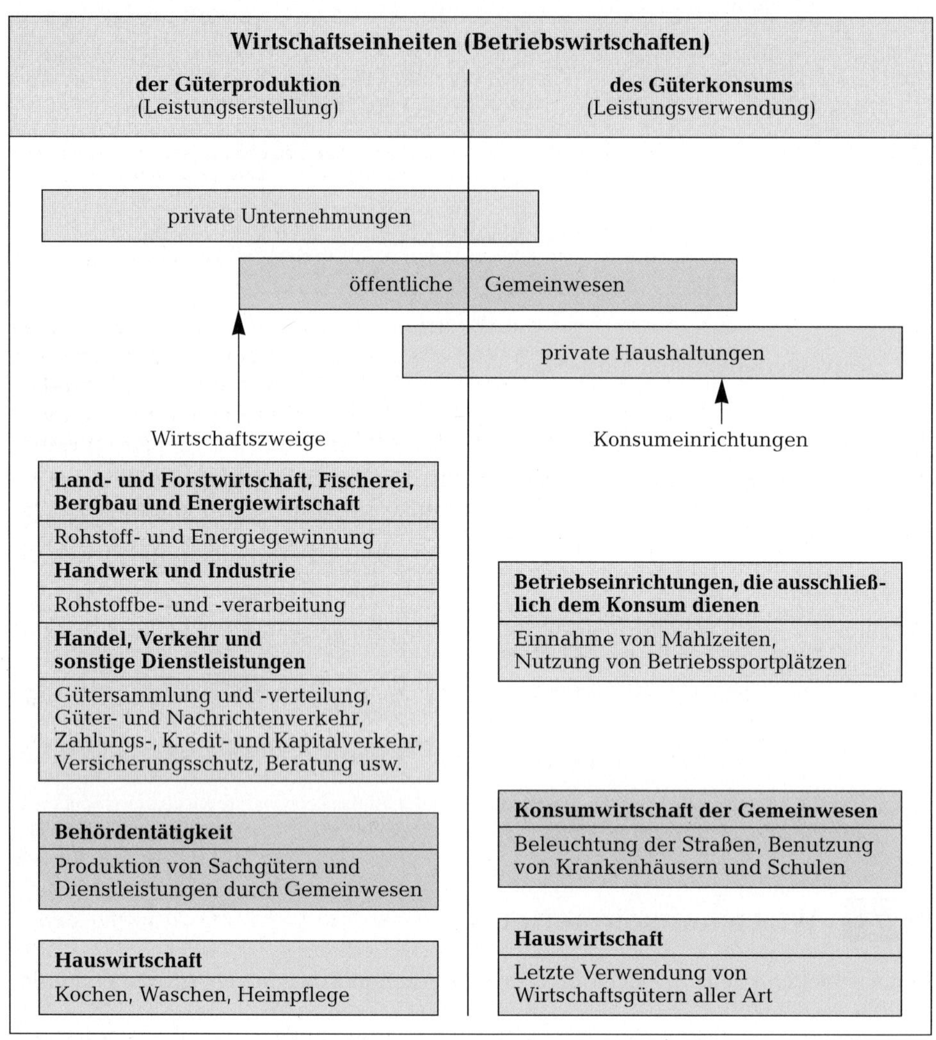


Bild 3

### Private Unternehmungen

In der Marktwirtschaft wird die Güterproduktion hauptsächlich von privaten Unternehmungen getragen. Sie bestimmen ihre Produktionspläne selbst und orientieren sich dabei über die Preise nach der Nachfrage am Markt.

**Beispiel:** In einer Unternehmung der Fahrzeugindustrie geht wegen starker ausländischer Konkurrenz der Pkw-Absatz nachhaltig zurück. Um die Lagerhaltung zu verringern, müssen beträchtliche Preisabschläge und kostspielige Sonderleistungen gewährt werden, sodass nicht mehr kostendeckend produziert werden kann.

Andererseits kann die gestiegene Nachfrage Kraftstoff sparender Kleinstwagen zur Zeit nur mit Lieferfristen befriedigt werden.

Die Unternehmungsleitung plant, eines ihrer Werke auf die Produktion von Kleinstwagen umzustellen.

Die Unternehmungen treten auf den Märkten als Nachfrager nach den Sachgütern, Rechten und Diensten auf, die sie zur Erstellung von Leistungen benötigen, und verkaufen diese zu Marktpreisen. Sie finanzieren sich vornehmlich aus den Verkaufserlösen, anderen Eigenmitteln und aus Krediten.

Die privaten Inhaber wollen durch die Unternehmertätigkeit ihren Lebensunterhalt *erwerben.* Sie sind deshalb persönlich daran interessiert, für die am Markt verkauften Produktionsleistungen so hohe Erlöse zu erzielen, dass die Kosten für den Einsatz der Produktionsfaktoren gedeckt sind und darüber hinaus ein **Gewinn erzielt** werden kann.

Das **Streben nach Gewinnerzielung** ist charakteristisches Merkmal für die **erwerbswirtschaftliche Zielsetzung** der *privaten Unternehmungen.*

Ob dabei immer auf den *höchstmöglichen Gewinn* **(Gewinnmaximierung)** hingearbeitet wird, ist umstritten. Vielfach gilt das erwerbswirtschaftliche Prinzip schon dann als befolgt, wenn ein *angemessener Gewinn* angestrebt wird.

Inwieweit das Gewinnstreben der erwerbswirtschaftlichen Unternehmung zum Erfolg geführt hat, lässt sich in Wirtschaftlichkeits- und Rentabilitäts-Kennzahlen zum Ausdruck bringen (Abschnitt 14.1.3).

Zum Wesen des Unternehmens gehört auch die Bereitschaft zur **Übernahme des Unternehmerrisikos.** Dieses besteht in der Möglichkeit des Irrtums bei unternehmerischen Entscheidungen. Es beginnt schon bei der Gründung mit der Wahl des Betriebszweigs, des Standorts und der Betriebskapazität. Das Unternehmerrisiko kann dem Unternehmer nicht abgenommen werden. Er trägt es selbst mit dem Risiko des Kapitalverlustes.

Diese Tatsache bietet weit gehend die Gewähr, dass der Unternehmer bei seinen Entscheidungen den Grundsatz der Sicherheit und Vorsicht beachtet. Sein **Sicherheitsstreben** trägt zur Erhaltung von Arbeitsplätzen bei; es schützt daher nicht nur den Unternehmer, sondern auch die Gesamtwirtschaft vor Schäden und Verlusten.

Die Bereitschaft zur Risikoübernahme rechtfertigt aber auch den Anspruch des Unternehmers auf den Gewinn. Dem Risiko des Misserfolgs steht die Chance des Erfolges gegenüber.

Gesamtwirtschaftlich verwirklichen die Unternehmungen durch die erwerbswirtschaftliche Zielsetzung das ökonomische Prinzip (Abschnitt 1.1.3) und tragen zu einer insgesamt optimalen Leistungserstellung und gesamtwirtschaftlichen Bedarfsdeckung bei.

## ■ Öffentliche Gemeinwesen

Neben den privaten Unternehmungen treten auch die öffentlichen Gemeinwesen (Staat, Gemeinde) als Produzenten von Gütern, insbesondere von Dienstleistungen, auf. Staatliche und kommunale Behörden verkaufen ihre Leistungen in der Regel nicht, sondern stellen sie häufig ohne unmittelbare Gegenleistung zur Verfügung. Die erforderlichen Mittel werden durch Steuern aufgebracht oder durch Kredite, die ihrerseits durch Steuereinnahmen zu verzinsen und zu tilgen sind. Eine Ausnahme bilden bestimmte Leistungen, für welche Gebühren oder Beiträge nach festgesetzten Sätzen erhoben werden.

**Beispiel:** Eine Gemeinde erstellt einen Bebauungsplan für ein neues Gewerbegebiet. Sie lässt mit Steuergeldern Straßen, Versorgungsleitungen und Abwasserkanäle bauen. Die neu errichteten Gewerbeunternehmungen kommen sofort in den Genuss dieser Anlagen, müssen aber Anliegerbeiträge und fortgesetzt Grund- und Gewerbesteuer bezahlen.

Für die Eintragung des Grundeigentums müssen sie Grundbuchgebühren entrichten.

Die öffentlichen Gemeinwesen können auch unmittelbar oder durch Beteiligung *Träger von Wirtschaftsunternehmen* sein. Auch solche Unternehmen streben, von Ausnahmen abgesehen, nach Gewinn. Soweit kein Gewinn erzielt werden kann, suchen sie **Kostendeckung** zu erreichen oder wenigstens *mit möglichst geringem Verlust* zu wirtschaften **(Verlustminimierung).** Ein Verlust muss indes aus dem allgemeinen Steueraufkommen getragen werden.

Das **Streben nach Kostendeckung** bzw. **nach Verlustminimierung** ist charakteristisches Merkmal für die **gemeinwirtschaftliche Zielsetzung** der *öffentlichen Unternehmen.*

**Beispiele:**

1. Größere Gemeinden betreiben gemeindeeigene Stadtwerke.
2. Viele Gemeinden sind durch Aktienerwerb Allein- oder Miteigentümer von Elektrizitätsunternehmen geworden.

## Private Haushaltungen

Haushaltungen sind in erster Linie Wirtschaftseinheiten der Leistungsverwendung. Sie treten daher auf den Märkten vorwiegend als Nachfrager nach Konsumgütern auf. Sie finanzieren die Deckung ihres Bedarfs vorwiegend aus Geldeinkommen, die sie durch Bereitstellung von Arbeitsleistungen zur Leistungserstellung bezogen haben; dauerhafte Konsumgüter (Haus, Möbel) werden oft durch Kredite finanziert.

Leitlinie für das wirtschaftliche Handeln *privater Haushalte* ist die **optimale Bedarfsdeckung** bei **Beachtung des Haushaltsausgleichs.**

### Zur Wiederholung und Vertiefung

1. Man kann sowohl in einem Gasthaus als auch in einem Familienhaushalt wohnen, essen und trinken. Wodurch unterscheiden sich beide Wirtschaftseinheiten?
2. Manche Wissenschaftler bevorzugen den Begriff „Leistungserstellung" gegenüber dem Begriff „Produktion".
   a) Für welche Güter (Bild 1) passt der Begriff „Leistungserstellung" besser?
   b) Welche Unternehmungen „produzieren" Güter?
3. Welche Leistungen erstellt
   a) eine Industrieunternehmung,
   b) eine Handelsunternehmung,
   c) eine Bank,
   d) eine Versicherungsunternehmung,
   e) eine Spedition,
   f) ein Reisebüro,
   g) ein Hotel?
4. Was bieten
   a) Unternehmungen,
   b) Haushalte an?
5. Was fragen
   a) Haushalte,
   b) Unternehmungen nach?
6. Warum bietet die Befolgung des erwerbswirtschaftlichen Prinzips eine gewisse Garantie für optimale Bedarfsdeckung in der Gesamtwirtschaft?
7. Ist es berechtigt, wenn Unternehmungen nach Gewinn streben (Begründung)?
8. Wer trägt den Jahresreinverlust einer erwerbswirtschaftlichen Unternehmung?
9. Nachdem ein Einzelunternehmer seine Erfolgsrechnung im Vorjahr mit 45.000 EUR Verlust abschließen musste, gelang es ihm, durch unermüdlichen Arbeitseinsatz und geschickte Geschäftsführung in diesem Jahre 160.000 EUR Gewinn zu erwirtschaften.
   Bei einem Eigenkapital von 400.000 EUR entspricht dieser Gewinn einer Kapitalverzinsung von 40%.
   Ist es gerechtfertigt, dass der Unternehmer eine solche Gewinnspanne allein für sich beanspruchen darf?
10. Welche Arten von Unternehmen sind häufig in der Hand von Staat oder Gemeinde? Warum?
11. Wer trägt den Jahresreinverlust eines gemeinwirtschaftlichen Unternehmens?
12. Überlegen Sie, weshalb es zu einer Staatsbeteiligung an einem großen Industrieunternehmen kommen kann.
13. Welche Maßnahmen kann eine Gemeinde zur Förderung der Gewerbeansiedlung ergreifen? Warum tut sie dies?
14. Warum wird die Bevölkerung von Staaten, in denen erwerbswirtschaftliche Unternehmungen vorherrschen, besser mit Gütern versorgt als in zentralverwaltungswirtschaftlichen Systemen?

## 1.2.2 Betrieb und Unternehmung

**Der Betrieb** ist die *Stätte* (Bergwerk, Fabrik, Laden, Bankhaus), in der die verschiedenen **Produktionsgüter** nach der Idee, Zielsetzung und Entscheidung des Unternehmers **zur Leistungserstellung kombiniert** werden.

Der Prozess der Leistungserstellung, den sich die Unternehmen als wirtschaftliche Zielsetzung und Aufgabe gewählt haben, unterscheidet sich bei den verschiedenen Wirtschaftszweigen. Er kann in der Produktion von Sachleistungen oder von Dienstleistungen bestehen (Bilder 3 und 4).

| Prozess der Leistungserstellung | Wirtschaftszweig |
|---|---|
| **a) Produktion von Sachleistungen** | |
| 1. Rohstoff- und Energiegewinnung | Land- und Forstwirtschaft, Bergbau, Energiewirtschaft |
| 2. Rohstoffbe- und -verarbeitung | Verarbeitende Industrie, Warenhandwerk |
| **b) Produktion von Dienstleistungen** | |
| 1. Sammlung und Verteilung (Distribution) | Handel<br>Absatzhelfer (Vertreter, Kommissionäre, Makler) |
| 2. Beförderung von Personen, Sachgütern und Nachrichten | Verkehrswirtschaft (Postdienste, Telekommunikationsdienste, Eisenbahnverkehr, Kraftverkehr, Luftverkehr, Schiffsverkehr, Speditionen, Reisebüros) |
| 3. Zahlungs-, Kredit- und Kapitalverkehr | Geld- und Kreditwirtschaft (Banken, Sparkassen, Finanzdienstleister) |
| 4. Versicherungsschutz | Versicherungswirtschaft (Individual- und Sozialversicherung) |
| 5. Sonstige Dienstleistungen | Beratungsunternehmen, Reparatur- und Reinigungsgewerbe, Hotels und Restaurants, Bildungsvermittlung, Medienwirtschaft, Kultur-, Sport- und Freizeiteinrichtungen, Gesundheitsdienste, soziale Dienste |

Bild 4

Die Verwirklichung unternehmerischer Ziele im Betrieb bedarf eines finanziellen Fundaments und einer rechtlichen Verfassung, die dem Betrieb Namen und Gestalt gibt (Firma, Rechtsform). In diesem *rechtlich-finanziellen „Mantel"* tritt der Betrieb als **Unternehmung** auf dem Markt auf.

Da die Leistungserstellung vornehmlich in Betrieben erfolgt, werden die Begriffe Unternehmung und Betrieb oft gleichgesetzt.

Die Unternehmungen aller Wirtschaftszweige sind zum Zwecke der **Leistungserstellung** auf die Beschaffung von **Produktionsfaktoren** (Arbeitsleistungen, Werkstoffe, Betriebsmittel, Rechte) angewiesen, die ihnen von anderen Wirtschaftseinheiten über den *Beschaffungsmarkt* zugeliefert werden. Der *Absatzmarkt* dagegen dient dem **Absatz der produzierten Leistungen** (Sach- oder Dienstleistungen) an andere Unternehmen oder Haushalte.

### Zur Wiederholung und Vertiefung

1. Wodurch unterscheidet sich der Betrieb einer Industrieunternehmung von dem einer Handelsunternehmung?
2. Wie tritt eine Unternehmung nach außen hin in Erscheinung?
3. Warum spricht man zwar von einem Behördenbetrieb, nicht aber von einer Behördenunternehmung?

# 1.3 Betriebswirtschaftliche Produktionsfaktoren

**Produktionsfaktoren** sind die **Grundkräfte und Mittel, mit denen Wirtschaftsgüter hergestellt** werden.

## 1.3.1 Elementarfaktoren und dispositiver Faktor

Bei der Leistungserstellung unterscheidet man die **Elementarfaktoren** und den **dispositiven Faktor** (Bild 5).

**a) Elementarfaktoren:** Das sind

1. **Arbeitsleistung.** Darunter versteht die Betriebswirtschaftslehre hauptsächlich *körperliche* (ausführende) Arbeit.

   Die *geistige* (schöpferisch-planende, organisatorisch-anordnende, kontrollierende und repräsentierende) Arbeit wird im dispositiven Faktor zusammengefasst. Eine scharfe Trennung ist jedoch nicht möglich, da jede Arbeit körperliche, geistige und seelische Kräfte beansprucht, wenn auch in unterschiedlicher Gewichtung.

2. **Betriebsmittel.** Dies sind *Anlagen* und alle *Einrichtungen,* welche die *technische Voraussetzung* zur betrieblichen Leistungserstellung bilden. Dazu gehören
   - Grundstücke und Gebäude für Erzeugung, Lagerung, Verwaltung und Vertrieb,
   - Maschinen, maschinelle Anlagen und Werkzeuge,
   - Anlagen zur Versorgung des Betriebes mit Wasser, Wärme, Gas, Strom, Frischluft,
   - Transporteinrichtungen für Material, Erzeugnisse und Menschen,
   - Vorrichtungen zur Lagerung von Material, Erzeugnissen, Werkzeugen, Schriftstücken, Zeichnungen, Büchern,
   - Einrichtungen für die Betriebsangehörigen: Kantinen, Erholungsheime, Heime für jugendliche Arbeitnehmer, Wohnungen,
   - Einrichtungen zur Weiterbildung der Arbeitskräfte: Ausbildungswerkstätten, Werkschulen, Büchereien,
   - Vorrichtungen zur Sicherung der Menschen und Anlagen: Feuerschutzgeräte, Unfallverhütungseinrichtungen,
   - Anlagen zur Entsorgung des Betriebes von Abfällen, Altmaterial, Chemikalien, Abwasser und Abgasen,
   - Energien für Antrieb, Heizung, Kühlung und Beleuchtung,
   - Betriebsstoffe. Das sind Stoffe, die nicht in das Erzeugnis eingehen, aber bei Durchführung des Fertigungsprozesses verbraucht werden (Schmiermittel, Dieselöl).

3. **Werkstoffe und Waren.** Dies sind Güter, die verarbeitet oder unverarbeitet *für den Umsatzprozess verwendet* werden. Dazu gehören
   - **Rohstoffe.** Das sind Stoffe, die im Fertigungsprozess als *Hauptbestandteile in das Erzeugnis* eingehen (Holz in der Möbelfabrikation).
   - **Hilfsstoffe.** Das sind Stoffe, die als *Nebenbestandteile in das Produkt* eingehen (Leim und Lack bei der Möbelherstellung).
   - **Bezogene Fertigteile.** Das sind Teile, die *unverändert Bestandteile des Produkts* werden (Beschläge, Schlösser),
   - **Waren.** Das sind Güter, die *unverarbeitet dem Umsatzprozess* dienen.

4. **Rechte.** Darunter versteht man insbesondere behördliche Betriebsgenehmigungen (Konzessionen) sowie gewerbliche Schutz- und Nutzungsrechte (Patente, Lizenzen, Gebrauchs- und Geschmacksmuster sowie Markenzeichen).

**b) Dispositiver Faktor.** Es handelt sich dabei um die *Fähigkeit des Menschen, die Elementarfaktoren* zum Zwecke der Leistungserstellung *zu kombinieren,* also darum, Leitungsfunktionen auszuüben. Man unterscheidet folgende **Leitungsfunktionen: Zielsetzung, Planung, Organisation, Kontrolle, Rechenschaftslegung, Repräsentation** (Bild 5).

**Zur Wiederholung und Vertiefung**

1. Wodurch unterscheidet sich der Faktor Arbeitsleistung vom dispositiven Faktor?
2. Nennen Sie Arbeitskräfte der Unternehmung, die zum dispositiven Faktor beitragen.
3. Warum gehören Roh- und Hilfsstoffe zu den Werkstoffen, Betriebsstoffe aber zu den Betriebsmitteln?
4. In welchen Wirtschaftszweigen gibt es keine Werkstoffe?
5. An welchen Produktionsfaktoren mangelt es in Entwicklungsländern?

## 1.3.2 Kombination und Substitution der Produktionsfaktoren

In der modernen Wirtschaft werden zur Leistungserstellung immer mehrere Produktionsfaktoren miteinander verbunden, die sich zweckmäßig ergänzen.

Die jeweilige **Kombination der Produktionsfaktoren** zum Zwecke der Leistungserstellung nennt man **Betrieb.**

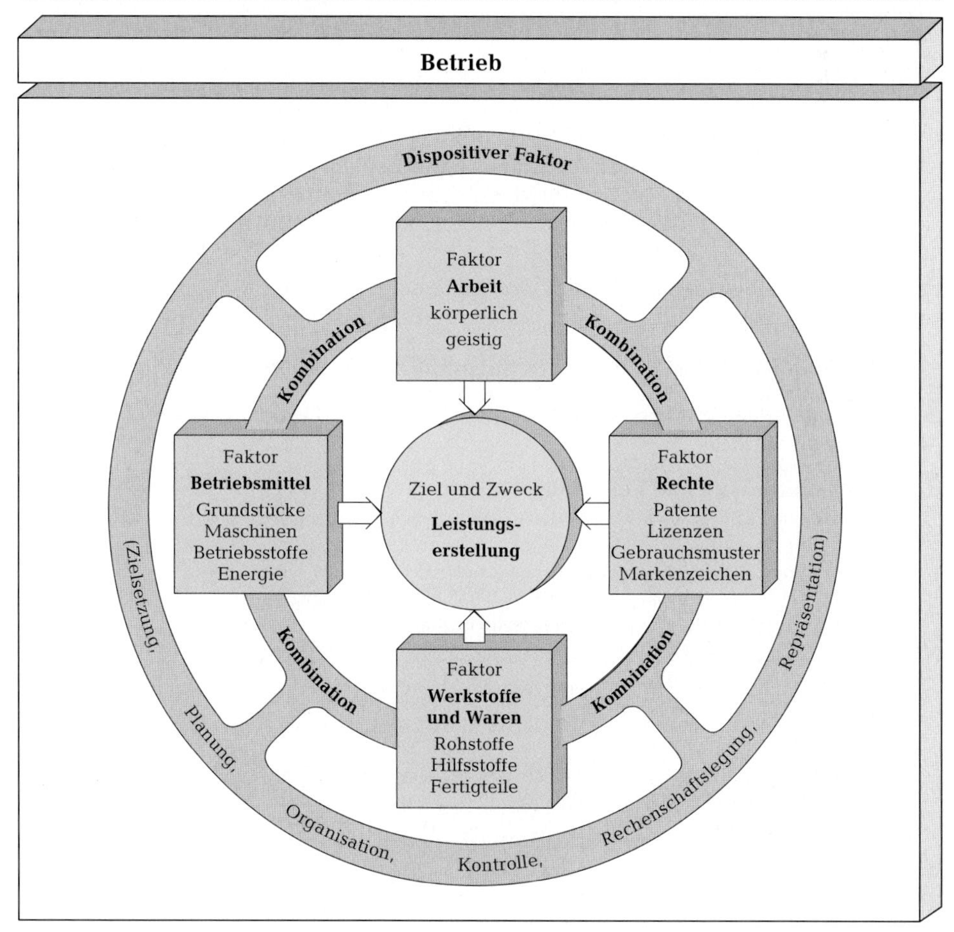


Bild 5

Die Erfahrung lehrt, dass die Ausstattung eines Betriebes mit Produktionsfaktoren verschiedene Kombinationen zulässt.

**Beispiele:**

1. Um eine Tonne Weizen zu produzieren, genügt auf einer großen Bodenfläche ein verhältnismäßig geringer Einsatz an Düngemitteln, Maschinen und Arbeit. Steht aber wenig Bodenfläche zur Verfügung, kann der gleiche Ertrag erzielt werden, wenn der Boden unter reichlicher Verwendung von Dünger intensiv bearbeitet wird.

2. Durch Einsatz von automatisierten Anlagen in der Fertigung und von Datenverarbeitungsanlagen in der Verwaltung wurden in den vergangenen Jahrzehnten Arbeitsleistungen weit gehend durch Betriebsmittel (Kapital) ersetzt.
3. Zum Aushub einer Baugrube von 1.600 $m^3$ brauchten früher 20 mit Pickel, Schaufel und Schubkarren ausgerüstete Arbeiter 48 Stunden. Dies entspricht einer Leistung je Arbeiter und Stunde von 1,67 $m^3$. Heute leisten 2 Arbeiter mit Hilfe eines Baggers die gleiche Arbeit in 12 Stunden, was einer Leistung je Arbeiter und Stunde von 66,7 $m^3$ entspricht.

Die Unternehmungen sind auf den Absatzmärkten dem Wettbewerb ausgesetzt. Sie müssen daher dafür sorgen, dass die Kosten der Leistungserstellung unter dem Marktpreis bleiben. Da die Produktionsfaktoren Wirtschaftsgüter sind, deren Einsatz Kosten verursacht, sind sie von der Unternehmungsleitung so zu kombinieren, dass der Erlös der abgesetzten Güter die Gesamtkosten mindestens deckt. Je mehr Arbeitskräfte fehlen, und je stärker demzufolge die Arbeitskosten steigen, desto sorgfältiger ist zu prüfen, ob nicht der Einsatz von Maschinen kostengünstiger ist. Umgekehrt wäre es falsch, dann teure Maschinen einzusetzen, wenn genügend Arbeitskräfte zur Verfügung stehen und weniger Kosten verursachen als der Einsatz von Maschinen.

**Beispiele:** In Deutschland sind Straßenarbeiter knapp und verursachen hohe Arbeitskosten. Die Folge ist der Einsatz von Baumaschinen, die zwar kostspielige Investitionen darstellen, aber so viele Arbeitskräfte ersparen, dass der Gesamtbetrag der Faktorkosten unter dem Absatzpreis für die Leistung bleibt.

In vielen Entwicklungsländern stehen für den Straßenbau so viele Arbeitskräfte zur Verfügung, dass beim Einsatz hochentwickelter Baumaschinen Vorsicht geboten ist, zumal dann auch viele arbeitswillige Menschen außerhalb des Produktionsprozesses und damit ohne Einkommen blieben.

Nach dem ökonomischen Prinzip kommt es darauf an, die einzelnen Produktionsfaktoren in solcher Güte und Menge bei der Faktorenkombination zu verwenden, dass der **Aufwand** für den Faktoreneinsatz in einem **möglichst günstigen Verhältnis** zum **Ertrag** steht.

Unter dem Druck der Preiskonkurrenz werden dabei fortlaufend in den Betrieben teurer gewordene Produktionsfaktoren durch andere, verhältnismäßig kostengünstigere *ersetzt.*

Den **ständigen Austausch** nennt man **Substitution der Produktionsfaktoren.**

Beim Austausch der Produktionsfaktoren dürfen soziale Gesichtspunkte nicht außer Acht gelassen werden.

**Zur Wiederholung und Vertiefung**

1. In welchem Falle entspricht eine Faktorenkombination dem ökonomischen Prinzip?
2. Nennen Sie Beispiele
   a) für unterschiedliche Faktorenkombinationen bei der Produktion eines Gutes,
   b) für die Substitution von Produktionsfaktoren in den vergangenen Jahren.
3. Berechnen Sie die günstigste Faktorenkombination in Geldeinheiten (GE):
   a)

| | 1 Arbeiter kostet 5 GE | | 1 Maschine kostet 20 GE | | Ergebnis insgesamt |
|---|---|---|---|---|---|
| – Fall 1: | 12 Arbeiter | + | 2 Maschinen | = | ? |
| – Fall 2: | 6 Arbeiter | + | 4 Maschinen | = | ? |
| – Fall 3: | 4 Arbeiter | + | 6 Maschinen | = | ? |
| – Fall 4: | 2 Arbeiter | + | 12 Maschinen | = | ? |

   b) Wie ändert sich die Lösung aus Fall a), wenn die Kosten des Faktors Arbeit auf 30 GE steigen und die Kapitalkosten gleich bleiben?
4. Welche Probleme entstehen beim Ersatz des Produktionsfaktors Arbeit durch die Maschinen?
5. Was müsste geschehen, um die Verknappung und damit die Verteuerung des Betriebsmittels Energie in den Betrieben aufzufangen?

## 1.4 Betriebliche Funktionen

Für einen Betrieb sind die **Produktionsfaktoren** (Abschnitt 1.3.1) Wirtschaftsgüter, die auf den einschlägigen *Beschaffungsmärkten* gegen Hingabe von Geld erworben werden müssen. Innerhalb der Betriebe vollzieht sich nach vorbedachtem Plan ein kürzerer oder längerer Prozess der Verkoppelung und Verschmelzung von Wirtschaftsgütern, an dessen Ende die **fertigen Leistungen** stehen, die ihrerseits gegen Geld auf ihrem *Absatzmarkt* verkauft werden. Das für den Erwerb erforderliche Geld stammt vor allem aus den Verkaufserlösen der fertigen Leistungen, aber auch aus anderen Quellen (Einlagen des Unternehmers oder Fremdkapital).

So laufen in jeder Unternehmung zwei Ströme gegeneinander,

- der **Geldstrom** in Richtung auf die *Beschaffungs*märkte,
- der **Güterstrom** in Richtung auf die *Absatz*märkte.

Überblickt man das Geschehen, so stellt man fest, dass in jeder Unternehmung weit gehend unabhängig vom Gegenstand der Leistungserstellung ihrer Betriebe bestimmte **Aufgaben (Funktionen)** zu erfüllen sind. Sie werden in Bild 6 dargestellt.

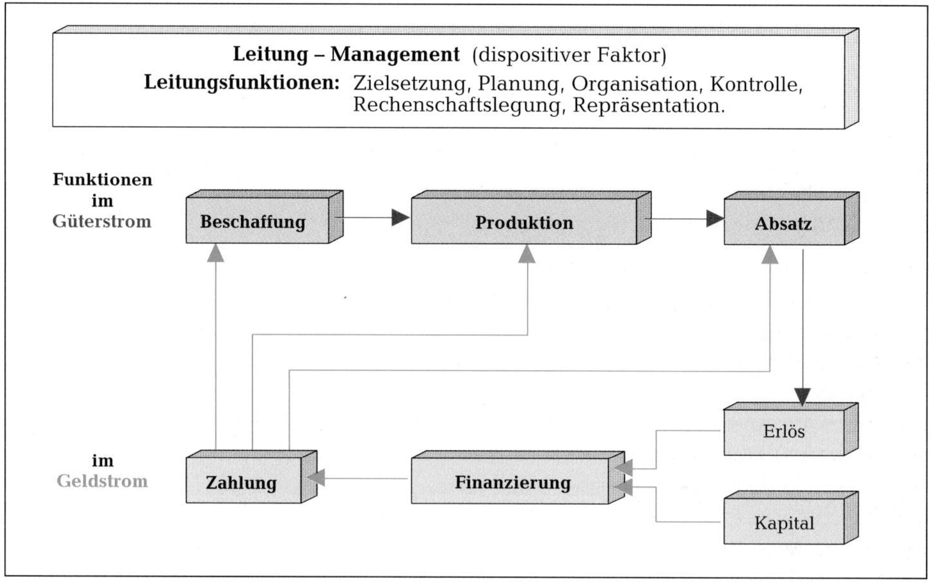


Bild 6

## Funktionen im Güterstrom

**a) Beschaffung.** Sie umfasst alle vorbereitenden und ausführenden Tätigkeiten, die der **Bereitstellung** *von Sachgütern, Rechten und Dienstleistungen* für Betriebszwecke dienen (Grundstücke, Maschinen, Werkstoffe, Waren; Patente; Arbeitskräfte; Transportleistungen; Geld und Kapital).

Bei der Beschaffung werden Kaufverträge sowie Dienstleistungsverträge (Dienst-, Transport-, Werk-, Werklieferungs-, Miet-, Pacht-, Leih-, Darlehensverträge) abgeschlossen (Abschnitt 3).

**b) Produktion (Leistungserstellung).** Durch planmäßigen Einsatz von Arbeit, Betriebsmitteln und Werkstoffen werden durch **Gewinnung und Umformung von Gütern** *neue Wirtschaftsgüter* hergestellt. Die Fertigung ist somit die Hauptaufgabe des Industriebetriebes (Abschnitt 5). Leistungen werden aber auch in den Betrieben anderer Wirtschaftszweige erstellt, z.B. in Handels-, Bank-, Versicherungs- und Verkehrsbetrieben.

**c) Absatz.** Darunter versteht man alle vorbereitenden und ausführenden Tätigkeiten, die der entgeltlichen **Verwertung** *von Betriebsleistungen* am Absatzmarkt dienen. Wenn auch der Absatz zeitlich der Leistungserstellung (Beschaffung, Produktion) folgt, so wirkt er doch nach Art und Umfang bestimmend auf die Leistungserstellung zurück (Abschnitt 8).

Eine weitere Funktion im Güterstrom ist die **Lagerung**, die bei Beschaffung, Produktion und Absatz eine wichtige Rolle spielt (Abschnitt 3.4).

## Funktionen im Geldstrom

a) **Finanzierung.** Sie umfasst alle Maßnahmen, die der **Beschaffung und Bereitstellung** *von Geld und Sachmitteln* für die betriebliche Leistungserstellung dienen. Sie ist nicht nur eine einmalige, bei der Gründung zu lösende Aufgabe, sondern eine laufende Tätigkeit des Beschaffens, Freisetzens und Wiedereinsetzens von Mitteln. Diese Finanzierungsmaßnahmen finden ihren Niederschlag in der Kapital- und Vermögensausstattung der Betriebe (Abschnitt 12).

b) **Zahlung.** Sie hat vor allem die Aufgabe, den **Geldstrom** in Richtung auf die Beschaffungsmärkte **weiterzuleiten.** Außerdem dient sie zur Leistung von Abgaben (Steuern, Gebühren, Beiträge). Zahlungen werden mit Hilfe von Geldinstituten und der Post geleistet (Abschnitt 4).

Zahlung und Finanzierung sind übergreifende Funktionen, d.h. sie spielen eine Rolle bei der Beschaffung (Finanzierung und Zahlung von Roh-, Hilfs- und Betriebsstoffen), Fertigung (Finanzierung und Zahlung von Löhnen) und beim Vertrieb (Finanzierung und Zahlung von Werbemaßnahmen).

## Leitungsfunktionen

*Beschaffung, Produktion und Absatz* müssen wirtschaftlich erfolgen. Es bedarf daher der **Lenkung** durch die Leitungsorgane (dispositiver Faktor). Die wichtigsten Aufgaben der Leitung sind *Zielsetzung, Planung, Organisation und Kontrolle* (Abschnitt 6.1).

### Zur Wiederholung und Vertiefung

1. Welche gesamtwirtschaftlichen Aufgaben hat die Industrie?
2. In welche Sektoren kann man den Wirtschaftsbereich Industrie gliedern?
3. a) Welche Güter muss ein Industriebetrieb am Beschaffungsmarkt erwerben?
   b) Wie kann die Beschaffung finanziert werden?
4. Welche Funktionen einer Industrieunternehmung unterscheidet man
   a) im Güterstrom,
   b) im Geldstrom,
   c) in der Leitung?
5. Worin besteht die Leistungserstellung eines Handelsbetriebes?
6. Welche Güter muss ein Handelsbetrieb am Beschaffungsmarkt erwerben?
7. Welche Funktionen einer Handelsunternehmung unterscheidet man
   a) im Güterstrom,
   b) im Geldstrom,
   c) in der Leitung?
8. Stellen Sie sich vor, es gäbe keinen Handelsbetrieb. Welche Auswirkungen hätte dies
   a) für die Industrie, b) für die Verbraucher?
9. Welche Leistungen können Sie bei einer Bank erlangen?
10. Gegen welche Risiken können Sie sich bei einer Versicherung schützen?
11. Weshalb ist die Haftpflichtversicherung für den Kraftfahrer gesetzliche Pflicht?
12. Weshalb werden Beiträge zu Personenversicherungen vom Staat steuerlich begünstigt?
13. Welche Verkehrsträger sind
    a) für die Personenbeförderung und
    b) für den Gütertransport
    zuständig?
14. Welche volkswirtschaftlichen Leistungen erbringen
    a) die Deutsche Post,
    b) die Deutsche Bahn,
    c) das Güterkraftverkehrsgewerbe,
    d) die Reisebüros und
    e) die Spediteure?

# 2 Grundzüge der Rechtsordnung

Die Natur des Menschen verlangt nach individueller Freiheit
- in seiner persönlichen Entfaltung und
- in der Gestaltung seiner Beziehungen zu anderen Menschen.

Dass dennoch wirtschaftliches Handeln nicht zu einem zusammenhanglosen, chaotischen Geschehen wird, dafür sorgen zum einen **naturgesetzliche Zwänge;** darüber hinaus wird der Handlungsspielraum des Menschen durch **soziale Zwänge** begrenzt, die durch die **Rechtsordnung** einer Gesellschaft festgelegt werden.

## 2.1 Bedeutung und Grundstruktur der Rechtsordnung

Missbrauch der Freiheit durch den Menschen führt zu Ungerechtigkeit. Der Anspruch jeder Person auf Gerechtigkeit erfordert daher, dass die Freiheit des Einzelnen durch das Recht abgegrenzt und eingeschränkt wird.

**Beispiel:** Ein Achtzehnjähriger hat die Freiheit, sich ein Auto zu kaufen. Beim Fahren hat er sich aber „so zu verhalten, dass kein anderer geschädigt, gefährdet oder mehr als nach den Umständen unvermeidbar behindert oder belästigt wird".

Die *Gesamtheit* des in einem Staate geltenden Rechts bezeichnet man als **Rechtsordnung,** die *einzelnen* Vorschriften als **Rechtsnormen.**

### 2.1.1 Aufbau der Rechtsordnung

Die Rechtsnormen wurzeln in allgemein gültigen Rechtsgedanken und in den herrschenden sittlichen Auffassungen, dem **Naturrecht.** Daraus werden die vom Menschen verfassten Rechtsnormen abgeleitet und schriftlich in Gesetzen, Verordnungen, Satzungen, Verwaltungs- und Justizakten niedergelegt; dies ergibt das **gesetzte (positive) Recht** (lat. positum = gesetzt, festgelegt, dargestellt) (Bild 7).

| Stufen der Entstehung | Inhalt und Bedeutung | Beispiele | Quelle Zuständigkeit |
|---|---|---|---|
| **Positives Recht**<br>**Verfassung** | normativer **Rahmen** für die Gesetzgebung | Grundgesetz | Legislative (qualifizierte Mehrheit) |
| **Gesetz** | Rechtsregeln **allgemeinen** Charakters | Gewerbesteuergesetz | Legislative (einfache Mehrheit) |
| **Verordnung** | Ergänzungs- und Durchführungsbestimmungen **allgemeinen** Charakters | Gewerbesteuer-durchführungs-verordnung | Exekutive (oberste Instanz: Ministerium) |
| **Satzung** | Rechtsvorschrift **allgemeinen** Inhalts | Festlegung des Gewerbesteuer-hebesatzes | Selbstverwaltung der Kommunen (Gemeinde, Kreis) |
| **Verwaltungsakt** | Verfügungen und Entscheidungen zur Regelung des **Einzelfalles** | Gewerbe-steuerbescheid | Exekutive (untergeordnete Behörde) |

Bild 7

**Beispiel:** Die Polizei stellt bei einer Streifenfahrt fest, dass ein Gastwirt nach Beginn der polizeilichen Sperrzeit noch Gäste bewirtet. Sie erstattet Anzeige. Der Gastwirt erhält daraufhin von der Stadtverwaltung einen Bußgeldbescheid über 200 DM **(Verwaltungsakt)**. Dieser Bußgeldbescheid wurde erlassen aufgrund einer **Verordnung** der Stadt über die Regelung der Sperrzeit. Diese Verordnung dient als Ergänzung des Gaststätten-

**gesetzes**, in dem es heißt, dass ordnungswidrig handelt, wer „als Inhaber einer Schankwirtschaft, Speisewirtschaft oder öffentlichen Vergnügungsstätte duldet, dass ein Gast nach Beginn der Sperrzeit in den Betriebsräumen verweilt".

**Gewohnheitsrecht** ist Teil des Rechts, der durch lang dauernde Ausübung zur Verkehrssitte geworden ist, weshalb die Beteiligten daraus Rechte und Pflichten ableiten können. Es entsteht unmittelbar, d.h. ohne gesetzliche Festlegung, aus der Rechtsüberzeugung des Volkes.

HGB § 346

**Beispiele:** Handelsbrauch (Usance) im Handelsrecht (Drein- bzw. Draufgabe; 1 „Maß" Bier = 1 Liter Bier); Recht der Durchfahrt durch ein fremdes Grundstück aufgrund langjähriger Praxis.

**Gerichtsentscheide** durch Oberlandes- und Bundesgerichte ergänzen das geschriebene Recht vor allem dann, wenn durch die Verfassung oder ein Gesetz nur die Rahmenbedingungen geregelt sind oder wenn Lücken im Gesetz im Zusammenhang mit einem gegebenen Rechtsstreit auszufüllen sind.

**Zur Wiederholung und Vertiefung**

1. Erklären Sie den Unterschied von
   a) Gesetz und Satzung, b) Verordnung und Verwaltungsakt.
2. Mit welcher Mehrheit kann der Bundestag beschließen
   a) Grundgesetzänderungen, b) Gesetzesänderungen?
   Warum besteht dieser Unterschied?
3. Wie entsteht Gewohnheitsrecht?

## 2.1.2 Öffentliches Recht und privates Recht

Je nachdem, ob durch Rechtsnormen die Beziehungen einzelner Menschen untereinander geregelt werden, oder ob Träger der öffentlichen Gewalt beteiligt sind, unterscheidet man in der Rechtsordnung die Gebiete des öffentlichen und privaten Rechts.

**a) Das öffentliche Recht** regelt

- die Rechtsverhältnisse der Träger der öffentlichen Gewalt zueinander,

  **Beispiele:** Staatsaufbau und Verfassungsrecht, Gesetzgebung.

- das Verhältnis des Einzelnen zu den Trägern der öffentlichen Gewalt. Im Interesse der Allgemeinheit werden dem Einzelnen Verbote und Gebote auferlegt, d.h. es besteht *Über- und Unterordnung.*

  **Beispiele:**

  **Verbote:** Leben, Freiheit, Eigentum und Ehre des Mitmenschen zu verletzen; gegen die Regeln des Straßenverkehrs zu verstoßen.

  **Pflichten:** Steuerpflicht, Wehrpflicht, Zeugenpflicht vor Gericht.

Das öffentliche Recht sichert auch Recht und Freiheit des Bürgers und schützt ihn vor Übergriffen des Staates.

**Beispiele:** Niederlassungsfreiheit, Freiheit der Meinungsäußerung, Verbot des Freiheitsentzugs ohne richterliche Anordnung.

Außerdem regelt das öffentliche Recht das Prozessverfahren bei Auseinandersetzungen zwischen dem Einzelnen und dem Staat und zwischen Personen untereinander.

**b) Das Privatrecht** regelt das Recht des Einzelnen für sich und in seinem Verhältnis zum Recht des Anderen nach dem Grundsatz der *Gleichberechtigung.*

Jeder Zweig des öffentlichen und privaten Rechts enthält ein Bündel von Gesetzen, die entweder grundlegender oder ergänzender spezifischer Natur sind.

**Beispiele:** Grundlegendes Gesetz für das bürgerliche Recht ist das Bürgerliche Gesetzbuch (BGB). Das Handelsgesetzbuch (HGB) ergänzt das BGB und gilt speziell für Kaufleute.

Im Steuerrecht, das in der Verfassung wurzelt, ist die Abgabenordnung (AO) das grundlegende Gesetz, auf dem die speziellen Steuergesetze, wie das Einkommensteuergesetz (EStG), das Umsatzsteuergesetz (UStG), das Gewerbesteuergesetz (GewStG) u.a. aufbauen.

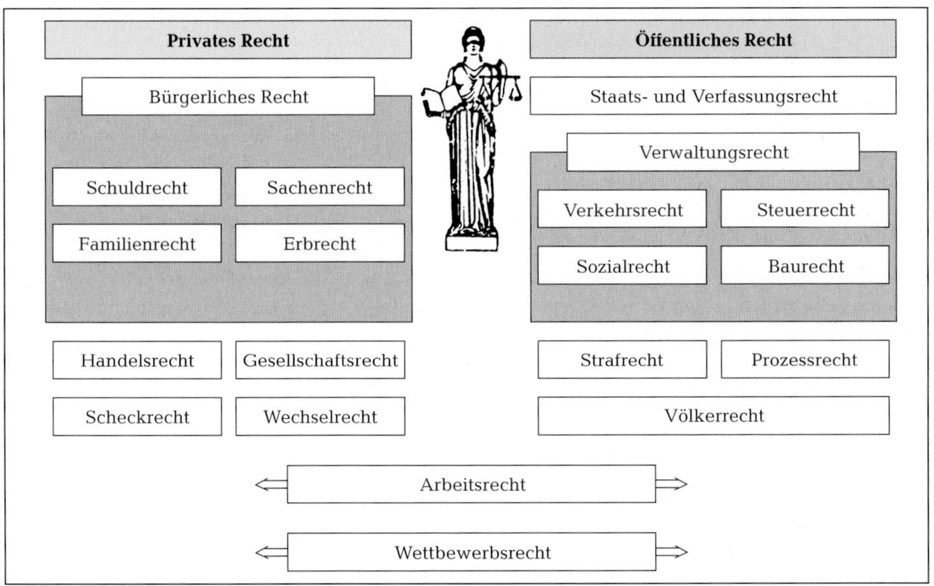


Bild 8

Während das öffentliche Recht **zwingendes** Recht ist, ist das Privatrecht weitgehend **nachgiebiges** Recht, d.h. es können durch Verträge andere Regelungen als die im Gesetz vorgesehenen vereinbart werden.

**Beispiele:**

1. Das Jugendarbeitsschutzgesetz verbietet Kinderarbeit.
2. Beim Kauf einer Ware muss nach § 448 BGB der Käufer die Verpackungskosten als Kosten der Abnahme bezahlen. Es kann aber vereinbart werden, dass der Verkäufer diese Kosten trägt.

**Zur Wiederholung und Vertiefung**

1. Welche Unterschiede bestehen zwischen dem privaten und öffentlichen Recht?
2. Begründen Sie, ob es sich bei folgenden Fällen um Vorgänge des öffentlichen oder des privaten Rechts handelt:
   a) Ein Großhändler vereinbart mit einem Einzelhändler eine Warenlieferung.
   b) Eine Straße wird für den Durchgangsverkehr gesperrt.
   c) Ihre Eltern erhalten den Einkommensteuerbescheid für das vergangene Jahr.
   d) Zwei Kaufleute gründen eine Offene Handelsgesellschaft.
   e) Bund und Länder beschließen eine Neuverteilung des Umsatzsteueraufkommens.

# 2.2 Rechtsfähigkeit und Geschäftsfähigkeit

## 2.2.1 Rechtsfähigkeit

**Rechtsfähigkeit ist die Fähigkeit von Personen, Träger von Rechten und Pflichten zu sein.**

BGB § 1

Rechte können von natürlichen und juristischen Personen wahrgenommen werden. Sie sind also Rechtspersonen und damit rechtsfähig.

a) **Natürliche Personen** sind alle *Menschen.* Ihre Rechtsfähigkeit *beginnt mit der Vollendung der Geburt und endet mit dem Tod.*

**Beispiele:** Ein zweijähriges Kind wird durch Erbfolge Eigentümer eines Hauses mit allen Rechten und Pflichten; jeder Jugendliche hat das Recht auf Schulbildung; bis zur Vollendung des 18. Lebenjahres ist der Jugendliche berufsschulpflichtig.

BGB §§ 21–89

**b) Juristische Personen** (JP) sind *Personenvereinigungen* und *Vermögensmassen* mit eigener Rechtspersönlichkeit. Es gibt

1. JP des *öffentlichen* Rechts: Dazu gehören Körperschaften (Staat, Gemeinden) und Anstalten (Rundfunkanstalt, Sparkasse),
2. JP des *privaten* Rechts: Dazu gehören Vereine (eingetragener Verein, AG, GmbH, eG) und Stiftungen (Stiftung Volkswagenwerk, Kruppstiftung).

Jede juristische Person ist *von der Gründung bis zur Auflösung* rechtsfähig, eine Aktiengesellschaft z.B. von der Eintragung ins Handelsregister bis zur Löschung.

**Beispiel:** Die Volkswagen AG hat einen rechtlich geschützten Namen, unter dem sie klagen und verklagt werden kann. Sie haftet mit ihrem eigenen Vermögen (Grundstücke, Fuhrpark usw.). Sie ist verpflichtet, Körperschaftsteuer zu zahlen.

Die Verleihung und Anerkennung der Rechtsfähigkeit juristischer Personen ist durch Gesetze geregelt.

Merkmale der JP:

1. JP handeln durch Organe, die sich aus natürlichen Personen zusammensetzen.
2. JP tragen einen rechtlich geschützten Namen, unter dem sie klagen und verklagt werden können.
3. JP haften mit dem eigenen Vermögen. Die der JP zugehörigen natürlichen Personen, z.B. die Aktionäre, haften nur ihr gegenüber (z.B. für die Leistung der Einlagen), nicht aber unmittelbar gegenüber den Gläubigern der JP.
4. Der Bestand der JP ist grundsätzlich von der Mitgliederbewegung unabhängig.

## 2.2.2 Geschäftsfähigkeit

**Geschäftsfähigkeit ist die Fähigkeit, rechtsgeschäftliche Willenserklärungen abzugeben und entgegenzunehmen.**

Diese Willenserklärungen sind dazu bestimmt und geeignet, Rechtsverhältnisse zu begründen, zu ändern oder aufzuheben.

**Beispiele:** Vertragsantrag, Vertragsannahme, Kündigung.

Man unterscheidet drei Stufen der Geschäftsfähigkeit:
- Geschäftsunfähigkeit,
- beschränkte Geschäftsfähigkeit,
- unbeschränkte Geschäftsfähigkeit.

§ 104

**a) Geschäftsunfähig** sind
- Personen bis zum vollendeten 7. Lebensjahr,
- dauernd Geisteskranke.

§ 105

**Die Willenserklärung eines Geschäftsunfähigen ist nichtig** (Mangel der Geschäftsfähigkeit).

**Beispiel:** Ein fünfjähriges Kind ist nicht imstande, sein Fahrrad rechtsgültig zu verschenken. Die Eltern können die Rückgabe verlangen.

Für Geschäftsunfähige handelt der *gesetzliche Vertreter* (Eltern, Vormund).

§ 106

**b) Beschränkt geschäftsfähig** sind
- Personen vom vollendeten 7. bis zum vollendeten 18. Lebensjahr.

§ 107

**Die Willenserklärung eines beschränkt Geschäftsfähigen bedarf** in der Regel **der Zustimmung des gesetzlichen Vertreters.**

**Beispiel:** Ein 16-jähriger Schüler muss sich den Kauf eines Mofas genehmigen lassen.

Ein von einem beschränkt Geschäftsfähigen ohne Einwilligung des gesetzlichen Vertreters abgeschlossenes Rechtsgeschäft ist *bis zur Genehmigung schwebend un-*

*wirksam.* Durch die nachträgliche Zustimmung wird es voll wirksam. Bei Kredit- und Ratengeschäften ist die Genehmigung des Vormundschaftsgerichtes erforderlich. BGB § 1643

Folgende Rechtsgeschäfte eines beschränkt Geschäftsfähigen sind *ohne Zustimmung des gesetzlichen Vertreters rechtswirksam:*

1. Rechtsgeschäfte, durch die er *nur Vorteile* (in rechtlicher Hinsicht) erlangt (Mahnung, Annahme einer Schenkung). § 107
2. Verträge, die er mit Mitteln erfüllt, welche ihm vom gesetzlichen Vertreter *zu diesem Zweck* oder *zur freien Verfügung* überlassen wurden (Taschengeldparagraf). § 110
3. Erlaubt ihm der gesetzliche Vertreter, einen Dienstvertrag (Arbeitsvertrag) abzuschließen, so braucht er für solche Rechtsgeschäfte keine besondere Zustimmung mehr, die sich *aus dem genehmigten Dienstvertrag* ergeben (Lohn- und Gehaltsabsprachen, Kündigung). § 113

c) **Unbeschränkt geschäftsfähig** sind Personen, die das 18. Lebensjahr vollendet haben, sofern sie nicht zu den Geschäftsunfähigen gehören.

**Die Willenserklärungen eines unbeschränkt Geschäftsfähigen sind voll rechtswirksam.**

**Beispiel:** Eine 19-jährige Auszubildende kann Verträge ohne Genehmigung der Eltern rechtsgültig abschließen.

Für einen Volljährigen, der körperlich, geistig oder seelisch behindert ist, kann das Vormundschaftsgericht einen **Betreuer** bestellen. Dieser wird beauftragt, in den Aufgabenkreisen für den Behinderten zu handeln, die der Behinderte nicht selbst regeln kann. Der **Betreute** bleibt dabei unbeschränkt geschäftsfähig. § 1896

**Zur Wiederholung und Vertiefung**

1. Welche der folgenden Personen oder Institutionen sind juristische Personen?
   a) Sportclub Forchheim e.V.,
   b) Richter beim Landgericht,
   c) Kreissparkasse Ludwigsburg,
   d) Bundesrepublik Deutschland,
   e) Generaldirektor einer AG.
2. Jemand behauptet: „Ein fünfjähriges Kind ist weder rechts- noch geschäftsfähig". Überprüfen Sie diese Aussage.
3. Die 17-jährige Hildegard Gut steht in Ausbildung zur Kauffrau im Groß- und Außenhandel.
   a) Von der Ausbildungsvergütung stehen ihr monatlich 300 EUR als Taschengeld zur Verfügung. Eines Tages schließt sie mit dem Media-Center einen Kaufvertrag über eine Stereo-Kompakt-Anlage im Wert von 1.800 EUR ab. Wie ist die Rechtslage?
   b) Ein Onkel hat ihr für diesen Zweck 2.000 EUR geschenkt. Wie ist die Rechtslage?
   c) Unter welchen Voraussetzungen könnte sie nach Beendigung des Ausbildungsverhältnisses den Betrieb wechseln?
4. In welchem Fall kann auch ein Erwachsener geschäftsunfähig sein?

## 2.3 Rechtsgeschäfte (Bild 9)

Bürgerliches Gesetzbuch (BGB) vom 18. August 1896 mit Änderungen; insbesondere §§ 104 ff.

Die Rechtssicherheit erfordert, dass man sich rechtlich bindet. Solche Bindungen kommen durch Willenserklärungen und Rechtsgeschäfte zustande.

**Willenserklärungen.** Wer rechtswirksam tätig werden will, muss dazu *seinen Willen äußern.* Dies kann geschehen durch:

- **Mündliche Äußerung.**

  **Beispiel:** Der Verkäufer in einem Ladengeschäft nennt dem Kunden den Preis eines Artikel.

- **Schriftliche Erklärung.**

  **Beispiel:** Der Sachbearbeiter im Einkauf schickt ein ausgefülltes und unterschriebenes Angebotsformular an den Lieferer.

- **Schlüssiges Handeln,** d.h. durch eine Handlung, aus der man auf einen bestimmten Willen schließen muss.

  **Beispiele:** Hinzeigen auf ein Buch in einer Buchhandlung; Hand heben bei einer Versteigerung; Einsteigen in einen Bus.

**Rechtsgeschäfte.** Dies sind *Geschäfte, aus denen sich Rechtsfolgen* ergeben.

**Beispiel:** Der Verkäufer hat sich durch den Kaufvertrag verpflichtet, dem Käufer die Kaufsache zu übergeben und ihm das Eigentum daran zu übertragen.

**Rechtsgeschäfte entstehen** hauptsächlich **durch Willenserklärungen,** die darauf gerichtet sind, Rechtsverhältnisse zu *begründen,* zu *ändern* oder *aufzuheben.*

**Beispiele:** Abschluss eines Mietvertrags; Vereinbarung einer Mieterhöhung, Kündigung des Mietvertrages durch den Mieter.

## 2.3.1 Arten und Zustandekommen der Rechtsgeschäfte

Man unterscheidet:

**a) Einseitige Rechtsgeschäfte.** Sie entstehen durch die Willenserklärung einer Person.

1. **Empfangsbedürftige** Willenserklärungen müssen *in den Herrschaftsbereich des Empfängers* gelangen, um rechtswirksam zu werden.

   **Beispiel:** Eine Kündigung muss zum Kündigungstermin im Briefkasten oder auf dem Schreibtisch des Empfängers angekommen sein.

2. **Nicht empfangsbedürftige** Willenserklärungen werden bereits *mit ihrer Abgabe* rechtswirksam.

   **Beispiel:** Erben sind häufig nicht von der Erstellung eines Testaments unterrichtet.

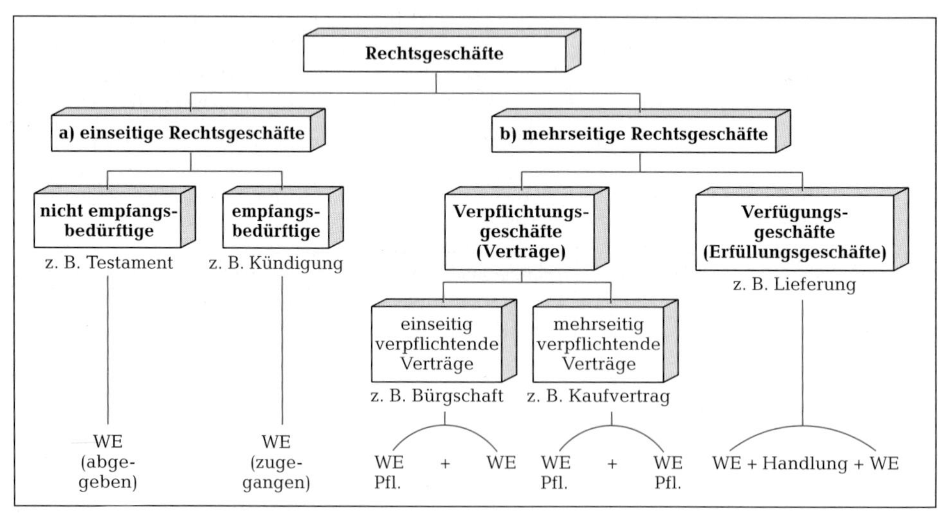


Bild 9

**b) Mehrseitige Rechtsgeschäfte.** Es können sein:

1. **Verpflichtungsgeschäfte (Verträge),** die den Vertragspartnern *Verpflichtungen zu Rechtsänderungen* auferlegen.

   **Beispiel** beim Kaufvertrag:

   Verpflichtungen des Verkäufers zur Übergabe und Eigentumsübertragung, Verpflichtung des Käufers zur Annahme und Zahlung.

**Verträge kommen durch** *übereinstimmende* **Willenserklärungen** von zwei oder mehr Personen **zustande.**

Die zuerst abgegebene Willenserklärung heißt **Antrag.** Er kann von jedem Partner ausgehen. Die zustimmende Willenserklärung heißt **Annahme.** Ein Vertrag ist mit der Annahme des Antrags abgeschlossen.

**Beispiel:** Bei Vermietung einer Wohnung kann der Vermieter durch Angabe der Mietbedingungen die Wohnung „antragen"; der Mieter bringt durch Annahme dieses Antrags den Mietvertrag zustande. Der Mieter kann aber auch dem Vermieter gegenüber den Mietantrag stellen; dann wird durch Annahme des Antrages seitens des Vermieters der Mietvertrag abgeschlossen (Bild 10).

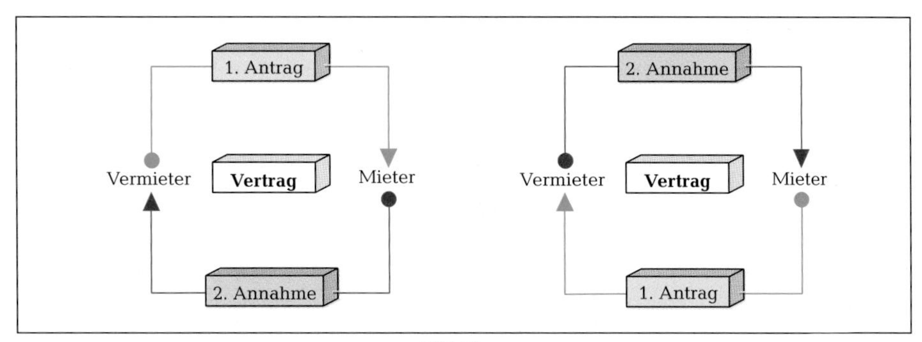


Bild 10

Je nachdem, ob sich aus einem Vertrag Leistungsverpflichtungen nur für eine der Parteien oder für beide ergeben, spricht man von *einseitig* verpflichtenden Verträgen (Bürgschaft, Schenkung) und *mehrseitig* verpflichtenden Verträgen (Kauf, Miete, Pacht, Gesellschaftsvertrag).

2. **Verfügungsgeschäfte,** durch welche *unmittelbare Rechtsänderungen* an Gegenständen bewirkt werden (z.B. Eigentumsübertragungen). Sie kommen durch **Willenserklärungen** (Einigung) **und Handlungen** (Übergabe, Grundbucheintragung) zustande. Da Verfügungsgeschäfte häufig der Erfüllung von Verträgen dienen, werden sie auch **Erfüllungsgeschäfte** genannt.

Im Wirtschaftsleben spielen die in Bild 11 dargestellten Vertragsarten des BGB eine wichtige Rolle.

| Beispiel | Vertragsart | Vertragsgegenstand | Pflichten der Vertragspartner | §§ BGB |
|---|---|---|---|---|
| Eine Familie kauft ein Auto. | **Kaufvertrag** | Erwerb eines Gegenstandes gegen Entgelt. | **Verkäufer:** Übergabe des Gegenstandes und Verschaffung des Eigentums.<br>**Käufer:** Annahme des Gegenstandes und Bezahlung des Kaufpreises. | 433–458 |
| Jemand bestellt einen Maßanzug, zu dem er den Stoff liefert. | **Werkvertrag** | Herstellung eines Werkes gegen Entgelt. | **Unternehmer:** Zustandebringen eines bestimmten Arbeitserfolges.<br>**Besteller:** Beschaffung des Stoffes, Annahme des Werkes, Bezahlung der vereinbarten Vergütung. | 631–650 |
| Jemand bestellt einen Maßanzug, zu dem der Herrenausstatter den Stoff liefert. | **Werklieferungsvertrag** | Herstellung eines Werkes aus vom Unternehmer zu lieferndem Stoff. | **Unternehmer:** Herstellung eines Werkes.<br>**Besteller:** Annahme des Werkes, Bezahlung der vereinbarten Vergütung. | 651 |

| §§ BGB | Beispiel | Vertragsart | Vertragsgegenstand | Pflichten der Vertragspartner |
|---|---|---|---|---|
| 611–630 | Ein kaufmännischer Angestellter tritt eine neue Stelle an. | **Dienstvertrag** | Leistungen von Diensten gegen Entgelt. | **Arbeitnehmer:** Verrichtung einer Arbeit.<br>**Arbeitgeber:** Bezahlung der vereinbarten Vergütung. |
| 516–534 | Ein Unternehmen spendet dem Roten Kreuz einen Notarztwagen. | **Schenkungsvertrag** | Unentgeltliche Zuwendung von Sachen oder Rechten, durch die der Beschenkte bereichert wird. | **Schenker:** Übereignung der Sache.<br>**Beschenkter:** Annahme der Sache. |
| 535–580 | Ein Auszubildender nimmt sich ein Zimmer. | **Mietvertrag** | Überlassung von Sachen zum Gebrauch gegen Entgelt. | **Vermieter:** Übergabe der Sache im vertragsgemäßen Zustand.<br>**Mieter:** Bezahlung der Miete, Rückgabe *derselben* Sache. |
| 581–597 | Ein Koch übernimmt eine Gastwirtschaft. | **Pachtvertrag** | Überlassung von Sachen und Rechten zum Gebrauch und Fruchtgenuss gegen Entgelt. | **Verpächter:** Übergabe der Sache im vertragsgemäßen Zustand.<br>**Pächter:** Bezahlung der Pacht, Rückgabe *derselben* Sache. |
| 598–606 | Ein Schüler erhält von seiner Schule kostenlos die Lehrbücher. | **Leihvertrag** | Überlassung von Sachen zum Gebrauch ohne Entgelt. | **Verleiher:** Überlassung der Sache im vertragsgemäßen Zustand.<br>**Entleiher:** Rückgabe *derselben* Sache. |
| 607–610 | Ein Kaufmann nimmt bei der Bank einen Kredit auf. | **Darlehensvertrag** | Unentgeltliche oder entgeltliche Überlassung von vertretbaren Sachen, z.B. Geld. | **Darlehensgeber:** Übereignung der Sache.<br>**Darlehensnehmer:** Rückgabe einer *gleichartigen* Sache. |

Bild 11

## Zur Wiederholung und Vertiefung

1. Wie kommt ein Vertrag zustande?
2. Nennen Sie Beispiele für einseitige und mehrseitige Rechtsgeschäfte.
3. Ein Mieter kündigt den Mietvertrag. Er wirft den Kündigungsbrief in einen Briefkasten der Deutschen Post. Welche verschiedenen Rechtslagen können sich daraus ergeben?
4. Jemand verfasst ein handschriftliches Testament und legt es in die Schreibtischschublade.
   a) Begründen Sie, ob dieses Testament im Erbfall rechtswirksam ist.
   b) Warum ist es in jedem Fall besser, das Testament einem Notar zu übergeben?
5. Stellen Sie die Unterschiede folgender Verträge einander gegenüber:
   a) Mietvertrag – Leihvertrag,
   b) Mietvertrag – Pachtvertrag,
   c) Leihvertrag – Darlehensvertrag,
   d) Werkvertrag – Dienstvertrag.
6. Welche Vertragsarten liegen vor?
   a) – Jemand „leiht" bei einer Bank 10.000 EUR.
      – Jemand „leiht" ein Auto und zahlt 0,80 EUR je gefahrenen km.
      – Jemand „leiht" ein Buch von einem Freund.
      – Eine Hausfrau „leiht" bei der Nachbarin 20 EUR zur Bezahlung des Zeitungsgeldes.
   b) – Der Kaufmann Hahn lässt seinen Geschäftswagen reparieren.
      – Für die Zeit der Reparatur besorgt sich Hahn einen Wagen von der Firma „Autoverleih Knocke".
      – Hahn hilft seinem Verkäufer Kurz finanziell bei der Anschaffung von Möbeln. Kurz zahlt monatlich 100 EUR zurück.
      – Für den Umzug stellt Hahn seinem Angestellten kostenlos den Kleintransporter des Geschäfts zur Verfügung.
      – Hahn stellt zwei Angestellte ein.

## 2.3.2 Form der Rechtsgeschäfte

Die meisten Rechtsgeschäfte bedürfen bei ihrem Abschluss und für ihre Rechtsgültigkeit keiner besonderen Form.

a) **Formfreiheit** bedeutet, dass ein Rechtsgeschäft *in jeder beliebigen Form* abgeschlossen werden kann. Willenserklärungen können also mündlich, telefonisch oder schriftlich, ja sogar durch schlüssige (konkludente) Handlungen abgegeben werden. Die Form ist also grundsätzlich für die Gültigkeit des Rechtsgeschäftes unerheblich.

Das **Telefax** als Willenserklärung hat nur in den Fällen volle rechtsgeschäftliche Wirkung, in denen auch eine mündliche Willenserklärung ausreichen würde, z.B. für die Kündigung eines Mitarbeiters. Es ist nämlich sehr schwer zu beweisen, dass das Fax den Empfänger erreicht hat. Wegen möglicher technischer Störungen reicht das Sendeprotokoll als eindeutiger Beweis nicht aus. Beim Versenden wichtiger Faxe sollten deshalb immer Zeugen anwesend sein.

b) **Formzwang** bedeutet, dass ein Rechtsgeschäft *in der gesetzlich vorgeschriebenen* oder *vertraglich vereinbarten Form* vorgenommen werden muss. Vorteile: Erhöhte Sicherheit, leichte Beweisbarkeit, Schutz vor Übereilung und Leichtfertigkeit. Folgende Formen sind möglich: — BGB § 125

1. **Schriftliche Form.** Die Urkunde muss von dem Antragsteller eigenhändig durch Namensunterschrift unterzeichnet werden. Wird über einen Vertrag nur *eine* Urkunde ausgestellt, müssen beide Parteien unterzeichnen. Werden über einen Vertrag *mehrere* Urkunden ausgestellt, so genügt es, wenn jede Partei die Urkunde unterzeichnet, die für die andere Partei bestimmt ist. — § 126

   **Beispiele:** Bürgschaftserklärungen; Wohnungsmietverträge auf länger als ein Jahr; Privattestamente müssen sogar eigenhändig geschrieben und unterschrieben sein. — §§ 766, 566 § 2231

2. **Öffentliche Beglaubigung.** Die Erklärung muss schriftlich abgefasst und die Unterschrift des Erklärenden von einem Notar beglaubigt werden. Die Beglaubigung bestätigt nur die Echtheit der *Unterschrift* und bezieht sich nicht auf den Inhalt der Urkunde. — § 129

   **Beispiele:** Schriftliche Anmeldungen und Anträge zum Handelsregister und zum Grundbuch.

3. **Öffentliche Beurkundung.** Die Willenserklärungen werden von einem Notar protokollarisch aufgenommen. Seine Beurkundung bestätigt sowohl die Echtheit der *Unterschrift* als auch den *Inhalt* der Willenserklärung. — § 128

   **Beispiel:** Beim **Kauf eines Grundstückes** ist ein *notariell beurkundeter Kaufvertrag* abzuschließen. Damit hat der Käufer den *Anspruch auf Eigentumsübertragung* erhalten. Diese erfolgt dann durch notariell beurkundete Einigung (Auflassung) und Eintragung ins Grundbuch (Abschnitt 2.4.2). — § 313

Ein **Rechtsgeschäft** ist **nichtig,** wenn die vorgeschriebene oder vereinbarte **Form nicht beachtet** wurde.

## 2.3.3 Nichtigkeit und Anfechtbarkeit von Rechtsgeschäften

### Nichtigkeit von Willenserklärungen und Rechtsgeschäften

Folgende Willenserklärungen und Rechtsgeschäfte sind *von Anfang an* **nichtig:** — § 105 (1)

a) Willenserklärungen von Geschäftsunfähigen.

**Beispiel:** Ein 6-jähriges Kind kann sein Dreirad nicht rechtswirksam seiner Freundin schenken. Die Eltern können die Herausgabe verlangen.

b) Willenserklärungen, die im Zustand der Bewusstlosigkeit oder vorübergehender Störung der Geistestätigkeit abgegeben wurden. — § 105 (2)

**Beispiel:** Jemand verschenkt „im Rausch" seine Armbanduhr.

c) Willenserklärungen, die zum Schein abgegeben wurden. — § 117

**Beispiel:** Der Käufer eines Hauses lässt beim Notar in den Kaufvertrag nicht die tatsächlich verabredete Kaufsumme von 450.000 EUR eintragen, sondern nur 300.000 EUR, um die Grunderwerbsteuer zu vermindern. Der Scheinvertrag über 300.000 EUR ist nichtig.

BGB § 108

d) Rechtsgeschäfte von beschränkt Geschäfsfähigen, wenn der gesetzliche Vertreter die erforderliche Zustimmung nicht erteilt.

**Beispiel:** Eine 17-jährige Auszubildende bucht in einem Reisebüro ohne Erlaubnis der Eltern eine Reise nach Mallorca zu 998 EUR. Der Vertrag ist nichtig, wenn die Eltern ihre Zustimmung versagen.

§ 134

e) Rechtsgeschäfte, die gegen ein gesetzliches Verbot verstoßen.

**Beispiel:** Ein 19-jähriger Schüler vereinbart mit einem Dealer den Kauf von 10 g Haschisch. Er verweigert die Annahme und Bezahlung mit der Begründung, dass Drogenhandel verboten und der Kaufvertrag deshalb nichtig ist.

§ 138

f) Rechtsgeschäfte, die gegen die guten Sitten verstoßen.

**Beispiel:** Jemand verlangt für ein Darlehen 30% Zinsen. Der Darlehensvertrag ist nichtig (Wucher).

§ 125

g) Rechtsgeschäfte, die gegen die gesetzlichen oder rechtsgeschäftlich bestimmten Formvorschriften verstoßen.

**Beispiel:** Ein mündlich abgeschlossener Grundstückskauf ist nichtig, weil er der notariellen Beurkundung bedarf.

## Anfechtbarkeit der Rechtsgeschäfte

§ 142

Gültig zustande gekommene Rechtsgeschäfte werden **durch Anfechtung** mit *rückwirkender Kraft* nichtig. **Anfechtungsgründe** sind:

§§ 119–122

**a) Irrtum**

1. Irrtum in der *Erklärung.* Die Äußerung des Erklärenden entspricht nicht dem, was er äußern wollte.

   **Beispiel:** Bei einem Angebot wird als Preis 15 EUR statt 50 EUR durch Versprechen oder Verschreiben angegeben.

2. Irrtum in der *Übermittlung.* Die Willenserklärung ist durch die mit der Übermittlung beauftragte Person oder Anstalt unrichtig weitergegeben worden.

   **Beispiel:** Der Bote einer Autowerkstatt wird beauftragt, eine Auspuffanlage für den Autotyp A4 im Zentrallager zu kaufen. Versehentlich verlangt er dort aber eine Auspuffanlage für den Typ A6.

3. Irrtum über *wesentliche Eigenschaften* der Person oder Sache. Die Eigenschaften, über die man sich geirrt hat, müssen für die Abgabe der Willenserklärung wesentlich gewesen sein.

   **Beispiel:**

   1. Ein Geschäftsmann stellt einen Kassierer ein und erfährt nachträglich, dass dieser wegen Unterschlagung vorbestraft ist.
   2. Ein Kunsthändler verkauft die Fälschung eines Gemäldes; Verkäufer und Käufer halten die Fälschung zunächst für ein Original.

Anfechtungsberechtigt ist, wer sich geirrt hat. Die Anfechtung muss *unverzüglich* nach Entdeckung des Irrtums erfolgen. Entsteht durch die Anfechtung ein Schaden, so ist der Anfechtende ersatzpflichtig.

*Kein* Anfechtungsrecht besteht bei Irrtum im *Beweggrund (Motiv),* der zur Abgabe der Willenserklärung geführt hat, sowie bei schuldhafter Unkenntnis.

**Beispiel:**

1. Jemand kauft Aktien in der irrigen Annahme, dass der Kurs steigen werde.
2. Ein Kaufmann unterschreibt einen Bestellschein, ohne vorher die auf der Rückseite abgedruckten Verkaufsbedingungen gelesen zu haben, und stellt nachher fest, dass diese mit den mündlichen Absprachen nicht übereinstimmen.

§ 123
§ 124

**b) Arglistige Täuschung oder widerrechtliche Drohung**

Die Anfechtung hat binnen Jahresfrist ab Entdeckung der Täuschung oder seit Wegfall der Zwangslage zu erfolgen.

**Beispiel:**

1. Ein Gebrauchtwagenhändler verkauft einen Unfallwagen als „garantiert unfallfrei".
2. Ein Arbeitnehmer droht dem Arbeitgeber mit einer Anzeige wegen Steuerhinterziehung, falls er seine Forderung auf Gehaltserhöhung ablehnt.

**Zur Wiederholung und Vertiefung**

1. Begründen Sie, ob folgende Rechtsgeschäfte gültig sind:
   a) Ein maschinenschriftlich abgefasstes und eigenhändig unterschriebenes Testament;
   b) ein mündlich abgeschlossener Vertrag über den Verkauf eines Gebrauchtwagens;
   c) ein schriftlich abgefasster Vertrag über den Kauf eines Hauses;
   d) ein mündlich abgeschlossener Vertrag über die Vermietung eines Wohnhauses für die Dauer von 5 Jahren (vgl. § 566 BGB).
2. Wie ist die Rechtslage in folgenden Fällen:
   a) Ein Waffenschieber schließt einen Kaufvertrag über die Lieferung von Maschinenpistolen ab.
   b) Beim Schreiben eines Angebots vertippt sich die Sekretärin und gibt als Einzelpreis 58 EUR statt 85 EUR an. Der Kunde bestellt darauf 80 Stück zu je 58 EUR.
   c) Der Vorstand eines Kegelclubs hat vor 4 Wochen für eine Wochenend-Ausflugsfahrt einen Omnibus bestellt. Der Wetterbericht kündigt am Freitag vor dem Ausflug nasskaltes, regnerisches Wetter an. Der Vorstand möchte deshalb die Bestellung wegen Irrtums anfechten.

## 2.3.4 Vertragsfreiheit und Allgemeine Geschäftsbedingungen

### Wesen und Grenzen der Vertragsfreiheit

Das Leben in Freiheit schließt das Recht der Menschen mit ein, ihre Beziehungen zueinander durch Verträge frei und eigenverantwortlich zu regeln. Die Vertragsfreiheit ist wesentliches Merkmal der Marktwirtschaft.

Die Vertragsfreiheit hat dort ihre Grenzen, wo der Einzelne bzw. die Allgemeinheit schutzbedürftig ist. Deshalb enthält unsere Rechtsordnung Regelungen, die **zwingendes** Recht sind und durch die Vertragspartner nicht abgeändert werden können.

**Beispiele:**

1. Die Zustimmung des gesetzlichen Vertreters, ohne die ein Vertrag mit einem beschränkt Geschäftsfähigen nicht rechtswirksam ist, kann durch vertragliche Vereinbarung nicht ausgeschlossen werden.
2. Ein Vertrag, der Rauschgifthandel zum Inhalt hat, ist nichtig.
3. Beim Grundstückskauf wird zum Schutz der Vertragspartner die notarielle Beurkundung vorgeschrieben.

### Einschränkung der Vertragsfreiheit durch Allgemeine Geschäftsbedingungen (AGB)

Unter **AGB** versteht man **Vertragsbedingungen,** die für eine Vielzahl von Verträgen **vorformuliert** und auf der Vertragsurkunde (Angebots-, Bestellformular) oder auf einem besonderen Blatt abgedruckt werden.

AGB-G § 1

Sie sollen, ohne im Einzelnen ausgehandelt zu sein, Vertragsbestandteil werden.

Die Gefahr der AGB liegt darin, dass vor allem Nichtkaufleute durch ungünstige AGB benachteiligt werden können. Kaufleute könnten, um zu einem möglichst reibungslosen Vertragsabschluss zu kommen, mit der Sorglosigkeit und Unkenntnis der Kunden rechnen, die das „Kleingedruckte" meistens nicht lesen.

**Gesetz zur Regelung des Rechts der AGB.** Das AGB-Gesetz soll eine Benachteiligung des wirtschaftlich Schwächeren durch vorformulierte Bedingungen verhindern.

a) **Allgemein** gelten folgende Regelungen:
   - Individuelle Vertragsabreden haben Vorrang vor den AGB. (§ 4)
   - Bestimmungen der AGB, die den Vertragspartner unangemessen benachteiligen würden, sind unwirksam. (§ 9)

AGB-G §§ 2, 24

b) Zum Schutz der **Nichtkaufleute** legte das AGB-Gesetz fest, dass AGB nur dann Vertragsbestandteil werden, wenn der Kaufmann ausdrücklich auf die AGB hinweist bzw. diese deutlich sichtbar am Ort des Vertragsabschlusses aushängt.

§§ 11, 24

Außerdem sind u.a. folgende Bestandteile von AGB bei Verträgen mit Nichtkaufleuten unwirksam:

- der Ausschluss des Rücktritts bzw. des Rechts auf Schadenersatz beim Lieferungsverzug,
- Ausschluss oder Beschränkung von Gewährleistungsansprüchen,
- Verkürzung der gesetzlichen Gewährleistungsfristen.

Solche Vertragsbestandteile haben gegenüber Nichtkaufleuten nur Gültigkeit, wenn sie besonders vereinbart wurden.

§§ 24a

Darüber hinaus sind einige Bestimmungen des AGB-Gesetzes auch dann anzuwenden, wenn vorformulierte Vertragsbedingungen nur für einen einzelnen Vertrag bestimmt sind, der Verbraucher aber aufgrund der Vorformulierung keinen Einfluss auf ihren Inhalt hatte.

**Zur Wiederholung und Vertiefung**

1. Warum gelten einige Bestimmungen des AGB-Gesetzes nur gegenüber Nichtkaufleuten?
2. Entscheiden Sie, ob folgende Klauseln in den AGB eines Händlers gegenüber Nichtkaufleuten Gültigkeit haben:
   a) Mängel an der Ware können nur innerhalb von 14 Tagen geltend gemacht werden.
   b) Rücktritt vom Kaufvertrag wird als Gewährleistungsanspruch ausgeschlossen.
3. Was kann ein Händler gegenüber einem Nichtkaufmann unternehmen, um Bestimmungen, die in AGB unwirksam wären, rechtswirksam zu vereinbaren?

## 2.4 Besitz und Eigentum

GG Art. 14, 15

Die marktwirtschaftliche, freie Wirtschaftsordnung ist auf privates Eigentum gegründet.

### 2.4.1 Abgrenzung von Besitz und Eigentum

**Besitz** ist die *tatsächliche*, **Eigentum** die *rechtliche* Herrschaft über eine Sache.

BGB § 903

Besitzer ist, wer eine Sache *hat*, Eigentümer ist der, dem sie *gehört*. Der Eigentümer kann mit der Sache nach Belieben verfahren, soweit nicht das Gesetz oder Rechte Dritter entgegenstehen.

Besitzer und Eigentümer einer Sache sind normalerweise die gleiche Person. Jedoch kann jemand eine Sache im Besitz haben, ohne ihr Eigentümer zu sein, z.B. Mieter, Pächter und Entleiher, Kommissionäre, Lagerhalter, Frachtführer. Diebe sind widerrechtliche Besitzer.

§ 858
§ 859
§ 861
§ 862

Besitz und Eigentum unterstehen dem *Schutze des Gesetzes*. Wird dem **Besitzer** der Besitz widerrechtlich entzogen, so hat er das Recht der *Selbsthilfe*. Er darf dem auf frischer Tat angetroffenen Täter die Sachen abnehmen, wenn nötig mit Gewalt. Später hat er kein Selbsthilferecht mehr, jedoch hat er *gerichtlichen Besitzschutz;* er kann auf Wiedereinräumung des Besitzes oder Beseitigung der Besitzstörung klagen.

§ 985
§ 1004

Wird dem **Eigentümer** der Besitz einer Sache widerrechtlich entzogen, so kann er auf *Herausgabe* klagen. Wird ihm der Besitz in anderer Weise beeinträchtigt, so kann er die *Beseitigung der Störung* verlangen und im Weigerungsfalle auf *Unterlassung* klagen.

**Zur Wiederholung und Vertiefung**

Wie ist die jeweilige Rechtslage?

1. Es wird Ihnen Ihr eigenes oder ein entliehenes Fahrrad entwendet. Sie haben den Dieb auf frischer Tat ertappt oder nach zwei Tagen entdeckt.
2. Der Mieter eines Lagerhauses gibt den Raum nicht frei, obwohl der Vermieter rechtzeitig gekündigt hat.
3. Der Mieter macht ohne Erlaubnis des Vermieters bauliche Änderungen.

## 2.4.2 Eigentumserwerb (Bild 12)

Die Übertragung von Eigentum an beweglichen und unbeweglichen Gegenständen spielt im privaten und im geschäftlichen Leben eine bedeutsame Rolle.

**a) An beweglichen Sachen** erfolgt die Eigentumsübertragung

1. **durch Einigung** zwischen Veräußerer und Erwerber, dass das Eigentum übergehen soll, **und Übergabe,** wenn sich der Gegenstand beim Veräußerer befindet. Die Einigung erfolgt meist stillschweigend. Durch Übergabe wird der Erwerber Besitzer, durch Einigung *und* Übergabe Eigentümer.

   BGB § 929

   **Beispiel:** Der Buchhändler übergibt dem Käufer das gekaufte Buch. Sie sind sich einig über die beabsichtigte Eigentumsübertragung.

2. **durch Einigung und Abtretung** des Herausgabeanspruchs, wenn sich der Gegenstand bei einem Dritten befindet. Diese Abtretung kann erfolgen durch Zession oder Übergabe eines indossierten Orderpapieres (Orderlagerschein, -ladeschein, -konnossement, Abschnitt 12.5.1).

   **Beispiel:** Ein Lieferer verkauft Ware, die er in einem Lagerhaus eingelagert hat. Mit der Einigung und der Übergabe des Lagerscheines geht das Eigentum auf den Erwerber über.

3. **durch Einigung,** dass der Besitzer Eigentümer werden soll, wenn sich der Gegenstand bereits beim Erwerber befindet.

   § 929 (2)

   **Beispiele:** Kauf des bisher leihweise überlassenen Verpackungsmaterials, Kauf einer auf Probe überlassenen Stereo-Anlage.

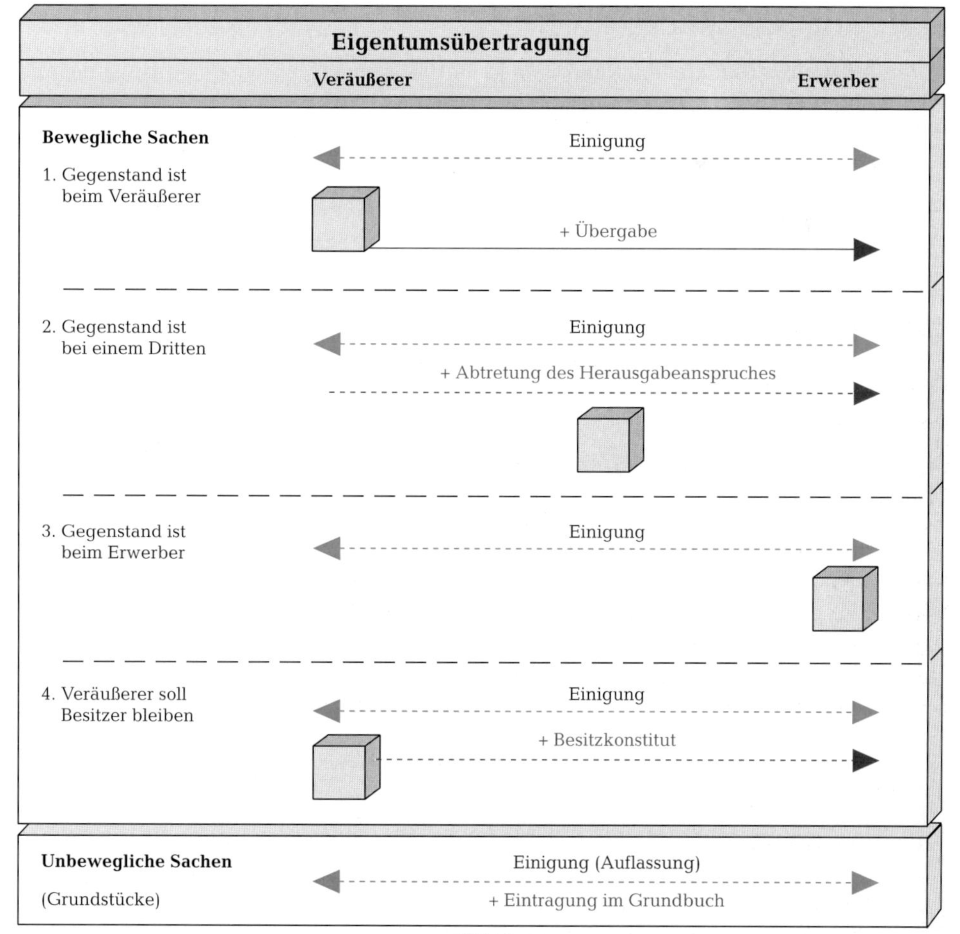


Bild 12

BGB § 930

4. **durch Einigung,** dass der Erwerber Eigentümer werden soll, **und Vereinbarung,** dass der Veräußerer Besitzer bleibt *(Besitzkonstitut).*

   **Beispiel:** Kauf von Effekten bei der Bank und Verwahrung in deren Depot.

§ 873

**b) An unbeweglichen Sachen** (Grundstücken) erfolgt die Eigentumsübertragung **durch Auflassung und Eintragung im Grundbuch.** Die Auflassung ist die Einigung zwischen Veräußerer und Erwerber, dass das Eigentum übergehen soll; sie muss bei gleichzeitiger Anwesenheit beider Teile vor einem Notar erklärt und durch ihn beurkundet werden. Die Eintragung ins Grundbuch ist bei Grundstücken das äußere Zeichen des Eigentumsübergangs.

§ 925

Die Eintragung erfolgt, wenn

- die Auflassung nachgewiesen ist,
- die Eintragung bewilligt und beantragt wird,
- eine Bestätigung des Finanzamtes über die Entrichtung der Grunderwerbsteuer vorliegt.

Um den Vertragsparteien den Weg zum Grundbuchamt zu ersparen, erfolgt häufig mit dem Abschluss des notariell beurkundeten Kaufvertrags zugleich die Auflassung in Verbindung mit der Eintragungsbewilligung und dem Eintragungsantrag. Die Akte geht dann an das Grundbuchamt.

§ 932

**Gutgläubiger Eigentumserwerb.** Verkauft jemand eine Ware, die ihm gar nicht gehört, so erwirbt der Käufer dennoch das Eigentum, wenn er im *„guten Glauben"* ist. Gutgläubig ist er, wenn er den Veräußerer nach den Umständen für den Eigentümer halten darf.

**Beispiel:** Ein Textilhändler verkauft ein Kleid, für das sich der Kleiderfabrikant das Eigentum noch vorbehalten hat, im Laden zum normalen Preis an eine Kundin. Die Kundin ist gutgläubig. Sie wird aus Gründen der Rechtssicherheit Eigentümerin des Kleides.

HGB § 366

Veräußert oder verpachtet ein *Kaufmann* im Betrieb seines Handelsgewerbes eine ihm nicht gehörende Sache, so ist gutgläubiger Erwerb auch dann möglich, wenn der Veräußerer für *verfügungsberechtigt* gehalten werden darf (Kommissionär).

BGB § 935

Gutgläubiger Erwerb ist **nicht** möglich an *gestohlenen, verloren gegangenen* oder sonst *abhanden gekommenen* Sachen. Der Eigentümer kann von jedem späteren Erwerber die Herausgabe seines Eigentums ohne Erstattung eines Entgelts verlangen. Auf Geld und Inhaberpapiere findet diese Bestimmung keine Anwendung.

## Zur Wiederholung und Vertiefung

1. Wann und wo geht das Eigentum an einer Ware in folgenden Fällen auf den Käufer über?
   a) Der Käufer kauft die Ware im Laden und nimmt sie mit (Handkauf).
   b) Der Verkäufer sendet die Ware dem Käufer am gleichen Platz zu (Platzkauf).
   c) Verkäufer und Käufer wohnen an verschiedenen Orten, und der Verkäufer sendet die Ware mit der Bahn zu (Versendungskauf).
2. Frau Reich kauft einen Perserteppich gegen sofortige Zahlung.
   a) Wann würde sie normalerweise das Eigentum erwerben?
   b) Nach einigen Tagen erhält sie die polizeiliche Aufforderung, den Teppich abzuliefern, da er aus einem Einbruchdiebstahl stamme. Was kann sie bezüglich des Teppichs beziehungsweise des gezahlten Kaufpreises unternehmen?
   c) Welche Lage ergäbe sich, wenn sie den Teppich von einem „fliegenden" Händler an der Haustür erworben hätte?
   d) Welche Folgerungen ziehen Sie daraus bezüglich Käufen bei „fliegenden" Händlern?
3. Ein Angestellter hat ein Leben lang für ein Eigenheim gespart. Ein Jahr vor seinem Ruhestand schließt er mit der Solidbau GmbH & Co. einen notariellen Grundstückskauf- und Aufbauvertrag für ein Haus in reizvoller Aussichtslage. Im Vertrauen darauf, hierdurch Grundstückseigentum erworben zu haben, zahlt er der Solidbau einen Betrag von 320.000 EUR an. Einige Wochen später, der Bau ist noch nicht begonnen, wird über die Solidbau, deren Haftungskapital 25.000 EUR beträgt, das Insolvenzverfahren eröffnet.
   a) Wie stellt sich der Käufer im Insolvenzverfahren der Solidbau, wenn eine Auflassung noch nicht stattgefunden hatte?
   b) Wie hätte er sich vorher verhalten sollen?

# 3 Beschaffung und Lagerhaltung

Am Beginn des betrieblichen Leistungsprozesses steht die **Beschaffung der Produktionsfaktoren.** Sie ist neben der Produktion und dem Absatz eine der Hauptfunktionen im Güterstrom, der den Betrieb fortwährend in Richtung Absatzmarkt durchfließt (Abschnitte 1.3 und 1.4).

Im Industriebetrieb sind hauptsächlich folgende **Produktionsfaktoren** zu beschaffen:

- **Arbeitskräfte.** Ihre Beschaffung ist Gegenstand der Personalwirtschaft (Abschnitt 7.9.1) und Aufgabe der Personalabteilung. Die Zuordnung der Personalbeschaffung zum Personalbereich hat den Vorzug, dass bei den Beschaffungsvorgängen die Spezialkenntnisse über den Arbeitsmarkt verwertet werden können.
- **Betriebsmittel.** Soweit es sich dabei um die Beschaffung der *Grundstücke, Gebäude* und *Großanlagen* handelt, ist sie zunächst Aufgabe der Leitungsorgane. Schon bei der Gründung, bei Erweiterungen, grundlegenden Erneuerungen und bei Umstellungen in der Betriebsstruktur wählen sie den Standort und legen die Betriebskapazität fest. Einzelheiten der Beschaffung werden im Rahmen der getroffenen Entscheidungen an die untergeordneten Aufgabenträger delegiert.

  Die Beschaffung der *Betriebsmittel geringeren Wertes* (z.B. Werkzeuge, Betriebsstoffe) kann derjenigen Abteilung übertragen werden, die sie benötigt, oder aber der Einkaufsabteilung, der auch die Werkstoffbeschaffung obliegt und welche die vorhandenen Spezialkenntnisse im Beschaffungswesen verwerten kann.

  **Beispiel:** Die Beschaffung von Werkzeugen kann den Betriebsleitern oder Meistern in der Fertigung übertragen werden, welche die Anforderungen des Werkzeugeinsatzes genau kennen. Sie kann aber auch Aufgabe von Einkäufern im Beschaffungsbereich sein, die ihre Erfahrungen im Aushandeln günstiger Einkaufsbedingungen einsetzen können.
- **Werkstoffe.** Die Beschaffung der Rohstoffe, Hilfsstoffe und Fertigteile ist meistens Aufgabe der Einkaufsabteilung, die bei ihren Entscheidungen in technischen Angelegenheiten die Einsatzstellen im Fertigungsbereich zu Rate zieht.

**Aufgabe der Materialwirtschaft** ist die *kontinuierliche* oder in kürzeren Perioden *wiederkehrende* **Versorgung des Betriebs** mit

- **Rohstoffen,** die beim Produktionsprozess *als Hauptbestandteil in das Erzeugnis* eingehen,
- **Hilfsstoffen,** die als *Nebenbestandteile in das Produkt* eingehen,
- **fremdbezogenen Teilen,** die *unverändert Bestandteile des Produkts* werden,
- **Betriebsstoffen,** die beim Produktionsprozess *verbraucht werden,*
- **Handelswaren** und **Zubehörteilen,** die zur Ergänzung des eigenen Produktionsprogrammes *beschafft und weiterveräußert* werden.

**Beispiel** (Schuhfabrik):

| | |
|---|---|
| Rohstoff: | Leder |
| Hilfsstoffe: | Klebstoff, Bindfaden |
| Fremdbezogenes Teil: | Kunststoffsohle |
| Betriebsstoff: | Schmiermittel für Maschinen |
| Zubehör: | Schnürsenkel |
| Handelsware: | Schuhspanner, Pflegemittel |

Die Beschaffung muss sich nach dem Fertigungsablauf richten, sodass kein Leerlauf in der Fertigung entsteht; andererseits soll kein kostspieliges Kapital in unrationellen Lagervorräten gebunden sein.

**Zur Wiederholung und Vertiefung**

1. Stellen Sie fest, welche Abteilungen Ihres Betriebes zuständig sind für die Beschaffung von
   a) Arbeitskräften, c) Werkzeugen, e) Betriebsstoffen,
   b) Grundstücken, d) Rohstoffen, f) Handelswaren bzw. Zubehör?
2. Welche Unterschiede bestehen zwischen Rohstoffen, Hilfsstoffen, Betriebsstoffen, fremdbezogenen Fertigteilen, Handelswaren und Zubehör?

# 3.1 Beschaffungsplanung und Bezugsquellenermittlung

Im günstigen Einkauf liegt der halbe Erfolg. Dieser Satz beleuchtet schlagwortartig die Bedeutung der Beschaffungsfunktion. Sie setzt eine sorgfältige Beschaffungsplanung voraus.

## 3.1.1 Beschaffungsplanung

**Ziel der Beschaffungsplanung** ist die **Bereitstellung der Materialien für die Fertigung**
- in der *benötigten Art und Qualität,*
- in der *erforderlichen Menge,*
- zur *rechten Zeit* am *richtigen Ort* und
- mit *minimalen Kosten.*

Die schwierigsten Entscheidungen im Rahmen der Beschaffungsplanung sind hinsichtlich der **Menge,** dem **Zeitpunkt** und dem **Preis** der Beschaffung zu treffen.

### Mengenplanung

#### Feststellung des Materialbedarfs

Der **Materialbedarf** ist von dem Fertigungsprogramm abhängig, das mit dem Material bestritten werden soll. In gut organisierten Betrieben wird er in der Regel nicht unmittelbar von der Einkaufsabteilung festgestellt, sondern von Abteilungen, die eine größere Nähe zur Produktion aufweisen, nämlich:

a) **Arbeitsvorbereitung.** Die Abteilung plant und steuert den Fertigungsablauf. Anhand von **Konstruktionszeichnungen** und **Konstruktionsstücklisten** (Abschnitt 5.1.1), die den Materialeinsatz *je zu fertigender Leistungseinheit* aufzeigen, kann sie auch den *gesamten* Materialbedarf für das vorzubereitende Produktionsprogramm errechnen. Er wird sodann mit Hilfe von **Anforderungsscheinen** bei der **Einkaufsabteilung** angefordert.

   In chemischen Betrieben kann der Materialbedarf anhand der **Rezepte** in **Laboratorien** ermittelt werden. In Betrieben der Urproduktion (Bergwerke, Abbaubetriebe) und der Stromerzeugung (Kraftwerke) fällt kein Bedarf an Rohstoffen, sondern nur an Hilfs- und Betriebsstoffen an; er wird unmittelbar von der Lagerverwaltung ermittelt.

b) **Lagerverwaltung.** Anhand der **Beständedatei** überwacht sie fortwährend die lagernden Materialbestände. Der Materialbedarf ist dann mit den durch Materialeinsatz in der Fertigung *eingetretenen Bestandsminderungen* identisch. Er wird mittels **Anforderungsscheinen** bei der **Einkaufsabteilung** abgerufen.

Die Bedarfsermittlung für *Rohstoffe* wird zumeist von der **Arbeitsvorbereitung,** für *Hilfsstoffe und Betriebsstoffe* in der **Lagerverwaltung** vorgenommen (Bild 13).

| Bedarfsfeststellung | | |
|---|---|---|
| **Zuständige Abteilung** | **Arbeitsvorbereitung** | **Lagerverwaltung** |
| **Grundlage der Bedarfsfeststellung** | Fertigungsplanung | Lagerplanung |
| **Hilfsmittel der Berechnung** | Konstruktionsstücklisten | Lagerkartei, Lagerdatei |
| **Ermittlung der Bedarfsmengen** | Bedarf je Stück x geplante Fertigungsmenge | eingetretene Bestandsminderungen |
| **Häufige Anwendung** | Bedarf an Rohstoffen | Bedarf an Hilfs- und Betriebsstoffen |
| **Anforderung des Bedarfs** | von Arbeitsvorbereitung | von Lagerverwaltung |
| | bei der Einkaufsabteilung mit Anforderungsschein | |

Bild 13

## ■ Methoden der Bedarfsermittlung

In der Arbeitsvorbereitung bzw. Lagerverwaltung muss man sich bei den verschiedenen Materialarten für eine mehr oder weniger exakte Bedarfsbestimmung entscheiden:

a) **Stücklistenverfahren.** Es wird bei *Rohstoffen* angewandt, deren Bedarf sich **anhand von Stücklisten** *errechnen lässt* (Maschinen-, Geräte-, Möbel-, Textilfertigung).

Die Stückliste ist eine Zusammenstellung sämtlicher Bestandteile des zu fertigenden Erzeugnisses (Abschnitt 5.1.1), wie sie sich aus den Konstruktionszeichnungen ergeben. Die Mengenangaben (Stückzahlen, Gewichte, Längen-, Flächen-, Raummaße) für die einzeln aufgeführten Materialien beziehen sich dabei auf *eine* herzustellende Erzeugniseinheit.

Liegen für eine Planungsperiode die zu fertigenden Erzeugnismengen fest, so *errechnet* sich der anzufordernde Materialbedarf durch **Multiplikation des Materialbedarfs je Erzeugniseinheit mit der Zahl der herzustellenden Erzeugnisse.** Oft müssen noch Zuschläge für fertigungsbedingten Abfall, Verschnitt und Ausschuss hinzugefügt werden.

b) **Rezeptverfahren.** Damit wird analog dem Stücklistenverfahren der Bedarf an *Rohstoffen* ermittelt, der sich **nach Rezepten** anstelle von Stücklisten *errechnen* lässt (Fertigung chemischer Produkte).

c) **Schätzverfahren.** Es wird in aller Regel bei der Ermittlung des Bedarfs an *Hilfs- und Betriebsstoffen* **aufgrund von Erfahrungswerten früherer Fertigungsperioden** angewandt. Auch bei geringwertigen Rohstoffen mit niedrigen Lagerkosten kann man sich mit Verbrauchs*schätzungen* begnügen.

Grundlage der Schätzungen sind die **durchschnittlichen Lagerentnahmen vorausgegangener vergleichbarer Zeitabschnitte.** Sie setzen daher eine kontinuierliche Lagerbuchführung voraus. Bei Änderungen der Beschäftigungslage müssen entsprechende Zu- oder Abschläge vorgenommen werden.

## ■ Bedarfsmengen und Bestellmengen

Die bedarfsermittelnden Stellen, die Arbeitsvorbereitung oder die Lagerverwaltung, fordern die benötigten Materialmengen bei der **Einkaufsabteilung** an. Dort werden die Anforderungen nach Materialarten sortiert und Bedarfsmengen gleichen Materials zusammengefasst.

Der Materialbedarf für die Fertigung kann grundsätzlich

a) ganz oder teilweise *durch Einkauf gedeckt* oder

b) ganz oder teilweise *aus Lagerbeständen entnommen* werden.

Zur Ermittlung der erforderlichen Bestellmengen muss die Einkaufsabteilung die angeforderten Bedarfsmengen *um mögliche Lagerbestandsentnahmen vermindern* bzw. *um erforderliche Lagerbestandsmehrungen,* etwa zur Ergänzung der Sicherheitsbestände, *erhöhen.*

## ■ Optimale Bestellmenge

**Ziel der Mengenplanung** ist es,

- einerseits so große Vorräte zu beschaffen, dass die **Produktionsbereitschaft und Lieferfähigkeit gesichert** ist,
- andererseits die Vorräte so niedrig zu halten, dass kein Kapital unnötig gebunden ist und die **Beschaffungs- und Lagerhaltungskosten möglichst gering** sind.

Diese gegeneinander strebenden Ziele müssen *in optimaler Weise miteinander abgestimmt* werden **(optimale Bestellmenge).**

Bei Bestellung großer Mengen werden von den Lieferern in der Regel günstigere Lieferungs- und Zahlungsbedingungen, insbesondere höhere Mengenrabatte, eingeräumt als bei kleinen Bestellmengen. Außerdem erfordern höhere Bestellmengen weniger Bestellvorgänge und damit weniger Bestellkosten.

Dies könnte zu der vordergründigen Annahme verleiten, möglichst große Bestellmengen für lange Zeiträume seien optimal. Man muss aber erkennen, dass den niedrigeren Beschaffungskosten höhere Lagerhaltungskosten gegenüberstehen, da sich die Lagerdauer verlängert und das Lagerrisiko steigt (Abschnitt 3.4.2).

**Beispiel:** Bei der Beschaffung eines Rohstoffes wird in einem Industriebetrieb mit folgenden Bedingungen gerechnet:

- Jahresbedarf 1.800 Stück,
- Beschaffungskosten (Bk) 15 EUR je Bestellvorgang ohne Rabattabzug,
- Lagerkostensatz (Lks) 5% des durchschnittlichen Lagerbestandswertes. Der durchschnittliche Lagerbestand beträgt die Hälfte der Bestellmenge; er wird mit einem Bezugspreis (p) von 5 EUR je Stück bewertet.

Die Einkaufsabteilung hat sich für Bestellmengen (x) von 100 Stück oder einem Vielfachen davon bis 900 Stück zu entscheiden.

a) Es sollen tabellarisch für die in Frage kommenden Bestellmengen jeweils die Anzahl der jährlichen Bestellvorgänge, die Beschaffungskosten, der durchschnittliche Lagerbestand, die Lagerhaltungskosten und die Summe der beiden Kostenarten ermittelt werden.

b) Welches wäre die optimale Bestellmenge?

| 1 | 2 | 3 | 4 | 5 | 6 |
|---|---|---|---|---|---|
| **Bestellmenge** | **Anzahl der Bestell-vorgänge** | **Beschaffungs-kosten** | **Durchschnitt-licher Lager-bestand** | **Lagerhaltungs-kosten** | **Beschaffungs- und Lager-haltungskosten** |
| Stück | | EUR | Stück | EUR | EUR |
| x | $\frac{M}{x}$ | $\frac{M}{x}$ x Bk | $\frac{x}{2}$ | $\frac{x}{2}$ x p x $\frac{Lks}{100}$ | Spalte 3 + 5 |
| 100 | 18 | 270 | 50 | 12,50 | 282,50 |
| 200 | 9 | 135 | 100 | 25 | 160 |
| 300 | 6 | 90 | 150 | 37,50 | 127,50 |
| 400 | 4,5 | 67,50 | 200 | 50 | 117,50 |
| 465 | 3,871 | 58,065 | 232,5 | 58,125 | 116,19 |
| 500 | 3,6 | 54 | 250 | 62,50 | 116,50 |
| 600 | 3 | 45 | 300 | 75 | 120 |
| 700 | 2,57 | 38,57 | 350 | 87,50 | 126,07 |
| 800 | 2,25 | 33,75 | 400 | 100 | 133,75 |
| 900 | 2 | 30 | 450 | 112,50 | 142,50 |

Bild 14

**Ergebnis:** Die optimale Bestellmenge liegt im Bereich von 500 Stück (465 Stück).

Daraus folgt (Bilder 14 und 15):

**Optimal** ist diejenige **Bestellmenge,** bei der die **Summe aus Beschaffungs- und Lagerhaltungskosten,** auf eine Mengeneinheit bezogen, **am geringsten** ist.

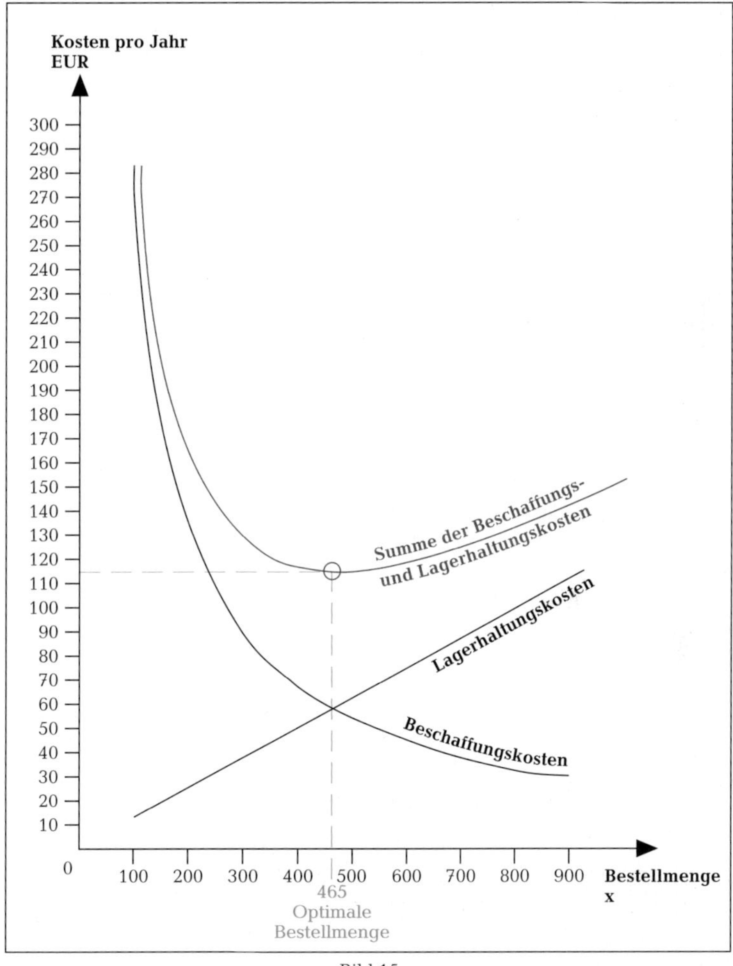


Bild 15

## Zeitplanung

Eine zu frühzeitige Materialanlieferung verursacht unnötige Lagerhaltungskosten; eine verspätete Materialbereitstellung verhindert den rechtzeitigen Fertigungsbeginn, stört den Produktionsfluss durch Leerlauf und stellt die Lieferbereitschaft des Industriebetriebs in Frage. Die Beschaffungsplanung sollte deshalb eine kostensparende *und termingerechte Materialbereitstellung* für die Fertigung gewährleisten.

Bei der Planung der **Beschaffungszeitpunkte** unterscheidet man

**a) Vorratsbeschaffung.** Die Beschaffung der Einsatzstoffe auf Vorrat setzt Möglichkeiten einer mehr oder minder umfangreichen **Lagerhaltung** voraus. Im Materiallager werden die Materialien für die Fertigung auf Anforderung bereitgehalten. Die Lagerorganisation und die Lagerbestandskontrolle (Abschnitt 3.4.1) besorgen durch Festlegung von

- **Meldebeständen** die Auslösung der Beschaffungsvorgänge, z.B. durch Meldung vom Lager an den Einkauf, und
- **Mindestbeständen** (Vorratspuffer) die Sicherung eines reibungslosen Fertigungsablaufs, auch bei Störungen im Beschaffungsablauf, z.B. durch Streiks im Zulieferbereich oder bei den Verkehrsträgern oder durch witterungsbedingte Transportverzögerungen.

Vorratsbeschaffung ist der **Regelfall** der Materialbeschaffung.

**b) Auftragsbezogene Beschaffung.** Bei Spezialanfertigungen, die durch Einzel- oder Kleinserienaufträge der Kunden veranlasst werden, fällt der Materialbedarf erst mit der Auftragserteilung an. Die benötigten Materialien werden also fallweise *nach Auftreten des Bedarfs* beschafft. Die Beschaffungsmengen und -zeitpunkte sind unmittelbar durch die Fertigungsplanung bestimmt. Die Beschaffungsplanung konzentriert sich im Wesentlichen auf die Auswahl der Bezugsquellen. Sind die Materialien sofort beschaffbar, erübrigt sich eine Lagerhaltung.

**c) Beschaffung nach dem Bestellrhythmus-Verfahren.** Bei kontinuierlicher **Serien- oder Massenfertigung** gleichartiger Erzeugnisse kann die Bestellung der Materialien organisatorisch *zu periodisch wiederkehrenden Zeitpunkten* (wöchentlich, vierzehntägig, monatlich) fest eingeplant werden. Die Bestellzeitpunkte sind von vornherein festgelegt, die jeweiligen Bestellmengen werden aus den eingetretenen Lagerbestandsminderungen errechnet. Sie richten sich damit nach den jeweiligen Fertigungsmengen.

**d) Fertigungssynchrone Beschaffung** (griech. synchron = zeitgleich, gleichlaufend). Bei **Großserien- und Massenfertigung** nach dem Flussprinzip (Abschnitt 5.1.3) können die Zeitpunkte des Materialbedarfs durch die *längerfristige zeitliche Fertigungsplanung* exakt bestimmt werden. Die Beschaffungsmengen und -zeitpunkte können den Materialeinsatzmengen und -zeitpunkten in der Fertigung so angepasst werden, dass eine Lagerhaltung für den regelmäßigen Materialbedarf entfällt. Im Extremfall werden die Zulieferer verpflichtet, den Materialbedarf für die arbeitstägliche Produktion *„just in time"*, d.h. am selben Tag auf die Stunde genau anzuliefern (Autoindustrie). Eine derartige verpflichtende Vertragsgestaltung setzt gegenüber dem Lieferer eine starke Marktstellung voraus, die in der Regel bei beherrschenden Betrieben gegeben ist.

**Planung der Beschaffungszeitpunkte**

| Beschaffungsart | Vorrats-beschaffung | Auftragsbezogene Beschaffung | Rhythmische Beschaffung | Fertigungssynchrone Beschaffung |
|---|---|---|---|---|
| **Anwendung** | Regelfall; speziell bei saisonalem Anfall (Ernte) der Beschaffungsgüter | bei Materialbeschaffung für spezielle Aufträge | bei kontinuierlicher Serien- und Massenfertigung gleichartiger Erzeugnisse | bei Großserien- und Massenfertigung |
| **Bestellzeitpunkt** | bei Erreichen des Meldebestandes im Materiallager | nach Auftragseingang und Auftreten des Bedarfs in der Fertigung | von vornherein organisatorisch in gleichbleibenden Abständen festgelegt | längerfristig vor Auftreten des geplanten Bedarfs in der Fertigung |
| **Material-anlieferung** | jeweils bei Erreichen des Mindestbestandes im Materiallager | jeweils nach Liefermöglichkeit des beauftragten Lieferers | in wechselnder Menge entsprechend dem Fertigungsfluss | kontinuierliche Materialanlieferung zeitgleich mit geplantem Fertigungsbeginn |
| **Lagerhaltung** | umfangreiche Bestände | keine oder nur geringe Bestände | begrenzte Bestände | nur Sicherheitsbestände |

Bild 16

## Preisplanung

### Festlegung von Preisobergrenzen (Höchstpreislimits)

Die Preisplanung für den Einkäufer hat vor allem die Aufgabe, die **Preisobergrenze** festzulegen, bis zu der *beim Einkauf der Materialien* gegangen werden kann. Sie stützt sich dabei auf folgende Berechnungen:

a) Anhand der am Absatzmarkt erzielbaren Preise werden durch Abzug der Vertriebs-, Verwaltungs- und Fertigungskosten die **höchstens aufzuwendenden Einkaufspreise** für Materialien ermittelt *(Retrogradkalkulation).*

b) Um die **Angebotspreise** verschiedener Lieferer auf eine **einheitliche Vergleichsbasis** zu stellen, müssen unterschiedliche *Preisabschläge* (Rabatte, Skonti) und *Preiszuschläge* (Beschaffungskosten) berücksichtigt werden *(Bezugskalkulation).*

Diese kalkulatorischen Größen muss der Einkäufer kennen, um in den Verhandlungen mit den Lieferern Preisvorteile auszuhandeln und danach seine Einkaufsentscheidungen zu treffen.

### ABC-Analyse (Wertanalyse)

Die Untersuchung (Analyse) der vom Industriebetrieb benötigten Materialien ergibt zumeist, dass ein verhältnismäßig großer Anteil der Materialkosten auf eine **geringe Anzahl** *häufig benötigter* und *zugleich teurer* Materialsorten entfällt.

Um den Gesamtbereich der Beschaffung wirtschaftlicher zu gestalten, muss deshalb schwerpunktmäßig besondere Sorgfalt auf den Einkauf dieser Materialsorten gelegt werden, da der Einsparungseffekt bei ihnen am größten ist.

Auf diese Erkenntnis stützt sich die **ABC-Analyse,** die in vielen Industriebetrieben zu einem wichtigen Hilfsmittel der Beschaffungsplanung geworden ist. Dabei werden die regelmäßig zu beschaffenden Materialsorten in Tabellenform aufgelistet und nach dem Aufwand einer Periode, d.h. nach Einsatzmenge x Bezugspreis, in mehrere Wertklassen (A, B, C usw.) eingeteilt. Die Wertklasse A ist die aufwändigste; beim Einkauf dieser Materialsorten ist ganz besonders auf Preise, Rabattstaffelung und Zahlungsbedingungen sowie auf niedrige Lagerbestände zu achten.

**Beispiel:**

Die Einkaufsabteilung einer Industrieunternehmung hat für das Vorjahr bei 10 Materialsorten folgende Umsatzmengen und Bezugspreise ermittelt:

| Artikel-Nr. | Mengeneinheiten | Bezugspreis je Einheit (EUR) |
|---|---|---|
| 1 | 9.000 | 20,00 |
| 2 | 10.000 | 3,00 |
| 3 | 5.000 | 1,00 |
| 4 | 2.000 | 1,50 |
| 5 | 1.000 | 7,00 |
| 6 | 6.000 | 22,50 |
| 7 | 5.000 | 9,00 |
| 8 | 2.000 | 2,50 |
| 9 | 10.000 | 8,50 |
| 10 | 2.500 | 2,00 |

Materialien, deren Anteil am wertmäßigen Gesamteinsatz

- 10% und mehr ausmacht, werden als A-Güter,
- 5% bis unter 10% ausmacht, werden als B-Güter eingeteilt.

Der wert- und mengenmäßige Anteil der A-, B- und C-Güter ist zu ermitteln.

| Artikel-Nr. | Menge x Bezugspreis EUR | A-Güter | | | B-Güter | | | C-Güter | | |
|---|---|---|---|---|---|---|---|---|---|---|
| | | Wert Tsd. EUR | Wert % | Menge % | Wert Tsd. EUR | Wert % | Menge % | Wert Tsd. EUR | Wert % | Menge % |
| 1 | 180.000 | 180 | 36 | 17 | | | | | | |
| 2 | 30.000 | | | | 30 | 6 | 19 | | | |
| 3 | 5.000 | | | | | | | 5 | 1 | 9,5 |
| 4 | 3.000 | | | | | | | 3 | 0,6 | 4 |
| 5 | 7.000 | | | | | | | 7 | 1,4 | 2 |
| 6 | 135.000 | 135 | 27 | 11 | | | | | | |
| 7 | 45.000 | | | | 45 | 9 | 9,5 | | | |
| 8 | 5.000 | | | | | | | 5 | 1 | 4 |
| 9 | 85.000 | 85 | 17 | 19 | | | | | | |
| 10 | 5.000 | | | | | | | 5 | 1 | 5 |
| Summe | 500.000 | 400 | 80 | 47 | 75 | 15 | 28,5 | 25 | 5 | 24,5 |

Bild 17

**Ergebnis:** Die Wertklasse A enthält nur 3 der 10 Artikel, verursacht aber einen Beschaffungsaufwand von 80%. Bei ihr ist besonders auf günstige Einkaufsbedingungen zu achten.

## Zur Wiederholung und Vertiefung

1. Welche Folgen hätte eine verspätete Materialbereitstellung
   a) für die Fertigung,
   b) für den Verkauf der Erzeugnisse?
2. Auf welche Weise kann der Materialbedarf festgestellt werden
   a) durch die Arbeitsvorbereitung,
   b) durch die Lagerverwaltung?
3. Welche Rolle spielt die Einkaufsabteilung bei der Materialbeschaffung?
4. Welche Materialien müssen in einem Wasserkraftwerk beschafft werden?
5. Wie errechnet sich der Materialbedarf
   a) beim Stücklistenverfahren,
   b) beim Schätzverfahren?
6. Zwischen Bedarfsmengen und Bestellmengen können sich Unterschiede ergeben. In welchen Fällen sind die Bestellmengen
   a) höher als die Bedarfsmengen,
   b) niedriger als die Bedarfsmengen?
7. Weshalb sollte dem Einkäufer bei der Festlegung der Bestellmengen ein Entscheidungsspielraum eingeräumt werden?
8. Welche Kostenarten spielen bei der Ermittlung der optimalen Bestellmenge eine Rolle?
9. In einem Industriebetrieb wird bei der Beschaffung eines Werkstoffes mit folgenden Bedingungen gerechnet:
   - Ein 3-Monats-Bedarf beträgt 6.000 Stück.
   - Listenpreis des Werkstoffes 10 EUR je Stück.
   - Lieferer gewährt bei Abnahme von 2.000 Stück 3%, bei Abnahme von 4.000 Stück 5%, bei Abnahme von 6.000 Stück 10% Mengenrabatt.
   - Der Transport von 2.000 Stück kostet 950 EUR, der Transport von 4.000 Stück kostet 1.700 EUR, der Transport von 6.000 Stück kostet 2.250 EUR.
   - Kosten der Beschaffung je Bestellvorgang 150 EUR.
   - Tägliche Lagerkosten 0,04 EUR je Stück. (Formel für die Berechnung der Gesamtlagerkosten: Lagerhaltungskosten je Stück x halbe Lagermenge x Lagertage)

   Wegen der Rabattstaffel wird die Beschaffung von 2.000, 4.000 oder 6.000 Stück erwogen. Welches wäre die optimale Bestellmenge?
10. Welche nachteiligen Folgen hat
    a) eine vorzeitige Materialanlieferung,
    b) eine verspätete Materialanlieferung?

11. Welche Bedeutung hat die Lagerhaltung
    a) bei der Vorratsbeschaffung,
    b) bei der auftragsbezogenen Beschaffung,
    c) bei der rhythmischen Beschaffung,
    d) bei der fertigungssynchronen Beschaffung?
12. Unter welchen Voraussetzungen bietet sich bei der zeitlichen Beschaffungsplanung an
    a) die fertigungssynchrone Beschaffung,
    b) die rhythmische Beschaffung,
    c) die auftragsbezogene Beschaffung,
    d) die Vorratsbeschaffung?
13. Die Wäschefabrik Bendixen GmbH & Co. KG will ihre Bestände an Hemden- und Blusenstoffen verringern. Sie trifft mit ihrem Stammlieferer für Wäschestoffe eine vertragliche Vereinbarung mit dem Ziel, die Lagerbestände möglichst klein zu halten, gleichzeitig aber zu verhindern, dass wegen fehlender Rohstoffe Produktionsstockungen und Lieferungsverzögerungen eintreten.
    a) Nennen Sie Gründe, weshalb die Lagerbestände verringert werden sollten.
    b) Mit welcher vertraglichen Vereinbarung könnte das Ziel erreicht werden?
    c) Nehmen Sie kritisch Stellung zu dieser Maßnahme.
14. Welchem Zweck dient die ABC-Analyse?
15. In einem Industriebetrieb ist die Geschäftsleitung zuständig für die Beschaffung von A-Gütern, der Abteilungsleiter für B-Güter, der Sachbearbeiter für C-Güter. Suchen Sie die Gründe für diese organisatorische Aufgabenteilung.
16. Die Revisionsabteilung einer Industrieunternehmung hat den Auftrag, den Aufwand für den Materialeinkauf eines Zweigwerkes zu untersuchen. Dabei wurden für 8 Materialsorten (A bis H) im vorausgegangenen Jahr folgende Werte ermittelt:

| Materialsorte | Mengenmäßiger Materialeinsatz (Mengeneinheiten) | Bezugspreis je Einheit (EUR) |
|---|---|---|
| A | 1.000 | 85 |
| B | 5.000 | 27 |
| C | 12.000 | 15 |
| D | 5.000 | 9 |
| E | 1.000 | 7 |
| F | 2.000 | 1,50 |
| G | 30.000 | 0,50 |
| H | 20.000 | 0,25 |

    Materialien, deren Anteil am wertmäßigen Gesamtumsatz
    – über 20% ausmacht, werden als A-Güter,
    – 5% bis unter 20% ausmacht, als B-Güter,
    – der Rest als C-Güter eingeteilt.
    a) Ermitteln Sie den mengen- und wertmäßigen Anteil der A-, B- und C-Güter.
    b) Wie viel Prozent des Materialaufwands machen die A-Güter mengen- und wertmäßig aus?
    c) Welche Anweisung wird die Geschäftsleitung aufgrund des Revisionsergebnisses der Einkaufsabteilung erteilen?
    d) Für welche Wertklasse könnte, um Beschaffungskosten zu sparen, der ganze Jahresbedarf am ehesten in einen Beschaffungsvorgang zusammengefasst werden (Begründung)?
17. a) Stellen Sie in der Einkaufsabteilung fest, welche Materialsorten Ihres Betriebes bei einer ABC-Analyse in die Wertklasse A gehören würden.
    b) Durch welche beschaffungspolitischen Maßnahmen könnten Materialkosten eingespart werden?
18. Begründen Sie, wer das Sortiment eines Handelsbetriebes zu disponieren hat.
19. Warum bestellen Textilgeschäfte die Sommerartikel meist schon im Herbst des vorangehenden Jahres?

## 3.1.2 Bezugsquellenermittlung

### Bezugsquelleninformation

Selten kommt für den Materialbezug nur ein einziger Zulieferer in Frage. Die Einkaufsabteilung benötigt für ihre Einkaufsentscheidungen eine möglichst umfassende Kenntnis der möglichen **Bezugsquellen,** aus denen eine Auswahl nach dem ökonomischen Prinzip zu treffen ist.

Die **Beschaffungsmarktforschung** beschränkt sich daher nicht auf das Einholen von Angeboten bei *bestehenden* Geschäftsverbindungen; vielmehr muss der Einkäufer, um in Vertragsverhandlungen Preisvorteile erzielen zu können, die Preise und Konditionen *möglichst vieler* Anbieter kennen.

Ziel der **Bezugsquellenforschung** ist es, in einer *Liefereranalyse* das gesamte Angebot umfassend zu ermitteln und seine Veränderungen und Entwicklungen durch laufende *Marktbeobachtung* zu überwachen. Wesentliche Forschungsziele sind:

- *Technische Leistungsfähigkeit* der Anbieter: Qualität, Eignung, Ausstattung der Materialien, technische Fortschrittlichkeit, Fertigungs- und Lieferkapazitäten, insbesondere bei Großaufträgen und Sonderanfertigungen, Kundendienstleistungen.
- *Wirtschaftliche Leistungsfähigkeit* der Anbieter: Angebotspreise, Lieferungs- und Zahlungsbedingungen, Lieferfristen, Vertriebsmethoden, Garantie- und Kulanzleistungen, Kreditgewährung.
- *Zuverlässigkeit* der Anbieter: Termintreue, finanzielle Lage.
- *Marktstellung* der Anbieter: Belieferung der Konkurrenz, Zugehörigkeit zu konkurrierenden Unternehmungszusammenschlüssen.
- *Räumliche Lage* der Anbieter: Entfernung, Verkehrsanbindung, Transportbedingungen.

### Gewinnung von Informationsmaterial

Aufgrund der bestehenden Geschäftsverbindungen sind viele Bezugsquellen für Materialien bereits bekannt. **Informationsmaterial** über neue, zusätzlich in Frage kommende **Bezugsquellen** liefern:

a) **Adressbücher.** Darunter versteht man gedruckte Adressenverzeichnisse. Diese werden teils von amtlichen Stellen, teils von privaten Adressbuchverlagen herausgegeben.

   **Beispiele:** Einwohnerverzeichnisse, Branchenadressbücher (ABC der deutschen Wirtschaft), Telefonbücher (Gelbe Seiten), Telefax- und Telexverzeichnisse.

   Mehrere Bezugsquellennachweise werden auch als elektronische Einkaufsführer auf CD-ROM angeboten.

   **Beispiel:** Der Bezugsquellennachweis „Wer liefert was?" wiegt im achtbändigen Buch 18 kg; die entsprechende CD wiegt lediglich 15 g und ist für den Anwender wesentlich leichter zu handhaben.

b) **Bezugsquellenübersichten und Lieferantenverzeichnisse.** Sie werden, nach Branchen zusammengefasst, von den Kammern bereitgehalten.

c) **Adressenverlage.** Gewerbliche Büros oder Unternehmungen führen Adressendateien, aus denen Bezugsquellen, gegliedert nach Branchen, Berufsgruppen oder Gebieten, abgerufen werden können. Sie liefern auf Anforderung und gegen Entgelt Adresslisten oder bereits fertige Adressen auf Briefumschlägen oder Anschriftetiketten.

d) **Fachzeitschriften.** Aus dem Anzeigenteil einschlägiger Fachzeitschriften können Adressen von geeigneten Lieferern entnommen werden, die in diesen Zeitschriften inserieren.

e) **Internet.** Zahlreiche Produkt- und Dienstleistungsanbieter stellen ihre Angebote in diesem Medium vor. Sie können von Internet-Nutzern jederzeit abgerufen werden.

f) **Messen und Ausstellungen.** Auf solchen Märkten und Werbeveranstaltungen sind in Frage kommende Lieferer regelmäßig zu bestimmten Zeiten an festgelegten Orten anzutreffen. Sie können dort persönlich aufgesucht und über Liefermöglichkeiten befragt werden. In der Regel stellen sie bei diesen Veranstaltungen auch ausgiebiges Informations- und Werbematerial über ihr Produktprogramm zur Verfügung.

g) **Auskünfte von Geschäftsfreunden, Banken und Auskunfteien.** Sie bieten Informationen über die wirtschaftliche Lage und Zuverlässigkeit von möglichen Geschäftspartnern.

Viele Bezugsquelleninformationen gewinnt der Betrieb durch **Werbeaktionen der Anbieter,** z.B. durch Werbebriefe, Angebote, Prospekte, Kataloge sowie durch Reisende und Vertreter.

## Bezugsquellendatei

Es empfiehlt sich nicht nur, von Fall zu Fall Bezugsquelleninformationen einzuholen; sie sollten auch systematisch erfasst werden. Besonders ist darauf zu achten, vorhandene Daten ständig zu ergänzen und auf den neuesten Stand zu bringen.

Ein weit verbreitetes **organisatorisches Hilfsmittel** zur Speicherung der Bezugsquelleninformationen ist die **Bezugsquellendatei,** in welcher die von den Lieferern zu erhaltenden Waren nach Art, Eigenschaften, Preisen, Lieferungs- und Zahlungsbedingungen eingegeben und bereits gemachte Geschäftserfahrungen gespeichert werden.

## Bezugsquellenentscheidungen

Bei der Auswahl der Bezugsquelle muss sich die Einkaufsabteilung zunächst für den grundsätzlichen **Beschaffungsweg** entscheiden:

a) **Einkauf über den Handel, Beschaffungshelfer oder Importeur.** Dieser *indirekte* Beschaffungsweg bietet folgende Vorteile:
   - Aufgrund besserer Marktkenntnisse des Handels und der Beschaffungshelfer können deren *Informations- und Beratungsangebote* genutzt werden.
   - Der Handel hat bereits eine *Vorauswahl* aus einer Vielzahl von Angeboten getroffen.
   - Handel und Beschaffungshelfer liegen *näher* beim Beschaffungsort.
   - Der Handel liefert benötigte Materialien u.U. auch in *kleinen Mengen.*

b) **Bezug beim Urproduzenten oder Hersteller.** Vorteile dieser *Direkt*beschaffung sind:
   - *Preisvorteile* durch Verkürzung des Beschaffungsweges (Einsparung der Handelsspanne).
   - *Kostenvorteile* durch Einsparung von Transport-, Umlade- und Zwischenlagerungskosten.

c) **Beschaffung durch Einkaufszusammenschlüsse.** Der *gemeinsame* Bezug verschafft dem Einkäufer auch bei kleineren Mengen die *Vorteile des Großeinkaufs* (Mengenrabatte).

Nach der grundsätzlichen Entscheidung über den Beschaffungsweg empfiehlt es sich, unter mehreren Lieferern eine **Vorauswahl** zu treffen. Je kleiner die Menge und je geringer der Wert der zu beschaffenden Materialien ist, desto zweckmäßiger erscheint es, die Zahl der Anfragen gering zu halten.

Natürlich können auch bereits bekannte Informationen eine Vorauslese bewirken, z.B. überhöhte Preise, zu lange Lieferfristen oder zu kurze Zahlungsziele eines Lieferers.

Alle verfügbaren Informationen über mögliche Lieferer können in einer **Entscheidungsbewertungstabelle** erfasst und bewertet werden. Auf diese Weise lässt sich eine begründete Entscheidung finden.

**Entscheidungsbewertungstabellen.** Die Praxis vieler Betriebe hat gezeigt, dass eine subjektive, mehr gefühlsmäßige Auswahl eines Lieferers aus mehreren möglichen Bezugsquellen nicht die optimale Entscheidung ist. Vielmehr sollten aus den vorhandenen und durch Marktforschung gewonnenen Bezugsquelleninformationen alle wesentlichen Entscheidungskriterien herangezogen und mit Punkten nach ihrer Bedeutung für den beschaffenden Betrieb gewichtet werden. So entsteht eine Bewertungstabelle.

**Beispiel:** Entscheidungsbewertungstabelle zur Liefererauswahl

| **Entscheidungskriterien** | **Gewichtung** (Höchstpunktzahl) | **Möglicher Lieferer** | | | | |
|---|---|---|---|---|---|---|
| | | **A** | **B** | **C** | **D** | **E** |
| Materialeignung | 10 | 10 | 8 | 8 | 7 | 5 |
| Angebotspreis | 10 | 6 | 9 | 8 | 7 | 10 |
| Konditionen | 6 | 5 | 2 | 4 | 3 | 6 |
| Zuverlässigkeit | 8 | 7 | 6 | 7 | 1 | 4 |
| Kundendienst | 4 | 0 | 4 | 2 | 3 | 0 |
| Beschaffungsnähe | 4 | 2 | 4 | 3 | 1 | 4 |
| Vertragsabwicklung | 2 | 2 | 2 | 0 | 2 | 1 |
| **Summe** | **44** | **32** | **35** | **32** | **24** | **30** |

**Ergebnis:** Lieferer B ist der geeignetste.

Bild 18

**Zur Wiederholung und Vertiefung**

1. Welche Ziele verfolgt die Bezugsquellenforschung?
2. Woher kann man Bezugsquelleninformationen gewinnen?
3. Was könnte den Einkäufer dazu veranlassen, nicht das billigste Angebot zu nehmen?
4. Welche Informationen aus der Liefererdatei sind für die Auswahl des Lieferers besonders wichtig?
5. a) Was bedeuten die Höchstpunktzahlen in der Entscheidungsbewertungstabelle zur Liefererauswahl?
   b) Angenommen, der Lieferer B fällt aus. Welche zusätzlichen Entscheidungskriterien würden Sie zur Entscheidung zwischen Lieferer A und C heranziehen (Bild 18)?

## 3.2 Beschaffung durch Kaufvertrag

Wenn für den Bezug von Betriebsmitteln oder Werkstoffen mehrere Bezugsquellen zur Auswahl stehen, kann man durch *gezielte* **Anfragen** die für eine Kaufentscheidung wichtigen, aber noch fehlenden Informationen erfragen.

### 3.2.1 Anfrage

Durch **Anfragen** soll festgestellt werden, **ob und zu welchen Preisen und Bedingungen Werkstoffe und Betriebsmittel** von den Lieferern **bezogen werden können. Anfragen** dienen der **Einholung von Angeboten.**

**Inhalt der Anfrage.** Eine Anfrage kann **allgemein** oder **speziell** abgefasst sein.

- Eine **allgemeine Anfrage** richtet sich auf das *gesamte Lieferprogramm* eines Lieferers. Dieser wird um Zusendung eines Kataloges, einer Preisliste oder um einen Vertreterbesuch gebeten. Der Kunde möchte sich über die zur Verfügung stehende Auswahl informieren oder er möchte sich vor der Anschaffung beraten lassen.
- Die **spezielle Anfrage** bezieht sich auf ein *bestimmtes Produkt* und dient der Feststellung, zu welchem Preis und zu welchen Bedingungen es geliefert werden kann.

**Form der Anfrage.** Die Anfrage ist formfrei. Sie kann somit mündlich, schriftlich, telefonisch, online, mittels Telefax oder Telex erfolgen.

**Rechtliche Wirkung der Anfrage.**

**Anfragen** sind **unverbindlich**; der **Anfragende** wird durch die Anfrage **rechtlich nicht verpflichtet.**

Daher ist es möglich, gleichzeitig an mehrere Lieferer Anfragen zu richten, um so die günstigste Bezugsquelle zu ermitteln.

**Prüfung der Anfrage durch den Lieferer.** Der Lieferer wird nach Eingang einer Anfrage prüfen, ob er das Material zu den gewünschten Bedingungen liefern *kann* und überhaupt liefern *will* (Lieferzeit, Zahlungsfähigkeit). Er kann es ablehnen, eine Geschäftsverbindung einzugehen.

**Zur Wiederholung und Vertiefung**

1. Beschreiben Sie die wirtschaftliche und rechtliche Bedeutung einer Anfrage.
2. Nehmen Sie Stellung zu der Behauptung, durch die Anfrage eines Kunden und ein darauf folgendes Angebot komme ein Kaufvertrag zustande.
3. Die Chemischen Werke Öhler GmbH in ... ermittelte einen größeren Bedarf an Propangas in Druckflaschen. Sie erkundigt sich bei der Hydrierwerk AG in ... nach den derzeitigen Preisen ab Werk, Lieferungs- und Zahlungsbedingungen. Voraussichtliche Abnahme etwa 500 Flaschen verschiedener Größe im Monat. Zeit und Umfang der benötigten Teilmengen noch unbestimmt. Abholung mit eigenem Lkw möglich. Entwerfen Sie den Text der Anfrage.

Brief

## 3.2.2 Angebot

Die Materialbeschaffung setzt Entscheidungen über Art, Zusammensetzung, Menge, Zeitpunkt und Preis des Bedarfs sowie über die Auswahl der Bezugsquellen voraus. Sie schlagen sich beim Vertragsabschluss im Inhalt von Angebot und Bestellung nieder.

Das **Angebot** ist **eine an eine bestimmte Person gerichtete Willenserklärung,** Waren, Werkstoffe oder Betriebsmittel **zu den angegebenen Bedingungen liefern** zu wollen.

Zu diesen Bedingungen gehören Angaben über Art, Beschaffenheit und Güte, Menge, Preis, Lieferungs- und Zahlungsbedingungen, Erfüllungsort und Gerichtsstand.

**Anpreisungen** von Waren, die *nicht an eine bestimmte Person,* sondern **an die Allgemeinheit** gerichtet sind, *gelten nicht als Angebot* im rechtlichen Sinn. Sie sollen lediglich die Kunden anregen, ihrerseits einen Kaufantrag abzugeben, der jedoch noch der Annahme durch den Verkäufer bedarf. Solche Anpreisungen finden sich beispielsweise in Zeitungsanzeigen, Prospekten, Katalogen, Plakaten oder auch in Schaufensterauslagen. Daher hat der Kunde *keinen Anspruch* auf Aushändigung des Ausstellungsstückes. Auch das Aufstellen von Waren im Selbstbedienungsladen gilt noch nicht als Angebot. Hier macht der Käufer durch Verbringen der Ware an die Kasse einen Kaufantrag.

Die Aufstellung eines *Automaten* gilt als Angebot an jeden, der die richtige Münze einwirft; dabei wird vorausgesetzt, dass der Automat technisch funktioniert und der enthaltene Warenvorrat ausreicht.

## Form des Angebots

Für das Angebot gelten **keine Formvorschriften.** Es kann abgegeben werden

- **unter Anwesenden:** mündlich, telefonisch oder durch schlüssiges (konkludentes) Handeln der Geschäftsinhaber, Verkäufer, Reisenden oder Vertreter;
- **unter Abwesenden:** schriftlich (durch Brief, online, mittels Telefax oder Telex) oder bildhaft (in Katalogen und im Internet).

Mündliche oder telefonische Angebote werden häufig *schriftlich bestätigt,* damit Irrtümer durch Verhören, Versprechen und Übertragungsfehler vermieden werden und bei Rechtsstreitigkeiten schriftliche Unterlagen vorhanden sind.

## Bindung an das Angebot

BGB § 145

Wer einer **bestimmten Person ein Angebot ohne Einschränkung** abgibt, ist **an dieses Angebot gebunden.**

**a) Einschränkungen der Bindung an das Angebot.**

1. **Gesetzliche** Bindungs**frist:**

§ 147 (1)

Das einem *Anwesenden* gemachte Angebot wird *sofort* mit der Abgabe wirksam und bindet den Anbietenden nur, solange die Unterredung dauert.

**Beispiele:** Angebot in der Verkaufsstelle, auf dem Markt, durch Telefon. Der zögernde und später wiederkehrende oder anrufende Kunde muss damit rechnen, dass der Gegenstand nicht mehr verfügbar oder nur zu anderen Bedingungen zu haben ist.

§ 147 (2) § 130

Das einem *Abwesenden* gemachte Angebot wird erst wirksam, wenn es ihm *zugeht,* und bindet den Anbietenden nur so lange, bis der Eingang der Antwort unter regelmäßigen Umständen erwartet werden darf (Beförderungszeiten und Überlegungsfrist).

Gewöhnlich beträgt die Frist bei einem brieflichen Angebot etwa 1 Woche. Ein Angebot mittels Telex oder Telefax muss spätestens innerhalb 4 Tagen angenommen werden.

2. **Vertragliche** Bindungs**frist:**

§ 148

Bei Angeboten unter Anwesenden oder unter Abwesenden kann der Anbietende für die Annahme des Angebots eine *Frist bestimmen,* z.B. „gültig bis 15. Mai" **(befristetes Angebot).** Die Annahme kann nur innerhalb dieser Frist erfolgen. Die Bestellung muss bis zum angegebenen Zeitpunkt *zugegangen* sein.

§ 145

3. **Freizeichnung.** Der Anbietende kann die Bindung an das Angebot durch *Freizeichnungsklauseln* einschränken oder ganz ausschließen:

| | |
|---|---|
| „Liefermöglichkeit vorbehalten"<br>„solange der Vorrat reicht" | = Menge unverbindlich, Preis verbindlich |
| „Preis freibleibend" | = Menge verbindlich, Preis unverbindlich |
| „freibleibend", „unverbindlich" | = völlig unverbindlich |

**b) Erlöschen der Bindung an das Angebot.** Die Bindung an das Angebot erlischt,

- § 146 – wenn es vom Empfänger ausdrücklich oder stillschweigend *abgelehnt,*
- § 150 (2) – wenn es von ihm *abgeändert,*
- § 146 – wenn es von ihm *nicht rechtzeitig angenommen* wird.

Auch wenn die Verspätung der Annahme durch unverschuldete Zwischenfälle (Verkehrsunfall, Störung der Nachrichtenübermittlung) verursacht wird, ist der Anbietende nicht mehr an sein Angebot gebunden. Musste er allerdings erkennen, dass die Verspätung durch die Post verursacht wurde, so muss er den Besteller unverzüglich davon benachrichtigen, da dieser sonst mit der Lieferung rechnet. (§ 149)

**c) Widerruf des Angebots.** Da ein Angebot erst wirksam wird, wenn es dem Empfänger zugegangen ist, so kann es bis zum Eintreffen beim Kunden widerrufen werden. Der Widerruf muss möglichst vor, spätestens gleichzeitig mit dem Angebot beim Kunden eingehen. Es empfiehlt sich also, ein briefliches Angebot mittels Telefon, Telefax oder Telex zu widerrufen.

## Beurteilungskriterien für den Angebotsvergleich

Die Einkaufsabteilung hat in der Regel mehrere Angebote zur Auswahl. Der Einkäufer muss denjenigen Anbieter auswählen, bei dem das Material bestellt werden soll. Diesem Ziel dient ein Angebotsvergleich, dessen Ergebnisse bei Bedarf durch klärende Rückfragen bei den Anbietern oder durch ergänzende Verhandlungen untermauert werden können.

Beim **Angebotsvergleich** sind die Unterschiede der vorliegenden Angebote in folgender Hinsicht zu ermitteln:

a) **Qualitätsvergleich.** Nicht das billigste Angebot ist von vornherein das geeignetste, sondern das *preiswerteste*; dieses Merkmal schließt den Qualitätsvergleich ein. Zum Vergleich der Materialqualitäten sind verantwortliche technische Mitarbeiter aus dem Fertigungsbereich hinzuzuziehen, welche die Eignung des Materials für den vorgesehenen Produktionszweck am besten beurteilen können.

b) **Preisvergleich.** Bei gleicher Qualität des angebotenen Materials gibt in der Regel der günstigste Preis den Ausschlag für die Auswahl. Dabei müssen die angebotenen Preise auf eine **einheitliche Vergleichsbasis** umgerechnet werden: Gewährte Preisnachlässe sind abzuziehen (Rabatte, Umsatzboni, Skonti), selbst zu tragende Nebenkosten hinzuzurechnen (Verpackungs-, Transportkosten).

**Beispiel:** Zwei Angebote stehen zur Auswahl:

- Angebot 1: Lieferung zum Preis von 1.000 EUR frei Haus ohne Abzug.
- Angebot 2: Lieferung zum Preis von 950 EUR ab Werk mit 2% Skonto. Die Kosten des Transports betragen 75 EUR.

Vordergründig erscheint das Angebot 2 günstiger; es ist aber selbst bei Skontoabzug teurer, da der Kunde den Bahntransport tragen muss.

c) **Terminvergleich.** Die in den Angeboten angegebenen Lieferzeiten müssen mit den Anforderungen von Lager und Verkauf übereinstimmen, damit die Lieferfähigkeit gewährleistet bleibt. Auch die Zahlungsziele müssen eingehalten werden können.

Neben diesen Vergleichen können auch **persönliche Kriterien** bei der Auswahl des geeigneten Lieferers nicht unbeachtet bleiben. Langjährige gute Geschäftsbeziehungen, ein entgegenkommendes Verhalten bei Mängelrügen, begründetes Vertrauen in die Zuverlässigkeit einer Unternehmung sind nicht zu unterschätzende Gesichtspunkte. Vor allem darf man sich nicht durch ein einmaliges günstiges Angebot dazu verleiten lassen, langfristige Unternehmungsziele beim Einkauf aufs Spiel zu setzen.

### Zur Wiederholung und Vertiefung

1. Warum kann ein Anbieten von Waren durch Zeitungsanzeige kein Angebot im rechtlichen Sinne sein?
2. Warum gibt ein Kaufmann seinen Kunden häufig freibleibende Angebote ab?
3. Wie kann sich ein Lieferer verhalten, der kurz nach dem Versand seines brieflichen Angebotes erfährt, dass der Preis für die angebotene Ware gestiegen ist?
4. Lohnt sich bei der Zahlungsbedingung „Zahlung innerhalb 10 Tagen mit 3% Skonto oder 60 Tage netto Kasse“ die Aufnahme eines Bankkredits zu 12%? Begründen Sie Ihre Entscheidung.
5. Karl Lang e.K., Mainz, macht dem Kunden Fritz Kaiser e.K., Kassel, ein schriftliches Angebot von Flaschenwein zu 6,00 EUR für 1 Flasche, bei Abnahme von mindestens 100 Flaschen zu 5,60 EUR. Der Brief wird am 20. Mai zur Post gegeben.
   a) Kaiser antwortet auf das Angebot überhaupt nicht. Welche rechtliche Wirkung ergibt sich daraus?
   b) Da am 30. Mai keine Bestellung vorliegt, verkauft Lang die Ware anderweitig. Am 31. Mai trifft von Kaiser eine Bestellung ein. Wie ist die Rechtslage?
   c) Aus dem Poststempel und dem Briefdatum ergibt sich, dass Kaiser seinen Bestellbrief am 23. Mai abends zur Post gegeben hat. Die Zustellung ist offensichtlich durch die Post verzögert worden. Wie kann sich Lang verhalten?
   d) Am 22. Mai bestellt Kaiser 40 Flaschen Wein zu 5,60 EUR für 1 Flasche. Wie kann sich Lang dazu verhalten?

e) Lang, dessen Angebot am 20. Mai abging, könnte noch am selben Tag die Ware günstiger an einen anderen Kunden verkaufen. Was kann er tun?

Brief

6. Die Schäfer OHG, Kleiderfabrik, ..., unterbreitet dem Bekleidungshaus Wilhelm Kaufmann e. K., ..., auf die vorausgegangene Anfrage vom ... ein Angebot nach beiliegendem Musterbuch und Preisliste. Die Preise verstehen sich ab Werk einschließlich Verpackung, Lieferung innerhalb 6 Wochen nach Auftragseingang möglich. Zahlung 2 Monate nach Rechnungserteilung ohne Abzug, innerhalb 14 Tagen mit 3% Skonto. Eine Auswahl von Stoffproben liegt bei.

   Verfassen Sie das Angebotsschreiben. Weisen Sie dabei besonders auf die Güte der Stoffe und der Verarbeitung hin.

7. Einem Kunden sind drei Angebote gemacht worden:
   - 4.160 EUR ab Werk, Ziel 2 Monate, bei Barzahlung 2% Skonto,
   - 4.200 EUR frei Haus, Ziel 2 Monate netto, oder Kasse innerhalb von 14 Tagen mit 1% Skonto,
   - 4.128 EUR ab Station hier netto Kasse.

   Welches Angebot ist das günstigste Angebot, wenn für Fracht 96 EUR, für An- und Zufuhr je 32 EUR zu rechnen sind?

### 3.2.3 Bestellung (Auftrag)

Die **Bestellung** ist die **Willenserklärung des Käufers,** eine bestimmte Ware **zu den angegebenen Bedingungen zu kaufen.**

Zu diesen Bedingungen gehören, wie beim Angebot, Angaben über Art, Beschaffenheit und Güte, Menge, Preis, Lieferungs- und Zahlungsbedingungen, Erfüllungsort und Gerichtsstand. Liegt der Bestellung ein ausführliches Angebot zugrunde, mit dessen Bedingungen der Käufer einverstanden ist, so genügt es, wenn er sich auf diese bezieht.

Die Bestellung wird häufig auch **Auftrag** genannt.

#### Form der Bestellung

Die Bestellung ist an keine besondere Form gebunden. *Schriftlich* kann sie durch Postkarte, Brief, Telefax, Telex, online, auf vorgedrucktem Bestellschein oder Ordersatz erfolgen.

*Bestellung mittels „interaktiven Fernsehens".* Großversandhäuser bieten neuerdings Elektronik-Kataloge auf CD-ROM an. Kunden mit multimediatauglichem PC und entsprechender Datenverbindung (Internet) können daraus Waren über den Computer bestellen *(Tele-Shopping).*

*Mündliche* oder *telefonische* Bestellungen sollten schriftlich wiederholt werden, wenn die Gefahr eines Irrtums besteht und ein Beweismittel erwünscht ist.

#### Rechtliche Wirkung der Bestellung

Wie der Anbietende an sein Angebot, so ist der **Besteller an seine Bestellung gebunden.**

Die Bindung wird erst *wirksam,* wenn die Bestellung *dem Empfänger zugegangen* ist *(empfangsbedürftige Willenserklärung).* Ein Widerruf muss daher spätestens gleichzeitig mit der Bestellung beim Lieferer eingehen.

BGB § 148

Gibt der Besteller mit der Bestellung den Antrag (1. Willenserklärung) zum Abschluss eines Kaufvertrags ab, kann er für die Annahme der Bestellung eine Frist bestimmen **(befristeter Antrag).** Die Annahme kann nur innerhalb dieser Frist erfolgen.

Durch eine Bestellung (Auftrag), die auf ein verbindliches Angebot folgt, kommt ein Vertrag zustande. Ging der Bestellung kein Angebot oder nur ein unverbindliches Angebot voraus, bedarf sie noch der Bestellungsannahme (Auftragsbestätigung), damit ein Vertrag zustande kommt.

Solange die Willenserklärungen der Vertragspartner nicht in allen Punkten übereinstimmen, muss weiterverhandelt werden, um zu einem Vertragsabschluss zu gelangen. Ein Vertrag setzt Übereinstimmung der Willenserklärungen aller Vertragspartner voraus.

**Zur Wiederholung und Vertiefung**

1. Aus welchen Gründen und unter welchen Voraussetzungen kann der Lieferer eine Bestellung ablehnen?
2. Was kann einen Kunden veranlassen, seine Bestellung zu widerrufen?
3. In welchen Fällen kommt durch eine Bestellung
   a) ein Kaufvertrag zustande,
   b) ein Kaufvertrag nicht zustande?

## 3.2.4 Bestellungsannahme (Auftragsbestätigung)

Die **Bestellungsannahme** ist eine **Willenserklärung des Verkäufers,** mit der er sich bereit erklärt, die bestellte Ware **zu den angegebenen Bedingungen zu liefern.**

Die Bestellungsannahme ist rechtlich erforderlich, sofern der Kaufvertrag nicht bereits durch Angebot und Bestellung zustande gekommen war.

Die Bestellungsannahme wird häufig auch **Auftragsbestätigung** genannt.

**Form der Bestellungsannahme.** Die Bestellungsannahme kann mündlich, telefonisch, schriftlich, online, mittels Telefax oder Telex bzw. durch schlüssiges Handeln (Lieferung) erfolgen. Häufig ist sie mit Lieferschein oder Rechnung verbunden.

**Kaufmännisches Bestätigungsschreiben.** Es ist üblich, auch einen *bereits mündlich oder telefonisch vollzogenen Vertragsabschluss* im unmittelbaren Anschluss daran **schriftlich zu bestätigen.**

Ein solches Bestätigungsschreiben hat Zusammenfassungs-, Festlegungs- und Beweisfunktion für den Inhalt des zuvor geschlossenen Vertrags. Widerspricht der Empfänger diesem Schreiben nicht unverzüglich nach Erhalt, gilt sein Inhalt als beweiskräftiger Vertragsinhalt.

**Zur Wiederholung und Vertiefung**

1. In welchen Fällen ist bis zum Abschluss eines Kaufvertrags eine Bestellungsannahme erforderlich?
2. Nennen Sie konkludente (schlüssige) Handlungen, die als Bestellungsannahme gelten können.
3. Beschreiben Sie die unterschiedliche rechtliche Bedeutung einer Auftragsbestätigung und eines kaufmännischen Bestätigungsschreibens.

## 3.2.5 Abschluss von Kaufverträgen

Bürgerliches Gesetzbuch (BGB) vom 18. August 1896 mit Änderungen, §§ 241 ff., insbesondere §§ 433 bis 514; Handelsgesetzbuch (HGB) vom 10. Mai 1897 mit Änderungen, insbes. §§ 373 bis 382.

Der Kaufvertrag dient dem Austausch von Gütern und Leistungen zwischen *Verkäufer* und *Käufer.* Wie alle Verträge kommt er zustande **durch wechselseitige übereinstimmende Willenserklärungen der Vertragspartner.**

Jeder Vertrag kommt zustande durch Übereinstimmung von
**1. Antrag** und **2. Annahme.**

Da der Antrag sowohl vom Verkäufer als auch vom Käufer ausgehen kann, kommt ein

**Kaufvertrag**
zustande durch
**1. Angebot des Verkäufers** und **2. Bestellung des Käufers**
oder durch
**1. Bestellung des Käufers** und **2. Bestellungsannahme des Verkäufers.**

Es ergeben sich somit für den **Abschluss eines Kaufvertrags** folgende *Möglichkeiten:*

a) **Der Verkäufer macht ein verbindliches Angebot, der Käufer bestellt** rechtzeitig und ohne Änderungen. Damit ist der Kaufvertrag zustande gekommen (Bild 19).

BGB § 150

b) **Der Verkäufer macht ein Angebot, der Käufer bestellt zu spät** oder **mit Abänderungen** (Erweiterungen und Einschränkungen). Die verspätete Annahme eines Antrags und eine Annahme mit Änderungen gelten als neuer Antrag. Der Kaufvertrag kommt erst durch Annahme des neuen Antrags zustande (Bild 20).

Besonders bei großen und bedeutsamen Kaufabschlüssen sind oft längere Verhandlungen nötig. Dann ist der Vertrag erst abgeschlossen, wenn sich die Parteien über alle Punkte geeinigt haben.

§ 154

c) **Der Verkäufer macht ein freibleibendes Angebot, der Käufer bestellt.** Der Vertrag kommt zustande, wenn der Lieferer den Auftrag bestätigt oder die Ware sofort ausliefert (Bild 21).

§ 151

d) **Der Verkäufer sendet unbestellte Ware zu.** Die Warensendung stellt nur ein Angebot dar. Der Vertrag kommt zustande, wenn der Empfänger den Kaufpreis bezahlt, die Ware in Gebrauch nimmt oder erklärt, dass er die Ware annehme (Bild 22).

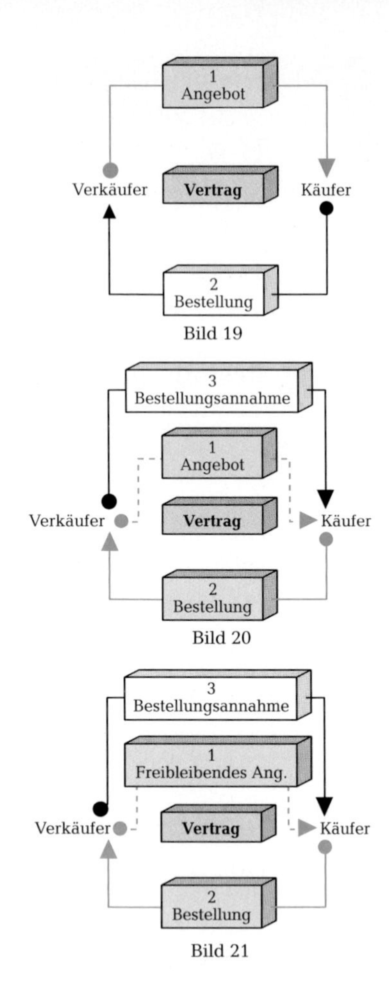

Bild 19


Bild 20


Bild 21

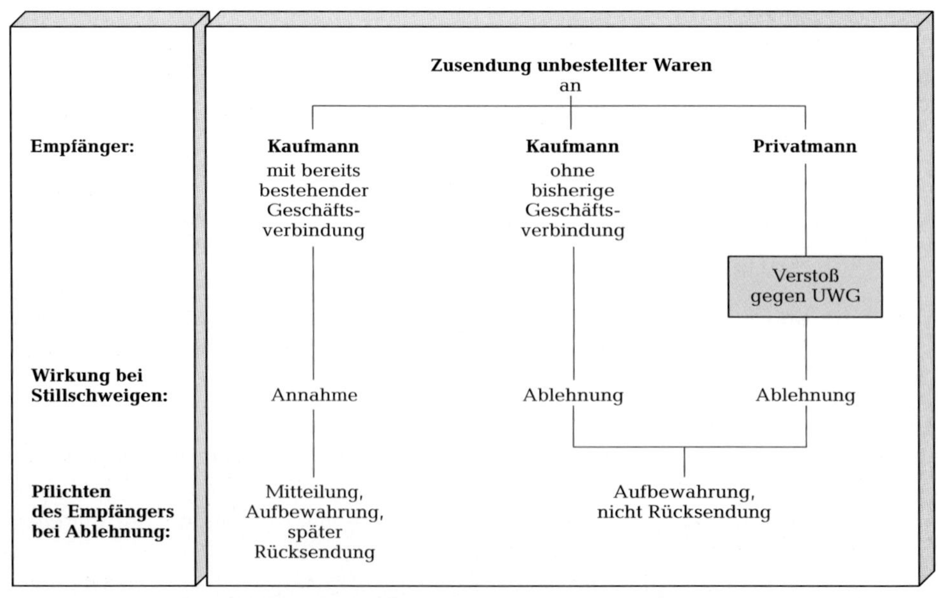

Bild 22

Ist der Empfänger ein Kaufmann *mit* bereits bestehender Geschäftsverbindung, so gilt sein *Stillschweigen* als *Annahme* des Angebots, sofern die Zusendung unbestellter Ware üblich ist. Nimmt er das Angebot nicht an, so ist er verpflichtet, unverzüglich zu antworten, die Ware aufzubewahren und sie später zurückzusenden.

HGB § 346

Ist der Empfänger ein Kaufmann *ohne* bisherige Geschäftsverbindung oder ein Privatmann, dann gilt sein *Stillschweigen* als *Ablehnung.* Er ist zur Aufbewahrung, aber nicht zur Rücksendung oder Bezahlung verpflichtet, auch dann nicht, wenn der Lieferer schreibt: „Wenn die Rücksendung nicht bis ... erfolgt, wird der Rechnungsbetrag durch Nachnahme erhoben".

Die Zusendung unbestellter Waren an einen *Privatmann* gilt als Verstoß gegen die gute kaufmännische Sitte und damit gegen das UWG.

e) **Der Käufer bestellt ohne vorhergehendes Angebot, der Verkäufer nimmt die Bestellung an.** Der Vertrag kommt mit der Annahme der Bestellung zustande (Bild 23), und zwar
   - durch Bestätigung der Bestellung oder
   - durch unverzügliche Lieferung der Ware (schlüssiges Handeln).

2
Bestellungsannahme
Verkäufer
Vertrag
Käufer
1
Bestellung

Bild 23

f) **Der Käufer bestellt, der Verkäufer lehnt die Bestellung ab.** Unter Umständen verknüpft er mit der Ablehnung ein Gegenangebot. Der Kaufvertrag kommt erst durch die neue Bestellung des Kunden zustande (Bild 24).

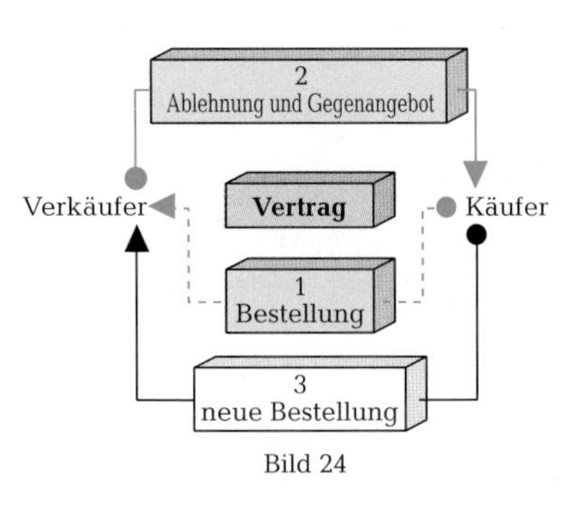


Bild 24

## ■ Partner des Kaufvertrages

Die Partner des Kaufvertrags sind Käufer und Verkäufer. Sie können ihrer rechtlichen Stellung nach **Kaufleute** oder **Nichtkaufleute** sein. Der Kauf kann einem *privaten Zweck* oder dem *Zweck eines Handelsgewerbes* dienen.

Nach der **rechtlichen Stellung der Vertragspartner** und dem **Zweck des Vertragsabschlusses** sind demnach zu unterscheiden:

a) **Bürgerlicher Kauf.** Dies ist ein Kauf *unter Nichtkaufleuten* oder ein Kauf, den *ein Kaufmann für seine privaten Zwecke* abschließt. Es gelten die Bestimmungen des BGB.

BGB §§ 433–514

b) **Handelskauf.** Dies ist ein Kauf, den mindestens ein Vertragspartner *als Kaufmann für Zwecke seines Handelsgewerbes* tätigt. Es gelten in erster Linie die Vorschriften des HGB und, soweit diese nicht ausreichen, außerdem die Bestimmungen des BGB.

HGB § 343 §§ 373–382

Ein **einseitiger Handelskauf** ist ein Kauf, den nur *ein* Vertragspartner als Kaufmann für geschäftliche Zwecke abschließt.

§ 345

**Beispiele:** Eine Hausfrau kauft Lebensmittel im Ladengeschäft. Ein Lebensmittelhändler kauft für sein Geschäft Kartoffeln beim Bauern. Ein Geschäftsmann kauft beim Autohändler einen Privatwagen.

Ein **zweiseitiger Handelskauf** ist ein Kauf, den *beide* Vertragspartner als Kaufleute für geschäftliche Zwecke abschließen.

**Beispiele:** Ein Lebensmittelhändler kauft bei einer landwirtschaftlichen Absatzgenossenschaft Kartoffeln für sein Geschäft. Ein Geschäftsmann kauft bei einem Autohändler einen Lieferwagen.

## Pflichten der Vertragspartner

BGB § 242

Die Abgabe eines Antrages und dessen Annahme sind für Käufer und Verkäufer *freiwillig.* Durch den Abschluss des Vertrages aber werden beide Teile *verpflichtet,* den Vertrag zu erfüllen. Der Kaufvertrag ist ein **verpflichtendes Rechtsgeschäft** (Abschnitt 2.4.1).

| | Der Verkäufer ist verpflichtet, | Der Käufer ist verpflichtet, |
|---|---|---|
| § 433 | 1. dem Käufer den Kaufgegenstand mängelfrei und rechtzeitig zu übergeben, | 1. den vereinbarten Kaufpreis rechtzeitig zu zahlen, |
| | 2. dem Käufer das Eigentum daran zu verschaffen, | 2. den Kaufgegenstand abzunehmen. |
| § 293 | 3. den Kaufpreis anzunehmen. | |

### Zur Wiederholung und Vertiefung

1. Verträge kommen durch Antrag und Annahme zustande. Welche besonderen Bezeichnungen haben diese Willenserklärungen beim Kaufvertrag?
2. Begründen Sie, ob folgende Behauptungen richtig oder falsch sind:
   a) Jeder Partner beim Kaufvertrag ist sowohl Schuldner als auch Gläubiger.
   b) Bei der Zusendung unbestellter Ware bewirkt Stillschweigen des Empfängers immer, dass ein Kaufvertrag zustande kommt.
   c) Durch die Anfrage eines Kunden und ein darauf folgendes Angebot des Lieferers kommt ein Kaufvertrag zustande.
3. Ein Hobby-Gärtner erhält von einem Solinger Stahlwarenhändler unbestellt eine Heckenschere zugesandt. Im Begleitschreiben wird mitgeteilt, dass die Schere bezahlt werden müsse, falls sie nicht binnen 14 Tagen zurückgeschickt werde. Der Empfänger ist an der Heckenschere nicht interessiert, legt sie zu den übrigen Gartengeräten und vergisst sie. Nach 4 Wochen erhält er eine Mahnung.
   a) Ist der Empfänger mit der Heckenschere ordnungsgemäß verfahren?
   b) Muss er den Kaufpreis bezahlen?
   c) Wer hat den Schaden zu tragen, wenn die Schere wie die übrigen Gartengeräte durch Regenwasser infolge eines Unwetters verrostet ist?
4. Es wird Ihnen unbestellt eine Sendung Weihnachtspostkarten ins Haus geliefert. Auf dem Begleitschreiben steht: „Bitte zahlen Sie mit beiliegendem Zahlschein innerhalb 14 Tagen 20 EUR, oder senden Sie die Karten umgehend wieder zurück." Wie verhalten Sie sich?
5. Welche grundsätzliche Bedeutung hat die Unterscheidung zwischen bürgerlichem Kauf und Handelskauf?
6. Stellen Sie bei folgenden Fällen fest, ob ein bürgerlicher Kauf oder ein Handelskauf vorliegt:
   a) Ein Schüler verkauft seinen Kassettenrecorder an einen Mitschüler.
   b) Ein Geschäftsmann kauft in der Apotheke für sich Beruhigungspillen.
   c) Ein Großhändler kauft in einem Schreibwarengeschäft einige Kartons Briefumschläge.
   d) Eine Bank kauft aus Privatbesitz eine Münzsammlung auf.
   e) Die Gemeindeverwaltung kauft bei einem Förster einen Weihnachtsbaum.
7. Wann ist der Kauf, den ein Geschäftsmann tätigt, kein Handelskauf?

## 3.2.6 Erfüllung von Kaufverträgen

§ 362

Das durch den Abschluss des Kaufvertrags (Verpflichtungsgeschäft) entstandene Schuldverhältnis **erlischt,** wenn die **geschuldeten Leistungen** an die Gläubiger **bewirkt** sind (Erfüllungsgeschäft), d.h. wenn

- der **Verkäufer** *Besitz und Eigentum* am Kaufgegenstand auf den Käufer *übertragen* und das *Entgelt angenommen,*
- der **Käufer** den *Kaufgegenstand angenommen* und das *Entgelt bezahlt* hat (Bild 25).

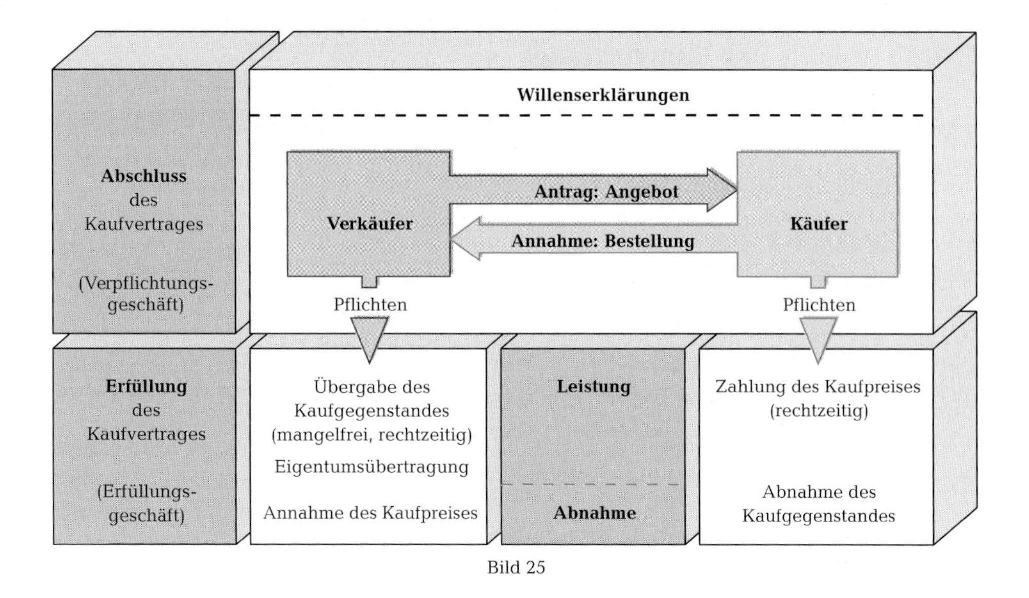


Bild 25

## Erfüllungsweise

Maßgebend für die Art und Weise, wie der Vertrag zu erfüllen ist, sind die vertraglichen Abmachungen. Ist jedoch der Inhalt der Willenserklärung nicht eindeutig und klar, gelten folgende Auslegungsgrundsätze: BGB § 133

**a) Alle Verträge** sind so auszulegen und zu erfüllen, wie *Treu* und *Glauben* mit Rücksicht auf die *Verkehrssitte* es erfordern. Es kommt dabei nicht auf den Buchstaben, sondern auf den Sinn der Willenserklärungen an, wie er dem Empfinden rechtlich denkender Menschen entspricht. § 157 § 242

**b) Bei zweiseitigen Handelsgeschäften** haben die Kaufleute auf die im Handelsverkehr geltenden Gewohnheiten und Gebräuche Rücksicht zu nehmen. *Handelsgebräuche* stellen die im *geschäftlichen* Verkehr übliche Handlungsweise dar. HGB § 346

## Haftung für Verschulden

Grundsätzlich hat ein Schuldner eigenes Verschulden sowie das seines gesetzlichen Vertreters und seiner Erfüllungsgehilfen zu vertreten. **Verschulden** kann in *Vorsatz* oder *Fahrlässigkeit* bestehen. BGB § 276 § 278

1. **Leicht fahrlässig** handelt, wer die im Verkehr erforderliche Sorgfalt außer Acht lässt.
2. **Grob fahrlässig** handelt, wer die im Verkehr erforderliche Sorgfalt in schwerwiegender Weise missachtet.
3. **Vorsätzlich** schuldhaft handelt, wer sich der Rechtswidrigkeit seines Handelns bewusst ist und den Eintritt irgendeines Schadens voraussieht.

**Beispiel:** Eine Fabrik kann nicht pünktlich liefern, da die Werkstätten durch ein Feuer zerstört wurden. Schadensursache:

1. Ein Angestellter drückte eine Zigarette unabsichtlich nicht vollständig aus (leichte Fahrlässigkeit).
2. Ein Angestellter rauchte in einer Werkstatt trotz Rauchverbots (grobe Fahrlässigkeit).
3. Ein Angestellter legte absichtlich Feuer (Vorsatz).

### Zur Wiederholung und Vertiefung

1. Worin bestehen die Unterschiede zwischen Abschluss und Erfüllung des Kaufvertrages?
2. Wofür haftet beim Kaufvertrag
   a) der Verkäufer, b) der Käufer?

## 3.2.7 Inhalte des Kaufvertrages

**Angebote** und **Bestellungen** können Abmachungen enthalten über
- Art, Beschaffenheit und Güte der Ware,
- Menge der Ware,
- Preis der Ware,
- Verpackung der Ware,
- Versand der Ware,
- Lieferzeit,
- Zahlungsbedingungen,
- Erfüllungsort,
- Eigentumsübertragung.

Fehlen solche Vereinbarungen, so treten an ihre Stelle die jeweiligen gesetzlichen Bestimmungen des BGB bzw. des HGB.

### Art, Beschaffenheit und Güte der Ware

Die **Art** der Ware wird durch ihren handelsüblichen Namen gekennzeichnet.

**Beschaffenheit** und **Güte** können festgelegt werden durch Augenschein (Besicht), Muster und Proben, Abbildungen und Beschreibungen in Prospekten und Katalogen, Marken- und Gütezeichen, Herkunftsbezeichnung (Anbaugebiet oder Verschiffungshafen), Güteklassen (Handelsklassen, Typen oder Standards), Jahrgang, Gehalt (Alkohol- oder Fettgehalt, Feinheit) und Farbe.

HGB § 360
BGB § 243 (1)

**Gesetzliche Regelung.** Wird eine nur der Gattung nach bestimmte Ware geschuldet, so ist Ware *mittlerer Art und Güte* zu liefern.

### Menge der Ware

Sie kann angegeben sein

a) in *gesetzlichen* Maßeinheiten (m, m$^2$, m$^3$, g, kg, t, l, hl),

b) in *handelsüblichen* Bezeichnungen: Stück, Dutzend, Gros (bei Kurzwaren), Sack, Pack, Kiste, Ballen, Palette, Wagenladung.

### Preis der Ware

Bei den **Preisangaben** in Kaufverträgen sind zu unterscheiden:

- **Nettopreise.** Der Anbieter erlaubt keinerlei Preisabzüge. Die Vertragsklauseln lauten z.B. „Zahlbar netto Kasse" oder „Zahlbar ohne jeden Abzug".
- **Bruttopreise.** Der Anbieter erlaubt, dass vom Rechnungsbetrag je nach vertraglicher Vereinbarung prozentuale **Abzüge** vorgenommen werden.

Folgende **Preisabzüge** sind möglich:

**a) Rabatt.** Dies ist eine Preisvergünstigung, die *aus verschiedenen Anlässen ohne Rücksicht auf den Zeitpunkt der Zahlung* eingeräumt wird.
- *Mengenrabatt* wird Großabnehmern gewährt.
- *Treuerabatt* erhalten langjährige treue Kunden.
- *Wiederverkäuferrabatt* gewähren die Hersteller von Markenwaren, z.B. Fernsehgeräten, Tabakwaren und Büchern. Die Ware wird zum empfohlenen Endverkaufspreis berechnet, von dem der Wiederverkäufer aber einen hohen Prozentsatz (20% bis 50%) abziehen darf.
- *Personalrabatt* genießen die Mitarbeiter des Geschäftes.

**b) Skonto.** Dies ist eine Preisvergünstigung, die *bei Zahlung innerhalb einer vereinbarten Frist* vor Ablauf des Zieles eingeräumt wird. Skonto soll zu vorzeitiger Zahlung ermuntern.

**Beispiel:** „Ziel 2 Monate, bei Zahlung innerhalb 10 Tagen 2% Skonto."

## Verpackung der Ware

VerpackV §§ 3–7

| Verpackungsarten VerpackV | Transportverpackung § 3 (1) Zi. 4 | Verkaufsverpackung § 3 (1) Zi. 2 | Umverpackung § 3 (1) Zi. 3 |
|---|---|---|---|
| **Verwendungszweck** | Auf dem Weg **vom Hersteller zum Handel**<br>– zur *Erleichterung des Warentransportes,*<br>– *zum Schutz der Ware* vor Transportschäden oder<br>– *zur Sicherheit des Transportes* | Serviceverpackung für den **Endverbraucher**<br>– als *Verkaufseinheit* oder<br>– zur *Übergabe der Ware* | **Zusätzliche Verpackung** um die Verkaufsverpackung<br>– *zur Warenabgabe* durch Selbstbedienung oder<br>– *zum Diebstahlschutz* oder<br>– überwiegend zur *Werbung* |
| **Verpackungsformen und -beispiele** | Versandkartons, Versandkisten, Versandpaletten, Container, Fässer, Säcke, geschäumte Schalen, Schrumpffolien. | Tube für Zahncreme, Schachtel und Blister bei Pralinen, Dose für Getränke, Flaschen für Getränke oder Parfüme. | Schachtel um Zahncremetube, Geschenkpapier um Pralinenverpackung, Schweißfolie um mehrere Dosen, Kiste oder Schachtel um Getränke- oder Parfümflasche. |
| **Entsorgung** §§ 4–6 | Zum Schutze der Umwelt sind Hersteller und Vertreiber grundsätzlich zur Rücknahme und zur Wiederverwendung oder zur stofflichen Verwertung verpflichtet. | | |
| **Verpackungskosten** | Meist vom Hersteller von den Herstellungskosten *getrennt erfasst. Vertragliche Kostentragung* durch Käufer oder Verkäufer. Häufig *gegen Pfandgebühr* geliehen oder zu Selbstkosten übereignet. | Meist *im Kaufpreis inbegriffen,* da Verpackungsvorgang eng mit der Fertigung verbunden. | |
| | | Mehrwegverpackung häufig *gegen Pfandgebühr* geliehen oder zu Selbstkosten übereignet. | Beutel und Tragetaschen häufig dem Endverbraucher *in Rechnung* gestellt. Kostenersparnis durch Verzicht auf Umverpackung. |
| Bild 26 | Die Vertragsklausel „brutto für netto" drückt aus, dass der Kaufpreis vom Bruttogewicht der Sendung, also ohne Abzug des Verpackungsgewichtes (der Tara) zu berechnen ist und die Verpackung damit ebenfalls dem Käufer überlassen wird. | | |

**Gesetzliche Regelung.** Die Verpackungskosten sind Kosten der Abnahme. Sie sind *vom Käufer* zu tragen.

BGB § 448

Ist der Kaufpreis nach dem Gewicht der Ware zu berechnen, so ist das Verpackungsgewicht abzuziehen.

HGB § 380

## Versand der Ware

**a) Versandart.** Die Ware kann persönlich, durch Boten, mit eigenem Fahrzeug oder durch Vermittlung eines Transportunternehmens überbracht oder abgeholt werden.

**b) Versandkosten** (Bilder 27a und 27b). An Versandkosten entstehen Rollgeld für die An- und Zufuhr, Fracht, Wiegegebühren und Verladekosten. Aus den Lieferungsbedingungen geht hervor, wer diese Kosten zu tragen hat.

| Es kann vereinbart werden: | Lieferungsbedingung |
|---|---|
| 1. Der **Käufer** trägt *alle* Versandkosten: | ab Werk, ab Lager |
| 2. Der **Verkäufer** trägt *alle* Versandkosten: | frei Haus, frei Lager, frei Werk |
| 3. **Käufer** und **Verkäufer** *teilen sich* die Kosten; der **Verkäufer** trägt | |
| – die Kosten für Anfuhr bis zum Versandunternehmen: | unfrei, ab hier, ab Bahnhof hier |
| – die Kosten für Anfuhr und Verladung: | frei Waggon, frei Schiff |
| – die Kosten für Anfuhr, Verladung und Fracht bis Empfängerpostfiliale oder Bestimmungsbahnhof: | frei, frachtfrei, frei Bestimmungsbahnhof |

Bild 27a

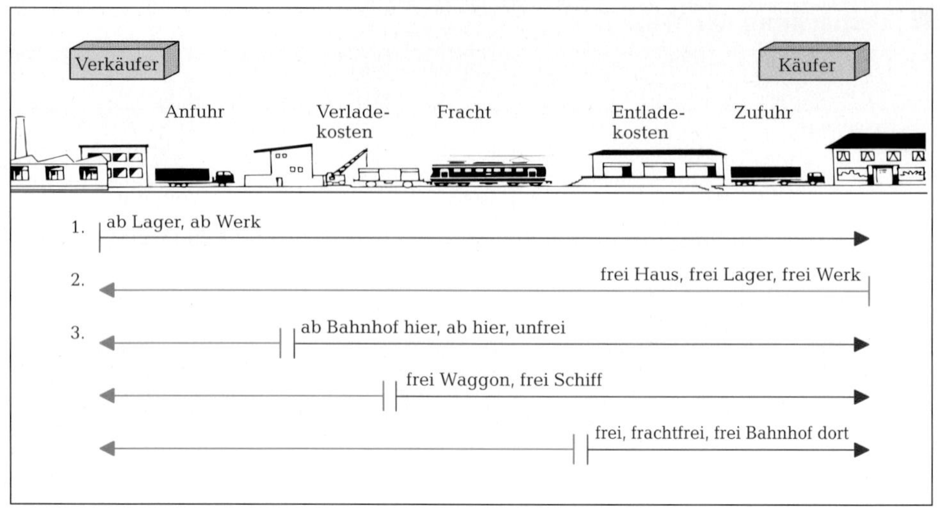


Bild 27b

BGB § 448

**Gesetzliche Regelung:** Ist *nichts vereinbart* und besteht kein besonderer Handelsbrauch, so sind

- die **Kosten der Übergabe,** insbesondere die Kosten des Messens und Wiegens vom *Verkäufer,*
- die **Kosten der Abnahme und der Versendung** nach einem anderen Ort als dem Erfüllungsort vom *Käufer* zu tragen.

## Lieferzeit

Eine zu frühzeitige Materialanlieferung verursacht unnötige Lagerkosten. Eine verspätete Materialbereitstellung verhindert den rechtzeitigen Fertigungsbeginn, stört den Produktionsfluss durch Leerlauf und stellt die Lieferbereitschaft des Industriebetriebes in Frage. Die Planung des Lieferzeitpunktes sollte deshalb eine kostensparende und termingerechte Materialbereitstellung für die Fertigung gewährleisten (Abschnitt 3.1.1).

**Beispiele:**

1. In der Konservenindustrie richtet sich die Anlieferung der Materialien nach dem Erntezeitpunkt und den Lagerungsmöglichkeiten (Gemüse, Obst).
2. In der Großserien- und Massenfertigung versucht der Hersteller, die Zulieferer zu einer arbeitstäglichen Anlieferung des Tagesbedarfs zu verpflichten, sodass eine Lagerung entfällt (fertigungssynchrone Lieferung in der Autoindustrie).

Für die Lieferung kann *ein bestimmter Termin oder eine Frist* gesetzt werden. Diese können sich ergeben aus einer vertraglichen Regelung oder durch stillschweigende Übernahme der bisher üblichen Gepflogenheit. Möglicherweise lassen sie sich auch aus den Umständen der Lieferung entnehmen, z.B. bei Lieferung von Heiratsanzeigen oder Saisonartikeln.

§ 271

**Gesetzliche Regelung.** Ist eine Zeit für die Lieferung weder bestimmt, noch aus den Umständen zu entnehmen, so kann der Lieferer *sofort* liefern, der Käufer *sofortige* Lieferung verlangen.

## Zahlungsbedingungen

Sie bestimmen Art und Weise sowie Kosten und Zeitpunkt der Zahlung.

**a) Art und Weise der Zahlung.** Im Kaufvertrag kann bare, halbbare, bargeldlose Zahlung oder Wechselzahlung vereinbart werden. Zahlungen können vereinbarungsgemäß in einem Betrag oder in Raten geleistet werden.

Wenn der Schuldner mit **Überweisung** bezahlt, ist die Geldschuld erfüllt, sobald der Schuldner seiner Bank den Überweisungsauftrag erteilt hat und nicht erst dann, wenn die Gutschrift auf dem Konto des Gläubigers erfolgt. Allerdings wird dabei vorausgesetzt, dass der Schuldner bei seiner kontoführenden Bank über ein ausreichendes Guthaben oder eine Überziehungsbefugnis verfügt.

Eine Zahlung mit dem Geldersatzmittel (Geldsurrogat) **Scheck** oder **Wechsel** gilt in der Regel erst dann als schuldtilgende Erfüllungshandlung, wenn dem Gläubiger Geld zufließt, d.h. wenn der Scheck bzw. Wechsel eingelöst wird. Die Annahme eines Schecks oder Wechsels erfolgt also erfüllungshalber und nicht an Erfüllungs Statt.

BGB § 364 (2)

**b) Kosten der Zahlung.** Die *Kosten* der *Zahlung* der Kaufsumme hat der *Schuldner* zu tragen. Er darf sie daher nicht vom Rechnungsbetrag abziehen.

§ 270

**c) Zeitpunkt der Zahlung.** Die Zahlung kann erfolgen:

- **Vor** *der Lieferung* **(Anzahlung** und **Vorauszahlung).** Sie wird häufig zur Finanzierung großer Aufträge und von unbekannten oder unsicheren Kunden verlangt.
- **Bei** *der Lieferung* **(Barkauf).** Barzahlung ist vor allem noch im Einzelhandel üblich.
- **Nach** *der Lieferung* **(Ziel- oder Kreditkauf).** Die Gewährung von Zahlungszielen setzt Finanzierungsbereitschaft des Verkäufers sowie Kreditwürdigkeit des Käufers voraus.

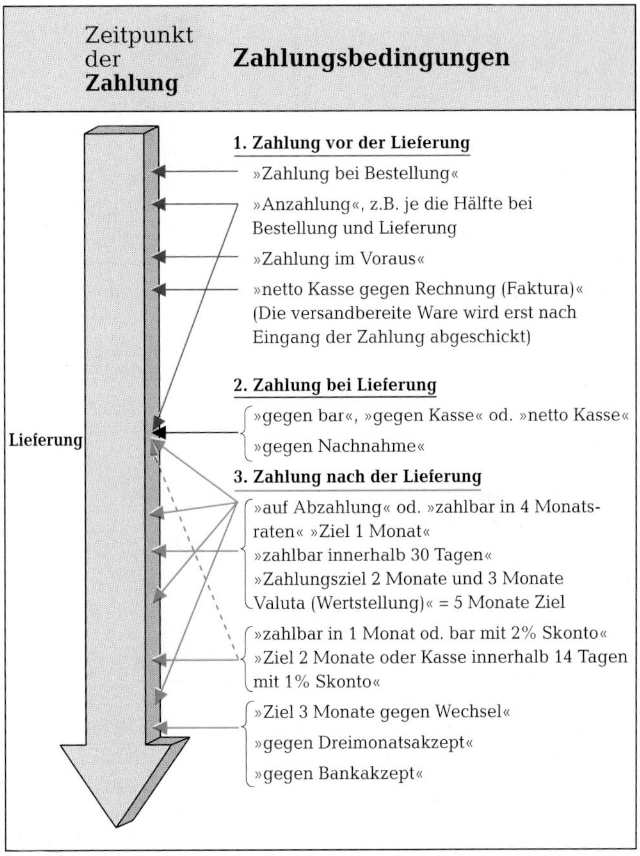

Zeitpunkt der **Zahlung** | **Zahlungsbedingungen**

Lieferung

**1. Zahlung vor der Lieferung**

»Zahlung bei Bestellung«

»Anzahlung«, z.B. je die Hälfte bei Bestellung und Lieferung

»Zahlung im Voraus«

»netto Kasse gegen Rechnung (Faktura)« (Die versandbereite Ware wird erst nach Eingang der Zahlung abgeschickt)

**2. Zahlung bei Lieferung**

»gegen bar«, »gegen Kasse« od. »netto Kasse«

»gegen Nachnahme«

**3. Zahlung nach der Lieferung**

»auf Abzahlung« od. »zahlbar in 4 Monatsraten« »Ziel 1 Monat«

»zahlbar innerhalb 30 Tagen«

»Zahlungsziel 2 Monate und 3 Monate Valuta (Wertstellung)« = 5 Monate Ziel

»zahlbar in 1 Monat od. bar mit 2% Skonto«

»Ziel 2 Monate oder Kasse innerhalb 14 Tagen mit 1% Skonto«

»Ziel 3 Monate gegen Wechsel«

»gegen Dreimonatsakzept«

»gegen Bankakzept«

Bild 28

Wenn der Lieferer bei *Kreditgewährung* Zinsen im Voraus in den Verkaufspreis einkalkuliert, kann er dem Kunden bei vorzeitiger Zahlung Skonto gewähren.

Der Zinsvorteil, den der Kunde dadurch hat, ist größer, als es dem Prozentsatz nach scheint. Zahlt er z.B. 30 Tage vor dem Ziel mit 2% Skonto, so entspricht dies einem Zinssatz von 24%.

**Gesetzliche Regelung:** Ist über den Zeitpunkt der Zahlung nichts vereinbart und auch aus den Umständen nichts zu entnehmen, so kann der Verkäufer *sofortige* Zahlung verlangen.

§ 271

Ist der Leistungstag ein Sonnabend, Sonntag oder gesetzlicher Feiertag, so braucht der Schuldner erst am nächsten Werktag zu leisten. Die Geldschuld gilt als rechtzeitig erfüllt, wenn der Schuldner das Geld am Fälligkeitstag abgeschickt hat.

§ 193

## Erfüllungsort

Der **Erfüllungsort** ist der Ort, an dem der **Schuldner** seine **Leistung zu bewirken** hat.

### a) Arten des Erfüllungsortes

1. **Der vertragliche Erfüllungsort** ist vom Verkäufer und Käufer vereinbart. Eine solche Vereinbarung kommt zustande, wenn die in einem Angebot, einem Bestellschein oder in einem Bestätigungsbrief aufgenommenen Klauseln über den Erfüllungsort angenommen werden oder unwidersprochen bleiben. Die Aufnahme einer Klausel in einer Rechnung genügt nicht.

   **Beispiel:** Der Verkäufer in Düsseldorf und der Käufer in Stuttgart vereinbaren „Erfüllungsort für beide Teile Düsseldorf" (Bild 29).

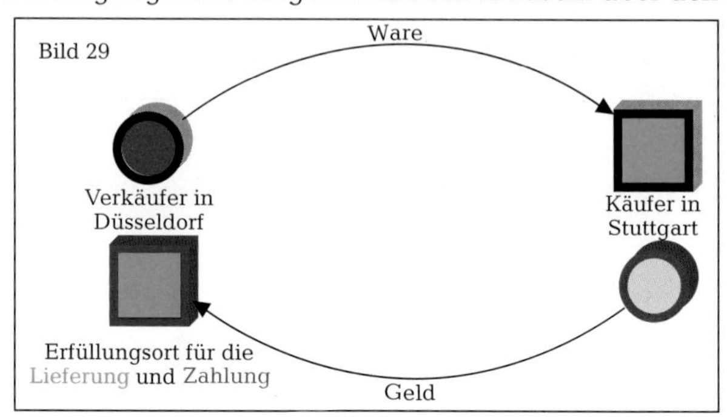


2. **Der natürliche Erfüllungsort** ist der Ort, an dem die Leistung ihrer Natur oder den Umständen nach zu bewirken ist.

   BGB § 697

   **Beispiel:** Lieferung des Baumaterials für die Errichtung eines Gebäudes durch den Bauunternehmer; Durchführung von Reparaturarbeiten in einer Wohnung durch einen Handwerker; Rückgabe einer zur Verwahrung übergebenen Sache.

   § 269

3. **Der gesetzliche Erfüllungsort** ist der Wohnsitz bzw. die gewerbliche Niederlassung des **Schuldners** im Zeitpunkt des Vertragsabschlusses. Er gilt dann, wenn ein Ort für die Leistung weder vereinbart noch aus den Umständen zu entnehmen ist.

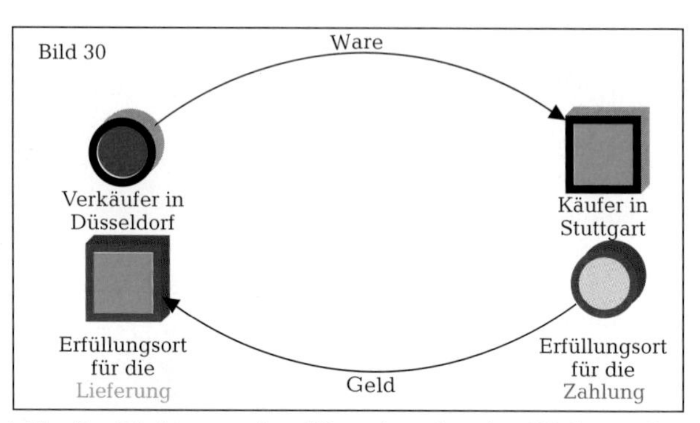


Gesetzlicher Erfüllungsort für die **Lieferung** der Ware ist also der **Wohn- oder Geschäftssitz des Verkäufers** (der Verkäufer schuldet die Ware).

Gesetzlicher Erfüllungsort für die **Zahlung** des Kaufpreises ist der **Wohn- oder Geschäftssitz des Käufers** (der Käufer schuldet das Geld) (Bild 30).

### b) Bedeutung des Erfüllungsortes

Der **Erfüllungsort** ist der Ort, an dem der **Schuldner** durch rechtzeitige und mangelfreie Leistung **von seiner vertraglichen Verpflichtung frei** wird.

**Beispiel:** Ein Lieferer in München versendet Ware an einen Kunden in Hamburg. Als Liefertermin ist der 15. Februar vereinbart. Der Lieferer hat seine Verpflichtung erfüllt

- bei Erfüllungsort München, wenn er die Ware am 15. Februar mangelfrei der Versandanstalt in München übergibt,
- bei Erfüllungsort Hamburg, wenn die Ware am 15. Februar mangelfrei in Hamburg eintrifft.

Erfüllt er diese Verpflichtung nicht, so kommt er, gegebenenfalls nach einer Mahnung, in **Lieferungsverzug** (Abschnitt 3.3.2).

*Neben dieser Grundbedeutung* kann der Erfüllungsort auch *abgeleitete Bedeutung* für den **Gerichtsstand**, den **Gefahrübergang** und die **Übernahme der Kosten** haben, sofern hierfür keine Sonderregelungen bestehen.

**1. Gerichtsstand**

Ergeben sich Streitigkeiten über das Bestehen, über die Auslegung oder wegen der Erfüllung eines Vertragsverhältnisses, so können die Vertragspartner die Hilfe des zuständigen Gerichtes in Anspruch nehmen.

Die **sachliche** Zuständigkeit bestimmt die Gerichts**art** (Amts- oder Landgericht), bei der Klage zu erheben ist. Sie ist grundsätzlich vom Streitwert abhängig. ZPO §§ 1 ff GVG §§ 23, 71

Die **örtliche** Zuständigkeit (Gerichtsstand) regelt den Gerichts**ort**, an dem zu klagen ist. Er kann durch Vertrag oder Gesetz bestimmt sein. ZPO §§ 12 ff

Die Durchführung eines Prozesses im eigenen Gerichtsbezirk bedeutet eine wesentliche Ersparnis an Zeit und Geld. Durch den Gerichtsstand werden auch das anzuwendende Recht (eigenes oder fremdes Recht beim Außenhandel) sowie Handelsbrauch und Verkehrssitte bestimmt.

**Vertraglicher Gerichtsstand.** Kaufleute und juristische Personen des öffentlichen Rechts können für alle vermögensrechtlichen Streitigkeiten einen Gerichtsstand vereinbaren, sofern nicht durch Gesetz ein ausschließlicher Gerichtsstand begründet ist, z.B. bei Grundstücksklagen. §§ 38 (1), 40 (2) § 38 (3)

**Gesetzlicher Gerichtsstand**

**Allgemeiner** Gerichtsstand ist der Sitz des Gerichts, in dessen Bezirk der *Beklagte* seinen *Wohnsitz* hat. Hier können alle Klagen erhoben werden, für die nicht durch Gesetz oder Vertrag ein ausschließlicher Gerichtsstand bestimmt ist. § 13

**Besondere** Gerichtsstände sind neben vielen anderen:

- Der Gerichtsstand des **Erfüllungsortes.** Für Streitigkeiten über *Verträge* zwischen Kaufleuten ist das Gericht zuständig, in dessen Bezirk der Erfüllungsort liegt. Durch Vereinbarung eines Erfüllungsortes kann daher zugleich mittelbar und stillschweigend der Gerichtsstand bestimmt sein. Der Kläger hat jedoch die Wahl zwischen dem allgemeinen Gerichtsstand und dem Gerichtsstand des Erfüllungsortes. § 29 § 35
- Der **dingliche** Gerichtsstand. Für Klagen, die den Besitz, das Eigentum oder eine dingliche Belastung eines *Grundstücks* betreffen, ist ausschließlich das Gericht zuständig, in dessen Bezirk das Grundstück liegt. §§ 24–26

**2. Gefahrübergang**

Geht durch **Verschulden** eines Vertragspartners oder des Frachtführers der Kaufgegenstand verloren, zugrunde, oder wird er beschädigt, so hat *der schuldige Teil* den Schaden zu tragen. Der Verkäufer muss bei der Verpackung, der Auswahl des Beförderungspersonals und des Transportunternehmens die erforderliche Sorgfalt anwenden. Insbesondere muss er Anweisungen des Käufers über die Art des Versandes beachten. Weicht er ohne dringenden Grund davon ab, so ist er für den daraus entstehenden Schaden verantwortlich. BGB § 276 § 278 § 447 (2)

**Beispiel:** Trotz Frostgefahr sendet ein Großhändler Orangen nicht mit Expressdienst, sondern als Stückfracht. Während der längeren Beförderungsdauer entsteht ein Frostschaden. Er muss vom Verkäufer getragen werden.

Bei **zufälligem** Untergang oder **zufälliger** Verschlechterung trägt den Schaden derjenige, der die Gefahr trägt. Der Gefahrübergang auf den Käufer tritt ein

- **mit der Übergabe der Ware an den Käufer** oder an seinen Erfüllungsgehilfen ohne Rücksicht auf den Erfüllungsort. § 446 (1)
- **mit der Auslieferung der Ware an den Spediteur oder Frachtführer,** wenn die Ware auf Verlangen des Käufers nach einem anderen Ort als dem Erfüllungsort versandt wird (Versendungskauf). § 447 (1)

Führt der Verkäufer die Versendung üblicherweise durch eigene Leute oder eigene Beförderungsmittel aus, so trägt er die Transportgefahr.

Um das Risiko des zufälligen Untergangs oder der Verschlechterung der Ware abzuwälzen, wird häufig eine Versicherung abgeschlossen (Transport-, Bruch-, Diebstahl-, Brandversicherung). Wenn nichts anderes vereinbart ist, sind die *Versicherungskosten* von dem zu tragen, der die Gefahr trägt.

BGB § 270

Bei **Übersendung von Geld** trägt der *Versender* die Gefahr, bis es in die Verfügungsgewalt des Empfängers gelangt (bare Auszahlung oder Gutschrift auf das Konto).

**Beispiele:**

1. Ein Schuldner lässt einem Lieferer die Kaufsumme durch einen Boten übermitteln. Dieser verliert das Geld. Der Lieferer kann auf Zahlung bestehen.
2. Ein Schuldner zahlt durch Postanweisung. Der Betrag geht dem Gläubiger nicht zu. Er kann weiterhin Zahlung verlangen. Der Absender kann aber die Post haftbar machen.

**Erfüllung beim bargeldlosen Zahlungsverkehr.** Wenn der Schuldner mit *Überweisung* bezahlt, ist die Geldschuld erfüllt, wenn der Schuldner seiner Bank den Überweisungsauftrag erteilt hat, und nicht erst dann, wenn die Gutschrift auf dem Konto des Gläubigers erfolgt ist. Allerdings wird dabei vorausgesetzt, dass der Schuldner bei seiner kontoführenden Bank über ein ausreichendes Guthaben oder eine Überziehungsbefugnis verfügt. Der Schuldner hat die Pflicht zur rechtzeitigen Leistung dadurch erfüllt, dass er alle Handlungen vornimmt, die an seinem Wohnsitz zur Befriedigung des Gläubigers erforderlich sind.

### 3. Übernahme der Kosten

§ 269 (3)

Der Erfüllungsort bestimmt auch, wer die **Kosten der Lieferung** zu tragen hat, sofern die Übernahme der Versandkosten nicht im Vertrag besonders geregelt ist. Umgekehrt hat aber eine vertragliche Versandkostenregelung keinen Einfluss auf den Erfüllungsort.

**Bedeutung des gesetzlichen Erfüllungsortes**

| Für die **Lieferung** gilt: | | | | | Für die **Zahlung** gilt: | | | |
|---|---|---|---|---|---|---|---|---|
| Ges. Erf.-ort | Gerichtsstand | Gefahr trägt | Kosten trägt | | Ges. Erf.-ort | Gerichtsstand | Gefahr trägt | Kosten trägt |
| Düsseldorf | | Verkäufer | | **Verkäufer** in Düsseldorf | | | | |
| | | Käufer | | **Versandunternehmen** in Düsseldorf | | | | |
| | | | | **Käufer** in Stuttgart | Stuttgart | | Käufer | |

Bild 31

**Gesetzliche Regelung:**

§ 448

- Die **Kosten der Übergabe,** insbesondere die Kosten des Messens und Wiegens, fallen dem *Verkäufer,* die **Kosten der Abnahme und Versendung** nach einem anderen Ort als dem Erfüllungsort, fallen dem *Käufer* zur Last.

§ 270 (1)

- Die **Kosten der Zahlung** richten sich jedoch nicht nach dem Erfüllungsort. Diese hat, sofern keine andere Regelung vereinbart wurde, in jedem Fall der *Käufer* zu tragen.

Aus der gesetzlichen Regelung des Gefahr- und Kostenübergangs, die bei Zahlungsschulden vom Erfüllungsort abweicht, lassen sich folgende **Grundsätze** ableiten:

1. **Warenschulden sind Holschulden.** Mit der Übergabe der Ware gehen Kosten und Gefahr auf den *Käufer* (Gläubiger) über.
2. **Geldschulden sind Schickschulden.** Zahlungen sind auf Kosten und Gefahr des *Käufers* (Schuldner) an den Verkäufer zu übermitteln. (Ausnahme: Wechselschulden sind Holschulden)

BGB § 269

§ 270

## Eigentumsvorbehalt

Der **Eigentumsvorbehalt** ist eine **Vereinbarung** zwischen Verkäufer und Käufer, wonach **der Erwerber zunächst nur Besitzer werden** soll (Übergabe), während **der Veräußerer bis zur Bezahlung des Kaufpreises Eigentümer** bleibt.

Die Vorbehaltsklausel in einem Angebot lautet: „Die Ware bleibt bis zur vollständigen Bezahlung des Kaufpreises mein Eigentum."

Der Verkäufer kann deshalb bei Pfändung Freigabe, im Insolvenzverfahren Aussonderung der Ware verlangen. Bei Zahlungsverzug kann der Verkäufer Herausgabe seines Eigentums fordern, wenn er von seinem Rücktrittsrecht Gebrauch macht.

Der Eigentumsvorbehalt muss, wenn er wirksam sein soll, beim Abschluss des Kaufvertrages ausdrücklich vereinbart sein.

Ein Vorbehaltsvermerk auf der Rechnung verhindert die Eigentumsübertragung, falls die Rechnung spätestens mit der Ware eintrifft, denn es fehlt die zur Übereignung erforderliche Einigung.

Der Eigentumsvorbehalt *erlischt*, wenn der Kaufpreis vollständig bezahlt ist.

Er wird *unwirksam*, wenn die Ware

- an einen gutgläubigen Dritten weiterveräußert, § 932
- verarbeitet, § 950
- mit einer unbeweglichen Sache fest verbunden, § 946
- verbraucht oder
- vernichtet wird.

**Beispiele:**

1. Ein Textileinzelhändler verkauft einen Mantel, den er unter Eigentumsvorbehalt erworben und noch nicht bezahlt hat. Mit der Übergabe wird die gutgläubige Kundin Eigentümerin.
2. In der Werkstatt eines Kraftfahrzeughändlers wird ein Auspufftopf, den der Händler unter Eigentumsvorbehalt erworben und noch nicht bezahlt hat, in das Auto eines Kunden eingebaut. Der Kunde wird durch den Einbau in sein Auto Eigentümer des Auspufftopfes.
3. Ein Installateur baut eine Badewanne, die er unter Eigentumsvorbehalt erworben und noch nicht bezahlt hat, in das Haus eines Kunden ein. Mit dem Einbau wird der Kunde Eigentümer der Badewanne.
4. In einer Gaststätte werden Spirituosen, die unter Eigentumsvorbehalt geliefert worden sind, ausgeschenkt und verbraucht.
5. Der Eigentumsvorbehalt eines Kraftfahrzeughändlers auf einem gegen Raten verkauften Personenkraftwagen wird unwirksam, wenn das Auto bei einem Verkehrsunfall zerstört wird. Um diesen Schaden auszugleichen, veranlasst der Kraftfahrzeughändler seine Kreditkunden beim Kauf, eine Vollkaskoversicherung für das Auto abzuschließen. Im Schadensfall erhält der Händler Ersatz von der Versicherung.

Vom **verlängerten** Eigentumsvorbehalt spricht man, wenn bei Weiterverkauf die entstehende Forderung abgetreten ist, bei Verarbeitung der hergestellte Gegenstand zur Sicherung übereignet wird.

Ein **erweiterter** Eigentumsvorbehalt liegt vor, wenn sich die Vorbehaltsrechte auch auf andere vom selben Verkäufer an denselben Käufer gelieferte Waren beziehen sollen.

Beim **Kontokorrenteigentumsvorbehalt** erwirbt der Käufer das Eigentum an einer bezogenen Ware erst, wenn er *alle Schulden gegenüber dem Verkäufer getilgt*, also den Kontokorrentsaldo ihm gegenüber ausgeglichen hat.

## Allgemeine Geschäftsbedingungen (AGB)

Gesetz zur Regelung des Rechts der Allgemeinen Geschäftsbedingungen (AGB-Gesetz) vom 9. Dezember 1976.

AGB-G § 1

Vertragsbedingungen werden häufig für eine Vielzahl von Verträgen vorformuliert und als „Allgemeine Geschäftsbedingungen" auf einem besonderen Blatt oder auf Vertragsurkunden (Angebots-, Bestellformular) abgedruckt. So können die AGB, ohne sie im Einzelnen aushandeln zu müssen, dem Vertrag zu Grunde gelegt werden. Persönliche Vertragsabreden haben aber Vorrang vor den AGB (Abschnitt 2.3.4).

§ 4

§§ 24, 2, 10, 11

Sollen AGB bei einem Vertrag mit einem *Nichtkaufmann* zum Vertragsbestandteil werden, so muss der Verkäufer diesen ausdrücklich auf die AGB hinweisen; der Vertragspartner muss damit einverstanden sein.

*Auf der Rechnung* angegebene Geschäftsbedingungen sind *rechtlich ohne Bedeutung,* wenn sie nicht schon vor der Rechnungserteilung Bestandteil des Vertrages geworden sind.

### Zur Wiederholung und Vertiefung

1. Zu welchem Preis muss ein Verkäufer eine Ware, die ab Lager 900 EUR kostet, anbieten, wenn das Rollgeld für An- und Abfuhr je 30 EUR und die Fracht 65,85 EUR beträgt,
   a) ab hier, b) frei dort, c) frei Haus?
2. Auf eine Bestellung vom 1. April erfolgt die Lieferung am 15. April. Wann ist bei den verschiedenen Zahlungsbedingungen der Rechnungsbetrag fällig (Bild 28)?
3. Ein Großhändler liefert mit Rechnung vom 15. September einem Einzelhändler vertragsgemäß 50 Spankörbe Pflaumen zu je 10 kg. Preis 60 EUR je 100 kg brutto für netto. Zahlungsbedingung: In 10 Tagen 3% Skonto, in 1 Monat netto Kasse.
   a) Der Kunde zahlt am 25. September mit Zahlschein 291 EUR. Wie beurteilen Sie diese Zahlung?
   b) Wie ist der Sachverhalt, wenn der Kunde von der Rechnung 15 EUR abzieht, da Stichproben ergeben haben, dass die Körbe bei 10 kg Gesamtgewicht nur 9,5 kg Pflaumen enthielten?
4. Auf dem Bahntransport vom Verkäufer in Frankfurt zum Käufer in Osnabrück kommt die Ware abhanden. Der Käufer verweigert die Zahlung des Kaufpreises mit der Begründung, dass im Kaufvertrag die Lieferung „frei Bahnhof Osnabrück" vereinbart war und demzufolge der Verkäufer für das Abhandenkommen hafte. Wie ist die Rechtslage?
5. Machen Sie die dem Bild 31 entsprechende Aufstellung, wenn durch Kaufleute vertraglich „Erfüllung für beide Teile Stuttgart" vereinbart ist.
6. Warum ist auch beim Verkauf unter Eigentumsvorbehalt die Zuverlässigkeit des Käufers zu überprüfen?
7. Welche besonderen Vorteile erwachsen gegenüber der gesetzlichen Regelung dem Verkäufer oder dem Käufer, wenn sie ihren Wohnsitz als „Erfüllungsort und Gerichtsstand für beide Teile" vereinbaren?
8. Welche Bedeutung hat der Vermerk auf der Rechnung: „Ich sende Ihnen für Ihre Rechnung und auf Ihre Gefahr"?
9. Zwei Geschäftsleute schließen einen Kaufvertrag ohne besondere Angabe von Vertragsinhalten. Wie ist der Vertrag zu erfüllen bezüglich
   a) Warenqualität, c) Versandkosten, e) Zahlungszeit,
   b) Verpackungskosten, d) Lieferzeit, f) Erfüllungsort?

## 3.2.8 Arten des Kaufvertrages

Nach den Bestimmungen des jeweiligen Vertragsinhalts sind verschiedene Arten des Kaufs zu unterscheiden.

**a) Nach der Bestimmung von Art, Beschaffenheit und Güte der Ware:**

1. **Gattungskauf.** Kaufgegenstand ist eine *vertretbare* Sache. Vertretbare Sachen sind bewegliche Sachen, die *in mehreren gleichen Ausfertigungen* hergestellt werden und wegen ihrer Gleichartigkeit durch andere Stücke der gleichen Gattung ersetzt werden können.

   **Beispiele:** Kauf von Baumwolle, eines Kunstdruckes, von Serienmöbeln.

2. **Stückkauf.** Kaufgegenstand ist eine *nicht vertretbare*, also *einmalige* Sache, die in dieser Form nicht wieder beschafft werden kann.

   **Beispiele:** Kauf eines Grundstückes, eines Originalgemäldes, eines antiken Bauernschrankes.

3. **Kauf nach Probe** (nach Muster). Er ist ein Kauf *auf Grund früher bezogener Waren* („wie gehabt") oder *nach einer vom Verkäufer übergebenen Probe.*

   Die zu liefernde Ware muss der Probe entsprechen; unwesentliche Abweichungen müssen jedoch geduldet werden. Die Eigenschaften der Probe oder des Musters sind als zugesichert anzusehen. Fehlen sie, kann der Käufer statt Wandelung, Minderung oder Ersatzlieferung Ersatz des ihm entstandenen Schadens verlangen.

   BGB § 494 §§ 463, 480

   **Beispiele:** Kauf von Kaffee, Tee, Tabak, Stahl, Metallen, Textilrohstoffen, Tapeten.

4. **Kauf auf Probe** ist ein Kauf *mit Rückgaberecht* innerhalb einer vereinbarten Frist, falls der Gegenstand nicht den Erwartungen des Käufers entspricht.

   § 495

   Der Verkäufer überlässt dem Käufer die Ware für eine bestimmte Zeit „auf Probe" oder „zur Ansicht", damit er prüfen und ausprobieren kann. Lässt der Käufer die Probefrist ohne ausdrückliche Ablehnung der Ware verstreichen, so gilt sein Stillschweigen als Zustimmung und damit als Annahme des Angebotes.

   § 496

   **Beispiele:** Kauf eines Kopiergerätes, eines Schreibtischstuhls, eines Musikinstrumentes.

5. **Kauf mit Umtauschrecht.** Der Käufer kann verlangen, dass *an Stelle der gekauften eine andere Ware* gleichen Wertes geliefert wird, wenn die Ware nachträglich nicht zusagen sollte.

   **Beispiel:** Beim Kauf eines Geschenkartikels hat der Verkäufer Umtauschmöglichkeit zugesagt.

   Der Kauf auf Probe darf nicht verwechselt werden mit einem Kauf, bei dem das Recht auf Umtausch vereinbart ist.

6. **Bestimmungskauf (Spezifikationskauf).** Hier erfolgt ein Abschluss über eine genau festgelegte Gesamtmenge einer Gattungsware. Der Käufer hat aber *das Recht*, innerhalb einer festgesetzten Frist *die zu liefernden Waren nach Maß, Form oder Farbe näher zu bestimmen* („je nach Käufers Wahl").

   HGB § 375

   Für die Gesamtmenge wird ein *Grundpreis* vereinbart. Dazu kommen die für die einzelnen Ausführungsarten vereinbarten *Zuschläge*.

   **Beispiele:**

   1. Ein Metallwerk macht einen Abschluss über 1.000 t Eisen mit dem Recht der Spezifikation für Flach-, Rund-, Stab-, Winkel- und T-Eisen in verschiedenen Längen und Stärken.
   2. Ein Textilhändler kauft 10.000 Paar Strumpfhosen. Größen und Farben werden nachträglich bestimmt.

**b) Nach der Bestimmung der Lieferzeit:**

1. **Sofortkauf.** Die Lieferung hat *unmittelbar nach der Bestellung* zu erfolgen. Die Klausel lautet: „Lieferung sofort".

   **Beispiel:** Ein Betrieb benötigt dringend Heizöl. Der Mineralölhändler verspricht Lieferung am gleichen Tage.

2. **Terminkauf.** Die Lieferung hat *zu einem vereinbarten späteren Termin oder innerhalb einer vereinbarten Frist* zu erfolgen. Die Klauseln lauten: „Lieferung Ende August", „Lieferung innerhalb zweier Monate", „Lieferung 2 Monate nach Auftragseingang".

3. **Fixkauf.** Die Lieferung hat *an oder bis zu einem* **genau** *bestimmten Zeitpunkt* zu erfolgen. Die Klauseln lauten: „Lieferung am 20. Mai fix", „Lieferung bis 20. Dezember fest." Der Vertrag steht und fällt mit der Beachtung der Fixklausel.

   BGB § 361 HGB § 376

   **Beispiele:** Lieferung von Geschenken, von Wein oder Einladungskarten zu einem Betriebsjubiläum, Lieferung von Büromöbeln bis zur Eröffnung einer Filiale.

4. **Kauf auf Abruf.** Der *Zeitpunkt der Lieferung* ist in das *Ermessen des Käufers* gestellt. Er ruft die Ware ab.

   **Beispiele:** Ein Bauherr kauft Möbel, die er erst nach Fertigstellung des Hauses anliefern lässt.

5. **Teillieferungskauf.** Bei ihm erfolgt die *Lieferung in Teilmengen.* Er kann sein:
   - ein Termin- oder Zeitkauf (lieferbar in monatlichen Teilmengen),
   - ein Fixkauf (lieferbar am 1. Mittwoch jeden Monats fix),
   - ein Kauf auf Abruf (lieferbar auf Abruf).

   Der Käufer hat hierbei den Vorteil des Einkaufs in großen Mengen (Mengenrabatt, Schutz vor Preissteigerung) bei gleichzeitig niedriger Lagerhaltung.

**c) Nach der Bestimmung der Zahlungszeit:**

1. **Kauf gegen Vorauszahlung.** Die Zahlung ist *vor der Lieferung* zu leisten.
2. **Barkauf.** Der Käufer hat *Zug um Zug mit der Lieferung* zu zahlen.
3. **Ziel- oder Kreditkauf.** Die Zahlung ist einige Zeit *nach der Lieferung* zu leisten.

**Zur Wiederholung und Vertiefung**

1. Unterscheiden Sie den Kauf auf Probe vom Kauf nach Probe.
2. Welche Vorteile bietet der Spezifikationskauf für Käufer und Verkäufer?
3. Wodurch unterscheiden sich der Kauf auf Abruf und der Bestimmungskauf?
4. Durch welche Vertragsvereinbarung wird ein Kauf zum Fixkauf?
5. Um welche Arten von Kaufverträgen handelt es sich in folgenden Fällen?
   a) Privatmann A hat mit Kunsthändler B einen Kaufvertrag abgeschlossen über ein echtes Picasso-Gemälde.
   b) Ein Lebensmittelgroßhändler hat mit der Südmilch AG einen Kaufvertrag abgeschlossen über 500 kg Süßrahmbutter, lieferbar in Teilmengen.
   c) Eine Elektrogroßhandlung hat mit einer Glühlampenfabrik einen Kaufvertrag über 10.000 Stück Glühlampen abgeschlossen, mit dem Zusatz, dass bis zum 15. des nächsten Monats die verschiedenen Wattstärken angegeben werden.

## 3.2.9 Überwachung der Vertragserfüllung

Die **Beschaffung** von Betriebsmitteln, Werkstoffen und Waren macht folgende **Kontrollen und Tätigkeiten** erforderlich:

**a) Terminliche Eingangskontrolle.** Der geordnete Betriebsablauf erfordert, dass der Käufer die Einhaltung der vereinbarten Lieferzeit überwacht. Für diese **Terminkontrolle** werden verschiedene Hilfsmittel verwendet:

1. Der einfache *Terminkalender,* in dem die voraussichtlichen Termine für die Wareneingänge eingetragen werden, erfüllt in kleinen Betrieben vollkommen seinen Zweck.
2. Bei Führung eines *Bestellbuches* wird jede Bestellung unter laufender Nummer mit Angabe des Lieferers und des vereinbarten Liefertermins eingetragen. Da in einer besonderen Überwachungsspalte der Eingang der bestellten Ware vermerkt ist, sind unerledigte Bestellungen deutlich erkennbar (Bild 32).

**Bestellbuch**

| Bestell-Nr. | Bestell-tag | Lieferer | Bestellte Ware Menge Art | Liefer-termin | Ein-gang | Bemer-kung |
|---|---|---|---|---|---|---|
| 1483 | 5. Sept. | Hahn & Kolb, Stuttgart | 20 Scheibenfräser<br>25 Gesenkfräser | } 15. Okt. | | |
| 1484 | 8. Sept. | Stecher, Bochum | 15 Schaftfräser<br>30 Gesenkfräser<br>10 Langlochfräser | 2. Okt.<br>sofort<br>2. Okt. | 3. Okt.<br>15. Sept.<br>3. Okt. | |

Bild 32

3. *Bestellkarteien* werden von mittleren und größeren Betrieben verwendet. Mit den Bestellungen werden häufig zwei Durchschläge hergestellt. Diese werden, nach *Waren* und nach *Lieferern* geordnet, in Karteikästen abgestellt. Die Lieferzeiten werden durch Terminreiter angezeigt, die am oberen Ende der Durchschläge aufgesetzt werden.
4. Die Ablage der Bestelldurchschläge kann auch zeitlich nach Liefertagen erfolgen in *Terminmappen* und *Terminordnern* (mit Tageseinteilung), in *Terminkarteien* (mit Tages- und Monatskarteien) und *Terminschränken (mit Tagesfächern).*
5. Terminüberwachung *durch EDV*. Die gespeicherten Liefertermine können jederzeit und sofort abgerufen werden.

**b) Sachliche Eingangskontrolle.** Bei Übernahme der Ware ist zu prüfen

- die Angaben von Empfänger und Absender,
- die Anzahl und Richtigkeit der Stücke durch Vergleich mit den Begleitpapieren (Stück, Aufschrift, Zeichen, Nummer, Gewicht),
- die Verpackung auf ihre Unversehrtheit,
- die Ware selbst, falls sie unverpackt ist.

Bei Beanstandungen kann die Annahme der Sendung verweigert oder vom Überbringer eine Bescheinigung des Mangels verlangt werden, damit die Rechte aus der Mängelrüge geltend gemacht werden können *(Tatbestandsaufnahme)*.

Bei *zweiseitigen Handelskäufen* sind die eingegangenen Waren *unverzüglich* zu prüfen. Die Prüfung der Ware erstreckt sich auf die Menge, Art, Güte, Beschaffenheit und Aufmachung.

HGB § 377

Unterlagen bilden: Packzettel und Lieferschein, Rechnung, Bestellscheindurchschlag, Auftragsbestätigung, aufbewahrte Proben und Muster. Bei Massenartikeln genügt es, Stichproben zu machen. Vielfach sind besondere Prüfverfahren nötig, die in der Annahmestelle selbst oder in besonderen Materialprüfstellen durchgeführt werden.

Festgestellte Mängel sind genau zu beschreiben, damit beim Lieferer Mängelrüge erhoben werden kann (Abschnitt 3.3.1). Die beanstandete Ware darf nicht ohne weiteres zurückgesandt werden, sondern ist zunächst aufzubewahren.

**c) Prüfung der Rechnung.** Sie erstreckt sich

1. auf die **sachliche** Richtigkeit, z.B. Übereinstimmung der Rechnung mit der Bestellung nach Menge, Art, Preis, Lieferungs- und Zahlungsbedingungen,
2. auf die **rechnerische** Richtigkeit, z.B. des Netto- und Bruttopreises, der Fracht, des Rollgeldes, der Nachlässe.

Erst nach durchgeführter Prüfung ist die Rechnung buchungs- und zahlungsreif.

**d) Überwachung der Zahlungstermine.** Bei Eingangsrechnungen hat der Käufer zu entscheiden, ob er sie unter Abzug von Skonto bezahlen kann und will oder ob er das vom Lieferer eingeräumte Zahlungsziel in Anspruch nehmen möchte. Danach richten sich die Zahlungstermine. Der Terminüberwachung dienen:

1. Lieferkarteien, in denen durch aufgesetzte Reiter die unterschiedlichen Zahlungstermine gekennzeichnet werden,
2. Terminmappen, in welche die Rechnungen, nach den Zahlungsterminen geordnet, eingelegt werden.
3. EDV-mäßig gespeicherte Zahlungstermine.

**Zur Wiederholung und Vertiefung**

1. Welche rechtliche Bedeutung haben
   a) die terminliche Eingangskontrolle,
   b) die sachliche Eingangskontrolle?
2. Welche Bedeutung hat die Tatbestandsaufnahme bei der Abnahme mangelhafter Ware?
3. Welche Rechnungsbestandteile sind bei Eingang der Rechnung zu prüfen?
4. Welche wirtschaftliche Bedeutung hat eine sorgfältige Überwachung der Zahlungstermine?

## 3.3 Störungen bei der Erfüllung des Kaufvertrages

Bei der Erfüllung des Kaufvertrages können folgende Störungen auftreten:

| Art der Störung | Bezeichnung |
|---|---|
| Der Verkäufer liefert mangelhaft. | **Sachmangel** |
| Der Verkäufer liefert nicht rechtzeitig. | **Lieferungsverzug** |
| Der Käufer nimmt die Lieferung des Verkäufers nicht oder nicht rechtzeitig an. | **Annahmeverzug** |
| Der Käufer bezahlt den vereinbarten Kaufpreis nicht oder nicht rechtzeitig. | **Zahlungsverzug** |

Bild 33

### 3.3.1 Gewährleistung für mangelhafte Lieferung

BGB § 459

Der Verkäufer ist **verpflichtet**, den verkauften Gegenstand **mängelfrei zu liefern.** Der Gegenstand darf im Zeitpunkt des Gefahrübergangs nicht mit Mängeln behaftet sein, die den Wert oder die Tauglichkeit zum bestimmungsgemäßen Gebrauch mindern oder aufheben.

Der **Verkäufer trägt** die **Gewährleistungspflicht** für Mängel.

§§ 460–464

Die Gewährleistungspflicht des Verkäufers **tritt nicht ein,**

a) wenn der Käufer den Mangel kennt, ohne sich seine Rechte aus der Mängelrüge ausdrücklich vorzubehalten,
b) bei Versteigerungen.

#### Arten der Mängel

§ 459

**a) Im Hinblick auf die Sache**

1. **Mängel in der Güte** (Qualitätsmängel). Dazu gehören
   - erhebliche Fehler der Sache
     **Beispiele:** Verdorbene Ware, technische Fehler, Bruchschäden,
   - das Fehlen einer zugesicherten Eigenschaft
     **Beispiele:** Kochfeste Textilien, wasserdichte Planen, stoßsichere Instrumente.

HGB § 378

2. **Mängel in der Menge** (Quantitätsmängel). Hierbei handelt es sich um Abweichungen von der vertraglich vereinbarten Menge. Ein Fall der Gewährleistung liegt nur dann vor, wenn zu *wenig* geliefert wurde und durch eine Nachlieferung der Lieferzweck nicht erfüllt werden kann.
   **Beispiel:** Lieferung von 8 m Teppichboden anstatt der bestellten 9 m zum Auslegen eines Raumes.

Wurde zu **wenig** geliefert, und die Nachlieferung erfüllt den Zweck, so liegt ein Fall des Leistungsverzuges wegen teilweiser Nichterfüllung vor.

Wurde zu **viel** geliefert, so gilt Schweigen des Käufers als Zustimmung zum Angebot einer größeren Menge, und der Kaufpreis der ganzen Sendung ist zu bezahlen.

3. **Mängel in der Art** (Gattungsmängel). Dabei liefert der Verkäufer eine andere als die vereinbarte Sache.

   **Beispiel:** Lieferung von schwerem statt leichtem Heizöl.

**b) Im Hinblick auf die Erkennbarkeit**

1. **Offene Mängel.** Sie sind bei der Prüfung des Kaufgegenstandes klar erkennbar.

   **Beispiele:** Webfehler, beschädigtes Furnier.

2. **Versteckte Mängel.** Sie sind bei der Untersuchung zunächst nicht erkennbar.

   **Beispiel:** Nicht lichtechte Stoffe.

3. **Arglistig verschwiegene Mängel.** Sie sind versteckte Mängel, die der Lieferer dem Käufer absichtlich verheimlicht.

   **Beispiele:** Ein Unfall-Lkw wird als „unfallfrei" gekauft. Einem Margarinehersteller wird gepanschtes Pflanzenöl geliefert.

## Pflichten des Käufers

**a) Beim zweiseitigen Handelskauf** hat der Käufer folgende Pflichten:

1. **Prüfungspflicht.** Eingegangene Waren sind **unverzüglich** auf Güte, Menge und Art zu untersuchen. — HGB § 377

   Unverzüglich heißt ohne schuldhaftes Zögern. Wenn z.B. beim Eingang der Ware das Lagerpersonal mit dringenden Inventurarbeiten beschäftigt ist, so reicht es noch, wenn die Ware nach Beendigung dieser Arbeiten untersucht wird. — BGB § 121

   Stellt der Käufer bereits **bei der Übergabe** Mängel fest, so kann er die Abnahme verweigern; nimmt er sie trotzdem ab, so muss er sich die Rechte aus der Mängelrüge **sofort** vorbehalten.

2. **Rügepflicht und Einhaltung der Rügefristen.** Offene Mängel sind **unverzüglich nach der Prüfung** zu rügen, versteckte Mängel **unverzüglich nach der Entdeckung**, jedoch *innerhalb der Gewährleistungsfrist.* Diese beträgt *gesetzlich sechs Monate* vom Zeitpunkt der Lieferung an, kann aber vertraglich verlängert (Garantie) werden. Für arglistig verschwiegene Mängel gilt die dreißigjährige Verjährungsfrist. — § 477, § 195

   Der Käufer muss die Mängel in der Güte, Menge und Art genau bezeichnen. Ein allgemeiner Hinweis wie „Ware unverkäuflich", „Ware schlecht", „Ware nicht vertragsgemäß" genügt nicht.

   Unterlässt ein Käufer die Rüge von **Quantitätsmängeln,** so kann er keine Nachlieferung verlangen, wenn zu *wenig* geliefert wurde, muss aber den Kaufpreis für die bestellte Menge bezahlen, sofern diese berechnet wird. Wurde *zuviel* geliefert, dann muss er die Mehrlieferung behalten und einen entsprechend höheren Kaufpreis bezahlen. — HGB § 378

   Wird ein **Mangel in der Art oder Güte** nicht gerügt, dann muss der Kaufmann die gelieferte Ware behalten und den vereinbarten Kaufpreis bezahlen.

3. **Aufbewahrungspflicht.** Beim *Platzkauf* kann die beanstandete Ware sofort zurückgeschickt werden, beim *Distanzkauf* dagegen nicht, um unnötige Transportkosten zu vermeiden. Sie muss dem Verkäufer zunächst **zur Verfügung** gestellt werden. Bis zu dessen Entscheidung muss sie der Käufer zu Lasten des Verkäufers ordnungsgemäß selbst aufbewahren oder bei einem Dritten einlagern. Ist die Ware dem Verderb ausgesetzt und ist Gefahr im Verzug, so kann sie der Käufer öffentlich versteigern lassen oder, sofern sie einen Börsen- oder Marktpreis hat, freihändig verkaufen *(Notverkauf).* — § 379

BGB § 477

**b) Beim einseitigen Handelskauf und bürgerlichen Kauf** bestehen gegenüber dem zweiseitigen Handelskauf folgende Abweichungen:

1. Der Käufer muss **nicht unverzüglich prüfen.**
2. Er muss Mängel **nicht unverzüglich rügen**, sondern kann die Rüge bei offenen und versteckten Mängeln innerhalb der Gewährleistungsfrist vornehmen.

## ■ Rechte des Käufers

Auf Grund der Mängelrüge kann der Käufer *nach seiner Wahl* verlangen:

§ 462

**a) Wandelung, d.h. Rückgängigmachung des Vertrages**. Der Kaufgegenstand ist zurückzugeben und der etwa schon bezahlte Kaufpreis zurückzuzahlen.

**Beispiel:** Der Mangel der Ware ist so groß, dass man sie für den bestimmten Zweck nicht verwenden kann. Da der Käufer bei dem anderen Lieferer inzwischen ein günstigeres Angebot erhalten hat, macht er den Vertrag rückgängig.

§ 462

**b) Minderung des Kaufpreises**. Der Kaufvertrag bleibt bestehen. Der Käufer kann jedoch eine Herabsetzung des Kaufpreises verlangen.

**Beispiel:** Ein gelieferter Anzugstoff hat nur leichte Webfehler, sodass er trotzdem noch für die Weiterverarbeitung verwendet werden kann.

§ 480

**c) Ersatzlieferung mangelfreier Ware**. Sie ist nur beim Kauf vertretbarer Sachen (Gattungskauf), nicht beim Stückkauf möglich.

**Beispiel:** Einzelne Möbelstücke weisen erhebliche Kratzer auf, können aber bei einem anderen Lieferer nicht so preisgünstig beschafft werden.

§ 463

Wenn dem Gegenstand *eine zugesicherte Eigenschaft fehlt* oder *ein Mangel arglistig verschwiegen wurde, kann* **Schadensersatz wegen Nichterfüllung** geltend gemacht werden.

**Beispiel:** Verarbeitete Textilien mit der zugesicherten Eigenschaft „licht- und waschecht" verfärbten beim Waschen andere Wäschestücke. Der entstandene Schaden muss ersetzt werden, d.h. der Verkäufer muss den Kaufpreis zurückerstatten und den Wert der verfärbten Wäschestücke ersetzen.

Sehr häufig versuchen die Verkäufer einer Ware, das gesetzliche Recht auf mangelfreie Ersatzlieferung vertraglich auszuschließen und durch ein **Nachbesserungsrecht** zu ersetzen. Deshalb sollten Käufer auf die Vertragsbedingungen achten und gegebenenfalls auf ihrem gesetzlichen Recht bestehen.

AGB-G §§ 11, 24

Nicht selten werden einzelne Gewährleistungsrechte des Käufers durch die vereinbarten Vertragsbedingungen ausgeschlossen oder eingeschränkt. Derartige Bestimmungen sind jedoch gegenüber Nichtkaufleuten unwirksam, wenn sie nicht im Einzelnen ausgehandelt sind, sondern durch „Allgemeine Geschäftsbedingungen" zum Vertragsbestandteil wurden (Abschnitt 3.2.7).

## ■ Produkthaftung

ProdHaftG § 1 (1)

**Produkthaftung** bedeutet, dass der **Hersteller** für **Schäden haftet,** die durch Fehler des Produkts an **Personen oder Sachen** – nicht an dem Produkt selbst – verursacht werden.

**Beispiel:** Ein Autofahrer fährt gegen einen Zaun, weil das Bremssystem einen Konstruktionsfehler aufwies. Für den am Zaun entstandenen Schaden haften der Hersteller des Pkw und der Zulieferer der Bremsvorrichtung.

Die Haftung nach dem Produkthaftungsgesetz ist *verschuldensunabhängig,* d.h. der Hersteller kann sich nicht entlasten **(Gefährdungshaftung).**

§ 4

Neben dem eigentlichen Hersteller haften alle, die Waren in den Verkehr bringen, welche durch Fehler zu Schäden führen können. So haftet z.B. auch der Importeur gegenüber seinem Kunden, ohne in Wirklichkeit Hersteller zu sein, sofern er diesen nicht binnen vier Wochen benennen kann.

Die Haftung und damit die Ersatzpflicht kann nicht durch allgemeine Geschäftsbedingungen oder Vertrag ausgeschlossen werden.

ProdHaftG § 14

**Zur Wiederholung und Vertiefung**

1. Der Nichtkaufmann ist bei mangelhafter Lieferung als Kunde gesetzlich besser gestellt als der Kaufmann.
   a) In welchen Bestimmungen kommt dies zum Ausdruck?
   b) Begründen Sie die unterschiedliche Rechtsstellung.
2. Begründen Sie rechtlich und wirtschaftlich, welche Gewährleistungsansprüche Sie in folgenden Fällen geltend machen:
   a) Ein Reifenhändler liefert runderneuerte Reifen als fabrikneu. Nach einiger Zeit löst sich eine Reifendecke, und es entsteht ein Verkehrsunfall, bei dem das Fahrzeug stark beschädigt wird.
   b) Ein gelieferter Mantelstoff hat grobe Webfehler, sodass er für die Weiterverarbeitung nicht mehr verwendet werden kann. Ein anderer Lieferer könnte schnell und preisgünstig liefern.
   c) Für die Werkskantine preisgünstig gelieferte Kochtöpfe weisen starke Emailleschäden auf.
   d) Zwei von fünf gelieferten Büroschränken haben leichte Kratzer im Furnier der Seitenwände.
3. Die Metallwerke Eberle KG, ..., haben vor 10 Tagen auf ihre Bestellung vom ... von der Stahlhandel AG, ..., eine Lieferung von 10 t Qualitätsstahl Gruppe St 50 erhalten. Eine inzwischen durchgeführte Gussprobe ergab, dass der gelieferte Stahl von geringerer Härte und Elastizität ist als das mit dem Angebot überreichte Muster. Er ist für die zu fertigenden Gussstücke unverwendbar. Ein schadhaftes Gussstück und ein Gutachten Ihres Chemikers, in dem die Qualitätsabweichung festgestellt ist, wird mitgeschickt. Das ungeeignete Material wird zur Verfügung gestellt.
   a) Wie ist die Rechtslage?
   b) Auf welche Weise werden die Metallwerke ihre Rechte geltend machen?
4. Inwiefern liegt bei folgenden Fällen Sachmängelhaftung bzw. Produkthaftung vor:
   a) Bei einer Küchenmaschine ist 2 Monate nach dem Kauf der Motor defekt.
   b) Bei einer neu gekauften Waschmaschine löst sich der Schlauch. Es handelt sich um einen Konstruktionsfehler beim Wasserstopp. Durch das auslaufende Wasser wurde die wertvolle Holzdecke der darunter liegenden Wohnung ruiniert.
   c) Ein Hobby-Gärtner verletzt sich mit einer Motorsäge beim Absägen von Ästen. Wegen eines Fabrikationsfehlers hat die doppelte Sicherung nicht funktioniert.
   d) Der Käufer eines Computers stellt fest, dass der Arbeitsspeicher nicht die in der Auftragsbestätigung genannten 128 MB enthält.

## 3.3.2 Lieferungsverzug

Der Kaufvertrag **verpflichtet den Lieferer, rechtzeitig zu liefern.**

BGB § 284

**Lieferungsverzug** liegt vor, wenn der Verkäufer **schuldhaft nicht** oder **nicht rechtzeitig** liefert.

Da der Lieferer eine Leistung schuldet, ist der Lieferungsverzug **Schuldnerverzug.**

### Voraussetzungen des Lieferungsverzuges

**a) Fälligkeit.** Ist die Fälligkeit für die Lieferung **kalendermäßig** bestimmt, dann kommt der Lieferer mit dem Eintritt der Fälligkeit **ohne Mahnung** in Verzug.

**Beispiele:** „Am 25. März 2001"; „im Juli 2001"; „38. Kalenderwoche 2001".

Ist die Fälligkeit für die Lieferung **nicht kalendermäßig** bestimmt, dann kommt der Lieferer erst durch eine **Mahnung** in Verzug.

§ 284 (2)

**Beispiele:** „Lieferbar ab Juni 2001"; „lieferbar frühestens im Juli 2001".

In der Mahnung muss der Lieferer zur Erfüllung seiner Verpflichtung, d.h. zur Lieferung der Ware aufgefordert werden.

**b) Verschulden.** Es liegt vor, wenn der Lieferer oder sein Erfüllungsgehilfe fahrlässig oder vorsätzlich handeln (Abschnitt 3.2.6).

§§ 285, 276, 278

BGB § 279

Bei **Gattungswaren** kommt der Lieferer auch ohne Verschulden in Verzug, sofern diese Waren für ihn auf dem üblichen Beschaffungsweg ohne größere Schwierigkeit noch beschaffbar sind.

**Beispiel:** Ein Stahlhändler kommt auch ohne Verschulden in Verzug, wenn er 15 t Qualitätsstahl der Gruppe St 50 bei einem anderen Walzwerk beschaffen könnte.

| Voraussetzungen für den Lieferungsverzug | | |
|---|---|---|
| | **beim Gattungskauf** | **beim Stückkauf** |
| Fälligkeit kalendermäßig bestimmt | ohne Verschulden ohne Mahnung | Verschulden ohne Mahnung |
| Fälligkeit *nicht* kalendermäßig bestimmt | ohne Verschulden Mahnung | Verschulden Mahnung |

Bild 34

## Rechte des Käufers beim Lieferungsverzug

Kommt der Lieferer in Verzug, dann kann der Käufer *wahlweise* beanspruchen

§ 326

a) Erfüllung des Vertrages, d.h. Lieferung der Ware.

**Beispiel:** Eine Spezialmaschine kann von keinem anderen Hersteller bezogen werden.

§ 286 (1)

b) Erfüllung **und** Schadenersatz.

**Beispiel:** Durch die verspätete Lieferung einer Maschine kann die Produktion nicht rechtzeitig aufgenommen werden. Der Lieferer muss den entstandenen Schaden ersetzen.

c) Rücktritt vom Vertrag.

**Beispiel:** Eine Sendung Stahl kann bei einem anderen Lieferer inzwischen preisgünstiger beschafft werden.

d) Schadenersatz wegen Nichterfüllung.

**Beispiel:** Der Käufer muss die Ware kurzfristig bei einem anderen Lieferer zu einem höheren Preis beschaffen.

Die Rechte c) **oder** d) kann der Gläubiger aber erst geltend machen, wenn er dem Schuldner eine **angemessene Nachfrist** gesetzt und erklärt hat, dass er nach Ablauf der Frist entweder vom Vertrag zurücktreten **oder** Schadenersatz wegen Nichterfüllung verlangen werde.

Eine **Nachfrist** ist **angemessen,** wenn der Lieferer noch die Möglichkeit hat, die Ware zu liefern, ohne diese erst zu beschaffen oder anzufertigen. Eine Nachfrist ist **nicht** erforderlich, wenn der Schuldner erklärt, dass er auch später nicht liefern werde, oder wenn der Gläubiger beweist, dass eine spätere Lieferung für ihn keinen Sinn mehr hat.

AGB-G §§ 10, 11, 24

Nicht selten werden in den Vertragsbedingungen die Rechte des Gläubigers ausgeschlossen oder eingeschränkt. Derartige Bestimmungen sind jedoch gegenüber Nichtkaufleuten unwirksam, wenn sie nicht im Einzelnen ausgehandelt sind, sondern durch „Allgemeine Geschäftsbedingungen" zum Vertragsbestandteil wurden (Abschnitt 3.2.7).

## Lieferungsverzug beim Fixkauf

HGB § 376

Erfolgt bei einem Fixkauf als **Handelskauf** die Lieferung nicht zum vereinbarten Termin, so kann der Käufer verlangen:

**a) Erfüllung** des Vertrages, muss dies aber dem Verkäufer **sofort** ausdrücklich mitteilen.

**b) Rücktritt vom Vertrag** ohne Nachfrist und ohne Rücksicht auf Verschulden.

**c) Schadenersatz wegen Nichterfüllung,** wenn die Nichteinhaltung des Termins **verschuldet** ist.

## Ermittlung des Schadens

BGB §§ 249, 251

**a) Schadenersatz.** Der Lieferer hat den Käufer so zu stellen, wie wenn er seine Leistungspflicht erfüllt hätte. Die Entschädigung erfolgt meistens in Geld.

Der Schadenersatz beim Lieferungsverzug kann ermittelt werden:

1. **Nach dem konkreten Schaden.** Der Käufer nimmt für die nicht gelieferte Ware einen *Deckungskauf* vor. Der Schaden ergibt sich aus dem Mehrpreis zuzüglich der Kosten.
2. **Nach dem abstrakten Schaden.** Der zu ersetzende Schaden umfasst auch den **entgangenen Gewinn.** Als solcher gilt der Gewinn, der unter normalen Umständen erwartet werden konnte. Er besteht in der Regel im Unterschiedsbetrag zwischen dem vertraglichen Einkaufspreis und dem erzielbaren Verkaufspreis.

**b) Vertragsstrafe.** Da die Ermittlung der Schadenshöhe, insbesondere des entgangenen Gewinns, Schwierigkeiten bereiten kann, vereinbaren die Vertragsparteien häufig eine Vertragsstrafe **(Konventionalstrafe)**.

BGB § 339

## Haftung beim Lieferungsverzug

Die Haftung des Lieferers erweitert sich auf den Zufall, denn bei rechtzeitiger Lieferung hätte der Zufall nicht wirksam werden können.

§ 287

### Zur Wiederholung und Vertiefung

1. Worin liegt die Besonderheit beim Lieferungsverzug, sofern es sich um einen Fixkauf unter Kaufleuten handelt?
2. Welches Recht würden Sie beim Lieferungsverzug in Anspruch nehmen, wenn
   a) inzwischen eine Preissenkung bei der bestellten Ware eingetreten ist,
   b) die Ware eine Sonderanfertigung für Sie ist,
   c) die Ware ein Saisonartikel ist,
   d) die Ware inzwischen von Ihnen anderweitig beschafft wurde?
3. Begründen Sie, warum die Erweiterung der Haftung beim Lieferungsverzug gerechtfertigt ist.
4. Die Fensterbau GmbH in Rostock bestellte am 5. Mai 20.. entsprechend einem Angebot bei der Metallbau Roller OHG, Warnemünde, Metallfensterrahmen, die für die Renovierung einer Schule verwendet werden sollen. Dem Auftraggeber gegenüber hat sich die Fensterbau GmbH verpflichtet, die Fenster während der Sommerferien einzusetzen, und sich mit einer Konventionalstrafe einverstanden erklärt. Deshalb wurde der 20. Juni als spätester Liefertermin für die Fensterrahmen vereinbart. Am 25. Juni sind die Fensterrahmen immer noch nicht geliefert.
   a) Begründen Sie, ob sich die Roller OHG in Lieferungsverzug befindet.
   b) Welche Rechte stehen der Fensterbau GmbH bei Lieferungsverzug nach dem Gesetz zu?
   c) Begründen Sie, von welchem Recht Sie als Sachbearbeiterin im vorliegenden Fall Gebrauch machen würden.
5. Eine Automobilfabrik hat mit einem Lieferer bestimmte Termine für die Zulieferung von elektrischen Teilen (Spezialanfertigung) vereinbart. Bei Lieferstockung entsteht ein Schaden von täglich 300.000 EUR.
   a) Wie kann sich die Automobilfabrik gegen Schaden wegen Lieferungsverzögerung absichern?
   b) Wer muss den Schaden tragen, wenn die Anlieferung wegen einer witterungsbedingten Verkehrsstockung auf der Autobahn verspätet erfolgt?

## 3.3.3 Zahlungsverzug

Der Kaufvertrag **verpflichtet den Käufer, den Kaufpreis fristgerecht zu zahlen.**

§ 285

**Zahlungsverzug** liegt vor, wenn der Käufer den vereinbarten Kaufpreis **schuldhaft nicht oder nicht rechtzeitig bezahlt.**

Da der Käufer die Zahlung schuldet, nennt man den Zahlungsverzug auch **Schuldnerverzug.**

## Fälligkeit als Voraussetzung des Zahlungsverzugs

BGB § 284

a) Ist die Fälligkeit für die Zahlung **kalendermäßig** bestimmt, dann kommt der Schuldner mit dem **Eintritt der Fälligkeit ohne Mahnung** in Verzug.

**Beispiele:** „Zahlbar spätestens am 1. April 2002"; „zahlbar im März 2002".

§ 284 (3)

b) Ist die Fälligkeit für die Zahlung **nicht kalendermäßig** bestimmt, dann kommt der Schuldner **30 Tage nach Fälligkeit und Zugang einer Rechnung** in Verzug.

Der Schuldner von *Geld* kommt ohne *Verschulden* in Verzug, da Geldschulden Gattungsschulden sind.

## Rechte des Gläubigers aus dem Zahlungsverzug

§ 326

Kommt der Schuldner in Zahlungsverzug, dann kann der Gläubiger wahlweise verlangen:

a) Erfüllung des Vertrages.

**Beispiel:** Der Verkäufer besteht weiterhin auf Zahlung des Kaufpreises, wenn er die Ware nicht mehr zurücknehmen will, z.B. bei Spezialanfertigungen.

§ 286 (1)

b) Erfüllung **und** Schadenersatz.

**Beispiel:** Der Verkäufer besteht auf Zahlung des Kaufpreises und zusätzlich auf Verzugszinsen.

c) Rücktritt vom Vertrag.

**Beispiel:** Der Verkäufer nimmt die Ware zurück, wenn eine Zahlung durch den Kunden nicht mehr zu erwarten ist.

d) Schadenersatz wegen Nichterfüllung.

**Beispiel:** Der Verkäufer nimmt die Ware zurück und verlangt die Rücknahmekosten und Verzugszinsen.

Die Rechte c) **oder** d) kann der Gläubiger aber erst geltend machen, wenn er dem Schuldner eine **angemessene Nachfrist** gesetzt und erklärt hat, dass er nach Ablauf der Frist entweder vom Vertrag zurücktreten **oder** Schadenersatz wegen Nichterfüllung verlangen werde.

## Ermittlung des Schadens

Wenn der Verkäufer wegen des ausstehenden Zahlungseinganges einen *Kredit* aufnimmt, so ergibt sich der Schaden aus Kreditzinsen und Kreditkosten.

§ 288

Der Gläubiger kann neben einem sonstigen Schaden **Verzugszinsen** geltend machen. Ihre Höhe wird häufig vertraglich festgelegt; nach BGB beträgt sie 5% über dem Basiszinssatz der Bundesbank, nach HGB 5%, gerechnet ab dem Tag, an dem der Zahlungsverzug eintritt.

**Zur Wiederholung und Vertiefung**

Überprüfen Sie, wie im BGB die Rechte des Vertragspartners beim Lieferungs- und beim Zahlungsverzug geregelt sind.

a) Was stellen Sie fest?

b) Unter welchem Oberbegriff werden im BGB beide Kaufvertragsstörungen behandelt?

## 3.3.4 Annahmeverzug

Durch den Kaufvertrag sind **beide Vertragsteile verpflichtet, die Leistung des anderen bei Fälligkeit anzunehmen.**

BGB §§ 293 ff.

**Annahmeverzug** liegt vor, wenn der Käufer die Ware oder der Verkäufer die Zahlung **nicht oder nicht rechtzeitig annimmt.**

Da der Käufer Gläubiger für die Warenlieferung und der Verkäufer Gläubiger für die Zahlung ist, nennt man den Annahmeverzug auch **Gläubigerverzug.**

### ■ Voraussetzungen des Annahmeverzuges

**a) Fälligkeit** der Leistung. — § 294

**b) Tatsächliches Anbieten** der Leistung. Ein **wörtliches** Anbieten der Leistung genügt, wenn der Gläubiger erklärt hat, dass er die Leistung nicht annehmen werde, ferner wenn der Gläubiger die geschuldete Sache abzuholen hat. — § 295

Der Annahmeverzug setzt **kein** Verschulden voraus.

### ■ Wirkungen des Annahmeverzugs

a) Die **Gefahr** des zufälligen Untergangs geht mit dem Eintritt des Verzugs auf den Gläubiger über. — § 300 (2)

b) Die **Haftung** des Schuldners wird *eingeschränkt*. Sie erstreckt sich nur noch auf grobe Fahrlässigkeit und Vorsatz. Für leichte Fahrlässigkeit haftet er nicht. — § 300 (1)

### ■ Rechte des Schuldners

Der Schuldner kann

a) die Ware in eigene Verwahrung nehmen und **auf Abnahme klagen.**

b) sich von der **Leistungspflicht befreien.** — HGB § 373 § 374

1. Ein **Kaufmann** kann jede Ware an *jedem* geeigneten Ort, in *sicherer* Weise **einlagern.**

2. Er kann sie aber auch an jedem Ort **versteigern** lassen, Waren mit einem Börsen- oder Marktpreis freihändig verkaufen, den **Erlös** behalten und mit der Forderung aufrechnen **(Selbsthilfeverkauf).** Einen Mehrerlös hat er herauszugeben.

   Die öffentliche Versteigerung ist mit Fristsetzung für die Abnahme der Ware dem Käufer anzudrohen. Bei Gefahr des Verderbs der Ware kann die Androhung unterbleiben **(Notverkauf).** Ort und Zeit der Versteigerung sind dem Käufer mitzuteilen. Käufer und Verkäufer können mitbieten. Das Ergebnis der durchgeführten Versteigerung ist dem Käufer bekanntzugeben. — BGB § 384, HGB § 373

Alle **Kosten**, die durch die Einlagerung, den freihändigen Verkauf oder die öffentliche Versteigerung entstehen, kann er vom Käufer **verlangen.**

c) Er kann **Schadenersatz wegen Nichterfüllung** verlangen, wenn der Käufer die Ware *schuldhaft nicht entgegennimmt* (Abnahmeverzug).

**Zur Wiederholung und Vertiefung**

1. Begründen Sie, warum der Lieferer beim Annahmeverzug nicht mehr für Fahrlässigkeit haftet.
2. Worin liegt die Besonderheit des Notverkaufs?
3. Die Hiebler & Stoll OHG, Wuppertal, hat sich auf den Innenausbau von Repräsentationsräumen spezialisiert. Am 2. Mai 20.. wird an die Gemeinschaftspraxis Dr. Rist und Dr. Weber, Solingen, eine maßgefertigte Einbauschrankwand termingerecht geliefert, Auftragswert 28.000 EUR. Dr. Rist verweigert die Annahme mit dem Hinweis, sein Kollege sei vor 10 Tagen bei einem Autounfall ums Leben gekommen. Er selbst beabsichtige einen Ortswechsel und sei deswegen an der Lieferung nicht mehr interessiert.
   a) Liegt in diesem Fall Annahmeverzug vor (Begründung)?
   b) Welche Rechte stehen der Hiebler & Stoll OHG im Falle eines Annahmeverzugs zu?
   c) Welches Recht würden Sie im vorliegenden Fall beanspruchen (Begründung)?
   d) Stoll schlägt vor, von dem Vertrag zurückzutreten und Dr. Rist auf Abnahme zu verklagen. Wie beurteilen Sie diesen Vorschlag?
   e) Hiebler möchte einen Selbsthilfeverkauf durchführen lassen.
      – Beschreiben Sie den Ablauf eines Selbsthilfeverkaufs.
      – Halten Sie einen Selbsthilfeverkauf in diesem Fall für sinnvoll (Begründung)?

## 3.3.5 Überblick über die Störungen bei der Erfüllung des Kaufvertrags

| **Pflichten** aus Kaufvertrag | Lieferung der Ware durch den Verkäufer<br>mangelfrei | <br>rechtzeitig | Annahme der Ware durch den Käufer | Bezahlung des Kaufpreises durch den Käufer |
|---|---|---|---|---|
| Störung | **mangelhafte Lieferung** | **Lieferungsverzug** | **Annahmeverzug** | **Zahlungsverzug** |
| **gesetzliche Regelung** | BGB §§ 459 ff;<br>HGB §§ 377 ff | BGB §§ 284 ff; § 326 | BGB §§ 293 ff;<br>HGB §§ 373 f | BGB §§ 284 ff; § 326 |
| **Voraussetzungen** | Mängel in der Art<br>Mängel in der Güte | Fälligkeit<br>(Mahnung, wenn kein bestimmter Liefertermin vereinbart)<br>Verschulden (nicht bei Gattungsware) | Fälligkeit<br>Tatsächliches Anbieten der Ware<br>(Annahmeverzug setzt kein Verschulden voraus) | Fälligkeit<br>(Wenn kein bestimmter Zahlungstermin vereinbart ist, 30 Tage nach Zugang einer Rechnung) |
| **Rechte** des Vertragspartners nach seiner Wahl | Durch Mängelrüge (Reklamation) sichert sich der Käufer folgende Gewährleistungsansprüche:<br>Wandelung (Rücktritt)<br>Ersatzlieferung (Umtausch)<br>Minderung (Preisnachlass)<br>Schadenersatz (wenn der Ware eine zugesicherte Eigenschaft fehlt) | Lieferung verlangen<br>Lieferung und Schadenersatz<br>Rücktritt vom Vertrag (nach angemessener Nachfrist)<br>Schadenersatz wegen Nichterfüllung (nach angemessener Nachfrist) | Einlagerung der Ware und<br>Versteigerung oder Verkauf zum Markt- bzw. Börsenpreis (Selbsthilfeverkauf)<br>Klage auf Abnahme | Zahlung verlangen<br>Zahlung und Schadenersatz (Verzugszinsen)<br>Rücktritt vom Vertrag (nach angemessener Nachfrist)<br>Schadenersatz wegen Nichterfüllung (nach angemessener Nachfrist) |

Bild 35

## 3.4 Lagerhaltung

Der Lagerung kommt heute noch eine beträchtliche Bedeutung zu, obwohl die ständige Verbesserung der Verkehrsverhältnisse einen Abbau der Lagerhaltung ermöglicht und die Lagerfunktion auf selbstständige Lagerhalter übertragen werden kann. Die **unternehmungseigene Lagerhaltung** kann sein

- Teilfunktion der *Beschaffung* (bei Stoffen, bezogenen Teilen),
- Teilfunktion der *Leistungserstellung* (bei unfertigen Erzeugnissen, Ersatzteilen, Werkzeugen),
- Teilfunktion des *Absatzes* (bei fertigen Erzeugnissen, Waren).

Lagerhaltung ist notwendig, weil sich Warenbeschaffung, Erzeugung und Warenabsatz zeitlich und mengenmäßig nicht aufeinander abstimmen lassen. Im Einzelnen dient sie daher

a) der **Überbrückung von Unregelmäßigkeiten** auf dem Beschaffungsmarkt: Saisonale Schwankungen in der Gütererzeugung (Ernten), Lieferschwierigkeiten, Verkehrsstörungen, Preisschwankungen der Beschaffungsgüter,

b) der **Ausnutzung von Vorteilen** des Großeinkaufs: Mengenrabatte, Verbilligung des Transports durch stärkere Auslastung des Laderaums, Einsparung von Verpackungskosten durch Großverpackung,

c) einer **notwendigen Bearbeitung oder Ausreifung** während der Lagerzeit,

d) der **Bereithaltung eines** ausreichend breiten und tiefen **Sortiments** für die Abnehmer,

e) der **Sicherung einer gleichmäßigen Beschäftigung** trotz Schwankungen beim Absatz.

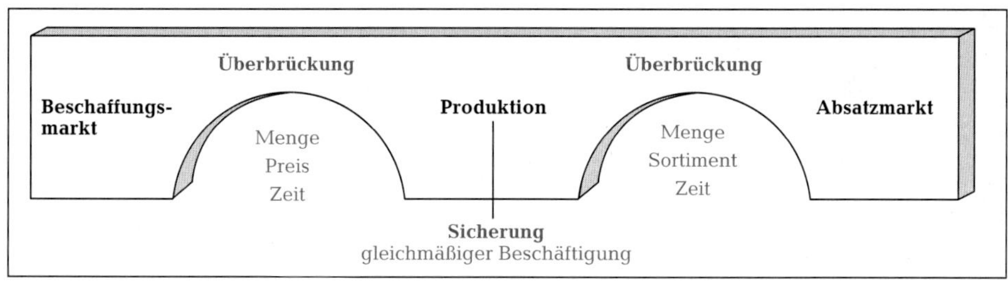


Bild 36

**Fertigungssynchrone Anlieferung** (Just-in-time-System). Bei entsprechender Logistik ist es möglich, auf eine Lagerhaltung weitgehend zu verzichten. In diesem Fall erfolgt die Anlieferung der Werkstoffe und Betriebsmittel direkt an der Produktionsstätte (Werkhalle, Montagehalle) in der benötigten Menge zur richtigen Zeit.

Organisatorische Voraussetzungen für den **fertigungssynchronen Zufluss** der benötigten Stoffe sind z.B.

- ein gut funktionierendes Informations- und Kommunikationssystem,
- eine Pipeline für flüssige und gasförmige Roh- und Betriebsstoffe,
- garantierte Zuliefertermine,
- garantierte Beförderungszeiten,
- ausreichend große innerbetriebliche Abfertigungsanlagen, Abfertigungseinrichtungen und Transportwege.

### Zur Wiederholung und Vertiefung

1. Welche Aufgaben hat die Lagerhaltung
   a) in einem Handelsbetrieb, b) in einem Industriebetrieb?
2. Warum wird von manchen Betrieben trotz hoher Mengenrabatte bei Bezug größerer Mengen der Einkauf kleinerer Mengen bevorzugt?

## 3.4.1 Lagerarten

Die Lager lassen sich nach folgenden Gesichtspunkten einteilen:

| Einteilung nach | Arten der Lager | Kennzeichen |
|---|---|---|
| Eigentums- und Besitzverhältnisse | **Eigenlager** | Räume und Einrichtungen gehören dem **Eigentümer** der Lagergüter, Ein- und Auslagerung sowie Überwachung geschieht durch eigenes Personal. |
| | **Fremdlager** | Die Lagergüter befinden sich in der Obhut eines **gewerblichen Lagerhalters**, der für die sorgfältige Behandlung während der Lagerung und beim Ein- und Auslagern sorgt. |
| Lagerstandort | **Zentrales Lager** | Alle Lagergüter befinden sich an **einem Ort.** |
| | **Dezentrales Lager** | Die Lagergüter sind an **verschiedenen Orten** untergebracht. |
| | z.B. **Auslieferungslager** | Das Lager wird **in der Nähe der Abnehmer** zu deren schneller Belieferung eingerichtet. |
| Baulichkeiten | **Offene Lager** | Witterungsunempfindliche Lagergüter werden **im Freien** mit und ohne Abdeckung gelagert, z.B. Kies, Furnierholz, Fahrzeuge. |
| | **Geschlossene Lager** | Lagergüter, die durch Sonnenlicht, Wärme, Kälte, Feuchtigkeit gefährdet sind und/oder einen hohen Wert darstellen, werden **in geschlossenen Räumen** gelagert. |
| | **Eingeschossige Lager** | Alle Lagergüter sind **auf einer Ebene** untergebracht; besonders geeignet für schwere und unhandliche Güter, z.B. Baumaterial, Eisen, Maschinen. |
| | **Mehrgeschossige Lager** | Die Lagergüter sind **in mehreren Etagen** abgestellt. Dem Vorteil der geringeren Grundstücksfläche stehen die aufwendigeren technischen Einrichtungen (Aufzüge) und stabileren Bauausführungen gegenüber. |
| | **Stapellager** | Stapelbare Güter werden in mehreren Schichten übereinandergesetzt. Hohe Lagerhallen, entsprechende Stapler und stabile Verpackungen sind erforderlich. |
| | **Hochregallager** | In den meist eingeschossigen Lagern werden die nicht stapelbaren Lagergüter in Hochregalen gelagert. Entsprechende Hubeinrichtungen sind erforderlich. |
| Wirtschaftszweigen<br>– Einzelhandel | **Verkaufslager** | Im **Verkaufsraum** werden die Waren zur Kundenbedienung und Selbstbedienung griffbereit in Regalen, Vitrinen, Theken und sonstigen Behältern bereitgestellt. |
| – Großhandel | **Ausstellungslager** | Aus dem Sortiment wird jeweils ein Stück zur Besichtigung durch den Kunden aufgehängt (Leuchten) oder aufgestellt (Möbel). Die Lieferung der bestellten Waren erfolgt direkt durch den Hersteller, soweit sie beim Großhändler nicht vorrätig sind. |
| | **Verkaufslager** | Vorratslager des Großhändlers, aus dem der Kunde in Selbstbedienung die gelagerte Ware nach Besichtigung entnehmen kann. |
| | **Kommissionslager** | Der Handel erhält vom Hersteller Waren geliefert, die erst nach dem Verkauf mit dem Hersteller abgerechnet werden, z.B. im Buchhandel (Abschnitt 8.3). |

Bild 37a

| Einteilung nach | Arten der Lager | Kennzeichen |
|---|---|---|
| – Industrie | **Materiallager** | Roh-, Hilfs- und Betriebsstoffe, bezogene Fertigteile, Ersatzteile, Modelle, werden für die Produktion bereitgehalten. |
| | **Zwischenlager** | Produktionsbedingte Lagerung unfertiger Erzeugnisse und die vorübergehende Sammlung von Abfall und Ausschuss vor dem Abtransport zur Entsorgung (Recycling, Müllkippe). |
| | **Handlager** | Bereitstellung von Material und Werkzeugen am Arbeitsplatz (in der Werkstatt). |
| | **Versandlager** | Aufbewahrung fertiger Erzeugnisse, soweit sie nicht sofort an den Kunden ausgeliefert werden. Vorratshaltung für Verpackungsmaterial. |
| – Verkehrsbetrieb | **Sammellager** | Lager des Sammelspediteurs zur Vorbereitung eines rationellen Transports durch optimale Auslastung der eingesetzten Fahrzeuge und Container. |
| | **Umschlagslager** | Lager eines Verkehrsunternehmens zur vorübergehenden Aufbewahrung von Gütern im Zusammenhang mit dem Wechsel des Transportmittels, z.B. Lkw – Bahn, Bahn – Schiff usw. |
| | **Zolllager** | Importierte Ware wird bis zur zollamtlichen Abfertigung unter Verschluss gehalten. |

Bild 37 b

**Zur Wiederholung und Vertiefung**

1. Welche Vorteile bietet
   a) das Eigenlager, b) das Fremdlager?
2. Warum bevorzugen manche Industriebetriebe die Lagerung ihrer Erzeugnisse in dezentralen Lagern?
3. Inwieweit bestimmen die Lagergüter die Art der Lagerbauten?

## 3.4.2 Lagerbestand und Lagerumschlag

Die Lagervorräte müssen so groß sein, dass der Betrieb stets produzieren und liefern kann. Sie sollten aber nicht höher sein, als es der wirtschaftliche Ablauf des Betriebes erfordert. Zu große Lagerbestände entziehen dem Betrieb flüssige Mittel, binden Kapital und verursachen Kosten. Zu kleine Lagerbestände gefährden die Produktions- und Absatzbereitschaft und erfordern u.U. eilige Bestellungen und erhöhen die Transportkosten. Die kostenbewusste und produktionsgemäße Lagerhaltung wird deshalb dafür sorgen, dass die Bestände mengen- und wertmäßig überwacht werden. Das geschieht durch die Errechnung der Lagerbestände und der Kennzahl für den Lagerumschlag.

### Lagerbestände

**a) Der Mindestbestand** (Reserve = R) ist der Bestand, der *dauernd am Lager* sein muss, um auch bei unvorhergesehenen Fällen eine reibungslose Abwicklung des Betriebes zu sichern. Er darf ohne ausdrückliche Anordnung der Betriebsleitung nicht unterschritten werden. Der Mindestbestand sichert die Produktions- und Lieferbereitschaft.

**b) Der Meldebestand** (MB) ist der Lagerbestand, bei dem das Auffüllen des Lagers durch Meldung zu veranlassen ist. Er bestimmt also den *Bestellzeitpunkt*. Die Höhe des Meldebestandes hängt ab von

- Produktions- und Absatzmengen,
- Fertigungslosgrößen,
- Verpackungs- und Ladeeinheiten,
- betrieblichem Bestelldurchlauf,
- Lieferzeit.

Die Höhe des Meldebestandes liegt über dem Mindestbestand, damit dieser bis zum voraussichtlichen Eintreffen der Güter nicht unterschritten wird.

**Beispiel:** Bei einem Tagesbedarf A = 20 Stück, einer Lieferzeit von T = 6 Tagen, einem Mindestbestand R = 50 Stück ist der Meldebestand

MB = (A x T) + R = (20 x 6) + 50 = 170 Stück.

Bild 38 zeigt bei einem Einkaufssoll von 300 Stück den jeweiligen Bestand und den Zeitpunkt der Bestellung unter der Voraussetzung, dass der Gütereinsatz kontinuierlich erfolgt und der Liefertermin eingehalten wird.

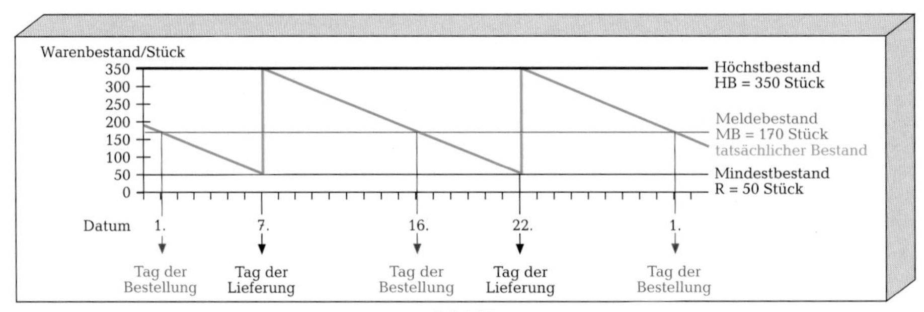


Bild 38

Der Verlauf der grünen Linie zeigt die Veränderung des Bestandes an. Der Höchstbestand wird jeweils nach dem Eintreffen der Güter erreicht. Erfolgt die Bestellung zu dem Zeitpunkt, in dem der tatsächliche Bestand = (A x T) + R ist (rote Senkrechte), so trifft die Sendung gerade dann ein, wenn der Bestand auf R sinkt.

Durch Veränderung der Lieferzeiten und der Mindestmengen ist es möglich, die Kapitalbindung und die Liquiditätsanspannung zu beeinflussen. Dadurch kann der Forderung nach Optimierung der Lagerhaltung Rechnung getragen werden.

**Beispiele:**

1. **Kapitalbedarf bei Änderung der Lieferzeit.** Die bisherige Lieferzeit von 20 Tagen kann durch Absprache mit dem Lieferer (oder Transportunternehmer) um 5 Tage verkürzt werden. Der Kapitalbedarf wird dadurch um 5/20 = 1/4 kleiner.
2. **Kapitalbedarf bei Änderung der Mindestbestände.** Die bisherigen Mindestbestände werden von 100 auf 80 Stück herabgesetzt, damit verringert sich der Kapitalbedarf um 20%.

c) **Der Höchstbestand** (HB) wird immer nach Eintreffen der bestellten Güter erreicht. Er hängt von der Bestellmenge ab, die nach dem tatsächlichen Bedarf und den finanziellen Möglichkeiten als Einkaufs-Soll festgelegt wird. Aus dem Höchstbestand erkennt man die *Liquiditätsanspannung* des Betriebs. Nach dem möglichen Höchstbestand muss auch die Größe (Kapazität) des Lagers ausgerichtet sein; sonst kommt es zu Aufbewahrungsproblemen, wie z.B. Zwischenlagerung in Gängen, bis die Regale leer sind; Ware muss mehrmals in die Hand genommen werden usw.

d) **Der durchschnittliche Lagerbestand** ist der Durchschnitt der im Laufe einer Geschäftsperiode vorhandenen tatsächlichen Lagerbestände. Er ist, aus der *Jahresinventur* errechnet,

$$= \frac{\text{Jahresanfangs- + Jahresendbestand}}{2}, \text{ z.B. } \frac{170 + 280}{2} = 225 \text{ Stück};$$

aus den *Monatsinventuren* oder den Lagerkarten errechnet,

$$= \frac{\text{Jahresanfangsbestand + 12 Monatsendbestände}}{13}, \text{ z.B. } \frac{170 + 2.430}{13} = 200 \text{ Stück.}$$

Der *Wert des durchschnittlichen Lagerbestandes* stellt den *Kapitaleinsatz* dar.

## ■ Lagerumschlag

Unter Lagerumschlag versteht man die wert- oder mengenmäßige Bewegung eines Lagerbestandes im Zusammenhang mit Entnahme und Wiederauffüllen. Dabei unterscheidet man:

**a) Die Umschlagshäufigkeit.** Sie gibt an, wie oft die Menge oder der Wert des durchschnittlichen Lagerbestandes in einem Jahr oder in einem Monat aus dem Lager entnommen wurde.

$$\textbf{Umschlagshäufigkeit} = \frac{\text{Lagerabgang}}{\text{durchschnittlicher Lagerbestand}}$$

Sie kann für einzelne Vorräte, ein ganzes Lager, einen ganzen Betrieb oder einen ganzen Geschäftszweig errechnet werden.

**Beispiele:**

1. Für einen bestimmten Vorrat ist

| der Jahresverbrauch | der durchschn. Lagerbestand | die Umschlagshäufigkeit |
|---|---|---|
| 1.800 Stück | 200 Stück | 1.800 : 200 = **9** |

2. In einem Betrieb ist

| der Lagerabgang | der durchschn. Lagerbestand | die Umschlagshäufigkeit |
|---|---|---|
| 240.000 EUR | 30.000 EUR | 240.000 : 30.000 = **8** |

**b) Die Lagerdauer** in Tagen ist die Zeit zwischen Ein- und Ausgang der Lagergüter.

$$\textbf{Durchschnittliche Lagerdauer in Tagen} = \frac{360}{\text{Umschlagshäufigkeit}}$$

**Beispiel:** Bei einer Umschlagshäufigkeit von 9 ist die durchschnittliche Lagerdauer 360 : 9 = 40 Tage.

**Zur Wiederholung und Vertiefung**

1. Beschreiben Sie die Möglichkeiten, Grenzen und Auswirkungen der Herabsetzung von Mindestbeständen.
2. Errechnen Sie den Meldebestand, wenn folgende Angaben vorliegen: Tagesbedarf 35 Stück; Lieferzeit 8 Tage; Mindestbestand 100 Stück.
3. Wovon hängen ab
   a) die Menge der einzulagernden Güter,
   b) die Umschlagshäufigkeit einer Ware?
4. Welche lagerwirtschaftlichen Auswirkungen ergeben sich aus der Erhöhung oder Verminderung von
   a) Produktion,
   b) Umsatz,
   c) Meldebestand,
   d) Mindestbestand,
   e) Umschlagshäufigkeit und
   f) durchschnittlicher Lagerdauer?

## 3.4.3 Wirtschaftlichkeit der Lagerhaltung

Je höher der Wareneinsatz und je niedriger der durchschnittliche Lagerbestand, desto größer ist die Umschlagshäufigkeit und desto kürzer die Lagerdauer. Lagerumschlag und Lagerdauer wirken sich auf Kapitaleinsatz, Lagerkosten und Gewinn aus.

**a) Der Kapitaleinsatz** ist umso niedriger, je höher die Umschlagshäufigkeit ist. Das wirkt sich besonders bei solchen Lagergütern aus, die teuer sind und/oder in großen Mengen benötigt werden. Wenn man diese Lagergüter kennt, genügt es, bei ihnen durch geeignete Maßnahmen (z.B. durch Vereinbarung einer Konventionalstrafe bei unpünktlicher Anlieferung und Verminderung der Reserven) für eine hohe Umschlagshäufigkeit zu sorgen.

**Beispiel:**

| | | |
|---|---|---|
| Wareneinsatz | 30.000 EUR | 30.000 EUR |
| Lagerdauer | 24 Tage | 12 Tage |
| Umschlagshäufigkeit | 15 | 30 |
| Durchschnittlicher Lagerbestand (= Kapitaleinsatz) | 2.000 EUR | 1.000 EUR |

b) **Die Lagerkosten-Anteile**, die auf die einzelnen Lagergüter entfallen **(Lagerkostensatz)**, sind umso niedriger, je kürzer die Lagerdauer ist.

**Beispiel:** Gleichbleibende Kosten 18.000 EUR, durchschnittlicher Lagerbestand 30.000 EUR.

| Umschlagshäufigkeit | 6 | 8 | 10 |
|---|---|---|---|
| Gesamtabgang | 180.000 EUR | 240.000 EUR | 300.000 EUR |
| Lagerkostensatz | 10% | 7,5% | 6% |

**Die Lagerkosten** setzen sich zusammen aus

Kosten der *Lagereinrichtung:* Instandhaltungskosten, Abschreibung, Kosten für Heizung, Beleuchtung und Reinigung, Verzinsung des in den Lagereinrichtungen investierten Kapitals.

Kosten der *Lagerverwaltung:* Löhne und Gehälter für Lagerarbeiter und Lagerverwalter, Büromaterial.

Kosten des *Lagerrisikos* (kalkulatorische Wagnisse): durch

- Mengenverluste, z.B. Schwund, Diebstahl, Verderb,
- Wertverluste, z.B. Preisverfall, Modelländerungen, Beschädigung, Verderb.

Kosten des in den Lagerbeständen gebundenen *Kapitals:* Lagerzins. Der *Lagerzinssatz* ergibt sich aus dem Jahreszinssatz und der Lagerdauer.

$$\textbf{Lagerzinssatz} = \frac{\textbf{Jahreszinssatz x Lagerdauer}}{\textbf{360}}$$

**Beispiel:**

Bei durchschnittlichem Lagerbestand von 30.000 EUR, Lagerabgang von 240.000 EUR und Zinssatz von 10% sind

die Lagerdauer = 360 : 8 = 45 Tage, der Lagerzinssatz = $\frac{10 \text{ x } 45}{360}$ % = 1,25%.

Diese Lagerkosten können fix oder variabel sein.

- **Fixe Lagerkosten** fallen unabhängig von der Menge oder dem Wert der eingelagerten Güter an.

  **Beispiele:** Gebäudeversicherung, Abschreibung, Personalkosten.

- **Variable Lagerkosten** verändern sich mit der Menge oder dem Wert der eingelagerten Güter.

  **Beispiele:** Treibstoffe für die im Lager eingesetzten Fahrzeuge, Zinsen für das im Lager investierte Kapital.

c) **Der Gesamtgewinn** steigt bei gleichem Kapitaleinsatz und gleichbleibendem Einzelgewinn im gleichen Verhältnis wie der Umschlag. Da bei großer Konkurrenz der Geschäftsmann die meisten Kunden gewinnt, der bei gleicher Qualität zum günstigsten Preis liefert, kann es notwendig werden, sich mit einem niedrigeren

Gewinnsatz an der einzelnen Ware zu begnügen. Gelingt es, statt dessen einen höheren Umschlag zu erzielen, so kann der Gesamtgewinn sogar höher ausfallen.

**Beispiel:** Ein Warenlager im Wert von 30.000 EUR wurde im Vorjahr 7-mal, in diesem Jahr 10-mal umgeschlagen. Dabei stiegen die Geschäftskosten von 90.000 EUR auf 100.000 EUR. Der Gewinnzuschlag wurde von 6% auf 5% herabgesetzt.

| Lagerumschlagshäufigkeit | 7 | 10 |
|---|---|---|
| Durchschnittlicher Lagerbestand | 30.000 EUR | 30.000 EUR |
| Wareneinsatz | 210.000 | 300.000 |
| Geschäftskosten | 90.000 | 100.000 |
| Selbstkosten | 300.000 | 400.000 |
| Gewinnzuschlag | 6% | 5% |
| Gesamtgewinn | **18.000 EUR** | **20.000 EUR** |

Durch **Steigerung des Umschlags** kann also mit dem **gleichen** Kapital trotz **kleineren Stückgewinnes** ein **höherer Gesamtgewinn** erzielt werden.

## Zur Wiederholung und Vertiefung

1. Wovon sind die Lagerkosten abhängig?
2. Welche fixen Kosten verursacht ein Materiallager?
3. Wie kann sich ein Betrieb vor den Risiken schützen, die mit der Lagerhaltung verbunden sind?
4. Der Warenbestand eines Handelsbetriebes betrug zu Beginn eines Geschäftsjahres 220.000 EUR, am Ende des Jahres 260.000 EUR. Im Verlauf des Jahres wurden Waren für 2.200.000 EUR eingekauft. Der Verkaufsumsatz betrug 2.570.000 EUR.
   a) Ermitteln Sie den Wareneinsatz.
   b) Wie hoch war der durchschnittliche Lagerbestand?
   c) Wie groß war die Umschlagshäufigkeit des Warenlagers?
   d) Ermitteln Sie die durchschnittliche Lagerdauer.
   e) Welcher Lagerzinszuschlag wäre bei der Kalkulation der Waren zu berücksichtigen, wenn für ein Darlehen zur Finanzierung der Lagerinvestitionen 9% Zinsen zu entrichten wären?
5. In einem Industriebetrieb wurden folgende Zahlen ermittelt:

| | Berichtsjahr | Vorjahr |
|---|---|---|
| Lageranfangsbestand | 80.000 Stück | 20.000 Stück |
| Lagerendbestand | 40.000 Stück | 80.000 Stück |
| Lagerabgang | 200.000 Stück | 250.000 Stück |

   a) Welche Mengen wurden im Berichtsjahr und im Vorjahr hinzugekauft?
   b) Wie hoch war der durchschnittliche Lagerbestand im Berichtsjahr und im Vorjahr?
   c) Ermitteln Sie die durchschnittliche Lagerdauer im Berichtsjahr und im Vorjahr.
   d) Errechnen Sie den Lagerzinssatz für das Berichtsjahr und das Vorjahr bei einem Jahreszinssatz von 12% für das Berichtsjahr und 10% für das Vorjahr.
   e) Errechnen Sie die kalkulatorischen Zinsen für das Berichtsjahr und das Vorjahr, wenn der durchschnittliche Stückpreis im Berichtsjahr 2,50 EUR und im Vorjahr 2,20 EUR beträgt.
6. Die kalkulatorischen Zinsen des in den Warenbeständen investierten Kapitals werden mit 2.820 EUR ermittelt. Dabei sind ein Jahreszinssatz von 8,5% und eine Umschlagshäufigkeit von 10 zugrunde gelegt.
   a) Errechnen Sie den Lagerzinssatz.
   b) Untersuchen Sie die Möglichkeiten zur Senkung der kalkulatorischen Zinsen auf 1.000 EUR.
7. Bei der Beschaffungsdisposition spielt die ABC-Analyse eine Rolle (Abschnitt 3.1.1). Welche Auswirkung hat das Ergebnis dieser Analyse auf die Lagerhaltung?

# 4 Zahlungsverkehr

Zahlungen können veranlasst werden durch Verträge (Kauf, Miete), freiwillige Zuwendungen (Geburtstagsgeschenke), Gesetze (Steuern) sowie durch Schadenersatzverpflichtungen (Unfallrente).

Die Zahlung erfolgt mittels eines *allgemein anerkannten Gutes,* des **Geldes.**

## 4.1 Zahlungsarten und Gironetze

### 4.1.1 Zahlungsarten

Im Hinblick auf die bei der Zahlung verwendeten Zahlungsmittel (Bargeld, Buchgeld, Scheck, Wechsel) unterscheidet man bare, halbbare und bargeldlose Zahlung.

**a) Bare Zahlung.** Die Zahlung erfolgt mit *barem* Geld, und der Empfänger erhält *bares* Geld.

**b) Halbbare Zahlung.**

1. *Bareinzahlung* des Zahlers und *Gutschrift* auf dem Konto des Empfängers.
2. *Abbuchung* vom Konto des Zahlers und *Barauszahlung* an den Empfänger.

**c) Bargeldlose Zahlung.** Die Zahlung erfolgt durch *Abbuchung* vom Konto des Zahlers und durch *Gutschrift* auf dem Konto des Empfängers.

**Euro-Währung.**

- **Bargeld** gibt es spätestens ab 1. Januar 2002, Euro-Münzen in der Ausprägung 1, 2, 5, 10, 20, 50 Cent und 1, 2 Euro sowie Euro-Noten in Form von 5, 10, 20, 50, 100, 200 und 500 Euro.
- **Buchgeld** gibt es bereits seit dem 1. Januar 1999. Der Schuldner hat die freie Wahl, ob er in DEM oder in EUR bezahlen will. Bei der Bank zu buchende Beträge werden dem Kontoinhaber in der von ihm gewählten „Kontowährung" belastet oder gutgeschrieben. Eine eingehende Euro-Überweisung kann er sich also in DM gutschreiben und einen von ihm in Euro ausgestellten Scheck in DM belasten lassen. Hat ein Bankkunde den Euro zu seiner „Kontowährung" gewählt, muss seine Bank alle DM-Vorgänge in Euro umrechnen.

| Zahlungsmittelfunktion von DEM und EUR | | | |
|---|---|---|---|
| | **1. Jan. 99 – 31. Dez. 01** | **1. Jan. 02 – 30. Juni 02** | **ab 1. Juli 02** |
| **Bargeld** | DEM | DEM oder EUR | EUR |
| **Buchgeld** | DEM oder EUR | EUR | EUR |
| **gesetzliches Zahlungsmittel** | DEM | DEM oder EUR | EUR |

Bild 39

### 4.1.2 Gironetze

Sie sind Zusammenschlüsse gleichartiger Kreditinstitute. Zur Bewältigung des immer umfangreicher werdenden Zahlungsverkehrs gibt es in Deutschland 5 Gironetze, die untereinander in Verbindung stehen: Gironetze der Sparkassen, Kreditgenossenschaften, Postbank, Großbanken, Bundesbank.

Im EU-Raum stehen die Banken über das **TARGET**-System (**T**rans-European **A**utomated **R**ealtime **G**ross Settlement **E**xpress **T**ransfer) miteinander in Verbindung. Hier werden grenzüberschreitende Großbetragszahlungen taggleich abgewickelt. Über das **SWIFT**-System (**S**ociety for **W**orld Wide **I**nterbank **F**inancial **T**elecommunication) werden Kontoübertragungen im weltweiten Zahlungsverkehr über die gemeinsame Computerzentrale in Brüssel vollautomatisiert und belegfrei binnen weniger Minuten erledigt.

Ihren Firmenkunden bieten Banken **EDIFACT** an (**E**lectronic **D**ata **I**nterchange **F**or **A**dministration, **C**ommerce **A**nd **T**ransport). Dieses von den Vereinten Nationen entwickelte Nachrichtenformat ermöglicht die länderübergreifende elektronische Kontenbewegung und Kontoauszugserstellung.

# 4.2 Zahlungsmöglichkeiten

## 4.2.1 Formen der baren Zahlung

a) Bei der **unmittelbaren** Barzahlung wird von Hand zu Hand gezahlt. Als Beweisurkunde kann der Zahler vom Empfänger eine Quittung verlangen.

b) Bei der **mittelbaren** Barzahlung wird Geld in einem **Wertbrief** (Höchstbetrag 100.000 DM) oder durch **Postanweisung** (Höchstbetrag 3.000 DM) übermittelt.

## 4.2.2 Zahlschein

Zahlscheine werden **von allen Kreditinstituten** angeboten. Ihre Verwendung ist möglich, wenn der *Empfänger* ein Bankkonto besitzt. Der bar eingezahlte Betrag wird dem Konto des Empfängers *gutgeschrieben.* Die Formulare sind zwei- oder dreiteilige Durchschreibevordrucke, je nachdem, ob auf ein eigenes oder fremdes Konto eingezahlt wird.

## 4.2.3 Zahlungsanweisung

Postbankteilnehmer mit umfangreichem Zahlungsverkehr können nach Absprache mit ihrer Postbankniederlassung Sammelaufträge mit einer **„Zahlungsanweisung zur Verrechnung"** (ZzV) zu Lasten ihres Postbankkontos erteilen. Der Betrag des Einzelbelegs darf 20.000 DM nicht übersteigen.

Die ZzV ist für Zahlungen an Empfänger bestimmt, deren Kontoverbindung dem Auftraggeber nicht bekannt ist oder die kein Bankkonto haben.

Nach der Belastung des Auftraggebers sendet die Postbankniederlassung die abgestempelte ZzV an den Zahlungsempfänger, der sie innerhalb eines Monats nach diesem Datum bei seiner *Bank zur Gutschrift* einreichen kann. Natürlichen Personen kann der Betrag unter Vorlage des Personalausweises gegen eine Auszahlungsgebühr auch am *Postschalter bar* ausbezahlt werden (Höchstbetrag 3.000 DM).

## 4.2.4 Überweisung und Lastschrift

Das Wesen der Überweisung besteht darin, dass die Zahlung durch *Umbuchung* eines Geldbetrages vom Konto des Zahlers (Lastschrift) auf das Konto des Empfängers (Gutschrift) erfolgt.

### Formen der Überweisung

Kreditinstitute bieten folgende Überweisungsformen an:

**a) Einzelüberweisung.** Der Schuldner überweist mit einem Überweisungsvordruck *einen* Betrag an den Gläubiger. In zunehmendem Maße verwenden dabei die Gläubiger einen neutralen Überweisungs-/Zahlscheinvordruck und versehen ihn mit allen wichtigen Empfängerdaten. Der Schuldner muss nur noch die Bankleitzahl und seine Kontonummer einsetzen und unterschreiben.

**b) Sammelüberweisung.** Sie ermöglicht die Überweisung *vieler* Beträge an verschiedene Empfänger durch Erteilung eines *einzigen* ordnungsgemäß unterschriebenen Überweisungsauftrages über die Gesamtsumme. Für die einzelnen Zahlungen werden nur die „Überweisungsträger" ausgeschrieben und in einer Liste oder auf einem Rechenstreifen zusammengefasst.

**c) Dauerauftrag** (Bild 40). Der Zahler beauftragt seine Bank, zu Lasten seines Kontos regelmäßig wiederkehrende gleichbleibende Geldbeträge an den Empfänger zu überweisen (Miete, Versicherungsprämien, Beiträge an Bausparkassen).

## Formen der Lastschrift

Der Empfänger lässt durch seine Bank *gleichbleibende* oder *wechselnde* Beträge zu Lasten des Kontos des Zahlers einziehen. Man unterscheidet zwei Verfahren (Bild 40):

1. **Einzugsermächtigungsverfahren.** Der Zahler ermächtigt *den Empfänger,* den jeweiligen Betrag seiner Forderung mit Hilfe eines Lastschriftvordrucks durch dessen Kreditinstitut **einziehen** zu lassen (Hörfunk- und Fernsehgebühren, Telekom-Rechnungen, Gemeindeabgaben, Versicherungsbeiträge, Forderungen aus Warenlieferungen).

   Die Belastung wird aufgehoben, wenn der Belastete der Lastschrift binnen sechs Wochen widerspricht und somit die Belastung nicht anerkennt.

2. **Abbuchungsverfahren.** Der Zahler beauftragt *seine Bank,* von seinem Konto den vom Empfänger jeweils geforderten Betrag **abzubuchen** (Forderungen aus Warenlieferungen).

   Eine Aufhebung der Belastung ist hier nicht möglich.

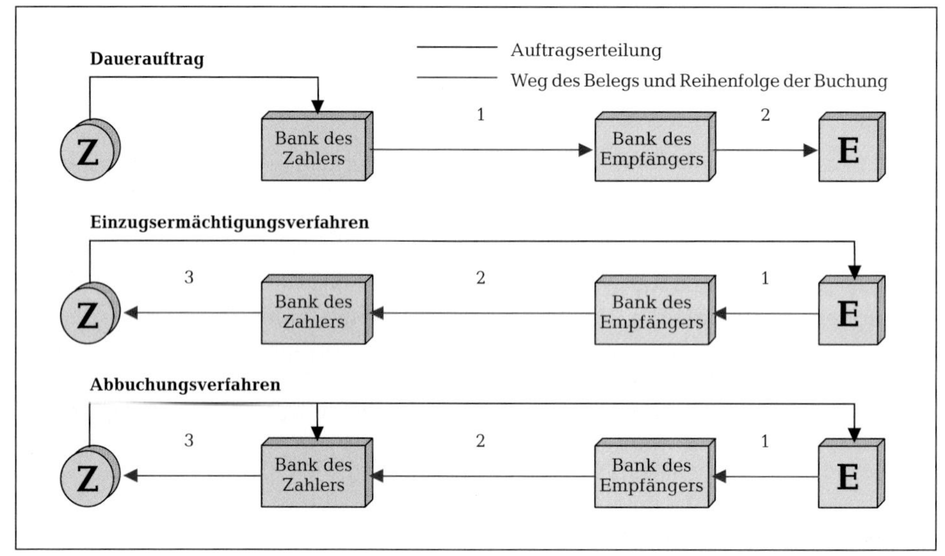


Bild 40

### Zur Wiederholung und Vertiefung

1. Worin besteht der Unterschied zwischen Einzugsermächtigung und Dauerauftrag?
2. Welche Formen der Überweisung bieten sich an für die Zahlung von
   a) monatlicher Miete,
   b) Telefonrechnungen,
   c) Eingangsrechnungen bei andauernder Geschäftsbeziehung,
   d) Gehältern,
   e) Steuern,
   f) Postwertzeichen?
3. Besorgen Sie bei der Postfiliale eine Postanweisung und einen Zahlschein und füllen Sie diese aus:
   Absender: Sie selbst; Betrag: 987,40 EUR;
   Empfänger: Ernst Greiffenberg, Alemannenstr. 15, 79423 Heitersheim; Kontonummer 12354-789 bei der Postbankniederlassung Karlsruhe.
4. Herr Mayer pflegt seine Zahlungen in bar zu leisten. Welche Nachteile sind damit verbunden?
5. Warum ist für einen Gläubiger ein Abbuchungsauftrag weniger riskant als eine Einzugsermächtigung?
6. Worin liegt der Vorteil einer Sammelüberweisung für den Auftraggeber?

## 4.2.5 Scheck

Scheckgesetz (ScheckG) vom 14. August 1933 mit Änderungen

**Der Scheck** ist eine **Urkunde,** in welcher **der Aussteller ein Kreditinstitut anweist,** bei Sicht **aus seinem Guthaben einen bestimmten Geldbetrag zu zahlen.**

Seine Verwendung ist möglich, wenn der Zahler ein Giro- oder Kontokorrentkonto bei einem Kreditinstitut besitzt. Er ist ein Geldersatzmittel.

Der Scheckbetrag wird vom Konto des Zahlers *abgebucht.*

### ■ Bestandteile des Schecks (Bild 41)

Der Scheck enthält

- die Bezeichnung als **Scheck** im Text der Urkunde, (ScheckG Art. 1)
- die **unbedingte Anweisung**, eine bestimmte **Geldsumme zu zahlen,**
- den Namen des **Bezogenen**; Bezogener kann nur ein Kreditinstitut sein, (Art. 3)
- den **Zahlungsort**, (Art. 2 (2))
- **Ort und Datum der Ausstellung;** fehlt der Ausstellungsort, so gilt der Scheck als ausgestellt an dem Ort, der bei dem Namen des Ausstellers angegeben ist, (Art. 2 (4))
- die **Unterschrift des Ausstellers.**

Neben diesen gesetzlich vorgeschriebenen Bestandteilen *kann* der Scheck auch den Namen des Zahlungsempfängers und die Überbringerklausel „oder Überbringer" enthalten. (Art. 5)

### ■ Scheckarten

Man unterscheidet Schecks

**a) nach der Art der Einlösung:**

1. **Barscheck.** Das bezogene Kreditinstitut ist berechtigt, die Zahlung *an den Scheckinhaber in bar zu leisten.*

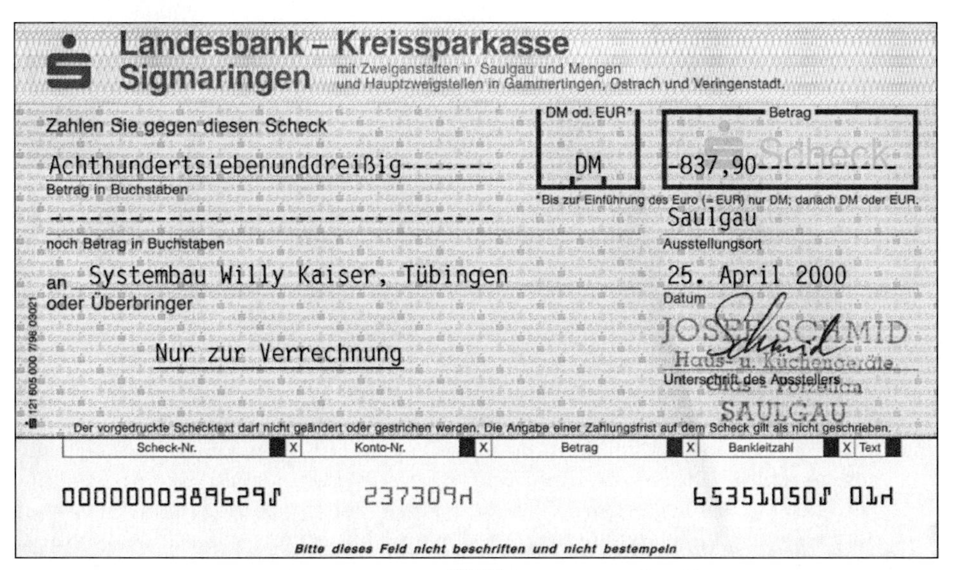

Landesbank – Kreissparkasse Sigmaringen mit Zweiganstalten in Saulgau und Mengen und Hauptzweigstellen in Gammertingen, Ostrach und Veringenstadt.

Zahlen Sie gegen diesen Scheck

Achthundertsiebenunddreißig------- | DM od. EUR*: DM | Betrag: -837,90----------

Betrag in Buchstaben

*Bis zur Einführung des Euro (= EUR) nur DM; danach DM oder EUR.

-------------------------------- | Saulgau

noch Betrag in Buchstaben | Ausstellungsort

an Systembau Willy Kaiser, Tübingen | 25. April 2000

oder Überbringer | Datum

Nur zur Verrechnung

JOSEF SCHMID Haus- u. Küchengeräte Elektro-Porzellan SAULGAU

Unterschrift des Ausstellers

Der vorgedruckte Schecktext darf nicht geändert oder gestrichen werden. Die Angabe einer Zahlungsfrist auf dem Scheck gilt als nicht geschrieben.

| Scheck-Nr. | X | Konto-Nr. | X | Betrag | X | Bankleitzahl | X | Text |
|---|---|---|---|---|---|---|---|---|

0000000389629 237309 65351050 01

Bitte dieses Feld nicht beschriften und nicht bestempeln

Bild 41

ScheckG Art. 39

2. **Verrechnungsscheck** (Bild 41). Er trägt auf der Vorderseite den Vermerk „Nur zur Verrechnung". Jeder Scheckinhaber ist berechtigt, diesen Vermerk anzubringen. Das *bezogene* Kreditinstitut darf in diesem Falle den Scheckbetrag nicht bar auszahlen, sondern muss ihn *dem Konto des Einreichers gutschreiben.* Aber auch die anderen Kreditinstitute lösen Verrechnungsschecks aufgrund einer Übereinkunft nicht in bar ein.

**b) nach der Art der Weitergabe:**

Art. 5

1. **Inhaberscheck.** Der Einheitsscheck trägt den Zusatz „oder Überbringer". Diese Klausel macht den Scheck auch dann zum **Inhaberpapier**, wenn der Name des Scheckempfängers eingetragen ist. Auch eine Streichung des Zusatzes „oder Überbringer" gilt als nicht erfolgt. Die Übertragung der Scheckrechte erfolgt *durch Einigung und Übergabe.*

2. **Orderscheck. Orderpapiere** sind *durch Einigung, Indossament und Übergabe* übertragbar.

   Orderpapiere sind Urkunden, deren Übertragbarkeit mittels Indossament durch Gesetz begründet ist (Wechsel). Ohne die Überbringerklausel wäre auch der Scheck ein Orderpapier.

   Da der Orderscheck im anglo-amerikanischen Raum üblich ist, werden an deutsche Firmen auf Wunsch Formulare mit dem Sonderaufdruck ORDERSCHECK ausgegeben.

## ■ Einlösung des Schecks

**a) Verpflichtung zur Einlösung.** Das bezogene Kreditinstitut ist gegenüber dem Aussteller aus dem Scheckvertrag zur Einlösung des Schecks verpflichtet; gegenüber dem Scheckberechtigten besteht jedoch keine Verpflichtung zur Einlösung.

**Ausnahmen:**

1. **ec-Scheck mit eurocheque-Karte** (Bild 42). Kreditinstitute händigen kreditwürdigen Kunden Euroscheck-Formulare aus. Das bezogene Kreditinstitut ist verpflichtet, jeden ec-Scheck bis zum Betrage von 400 DM (200 EUR) einzulösen, wenn die Nummer der Scheckkarte auf der Rückseite des Schecks vermerkt ist und die Unterschriften auf Scheck und gültiger Scheckkarte übereinstimmen. In vielen Ländern kann man heute mit Euroscheck zahlen. Der deutsche Auslandsreisende besitzt mit Euroscheck und Scheckkarte ein praktisch überall in Europa und in vielen außereuropäischen Ländern geltendes Zahlungsmittel, das aber zum Ende des Jahres 2001 auslaufen soll.

Bild 42

BBankG § 23

2. **Bestätigter Landeszentralbankscheck.** Landeszentralbanken dürfen Schecks ihrer Kunden mit einem Bestätigungsvermerk versehen, durch den sich die Landeszentralbanken zur Einlösung binnen 8 Tagen nach der Ausstellung verpflichten. Der bestätigte LZB-Scheck bietet dem Empfänger volle Sicherheit der Einlösung und erspart dem Aussteller die Mitführung größerer Geldbeträge.

**b) Zeitpunkt der Einlösung.** Der Scheck ist **bei Sicht** zahlbar.

## Nichteinlösung des Schecks

Wird der Scheck innerhalb der gesetzlichen Vorlegungsfristen (im Inland 8 Tage) vorgelegt und vom bezogenen Geldinstitut nicht eingelöst, so hat der Scheckberechtigte die **Pflicht**, seine Vormänner zu benachrichtigen, und das **Recht**, Rückgriff zu nehmen, sofern er die Verweigerung der Einlösung nachweist, und zwar durch einen Vorlegungsvermerk des Geldinstituts „Vorgelegt am ... und nicht bezahlt" oder durch eine öffentliche Urkunde (Protest).

ScheckG Art. 29

Art. 42

Art. 40

**Zur Wiederholung und Vertiefung**

1. Ein Schuldner stellt zur Begleichung seiner Schuld einen Verrechnungsscheck und eine Banküberweisung aus.
   a) Beschreiben Sie den Verrechnungsweg beider Formulare.
   b) Welche Daten müssen dem Schuldner bekannt sein, der sich zur Zahlung mittels Verrechnungsscheck oder Banküberweisung entscheidet?
2. Weshalb ist der Missbrauch eines Verrechnungsschecks weit gehend ausgeschlossen?
3. Was ist bei Verlust eines Inhaberschecks zu unternehmen?
4. Was bezweckt ein Schuldner, der einen vordatierten Scheck ausstellt? Welcher Gefahr setzt er sich hierbei aus?
5. Ein Schuldner hat die Wahl, seine Schuld mit Verrechnungsscheck oder Überweisung zu zahlen. Welche Zahlungsform bringt ihm Zins- und Kostenvorteile?
6. Worauf muss ein Gläubiger achten, wenn ein Schuldner mit einem Euroscheck bezahlt?
7. Warum soll man ec-Scheckformulare und Scheckkarte getrennt aufbewahren?

## 4.2.6 Elektronischer Zahlungsverkehr

Die zunehmende Menge von Einzelbelegen im Zahlungsverkehr führt bei allen Beteiligten zu einem erheblichen Arbeits- und Kostenaufwand. Durch die moderne Datentechnik ist es den Kreditinstituten nun möglich, Originalbelege (Überweisungen, Schecks) maschinell-optisch über *Schriftenlesegeräte* in Datensätze umzuwandeln, um dieselben dann über ihr elektronisches Netzwerk weiterzuleiten.

Das erstbeauftragte Kreditinstitut mikroverfilmt den Originalbeleg und vernichtet ihn nach einer bestimmten Zeit.

Es ist aber auch möglich, dass die Bankkunden statt der Belege (Überweisungen, Lastschriften) andere Datenträger wie *Magnetbänder, Magnetbandkassetten oder Disketten* benutzen. Man spricht dann vom **Datenträgeraustausch (DTA)**. Sind die Kunden sogar über das Internet mit ihrem Kreditinstitut verbunden, spricht man von **Datenfernübertragung (DFÜ)**. Der elektronische Zahlungsverkehr umfasst demnach alle bargeldlosen Zahlungen, die mittels eines elektronischen Mediums (Diskette) oder gar per Datenfernübertragung weitergeleitet werden.

Alle Zahlungsverkehrskunden werden in zunehmendem Maße bei Privatkäufen die Scheckkarte oder Kreditkarte mit Magnetstreifen und mit **persönlicher Identifikationsnummer (PIN)** verwenden, wenn der Handel und das Dienstleistungsgewerbe entsprechende **Kassenterminals** anbieten. Denn dann kann der Bankkunde mittels Karte und Geheimnummer beleglos Zahlungsvorgänge auslösen.

Neuerdings wird der Magnetstreifen auf der ec-Karte durch einen Prozessorchip (wie auf der Telefonkarte) ersetzt. Damit wird aus der ec-Karte (oder Kreditkarte) eine „elektronische Geldbörse", mit der neben allen jetzigen Funktionen auch bargeldloses Telefonieren, das Benutzen des öffentlichen Nahverkehrs und weitere Zahlungsfunktionen möglich sind (GeldKarte).

## Home-Banking – Internet-Banking

Mit der Einführung moderner DV-gestützter Kommunikationsmittel erweitert sich der bargeldlose Zahlungsverkehr um eine Variante: Durch die Nutzung eines Telefonmodems oder eines ISDN-Anschlusses sowie eines Computers und unter Anwendung entsprechender Software kann der Kunde seine Bankgeschäfte vom jeweiligen Standort rund um die Uhr, an Wochenenden und Feiertagen abwickeln.

Das Ausfüllen von Überweisungsformularen erfolgt computergestützt. Darüber hinaus kann er seinen Kontostand und Bankkonditionen (Börsenkurse, Zinssätze) abfragen. Die Absicherung vor unberechtigtem Zugriff erfolgt über eine Geheimnummer (PIN) und bei Verfügungen durch Transaktionsnummern (TAN). Mittels Home Banking Computer Interface (HBCI) will man zukünftig das PIN/TAN-Verfahren ersetzen, bei dem dann sowohl Chipkarten als auch elektronische Unterschriften genutzt werden.

In der Praxis findet man DV-Banking in *geschlossenen Netzen* wie T-Online (Home-Banking) und in *offenen Netzen* wie das Internet mit weltweiter Verfügbarkeit von jedem Ort der Welt aus (Internet-Banking).

## Telefon-Banking

Beim **Telefon-Banking** arbeitet der Kunde im Dialogverfahren mit seiner Bank: Er wählt eine spezielle Rufnummer und gibt über das Tastenfeld seines Mehrfrequenz-Telefons seine Kontonummer und eine Geheimnummer ein. Er steht nun mit seiner Bank in Verbindung, erfährt den Kontostand, die gespeicherten Umsätze und kann selbst Überweisungen in Auftrag geben.

Dazu gibt er die numerischen Werte über die Tastatur ein, die sonstigen Daten spricht er im Dialog auf Band auf. Jede Eingabe wird durch die Raute-Taste (#) abgeschlossen und aus Sicherheitsgründen am Ende wiederholt, damit der Kunde sich von der Richtigkeit überzeugen kann.

## Electronic cash

Der Wunsch, **nur mit ec-Karte**, also ohne Euroscheck-Formular zu bezahlen, führte zu Electronic cash. Die ec-Karte ermöglichte nämlich die Einführung von sogenannten **Kassenterminals** in Geschäften mit Barverkauf. An den Kassen der diesem System angeschlossenen Geschäfte stehen Terminals, die den bargeld- und beleglosen Zahlungsverkehr am Ort des Verkaufsgeschehens **(point of sale = POS)** ermöglichen:

- Die Verkäuferin tippt die Kaufsumme in die Kasse.
- Der Kunde kontrolliert die Kaufsumme.
- Der Kunde steckt die ec-Karte in den Kartenleser und gibt seine Geheimnummer ein.

| Vorteile des Electronic cash | |
|---|---|
| **für den Käufer** | **für den Verkäufer** |
| – Unabhängigkeit von Bargeld und Schecks,<br>– Erhöhung des finanziellen Spielraums,<br>– Minimierung des Diebstahl- und Verlustrisikos,<br>– Schecks ausfüllen entfällt,<br>– Verwendung im In- und Ausland,<br>– geringere Kassenbestände,<br>– Umrechnung zum Devisen- statt Sortenkurs,<br>– geringere Kontoführungsgebühren als bei Zahlung mit Scheck,<br>– ausführliche Informationen auf dem Kontoauszug (Händlername, Datum, Uhrzeit). | – Verringerung der Arbeiten an der Kasse,<br>– absolute Zahlungssicherheit, Schutz vor Betrug, Raub und Kassendifferenzen,<br>– weniger Scheckeinreichungen und damit<br>– geringere Kontoführungsgebühren,<br>– geringere Kassenbestände. |

Bild 43

- Das Kassenterminal autorisiert den Kunden, d.h., in Sekundenschnelle werden die Geheimnummer, die Echtheit der Karte, eine mögliche Sperre sowie das Kreditlimit geprüft.
- Die Summe wird im Kassenterminal gespeichert.
- Der Kassenbon mit Artikelname, Preis, Händlername, Datum, Uhrzeit wird herausgegeben.
- Gutschrift und Abbuchung erfolgen vollautomatisch.

Electronic cash wird auch grenzüberschreitend angeboten: An ausländischen Kassenterminals, die als Akzeptanzsymbol das **edc**-Logo (**e**uropean **d**ebit **c**ard, Bild 42) tragen, kann man mit der ec-Karte bargeldlos bezahlen. Ec-Karten mit dem Logo „Maestro" ermöglichen weltweite Akzeptanz.

Eine Variante von POS ist die Bezahlung mit der ec-Karte ohne PIN. In diesem Fall verzichten die Händler auf die absolute Zahlungssicherheit, indem sie nur die Kartensperre überprüfen und einen Lastschrifteinzugsauftrag unterschreiben lassen (Abschnitt 4.2.4). Die Zahlung erfolgt damit **ohne Zahlungsgarantie (POZ)**.

## ■ Kreditkarte

Um den bargeldlosen Zahlungsverkehr noch mehr zu vereinfachen, bieten Kreditkartenorganisationen Privat- und Geschäftsleuten mit einwandfreier Bonität und bestimmtem Jahreseinkommen die **Kreditkarte** als Zahlungsinstrument an.

Gegen Vorlage der Kreditkarte kann der Karteninhaber bei allen der Kartenorganisation angeschlossenen Vertragsunternehmen bargeldlos Rechnungen begleichen (Bild 44). Die Karte ermöglicht auch das Abheben von Bargeld bis zu festgelegten Höchstgrenzen. Bei allen Zahlungsvorgängen sind folgende Schritte zu beachten:

- Vorlage der Karte durch den berechtigten Karteninhaber,
- Prüfung der Gültigkeitsdauer und des Namens,
- Übertragung der Kartennummer und des Namens auf einen genormten Abrechnungsbeleg,
- Unterzeichnung der Abrechnung durch den Karteninhaber.

Da die Kreditkartenorganisation vor Ausgabe der Karte die Bonität des Antragstellers durch dessen Hausbank prüfen lässt, bedeutet die Karte für den Gläubiger **absolute Zahlungssicherung**, d.h., er erhält per Lastschrifteinzug immer sein Geld von der Kartenorganisation. Diese Risikoübernahme kostet den Gläubiger je nach Branche und Geltungsbereich (weltweit) allerdings 3–10% Gebühren jedes Rechnungsbetrages, den er per Lastschrift einzieht. Gegenüber dem Kartenbenutzer rechnet die Organisation immer nur monatlich ab, sodass der Kunde eine Art zinslosen Kredit hat. Diesem Zinsvorteil steht aber eine Jahresgebühr von beispielsweise 40 DM gegenüber. Bei Kartenverlust liegt die Haftungsgrenze des Kunden bei 100 DM.

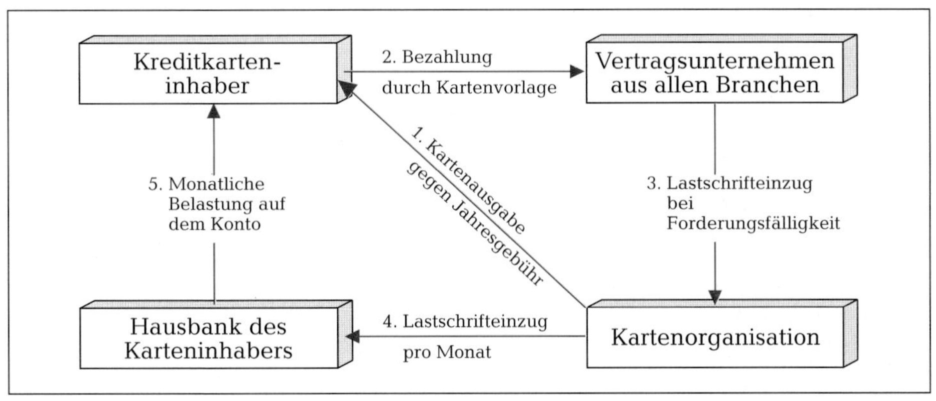


Bild 44

## GeldKarte

Im Einzelhandel- und Dienstleistungsbereich liegen die Umsätze zu 75% unter 50 DM. Aus diesem Grund soll die GeldKarte in diesem Kleinbetragsbereich die Kreditkarte bzw. ec-Karte (170 DM bzw. 110 DM durchschnittlicher Kaufbetrag) ergänzen. Bei der kontogebundenen GeldKarte ist ein entsprechender Mikrochip auf der ec-Karte angebracht. Der Bankkunde kann seine GeldKarte mittels PIN bis zu 400 DM bei einem in seiner Bank oder an verkehrsreichen Plätzen aufgestellten Ladeterminal zu Lasten seines Kontos aufladen. Kontoungebundene GeldKarten können nur gegen Barzahlung an einem Bankschalter aufgeladen werden. Während die Kredit- bzw. ec-Karte erst genutzt und danach das Konto belastet wird (postpaid card), erfolgt bei der GeldKarte zuerst der Liquiditätsabfluss und danach ihr Einsatz (prepaid card):

Der Nutzer steckt die GeldKarte in das Terminal des Händlers und dieser gibt nach Wahrnehmung des Guthabens auf der Karte den Betrag ein. Der Kunde bestätigt durch Tastendruck die auf dem Display erscheinende Summe, worauf diese von seiner Karte ab- und der aufnehmenden Karte beim Händler zugebucht wird. Abends sendet der Händler die Gesamtsumme per Datenleitung an eine Verrechnungszentrale, von wo aus sie seinem Konto gutgeschrieben wird. Ein kleines Lesegerät zeigt dem Besitzer der GeldKarte den aktuellen Stand sowie die letzten 15 Umsätze an.

Die Vorteile der GeldKarte sieht man vor allem in ihrem Einsatz bei Anbietern mit automatenfähigen Dienstleistungen und Zahlungsvorgängen wie im öffentlichen Personennahverkehr, bei Parkhäusern, bei großen Verbrauchermärkten und bei Automatengeschäften:

- Schnelles und anonymes Bezahlen ohne PIN und ohne Unterschrift,
- immer passendes Kleingeld, vor allem an Automaten,
- keine Wechselgeld- und Falschgeldkontrolle mehr.

Nachteilig für den Händler ist die Investition in das Kassenterminal und die an die Bank zu zahlende Umsatzprovision. Für den Nutzer bedeutet ein Verlust der GeldKarte Bargeldverlust; außerdem sieht der Händler auf dem Display sein Gesamtguthaben.

## Cash im Internet

Wer in einem Netzwerk (Internet) Waren online einkauft, kann auch im Netz elektronisch bezahlen: Der Nutzer installiert nach Absprache mit seiner Bank auf seiner Festplatte eine Software-Geldbörse, die er jederzeit durch Belastung seines Kontos mit DEM über das Netz mit Cyber Dollars (engl. cyber = scheinbar) aufladen kann. Wird nun auf dem elektronischen Marktplatz eingekauft, wechseln die Cyber Dollars effektiv ihren Besitzer. Der Verkäufer sammelt dieses elektronische Geld auf seiner Festplatte und tauscht es nach Bedarf bei seiner Bank gegen seine Währung um.

## Cash-Management

Die durch den Zahlungsverkehr verursachten Gutschriften und Belastungen verändern fortlaufend die Kontostände. Da für die täglichen Finanzdispositionen (Finanzplanung, Abschnitt 12.8) erfahrungsgemäß nur ein Zeitrahmen von 8:00 bis 11:00 Uhr zur Verfügung steht, ist der Kaufmann an einer aktuellen Information aller seiner Kontostände bei den verschiedensten Banken, nach Währungen geordnet, interessiert. Cash-Management ist eine Software, die das weltweite Abholen von Kontodaten (Einzelbewegungen, mit Verwendungszweck und Auftraggeber; Umsätze; Tagesauszüge; Kreditlinien, mit Zinssätzen) sowie die Aufbereitung dieser Daten in einen aktuellen Liquiditätsstatus ermöglicht. Dabei lassen sich die Buchungssalden in Valutensalden (Bild 45) umrechnen sowie in diese Salden eigene valutarische Gelddispositionen einbauen. Mit Hilfe des Cash-Managements kann der Kaufmann nun schnell entscheiden, von welchem Konto, in welcher Währung und in welcher Höhe er automatisch mittels seiner elektronischen Unterschrift Zahlungsausgänge (Überweisungen) und Zahlungseingänge (Lastschriften) per Datenfernübertragung, zeitlich für mehrere Tage im Voraus festgelegt, ausführen kann.

Die elektronische Unterschrift wird durch das „Zusammenführen" eines nur dem PC-Nutzer bekannten geheimen Schlüssels und eines zweiten vom Nutzer der Bank mitgeteilten Schlüssels geleistet.

| SALDENENTWICKLUNG (Währung EUR) | | |
|---|---|---|
| Kontostand am 15. Jan.: 40.000 EUR Soll.<br>Scheckeinreichungen am 16. Jan.:<br>26.000 EUR, Valuta 17. Jan., da Platzscheck,<br>20.000 EUR, Valuta 18. Jan., da Fernscheck,<br>30.000 EUR, Valuta 20. Jan., da Auslandsscheck. | | |
| **Datum** | **Buchsaldo** | **Valutasaldo** |
| 15. Jan. | 40.000 | 40.000 |
| 16. Jan. | 36.000 | 40.000 |
| 17. Jan. | 36.000 | 14.000 |
| 18. Jan. | 36.000 | 6.000 |
| 19. Jan. | 36.000 | 6.000 |
| 20. Jan. | 36.000 | 36.000 |

Bild 45

**Zur Wiederholung und Vertiefung**

1. Warum spricht man bei den Kreditkarten von „Plastikgeld"?
2. Warum bieten auch große Kaufhäuser und Einkaufszentren eigene Kreditkarten an?
3. Worin unterscheiden sich die Zahlungsinstrumente Kreditkarte und Euroscheck?

## 4.2.7 Wechsel

Wechselgesetz (WG) vom 21. Juni 1933 mit Änderungen

**Vorgang:** Der Maschinengroßhändler Wagner e.K. sollte die fällige Rechnung über 2.375 EUR bezahlen. Er verfügt aber zurzeit über keine flüssigen Mittel. Da sein Lieferant, die Werkzeugmaschinenfabrik Kaiser GmbH, auf Zahlung drängt, bietet Wagner die Zahlung mit Wechsel an. Kaiser stellt auf Wagner einen Wechsel aus (Bild 46).

Für die Beteiligten ist der Wechsel

- **Kreditmittel.** Durch den Wechsel verpflichtet sich der Käufer (Wagner), seine Geldschuld später zu begleichen. Bis dahin kann er einen Teil der Ware „zu Geld machen". Der Lieferer (Kaiser) kann diesen Wechsel an seine Bank verkaufen. Diese schreibt ihm den Gegenwert abzüglich Zinsen gut und räumt dadurch auch ihm einen Kredit ein. Somit ist der Wechsel für beide Teile ein Kreditmittel.
- **Zahlungsmittel.** Der Lieferer sowie alle weiteren Wechselberechtigten können mit dem Wechsel ihre Verbindlichkeiten bezahlen.
- **Sicherungsmittel.** Wer auf einem Wechsel unterschreibt, gibt ein abstraktes, d.h. vom Grundgeschäft losgelöstes Schuldversprechen ab. Er haftet in jedem Fall für die Zahlung des Wechselbetrages.

  **Beispiel:** Der Lieferant Kaiser gibt den Wechsel zahlungshalber weiter an einen Dritten. Am Verfalltag kann Wagner gegenüber dem Dritten nicht einwenden, die Waren hätten erhebliche Mängel aufgewiesen, und deswegen werde man 10% weniger bezahlen. Eine solche Einrede der Minderung ist nicht statthaft. Im Ernstfalle würde Wagner im Wechselprozess (Urkundenprozess) verurteilt, könnte aber dann in einem Nachverfahren (Zivilprozess) seine Rechte gegen den Lieferer Kaiser geltend machen.

Der **Wechsel** ist eine Urkunde, in welcher der **Gläubiger (Aussteller)** den **Schuldner (Bezogenen) auffordert,** eine **bestimmte Geldsumme an eine bestimmte Person (Wechselnehmer)** oder deren Order **zu bezahlen.**

Er ist also eine **Zahlungsaufforderung** (Tratte).

## Bestandteile des Wechsels (Bild 46)

Der Wechsel enthält nach Wechselgesetz folgende Bestandteile:

WG Art. 1
- **Ort und Datum der Ausstellung** (Monat in Buchstaben).
- **Bezeichnung als Wechsel** im Text der Urkunde.

Art. 33
- **Verfallzeit**, z.B. fällig „am 12. Dezember 20..".
- **Name des Wechselnehmers** (Remittent). Man unterscheidet

Art. 3 (3)
1. Wechsel an *fremde Order*. Der Aussteller bezeichnet eine dritte Person als Wechselnehmer, z.B. „Zahlen Sie an die Firma E. oder deren Order".

Art. 3
2. Wechsel an *eigene Order*. Der Aussteller bezeichnet sich selbst als Wechselnehmer, z.B. „Zahlen Sie an mich", „an mich selbst", „an eigene Order".

Art. 1
- **Unbedingte Anweisung**, eine bestimmte **Geldsumme zu zahlen.**

Art. 3 (2)
- **Name des Bezogenen** (Trassant).

Art. 4
- **Zahlungsort.** Die Angabe des Zahlungsortes ist notwendig, weil die Wechselschuld eine *Holschuld* ist. Die meisten Wechsel werden bei einem Kreditinstitut an einem **Bankplatz** zahlbar gestellt, d.h. an einem Ort, an dem sich eine Niederlassung der Deutschen Bundesbank befindet. Dadurch wird der Wechsel refinanzierungsfähig.

Art. 9 (1)
- **Unterschrift des Ausstellers** (Trassant). Sie begründet die Haftung des Ausstellers für die Annahme und Einlösung des Wechsels. Unter die Unterschrift setzt der Aussteller seine Anschrift, damit er bei Nichteinlösung benachrichtigt werden kann.

Stuttgart, den 13. August 2000 | 680 | Freiburg | 13.11.00

Gegen diesen **Wechsel** - erste Ausfertigung - zahlen Sie am 13. November 2000

an eigene Order EURO 2.375,00

Euro zweitausenddreihundertfünfundsiebzig

Angenommen B. Wagner

**Bezogener** Metall Wagner e.K. Gartenstraße 20 in 79098 Freiburg

Zahlbar in Freiburg bei Sparkasse Freiburg 2032162

Werkzeugmaschinen Fritz Kaiser GmbH Kronenstr. 12 70173 Stuttgart Fritz Kaiser

sigel-formular Einheitswechsel Din 5004

Bild 46a

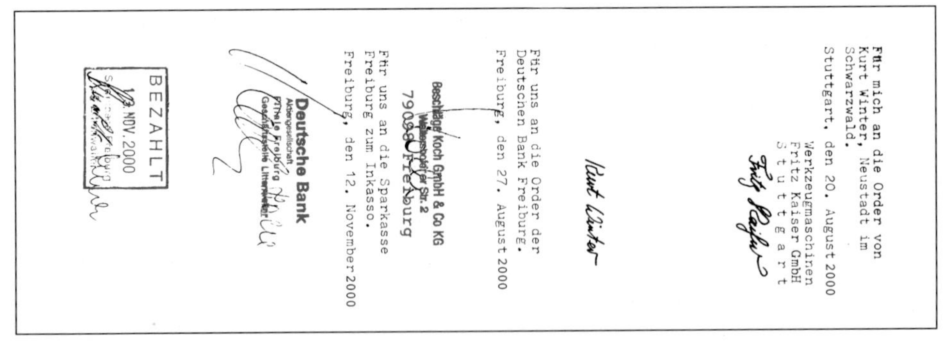
Für mich an die Order von Kurt Winter, Neustadt im Schwarzwald.
Stuttgart, den 20. August 2000
Werkzeugmaschinen Fritz Kaiser GmbH Stuttgart

Für uns an die Order der Deutschen Bank Freiburg.
Freiburg, den 27. August 2000
Beschläge Koch GmbH & Co KG
79098 Freiburg

Für uns an die Sparkasse Freiburg zum Inkasso.
Freiburg, den 12. November 2000
Deutsche Bank Aktiengesellschaft Filiale Freiburg

BEZAHLT NOV. 2000

Bild 46b

## Annahme des Wechsels

Art. 21 ff.

Durch seine Unterschrift **(Annahmeerklärung, Akzept)** verpflichtet sich der Bezogene wechselmäßig, den Wechsel am Verfalltag einzulösen. Die Zahlungsaufforderung wird durch eine Zahlungsverpflichtung ergänzt.

Als **Akzept** bezeichnet man nicht nur die *Annahmeerklärung,* sondern auch den *akzeptierten Wechsel* selbst (Bild 46a).

## Verwendung des Wechsels

Der Inhaber kann einen Wechsel wie folgt verwenden:

a) Er **bewahrt** ihn bis zum Einzug **auf**.

b) Er **gibt** ihn an einen Gläubiger zahlungshalber **weiter.**

c) Er **verpfändet** den Wechsel.

d) Er **übergibt** ihn einem **Kreditinstitut**
- zum *Einzug* (Gutschrift nach Eingang des Gegenwertes) oder
- zur *Gutschrift* „Wert Verfalltag" (einschließlich Inkassotage) oder
- zum *Diskont.* Das Kreditinstitut zieht dann von der Wechselsumme die kalendarischen Zinsen für die Zeit vom Einreichungs- bis zum Verfalltag ab und schreibt den Barwert „Wert Einreichungstag" gut.

Diskontierung ist zweckmäßig, wenn der Wechselinhaber dringend Barmittel benötigt, mit dem Barwert höher verzinsliche Schulden ablösen oder Rechnungen skontieren will.

**Geschäftsbanken** wünschen, dass die Wechsel gute Handelswechsel (Warenwechsel) sind. Außerdem sollen die Wechsel auch „notenbankfähig" (eine gute Unterschrift, Laufzeit 30–180 Tage) sein, damit sie im Bedarfsfalle bei der Landeszentralbank verpfändet werden können.

**Handelswechseln** liegt ein Warengeschäft zugrunde, **Finanzwechsel** dienen lediglich der Geldbeschaffung.

**Umkehrwechsel** liegen vor, wenn ein Käufer seinen Lieferanten bittet, auf ihn einen Wechsel zu ziehen und *gleichzeitig* zu indossieren. Er als Bezogener akzeptiert dann diesen Wechsel, um ihn anschließend an seine Bank zu verkaufen. Damit kommt er zu einem günstigen Wechselkredit im Vergleich zum teureren Kontokorrentkredit. Zur Sicherheit für den Lieferanten wird vereinbart, dass der Eigentumsvorbehalt für die gelieferte und bezahlte Ware erst mit der Einlösung des Wechsels erlischt.

## Weitergabe des Wechsels
(Bild 46b)

Bei der Weitergabe des Wechsels ist eine *Übertragungserklärung* auf die Rückseite zu setzen. Man nennt sie **Indossament**. Der Weitergebende heißt Indossant, der Empfänger Indossatar.

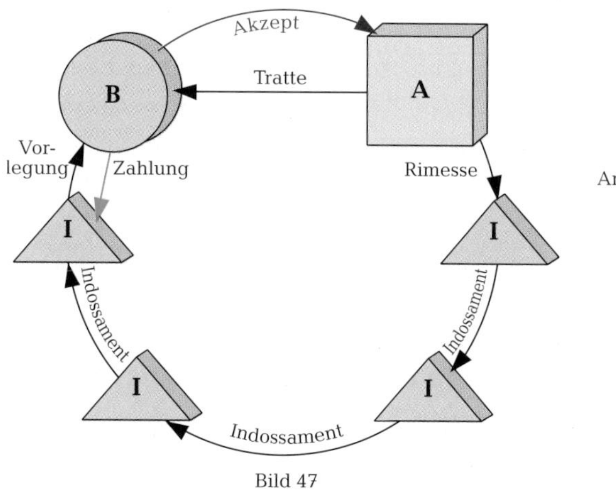

Bild 47

WG Art. 11 ff.

## Formen des Indossaments
(Bild 46b)

**a) Das Vollindossament** enthält mindestens den Namen des Empfängers und die Unterschrift des Weitergebenden.

**b) Das Kurzindossament** besteht lediglich aus der Unterschrift des Weitergebenden.

Wer einen Wechsel durch Kurzindossament überträgt, soll über seiner Unterschrift genügend Platz frei lassen für die Ergänzung zum Vollindossament.

Will der Empfänger einen kurzindossierten Wechsel nicht in Zahlung nehmen oder die Bank ihn nicht diskontieren, dann wird er einfach zurückgegeben. Ein Vollindossament müsste gestrichen werden, wodurch die Weitergabefähigkeit leiden würde.

WG Art. 18

c) **Das Inkasso- oder Einzugsindossament.** Durch den Zusatz „zum Inkasso" ermächtigt der Indossant den Indossatar zur Wahrnehmung aller Rechte aus dem Wechsel, insbesondere zum Einzug und zur Protesterhebung. Ein Wechsel, der mit einem Inkassoindossament endet, kann nur durch ein Inkassoindossament weitergegeben werden.

Art. 19

d) **Das Pfandindossament.** Mit dem Zusatz „Wert zum Pfand" oder „Wert zur Sicherheit" übergibt der Indossant den Wechsel als Pfand an den Indossatar.

Bei Pfandreife kann der Indossatar von seinem Pfandverwertungsrecht Gebrauch machen.

## Vorlegung des Wechsels

Art. 38 ff.

Die Wechselschuld ist eine Holschuld. Der Wechselbetrag muss also beim Bezogenen, der Zahlstellenwechsel bei der Zahlstelle eingezogen werden. Die Kosten des Einzugs trägt der Wechselberechtigte.

a) **Einzugsarten.** Der Wechsel kann eingezogen werden

1. durch den *Wechselberechtigten* selbst,
2. durch ein *Kreditinstitut* (Inkassoindossament).

Art. 38

b) **Zeitpunkt** des **Einzugs.** Der Wechsel muss am **Zahlungstag** oder an einem der beiden folgenden Werktage während der ortsüblichen Geschäftszeit vom Wechselberechtigten zur Zahlung vorgelegt werden. Im Allgemeinen ist der Verfalltag der Zahlungstag. Fällt aber der Verfalltag auf einen Samstag, Sonntag oder gesetzlichen Feiertag, dann ist der folgende Werktag Zahlungstag.

**Notarieller Protest**

Beauftragt von der Kreissparkasse Saulgau
als Bevollmächtigte der Commerzbank München
aufgrund Wechselabkommens
habe ich diesen Wechsel heute im Geschäftslokal
der Kreissparkasse in Saulgau
dem dort anwesenden Bankkaufmann, Herrn Gelder,
mit der Aufforderung zur Zahlung für die Bezogene
Metall Wagner e.K.
Saulgau, Gartenstr. 20,
ohne Erfolg vorgelegt.
Die Bezogene war weder anwesend noch vertreten.
Ich erhob darauf Protest mangels Zahlung.

| Gebühren | SS | KostO | Gesch.Wert DM | Betrag DM |
|---|---|---|---|---|
| Wechselprotest | 51,1 | | 6.000,00 | 26,00 |
| | 51,2 | | | 3,00 |
| | 152,2 | | | 3,00 |
| Summe | | | | 32,00 |
| 16,00 % MWst. aus DM | | | 32,00 | 5,12 |
| Gesamtbetrag | | | | 37,12 |

Saulgau, den 8. März 2000

Merschdorf
Notar

Bild 48

## Einlösung des Wechsels

Wer einen Wechsel einlöst, hat zu prüfen

- die Ordnungsmäßigkeit des Wechsels,
- die lückenlose Reihe der Indossamente (Legitimation),
- die Identität des Wechselinhabers mit dem Wechselberechtigten.

WG Art. 40 (3)

Der Bezogene kann vom Inhaber die Aushändigung des quittierten Wechsels verlangen (Bild 46b).

Art. 39

## Notleidender Wechsel

Ein Wechsel wird notleidend, wenn er vom Bezogenen nicht oder nur teilweise bezahlt wird. Der Wechselinhaber hat dann das Recht,

**a) Wechselklage** zu erheben,

**b) Rückgriff** zu nehmen, sofern er die Verweigerung der Zahlung seinen Vormännern durch eine öffentliche Urkunde (Protest) nachweist. **Ohne Protest kein Regress.** Unterbleibt die Protesterhebung, so verliert der letzte Wechselberechtigte sein Rückgriffsrecht. Die Ansprüche gegen den Bezogenen aber verjähren erst 3 Jahre nach Verfall.

## Wechselprotest (Bild 48)

Der **Protest** ist eine *öffentliche Urkunde*, in der von einem Notar oder einem Gerichtsbeamten bestätigt wird, dass der Bezogene den Wechsel nicht oder nur teilweise bezahlt hat.

Art. 79

### Zur Wiederholung und Vertiefung

1. Bei verschiedenen Wechseln fehlt
   a) die Wechselnehmerangabe,
   b) der Name des Bezogenen,
   c) der Betrag in Buchstaben und in Zahlen,
   d) die Unterschrift des Ausstellers,
   e) die Unterschrift des Bezogenen.
   Wie beurteilen Sie diese Wechsel?
2. Ein Wechsel ist an einem Freitag zur Zahlung fällig.
   Wann muss er spätestens vorgelegt werden?
3. Warum werden Wechsel an einem Bankplatz zahlbar gestellt?
4. Wer schreibt den Zahlstellenvermerk auf den Wechsel?
5. Wodurch unterscheiden sich „Tratte" und „Akzept"?
6. In welchem Fall wird man einen Wechsel diskontieren lassen?
7. Wodurch unterscheiden sich Vollindossament und Inkassoindossament?
8. Welche Wirkungen hat
   a) ein Akzept,
   b) ein Indossament?
9. Worin liegt die Gefahr bei Verwendung eines Blankoakzepts?
10. Dem Bezogenen stehen zur Einlösung eines in 10 Tagen fälligen Wechsels über 6.000 EUR lediglich 4.000 EUR zur Verfügung. Wie kann der Bezogene unter Mithilfe des Ausstellers verhindern, dass der Wechsel zu Protest geht?
11. Was versteht man unter Wechselstrenge?
12. Worin unterscheiden sich der Scheck und der Wechsel aus wirtschaftlicher Sicht?
13. Grosshändler Friedrich Ruof e.K., Kettelerstraße 19, 87437 Kempten, liefert die von der Keramik GmbH, Schlossstraße 12, 76131 Karlsruhe, erhaltenen Souvenirartikel an den Einzelhändler Roland Bisch e.K., Seepromenade 45, 88131 Lindau (Bodensee). Der Rechnungsbetrag für Bisch lautet über 1.127,80 EUR und ist drei Monate ab dem heutigen Datum zahlbar. Bisch und Ruof haben Wechselzahlung vereinbart, da Ruof den Wechsel an die Keramik GmbH weitergeben will.

    Besorgen Sie sich Wechselformulare und füllen Sie diese aus
    a) als Wechsel an eigene Order,
    b) als Wechsel an fremde Order.

# 5 Leistungserstellung im Industriebetrieb

Die **Produktion von Sachgütern und Energie** ist die für den Industriebetrieb typische Art der Leistungserstellung (Abschnitt 1.4).

Die Existenz eines Industriebetriebes hängt vor allem davon ab, ob die richtige Entscheidung bei der Wahl der Erzeugnisse, die gefertigt werden sollen, getroffen wird. **Produktideen** müssen verwirklicht werden. Dabei greift die Unternehmung auf eigene oder fremde Forschungs- und Entwicklungsergebnisse zurück.

- **Unternehmenseigene Forschung und Entwicklung.** Große Unternehmen unterhalten eine *unternehmenseigene* Forschungs- und Entwicklungsabteilung. Dazu gehören Laboratorien, Versuchs- und Testeinrichtungen. Die Ergebnisse kann die Unternehmung durch Patente und Gebrauchsmuster (Abschnitt 5.6) schützen lassen. Die unternehmenseigene Forschung hat den Vorteil, dass ein enger Kontakt zwischen der Entwicklungsabteilung und anderen Abteilungen (Fertigung, Finanzierung, Absatz) besteht.

  **Beispiel:** Die Markterkundung ergibt, dass für eine Kamera mit einem Verkaufspreis von weniger als 50 EUR eine gute Absatzmöglichkeit besteht. Es wird der Entwurf vorgestellt; Finanz-, Fertigungs- und Vertriebsabteilung nehmen Stellung.

- **Auftragsforschung.** Es werden *außenstehende* Einrichtungen, z.B. Hochschulen, private Forschungs- und Entwicklungsunternehmen, mit der Entwicklung von Erzeugnissen beauftragt. Vor allem mittlere und kleine Unternehmen werden diesen Weg gehen, da sie für die Erforschung allgemeiner Grundlagen nicht die entsprechend qualifizierten Mitarbeiter ständig beschäftigen können.

  **Beispiel:** Ein Industriebetrieb gibt einem Forschungsinstitut den Auftrag, einen Kunststoff zu entwickeln, der bessere technische Eigenschaften aufweist als bisher verwendete Stahlbleche.

- **Gemeinschaftsforschung.** Um die Kosten von Forschung und Entwicklung *gemeinsam* zu tragen, schließen sich oft mehrere Unternehmungen zu Forschungsgemeinschaften zusammen. Dies geschieht vor allem zur Durchführung von Großversuchen für die Grundlagenforschung.

  **Beispiel:** Mehrere Unternehmen gründen eine Forschungs-GmbH. Dies kann unter Umständen zu Gewinnverteilungsabsprachen und nicht selten zum Zusammenschluss der Unternehmen führen.

Da Forschung und Entwicklung von großer Bedeutung für die gesamte Volkswirtschaft sind, werden sie vom Staat gefördert. Die erheblichen staatlichen Mittel kommen teilweise den Unternehmen direkt zugute, teilweise fließen sie in die Gemeinschaftsforschung.

## 5.1 Fertigungsplanung und Fertigungssteuerung

Die Fertigung muss *durch die Fertigungsplanung vorbereitet* und *durch die Fertigungssteuerung verwirklicht* werden. Beide Aufgaben gehören in den Bereich der **Arbeitsvorbereitung.** Die Aufgabe der Arbeitsvorbereitung umfasst alle Maßnahmen der Planung, Steuerung und Überwachung der Fertigung. Einen Überblick gibt Bild 49.

**CIM = Computer Integrated Manufacturing – Anwendung des Computers in allen mit der Fertigung zusammenhängenden Bereichen.** In modernen Industriebetrieben wird die Fertigungsplanung und -steuerung mit Hilfe eines informationstechnischen Gesamtkonzeptes (CIM) durchgeführt. Es nutzt den Computer von der Konstruktion über Materialbeschaffung und -verarbeitung bis hin zur Rechnungserstellung. Dabei können die eingegebenen Daten durchgängig verwendet werden.
Ein wesentlicher Bestandteil von CIM ist das Produktionsplanungs- und -steuerungssystem **PPS** (**P**roduction **P**lanning and **S**cheduling), das die Datenerfassung und -verwaltung sowie den Datenfluss zwischen den Systemkomponenten organisiert.

### 5.1.1 Fertigungsplanung

Der Fertigungsprozess bedarf einer gedanklichen Vorbereitung. Dies ist die Aufgabe der Fertigungsplanung.

**Fertigungsplanung** ist die **vorausschauende Gestaltung** der Leistungserstellung.

Die Teilbereiche der Fertigungsplanung sind Konstruktion, Arbeits-, Bereitstellungs-, Reihenfolge- und Terminplanung.

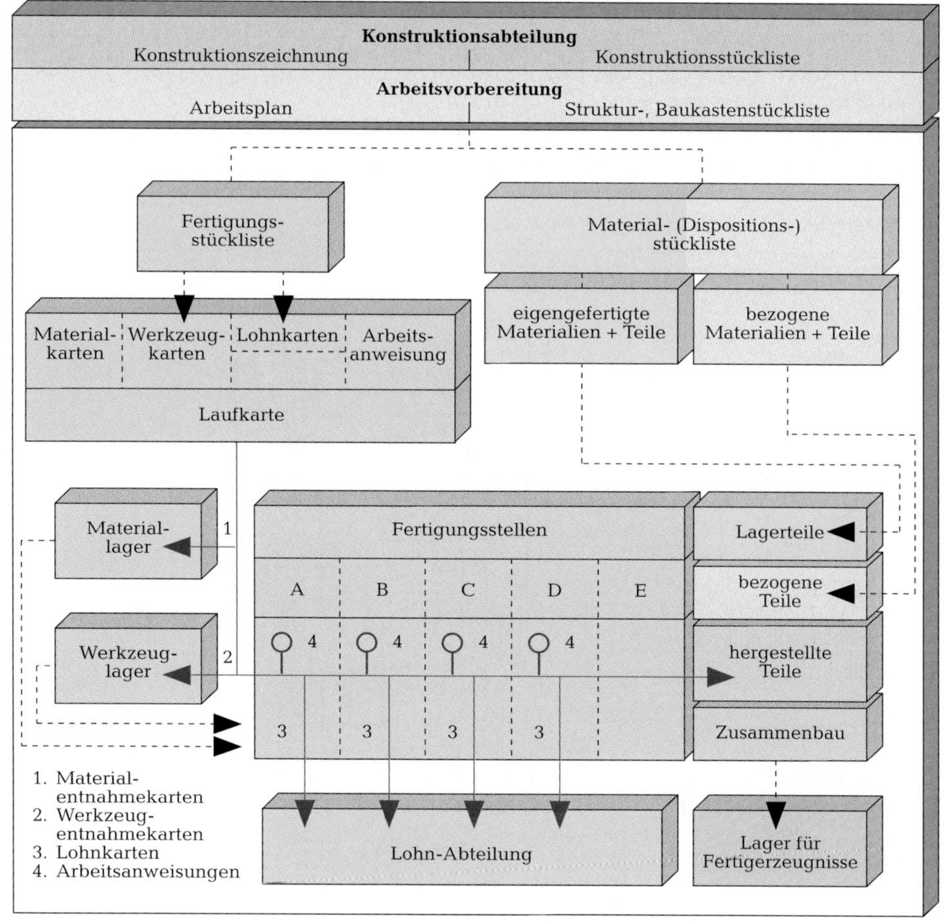


Bild 49

## ■ Konstruktion und Stücklistenerstellung

Aufgabe der Konstruktion ist es, die Ergebnisse der Forschung und Entwicklung zu *verwirklichen.* Dabei muss vor allem beachtet werden, dass

- die Fertigung der Produkte rationell erfolgen kann,
- der Absatz durch die Gebrauchsfähigkeit und eine entsprechende Formgebung *(Design)* gefördert wird.

Im Einzelnen hat dabei die Konstruktion die Aufgabe,

- die **Neuschaffung eines Erzeugnisses** zu verwirklichen,

  **Beispiel:** Konstruktion eines neuen Automotors,

- sich mit der **Weiterentwicklung bereits hergestellter Erzeugnisse** zu befassen, die zum Beispiel wegen des technischen Fortschritts oder zur Erschließung neuer Märkte erforderlich wird (Um- bzw. Anpassungskonstruktion),

  **Beispiel:** Verbesserung einer Kamera,

- **neue Betriebsmittel** für die Herstellung von Erzeugnissen **zu entwickeln,**

  **Beispiel:** Konstruktion einer neuen Prüfvorrichtung.

In modernen Betrieben wird mit Hilfe der EDV und entsprechenden DV-Programmen konstruiert und gezeichnet (**CAD** = **C**omputer **A**ided **D**esign = computerunterstütztes Zeichnen und Konstruieren).

Wichtig bei Entwicklung und Konstruktion eines Erzeugnisses ist die frühzeitige Einbeziehung aller Beteiligten, vom Kunden und Vertrieb über alle Fertigungsstellen bis zu den Teile- und -Systemlieferanten **(Simultaneous Engineering, integrierte Produktentwicklung).** Nur durch Teamarbeit aller dieser Stellen ist gewährleistet, dass bei möglichst kurzer Konstruktionszeit ein kunden- und fertigungsgerechtes Erzeugnis entsteht.

## ■ Dokumentation der Konstruktionsergebnisse

Die Konstruktion wird in der **Erzeugnisbeschreibung** in allen Einzelheiten festgehalten; sie wird *dokumentiert.* Die Erzeugnisbeschreibung besteht aus den *Konstruktionszeichnungen* und der *Konstruktionsstückliste.*

**a) Die Gesamtzeichnung** ist die maßgebende grafische Darstellung des Erzeugnisses. Sie wird vom Konstruktionsbüro entworfen, von den verschiedenen Abteilungen eingehend besprochen und auf die Wirtschaftlichkeit ihrer Durchführung untersucht (Bild 50).

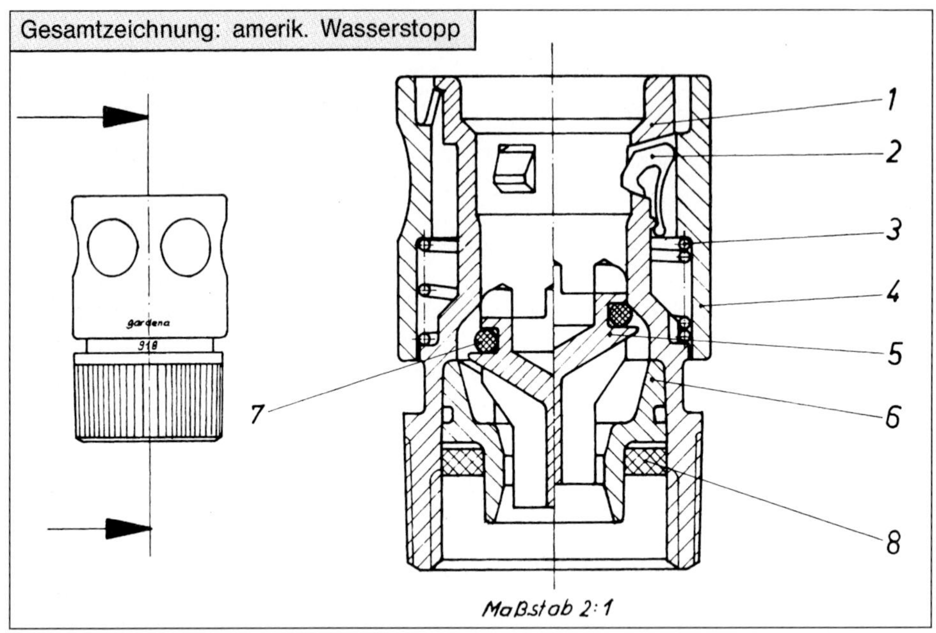


Bild 50

| 1 | 2 | 3 | 4 | 5 | 6 |
|---|---|---|---|---|---|
| Lfd. Nr. | Stückzahl | Benennung | Sach-Nr. | Format | Bemerkungen |
| 1 | 1 | Hauptteil | 6918-00.000.01 | 3 | |
| 2 | 3 | Federnoppe | 911-00.000.11 | 4 | WT |
| 3 | 1 | Druckfeder | 913-00.000.12 | 4 | WT |
| 4 | 1 | Ring | 913-00.000.13 | 3 | WT |
| 5 | 1 | Ventilkolben | 913-00.000.06 | 4 | WT |
| 6 | 1 | Dichtteil | 6918-00.000.11 | 4 | |
| 7 | 1 | O-Ring | 1123-00.000.00 | 4 | WT |
| 8 | 1 | Flachdichtung | 6918-00.000.17 | 4 | |

*) Teil wird gesondert geführt. (Nicht bestellen)

| Ausgabe | Änderung | Tag | Name | | | | | |
|---|---|---|---|---|---|---|---|---|
| | | | | 71 | Tag | Name | | Liste besteht aus ..... Blatt |
| | | | | Bearb. | 1o.8. | | Amerik. Wasserstop C | Blatt Nr. |
| | | | | Gepr. | | | | |
| | | | | Norm. | | | | |
| f | Änd.116 | 7.7. | | Konstruktions-Stückliste | | | 6918-00.000.00 ST 3 | Vervielf. Paus. Nr. |
| e | neu | 1o.8. | | | | | Ersatz für: / Ersetzt durch: | Arbeitspause Nr. |

Bild 51

**b) Zeichnungen über Baugruppen und Einzelteile** und deren Montage werden angefertigt. Die Einzelteilzeichnungen enthalten auch Angaben über die zu verwendenden Werkstoffe und die Art ihrer Bearbeitung.

**c) Konstruktionsstückliste.** Die in der Gesamtzeichnung enthaltenen Einzelteile werden in der Konstruktionsstückliste – auch Gesamt- oder Urstückliste genannt – aufgeführt. Sie ist nach den technischen Funktionen des Erzeugnisses gegliedert (Bild 51).

## ■ Stücklistenerstellung

Für die Auftragsvorbereitung muss die Konstruktionsstückliste umgearbeitet werden. Dies geschieht durch die **Stücklistenauflösung**. Darunter versteht man das schrittweise Zerlegen und Aufgliedern des Erzeugnisses in Baugruppen und Einzelteile.

a) Nach dem **Umfang der enthaltenen Fertigungsstufen** unterscheidet man

- **Strukturstückliste**, die den Bedarf an Baugruppen, Einzelteilen und Stoffen in der Reihenfolge *aller Fertigungsstufen* eines Erzeugnisses enthält. Sie stellt den fertigungstechnischen Aufbau des Erzeugnisses dar (Bild 52).
- **Baukastenstücklisten**, die jeweils nur die Baugruppen und Teile *einer Fertigungsstufe* enthalten. Sie sind vor allem dann zweckmäßig, wenn bestimmte Teile und Baugruppen in mehrere Erzeugnisse eingebaut werden. Sie müssen nur einmal erstellt und können für die verschiedenen Verwendungen abgerufen werden.

TECHNISCHE UNTERLAGEN

AA = Arbeitsanweisung, BV = Bauvorschrift, GN = GARDENA-Norm, PV = Prüfvorschrift, SP = Schaltplan, TD = Technische Daten, UZ = Übersichtszeichnung

**Stückliste**

| Relative Stufen-Nr. | Teilenummer | Teilebezeichnung Abmessung/Werkstoff | Pos. Nr. | Menge je Einheit | D S | ME | Technische Unterlage | Einl. Term. Ausl. Term. | D A | DLZ in Wochen | Bemerkungen Bedarfsmenge |
|---|---|---|---|---|---|---|---|---|---|---|---|
| 2 | 6918-10.000.00 | WASSERSTOP USA VERBISTERT | 10 | 1 | A | ST | | | | 1 | 1,00 |
| 3 | 6918-00.000.00 | WASSERSTOP USA | 10 | 1 | A | ST | | | | | 1,00 |
| 4 | 6918-00.002.00 | W-STOP Mont.U.GESIEGELT | 10 | 1 | A | ST | | | | 0 | 1,00 |
| 5 | 6918-00.001.00 | WASSERSTOP MONIERT | 10 | 1 | A | ST | | | | 1 | 1,00 |
| 6 | 6918-00.000.01 | HAUPTTEIL | 10 | 1 | A | ST | | | | 1 | 1,00 |
| 6 | 911-00.000.11 | FEDERNOPPEN POM | 20 | 3 | A | ST | | | | 1 | 3,00 |
| 6 | 913-00.000.12 | DRUCKFEDER 01,4 | 30 | 1 | A | ST | | | | 1 | 1,00 |
| 6 | 913-00.002.13 | RING ROT PS | 40 | 1 | A | ST | | | | 1 | 1,00 |
| 6 | 913-00.002.00 | VENTILKEGEL MIT O-RING | 50 | 1 | A | ST | | | | 1 | 1,00 |
| 7 | 913-00.000.06 | VENTILKEGEL ABS | 10 | 1 | A | ST | | | | | 1,00 |
| 7 | 1123-00.000.01 | O-Ring R9 D=10,5X2,7 PERBUNAN 705H | 20 | 1 | A | ST | | | | 1 | 1,00 |
| 6 | 6918-00.000.11 | DICHTEIL | 60 | 1 | A | ST | | | | 1 | 1,00 |
| 6 | 6918-00.000.17 | FLACHDICHTUNG 016X0,5 | 70 | 1 | A | ST | | | | 1 | 1,00 |
| 3 | 6918-10.000.01 | BLISTERKARTE C7 4FARBIG USA 105X0,3 | 20 | 1 | A | ST | | | | | 1,00 |
| 3 | 2902-10.000.65 | BLISTERFOLIE PVC 328X0,3 | 30 | 0,018 | D | MT | | | | | 0,01 |
| 2 | 2941-20.000.01 | UM-KARTON 3023.1 LG 2-3 461X215X220 | 20 | 0,02 | C | ST | | | | | 0,02 |
| 2 | 2941-20.000.03 | WELL-ZUSCHNITT 3023,2 LG5-7,5 | 25 | 0,02 | C | ST | | | | | 0,02 |
| 2 | 6918-20.000.02 | UMKARTONETIKETT E.50 | 30 | 0,02 | C | ST | | | | | 0,02 |
| 2 | 9503-00.000.02 | GARDENA-KLEBEBAND MIT 2 NYLON 60MM BREIT | 40 | 0,02 | C | MT | GN | | | | 0,02 |

| Erstell- bzw. Änderungsdatum | Änderungsindex | Teilnehmer und Bezeichnung | Technische Unterlage | Stücklistenart bzw. TV-Nachweis | Blatt Nr. |
|---|---|---|---|---|---|
| 00-10-16 | | 6918-20.000.00 SB-WASSERSTOP USA E.50 | | STUECKLISTE MEHRSTUFIG | 2 |

3.024

Bild 52

b) Nach dem **Verwendungszweck** unterscheidet man

- **Fertigungsstückliste** für die Fertigung und Montage der Einzelteile und Baugruppen,
- **Material-(Dispositions-)stückliste** oder **Mengenübersichtsstückliste** für die Ermittlung des Materialbedarfs.

Dabei werden unterschieden:

- Positionen, die aufgrund früherer Eigenfertigung vom Lager entnommen werden können und
- Positionen, die bei Zulieferern bestellt werden müssen (Fremdbezug).

## ■ Arbeitsplanung

Die Arbeitsplanung erfolgt in der Abteilung „Arbeitsvorbereitung". Die Aufgabe der **Arbeitsvorbereitung** umfasst alle Maßnahmen der *Planung, Steuerung* und *Überwachung der Fertigung.* Sie ist somit das Bindeglied zwischen der gestaltenden Arbeit (Entwicklung, Konstruktion) und der ausführenden Arbeit der Fertigungsabteilungen.

Die Arbeitsplanung bestimmt den Arbeitsablauf und seine Durchführung. Im Einzelnen wird festgelegt,

- auf welche Art,
- in welcher Reihenfolge,
- an welchem Arbeitsplatz,
- in welcher Zeit und
- mit welchen Hilfsmitteln

ein Teil, eine Baugruppe bzw. ein Erzeugnis geliefert wird.

**Arbeitsplan.** Die Ergebnisse der Arbeitsplanung werden im Arbeitsplan festgehalten. Er enthält die Arbeitsgänge und deren Reihenfolge, die Arbeitsplatzbezeichnung, die Auftragszeiten sowie die benötigten Werkzeuge und Materialien (Bild 53).

| Arbeits-vorbereitung | ARBEITSPLAN | | Fertigungszeit pro Stück 0.65 min. | | Blatt Nr. 1 |
|---|---|---|---|---|---|
| | Artikel-Nr. 6918 | Benennung Wasserstop USA | DLZ 0.28 min | T Splitt 0.14 | von Blätter 2 |
| Datum: 00-11-22 | Teile Nr. 6918-00.000.00 | Benennung Wasserstop USA | Ausschußfaktor 1.0% | | Losgröße: Min.: 8 500 p.w |
| Bearbeiter L. Köhle | Werkstoff Kunststoff ASA | Abmessungen für 1/2" Schlauch | Vol./1000 Stück m³ | | Max.: 17 000 p.w. |

| AFO | Arbg. Nr. | Beschreibung | Fert. Ort | Kost. stelle | 1 0 | MG Nr. | Masch. Vorr.Nr. | Werkzeuge Betr.-Stoffe | Teile-Nr. | St. | Benennung | tr Stck. | te Stck. | Splitt I | Splitt II | MB |
|---|---|---|---|---|---|---|---|---|---|---|---|---|---|---|---|---|
| 10 | 30 | aufziehen O-Ring | 2990 | 7260 | | | | Montagedron | 913-00.000.06 | 1 | Ventilkegel | 0,01 | 0,1 | | | |
| | | | | | | | | | 1123-00.000.00 | 1 | O-Ring | | | | | |
| 20 | 57 | aufschieben Druckfeder | 1140 | 7250 | | | | Montagevor-richtung | 5918-00.000.01 | 1 | Hauptteil | 0,02 | 0,25 | | | |
| | 58 | einlegen Federn. | | | | | | | 911-00.000.11 | 3 | Federnoppen | | | | | |
| | 59 | aufsetzen Ring | | | | | | | 913-00.000.12 | 1 | Druckfeder | | | | | |
| | 60 | eindrücken Ring | | | | | | | 913-00.000.13 | 1 | Ring rot | | | | | |
| 30 | 61 | Hauptteil vor-montiert prägen | 2031 | 7210 | | | | Prägemasch. | 913-00.001.00 | 1 | Hauptteil vormontiert | 0.01 | 0.02 | | | |
| 40 | 62 | einlegen Hauptt. gesiegelt | | | | | | | 913.00.001.00 | 1 | Hauptteil | 0,02 | 0,28 | 2 | | |
| | 63 | einlegen Ventilk. | | | | | | | 913-00.002.00 | 1 | Ventilkegel | | | | | |
| | 64 | einlegen Flach-dichtung | | | | | | | 5918-00.000.17 | | Flachdichtung | | | | | |
| | 65 | einlegen Dicht-teil | | | | | | | 5918-00.000.11 | 1 | Dichtteil | | | | | |
| | 66 | fertigmontieren m. Rundtaktma-schine | | | 1 | 4 | 1128 | Rundtakt-maschine | | | Richtzeit --------- | 0.28 ---- | | | | |

1.124 HA = Heimarbeit, HE = Heime, Nr.= Fertigungsort direkt — 0=Handarbeitsplatz, 1=Maschinenarbeitsplatz — Summe: 0.65 min.

Bild 53

Grundlage für die Erstellung des Arbeitsplans sind Konstruktionszeichnungen, Stücklisten, Maschinendatei, Zeittabellen, Material- und Werkzeugverzeichnis. Aufgrund des Arbeitsplans werden weitere Fertigungsbelege erstellt (Abschnitt 5.1.2).

**Zur Wiederholung und Vertiefung**

1. a) Nennen Sie Industriezweige, in denen die Erzeugnisse „konstruiert" werden.
   b) Welche Beispiele kennen Sie aus Ihrer Umgebung?
2. Mit welchen Aufgaben befasst sich die Konstruktionsabteilung?
3. Welchen Zweck hat die Konstruktionsstückliste?
4. Welcher Unterschied besteht zwischen der Strukturstückliste und der Baukastenstückliste?
5. Welche Angaben enthält ein Arbeitsplan?

## 5.1.2 Fertigungssteuerung

Die **Arbeitsvorbereitung** hat nicht nur die Aufgabe, die Fertigung zu planen, sondern auch, die *Planung in die Wirklichkeit umzusetzen,* also die **Fertigung** zu **steuern**. Diese organisatorische Aufgabe beginnt mit der Festlegung der günstigsten Produktionsmengen (Lose) und der Reihenfolge des Durchlaufs der einzelnen Arbeitsaufträge. Damit steuert sie die Bereitstellung und den Einsatz der betrieblichen Produktionsfaktoren.

### Steuerung des Fertigungsablaufs

a) **Festlegung der Auftragsgrößen.** Eine wichtige Rolle spielt die Erzeugnismenge, *die in einem Durchgang zusammenhängend* hergestellt wird **(Los- oder Auftragsgröße).** Dabei strebt die Fertigungssteuerung die niedrigste Summe der Umrüstungs- und Lagerhaltungskosten an *(optimale Losgröße).*

b) **Arbeitsverteilung.** Sie bestimmt, in welcher *Reihenfolge* die einzelnen Arbeitsaufträge auf die Fertigungsstellen verteilt werden. Dabei sollen Durchlaufzeiten möglichst gering, Umrüstungen und Leerlauf möglichst vermieden werden.

### Bereitstellung und Einsatz der betrieblichen Produktionsfaktoren

Unmittelbar vor Fertigungsbeginn sind bereitzustellen:

a) **Betriebsmittel.** Werkzeuge und Vorrichtungen, die bereits bei früheren Aufträgen verwendet wurden, müssen vom Lager abgerufen und auf Funktionstüchtigkeit überprüft werden. Bereits vorhandene Maschinen müssen, wenn notwendig, instandgesetzt und auf das zu fertigende Erzeugnis umgestellt werden. Bei neuen Maschinen und Werkzeugen muss die rechtzeitige Fertigstellung zum Produktionsbeginn gesichert werden.

b) **Arbeitskräfte.** Im Zusammenhang mit der Bereitstellung der Maschinen und Anlagen müssen auch die entsprechenden Stellenbesetzungen überprüft werden. Soweit zusätzliche Arbeitskräfte erforderlich sind, müssen umgesetzte und neu eingestellte Arbeitskräfte angelernt werden.

c) **Material.** Vor Fertigungsbeginn muss sichergestellt werden, dass die erforderlichen Werkstoffe, Einzelteile und Baugruppen rechtzeitig vom Lager abgerufen bzw. direkt vom Zulieferer fertigungssynchron angeliefert werden.

Immer häufiger entstehen gleichzeitig mit der Entwicklung der Produkte komplette **virtuelle Fertigungs- und Montagelinien** in den Computern der Fertigungsplaner. Damit können die Produktionsabläufe bereits vor Produktionsbeginn geprobt und mögliche Fehlerquellen frühzeitig erkannt werden (Bild 54).

Bild 54

## ■ Organisationsmittel

Aufgabe der Fertigungssteuerung ist es auch, die für die Fertigungsdurchführung ergriffenen Maßnahmen auf entsprechenden Belegen festzuhalten und den Belegfluss zu planen.

### a) Belegarten

- **Die Laufkarte** (Fertigungsbegleitkarte) geht mit dem Erzeugnis von Arbeitsplatz zu Arbeitsplatz. Sie enthält die ausführenden Stellen und die dazugehörenden Arbeitsgänge in der Reihenfolge des Durchlaufs sowie den Termin der Fertigstellung (Bild 55).

8 7 6 5 4 3 2 1

| Werk | Auftrags-Nummer | Start-Termin | End-Termin | Ex Priorität | In Priorität | Losgröße | Sach-Nummer |
|---|---|---|---|---|---|---|---|
| 65 | 2 3615 1 09 | 173 | 178 | 5 | 04 | 30 . | 982 672.0 |

**Laufkarte**

| Bezeichnung | A.-Datum | DS | Ident-Nr. | Blatt-Nr. |
|---|---|---|---|---|
| Zugseil | 163 | 61 | 008 | 1/1 |

| AFO | Kostenstelle | Arbeitsplatz-Gruppen-Nummer | Rohmaterial Arbeitsgang | Menge pro Stück Stückzahl | ME Lohnart | AW MB | Rohmaterial-Nr. Betriebsmittel-Nr. | |
|---|---|---|---|---|---|---|---|---|
| 0000 | 2550 | 9999 9999 | Seil SSE 4 Betelon | 3,330 | 13 | | 202602 0 | |
| 0100 | 4911 | 9105 6531 | Abschneiden 3330 lang, enden verschweißen, Seil aufrollen | 2,500 G | 101 | | | |
| 0200 | 1710 | 9111 6584 | 6800 QP | | | | | |
| | | | | | | | | |
| | | | | | | | | |
| | | | | | | | | |

416 7020/04 90

Bild 55

- **Werkzeugentnahmekarten** bilden die Unterlage für eine geordnete Werkzeugverwaltung.
- **Materialentnahmekarten** dienen als Belege bei der Ausgabe der Werkstoffe.
- **Materialbegleitscheine** kennzeichnen das für einen Auftrag bereitgestellte Material und begleiten es von Arbeitsplatz zu Arbeitsplatz.

- **Lohnkarten** enthalten die Namen des Arbeiters, die Bezeichnung des Fertigungsgegenstandes, die ausgeführte Arbeit, die Fertigungszeit, die bearbeitete Menge und die Lohngruppe. Sie dienen als Grundlage für die Lohnabrechnung (Bild 56).

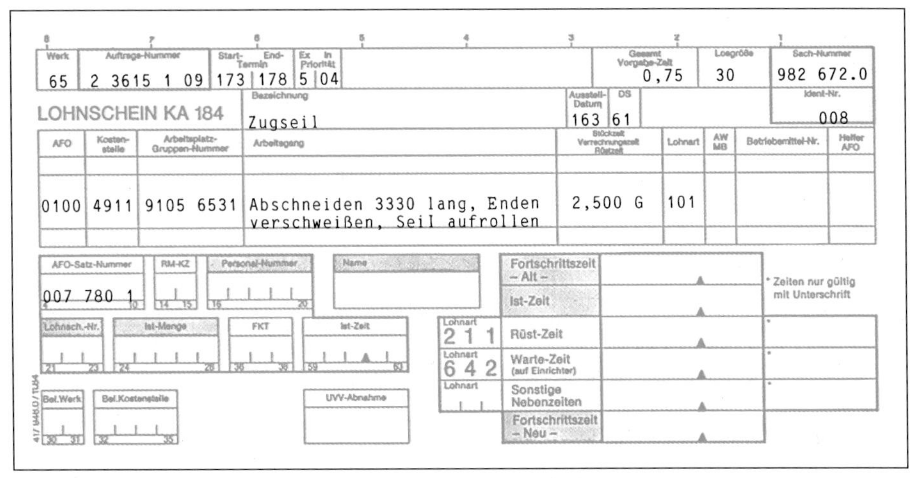

| Werk | Auftrags-Nummer | Start-Termin | End-Termin | Ex Priorität | In Priorität | Gesamt Vorgabe-Zeit | Losgröße | Sach-Nummer |
|---|---|---|---|---|---|---|---|---|
| 65 | 2 3615 1 09 | 173 | 178 | 5 | 04 | 0,75 | 30 | 982 672.0 |

LOHNSCHEIN KA 184

| Bezeichnung | Ausstell-Datum | DS | Ident-Nr. |
|---|---|---|---|
| Zugseil | 163 | 61 | 008 |

| AFO | Kostenstelle | Arbeitsplatz-Gruppen-Nummer | Arbeitsgang | Stückzeit Verrechnungszeit Rüstzeit | Lohnart | AW MB | Betriebsmittel-Nr. | Helfer AFO |
|---|---|---|---|---|---|---|---|---|
| 0100 | 4911 | 9105 6531 | Abschneiden 3330 lang, Enden verschweißen, Seil aufrollen | 2,500 G | 101 | | | |

AFO-Satz-Nummer: 007 780 1
RM-KZ
Personal-Nummer
Name
Lohnsch.-Nr.
Ist-Menge
FKT
Ist-Zeit
Bel.Werk
Bel.Kostenstelle
UVV-Abnahme

Fortschrittszeit – Alt –
Ist-Zeit
Lohnart 2 1 1 – Rüst-Zeit
Lohnart 6 4 2 – Warte-Zeit (auf Einrichter)
Lohnart – Sonstige Nebenzeiten
Fortschrittszeit – Neu –

* Zeiten nur gültig mit Unterschrift

417 9480.0 / TL84

Bild 56

**b) Belegarchivierung.** Das Problem, die in großen Mengen anfallenden Fertigungsbelege und Zeichnungen aufzubewahren, wird häufig durch **Mikroverfilmung** oder Einlesen in eine DV-gestützte Datenbank gelöst. Diese Art der Belegarchivierung kann kostengünstiger sein als die Aufbewahrung der Originalbelege.

## Terminplanung

### Terminplanung für die Auftragserledigung

Die Terminplanung hat das Ziel, die innerhalb einer bestimmten Zeit anfallenden Aufträge fristgerecht zu erledigen.

Bei Kundenaufträgen ohne festen Liefertermin und bei Lageraufträgen wird die **progressive Terminbestimmung** (Vorwärtsterminierung) angewandt. Dabei wird der *Fertigstellungstermin* eines Auftrags errechnet, indem man vom Fertigungsbeginn des ersten Arbeitsganges ausgeht und die Zeiten aller geplanten Arbeitsgänge addiert.

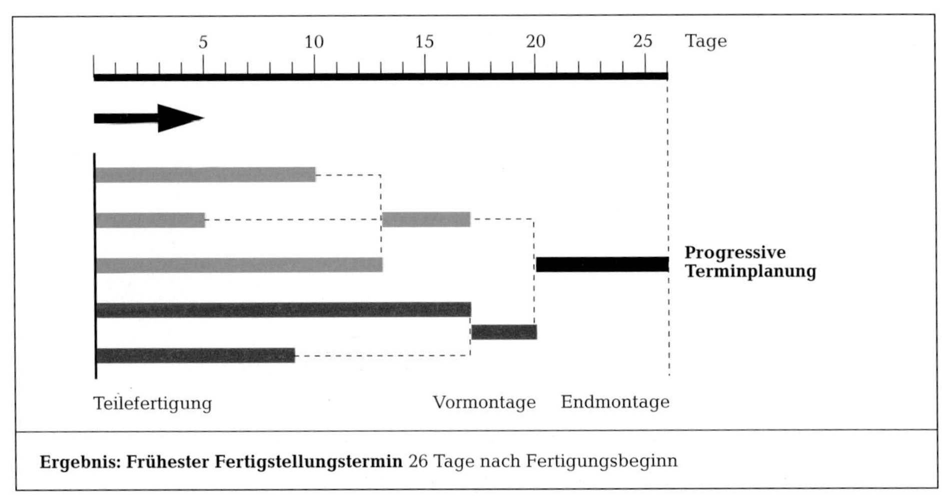


**Ergebnis: Frühester Fertigstellungstermin** 26 Tage nach Fertigungsbeginn

Bild 57

Bei Kundenaufträgen mit festem Liefertermin wird die Terminplanung durch **retrograde Terminbestimmung** (Rückwärtsterminierung) durchgeführt. Ausgangszeitpunkt ist der vorgegebene Liefertermin. Durch Abzug der geplanten Durchführungszeiten wird der *Fertigungsbeginn* errechnet.

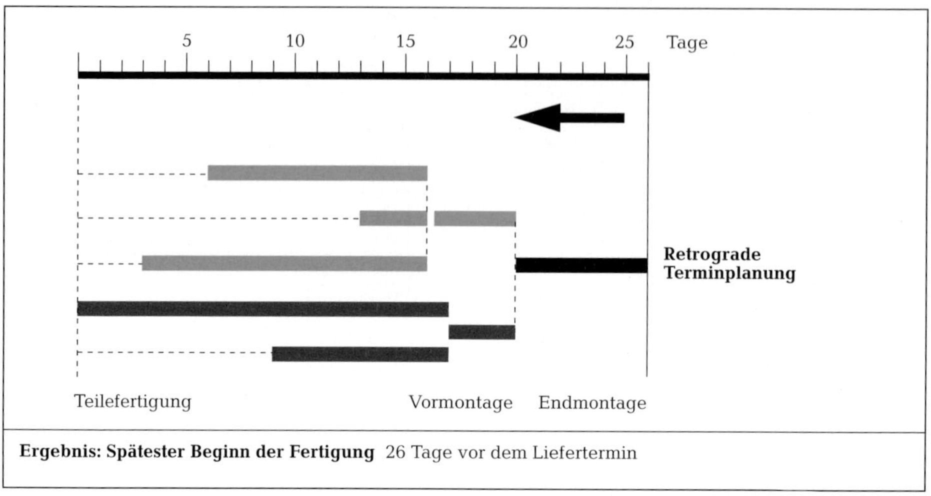


Bild 58

## ■ Terminplanung für die Maschinenbelegung

Sie dient der zeitlichen Einordnung *einzelner* Arbeitsgänge in den laufenden Fertigungsprozess.

**Der Maschinenbelegungsplan** zeigt, zu welchen Zeiten die einzelnen Maschinen für die verschiedenen Fertigungsaufträge beansprucht werden. Dabei wird ersichtlich, ob die einzelnen Maschinen optimal ausgelastet, d.h. nicht unterbelastet (Leerlauf) und nicht überbelastet (erhöhte Abnutzung) sind.

Die Darstellung kann z.B. auf einer Schautafel in Form eines **Balkendiagramms (Gantt-Diagramm)** erfolgen. Auf der senkrechten Achse sind die verschiedenen Maschinen, auf der waagerechten Achse die Zeiteinteilung eingetragen. Viele Betriebe rechnen dabei mit *Kalenderwochen* oder *Betriebskalendertagen* (Bild 59).

**Beispiel:** Belegungsplan für 4 maschinelle Anlagen. Der Maschinenbelegungsplan ist mit Hilfe eines Projekt-Planungs-Systems erstellt worden (Bild 59).

Die Planungsperiode eines Betriebs beträgt 21 Tage. Zur Erledigung von 5 Aufträgen stehen 4 maschinelle Anlagen zur Verfügung, die dabei folgendermaßen beansprucht werden:

| | | | | |
|---|---|---|---|---|
| Auftrag 1 | : 2 Tage MA 1, | 5 Tage MA 4, | 4 Tage MA 2, | 5 Tage MA 3 |
| Auftrag 2 | : 7 Tage MA 2, | 5 Tage MA 3, | 6 Tage MA 1 | |
| Auftrag 3 | : 5 Tage MA 4, | 4 Tage MA 1, | 3 Tage MA 3, | 4 Tage MA 2 |
| Auftrag 4 | : 4 Tage MA 3, | 3 Tage MA 2, | 2 Tage MA 1, | 4 Tage MA 4 |
| Auftrag 5 | : 4 Tage MA 1, | 4 Tage MA 3, | 5 Tage MA 4 | |

## ■ Terminplanung nach der Netzplantechnik (Abschnitt 6.4.3)

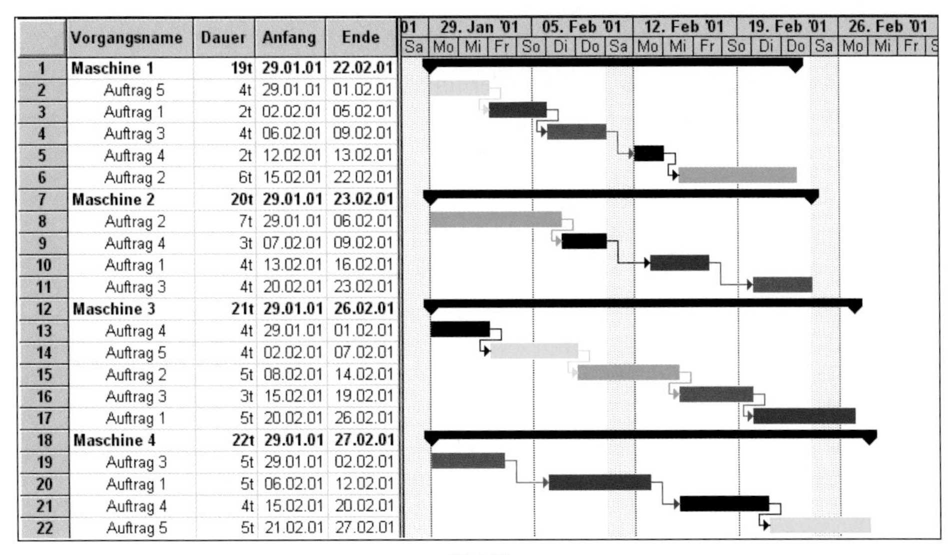

| | Vorgangsname | Dauer | Anfang | Ende |
|---|---|---|---|---|
| 1 | **Maschine 1** | **19t** | **29.01.01** | **22.02.01** |
| 2 | Auftrag 5 | 4t | 29.01.01 | 01.02.01 |
| 3 | Auftrag 1 | 2t | 02.02.01 | 05.02.01 |
| 4 | Auftrag 3 | 4t | 06.02.01 | 09.02.01 |
| 5 | Auftrag 4 | 2t | 12.02.01 | 13.02.01 |
| 6 | Auftrag 2 | 6t | 15.02.01 | 22.02.01 |
| 7 | **Maschine 2** | **20t** | **29.01.01** | **23.02.01** |
| 8 | Auftrag 2 | 7t | 29.01.01 | 06.02.01 |
| 9 | Auftrag 4 | 3t | 07.02.01 | 09.02.01 |
| 10 | Auftrag 1 | 4t | 13.02.01 | 16.02.01 |
| 11 | Auftrag 3 | 4t | 20.02.01 | 23.02.01 |
| 12 | **Maschine 3** | **21t** | **29.01.01** | **26.02.01** |
| 13 | Auftrag 4 | 4t | 29.01.01 | 01.02.01 |
| 14 | Auftrag 5 | 4t | 02.02.01 | 07.02.01 |
| 15 | Auftrag 2 | 5t | 08.02.01 | 14.02.01 |
| 16 | Auftrag 3 | 3t | 15.02.01 | 19.02.01 |
| 17 | Auftrag 1 | 5t | 20.02.01 | 26.02.01 |
| 18 | **Maschine 4** | **22t** | **29.01.01** | **27.02.01** |
| 19 | Auftrag 3 | 5t | 29.01.01 | 02.02.01 |
| 20 | Auftrag 1 | 5t | 06.02.01 | 12.02.01 |
| 21 | Auftrag 4 | 4t | 15.02.01 | 20.02.01 |
| 22 | Auftrag 5 | 5t | 21.02.01 | 27.02.01 |



Bild 59

**Zur Wiederholung und Vertiefung**

1. Welche Kostenarten spielen bei der Festlegung der Losgröße eine wichtige Rolle?
2. Was ist bei der Arbeitsverteilung besonders zu beachten?
3. Fertigteile werden über die Autobahn direkt angeliefert. Welche Vorteile und welche Risiken hat diese fertigungssynchrone Anlieferung?
4. Welchen Inhalt und welche Bedeutung hat die Betriebsmittelbereitstellungskarte?
5. Welche Bedeutung hat die Laufkarte bei der Reihenfolgeplanung?
6. Wie unterscheiden sich die progressive und retrograde Terminbestimmung?
7. Welche Bedeutung hat der Maschinenbelegungsplan bei der Terminplanung?

## 5.2 Fertigungsdurchführung

Bei der Fertigungsdurchführung muss sich die Betriebsleitung für die jeweils geeignete Fertigungsart entscheiden.

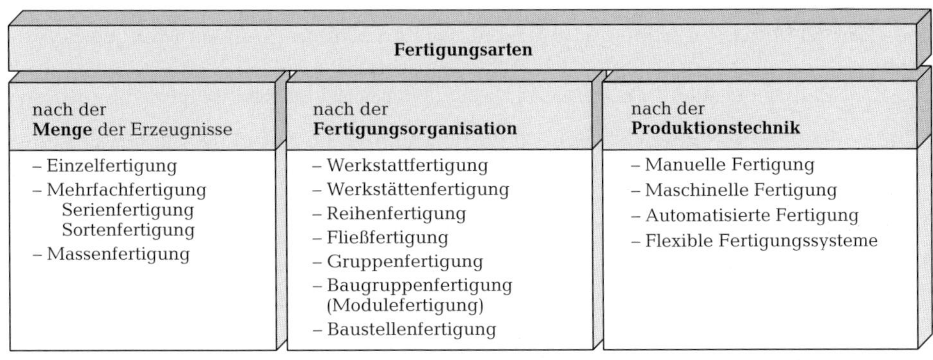


Bild 60

## 5.2.1 Fertigungsarten nach der Menge gleichartiger Erzeugnisse

Die *Anzahl der Produkte, die in einem Fertigungsprozess* hergestellt werden, hängt von der Art der Erzeugnisse ab.

### Einzelfertigung

Jedes Stück ist ein Erzeugnis eigener Art. Es wird nur in **einer Ausführung** hergestellt.

**Beispiele:** Seeschiff, Turbine, Krananlage, Papiermaschine, Maßkleid, Einbauschrank.

Der Fertigungsprozess muss für jedes Erzeugnis von neuem geplant und durchgeführt werden. Der Betrieb muss deshalb über einen vielseitig verwendbaren Maschinenpark (Universalmaschinen) verfügen. Da auch das Personal vielseitige Aufgaben zu erfüllen hat, sollte es sich aus gut ausgebildeten Facharbeitern zusammensetzen.

In aller Regel erfolgt die Einzelfertigung auf Bestellung; sie ist **Auftragsfertigung**. Dabei richtet sich der Hersteller nach den Wünschen des Kunden. Alle anfallenden Kosten von der Konstruktion bis zur Auftragsabwicklung werden dem Produkt zugerechnet und dem Abnehmer berechnet.

Einzelfertigung ist sowohl im handwerklichen als auch im industriellen Bereich anzutreffen, vor allem aber bei der Leistungserstellung für innerbetriebliche Zwecke.

**Beispiele:** Vorrichtungsbau, Modellbau, Werkzeugbau.

### Mehrfachfertigung

Wenn Absatzlage und Kapazität es erlauben, werden aus Kostengründen **größere Erzeugnismengen** produziert. Die Mehrfachfertigung erfolgt meistens nicht auf Bestellung, sondern für den anonymen Markt.

**a) Serienfertigung.** *Gleiche Erzeugnisse* werden in *begrenzter* Stückzahl (Auflage) hergestellt.

**Beispiele:** Flugzeugtypen, Möbeltypen, Sportwagentypen.

Für die Fertigungs- und Kostenplanung spielt die jeweilige Auflage- bzw. Losgröße eine wichtige Rolle (Abschnitt 5.1.2).

**b) Sortenfertigung.** Aus dem *gleichen Grundstoff* werden *verschiedene Ausführungen* des gleichen Erzeugnisses hergestellt. Die Erzeugnisse unterscheiden sich lediglich in der Güte, Farbe, Form oder Größe.

**Beispiele:** Seifen, Biere, Papiere.

### Massenfertigung

Gleiche Erzeugnisse werden auf unbestimmte Zeit in **unbegrenzten Mengen** hergestellt.

**Beispiele:** Schrauben, Zement, Flaschen, Chip-Produktion, Glühlampen, Bleistifte, Heizöl.

Massenfertigung erfolgt ausschließlich für den anonymen Markt. Durch die Erschließung neuer Märkte und durch geeignete Werbemaßnahmen müssen ständig neue Anstrengungen gemacht werden, um die hohen Produktionsmengen abzusetzen.

**Vorteile der Massenfertigung:**

- Der Einsatz von automatischen Spezialmaschinen ist möglich.
- Es entstehen nur geringe Lohnkosten.
- Die Kosten je Erzeugniseinheit sind gering (Kostendegression, Abschnitt 10.5.3).

**Zur Wiederholung und Vertiefung**

1. Wodurch unterscheiden sich
   a) Einzelfertigung und Serienfertigung,
   b) Serien- und Sortenfertigung,
   c) Serien- und Massenfertigung?
2. Welche Maßnahmen werden durch Massenproduktion auf dem Gebiet des Absatzes notwendig?
3. Das Wort „Massenproduktion" erweckt oft die Vorstellung minderer Qualität. Nehmen Sie dazu Stellung.

## 5.2.2 Fertigungsarten nach der Fertigungsorganisation

Eine rationelle Produktion soll durch die Anordnung der *Betriebsmittel* erreicht werden.

### Fertigung nach dem Verrichtungsprinzip

Die für die Verrichtung der Arbeitsgänge erforderlichen Betriebsmittel werden *räumlich zusammengefasst.*

a) **Werkstattfertigung (Werkbankfertigung).** Alle Arbeitsgänge vollziehen sich in *einer* Werkstatt in Einzelarbeit durch vielseitig ausgebildete Arbeitskräfte. Die Betriebsmittel für alle Verrichtungen befinden sich im Werkstattraum. Diese Fertigungsart findet man vorwiegend im Handwerk und in der Kleinindustrie.

   **Beispiele:** Kfz-Werkstatt, Schlosserei.

b) **Werkstättenfertigung.** Die einzelnen Werkstücke durchlaufen *mehrere* Werkstätten zur Durchführung der aufeinander folgenden Arbeitsgänge. In einer Werkstatt stehen nur jeweils *gleichartige* Maschinen.

   **Beispiele:**
   **Metallindustrie:** Schlosserei, Schweißerei, Galvanik, Fräserei, Dreherei;
   **Schuhindustrie:** Zuschneiderei, Stepperei, Zwickerei, Finish-Abteilung;
   **Textilindustrie:** Spulerei, Strickerei, Zuschneiderei, Näherei.

   Die Aufgliederung der Verrichtungen auf verschiedene Werkstätten setzt voraus:

   - Betriebsmittel müssen Universalmaschinen sein, die gegebenenfalls mit speziellen Zusatzgeräten umrüstbar sind;
   - hoher Ausbildungsstand der Maschineneinsteller;
   - eine gut funktionierende Arbeitsvorbereitung (Arbeits- und Terminsteuerung).

   **Vorteil:**

   - Durch den Einsatz von Universalmaschinen kann sich der Betrieb flexibel auf Kundenwünsche und Nachfrageänderungen einstellen.

   **Nachteile:**

   - Durch den Einsatz von Facharbeitern entstehen hohe Lohnkosten.
   - Der Planungs- und Steuerungsaufwand der Fertigung (z.B. Maschinenbelegungsplan) ist hoch.

- Da Zwischenlager nötig sind, entstehen hohe Transport- und Lagerkosten.
- Die Durchlaufzeit eines Auftrags ist länger als z.B. bei der Fließfertigung.

## ■ Fertigung nach dem Flussprinzip (ablaufgebundene Fertigung)

Die Betriebsmittel für die aufeinander folgenden Arbeitsgänge werden in der Reihenfolge des Arbeitsablaufs *hintereinander* angeordnet.

**a) Reihenfertigung**. Der Arbeitsfluss ist wegen der oft unterschiedlichen Dauer der einzelnen Arbeitsgänge *zeitlich ungebunden*. Der Weitertransport der Werkstücke erfolgt nicht in einem bestimmten Arbeitstakt. Deshalb können sich zwischen den Arbeitsplätzen Vorratspuffer bilden.

Reihenfertigung ist nur sinnvoll, wenn der Arbeitsablauf sich über einen längeren Zeitraum nicht verändert.

**Merkmale der Reihenfertigung** sind:

- Einzelne Arbeitsplätze sind nicht durch Fließbänder verbunden.
- Die Weitergabe der Werkstücke erfolgt von Hand oder mit Fördermitteln (Kran, Gabelstapler, Transportwagen, induktionsgesteuerte Transportmittel).

**b) Fließfertigung.** Sie ist eine *zeitlich gebundene* Fertigung. Die einzelnen Arbeitsverrichtungen sind zeitlich aufeinander abgestimmt; sie erfolgen nach vorgegebenem **Takt**. Die Werkstücke werden automatisch zum nächsten Arbeitsplatz befördert (Bild 61).

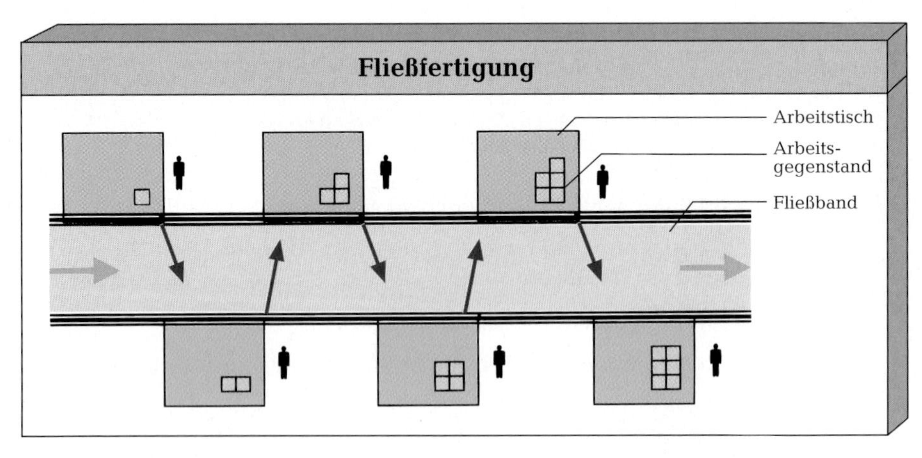


Bild 61

Herkömmlicherweise werden dabei Teile und Werkstücke nach zentralem Plan an die jeweiligen nachfolgenden Fertigungsstellen weitergeleitet und dort je nach Bearbeitungsfluss zwischengelagert (Bringsystem). Im Gegensatz dazu werden beim **Kanban-System** die Teile und Werkstücke *von den Fertigungsstellen* entsprechend ihrem Bedarf bei der vorangegangenen Fertigungsstufe abgerufen (Hol-Prinzip).

| Vor- und Nachteile der Fließfertigung | |
|---|---|
| **Vorteile** | **Nachteile** |
| – Die Arbeitsplätze sind enger aneinander gerückt (Platzersparnis).<br>– Die Arbeiter sind mit ihrer Arbeitsaufgabe ausgelastet (Zeitersparnis).<br>– Die Durchlaufzeiten der Werkstücke werden verkürzt und dadurch verringert sich der Kapitalbedarf (Zinsersparnis).<br>– Das Verantwortungsbewusstsein des Arbeiters wird wachgehalten, da der Einzelne erkennt, dass es auch auf seine Arbeit ankommt, wenn die Fertigung reibungslos ablaufen soll.<br>– Die Überwachung des Arbeitsablaufs wird durch die zwangsläufige Ordnung und Übersichtlichkeit erleichtert.<br>– Der tägliche Materialbedarf und der Tagesausstoß liegen fest.<br>– Fließfertigung ist eine wesentliche Voraussetzung für vollautomatische Mehrfachproduktion. | – Geringe Anpassungsfähigkeit an wechselnde Markterfordernisse.<br>– Das Arbeitstempo ist fremdbestimmt. Der Arbeiter ist während der Arbeit dauernd an seinen Arbeitsplatz gebunden.<br>– Der plötzliche Ausfall *eines* Arbeiters wirkt sich auf die folgenden Arbeiter aus. Deshalb werden heute vielfach lange Förderbänder in kürzere mit Zwischenlagern aufgeteilt. Außerdem werden zum Ersatz gelegentlich ausfallender Arbeitskräfte so genannte **Springer** eingesetzt, die eine große Anzahl von Arbeitsverrichtungen beherrschen. |

Bild 62

Bisher wurden Teile (z.B. Kraftstoffbehälter) in großen Losgrößen produziert und anschließend gelagert. Bei Bedarf wurden sie an die Fertigungslinien transportiert. Um die Arbeitsabläufe der Fließfertigung weiter zu verbessern, arbeiten die Mitarbeiter heute teilweise in **Einzelstück-Fließfertigung.** Dabei werden genau so viel Fahrzeugteile hergestellt, wie für den weiteren Produktionsablauf unmittelbar benötigt werden. Die Mitarbeiter arbeiten dabei in **Arbeitszellen**, die raumsparend neben der Montagelinie angeordnet sind. Die Arbeitsabläufe sind zeitlich so aufeinander abgestimmt, dass die Teile „taktgenau" zusammengefügt werden können (Bild 63).

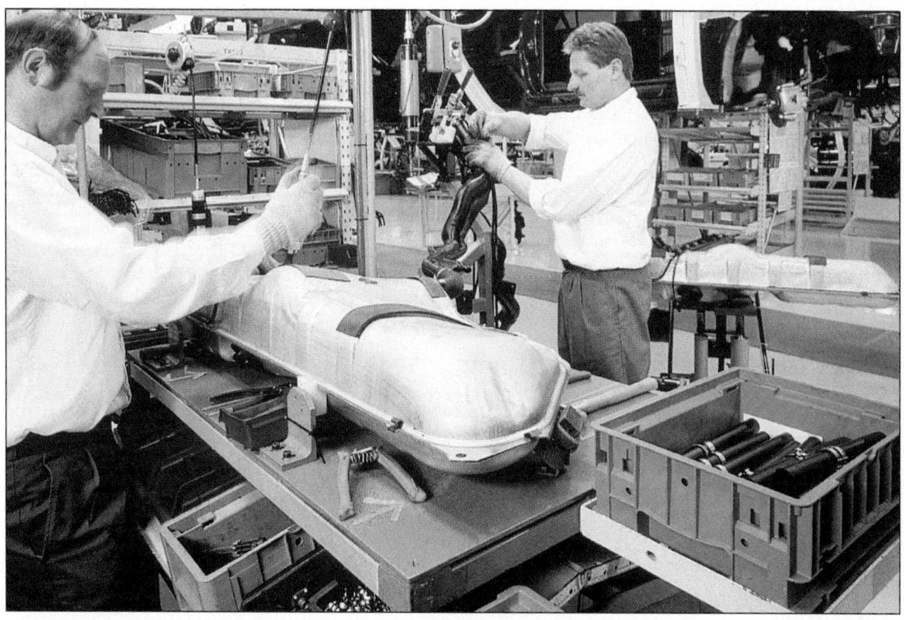

Bild 63

## Gruppenfertigung

Die Gruppenfertigung erlaubt die Kombination unterschiedlichster Fertigungsarten, die vom Fließband bis hin zum Arbeiten am stehenden Fertigungsobjekt **(Boxenlösung)** reichen. Die zur Fertigung eines Erzeugnisses notwendigen *Arbeitsplätze* und *Maschinen* werden *zu Gruppen zusammengefasst* **(Fertigungsinseln).** Jede Gruppe umfasst also so viel verschiedene Betriebsmittel, wie zur Herstellung des Werkstückes bzw. Erzeugnisteils notwendig sind. Der Weitertransport erfolgt häufig unter Einsatz von flurgesteuerten fahrerlosen Transportsystemen (Robomat, Robo Carrier).
Diese Fertigungsart kommt den Vorstellungen über einen humanen Arbeitsplatz entgegen, weil der einzelne Arbeiter den Überblick über den gesamten Fertigungsablauf behält. Die Motivation der Arbeitskräfte wird durch den Einsatz in mehreren wechselnden Funktionen erhöht. Außerdem stärkt diese Art der Fertigung die Selbstverantwortung und führt dadurch zur Qualitätssteigerung. Sie erfordert von den Arbeitnehmern neben hoher fachlicher Qualifikation Kommunikations- und Teamfähigkeit.

Problematisch kann jedoch die Frage nach der gerechten Entlohnung innerhalb der Gruppe werden sowie der psychische Druck auf einzelne Gruppenmitglieder.

**Beispiele:**

**Automobilwerk:** Die Fertigung von Türen wird aus dem Fließband herausgenommen und in Gruppenfertigung vorgenommen.

**Sitzmöbelfabrik:** Es werden die Gruppen „Gestellbau“ und „Polsterei“ gebildet.

**Fahrradfabrik:**

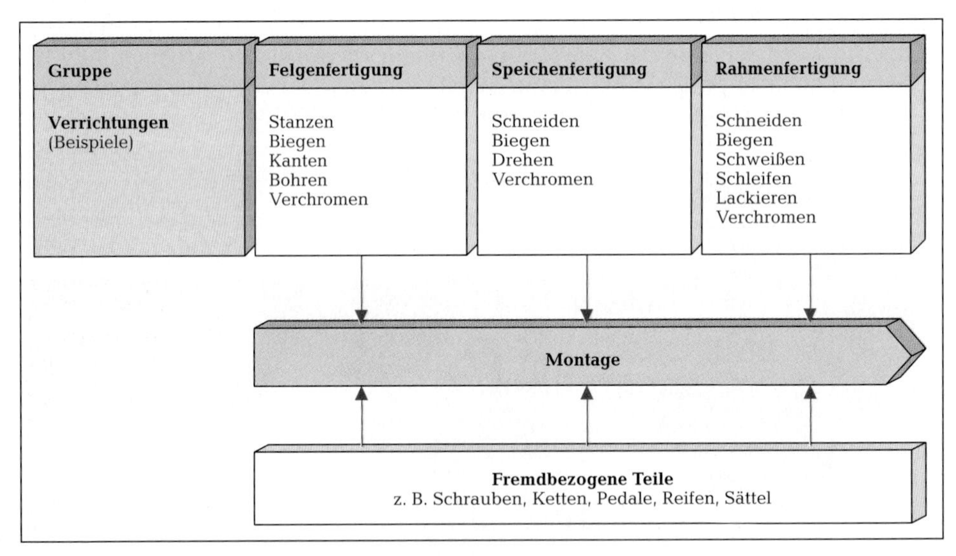


Bild 64

## Baugruppen-(Module-)Fertigung

Die Tendenz zur „schlanken Fabrik“ erfordert oft eine Verringerung der Anzahl der Fertigungsstufen. Die Zulieferer stellen ganze montagefertige **Baugruppen (Module)** her, die bisher vom Erzeugnishersteller selbst gefertigt wurden **(Outsourcing, Modular Sourcing)**; sie werden zu **Systemlieferanten.**

**Beispiele:**

**Automobilindustrie:** Klimaanlagen, Kühlsysteme, Automatikgetriebe, komplette Armaturenbretter.

**Computerindustrie:** Laufwerke, Festplatten.

**Bauwirtschaft:** Komplette Nasszellen, Küchensysteme.

Mit solchen Systemlieferanten wird schon während der Entwicklung eines Produktes eng zusammengearbeitet **(Simultaneous Engineering)**. Vor Beginn der Erzeugnisproduktion wird dann ein Just-in-time-Konzept für die reibungslose Anlieferung der Module direkt an die Montagestraßen erarbeitet. Dies erübrigt sich, wenn der Systemzulieferer seine Produktionsstätte auf demselben Werksgelände wie der Abnehmer hat. Inzwischen ermöglicht der Einsatz der Datenverarbeitung, dass Logistikunternehmen die termingenaue Anlieferung kompletter Module auch über weite Entfernungen bewältigen.

**Beispiel:** Bau eines Hotels: komplette Zimmer mit Einrichtung werden in den Rohbau eingefügt.

| Vor- und Nachteile der Baugruppen-(Module-)Fertigung | |
|---|---|
| **Vorteile** | **Nachteile** |
| – Größere Werkstoff- und Verfahrenskompetenz des Systemlieferanten.<br>– Sicherstellung eines gleichmäßig hohen Qualitätsstandards.<br>– Kostenreduzierung durch Konzentration der Mengen bei einem Systemlieferanten. | – Partnerschaft kann zur Abhängigkeit werden, vor allem dann, wenn nur *ein* Lieferant das Modul liefern kann **(Single Sourcing)**.<br>– Produktionsstörungen sind leichter möglich.<br>– Der Abnehmer hat oft keine Einkaufspreisvergleiche. |

Bild 65

## Baustellenfertigung

Der *Arbeitsgegenstand* ist infolge seines Gewichts, seiner Größe oder des vorgegebenen Standortes *ortsgebunden*; die Betriebsmittel, Werkstoffe und Arbeitskräfte müssen herangeschafft werden.

**Beispiele:** Erstellung von Großprojekten wie Fabrikanlagen, Hausbau, Straßenbau, Brücken, Staudämme.

### Zur Wiederholung und Vertiefung

1. Bei einem Rundgang durch verschiedene Abteilungen eines Automobilwerkes stellen Sie verschiedene Anordnungen der Betriebsmittel fest. Welches Fertigungsverfahren (nach Fertigungsorganisation) liegt vor?
   a) Stanzmaschinen einerseits und Drehbänke andererseits sind räumlich für sich untergebracht.
   b) Fertigteile werden von Arbeitskräften montiert und das unfertige Erzeugnis im Zeittakt weitertransportiert.
   c) Maschinen und Arbeitsplätze sind hintereinander geschaltet, die Werkstücke werden durch Elektrokarren je nach Bedarf weiterbefördert.
   d) Die Motoren werden von einem bestimmten Arbeitsteam montiert. Die dazu notwendigen verschiedenartigen Betriebsmittel werden von den Arbeitern des Teams bedient.
   e) Die Mitarbeiter montieren die Auspuffanlage entsprechend der internen Bestellvorgänge, sodass beim Passieren der Karosserie die Baugruppe unmittelbar eingebaut werden kann.
2. Die Elektro GmbH, Calw, stellt Mikrowellengeräte her. Der Betriebsleiter überlegt, ob von der Werkstättenfertigung auf Fließfertigung übergegangen werden soll.
   a) Stellen Sie die Unterschiede der beiden Fertigungsarten anhand folgender Merkmale dar:
      – Anordnung der Betriebsmittel,
      – Menge der in einem Arbeitsgang zu fertigenden Werkstücke,
      – Flexibilität,
      – Transportwege.
   b) Welche Gründe sprechen für die Beibehaltung der Werkstättenfertigung bzw. für die Einführung der Fließfertigung?
3. Im Rahmen der Diskussion zur „Humanisierung“ der Arbeitswelt spricht man bei der Gruppenfertigung im Vergleich zur Fließfertigung von der humaneren Arbeitsform.

   Nehmen Sie Stellung.

4. Stellen Sie in einer Matrix Vor- und Nachteile einzelner Fertigungsarten dar:
   a) aus Sicht des produzierenden Unternehmens,
   b) aus Sicht der Beschäftigten.
5. Neuerdings spricht man von „Serieneinzelfertigung". Klären Sie diesen Begriff.
6. Wie versucht man, die hohen Kosten der Baustellenfertigung zu senken?

### 5.2.3 Automatisierte Fertigung

Man versteht darunter die technische Einrichtung mit *vollautomatischen Anlagen*. Der ganze Arbeitsablauf wird von Maschinen **nach vorgegebenem Programm gesteuert, kontrolliert und korrigiert.** Die Anlagen enthalten elektronische Steuergeräte, die über Magnetbänder oder Mikroprozessoren ihre Impulse erhalten. Differenzen zwischen dem vorgegebenen **Soll-Zustand** und dem erreichten **Ist-Zustand** werden durch einen Regler erfasst **(Kontrolle)** und in zusätzliche Impulse umgewandelt. Diese Regelimpulse werden im Programmspeicher, dem Befehlsgeber, so lange zu Änderungen der Steuerimpulse benutzt, bis zwischen Soll- und Ist-Zustand keine Differenz mehr vorhanden ist **(Korrektur).** Die Anlage regelt *sich selbst.*

#### Arten vollautomatischer Anlagen

a) Einsatz von **CNC-Maschinen** in der Fertigung, d.h. durch Computer numerisch gesteuerte (codierte) Werkzeugmaschinen (**C**omputer **N**umerical **C**ontrol). Hierbei erfolgt die Steuerung durch zahlenmäßig eingegebene Maßgrößen eines Arbeitsgegenstandes auf Informationsträger oder direkte Verbindung mit Datenverarbeitungsanlagen *(Online-Betrieb).*

b) Verwendung von **„Robotern"** (Handhabungsautomaten): Der Roboter ist *frei programmierbar* und mit *mehreren Bewegungsachsen* versehen. Industrieroboter können mit Greifern oder Werkzeugen ausgerüstet sein. Während herkömmliche Automaten nur bestimmte, immer wiederkehrende Verrichtungen ausführen können, zeichnen sich die Industrieroboter durch größere Beweglichkeit und „Lernfähigkeit" aus. Sie können zusätzlich mit „sehenden" und „fühlenden" Sensoren ausgestattet sein und sind damit in der Lage, Erkennungs- und Kontrollfunktionen auszuüben, die bisher nur dem Menschen vorbehalten waren.

   Die Anzahl der Roboter hat in Deutschland vom Jahr 1980 mit 1.300 Stück bis zum Jahr 1999 mit rund 96.000 Stück stark zugenommen. Die meisten Roboter werden in der Montage, beim Gießen, Schweißen und Beschichten eingesetzt.

c) Durch Kupplung mehrerer Einzelautomaten mit selbsttätigen Fördereinrichtungen entstehen Verbundautomaten. Werden dabei noch selbsttätige Kontroll- und Steuereinrichtungen verwendet, so entstehen **Transferstraßen** (werkstückgebundene Einzweckanlagen), wie z. B. in der Automobilindustrie (Bild 66) oder bei der spanenden Fertigung von Motorblöcken.

Bild 66

## Auswirkungen und Probleme der Automatisierung

**Automatisierung** erfordert hohe Investitionen, die nur bei Großserien- oder Massenfertigung rentabel sind. Außerdem werden durch Automatisierung herkömmliche Arbeitsplätze überflüssig und neue Arbeitsplätze geschaffen. Dabei treten folgende Probleme auf:

**a) Soziale Probleme.** Für viele Menschen bringt die Automatisierung eine *Berufswandlung.* Der Schwerpunkt der menschlichen Tätigkeit wird von der Fertigung auf die Fertigungsplanung und Arbeitsvorbereitung, den Vertrieb und Kundendienst verlagert. Denkvermögen, Ideenreichtum und Fantasie als spezifisch menschliche Eigenschaften werden in den Vordergrund gerückt. Die stärkere Beanspruchung der Kräfte verlangt aber auch eine *Vermehrung der Freizeit* durch Verkürzung der Arbeitszeit, Verlängerung des Urlaubs und Vorverlegung der Altersgrenze für das Ausscheiden aus dem Berufsleben.

**b) Kostenproblem.** Die großen Investitionen verursachen einen hohen Anteil der fixen Kosten an den Gesamtkosten. Nur durch Massenproduktion können die Stückkosten niedrig gehalten werden. Kann die Kapazität jedoch nicht ausgenützt werden, so sind die Stückkosten verhältnismäßig hoch.

**c) Arbeitsrechtliche Probleme.** Durch Automaten und Roboter freigesetzte Arbeitskräfte müssen in anderen Fertigungsbereichen, oft mit schlechteren Arbeitsbedingungen, untergebracht werden. Andernfalls üben sie an ihrem ehemaligen Arbeitsplatz nur noch Resttätigkeiten aus, die nicht so hoch entlohnt werden. – Der Zwang zur Anpassung des Mitarbeiters an die Maschinenlaufzeiten verlangt eine größere Beweglichkeit bei der Gestaltung von Arbeitsverträgen (flexible Arbeitszeiten).

**d) Absatzproblem.** Automatisierung verlangt Großserien- oder Massenproduktion und damit einen entsprechend hohen Absatz. Dieser kann erzielt werden durch *Marketing,* durch vermehrte Werbung innerhalb des bisherigen Absatzgebietes, aber auch durch Gewinnung neuer Märkte. Die **Globalisierung der Märkte** ist nicht zuletzt eine Folge von Automatisierung und Massenproduktion.

**Zur Wiederholung und Vertiefung**

1. Welche Vor- und Nachteile ergeben sich bei der Automation
   a) für den Arbeitgeber,
   b) für den Arbeitnehmer?
2. Wodurch unterscheiden sich Industrieroboter von Halbautomaten?
3. „Rationalisierungsinvestitionen erhöhen die Arbeitslosigkeit." Nehmen Sie Stellung zu dieser Behauptung.
4. Nennen Sie Beispiele für Arbeitsplätze, die durch Automatisierung überflüssig werden können.
5. In welchen Bereichen werden durch Rationalisierung und Automatisierung neue Arbeitsplätze geschaffen?
6. Durch welche Maßnahmen können internationale Märkte geöffnet werden?

## 5.2.4 Flexible Fertigungssysteme

Die herkömmlichen Fertigungssysteme sind häufiger starr auf ein bestimmtes Erzeugnis ausgerichtet und können nur schwer an die Veränderung des Absatzmarktes angepasst werden. Man ist deshalb bemüht, **flexible (anpassungsfähige) Fertigungssysteme** zu finden, die *für die Herstellung unterschiedlicher Erzeugnisse geeignet* sind.

Flexible Systeme bestehen aus mehreren Einzelmaschinen an verschiedenen Bearbeitungsstationen, die durch ein gemeinsames Informations- und Materialflusssystem miteinander verknüpft werden. Es besteht die Möglichkeit, verschiedene Produkte in kleinen bis mittleren Fertigungslosen gleichzeitig oder in zeitlicher Folge nacheinander zu bearbeiten.

Die höhere Anpassungsfähigkeit zielt in verschiedene Richtungen:

| Art der Flexibilität | Kennzeichen | Beispiel |
|---|---|---|
| **Varianten-flexibilität** | Produkte des *gleichen Grundtyps mit gewissen Abweichungen* werden auf der gleichen Fertigungseinrichtung hergestellt. | Gleiche Pkw-Typen in zwei- und viertüriger Ausführung |
| **Typflexibilität** | *Verschiedene Typen* können auf der gleichen Fertigungseinrichtung hergestellt werden. | Autos der mittleren und oberen Klasse |
| **Produktflexibilität** | *Verschiedene Produkte* werden auf der gleichen Fertigungseinrichtung hergestellt. | Pkw und Transporter |

Bild 67

**Vorteile** für die Anwendung flexibler Fertigungssysteme sind vor allem:

- Schnellere Reaktionsfähigkeit auf notwendige Produktänderungen,
- bessere Maschinenauslastung.

Der Einführung eines flexiblen Fertigungssystems stehen allerdings auch **Schwierigkeiten** im Wege:

- Langer Entwicklungs-, Planungs- und Einführungsprozess und lange Amortisationszeit,
- hohe Investitionen,
- technische Probleme durch hohe Störanfälligkeit,
- hohes finanzielles Risiko bei Konjunkturrückgang.

**Zur Wiederholung und Vertiefung**

1. Nennen Sie Beispiele für Varianten-, Typ- und Produktflexibilität aus dem Bereich der Möbelherstellung.
2. Welche Schwierigkeiten stellen sich der Einführung flexibler Fertigungssysteme entgegen?
3. Welche Vorteile bieten flexible Fertigungssysteme?

# 5.3 Qualitätsmanagement

## Qualitätsmanagement-System

Um bei der Produktion bestmögliche Qualität der Erzeugnisse zu erreichen, muss ein umfassendes Qualitätsmanagement-System eingerichtet werden. Dieses System muss mit allen Verfahren und Anweisungen dokumentiert werden **(Qualitätsmanagement-Handbuch)**, wobei alle Phasen, von der Ermittlung des Kundenwunsches bis zur abschließenden Lieferung des Produktes festgehalten werden.

**Beispiel:** Qualitätskreis für Industrieunternehmen

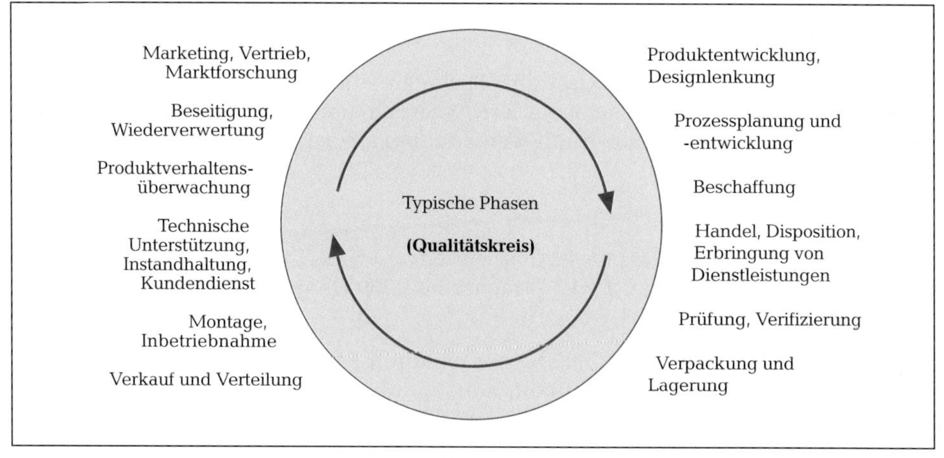


Bild 68

Ein wichtiges Instrument des Qualitätsmanagements ist das **Benchmarking**. Dies ist ein kontinuierlicher Prozess, bei dem die Produkte und betrieblichen Abläufe über mehrere Unternehmen hinweg verglichen werden. Zielvorgabe dabei ist, die Qualität des „Klassenbesten" der Branche zu erreichen oder noch zu übertreffen.

## Prüfungen

Durch laufende Kontrollen wird sichergestellt, dass die entsprechenden Produktions- und Ablaufvorgänge fehlerfrei verlaufen und neue einwandfreie Produkte den Betrieb verlassen. Ein umfassendes Qualitätsmanagement versucht immer mehr, schon im Laufe der Auftragserledigung Fehler zu vermeiden bzw. abzustellen, um eine **Null-fehler-Qualität** sowohl bei den Produkten als auch beim Arbeitsablauf zu erreichen. Die Behandlung von Reklamationen ist auf Dauer wesentlich aufwändiger als die Gestaltung eines fehlerlosen Ablaufes bzw. die Entdeckung eines Fehlers schon während des Betriebsablaufs.

Es müssen geeignete **Prüfmittel** festgelegt werden (Prüfgeräte, Software-Updates, Checklisten). Sie müssen stets den aktuellen Anforderungen angepasst werden, damit sie ihren Zweck erfüllen.

Häufig werden computerunterstützte Prüfgeräte verwendet (**CAQ** = **C**omputer **A**ided **Q**uality Assurance), die bei Bedarf die Fertigungseinrichtung selbsttätig korrigieren.

Der **Prüfstatus** eines Produkts muss stets durch geeignete Mittel *gekennzeichnet* werden, welche die erfolgreiche bzw. nicht erfolgreiche Qualitätsprüfung anzeigen. Prüfungsergebnisse werden auf den Begleitpapieren dokumentiert (Produkt gesperrt, Produkt freigegeben).

Die **Lenkung fehlerhafter Produkte** muss dokumentiert werden. Dabei muss die Benachrichtigung der betroffenen Stellen vorgesehen und die Möglichkeit geeigneter Maßnahmen festgelegt werden. Solche Maßnahmen können sein:

- Änderung des Fertigungsverfahrens,
- Korrektur der Maschineneinstellung,
- Schulung der Mitarbeiter,
- Änderung der Versandart oder -verpackung.

## Umweltorientierung

Da ein Qualitätsmanagement-System ein allgemeines Unternehmensprinzip ist, muss es auch auf den Umweltschutz angewandt werden. Dies gilt sowohl für das Produktionsprogramm als auch für bestimmte Anlagegüter.

**Beispiele:** Bestimmte Rohstoffe und Materialien werden wegen ihrer Umweltfreundlichkeit bevorzugt verarbeitet. Die Heizungsanlage wird umweltfreundlich gestaltet. Es wird auf unnötiges Verpackungsmaterial verzichtet.

Es empfiehlt sich, entsprechende Umweltschutzrichtlinien und -anweisungen (Umwelthandbuch) zu erstellen und die Zertifizierung nach der Öko-Verordnung der Europäischen Union **(EU-Öko-Audit-Verordnung)** anzustreben.

## Zertifizierung

Eine Möglichkeit, dem Ziele eines umfassenden QM-Systems näherzukommen, ist die Qualitätssicherung nach der **ISO**-Normenreihe 9000 (**I**nternational **O**rganization for **S**tandardization).

Um die Zertifizierung nach ISO 9001, der umfangreichsten Vorschrift, zu erreichen, müssen 20 Elemente (Bild 69) geplant, durchgeführt und im Qualitätsmanagement-Handbuch dokumentiert werden. Eine wichtige Voraussetzung dafür ist die Durchführung **interner Qualitäts-Audits**. Das Audit wird durch Befragung (lat. audire = hören) zwischen einem Fachmann der Unternehmung (z.B. Leiter der Fertigungssteuerung) und einem Qualitätsbeauftragten durchgeführt. Dabei sollen Schwachstellen aufgezeigt und Verbesserungsmaßnahmen veranlasst werden.

| **Elemente nach ISO 9001** | | |
|---|---|---|
| **Managementprozesse** | **Betriebsprozesse** | **Unterstützende Prozesse** |
| – Verantwortung der obersten Leitung<br>– Qualitätsmanagement-System<br>– Lenkung der Dokumente<br>– Korrekturmaßnahmen<br>– interne Qualitäts-Audits | – Vertragsüberprüfung<br>– Designlenkung<br>– Beschaffung<br>– Prozesslenkung<br>– Prüfungen<br>– vom Auftraggeber beigestellte Produkte<br>– Prüfung und Prüfstatus<br>– Lenkung fehlerhafter Produkte<br>– Handhabung, Lagerung, Verpackung, Versand<br>– Kundendienst | – Prüfmittel<br>– Schulung<br>– Identifikation und Rückverfolgung von Produkten<br>– Qualitätsaufzeichnungen<br>– Statistische Methoden |

Bild 69

Die Zertifizierung des Qualitätsmanagement-Systems erfolgt nach Durchführung eines System-Audits durch neutrale Institutionen.

**Beispiele:** TÜV Cert e.V., Dekra AG, Deutsche Gesellschaft zur Zertifizierung von Qualitätsmanagement-Systemen mbh DQS, Europäisches Institut zur Zertifizierung von Qualitätsmanagement-Systemen EQ-Zert.

TÜV CERT

ZERTIFIKAT

Die TÜV CERT-Zertifizierungsstelle
des TÜV Südwest für Management-Systeme

bescheinigt gemäß
TÜV CERT-Verfahren, daß das Unternehmen

**EvoBus**
**Z 504**
**D-70322 Stuttgart**

für den Geltungsbereich

**Entwicklung, Fertigung und Vertrieb von Reise-, Überland-, Stadtbussen und Fahrgestellen sowie Aftersales Service sowie alle unterstützenden Bereiche und Querschnittsfunktionen**

ein Qualitätsmanagementsystem eingeführt hat
und anwendet.

Durch ein Audit, Bericht-Nr. **QM-F-96/1105**
wurde der Nachweis erbracht, daß die Forderungen der

**DIN EN ISO 9001**

erfüllt sind.

Dieses Zertifikat ist gültig bis **Oktober 2001**

Zertifikat-Registrier-Nr. **70 100 F 1105**

Deutscher Akkreditierungs Rat
DAR
TGA-ZM-29-96-00

Mannheim, den 3. Februar 1999

TÜV SÜDWEST

TÜV CERT-Zertifizierungsstelle
des TÜV Südwest für Management-Systeme

Auflistung der Standorte siehe Anlage zum Zertifikat

Bild 70

**Zur Wiederholung und Vertiefung**

1. Welchen Vorteil hat eine Qualitätskontrolle schon während der Fertigung?
2. Welche Fertigungsunterlagen können bei der Qualitätskontrolle herangezogen werden?
3. Qualitätsprobleme resultieren zu 70% aus Managementfehlern und nur zu 30% aus Herstellungsfehlern. Was schließen Sie daraus?
4. Warum muss ein umfassendes Qalitätsmanagement-System auch die Qualität des Umweltschutzes einschließen?
5. Warum ist es vorteilhaft, wenn schon der Lieferer eine Zertifizierung nach ISO 9000 vorgenommen hat?
6. Ein amerikanischer Qualitätsgrundsatz lautet: „Quality doesn't cost, it pays".
   Was will dieser Grundsatz aussagen?

## 5.4 Rationalisierungsmaßnahmen

Unter **Rationalisierung** versteht man die wohl überlegte (rationale) **Anwendung von wissenschaftlichen, technischen und organisatorischen Mitteln,** um die Gütererzeugung zu steigern, zu verbessern und zu verbilligen.

Die Forderung nach Rationalisierung der betrieblichen Abläufe ist durch das ökonomische Prinzip begründet. Es ist wirtschaftlich vernünftig, den Einsatz der Produktionsfaktoren zur Leistungserstellung rational zu gestalten, also zu rationalisieren.

- So muss ein günstiges Verhältnis von Ertrag und Aufwand angestrebt werden (Wirtschaftlichkeit). **Zielsetzung:** Steigerung des Ertrags, Senkung der Kosten.
- Außerdem soll durch organisierte Maßnahmen die Produktion möglichst ergiebig gestaltet werden (Produktivität). **Zielsetzung:** Erhöhte Ausbringungsmenge von Erzeugnissen.
- Damit dient die Rationalisierung dem grundlegenden Ziel einer Unternehmung, nämlich der Erwirtschaftung eines angemessenen Gewinns im Verhältnis zum Kapitaleinsatz (Rentabilität). **Zielsetzung:** Gewinnerzielung und Gewinnsteigerung.
- Bei den einzelnen Rationalisierungsmaßnahmen müssen jedoch die Interessen des arbeitenden Menschen gewahrt bleiben. Zur Humanisierung der Arbeitswelt sind die physischen und psychischen Auswirkungen auf den arbeitenden Menschen zu berücksichtigen. **Zielsetzung:** Humanisierung der Bedingungen für den arbeitenden Menschen.

### 5.4.1 Arbeitsteilige Fertigung

Arbeitsteilung ist möglich, wenn eine Arbeitsaufgabe in mehrere *verschiedenartige Teilarbeiten* zerlegt werden kann, die meist zeitlich voneinander abhängen und deshalb nacheinander durchzuführen sind. Die Zerlegung kann durch Gliederung in verschiedene Arbeitsstufen oder aber in verschiedene Teilarbeiten innerhalb der gleichen Stufe erfolgen.

**Beispiele:**

Spinnen, Weben, Ausrüsten eines Stoffes (verschiedene Arbeitsstufen); am Rückenteil einer Jacke müssen Abnäher genäht, die Rückenlasche angenäht und das Futter eingenäht werden (gleiche Arbeitsstufe).

Für den Einsatz von Maschinen und Automaten, die nur für die Verrichtung von Teilarbeiten konstruiert sind, ist die Arbeitsteilung unerlässliche Voraussetzung.

Für die Mitarbeiter führt die arbeitsteilige Fertigung aber zu Nachteilen. Es wurde nämlich ein unmittelbarer Zusammenhang zwischen dem Grad der Aufteilung einer Arbeitsaufgabe und dem Grad der Unzufriedenheit der Betriebsangehörigen festgestellt. Dies kann eine Folge der einseitigen Beanspruchung und der mangelnden Übersicht über den Herstellungsvorgang sein. Um die Mitarbeiter besser zu motivieren und die Produktivität zu steigern, hat man deshalb neue, humanere Formen der Arbeitsorganisation geschaffen (Abschnitt 5.5).

**Zur Wiederholung und Vertiefung**

1. Welche Voraussetzungen müssen für eine arbeitsteilige Fertigung gegeben sein?
2. Welche Vor- und Nachteile ergeben sich aus der Arbeitsteilung
   a) für den Arbeitnehmer, b) für die Unternehmung?

### 5.4.2 Rationalisierung bei den Erzeugnissen

Normung und Typung der Wirtschaftsgüter sowie die Spezialisierung der Betriebe wurden durch die praktische Nutzanwendung der systematischen Arbeitsstudien weiter vorangetrieben. Das **RKW** (**R**ationalisierungs**k**uratorium der deutschen **W**irtschaft) hat auf diesem Gebiet große Bedeutung für die Wirtschaft erlangt.

**Normung** ist die Vereinheitlichung von Maßen, Formen, Bestandteilen, Herstellungsverfahren, Begriffen, Bezeichnungen usw. für **Einzelteile** (Schrauben) und für **einteilige Fertigwaren** (Flaschen). Die Normen werden nach gründlicher Überlegung und Erprobung festgelegt. Vielfach führt Normung eines Erzeugnisses zur Normung anderer Erzeugnisse, mit denen ein Verwendungszusammenhang besteht (Papier – Ordner – Büromöbel).

Nach dem *Geltungsbereich* unterscheidet man Werknormen, Fachnormen, Normen des **D**eutschen **I**nstituts für **N**ormung **(DIN)**, internationale Normen (**EN**-Normen = Normen des **E**uropäischen Komitees für **N**ormung; **ISO**-Normen = Normen der **Inter**national **O**rganisation for **S**tandardization).

**Typung** bezweckt die Vereinheitlichung von **zusammengesetzten** (mehrteiligen) **Fertigungsgegenständen**. Sie kann aus Gründen der *Herstellung* oder des **Absatzes** erfolgen (Kraftfahrzeugtypen).

Beim *Baukastensystem* werden einheitliche Baugruppen und Einzelteile zu verschiedenen Typen zusammengesetzt. Die einzelnen genormten Bauelemente können dann in Großserien kostengünstig hergestellt werden (z.B. Fertighausbau, Kraftfahrzeug-, Maschinen- und Möbelherstellung).

**Spezialisierung** bedeutet die Vereinheitlichung des **Produktionsprogramms** in einem Betrieb durch Beschränkung auf die Herstellung weniger Fabrikate oder eines einzigen Erzeugnisses. Sie führt zu einer erweiterten Arbeitsteilung zwischen den Betrieben und zur Entstehung von Zubringerbetrieben und Spezialwerkstätten.

**Vor- und Nachteile der Rationalisierungsmaßnahmen bei den Erzeugnissen**

| Vorteile | Nachteile |
|---|---|
| – Senkung der Kosten durch Herstellung größerer Mengen.<br>– Vereinfachte Lagerhaltung durch Beschränkung auf wenige genormte Artikel.<br>– Rationellere Anfertigung durch Wegfall von Sonderausführungen.<br>– Verringerung des Absatzrisikos durch Wegfall von Ladenhütern.<br>– Verkürzung der Lieferzeiten bei gleichbleibender Betriebsgröße.<br>– Austauschbarkeit der genormten Teile von verschiedenen Herstellern.<br>– Kauf und Verkauf werden durch einheitliche Bezeichnungen erleichtert. | – Die Arbeiten an gleichbleibenden Erzeugnissen beschränken die schöpferische Fantasie und das handwerkliche Können des Arbeiters.<br>– Die Auswahlmöglichkeit des Käufers wird beschränkt.<br>– Erhöhte Krisenanfälligkeit bei Wandlung der Verbraucherwünsche. |

Bild 71

**Zur Wiederholung und Vertiefung**

1. a) Welche genormten Teile befinden sich an einem Fahrrad?
   b) Welche Vorteile ergeben sich aus der Normung?
   c) Nennen Sie weitere genormte Gegenstände und Sachverhalte aus Haushalt und Betrieb.
2. Welche Normen unterscheidet man nach dem Geltungsbereich?
3. Welche Vorteile hat die Einführung von DIN-Maßen und DIN-Regeln im Schriftverkehr gebracht?
4. Geben Sie Beispiele aus dem Gebiet der industriellen Spezialisierung und Typung an.
5. Warum beschränken sich manche Betriebe nicht auf wenige Erzeugnistypen, obwohl dies eine rationellere Fertigung ergäbe?

## 5.5 Humane Gestaltung der Arbeitsorganisation

Durch sie sollen eintönige (monotone) Tätigkeiten vermieden sowie dem Arbeitnehmer eine größere Selbstständigkeit (Autonomie) verschafft werden.

a) **Arbeitserweiterung (job enlargement).** Nacheinander geschaltete *gleichartige* Teilarbeiten, die bisher von mehreren Arbeitern erledigt wurden, werden zusammengefasst und von einem Arbeiter erledigt.

**Beispiel:** Ein Arbeiter montiert *alle* Leuchten an einem Auto.

b) **Arbeitsplatzwechsel (job rotation).** Hier *tauschen Arbeiter* innerhalb eines Fertigungsabschnittes regelmäßig *ihre Arbeitsplätze*. Die Eintönigkeit der Arbeit wird dadurch unterbrochen, dass verschieden schwierige Arbeiten (körperlicher und geistiger Art) ausgeführt werden.

**Beispiel:** Wöchentlich wechseln in einer Automobilfabrik Arbeiter, die Scheinwerfer, Blinker, Brems- und Schlussleuchten montieren, ihre Arbeitsplätze.

c) **Arbeitsbereicherung (job enrichment).** Hier werden *einem* Arbeiter *verschiedenartige* Teilarbeiten zugewiesen, die zusammengehören, aber eine längere Ausbildung voraussetzen.

**Beispiel:** Ein Arbeiter montiert alle Leuchten an einem Auto, schließt sie an die entsprechenden Bedienungshebel an und kontrolliert anschließend, ob sie funktionieren.

d) **Teilautonome Arbeitsgruppen (z.B. an einer Fertigungsinsel).** Hier wird einer Arbeitsgruppe eine größere *Teilaufgabe* zugewiesen. Die Gruppen umfassen 10 bis 15 Personen. Der Gruppensprecher wird meist von der Gruppe selbst bestimmt. Er vertritt diese nach außen und wirkt in der Gruppe wie eine Art Moderator. Die Gruppe trifft sich in regelmäßigen Abständen zur Klärung organisatorischer, aber auch persönlicher Konfliktfälle. Innerhalb der Gruppe können Arbeitsplätze ausgetauscht sowie das Arbeitstempo beschleunigt oder verlangsamt werden. Da aber meist die Arbeiten im Gruppenakkord entlohnt werden, muss ein bestimmtes Arbeitstempo durchgehalten werden.

**Beispiel**: In einer Automobilfabrik montieren Gruppen von Arbeitern ganze Bausätze (Motor, Autoelektrik, Bremsanlage).

e) **Autonome Arbeitsgruppen.** Eine Arbeitsgruppe erledigt eine *Gesamtaufgabe* selbstständig. Das Arbeitsteam beteiligt sich am Einstellungsverfahren und achtet dabei auf Ausgewogenheit bei Alter, Geschlecht und Leistungsfähigkeit.

**Beispiel:** In einer Automobilfabrik baut eine Gruppe von Arbeitnehmern ein ganzes Auto zusammen.

f) **Lean production** (engl. schlanke Produktion). Sie verschmilzt alle Funktionen vom Top-Management über die Arbeiter bis zu den Zulieferern zu einem geschlossenen System, das rasch und wirtschaftlich auf die Änderungen von Konsumwünschen im Markt reagieren kann.

Die Gruppe verfügt über ein hohes Maß an sachlicher und zeitlicher **Selbstständigkeit.** Sie übernimmt die Entwicklung, Materialdisposition, Fertigung, Instandhaltung, Kalkulation und Verkaufsplanung.

**Beispiel:** Forscher, Designer, Konstrukteure, Techniker, Lagerverwalter und Verkäufer planen, kalkulieren und fertigen ein Automodell von der Produktidee bis zum Verkauf.

Ausgangspunkt ist die Annahme, dass der Mensch den Sinn seiner Arbeit erkennt und für die Arbeitsaufgabe motiviert wird. Deshalb wird jedem einzelnen Mitarbeiter die **Mitverantwortung** für das Produkt und seine Qualität übertragen.

g) **Telearbeit (Teleworking).** Bei dieser Form des Arbeitens werden die modernen Telekommunikationsmethoden eingesetzt. Die Arbeitsleistung wird außerhalb der Räumlichkeiten des Arbeit- bzw. Auftraggebers erbracht. Man unterscheidet:

- **Isolierte Telearbeit** als ständiges Arbeiten zu Hause,
- **Alternierende Telearbeit** als wechselnde Arbeit im Betrieb und zu Hause,
- **Mobile Telearbeit** als Arbeit „vor Ort" (Servicetechniker),
- **Telearbeit im Telezentrum oder im Satellitenbüro** als Tätigkeit im betrieblich ausgelagerten Bereich.

## 5.6 Rechtsschutz der Erzeugnisse

Das Eigentum an geistigen Gütern, wie Erfindungen, Mustern, Modellen, muss gesetzlich ebenso geschützt werden wie das Eigentum an materiellen Gütern. Verschiedene Gesetze sollen die missbräuchliche Verwendung geistiger Leistungen durch Unberechtigte verhindern. Indem sie den Urheber für eine begrenzte Zeit vor ungerechtfertigter Konkurrenz schützen, verbessern sie auch seine Stellung am Markt. Der Rechtsschutz kann also auch als absatzförderndes Instrument eingesetzt werden.

### Patent

Patentgesetz (PatG) vom 16. Dezember 1980 mit Änderungen

Das **Patent** ist der Rechtsschutz für die gewerbliche Verwertung von **Erfindungen neuer Erzeugnisse** und **neuer Herstellungsverfahren.** — PatG § 1

a) **Erwerb des Patentschutzes.** Das Recht auf ein Patent hat der Erfinder, der die Erfindung zuerst angemeldet hat. Ein Patent kann nicht erteilt werden, wenn der wesentliche Inhalt der Erfindung den Beschreibungen, Zeichnungen und Modellen anderer ohne deren Erlaubnis entnommen wurde.

§ 34 — Der Antrag auf Erteilung des Patents, der den Gegenstand genau bezeichnen muss (Zeichnungen, Modelle, Probestücke), ist schriftlich beim *Deutschen Patent- und Markenamt in München* zu stellen.

§ 58 — Wird die Erfindung bei der Prüfung als patentfähig anerkannt, so veröffentlicht das Patentamt die Erteilung des Patents im Patentblatt. Gleichzeitig wird die Patentschrift veröffentlicht. Das Patentamt führt die *Patentrolle.* — § 30

**Internationaler Rechtsschutz für Patente:** Ein Erfinder, der sich nicht nur in Deutschland, sondern auch im Ausland patentrechtlichen Schutz verschaffen will, kann

- durch Anmeldung und Erteilung des Patents beim Europäischen Patentamt in München ein Europäisches Gemeinschaftspatent erlangen, das für die Vertragsstaaten Gültigkeit besitzt.
- die Anmeldung beim Deutschen Patent- und Markenamt in München vornehmen. Dieses leitet die Anmeldung zur Patenterteilung an das Europäische Patentamt weiter.
- durch Sammelanmeldung beim Deutschen Patent- und Markenamt in München das Patenterteilungsverfahren in mehreren vom Anmelder gewünschten Staaten in die Wege leiten.

b) **Verwertung des Patents.** Der Inhaber erhält das ausschließliche Recht, gewerbsmäßig den Gegenstand der Erfindung selbst herzustellen, in den Verkehr zu bringen, anzubieten und zu gebrauchen. — § 9

§ 15 — Das Patent kann veräußert, verpfändet, vererbt oder in eine Unternehmung eingebracht werden.

§ 23 — Überlässt der Eigentümer eines Patents einem anderen die Nutzung des Patents, so handelt es sich um eine **Lizenz**.

PatG §§ 16, 20

c) **Dauer und Umfang des Schutzes.** Der Rechtsschutz für ein Patent dauert höchstens **20 Jahre**. Für Rechtsschutz im Ausland müssen Auslandspatente erworben werden. Das Patent erlischt, wenn der Inhaber darauf verzichtet oder wenn die Jahresgebühr nicht bezahlt wird.

§ 139

d) **Patentverletzung.** Wer eine patentierte Erfindung widerrechtlich benutzt, kann vom Patentinhaber auf Unterlassung und Schadenersatz verklagt werden.

§ 142

Außerdem kann derjenige, der das Patent verletzt, auf Antrag des Patentinhabers mit einer Freiheitsstrafe bis zu drei Jahren oder mit Geldstrafe belegt werden.

## Gebrauchsmuster

Gebrauchsmustergesetz (GebrMG) vom 28. August 1986 mit Änderungen

GebrMG § 1

Das **Gebrauchsmuster** ist der Rechtsschutz zur alleinigen gewerblichen Ausnützung einer **neuen Gestaltung oder Anordnung** bei Modellen, Arbeitsgeräten und Gebrauchsgegenständen.

**Beispiele:** Bausatz für einen Klappstuhl, Unfallsicherung bei elektrischen Heckenscheren.

Die Abgrenzung gegenüber dem Patent ist manchmal schwer durchzuführen; das Gebrauchsmuster wird daher auch als „kleines Patent" bezeichnet.

§ 8
§ 11
§ 23

Durch die Eintragung in die *Gebrauchsmusterrolle* beim *Deutschen Patent- und Markenamt* steht dem Eingetragenen das ausschließliche Recht zu, das Muster gewerbsmäßig nachzubilden, in den Verkehr zu bringen und als Gebrauchsmuster zu bezeichnen. Die Dauer des Schutzes beträgt **3 Jahre;** bei Zahlung einer weiteren Gebühr kann eine Verlängerung um zunächst 3 Jahre, dann jeweils um 2 Jahre bis auf höchstens 10 Jahre erfolgen.

## Geschmacksmuster

Gesetz betreffend das Urheberrecht an Mustern und Modellen (Geschmacksmustergesetz – GeschmMG) vom 11. Januar 1876 mit Änderungen

GeschmMG § 1

Das **Geschmacksmuster** ist der Rechtsschutz für die alleinige gewerbliche Nachbildung **neuer** und **eigentümlicher Muster** oder **Modelle.** Es wird also damit das **„Design"** des Erzeugnisses geschützt.

**Beispiele:** Tapetenmuster, Stoffmuster, Form der Coca-Cola-Flasche.

§ 8
§ 9

Anmeldung und Eintragung in das *Musterregister* erfolgen beim *Deutschen Patent- und Markenamt.* Die Dauer des Schutzes beträgt **fünf Jahre**; sie kann auf höchstens 20 Jahre verlängert werden.

## Markenzeichen (Bild 72)

Gesetz über den Schutz von Marken und sonstigen Kennzeichen (Markengesetz – MarkenG) vom 25. Oktober 1994 mit Änderungen

MarkenG § 3

**Markenzeichen sind Schutzmarken** zur **Unterscheidung der eigenen von fremden Waren und Dienstleistungen.**

§ 1
§ 47

Sie werden durch Eintragung in das Register beim Deutschen Patent- und Markenamt geschützt. Der Schutz entsteht auch durch Benutzung eines Zeichens im geschäftlichen Verkehr, soweit das Zeichen als Marke einen bestimmten Bekanntheitsgrad erworben hat. Durch den Schutz steht dem Inhaber des Markenzeichens das ausschließliche Recht zu, Waren, Verpackungen, Schriftstücke, Werbemittel usw. mit dem Markenzeichen zu versehen. Geschützt werden auch *geschäftliche Bezeichnungen* und *geographische Herkunftsangaben.* Die Schutzdauer einer eingetragenen Marke beträgt 10 Jahre; sie kann um jeweils 10 Jahre verlängert werden.

Waren, deren Herkunft mit Markenzeichen gekennzeichnet ist, nennt man **Markenwaren.** Bezeichnet das Markenzeichen einen bestimmten Artikel, so handelt es sich um einen **Markenartikel.**

Bild 72

## Gütezeichen (Bild 73)

**Gütezeichen** sind ein **Garantieausweis** für eine bestimmte **Warengüte**. Sie werden entweder von **Herstellern gleichartiger** Erzeugnisse auf Grund freiwilliger Vereinbarung gemeinschaftlich geschaffen (Kollektivmarken) oder vom Gesetzgeber festgelegt (gesetzliche Gütezeichen).

MarkenG § 97

Gütezeichen werden vom Ausschuss für Lieferbedingungen und Gütesicherung (RAL) beim Deutschen Institut für Normung überwacht. Waren, die ein solches Gütezeichen tragen, müssen aus genau festgelegten Werkstoffen bestehen und nach bestimmten Arbeitsmethoden hergestellt oder behandelt worden sein.

Der *Gestaltung* nach kann das Waren- oder Gütezeichen bestehen aus

1. Worten: Persil, Osram, Bayer, Coca-Cola,
2. Buchstaben: VW, Agfa, BMW,
3. Zahlen: 4711, 8 x 4,
4. Bildern: Mercedes-Stern, Audi-Ringe
5. Wortbildern: Salamander, Reebok, Windows

Gütegemeinschaft Deutsche Möbel e.V., Bayreuther Straße 6, 90409 Nürnberg

Deutsche Landwirtschafts-Gesellschaft Eschborner Landstraße 122, 60489 Frankfurt am Main

Internationales Wollsekretariat Hohenzollernstraße 11, 40489 Düsseldorf

Bild 73

| | Patentschutz | Musterschutz | | Markenschutz | |
|---|---|---|---|---|---|
| | Patent | Gebrauchsmuster | Geschmacksmuster | Markenzeichen | Gütezeichen |
| **Gegenstand** | Erfindung neuer Erzeugnisse und Herstellungsverfahren | neue Gestaltung, neue Anordnung an Arbeitsgeräten und Gebrauchsgegenständen | neue Muster neue Modelle | Wortzeichen Bildzeichen | Wortzeichen Bildzeichen |
| **Voraussetzung** | Neuheit mit gewerblicher Verwertungsmöglichkeit | Neuheit mit gewerblicher Verwertungsmöglichkeit | Eigentümlichkeit der Gestaltung | Unverwechselbarkeit gegenüber bereits bestehenden Markenzeichen | Nachweis festgelegter Qualitätsmerkmale |
| **Berechtigter** | Erfinder | Erfinder | Designer | Unternehmung | Wirtschaftsfachverband |
| **Eintragung** | Deutsches Patent- und Markenamt, Europäisches Patentamt, ausländische Patentämter (Patentrolle) | Deutsches Patent- und Markenamt (Gebrauchsmusterrolle) | Deutsches Patent- und Markenamt (Musterregister) | Deutsches Patent- und Markenamt (Markenregister), Europäisches Markenamt | Ausschuss für Lieferbedingungen und Gütesicherung (RAL-Gütezeichenliste) |
| **Schutzdauer** | 20 Jahre | 3 Jahre (Verlängerung bis höchstens 10 Jahre) | 5 Jahre (Verlängerung bis höchstens 20 Jahre) | 10 Jahre (Verlängerung um jeweils 10 Jahre) | unbegrenzt |

Bild 74

## Arbeitnehmer-Erfindungen

Gesetz über Arbeitnehmererfindungen vom 25. Juli 1957 mit Änderungen

**Diensterfindungen** sind Erfindungen, die der Arbeitnehmer in Erfüllung seiner dienstlichen Obliegenheiten macht. Sie müssen dem Arbeitgeber schriftlich *angezeigt* werden. Dieser kann sie uneingeschränkt in Anspruch nehmen, muss sie aber im Inland schützen lassen und dem Erfinder eine angemessene Vergütung zahlen.

**Freie Erfindungen**, die im Betrieb des Arbeitgebers verwendet werden können, müssen dem Arbeitgeber unverzüglich angezeigt und *angeboten* werden. Er hat innerhalb von drei Monaten zu erklären, ob er die Erfindung als freie Erfindung anerkennt. Später kann er sie nicht mehr als Diensterfindung in Anspruch nehmen.

**Verbesserungsvorschläge** müssen vom Arbeitgeber, falls er sie verwertet, ebenfalls vergütet werden, auch wenn sie nicht schutzfähig sind.

### Zur Wiederholung und Vertiefung

1. Wodurch unterscheiden sich Patent und Gebrauchsmuster?
2. Welche Möglichkeiten für die Verwertung eines Patents gibt es?
3. Welcher Unterschied besteht zwischen dem Erwerber eines Patents und einem Lizenznehmer?
4. Welche Marktstellung erlangt ein Erfinder durch die Patentierung seiner Erfindung?
5. Welche Vorteile für Hersteller und Verbraucher ergeben sich aus eingeführten Marken- und Gütezeichen?
6. Welcher Unterschied besteht zwischen Gebrauchs- und Geschmacksmuster?
7. Warum werden Arbeitnehmererfindungen besonders geschützt?

# 6 Organisation der Unternehmung

Bevor man eine Entscheidung über den Einsatz von menschlicher Arbeitskraft, Betriebsmitteln und Werkstoffen treffen kann, müssen die Zielvorgaben aufgestellt und der Weg zur Verwirklichung der Ziele geplant werden.

## 6.1 Unternehmungsziele

### 6.1.1 Unternehmenskultur und Unternehmensidentität

Die Festlegung der Unternehmungsziele ist Gegenstand eines **Zielentscheidungsprozesses**. An diesem sind neben der Unternehmensleitung, den Kapitalgebern und den Arbeitnehmern auch Gruppen außerhalb der Unternehmung beteiligt. Zu diesen Gruppen gehören z.B. Lieferanten und Kunden, gesellschaftliche Gruppen und die öffentliche Hand. Die Zielentscheidungen fallen aber letztlich in der *Unternehmensleitung.*

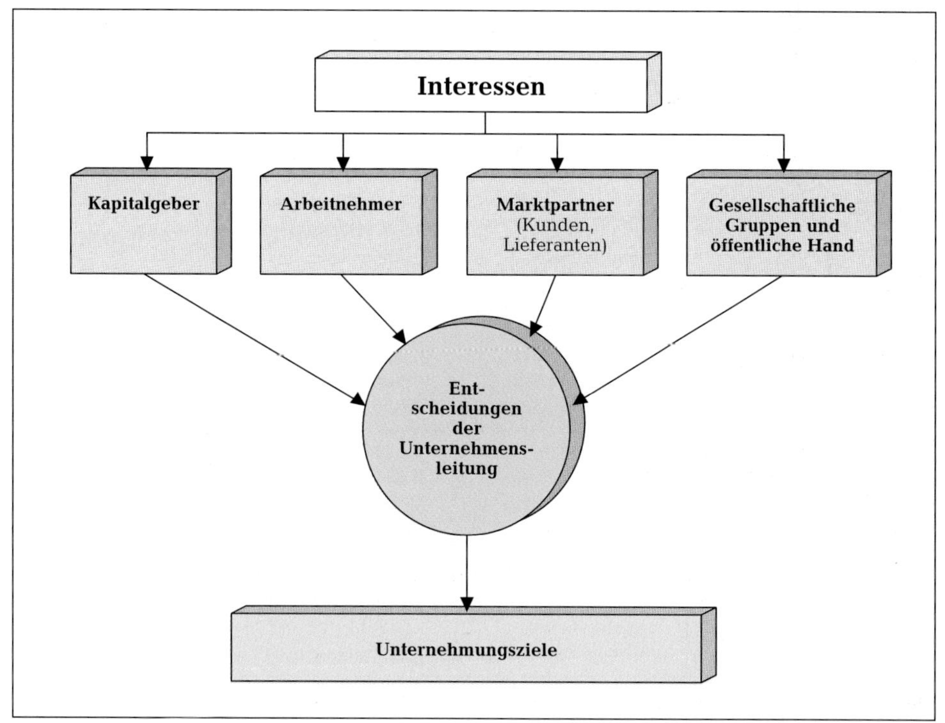


Bild 75

Viele Unternehmungen formulieren als Grundlage für die Zielfindung ihre **Unternehmenskultur.**

Die **Unternehmenskultur** ist ein **Gefüge von Normen, Werten, Verhaltens- und Arbeitsweisen** einer Unternehmung.

Daraus erwächst die **Unternehmensidentität (Corporate Identity)**. Sie zeigt sich unmittelbar in der Form der Selbstdarstellung gegenüber der Öffentlichkeit, so z.B. bei der Beratung der Kunden, bei den Verhandlungen mit Lieferern oder der öffentlichen Hand.

**Zur Wiederholung und Vertiefung**

1. Welche Interessen der Kapitalgeber und der Arbeitnehmer decken bzw. unterscheiden sich?
2. Weshalb ist der Staat (die Gemeinde) an der Erhaltung und Erweiterung von Unternehmungen interessiert?

## 6.1.2 Zielsystem der Unternehmung

„Das Ziel muss man früher kennen als die Bahn“ (Jean Paul).

Zwischen **Unternehmenskultur** und **Unternehmungszielen** besteht ein unmittelbarer Zusammenhang. Aus der Unternehmenskultur werden verbindliche Ziele formuliert, die eine bestimmte *Verhaltensweise* der Unternehmung festlegen. Aus der großen Zahl von *Zielalternativen* bündelt die Unternehmensleitung ihr **Zielsystem**. Eine breite Palette möglicher Ziele zeigt Bild 76:

| **Entscheidungsalternativen für das Zielsystem einer Unternehmung** | | |
|---|---|---|
| **Unternehmungsziele** | **Zielpunkte** | **Zielbeispiele** |
| **Wirtschaftliche** Ziele<br>– *Leistungsziele* | – Marktanteil<br>– Produktions- und Absatzprogramm<br>– Faktor- und Produktqualitäten<br>– Absatzwege | Erhaltung oder Ausdehnung des Marktanteils<br>Verwirklichung neuer technischer Ideen<br>Verarbeitung hochwertiger Stoffe<br>Ausweitung des Vertriebsnetzes |
| – *Erfolgsziele* | – Umsatzvolumen<br>– Kostenstruktur<br>– Wirtschaftlichkeit<br>– Rentabilität | Verkauf in großen Stückzahlen<br>Senkung der Fixkosten<br>Rationalisierung der Fertigung<br>Erzielung eines hohen Gewinns |
| – *Finanzziele* | – Zahlungsfähigkeit<br>– Liquiditätsreserve<br>– finanzielle Struktur<br>– Gewinnreservierung | Ausnutzung gewährter Skontoabzüge<br>Kassen- und Kreditreservenhaltung<br>Sicherung der Eigenkapitalbasis<br>Bildung von Rücklagen |
| **Soziale** Ziele | – gerechte Entlohnung<br>– menschenwürdige Arbeitsbedingungen<br>– Arbeitsplatzsicherung<br>– Mitspracherecht<br>– Gewinnbeteiligung der Mitarbeiter<br>– Aufstiegschancen | Einführung der Arbeitsplatzbewertung<br>Anwendung humaner Arbeitsverfahren<br>Bereitstellung und Erhaltung von Arbeitsplätzen<br>Delegation von Arbeitsaufgaben<br>Ausschüttung von Gewinnanteilen, Gratifikationen<br>Innerbetriebliche Fortbildung |
| **Ökologische** Ziele | – Einhaltung der Umweltschutzgesetze<br>– Entwicklung und Verwendung umweltfreundlicher Produkte, Produktions- und Verpackungsverfahren<br>– Sammelaktionen für Problemabfälle<br>– Schonung der natürlichen Ressourcen<br>– Verwendung energiesparender Einrichtungen | Einsatz von Abgasentschwefelungsanlagen<br>Einbau von Katalysatoren, Staub- und Spanabsaugung, Verwendung verrottbarer Materialien für Produkte und Verpackungen, Konstruktion problemlos recycelbarer Produkte<br>Entsorgung von Altöl und Säuren<br>Verwendung von Stoffen aus Recyclingverfahren<br>Einbau von Sparreglern, Zeitschaltern, Drosselventilen in die Produkte |

Bild 76

**Beispiel:** Die Gebrüder Bauer OHG ist ein mittelständischer Familienbetrieb, der Mountainbikes fertigt. Sie definiert ihre Unternehmenskultur in folgendem Zielsystem:

1. **Wirtschaftliche Ziele:**
   - Leistungsziele: Ausdehnung des Marktanteils von 10% auf 12,5% des Marktvolumens. Verarbeitung hochwertigen Stahls, Vorbeugung gegen Unfälle wegen Materialfehlern.
   - Erfolgsziele: Erzielung eines angemessenen Gewinns. Gleichmäßige Auslastung der Kapazität zur Fixkostendegression.
   - Finanzziele: Sicherung der Eigenkapitalbasis, Bildung von Rücklagen, Unabhängigkeit von Fremdkapital ist anzustreben. Kreditaufnahmen sollen 200.000 EUR nicht übersteigen.
2. **Soziale Ziele:** Erhaltung von Arbeitsplätzen. Absicherung der Mitarbeiter durch eine Betriebsrente. Förderung und Weiterbildung der Arbeitnehmer. Leistungsgerechte Entlohnung. Beschäftigung von Familienangehörigen.
3. **Ökologische Ziele:** Energieeinsparende Maßnahmen. Verwendung von Stoffen aus Recyclingverfahren. Sammlung und umweltfreundliche Beseitigung von Problemabfällen (Lackreste, Altöle).

Unternehmungsziele können unabhängig voneinander verwirklicht werden (*indifferente* Ziele).

**Beispiel:** Eine erwerbswirtschaftliche Unternehmung kann trotz Absatzrückgangs Arbeitsplätze erhalten, solange sie Gewinn erzielt.

Ziele können sich gegenseitig ergänzen *(komplementäre Ziele)*.

**Beispiel:** Durch Umsatzsteigerung kann der Mitarbeiterkreis erweitert werden.

Manche Ziele konkurrieren miteinander oder schließen sich sogar gegenseitig aus *(konkurrierende* Ziele*)*.

**Beispiel:** Die Erhaltung von Arbeitsplätzen kann für die Unternehmung existenzbedrohend werden, wenn nachhaltig Verluste eintreten.

Dies kann zu einem **Zielkonflikt** führen, der durch Kompromisse beseitigt werden muss.

**Beispiel:** Eine existenzbedrohte Unternehmung kann nur durch Einführung von Kurzarbeit und Personalverminderung, indem ausscheidende Arbeitskräfte nicht ersetzt werden, erhalten werden.

**Zur Wiederholung und Vertiefung**

Erstellen Sie in Gruppenarbeit jeweils ein Zielsystem für folgende Unternehmen:

1. Der Küchenmeister Grün beabsichtigt, sich selbstständig zu machen. Seine Überlegungen zielen darauf ab, ein Speiserestaurant in Citylage zu gründen. Kulinarische Spezialitäten: Vegetarische Gerichte.
2. Der EDV-Fachmann Charly Braun gründet einen Computershop als Einzelunternehmer. Standort in der Nähe eines großen Beruflichen Schulzentrums.
3. Nach Ablegung der Meisterprüfung beabsichtigen zwei Möbelschreiner eine Möbelfertigung aufzunehmen, die Wohnmöbel aus natürlichen Rohstoffen (einheimisches Holz, organisches Polstermaterial) verarbeitet.

## 6.1.3 Phasen des Prozesses der Zielerreichung

Die Zielvorgabe der Leitung zu verwirklichen, ist die Aufgabe aller Arbeitskräfte im Betrieb. Sie löst weitere Entscheidungsprozesse aus, die nach den folgenden Phasen verlaufen:

- **Planung:** Vorausschauende Gestaltung der Leistungserstellung.
- **Organisation:** Festlegung des Betriebsaufbaus und Regelung der Arbeitsabläufe.
- **Durchführung:** Verwirklichung (Realisation) der Zielsetzung.
- **Kontrolle:** Überwachung der Durchführung und Prüfung des Ergebnisses. Bei Abweichungen des Ist- vom Sollzustand wird eine Korrektur veranlasst.

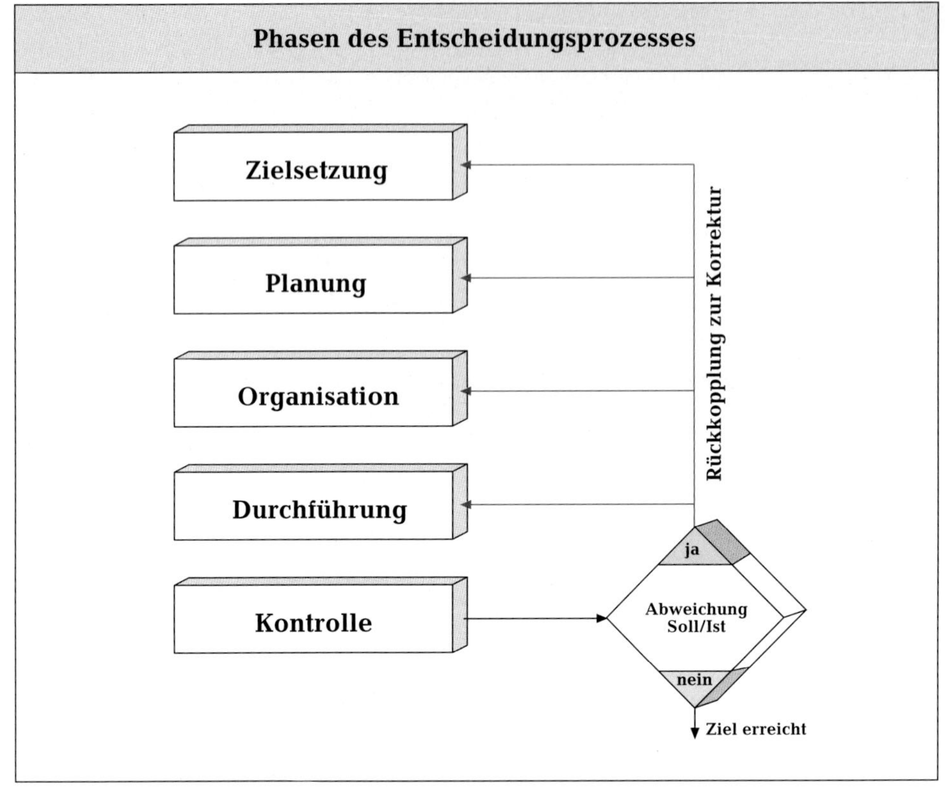


Bild 77

Die Entscheidungsprozesse der Führung können in einem **Regelkreissystem** übersichtlich dargestellt werden. Die Zusammenhänge bei den Prozessen der

- Willensbildung,
- Willensdurchsetzung und
- Willenssicherung

werden sichtbar. Außerdem werden die Aufgabenfülle und Bedeutung für den Prozessablauf deutlich. Die Steuerung innerhalb des Regelsystems wird ständig überprüft und damit die Stabilität des Systems gewährleistet.

In Anlehnung an die Regeltechnik, z.B. bei der Temperatursteuerung durch Thermostaten, soll auch im Führungsregelkreissystem der Gesamtablauf der Tätigkeiten selbstgesteuert (automatisch) erfolgen.

**Beispiel** für Maßnahmen im Zusammenhang mit Führungsentscheidungen auf dem Sektor Absatz:

| Phasen | Absichten/Maßnahmen | |
|---|---|---|
| Zielsetzung | Den Marktanteil von 25% auf 30% erhöhen | Rückkopplung |
| Planung | Absatzplan (Absatzmenge, Absatzgebiet) erstellen | |
| Organisation | Beschaffung von Rohstoffen festlegen<br>Fertigungsmenge festlegen<br>Werbemaßnahmen auswählen<br>Absatzorganisation auswählen | |
| Durchführung | Anordnung an die betreffenden Stellen geben | |
| Kontrolle | Vollzug prüfen, Abweichungen festlegen,<br>Abweichungen von der Zielsetzung analysieren,<br>Korrekturen an Zielsetzung, Planung und<br>Entscheidungen veranlassen | |

Bild 78

Die Verwirklichung des Unternehmungszieles erfordert eine Fülle von **Informationen** aus allen betrieblichen und außerbetrieblichen Quellen. Sie sind zu beschaffen, zu verarbeiten und weiterzugeben. Informationssysteme erleichtern die Führungsaufgabe. Man nennt sie **Managementinformationssysteme** (MIS). Der Aufbau dieser Systeme verlangt eine enge organisatorische Verknüpfung der Datenverarbeitung in den betrieblichen Teilbereichen. Man spricht von *integrierter* Datenverarbeitung.

Bei der Schaffung von solchen Informationssystemen stehen Organisationsfachleute mit den EDV-Abteilungen in ständigem Gedankenaustausch. Deshalb sind die EDV-Abteilungen auch meistens in der Organisationsabteilung eingegliedert.

**Beispiel:** Ein Verkaufsleiter bereitet sich auf einen Kundenbesuch vor.

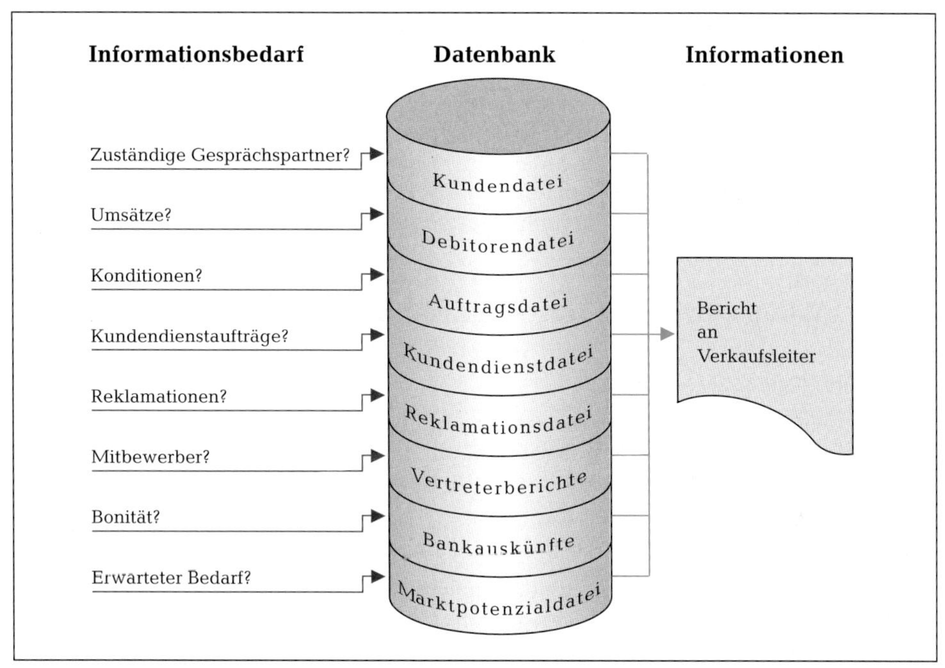


Bild 79

### Zur Wiederholung und Vertiefung

1. In einer Jugendgruppe werden Sie beauftragt, ein Ferienlager zu leiten. Beschreiben Sie an Hand dieses Falles die Führungsaufgaben Zielsetzung, Planung und Organisation.
2. Worin liegen die Unterschiede zwischen Planung und Organisation?
3. Welche Abteilungen in einem Industriebetrieb müssen Informationen von einem eingehenden Auftrag erhalten?
4. Welche Abteilungen im Betrieb können Informationen geben über
   a) Verkaufsumsätze, b) Maschinenbelegung, c) Rohstoffpreise?
5. Welche Auswirkungen hat die Anwendung des Regelkreissystems auf den Führungsstil einer Unternehmung?

## 6.2 Voraussetzungen und Grundsätze der Organisation

Die **Organisation** schafft **Regelungen zur Verwirklichung der Planung.**

Fehlen solche Regelungen, entstehen Engpässe, Zeitverluste durch Leerlauf, aber auch Verärgerung unter den Mitarbeitern (schlechtes Betriebsklima).

**Beispiele:**

| Vorgang | Organisatorischer Mangel |
|---|---|
| Ein Angestellter zahlt einen Kostenvorschuss an einen Reisenden aus, ohne dafür zuständig zu sein. | Keine klare Aufgabenverteilung |
| Im Streit erklärt ein Mitarbeiter dem Prokuristen: „Sie haben mir keine Anweisungen zu geben." | Weisungsbefugnisse sind ungeregelt |
| Beim Ermitteln des Bezugspreises für einen Artikel findet man weder Lieferscheine noch Eingangsrechnungen. | Keine Festlegung des Arbeitsablaufes |

Bild 80

In größeren Betrieben werden in *Organisationsabteilungen* Fachleute (Organisatoren) eingesetzt, die ausschließlich mit der Erstellung, Verbesserung und Überwachung der Organisation beauftragt sind. In kleineren Betrieben erfüllt ein Mitarbeiter neben anderen Tätigkeiten die Aufgaben der Organisation. Es können aber auch *freiberufliche Organisations- oder Unternehmensberater* beauftragt werden.

## 6.2.1 Voraussetzungen für Organisation

### Teilbarkeit von Aufgaben

Aufgaben werden durch den Organisator auf mehrere Personen verteilt und müssen deshalb **in Teilaufgaben zerlegt** werden können. Auch wenn eine Aufgabe nur von einer Person verrichtet wird, muss eine **zeitliche Aufgabenteilung** möglich sein.

### Wiederholung gleicher Aufgaben

Allgemein gültige, dauerhafte Regelungen sind nur dann sinnvoll, wenn die Aufgaben wiederholt zu erfüllen sind. Dies gilt z.B. für den Einkaufsvorgang, für Lohnzahlungen, für den Zahlungsverkehr.

Regelungen durch den Organisator führen dabei zu einer **einheitlichen Aufgabenerfüllung**.

**Zur Wiederholung und Vertiefung**

Warum sind Teilbarkeit und ständige Wiederholung Voraussetzungen der Organisation?

## 6.2.2 Organisationsgrundsätze

### Grundsatz des organisatorischen Gleichgewichts

a) **Organisationsplanung** ist die Festlegung **allgemeiner, dauerhafter Regelungen** *für viele gleichartige Vorgänge.*

   **Beispiel:** Es besteht die Anweisung, dass Anfragen von Kunden in der Reihenfolge ihres Eingangs bearbeitet werden.

   Die Organisationsplanung legt auch den Entscheidungsspielraum für die Disposition fest.

b) **Disposition** ist eine **planmäßige Regelung** im Rahmen des Entscheidungsspielraumes eines Mitarbeiters *für Einzelvorgänge.*

**Beispiel**: Ausnahmsweise wird eine Anfrage, die an einem Tag erst an zehnter Stelle eingegangen ist, zuerst bearbeitet. Dies liegt in Einzelfällen im Ermessen des Sachbearbeiters.

**c) Improvisation** ist eine **außerplanmäßige Regelung** *für Einzelvorgänge.*

Ursachen für Improvisationen können sein:

- Unvorhersehbare Ereignisse, z.B. Streiks verursachen Transportprobleme,
- dauerhafte Lösungen sind wegen ständig veränderter Bedingungen unmöglich,
- man wählt ein Provisorium, weil man eine endgültige Regelung zur Zeit nicht verwirklichen kann, z.B. wegen finanzieller Engpässe.

**Organisationsplanung** sorgt für *Stabilität* im Betriebsgeschehen.

**Disposition** und **Improvisation** erhöhen die *Elastizität,* der Betrieb reagiert flexibel.

Ein **ausgewogenes Verhältnis** zwischen **Stabilität und Elastizität** im Betriebsablauf nennt man **organisatorisches Gleichgewicht**.

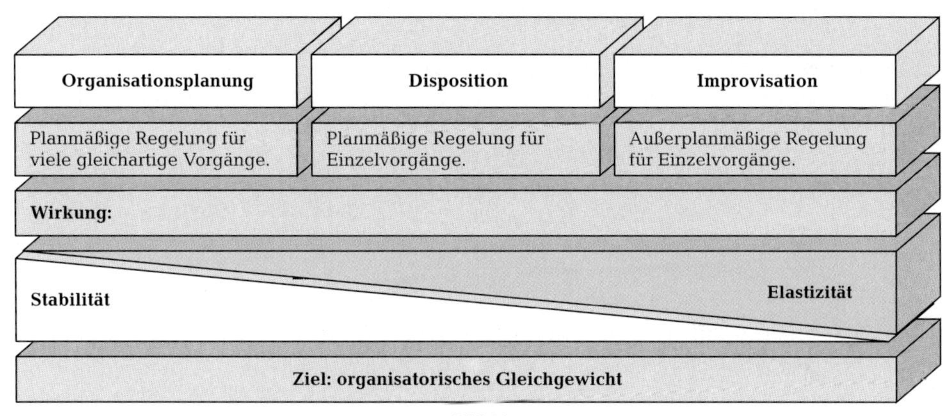


Bild 81

**Überorganisation** als Ergebnis eines übertriebenen Strebens nach Vereinheitlichung führt zur *Starrheit* bei der Aufgabenerfüllung.

**Unterorganisation** dagegen lässt *unbegrenzte Handlungsspielräume* offen.

Beides verstößt gegen den Grundsatz vom organisatorischen Gleichgewicht.

## Grundsatz der Zweckmäßigkeit

Organisatorische Regelungen sind nur dann zweckmäßig, wenn sie der Zielsetzung der Unternehmung gerecht werden.

Organisatorische Regelungen werden in Form von Beschreibungen, Anweisungen, Richtlinien und grafischen Darstellungen getroffen.

## Grundsatz der Koordination

Alle organisatorischen Maßnahmen müssen aufeinander *abgestimmt* (koordiniert) sein. Dies bezieht sich auf die

- **zeitliche Koordination:** Arbeiten müssen in einer ganz bestimmten Zeit (Zeitpunkt, Zeitraum, Zeitfolge) ausgeführt werden. Besonders wichtig ist die zeitliche Abstimmung im Fertigungsbereich, weil hier viele voneinander abhängige Leistungen in ungestörtem Fluss miteinander vereinigt werden müssen.

- **räumliche Koordination:** Räume und Arbeitsplätze in ihnen müssen so angeordnet werden, dass ein reibungsloser Durchfluss von Material, Werkstücken sowie Schriftgut gewährleistet ist,
- **personelle Koordination:** Fähigkeiten, Temperamente und Charaktere der Beschäftigten müssen bei der Stellenbesetzung berücksichtigt werden. Diese Eigenschaften der Mitarbeiter spielen auch eine Rolle bei der Entscheidung über den Instanzenaufbau (Über-, Gleich- und Unterordnung der Mitarbeiter).

## Grundsatz der Wirtschaftlichkeit

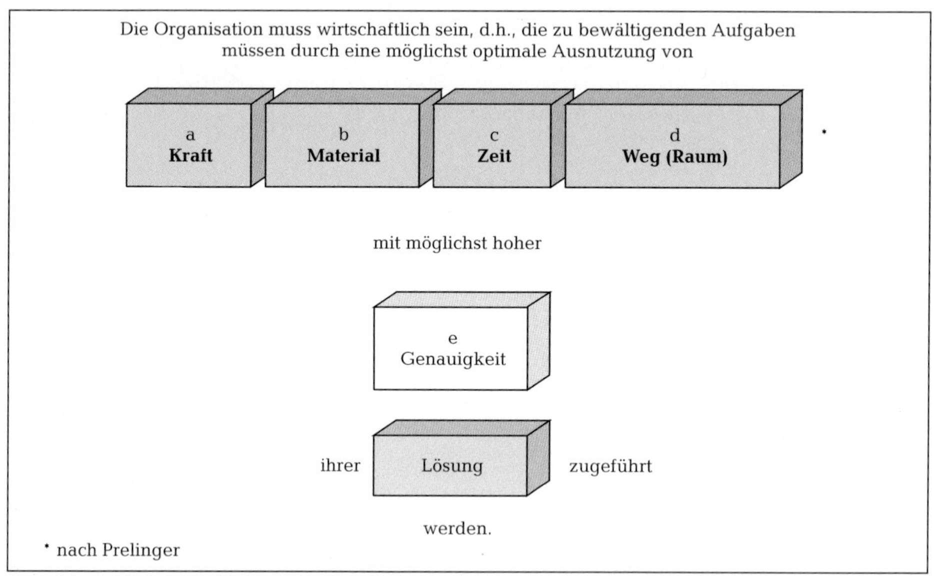


Bild 82

Die fünf Komponenten a bis e müssen in günstiger Weise zusammenwirken, um das Optimum der Organisation zu bilden. Sie stehen in engem Zusammenhang. Der Organisator kann nicht eine Komponente beeinflussen, ohne dass andere in Mitleidenschaft gezogen werden.

**Beispiele:**

Eine Buchhalterin ist freiwillig ausgeschieden. Die Geschäftsleitung will diese Kraft (Komponente a) einsparen und verteilt das Aufgabengebiet der Ausgeschiedenen auf die verbliebenen Buchhalterinnen, die dadurch überlastet werden und nicht mehr genau (Komponente e) arbeiten.

Der Transportleiter eines Industriebetriebes, der mit eigenen Wagen die Abnehmer beliefert, lässt, um Zeit zu sparen (Komponente c), Fahrzeuge nach einem ausgeklügelten Fahrplan pausenlos fahren. Folge: Höherer Wagenverschleiß (Komponente b), Übermüdung der Fahrer (Komponente a).

### Zur Wiederholung und Vertiefung

1. Worin unterscheiden sich Organisationsplanung, Disposition und Improvisation?
2. Warum werden auch bei zweckmäßigster Organisation eines Betriebes Improvisationen notwendig sein?
3. Gegen welche Grundsätze der Organisation wird in folgenden Fällen verstoßen?
   a) Ein leitender Angestellter verlangt von seinen Mitarbeitern monatlich statistische Erhebungen, die völlig unzureichend ausgewertet werden.
   b) In der Fertigungsabteilung eines Industriebetriebes kommt es wegen mangelnder Materialbereitstellung zu Betriebsunterbrechungen.
   c) Ein Abteilungsleiter ersinnt ständig neue Vordrucke, mit deren Einsatz er glaubt, die Arbeit seiner Abteilung rationalisieren zu können.

# 6.3 Aufbauorganisation

Die **Aufbauorganisation** gliedert die Aufgaben in Aufgabenbereiche und **bestimmt die Stellen und Abteilungen**, die diese bearbeiten sollen.

## 6.3.1 Aufgabengliederung (Aufgabenanalyse)

Die Gesamtaufgabe eines Betriebes lässt sich in Teilaufgaben zerlegen. Eine **Aufgabenanalyse** macht die Teilaufgaben sichtbar und ermöglicht eine Gliederung der Gesamtaufgabe. Eine **Aufgabengliederung** ist möglich nach

a) *Objekten*, z.B. müssen Arbeiten sowohl an stofflichen Objekten (Rohstoffen, Zwischenprodukten, Endprodukten) als auch an nichtstofflichen Objekten (Informationsverarbeitung im Büro) ausgeführt werden;

b) *Verrichtungen,* z.B. transportieren, lagern, montieren, verpacken, Daten erfassen;

c) *Phasen*, z.B. planen, verwirklichen, kontrollieren;

d) *Rangstufen,* z.B. anordnen, ausführen.

**Beispiel** einer Aufgabengliederung im Bereich Materialbeschaffung:

| Gliederungsmerkmale | Gliederungsbeispiele |
|---|---|
| **Objekte** | Rohstoffe, Hilfsstoffe, Betriebsstoffe |
| **Verrichtungen** | Bedarfsermittlung, Bestellung, Lieferungsüberwachung |
| **Phasen** | Einkaufsplanung, Einkaufsdurchführung, Einkaufskontrolle |
| **Rangstufen** | Einkaufsleiter, Einkäufer, Lagerverwalter, Lagerarbeiter |

Bild 83

Aus den Ergebnissen der Analyse entstehen **Aufgabengliederungspläne.**

**Beispiele:**

1. Teilplan *Objekte:* Materialbeschaffung einer Möbelfabrik

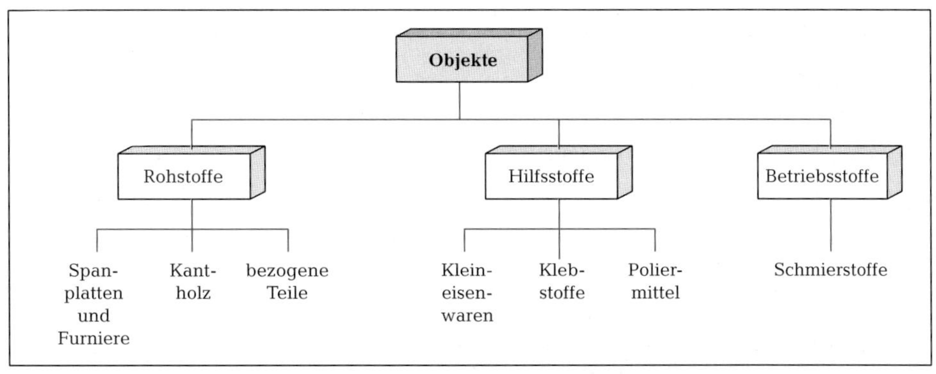


Bild 84

2. Teilplan *Verrichtungen:* Materialbeschaffung

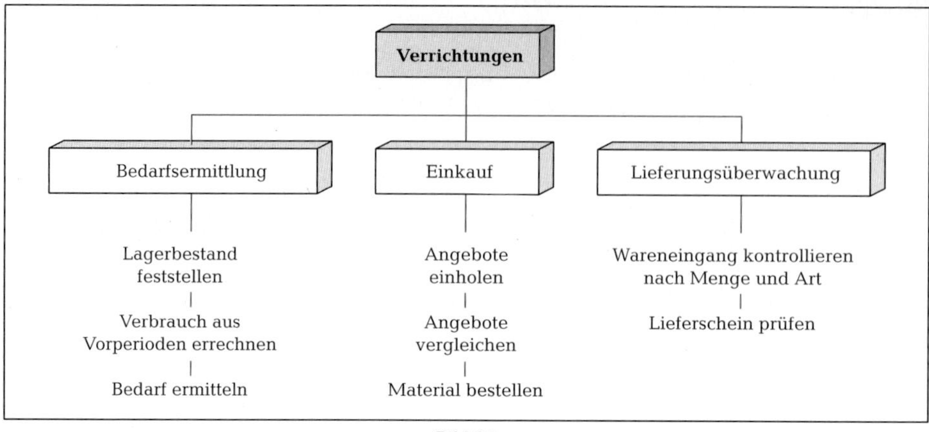


Bild 85

Die in solchen Aufgabengliederungsplänen dargestellten Teilaufgaben werden dann in einem **Funktionendiagramm** (Bild 86) nach den Merkmalen Rangstufe und Phase weiter untergliedert. Dabei werden die Teilaufgaben gleichzeitig auf die Aufgabenträger verteilt. Das Funktionendiagramm enthält somit bereits auch Aspekte der **Aufgabensynthese**, d.h. der **Stellenbildung**.

**Zur Wiederholung und Vertiefung**

Stellen Sie Beispiele der Aufgabengliederung dar:

a) aus dem Vertriebsbereich, b) aus dem Personalbereich.

## 6.3.2 Stellenbildung (Aufgabensynthese)

**Stellen** sind die kleinsten organisatorischen Einheiten im Betrieb. Die Stelle entsteht, wenn Teilaufgaben durch **Aufgabensynthese** zum *Arbeitsbereich für einen Aufgabenträger* (Arbeiter, Angestellte) zusammengefasst werden.

Die Stellenbildung kann nach dem Prinzip der Zentralisation oder der Dezentralisation erfolgen.

a) Bei der **Zentralisation** werden gleichartige Teilaufgaben zusammengefasst und *einer* Stelle zugeordnet. Die Einengung auf sich ständig wiederholende, gleichartige Aufgaben führt zur *Spezialisierung.*

   **Beispiel:** In einem Filialgeschäft wird der Einkauf für alle Filialen in der Zentrale von Spezialeinkäufern für die verschiedenen Warengruppen getätigt.

b) Bei der **Dezentralisation** werden gleichartige Teilaufgaben auf *mehrere* Stellen verteilt. Das Aufgabenfeld ist dabei erweitert.

   **Beispiel:** Der Bedarf einer Filiale wird für mehrere Warengruppen vom Filialleiter selbst eingekauft.

Organisationspläne, in denen die zu bildenden Stellen verzeichnet sind, nennt man **Stellenpläne**.

## 6.3.3 Stellenbeschreibung und Stellenbesetzung

### ■ Stellenbeschreibung

Sie ist eine verbindliche und in einheitliche Form gefasste Beschreibung einer Stelle mit folgendem Inhalt:

a) Eingliederung einer Stelle in den Betriebsaufbau,
b) Ziele der Stelle,
c) Aufgaben und Kompetenzen (Zuständigkeiten) des Stelleninhabers,
d) Anforderungen an den Stelleninhaber (Bild 87).

## **Funktionendiagramm:** Materialbeschaffung

| Aufgaben (Phasen) ↓ | | | | | Aufgabenträger (Rangstufen) → | Geschäftsführer | Einkaufsleiterin | Einkäufer Kantholz | Einkäufer Spanplatten | Einkäufer bezogene Teile | Lagerverwalter | Lagerarbeiter Kantholz | Lagerarbeiter Spanplatten | Lagerarbeiter bezogene Teile | Betriebsleiterin |
|---|---|---|---|---|---|---|---|---|---|---|---|---|---|---|---|
| Einkauf | Rohstoffe | Einkaufsplanung | | | Lagerbestandskontrolle | | E | | | | O | A | A | A | |
| | | | | | Verbrauch in Vorperiode | | O | A | A | A | | | | | |
| | | | | | Bedarfsermittlung | $E_g$ | $E_n$ $A_W$ | A | A | A | | | | | M |
| | | Einkaufsdurchführung | | | Angebote einholen | $E_g$ | $A_W$ | A | A | A | | | | | I |
| | | | | | Angebotsvergleich | | $A_W$ | A | A | A | | | | | |
| | | | | | Materialbestellung | | E | | | | | | | | M |
| | | Einkaufskontrolle | Wareneingangskontrolle | Mengen | Kantholz | | | | | | O | A | | | |
| | | | | | Spanplatten und Furniere | | | | | | O | | A | | |
| | | | | | bezogene Teile | | | | | | O | | | A | |
| | | | | Qualität | Kantholz | | | | | | | | | | A |
| | | | | | Spanplatten und Furniere | | | | | | | | | | A |
| | | | | | bezogene Teile | | | | | | | | | | A |
| | | | Lieferscheinprüfung | | | | $A_W$ | A | A | A | | | | | |

**Zeichenerklärung:**

A = Ausführung (umfassend)
$A_W$ = Ausführung (wichtige Einzelfälle)
E = Entscheidung (umfassend)
$E_g$ = Entscheidung (in Grundsatzfragen)
$E_n$ = Entscheidung (im Normalfall)
I = Initiative
M = Mitsprache
O = Anordnung

Die *Zeilen* eines Funktionendiagramms zeigen einem Aufgabenträger, wie die einzelnen Stellen an der Aufgabenerfüllung beteiligt sind. Die *Spalten* zeigen die Funktionen einer Stelle.

Bild 86

| Möbelfabrik<br>Maute & Söhne<br>Schleiz | **Stellenbeschreibung** | Stelleninhaber(in): Herr Weier<br>Hauptabteilung: Material-<br>wirtschaft |
|---|---|---|

**I. Bezeichnung der Stelle:** Leiter/Leiterin der Abteilung Einkauf – Rohstoffe

**II. Dienstrang:** Abteilungsleiter/Abteilungsleiterin

**III. Vorgesetzte(r):** Leiter/Leiterin der Hauptabteilung Materialwirtschaft

**IV. Stellvertretung:** Leiter/Leiterin der Abteilung Einkauf – Hilfsstoffe

**V. Unmittelbar untergeordnete Stellen:** 1. Sekretär/Sekretärin; die Leiter/Leiterinnen des Einkaufs der Warengruppen 1, 2, 3

**VI. Ziele der Stelle:** Der Stelleninhaber/die Stelleninhaberin sorgt durch ständige Marktbeobachtung für eine sichere und wirtschaftliche Materialbeschaffung. Er/Sie plant zusammen mit den Bedarfsstellen die Beschaffung der Rohstoffe.

**VII. Aufgaben, Kompetenzen:**

1. Überwachung der Preis- und Lohnentwicklung auf dem Markt. Beobachtung der technischen Entwicklung und der Konjunkturlage.
2. Besichtigung der Fertigungsstätten der Lieferanten zum Zwecke der Qualitätskontrolle.
3. Besuch von Messen und Ausstellungen, worüber er/sie selbst entscheidet, jedoch unter Abstimmung mit den Gruppenleitern/Gruppenleiterinnen und dem Hauptabteilungsleiter/der Hauptabteilungsleiterin.
4. Verhandlungsführung bei Bestellungen über 200.000 EUR.
5. Entscheidungsbefugnis bei Bestellungen über 100.000 EUR.

**VIII. Anforderungen:**

Fachkenntnisse (Ausbildung, Erfahrung): Abitur, Fachschule erwünscht; Kenntnisse in Englisch; 5–7 Jahre kaufmännische Tätigkeit, dabei 4 Jahre im Einkauf einer Möbelfabrik, davon 2 Jahre als Vorgesetzte(r).

Sonstige Anforderungen: Verhandlungsgeschick, Fähigkeit zur Menschenführung.

Bild 87

**Vorteile der Stellenbeschreibung**

Der **Mitarbeiter** kennt

- seine Arbeitsaufgabe,
- die Erwartungen, die an ihn gestellt werden,
- die anweisungsberechtigten Personen,
- die weisungsgebundenen Mitarbeiter,
- die Stellenbewertung und kann im Vergleich mit den Kollegen prüfen, ob seine Vergütung angemessen ist.

Die **Unternehmensleitung** erreicht

- einen Überblick über die Aufgaben jedes Arbeitsplatzes,
- eine Grundlage für die Stellenbewertung (Lohn- und Gehaltsgefüge),
- ein besseres Betriebsklima,
- eine bessere Leistungskontrolle,
- einen geringeren Mitarbeiterwechsel.

## ■ Stellenbesetzung (Aufgabenverteilung)

Aus der Stellenbeschreibung ergeben sich die Anforderungen an den Mitarbeiter, der die Stelle besetzen soll. Die Auswahl und Einstellung von Arbeitskräften übernimmt meistens die *Personalabteilung.* Die Stelle kann aber auch durch einen Mitarbeiter, der bereits im Betrieb an einer anderen Stelle arbeitete, besetzt werden. Man ist bemüht, Stellen auf längere Dauer zu besetzen, weil für den Betrieb durch die Einarbeitung Kosten entstehen. Fehlt ein Mitarbeiter auf einer Stelle wegen Krankheit, Urlaub oder infolge einer längeren Geschäftsreise, ist für eine vorübergehende Besetzung der Stelle zu sorgen. Deshalb muss eine Stellvertretung verbindlich geregelt und in jeder Stellenbeschreibung enthalten sein.

## 6.3.4 Abteilungsbildung

Mehrere Stellen mit gleichartigen Aufgabenbereichen werden zu **Abteilungen** zusammengefasst. Ein **Betriebsgliederungsplan** zeigt die Abteilungen eines Betriebes und ihre Zuordnung (Bild 88).

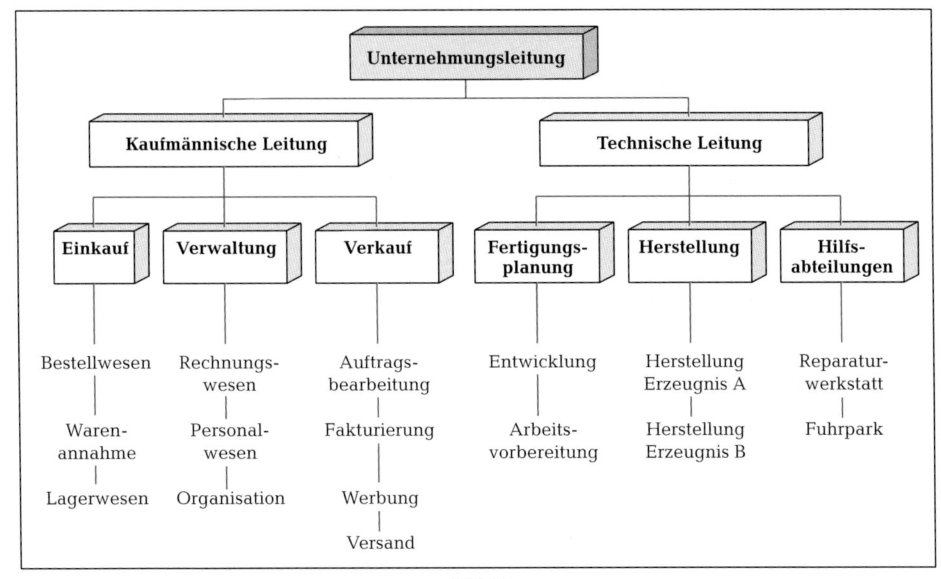


Bild 88

In größeren Unternehmungen können mehrere Abteilungen zu **Hauptabteilungen** zusammengefasst sein (Bild 89).

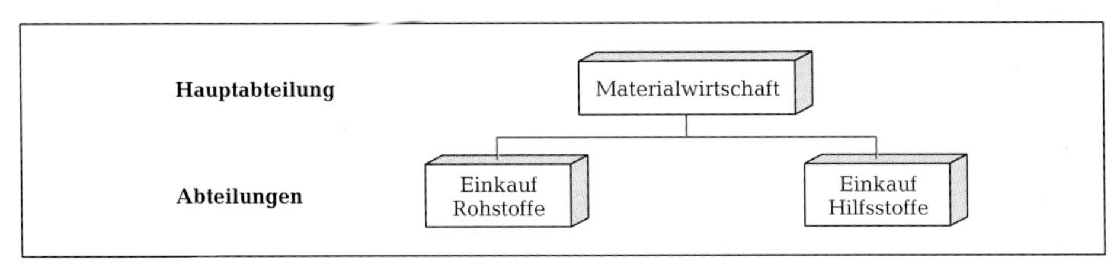


Bild 89

### Zur Wiederholung und Vertiefung

1. Beschreiben Sie die einzelnen Arbeitsabschnitte eines Organisators, die bis zur Besetzung einer Stelle zu erledigen sind.
2. Welche Informationen erhalten Sie aus dem Funktionendiagramm, wenn Sie es a) zeilenweise, b) spaltenweise lesen?
3. Organisatoren empfehlen die Verwendung sowohl von Funktionendiagrammen als auch von Stellenbeschreibungen. Vergleichen Sie beide Organisationsmittel nach Inhalt und Übersichtlichkeit.
4. Welche Auskunft erhält man aus einem Betriebsgliederungsplan?
5. Begründen Sie, warum sowohl die Besetzung von Stellen, als auch die Festlegung von Stellvertretungen auf Dauer anzulegen sind.
6. Entwerfen Sie eine Stellenbeschreibung für
   a) Ihren Klassenlehrer/Ihre Klassenlehrerin bzw. Kursleiter/Kursleiterin,
   b) den Leiter/die Leiterin der Hauptabteilung Verkauf.

### 6.3.5 Entscheidungs- und Weisungssysteme

Die unterschiedlichen Befugnisse der Stelleninhaber im Betrieb ergeben sich bei der Aufgabenanalyse aus dem Merkmal der Rangstufe. Wenn ein Stelleninhaber Entscheidungs- und Weisungsbefugnisse besitzt, so erfüllt er im Gegensatz zu dem Mitarbeiter, der nur Anweisungen auszuführen hat, eine **Leitungsaufgabe**. *Stellen mit Leitungsaufgaben* nennt man **Instanz**. Das *System von über- und untergeordneten Stellen* ergibt die **Betriebshierarchie (Rangordnung)**. *Gleichrangige Stellen* bilden in der Betriebshierarchie eine **Ebene**.

#### Leitungsebenen

Der Aufbau des betrieblichen Leitungssystems kann sich auf eine oder mehrere *Leitungsebenen* erstrecken. Sowohl die Zuordnung von Leitungsfunktionen zu einer Leitungsebene als auch die Gliederung der Leitungsebenen ist von der Größe einer Unternehmung und ihrer Rechtsform abhängig. Man unterscheidet folgende Leitungsebenen einer Unternehmung:

**a) Obere Leitungsebene** (Top Management), z.B. Eigentümerunternehmer bei Personengesellschaften oder Auftragsunternehmer bei Kapitalgesellschaften.

**b) Mittlere Leitungsebene** (Middle Management), z.B. Leiter/Leiterin der Einkaufsabteilung oder des Rechnungswesens.

**c) Untere Leitungsebene** (Lower Management), z.B. Lagerleiter, Werkmeister, Leiter der EDV-Abteilung.

#### Organisationsformen der oberen Leitungsebene

Man unterscheidet das Direktorialsystem und das Kollegialsystem.

a) Beim **Direktorialsystem** liegt die Leitung in der Hand einer Person, welche die letzte Verantwortung zu tragen hat.

**Beispiele:** Geschäftsführender Inhaber einer Einzelunternehmung. Alleinige Komplementärin einer KG.

b) Beim **Kollegialsystem** werden die Entscheidungen durch ein Kollegium getroffen. Man bemüht sich, eine Entscheidung zu finden, die möglichst von allen Mitgliedern des Kollegiums getragen wird (Konsensprinzip). Grundsätzlich entscheidet aber eine Abstimmung. Dabei können die Beschlüsse nach den folgenden Verfahren gefasst werden:

1. *Primatkollegialität:* Ein Mitglied des Kollegiums ist primus inter pares (Erster unter Gleichen). Er führt den Vorsitz und entscheidet bei Stimmengleichheit.
2. *Abstimmungskollegialität:* Alle Mitglieder des Kollegiums sind gleichberechtigt. Beschlüsse werden dabei entweder nach dem Einstimmigkeitsprinzip oder nach dem Majoritätsprinzip gefasst.
3. *Kassationskollegialität:* Mehrere gleichberechtigte Personen können nur gemeinsam handeln. Wenn eine dem Vorhaben der anderen widerspricht, muss die Handlung unterbleiben. Eine Person kann auch die von anderen getroffene Entscheidung aufheben oder aufschieben.

   **Beispiel:** Gesellschafter einer OHG.

#### Allgemeine Organisationsformen (Instanzenbildung)

##### Einliniensystem

Alle Personen sind in einem *einheitlichen Weisungsweg* eingegliedert, der *von der oberen Instanz bis zur letzten Arbeitskraft* reicht. Jeder Mitarbeiter erhält nur von seinem unmittelbaren Vorgesetzten Anweisungen. Ebenso kann er Meldungen und Vorschläge nur bei ihm vorbringen (Instanzenweg, Dienstweg).

*Vorteile:* Straffe Disziplin, Einheitlichkeit des Auftragsempfangs, Vermeidung von Kompetenzschwierigkeiten.

*Nachteile:* Der Weisungsweg ist oft zu lang. Meldungen gelangen nicht schnell genug nach oben. Die Arbeitsfülle steigt mit der Rangstufe. Die obere Leitung wird dadurch stark belastet und deshalb schwerfällig.

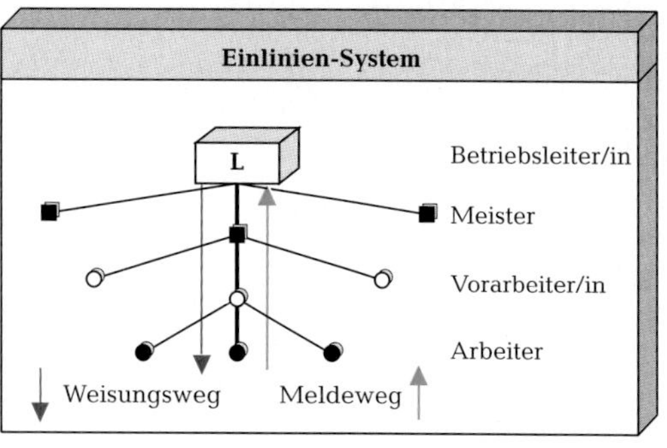


Bild 90

## ■ Mehrlinien- oder Funktionensystem

Bei diesem System werden die *Zuständigkeiten nach Funktionen aufgeteilt* und für sie Abteilungen mit selbstständig handelnden Leitern (Prokuristen, Bevollmächtigten) gebildet. Die obere Leitung gibt nur allgemeine Richtlinien und entscheidet in wichtigen Fällen, während die *Routinearbeit* durch die Abteilungen *selbstständig* erledigt wird.

Im Gegensatz zum Liniensystem kann eine Abteilung in die andere „hineinregieren".

**Beispiel:** Der Vertriebsleiter gibt unmittelbar dem Sachbearbeiter in der Personalverwaltung Anweisung, einen Lagerarbeiter einzustellen.

*Vorteile:* Die obere Leitung wird entlastet. Die Routinearbeit wird rasch nach Daueranweisungen erledigt. Sonderfälle werden ausgegliedert und einer besonderen Arbeitskraft übertragen. Die Abteilungsleiter und ihre Mitarbeiter entwickeln sich zu Spezialisten.

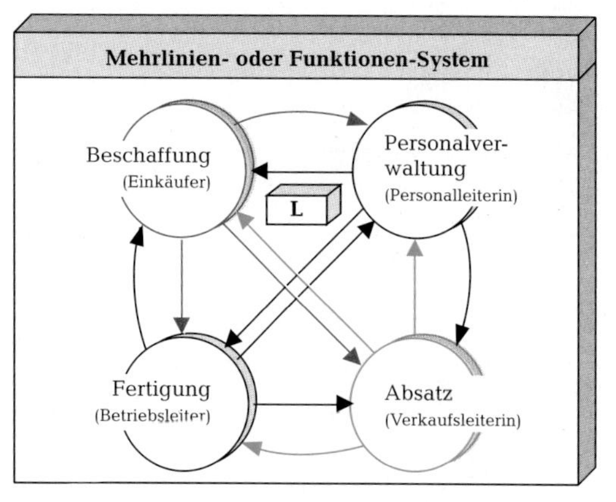


Bild 91

*Nachteile:* Die Funktionsträger (Abteilungsleiter) müssen zu regelmäßiger Berichterstattung nach oben verpflichtet werden. Die Anweisungsbefugnis eines Funktionsträgers gegenüber Untergebenen anderer Funktionsträger muss genau abgegrenzt werden. Sonst entstehen bei den ausführenden Arbeitskräften leicht Unsicherheiten über die Dringlichkeit der angewiesenen Arbeiten und über die Reihenfolge ihrer Erledigung. Dies könnte zu Reibereien zwischen Funktionsträgern führen.

Aus diesen Grundformen der Instanzenbildung sind **Mischformen** entwickelt worden, die aber keine eigenständigen Leitungssysteme sind, weil sie in Verbindung mit dem Ein- oder Mehrliniensystem auftreten können.

## ■ Mischformen

### a) Stab-Linien-System

Dabei umgibt sich die Führungsspitze mit einem *Stab von Spezialisten* (Finanzfachmann, Betriebswirt, Jurist, Organisator, Revisor). Sie sind *Berater,* aber keine Instanzen mit Anweisungsbefugnissen. Notwendige Anweisungen werden durch die Führungsspitze erteilt. Wenn die Stabsmitglieder dennoch Anordnungen treffen, tun sie es „im Auftrag". Im Übrigen aber herrscht Liniensystem (Bild 92).

*Vorteile:* Entlastung der oberen Leitung und straffe Disziplin.

*Nachteile:* Langer Instanzenweg und schwerfällige Leitung.

**b) Spartensystem**

Bei diesem System unterstehen der Leitungsspitze *produktbezogene, selbstständige Geschäftsbereiche* (z.B. Elektronik, Haushaltsgeräte, Starkstromanlagen), die mit gewissen Einschränkungen als „Unternehmen in der Unternehmung" zu betrachten sind. Es handelt sich dabei grundsätzlich um eine Form der Leitungsdezentralisation. Die Geschäftsbereiche haben Bilanzen und Erfolgsrechnungen der Unternehmungsspitze vorzulegen.

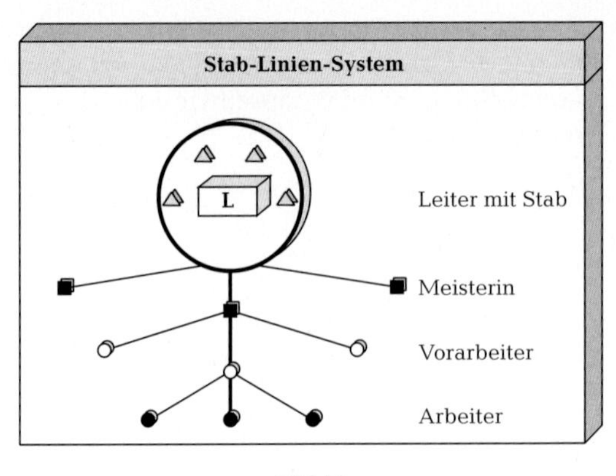


Bild 92

**Beispiel:** Elektro-Konzern

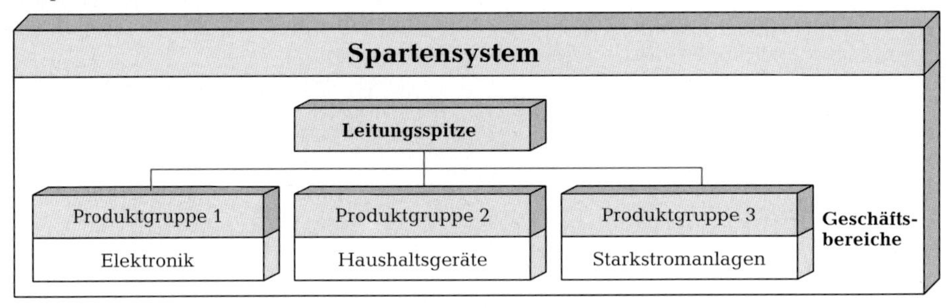


Bild 93

Innerhalb der Sparten sind wieder verschiedene Organisationsformen möglich, z.B. das Einlinien-, Mehrlinien- oder Stab-Linien-System.

*Vorteile:*
- Kurze Informationswege innerhalb der Sparte,
- schnelle Ergebniskontrolle der einzelnen Sparte,
- hohe Anpassungsgeschwindigkeit auf Marktveränderungen,
- gezielter Einsatz von Fachpersonal,
- motivierender Leistungsanreiz für den Spartenleiter.

*Nachteile:*
- Gefährdung des Unternehmungsziels durch Spartenegoismus,
- höherer Verwaltungsaufwand aufgrund der Dezentralisation,
- Gefahr der Spartenkonkurrenz,
- unzureichender Informationsfluss zwischen den Sparten untereinander.

**c) Matrixorganisation**

Sie schafft eine *verbindliche Zuordnung von Entscheidungs- und Weisungsbefugnissen* für das Zusammenwirken verschiedenartiger Funktionsträger in Form einer Matrix. Unter einer **Matrix** versteht man ein *rechteckiges Zuordnungsschema* (Bild 94).

*Vorteile:* Die Matrixorganisation gibt eindeutig an, welche Entscheidungen von Aufgabenträgern nur gemeinsam getroffen werden können. Die übergeordnete Leitungsstelle wird nur eingeschaltet, wenn die betroffenen Funktionsträger keine Übereinstimmung erzielen. Sie zwingt zur Teamarbeit.

*Nachteile:* Die hierarchische Gliederung kommt nicht zum Ausdruck. Entscheidungen und Weisungen hängen von der Verständigungsbereitschaft der Beteiligten ab.

**Beispiel 1: Matrixorganisation zwischen Funktionsträgern**

| Unternehmungsleitung | | | | |
|---|---|---|---|---|
| Fachbereiche / Zentralbereiche | **Beschaffung** | **Produktion** | **Vertrieb** | **Finanzen** |
| **Planung** | ① | | | |
| **Organisation** | | ② | | |
| **Personal** | | | ③ | |

Bild 94

**Erläuterungen:**

① Es sind Planungen im Beschaffungsbereich nötig. Die Entscheidungen werden von Planungs- und Beschaffungsabteilung gemeinsam getroffen.

② Bei der Organisation des Lagers arbeitet die Organisations- mit der Lagerabteilung zusammen.

③ Bei der Einstellung von Reisenden wirken Personal- und Vertriebsabteilung zusammen.

**Beispiel 2: Produktmanagement – Projektmanagement**

Die Betreuung eines Produktes in seiner Marktgerechtheit, Qualität, Lieferbarkeit und seinem Preis wird als Aufgabe einem **Produktmanager** übertragen. Es handelt sich um eine Aufgabe aus dem Bereich des Marketing. Der Produktmanager hat sich um den Auftragsdurchlauf seines Produkts zu kümmern (Bild 95).

In der Investitionsgüterindustrie spricht man von **Projektmanagement**, wenn einem Projektleiter die gesamte Betreuung eines Projekts (z.B. Bau eines Staudammes) übertragen wird.

Matrixorganisation zwischen Produktmanagern und Funktionsträgern

| Produkt-management | **Vertrieb** | | **Fertigung** | | | **Beschaffung** | | **Verwaltung** | |
|---|---|---|---|---|---|---|---|---|---|
| | Marke-ting-dienste | Verkaufs-abwick-lung | Ent-wick-lung | Pro-duk-tion | Quali-täts-kontrolle | Stoffe-lager | Ein-kauf | Finan-zen | Per-sonal |
| **PM I** | | | ① | | | | | | |
| **PM II** | | | | | ② | | | | |

Bild 95

**Erläuterungen:**

① Der Produktmanager, der das Produkt I betreut, arbeitet bei der Weiterentwicklung eines Produktes mit der Entwicklungsabteilung zusammen.

② Der Produktmanager, der das Produkt II betreut, kümmert sich um eine laufende Qualitätskontrolle seines Produktes.

## Zur Wiederholung und Vertiefung

1. Welcher Unterschied besteht zwischen einer Stelle und einer Instanz?
2. a) Welche organisatorischen Vor- und Nachteile sind beim Einliniensystem mit der Anweisung „der Dienstweg ist einzuhalten" verbunden?
   b) Beurteilen Sie diese Vorschrift aus der Sicht des „Vorgesetzten" und des „Untergebenen".
3. Bei welchen Organisationsformen wird Eigeninitiative und Verantwortungsbereitschaft der Mitarbeiter gefördert?
4. Vergleichen Sie das Mehrliniensystem mit der Matrixorganisation.
5. Welche Bedeutung haben Stabsstellen?
6. Welche Stabsstellen kann es in Großbetrieben geben?

# 6.4 Ablauforganisation

Die Arbeitsvorgänge im Betrieb müssen geordnet ablaufen. Unter **Arbeitsablauf** versteht man Vorgänge zur Erfüllung betrieblicher Teilaufgaben, die zeitlich und räumlich hinter- oder nebeneinander verlaufen.

**Aufgabe der Ablauforganisation** ist die **rationelle Gestaltung der Arbeitsabläufe** im Betrieb.

## 6.4.1 Ziele der Ablauforganisation

a) **Reibungsloser Ablauf:** Engpässe, Stauungen, Leerläufe sollen vermieden oder beseitigt werden.

**Beispiele:** Sicherung des ununterbrochenen Materialflusses, der vollen Ausnutzung der Maschinen und der gleichmäßigen Beschäftigung der Arbeitskräfte.

b) **Qualitätssicherung:** Die Güte der geleisteten Arbeit muss durch Kontrollen überwacht werden.

**Beispiele:** Fertigungskontrollen; Laboruntersuchungen der Teil- und Endprodukte.

c) **Terminsicherung:** Terminpläne müssen aufgestellt und ihre Einhaltung überwacht werden.

**Beispiele:** Terminplanung für die Produktion der Einzelteile, für die Montage und den Versand des Fertigerzeugnisses.

d) **Pflege der Arbeitswilligkeit:** Durch Einhaltung arbeitsrechtlicher Bestimmungen und Anwendung der Erkenntnisse der Arbeitswissenschaft soll ein angenehmes Betriebsklima geschaffen werden (Humanität am Arbeitsplatz).

**Beispiele:** Untersuchungen der körperlichen und seelischen Belastung an den verschiedenen Arbeitsplätzen zum Schutz der Gesundheit der Mitarbeiter und zur Verhütung von Unfällen. Einschaltung von Pausen. Mehr Selbstverantwortung bei der Gestaltung der Arbeitsaufgabe.

**Zur Wiederholung und Vertiefung**

Erklären Sie die unterschiedlichen Aufgaben der Aufbau- und Ablauforganisation.

## 6.4.2 Gliederungsmerkmale des Arbeitsablaufes

Die Ablauforganisation vollzieht sich in folgenden Phasen (Bild 96):

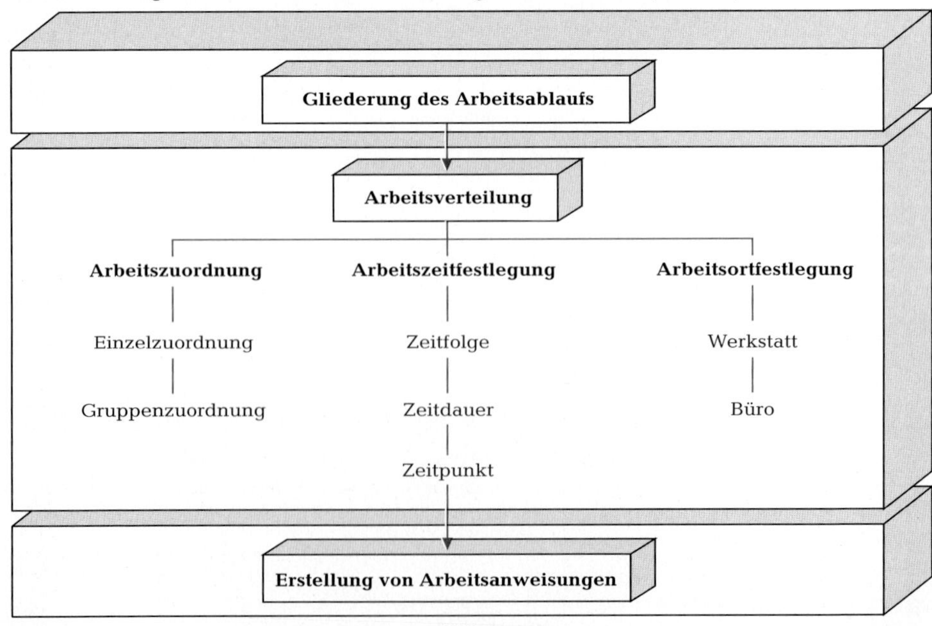


Bild 96

Für den Organisator ist nur das geforderte Endergebnis des gesamten Arbeitsprozesses vorgegeben. Zunächst muss festgestellt werden, in welchen **Teilprozessen** dies erreicht werden kann. Dabei können sich verschiedene Wahlmöglichkeiten ergeben.

Die Teilprozesse werden meistens in verschiedenen **Prozessschritten** vollzogen, die ihrerseits aus mehreren **Programmschritten** bestehen.

Mit der Festlegung des erwarteten Arbeitsergebnisses und der Gliederung des Arbeitsablaufs ist der **Arbeitsinhalt** gegeben.

**Beispiel:** Abwicklung einer Warenlieferung (Bild 97).

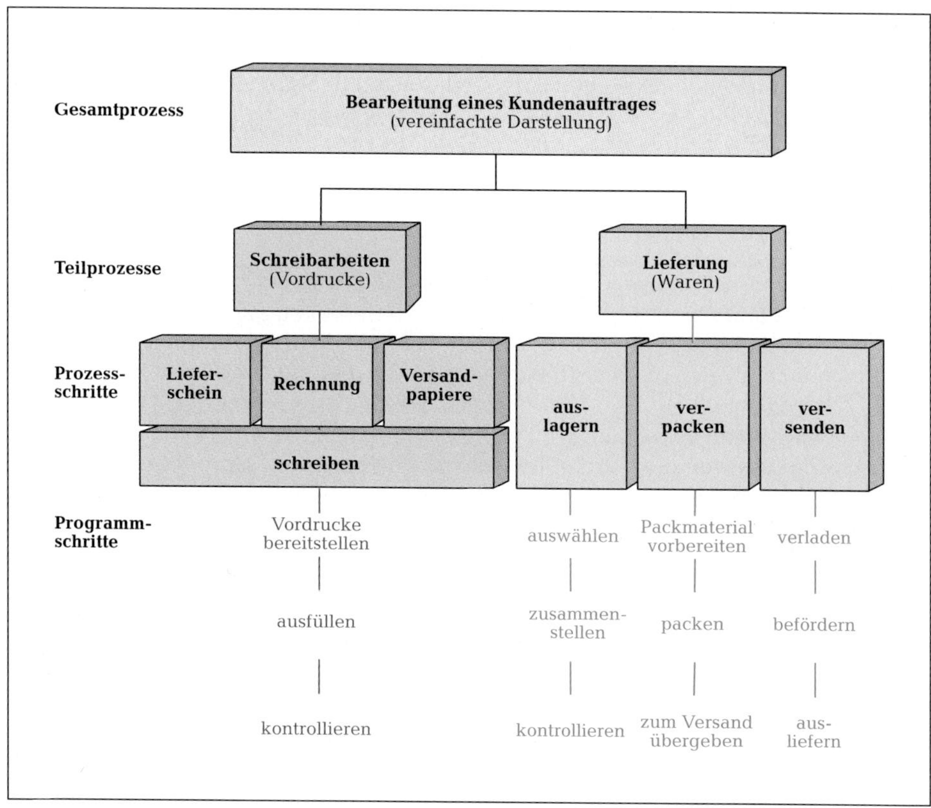


Bild 97

## Arbeitsverteilung

Die Verteilung der Arbeiten erfolgt durch die **Arbeitszuordnung**; außerdem sind die **Arbeitszeit** und der **Arbeitsort** festzulegen.

### Arbeitszuordnung

Durch sie werden die Arbeitskräfte und die nötigen Sachmittel bestimmt, mit denen eine Arbeitsaufgabe zu erfüllen ist.

**a) Einzelzuordnung.** Eine bestimmte Arbeit wird *einem* Aufgabenträger zwingend vorgeschrieben, wie dies im Rahmen der Aufbauorganisation bei der Stellenbildung geschieht. Dies ist der Regelfall. Man kann darüber hinaus auch noch die *Stellvertretung* und *Ablösung* festlegen.

**Beispiel:** Eine Sachbearbeiterin schreibt alle Lieferscheine.

**b) Gruppenzuordnung.** Die Arbeit wird einer *Gruppe* von Personen übertragen, aus der wahlweise einzelne Personen die Aufgabe erfüllen sollen.

**Beispiele:**

1. Eine Gruppe von Packerinnen macht die Ware versandfertig.
2. In der Montageabteilung eines Automobilwerkes werden Fertigungsinseln für autonome Arbeitsgruppen eingerichtet, die selbstverantwortlich die ganzen Armaturen montieren.

Es gibt auch Arbeiten, die nicht eindeutig zugeordnet werden können und trotzdem von den Personen innerhalb eines selbstverantwortlichen Arbeitsbereiches erledigt werden.

**Beispiel:** Ein Angestellter der Lohnbuchhaltung berät einen ausländischen Mitarbeiter in Lohnsteuerfragen.

## ■ Festlegung der Arbeitszeit

Der Begriff Zeit tritt in der Ablauforganisation in drei Wortverbindungen auf:

a) Die Bestimmung der **Zeitfolge**, in der Teilarbeiten im Rahmen des Gesamtablaufs vorzunehmen sind, sagt nur etwas über die *Reihenfolge* der Teilarbeiten aus.

**Beispiel:** Eingangsrechnungen werden sortiert (Vorgang 1), kontiert (Vorgang 2), gebucht (Vorgang 3).

Will man die *Verkettung* von Teilarbeiten, d.h. den unmittelbaren zeitlichen Anschluss, so muss dies eindeutig festgelegt werden. Bestimmte Teilarbeiten können aber auch gleichzeitig ausgeführt werden.

**Beispiele:** Buchhalter sortiert, kontiert und bucht die Eingangsrechnungen unmittelbar hintereinander. Angestellte sortiert und Buchhalter kontiert die Belege, Buchhalterin bucht.

b) Mit der **Zeitdauer** wird der Zeitbedarf für die Teilarbeiten angegeben. Die Summe dieser Arbeitszeiten lässt Schlüsse auf die Zeitdauer des Gesamtprozesses zu. Zur Festlegung der Zeitdauer von Teilarbeiten sind *Arbeitszeitstudien* nötig.

Die Arbeitszeitstudien des REFA-Systems werden vorwiegend bei Fertigungsabläufen angewandt (Abschnitt 7.1.2). Die Zeitmessung bei Verwaltungstätigkeiten ist schwieriger, weil diese Arbeiten weniger zerlegbar sind und der Arbeitsablauf sich häufiger verändert. Zeitmessungen mit der Stoppuhr im Büro werden meistens nur bei sich ständig wiederholenden, gleichförmigen Arbeitsvorgängen, z.B. des Schreibens, der Datenerfassung usw. vorgenommen.

c) Mit der Festlegung von **Zeitpunkten** wird der Arbeitsablauf in den Rahmen des Kalenders gestellt, weil damit der Anfangs- und Endzeitpunkt der Arbeit bestimmt wird. Diese Daten werden vor allem von der Terminplanung vorgegeben.

## ■ Festlegung des Arbeitsorts

Die räumliche Anordnung der Arbeitsplätze soll

a) dem Arbeitsablauf entsprechen und die Reihenfolge der Teilarbeiten erkennen lassen,
b) zusammengehörige Arbeitsplätze überschaubar machen,
c) geringe Durchlaufzeiten durch kurze Transportwege ergeben,
d) die Anpassung des Arbeitsplatzes an den Arbeitsgegenstand ermöglichen.

**Zur Wiederholung und Vertiefung**

1. Welche Vor- und Nachteile haben die Einzelzuordnung und die Gruppenzuordnung von Arbeitsaufgaben?
2. Ordnen Sie die Begriffe Arbeitszeitstudie, Arbeitsreihenfolge, Terminüberwachung, Zeitmessung und Verkettung von Teilarbeiten den Tätigkeitsbereichen Zeitfolge-, Zeitdauer- und Zeitpunktbestimmung zu.

## 6.4.3 Grafische Darstellungsformen

## ■ Ablaufdiagramme

Für *einfache* Arbeitsvorgänge, die zeitlich aufeinander folgende Tätigkeiten darstellen, verwendet man *lineare* Darstellungen in Form von **Arbeitsablaufkarten** (Bild 98).

| **ARBEITSABLAUF** | | Inhalt: **Auftragsbearbeitung** | | | |
|---|---|---|---|---|---|
| Lfd. Nr. | **Ablaufstufen** | **Stellen** | | | |
| | | Poststelle | Sachbearbeiterin Versand | Sachbearbeiterin Rechnungswesen | Sachbearbeiter Lager |
| 1 | Eingang Bestellschein (BS) | ○ | | | |
| 2 | BS an Sachbearbeiterin Versand | | ⇨ | | |
| 3 | Ablage, wenn Lieferschein (LS) fehlt | | D | | |
| 4 | 2 LS-Kopien erstellen | ○ | | | |
| 5 | LS-Kopien an Sachbearbeiterin Versand | | ⇨ | | |
| 6 | Kopien trennen | | ○ | | |
| 7 | 1. Kopie an Sachbearbeiter Lager | | | | ⇨ |
| 8 | Lieferung buchen | | | | ○ |
| 9 | Kopie ablegen | | | | △ |
| 10 | Zusammenfügen von BS + 2. Kopie LS | | ○ | | |
| 11 | Konditionen prüfen | | □ | | |
| 12 | LS und BS an Sachbearbeiterin Rechnungswesen | | | ⇨ | |
| 13 | Rechnung schreiben, LS, BS | | | ○ | |
| 14 | Kontrolle von Menge, Preis, Konditionen, Adresse | | | □ | |
| 15 | Kopien verteilen an Sachbearbeiterin Versand und Lager | | ⇨ | | ⇨ |
| 16 | Ablage Rechnung, LS, BS | | | △ | |

**Symbolerklärung:** ○ = Tätigkeit D = Wartezeit, Stillstand
⇨ = Transport △ = Ablage
□ = Kontrolle

Bild 98

## Balkendiagramme (Gantt-Diagramme) (Abschnitt 5.1.2)

## Netzplantechnik

Zur Darstellung der Terminplanung *für Großprojekte bei Einzelfertigung* (Schiffsbau, Großmaschinenbau, Fertighausbau) eignet sich die Netzplantechnik.

Mit diesem grafischen Verfahren werden Arbeitsabläufe geplant, die der Verwirklichung eines **Projektes** dienen.

**Projekte** sind **Aufgaben**, für die **Anfangs- und Endzeitpunkt festliegen** oder **bestimmt werden können**.

**Beispiele:** Architekten planen ein Einkaufszentrum. Fertigungsingenieure richten eine neue Produktionsabteilung ein. Werbekaufleute bereiten die Einführung eines neuen Markenartikels auf dem Markt vor. Buchhalter erstellen den Jahresabschluss.

| Vorgang | Strukturanalyse | | Zeitanalyse | | | | | | |
|---|---|---|---|---|---|---|---|---|---|
| | Beschreibung | Folgetätigkeit | Arbeitstage | FAZ | FEZ | SAZ | SEZ | GP | FP |
| A | Entwurf, Planung | B, F, G | 20 | 0 | 20 | 0 | 20 | 0 | 0 |
| B | Erdaushub Fundamente | C | 3 | 20 | 23 | 20 | 23 | 0 | 0 |
| C | Ausgießen Fundamente | D | 2 | 23 | 25 | 23 | 25 | 0 | 0 |
| D | Verschalung Betonsockel | E | 5 | 25 | 30 | 25 | 30 | 0 | 0 |
| E | Betonierung Betonsockel | I | 3 | 30 | 33 | 30 | 33 | 0 | 0 |
| F | Bestellung und Auslieferung Betonteile | I | 10 | 20 | 30 | 23 | 33 | 3 | 3 |
| G | Aushub Ver- und Entsorgungsleitungen | H | 2 | 20 | 22 | 26 | 28 | 6 | 0 |
| H | Leitungsverlegung | I | 5 | 22 | 27 | 28 | 33 | 6 | 6 |
| I | Montage Lagerhalle | J | 7 | 33 | 40 | 33 | 40 | 0 | 0 |
| J | Installationsarbeiten | – | 4 | 40 | 44 | 40 | 44 | 0 | 0 |

Aus den Angaben der Struktur- und Zeitanalyse ergibt sich der **Netzplan:**

**Erläuterungen:**

FAZ = frühester Anfangszeitpunkt
FEZ = frühester Endzeitpunkt
SAZ = spätester Anfangszeitpunkt
SEZ = spätester Endzeitpunkt
GP = Gesamtpuffer
FP = Freier Puffer
GP = SAZ – FAZ
FP = FAZ (Nachf.) – FEZ (Vorg.)

**Beispiele:** Puffer für Vorgang G
GP = 26–20 = 6 Arbeitstage
FP = 22–22 = 0 Arbeitstage

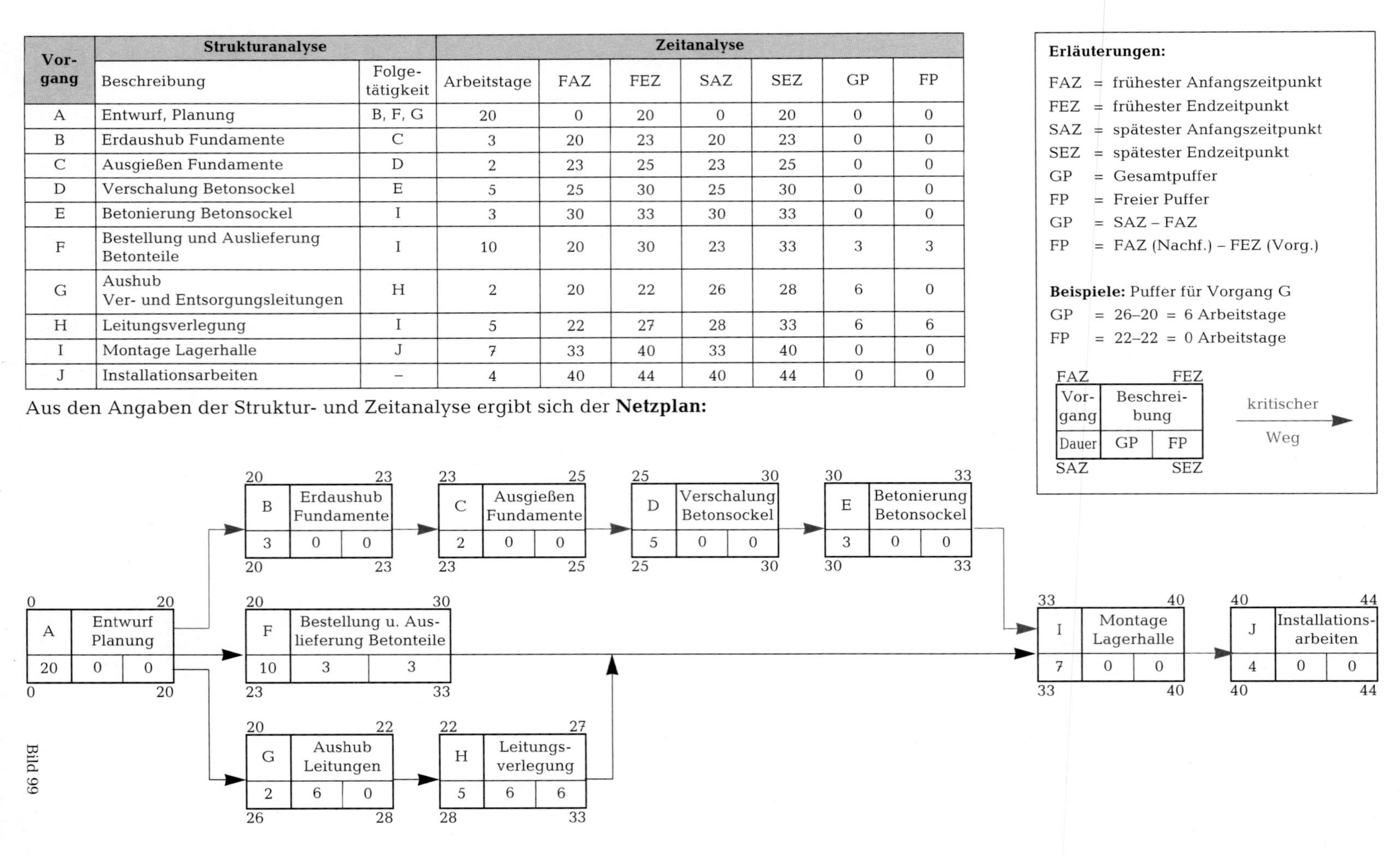


Bild 99

**Beispiel für einen Netzplan:**

Ein Industriebetrieb plant den Bau einer Lagerhalle aus vorgefertigten Betonteilen. Die Teilarbeiten für das Projekt werden in einer *Strukturanalyse,* der jeweilige Zeitbedarf in einer *Zeitanalyse* nach Arbeitstagen (ATg) beschrieben. Aus den Angaben der Struktur- und Zeitanalyse ergibt sich der Netzplan (Bild 99).

**Ergebnis:** Die Lagerhalle kann nach 44 Arbeitstagen betriebsbereit sein, wenn bei den Vorgängen des kritischen Weges keine unvorhergesehenen Verzögerungen eintreten. Eine Verkürzung des Gesamtzeitaufwandes wäre nur möglich, wenn die Zeit für die Vorgänge des kritischen Weges verkürzt werden könnte. Neben dem kritischen Weg können die Vorgänge F sowie G und H parallel verlaufen. Sie haben jeweils Pufferzeiten von drei bzw. sechs Tagen. Teilarbeiten mit Pufferzeiten wird man innerhalb ihres zeitlichen Spielraumes im kostengünstigsten Zeitpunkt ausführen lassen. Mit der Festlegung eines Kalendertages für den Vorgang A ergibt sich die Möglichkeit der Terminkontrolle im Rahmen des Kalenders.

Jeder Knoten ist ein Kontrollpunkt, von dem aus ein neuer Netzplan bei notwendigen Veränderungen des Ablaufprozesses entworfen werden kann.

Mit Netzplänen werden die folgerichtigen (logischen) und zeitlichen Verknüpfungen von Tätigkeiten, die voneinander abhängen und sich gegenseitig beeinflussen, aufeinander abgestimmt und bildlich dargestellt.

Die Auswertung des Netzplanes erfolgt bei sehr umfangreichen Projekten durch Datenverarbeitungsanlagen. Es stehen dafür vorbereitete Rechnerprogramme zur Verfügung, die in der Regel neben der **Zeitplanung** auch eine **Kosten-** und **Kapazitätsplanung** enthalten.

Es gibt mehrere Methoden für die Aufstellung von Netzplänen. Die „**C**ritical **P**ath **M**ethod" (CPM) ist weit verbreitet.

### Vorteile der Netzplantechnik:

a) Der Projektablauf wird gründlich vorbereitet. Gezielte Maßnahmen zur *Vermeidung von Engpässen* beim Einsatz der Produktionsfaktoren sind möglich.

b) Sie erleichtert die *Terminverfolgung*, weil sie Beginn und Ende der angegebenen Arbeitsvorgänge ausweist.

c) Sie erlaubt Aussagen, in welchem Zeitraum mit der Fertigstellung des gesamten Projekts gerechnet werden kann und schafft die Voraussetzungen für *zukünftige Terminplanungen.*

## Zur Wiederholung und Vertiefung

1. Welche Wirkungen haben
   a) Pufferzeiten,
   b) Verzögerungen auf dem kritischen Weg?
2. Setzen Sie in das Netzplanbeispiel (Bild 99) Kalendertage ein. Vorgang A soll am ersten Werktag des kommenden Monats beginnen. Wann ist das Projekt bei jeweils 5 Arbeitstagen in der Woche fertig gestellt?
3. Suchen Sie Projekte aus Ihrem Tätigkeitsbereich, die man mit der Netzplantechnik lösen kann.
4. Warum kann man die Netzplantechnik nicht bei routinemäßigen Daueraufgaben einsetzen?
5. Bei der Herstellung eines Getriebes entsteht für die einzelnen Arbeitsvorgänge folgender Zeitbedarf (ATg = Arbeitstage; Ft = Folgetätigkeit):

| Vorgang | Beschreibung | ATg | Ft | Vorgang | Beschreibung | ATg | Ft |
|---|---|---|---|---|---|---|---|
| A | Konstruktion | 10 | B, E, G, H | G | Herstellung der Wellen | 1,8 | K |
| B | Modellbau für Gehäuse | 3 | C | H | Drehen der Zahnräder | 0,8 | I |
| C | Gießen des Gehäuses | 0,2 | D | I | Fräsen der Zahnräder | 0,9 | J |
| D | Vorarbeiten am Gehäuse | 0,5 | K | J | Härten der Zahnräder | 0,3 | K |
| E | Beschaffung der Lager | 2 | F | K | Montage | 1,3 | – |
| F | Prüfung der Lager | 0,3 | K | | | | |

Zeichnen Sie den Netzplan, und benennen Sie den kritischen Weg sowie die Pufferzeiten.

## 6.4.4 Arbeitsanweisung

Sie beschreibt die Verfahrensweisen für die Arbeitsaufgaben und lenkt diese damit in bestimmte Bahnen. Arbeitsanweisungen werden für Routinearbeiten in der Regel schriftlich und ausführlich erteilt (Bild 100).

**Arbeitsanweisung**

**Stelle: Q 2** — **Arbeitsanweisung Nr. 123**

**Qualitätssicherung: Wareneingangsprüfung Blockmaterial (Metall-Legierung)**

Zur analytischen Sicherstellung unserer Qualitätsprodukte ist bereits eine konsequente Wareneingangsprüfung am Blockmaterial erforderlich.

Daher ist folgender Arbeitsablauf unbedingt einzuhalten:

1. Lieferpapiere prüfen, insbesondere auf Übereinstimmung Soll-/Istlegierung achten:

   1.1 Übereinstimmung ja: weiter Punkt 2.

   1.2 Übereinstimmung nein: Rückweisung.

2. Lkw entladen, Blockmaterial wiegen und legierungsentsprechend ins Lager geben.

3. Jeder Stapel wird sofort mit dem Aufkleber „gesperrt" versehen; je Charge wird eine Analysenprobe herausgearbeitet und zusammen mit dem Lieferanten-Analysenprotokoll in das chemische Labor gegeben.

4. Chemische Analyse, Soll-/Istvergleich sowie Eintragung der Messwerte in das Lieferanten-Analysenprotokoll.

   4.1 Analyse i. O.: Freigabevermerk im Lieferanten-Analysenprotokoll mit Datum und Unterschrift sowie Info an Wareneingangsprüfung:

   Weiter Punkt 5.

   4.2 Analyse n. i. O.: Geräteüberprüfung mittels geeigneter Analysenkontrollprobe (AKP, Eichprobe), Blockprobe erneut kontrollieren und Geräteüberprüfung wiederholen:

      4.2.1 Analyse i. O.: weiter Punkt 4.1.

      4.2.2 Analyse n. i. O.: Blockmaterial umgehend in das Sperrlager fahren, Rückweisung.

5. Freigabe des Blockmaterials durch Entfernen der Aufkleber „gesperrt" sowie Info an den jeweiligen Fertigungsleiter.

Bild 100

### Zur Wiederholung und Vertiefung

Vergleichen Sie die Stellenbeschreibung (Bild 87) mit der Arbeitsanweisung. Welche unterschiedliche Bedeutung haben diese Organisationsmittel?

# 7 Arbeits- und Sozialwelt des Betriebes

## 7.1 Arbeitsstudien

Der Betrieb muss für eine bestimmte Arbeitsaufgabe die geeignete Arbeitskraft und für einen bestimmten Arbeiter eine ihm gemäße Arbeitsaufgabe finden. Je nach Eignung, Neigung und Berufschancen wenden sich die Menschen verschiedenen Arbeitsaufgaben oder Berufen zu. Gleichzeitig wird versucht, mit immer besseren Hilfsmitteln (Werkzeuge, Maschinen) die Arbeit zu erleichtern und ergiebiger zu machen.

Die Bedeutung der Arbeitsgestaltung liegt nicht nur darin, dass der wirtschaftliche Nutzen vermehrt werden soll (Verbesserung des Arbeitsergebnisses, Verringerung von Ausfallzeiten durch Krankheit und Unfälle), sondern in gleichem Maße, dass menschliche und soziale Gesichtspunkte berücksichtigt werden (Verringerung der Beanspruchung, Abschirmung von gesundheitsschädlichen Einflüssen wie Lärm, Staub).

Die heutigen Methoden der Arbeitsgestaltung **(Ergonomie)** sind das Ergebnis einer Entwicklung, die zu einer eingehenden **wissenschaftlichen Untersuchung** der Arbeitsaufgaben und der arbeitenden Menschen geführt hat.

**Ergonomie** schafft die Voraussetzungen für eine Anpassung der Arbeit an den Menschen und umgekehrt des Menschen an die Arbeit.

Mit den Problemen und Methoden der Arbeitsgestaltung beschäftigt sich die **Arbeitswissenschaft**, die auf den Amerikaner Taylor zurückgeht.

### ■ Taylorismus

Der amerikanische Ingenieur **F. W. Taylor** (1856–1915) hat als erster bei der Werkstattarbeit **Körperbewegungen** (Bewegungsstudien) und deren **Zeitdauer** (Zeitstudien) sowie die zweckmäßige Gestaltung der **Arbeitsmittel** (Arbeitsplatzstudien) systematisch untersucht. Er zerlegte den Arbeitsvorgang in „Arbeitselemente" und ermittelte durch Bewegungsstudien Bestzeiten für ihre Durchführung. Durch Verbesserung unzweckmäßiger und Vermeidung unnötiger Körperbewegungen sowie durch wirksamere Ausnützung der Arbeitsmittel sollte die Leistung des Arbeiters gesteigert werden. Er wollte dadurch **maximale** Arbeitsergebnisse erreichen. Das Hauptverdienst Taylors ist nicht die Entwicklung neuer Methoden, sondern die Zusammenfassung bereits da und dort vorhandener Erkenntnisse in einem System, das er „Scientific Management" nannte.

Der Hauptmangel des Taylorsystems zeigte sich bei seiner praktischen Anwendung und Weiterentwicklung. Taylor hatte als Techniker seiner Zeit die psychologischen und physiologischen Wirkungen auf den Menschen, insbesondere Arbeitsfreude und Ermüdung, außer acht gelassen. Der Mensch ist eben keine Maschine, die sich von außen lenken lässt, sondern will sein Verhalten selbst lenken. Deshalb wurde dieses System durch die Arbeiterschaft abgelehnt.

**Fayol** (1841–1925) stellte ähnliche Untersuchungen für die Büroarbeit an.

### 7.1.1 Arbeitswissenschaftliche Untersuchungen

Teilgebiete der **Arbeitswissenschaft** sind die Arbeitspsychologie, die Arbeitsphysiologie und die Arbeitspädagogik. Diese Teilgebiete stehen in enger Wechselbeziehung zueinander.

### ■ Arbeitspsychologie

Sie befasst sich mit den **geistigen** und **seelischen** Auswirkungen der Arbeitsbedingungen und Arbeitsvoraussetzungen auf den Menschen und untersucht

a) die persönlichen Fähigkeiten (Intelligenz, Gedächtnis, Fantasie, Auffassungsgabe, Denkfähigkeit, Charakter, Arbeitsverhalten),
b) die Einstellung des Menschen zu seiner Arbeitsaufgabe (Arbeitswilligkeit, Arbeitsscheu) und zu seinen Mitarbeitern (Teamgeist),

c) die Auswirkungen der Gestaltung des Arbeitsplatzes (Farbgebung, Lichtverhältnisse, Temperatur), der Arbeitsgestaltung und Entlohnung auf die Psyche des arbeitenden Menschen,

d) die Möglichkeiten, nachteilige Auswirkungen zu beseitigen und die Arbeitswilligkeit zu erhöhen.

Zur Untersuchung verwendet man Ermüdungs-, Zeit-, Bewegungs- und Leistungsstudien. Diese setzen eine sorgfältige Beobachtung des Menschen bei seiner Arbeit durch Testverfahren und Eignungsprüfungen voraus.

Ziel der Arbeitspsychologie ist die Steigerung der Arbeitsleistung bei größtmöglicher Schonung des Arbeitnehmers.

Die **Arbeitspsychotechnik** ist ein Teilgebiet der Arbeitspsychologie. Sie untersucht

- die Möglichkeiten, die technischen Hilfsmittel der Eigenart des Menschen anzupassen,
- die Eignung des Menschen für die Arbeit mit bestimmten technischen Hilfsmitteln.

## ■ Arbeitsphysiologie

Sie ist die Wissenschaft von den Auswirkungen verschiedener Arbeitsverrichtungen auf den menschlichen **Körper** und seine Organe. Die Hauptaufgabe ist die Bestimmung der körperlichen Belastbarkeit des Menschen.

**Beispiel:** Untersuchung der muskulären Beanspruchung (Energieverbrauch in Kalorien bzw. Joule) sowie der Beanspruchung des Kreislaufes (Blutdruck) und der Sinnesorgane (Ohren, Augen).

Sie hat vor allem Bedeutung bei:

a) Festsetzung der Arbeitszeit zur Abstimmung des persönlichen Lebensrhythmus mit den Erfordernissen der Arbeit (harmonischer Ausgleich zwischen Arbeits- und Privatsphäre).

**Beispiel: Gleitende Arbeitszeit.** Hierbei gibt es verschiedene Möglichkeiten:

1. Beschränkte Wahl von Arbeitsbeginn und -ende bei täglich fixer Arbeitsdauer (Arbeitszeit von 7–12 und von 13–18 Uhr, fixe Arbeitsdauer von 9–11 und von 14–16 Uhr).
2. Fixe tägliche, wöchentliche oder monatliche Arbeitsdauer (täglich mindestens 8 Stunden usw.).
3. Arbeitszeit mit Zeitübertragungsmöglichkeiten in die nächste Woche, den nächsten Monat.

Eine andere Form der Flexibilität ist das **Job Sharing.**

**Beispiele:**

1. Zwei Arbeitnehmer teilen sich den Arbeitsplatz je zur Hälfte.
2. Fünf Arbeitnehmer besetzen vier Arbeitsplätze. Jeder Arbeitnehmer hat an einem Wochentag frei.

Alle Rechte und Pflichten werden in entsprechendem Verhältnis aufgeteilt.

Flexible Arbeitszeitmodelle, wie sie in der deutschen Automobilindustrie eingeführt sind, berücksichtigen weniger die Bedürfnisse der Mitarbeiter als die des Unternehmens. Bei der „atmenden Fabrik" wird die Arbeitszeit je nach Auftragslage ausgedehnt oder eingeschränkt.

**Beispiel:** In einem Drei- oder Vierwochenrhythmus wechselt die Zahl der Arbeitstage und der freien Tage. Überstunden werden nicht mehr ausbezahlt, sondern mit „Freizeitschecks" abgegolten, die je nach Bedarf von den Mitarbeitern eingelöst werden können.

b) Festlegung der Pausen. Hierbei ist zu beachten, dass mehrere kurze Pausen einen höheren Erholungswert haben als eine lange Pause.

c) Einrichtung des Arbeitsplatzes. Dieser ist so einzurichten, dass konzentriertes, möglichst ermüdungsfreies und die Gesundheit schonendes Arbeiten möglich ist. Hierzu zählen:

1. Verrichtung der Arbeit nicht nur im Sitzen, um Wirbelsäulen- und Kreislaufschäden vorzubeugen.
2. Alle Hilfsmittel sollen in greifbarer Nähe sein.
3. Optimale Beleuchtung. Wird die Helligkeit am Arbeitsplatz erhöht, so erhöht sich die Sehkraft des Auges (z.B. Sehschärfe, Wahrnehmungsgeschwindigkeit).
4. Raumklima, Lufttemperatur und Luftfeuchtigkeit müssen durch Heizungs-, Lüftungs- und Klimaanlagen so geregelt sein, dass das Wohlbefinden des Arbeitnehmers gewährleistet ist.
5. Entstaubungsanlagen, die lungen- und augenschädliche Stoffe abziehen (Gase, Kohlenstaub, Sägemehl).
6. Schalldämmende Vorrichtungen, um Schädigungen des Gehörs zu vermeiden.

7. Farben für Wände und Decken zur Aufhellung der Arbeitsplätze (hellgrün steigert die Arbeitsfreude, für Gefahrenstellen rote Farbe).
8. Der Fußboden soll wärmeisoliert und unfallsicher sein (nicht glatt, keine Fugen).
9. Sauberkeit des Arbeitsplatzes.

d) Belastung von Frauen und Jugendlichen.

Wesentliche Erkenntnisse sind im Frauen- und Mutterschutzgesetz sowie im Jugendarbeitsschutzgesetz berücksichtigt.

e) Auswirkung dauernder Anstrengung auf das Nervensystem (Managerkrankheit).

## ■ Arbeitspädagogik

Sie hat die Aufgabe, Methoden zur Gestaltung und zum Verlauf der Ausbildung zu erforschen. Sie soll Führungskräfte und Ausbilder zur zeitgemäßen Menschenführung befähigen und damit der Anleitung sowie der beruflichen Aus- und Weiterbildung der Mitarbeiter im Betrieb dienen.

**Zur Wiederholung und Vertiefung**

1. Für welche Arbeitszeitregelung würden Sie sich entscheiden? Begründen Sie Ihre Entscheidung.
2. Welche drei Punkte erscheinen Ihnen bei der Einrichtung des Arbeitsplatzes am wichtigsten? Begründen Sie Ihre Entscheidung.

## 7.1.2 REFA-System

REFA = Reichsausschuss für Arbeitsstudien; seit 1955 „REFA-Verband für Arbeitsgestaltung, Betriebsorganisation und Unternehmensentwicklung e.V."

Das REFA-System ist eine Weiterentwicklung des Taylorismus unter Berücksichtigung arbeitspsychologischer und arbeitsphysiologischer Erkenntnisse. Im Gegensatz zum Taylorismus will das REFA-System keine Maximalleistung, sondern eine **dauernde Normalleistung** erzielen. Zur Ermittlung und Bewertung der Normalleistung werden von REFA-Fachleuten Arbeitsablauf-, Arbeitszeit- und Arbeitswertstudien durchgeführt.

## ■ REFA-Studien

**a) Arbeitsablaufstudien.** Sie haben den Zweck, folgende Betriebsverhältnisse zu untersuchen:

1. Zweckmäßigkeit und Wirtschaftlichkeit der Gliederung des Arbeitsablaufs in Arbeitsvorgänge, Arbeitsstufen, Arbeitsgriffe und Griffelemente,
2. Anordnung der Arbeitsplätze und Reihenfolge der einzelnen Arbeitsstufen,
3. Beförderung der Werkstücke von Arbeitsplatz zu Arbeitsplatz,
4. Gestaltung der einzelnen Arbeitsplätze und der benützten Arbeitsmittel.

Diese Untersuchungen ergeben zunächst den **Ist**-Zustand des Arbeitsablaufs. Ihm wird der **Soll**-Zustand gegenübergestellt, dessen Verwirklichung in enger Zusammenarbeit mit der Betriebsleitung, den Werkmeistern und Arbeitern angestrebt wird. Durch Änderung der *Arbeitsvorbereitung* und entsprechende *Arbeitsanweisungen* sollen die Arbeitsaufgaben leichter, sicherer und wirtschaftlicher durchgeführt werden.

**b) Arbeitszeitstudien.** Sie sollen die Zeit erfassen, die von einem Arbeiter bei *durchschnittlichen* Leistungen für die ordnungsmäßige Erledigung einer bestimmten Arbeitsaufgabe benötigt wird. Diese Auftragszeit dient

1. als Unterlage für die Vorkalkulation,
2. als Maßstab bei der Leistungsmessung,
3. als Grundlage für die Aufstellung eines Terminplanes.

Ausgangspunkt für die Festlegung der Auftragszeit ist die **Zeitnahme** bei irgend *einem* Arbeiter **(Istzeit)** zu verschiedenen Zeiten. Dabei werden die nicht beeinflussbare Tätigkeitszeit, die von der Maschine bestimmt wird **(Prozesszeit)**, und die vom Arbeiter beeinflussbare Tätigkeitszeit getrennt erfasst. Die beeinflussbare Tätigkeitszeit wird mit dem Leistungsgrad (Abschnitt 7.1.3) vervielfacht. Diese berichtigte Zeit **(Sollzeit)** gibt zusammen mit der nicht beeinflussbaren Tätigkeitszeit die Grundzeit, die nun für *alle* mit der gleichen Arbeit betrauten Arbeiter angesetzt wird.

Die Gliederung der Auftragszeit zeigt Bild 101.

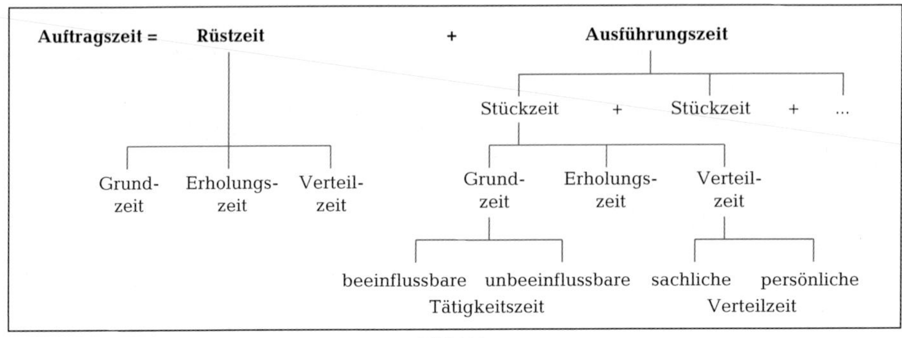


Bild 101

Dabei ist

**Auftragszeit** = Zeit, die für die Erledigung einer Arbeitsaufgabe *insgesamt* vorzugeben ist (Vorgabezeit).

**Rüstzeit** = Zeit, die für die Vorbereitung der Arbeit und für die Wiederherstellung des ursprünglichen Zustandes des Arbeitsplatzes erforderlich ist (Lesen des Auftrages, Einstellen der Maschine, Rückgabe der Arbeitsmittel).

**Ausführungszeit** = Summe der Stückzeiten (ohne Rüstzeit).

**Stückzeit** = Zeit, die für die Fertigung eines Stückes benötigt wird (Grund-, Erholungs- und Verteilzeit).

**Grundzeit** = *regelmäßig* auftretende Rüst- oder Ausführungszeit, in der die beeinflussbare und nicht beeinflussbare Tätigkeitszeit enthalten ist.

**Beispiele:** Anlassen der Maschine; Einspannen, Bearbeiten und Ausspannen des Werkstücks.

**Erholungszeit** = Zeit, die der Arbeitnehmer innerhalb der bezahlten Arbeitszeit zur freien Verfügung hat, um die auftretende Arbeitsermüdung abzubauen.

**Beispiel:** Nach 60 Minuten Arbeitszeit 5 Minuten Pause; wird als prozentualer Zuschlag zur Grundzeit festgelegt.

**Verteilzeit** = *unregelmäßig* auftretende Rüst- oder Ausführungszeiten, die nicht bei jeder Zeitaufnahme erfasst, sondern in einem gesondert ermittelten Prozentsatz der Grundzeit zugeschlagen werden. Sie können sachlicher oder persönlicher Natur sein.

**Beispiele** für

- *sachliche* Verteilzeit: Maschine abschmieren, Gespräche mit Vorgesetzten, Fehler am Werkstoff.
- *persönliche* Verteilzeit: Gang zum Personalbüro, persönliche Bedürfnisse.

Nicht in die Auftragszeit eingerechnet werden

1. **abzugeltende** Verteilzeiten (von Fall zu Fall), die durch Mängel der Arbeitsvorbereitung (nicht rechtzeitig bereitgestellte Werkstoffe und Arbeitspapiere) oder durch unvorhergesehene Störungen im Arbeitsablauf (Maschinenschaden, Stromausfall) eintreten.
2. **nicht abzugeltende** Verteilzeiten, die der Arbeiter durch pflichtwidriges Verhalten verursacht, z.B. durch verspäteten Arbeitsbeginn oder unnötige Gespräche.

**Beispiel:**

Durch Arbeitsstudien wurden für einen Auftrag, der 100 Werkstücke umfasst, folgende Zeiten ermittelt:

Rüstzeit: 24 Minuten für Lesen des Auftrags, Herrichten der Werkzeuge, Einstellen der Maschine und Wiederherstellung des ursprünglichen Zustandes des Arbeitsplatzes. Für unvorhergesehene Störungen im Arbeitslauf (sachlicher und persönlicher Art) wird ein Zuschlag von 10% einkalkuliert.

Stückzeit: 18 Minuten für die Bearbeitung eines Werkstücks. Für unvorhergesehene Störungen im Arbeitsablauf (sachlicher und persönlicher Art) wird ein Zuschlag von 5% einkalkuliert.

Erholungszeit: Nach 60 Minuten Arbeitszeit 5 Minuten Pause = 8 1/3%.

| | Rüstzeit | Stückzeit | Ausführungszeit |
|---|---|---|---|
| **Grundzeit** | 24 min | 18 min | 100 x 18 min = 1.800 min |
| **Verteilzeit** | 10% von 24 min<br>= 2,4 min | 5% von 18 min<br>= 0,9 min | 100 x 0,9 min = 90 min |
| **Erholungszeit** | 8 1/3% von 24 min<br>= 2 min | 8 1/3% von 18 min<br>= 1,5 min | 100 x 1,5 min = 150 min |
| **Σ der Zeiten** | 28,4 min | 20,4 min | 100 x 20,4 min = 2.040 min |
| **Auftragszeit** | = Rüstzeit<br>= 28,4 min | + Ausführungszeit<br>+ 2.040 min | = 2.068,4 min |

Bild 102

c) **Arbeitswertstudien.** Sie sollen Wertzahlen für die Schwierigkeit der Arbeitsaufgabe festlegen. Die gefundenen **Arbeitswerte** bilden die Grundlage für die Einstufung der Arbeitsaufgaben bei tariflichen oder betrieblichen Vereinbarungen über Arbeitsentgelte (Abschnitt 7.6.2).

### ■ Ziele des REFA-Systems

a) Wirtschaftliche Betriebsgestaltung durch reibungslosen Arbeitsablauf und durch Vorgabe der Arbeitszeiten.

b) Genaue Auftrags- und Terminplanung auf Grund der ermittelten Leistungsfähigkeit der Arbeitskräfte und der technischen Mittel.

c) Erhöhte Arbeitsergiebigkeit durch Einsatz der Arbeiter entsprechend ihrer Eignung.

d) Erleichterung der Arbeit durch geeignete, dem Arbeitsvorgang angepasste Arbeitsmittel.

e) Leistungsbezogene Entlohnung der Arbeiter.

f) Selbstkostenermittlung nach dem tatsächlichen Arbeitsablauf.

### ■ Voraussetzung für den Erfolg der REFA-Arbeitsstudien

a) Aufklärung der Arbeiter über die Ziele des REFA-Systems.

b) Unterrichtung der Arbeiter über die Durchführung der Untersuchungen.

c) Mitarbeit der Arbeiter bei der Durchführung (Betriebsrat, BetrVG).

d) Mitteilung der Ergebnisse an die Arbeiter.

e) Gewinnbeteiligung der Arbeiter.

## System vorbestimmter Zeiten (SVZ)

Dieses System versucht die Zeitvorgabe noch stärker zu objektivieren. Auf Grund von genau definierten Grundbewegungen (Hinlangen, Bringen, Greifen, Vorrichten, Fügen, Loslassen) kann man aus Tabellenwerken **Standardzeitwerte** entnehmen, die durch wissenschaftlich fundierte **Mikrobewegungsstudien** ermittelt worden sind. Jede einzelne Grundbewegung wird bei diesen Studien nochmals mehrfach nach verschiedenen Schwierigkeitsgraden unterteilt und wird z.B. beim Hinlangen in Bruchteilen von Minuten je Bewegungslänge und Bewegungsgeschwindigkeit gemessen. Die Summe aller vorbestimmten Zeiten ergibt zusammen die beeinflussbare Tätigkeitszeit.

Als Verfahren zur Vorbestimmung von Zeiten finden das REFA-Standardprogramm Planzeitermittlung, **MTM** (**M**ethods **T**ime **M**easurement) und **WF** (**W**ork **F**actor) in Deutschland immer weitere Verbreitung.

### Zur Wiederholung und Vertiefung

1. Nennen Sie das Ziel von Arbeitsstudien, und erläutern Sie die wesentlichen Schritte zur Berechnung der Normalleistung.
2. In Ihrem Betrieb werden die Auftragszeiten mit Hilfe von Arbeitsstudien festgestellt.
   a) Welche Arten von Arbeitsstudien kennen Sie?
   b) Wie lautet die REFA-Grundgleichung?
   c) Was versteht man unter Rüstzeit?
   d) Was versteht man unter Verteilzeit?
3. Ermitteln Sie die Auftragszeit für 150 Werkstücke bei einer Rüstzeit von 48 Minuten und einer Stückzeit von 36 Minuten. Erholungs- und Verteilzeiten wie im Beispiel Seite 159.
4. Für die Ausführung eines Auftrags, der 30 Werkstücke umfasst, wurden folgende Zeiten festgestellt:
   - 20 Minuten für Lesen des Auftrags, Vorbereiten der Maschine u.a.
   - Für zwangsläufige, notwendige Arbeitsunterbrechung (persönlicher und sachlicher Art) muss ein Zuschlag von 5% berücksichtigt werden.
   - 10 Minuten für die Bearbeitung eines Werkstücks.
   - Für zwangsläufige, notwendige Arbeitsunterbrechungen (persönlicher und sachlicher Art) muss ein Zuschlag von 10% berücksichtigt werden.

   Wie viele Minuten entfallen auf die
   a) Grundzeiten, d) Stückzeit,
   b) Verteilzeiten, e) Ausführungszeit,
   c) Rüstzeit, f) Auftragszeit?
5. Welche Auftragszeit erhält ein Arbeiter für folgenden Auftrag von 50 Stück:
   - Rüstzeit 10 Minuten, Verteilzeit dazu 20%,
   - Stückzeit 8 Minuten, Verteilzeit dazu 5%?

## 7.1.3 Arbeitsbewertung

Bei Beurteilung der *Arbeitsleistung* sind objektive und subjektive Faktoren zu berücksichtigen. Die **objektiven** Faktoren ergeben sich aus dem Schwierigkeitsgrad der Arbeitsaufgabe (Arbeitswert). Die **subjektiven** Faktoren liegen in der Person, welche die Arbeit ausführt; sie haben ihre Ursache im Können und Charakter des Arbeiters (Leistungsgrad).

Nicht jede Arbeitsaufgabe stellt die gleichen Anforderungen an den Arbeiter, und nicht jeder Arbeiter bringt die gleichen Voraussetzungen für die Durchführung der Arbeitsaufgabe mit.

Heute versucht man die objektiven und subjektiven Merkmale mit wissenschaftlichen Methoden zu erfassen und zu bewerten. Die richtige Ermittlung des Arbeitswertes und Leistungsgrades ist Voraussetzung für eine leistungsbezogene Entlohnung und die Grundlage für die richtige Auswahl der Arbeitskräfte (Abschnitt 7.9.1).

## ■ Bewertung der objektiven Arbeitsschwierigkeit (Arbeitswert)

Die Summe der Anforderungen, welche eine Arbeitsaufgabe an den Arbeiter stellt, ergibt die **Arbeitsschwierigkeit**. Die Aufgabenbewertung versucht, die Arbeitsschwierigkeit unabhängig von der Person, welche die Arbeit ausführt, zu messen oder zu schätzen (Arbeitswert).

## ■ Verfahren der Arbeitswertfestsetzung

In der Praxis haben sich dafür das summarische und das analytische Verfahren herausgebildet.

**a) Summarisches Verfahren.** Dabei wird die *Arbeitsaufgabe als Ganzes* bewertet. Man unterscheidet das

1. **Rangfolgeverfahren.** Die Arbeitsaufgaben innerhalb eines Betriebes werden nach ihrem geschätzten Schwierigkeitsgrad in eine Rangfolge eingeordnet, die mit einfachsten Arbeiten beginnt und mit den schwierigsten endet. Dann werden die Arbeitsaufgaben mit Punkten bewertet.

   Das Verfahren ist leicht durchzuführen, hat aber den Nachteil, dass die Bewertung sehr stark von dem persönlichen Urteil des Bewerters abhängt, da die einzelnen Anforderungen einer Arbeitsaufgabe nicht weiter untersucht werden.

2. **Katalogverfahren.** Durch Tarifverträge oder Betriebsvereinbarungen wird ein Lohngruppenkatalog erstellt, in welchem unterschiedliche Schwierigkeitsgrade in abgestufter Darstellung bestimmten Lohngruppen zugeordnet werden. Die jeweils im Betrieb vorkommenden Arbeitsaufgaben werden entsprechend ihrem Schwierigkeitsgrad jeweils in eine dieser Lohngruppen eingestuft (Bild 103).

**Richtbeispiele für Lohngruppenfindung**

| Art der Arbeit | erforderliche Anlernzeit/ Erfahrung | erforderliches fachliches Können | Lohngruppe |
|---|---|---|---|
| einfachste Arbeit | kurze einmalige Anweisung | kein Erfordernis | 1 |
| | kurze Anweisung und kurze Übung | | 2 |
| einfache Arbeit | kurze Einarbeitungszeit | | 3 |
| | | gewisse Sach- und Arbeitskenntnisse | 4 |
| angelernte Tätigkeit | bis 2 Monate | begrenzte Sach- und Arbeitskenntnisse | 5 |
| | über 2 Monate | begrenztes Können | 6 |
| Facharbeit | 3 Jahre | Berufsausbildung und zusätzliche Berufserfahrung | 7 |
| | 5 Jahre | Berufsausbildung und besondere Berufserfahrung | 8 |
| Facharbeit mit besonderen Anforderungen | 7 Jahre | Fachkönnen, Arbeiten mit besonderem Schwierigkeitsgrad | 9 |
| | 8 Jahre | hohes fachliches Können, mehrjährige Berufserfahrung | 10 |

Bild 103

Bei besonderen Belastungen (körperlich, geistig, Umgebung oder Lärm) kann die Arbeitsaufgabe bis zu zwei Gruppen höher bewertet werden.

Dem Lohngruppenkatalog kann ein Katalog von Richtbeispielen beigegeben werden, in dem einzelne Tätigkeiten ausführlich beschrieben sind, sodass die Einstufung der Arbeitnehmer damit begründet werden kann.

**b) Analytisches Verfahren** (Stufenwertzahlenverfahren). Dabei müssen die *Arbeitsaufgaben nach bestimmten Anforderungsmerkmalen* analysiert werden. Diese werden mit Punkten bewertet und zu **Merkmalsgruppen** zusammengefasst. Da die einzelnen Gruppen nicht gleichwertig sind, ist es notwendig, ein *Wertverhältnis* zwischen ihnen festzulegen. Dies geschieht entweder mit Hilfe von Vergleichszahlen (Äquivalenzzahlen) oder durch Festlegen unterschiedlich hoher Höchstpunktzahlen für die jeweiligen Merkmalsgruppen. Die Gewichtung kann nur durch Arbeitsstudien, durch Vergleichen und Verwerten von Erfahrungen gewonnen und muss in Betriebsvereinbarungen und Tarifverträgen festgelegt werden. Die Höhe der Punktzahlen gibt den Schwierigkeitsgrad an und wird als **„Arbeitswert"** bezeichnet.

Um eine möglichst einheitliche Anwendung dieses Verfahrens zu erzielen, und um irrtümliche Auslegungen auszuschließen, werden auch hier häufig von den einzelnen Wirtschaftsgruppen Richtbeispiele ausgearbeitet, in denen die Arbeitsaufgabe beschrieben und die Bewertung begründet wird. Auf der internationalen Tagung über Arbeitsbewertung in Genf (1950) wurde ein allgemeines Schema für Merkmalsgruppen **(Genfer Schema)** festgelegt. Der „Gesamtverband der metallindustriellen Arbeitgeberverbände e.V." hat dieses Schema seiner Arbeitsbewertung zugrunde gelegt und für jede Merkmalsgruppe Höchstpunktzahlen (rot) festgelegt. Die speziellen Werte werden auf Grund von Arbeitsstudien in den einzelnen Betrieben eingesetzt (Bild 104).

**Beispiel** (Bild 104):

**Beschreibung der Arbeit:** Prüfen einer Licht- und Kraftanlage und Fehlerbeseitigung.

**Werkstück:** Licht- und Kraftanlage, 230 Volt Wechselstrom, mit etwa 1.500 Anschlüssen und Brennstellen einer großen Fabrikanlage mit mehreren Gebäuden und Hallen.

**Arbeitsunterlagen:** Bauplan, Installationsplan, Stromlaufplan, Schaltschema, VDE-Vorschriften.

**Betriebsmittel:** Galvanoskop mit Batterie, Kurbelinduktor, Volt- und Amperemeter, Erdschlussprüfgerät, Installationswerkzeug, Leitern.

**Arbeitsplatz:** Einzelplatz in geschlossenen Räumen, z. T. auch im Freien, an schwer zugänglichen Stellen, auf Leitern und auch in feuchten Kellern.

**Arbeitsvorgang und Arbeitsablauf:** Auf Grund von Störungsmeldungen die teilweise unter Spannung stehenden Leitungen auf Stromdurchfluss und Stromverluste prüfen. Unter Benützung des Erdschlussprüfgerätes oder mit dem Galvanoskop den Isolierwiderstand messen und Fehlerströme von den Leitungen zur Erde und von Leitung zu Leitung feststellen. Die benutzten hochwertigen Messinstrumente sachgemäß schalten und bedienen. Den Ort der durch die Messungen festgestellten Fehler aufsuchen. Stückweise die einzelnen Leitungswege vom Leitungsstamm abschalten. Die Isolationswerte der abgeschalteten Leitungen ständig messen und beim Feststellen von Fehlern den Fehlerort durch weitere Unterteilungen und Messungen einkreisen und die Fehlerstelle ermitteln. Die Fehlerursachen, z.B. Feuchtigkeitsschluss in Kellern, scharfkantige Wanddurchführungen, Wackelkontakte, fehlerhafte Aggregate soweit wie möglich sofort beseitigen, um längere Betriebsstörungen zu vermeiden. Nach dem Beseitigen einer Fehlerursache die gesamte Anlage abschließend erneut durchprüfen. Nach Bedarf Helfer anleiten.

**Fertigungsart:** Vielseitig mit veränderlichem, den jeweiligen Erfordernissen entsprechendem Arbeitsablauf.

Das Genfer Schema eignet sich vor allem für Arbeitsaufgaben in den Werkstätten. Bei der Bürotätigkeit kommen weitere Merkmale für die Bewertung hinzu wie Umgangsformen, Ausdrucksfähigkeit und Organisationstalent, während andere wegfallen können, z.B. bestimmte Umweltbelästigungen.

## Genfer Schema **Richtbeispiel für Prüfen einer Licht- und Kraftanlage und Fehlerbeseitigung**

| | Anforderungen | Bewertung | | Bewertungsbegründung |
|---|---|---|---|---|
| | | Höchst-werte | Spezielle Werte | |
| **aktive** Anforderungsmerkmale | **I. Fachkönnen** | | | **I. Fachkönnen:** Kenntnisse eines Elektroinstallateurs. Vieljährige Erfahrung im Aufsuchen und Beseitigen von Fehlern in großen elektrischen Anlagen. Kenntnis und Übung im Lesen umfangreicher Installationspläne und Stromläufe. Kenntnis der Anwendung und Wirkungsweise elektrischer Messgeräte. |
| | a) Ausbildung, Erfahrung, Denkfertigkeit | 8 | 7 | |
| | b) Körpergewandtheit, Geschicklichkeit, Handfertigkeit | 4 | 2 | Geschicklichkeit und Körpergewandtheit beim Einkreisen und Beseitigen der Fehler an schwer zugänglichen Stellen. |
| | Fachkönnen insgesamt | 12 | 9 | |
| | **II. Belastung** | | | |
| | a) Aufmerksamkeit, Denken | 5 | 5 | **II. Belastung:** Aufmerksames und überlegtes Beobachten und Auswerten der Messergebnisse sowie der Funktionen der elektrischen Geräte und Messinstrumente. |
| | b) Belastung der Muskeln | 5 | 2 | Vielfach anstrengende Körperhaltung beim Aufsuchen und Beseitigen der Fehler. |
| | Belastung insgesamt | 10 | 7 | |
| | **III. Verantwortung** | | | **III. Verantwortung:** Verantwortung für die schnellste Beseitigung von Betriebsstörungen, für die sachgemäße Behandlung von Betriebsmitteln und Messinstrumenten sowie für das sachgemäße und unfallsichere Arbeiten der Helfer. |
| | a) für Betriebsmittel und Erzeugung | 4 | 3 | |
| | b) für die Arbeit anderer | 3 | 1 | |
| | c) für die Gesundheit anderer | 3 | 1 | Von der schnellen, zielbewussten Arbeit ist die Dauer einer Betriebsstörung wesentlich abhängig. |
| | Verantwortung insgesamt | 10 | 5 | |
| **passive** Anforderungsmerkmale | **IV. Umwelt** | | | **IV. Die Umwelt:** Verschmutzung beim Aufsuchen und Beseitigen der Fehler unter Putz, in Kabelkanälen, an Maschinen usw.; Unfallgefährdung beim Arbeiten an den teilweise unter Spannung befindlichen Leitungen und auf Leitern. |
| | a) Schmutz | 2 | 1 | |
| | b) Staub | 1,5 | 0 | |
| | c) Öl | 1 | 0 | |
| | d) Temperatur | 2 | 0 | |
| | e) Nässe, Säure, Lauge | 1 | 0 | |
| | f) Gase, Dämpfe | 2 | 0 | |
| | g) Lärm | 2 | 0 | |
| | h) Erschütterung | 1,5 | 0 | |
| | i) Blendung, Lichtmangel | 1 | 0 | |
| | k) Erkältungsgefahr | 1 | 0 | **Aktive Anforderungsmerkmale (I-III)** können vom Arbeitnehmer beeinflusst werden. |
| | l) hinderliche Schutzkleidung | 2 | 0 | **Passive Anforderungsmerkmale (IV)** können vom Arbeitnehmer nicht beeinflusst werden. |
| | m) Unfallgefahr | 2 | 2 | Das Punkteverhältnis zwischen aktiven und passiven Merkmalen (hier 63% zu 37%) wird branchenverschieden in Rahmentarifverträgen festgelegt. |
| | Umwelt insgesamt | 19 | **3** | |
| | **Arbeitswert** | | **24** | |

Bild 104

Nicht anwendbar ist die Arbeitsbewertung bei Arbeitsaufgaben, für die es keine Vergleichsmaßstäbe gibt und die sich somit einem Schwierigkeitsvergleich entziehen, z.B. bei erfinderischer, schöpferisch-planender oder künstlerischer Arbeit.

## ■ Allgemeine Probleme der Arbeitswertfestsetzung

Zweck der Arbeitswertfestsetzung ist es, eine Entlohnung zu finden, die der Schwierigkeit der Arbeit entspricht. Alle Verfahren der Arbeitsbewertung versuchen, auf wissenschaftlicher Grundlage den Schwierigkeitsgrad der Arbeit zu messen. Diese Verfahren der Arbeitswissenschaft können aber nur festlegen, dass bei der einen Arbeit der Anforderungsgrad vergleichsweise höher oder niedriger ist als bei den anderen. Sie können also *nicht den absoluten Wert* einer Arbeit festlegen. Dieser wird in der Marktwirtschaft auf ganz andere Weise bestimmt, nämlich auf Grund von *Angebot und Nachfrage*. Der Wert der Arbeit wird hier bestimmt durch sozialpolitische und marktmäßige Wertvorstellungen, ob z.B. fachliches Können einen höheren Arbeitswert hat als ausschließlich körperliche Arbeit. Diese Wertvorstellungen verändern sich je nachdem, ob Überfluss oder Mangel an bestimmten Arbeitskräften herrscht.

Daraus ergibt sich die Problematik, daß *subjektive* Wertvorstellungen aller, die an der Festlegung der Arbeitswerte mitwirken (Unternehmensleitung, Bewerter, Betriebsrat, Gewerkschaften), in die Bewertung mit einfließen.

## ■ Spezielle Probleme der Arbeitswertfestsetzung

Für besondere Belastungen (passive Bewertungsmerkmale) wie Schmutz, Lärm, Gase usw., werden in allen Betrieben Zuschläge bezahlt, sodass diese Arbeiter in höhere Lohngruppen oder Arbeitswerte eingestuft werden. Wenn durch Rationalisierungsinvestitionen diese Belastungen wegfallen, so entfallen auch die dafür gezahlten Zuschläge. Nach einer Änderungskündigung und einer Übergangszeit werden die Arbeitnehmer in eine niedrigere Lohn- oder Arbeitswertgruppe eingestuft. Diesen Übergang regeln tarifliche Rationalisierungsschutzabkommen.

Neuerdings streben die Gewerkschaften danach, sowohl die *individuelle* Lohnhöhe als auch die *generelle* Lohnhöhe (Lohnniveau eines Betriebes) abzusichern.

### ■ Sicherung der individuellen Lohnhöhe

Hierbei wird gefordert, dass auch nach Rationalisierungsinvestitionen, die eine Abgruppierung für die Arbeitnehmer bringen würde, der gleiche Lohn wie vorher gezahlt wird (Wahrung des Besitzstandes).

**Problematik:** Wird ein zweiter Arbeitnehmer für dieselbe Arbeit eingestellt, erhält dieser für die *gleiche* Arbeit *weniger* Lohn.

Wird ein Arbeiter dagegen an einen niedriger bewerteten Arbeitsplatz versetzt, so erhält er für *weniger* Anforderungen den *gleichen* Lohn wie seine früheren Kollegen und *mehr* als seine jetzigen Kollegen.

### ■ Sicherung der generellen Lohnhöhe

Entsprechend dieser Forderung darf in keinem Betrieb der einmal erreichte durchschnittliche Stundenlohn (**L**ohn**s**icherungs**k**ennzahl = LSK) wieder unterschritten werden.

**Beispiele:** Ein Arbeitnehmer einer hohen Lohngruppe wird pensioniert, sein Arbeitsplatz wird durch einen jungen Facharbeiter mit niedriger Lohngruppe besetzt. Dadurch sinkt die LSK.

Die gleiche Wirkung hat auch die Einstellung von Arbeitskräften, z.B. von Hilfsarbeitern, deren Stundenlohn unter der LSK liegt.

In beiden Fällen muss der Betrieb das generelle Lohnniveau in allen Lohngruppen so lange anheben, bis die bisherige LSK wieder erreicht ist. Die bisherigen Arbeitnehmer erhalten durch diese Anhebung einen *höheren* Lohn für *gleiche* Arbeit.

## Bewertung der subjektiven Arbeitsleistung (Leistungsgrad)

Soweit bei der Erledigung eines Auftrags die Zeiten von der Maschine bestimmt werden, kann der Mensch nur die Nebenzeiten durch seine Leistung beeinflussen. Bei der Zeitnahme (Istzeit) beobachten deshalb REFA-Fachleute die menschliche Leistung und vergleichen sie mit der Vorstellung der Normalleistung. Dies ergibt den **Leistungsgrad**. Eine möglichsten genaue Schätzung des Leistungsgrades setzt eine klare Vorstellung der Normalleistung, eine sorgfältige Ausbildung im Schätzen des Leistungsgrades sowie Verantwortungsbewusstsein voraus.

## Kennzeichen der Arbeitsleistung

Kennzeichen der beobachteten Arbeitsleistung sind Arbeitseinsatz und Wirksamkeit der Arbeitsleistung (Bild 105).

| **Schema zur Erläuterung des Leistungsgrades** (nach Bramesfeld) | | | | | | |
|---|---|---|---|---|---|---|
| **Ursprung der Leistung** | **Innere Antriebe**<br>Wollen, Interesse<br>Zielstrebigkeit, Ausdauer | | **Können**<br>Fähigkeiten<br>Fertigkeiten | | | |
| beurteilt aus: | Bewegungsgeschwindigkeit | Anstrengung | Anlage | Übung | Erfahrung | Gewöhnung |
| **Entstehung der Leistung** | Hergabe der Kräfte<br>(Persönlichkeitsbild) | | Auswirkung des Könnens<br>(Leistungsbild) | | | |
| beurteilt aus: | **Einsatz:**<br>Intensität der individuellen Bemühung | | **Wirksamkeit:**<br>Struktur und Gestaltung des Arbeitsvollzugs (Qualität) | | | |
| Ergebnis | LEISTUNGSGRAD | | | | | |

Bild 105

**a) Der Arbeitseinsatz** oder die Intensität der Arbeit hängt entscheidend vom Leistungswillen, vom Interesse, von der Zielstrebigkeit und der Ausdauer der Arbeitenden ab. Der Arbeitseinsatz kann beurteilt werden aus der
- Bewegungsgeschwindigkeit, mit der sich der Arbeiter bewegt (Arme, Hände),
- körperlichen Anstrengung (Hantieren mit schweren Gegenständen, Tragen und Halten von Lasten, Schmutz und Hitze),
- geistigen Anstrengung (Aufmerksamkeit, Sorgfalt), Vermeidung von Fehlern und Ausschuss.

**b) Die Wirksamkeit** des Arbeitsvollzugs zeigt die Beherrschung des Arbeitsvorgangs durch die Arbeitsausführenden. Sie hängt ab von
- den natürlichen Anlagen (Eignung),
- der Übung (Fertigkeit, Geschicklichkeit),
- der fachlichen Erfahrung (vorherige ähnliche Tätigkeit),
- der Gewöhnung (Vertrautheit, Einarbeitung).

## Ermittlung des Leistungsgrades

Bei Arbeitszeitstudien (Abschnitt 7.1.2) werden ermittelt

a) die **Istleistung**, d.h. die Zeit, die eine *bestimmte* Arbeitskraft für eine Arbeitsverrichtung benötigt (Eintrag in einen Zeitaufnahmebogen),

b) die **Bezugsleistung**, das kann entweder sein

- die *durchschnittliche* Zeit, die *verschiedene* Arbeitskräfte für eine Arbeitsverrichtung benötigen,
- die *Standardleistung* nach SVZ (Abschnitt 7.1.2) oder
- die REFA-*Normalleistung*. Darunter versteht man eine Bewegungsführung, deren Einzelbewegungen, Bewegungsfolgen und ihre Koordinierung dem Beobachter besonders harmonisch, natürlich und ausgeglichen erscheinen. Diese Normalleistung kann erfahrungsgemäß von jedem in erforderlichem Maße geeigneten, geübten und voll eingearbeiteten Arbeiter auf die Dauer erbracht werden. Sie ist kein fester Leistungspunkt, sondern ein Leistungsbereich. Der Leistungsgrad wird stets in Fünferschritten angegeben, z.B. 95%, 100%, 105%, 110%, oder in niedriger, mittlerer, hoher und sehr hoher Leistung.

Welche Bezugsleistung gewählt wird, bestimmen die Vertragsparteien im Rahmen der Betriebsvereinbarung oder des Tarifvertrages.

Die Zeitstudien ergeben demnach durch Gegenüberstellung der subjektiven Leistung und der Bezugsleistung den **Leistungsgrad**.

$$\textbf{Leistungsgrad} = \frac{\text{Istleistung}}{\text{Bezugsleistung}} \times 100\%$$

**Beispiel:** Die Bezugsleistung sei 24 Stück/h. Ein Arbeiter fertigt 20 Stück/h. Sein Leistungsgrad beträgt 83 $^1/_3$%.

Die Messung des Leistungsgrades ist nur möglich bei Aufträgen, bei denen der Arbeiter die Bearbeitungszeit durch seine Leistung beeinflussen kann. Soweit bei Erledigung eines Auftrages die Zeiten von der Maschine bestimmt werden, bleibt die Leistung des Menschen unberücksichtigt.

Der dem Akkordsatz zugrunde liegende Leistungsgrad 100% (Bezugsleistung) entspricht dem Leistungsfaktor 1. Sowohl bei der Rüst- als auch bei der Ausführungs**grund**zeit wird die beeinflussbare Istzeit irgend *eines* Arbeiters mit seinem Leistungsfaktor multipliziert und der nicht beeinflussbaren Tätigkeitszeit (Maschinenzeit) zugezählt. So erhält man die vorzugebende Grundzeit für *jeden* Arbeiter.

**Beispiel:** Die gleichen Arbeitsvorgänge werden von 3 Arbeitern erledigt.

| Arbeiter | beeinflussbare Istzeit | Stück/h | Leistungsfaktor | beeinflussbare Bezugsleistung | Stück/h |
|---|---|---|---|---|---|
| A | 2,50 min/Stück | 24 | 1 | 2,50 min/Stück | 24 |
| B | 2,00 min/Stück | 30 | 1,25 | 2,50 min/Stück | 24 |
| C | 3,00 min/Stück | 20 | 0,833 | 2,50 min/Stück | 24 |

Bild 106

## Zur Wiederholung und Vertiefung

1. Erläutern Sie die Notwendigkeit der Arbeitsbewertung.
2. Erläutern Sie die zwei grundsätzlichen Methoden der Arbeitswertstudien.
3. Welche der folgenden Aussagen ist für Arbeitswertstudien zutreffend?
   a) Sie dienen der räumlichen Anordnung von Arbeitsvorgängen.
   b) Sie bilden die Grundlage für die Arbeitsverteilung und Terminplanung.
   c) Sie dienen der Ermittlung des Schwierigkeitsgrads von Arbeiten.
   d) Sie dienen der genauen Ermittlung der Auftragszeit.

4. a) Stellen Sie anhand des Genfer Schemas die Höchstwerte für den Fahrer eines Gabelstaplers fest, der Einzelteile vom Lager zu den jeweiligen Arbeitsplätzen bringt.
   b) Ordnen Sie den Fahrer in den Lohngruppenkatalog von Bild 103 ein.
5. Welche Auswirkungen hat die Einführung der LSK
   a) auf die Rationalisierungsmaßnahmen der Unternehmung,
   b) auf die Personalpolitik der Unternehmung,
   c) auf die Arbeitnehmer, die im Betrieb arbeiten,
   d) auf die Arbeitnehmer, die eine Stelle suchen?

### 7.1.4 Bestimmungsfaktoren der Lohnfindung

Die Verfahren der Arbeitsbewertung streben auf wissenschaftlicher Grundlage eine Messung des Schwierigkeitsgrades der Arbeit an, die jederzeit nachprüfbar sein soll. Die Arbeitswissenschaft kann aber nur feststellen oder abschätzen, dass bei der einen Arbeit der Anforderungsgrad tatsächlich höher oder niedriger ist als bei der anderen. Sie kann keine absoluten oder endgültigen Maßstäbe für die Gewichtung der einzelnen Anforderungsmerkmale, -merkmalsgruppen oder Tätigkeiten insgesamt liefern, die sich in den Höchstwerten niederschlagen müssen.

**Beispiel:** Sind Vorbildung, fachliches Können oder Körperkraft gleich hoch zu bewerten, oder ist hier ein unterschiedlicher Arbeitswert festzulegen?

Damit sind die Grenzen einer wissenschaftlichen Arbeitsbewertung aufgezeigt. In sie fließen ein:

a) Subjektive Wertvorstellungen der Bewertungsinstanzen (Bewerter, Wirtschaftsverbände, Gewerkschaften).

b) Sozialpolitische Wertvorstellungen der Gesellschaft. Die Bewertung der Arbeitskraft ist hier Aufgabe der Sozialpartner. Auch der Betriebsrat hat ein Mitbestimmungsrecht bei der Einführung neuer Verfahren der Arbeitsbewertung.

BetrVG §§ 87, 90

Hier bietet sich die Berufung einer Kommission an, in der Arbeitsbewerter, Vertreter der Arbeitgeber und des Betriebsrates in gleicher Zahl vertreten sind.

c) Marktmäßige Bedingungen (Überfluss und Mangel an bestimmten Arbeitskräften). Angebot und Nachfrage sind von der Wirtschaftsstruktur eines Landes abhängig (Industrie-, Rohstoff-, Agrar-, Entwicklungsland), sodass nicht einfach gesagt werden kann, dass fachliches Können einen hohen Arbeitswert, während ausschließlich körperliche Arbeit einen niedrigen Arbeitswert ergibt.

**Beispiel:** Die Arbeit eines Hilfsarbeiters bei der Müllabfuhr kann in Deutschland höher bewertet werden als das durchschnittliche Fachkönnen eines kaufmännischen Angestellten.

**Zur Wiederholung und Vertiefung**

Wie ist der Arbeitswert in obigem Beispiel in einem Entwicklungsland festzulegen?

## 7.2 Arbeitsentgelt

Der **Lohn** ist das *Entgelt* des Betriebes *für den Einsatz des Produktionsfaktors Arbeit.*

**Der Unternehmer**, der im Betrieb mitarbeitet, erhält den Lohn für seine Arbeit im *Gewinn.* Bei Personenunternehmungen ist deshalb vor der Berechnung der Rentabilität des Eigenkapitals der *Unternehmerlohn* vom Gewinn abzuziehen. Wenn der Betrieb keinen Gewinn bringt, erhält der Unternehmer also auch keinen Lohn für seine Arbeit (Unternehmerrisiko).

**Der Arbeitnehmer** hat einen Rechtsanspruch auf seinen *Lohn.* Er ist für ihn Einkommen, für den Betrieb jedoch Kostenfaktor. Diese gegensätzliche Bedeutung ist die Ursache für die mit dem Lohnproblem verbundene Spannung zwischen den Sozialpartnern.

GewO § 115

Heute wird der Lohn des Arbeitnehmers in der Regel in Geld (Geldlohn) ausbezahlt, während er früher häufig in Waren, Unterkunft und Verpflegung (Naturallohn) bestand. Die ausschließliche Gewährung von Naturallohn ist heute verboten. Neben dem Geldlohn kommt der Naturallohn heute noch in der Landwirtschaft, im Hotelgewerbe, in Brauereien und im Kohlenbergbau vor.

Die Höhe des Arbeitseinkommens hängt grundlegend ab

a) vom **Lohnsatz** je *Zeit*einheit und der **Zahl** der geleisteten *Zeit*einheiten oder

b) vom **Lohnsatz** je *Mengen*einheit und der **Zahl** der geleisteten *Mengen*einheiten.

**Zur Wiederholung und Vertiefung**

Diskutieren Sie den Vorschlag: „Gleicher Lohn für alle"?

## 7.2.1 Berechnung des Lohnsatzes

Das Entgelt für eine *Zeit*einheit (Stunde) oder eine *Mengen*einheit (Stück) nennt man den Lohnsatz. Maßstab für die Höhe des Lohnsatzes ist der Arbeitswert (Abschnitt 7.1.3). Mit steigendem Arbeitswert soll auch der Lohnsatz steigen. Dies kann auf zweierlei Weise geregelt werden:

**a) Gleichmäßige** Steigerung des Lohnsatzes (L) bei steigendem Arbeitswert (A).

Lohnsatz = Lohnsatz bei $A_0$ + Arbeitswert x Steigerungsfaktor.
$L = L_0 + A \times f$.

Der Steigerungsfaktor richtet sich nach der Lohnspanne und Arbeitswertspanne des Betriebes. Für den niedrigsten Arbeitswert im Betrieb wird der niedrigste Lohnsatz, für den höchsten Arbeitswert der höchste Lohnsatz bezahlt (Bild 107).

**Beispiel** (Bild 107)

Höchster Lohnsatz ($L_{max}$) = 18,00 EUR je Stunde
Niedrigster Lohnsatz ($L_{min}$) = 5,40 EUR je Stunde
Höchster Arbeitswert ($A_{max}$) = 40
Niedrigster Arbeitswert ($A_{min}$) = 10

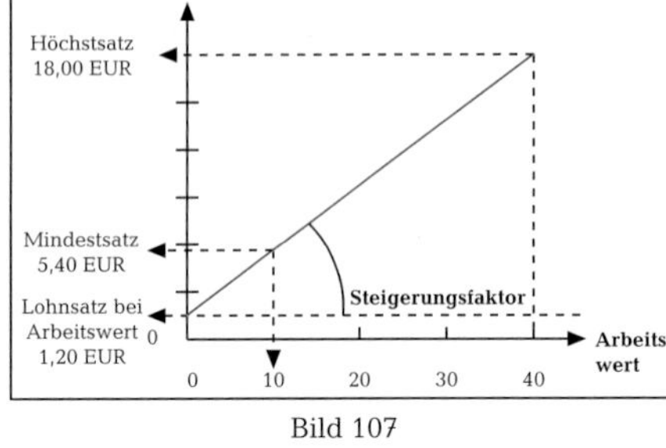


Bild 107

**Berechnung des Steigerungsfaktors**

1. Gleichung $L_{max} = L_0 + A_{max} \times f$
2. Gleichung $L_{min} = L_0 + A_{min} \times f$

Daraus ergibt sich

$$\frac{L_{max} - L_{min}}{A_{max} - A_{min}} = f; \quad \frac{18{,}00 - 5{,}40}{40 - 10} = \frac{12{,}60}{30} = 0{,}42 \text{ (EUR je Arbeitswerteinheit)}$$

Als Lohnsatz bei Arbeitswert 0 ergibt sich daraus:

$$L_0 = L_{max} - A_{max} \times f$$
$$= 18{,}00 - (40 \times 0{,}42) = 1{,}20 \text{ (EUR)}.$$

**b) Zunehmende** Steigerung des Lohnsatzes bei steigenden Arbeitswerten. Dadurch will man der Schwierigkeit Rechnung tragen, geeignete Arbeitskräfte für Arbeiten mit höheren Anforderungen zu finden. Die Tarifverträge enthalten zwei Verfahren:

1. Lohngruppenverfahren mit *Schlüsselzahlen.* Zehn Lohngruppen sind bestimmte Schlüsselzahlen zugeordnet. Der Grundlohn (z.B. 10,55 EUR), der als Basis für die Berechnung der Löhne in anderen Gruppen dient, entspricht der durchschnittlichen Arbeitsschwierigkeit (Lohngruppe 7 = Schlüsselzahl 100%). Für jede Lohngruppe wird eine Schlüsselzahl festgelegt, die angibt, wie viel Prozent vom Grundlohn der Lohn dieser Gruppe beträgt. Die Schlüsselzahlen steigen erst proportional, dann leicht progressiv an (Bild 108 a). Der geringere Anstieg in den unteren Lohn-

gruppen wird besonders von den Gewerkschaften vertreten, um einen Mindestverdienst in diesen Gruppen zu sichern. Bild 108 b zeigt, dass in der Praxis die unteren Lohngruppen zunehmend an Bedeutung verlieren; das Schwergewicht liegt auf der Einstufung in den mittleren und oberen Lohngruppen. Außerdem wird eine Abschwächung des Anstiegs in allen Lohngruppen erreicht, wenn in Tarifverträgen neben einer prozentualen Lohnsteigerung ein Sockelbetrag vereinbart wird (z.B. 3% Lohnsteigerung + 15 ct. in jeder Lohngruppe).

Neuerdings werden in manchen Tarifverträgen keine prozentualen Zuschläge ausgehandelt, sondern für die einzelnen Lohngruppen individuelle EUR-Zuschläge.

2. Lohngruppenverfahren mit *Arbeitswerten.* Den 10 Lohngruppen werden 45 Arbeitswerte zugeordnet, sodass eine differenzierte Einstufung möglich ist. Die Steigerung des Lohnsatzes in den oberen Lohngruppen wird dadurch abgeschwächt, dass höhere Lohngruppen immer mehr Arbeitswerte umfassen (Bild 108a).

   Da die Lohngruppen, Arbeitswerte und Schlüsselzahlen über Jahre hinaus festliegen, braucht bei Tarifvertragsverhandlungen in diesem Falle nur der Grundlohn neu ausgehandelt zu werden.

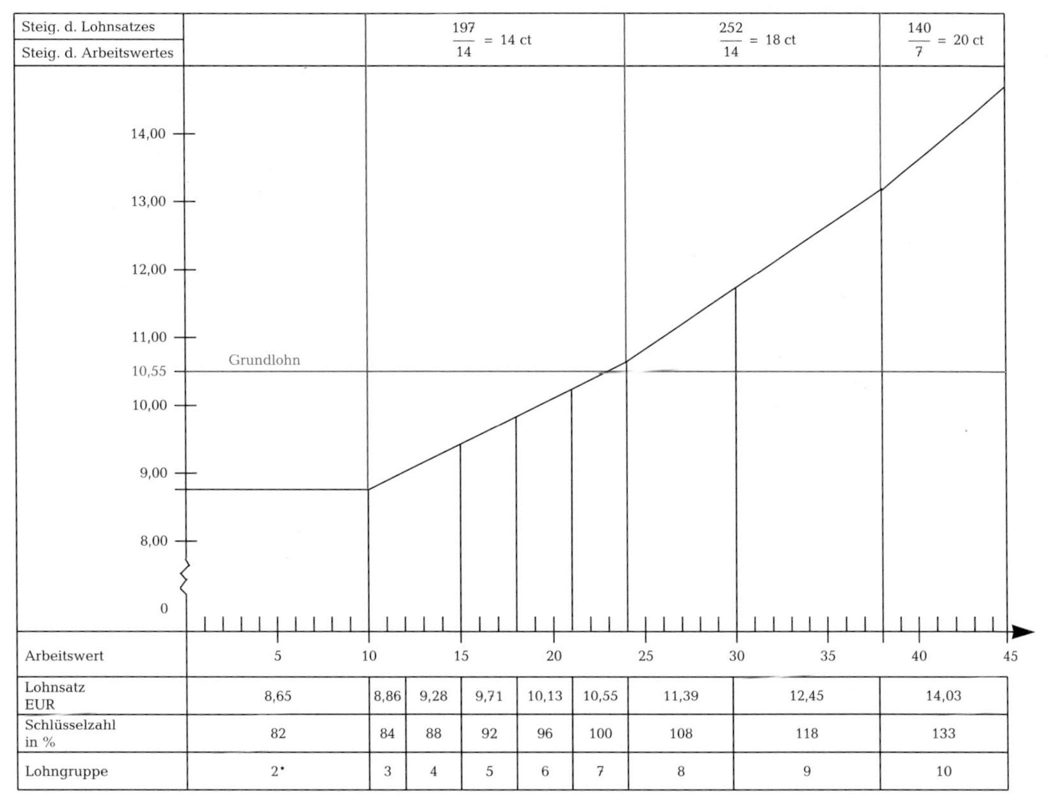


| Lohngruppe | 2* | 3 | 4 | 5 | 6 | 7 | 8 | 9 | 10 |
|---|---|---|---|---|---|---|---|---|---|
| Lohnsatz EUR | 8,65 | 8,86 | 9,28 | 9,71 | 10,13 | 10,55 | 11,39 | 12,45 | 14,03 |
| Schlüsselzahl in % | 82 | 84 | 88 | 92 | 96 | 100 | 108 | 118 | 133 |

*Lohngruppe 1 entfällt

Bild 108a

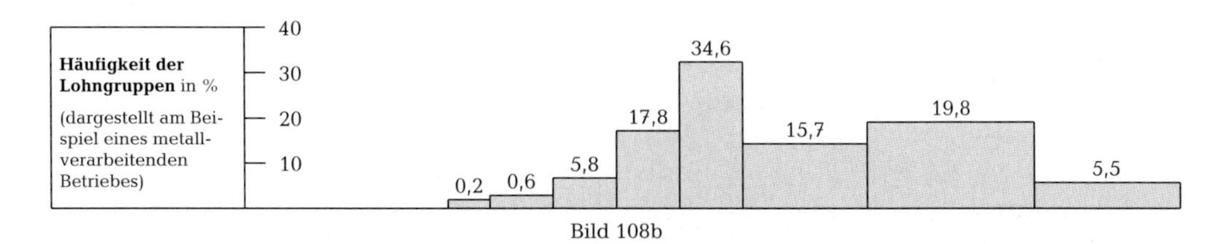


Bild 108b

**Beispiel:** Auswirkungen des Arbeitswertes und des Leistungsgrads auf den Stundenverdienst bei einem Grundlohn von 13,50 EUR.

| Arbeiter | A | B | C |
|---|---|---|---|
| **Arbeitswerte**<br>Lohnsätze in EUR | 14<br>13,50 | 14<br>13,50 | 38<br>18,00 |
| **Leistungsgrade**<br>beeinflussbare Normalzeiten in Dez. Min./Stück<br>erreichte Istzeiten in Dez. Min./Stück<br>Leistungsgrad in% | <br>2,2<br>2,2<br>100 | <br>2,2<br>2,0<br>110 | <br>3,3<br>3,3<br>100 |
| Wochenarbeitszeit in Dez. Min.<br>angerechnete Wochenarbeitszeit in Dez. Min.<br>Bruttoverdienst in EUR | 3.750<br>3.750<br>$\frac{3.750}{100} \times 13,50$<br>= 506,25 | 3.750<br>4.125<br>$\frac{4.125}{100} \times 13,50$<br>= 556,87 | 3.750<br>3.750<br>$\frac{3.750}{100} \times 18,00$<br>= 675,00 |
| effektiver Stundenverdienst in EUR | 13,50 | 14,85 | 18,00 |
| | Arbeiter mit **mittlerem Arbeitswert** (Grundlohn) und normalem Leistungsgrad | Arbeiter mit mittlerem Arbeitswert, aber **höherem Leistungsgrad** | Arbeiter mit **hohem Arbeitswert**, aber normalem Leistungsgrad |

Bild 109

**Zur Wiederholung und Vertiefung**

1. Wie hoch ist im Beispiel S. 168, Bild 107, der Lohnsatz bei Arbeitswert 30, 22, 15?
2. Begründen Sie, welche Spanne zwischen Anfangs- und Endlohnsatz Sie bei Tarifverhandlungen als Arbeitgeber- bzw. Arbeitnehmervertreter anstreben würden.
3. Wie hoch sind die Lohnsätze für die Lohngruppen 2–10 bei einem Grundlohn von 12,00 EUR?
4. Wie ändern sich die Werte und die Kurve bei einer 8%igen Lohnsteigerung und einem Sockelbetrag von 15 ct. in jeder Lohngruppe?

## 7.2.2 Zeitlohn (Bild 112)

**Maßstab** für die Berechnung der Lohnhöhe ist *die im Betrieb zugebrachte Zeit.*

**Lohnsatz je Zeiteinheit x Anzahl der Zeiteinheiten = Bruttoverdienst**

14,40 EUR x 37,5 Std. = 540,00 EUR

Man unterscheidet nach dem Berechnungszeitraum Stunden-, Tag-, Wochen- und Monatslöhne. Die Zeitlöhne der Arbeiter werden meist nach Stunden oder Wochen, die Gehälter der Angestellten und Beamten nach Monaten berechnet. In zunehmendem Maße werden aber auch die Entgelte der Arbeiter als Monatsgehälter bezahlt. Die Anwesenheitszeit im Betrieb wird in der Regel mit **Arbeitszeiterfassungsgeräten** ermittelt.

**Anwendbarkeit**. Der Zeitlohn eignet sich für Arbeiten,

a) die Aufmerksamkeit, Sorgfalt und geistige Tätigkeit verlangen,

b) bei denen das Arbeitstempo durch den Arbeitsgang bestimmt wird, wie bei der Arbeit am Fließband,

c) in die der Arbeiter sich erst einarbeiten muss,

d) bei denen eine Lohnfestsetzung nach Leistungseinheiten schwierig oder unmöglich ist, z.B. bei Lager-, Entwicklungs-, Reparatur-, Kontroll- und Büroarbeiten.

**Vorteile**. Die Lohnberechnung ist einfach. Die Qualität kann durch ruhiges Arbeiten gesteigert und die Leistung auf längere Dauer aufrechterhalten werden. Bei gefährlichen und verantwortungsvollen Arbeiten verhindert der Zeitlohn schädliche Hast und Hetze. Dem Arbeitnehmer ist ein festes Einkommen gesichert.

**Nachteile**. Der Anreiz zur Beschleunigung des Arbeitstempos fehlt. Die notwendigen Arbeitskontrollen sind für beide Teile unangenehm und verursachen Kosten. Der Betrieb ist vom Arbeitswillen des Einzelnen oder der ganzen Belegschaft stark abhängig und trägt allein das Risiko mangelnden Arbeitseinsatzes.

**Zur Wiederholung und Vertiefung**

1. Nennen Sie zwei Beispiele, wie ein Unternehmen beim Zeitlohn zusätzliche Leistungsanreize schaffen kann.
2. Welche Vorteile ergeben sich beim Zeitlohn
   a) für den Arbeitgeber, b) für den Arbeitnehmer?
3. Welche Nachteile ergeben sich beim Zeitlohn
   a) für den Arbeitgeber, b) für den Arbeitnehmer?

### 7.2.3 Leistungslohn (Bild 113)

**Maßstab** für die Berechnung der Lohnhöhe sind *die geleisteten Mengeneinheiten* (Stück, m, kg). Ausgangspunkt der Berechnung ist auch hier ein Stundenlohnsatz. Dieser wird in einen Lohnsatz je Mengeneinheit umgerechnet, den man **Akkordsatz** nennt. Wird dieser in *Geld je Einheit* festgelegt, so spricht man vom Stück**geld**akkord, wird er in einer *Auftragszeit je Einheit* festgelegt, so heißt er Stück**zeit**akkord. Der Akkordsatz soll einer durch Zeitstudien ermittelten Bezugsleistung entsprechen.

**Beispiel:** Stundenlohn 14,40 EUR, Normalleistung je Stunde 20 Stück, wöchentliche Arbeitszeit 37,5 Stunden.
Geldakkordsatz: 14,40 EUR : 20 = 0,72 EUR je Stück.
Zeitakkordsatz: 100-Minuten-Stunde : 20 = 5 Dezimalminuten je Stück.

Berechnung des Bruttoverdienstes bei einer Bezugsleistung von 750 Stück

a) beim Stück**geld**akkord:

**Geldakkordsatz je Stück x Stückzahl = Bruttoverdienst**

0,72 EUR x 750 Stück = 540,00 EUR

b) beim Stück**zeit**akkord:

**Zeitakkordsatz je Stück x Stückzahl x Dezimalminutenfaktor = Bruttoverdienst**

$$\underbrace{5 \text{ Dezimalminuten} \times 750 \text{ Stück}}_{\text{Auftragszeit}} \times \frac{14{,}40}{100} \text{ EUR} = 540{,}00 \text{ EUR}$$

**Beispiel:** Die Auftragszeit beträgt 37,5 Stunden. Erledigt der Arbeitnehmer diesen Auftrag in 28 Stunden, erhöht sich sein Effektivverdienst entsprechend $\left(\frac{540 \cdot 37{,}5}{28} = 723{,}21 \text{ EUR}\right)$. Sein Zeit- bzw. Leistungsgrad beträgt in diesem Fall $\frac{37{,}5}{28} \times 100\% = 133{,}9\%$.

Der Anreiz für die Akkordarbeit hat zwei Gründe:

a) Im Tarifvertrag liegt der Stundenlohnsatz für die Akkordarbeit um 10% bis 30% über dem Stundenlohnsatz für den Zeitlohn, da der Akkordarbeiter durch Engpässe in der Fertigung oder andere unverschuldete Störungen kurzfristig in seiner Arbeit behindert sein kann, was ihn gegenüber dem Zeitlohnempfänger benachteiligen würde.

b) Der Akkordarbeiter kann durch überdurchschnittliche Leistungen eine weitere Steigerung seines Bruttoverdienstes erzielen.

Der Stück**zeit**akkord hat gegenüber dem Stück**geld**akkord den Vorteil, dass die Akkordtabellen bei Tarifänderungen nicht geändert werden müssen, weil der festgesetzte Zeitsatz gleich bleibt.

Da beim Leistungslohn bei Überschreiten der Auftragszeit der Stundenverdienst wesentlich absinkt, wird in vielen Tarifverträgen der **Leistungslohn mit einem garantierten Mindestlohn** (Zeitlohn) verbunden. Hierdurch wird der Arbeiter vor der Gefahr eines zu geringen Verdienstes geschützt, kommt aber in den Genuss seiner Mehrleistungen (Bild 114).

Beim *Gruppenakkord* wird der Akkordsatz für eine Arbeitsgruppe festgelegt und der Anteil des einzelnen Arbeiters mit Hilfe eines Verteilungsschlüssels bestimmt (Montage einer Maschine, Fördern einer Tonne Kohle). Ein guter Teamgeist und die qualitative Zusammensetzung der Gruppe sind bei Gruppenakkord von besonderer Bedeutung. Die Arbeiter können sich gegenseitig anspornen und durch Unterschreiten der Auftragszeit ihren Stundenverdienst erhöhen.

**Anwendbarkeit**. Der Leistungslohn eignet sich *für gleichartige, abgrenzbare, regelmäßig wiederkehrende, messbare Tätigkeit* eines Einzelnen oder einer Gruppe.

**Vorteile**. Der Leistungslohn gibt die Möglichkeit, durch Steigerung der Arbeitsleistung mehr zu verdienen. Er verwirklicht deshalb das Leistungsprinzip besser als der Zeitlohn. Für den Betrieb bietet er eine genauere Kalkulationsgröße, da die Lohnkosten je Stück konstant bleiben.

**Nachteile**. Für den Arbeiter besteht die Gefahr, dass er durch übertriebenen Arbeitseinsatz – jeder Arbeiter will viel verdienen – seine Kraft übermäßig verbraucht und dadurch seiner Gesundheit schadet oder dass er durch zu niedrige Akkordsätze ausgenutzt wird. Auch gibt der Leistungslohn häufiger als der Zeitlohn Anlass zu Streitigkeiten unter den Arbeitnehmern (Akkordreißer). Für den Betrieb besteht die Gefahr, dass die Qualität der Arbeit leidet, mehr Material verbraucht wird und die Maschinen vorzeitig abgenutzt werden. Außerdem erfordert die Festlegung der Akkordsätze zuverlässige, oft schwierige Vorarbeiten.

| Hanner Daniel | ZEITVERGLEICH | ABRECHNUNGSMONAT | 00-04 |
|---|---|---|---|
| 1589 | | LOHNGRUPPE | 07 |
| 3910 | | ERSTELLUNGSDATUM | 00-05-03 |

| LA | AFO-NR | AUFTRAGS-NR | STCK | STCK-ZT | RUEST | AUFTRAG-ZT | IST-ZT | LG |
|---|---|---|---|---|---|---|---|---|
| 199 | | 42388057 | 154 | 122,540 | | 188,70 | 146,85 | 06 |
| 199 | | 42388057 | 10 | 2,400 | 2,550 | 26,55 | 20,55 | 06 |
| 308 | | 42388057 | | | | | 4,35 | 06 |
| | | | | | | 215,25 | 171,75 | |

LEISTUNGSNACHWEIS

| | ZEITEN | ZEITGRAD/ VERD-GRAD | ZWISCHEN-SUMME | VERDIENST-GRAD/PROZ |
|---|---|---|---|---|
| ANWESENHEIT IM LEIST.L | 167,40 STD | 128,50 PROZ. | 215,25 STD | |
| ANWESENHEIT IM ZEIT.L | 4,35 STD | 130,16 PROZ.* | 5,66 STD | |
| BEZ. ABWESENHEIT (URL.) | 7,00 STD | 130,16 PROZ.* | 9,11 STD | |
| BEZAHLTE ZEIT | 178,75 STD | | 230,02 STD | 128,68 |

* Um keinen Verdienstnachteil zu erleiden, bekommt dieser Arbeiter, wenn er nicht im Akkord arbeitet, einen höheren Stundenlohn, der sich aus dem effektiven Stundenverdienst der letzten drei Monate errechnet.

Bild 110

In Betrieben, die aufgrund neuer Tarifverträge zur Monatsentlohnung übergehen, bleibt trotzdem die Leistungsentlohnung bestehen. Das Monatsentgelt wird aus der durchschnittlichen Leistung der letzten drei Monate berechnet **(verstetigter Lohn)**. Mehr- bzw. Minderleistungen werden durch Zu- bzw. Abschläge bei der monatlichen Lohnabrechnung berücksichtigt.

**Zur Wiederholung und Vertiefung**

1. Wie viel verdient ein Akkordarbeiter bei einem tariflichen Stundenlohnsatz von 10,80 EUR, wenn er 1067 Stück fertigt und der Zeitakkordsatz 5 Dezimalminuten beträgt?
2. Welche Voraussetzungen müssen vorliegen, damit die Arbeiter leistungsbezogen entlohnt werden können?
3. a) Warum kann für viele Arbeiten das Akkordlohnsystem nicht angewandt werden?
   b) Nennen Sie Beispiele.
4. Warum eignet sich Fließbandarbeit nicht für Einzelakkord?
5. Begründen Sie mit einem Beispiel, dass eine überproportionale Akkordsteigerung die sozialen Probleme am Arbeitsplatz verstärken kann.
6. Welche Vorteile ergeben sich beim Leistungslohn
   a) für den Arbeitgeber, b) für den Arbeitnehmer?
7. Welche Nachteile ergeben sich beim Leistungslohn
   a) für den Arbeitgeber, b) für den Arbeitnehmer?
8. Können nachstehende Arbeiten im Akkordlohn bezahlt werden? Begründen Sie Ihre Meinung.
   a) Bestimmte Bauteile werden von einer achtköpfigen Montagegruppe gefertigt und montiert. Die Gruppe kann über die Ausführung der einzelnen Arbeiten selbstständig entscheiden.
   b) Ein Arbeiter arbeitet am Fließband.
   c) Ein Arbeiter soll in der Endkontrolle die Werkstücke auf Fehler überprüfen.
   d) Ein Arbeiter soll 1000 Einzelteile nach Vorlage ausstanzen.

### 7.2.4 Prämienlohn

Der Prämienlohn wird angewendet, wenn durch den Einsatz komplizierter technischer Anlagen (computergestützter Technologien) oder Automaten eine Entlohnung im Leistungslohn nicht mehr möglich ist. Hier kann der Arbeiter nicht beliebig langsamer oder schneller arbeiten.

Auch beim Prämienlohn wird eine Normalleistung (Standardleistung, Prämienuntergrenze) zugrunde gelegt. Wird diese überschritten, so erhält der Arbeiter auf seinen Grundlohn einen Zuschlag (Prämie). Außerdem kann eine Prämienobergrenze festgelegt werden, um den Arbeiter davor zu bewahren, sein Leistungsvermögen zu überschreiten.

Die Prämie kann für Einzelleistungen gewährt werden als

- Mengen- oder Zeitersparnisprämie, wenn eine bestimmte Fertigungsmenge überschritten oder eine vorgegebene Zeit unterschritten wird,
- Nutzungsprämie, wenn ein bestimmter Nutzungsgrad einer Maschine überschritten wird,
- Sonderprämie, z.B. für Materialeinsparung, geringe Ausschussmenge, Unfallverhütung, anhaltende Pünktlichkeit, brauchbaren Verbesserungsvorschlag.

Außerdem gibt es Gruppenprämien, die nach den Grundsätzen des Gruppenakkords berechnet und verteilt werden.

**Zur Wiederholung und Vertiefung**

Welche Prämienzahlung würden Sie bevorzugen? Begründen Sie Ihre Meinung.

### 7.2.5 Vergleich der Lohnformen

Ein Vergleich der Lohnformen ist nur möglich unter Berücksichtigung der doppelten Funktion des Lohnes.

a) Da für den **Arbeitnehmer** der Lohn Einkommen darstellt, sind die **Stundenverdienste** bei den verschiedenen Lohnformen miteinander zu vergleichen.
b) Da für den **Betrieb** der Lohn ein Kostenfaktor ist, sind auch die **Lohnkosten je Stück/Einheit** bei den verschiedenen Lohnformen miteinander zu vergleichen.

**Beispiel:**

1. **Zeitlohn**. Stundenlohnsatz 14,40 EUR (100-Minuten-Stunde), Auftragszeit 1 Stück je Stunde.
2. **Leistungslohn**. Geldakkordsatz 14,40 EUR je Stück.
3. **Leistungslohn mit garantiertem Mindestlohn.**

Wie wirken sich bei den obigen drei Lohnformen das Über- und Unterschreiten der Auftragszeit aus

a) auf den Stundenverdienst, b) auf die Lohnkosten je Stück?

| benötigte Zeit | **1. Zeitlohn** | | **2. Leistungslohn** | | **3. Leistungslohn mit garantiertem Mindestlohn** | | – / + benötigte Zeit |
|---|---|---|---|---|---|---|---|
| | Stunden-verdienst | Lohnkosten je Stück | Stunden-verdienst | Lohnkosten je Stück | Stunden-verdienst | Lohnkosten je Stück | |
| 50 | 14,4 | 7,2 | 28,8 | 14,4 | 28,8 | 14,4 | – 50 |
| 60 | 14,4 | 8,6 | 24,0 | 14,4 | 24,0 | 14,4 | – 40 |
| 70 | 14,4 | 10,0 | 20,5 | 14,4 | 20,5 | 14,4 | – 30 |
| 80 | 14,4 | 11,5 | 18,3 | 14,4 | 18,3 | 14,4 | – 20 |
| 90 | 14,4 | 12,9 | 16,0 | 14,4 | 16,0 | 14,4 | – 10 |
| 100 | 14,4 | 14,4 | 14,4 | 14,4 | 14,4 | 14,4 | 0 |
| 110 | 14,4 | 15,8 | 13,1 | 14,4 | 14,4 | 15,8 | + 10 |
| 120 | 14,4 | 17,2 | 12,0 | 14,4 | 14,4 | 17,3 | + 20 |
| 130 | 14,4 | 18,7 | 11,1 | 14,4 | 14,4 | 18,7 | + 30 |
| 140 | 14,4 | 20,1 | 10,3 | 14,4 | 14,4 | 20,1 | + 40 |
| 150 | 14,4 | 21,6 | 9,6 | 14,4 | 14,4 | 21,6 | + 50 |

Bild 111

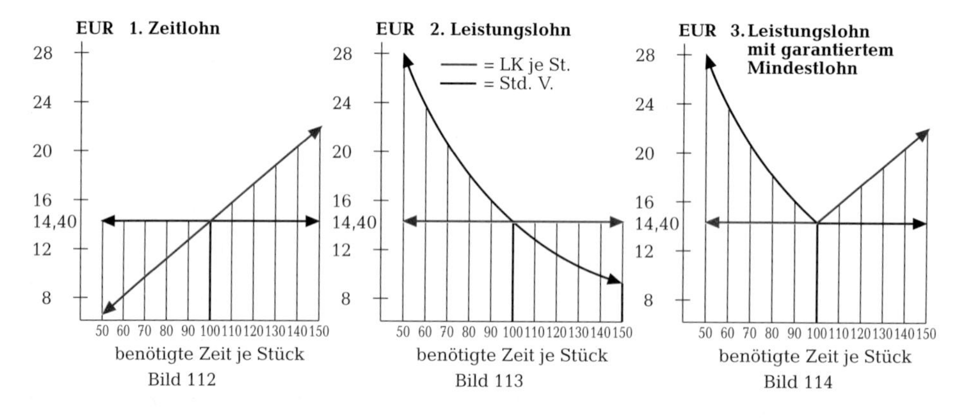


Bild 112 Bild 113 Bild 114

| Lohnformen | **Stundenverdienst** = durchschnittl. Stundenverdienst | **Lohnkosten je Stück** = LK je Stück |
|---|---|---|
| **1. Zeitlohn** (Bild 112) | **konstant** | **steigen und fallen proportional** zur beanspruchten Zeit bei Über- und Unterschreiten der Auftragszeit |
| **2. Leistungslohn** (Bild 113) | **steigt überproportional** bei Unterschreiten der Auftragszeit **sinkt unterproportional** bei Überschreiten der Auftragszeit | **konstant** |
| **3. Leistungslohn mit garantiertem Mindestlohn** (Bild 114) | **steigt überproportional** bei Unterschreiten der Auftragszeit **konstant** bei Überschreiten der Auftragszeit | **konstant** bei Unterschreiten der Auftragszeit **steigen proportional** zur überschrittenen Auftragszeit |

Bild 115

## Zur Wiederholung und Vertiefung

Zeichnen Sie die Schaubilder der drei Lohnformen bei einem Stundenlohnsatz von 18,00 EUR, einem Stückgeldsatz von 4,50 EUR oder einem Stückzeitsatz von 25 Dezimalminuten.

## 7.2.6 Lohnzahlung

Für die Auszahlung der Arbeitsverdienste werden Lohn- und Gehaltslisten angelegt. Sie enthalten den **Namen**, die **Lohnsätze**, den **Bruttoverdienst**, die **Abzüge** und den **Nettoverdienst**. Zu den Abzügen zählen die Lohn- und Kirchensteuer, die Arbeitnehmerbeiträge zur Kranken-, Pflege-, Renten- und Arbeitslosenversicherung sowie Beträge bei Lohnpfändung und nach Vereinbarung auch die Beiträge zu Unterstützungskassen, für die Gewerkschaften und die Beiträge zur Vermögensbildung (Bild 116).

Der Arbeitgeber hat die einbehaltene Lohn- und Kirchensteuer an das Finanzamt, die Anteile an der Sozialversicherung zusammen mit dem Arbeitgeberanteil an die AOK oder Ersatzkasse bis zum 10. des folgenden Monats abzuführen. Der Nettoverdienst wird mit einer schriftlichen Abrechnung an den Arbeitnehmer überwiesen.

**CLAAS**

**Entgeltabrechnung** Monat 04 Jahr 1999 Seite 1

DRUCKDATUM : 12. Mai 1999
BUCHUNGSKREIS : CLAAS SAULGAU GMBH
WERK : SAULGAU
KOSTENSTELLE : 3910
PERSONALNUMMER : 0333101

HANNER DANIEL
EICHENDORFFWEG 29

88348 SAULGAU

Steuermerkmale

| Steuer-Tage | Steuer-klasse | Kinder-freibetrag | Kinder-anzahl | Kirchensteuer Arbn. | Kirchensteuer Eheg. | Freibetrag monatlich | Freibetrag jährlich |
|---|---|---|---|---|---|---|---|
| 30 | 3 | | | RK | | 0 | 0 |

Sozialversicherungsmerkmale

| SV-Tage | Beitragsgruppe KV | RV | AV | Krankenkasse | Versicherungsnummer |
|---|---|---|---|---|---|
| 30 | 1 | 1 | 1 | AOK/SIG | 2305055H11 |

Arbeitsvertragliche Merkmale

| Eintritts-Datum | Gehalts-/Lohngruppe | Besch.-Prozent |
|---|---|---|
| 01.04.88 | 07 | 100,00 |

Zahlungsweg

| Kontonummer | Bankleitzahl | Bezeichnung |
|---|---|---|
| 1616006 | 65083086 | RAIFFEISEN |

Urlaubskonto

| Rest Vorjahr | Anspruch lfd. Jahr | Genommen lfd. Jahr | Rest Ende Abr.-Monat |
|---|---|---|---|
| 0,00 | 31,00 | 0,00 | 31,00 |

Zeitkonto

| Art | Rest Vormonat | Erarbeitet Abr.-Monat | Genommen Abr.-Monat | Rest Ende Abr.-Monat |
|---|---|---|---|---|
| FREIZEIT | 43,17 | 5,50 | 0,00 | 48,67 |
| URLAUB | | | 0,00 | 0,00 |

| ENTGELTART/-BEZEICHNUNG | ANZ./EINH. | FAKTOR | BETRAG | JAHRESWERT |
|---|---|---|---|---|
| 1100 MONATSGRUNDLOHN TRF | | 1,00 | 3.150,00 | 12.363,38 |
| 1130 VERDIENSTGRAD (3-MON-DU.) | | 33,12 | 1.197,18 | 4.698,76 |
| 1756 ZUSCHLAG SPAETARBEIT 20 P | 48,00 ST | 5,71 | 274,08 | |
| 1758 ZUSCHLAG NACHTARBEIT 30 P | 36,75 ST | 8,57 | 314,95 | |
| /57A VERMOEGENSBILD AG-ANTEIL | | | 52,00 | 208,00 |
| /101 GESAMTBRUTTO | | | 4.988,21 | 19.665,50 |
| /106 LFD. STEUERBRUTTO | | | 4.771,49 | 18.797,07 |
| /256 STEUERFREI § 3b | | | 216,72 | |
| /313 SOZ. BEM. BRUTTO LFD.SUMME | | | 4.771,49 | 18.797,07 |
| /401 LFD. LOHNSTEUER | | | 423,66- | 1.615,15- |
| /521 LFD. KIRCHENSTEUER | | | 33,89- | 129,19- |
| /40D LFD. SOLZUSCHLAG | | | 23,30- | 73,01- |
| /350 KV-AN-ANTEIL | | | 310,15- | 1.221,82- |
| /360 RV-AN-ANTEIL | | | 465,22- | 1.888,81- |
| /370 AV-AN-ANTEIL | | | 155,07- | 610,90- |
| /3Q0 PV-AN-ANTEIL | | | 40,56- | 159,78- |
| /550 GESETZLICHES NETTO | | | 3.319,64 | 13.098,41 |
| /58A VB RATENSPAREN AF 1 | | | 78,00- | 312,00- |
| /58E VB KAPITALSPAREN AG AF 5 | | | 75,00- | 300,00- |
| /559 UEBERWEISUNG | | | 3.166,64 | 12.486,41 |

Bild 116

## 7.2.7 Gewinn- und Kapitalbeteiligung

In vielen Betrieben wird die Belegschaft am Erfolg der Unternehmung beteiligt. Die Erfolgsbeteiligung steigert das Interesse der Arbeitnehmer an ihrem Betrieb. Die Arbeitnehmer haben ein persönliches Interesse, dass der Ertrag des Unternehmens möglichst hoch ist. Durch die Möglichkeit des höheren Einkommens wird die Arbeitsproduktivität gesteigert und eine Fluktuation der Arbeitskräfte vermindert; Spannungen werden zwischen Unternehmensleitung und Arbeitnehmern im Betrieb abgebaut.
Die Arbeitnehmer nehmen anteilmäßig am Zuwachs des Produktivvermögens teil. Der Anspruch auf Gewinn berechtigt die Arbeitnehmer, bei Entscheidungen mitzuwirken, von deren Höhe der Gewinn bzw. der Verlust abhängt. So erhalten sie nicht nur als Arbeitnehmer, sondern auch als Teilhaber Mitbestimmungsrechte.

### ■ Gewinnbeteiligung der Arbeitnehmer

Das **Betriebsergebnis** wird erzielt durch das *Zusammenwirken von Kapital und Arbeit.* Deshalb ist es gerechtfertigt, den Überschuss der Gesamtleistung (Abschnitt 13.3.2) über die Kosten, *das Betriebsergebnis, auf diese beiden Produktionsfaktoren* entsprechend ihrem Anteil am Betriebsergebnis *zu verteilen* (Abschnitt 14.1.3).

Die Gewinnbeteiligung wirft allerdings auch das Problem der Verlustbeteiligung und das Problem der gleichmäßigen Beteiligung aller Arbeitnehmer einer Volkswirtschaft auf.

Der beim Jahresabschluss festgestellte Unternehmungsgewinn scheidet als Berechnungsgrundlage für die Verteilung aus, da er häufig nicht das Betriebsergebnis darstellt, sondern durch betriebsfremde Aufwendungen und Erträge und durch die Bewertungspolitik des Betriebes beeinflusst wird.

Eine gerechte Verteilung ist schwierig, da der Anteil der beiden Faktoren an der Erzielung des Betriebsergebnisses nur annähernd bestimmt werden kann. Verteilungsschlüssel kann das Verhältnis zwischen betriebsnotwendigem Kapital und Bruttolohnsumme sein (Bild 117).

Das Abrechnungssystem muss klar und übersichtlich sein. Ist für den Mitarbeiter nicht erkennbar, welcher Zusammenhang zwischen seiner Leistung und dem Gewinnanteil besteht, kann sich Unzufriedenheit einstellen.

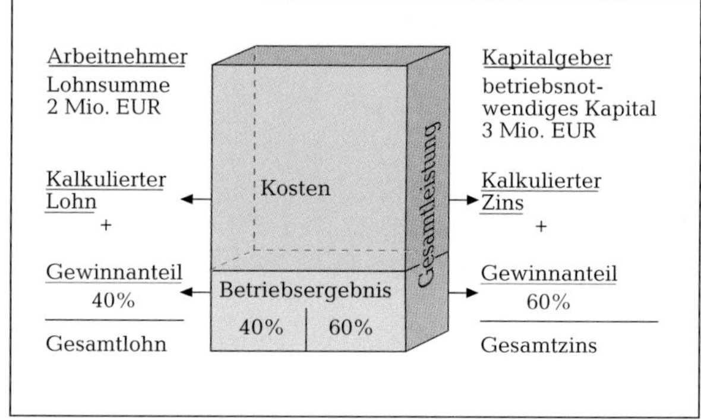


Bild 117

Der **Gewinnanteil der Belegschaft** kann als Ganzes im Betrieb bleiben *(generelle Gewinnbeteiligung)* oder auf die einzelnen Mitarbeiter verteilt werden *(individuelle Gewinnbeteiligung).*

**a) Generelle Gewinnbeteiligung** liegt vor, wenn der Gewinnanteil zur Verbesserung der Sozialeinrichtungen verwendet wird. Allerdings bedarf eine solche Verwendung des Gewinns einer sorgfältigen Aufklärung der Arbeitnehmer, damit sie von ihnen überhaupt als Gewinnbeteiligung empfunden wird. Eine zweite Möglichkeit besteht darin, den gesamten Gewinnanteil der Belegschaft für Unterstützungen von Betriebsangehörigen zurückzulegen. Dadurch wird eine zusätzliche Sicherung der Betriebsangehörigen in Notzeiten und im Alter geschaffen.

**b) Individuelle Gewinnbeteiligung** hat den Vorteil, dass der Einzelne die Höhe seines jährlichen Anteils kennt. Der gesamte Gewinnanteil wird meist im Verhältnis der einzelnen Bruttoverdienste unter Berücksichtigung der Dauer der Betriebszugehörigkeit auf die einzelnen Betriebsangehörigen verteilt. Der Anteil kann bar ausbezahlt oder auf einem Konto gutgeschrieben werden, über das der Arbeitnehmer unter Einhaltung der Kündigungsfrist verfügen kann. Oft wird nur ein Teil gutgeschrieben und der Rest bar ausbezahlt. Die Barauszahlung hat für den Arbeitnehmer den Vorteil, dass er über den Betrag sofort frei verfügen kann, für den Arbeitgeber den Nachteil, dass sich der Liquiditätsgrad vermindert.

## ■ Kapitalbeteiligung der Arbeitnehmer

Die Gewinnbeteiligung der Arbeitnehmer kann zu einer **Kapitalbeteiligung** führen, wenn *der Gewinnanteil ganz oder teilweise im Betrieb belassen* wird. Dies kann in Form von Eigenkapital oder Fremdkapital geschehen. Der **Arbeitnehmer** wird dadurch *Teilhaber* oder *Gläubiger seines Betriebes.*

a) Als **Teilhaber** ist er *Miteigentümer* und damit am Verlust und Gewinn des Betriebes beteiligt. Sein Interesse am Betrieb wird dadurch gesteigert und sein Leistungswille gestärkt.

Aktiengesellschaften können im Rahmen der Gewinnbeteiligung eigene Aktien (Belegschaftsaktien) ausgeben. Der gesellschaftspolitische Zweck der Vermögensbildung in Form der Gewinn- und Kapitalbeteiligung wird jedoch nicht erreicht, wenn viele Arbeitnehmer ihre Aktien sofort veräußern.

b) Als **Gläubiger** ist der Arbeitnehmer *Darlehensgeber* mit einem Anspruch auf feste Verzinsung. Über seine Kapitalgutschriften können Urkunden (Schuldscheine, Zertifikate) ausgestellt werden.

Eine Sonderform der Kapitalbeteiligung ist der *Investivlohn,* bei dem ein Teil des Arbeitsentgelts im Unternehmen investiert wird, wobei der Arbeitnehmer eine beschränkte Kündigungsmöglichkeit hat.

Die Gewinn- und Kapitalbeteiligung findet man vor allem in den sogenannten Partnerschaftsbetrieben als Folge der angestrebten engeren Zusammenarbeit zwischen Arbeitgeber und Arbeitnehmer.

**Zur Wiederholung und Vertiefung**

1. Welche Form der Gewinnbeteiligung würden Sie bevorzugen? Begründen Sie Ihre Antwort.
2. Warum müsste man eigentlich von einer Gewinn- und Verlustbeteiligung sprechen?
3. Warum ist für den Arbeitgeber die Gewinnbeteiligung in der Form der Kapitalbeteiligung besonders interessant?
4. Wie wird die Gewinnbeteiligung der Arbeitnehmer begründet?
5. Eine Unternehmung gibt jährlich Belegschaftsaktien an ihre Mitarbeiter aus.
   a) Welchen Zweck verfolgt die Unternehmung damit?
   b) Was können die Mitarbeiter mit den Aktien machen?
6. Erläutern Sie je zwei Vor- und Nachteile für Arbeitnehmer und Arbeitgeber, die sich aus der Erfolgsbeteiligung ergeben können.
7. Wonach kann sich die Höhe der Erfolgsbeteiligung für den einzelnen Arbeitnehmer richten?

## 7.2.8 Soziale Leistungen (Lohnnebenkosten)

Dies sind Aufwendungen für die Betriebsangehörigen, die neben dem vereinbarten Entgelt anfallen.

Im Jahre 1969 betrugen die zusätzlichen Sozialkosten je 100 DM Entgelt 46,20 DM, im Jahr 1999 über 81,00 DM.

### Gesetzliche soziale Abgaben

a) Die Hälfte der Beiträge zur Kranken-, Pflege-, Renten- und Arbeitslosenversicherung,

b) der ganze Beitrag zur Unfallversicherung.

### Vertragliche und freiwillige soziale Aufwendungen

Diese können bezwecken

a) *soziale Sicherung*, z.B. Zusatzversicherungen bei der Kranken- und Rentenversicherung, Lebensversicherungen, Unterhaltung eigener Pensions- und Unterstützungskassen, Stiftungen, Förderung der Vermögensbildung, vor allem im Rahmen der Vermögensbildungsgesetze.

b) *Gesundheitspflege*, z.B. in Erholungsheimen, durch Sportanlagen, Bäder, kostenlose ärztliche Beratung und Behandlung.

c) *Verbilligung der Lebenshaltung*, z.B. Werksküchen, Zuschüsse zu Mahlzeiten in Gaststätten, Arbeitskleidung, Werkswohnungen, Zuschüsse für die Unterkunft am Arbeitsort, Ersatz der Fahrtkosten.

d) *Familienhilfe*, z.B. Kinderheime, Kinderbeihilfen, freier Hausarbeitstag.

e) *Bildung* und *Freizeitgestaltung*, z.B. Studienbeihilfen, Büchereien, Betriebsausflüge, kulturelle Veranstaltungen, Bildungsurlaub, Lehrgänge für Aus- und Fortbildung.

f) *Ehrung* und *Anerkennung*, z.B. Jubiläums-, Hochzeitsgeschenke, Betreuung verdienter Mitarbeiter im Ruhestand, Weihnachtsgratifikationen.

**Zur Wiederholung und Vertiefung**

1. Warum spricht man bei den sozialen Leistungen vom „Zweiten Lohn"?
2. Welche der sozialen Aufwendungen werden nicht von allen Mitarbeitern als soziale Leistung empfunden?

## 7.2.9 Löhne und Preise

Bei der Beurteilung der Lohnhöhe kommt es nicht darauf an, über wie viel Geld der Arbeitnehmer verfügt, sondern was er sich wirklich damit kaufen kann. Das Verhältnis von **Nominallohn** und **Reallohn** ist also durch die Kaufkraft des Geldes bestimmt. Die Kaufkraft hängt ab von der Menge von Gütern und Dienstleistungen, die man mit einer Geldeinheit zu kaufen vermag. Sie findet ihren Ausdruck im Preis (Bild 118).

**Zusammenhang von Preisen, Nominallohn und Reallohn**

| | 1983 | 1997 | 1998 |
|---|---|---|---|
| **Preise** | 103,3% | 101,9% | 100,9% |
| **Nominallohn** | 103,3% | 101,5% | 101,6% |
| **Reallohn** | 100 % | 99,6% | 100,7% |

Quelle: Monatsberichte der Deutschen Bundesbank

Bild 118

Um dem Lohneinkommen des Arbeiters eine gleichbleibende Kaufkraft zu verleihen, wurde in manchen Ländern der **Indexlohn** (gleitender Lohn) eingeführt, bei dem sich die Lohnbewegung nach der Preisbewegung richtet. Maßstab kann der Lebenshaltungsindex sein. Sobald die Lebenshaltungskosten sich um einen bestimmten Prozentsatz erhöhen, werden auch die Löhne entsprechend erhöht, sodass die Kaufkraft gleich bleibt. Problematisch wird die Lohnfestsetzung jedoch bei fallendem Index.

### Gegenseitige Abhängigkeit von Löhnen und Preisen

Die gegenseitige Abhängigkeit kommt zum Ausdruck im Lohn-Preis-Zusammenhang und im Preis-Lohn-Zusammenhang.

**Lohn-Preis-Zusammenhang.** Lohnerhöhungen sind häufig der Anlass zu Preissteigerungen.

**a) Betriebswirtschaftliche (kalkulatorische) Begründung.** Löhne sind für den Betrieb ein Kostenfaktor. Deshalb sind Lohnerhöhungen zugleich Kostensteigerungen, die eine Erhöhung der kalkulatorischen Angebotspreise bewirken **(Kostendruckwirkung).**

Eine Kostendruckwirkung braucht jedoch nicht einzutreten, wenn es gelingt,

1. einen **Kostenausgleich** herbeizuführen durch Änderung der Faktorenkombination, durch Kostendegression infolge besserer Kapazitätsausnutzung und damit verbundener Produktivitätssteigerung, sodass die Kosten pro Leistungseinheit nicht steigen.
2. die Kostenerhöhungen in der **Gewinnspanne aufzufangen**, vor allem, wenn ein starker Konkurrenzdruck eine Abwälzung der Kosten über die Preise nicht erlaubt.

**b) Volkswirtschaftliche (kaufkraftmäßige) Begründung.** Löhne sind Einkommen der Lohnempfänger. Allgemeine Lohnerhöhungen führen deshalb zur Vermehrung der Masseneinkommen, die über eine steigende Nachfrage Preiserhöhungen bewirken können **(Nachfragesogwirkung)**.

Eine Nachfragesogwirkung braucht nicht einzutreten, wenn

1. die steigende Nachfrage infolge erhöhter Produktivität und hoher Lagerbestände im Inland oder durch vermehrte Einfuhren auf ein entsprechend **hohes Angebot** trifft,
2. die erhöhten Masseneinkommen durch **vermehrte Ersparnisbildung** nicht unmittelbar Nachfragesteigerungen auslösen.

Diese Überlegungen zeigen, dass Lohnerhöhungen zwar eine doppelte Wirkung auf die Preise ausüben können, die aber nicht in jedem Fall und nicht in gleichem Maße eintreten muss.

**Preis-Lohn-Zusammenhang.** Preissteigerungen sind häufig der Anlass für neue Lohnforderungen.

In der zeitlichen Abfolge kann sich aus beiden genannten Zusammenhängen der Tatbestand ergeben, dass Löhne die Preise, Preise wiederum die Löhne hochtreiben und so fort **(Lohn-Preis-Spirale** oder **Preis-Lohn-Spirale)**.

**Zur Wiederholung und Vertiefung**

Bei Auseinandersetzungen um die Lohntarife spielte das Argument der „Lohn-Preis-Spirale" eine Rolle.

a) Erläutern Sie diesen Begriff und begründen Sie den Zusammenhang zwischen Löhnen und Preisen.

b) Welche Bedingungen könnten die Gefahr der Lohn-Preis-Spirale verhindern?

## 7.3 Unternehmer und Mitarbeiter

Trotz verstärkten Einsatzes technischer Mittel ist der Mensch der wichtigste Leistungsfaktor im Betrieb. Ohne ihn kann kein Betrieb aufgebaut und ausgebaut werden. Er ist die treibende Kraft der betrieblichen Leistungserstellung. Er leistet leitende und ausführende Arbeit.

Man gliedert die Arbeitskräfte eines Betriebs in Unternehmer und Mitarbeiter (Bild 119).

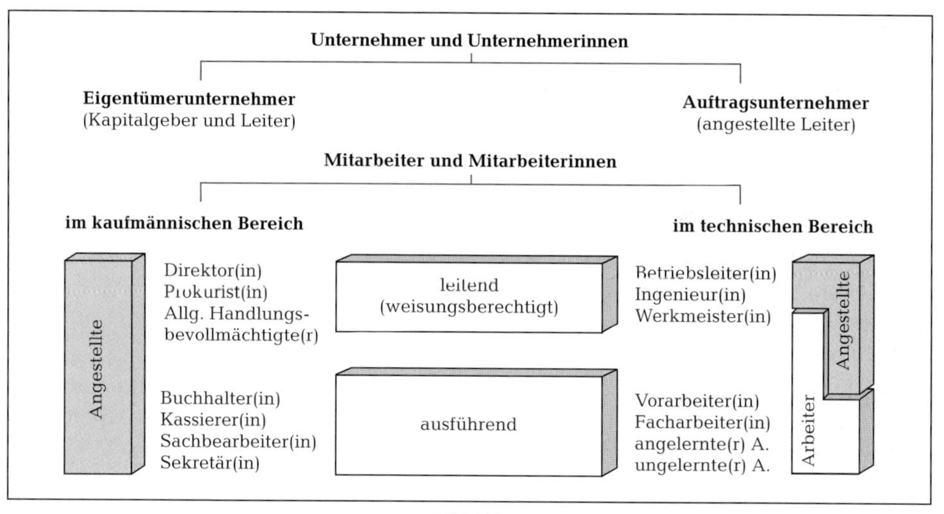


Bild 119

### 7.3.1 Unternehmer und Unternehmerinnen

Unternehmungen werden geleitet von **Eigentümerunternehmern** oder **Auftragsunternehmern:**

- **Eigentümerunternehmer** sind selbst **Allein- oder Miteigentümer** der Unternehmung. Sie nehmen ihre Führungsaufgabe *mit dem Risiko des Verlustes ihres Kapitaleinsatzes* wahr.
- **Auftragsunternehmer**, auch **Manager** genannt, sind **Angestellte**. Sie nehmen ihre Führungsaufgabe *im Auftrag der Kapitalgeber* wahr.

Eigentümer- und Auftragsunternehmer üben die *Funktionen der oberen Leitungsebene* aus. Vorrangige Leitungsaufgaben sind die **Festlegung der Unternehmungsziele** und die *Planung.* Aus den möglichen Unternehmungszielen als auch aus den Planungsalternativen treffen die Unternehmer die Auswahl. Ihre **Entscheidungen** sind dabei für die Lebensfähigkeit des Unternehmens langfristig wichtig. Deshalb sind an diese Personen hohe **Anforderungen** zu stellen:

a) **Fachliche Kompetenz:** Allgemeine wirtschaftliche Kenntnisse über Zusammenhänge und Gesetzmäßigkeiten des Wirtschaftslebens; besondere Fachkenntnisse auf kaufmännischem, technischem und juristischem Gebiet, Kenntnisse im Arbeits- und Sozialrecht und in der Unternehmensführung; Beherrschung von ein bis zwei Fremdsprachen.

b) **Strategische Kompetenz:** Entscheidungen treffen und vertreten, d.h. Wagnisbereitschaft, verbunden mit Besonnenheit und Umsicht; moderne Kommunikations- und Informationsmittel beherrschen und einsetzen; Ideen entwickeln und umsetzen; Organisationstalent und Improvisationsfähigkeit.

c) **Soziale Kompetenz:** Mitarbeitern Ziele und Arbeitsinhalte vermitteln; sie motivieren und ihrer Kreativität genug freien Raum lassen, um neue Ideen und Produkte zu verwirklichen; Personalentscheidungen treffen und verantworten; gesellschaftspolitische Verantwortung zeigen gegenüber Mitarbeitern und Öffentlichkeit für Arbeitsplätze und Umwelt; Bereitschaft zur Wahrnehmung gesellschaftspolitischer Aufgaben (Mitbestimmung, Miteigentum, Vermögensbildung) sowie Aufgeschlossenheit für neue Erkenntnisse aus Wirtschaft und Politik (Verpflichtung zum Umweltschutz).

d) **Persönliche Kompetenz:** Verantwortungs- und Einsatzbereitschaft sowie Kooperations- und Teamfähigkeit.

Ein Unternehmer wird diese vielfältigen Anforderungen selten in vollem Umfang erfüllen können. Deshalb kommt der Arbeitsteilung, die bei der mehrköpfigen Leitung einer Unternehmung möglich ist, besondere Bedeutung zu.

**Zur Wiederholung und Vertiefung**

1. Wodurch unterscheiden sich Eigentümer- und Auftragsunternehmer?
2. Warum kommt der Arbeitsteilung bei der Leitungsfunktion große Bedeutung zu?
3. Nennen Sie 5 Anforderungen, die an Personen gestellt werden, welche mit Leitungsaufgaben betraut sind.

### 7.3.2 Mitarbeiter und Mitarbeiterinnen

Nach dem **Tätigkeitsbereich** kann man drei Gruppen unterscheiden.

a) **Mitarbeiter und Mitarbeiterinnen im kaufmännischen Bereich:**
Kaufmännische Angestellte, Auszubildende, Volontäre, Praktikanten.

b) **Mitarbeiter und Mitarbeiterinnen im technischen Bereich:**
Technische Angestellte, Meister, Auszubildende und Praktikanten.

c) **Sonstige Mitarbeiter und Mitarbeiterinnen:**
- mit besonderer Vorbildung: Rechtsberater, Betriebsärzte, Fürsorgerinnen;
- für einfache Dienste: Pförtner, Nachtwächter, Büroboten.

Der Unterschied in der rechtlichen Stellung der Arbeiter und Angestellten schwindet heute mehr und mehr durch gesetzliche und tarifliche Angleichung der Arbeiter an die Angestellten, sodass sich einwandfreie Abgrenzungen nicht mehr ziehen lassen.

1950 waren noch 75% aller Beschäftigten Arbeiter und 25% Angestellte, 1998 sind nur noch 30,8% Arbeiter, aber 40,7% als Angestellte beschäftigt sowie 28,5% als Teilzeitbeschäftigte.

Stellung und Vollmachten der Mitarbeiter und Mitarbeiterinnen sollen im Folgenden am Beispiel der kaufmännischen Mitarbeiter eingehend behandelt werden. Ähnliche Verhältnisse sind für die Mitarbeiter der anderen Bereiche gegeben.

**Zur Wiederholung und Vertiefung**

Warum werden immer mehr Mitarbeiter und Mitarbeiterinnen als Angestellte beschäftigt?

## 7.4 Rechtsstellung der Arbeitnehmer

### 7.4.1 Ausbildungsvertrag

Berufsbildungsgesetz (BBiG) vom 14. August 1969 mit Änderungen

BBiG § 1

**Auszubildender** im kaufmännischen Beruf ist, wer **in einem kaufmännischen Unternehmen** zur **Erlernung kaufmännischer Dienste** tätig ist.

Die Ausbildung hat planmäßig, zeitlich und sachlich gegliedert, die theoretischen Kenntnisse und praktischen Fertigkeiten zu vermitteln, die zum Erreichen des Ausbildungszieles erforderlich sind. Der Auszubildende ist zum Besuch der Berufsschule und zum Führen eines Ausbildungsnachweises anzuhalten. Der Ausbildende hat dafür zu sorgen, dass der Auszubildende charakterlich gefördert und gesundheitlich nicht geschädigt wird. Die Übertragung von Verrichtungen, die nicht dem Ausbildungszweck dienen, ist untersagt.

Der Ausbildende hat eine angemessene **Vergütung** zu gewähren. Sie ist nach dem Lebensalter des Auszubildenden so zu bemessen, dass sie mit fortschreitender Berufsausbildung, mindestens jährlich, ansteigt.

BBiG § 10

Spätestens vor Beginn der Ausbildung ist dem Auszubildenden und dessen gesetzlichem Vertreter ein **Vertrag** zur Unterschrift vorzulegen und auszuhändigen. Der Ausbildende hat unverzüglich nach Abschluss des Berufsausbildungsvertrages die Eintragung in das Verzeichnis der Berufsausbildungsverhältnisse bei der Kammer zu beantragen.

§ 4
§ 33

Die **Ausbildungsdauer** soll nicht mehr als drei und nicht weniger als zwei Jahre betragen. Durch Rechtsverordnung kann der Besuch einer berufsbildenden Schule oder die Berufsausbildung in einer sonstigen Einrichtung angerechnet werden. Die Kammer kann in Ausnahmefällen auf Antrag noch weitere Kürzungen zulassen.

§ 25

Das **Ausbildungsverhältnis** beginnt mit einer **Probezeit**. Sie muss mindestens einen Monat und darf höchstens drei Monate betragen. Das Ausbildungsverhältnis endet mit Ablauf der vereinbarten Frist oder mit Bestehen der Abschlussprüfung. Vorzeitig kann es in beiderseitigem Einvernehmen oder schriftlich und begründet gelöst werden.

§ 13
§ 14
§ 15

### ■ Praktikant

Die Praktikantentätigkeit dient dem Erwerb praktischer Kenntnisse und Erfahrungen zur *Vorbereitung* eines *Studiums* oder der Erweiterung der praktischen Kenntnisse während des Studiums. Sie wird von den Hochschulen und Universitäten als wesentlicher *Teil* der *Gesamtausbildung* und als Voraussetzung für die Zulassung zur Prüfung verlangt, z.B. für das Studium der Wirtschaftswissenschaften. Der Praktikant ist sozialversicherungspflichtig.

§ 19

### ■ Volontär

Der Volontär will praktische Kenntnisse erwerben, die der Ausbildung in einem anderen Beruf dienen oder Voraussetzung für die Ausführung höherer Dienste im gleichen Beruf sind. Der Volontär ist bei Unfall versichert; aber er ist nicht kranken-, pflege-, renten- und arbeitslosenversicherungspflichtig.

§ 19

**Zur Wiederholung und Vertiefung**

1. Welche Unterschiede bestehen zwischen Auszubildendem und Praktikant?
2. Warum beginnt die Ausbildung mit einer Probezeit?
3. Aus welchen Gründen kann das Ausbildungsverhältnis während der Ausbildungszeit gelöst werden?
4. Nach bestandener Abschlussprüfung hat der 19-jährige Kurt Weber bereits eine Woche in seinem Ausbildungsbetrieb weitergearbeitet. Als er nun beim Chef um Urlaub nachsucht, blickt der ihn überrascht an und sagt: „Ja, was machen denn Sie noch in unserem Betrieb? Ihre Ausbildungszeit ist doch beendet, und ich habe Sie nicht als Mitarbeiter eingestellt." Wie ist die Rechtslage?

## 7.4.2 Arbeitsvertrag (Kaufmännische Angestellte)

**Kaufmännischer Angestellter** ist, wer in einem **Handelsgewerbe gegen Entgelt kaufmännische Dienste** leistet.

HGB § 59

*Rechtliche Grundlage* für das Angestelltenverhältnis ist der **Arbeitsvertrag**. Sein Inhalt darf nicht gegen die unabdingbaren Schutzbestimmungen des Tarifvertrages und der Arbeitsordnung sowie gegen zwingende Vorschriften der Gesetze verstoßen.

NachwG § 2

Der Arbeitgeber hat spätestens einen Monat nach dem vereinbarten Beginn des Arbeitsverhältnisses die wesentlichen Vertragsbedingungen schriftlich niederzulegen und dem Arbeitnehmer ein unterschriebenes Exemplar der Niederschrift auszuhändigen. Außerdem muss der Vertrag einen Hinweis enthalten, welche Tarifverträge bzw. Betriebsvereinbarungen auf den Arbeitsvertrag anzuwenden sind.

BetrVG § 5

**Leitender Angestellter** ist, wer mit der eigenverantwortlichen Wahrnehmung von unternehmerischen Leitungsaufgaben betraut ist, einen erheblichen Entscheidungsspielraum hat (selbstständige Einstellungs- und Entlassungsberechtigung, Prokura oder Generalvollmacht) und frei von Weisungen handelt.

## ■ Rechte des kaufmännischen Angestellten = Pflichten des Arbeitgebers

HGB § 64

**a) Vergütung.** Sie besteht in einem *festen Gehalt*, das am Ende eines jeden Monats zu zahlen ist. Kürzere Zeiträume dürfen vereinbart werden, längere dagegen nicht. Daneben können auch *Provisionen* (Verkäufer, Reisende), *Gewinnbeteiligung* (Geschäftsführer, Filialleiter), *Pensionen* und *Gratifikationen* gewährt werden. Provision, Gewinnbeteiligung und Pension müssen vertraglich vereinbart sein; ein Anspruch auf Gratifikation besteht schon dann, wenn eine solche branchenüblich ist oder schon längere Zeit ohne Vorbehaltsrecht gewährt wurde (Weihnachtsgratifikation, Bilanzgratifikation).

Besteht für das Angestelltenverhältnis kein Tarifvertrag, so muss die *Höhe der Vergütung* im Dienstvertrag vereinbart werden. Ist jedoch ein Tarifvertrag vorhanden, so bestimmt er die Mindesthöhe der Vergütung.

EntgeltFZG §§ 1 ff.

**Lohnfortzahlung.** Der Angestellte hat auch dann Anspruch auf 100% der Vergütung, wenn er durch eigene Krankheit seine Arbeit im Betrieb nicht ausüben kann. Der Anspruch besteht jedoch nicht länger als 6 Wochen.

HGB § 62

BUrlG § 1

**b) Fürsorge.** Der Arbeitgeber hat die Pflicht, in seinem Betrieb auf die Erhaltung der *Gesundheit* des Angestellten zu achten. Er hat den Angestellten zur *Sozialversicherung* anzumelden, die Beiträge dafür abzuführen und ihm den zustehenden *Erholungsurlaub* zu gewähren.

**c) Weiterbildung.** Der Arbeitgeber hat dem Angestellten den ihm tariflich zustehenden *Bildungsurlaub* zu gewähren.

HGB § 73

**d) Zeugnis.** Der Arbeitgeber ist verpflichtet, dem Angestellten beim Ausscheiden aus dem Betrieb ein schriftliches Zeugnis über *Art und Dauer seiner Beschäftigung* auszustellen **(einfaches Zeugnis)**. Auf *Wunsch* des Angestellten kann das Zeugnis auch objektiv wahre Angaben über *Führung* und *Leistung* enthalten **(qualifiziertes Zeugnis)**. Dabei sind mindestens Angaben zu machen über Arbeitsqualität und -quantität, Arbeitssorgfalt und -einsatz sowie über das Verhalten und die Zusammenarbeit mit Kollegen und Vorgesetzten. Der Arbeitgeber haftet bei unwahren Angaben im Zeugnis für entstehenden Schaden.

## ■ Pflichten des kaufmännischen Angestellten = Rechte des Arbeitgebers

**a) Dienstleistung.** Der Angestellte ist verpflichtet, die ihm übertragenen Arbeiten ordnungsgemäß auszuführen. Arbeiten, die gegen ein Gesetz, gegen den Vertrag oder gegen die guten Sitten verstoßen, kann er selbstverständlich ablehnen. *Art* und *Dauer* der Tätigkeit richten sich nach dem Dienstvertrag.

**b) Weiterbildung.** Der Angestellte soll seine beruflichen Fähigkeiten und Fertigkeiten dem neuesten Stand der Entwicklung anpassen und ergänzende Kenntnisse auf neuen Gebieten erwerben.

Während Energieunternehmen ca. 500 EUR je Jahr und Mitarbeiter für Weiterbildung aufbringen, lässt sich der Einzelhandel dies 1.000 EUR und die Banken und Versicherungen 2.500 EUR je Mitarbeiter und Jahr kosten.

UWG § 17, § 12

c) **Treue und Verschwiegenheit.** Der Angestellte ist verpflichtet, die Vorteile des Geschäftes wahrzunehmen und über Geschäftsangelegenheiten zu schweigen, durch deren leichtfertige, absichtliche oder gar entgeltliche Mitteilung (Schmiergelder) an andere das Geschäft oder sein Inhaber geschädigt wird. Dies gilt besonders für das Ausplaudern von Bezugsquellen, Einkaufspreisen, Kalkulationszuschlägen, Absatzgebieten, Umsätzen, Gehältern, Privatentnahmen, Gewinnen.

HGB § 60

d) **Handels- und Wettbewerbsverbot**
   1. **Handelsverbot.** Der Angestellte darf ohne Einwilligung des Arbeitgebers *kein eigenes Handelsgewerbe*, auch nicht außerhalb des Geschäftszweiges des Arbeitgebers, *betreiben.* Er kann auch nicht Vollhafter in einem anderen Unternehmen sein.
   2. **Wettbewerbsverbot.** Dem Angestellten ist es außerdem verboten, im Geschäftszweig des Arbeitgebers dauernd oder gelegentlich *Geschäfte* für *eigene* oder *fremde Rechnung* zu machen oder zu *vermitteln,* es sei denn, dass der Arbeitgeber seine *ausdrückliche* Einwilligung dazu gibt.

§ 61

Bei Pflichtverletzung des Angestellten hat der Unternehmer das Recht, ihn auf Schadenersatz und Unterlassung zu verklagen. In schwerwiegenden Fällen wird außerdem fristlose Entlassung die Folge sein.

## ■ Vertragliche Wettbewerbsabrede (Konkurrenzklausel)

Nach Beendigung des Dienstvertrages ist der Angestellte *gesetzlich* weder zur Verschwiegenheit noch zur Beachtung des Handels- und Wettbewerbsverbots verpflichtet. Die allgemeine Haftung für vorsätzliche oder fahrlässige Schädigung seines früheren Arbeitgebers bleibt jedoch bestehen. (BGB § 823)

Soll ein Wettbewerbsverbot auch nach Beendigung des Dienstverhältnisses gelten, so bedarf dies einer *vertraglichen Regelung.* (HGB §§ 74 ff.)

Die Konkurrenzklausel darf aber das berufliche Fortkommen und die Wahl des künftigen Arbeitsplatzes nicht wesentlich erschweren. Sie darf sich auf höchstens 2 Jahre erstrecken. Im Falle eines Minderverdienstes hat der Angestellte das Recht auf eine angemessene Entschädigung.

## ■ Beendigung des Angestelltenverhältnisses

BGB § 620

Das Angestelltenverhältnis endet **ohne Kündigung**, wenn der Zeitpunkt der Beendigung schon bei Vertragsabschluss festgelegt wird (Aushilfsbeschäftigung, Ferienarbeit, Abschlussarbeiten).

§ 622

Bei **Kündigungen** sind folgende **Fristbestimmungen** möglich:

a) **Gesetzliche Kündigungsfrist.** Es kann zum 15. eines Monats oder zum Monatsende mit einer Frist von vier Wochen gekündigt werden. Die Kündigung muss schriftlich ausgesprochen werden. Sie muss rechtzeitig *zugegangen* sein.

**Beispiele:**

| | | | | |
|---|---|---|---|---|
| **Kündigungstermine** | 3. Jan. | 18. Jan. | 31. Jan./ 1. Febr. | 15./16. Febr. |
| **Kündigungsfrist** | 28 Tage | 28 Tage | 28 Tage | 28 Tage |
| **Ende des Arbeitsverhältnisses** | 31. Jan. | 15. Febr. | 28./ 29. Febr. | 15. März |

Bild 120a

b) **Besondere Kündigungsfristen** gelten für den Arbeitgeber bei langjährigen Mitarbeitern. Diese betragen, jeweils auf **Monatsende**, nach einer Beschäftigungsdauer von
   2 Jahren: 1 Monat, 10 Jahren: 4 Monate, 15 Jahren: 6 Monate,
   5 Jahren: 2 Monate, 12 Jahren: 5 Monate, 20 Jahren: 7 Monate.
   8 Jahren: 3 Monate,
   Gerechnet wird die Dauer der Betriebszugehörigkeit, die nach der Vollendung des 25. Lebensjahres liegt.

**Beispiel:** Eine 30-Jährige, die seit 10 Jahren im Betrieb ist, kann selbst am 3. Mai zum 31. Mai kündigen, der Arbeitgeber erst zum 31. Juli.

**c) Vertragliche Kündigungsfrist.** Dabei ist zu beachten:

1. Die Kündigungsfrist kann länger als die gesetzliche sein.
2. Für die Kündigung des Arbeitsverhältnisses durch den Arbeitnehmer darf keine längere Frist vereinbart werden als für die Kündigung durch den Arbeitgeber.
3. Kündigungsregelungen in bestehenden **Tarifverträgen** gelten weiter, selbst wenn sie für Arbeitnehmer ungünstiger sind als die neuen Bestimmungen des § 622 BGB, der seit dem 7. Oktober 1993 gilt.

**Änderungskündigung.** Hier kündigt der Arbeitgeber das Arbeitsverhältnis fristgerecht, bietet aber im Zusammenhang mit der Kündigung die Fortdauer des Vertragsverhältnisses zu geänderten Bedingungen an.

**Beispiel:** Durch Änderung in der Verkaufsorganisation wird einem Reisenden gekündigt, ihm aber gleichzeitig die Stelle eines Sachbearbeiters in der Verkaufsabteilung angeboten.

BGB § 626

**Fristlose Kündigung.** Der Angestellte oder der Unternehmer kann das Dienstverhältnis ohne Einhaltung einer Kündigungsfrist auflösen, wenn ein *wichtiger Grund* vorliegt. Dies trifft zu, wenn es einem Vertragspartner nicht mehr zugemutet werden kann, bis zum Ende der normalen Kündigungsfrist mit dem anderen zusammenzuarbeiten. Wenn der Arbeitgeber das gesetz- oder vertragswidrige Verhalten des Arbeitnehmers als so schwerwiegend beurteilt, dass er deswegen die Gefahr einer fristlosen Entlassung befürchtet, muss er den Arbeitnehmer davon in einer **ausdrücklichen schriftlichen Abmahnung** benachrichtigen.

Auf Verlangen muss dem anderen Teil der Kündigungsgrund schriftlich mitgeteilt werden. Die fristlose Kündigung muss innerhalb von 2 Wochen nach Bekanntwerden des Grundes erfolgen.

**Beispiele:**

Fristlose Kündigung durch den

1. *Angestellten:* Grobe Ehrverletzung oder grobe Verletzung der Vergütungs- oder Fürsorgepflicht;
2. *Unternehmer:* Längere Freiheitsstrafen, Arbeitsverweigerung, Verletzung der Dienstleistungspflicht, der Schweigepflicht oder des Handels- und Wettbewerbsverbots, extrem ausländerfeindliche Äußerungen.

§ 628

Wer selbst vertragswidrig das Dienstverhältnis auflöst oder durch sein vertragswidriges Verhalten die Aufhebung des Dienstverhältnisses durch den anderen veranlasst, ist *schadenersatzpflichtig.*

**Beispiele:**

1. Der Angestellte A verlässt seine Stellung grundlos ohne Kündigung. Er hat ein Monatsgehalt von 3.000 EUR. Der Unternehmer stellt den neuen Angestellten B mit einem Monatsgehalt von 3.500 EUR ein. Er kann vom Angestellten A den Unterschiedsbetrag von 500 EUR solange verlangen, bis der Angestellte A auf Grund einer fristgerechten Kündigung die Stelle hätte verlassen dürfen.
2. Ein Angestellter hebt das Dienstverhältnis fristlos auf, weil der Unternehmer ihm den zustehenden Urlaub nicht gewährt. Der Angestellte kann die Weiterzahlung der vertragsmäßigen Vergütung verlangen, bis er eine neue Stellung gefunden hat oder bis zur nächstmöglichen Beendigung des Dienstverhältnisses durch ordentliche Kündigung.

**Kündigungsschutz** (Abschnitt 7.5.3).

**Aufhebungsvertrag.** Er ist eine *einvernehmliche Auflösung des Arbeitsverhältnisses* ohne Mitwirkung des Betriebsrates, der Behörden (bei Schwangeren, Schwerbehinderten) und des Arbeitsgerichtes. Dadurch erspart sich der Arbeitgeber die Prüfung, ob die Kündigung sozial gerechtfertigt ist, und damit einen eventuell folgenden Prozess vor dem Arbeitsgericht. Oft zahlt der Arbeitgeber dem Arbeitnehmer eine *Abfindung*, die bis 16.000 DM steuer- und sozialabgabenfrei ist.

Für den Arbeitnehmer hat diese Art der Beendigung des Arbeitsverhältnisses folgende Nachteile:

- Er verliert den Kündigungsschutz,
- bei Arbeitslosigkeit erhält er erst nach Ablauf einer zwölfwöchigen Sperrfrist Arbeitslosengeld,
- hohe Abfindungen werden zum Teil auf das Arbeitslosengeld angerechnet.

Deshalb wird oft ein **Abwicklungsvertrag** abgeschlossen, bei dem der Arbeitgeber kündigt und der Mitarbeiter unterschreibt, dass er gegen die Kündigung nichts einzuwenden hat. Dafür erhält er eine *Abfindung*, die nicht auf das Arbeitslosengeld angerechnet wird.

**Unwirksamkeit der Kündigung.** Eine **Kündigung** seitens des Arbeitgebers ist **unwirksam**, wenn

a) die Anhörung des Betriebsrates nicht in der im Betriebsverfassungsgesetz vorgeschriebenen Form erfolgte (Abschnitt 7.7.1) oder

BetrVG § 102

b) die Kündigungsschutzbestimmungen nicht beachtet wurden (Abschnitt 7.5.3).

BGB § 628

Nach Beendigung des Arbeitsverhältnisses werden dem Arbeitnehmer seine Arbeitspapiere übergeben (Lohnsteuerkarte, Versicherungsnachweis, Zeugnis). Oft lässt der Arbeitgeber den Arbeitnehmer eine **Ausgleichsquittung** unterschreiben, in der dieser den Empfang der Papiere bestätigt und aus der hervorgeht, dass der Arbeitnehmer keine Ansprüche an den Arbeitgeber hinsichtlich Gehalt, Urlaub u.Ä. stellt.

**Zur Wiederholung und Vertiefung**

1. Ist eine „zweimonatige" Kündigungsfrist möglich?
2. Kann ein Buchhalter probeweise oder aushilfsweise mit einer „einwöchigen" Kündigungsfrist eingestellt werden?
3. Ein Angestellter kündigt am 3. Dezember brieflich das Dienstverhältnis auf 31. Dezember. Am 4. Dezember ist Sonntag. Der Brief kann erst am 5. Dezember zugestellt werden. Kann der Angestellte rechtmäßig zum 1. Januar die Stelle verlassen?
4. In Arbeitsverträgen werden vereinbart:
   a) Eine zweijährige Kündigungsfrist für beide Teile auf Jahresende.
   b) Kündigungsfrist für den Angestellten 3 Monate auf Quartalsende – für den Arbeitgeber gesetzliche Kündigungsfrist.
   c) Ein Gehalt, das 5% über den Bestimmungen des Tarifvertrages liegt. Es soll 2 Jahre gleich bleiben, unabhängig von weiteren tariflichen Vereinbarungen.
   d) Der Arbeitgeber ist berechtigt, den Arbeitsvertrag fristlos zu kündigen, falls der Angestellte der Gewerkschaft beitritt.

   Welche dieser Vereinbarungen gelten, welche nicht? Begründen Sie Ihre Entscheidung.

## 7.4.3 Vollmachten

### Handlungsvollmacht

**Handlungsvollmacht** besitzt, wer **zum Betrieb eines Handelsgewerbes** oder **innerhalb eines Handelsgewerbes zur Vornahme von Rechtsgeschäften ermächtigt** ist, die sein Handelsgewerbe *gewöhnlich* mit sich bringt.

HGB § 54 (1)
BGB § 164

Eine *besondere* Ermächtigung braucht der Bevollmächtigte zur Veräußerung oder Belastung von Grundstücken, zur Eingehung von Wechselverbindlichkeiten, zur Aufnahme von Darlehen und zur Prozessführung.

HGB § 54 (2)

### Arten der Handlungsvollmacht (Bild 120b)

**a) Die allgemeine Handlungsvollmacht** berechtigt zur Ausführung *aller* Rechtsge-

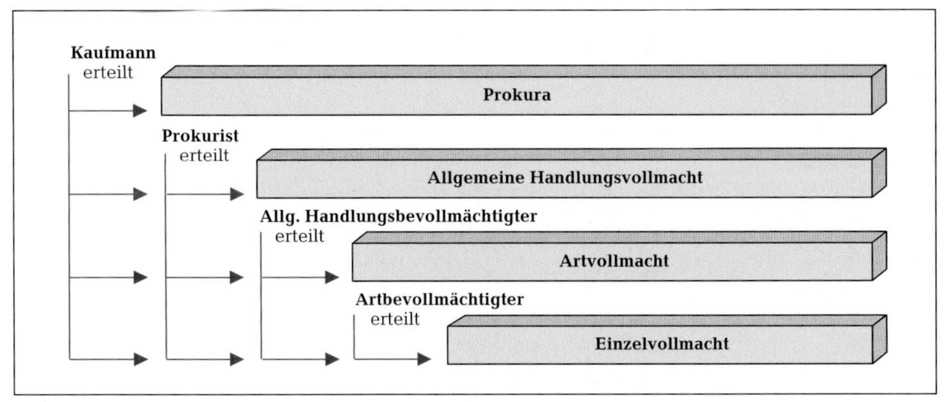


Bild 120b

schäfte im *üblichen Umfang*, die in dem Handelsgewerbe *dieses* Geschäftszweiges *gewöhnlich* vorkommen. Allgemeine Handlungsvollmacht haben z.B. Geschäftsführer und Filialleiter.

**b) Die Artvollmacht** berechtigt zur Vornahme einer bestimmten *Art* von Rechtsgeschäften, die im Handelsgewerbe dieses Geschäftszweiges laufend vorkommen. Artvollmacht haben Einkäufer, Verkäufer, Kassierer, Schalterbedienstete, Reisende.

**c) Die Einzelvollmacht** berechtigt zur Vornahme eines *einzelnen* Rechtsgeschäftes (Einzug einer quittierten Rechnung, Verkauf eines Hauses, Führung eines Prozesses).

### ■ Erteilung der Vollmacht

Kaufleute sowie Prokuristen haben das Recht zur Erteilung einer allgemeinen Handlungsvollmacht. Jeder Bevollmächtigte kann im Rahmen seiner Vollmacht Untervollmacht einräumen (Bild 120b). Die Erteilung der Vollmacht kann schriftlich, mündlich oder sogar stillschweigend durch Duldung bestimmter Handlungen erfolgen. Sie wird nicht ins Handelsregister eingetragen.

Wenn ein Kaufmann mehrere Bevollmächtigte ernennt, kann er *jedem* für sich *allein* oder *mehreren zusammen Vertretungsrecht einräumen* **(Gesamtvollmacht)**. Im zweiten Falle sind die Rechtshandlungen nur gültig, wenn die Bevollmächtigten gemeinsam gehandelt oder unterschrieben haben, z.B. bei Bankangestellten.

Handlungsvollmacht können kaufmännische, technische und sonstige Angestellte erhalten. Sie kann auch beschränkt Geschäftsfähigen erteilt werden. Häufig hat auch die Ehefrau Handlungsvollmacht, um ihren Mann während seiner Abwesenheit vertreten zu können.

### ■ Unterschrift des Bevollmächtigten

HGB § 57

Der Bevollmächtigte setzt zum Namen seines Auftraggebers seine Unterschrift mit einem Zusatz, aus dem die Vollmacht zu ersehen ist (Bild 122).

### ■ Beendigung der Vollmacht

Die Vollmacht erlischt

a) mit *Beendigung* des Rechtsverhältnisses, mit dem sie verbunden ist, z.B. bei Beendigung des Dienstvertrages, bei Auflösung der Ehe, aber nicht bei Tod des Ehegatten,

b) durch *Widerruf* von Personen, die Vollmacht erteilen können,

c) durch freiwillige oder zwangsweise *Auflösung* des Geschäfts,

d) beim *Wechsel* des Geschäftsinhabers in der Regel nur, wenn der neue Inhaber sie widerruft,

e) bei Einzelvollmacht nach *Durchführung* des Auftrages.

### ■ Besondere Handlungsbevollmächtigte

§ 56

**a) Ladenangestellte.** Wer in einem Laden oder offenem Warengeschäft angestellt ist, hat das Recht, Waren anzunehmen, abzugeben, umzutauschen und den Kaufpreis zu kassieren. Die Inkassovollmacht ist auf den Ladenraum beschränkt. Wenn in einem Ladengeschäft *besondere* Kassenstellen eingerichtet sind, so haben nur die Kassenangestellten Inkassovollmacht.

§ 55

**b) Reisende Angestellte.** Sie sind im Gegensatz zum Handelsvertreter Angestellte mit *Artvollmacht*. Entsprechend ihrem Auftrag haben sie das Recht, Geschäfte im Namen ihres Arbeitgebers abzuschließen oder zu vermitteln und Mängelrügen entgegenzunehmen. Für alle anderen Geschäfte brauchen sie eine besondere Vollmacht.

## ■ Prokura

§ 49

**Prokura** besitzt, wer von einem Kaufmann zu **allen Arten von gerichtlichen und außergerichtlichen Geschäften und Rechtshandlungen ermächtigt** ist, die der Betrieb *irgendeines* Handelsgewerbes mit sich bringen kann.

Eine *besondere Vollmacht* braucht der Prokurist zum Verkauf und zur Belastung von Grundstücken laut Grundbuchordnung § 19.

*Gesetzlich verboten* ist dem Prokuristen die Vertretung bei folgenden Handlungen: Bilanz und Steuererklärungen unterschreiben, Handelsregistereintragungen anmelden,

Insolvenzverfahren anmelden, Geschäft verkaufen, Prokura erteilen, Gesellschafter aufnehmen. Im Prozess kann er für den Unternehmer keinen Eid leisten (Bild 122).

Während der Umfang der Handlungsvollmacht *vom Unternehmer* geregelt werden kann, ist der Umfang der Prokura *gesetzlich* geregelt. Sie erstreckt sich auf alle Geschäfte und Rechtshandlungen **irgendeines Handelsgewerbes**, nicht aber auf die Vertretung des Inhabers in privaten Angelegenheiten.

**Beispiel:** Während der Abwesenheit des Unternehmers gibt der Prokurist einer Spirituosenfabrik die Abteilung Liköre auf.

Die Prokura erstreckt sich also auf

1. **gewöhnliche** Geschäfte und Rechtshandlungen

   **Beispiele:** Kaufverträge abschließen, Personal einstellen und entlassen,

2. **außergewöhnliche** Geschäfte und Rechtshandlungen, das sind
   - *gerichtliche* Geschäfte und Rechtshandlungen

     **Beispiele:** Prozesse führen für den Betrieb, Strafanzeige in geschäftlichen Dingen stellen, Prozessvollmacht erteilen.
   - *außergerichtliche* Geschäfte und Rechtshandlungen

     **Beispiele:** Darlehen aufnehmen oder den Geschäftszweig ändern; selbst Nichthandelsgeschäfte wie Schenkungen und Spenden des Betriebs gehören dazu.

## ■ Erteilung der Prokura

HGB § 48 (1)

Nur der *Kaufmann* oder sein *gesetzlicher* Vertreter kann Prokura erteilen. Sie muss *ausdrücklich* (schriftlich oder mündlich) erteilt werden, z.B. mit den Worten: „Ich erteile Ihnen mit Wirkung vom 1. Januar 19.. die Prokura."

Die Prokura muss zur Eintragung ins Handelsregister angemeldet werden.

Prokura können auch solche Personen erhalten, die nicht im Geschäft angestellt sind (Ehefrau), ferner beschränkt Geschäftsfähige mit Zustimmung des gesetzlichen Vertreters und Genehmigung des Vormundschaftsgerichts.

## ■ Beginn der Prokura

Im *Innenverhältnis* beginnt die Prokura mit der Erteilung.

Im *Außenverhältnis* wird sie erst wirksam, wenn der Dritte Kenntnis von ihr hat oder wenn sie in das Handelsregister eingetragen und veröffentlicht ist. Die Eintragung hat also deklaratorische Wirkung (Bild 121).

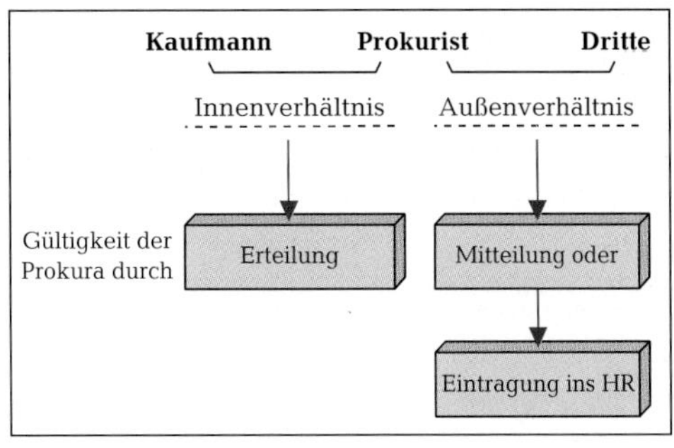


Bild 121

## ■ Einschränkung der Prokura

§ 50

Der Unternehmer kann den Umfang der Prokura im *Innenverhältnis* beliebig einschränken, im *Außenverhältnis* ist sie jedoch unbeschränkbar. Ausnahmen:

a) Die Prokura kann auf **ein** Unternehmen beschränkt werden, wenn ein Kaufmann mehrere selbstständige Unternehmen mit verschiedenen Firmen betreibt.

b) Bei **Filialbetrieben** kann die Prokura auf das Hauptgeschäft oder eine Filiale beschränkt sein, wenn die Filialfirmen sich durch einen Zusatz sowohl vom Hauptgeschäft als auch voneinander unterscheiden **(Filialprokura).**

c) **Gesamtprokura.** Sie wird mehreren Personen erteilt, die nur *gemeinsam* handeln können.

## ■ Unterschrift des Prokuristen

§ 51

Der Prokurist setzt zur Firma seine Unterschrift mit dem Zusatz ppa. = „per procura" (lat.) (Bild 122).

## Beendigung der Prokura

HGB § 52

Die Prokura erlischt

a) mit *Beendigung* des Rechtsverhältnisses, mit dem sie verbunden ist;
b) durch *Widerruf* von seiten *eines* Geschäftsinhabers;
c) durch freiwillige oder zwangsweise *Auflösung* des Geschäftes;
d) durch den *Tod* des Prokuristen;
e) beim *Wechsel* des Geschäftsinhabers in der Regel nur, wenn der neue Unternehmer sie widerruft, jedoch *nicht beim Tode* des Geschäftsinhabers.

Das Erlöschen der Prokura ist durch den Unternehmer zur Eintragung ins Handelsregister anzumelden. Gutgläubigen Dritten gegenüber gilt die Prokura so lange weiter, bis sie im Handelsregister gelöscht ist.

Bild 122

## Generalvollmacht

BGB §§ 164 ff.

**Generalvollmacht** besitzt, wer den Vollmachtgeber **in allen Rechtsgeschäften** vertreten kann, für die eine Vertretungsvollmacht gesetzlich oder satzungsmäßig **zulässig** ist.

Der *Umfang* der Generalvollmacht kann über den der Prokura hinausgehen, muss jedoch mindestens dem Umfang der allgemeinen Handlungsvollmacht nach HGB § 54 entsprechen, wenn sie von einem Kaufmann erteilt wird. Die *Erteilung* ist formfrei. Sie kann als Einzel- oder Gesamtvertretung erteilt werden.

**Zur Wiederholung und Vertiefung**

1. Welche Angestellten unterscheidet man
   a) nach ihrem Aufgabenbereich, b) nach dem Umfang ihrer Vollmacht?
2. Was ist der Unterschied zwischen allgemeiner Handlungsvollmacht und Gesamtvollmacht?
3. Bankangestellter Rieten, Leiter der Kreditabteilung mit der Handlungsvollmacht, Kredite bis zu 20.000 EUR zu gewähren, sichert dem Kaufmann Schäfer in einer mündlichen Verhandlung einen Kredit von 50.000 EUR zu. Wie ist die Rechtslage?
4. Welche Unterschiede bestehen zwischen Prokura und allgemeiner Handlungsvollmacht?
5. G. Vollmer, Abteilungsleiter der Hermann König KG, hat seit zwei Monaten die Briefe mit ppa. unterschrieben, ohne dass der Geschäftsinhaber Einspruch erhoben hat. Ist Vollmer jetzt Prokurist?
6. Kann der 16-jährige Sohn eines Geschäftsinhabers Prokurist werden (Begründung)?
7. Der Unternehmer untersagt seinem Prokuristen, Wechsel zu akzeptieren. Während der Unternehmer im Urlaub ist, akzeptiert der Prokurist dennoch einen Wechsel.
   Muss der Unternehmer diesen Wechsel einlösen (Begründung)?
8. Welche Überlegung kann einen Unternehmer veranlassen, statt Einzelprokura Gesamtprokura zu erteilen?
9. Prokurist Hermann vom Hauptgeschäft entzieht dem Angestellten Schwarz, der Prokura für die Filiale hat, diese Vollmacht. Gleichzeitig erteilt er Frau Stein, bisher Abteilungsleiterin im Hauptgeschäft, Prokura und dem Angestellten Pietsch allgemeine Handlungsvollmacht. Sind diese Handlungen rechtswirksam?
10. Prokurist Peter Jung ist 35 Jahre alt und seit 20 Jahren bei der Pietsch OHG in Augsburg tätig. Er leitet nunmehr die Abteilung Verkauf. Jung möchte sich selbstständig machen und zum 30. Juni kündigen.
    a) Wann muss Jung spätestens kündigen?
    b) Wann müsste gekündigt werden, wenn Pietsch das Arbeitsverhältnis zum 30. Juni auflösen wollte?
    c) Wie hätte Pietsch verhindern können, dass Jung sofort nach seinem Ausscheiden ein Konkurrenzunternehmen gründet?
    d) Wann erlischt die Vollmacht von Jung?
    e) Jung gewährt einem Kunden am 20. Juni einen Sonderrabatt von 30%. Ist Pietsch an diese Zusage gebunden?

## 7.5 Rechtsschutz der Arbeitnehmer

Der Staat hat durch Gesetze dafür gesorgt, dass Arbeitnehmer zu schützen sind und deren Arbeitskraft möglichst lange erhalten bleibt.

### 7.5.1 Gesundheits- und Unfallschutz (Arbeitsschutz)

Gesetz über die Durchführung von Maßnahmen des Arbeitsschutzes zur Verbesserung der Sicherheit und des Gesundheitsschutzes der Beschäftigten bei der Arbeit (Arbeitsschutzgesetz – ArbSchG) vom 7. August 1996; Vorschriften der Berufsgenossenschaften

ArbSchG § 3 § 4

Arbeitgeber sind verpflichtet, die erforderlichen Maßnahmen des Arbeitsschutzes unter Berücksichtigung der Umstände zu treffen, die Sicherheit und Gesundheit der Beschäftigten bei der Arbeit beeinflussen. Dabei ist die Arbeit so zu gestalten, dass eine Gefährdung für Leben und Gesundheit möglichst vermieden wird.

§ 21

Beamte der staatlichen **Gewerbeaufsichtsämter** überwachen die Einhaltung der Bestimmungen und sorgen für die Beseitigung von Missständen. Besondere Bedeutung für den Schutz der Arbeiter haben die von den **Berufsgenossenschaften** erlassenen Unfallverhütungsvorschriften, welche der Unternehmer an geeigneter Stelle im Betrieb auflegen oder aushängen muss.

§ 11

**Betriebsärzte** und staatliche **Landesgewerbeärzte** beraten die Betriebe bei der Verbesserung der Gesundheitsfürsorge (Gewerbehygiene).

§ 13

**Sicherheitsbeauftragte** im Betrieb überwachen die Einhaltung der Unfallverhütungsvorschriften.

**Zur Wiederholung und Vertiefung**

1. Welche Unfallschutzvorrichtungen kennen Sie?
2. Welche Folgen hätte es, wenn ein Betrieb die Unfallschutzvorrichtungen nicht beachtet?

## 7.5.2 Arbeitszeitschutz

Arbeitszeitgesetz (ArbZG) vom 6. Juni 1994

ArbZG § 3

**Nach dem Gesetz** gilt der **8-Stunden-Tag**. Mit **Zustimmung des Betriebsrates** kann die Arbeitszeit für einen längeren Zeitraum **bis zu 10 Stunden erhöht** werden. Eine Überschreitung dieser Grenze aus betriebstechnischen Gründen bedarf der *Genehmigung* des Gewerbeaufsichtsamtes oder der *Vereinbarung* in einem Tarifvertrag oder einer Betriebsvereinbarung.

**Verlängerte Arbeitszeiten** müssen innerhalb von 6 Monaten **durch kürzere Arbeitszeiten** an anderen Tagen **ausgeglichen** werden. Für bis zu 60 Werktage jährlich ist auch ein **finanzieller Ausgleich** möglich, wenn die Tarifpartner dies vereinbaren.

§§ 10 ff.

Sonn- und Feiertagsarbeit ist dann erlaubt, wenn *technische* Gegebenheiten eine ununterbrochene Produktion erfordern oder ein Betrieb sonst seine *internationale Konkurrenzfähigkeit* verlieren würde. Für Bäckereien gelten besondere Vorschriften.

> **Zur Wiederholung und Vertiefung**
>
> Warum muss vom Gewerbeaufsichtsamt die Zustimmung eingeholt werden, wenn die Tagesarbeitszeit mehr als 10 Stunden betragen soll?

## 7.5.3 Kündigungsschutz

Kündigungsschutzgesetz (KSchG) vom 25. August 1969; Mutterschutzgsetz (MuSchG) vom 17. Januar 1997; Bundeserziehungsgeldgesetz (BErzGG) vom 31. Januar 1994; Schwerbehindertengesetz (SchwbG) vom 26. August 1986.

Verschiedene Personengruppen genießen **Kündigungsschutz:**

KSchG § 1 § 2

a) **Allgemeinen Schutz vor sozial ungerechtfertigter Kündigung** genießen alle **Arbeitnehmer** in Betrieben mit 5 und mehr Beschäftigten, sofern sie länger als 6 Monate in demselben Betrieb beschäftigt sind. Eine Kündigung ist bei diesen Voraussetzungen **unwirksam**, wenn sie nicht durch die Person oder das Verhalten des Arbeitnehmers oder durch dringende betriebliche Verhältnisse bedingt ist, oder wenn der Betriebsrat nicht gefragt wurde.

   **Beispiel:** Ein Betrieb entlässt einen 50-jährigen Mitarbeiter, weil angeblich keine Aufträge vorliegen, verhandelt aber gleichzeitig mit mehreren 20-Jährigen wegen einer Anstellung.

b) **Besonderen Kündigungsschutz** genießen

§ 15

   1. **Betriebsratsmitglieder** während ihrer Amtszeit und bis 1 Jahr danach, Kandidaten für die Wahl zum Betriebsrat, nicht gewählte Kandidaten bis 6 Monate nach der Wahl.

MuSchG § 9

   2. **Mütter** während der Schwangerschaft, sofern der Arbeitgeber von ihr Kenntnis hat oder innerhalb von zwei Wochen nach der Kündigung Kenntnis bekommt.

BErzGG § 18

   Außerdem genießen sie Schutz während vier Monaten nach der Entbindung und während des Erziehungsurlaubs.

SchwbG §§ 13 ff.

   3. **Schwerbehinderte** (mindestens 50% Erwerbsminderung). Ihnen kann nur mit Zustimmung der Fürsorgestelle gekündigt werden. Die Kündigungsfrist muss mindestens vier Wochen betragen.
   4. **Auszubildende** nach der Probezeit.

ArbPlSchG § 2

   5. **Wehrdienstleistende** für die Dauer des Grundwehrdienstes und der Wehrübungen.

MuSchG § 9 (3)

Das Recht zur fristlosen Entlassung aus wichtigem Grund bleibt vom Kündigungsschutz unberührt. Ausgenommen hiervon ist der Mutterschutz.

> **Zur Wiederholung und Vertiefung**
>
> 1. Aus welchen Gründen ist der Kündigungsschutz berechtigt?
> 2. a) Wem und mit welcher Frist kann wegen Rationalisierung gekündigt werden?
>    - 42-jähriger Angestellter mit 5 Kindern, seit 3 Jahren im Betrieb.
>    - 35-jähriger Angestellter (ledig), seit 20 Jahren im Betrieb.
>    - 24-jährige Angestellte, die im 6. Monat schwanger ist, seit 6 Jahren im Betrieb.
>    - 45-jähriger Angestellter, seit einem Jahr im Betrieb, der für die Betriebsratswahlen kandidiert.
>
>    b) Was können die Angestellten gegebenenfalls unternehmen?
> 3. Welchen Schutz bietet das BetrVG bei Entlassungen wegen Rationalisierungsmaßnahmen?

## 7.5.4 Frauen- und Mutterschutz

Arbeitszeitgesetz (ArbZG) vom 6. Juni 1994; Bundesberggesetz (BBergG) vom 26. August 1992; Mutterschutzgesetz (MuSchG) vom 17. Januar 1997; Bundeserziehungsgeldgesetz (BErzGG) vom 31. Januar 1994

Die berufstätige Frau genießt durch das Arbeitsrecht einen besonderen Schutz, der ihrer körperlichen Konstitution und ihrer Aufgabe in der Familie Rechnung trägt. Betriebsarbeiten im Bergbau unter Tage sind für Frauen verboten.

BBergG § 64a

Werdende und stillende Mütter dürfen zu schwerer körperlicher Arbeit, zu Mehrarbeit, Akkord- und Fließbandarbeit, Nacht- und Sonntagsarbeit nicht herangezogen werden. Werdende Mütter dürfen grundsätzlich sechs Wochen vor der Entbindung, Wöchnerinnen bis acht Wochen nach der Entbindung nicht beschäftigt werden. Nach der Geburt des Kindes kann die Mutter oder der Vater einen Erziehungsurlaub von 36 Monaten beanspruchen.

MuSchG §§ 3 ff.

BErzGG §§ 15, 16

**Zur Wiederholung und Vertiefung**

1. Welche Tätigkeiten können von Frauen nicht ausgeübt werden?
2. Warum wird die berufstätige Frau vom Arbeitsrecht besonders geschützt?
3. a) Wie lange können Frauen während und nach einer Schwangerschaft von der Arbeit freigestellt werden?
   b) Warum ist diese Arbeitspause gerechtfertigt?

## 7.5.5 Beschäftigungsschutz

Gesetz zum Schutz der Beschäftigten vor sexueller Belästigung am Arbeitsplatz (Beschäftigungsschutzgesetz) vom 1. September 1994

Ziel des Beschäftigungsschutzgesetzes ist die Wahrung der Würde von Frauen und Männern durch den **Schutz vor sexueller Belästigung** am Arbeitsplatz. Verantwortlich für den Schutz sind Arbeitgeber und Dienstvorgesetzte. Sie haben die im Einzelfall angemessenen *arbeitsrechtlichen Maßnahmen* wie Abmahnung, Umsetzung, Versetzung oder Kündigung zu ergreifen.

## 7.5.6 Jugendarbeitsschutz

Gesetz zum Schutze der arbeitenden Jugend (JArbSchG) vom 12. April 1976 mit Änderungen

Das Gesetz zum Schutze der arbeitenden Jugend unterscheidet:

JArbSchG § 2

a) **Kinder.** Das sind Personen, die noch nicht 15 Jahre alt oder noch zum Besuch einer Schule mit Vollunterricht verpflichtet sind. Ihre Beschäftigung ist, von gesetzlichen Ausnahmen abgesehen, verboten.

§ 5

b) **Jugendliche.** Das sind alle übrigen, noch nicht 18 Jahre alten Personen.

§ 2

Für **Jugendliche** gelten folgende Bestimmungen:

**Arbeitszeit.** Die tägliche Arbeitszeit für Jugendliche darf höchstens acht Stunden, die Wochenarbeitszeit 40 Stunden betragen. Ruhepausen sind in die Arbeitszeit nicht einzurechnen.

§ 8

**Ruhepausen.** Bei einer Arbeitszeit von mehr als viereinhalb bis sechs Stunden müssen 30 Minuten, bei mehr als sechs Stunden 60 Minuten Ruhepausen eingeschaltet werden. In Betrieben, die mehr als 10 Jugendliche beschäftigen, sind für den Pausenaufenthalt besondere Räume für Jugendliche bereitzustellen.

§ 11

**Freizeit.** Nach Beendigung der täglichen Arbeitszeit ist eine ununterbrochene Freizeit von mindestens 12 Stunden zu gewähren. Zwischen 20 und 6 Uhr, an Samstagen sowie an Sonn- und Feiertagen dürfen Jugendliche nicht beschäftigt werden.

§§ 13–18

**Berufsschulzeit.** Die Unterrichtszeit einschließlich der Pausen wird auf die Arbeitszeit angerechnet. Beträgt die Schulzeit mehr als fünf Unterrichtsstunden, so ist einmal in der Woche der restliche Tag arbeitsfrei (Schultag = Arbeitstag). Beginnt der Unterricht vor 9 Uhr, so darf der Jugendliche auch bei kürzerer Schulzeit nicht vorher beschäftigt werden. Auch der letzte Arbeitstag, welcher der schriftlichen Abschlussprüfung unmittelbar vorangeht, ist frei.

§ 9

§ 10

JArbSchG § 19

**Urlaub.** Jugendliche, die zu Beginn des Kalenderjahres noch nicht 16 Jahre alt sind, haben Anspruch auf 30 Werktage (1 Woche = 6 Werktage) Urlaub; bis 17 Jahre auf 27 Werktage, bis 18 Jahre auf 25 Werktage. Der Urlaub soll zusammenhängend, bei Berufsschülern in der Zeit der Schulferien, gewährt werden.

§§ 32, 33

**Gesundheitliche Betreuung.** Vor Aufnahme der Beschäftigung und nach einjähriger Beschäftigung sind für den Jugendlichen kostenfreie ärztliche Untersuchungen vorgeschrieben, deren Ergebnis den Erziehungsberechtigten mitgeteilt wird. Ohne Nachweis der ärztlichen Untersuchung darf der Ausbildungsvertrag von der IHK nicht eingetragen werden.

§§ 22 ff.

**Beschäftigungsbeschränkungen.** Das Gesetz verbietet die Beschäftigung eines Jugendlichen mit Arbeiten, die seine körperlichen Kräfte übersteigen oder bei denen er sittlichen Gefahren ausgesetzt ist. Ausdrücklich ist die Beschäftigung mit Akkord- und Fließarbeit verboten. Personen, welche die bürgerlichen Ehrenrechte nicht besitzen, dürfen Jugendliche nicht beschäftigen und nicht im Rahmen eines Beschäftigungsverhältnisses anweisen oder beaufsichtigen.

Für die Beschäftigung verwandter Kinder und Jugendlicher sowie für die Beschäftigung im Familienhaushalt, in der Landwirtschaft, im Bergbau und in Heimarbeit enthält das Gesetz besondere Bestimmungen.

**Zur Wiederholung und Vertiefung**

1. Warum haben Jugendliche einen längeren Urlaub als Erwachsene?
2. Warum sind für Jugendliche kostenfreie ärztliche Untersuchungen vorgesehen?
3. Die Auszubildende Maria Müller besucht die Berufsschule 5 Unterrichtsstunden von 7:50–12:10 Uhr. Muss sie nachmittags wieder im Betrieb sein?

### 7.5.7 Schwerbehindertenschutz

Gesetz zur Sicherung der Eingliederung Schwerbehinderter in Arbeit, Beruf und Gesellschaft (Schwerbehindertengesetz – SchwbG) vom 26. August 1986

SchwbG §§ 1, 5

Um Schwerbehinderte (mindestens 50% Erwerbsminderung) wieder in den Arbeitsprozess einzugliedern, müssen alle Betriebe, die über mindestens 16 Arbeitsplätze (ohne Auszubildende) verfügen, einen bestimmten Prozentsatz der Plätze mit Schwerbehinderten besetzen.

§ 11

Für jeden unbesetzten Pflichtplatz muss der Arbeitgeber eine monatliche Ausgleichsabgabe an die Fürsorgestelle entrichten; die Pflicht zur Einstellung wird jedoch dadurch nicht aufgehoben. Kann ein Betrieb keine Schwerbehinderten finden, so wird auf Antrag die Ausgleichsabgabe ermäßigt oder erlassen. Schwerbehinderte haben Anspruch auf einen bezahlten zusätzlichen Urlaub von fünf Arbeitstagen im Jahr.

§ 47

**Zur Wiederholung und Vertiefung**

Welche Auswirkungen hat der Kündigungsschutz

a) auf die Einstellung von Schwerbehinderten,
b) auf die Entlassung von Schwerbehinderten?

### 7.5.8 Arbeitsgerichtsbarkeit

Arbeitsgerichtsgesetz (ArbGG) vom 2. Juli 1979

Die Arbeitsgerichte gewährleisten eine *sachgemäße* Behandlung (Fachkammern für bestimmte Berufe) und *einheitliche* Rechtsprechung in arbeitsrechtlichen Streitigkeiten. Gegenüber den ordentlichen Gerichten ist das Verfahren wegen der kürzeren Fristen rascher und wegen der niedrigeren Gerichtskosten billiger. Kommt es zu einem Vergleich, werden überhaupt keine Gerichtskosten erhoben.

ArbGG §§ 14, 15

Die Arbeitsgerichtsbarkeit wird ausgeübt durch Arbeitsgerichte, Landesarbeitsgerichte (Berufungsinstanz) und das Bundesarbeitsgericht (Revisionsinstanz) in Kassel, später Erfurt.

**Sachlich zuständig** sind die Gerichte für

a) Streitigkeiten zwischen einzelnen Arbeitgebern und Arbeitnehmern aus dem Arbeits- oder Berufsausbildungsvertrag und aus unerlaubten Handlungen, soweit sie mit diesen Verträgen zusammenhängen (Lohn, Urlaub, Gesundheitsschädigung, Kündigung).

b) Streitigkeiten zwischen *Tarifvertragsparteien* (Gültigkeit des Tarifvertrages, Koalitionsfreiheit, Streik).

c) Streitigkeiten zwischen *Arbeitnehmern* aus *gemeinsamer* Arbeit und wegen unerlaubter Handlungen, soweit sie mit dem Arbeitsverhältnis zusammenhängen (Gruppenakkord).

d) Streitigkeiten aus dem Betriebsverfassungsgesetz, z.B. Errichtung, Zusammensetzung, Geschäftsführung und Auflösung des Betriebsrates.

e) Streitigkeiten aus dem Mitbestimmungsgesetz, z.B. über die Wahl von Vertretern der Arbeitnehmer in den Aufsichtsrat und deren Abberufung.

**Zur Wiederholung und Vertiefung**

1. Warum ist ein Vergleich beim Arbeitsgericht für alle Beteiligten günstig?
2. Welche Streitigkeiten machen Ihrer Ansicht nach den Hauptanteil der Verhandlungen vor den Arbeitsgerichten aus?
3. Warum sind bei den Arbeitsgerichten Vertreter der Arbeitnehmer- und der Arbeitgeberverbände als Prozessbevollmächtigte zugelassen?
4. Welchen Sinn hat die dreistufige Arbeitsgerichtsbarkeit?

## 7.6 Kollektivarbeitsrecht

### 7.6.1 Unternehmerorganisation und Arbeitnehmerverbände (Gewerkschaften)

#### Unternehmerorganisationen

Sie dienen zur Wahrung der Interessen der Unternehmer gegenüber den Arbeitnehmern (Tarifverträge) oder gegenüber Staat und Gemeinden (Gesetzgebung), aber auch zur Pflege ihrer gemeinsamen Berufsaufgaben (fachliche Weiterbildung, Veranstaltung von Ausstellungen, Beratung von Behörden). Man unterscheidet:

**a) Öffentlich-rechtliche Organisationen**

1. **Die Industrie- und Handelskammern.** Sie sind Körperschaften des öffentlichen Rechts mit gesetzlicher Zugehörigkeit aller Gewerbetreibenden, soweit nicht die Handwerkskammern zuständig sind.

   Ihre *allgemeine* Aufgabe ist es, das Gesamtinteresse ihrer Mitglieder wahrzunehmen, für die Förderung der gewerblichen Wirtschaft zu sorgen, durch Vorschläge, Gutachten und Berichte die Behörden zu unterstützen und zu beraten und für die Wahrung von Anstand und Sitte im geschäftlichen Verkehr einzutreten. Im *Einzelnen* obliegen ihnen die Führung des Verzeichnisses der Berufsausbildungsverhältnisse, die Durchführung der Facharbeiterprüfung und der Abschlussprüfung bei Ausbildungsverhältnissen in kaufmännischen Berufen, die Abnahme der Sekretärinnen- und Bilanzbuchhalterprüfungen, die Abhaltung von Kursen zur fachlichen Weiterbildung, die Ausstellung von Ursprungszeugnissen, die Mitwirkung bei der Fahrplangestaltung sowie Aufgaben im Rechts-, Steuer-, Kredit- und Verkehrswesen und im Außenhandel. Die wichtigsten kaufmännischen Fachbücher, Gesetzes- und Wirtschaftsblätter liegen bei der IHK zur Einsicht auf.

   Die Industrie- und Handelskammern sind im Deutschen Industrie- und Handelstag (DIHT) zusammengeschlossen.

2. **Die Handwerkskammern.** Sie sind Körperschaften des öffentlichen Rechts mit gesetzlicher Zugehörigkeit der Handwerksunternehmen. Auch Handwerksbetriebe, die ins Handelsregister eingetragen sind, gehören der Handwerkskammer an.

**b) Privatrechtliche Organisationen**

1. mit *beruflich-fachlichen* Aufgaben, z.B. Bundesverband der Deutschen Industrie (BDI) und die Zentralverbände der übrigen Wirtschaftszweige;
2. mit *tarif- und sozialpolitischen* Aufgaben, z.B. Bundesvereinigung der Deutschen Arbeitgeberverbände (BDA), in der 47 Mitgliederverbände zusammengeschlossen sind.

   **Beispiele:** Gesamtverband der metallindustriellen Arbeitgeberverbände – Gesamtmetall –, Köln; Gesamtverband des Deutschen Steinkohlebergbaus, Essen; Hauptverband der Deutschen Bauindustrie e.V., Wiesbaden; Bundesvereinigung der Fachverbände des Deutschen Handwerks, Bonn; Hauptverband des Deutschen Einzelhandels e.V., Köln; Arbeitgeberverband des privaten Bankgewerbes e.V., Köln; Bundesverband des Deutschen Groß- und Außenhandels e.V., Bonn.

## ■ Arbeitnehmerverbände (Gewerkschaften)

GG Art. 9 (3)

Die Gewerkschaften sind Vereinigungen der Arbeitnehmer zur Förderung und Wahrung der Arbeits- und Wirtschaftsbedingungen. Das Recht zum Zusammenschluss ist im GG verankert **(Koalitionsfreiheit)**. Der Beitritt zu einer Gewerkschaft ist freiwillig.

Im Einzelnen haben sich die Gewerkschaften folgende **Aufgaben** gestellt:

a) **Kampfaufgabe.** Verbesserung der Lohn- und Arbeitsbedingungen, um den Lebensstandard des Arbeitnehmers zu heben (Tariflohnerhöhung, Arbeitszeitverkürzung), gegebenenfalls mit Hilfe des Streiks, des klassischen Kampfmittels der Gewerkschaften.

b) **Bildungsaufgabe.** Berufliche Weiterbildung und Umschulung, Leistungssteigerung durch Vorträge, Kurse, Arbeitsgemeinschaften, Berufswettkämpfe; Mitwirkung im Berufsbildungsausschuss und in den Prüfungsausschüssen.

c) **Rechtliche Aufgabe.** Abschluss von Tarifverträgen, Rechtshilfe und Rechtsschutz für die Arbeitnehmer und Auszubildenden bei den Arbeitsgerichten, Mitbestimmungsrecht in den Betrieben.

d) **Wirtschaftspolitische Aufgabe.** Verbesserung der Wirtschafts- und Sozialordnung (Förderung der Vermögensbildung der Arbeitnehmer, Sozialversicherungsreform).

Bild 123

### Zur Wiederholung und Vertiefung

1. Was versteht man unter „Koalitionsfreiheit"? Warum ist sie im Grundgesetz verankert?
2. Nennen Sie die nach Ihrer Meinung drei wichtigsten Aufgaben der Arbeitgeber- bzw. der Arbeitnehmerverbände.

## 7.6.2 Kollektivarbeitsverträge

Die betriebliche Arbeit findet ihre Ordnung und Regelung

a) im **Individual-** oder **Einzel**arbeitsvertrag,

b) in **Kollektiv**arbeitsverträgen; dazu gehören
   1. Betriebsvereinbarungen und
   2. Tarifverträge,

c) durch die **Arbeits**gesetzgebung.

Sollen diese konkurrierenden Regelungen auf ein bestimmtes Arbeitsverhältnis angewendet werden, so gilt folgender Grundsatz:

1. Enthalten sie **nachgiebiges Recht**, sind sie in der angegebenen Reihenfolge maßgebend (a–c).

   **Beispiel:** Es werden in einem Einzelarbeitsvertrag 35 Tage Urlaub vereinbart. Wenn nach Tarifvertrag diesem Arbeitnehmer 28 Tage und nach dem Bundesurlaubsgesetz mindestens 24 Tage zustehen würden, so gilt zunächst die einzelvertragliche Regelung und erst wenn hier nichts vereinbart wurde, der Tarifvertrag bzw. das Bundesurlaubsgesetz.

   **Zwingende Normen** gelten jedoch in der umgekehrten Reihenfolge (c–a).

   **Beispiel:** Gemäß Mutterschutzgesetz dürfen Wöchnerinnen acht Wochen nach der Entbindung nicht beschäftigt werden. Die Wöchnerin darf auch durch einzelvertragliche Regelung nicht darauf verzichten.

2. Abweichende Regelungen beim nachgiebigen Recht sind nur statthaft, wenn sie zu Gunsten des Arbeitnehmers getroffen werden.

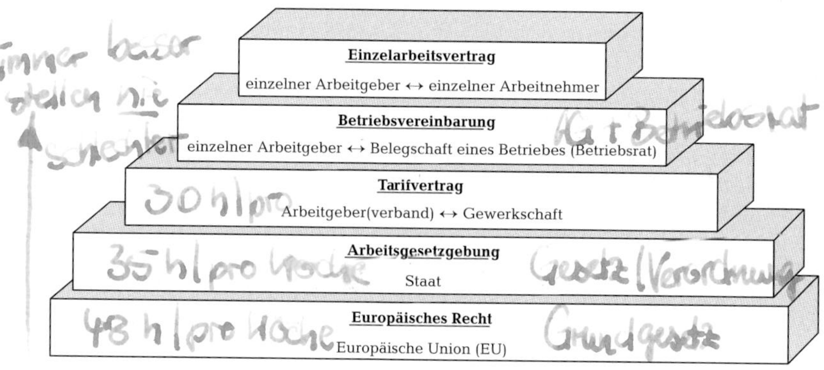


Bild 124

## Betriebsvereinbarung

Betriebsvereinbarungen werden zwischen dem **Betriebsrat** und dem **Arbeitgeber** eines *bestimmten* Betriebes getroffen. Sie dürfen den Bestimmungen des Tarifvertrages nicht entgegenstehen, sondern sollen diese ergänzen, erläutern und den besonderen Verhältnissen des Betriebes anpassen. Ihr Inhalt regelt die Lohn- und Arbeitsbedingungen, den Beginn und das Ende der täglichen Arbeitszeit und der Pausen, Zeit und Ort der Lohnzahlung, Aufstellung eines Urlaubsplanes, die Maßnahmen zur Verhütung von Betriebsunfällen und Gesundheitsschädigungen, die Errichtung von Sozialeinrichtungen, das Verhalten der Arbeitnehmer im Betrieb, z.B. Rauchen, Kantinenbesuch, Telefon- und Parkplatzbenutzung.

Betriebsvereinbarungen haben im Zuge der **Flexibilisierung der Arbeitszeit** zusätzliche Bedeutung gewonnen. Zwischen Betriebsrat und Geschäftsleitung wird dabei ein *Arbeitszeitrahmen* vereinbart, in dem keine Mehrarbeitszuschläge anfallen, auch nicht für Samstagsarbeit. Die Mitarbeiter erhalten ein *Zeitkonto*. Dieses können die Mitarbeiter in Abhängigkeit vom anfallenden Arbeitsumfang mit Stunden auffüllen oder unterschreiten, ohne eine Ober- oder Untergrenze einhalten zu müssen; erst zum Jahresende sollte das Zeitkonto ausgeglichen werden.

Auf diese Weise sollen im Rahmen der „Verbetrieblichung der Tarifpolitik" betriebliche Anforderungen, Kundeninteresse und persönliches Interesse der Mitarbeiter in Einklang gebracht werden.

Durch Betriebsvereinbarungen werden insbesondere **Betriebsordnungen** und **Dienstordnungen** aufgestellt. Sie müssen an geeigneter Stelle im Betrieb ausgehängt oder den Betriebsangehörigen bei Eintritt in den Betrieb ausgehändigt werden.

## ■ Tarifvertrag (TV)

Tarifvertragsgesetz (TVG) vom 25. August 1969 mit Änderungen

Er ist ein **Kollektivvertrag** zwischen den Tarifpartnern, in welchem die Arbeitsbedingungen gewöhnlich für ganze Berufsgruppen eines Wirtschaftszweiges in freien Verhandlungen *einheitlich* festgelegt werden **(Tarifautonomie).**

### ■ Abschluss eines Tarifvertrages

TVG §§ 2 f.

**Tarifpartner** sind auf der einen Seite die Gewerkschaften und ihre Spitzenorganisationen (DGB), auf der anderen Seite einzelne Arbeitgeber oder Arbeitgeberverbände und deren Spitzenorganisationen. Zur Gültigkeit des TV ist die **Schriftform** nötig.
Der Abschluss, die Änderung und die Aufhebung der Tarifverträge werden in die Tarifregister eingetragen, die bei den Arbeitsministerien geführt werden.
**Tarifgebunden** sind die Mitglieder der Tarifvertragsparteien, also die organisierten Arbeitgeber und Arbeitnehmer. Ein Antrag auf Allgemeinverbindlichkeit wird meist nicht mehr gestellt, da die Arbeitgeber den nicht organisierten Arbeitnehmern die gleichen Lohn- und Arbeitsbedingungen einräumen wie den organisierten, um den Betriebsfrieden zu wahren.

### ■ Arten der Tarifverträge

Man unterscheidet

**a) nach den Tarifpartnern:** Firmen- oder Haustarife und Verbandstarife,

**b) nach dem räumlichen Geltungsbereich:** Werks- und Flächentarife (Orts-, Bezirks-, Landes- und Bundestarife, z.B. BAT = Bundesangestelltentarif).

**c) nach dem Inhalt:**

1. **Rahmentarife (Manteltarife).** Sie enthalten allgemeine Arbeitsbedingungen, die für längere Zeit gleich bleiben (Arbeitszeit, Altersteilzeit bis zu 5 Jahren, Mehrarbeit, Sonn- und Feiertagsarbeit, Urlaub, Kündigungsfristen, Weiterbildung u.a.), und Bestimmungen über ein Schiedsgericht zur Beilegung von Streitigkeiten.
2. **Lohn- und Gehaltstarife.** Sie enthalten den *Gruppenplan*, in dem die Arbeitnehmer nach ihrer Vorbildung (gelernte, angelernte, ungelernte Tätigkeit) oder nach dem Schwierigkeitsgrad ihrer Arbeitsaufgabe (Arbeitswert) in verschiedene Lohn- oder Gehaltsgruppen eingeteilt sind, und die *Lohnsätze* für die einzelnen Lohn- oder Gehaltsgruppen. Bei Lohntarifen wird ein *Grundlohn* vereinbart, der die Grundlage (100%) für Zu- und Abschläge nach Lohngruppen, Arbeitswerten oder Lebensjahren ist.
   Der Gruppenplan kann auch in einem besonderen **Lohnrahmentarif** festgelegt sein. Der Lohntarif enthält dann nur die sich häufig ändernden Lohnsätze.
3. **Arbeitszeittarife.** Sie regeln die täglichen und wöchentlichen Arbeitszeiten der Arbeitnehmer, sofern sie nicht schon im Rahmentarif vereinbart sind.
4. **Tarifverträge über Sonderleistungen** (Weihnachtsgeld, Urlaubsgeld, Vermögensbildung).

### ■ Wirkungen der Tarifverträge

§ 4

**a) Erfüllungspflicht.** Die Vertragsparteien sind verpflichtet, dafür zu sorgen, dass ihre Mitglieder die Verträge verwirklichen und sich an ihre Bestimmungen halten. Dabei ist der Grundsatz der *Unabdingbarkeit* zu beachten. Danach dürfen die Bedingungen eines Einzelarbeitsvertrages für den Arbeitnehmer nicht ungünstiger sein als die des Tarifvertrages, auch wenn der einzelne Arbeitnehmer mit einer Schlechterstellung einverstanden wäre.

§ 3

**b) Friedenspflicht.** Während der Gültigkeit des Vertrages dürfen keine Kampfmaßnahmen gegen die Vereinbarungen ergriffen werden; ausgenommen ist der Warnstreik.

§ 4

**c) Nachwirkung.** Der TV endet mit Ablauf der in ihm festgesetzten Zeitdauer, bei Abschluss auf unbestimmte Zeit durch Kündigung oder durch Abschluss eines neuen TV. Die Bestimmungen des alten TV bleiben auf jeden Fall so lange in Kraft, bis ein neuer TV abgeschlossen ist.

**Zur Wiederholung und Vertiefung**

1. Welche Bedeutung hat ein Tarifvertrag?
2. Beurteilen Sie folgende Fälle:
   a) In einem Einzelarbeitsvertrag vereinbaren Arbeitgeber und Arbeitnehmer, dass der Angestellte auf den Urlaub verzichtet, dafür aber 10% Gehalt über dem Tarifvertrag erhält.
   b) Ein Unternehmer verspricht jedem Arbeitnehmer, der nicht in der Gewerkschaft ist, einen um 50 EUR höheren Verdienst.
   c) Eine Gewerkschaft verlangt in Tarifverhandlungen eine Sonderzahlung von 150 EUR für Gewerkschaftsmitglieder.

### 7.6.3 Streik und Aussperrung

Das Kampfmittel der **Arbeitnehmer** zur Erreichung *arbeitsrechtlicher* Ziele ist der **Streik.** Man versteht darunter die gemeinsame, planmäßige Arbeitsniederlegung der Arbeitnehmer. Ein Streik kann unter folgenden Voraussetzungen geführt werden:

a) Ablauf des Tarifvertrags bzw. Scheitern der Schlichtungsverhandlungen. Vorher besteht Friedenspflicht.
b) Urabstimmung. 75% der abstimmungsberechtigten Gewerkschaftsmitglieder eines Tarifbezirks müssen sich für den Streik entscheiden. Oft muss der Hauptvorstand der Gewerkschaft diesen Beschluss noch genehmigen.
c) Er muss von der Gewerkschaft (Tarifvertragspartei) organisiert sein.

Treffen diese Voraussetzungen nicht zu, spricht man von „wildem Streik".

**Arten des Streiks:**

- **Voll- oder Flächenstreik.** Alle Arbeitnehmer eines Tarifgebietes legen die Arbeit nieder.
- **Mini-Max-Streik (Schwerpunktstreik).** Hier versuchen die Gewerkschaften mit minimalem Aufwand (Bestreikung der Hersteller von Batterien oder Kühlern) die maximale Wirkung zu erzielen (Stilllegung der ganzen Automobilbranche nebst Zulieferbetrieben).
- **Warnstreik.** Kurzfristige Arbeitsniederlegung, um die Streikentschlossenheit zu demonstrieren. Dieser Streik kann auch während der Friedenspflicht stattfinden.

Das Kampfmittel der **Arbeitgeber** ist die **Aussperrung**, d.h. die vorübergehende Aufhebung der Arbeitsverhältnisse der Arbeitnehmer bestimmter Betriebe oder aller Betriebe einer Branche. Die Aussperrung ist rechtlich nur **gültig** als Kampfmittel der Arbeitgeber gegen Schwerpunktstreiks der Gewerkschaften. Sie ist nur **zulässig** in einem Umfang, der sich nach dem Grundsatz der Verhältnismäßigkeit richtet (Übermaßverbot).

**Kalte Aussperrung.** Arbeitgeber stellen die Arbeit ein und sperren die Arbeitnehmer ohne Bezahlung aus, da eine Weiterarbeit wegen Arbeitskämpfen in den Zulieferer- oder Abnehmerbetrieben nicht möglich ist.

Das Kampfmittel der Aussperrung ist nicht unumstritten. So verbietet die Verfassung des Landes Hessen die Aussperrung. Auch haben die Gewerkschaften versucht, durch verschiedene Verfahren vor dem Bundesarbeitsgericht und dem Bundesverfassungsgericht die Aussperrung als Arbeitskampfmittel für unzulässig erklären zu lassen.

Die **Arbeitsverhältnisse** der streikenden und ausgesperrten Arbeitnehmer sind während des Arbeitskampfes unterbrochen. Deshalb erhalten streikende und ausgesperrte Arbeitnehmer **kein Arbeitsentgelt**. Die Gewerkschaft zahlt an ihre *Mitglieder* Streikunterstützung, die sich nach Beitragshöhe und Mitgliedsdauer richtet. **Arbeitswillige** haben Anspruch auf Entlohnung. Er entfällt, wenn sie wegen des Streiks nicht beschäftigt werden können.

Um auch privatrechtliche Folgen für einzelne Arbeitnehmer zu vermeiden, bemühen sich die Gewerkschaften, jeden Streik durch einen Vergleich zu beenden, der ein Verbot der Maßregelung und ein Gebot der Wiedereinstellung aller Arbeitnehmer enthält.

**Zur Wiederholung und Vertiefung**

1. Wann spricht man von einem wilden Streik?
2. Erklären Sie Warn- und Schwerpunktstreik.
3. Wann und in welchem Umfang ist eine Aussperrung zulässig?
4. Warum organisieren Gewerkschaften vorzugsweise Schwerpunktstreiks?
5. Warum begegnen Arbeitgeber dieser Maßnahme meistens mit der Aussperrung aller Arbeitnehmer dieser Branche?
6. Wann besteht Aussicht, dass ein Streik wirksam ist?

## 7.6.4 Schlichtungswesen

Kontrollratsgesetz Nr. 35 vom 20. August 1946

Zur Verhütung oder Beilegung von Streitigkeiten zwischen Arbeitgebern und Arbeitnehmern oder deren Verbänden bei Vertragsverhandlungen wurde eigens ein Schlichtungswesen geschaffen. Es ist nur für solche Streitigkeiten anwendbar, die nicht der Zuständigkeit der Arbeitsgerichte unterliegen. Seine Aufgabe ist es, eine **vertragliche Grundlage** zu **schaffen**, während die Arbeitsgerichte das bestehende Recht auslegen und über Streitigkeiten nach bestehendem Recht entscheiden.

Das **Ausgleichsverfahren** wird von Schlichtungsstellen durchgeführt, deren Besetzung im TV oder in der Betriebsvereinbarung festgelegt ist. Sie sollen angerufen werden, um Meinungsverschiedenheiten zu klären. Wird keine Einigung erzielt, so können Behörden oder anerkannte Persönlichkeiten des öffentlichen Lebens eingeschaltet werden.

**Zur Wiederholung und Vertiefung**

1. Zur Beendigung eines langwährenden Arbeitskampfes wird der Arbeitsminister aufgefordert, die Lohnerhöhung endlich festzusetzen. Nehmen Sie aus arbeitsrechtlicher Sicht dazu Stellung.
2. Welche Möglichkeiten gibt es zur Beilegung von Arbeitsstreitigkeiten?

## 7.6.5 Kollektivarbeitsrecht in der freiheitlichen Wirtschaftsordnung

### Kollektivarbeitsrecht und Tarifautonomie

Während in einer Zentralverwaltungswirtschaft die Lohn- und Arbeitsbedingungen durch den Staat festgelegt werden, ist es in einer freien Wirtschaftsordnung die Aufgabe der Tarifpartner, diese Bedingungen ohne Einflussnahme des Staates auszuhandeln (Tarifautonomie). Die freiheitliche Wirtschaftsordnung lässt zur Durchsetzung der einzelnen Forderungen auch den Arbeitskampf zu.

Auf diese Art und Weise hat die jeweilige Arbeitsmarktlage Einfluss auf die Lohnhöhe.

**Beispiele:** Hochqualifizierte Arbeitskräfte bekommen ein entsprechend höheres Arbeitsentgelt als Arbeitskräfte mit einfacher Qualifikation.

### Ergebnisse der Lohntarifverhandlungen

Die Ergebnisse der Tarifverhandlungen (Lohnsteigerungen) zeigen sich in dreifacher Sicht:

a) **Volkswirtschaftliche Sicht.** Können die Unternehmen die erhöhten Arbeitskosten auf die Preise abwälzen, so wird das gewerkschaftliche Ziel, die Realeinkommen der Arbeitnehmer zu erhöhen, nicht erreicht. Dies kann zu neuen Forderungen führen (Lohn-Preis-Spirale Abschnitt 7.2.9).

b) **Betriebswirtschaftliche Sicht.** Werden Lohnsteigerungen durchgesetzt, welche die Unternehmen nicht auffangen können, so besteht der Zwang, teuer gewordene Arbeitskräfte durch Maschinen zu ersetzen.

c) **Sozialpolitische Sicht.** Steigen die Gewinne der Unternehmen sehr stark an, so sind bei Tarifverhandlungen oder nach Arbeitskämpfen die Unternehmerverbände leichter bereit, einem hohen Tarifabschluss zuzustimmen, sodass die Einkünfte der Arbeitnehmer ebenfalls steigen. Lohntarifverhandlungen haben also die wirtschaftspolitisch wichtige Aufgabe, die Einkommen sozial gerecht zu verteilen (Abschnitt 7.1.5).

**Zur Wiederholung und Vertiefung**

Welche nachteiligen Auswirkungen können nach Lohnverhandlungen entstehen, bei denen sehr hohe Lohnforderungen durchgesetzt wurden?

# 7.7 Mitbestimmung

Betriebsverfassungsgesetz (BetrVG) vom 23. Dezember 1988;

Gesetz über die Mitbestimmung der Arbeitnehmer in den Aufsichtsräten und Vorständen der Unternehmen des Bergbaus und der Eisen und Stahl erzeugenden Industrie (Montan-Mitbestimmungsgesetz – MG) vom 21. Mai 1951;

Gesetz über die Mitbestimmung der Arbeitnehmer (Mitbestimmungsgesetz – MitbestG) vom 4. Mai 1976.

Um das Interesse der Arbeitnehmer an ihrem Betrieb zu steigern, um ihnen Gelegenheit zu geben, am betrieblichen Geschehen aktiv mitzuwirken, und um ihre Stellung gegenüber dem Arbeitgeber durch eine gemeinsame Vertretung zu festigen, wurden im Betriebsverfassungsgesetz Wahl und Aufgaben eines **Betriebsrates** einheitlich geregelt. Ein Zwang zur Wahl eines Betriebsrates besteht jedoch nicht.

Außerdem gibt es eine Mitbestimmung der Arbeitnehmer in **Aufsichtsräten** und **Vorständen.**

In Betrieben mit mehr als 100 ständigen Arbeitnehmern wird ein **Wirtschaftsausschuss** gebildet, dessen Mitglieder vom Betriebsrat bestimmt werden. Er hat wirtschaftliche Angelegenheiten mit dem Unternehmer zu beraten und den Betriebsrat zu unterrichten.

BetrVG §§ 106 ff.

In Betrieben mit mindestens fünf Arbeitnehmern unter 18 Jahren oder mit Personen, die sich in Ausbildung befinden und das 25. Lebensjahr noch nicht vollendet haben, werden **Jugend- und Auszubildendenvertretungen** auf zwei Jahre gewählt. Mitglieder dieser Vertretung können nicht gleichzeitig Mitglieder des Betriebsrates sein. Eine wichtige Aufgabe dieser Vertretung ist die Förderung von Maßnahmen der Berufsausbildung und die Überwachung der Einhaltung von Bestimmungen zugunsten der obengenannten Personen (Jugendschutzgesetz, Tarifvertrag).

§§ 60–73

## 7.7.1 Betriebsverfassung

### Der Betriebsrat (Bild 125)

**a) Wahl.** In allen Betrieben mit mindestens fünf ständigen wahlberechtigten Arbeitnehmern wird in geheimer, unmittelbarer Wahl ein Betriebsrat auf vier Jahre gewählt. **Wahlberechtigt** sind alle Arbeitnehmer, die das 18. Lebensjahr vollendet haben. **Wählbar** sind alle Wahlberechtigten, die mindestens ein halbes Jahr dem Betrieb angehören.

§ 1 § 14 § 21 § 7 § 8

Die Zahl der Betriebsratsmitglieder richtet sich nach der Zahl der Arbeitnehmer. In Betrieben mit über 300 Beschäftigten ist eine bestimmte Anzahl der Mitglieder von der Berufstätigkeit freizustellen.

§ 9 § 38

Die **Zusammensetzung** des Betriebsrates muss dem zahlenmäßigen Verhältnis der Arbeiter und Angestellten und soll dem der Männer und Frauen und der Beschäftigungsarten im Betrieb entsprechen. Arbeiter und Angestellte wählen deshalb ihre Vertreter meist in getrennten Wahlgängen. Eine Minderheitsgruppe erhält eine Vertretung, wenn ihr mehr als fünf Arbeitnehmer angehören.

§§ 10, 15

Besteht ein Unternehmen aus mehreren Betrieben, so ist ein Gesamtbetriebsrat aus je zwei Vertretern der einzelnen Betriebsräte zu errichten. Für einen Konzern kann durch Beschlüsse der einzelnen Gesamtbetriebsräte ein Konzernbetriebsrat errichtet werden.

§§ 47 ff. §§ 54 ff.

In Unternehmen mit EU-weit mindestens 1.000 Arbeitnehmern, davon in zwei Mitgliedsstaaten jeweils mindestens 150 Mitarbeiter, muss ein **Europäischer Betriebsrat** gewählt werden. Er hat das Recht auf Unterrichtung und Anhörung.

**b) Zusammenarbeit von Arbeitgeber und Betriebsrat**

Arbeitgeber und Betriebsrat sollen mindestens einmal im Monat zusammentreten, bei strittigen Fragen mit dem ernsten Willen zur Einigung verhandeln und Vorschläge für die Beilegung von Meinungsverschiedenheiten machen. Der Betriebsrat muss einmal in jedem Kalendervierteljahr in einer **Betriebsversammlung**, zu der alle Arbeitnehmer und der Arbeitgeber einzuladen sind, einen Bericht über seine Tätigkeit geben. Für einzelne Betriebsteile können auch **Abteilungsversammlungen** stattfinden.

§ 74 § 43

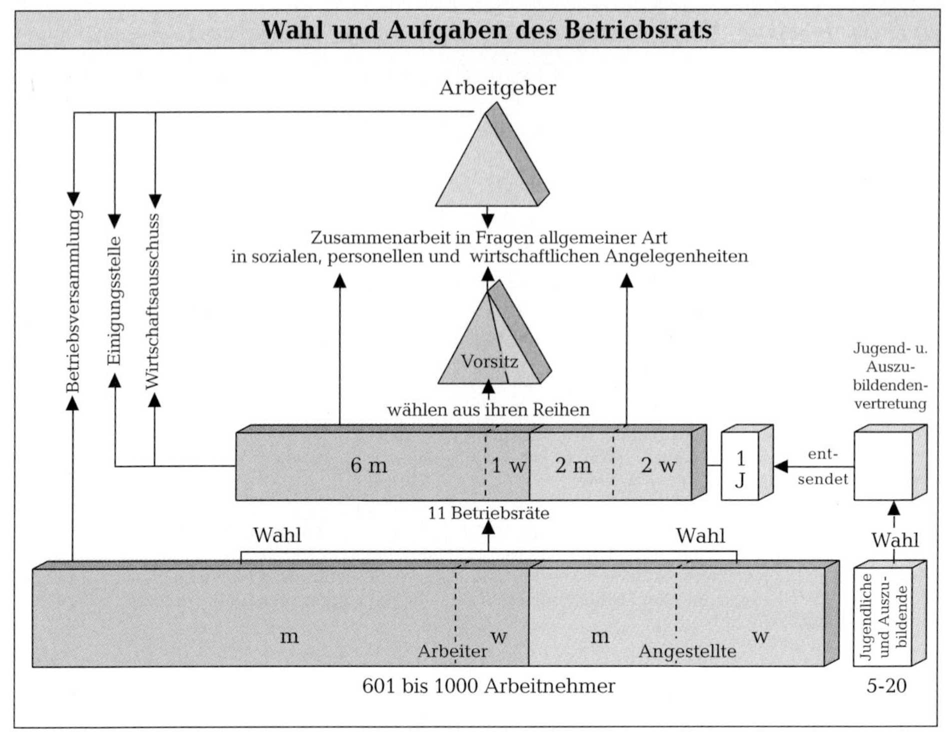


Bild 125

BetrVG § 76

Zur Beilegung von Meinungsverschiedenheiten zwischen Betriebsrat und Arbeitgeber (z.B. Verweigerung der Zustimmung zu betrieblichen Maßnahmen) wird eine **Einigungsstelle** gebildet. Sie besteht aus einem unparteiischen Vorsitzenden und aus Beisitzern, die je zur Hälfte vom Arbeitgeber und vom Betriebsrat bestellt werden.

Der Spruch der Einigungsstelle ersetzt die Einigung zwischen Arbeitgeber und Betriebsrat. Gegen ihre Beschlüsse kann beim Arbeitsgericht Klage erhoben werden.

Rund 75% aller Verfahren können durch die Einschaltung der Einigungsstelle beigelegt werden.

### c) Allgemeine Aufgaben des Betriebsrats

§ 80

1. Er hat die betrieblichen Interessen der Beschäftigten zu vertreten.
2. Er hat darüber zu wachen, dass die zugunsten der Arbeitnehmer geltenden Gesetze, Verordnungen, Unfallverhütungsvorschriften, Tarifverträge und Betriebsvereinbarungen durchgeführt werden.
3. Er hat die Belange von Schwerbehinderten, Jugendlichen, älteren und ausländischen Arbeitnehmern zu fördern.
4. Außerdem hat sich der Betriebsrat mit Fragen der Frauenförderung zu befassen und in diesem Bereich für eine bessere Vereinbarkeit von Familie und Beruf zu sorgen.

§§ 81 ff.

### d) Rechte des Betriebsrats

1. **Mitbestimmung.** Betriebliche Maßnahmen werden erst mit seiner *Zustimmung* wirksam.

   **Beispiele:** Beginn und Ende der täglichen Arbeitszeit einschließlich der Pausen, Urlaubsplan, Lohngestaltung, Einführung von Arbeitszeiterfassungsgeräten, Telefondatenerfassung, betriebliche Regelungen über den Gesundheits- und Unfallschutz, Erhöhung der täglichen Arbeitszeit über 8 Stunden und die damit verbundene Festlegung des Ausgleichszeitraumes, Einführung von Personalfragebogen.

2. **Mitwirkung.** Der Betriebsrat kann aus bestimmten Gründen betrieblichen Maßnahmen *widersprechen.* Diese werden dadurch jedoch nicht unwirksam, sondern das Arbeitsgericht oder die Einigungsstelle entscheidet.

   **Beispiele:** Änderung der Arbeitsplätze, des Arbeitsablaufes oder der Arbeitsumgebung; Kündigung; Einstellung, Eingruppierung und Versetzung in Betrieben mit mehr als 20 wahlberechtigten Arbeitnehmern.

3. **Beratung.** Der Arbeitgeber muss den Betriebsrat unterrichten und sich mit ihm *beraten.*

**Beispiele:** Planung von Bauten, technischen Anlagen, neuen Arbeitsverfahren, Arbeitsabläufen, Einführung neuer Techniken (der Arbeitgeber muss mit dem einzelnen Arbeitnehmer über Weiterbildungsmaßnahmen beraten); Personalplanung; Berufsbildung; Einschränkung, Stilllegung und Verlegung des Betriebes oder von Betriebsteilen (Aufstellung eines Sozialplanes, um nachteilige Folgen für die Arbeitnehmer zu verhindern).

4. **Information.** Der Betriebsrat oder der Wirtschaftsausschuss kann verlangen, dass er über betriebliche Vorgänge *unterrichtet* wird oder ihm die erforderlichen Unterlagen unterbreitet werden.

**Beispiele:** Unterrichtung des Wirtschaftsausschusses über wirtschaftliche Angelegenheiten; Unterrichtung des Betriebsrates bei Einstellung leitender Angestellter; Recht des einzelnen Arbeitnehmers auf Einsichtnahme in seine Personalakte.

**Zur Wiederholung und Vertiefung**

1. Warum wird in Betrieben mit über 300 Beschäftigten eine bestimmte Zahl von Betriebsräten von der Berufstätigkeit freigestellt?
2. Welchen Zweck hat die Bildung einer Einigungsstelle?
3. In einer Betriebsratssitzung werden Personalprobleme diskutiert. Beurteilen Sie die Rechtslage und begründen Sie Ihre Entscheidung.
   a) Herr Frohweis, 28 Jahre alt, bewirbt sich um einen Platz auf der Wahlliste zum Betriebsrat. Er ist am Wahltag vier Monate im Betrieb beschäftigt.
   b) Als Herr Kräftig zum Betriebsrat kandidiert, kündigt ihm der Arbeitgeber, weil er befürchtet, dass Kräftig als Betriebsrat Unruhe in den Betrieb bringen würde.
   c) Nach der Auslagerung der Buchhaltung wird dem Bilanzbuchhalter Ahlers mitgeteilt, dass er von nun an in der Abteilung Verkauf mit einem um 300 EUR geringeren Gehalt beschäftigt sei.
4. Welche Aufgaben hat die Jugend- und Auszubildendenvertretung?
5. Um Entlassungen zu vermeiden, will der Betrieb Kurzarbeit einführen.
   a) In welcher Form ist der Betriebsrat zu beteiligen?
   b) Welche Vorteile hat die Einführung der Kurzarbeit
      - für den Arbeitnehmer,
      - für den Arbeitgeber?

## 7.7.2 Mitbestimmungsgesetzgebung

a) Der Aufsichtsrat einer AG, KGaA, GmbH oder eG, die **mehr als 2.000 Arbeitnehmer** beschäftigen, muss **je zur Hälfte** aus Vertretern der Anteilseigner und der Arbeitnehmer gebildet werden. Mit Ausnahme der KGaA wird in diesen Unternehmen ein Arbeitsdirektor als gleichberechtigtes Mitglied des Vorstands bzw. der Geschäftsführung bestellt.

MitbestG §§ 1, 7; § 33

b) In Gesellschaften der **Montanindustrie** (Kohle, Eisen, Stahl) besteht ein besonderes **paritätisches** Mitbestimmungsrecht im Aufsichtsrat und ebenfalls ein Arbeitsdirektor im Vorstand (Abschnitt 11.5.1).

MG §§ 2, 4; § 13

c) In den übrigen AG, KGaA, GmbH oder eG, die **mindestens 500**, aber **nicht mehr als 2.000 Arbeitnehmer** beschäftigen, muss ein Aufsichtsrat gebildet werden, der **zu einem Drittel** aus Vertretern der Arbeitnehmer besteht.

BetrVG 1952 § 76

**Zur Wiederholung und Vertiefung**

1. Welche Einrichtungen ermöglichen die Mitbestimmung im Betrieb
   a) bei Personengesellschaften,
   b) bei Kapitalgesellschaften?
2. Eine GmbH, die 1.950 Arbeitnehmer hat, vergibt eine ganze Anzahl von Aufträgen als Lohnaufträge an andere Unternehmen weiter, obwohl sie die Mittel für eine Betriebsvergrößerung hätte. Welche Gründe könnte die Unternehmensleitung für diese Maßnahmen haben?

# 7.8 Sozialversicherung

| Arten | Gesetzliche Rentenversicherung | Gesetzliche Arbeitslosenversicherung | Gesetzliche Krankenversicherung | Gesetzliche Pflegeversicherung | Gesetzliche Unfallversicherung |
|---|---|---|---|---|---|
| Rechtsgrundlagen | Grundlage des Sozialversicherungsrechts ist das **Sozialgesetzbuch (SGB)**. Es besteht aus 11 Teilbüchern. Die Sozialversicherung ist in den Büchern 3 = **Arbeitsförderung**, 4 = **Gemeinsame Vorschriften für die Sozialversicherung**, 5 = **Gesetzliche Krankenversicherung**, 6 = **Gesetzliche Rentenversicherung**, 7 = **Gesetzliche Unfallversicherung** und 11 = **Gesetzliche Pflegeversicherung** geregelt. | | | | |
| | SGB, Buch 6<br>§§ 1–320 | SGB, Buch 3<br>§§ 1–434 | SGB, Buch 5<br>§§ 1–307 | SGB, Buch 11<br>§§ 1–112 | SGB, Buch 7<br>§§ 1–220 |
| Träger | Landesversicherungsanstalten für Arbeiterrentenversicherung (LVA), Bundesversicherungsanstalt für Angestellte (BfA). | Bundesanstalt für Arbeit. | Allgemeine Ortskrankenkassen (AOK), Innungs-, Betriebs-, Ersatzkrankenkassen | Pflegekassen, die von den Organen der Krankenkassen mitbetreut werden. | Berufsgenossenschaften und Unfallversicherungskassen von Bund, Ländern, Gemeinden, von Bahn, Post und Telekom. |
| Versicherte | **Versicherungspflichtige:**<br>Alle gegen Entgelt beschäftigten Arbeiter und Angestellten.<br>Auszubildende.<br>In die Handwerksrolle eingetragene Handwerker.<br>Wehr- oder Zivildienstleistende u.a.<br><br>**Freiwillig Versicherte:**<br>Alle nicht versicherungspflichtigen Personen ab Vollendung des 16. Lebensjahres (wichtig für Hausfrauen).<br><br>**Nachversicherte:**<br>Dies sind Personen, die versicherungsfrei oder von der Versicherungspflicht befreit waren, z.B. Beamte auf Zeit, wenn sie ohne Anspruch auf Versorgung aus ihrer Beschäftigung ausgeschieden sind. | **Versicherungspflichtig**<br>sind v. a. Personen, die<br>– gegen Arbeitsentgelt oder<br>– zu ihrer Berufsausbildung beschäftigt sind, sowie<br>– Wehr- und Zivildienstleistende, die vor Dienstantritt versicherungspflichtig waren oder eine zu versichernde Beschäftigung gesucht haben.<br><br>**Versicherungsfrei**<br>sind u.a. Beamte, Richter, Berufssoldaten. | **Versicherungspflichtige:**<br>Alle Arbeiter und Angestellten mit einem Monatsgehalt bis zu $^3/_4$ der Beitragsbemessungsgrenze in der Rentenversicherung (Versicherungspflichtgrenze).<br>Auszubildende, Studenten.<br>Wehr- oder Zivildienstleistende u.a.<br><br>**Versicherungsberechtigte:**<br>Personen, die aus der Pflichtmitgliedschaft ausgeschieden sind, z.B. weil<br>– ihr Arbeitsentgelt 75% der Beitragsbemessungsgrenze übersteigt,<br>– sie ihre Beschäftigung aufgegeben haben (Hausfrauen). | **Versicherungspflichtig**<br>sind alle in der gesetzlichen Krankenversicherung pflichtgemäß und freiwillig Versicherten.<br><br>**Versicherungsfrei** sind Personen, die gesetzlich krankenversichert sind, aber bereits eine private Pflegeversicherung abgeschlossen hatten, deren Leistungsumfang dem der sozialen Pflegeversicherung entspricht.<br>Im Versicherungsfalle sind nach drei **Pflegestufen** zu unterscheiden<br>– erheblich Pflegebedürftige,<br>– Schwerpflegebedürftige,<br>– Schwerstpflegebedürftige. | Alle gegen Entgelt beschäftigten Arbeitnehmer.<br>Auszubildende und Lernende während der beruflichen Fortbildung.<br>Kinder in Kindergärten, Schüler während der Schulzeit, Studierende während der Aus- und Fortbildung an Hochschulen u.a. |

| Leistungen | **Leistungen zur Rehabilitation:**<br>*Medizinische* Leistungen, z.B. ärztliche Behandlung, Arzneien.<br>*Berufsfördernde* Leistungen, z.B. Fortbildung, Umschulungen.<br>*Übergangsgeld* während der Rehabilitationszeit als Art Ersatzeinkommen.<br>*Ergänzende* Leistungen wie Haushaltshilfe, Lehrgangskosten.<br>*Sonstige* Leistungen, u.a. zur Wiedereingliederung in das Erwerbsleben.<br>**Rentenzahlungen:**<br>*Regelaltersrente* ab Vollendung des 65. Lebensjahres.<br>*Altersrente für langjährige Beschäftigte* ab vollendetem 62. LJ.<br>*Altersrente nur* für solche *Arbeitslose und Frauen,* die vor dem 1.1.52 geboren sind und das 60. LJ. vollendet haben (Übergangsregelung).<br>*Renten wegen teilweiser bzw. voller Erwerbsminderung* für Versicherte, die außerstande sind, täglich mindestens 6 bzw. 3 Stunden erwerbstätig zu sein.<br>*Witwen-, Witwer-, Waisenrenten.* | **Arbeitslosengeld** je nach Dauer des Versicherungspflichtverhältnisses für längstens 32 Monate 67% vom pauschalierten Nettoarbeitsentgelt, für Kinderlose 60%. Die Arbeitslosenmeldung ist persönlich alle 3 Monate zu erneuern. Eigeninitiativen zur Beschaffung einer Arbeitsstelle sind nachzuweisen.<br>**Arbeitslosenhilfe** wird für längstens ein Jahr bewilligt, wenn kein Anspruch auf Arbeitslosengeld sowie Bedürftigkeit besteht. Es beträgt 57% vom pauschalierten Nettoarbeitsentgelt, für Kinderlose 53%.<br>**Kurzarbeitergeld** für Versicherte, die aus wirtschaftlichen Gründen des Betriebes vorübergehend nicht voll beschäftigt werden können.<br>**Winterausfallgeld** bei witterungsbedingtem Arbeitsausfall in der Schlechtwetterzeit.<br>**Krankenkassenbeiträge.**<br>**Insolvenzgeld** für 3 Monate vor dem Insolvenzereignis. | **Gesundheitsförderung** durch Aufklärung und Beratung.<br>**Krankheitsverhütung** durch zahnärztliche Regeluntersuchungen und Vorsorgebehandlung von Geschwächten.<br>**Regelmäßige Gesundheitsuntersuchungen** zur Früherkennung von Krankheiten.<br>**Krankenbehandlungskosten** und Zahlung von **Krankengeld** (70%).<br>**Mutterschaftshilfe:** Kosten und Vermögenseinbußen, die mit der Niederkunft verbunden sind.<br>**Familienversicherung:** Entsprechende Leistungen für die Familienangehörigen des Versicherten.<br>**Sterbegeld:** Zuschuss zur Deckung der Bestattungskosten<br><br>* *Beitragsbemessungsgrenzen <u>2000</u>:*<br>– Kranken-/Pflegevers. 6.450 DM pro Monat,<br>– Renten-/Arbeitslosenvers. 8.600 DM pro Monat. | **Häusliche Pflege:**<br>*Sachleistungen* in Form von Hilfen stündlich bis rund um die Uhr bei der Körperpflege, Ernährung, Mobilität, hauswirtschaftliche Versorgung nach den 3 Pflegestufen gestaffelt, bis zum Wert von 750, 1800, 2800 DM p. M.<br>*Pflegegeld* für selbstbeschaffte Pflegehilfen gestaffelt nach Pflegestufen bis zu 400, 800, 1300 DM p. M.<br>*Kombinationen* von Pflegesachleistungen/Pflegegeld.<br>**Stationäre Pflege:**<br>Sie besteht aus Geldleistungen bis zu 2800 DM, in Härtefällen bis zu 3300 DM monatlich. Die Kosten der Unterkunft und Verpflegung müssen die Pflegebedürftigen selbst tragen.<br>**Soziale Sicherung** und **Pflegekurse** für Pflegepersonen. | **Heilbehandlung und Verletztengeld** (entspricht Krankengeld) als Ersatzeinkommen während der Behandlung.<br>Leistungen zur **Förderung der beruflichen und sozialen Rehabilitation.**<br>**Pflegegeld** während der verletzungsbedingten Hilflosigkeit.<br>**Rente** für Versicherte, deren Erwerbsfähigkeit um mindestens 20% gemindert ist.<br>**Leistungen an Hinterbliebene** in Form von *Sterbegeld, Überführungskosten an den Bestattungsort sowie Hinterbliebenenrente.*<br>**Abfindung mit einer Gesamtvergütung** statt Rentenzahlung an Versicherte und Hinterbliebene *(Kapitalabfindung).* |
|---|---|---|---|---|---|
| Beiträge | 19,3% vom Bruttoverdienst, höchstens aber von der Beitragsbemessungsgrenze*. | 6,5% vom Bruttoverdienst, höchstens aber von der Beitragsbemessungsgrenze*. | Durchschnittlicher Beitragssatz 13% vom Bruttoverdienst, höchstens aber von der Beitragsbemessungsgrenze*. | 1,7% vom Bruttoverdienst, höchstens aber von der Beitragsbemessungsgrenze*. | Die Beiträge sind allein vom Arbeitgeber zu tragen. Ihre Höhe wird durch ein Umlageverfahren ermittelt, das den mit der Arbeit verbundenen Gefahrenumständen Rechnung trägt. |
| | Arbeitgeber und Arbeitnehmer tragen je die Hälfte. Übersteigt das Entgelt nicht 630 DM pro Monat (Geringverdienergrenze, z.B. für Auszubildende), so ist der Beitrag vom Arbeitgeber allein zu zahlen. | | | | |
| Sozialgerichtsbarkeit | Ist ein Versicherter mit dem Bescheid eines Sozialversicherungsträgers nicht einverstanden, so kann er Widerspruch erheben. Gegen einen darauf ergehenden Widerspruchsbescheid kann er beim **Sozialgericht** klagen. Gegen Urteile des Sozialgerichts ist die Berufung beim **Landessozialgericht** und gegen dessen Urteil Revision beim **Bundessozialgericht** in Kassel möglich. | | | | |

Bild 126

Mit der Industrialisierung in der 2. Hälfte des 19. Jahrhunderts wuchs der Stand der Arbeiterschaft beträchtlich. Um die Arbeiter mit ihren Familien vor der Gefährdung ihres Daseins zu schützen, sah sich der Staat veranlasst, ein umfassendes System der kollektiven Sicherung aufzubauen. Zuerst wurde 1883 die **gesetzliche Krankenversicherung** eingeführt. Es folgten 1884 die **Unfall-**, 1889 die **Invaliden- (Arbeiterrenten-)**, 1911 die **Angestellten- (Angestelltenrenten-)** und 1927 die **Arbeitslosenversicherung**.

1995 wurde als fünfte Art der Sozialversicherung die **Gesetzliche Pflegeversicherung** eingeführt. Von den zur Zeit 1,65 Millionen Pflegebedürftigen in Deutschland brauchen rund 70% häusliche Pflege, 30% Pflege in Heimen (stationäre Pflege). Ein großer Teil der Pflegebedürftigen gehört zu den Sozialhilfeempfängern, welche die Pflegekosten nicht selbst tragen können. Dadurch, dass die Pflegeversicherung ihre Beiträge je hälftig von Arbeitnehmern und Arbeitgebern erhebt, wird der Staat von bisherigen Pflegekostenübernahmen entlastet und werden breite Bevölkerungsschichten grundsätzlich für den Fall der Pflegebedürftigkeit abgesichert.

Die *Beiträge* zu den Sozialversicherungen richten sich nach den Einkommen der Versicherten, die *Leistungen* sind gesetzlich festgelegt. Danach erhalten in der Kranken- und Pflegeversicherung alle Versicherten mitsamt ihren Angehörigen trotz unterschiedlich hoher Beitragszahlungen die gleichen Versicherungsleistungen. In der Renten-, Arbeitslosen- und Berufsunfallversicherung aber finden die unterschiedlichen Beitragszahlungen auch in unterschiedlich hohen Versicherungsleistungen ihren Niederschlag. Damit kann jeder Versicherte selbst Einfluss nehmen auf den Lebensstandard, den er sich bei Verlust oder Beendigung seiner Arbeitstätigkeit erhalten möchte.

Um jedoch allen Versicherten eine menschenwürdige Existenz zu garantieren, sind in den drei letztgenannten Versicherungsarten vom Staat Mindestversorgungsbeträge festgesetzt, die auch den Geringverdienern einen Anschluss an den allgemeinen Lebensstandard ermöglichen.

Durch die fortwährende Anpassung ihrer Leistung an das jeweilige Lohnniveau bewirkt die Sozialversicherung eine dynamische Versorgung. Dabei ist besonders die **„dynamische Produktivitätsrente"** hervorzuheben. Das Wesen dieser Rentenregelung besteht darin, dass die Basisgröße der Rentenberechnung, der *Aktuelle Rentenwert*, alljährlich entsprechend der allgemeinen Einkommensentwicklung neu festgesetzt wird. Die bereits laufenden Renten werden an die Veränderungen des Aktuellen Rentenwertes ebenfalls jährlich durch Gesetze angepasst (jährliche Rentenanpassungsgesetze). Die Renten steigen damit entsprechend dem durch die zunehmende Wirtschaftsproduktivität vermehrten Einkommen der Bevölkerung.

Diese Leistungsdynamik wirft jedoch bei abnehmendem Wirtschaftswachstum, bei langanhaltender Arbeitslosigkeit sowie bei Geburtenrückgang einerseits und längerer Lebenserwartung (Rentnerberg) andererseits erhebliche Finanzierungsprobleme auf, die nur durch eine wesentliche Erhöhung der Versicherungsbeiträge oder aber zu Lasten des Staatshaushalts gelöst werden können. Nach dem Grundgesetz ist der Staat verpflichtet, die Sozialversicherungsträger im Notfall durch Zuschüsse aus Steuermitteln zu unterstützen. Dieser Notfall tritt ein, wenn die Träger der Sozialversicherung auch nach gegenseitiger Unterstützung nicht mehr in der Lage sind, die festgesetzten Leistungen aus ihren Beitragseinnahmen und Rücklagen zu erbringen. Durch die dann einsetzende staatliche Hilfe wird erreicht, dass auch die nicht sozialversicherten Bürger über ihre Steuerzahlungen mit in die soziale Verantwortung einbezogen werden.

GG Art. 120 (1)

Die **Sozialversicherung** ist eine *gesetzliche* Versicherung, die weiten Bevölkerungskreisen zur *Pflicht* gemacht ist, um die Versicherten vor Not **bei Krankheit, Pflegebedürftigkeit, Erwerbsunfähigkeit, Arbeitslosigkeit und Unfall** zu schützen.

Die *Beiträge* richten sich nach der Höhe des Einkommens; die *Leistungen* sind gesetzlich festgelegt.

Alle Sozialversicherer (Versicherungsträger) haben die Rechtsform einer **Körperschaft des öffentlichen Rechts** und somit das Recht der Selbstverwaltung.

### Zur Wiederholung und Vertiefung

1. Wodurch nimmt auch der Rentner an der Einkommensentwicklung teil?
2. Was halten Sie von einer Selbstbeteiligung der Sozialversicherten an den Krankenkosten?
3. Die von Ihnen bezahlten Beiträge zur Rentenversicherung werden zur Zahlung an die heutigen Rentenempfänger verwendet. Überlegen Sie in diesem Zusammenhang, warum die Beitragsbemessungsgrenzen und auch die Beitragssätze ständig erhöht werden.
4. Welche volkswirtschaftlichen Probleme wirft die Dynamisierung der Sozialversicherungsleistung auf
   a) hinsichtlich des Konjunkturverlaufs,
   b) hinsichtlich der Bevölkerungsentwicklung?
5. a) Aus welcher Art von Hilfen für die Pflegebedürftigen bestehen die Sachleistungen in der Gesetzlichen Pflegeversicherung?
   b) Wer zieht die Beiträge zur Pflegeversicherung ein?
   c) Von welchem Arbeitsentgelt werden die Pflegebeiträge höchstens erhoben?

## 7.9 Personalwesen

### 7.9.1 Personalplanung, Personalbeschaffung, Personalauswahl

#### ■ Personalplanung

Aufgabe der Personalplanung ist es, den Personalbedarf nach Zahl und Eignung der Mitarbeiter langfristig festzulegen.

**■ Quantitative Bestimmungsfaktoren**

Sie ergeben sich aus der allgemeinen Unternehmenspolitik als Auswirkung von Änderungen der Kapazität, des Beschäftigungsgrades und der Arbeitszeit sowie aus Rationalisierungsmaßnahmen. Hierbei kann unterschieden werden zwischen

a) Neubedarf, z.B. bei Kapazitätsausweitung,

b) Zusatzbedarf, z.B. bei Erhöhung des Beschäftigungsgrades,

c) Ersatzbedarf für ausscheidende Mitarbeiter (Kündigung, Erreichen der Altersgrenze).

**■ Qualitative Bestimmungsfaktoren**

Grundlage hierfür sind das Produktionsprogramm bzw. Rationalisierungsmaßnahmen. Aufgrund dessen wird festgelegt, ob

a) ungelernte Arbeitskräfte (Hilfsarbeiter),

b) angelernte Arbeitskräfte (kurzfristig ausgebildet z.B. für Fließband),

c) ausgebildete Arbeitskräfte (Facharbeiter) oder

d) hochqualifizierte Arbeitskräfte (Spezialisten z.B. für Datentechnik)

eingestellt werden sollen.

#### ■ Personalbeschaffung

Für alle Arbeitsstellen, welche die Unternehmensleitung nicht mit Betriebsangehörigen besetzen kann oder will, müssen Arbeitskräfte von außen geworben werden **(externe Personalbeschaffung)**.

Die Unternehmensleitung *kann* z.B. Arbeitsstellen nicht besetzen, wenn es sich um Arbeiten handelt, welche die Betriebsangehörigen nicht übernehmen wollen (Hilfsarbeitertätigkeit) oder nicht übernehmen können, weil es keine geeigneten Ausbildungsmöglichkeiten gibt (Einrichtung einer EDV-Abteilung).

Die Unternehmensleitung *will* Arbeitsstellen nicht mit Betriebsangehörigen besetzen, weil sie diese nicht für geeignet hält oder aber befürchtet, dass infolge „Betriebsblindheit" der Arbeitsvorgang nicht nach neueren Erkenntnissen durchgeführt wird.

Zu den externen Wegen der Personalbeschaffung gehören z.B. Inserate oder Anfragen beim Arbeitsamt sowie Stellenausschreibungen im World Wide Web.

Für alle Stellen, welche die Unternehmensleitung mit Betriebsangehörigen besetzen kann **(interne Personalbeschaffung)**, müssen Arbeitskräfte im Betrieb ausgebildet werden. Wenn mit der Besetzung einer neuen Stelle ein Aufstieg verbunden ist, werden solche Stellen innerbetrieblich ausgeschrieben, um qualifizierte Mitarbeiter anzusprechen oder zu gewinnen.

Mit der Beförderung eines Arbeitnehmers zeigt die Unternehmensleitung, dass sie mit der Arbeit ihres Mitarbeiters zufrieden ist und ihm erweiterte Aufgaben zutraut. Haben Arbeitnehmer die Aussicht, im Betrieb befördert zu werden, sind sie in der Regel bereit, langfristig ihren beruflichen Werdegang mit den Interessen des Unternehmens bzw. der Unternehmensleitung zu koppeln.

Dies tun sie zum einen deshalb, weil eine Beförderung ihre materiellen Interessen befriedigt (höheres Gehalt, Gewinnbeteiligung). Bei vielen Arbeitnehmern fallen die immateriellen Interessen aber viel stärker ins Gewicht, denn eine Beförderung trägt dem Streben nach Selbstverwirklichung Rechnung (privates und berufliches Prestige).

Meist werden die Beförderung von Betriebsangehörigen und die Besetzung freier Stellen mit neuen Arbeitnehmern in einem angemessenen Verhältnis kombiniert, wobei in vielen Betrieben dem innerbetrieblichen Aufstieg der Vorzug eingeräumt wird (Nachwuchsschulung, interne Karriereplanung).

## ■ Personalauswahl

Sinn der Auswahl ist, den für eine bestimmte Arbeitsaufgabe geeigneten Mitarbeiter zu finden. Eignung ist also eine Qualifikation, die sich immer nur auf eine bestimmte Aufgabe beziehen kann. Die eine Seite der Relation sind die Anforderungen einer bestimmten *Arbeitsaufgabe* (Arbeitsbild, Stellenbeschreibung), die andere die Anlagen und Fähigkeiten des *Mitarbeiters* (Persönlichkeitsbild). Durch ihre Gegenüberstellung lässt sich der Grad der Eignung messen.

$$\textbf{Eignungsgrad} = \frac{\textbf{Fähigkeiten}}{\textbf{Anforderungen}} = \frac{\textbf{Persönlichkeitsbild}}{\textbf{Arbeitsbild}}$$

### ■ Berufs- und Arbeitsbild

Je genauer man die Anforderungen eines Berufes oder einer Arbeitsaufgabe festgestellt hat, desto leichter und sicherer kann man die Eignung eines Menschen für diesen Beruf oder diese Arbeitsaufgabe ermitteln. Das Ergebnis der Untersuchungen über die Anforderungen wird in so genannten Berufs- und Arbeitsbildern zusammengestellt (Bild 127).

Berufs- und Arbeitsbilder umfassen:

a) Beschreibung der Tätigkeit oder des Arbeitsgebietes, wie sie auch bei der Aufgabenbewertung erforderlich ist,
b) Mindestanforderung an die Vorbildung, z.B. Hauptschule, höhere Schule, Hochschule und bestandene Prüfungen,
c) besondere Voraussetzungen für die Tätigkeit, z.B. rasche Auffassungsgabe, gutes Gedächtnis, einwandfreies Hör- und Sehvermögen,
d) Eignungsprüfungen,
e) Vergütungsgruppe,
f) Aufstiegsmöglichkeiten.

Die Arbeitsbilder sind auch gute Unterlagen für die Ausschreibung von freien Stellen, die Aufstellung von Ausbildungsplänen, vor allem für Auszubildende, und für die Ausarbeitung des Aufgabengliederungsplanes.

### ■ Persönlichkeitsbild

Der Unternehmer oder sein Personalsachbearbeiter hat die Aufgabe, aus dem erreichbaren Personenkreis die einem bestimmten Arbeitsbild am meisten entsprechende Persönlichkeit herauszufinden. Dabei ist nicht nur auf fachliches Können, sondern auch auf charakterliche Eignung zu achten.

Die Auslese der Arbeitskräfte muss von erfahrenen und verantwortungsbewussten Personen durchgeführt werden. In größeren Betrieben wird dafür neben dem Personalsachbearbeiter häufig ein Fachpsychologe eingesetzt. Dadurch ist das Urteil nicht von der menschlichen Eigenart einer einzigen Person abhängig.

Das Ergebnis der Beurteilung wird in einem Persönlichkeitsbefund (Beurteilungsbogen) zusammengestellt; dieser bietet die Grundlage für die Einstellung, Versetzung an einen anderen Arbeitsplatz und für Beförderungen.

## Berufsbild einer Sekretärin

**a) Aufgabengebiet und Tätigkeitsmerkmale**

1. Einwandfreie Beherrschung der deutschen Sprache und Rechtschreibung; befriedigende Allgemeinbildung.
2. Einwandfreie Beherrschung von Kurzschrift und Textverarbeitung (Mindestleistung: 150 Silben/Minute und 280 Anschläge/Minute).
3. Einwandfreie und selbstständige Anfertigung von Protokollen und Sitzungsberichten.
4. Vielseitige Kenntnis von Fachausdrücken verschiedener Wirtschaftszweige, Fremdwörtern usw., um dem Verlauf einer Sitzung mit dem notwendigen Verständnis folgen zu können.
5. Selbstständige Abfassung von einfachen Schriftsätzen nach Stichworten unter Berücksichtigung von Wort- und Satzlehre, Stil und Ausdruck. Normgerechte Briefgestaltung.
6. Kenntnisse in der Sekretariatskunde, insbesondere über die
   - Vorbereitung und Auswertung von Sitzungen, Tagungen und Reisen,
   - Terminplanung und -überwachung,
   - Postbearbeitung,
   - Büroorganisation: Karteiführung, Schriftgutverwaltung, Umgang mit Vervielfältigungsverfahren, Nachrichtenmitteln und Diktiergeräten,
   - Geschäftsordnung und Geschäftsverteilung in ihrer Abteilung.
7. Grundkenntnisse der Rechts-, Wirtschafts- und Sozialkunde.

Die Sekretärin arbeitet selbstständig und selbstverantwortlich im Rahmen ihrer Aufgaben unter mittelbarer Aufsicht. Keine Entscheidungs- und Dispositionsbefugnis.

**b) Vorbildung**

Mindestanforderungen: Abgeschlossene Berufsausbildung und zweijährige Berufspraxis<br>
Grundkenntnisse in einer Fremdsprache<br>
Kurzschrift 150 Silben/Minute<br>
Textverarbeitung 280 Anschläge/Minute

**c) Eignungsmerkmale**

Ausreichende körperliche Konstitution; normale nervliche Belastbarkeit; intaktes Seh- und Hörvermögen. Gute durchschnittliche Intelligenz; rasche Auffassungsgabe; gutes Gedächtnis, insbesondere Personengedächtnis; Selbstständigkeit und Umstellungsfähigkeit im Denken; Sprach- und Stilgefühl; Gewandtheit und Takt im Auftreten; Einfühlungsvermögen; Verantwortungsbewusstsein und Verschwiegenheit.

**d) Eignungsprüfungen**

IHK-Prüfung zur geprüften Sekretärin

**e) Vergütungsgruppe K3/K4**

**f) Aufstiegsmöglichkeiten**

zur Büroleiterin, Chefsekretärin

Bild 127

Für die Beurteilung stehen verschiedene Hilfsmittel zur Verfügung:

**a) Bewerbungsschreiben** und **Lichtbild.**

**b) Lebenslauf.** Er gibt Aufschluss über Alter, soziale Herkunft, Werdegang und Schicksal eines Menschen sowie über Einflüsse der Umwelt auf seinen Charakter, sofern im Lebenslauf nicht nur äußere Lebensdaten aufgeführt sind.

**c) Schul- und Arbeitszeugnisse.** Schulzeugnisse vermitteln ein Bild von den Leistungen und lassen Schlüsse auf die Begabung zu. Arbeitszeugnisse berichten über die bisherigen Tätigkeits- und Erfahrungsbereiche. Dadurch haben sie für die Beurteilung eines Menschen besonderen Wert.

**d) Fragebogen.** Gegenüber dem Lebenslauf hat er den Vorteil, dass bei gezielter Fragestellung der persönlichen und beruflichen Verhältnisse, auf die es bei der Auswahl ankommt, die Einstellung zur Arbeit und die Zufriedenheit mit dem Beruf schneller und besser erkannt werden können. Die Antworten lassen sich auf Grund der festliegenden Reihenfolge besser vergleichen und erleichtern die Auswahl aus vielen Bewerbern. Der Fragebogen sollte jedoch nicht zu umfangreich sein, da er sonst bei der allgemein vorhandenen Abneigung gegenüber Fragebogen oberflächlich ausgefüllt wird.

**e) Empfehlungen (Referenzen).** Sie haben den Nachteil, dass vom Bewerber nur solche Personen genannt werden, die eine günstige Auskunft erteilen. Oft werden Empfehlungen aus reiner Hilfsbereitschaft abgegeben, ohne die fachlichen Kenntnisse der empfohlenen Personen zu kennen. Um ein genaueres Bild über die Person zu erhalten, ist es angebracht, angegebene Referenzen um Beantwortung eines vorbereiteten Fragebogens zu bitten.

**f) Eignungsprüfungen (Tests).** Die Vielzahl der Testverfahren lässt sich in drei Gruppen einteilen:

1. *Ganzheitstests* sollen das Persönlichkeitsbild aufhellen, Denk- und Urteilsfähigkeit, Leistungsvermögen, Einfühlungsvermögen, Verantwortungsbewusstsein, soziales Verhalten usw. zeigen.
2. *Intelligenztests* wollen Art des Denkens, Klarheit des Urteils, Einfallsreichtum usw. erforschen.
3. *Leistungstests* überprüfen Willensanpassung, Ausdauer, praktische Geschicklichkeit, Ordnungssinn usw.

**g) Vorstellungsgespräch und Beobachtungen.** Aussprachen ergeben die Möglichkeit, das Auftreten und Verhalten des Bewerbers zu beobachten, aus der Sprechweise und Mimik auf seine Eigenart zu schließen und auf persönliche Verhältnisse näher einzugehen. Auch die Beobachtung während der Arbeit und in der Freizeit (Pause, Sport, Vergnügungen) ist für die Beurteilung von Arbeitswillen und sozialem Verhalten sehr aufschlussreich; diese Eigenschaften sind bei der Auswahl von Führungskräften besonders zu werten.

**h) Graphologische Gutachten.** Manche Betriebe bedienen sich bei der Auswahl ihrer Arbeitskräfte auch der Charakterbeurteilung aus der Handschrift. Sicher sind hier von Fachleuten bestimmte Eigenarten zu erkennen. Die Möglichkeit von Fehlurteilen ist jedoch nicht ausgeschlossen. Daher sollten solche Gutachten nur ergänzend für die Beurteilung herangezogen werden; außerdem ist die Zustimmung des Bewerbers einzuholen.

**i) Ärztliche Untersuchung.** Dadurch soll die körperliche Konstitution festgestellt werden, denn bei vielen Berufen und Arbeiten ist die körperliche Leistungsfähigkeit ausschlaggebend. Vom Jugendarbeitsschutzgesetz wird sie gefordert bei Berufsanfängern vor Aufnahme der Tätigkeit und ein Jahr danach.

**Zur Wiederholung und Vertiefung**

1. Welche Vor- und Nachteile hat
   a) die interne Personalbeschaffung,
   b) die externe Personalbeschaffung?
2. Beschreiben Sie kurz den Ablauf einer externen Personalbeschaffung bis zur Einstellung eines neuen Mitarbeiters.
3. Welche Unterlagen gehören zu einer Bewerbung?
4. Welche Punkte sind bei der Personalauswahl zu berücksichtigen (4 Angaben)?
5. Worin liegt der Unterschied von Berufs- bzw. Arbeitsbildern und Persönlichkeitsbildern?

## 7.9.2 Mitarbeiterbeurteilung

Sie hat besondere Bedeutung bei der Einstellung bzw. Beförderung von Arbeitnehmern. Auch bei Umbesetzung und Entlassung ist die richtige Personalbeurteilung wichtig.

Bei der Beurteilung sind folgende **Verfahren** möglich:

**a) Freie Beurteilung.** Hier wird die *allgemeine* Leistungsfähigkeit und die Persönlichkeit des Beurteilten aufgrund des Gesamteindrucks beurteilt. Dieses Verfahren hat den Nachteil, dass allein der persönliche Eindruck des Beurteilers entscheidend ist.

**Leistungsbeurteilung für Angestellte – Beurteilungsbogen**

(bitte entsprechendes Beurteilungsfeld ankreuzen)

Name: Wendt, Erika  Abteilung: Finanzbuchhaltung

| Beurteilungsmerkmale | Gewichtung | Bewertungsstufen | | | | | | | | | |
|---|---|---|---|---|---|---|---|---|---|---|---|
| | | 1 entspricht selten | | 2 entspricht im allgem. | | 3 entspricht voll | | 4 liegt über | | 5 liegt weit über | |
| | | der Erwartung | | | | | | | | | |
| **1. Anwendung von Kenntnissen** Beweglichkeit im Denken, Erkennen des Wesentlichen, gezeigte Selbstständigkeit | 1 | | 1 | X | 2 | | 3 | | 4 | | 5 |
| **2. Arbeitseinsatz** Eigeninitiative, Ausdauer, Zuverlässigkeit | 1 | | 1 | | 2 | | 3 | X | 4 | | 5 |
| **3. Quantität der Arbeit** Umfang bzw. Menge der erzielten Arbeitsergebnisse | 1 | | 1 | X | 2 | | 3 | | 4 | | 5 |
| **4. Arbeitsqualität** Arbeitsgenauigkeit und Fehlerfreiheit des Arbeitsergebnisses | 2 | | 2 | | 4 | | 6 | X | 8 | | 10 |
| **5. Zusammenarbeit** Zusammenarbeit mit Mitarbeitern, Vorgesetzten und Untergebenen | 2 | | 2 | | 4 | X | 6 | | 8 | | 10 |

Datum: 25. März 2000  
Beurteilter: E. Wendt

**Summe der Punkte** (max. 35 P.): 22  
Datum: 24. März 2000  
Abteilungsleiter: Schmieder

Bild 128

**b) Kennzeichnungs- und Einstufungsverfahren.** Durch dieses Verfahren versucht man, die Beurteilung in der Weise zu objektivieren, dass man Material verwendet, das sich auf Arbeitsergebnisse stützt.

Der *Vorteil* hierbei ist, dass der Beurteiler für alle Mitarbeiter genau vorgegebene Beurteilungskriterien kennzeichnet (check-list) bzw. den Beurteilten einstufen oder benoten muss. Solche Beurteilungskriterien sind u.a. Vorbildung, berufliche Ausbildung, fachliche Kenntnisse und Erfahrungen, Aufgabenerfüllung, Durchsetzungsvermögen, Zuverlässigkeit, Fähigkeit zur Führung von Mitarbeitern, Verhandlungsgeschick, Bereitschaft zur Fortbildung, Verhalten zu Vorgesetzten und Mitarbeitern. Dadurch wird die Beurteilung nachprüfbar.

Der *Nachteil* ist, dass es generell anerkannte Merkmale nicht gibt und dass sich das gleiche Beurteilungsschema nicht für alle Leitungsebenen eignet.

Bei Beurteilungen treten meist folgende **Fehler** auf:

1. Vorurteile bezüglich eines Bewertungsmerkmals werden auf alle anderen Merkmale übertragen (ein unpünktlicher Mitarbeiter kann nicht gut sein).
2. Die Tendenz zum mittleren bzw. nachsichtigen Urteil, weil der Bewerter unsicher ist und sich nicht zur Rechenschaft ziehen lassen will.

Da der Arbeitnehmer das Recht hat, eine Erörterung seiner Leistungsbeurteilung zu verlangen, wird sich daraus ein **Beurteilungsgespräch** ergeben. In ihm werden die Ergebnisse besprochen und ausgewertet.

BetrVG § 82

**Zur Wiederholung und Vertiefung**

1. Was ist der Unterschied zwischen der freien Beurteilung und dem Einstufungsverfahren?
2. Ordnen Sie die Beurteilungskriterien des Einstufungsverfahrens in der Reihenfolge, wie sie Ihnen am wichtigsten erscheinen.
3. Bei welchen Anlässen erscheint Ihnen eine Beurteilung besonders wichtig? Begründen Sie Ihre Entscheidung.
4. Welche Vor- und Nachteile ergeben sich, wenn der Beurteiler mit dem Mitarbeiter die Ergebnisse der Leistungsbeurteilung besprechen muss?
5. In einem Restaurant hängt ein Schild: „Wenn Sie zufrieden sind, sagen Sie es den anderen; wenn Sie unzufrieden sind, sagen Sie es uns!" Hat dieser Spruch auch bei der Personalbeurteilung seine Bedeutung?

## 7.9.3 Führungsstile und Führungstechniken

### Führungsstile

Der Führungsstil ist die Art und Weise, wie der Vorgesetzte seine Mitarbeiter anhält, im Rahmen ihrer Zuständigkeit für die Unternehmung zu arbeiten.

Die Wahl des Führungsstils ist eine Grundsatzentscheidung der Unternehmensleitung. Sie hat ausschlaggebende Bedeutung für die optimale Kombination aller Produktionsfaktoren.

#### Autoritärer Führungsstil

Der *Vorgesetzte* (Unternehmer, obere Leitung) *trifft alle Entscheidungen in eigener Verantwortung und aus eigener Machtvollkommenheit.* Die Ausführung dieser Entscheidungen veranlasst er in Form von detaillierten Anweisungen an alle nachgeordneten Leitungsebenen. Um die Durchführung seiner Weisungen zu überwachen, muss der Vorgesetzte die Tätigkeit seiner Mitarbeiter lückenlos kontrollieren und jeweils die Vollzugsmeldung seiner Weisungen verlangen. Jede Abweichung von den Weisungen bedarf seiner Zustimmung.

Die **Zentralisation** der Entscheidung und Anweisungen auf die obere Leitungsinstanz lähmt das Verantwortungsbewusstsein, die Entscheidungsfreude und die schöpferischen Kräfte der Mitarbeiter. Damit wird aber auch die Förderung geeigneter Führungskräfte vernachlässigt.

Eine zentralisierte Führung ist einerseits zwar in der Lage, dringende Entscheidungen in kritischen Situationen sehr rasch zu treffen; die Überlastung der oberen Leitungsebene mit Routinearbeiten führt jedoch andererseits zu einem schwerfälligen Betriebsablauf.

Beim **bürokratischen Führungsstil** beruht die autoritäre Führung auf dem Grundsatz der Gleichbehandlung aller Geführten („ohne Ansehen der Person"). Durch ein System von Vorschriften, Dienstanweisungen und Formularen, werden sowohl die Geführten als auch die Führenden reglementiert. Dieser Führungsstil ist nicht nur in der öffentlichen Verwaltung, sondern auch in Großbetrieben anzutreffen.

#### Kooperativer Führungsstil

Im Gegensatz zum autoritären Führungsstil *trifft die obere Leitung die Entscheidungen im „Zusammenwirken" mit ihren Mitarbeitern* (Partnerschaft). Die Aufgabenerfüllung wird dezentralisiert und den Mitarbeitern eigenverantwortlich zur Durchführung übertragen. Der kooperative Führungsstil weist folgende Hauptmerkmale auf:

- Die **Dezentralisation** auf alle Leistungsebenen fördert das Verantwortungsbewusstsein und die Entscheidungsfreude. Sie begünstigt den Arbeitseinsatz und die Entfaltung der Persönlichkeit der Mitarbeiter.
- Die obere Leitung wird von untergeordneten Leitungsaufgaben und von Routinearbeiten entlastet; sie kann sich auf die eigentliche Führungsaufgabe konzentrieren.
- Die Mitarbeiter müssen außer Eigeninitiative auch die Bereitschaft zur Selbstkontrolle entwickeln.

### ■ Führungstechniken

Gesellschaftliche und wirtschaftliche Entwicklung führen dazu, dass der kooperative Führungsstil ständig an Bedeutung gewinnt. Auf diesem Führungsstil beruhen verschiedene Führungstechniken.

### ■ Führen nach dem Ausnahmeprinzip

Wenn die übergeordneten Führungsorgane die Erledigung von Routinefällen den zuständigen Mitarbeitern zur eigenverantwortlichen Entscheidung überlassen und sich nur die eigene Entscheidung in Ausnahmefällen vorbehalten, spricht man von **Management by Exception** (engl. exception = Ausnahme). Die Mitarbeiter erhalten Vorgabewerte.

**Beispiel:** Der Verkaufsmanager erhält Vollmacht zur Verhandlungsführung bis zu 100.000 EUR.

### ■ Führen durch Zielvereinbarung

Im Rahmen *gemeinsam* festgelegter Ziele wird den nachgeordneten Mitarbeitern Entscheidungsspielraum gelassen, wie sie die Ziele verwirklichen wollen. Von der oberen Leitungsebene wird durch **Management by Objectives** (engl. objectives = Ziele) nicht die Entscheidung der Mitarbeiter, sondern nur das Ergebnis ihrer Arbeit überwacht.

**Beispiel:** Der Verkaufsmanager hat einen Jahresumsatz von 5 Millionen EUR zu erreichen.

### ■ Führen durch Delegieren

**Management by Delegation** (engl. delegation = Übertragung) führt zur eigenverantwortlichen Erledigung von Aufgaben durch die Mitarbeiter. Dies erfordert eine eindeutige Zuteilung der Aufgabe und eine klare Abgrenzung der Kompetenzen.

**Beispiel:** Der Personalsachbearbeiter hat Einstellungsbefugnis für Mitarbeiter bis 3.000 EUR Bruttogehalt.

Eine Sonderform des Managements by Delegation ist das **Lean Management**. Hierbei wird durch *Vereinfachung von Arbeitsabläufen* und durch *Delegation von Verantwortung* in die unteren Führungsebenen eine Verflachung von Hierarchien (Verringerung von Führungsebenen) angestrebt. Durch die *Verschlankung von Strukturen*, eine *Beschleunigung von Arbeitsabläufen* und durch *Teamarbeit* soll eine fortwährende Verbesserung für alle Bereiche und Funktionen eines Betriebes erreicht werden. Dieser Begriff des **Kontinuierlichen Verbesserungsprozesses** (KVP) kommt aus dem Japanischen, wo er als **Kaizen** (Kai = Weg, zum Guten = Zen) bezeichnet wird.

**Zur Wiederholung und Vertiefung**

1. Welches sind die Vor- und Nachteile des
   a) autoritären Führungsstils, b) kooperativen Führungsstils?
2. Warum ist bei Großbetrieben oft der bürokratische Führungsstil anzutreffen?
3. Welche Art der Vollmacht entspricht Management by Delegation?
4. Welchen Vorteil haben die drei Führungstechniken für die Unternehmensleitung?
5. Der Filialleiter einer Computerfirma erhält die Zusage, einen zusätzlichen Mitarbeiter einstellen zu dürfen, wenn seine Filiale einen Jahresumsatz von 10 Mio. EUR erreicht.
   Stellen Sie fest, um welche Führungstechnik es sich handelt.

## 7.9.4 Grundsätze der Menschenführung

Der Betrieb ist nicht nur ein wirtschaftliches, sondern auch ein soziales Gebilde. Wie bei der Leistungserstellung die wirtschaftlichen Grundsätze beachtet werden müssen, so gelten für die menschlichen Beziehungen die gesellschaftlichen Grundsätze und Umgangsformen, wie Achtung der Menschenwürde und der Privatsphäre, gerechte Behandlung, kollegiales Verhalten, Hilfsbereitschaft.

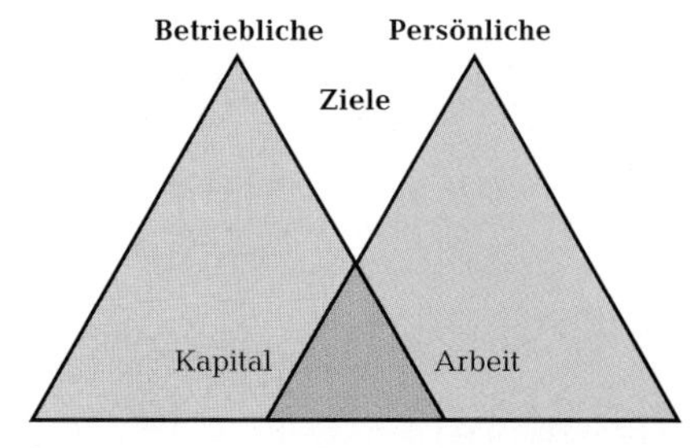


Da die Mitarbeiterinnen und Mitarbeiter das größte Vermögen sind, das ein Betrieb besitzt, muss die Unternehmensleitung versuchen, die persönlichen Ziele der Arbeitnehmer mit den betrieblichen Zielen in Einklang zu bringen.

Der Erfolg eines Unternehmens ist umso größer, je mehr es gelingt, die persönlichen Ziele mit den betrieblichen Zielen in Einklang zu bringen **(Corporate Identity)**.

## Betriebsklima

Als Betriebsklima bezeichnet man die Gesamtheit aller betrieblichen Faktoren, die auf den arbeitenden Menschen fördernd oder hemmend wirken.

Optimale Arbeitsbedingungen werden vor allen Dingen geschaffen

- durch gute Zwischenmenschliche Beziehungen bei Vorgesetzten und Mitarbeitern sowie bei Mitarbeitern untereinander,
- durch gerechte Arbeitsbewertung und damit gerechte Entlohnung, durch gute Arbeitsplatzgestaltung, Pausenregelung und Festlegung der Arbeitszeit in Zusammenarbeit mit dem Betriebsrat.

## Pflege der menschlichen Beziehungen

Der Personalverwaltung fällt die Aufgabe zu, die menschlichen Beziehungen (Human Relations) zwischen Vorgesetzten und Mitarbeitern, zwischen den Arbeitnehmern untereinander sowie zwischen dem Betrieb und anderen sozialen Gebilden zu beachten und zu pflegen.

a) **Pflege der menschlichen Beziehungen zwischen Mitarbeitern und Vorgesetzten.** Das soziale Klima im Betrieb ist entscheidend davon abhängig, inwieweit die gegenseitigen Erwartungen von Mitarbeitern und Vorgesetzten erfüllt werden.

1. **Die Mitarbeiter erwarten vom Vorgesetzten** einen kooperativen Führungsstil, Achtung der Persönlichkeit, Beachtung und Anerkennung ihrer Leistung, angemessene Unterrichtung, Mitwirkung und Mitbestimmung in wirtschaftlichen, personalen und sozialen Angelegenheiten, Sicherung der Existenz durch angemessene Einkommen und soziale Leistungen, zweckmäßige und angenehme Arbeitsbedingungen. Die Haltung des Vorgesetzten bestimmt auch meist das Verhalten der Mitarbeiter und den Umgangston im Betrieb.
2. **Der Vorgesetzte erwartet von seinen Mitarbeitern** sorgfältige Arbeitserfüllung, denn der Betrieb als wirtschaftliches Gebilde kann nur durch Leistung bestehen. Weiterhin erwartet er Bereitschaft zur Übernahme von Verantwortung gegenüber Mitarbeitern und Betriebsmitteln sowie Wahrung von berechtigten Interessen der Unternehmung gegenüber der Öffentlichkeit.

Mittel der Menschenführung im Betrieb sind genaue Anweisungen sowie die vertrauensvolle und sachliche Zusammenarbeit in den partnerschaftlichen Organen der Unternehmung.

b) **Pflege der menschlichen Beziehungen unter den Arbeitnehmern.** Das gegenseitige Verständnis und Vertrauen unter den Arbeitnehmern ist ebenfalls eine wichtige Voraussetzung für ein gutes Betriebsklima. Die Personalabteilung darf deshalb bei der Zusammenstellung von Arbeitsgruppen **(formelle Gruppen)** oder bei der Besetzung von Arbeitsplätzen nicht nur auf die Leistungsfähigkeit sehen, sondern sollte auch Gruppierungen berücksichtigen, die durch menschliche Beziehungen bestehen **(informelle Gruppen)**. Diese gründen sich z.B. auf gegenseitige Sympathie, gemeinsame Interessen, gleiche Herkunft, gleiche Arbeit, politische Überzeugungen.

Weitere Möglichkeiten der Vertiefung bilden Betriebsausflüge, gemeinsamer Theaterbesuch, Betriebsfeiern, Betriebssport, Ferienheime, Betriebszeitschriften.

c) **Pflege der menschlichen Beziehungen zu anderen sozialen Gebilden und zur Öffentlichkeit (Public Relations).** Möglichkeiten, diese Beziehungen zu pflegen, sind

1. Verteilung von Betriebszeitschriften, gegenseitige Betriebsbesichtigungen, Firmensport,
2. Spenden und Errichtung von Stiftungen für öffentliche, wissenschaftliche und soziale Zwecke,
3. Übernahme von öffentlichen Ämtern, Mitarbeit in Vereinen, Berichte über Betriebsveranstaltungen in Zeitungen und Zeitschriften,
4. Maßnahmen zum Umweltschutz.

### Zur Wiederholung und Vertiefung

1. Warum sind manchen Menschen Anerkennung und Verständnis wichtiger als eine Gehaltserhöhung?
2. Warum hängt das Betriebsklima entscheidend von den Erwartungen der Vorgesetzten und Mitarbeiter ab?

# 8 Absatz

Zum **Absatz** gehören alle Maßnahmen zur *planmäßigen Gestaltung des Absatzmarktes*. Da Vollbeschäftigung im Betrieb einen gesicherten Absatz voraussetzt, sind ständig *neue Märkte für alte Produkte* (Traktoren für Entwicklungsländer) und *neue Produkte für alte Märkte* (Mobilfunkgeräte) entwickelt worden. Bisher unerkannte und unbefriedigte Bedürfnisse müssen erkannt und zu marktwirksamem Bedarf verdichtet werden. Es sind **Märkte zu produzieren (Marketing)**.

Grundlage des Absatzes ist die Marktforschung.

## 8.1 Marktforschung der Unternehmung

Durch Marktforschung soll den Risiken des Marktes begegnet werden.

Das **Risiko einer Unternehmung** besteht darin, dass sich Einsatz von Arbeit und Kapital nicht lohnen, Arbeitsplätze und Kapital verloren gehen könnten und damit die materielle Existenz von Arbeitnehmern und Unternehmern beeinträchtigt würde.

Ein großer Teil der Risiken geht vom Absatzmarkt aus:
- Konjunkturveränderung: Verschlechterung der Einkommen,
- Geschmacks- und Modewandlungen: Falsche Einschätzung der Kundenwünsche,
- Strukturwandlung: Absatzschwierigkeiten für Pkw der Oberklasse,
- Konkurrenzrisiko: Gleichartige Produkte durch neue Lieferer im In- und Ausland,
- Zahlungsausfälle: Insolvenz eines Großkunden,
- Währungsverfall: Kursverschlechterung zwischen Vertragsabschluss und -erfüllung,
- Politische Risiken: Krieg im Abnehmerland, Ausfuhrbeschränkung.

Das Marktrisiko kann durch verlässliche Informationen über den Markt verringert werden; **Marktforschung** macht den Markt **transparenter.**

### 8.1.1 Grundbegriffe der Marktforschung

Absatz, Produktion und Beschaffung einer Unternehmung sind in der freien Marktwirtschaft von einer unüberschaubaren Vielzahl und Vielfalt von Einzelentscheidungen der Marktpartner abhängig. Die Unternehmung muss deshalb verlässliche Informationen gewinnen, die den Markt transparenter machen.

#### ■ Markterkundung – Marktforschung

Der Begriff der **Markterkundung** umschließt *sämtliche* Methoden zur Gewinnung von Informationen über die Lage und die Entwicklung der Märkte. Solche Informationen ergeben sich
- unsystematisch aus Gesprächen mit Lieferern und Kunden, Mitteilungen des Verkaufspersonals, Berichten von Vertretern, Besuchen auf Ausstellungen und Messen, Beobachtungen der Konkurrenten, Marktberichten in Tages- und Fachzeitungen,
- systematisch aus Marktuntersuchungen, die mit wissenschaftlichen Methoden vorbereitet, durchgeführt und ausgewertet werden.

Als **Marktforschung** bezeichnet man nur die *systematische* Untersuchung der Märkte unter Verwendung von Erkenntnissen der praktischen Psychologie und von Verfahren der mathematischen Statistik.

#### ■ Marktforschung – Meinungsforschung

Die Marktforschung wurde unter amerikanischem Einfluss um die sogenannte „Meinungsforschung" erweitert. Darunter kann man dreierlei verstehen:

a) Die Ausdehnung der Forschung auf politische, soziale, kulturelle oder allgemeinwirtschaftliche Tatbestände *(Faktoren)*. So wird beispielsweise die *öffentliche Meinung* zu bevorstehenden Wahlen, zum Bau von Kernkraftwerken, zu Theater-, Film- oder Fernsehdarbietungen oder zu wirtschaftspolitischen Maßnahmen des Staates (Änderung der Steuergesetzgebung) bzw. einzelner Unternehmungen (Betriebsstilllegungen) untersucht.

   Der angelsächsische Begriff für diese Forschungsrichtung heißt „Public Opinion Research". Die treffendere deutsche Übersetzung hierfür wäre „Erforschung der öffentlichen Meinung".

b) Die Anwendung neuer Untersuchungs*methoden*. Man ermittelt nicht mehr nur objektive Tatsachen, sondern auch subjektive *Meinungen, Wünsche, Absichten, Verhaltensweisen* und *Motive* der Menschen, vornehmlich leicht erreichbarer Personenkreise, z.B. der Kunden, Belegschaftsmitglieder, Lieferer, Konkurrenten, Kapitalgeber.

   Für diese Entwicklungsrichtung, im Entstehungsland als „Opinion Survey" bezeichnet, ist der deutsche Begriff „Meinungsforschung" zu eng. Der Begriff „Demoskopie" trifft diesen Sachverhalt besser.

c) Die Verwendung neuer Forschungs*techniken*. Seitdem die Durchführung der Markt- und Meinungsforschung weitgehend in Händen von Spezialabteilungen der Unternehmungen oder von besonderen Forschungsinstituten liegt, konnten sich genaue *mathematisch-statistische* Erhebungs- und Auswertungsverfahren entwickeln (Repräsentativ-, Stichprobenerhebungen).

## 8.1.2 Bereiche der Marktforschung

### Funktionsbereiche der Marktforschung

Die Funktionsbereiche der Marktforschung ergeben sich aus Bild 129.

Der Markt umschließt den Betrieb. Dem Betrieb stehen auf dem **Beschaffungsmarkt** die Lieferer gegenüber; die Beziehungen zu diesen sind Gegenstand der *Beschaffungsforschung*. Im **Absatzmarkt** stehen die Verbraucher und Kunden, die ihren Bedarf anmelden und Absatzmöglichkeiten eröffnen, dem Betrieb gegenüber. Diese Sachbereiche werden von der *Bedarfs- und Absatzforschung* erfasst. Schließlich bestimmen auch die Konkurrenten mit ihren Beziehungen zu Lieferern und Abnehmern den Markt des Betriebes; sie werden von der *Konkurrenzforschung* untersucht. Die *Konjunkturforschung* sucht die konjunkturell bedingten **Eigenbewegungen des Marktes** zu ermitteln und sie von kurzfristigen Schwankungen und Zufallsbewegungen zu trennen. Sie kann somit die speziellen Forschungsergebnisse des Betriebes ergänzen.

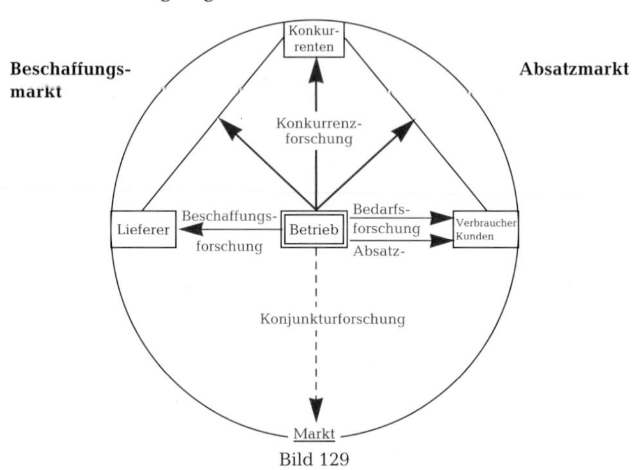

Bild 129

### Anwendungsbereiche der Marktforschung

Der Unternehmer versucht, durch die Marktforschung Antwort auf folgenden **Fragenkatalog** zu bekommen (Bild 130):

| Fragen | Untersuchungsbeispiele |
|---|---|
| **a) Allgemeine Wirtschaftslage und -entwicklung** | |
| 1. Wann kann verkauft werden? | Verkaufsstille Zeiten, Saison, Kaufkraftschwankungen, Konjunktur; |
| 2. Wie wirken sich gesetzliche Bestimmungen aus? | Steuern, Einfuhr-, Ausfuhr- und Zollbestimmungen; |
| 3. Welche Wirtschaftspolitik betreibt die Regierung? | Besteuerung, Subventionspolitik, Mittelstandsförderung. |
| **b) Branchenentwicklung** | |
| 1. Wo kann verkauft werden? | Absatzgebiete, Konkurrenz, gesättigter oder ungesättigter Markt, Transportwege und -mittel; |
| 2. Welcher Konkurrenz begegnet der Absatz der eigenen Waren? | Konkurrenzfirmen, ihre Waren und Marktaktivitäten; |
| 3. Wie sind die Zukunftsaussichten in der eigenen Branche? | Aufstiegsbranchen, Abstiegsbranchen, Zukunftsbranchen. |
| **c) Chancen der Produkte, des Sortiments, der Dienstleistungen** | |
| 1. Was kann verkauft werden? | Eigenschaften, Vor- und Nachteile, Lebensdauer, Verwendungsmöglichkeit, Aufmachung, Preis, Modeeinflüsse, Marktlücken; |
| 2. An wen kann verkauft werden? | Käuferkreis nach Geschlecht, Alter und sozialer Stellung, Kaufkraft, Verbrauchs- und Kaufgewohnheiten; |
| 3. Wie viel kann verkauft werden? | bisheriger und zukünftiger Bedarf, Erst-, Erneuerungs- und Nachholbedarf; |
| 4. Welches Sortiment verlangt der Abnehmer? | Breite, Tiefe, Kern- und Randsortiment, Diversifikation oder Spezialisierung; |
| 5. Welche Dienstleistungen erwartet der Abnehmer? | Kundendienst, Parkplatz, Kredit, Hausbelieferung, Auswahlsendungen, Kulanzleistungen. |
| **d) Vertriebswege und Absatzhelfer** | |
| 1. Über welchen Vertriebsweg kann verkauft werden? | Direkte oder indirekte Vertriebswege; |
| 2. Welche Kosten-Nutzen-Relationen sind mit den zur Verfügung stehenden Absatzhelfern verbunden? | Kostenersparnis, Einflussmöglichkeiten auf den Absatz, Kontakt mit Abnehmern. |
| **e) Werbewirkung** | |
| 1. Mit welcher Werbung kann der Verkauf gefördert werden? | Werbemittel, Streugebiet, Streukreis, Streudichte, Streuzeit, Werbeetat, eigene Werbeabteilung oder Werbeagentur; |
| 2. In welchem Verhältnis steht die eigene Werbung zur Konkurrenzwerbung? | Werbewettbewerb. |
| **f) Kauf- und Verwendungsmotive** | |
| 1. Wie werden Bedienung und Service des Betriebes beurteilt? | Freundliche Bedienung, fachliche Zuverlässigkeit, pünktlicher und preiswerter Kundendienst; |
| 2. Aus welchen Gründen werden die Produkte gekauft? | Notwendigkeit, Besitztrieb, Geltungstrieb, Preisvorteil, Nachahmungstrieb, Neugierde, Gefallen, Qualität; |
| 3. Wozu verwendet der Abnehmer die Produkte? | Spezialartikel, vielseitig verwendbare Produkte. |

Bild 130

## 8.1.3 Verfahren der Marktforschung

Man unterscheidet folgende **Verfahren** der Marktforschung:

**a) Marktanalysen** sind tiefgründige einmalige Untersuchungen der *Struktur* von Teilmärkten zu einem bestimmten *Zeitpunkt.* Sie gehen häufig der Einführung eines neuen Erzeugnisses am Markt voraus.

**b)** Unter **Marktbeobachtung** versteht man die *fortlaufende* Überwachung der Struktur*veränderungen* eines Teilmarktes. Solche Veränderungen sind durch Saisonschwankungen, Konjunkturveränderungen und branchenmäßige, regionale und weltwirtschaftliche Trendentwicklungen bedingt. Die Ergebnisse der Marktbeobachtung werden von Zeit zu Zeit durch Marktanalysen ergänzt.

**c)** Die **Marktprognose** versucht, aufgrund der Ergebnisse der Marktanalyse und der Marktbeobachtung die *zukünftige Entwicklung* vorherzusagen.

## 8.1.4 Methoden der Marktanalyse und -beobachtung

### ■ Informationsquellen

Alle Bereiche der Marktforschung bedürfen einer sorgfältigen Vorbereitung und Durchführung, wenn die Ergebnisse den Aufwand rechtfertigen sollen. Aus Kostengründen wird man zunächst versuchen, bereits *vorhandenes Quellenmaterial* **(Sekundärmaterial)** auszuwerten. Nur wenn dieses nicht ausreicht, wird man *besondere Erhebungen* (Gewinnung von **Primärmaterial**) durchführen.

### ■ Sekundärmaterial

Als Sekundärmaterial bezeichnet man außer- und innerbetriebliches Quellenmaterial, das ursprünglich für andere Zwecke geschaffen wurde, sich aber in zweiter Linie (sekundär) für eine beabsichtigte Marktuntersuchung auswerten lässt.

Informationsmaterial kann man heute auch aus dem Internet beziehen.

**a) Außerbetriebliches Sekundärmaterial** liefern

- Statistische Jahrbücher und Marktberichte statistischer Ämter,
- Ermittlungen privater Marktforschungsinstitute,
- Berichte von Fachverbänden und Handelskammern,
- Veröffentlichungen von Banken zur Wirtschaftslage,
- Fachzeitschriften, Zeitungsberichte und -inserate,
- Geschäftsberichte und Werbematerial von Konkurrenzunternehmen,
- Ermittlungen von Wirtschaftsarchiven,
- Nachschlagewerke und Fachbücher in Bibliotheken,
- Unternehmungs- und Produktpräsentation im Internet.

**b) Innerbetriebliches Sekundärmaterial** gewinnt man aus der Buchhaltung, der Betriebsstatistik, der Korrespondenz und aus Erfahrungsberichten des Verkaufspersonals im Innen- und Außendienst.

Da Sekundärmaterial bis zu seiner Veröffentlichung häufig überholt ist, dient es in der Regel nur dazu, Primärerhebungen („field-research") vom Schreibtisch aus vorzubereiten („desk-research").

### ■ Primärmaterial

Als Primärmaterial bezeichnet man Quellenmaterial, das in erster Linie (primär) für eine bestimmte Marktuntersuchung geschaffen wird. Man gewinnt es durch Beobachtung, mündliche oder schriftliche Befragung von Lieferern, Kunden, Verbrauchern, Konkurrenten und anderen Personenkreisen. Diese Primärerhebungen werden entweder von betrieblichen Forschungsstellen oder im Auftrag des Betriebs durch Marktforschungsinstitute durchgeführt.

## Methoden der Primärerhebung

Einen Überblick über die wichtigsten Erhebungsmethoden gibt Bild 131.

| PRIMÄRERHEBUNGEN | | | | |
|---|---|---|---|---|
| **Erhebungsmethode** | **Beobachtung** | **Befragung**<br>**Interview** | **Panel** | **Experiment** |
| **Merkmale** | Feststellen von Verhaltensweisen durch **Beschauen** der Tatbestände. | **Erfragen** von Meinungen, Einstellungen, Motiven, Tatbeständen und Verhaltensweisen. | **Wiederholte** Befragung eines repräsentativen Personenkreises zum gleichen Erhebungsgegenstand über längere Zeiträume. | **Erprobung** einer neuen Maßnahme vor ihrer Einführung. |
| **Formen** | **Selbstbeobachtung** im eigenen Betrieb.<br>**Fremdbeobachtung** in einem fremden Betrieb. | **Mündliche** Befragung durch **Interview:**<br>– *Standardinterview* (fest vorgegebene Fragen und Reihenfolge),<br>– *Strukturinterview* (freie Formulierung bei gegebenem Fragengerüst),<br>– *Freies Interview* (zwangloses Gespräch).<br>**Schriftliche** Befragung mittels **Fragebogens.** | **Haushaltspanel,**<br>**Einzelhandelspanel,**<br>**Großhandelspanel.** | **Feldexperiment** bei normalen Marktbedingungen auf einem Testmarkt (z.B. Wein in Plastikflaschen).<br>**Laborexperiment** bei künstlichen Bedingungen außerhalb des Marktes (z.B. Personalbefragung nach Wirkung einer neuen Verpackung). |
| **Befragtenauslese** | Keine Auslese, Beobachtung der zufällig im Beobachtungsfeld befindlichen Personen. | **Stichprobenauswahl:**<br>– *Zufallsauswahl* (Auswahl ohne Rücksicht auf die Bevölkerungsstruktur, z.B. jeder 100. aus dem Telefonbuch),<br>– *Quotenauswahl* (Auswahl, die der Bevölkerungsstruktur – Altersklassen, Berufsgruppen o.a. – entspricht). | | Auswahl nach marktgegebenen oder simulierten Bedingungen. |
| **Forschungsbereiche** | Schaufensterwirkung auf Passanten, Aufmerksamkeit der Kunden im Laden. | Käuferverhalten, Kaufgewohnheiten, Meinungen, Wünsche, Motivationen. | Wirkung von Wettbewerbsaktivitäten, Effizienz der Absatzorganisation, Preisentwicklung, Umschlagskennzahlen. | Test von Produktmodellen, Verpackungsentwürfen, Werbemitteln, Preisgestaltung. |
| **Vorteile**<br>und<br>**Nachteile** | Häufig objektiver als Befragung.<br><br>Beobachter kann nur wenige Beobachtungsfälle im Auge behalten, viele Tatbestände sind nicht beobachtbar (Motive). | Möglichkeit der Erforschung von nicht beobachtbaren Tatbeständen.<br><br>Falsche Ergebnisse durch suggestive Beeinflussung; notwendig sind exakte Fragen und Kontrollfragen. | Aussagen über Marktaktivitäten im **Zeitablauf**.<br><br>Hohe Verweigerungs- und Austrittsquote erfordern Austausch der Panelmitglieder; Mitarbeit muss vergütet werden. | Erprobung unter realistischen Bedingungen.<br><br>Oft großer Zeit- und Kostenaufwand; begrenzter Anwendungsbereich. |

Bild 131

Die Befragungsergebnisse müssen für die Bedürfnisse der Unternehmung aufbereitet und ausgewertet werden. Bei der Auswertung werden die Antworten gruppenweise zusammengefasst, geordnet, gezählt, prozentual verglichen und gedeutet. Tabellarische, grafische und bildliche Darstellungen vermitteln eine bessere Übersicht und einen deutlicheren Eindruck von den Forschungsergebnissen. Durch Errechnung von Kenn- und Richtzahlen lassen sich aus den Ergebnissen der Marktforschung Schlüsse ziehen und Planzahlen für die betriebliche Marktpolitik ermitteln.

**Zur Wiederholung und Vertiefung**

1. Stellen Sie die Maßnahmen der Marktforschung zusammen, deren sich ein Betrieb bedient.
2. Welches sind die Vor- und Nachteile der Primärerhebung gegenüber der Sekundärerhebung?
3. Für welche Anwendungsgebiete sind die einzelnen Methoden der Primärerhebung besonders geeignet?
4. Warum genügt in den meisten Fällen bei einer Primärerhebung die Durchführung einer Teilerhebung?
5. Entwerfen Sie einen Fragebogen, mit dem Sie die Erfahrungen der Abnehmer eines Produktes erfragen.
6. Geben Sie die Gefahren an, die in der Aufstellung einer Marktprognose stecken.
7. Welche Folgerungen können Unternehmungen verschiedener Branchen aus folgenden Ergebnissen der Marktforschung für ihre Absatzpolitik ableiten?
   a) Die Bevölkerung ist zunehmend verärgert über den übermäßigen Verpackungsaufwand.
   b) Einerseits werden Produkte aus Kunststoff weitgehend durch solche aus natürlichen Rohstoffen wie z.B. Holz ersetzt, andererseits werden Produkte aus Holz und Metall oft durch solche aus Kunststoff ersetzt.
   c) Die Bevölkerung interessiert sich immer stärker für Sportsendungen im Fernsehen. Es ist inzwischen selbstverständlich, dass die Olympischen Spiele live übertragen werden.
   d) Die Großzügigkeit der Bevölkerung im Geldausgeben geht deutlich zurück. Vor allem die Ausgaben für Luxusgüter und Hotelbuchungen mit Vollpension werden eingeschränkt.

## 8.2 Absatzwege

Die Ablauforganisation im Absatzbereich legt den Weg des Gutes vom Hersteller zum Verbraucher fest. Man unterscheidet den **direkten** Absatzweg und den **indirekten** Absatzweg über den *Handel* und über *Absatzhelfer.*

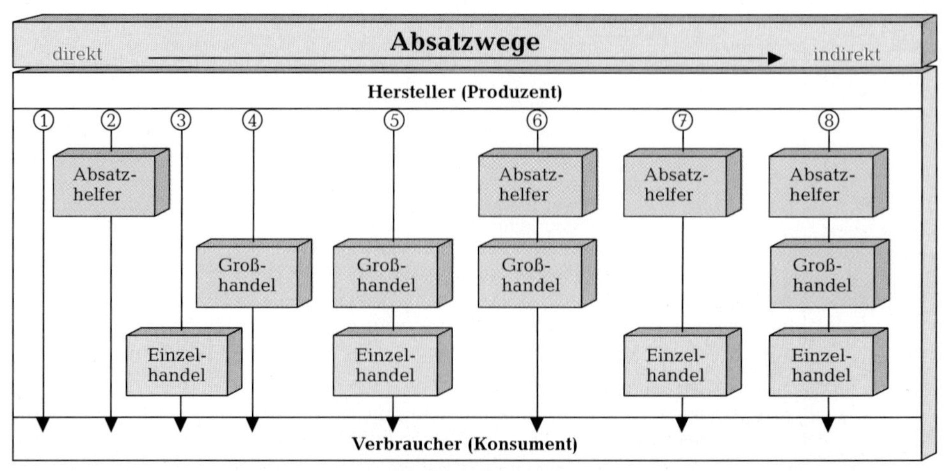


Bild 132

## 8.2.1 Direkter Absatzweg

Der **Hersteller** verkauft – über eine Verkaufsabteilung oder über Verkaufsniederlassungen – **direkt an den Verbraucher**. Der direkte Weg ermöglicht ihm einen engen Kontakt zum Abnehmer und erlaubt ihm vollkommenen Einfluss und Kontrolle auf den Absatz seines Produktes. Handelsspannen für Handelsbetriebe und Absatzhelfer entfallen.

**Beispiele** (Bild 132, Weg ①):

- Der Hersteller von Motoren beliefert Autoindustrie und Großabnehmer selbst.
- Eine Schuhfabrik verkauft ihre Produkte über eigene Verkaufsfilialen.
- Der Hersteller von Werkzeugmaschinen liefert unmittelbar an die Industriebetriebe.
- Ein Kosmetikahersteller lässt durch seine Beraterinnen die Verbraucherinnen besuchen und bringt so „Schönheit direkt ins Haus".
- Der Hersteller von Mähdreschern beliefert die Landwirte direkt.

## 8.2.2 Indirekter Absatzweg

### Absatzweg über den Handel

Der **Hersteller** verkauft seine Produkte **an den Groß- oder Einzelhandel**. Die Einschaltung des Handels ist z.B. dann von Vorteil, wenn der Hersteller keine marktbeherrschende Stellung innehat, wenn das Produkt in das vollständige Sortiment eines Handelsbetriebes eingeordnet werden muss oder wenn der Händler über besondere Verkaufserfahrung und Marktmacht verfügt.

**Beispiele** (Bild 132):

- Ein Landwirt verkauft seine Produkte an die Raiffeisen eG (Weg ③).
- Der Hersteller von Büromaschinen beliefert gewerbliche Abnehmer nur über den Großhandel (Weg ④).
- Der Hersteller von Rasierapparaten liefert diese nur an die Elektrofachgeschäfte (Weg ③).
- Der Hersteller von Schuhen beliefert den Einzelhandel nur über den Großhandel (Weg ⑤).

### Absatzweg über Absatzhelfer

Der **Hersteller** setzt seine Produkte **über Handelsvertreter, Kommissionäre und Handelsmakler** ab. Handelsvertreter werden gerne wegen ihrer besonderen Erfahrung auf einem speziellen Gebiet (Warensektor, Bezirk, Kunden) in Anspruch genommen. Insbesondere werden sie zur Einführung neuer Produkte eingesetzt und später durch Reisende oder durch Verkaufsbüros abgelöst. Kommissionäre werden vor allem im Außen- und Börsenhandel eingeschaltet.

**Beispiele** (Bild 132):

- Ein Computerhersteller beliefert die Verwender über einen Handelsvertreter (Weg ②).
- Eine Schokoladenfabrik setzt ihre Produkte über einen Handelsvertreter an die Einzelhändler ab (Weg ⑦).
- Ein Landwirtschaftsbetrieb verkauft seine Getreideernte über einen Makler an den Getreidegroßhandel (Weg ⑥).
- Eine Spanwerkzeugfabrik liefert über einen Kommissionär an den Großhandel, der den Fachhandel beliefert (Weg ⑧).

**Zur Wiederholung und Vertiefung**

1. Ein Unternehmer, der bisher 5.000 Einzelhändler über 50 Großhändler belieferte, entschließt sich zum direkten Absatz über 40 Verkaufsniederlassungen.
   a) Welche zusätzliche Kosten entstehen dadurch?
   b) Welche Kosten können eingespart werden?
   c) Wie kann sich die Veränderung des Absatzweges auf den Umsatz auswirken?
2. Nennen Sie Vor- und Nachteile des direkten Absatzweges gegenüber dem indirekten.

## 8.3 Absatzhelfer

Geschäftsabschlüsse zwischen Herstellern, Großhändlern und Einzelhändlern einerseits sowie zwischen Einzelhändlern und Verbrauchern andererseits kommen häufig durch Vermittlung über Absatzhelfer (Reisende, Vertreter, Kommissionäre, Makler) zustande.

| | 8.3.1 Handlungsreisender | 8.3.2 Handelsvertreter | 8.3.3 Kommissionär | 8.3.4 Handelsmakler |
|---|---|---|---|---|
| **Rechtsstellung** | Kaufmännischer Angestellter | Kaufmann | | |
| **gesetzliche Grundlagen** | HGB §§ 55, 59 ff. | HGB §§ 84 ff. | HGB §§ 383 ff. | HGB §§ 93 ff. |
| **Arten** | Warenreisender | Warenvertreter<br>Versicherungsvertreter<br>Bausparkassenvertreter | Warenkommissionär<br>Effektenkommissionär | Warenmakler<br>Effektenmakler<br>Versicherungsmakler |
| **Tätigkeit** | im Namen und auf Rechnung des Arbeitgebers | im fremden Namen für fremde Rechnung | im eigenen Namen für fremde Rechnung | im fremden Namen für fremde Rechnung |
| **Vertretungsmacht** | Vermittlungs- oder Abschlussvollmacht | Vermittlungs- oder Abschlussvollmacht | Abschlussvollmacht | Vermittlungsvollmacht |
| **Dauer des Vertragsverhältnisses** | ständig | ständig | ständig und von Fall zu Fall | von Fall zu Fall |
| **Rechte** | Gehalt (Fixum)<br>Provision<br>Auslagenersatz (Spesen) | Überlassung von Unterlagen (Muster, Preislisten, Werbematerial)<br>Vermittlungs- oder Abschlussprovision<br>Ausgleichsanspruch, wenn der Auftraggeber auch nach Vertragsende erhebliche Vorteile hat | Provision<br>Ersatz der Aufwendungen<br>Selbsteintrittsrecht: Der Kommissionär kann selbst die Güter kaufen oder verkaufen, wenn diese einen Börsen- oder Marktpreis haben | Maklergebühr (Courtage), muss im Zweifel von beiden Vertragsparteien getragen werden |
| **Pflichten** | Erstattung von Reiseberichten<br>Mitteilung über Geschäftsabschlüsse<br>übrige Pflichten des kaufmännischen Angestellten | Bemühungspflicht (Interessen des Auftraggebers wahren)<br>Benachrichtigungspflicht bei Geschäftsabschluss<br>Wettbewerbsenthaltung | Sorgfaltspflicht<br>Pflicht zur Beachtung der Weisungen<br>Anzeige der Ausführung der Kommission<br>Pflicht zur Abrechnung<br>Ware liefern bzw. Erlös überweisen | Ausstellung einer Schlussnote (Vertrag mit allen wichtigen Bedingungen)<br>Führung eines Tagebuchs<br>Aufbewahren von Proben |
| **Wirtschaftliche Bedeutung** | Wegen der hohen fixen Kosten (Fixum, Spesen) ist der Aufbau einer unternehmungseigenen Absatzorganisation mit Reisenden nur sinnvoll, wenn ein Absatzgebiet voll erschlossen ist. Für diese Aufgabe werden vorher Handelsvertreter und Kommissionäre eingesetzt, obwohl deren Provision in der Regel höher ist als die des Reisenden; so entstehen nur Kosten, wenn Aufträge hereingebracht werden. | | | Er ist ein Spezialist in seiner Branche, dessen man sich von Fall zu Fall bedient. Dadurch erreichen beide Vertragspartner, dass ihre Interessen beim Vertragsabschluss optimal vertreten werden. |

Bild 133

**Zur Wiederholung und Vertiefung**

1. Wann wird der Betrieb einen Reisenden, wann einen Handelsvertreter einsetzen?
2. Ein junger Angestellter steht vor der Entscheidung, ob er eine ausgeschriebene Stelle als Reisender oder Vertreter übernehmen soll. Wägen Sie die Vor- und Nachteile gegeneinander ab.
3. Ein Reisender erhält 3% Provision, ein Fixum von 1.800 EUR und monatlich 1.200 EUR Spesenersatz; die Personalnebenkosten betragen 60% des Fixums. Ein Vertreter erhält 5% Provision. Berechnen Sie, ab welchem Monatsumsatz es sich lohnt, einen Reisenden einzustellen.
4. Warum kann der Kommissionär das Selbsteintrittsrecht nur bei Waren mit einem Markt- oder Börsenpreis ausüben?

# 8.4 Absatzpolitik

Betriebliche Absatzpolitik erfordert
- eine werbekräftige Sortimentsgestaltung,
- eine bedarfsgerechte Produktgestaltung,
- eine marktgerechte Preispolitik,
- eine wirksame Werbung und Verkaufsförderung,
- andere absatzfördernde Mittel der Absatzpolitik.

## 8.4.1 Sortimentsgestaltung

**Sortimentsgestaltung** ist die **Auswahl der Erzeugnisse** (Produktpalette), die eine Unternehmung am Markt anbietet.

Sie kann bei einem Industriebetrieb aus **selbsterstellten Produkten** und **Produktgruppen** bestehen, jedoch auch als **Handelswaren** und **Zubehör**, die das Produktionsprogramm vervollständigen.

Stellt ein Unternehmen nur wenige Produkte her, so trägt es ein hohes Produktrisiko. Durch Erweiterung des Sortiments steht es nicht mehr „auf einem Bein" und kann Umsatzrückgänge bei einer Warengattung möglicherweise durch Umsatzsteigerungen bei anderen ausgleichen. So entstehen oft horizontale und anorganische Konzerne.

**Beispiel:** In einem regnerischen Sommer kann der geringe Umsatz an Badeartikeln durch einen größeren Umsatz an Regenbekleidung ausgeglichen werden.

### Grundbegriffe und Kriterien der Sortimentsgestaltung

#### Sortimentsstruktur

Unter Sortimentsstruktur versteht man die **Zusammensetzung der Angebotspalette**, wobei die Zusammengehörigkeit der Produkte maßgebend ist.

**a) Sortimentsbreite**

Die Sortimentsbreite gibt die *Anzahl der Fachgebiete* an, aus denen die Produkte ausgewählt werden. Sie ist also Ergebnis der Produktauswahl:

**1. Breites Sortiment – Produkte vieler Fachgebiete**

Es wird versucht, viele Abnehmergruppen anzusprechen und diesen alles aus der Branche anzubieten (Schlafzimmer, Wohnzimmer, Kinderzimmer, Küchen und Dielen).

2. **Schmales Sortiment – Produkte weniger Fachgebiete**
   Dem Spezialbedarf einer Abnehmergruppe soll Rechnung getragen werden (nur Kleinmöbel werden hergestellt; Likörfabrik).

**b) Sortimentstiefe**

Die Sortimentstiefe gibt die *Anzahl der Variationen* an, mit der ein gleichartiges Produkt angeboten wird. Sie ist also Ergebnis der Produktgestaltung:

1. **Tiefes Sortiment – Produkt in vielen Variationen**
   Der Spezialbedarf einer Abnehmergruppe soll in jeder Hinsicht voll gedeckt werden (Krawattenfabrik).
2. **Flaches Sortiment – Produkt in wenigen Variationen**
   Wichtiger als große Auswahl aus einer Produktart ist die Möglichkeit, dem Abnehmer täglich verlangte Massenprodukte anzubieten (Herstellung der gängigen Brotsorten in einer Brotfabrik).

### ■ Kern- und Randsortiment

Nach der Wichtigkeit der angebotenen Produkte unterscheidet man:

a) **Kernsortiment.** Dieses stellt den Hauptbestandteil des Sortiments dar; mit ihm steht und fällt das Unternehmen. Der Abnehmer erwartet ein vollständiges Sortiment, sodass auch verlustbringende Produkte unverzichtbar zum Kernsortiment gehören. Fast der gesamte Umsatz und Gewinn werden mit dem Kernsortiment erzielt.

b) **Randsortiment.** Dieses ergänzt das Kernsortiment. Der Abnehmer erwartet nicht unbedingt, dass es angeboten wird; er empfindet es als eine besondere Serviceleistung des Unternehmens. Daher brauchen im Randsortiment nur gewinnbringende Produkte geführt zu werden, deren Anteil am Gesamtumsatz und -gewinn aber minimal ist.

## ■ Sortimentspolitik

Zur Anpassung des Sortiments an den Markt kann eine Unternehmung folgende Maßnahmen der Sortimentsgestaltung ergreifen:

### ■ Verbreiterung des Sortiments (Diversifikation)

Das ist die Aufnahme zusätzlicher Produkt- oder Warengattungen und -gruppen.

Dadurch entsteht ein **breiteres** Sortiment, das aber in aller Regel nur ein **flaches** Sortiment **typischer** und **gängiger** Waren für den **Massenbedarf** oder ein **bedarfsverwandtes** Sortiment darstellt.

**Beispiele:** Der Hersteller von Autos nimmt auch Motorräder in sein Sortiment auf. Ein Schuhfabrikant übernimmt eine Gerberei oder vertreibt neuerdings seine Artikel über eigene Filialen. Ein Lebensmittelhersteller gliedert eine Waschmittelfabrik in sein Unternehmen ein.

### ■ Vertiefung des Sortiments (Differenzierung)

Betriebe mit tiefem Sortiment sehen ihre Absatzchancen in der Belieferung von Abnehmern mit individuellen Sonderwünschen. Unter Sortimentsdifferenzierung versteht man das Anbieten von **vielfältigen** Abwandlungen **weniger** Produktgattungen oder -typen.

**Beispiele:** Eine Papierfabrik stellt nur Briefpapier her, ab sofort aber in noch mehr Qualitäten, Farben, Größen und Preislagen, sodass auch ein stark differenzierter Bedarf befriedigt werden kann.

■ **Beschränkung und Bereinigung des Sortiments (Spezialisierung)**

a) **Sortimentsbeschränkung:** Der Unternehmer verzichtet auf Differenzierung und Diversifikation, weil sich sein bisheriges Sortiment bewährt hat und keiner Ausweitung bedarf, oder weil räumliche und finanzielle Grenzen eine Ausdehnung verbieten.
Dem Unternehmer kommt hier das Verhalten vieler Konsumenten entgegen, das durch die Neigung zum kollektiven (einheitlichen, gemeinsamen) Bedarf geprägt ist. Die soziale Schicht, zu der sich ein Verbraucher zählt, bestimmt weitgehend seinen Konsum. Er möchte sich von den Menschen seiner Schicht gerade nicht unterscheiden; er kauft, was „man" kauft, was eben Mode ist.
**Beispiel:** Festlegung der Moderichtung; blauer Jeansstoff.

b) **Sortimentsbereinigung.** Ein großes Sortiment erfordert vielfältige Disposition und eine umfangreiche Lagerhaltung. Dies kostet Geld und erhöht das Lager- und Verkaufsrisiko. Aus diesen Gründen, aber auch aufgrund von Bedarfswandlungen und Konjunkturabschwächungen kann es nötig sein, den Sortimentsumfang zu verringern, sich auf einen Teil des bisherigen Sortiments zu konzentrieren.
**Beispiel:** Der Hersteller von Wohn- und Büromöbeln stellt die Herstellung von Wohnmöbeln ein.

Jeder Betrieb sollte in regelmäßigen Abständen sein Sortiment überprüfen und gegebenenfalls eine solche Sortimentsbereinigung durchführen. Sonderrabatte an die Abnehmer erleichtern das Abstoßen von unwirtschaftlich gewordenen Sortimentsteilen.

**Zur Wiederholung und Vertiefung**

1. Beschreiben Sie die Sortimentsstruktur
   a) eines Tabakwarenhändlers,
   b) eines Lebensmitteleinzelhändlers,
   c) einer Großhandlung für Holz und moderne Baustoffe,
   d) einer Textilgroßhandlung,
   e) eines Fachmarktes für Elektroartikel.
2. Nennen Sie typische Beispiele für ein Randsortiment
   a) eines Lebensmittel-Supermarktes,
   b) eines Kaffee-Spezialgeschäftes,
   c) eines Garten-Centers.
3. Bei welchen Waren spielt die soziale Schichtung und Kaufkraft der Abnehmer eine Rolle für den Sortimentsaufbau?
4. Nennen Sie Beispiele aus Industrie- und Handelsbetrieben für
   a) Diversifikation,
   b) Differenzierung und
   c) Bereinigung des Sortiments.
   Begründen Sie, weshalb diese Maßnahmen getroffen wurden.
5. Welche Überlegungen sind anzustellen, bevor ein Produkt
   a) neu ins Sortiment aufgenommen,
   b) aus dem Sortiment gestrichen werden soll?

## 8.4.2 Produktgestaltung

Das Gütesiegel „made in Germany" reicht im schärfer werdenden internationalen Wettbewerb nicht mehr aus, um die Verbraucher in aller Welt von einem Produkt zu überzeugen. Fertigungstechnologien sind inzwischen überall auf der Welt vorhanden. Zur Unterscheidung im globalen Wettbewerb gewinnt das äußere Erscheinungsbild der Unternehmung und ihrer Produkte zunehmend an Bedeutung. Das **Design** wird zum **wesentlichen Marketing-Kriterium**.

**Produktgestaltung** (Design) ist die Festlegung von **Technik** und **Form** der Produkte.

## Entwicklung und Neugestaltung von Produkten (Innovation)

Die Produkte sollen gleichermaßen *funktional* wie *ästhetisch*, einzigartig und unverwechselbar sein.

### Produktentwicklung

**Produktentwicklung** ist die *Erfindung und Gestaltung eines neuen Produktes* (z.B. Bild-Telefon, volldigitales Fernsehgerät). Sie setzt die Kenntnis einer **Marktlücke** voraus.

Die Produktentwicklung erfolgt planmäßig nach einer bestimmten **Marketing-Konzeption**. Danach wird ein neues Produkt in folgenden Phasen entwickelt:
- Finden von Produktideen (z.B. durch Brainstorming),
- Prüfen der zu verwendenden Materialien auf Umweltverträglichkeit und Wiederverwendbarkeit oder Entsorgbarkeit,
- Ausarbeitung mehrerer Produktvorschläge,
- Entscheidung für einen Vorschlag durch die Unternehmungsleitung,
- Herstellung des ersten Produktes (Prototyp) bzw. der ersten Serie (Nullserie),
- Erprobung auf einem Testmarkt, gegebenenfalls Verbesserungen,
- Aufnahme des Produktes in das Produktionsprogramm,
- Produktabsatz,
- Erfolgskontrolle.

### Produktneugestaltung

**Produktneugestaltung** ist das *Finden einer fortschrittlicheren Lösung* eines technischen Problems.

**Beispiele:** Verwendung von korrosionsbeständigen und recycelbaren Kunststoffen für den Fahrzeugbau, Entwicklung eines kombinierten Foto-Film-Apparates, Herstellung von abrieb- und rutschfesten Straßenbelägen aus Recycling-Material, Kraftfahrzeug-Hohlraumverkleidung aus Flachs.

## Veränderung von vorhandenen Produkten (Variation)

### Produktverbesserung

Die Produkte müssen laufend angepasst werden
- dem neuesten Stand der Technik: Besseres, korrosionsbeständiges Material,
- dem Wandel des Geschmacks: Neue Mode und Designs,
- den Erfordernissen des Umweltschutzes: Abgasentgiftung, Recycling-Papier, bleiarme Kraftstoffe, Verwendung leicht recycelbarer Materialien,
- der Forderung nach Energieeinsparung: Kraftstoffsparende Motoren,
- dem wachsenden Sicherheitsbedürfnis: Sicherheitsgurte, unfallsichere Küchengeräte, ESP = Electronic Stability Program (Fahrdynamikregelung).

Produktverbesserungen lassen sich auch durch **Benchmarking** (engl. Messpunktnahme) vollziehen. Durch gezielten *Vergleich mit Unternehmen* der gleichen oder auch anderer Branchen soll die Qualität der eigenen Produkte und Leistungen gesteigert werden. Ein Unternehmen blickt über den eigenen Tellerrand hinaus, gewinnt Ideen und lernt vom Besseren.

### Produktdifferenzierung

Dies ist die unterschiedliche Ausgestaltung der Angebotspalette für **ein** Produkt.

**a) Typenerweiterung:** Das Konsumverhalten vieler Menschen lässt eine ausgeprägte Neigung zur Individualität (Besonderheit, Eigenwilligkeit) erkennen. Besonders beim Erwerb von Gütern des gehobenen Lebensbedarfs wollen sie sich von anderen Menschen unterscheiden, sich damit eine „persönliche Note" geben. Durch Vermehrung der Typen, Qualitäten, Muster, Formen und Farben der Erzeugnisse sucht sich ein Fertigungsbetrieb dieser Neigung anzupassen und immer neue Käuferschichten für seine Erzeugnisse zu interessieren.

**Beispiele:** Leuchten, Tapeten, Schmuck, Modeformen, Möbel, Autotypen, Fertighäuser.

Die Marketingstrategie kann sogar darin bestehen, eine Produktvariante herzustellen, die andere Hersteller für uninteressant halten. In einer solchen **Marktnische** kann dann der Absatzmarkt konkurrenzlos bearbeitet werden.

**Beispiele:** Handgestrickte Wollsocken, hausgemachte Marmelade.

**b) Typenveränderung:** Viele Menschen sehen im Erwerb immer neuer Güter eine Steigerung des Lebensgefühls und Hebung des gesellschaftlichen Ansehens (Sozialprestige). Daher neigen sie zu zusätzlichen Anschaffungen und zu Ersatzbeschaffungen bereits dann, wenn früher erworbene Güter in technischer Hinsicht durchaus noch ihren Zweck zu erfüllen vermögen. Diese Verhaltensweise zwingt einerseits die Fertigungsbetriebe, in kürzeren Zeitabschnitten, insbesondere im Hinblick auf Mustermessen und Ausstellungen, Neuheiten auf den Markt zu bringen. Andererseits wird sie durch die Ankündigungen und Werbemaßnahmen der Industrie bewusst gefördert, da sie den Umsatz beschleunigt. Geschmackswandel und technischer Fortschritt eröffnen ständig neue Möglichkeiten zur Veränderung der Typen und Muster.

**Beispiele:** Schuhe, Krawatten, Automodelle, Personalcomputer.

### ■ Produktbeständigkeit

In manchen Wirtschaftszweigen müssen die Fertigungsbetriebe mit der Abneigung größerer Konsumentengruppen gegenüber ständigen Produktveränderungen rechnen. Sparsame und konservative Menschen bevorzugen Güter, deren Hersteller auf längere Zeit gleichbleibende Formen und Typen garantieren.

**Beispiele:** Tafelgeschirr möchte der Kunde auch noch nach Jahren nachkaufen. Langlebige Gebrauchsartikel sollen zeitlos gestaltet sein.

## ■ Produktbeschränkung und -elimination

Die Angebotspalette für **eine** Produktart wird auf wenige Typen beschränkt, u.U. werden Produkte aus dem Produktionsprogramm herausgenommen.

**a) Produktbeschränkung:** Das Verhalten vieler Konsumenten ist durch die Neigung zum kollektiven (einheitlichen, gemeinsamen) Bedarf geprägt. Die soziale Schicht, zu der sich ein Verbraucher zählt, bestimmt weitgehend seinen Konsum. Er möchte sich von den Menschen seiner Schicht gerade nicht unterscheiden; er kauft, was „man" kauft, was eben in Mode ist. Dieses Verhalten deckt sich vielfach mit dem Wunsch der Unternehmungen nach kostensparender und preisgünstiger Massenproduktion, erzeugt andererseits eine gewisse Eintönigkeit des Güterangebots und hemmt die Anwendung schöpferischer Gestaltungskraft in der Produktion.

**Beispiele:** Festlegung der Moderichtung; blauer Jeansstoff.

**b) Produktelimination:** Aus Kosten- oder Absatzgründen wird ein Produkt nicht mehr hergestellt.

**Beispiel:** Ein Autohersteller streicht die Herstellung des Kombiwagens aus dem Produktionsprogramm; Coupé und Limousine werden weiterhin produziert.

Die Beispiele lassen erkennen, dass sich die einzelnen Entwicklungsrichtungen der Produktgestaltung nicht gegenseitig ausschließen. Bei vielen Gütern treten vielmehr verschiedene Tendenzen gleichzeitig auf. So ist die Mode durch Festlegung der Moderichtung eine typenbeschränkende, durch Ausgestaltung der modischen Einzelheiten (Modeformen) eine typenerweiternde und typenverändernde Kraft.

## ■ Aufmachung und Benennung

### ■ Aufmachung

Für das Image eines Produkts ist auch seine Aufmachung wichtig.

**Beispiel:** Luxuriöser Geschenkkarton, dekorative Verpackung, Farbgebung, Geruch.

## Benennung

Der Produktname entscheidet in vielen Fällen über Erfolg oder Misserfolg. Dabei ist Folgendes zu beachten:

- Der Name soll sich von dem bereits bestehender Produkte unterscheiden (Markenregister).
- Der Name soll die gewünschte Assoziation beim Verbraucher hervorrufen, z.B. Herkunft: Soir de Paris; Verwendungszweck: Teefix; Eigenschaft: Glänzer; Verwender: Kitekat; Aufforderung: Hör zu.
- Der Name soll einprägsam sein, z.B. Kröver Nacktarsch, Weißer Riese.
- Der Name und das Markenzeichen bilden eine Einheit, z.B. Salamander.

Die absatzpolitische Bedeutung der Produktbenennung wird vor allem bei **Markenartikeln** erkennbar. Daneben stehen aber auch **„No-Name"-Produkte**, bei denen man zu Gunsten eines niedrigen Preises auf einen Produktnamen verzichtet.

Die Zunahme gleicher und austauschbarer Produkte aus aller Welt, immer wettbewerbsintensivere Märkte und die Sehnsucht des Verbrauchers nach Produkten mit Image und Charisma fordern **Marken.** Ohne Markencharakter ist auf die Dauer kein Produkt erfolgreich. So wird z.B. der Wert der Marke „Coca Cola" auf 38 Mrd. $ taxiert.

## Zusammenhang zwischen Produktgestaltung und Sortimentsgestaltung im Industriebetrieb

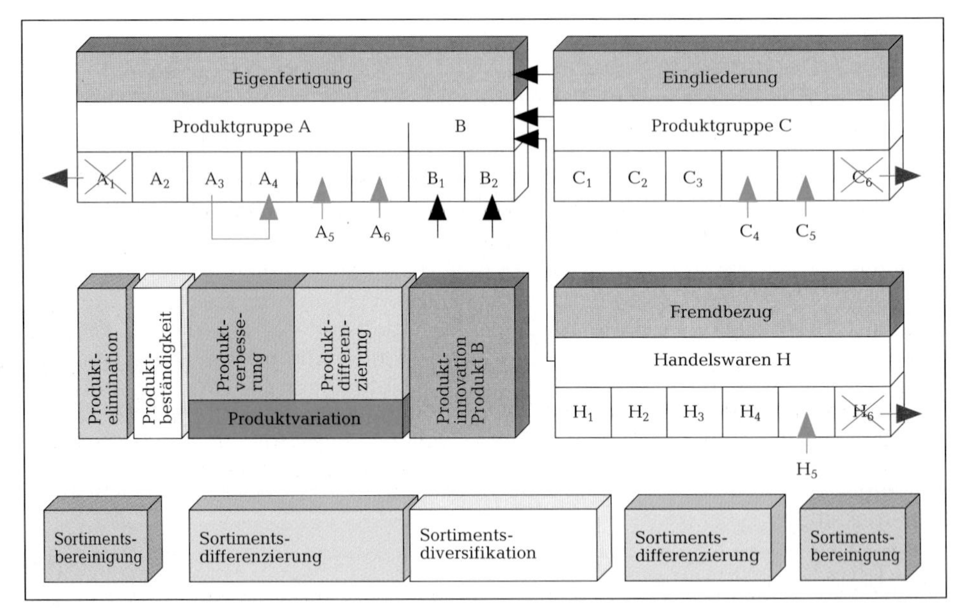


Bild 134

### Zur Wiederholung und Vertiefung

1. Fertigen Sie eine Aufstellung entsprechend Bild 134, und setzen Sie Produkte aus der Elektrobranche ein.
2. Stellen Sie fest,
   a) welche Maßnahmen der Produktgestaltung in den vergangenen Jahren in der Produktion von Personenkraftwagen vollzogen wurden und
   b) welche Gründe dafür maßgeblich gewesen sein können.

3. Bei welchen Warenarten würden Sie
   a) bewusst andere Formen und Typen kaufen als Ihre Eltern?
   b) ähnliche oder gleiche Formen und Typen kaufen wie Ihre Freunde?
   Was bedeuten diese Verhaltensweisen für die Produktgestaltung der Hersteller?
4. Welche Auswirkungen auf die gesamtwirtschaftliche Preisgestaltung kann
   a) eine Typenerweiterung,
   b) eine Typenbeschränkung haben?
5. Nennen Sie Beispiele aus Ihrem Erfahrungsbereich für
   a) Produktneugestaltung,
   b) Produktverbesserung,
   c) Produktdifferenzierung,
   d) Produktbeständigkeit,
   e) Produktelimination.
6. Überlegen Sie einen erfolgversprechenden Namen für ein neues Automodell, ein Waschmittel, eine Margarine.
7. Der Leiter der Absatzabteilung empfiehlt dem Fertigungsleiter, für die Produkte nicht die teuersten und besten Materialien einzusetzen, da infolge der guten Qualität und des hohen Preises nur eine sehr geringe Ersatznachfrage bestehe. Billigprodukte könnten dagegen sehr viel leichter und öfter verkauft werden, was langfristig für die Unternehmung und für die Kunden vorteilhaft wäre. Nehmen Sie Stellung zu dieser Ansicht.

## 8.4.3 Preispolitik

### Preisgestaltung und Marktlage, Marktpreis

Die Entscheidung, inwieweit die Preisgestaltung ein geeignetes Mittel der Absatzpolitik einer Unternehmung ist, wird weitgehend schon durch ihre Stellung am Markt und das Ausmaß der Konkurrenz bestimmt.

- **Bei starker Konkurrenz** besteht nur geringer Spielraum für eine selbstständige Preisfestsetzung durch die Unternehmung. Im Vordergrund der Absatzpolitik steht nicht die Preisgestaltung, sondern die **Mengenpolitik**. „Großer Umsatz – kleiner Nutzen". **Das Verhältnis von Angebot und Nachfrage bestimmt den Marktpreis.**
- **Bei geringer Konkurrenz** steht der Unternehmung auch die **Preispolitik** als absatzpolitisches Instrument zur Verfügung. Bei der Preisgestaltung ist jedoch zu beachten, dass die Absatzmenge auch von der Höhe des Preises abhängt.

### Preisdifferenzierung

Ihr Wesen besteht darin, dass eine Unternehmung **Leistungen gleicher Art zu verschiedenen Preisen** absetzt und dadurch einen größeren Erfolg erzielt.

**Beispiele:**

**a) Räumliche Preisdifferenzierung:** Unterschiedliche Preise für Autos in Rheinland-Pfalz und im Elsaß; Einführungspreise an Orten, an denen eine neue Verkaufsniederlassung eingerichtet wurde, und Normalpreise an anderen Orten.

**b) Zeitliche Preisdifferenzierung:** Günstige Sonderangebote für Pkw im Winter; Nachsaisonpreise für Skiausrüstungen, Sommer- und Winterpreise für Heizöl, Saison- und Außensaisonpreise im Fremdenverkehr, Telefontarife für Tages- und Nachtgespräche.

**c) Mengenmäßige Preisdifferenzierung:** Mengenrabatte; Sonderpreise für Großabnehmer von Strom, Gas und Wasser, Preise für Gesellschaftsfahrten oder Mehrfahrtenscheine beim Personenverkehr.

**d) Abnehmerbedingte Preisdifferenzierung:** Verbilligte Treibstoffe für die Landwirtschaft, Kraft- und Lichtstrompreise für Betriebe und Haushaltungen; Personalrabatte; Preise für Speise- und Industriesalz (Denaturierung zur Festlegung des Verwendungszwecks).

Die Preisdifferenzierung kann auf die **Deckungsbeitragsrechnung** (Teilkostenrechnung) gestützt werden (Abschnitt 10.6).

**Beispiel:** Ein Monopolbetrieb, der nur eine Erzeugnisart herstellt, hat bisher vierteljährlich 4 Serien (xe) zu je 1.000 Leistungseinheiten (LE) zum einheitlichen Preis (Einheitspreis pe) von 60 EUR je Leistungseinheit verkauft. Dies waren der optimale Beschäftigungsgrad und der optimale Monopolpreis, da hier das Einheitspreis-Nutzenmaximum von 80 Tsd. EUR lag:

Tatbestände:
1. Reziproker Zusammenhang zwischen Absatzmenge und Preis.
2. Linearer Gesamtkostenverlauf.
3. Fixkosten 80 Tsd. EUR,
   proportionale Kosten je Leistungseinheit 20 EUR.

| **Absatzmenge** | **Preis** | **Gesamterlös** | **Gesamtkosten** | **Gesamtgewinn** | **Grenzkosten** (variable Kosten je Einheit) | **Deckungsbeitrag** (p ./. v) |
|---|---|---|---|---|---|---|
| x | p | E | K | G | v | Db |
| 1000 LE | EUR/LE | Tsd. EUR | Tsd. EUR | Tsd. EUR | EUR | EUR |
| 0 | 100 | 0 | 80 | – 80 | – | – |
| 1 | 90 | 90 | 100 | – 10 | 20 | 70 |
| 2 | 80 | 160 | 120 | 40 | 20 | 60 |
| 3 | 70 | 210 | 140 | 70 | 20 | 50 |
| 4 (xe) | 60 (pe) | 240 | 160 | **80** | 20 | 40 |
| 5 | 50 | 250 | 180 | 70 | 20 | 30 |
| 6 | 40 | 240 | 200 | 40 | 20 | 20 |
| 7 | 30 | 210 | 220 | – 10 | 20 | 10 |
| 8 | 20 | 160 | 240 | – 80 | 20 | 0 |
| 9 | 10 | 90 | 260 | – 170 | 20 | – 10 |

Bild 135

Bei einem Einheitspreis (pe) von 60 EUR wird ein Gesamterlös von 240 Tsd. EUR erzielt. Dieser deckt bereits die anteiligen **variablen** Kosten (4 x 20 = 80 Tsd. EUR) **und** die **gesamten** fixen Kosten (160 – 4 x 20 = 80 Tsd. EUR). Jeder erzielbare höhere Preis und jeder zusätzlich erzielbare Preis, der über den anteiligen variablen Kosten (Grenzkosten) liegt und damit einen Deckungsbeitrag erbringt, führt zu einem vermehrten Gesamtgewinn. Es empfiehlt sich also eine **Preisdifferenzierung.**

## Verschiedene Möglichkeiten einer Preisdifferenzierung

| **Preisdifferenzierung** | **Differenzpreise** (pd) | **Absatzmenge** (x) | **Summe der Grenzerlöse** (E) | **Summe der Grenzkosten** (anteilige variable Kosten) (V) | **Summe der Deckungsbeiträge** (Db) | **Fixkosten** (F) | **Gesamtgewinn** (G) |
|---|---|---|---|---|---|---|---|
| Fall 1<br>2-fach | 50<br>40 | 5<br>+ 1<br>6 | 250<br>+ 40<br>290 | 6 x 20<br>=<br>120 | 170 | 80 | 90 |
| Fall 2<br>2-fach | 80<br>70 | 2<br>+ 1<br>3 | 160<br>+ 70<br>230 | 3 x 20<br>=<br>60 | 170 | 80 | 90 |
| Fall 3<br>2-fach | 90<br>80 | 1<br>+ 1<br>2 | 90<br>+ 80<br>170 | 2 x 20<br>=<br>40 | 130 | 80 | 50 |

Verschiedene Möglichkeiten einer Preisdifferenzierung (Fortsetzung)

| **Preis-differen-zierung** | **Differenz-preise** (pd) | **Absatz-menge** (x) | **Summe der Grenz-erlöse** (E) | **Summe der Grenz-kosten** (anteilige variable Kosten) (V) | **Summe der Deckungs-beiträge** (Db) | **Fixkosten** (F) | **Gesamt-gewinn** (G) |
|---|---|---|---|---|---|---|---|
| Fall 4<br>7-fach<br>(Bild 137) | 90<br>80<br>70<br>60<br>50<br>40<br>30 | 1<br>+ 1<br>+ 1<br>+ 1<br>+ 1<br>+ 1<br>+ 1<br>7 | 90<br>+ 80<br>+ 70<br>+ 60<br>+ 50<br>+ 40<br>+ 30<br>420 | 7 x 20<br>=<br>140 | 280 | 80 | 200 |
| Fall 5<br>8-fach | 90<br>bis<br>30<br>20 | 7<br>+ 1<br>8 | 420<br>+ 20<br>440 | 8 x 20<br>=<br>160 | 280 | 80 | 200 |
| Fall 6<br>9-fach | 90<br>bis<br>20<br>10 | 8<br>+ 1<br>9 | 440<br>+ 10<br>450 | 9 x 20<br>=<br>180 | 270 | 80 | 190 |
| Fall 7<br>6-fach | 80<br>70<br>60<br>50<br>40<br>30 | + 2<br>+ 1<br>+ 1<br>+ 1<br>+ 1<br>+ 1<br>7 | + 160<br>+ 70<br>+ 60<br>+ 50<br>+ 40<br>+ 30<br>410 | 7 x 20<br>=<br>140 | 270 | 80 | 190 |

Bild 136

**Folgerungen:**

zu Fall 1: Trotz niedrigerer Preise als bei Einheitspreisbildung höherer Gesamtgewinn. Bessere Kapazitätsausnutzung.

zu Fall 2: Trotz höherer Preise als in Fall 1 kein höherer Gesamtgewinn. Schlechtere Kapazitätsausnutzung.

zu Fall 3: Beträchtlich niedrigerer Gesamtgewinn wegen zu geringer Kapazitätsausnutzung.

zu Fall 4: (Bild 136) **Differenzpreis-Nutzenmaximum**, falls nicht noch Teilserien zu Zwischenpreisen verkauft werden, da alle Differenzpreise abgeschöpft, die Deckungsbeitrag erbringen. **Differenzpreis-Nutzenmaximum beträgt Vielfaches des Einheitspreis-Nutzenmaximums.**

zu Fall 5: Kein höherer Gesamtgewinn als in Fall 4, da zusätzlicher Differenzpreis keinen Deckungsbeitrag erbringt. Aber bessere Kapazitätsausnutzung.

zu Fall 6: Noch höhere Kapazitätsausnutzung als in Fall 5. Er bringt aber niedrigeren Gesamtgewinn, da zusätzlicher Differenzpreis einen Minus-Deckungsbeitrag auslöst (Preis niedriger als Grenzkosten). Unwirtschaftlich!

zu Fall 7: Niedrigerer Gesamtgewinn als in Fall 4, da die erste Serie mit zu geringem Differenzpreis verkauft würde. Käufer dieser Serie würden Konsumentenrente erzielen. Es wäre ein höherer Deckungsbeitrag erzielbar.

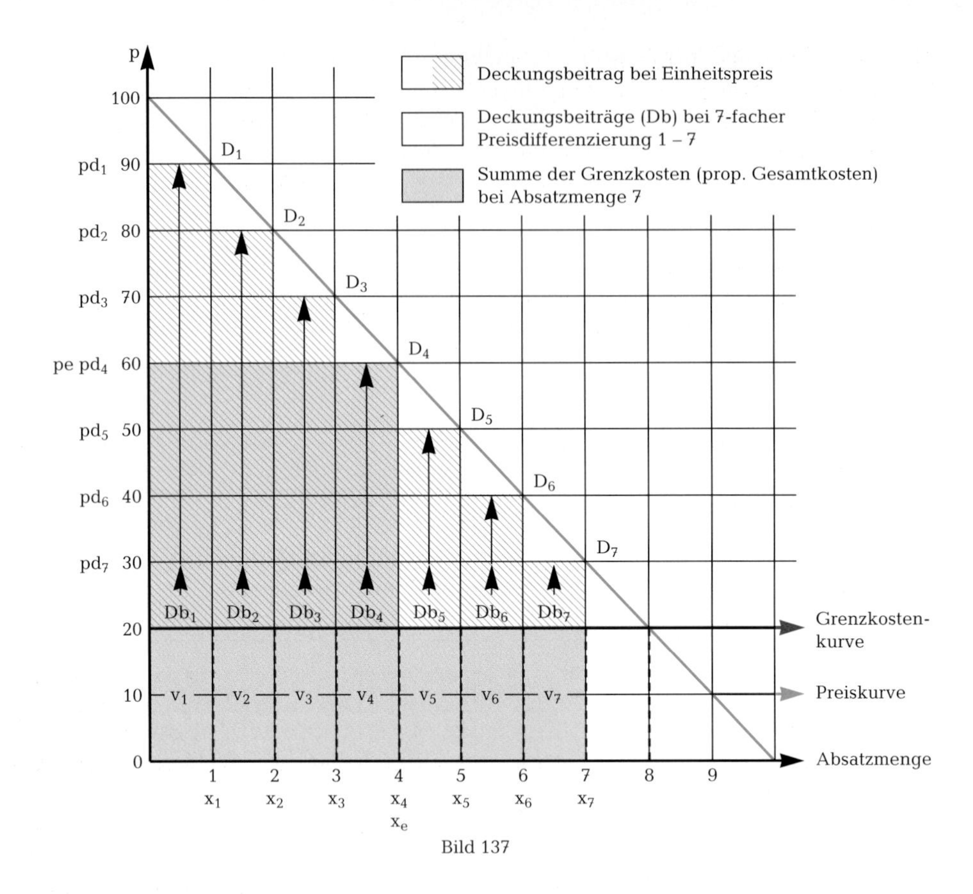

Bild 137

## Vorteile der Preisdifferenzierung

Bei Einheitspreisen erzielen die Käufer, die zur Zahlung eines höheren Preises bereit gewesen wären, eine **Konsumentenrente**. Diese kann der Verkäufer in dem Maße für sich abschöpfen, als er höhere Differenzpreise abverlangt. Außerdem kann er Käuferschichten beliefern, denen der Einheitspreis zwar zu hoch war, die aber bereit gewesen wären, wenigstens einen grenzkostendeckenden Preis zu bezahlen.

Preisdifferenzierung bietet also den **Vorteil**

a) eines höheren Gesamtgewinns,

b) einer stärkeren Kapazitätsausnutzung und

c) einer besseren Versorgung des Marktes mit Gütern.

### Zur Wiederholung und Vertiefung

1. Errechnen Sie mit Hilfe obenstehender Tabelle die jeweilige Summe der Deckungsbeiträge und den jeweiligen Gesamtgewinn bei den verschiedenen Möglichkeiten einer zweifachen bis fünffachen Preisdifferenzierung.
2. Vergleichen Sie die Ergebnisse untereinander und mit dem Ergebnis der Einheitspreisbildung. Begründen Sie die Unterschiede.
3. Stellen Sie die verschiedenen Preisdifferenzierungen grafisch dar.

## Preisbindung und Preisempfehlung

Der auf dem Markt erzielbare Preis kann durch **Preisbindungen** und **Preisempfehlungen** beeinflusst sein.

## Behördliche Preisbindung

Eine Behörde (Staat, EU) schreibt amtliche Fest-, Höchst- oder Mindestpreise vor, z.B. bei einigen Agrarerzeugnissen, Verkehrstarifen, Wasser- und Abwassergebühren, Müllgebühren, Sozialmieten. *Behördliche Preisbindungen* stellen einen Eingriff in die marktwirtschaftliche Ordnung dar; sie sind *nicht marktkonform.*

## Horizontale Preisbindung

Konkurrierende Unternehmungen vereinbaren durch Vertrag (Kartell) oder über ihren Wirtschaftsverband einheitliche Preise für konkurrierende Wirtschaftsgüter. Zur Sicherung des marktwirtschaftlichen Preiswettbewerbs sind *horizontale Preisbindungen* jedoch *grundsätzlich verboten* (Abschnitt 11.8.6).

GWB § 1

## Vertikale Preisbindung

Hersteller von Erzeugnissen bestimmen bereits die Endverkaufspreise und legen die nachfolgenden Handelsstufen durch Vertrag auf diese Preise fest. Verträge über solche *„Preisbindungen der zweiten Hand"* sind, mit Ausnahme bei Verlagserzeugnissen, *nichtig* und können als Ordnungswidrigkeiten durch die Kartellbehörden mit beträchtlichen Geldbußen belegt werden. *Zulässig* sind lediglich *unverbindliche Preisempfehlungen bei Markenwaren* („unverbindlicher Richtpreis").

§§ 15, 16
§ 38
§ 38 a

## Kalkulierter Preis und Marktpreis

Die Ermittlung eines kalkulatorischen Angebotspreises bietet noch keine Gewähr, dass dieser Preis auch tatsächlich am Markt erzielt werden kann. Für die **Höhe des Marktpreises** sind in der Regel **nicht die Kosten** des einzelnen Anbieters entscheidend, sondern – vor allem bei scharfem Wettbewerb – **das Verhalten der übrigen Anbieter und der Nachfrager**.

Liegt der auf dem Markt erzielbare Preis über dem kalkulierten Angebotspreis, so erhöht sich der eigentliche Unternehmergewinn. Liegt der Marktpreis unter dem kalkulierten Preis, so ergibt sich eine Gewinnminderung, unter Umständen ein Verlust.

**Zur Wiederholung und Vertiefung**

1. Stellen Sie fest, bei welchen Sachgütern und Dienstleistungen in Deutschland behördliche Preisbindungen bestehen, und versuchen Sie, die Ursachen zu ergründen.
2. In Zeitungsberichten können Sie gelegentlich lesen, dass in Deutschland ein „Butterberg" bestehe.
   a) Auf welche Preisbildungseinflüsse ist das Entstehen eines solchen Angebotsüberschusses zurückzuführen?
   b) Welche volkswirtschaftlichen Folgen ergeben sich daraus?
3. Welche Vorteile hat die vertikale Preisbindung bei Verlagserzeugnissen
   a) für den Verlag, b) für den Buchhandel, c) für den Verbraucher?

# 8.4.4 Werbung und Verkaufsförderung

„Werbung ist die Kunst, auf den Kopf zu zielen und die Brieftasche zu treffen" (Vance Packard).
„Wer auf Werbung verzichtet, um Geld zu sparen, handelt wie einer, der die Uhr anhält, um Zeit zu sparen."
„Werbung ist teuer, keine Werbung ist noch teurer."

**Wirtschaftswerbung** ist der Inbegriff aller Maßnahmen, mit denen unter **Einsatz besonderer Werbemittel** der **Absatz gefördert** werden soll.

Demnach gehören absatzfördernde Maßnahmen, die nicht mit einem Einsatz besonderer Werbemittel verbunden sind, wie eine günstige Gestaltung der Preise und Verkaufsbedingungen oder eine ansprechende Produktgestaltung, nicht zur Werbung im eigentlichen Sinne.

## Arten der Werbung

Die Wirtschaftswerbung umfasst die Absatzwerbung und die Meinungsbildung, soweit sie absatzfördernde Wirkungen erzeugt.

a) **Absatzwerbung** hat das Ziel, die *Betriebsleistungen* (Erzeugnisse, Waren, Dienste) bekannt und begehrenswert zu machen. Sie spricht deshalb den tatsächlichen und möglichen *Kundenkreis* an und fördert somit den Absatz *unmittelbar*.

b) **Meinungsbildung (Public Relations)** hat das Ziel, die *Unternehmung* als *Ganzes* öffentlich bekannt zu machen und um Interesse, Verständnis, Ansehen und Vertrauen für die Unternehmung zu werben, sodass ein immaterieller Firmenwert (Geschäftswert) geschaffen wird. Ausdrucksformen dieser Öffentlichkeitsarbeit sind Publikationen (Firmenzeitschriften, Geschäftsberichte), Betriebsbesichtigungen, Pressearbeit (Presse, Funk, Fernsehen), Information der Mitarbeiter, Kontakte mit kommunalen und staatlichen Behörden. Überträgt sich das so geschaffene Vertrauen auch auf die Betriebsleistungen, dann fördert die Meinungsbildung *mittelbar* den Absatz.

## ■ Aufgaben der Werbung

Nach den Aufgaben, die der Werbung auf den immer bewegten Absatzmärkten gestellt sind, unterscheidet man

a) **Einführungswerbung.** Sie ist erforderlich, wenn neue Betriebsleistungen am Markt eingeführt werden sollen.

b) **Erhaltungswerbung.** Sie hat die normalerweise auf den Märkten wirksamen Konkurrenzeinflüsse abzuschirmen und den bisherigen Absatz zu sichern. Dazu gehört auch die Erinnerungswerbung.

c) **Stabilisierungswerbung.** Wenn die Stellung am Arbeitsmarkt durch verstärkte Konkurrenzmaßnahmen gefährdet ist, muss diese durch vermehrte Gegenmaßnahmen gefestigt werden. Es kann dabei zu einem Wettbewerb der Werbemaßnahmen kommen, der immer höhere Kosten verursacht, infolge Reizabstumpfung aber seine Wirkung verfehlt.

d) **Expansionswerbung.** Reicht der Absatz noch nicht aus, um den günstigsten Beschäftigungsgrad in der Produktion zu erreichen, so müssen durch verstärkte Werbung neue Märkte erschlossen und der Absatz ausgeweitet werden.

## ■ Methoden der Werbung

Die Verständigung zwischen Produzent und Konsumenten vollzieht sich in der Kommunikationskette „Wahrnehmen – Erkennen – Interesse – Gefallen – Kaufen". Deshalb beschreitet die Werbung folgende Wege:

a) **Bekanntmachung.** Durch sie deutet eine Unternehmung ihre Bereitschaft an, Sachgüter oder Dienste gegen Entgelt zu verkaufen. Dieser Methode bedient sich vor allem die Einführungswerbung.

b) **Bedarfsweckung.** Unter Umständen muss bei der Einführungswerbung erst ein noch nicht vorhandenes Bedürfnis für die Betriebsleistung geweckt oder ein schlummerndes Bedürfnis als Mangelgefühl ins Verbraucherbewusstsein gehoben werden.

c) **Überzeugung.** Soll die Werbung von dauerhaftem Erfolg sein, so muss sie überzeugen. Sie darf den Umworbenen nicht mit unlauteren Mitteln zum Verkauf bewegen, sondern soll lediglich seine freie Entscheidung erleichtern. Die Werbeargumente müssen durch die wirklichen Eigenschaften der Leistung erhärtet werden.

d) **Wiederholung.** Erst durch den wiederholten Einsatz gleicher oder ähnlicher Motive und gleicher Mittel kann eine nachhaltige Werbewirkung erzielt werden.

## ■ Nebenwirkungen der Werbung

Die Werbung kann neben ihrem Hauptzweck, der Absatzförderung, folgende günstige Nebenwirkungen zeitigen:

a) **Geschmacksbildung.** Mit den Mitteln der Werbung können geschmackvoll gestaltete Produkte den Markt erobern; aber auch durch eine vorbildliche Gestaltung der Werbemittel selbst kann der Massengeschmack gehoben werden. Damit hat die Werbung auch eine ästhetische Wirkung.

**b) Marktübersicht.** Sachliche Werbung kann den Käufern eine bessere Übersicht über die Vielzahl konkurrierender Leistungen vermitteln und sie vor Fehlkäufen bewahren. Auf diese Weise zwingt der leistungsfähigere Betrieb seine Konkurrenten zur Verbesserung ihrer Leistungen. Die Werbung fördert demnach den wirtschaftlichen Fortschritt und eine gesunde Preiskonkurrenz.

**c) Kostensenkung.** Intensive Werbung steigert den Absatz und demzufolge die Produktion. Massenproduktion bewirkt aber eine Kostendegression, die zu Preissenkungen führen kann. Die weitverbreitete Meinung, Werbung müsse die Leistung verteuern, erweist sich also oft als Irrtum.

**d) Beschäftigungsausgleich.** Die Werbung kann zeitlich so gelenkt werden, dass bei ruhigem oder zurückgehendem Saison- oder Konjunkturverlauf nachhaltiger geworben wird als bei starker Beschäftigung (Sommerwerbung für Heizöl). Dadurch können Schwankungen ausgeglichen und Mehrkosten vermieden werden, die durch Unterbeanspruchung oder Überbeanspruchung der Arbeitskräfte und der technischen Mittel entstehen. Für viele Betriebe ist jedoch ein solches Werbeverhalten nicht möglich, weil sie eine am Markt vorhandene günstige Kaufneigung ausnützen müssen (Saisonwerbung für Badebekleidung) oder weil sie durch Liquiditätsanspannung daran gehindert werden.

Diese Wirkungen lassen erkennen, dass eine moderne Wirtschaft der Werbung bedarf. Ohne sie würde der Verbrauch sinken, Produktionseinschränkung und damit Unterbeschäftigung eintreten. Die Werbung erfüllt somit als Stütze und Motor der Konjunktur eine wichtige produktive Aufgabe.

Gleichwohl darf nicht verkannt werden, dass die Werbepolitik nicht frei ist von Auswüchsen und unerwünschten Nebenwirkungen. Deshalb verbietet der Gesetzgeber unter anderem als **unlauteren Wettbewerb:**

UWG § 1

ZugabeVO § 1

a) Unzulässiges Werben um Kunden mit Lockvogelangeboten oder Zugaben.

UWG §§ 3, 4

b) Irreführende Angaben über geschäftliche Verhältnisse, insbesondere über die Beschaffenheit, den Ursprung, die Herstellungsart oder die Preisbemessung der Waren oder Leistungen.

§§ 14, 15

c) Behauptungen über Konkurrenten und deren Leistungen, die geeignet sind, den Betrieb oder den Kredit des Konkurrenten zu schädigen.

MarkenG §§ 14, 15

d) Widerrechtliche Verwendung von Marken oder geschäftlichen Bezeichnungen auf Waren, deren Verpackung oder sonstigen Aufmachungen durch Dritte.

LMBG §§ 18, 22, 27

e) Gesundheitsbezogene Werbung bei Lebensmitteln, gewisse Werbemittel (Funk und Fernsehen) und Werbeaussagen (gesundheitliche Unbedenklichkeit, jugendbezogene Werbung) bei Tabakerzeugnissen, täuschende Aufmachung bei kosmetischen Mitteln.

KWG § 23

f) Bestimmte Werbemaßnahmen durch Kreditinstitute oder freie Berufe (Ärzte).

## ■ Verteilung der Werbung auf die Glieder der Handelskette

Die Werbung, die ursprünglich im Einzelhandel entstanden war, hat sich mit der Entwicklung der Markenartikel mehr zur Industrie verlagert.

Die Werbung des *Handels* wendet sich nur an einen durch das Einzugsgebiet begrenzten Kundenkreis und sucht vor allem, den Käufer an den Betrieb zu binden **(Firmenwerbung)**. Dabei kommt es dem Händler nicht so sehr darauf an, dass der Absatz bestimmter Güter von bestimmten Herstellern gefördert wird, sondern nur, dass *irgend ein* Gut aus seinem Sortiment verkauft wird **(Sortimentswerbung)**.

Der Markenartikel-*Hersteller* dagegen wendet sich an einen breitgestreuten Verbraucherkreis und versucht, mit seinen Werbemaßnahmen die Wahl der Verbraucher auf sein *spezielles* Erzeugnis zu lenken **(Produktwerbung)**.

Dafür gibt es zwei Wege:

a) Der Hersteller beeinflusst die Werbetätigkeit des Handels. Durch finanzielle Beteiligung oder durch Bereitstellung von Werbematerial und Gestaltung von Schaufenstern kann der Hersteller die Werbung des Händlers auf die eigenen Erzeugnisse ausrichten.

b) Der Hersteller wendet sich mit seiner Werbung an den Verbraucher (Direktwerbung), um diesen zu veranlassen, beim Händler die betreffende Marke zu verlangen. Dadurch wird der Handel gezwungen, das gewünschte Markenfabrikat in sein Sortiment aufzunehmen und auf Vorrat zu halten. Der Handel ist auch an dieser Direktwerbung interessiert, da der Sog der Herstellerwerbung ihm Kunden zuführt, ohne dass er selbst intensiv werben muss.

Die Gruppenbildung und Konzentration im Handel und die Schaffung von Handelsmarken hat die Produktwerbung inzwischen auch wieder zu einem Instrument des Handels gemacht und damit der Verlagerung der Werbung zur Industrie entgegengewirkt. So ergänzen sich Hersteller- und Händlerwerbung durch sinnvolle Arbeitsteilung.

## Werbemittel

Um eine Werbebotschaft an die Kunden heranzubringen, stehen dem Werbenden unterschiedliche Hilfsmittel zur Verfügung.

**Werbemittel** sind **Gestaltungsformen, mit denen die Werbebotschaft übermittelt** wird.

Dabei kann sich der Werbende *persönlich* an die Kunden wenden oder sich eines *Mediums*, eines Mittels der Massenkommunikation, bedienen. Demnach unterscheidet man

- **personale Werbung** und
- **mediale Werbung** (Bild 138).

| Werbemittel | | | |
|---|---|---|---|
| **Personale** (nicht-mediale) **Werbung** | **Mediale Werbung** | | |
| | **Printwerbung** | **Elektronische Werbung** | **Sonstige Werbung** |
| Verkaufsgespräch | Schemawerbebrief | Leuchtschrift | Warenauslage in Schaufenster, Verkaufsraum, Messestand |
| Vertreterbesuch | Werbezettel | Werbedia | Werbegeschenk (Zugabe) |
| Telefonwerbung | Werbeprospekt | Werbefilm | Warenprobe |
| Werbevortrag | Zeitungs- und Zeitschrifteninserat | Werbekassette, CD | Sonderangebote |
| Werbevorführung (Modenschau) | Zeitungsbeilage | Radiospot | Kundendienst |
| Persönlicher Werbebrief | Warenkatalog | Fernsehspot | Preisausschreiben |
| | Kundenzeitschrift | Online-Text | Sponsoring |
| | Werbeplakat | Videoclip | |
| | Werbefoto | Multimediawerbung | |
| | Firmenlogo | Interaktives Fernsehen | |
| | Markenzeichen | Homepage im Internet (www) | |
| | Briefbogen | | |
| | Firmenwagenaufschrift | | |
| | Verpackung | | |

Bild 138

Klassische Werbemittel, wie Anzeigen, Kataloge und Vorführungen, werden zunehmend in Form von CD-ROM und Disketten mit Hilfe von Personalcomputern, Telefon mit Zusatzgeräten, interaktivem Fernsehen und im Internet den Verbrauchern präsentiert.

**Beispiele:**

1. Vorführung eines neuen Automodells einschließlich virtueller (= scheinbarer) Probefahrt durch kostenlos versandte Disketten. Mit Hilfe von Computern werden Produkte und ihr Einsatz bildlich simuliert.
2. Der Interessent blättert mit seinem PC mit Modem und Telefon im elektronischen Katalog des angewählten Lieferers und kann auch Bestellungen aufgeben *(Tele-Shopping)*.
3. Versendung von Katalogen als CD-ROMs, die mit PC durchgeblättert werden können und mit Modem und Telefon auch sofortige Bestellungen ermöglichen.
4. In der Entwicklung sind volldigitale Bildschirmgeräte, welche die Funktionen von Telefon, Fax, Computer und Fernsehen vereinen (Multimedia) und mit Zentralrechnern kommunizieren. Diese Datenautobahnen bringen Informationen aller Art wie Spielfilme, Programmzeitschriften und Kataloge von Versandhäusern ins Wohnzimmer des Interessenten, der seinerseits auch Bestellungen abgeben kann *(interaktives Fernsehen)*.

## ■ Werbeträger

Werbeträger sind die Institutionen, welche die Werbemittel an die Umworbenen heranbringen. Zu ihnen gehören Zeitungsverlage, Hörfunk- und Fernsehanstalten, Verkehrsbetriebe, Kinos. Als Werbeträger oder Medien bezeichnet man aber auch den Gegenstand, der ein Werbemittel an den Umworbenen heranträgt, also Zeitung, Radio- und Fernsehsendung, Omnibus, Kinovorführung.

Werbeträger sind in zunehmendem Maße auch die Verbraucher selbst, indem sie Gegenstände benutzen, die mit dem Namen eines Markenartikels bedruckt sind.

**Beispiele:** „Coca-Cola" auf Nylonjacken, „Marlboro" auf T-Shirts, „Honda"-Mützen, „adidas"-Turnschuhe, „Omega"-Regenschirme, Autoaufkleber für die verschiedensten Produkte, „Boss"-Feuerzeuge, „Lacoste"-Brillen.

## ■ Grundsätze der Werbung

Die wichtigsten Grundsätze einer lauteren Werbung nach den „Internationalen Verhaltensregeln für die Werbepraxis", die für die deutsche Werbewirtschaft verbindlich sind, fordern, dass jede Werbemaßnahme mit den guten Sitten vereinbar, redlich und wahr sein soll. Werbeaussagen sollen vom Grundsatz sozialer Verantwortung geprägt sein und den anerkannten Grundsätzen des lauteren Wettbewerbs entsprechen.

**a) Wahrheit.** Die Werbung soll Vertrauen zum Werbenden, zu seinen Waren und Leistungen schaffen. Vertrauen kann nur dann erworben werden, wenn die Werbeaussage *wahr* ist. Übertreibungen und Tricks schaden dem Ruf des Unternehmens. Der Werbende soll nicht mehr versprechen, als er halten kann.

Verbraucher, die durch **unwahre** Werbeaussagen zum Abschluss eines Vertrages veranlasst worden sind, haben innerhalb von sechs Monaten ein *Rücktrittsrecht*.

UWG § 13a

**b) Soziale Verantwortung.** Die Wirtschaft soll sich bei ihren Werbemaßnahmen der sozialen Verantwortung gegenüber dem Verbraucher und der Gemeinschaft bewusst sein. Die Werbung darf in Text und Bild nichts enthalten, was geeignet wäre, den Verbraucher irrezuführen. Werbeaussagen, die sich an Kinder und Jugendliche wenden, sollen nichts enthalten, was unter Ausnutzung ihrer Leichtgläubigkeit und ihres Mangels an Erfahrung geeignet wäre, ihnen geistigen, moralischen oder physischen Schaden zuzufügen.

**c) Klarheit.** Die Werbung überzeugt, wenn sie in ihrer Aussage deutlich, leicht verständlich und einprägsam ist.

**d) Wirksamkeit.** Die Wirksamkeit der Werbung hängt ab von der Wahl und bestmöglichen Kombination der geeigneten Werbemittel, von ihrer Originalität und Treffsicherheit, von ihrem Erinnerungswert und von steter Wiederholung.

**e) Wirtschaftlichkeit.** Die Werbeaufwendungen müssen in einem angemessenen Verhältnis zum möglichen Erfolg stehen. Auf Grund eines *Werbeplanes*, der das

Werbeziel festlegt, wird der *Werbeetat* aufgestellt. Aus der Umsatzentwicklung lassen sich Rückschlüsse auf den Werbeerfolg ziehen (Werbeerfolgskontrolle).

## Werbeplanung

Kernstück der Werbeplanung ist der **Werbeplan** (Bild 139). In ihm sind neben der Wahl der geeigneten Werbemittel und der Höhe des voraussichtlichen Werbeaufwands zu berücksichtigen:

a) **Der Streukreis.** Dies ist der Personenkreis, der umworben werden soll, gegliedert nach Zielgruppen (Berufs-, Alters-, Kaufkraftgruppen, Geschlecht).

b) **Das Streugebiet.** Art und Umfang des beim Streukreis anzusprechenden Bedarfs sowie das Leistungsvermögen des eigenen Betriebs bestimmen den geografischen Werbebereich. Er ist in der Regel mit dem Absatzgebiet identisch.

c) **Die Streuzeit.** In einem Ablaufplan werden Beginn und Dauer der Werbung und der zeitliche Einsatz der Werbemittel festgelegt.

d) **Die Streudichte.** Sie zeigt das Verhältnis der eingesetzten Werbemittel zum Streugebiet (Werbeintensität).

e) **Der Streuweg.** Das ist die Auswahl der in Anspruch genommenen *Werbeträger* und der eingesetzten *Werbemittel (Medien).*

Der Werbeplan sollte sich auf Ergebnisse einer vorangegangenen **Werbeanalyse** stützen, durch die neben dem in Frage kommenden Streukreis, dem geeigneten Streugebiet und der günstigsten Streuzeit auch Art und Ausmaß der Konkurrenzwerbung und die mutmaßliche Werbewirkung der zur Auswahl stehenden eigenen Werbemaßnahmen erforscht wurden.

Die Werbeplanung ist an die dafür bereitgestellten Finanzmittel gebunden. In einem **Werbeetat** wird

- die *Höhe* der *insgesamt* verfügbaren Mittel festgelegt, wobei entweder der geplante Umsatz oder der Vorjahresumsatz als Maßstab dienen kann,
- die *Verteilung* dieser Finanzmittel auf die verschiedenen *Werbemittel* und ihre *Streuzeiten* vorgenommen.

Eine starre Bindung des Werbeetats an Umsatzgrößen ist jedoch falsch und gefährlich: Sie führt dazu, dass entgegen den marktmäßigen Erfordernissen bei günstiger Geschäftslage viel, bei schleppendem Geschäftsgang wenig Mittel für die Werbung zur Verfügung stehen. Es müssen Mittelreserven bereitgehalten werden, um auch unerwarteten Absatzschwierigkeiten oder überraschend verstärkter Konkurrenzwerbung begegnen zu können.

## Media-Strategie

Um erfolgreich zu sein, muss die Werbung den richtigen Personenkreis (Zielgruppe) mit geeigneten Mitteln (Media) zum günstigen Zeitpunkt in angemessener Intensität ansprechen.

**Beispiel:** Media-Strategie für Kinder-Nährmittel und Genussmittel (Bild 139)

a) **Zielgruppe:**

1. **Quantitativ**
   - Hausfrauen, 20–49 Jahre, mit Kindern unter 14 Jahren,
   - Monatseinkommen über 2.000 EUR
   - in allen Ortsgrößen; Deutschland, Österreich und Schweiz.
2. **Qualitativ**
   - gesundheitsorientiert,
   - naturbezogen,
   - kinderbezogen.

**Werbeplan:** Produktbereich Feinkost

Publikums-Werbung

| Medium | Reichweite in Mio. | Publikum M | Publikum F | Format/ Dauer | Anz. der Ein-sch. | Kosten für 1000 Kontakte | Einzelkosten EUR | Gesamtkosten EUR |
|---|---|---|---|---|---|---|---|---|
| **1. Presse** | | | | 1/1 Seite | | | | |
| Bunte | 3,97 | 25 | 75 | 4-farbig | 10 | 6,60 | 26.220 | 262.200 |
| Funk Uhr | 2,78 | 48 | 52 | " | 10 | 8,27 | 23.000 | 230.000 |
| HörZu | 6,52 | 48 | 52 | " | 10 | 6,17 | 40.250 | 402.500 |
| TV neu | 1,17 | 46 | 54 | " | 6 | 6,41 | 7.500 | 45.000 |
| Brigitte | 3,61 | 10 | 90 | " | 8 | 12,66 | 45.700 | 365.600 |
| Für Sie | 2,80 | 15 | 85 | " | 7 | 7,32 | 20.500 | 143.500 |
| Eltern | 1,81 | 27 | 73 | " | 6 | 14,75 | 26.700 | 160.200 |
| Meine Familie&ich | 0,76 | 33 | 67 | " | 6 | 9,87 | 7.500 | 45.000 |
| Das Beste | 2,61 | 57 | 43 | " | 6 | 3,14 | 8.200 | 49.200 |
| **2. Werbefunk** | | | | | | | | |
| Bayern | 2,35 | 45 | 55 | 30 Sec. | 105 | 1,38 | 3.250 | 341.250 |
| WDR | 1,23 | 48 | 52 | " | 105 | 1,99 | 2.450 | 257.250 |
| HR | 1,41 | 47 | 53 | " | 90 | 1,31 | 1.850 | 166.500 |
| SWR | 3,27 | 40 | 60 | " | 105 | 0,89 | 2.900 | 304.500 |
| NDR | 3,85 | 52 | 48 | " | 90 | 0,91 | 3.500 | 315.000 |
| Sunshine live | 1,98 | 55 | 45 | " | 125 | 0,88 | 1.750 | 218.750 |
| Europawelle Saar | 1,56 | 48 | 52 | " | 90 | 1,57 | 2.450 | 220.500 |
| Regenbogen | 0,84 | 49 | 51 | " | 105 | 1,13 | 950 | 99.750 |
| **3. Werbefernsehen** | | | | | | | | |
| WDR | 3,45 | 50 | 52 | 20 Sec. | 16 | 2,61 | 9.000 | 144.000 |
| NDR | 2,78 | 54 | 46 | " | 16 | 1,80 | 5.000 | 80.000 |
| ZDF | 3,56 | 50 | 50 | " | 18 | 3,26 | 11.600 | 208.800 |
| SAT.1 | 4,56 | 52 | 48 | " | 12 | 2,04 | 9.300 | 111.600 |
| PRO7 | 2,78 | 45 | 55 | " | 12 | 1,91 | 5.300 | 63.600 |
| VOX | 3,48 | 48 | 52 | " | 10 | 2,56 | 8.900 | 89.000 |
| RTL | 6,72 | 48 | 52 | " | 12 | 1,52 | 10.200 | 122.400 |
| MDR | 2,39 | 45 | 55 | " | 14 | 3,47 | 8.300 | 116.200 |
| | | | | | | | **Gesamtkosten** | **4.562.300** |

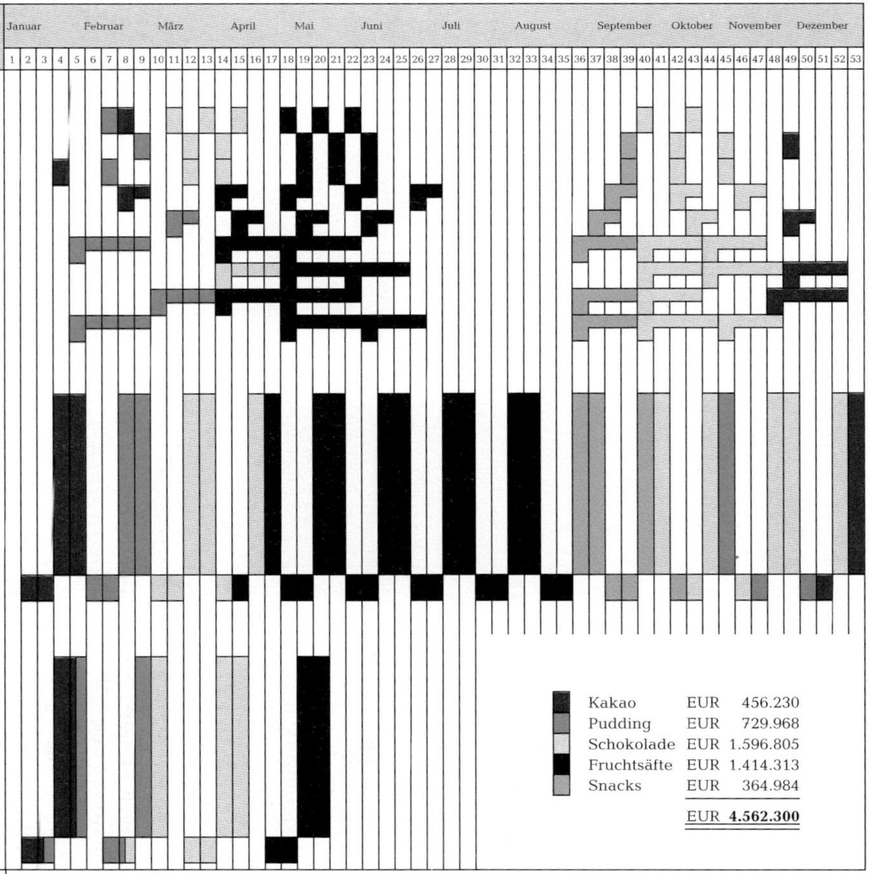

Januar Februar März April Mai Juni Juli August September Oktober November Dezember

1 2 3 4 5 6 7 8 9 10 11 12 13 14 15 16 17 18 19 20 21 22 23 24 25 26 27 28 29 30 31 32 33 34 35 36 37 38 39 40 41 42 43 44 45 46 47 48 49 50 51 52 53

| | | |
|---|---|---|
| Kakao | EUR | 456.230 |
| Pudding | EUR | 729.968 |
| Schokolade | EUR | 1.596.805 |
| Fruchtsäfte | EUR | 1.414.313 |
| Snacks | EUR | 364.984 |
| | EUR | **4.562.300** |

**b) Zeitlicher Einsatz:** Kampagnen in

| | |
|---|---|
| **1. Zeitschriften:**<br>**2. Werbefunk:**<br>**3. Werbefernsehen:** | Für Kakao und Pudding im Winter,<br>für Schokolade im Frühjahr und Herbst,<br>für Fruchtsäfte von Frühjahr bis Sommer,<br>für Pausen-Snacks im Spätsommer. |

**c) Medien und Etat**

1. **Zeitschriften**
   - Bunte, Funk Uhr, HörZu, TV neu, Brigitte, Für Sie, Eltern, Meine Familie & ich, Das Beste;
   - je 6- bis 10-mal 1/1 Seite vierfarbig,
   - Etat 1.703.200 EUR.

2. **Werbefunk**
   - Bayern, WDR, HR, SWR, NDR, Sunshine live, Europawelle Saar, Regenbogen;
   - 815 Einschaltungen à 30 sec.,
   - Etat 1.923.500 EUR.

3. **Werbefernsehen**
   - WDR, NDR, ZDF, SAT.1, PRO7, VOX, RTL, MDR;
   - 100 Einschaltungen à 20 sec.,
   - Etat 935.600 EUR.

Das Ergebnis dieser Überlegungen ist der **Werbeplan** (Bild 139).

## ■ Werbeerfolgskontrolle

„Die Hälfte der Werbung ist hinausgeworfenes Geld; man weiß nur nicht, welche."

Die Werbeerfolgskontrolle dient dazu, die **Wirtschaftlichkeit** der *gesamten* oder *einzelner* Werbemaßnahmen zu **überwachen**. Dabei ergibt sich die Schwierigkeit, ihre Erfolgswirkungen von denen anderer Absatzbemühungen zu isolieren.

Verhältnismäßig einfach ist es noch, die *Wirtschaftlichkeit der gesamten Werbung*, die so genannte *Werberendite* festzustellen. Man setzt dabei die Zuwachsraten des Umsatzes zu den Aufwendungen von Werbeaktionen ins Verhältnis:

$$\text{Wirtschaftlichkeit der gesamten Werbung} = \frac{\text{Umsatzzuwachs}}{\text{gesamter Aufwand einer Werbeaktion}}$$

Ein brauchbares Ergebnis dieser Berechnung setzt voraus, dass andere Absatzmaßnahmen (Preise, Lieferungs- und Zahlungsbedingungen, Produktgestaltung) nicht verändert wurden.

Schwieriger ist es, die Erfolgswirkungen *einzelner* Werbemaßnahmen zu bestimmen:

**a) Anzeigen.** Verschiedene Anzeigen erhalten unterschiedliche Kennzeichen, welche die Käufer bei Anfragen, Kataloganforderungen oder Bestellungen wiederholen (Zusatzziffer hinter Firmen-, Orts- oder Straßenbenennungen, unterschiedliche Katalogziffern) und dann ausgezählt werden können. Größeren Anzeigen können gekennzeichnete Bestellabschnitte beigefügt werden.

**b) Drucksachen.** Kataloge, Prospekte, Werbebriefe und Werbezettel können wie Anzeigen gekennzeichnet werden. Beigefügte Bestellformulare oder -abschnitte werden durch Größe, Form, Farbe und Textvordruck unterschieden.

**c) Plakate, Schaufenster, Werbefunk, Werbefernsehen usw.** Die Kaufwirkung ist feststellbar, wenn für ein bestimmtes Angebot etwa **nur** durch Schaufensterauslage geworben und die Zahl der dadurch hervorgerufenen Nachfragen registriert wird. Wie viele Kunden aber, durch dieses spezielle Angebot auf das Geschäft aufmerksam gemacht, mit anderen Wünschen kommen, ist schwer feststellbar (Aufmerksamkeitswirkung).

**d) World Wide Web.** Im World Wide Web sind immer mehr Unternehmen vertreten. Der Netzauftritt lohnt sich vornehmlich für Dienstleister und Anbieter von Konsumgütern. Doch dabei sein ist nicht alles. Nur eine gut gemachte Homepage oder Webwerbung bringt Image. Die Unternehmen können feststellen, wie oft ihre Homepage angeklickt wurde.

Auch die Erfolgswirkungen einzelner Werbemaßnahmen können durch Aufstellung von Wirtschaftlichkeitskennzahlen (Erträge: Aufwendungen) gemessen und verglichen werden.

## Werbeagenturen

Unternehmen, die keine eigene Werbeabteilung unterhalten können, nehmen die Dienstleistungen einer *Werbeagentur* in Anspruch. Die Werbeagentur kann mit Hilfe ihrer Marktforschungsabteilung Marktlücken aufspüren und durch ihren Mitarbeiterstab (Grafiker, Fotografen, Fernsehfachleute, Textgestalter) eine Werbung vorbereiten und durchführen.

## Verkaufsförderung (Sales Promotion)

Die **Verkaufsförderung** umfasst gezielte **Maßnahmen des Herstellers,** die am *Verkaufsort, also im Laden des Einzelhändlers* ansetzen, um den **Absatz seiner Produkte zu unterstützen.**

Während die Werbung auf die Zielgruppe einwirken und diese an das Produkt heranführen soll, versucht die Verkaufsförderung den **Verkaufsvorgang zu erleichtern**. Die Verkaufsförderung wendet sich also vorwiegend an die Absatzorgane: Die Händler sollen in ihren Absatzbemühungen unterstützt und motiviert werden.

Die wichtigsten **Maßnahmen der Verkaufsförderung** sind:

- Verkäufertraining, Verkaufswettbewerbe mit Belohnung der besten Verkäufer durch Teilnahme an Incentive-Abenteuer-Reisen,
- Förderung des Verkaufs der eigenen Waren beim Handel,
- Bereitstellung von Verkaufspropagandisten,
- Einsatz von Display-Material (Pop-Werbung),
- verkaufsaktive Warenplatzierung (Verkaufströge),
- Beratung des Händlers in allen betrieblichen Fragen.

### Zur Wiederholung und Vertiefung

1. Wie unterscheidet sich die Meinungsbildung (Public Relations) in ihrer Zielsetzung und in der Wahl ihrer Mittel von der Absatzwerbung?
2. Stellen Sie eine Sammlung von Public-Relations-Anzeigen zusammen.
3. Nehmen Sie Stellung zu der Behauptung „Werbung verteuert die Ware".
4. Welche Werbemittel sind im Werbeplan einer Brauerei enthalten?
5. „Investitionen sind die Mutter der Werbung". Nehmen Sie Stellung zu dieser Aussage.
6. a) In welcher Konjunkturphase sind besonders umfangreiche Werbemaßnahmen erforderlich?
   b) Welche Probleme ergeben sich daraus für die Werbefinanzierung?
7. Erklären Sie die Besonderheiten der Markenartikelwerbung hinsichtlich
   a) des Veranstalters,
   b) des Inhalts,
   c) des Streuweges,
   d) des Streukreises,
   e) der Werbemittel.
8. Unter welchen Voraussetzungen kann Werbung die Markttransparenz erhöhen?
9. Warum sollte einer Werbeaktion immer eine Zielgruppenbestimmung vorangehen?
10. Warum muss die Werbeaktivität einer Unternehmung auf ihre Wirkung und Wirtschaftlichkeit hin untersucht werden?
11. Welches sind die Vor- und Nachteile der Werbung eines Großhändlers
    a) für den Hersteller,
    b) für den Großhändler selbst,
    c) für den Einzelhändler,
    d) für den Verbraucher?
12. Auf welche Werbemittel sprechen Sie als Verbraucher besonders positiv, auf welche negativ an?
13. Welches sind die wichtigsten Bestimmungsfaktoren für den Werbeetat eines Betriebes?
14. Warum erfolgt die Werbeplanung in der Regel bereits über ein Jahr vor der Werbekampagne?
15. Nennen Sie die absatzfördernden Maßnahmen Ihres Erfahrungsbereiches.
16. Nennen Sie verkaufsfördernde Maßnahmen, die der Umworbene gar nicht als Werbung empfindet.
17. Nennen Sie verkaufsfördernde Maßnahmen, die der Abnehmer
    a) als aufdringlich,
    b) nicht als aufdringlich empfindet.

## 8.4.5 Andere Mittel der Absatzpolitik

Die wichtigsten absatzpolitischen Instrumente neben der Sortimentsgestaltung, der Produktgestaltung, der Preispolitik und der Werbung sind die Gestaltung der *Absatzkonditionen*, die *Kundenselektion* und die *Marktsegmentierung*. Die Gesamtheit aller eingesetzten Instrumente bildet das *Marketing-Mix*.

### Konditionenpolitik

In den Kaufvertragsverhandlungen zwischen dem Unternehmer und seinem Abnehmer werden unter anderem folgende Bedingungen ausgehandelt: Rabatt, Skonto, Bonus, Mindestabnahmemengen oder Preiszuschläge für Mindermengen, Aufteilung der Transportkosten, Festlegung von Erfüllungsort und Gerichtsstand. Der Vertragspartner mit der stärkeren Marktposition wird durchsetzen, dass die Konditionen mehr zu seinen Gunsten ausfallen.

### Kundenselektion

Der Unternehmer will nicht alle Kunden beliefern, sondern nur diejenigen, die zur Wirtschaftlichkeit und Rentabilität beitragen und seine Liquidität nicht belasten. So sucht er sich nur Kunden aus, die ihm einen bestimmten Absatz oder Gewinn sichern und die sich als pünktliche Zahler erwiesen haben. Andererseits kann durch Nachgiebigkeit und Flexibilität mancher Kunde gewonnen werden. Kundenselektion muss vorsichtig betrieben werden, damit sich die Unternehmung nicht den Ruf einhandelt, sie diskriminiere Kunden.

### Marktsegmentierung

Der Unternehmer teilt seinen Absatzmarkt in einzelne unterschiedliche Teilmärkte (Segmente) auf mit dem Ziel, für jedes Segment die geeigneten absatzpolitischen Instrumente festzulegen. Die Segmentierung erfolgt nach geeigneten Kriterien, z.B. Geschlecht, Alter, Einkommen, Ausbildung, Wohnort, Interessen.

**Beispiel:** Marktsegmentierung für Automarke „Blizzard“. Instrument Produktgestaltung.

| Segment | Einkommen | Gestaltung des Produktes „Blizzard“ |
|---|---|---|
| 1 | 1.500–2.500 EUR | Standardmodell mit Serienausstattung |
| 2 | 2.500–4.000 EUR | Mittelklassewagen mit gehobener Ausstattung |
| 3 | über 4.000 EUR | Mittelklassewagen mit Luxusausstattung |

Bild 140

### Marketing-Mix

**Marketing-Mix** ist die *ausgewählte Kombination der absatzpolitischen Instrumente*, die auf die einzelnen Marktsegmente und Produkte des Unternehmens ausgerichtet wird.

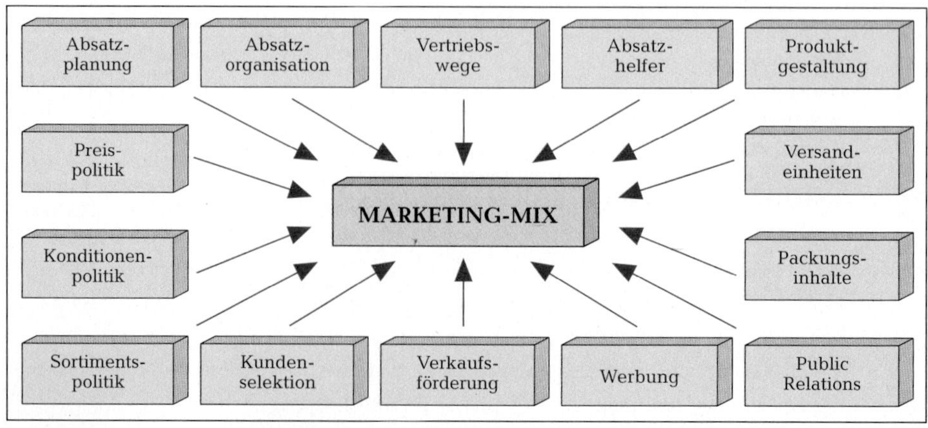


Bild 141

**Beispiel:** Ein Hersteller kosmetischer Artikel stellt für zwei Rasierwasser-Sorten folgendes Marketing-Mix auf:

| Marketing-Aktivitäten | **Marketing-Mix** für | |
|---|---|---|
| | Rasierwasser »Standard« für Marktsegment »Männer unter 30 Jahre« | Rasierwasser »Prestige« für Marktsegment »Männer über 30 Jahre« |
| **Absatzplanung** | monatlich 300.000 Einheiten | monatlich 170.000 Einheiten |
| **Produktgestaltung** | herber Duft, stark, farblos | dezenter, aber anhaltender Duft, mild, leicht getönt |
| **Versandeinheiten** | Kartons à 50 Flaschen | Kartons à 50 Flaschen |
| **Packungsgestaltung und -inhalt** | eckige Flasche in einfachem Karton 50 $cm^3$ und 100 $cm^3$ | runde Flasche in aufwendiger Aufmachung 25 $cm^3$ und 50 $cm^3$ |
| **Sortimentspolitik** | weitere 5 Rasierwasser der mittleren Klasse von anderen Herstellern | weitere 2 Rasierwasser der gehobenen Klasse von einem anderen Hersteller |
| **Preispolitik** | mäßiger Preis | gehobener Preis |
| **Konditionen** | keine Rabatte | Rabattstaffel und Jahresbonus |
| **Absatzwege** | Lieferung nur an Großhändler | Direktbelieferung der Einzelhändler, zusätzlich Einsatz von Reisenden und Vertretern |
| **Absatzhelfer** | keine | Handelsvertreter |
| **Verkaufsförderung** | Display-Material beim Einzelhändler | erstklassige Warenplatzierung beim Einzelhändler |
| **Werbung und Public Relations** | keine Medienwerbung, sondern Werbung beim Einzelhändler Idee: Sportlichkeit, Jugend | Anzeigen in Zeitschriften, Spots in Hörfunk und Fernsehen Idee: Lebensfreude, Wohlstand |

Bild 142

**Ganzheitliches Marketing** will alle fünf Sinne des Menschen ansprechen. Dabei sollten die einzelnen Marketingmaßnahmen als harmonische Kennzeichen das Unternehmen charakterisieren. Schriftgestaltung, Farbtöne, Design, Duftnoten, Hintergrundmusik und Raumgestaltung sollen den Kunden in eine unternehmenstypische Wohlfühlatmosphäre versetzen.

## Zur Wiederholung und Vertiefung

1. Stellen Sie die Maßnahmen der Konditionenpolitik zusammen
   a) für einen Industriebetrieb,
   b) für einen Großhandelsbetrieb,
   c) für einen Einzelhandelsbetrieb.
2. „Kundenselektion ist Kundendiskriminierung". Nehmen Sie Stellung zu dieser Behauptung.
3. Welche Maßnahmen der Kundenselektion betreibt ein Ihnen bekannter Betrieb aus Handel oder Industrie?
4. Welche Folgen für eine Unternehmung hat
   a) der Verzicht auf Kundenselektion,
   b) konsequente Kundenselektion?
5. Welche Marktsegmente werden in einem Betrieb Ihres Erfahrungsbereiches unterschieden?
6. Welche Marktsegmente würden Sie bilden für Lebensmittel, Textilien, Spielwaren, Literatur, Sportartikel?
7. Stellen Sie sich vor, Sie seien Hersteller von Video-Geräten. Überlegen Sie sich das dafür geeignete Marketing-Mix.

## 8.5 Sicherung von Forderungen

Unternehmungen verkaufen ihre Leistungen an ihre Kunden meist auf Ziel. Die Sicherung der dabei entstehenden Forderungen erfolgt vor allem durch Einholung verlässlicher Auskünfte, durch Vereinbarung eines Eigentumsvorbehalts (Abschnitt 3.2.7) und entsprechender Zahlungsbedingungen.

Häufig ist die Aufgabe der Forderungssicherung Teil eines umfassenden **Risikomanagements**, welches alle Risikoentscheidungen der Unternehmung einschließlich der Versicherung von Risiken beinhaltet.

### 8.5.1 Auskünfte

Da die Kreditgewährung mit Gefahren verbunden ist, muss vor Abschluss von Kreditgeschäften die *Kreditwürdigkeit* des Schuldners geprüft werden. Die Zahlungsweise *alter* Kunden ist bekannt. Über *neue* Kunden sollte Auskunft eingeholt werden.

#### ■ Inhalt der Auskünfte

Die Auskünfte über den Käufer müssen erkennen lassen

**a) die Vermögensverhältnisse:** Art und Umfang des Vermögens, Geschäftsgang, Umsatz und Entwicklung des Betriebes;

**b) die Zahlungsweise:** Pünktlichkeit, Zielüberschreitungen, Zahlungsstockungen und -einstellungen;

**c) die Persönlichkeit:** Ruf, Charakter, Vertrauenswürdigkeit, Tüchtigkeit;

**d) die Rechtsverhältnisse:** Güterstand, Unternehmungsform, Rechtsordnung des Schuldnerlandes;

**e) die Höhe des Kredits,** der nach dem Urteil des Auskunftgebenden unbedenklich eingeräumt werden kann.

#### ■ Auskunftstellen

Als Auskunftstellen kommen in Frage: der Kunde selbst, Geschäftsfreunde des Kunden, Kreditinstitute (nur mit Genehmigung des Kunden), öffentliche Register, halbamtliche Stellen (Handelskammer, Konsulate) und gewerbsmäßige Auskunfteien.

#### ■ Haftung für Auskünfte

BGB § 676 § 826 § 839 § 276

**a) Haftung gegenüber dem Anfragenden.** Bei *unentgeltlicher* Auskunft haftet der Auskunftgeber lediglich für *Vorsatz*; bei *entgeltlicher* Auskunft (Auskunfteien) erstreckt sich die Haftung auf *Vorsatz* und *Fahrlässigkeit.*

Die Auskunfteien pflegen ihre Auskünfte „ohne Verbindlichkeit" zu erteilen. Für vorsätzlich unrichtig erteilte Auskünfte kann die Haftung nicht ausgeschlossen werden.

**b) Haftung gegenüber dem Angefragten.** Wer vorsätzlich oder grob fahrlässig unwahre kreditgefährdende Tatsachen behauptet oder verbreitet, ist schadenersatzpflichtig.

#### ■ Geheimhaltung der Auskünfte

Der Auskunftempfänger ist zur *Geheimhaltung* der Auskunft verpflichtet. Von Auskunfteien erhaltene Berichte darf er nur in seinem eigenen Geschäft benutzen, sie nicht weitergeben oder anderen zur Kenntnis bringen.

### 8.5.2 Zahlungsbedingungen

**Vorauszahlungen und Anzahlungen** des Kunden sind in besonderer Weise geeignet, das Risiko des Geldeingangs zu vermindern und einen Rücktritt vom Kaufvertrag durch den Kunden zu verhindern.

**Zahlung durch Wechsel.** Die Möglichkeit der Diskontierung und die strengen Formvorschriften des Wechselgesetzes machen den Wechsel zu einem beliebten Mittel zur Absicherung gegen Forderungsverluste (Abschnitte 4.2.7 und 12.4.4).

**Zur Wiederholung und Vertiefung**

1. Warum kann Auskünften von Geschäftsfreunden des Kunden nicht blind vertraut werden?
2. Warum sollen Auskünfte vertraulich behandelt werden?
3. Nennen Sie drei Gesichtspunkte, die eine Auskunft unbedingt enthalten muss.

# 8.6 Verjährung, Mahn- und Klageverfahren

## 8.6.1 Verjährung

Unter **Verjährung** versteht man den **Ablauf einer gesetzlich festgelegten Frist**, innerhalb welcher ein Anspruch **gerichtlich durchgesetzt** werden kann.

BGB §§ 194 ff.

Der Anspruch bleibt zwar weiterhin bestehen, aber mit der Verjährung des Anspruchs erwirbt der Schuldner die „Einrede der Verjährung" (das Leistungsverweigerungsrecht) (Bild 143).

Hat der Schuldner aber eine verjährte Forderung erfüllt, so kann er das Geleistete nicht zurückfordern. Ist zur Sicherung des Anspruchs ein Pfandrecht bestellt, so kann sich der Gläubiger auch nach der Verjährung aus dem Pfandgegenstand befriedigen.

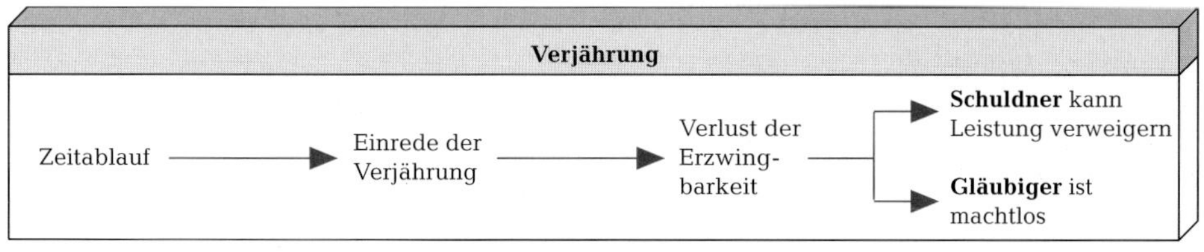


Bild 143

Der Zeitpunkt der Verjährung hängt vom Zeitpunkt der Entstehung des Anspruchs und von den Verjährungsfristen ab.

### Entstehung des Anspruchs

Er entsteht

a) mit der Übergabe der beweglichen oder unbeweglichen Sache, wenn die Übergabe *nach* dem Vertragsabschluss erfolgt,

b) mit dem Vertragsabschluss, wenn die Übergabe vor Vertragsabschluss erfolgte,

c) mit der Fälligkeit bei Forderungen.

### Verjährungsfristen (Bild 144)

**a) Die regelmäßige Verjährungsfrist** beträgt **30 Jahre**. Sie beginnt mit der *Entstehung des Anspruchs.* Sie gilt für alle Forderungen der Privatleute, für Darlehen und alle gerichtlich festgelegten Ansprüche (Urteile, Vollstreckungsbescheide, Prozessvergleiche, Insolvenzforderungen).

§ 195

**b) Verkürzte Verjährungsfristen** sind festgesetzt, um die sehr häufig vorkommenden Schuldverhältnisse des privaten und geschäftlichen Lebens übersichtlicher und geordneter zu gestalten. Sie beginnen jeweils mit dem *Schluss des Jahres,* in dem der Anspruch entsteht.

BGB § 196

**1. In 2 Jahren** verjähren vor allem die Ansprüche der Gewerbetreibenden und der Land- und Forstwirte aus ihren Lieferungen und Leistungen für den *Privatbedarf* (Alltagsschulden), sowie u.a. die Ansprüche der Vermieter von beweglichen Sachen wegen Mietzinses, der Arbeiter und Angestellten auf Lohn und Gehalt.

§ 197

**2. In 4 Jahren** verjähren die Ansprüche der Gewerbetreibenden und der Land- und Forstwirte aus ihren Lieferungen und Leistungen für einen *Gewerbebetrieb* (Geschäftsschulden), ferner alle Ansprüche wegen rückständiger Mieten, Zinsen, Pachten sowie Ansprüche auf andere regelmäßig wiederkehrende Leistungen wie Renten, Ruhegelder und Unterhaltsbeiträge.

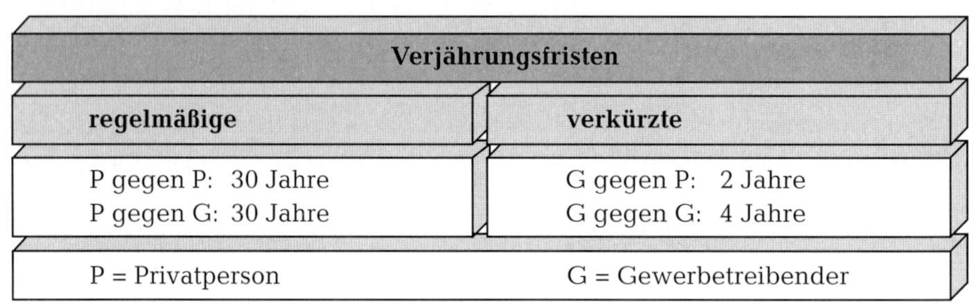


Bild 144

**c) Besondere Verjährungsfristen** gelten für Mängelrügen aus dem Kauf- und Werkvertrag, im Wechsel- und Steuerrecht.

§§ 208 ff.

## ■ Unterbrechung der Verjährung (Bild 145)

Nach einer Unterbrechung beginnt die Verjährungsfrist von neuem zu laufen. Die Zeit vor der Unterbrechung wird also nicht gezählt. Die Verjährung wird unterbrochen

**a) vom Schuldner** durch Anerkennung seiner Schuld: Abschlagszahlung, Zinszahlung, Sicherheitsleistung,

**b) vom Gläubiger** durch gerichtliche Geltendmachung des Anspruchs: Mahnbescheid, wenn auf ihn ein Vollstreckungsbescheid folgt, Vollstreckungsbescheid, Klage, Anmeldung im Insolvenzverfahren.

Eine gewöhnliche Mahnung, auch im eingeschriebenen Brief, bewirkt keine Unterbrechung der Verjährung.

§§ 202 ff.

## ■ Hemmung der Verjährung (Bild 145)

Bei der Hemmung wird die Verjährungsfrist um die Zeitspanne der Hemmung verlängert. Die Verjährung wird gehemmt,

a) solange die Leistung gestundet ist,

b) solange der Schuldner aus irgendeinem Grund vorübergehend berechtigt ist, die Leistung zu verweigern (z.B. beim Insolvenzverfahren),

c) solange der Gläubiger durch Stillstand der Rechtspflege oder durch höhere Gewalt (Krieg, Überschwemmungskatastrophe, Epidemie) während der letzten 6 Monate der Verjährungsfrist daran gehindert war, seine Rechte geltend zu machen.

**Beispiel:** Zweijährige Verjährung

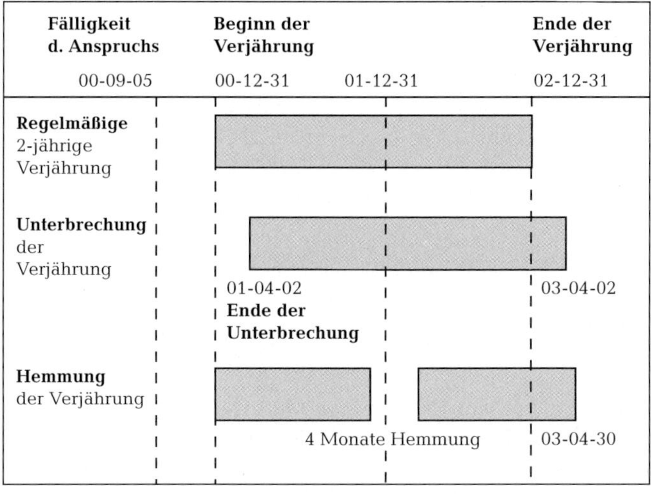


Bild 145

**Zur Wiederholung und Vertiefung**

1. Wann verjähren die Forderungen in folgenden Fällen?
   a) Herr Braun hat am 15. Mai 2000 von seinem Geschäftskollegen ein Mountain-Bike für 350 EUR gekauft.
   b) Frau Kaiser hat ein neues Fahrrad in dem Fahrradgeschäft ihres Wohnortes für 880 EUR gekauft. Die Rechnung war am 15. Dezember 1999 fällig.
   c) Die Fahrradhandlung hat in der Fabrik Fahrräder für 12.680 EUR gekauft. Die Rechnung war am 25. Mai 2000 fällig.
   d) Frau Kaiser (Fall b) erhält aus besonderen persönlichen Gründen am 30. Januar einen Zahlungsaufschub bis 30. Juni 2000.
   e) Die Fahrradfabrik aus Fall c beantragt einen Mahnbescheid gegen die Fahrradhandlung, der am 10. Januar 2001 zugestellt wird.
2. Der Kunde Späth hat nach langer Zeit dem Lieferer Schöller eine Schuld in Höhe von 2.500 EUR beglichen, die, wir er hinterher bemerkt, bereits verjährt war. Jetzt will er diesen Betrag mit einer neuen Verbindlichkeit gegenüber Schöller aufrechnen.
   Wie ist die Rechtslage?

## 8.6.2 Außergerichtliches Mahnwesen

Es bezweckt, den Schuldner zur Erfüllung seiner Leistungen zu veranlassen, ohne dass der Gläubiger sich dabei gerichtlicher Hilfe bedient.

**Durchführung des außergerichtlichen Mahnwesens.** Die Mahnung kann in mündlicher oder schriftlicher Form erfolgen. Der Gläubiger beschreitet gewöhnlich folgenden Weg:

a) Erinnerung durch Zusendung einer Rechnungsabschrift oder eines Kontoauszuges,
b) Mahnbrief mit Hinweis auf Fälligkeit der Schuld und Aufforderung zur Zahlung,
c) Ankündigung des Einzugs durch Nachnahme oder durch ein Inkassoinstitut,
d) Zusendung der Nachnahme oder Abtretung der Forderung an ein Inkassoinstitut,
e) letzte Mahnung unter Androhung gerichtlicher Maßnahmen.

**Zur Wiederholung und Vertiefung**

1. Nennen Sie Gründe, warum ein gut funktionierendes außergerichtliches Mahnwesen für die Unternehmung wichtig ist.
2. In welchen Schritten vollzieht sich üblicherweise das außergerichtliche Mahnwesen?

## 8.6.3 Gerichtliches Mahnverfahren

ZPO § 688

Es bezweckt, dem Gläubiger einer Geldforderung einen Vollstreckungsbescheid zu verschaffen, und zwar *schneller* und kostengünstiger, als dies durch Klage möglich wäre.

Es wird eingeleitet durch den Antrag auf Erlass eines Mahnbescheides beim zuständigen Amtsgericht (Bild 146).

### Mahnbescheid

§ 692

**Der Mahnbescheid** ist eine **Mahnung durch das Gericht.**

Der Schuldner wird aufgefordert, die Schuld samt Kosten und Zinsen binnen einer Frist von zwei Wochen zu bezahlen oder beim Amtsgericht Widerspruch zu erheben (Widerspruchsfrist).

§ 689

**Zuständigkeit.** Der Antrag auf Erlass eines Mahnbescheides ist ohne Rücksicht auf den Streitwert bei dem Amtsgericht zu stellen, in dessen Bezirk der Antragsteller (Gläubiger) seinen Wohnsitz bzw. seine geschäftliche Niederlassung hat. Die Landesregierungen können zur rationelleren Erledigung alle Mahnverfahren eines oder mehrerer Oberlandesgerichtsbezirke einem bestimmten Amtsgericht zuweisen.

**Beispiel:** Für alle Mahnbescheide der Oberlandesgerichtsbezirke Karlsruhe und Stuttgart ist das Amtsgericht Stuttgart zuständig.

**Antrag.** Das Gesuch um Erlass eines Mahnbescheides wird mit einem Formularsatz gestellt.

§ 703a

Gründet sich der Anspruch des Gläubigers auf Scheck oder Wechsel, so ist der Mahnbescheid als Scheck- oder Wechselmahnbescheid zu bezeichnen.

§ 690 (5)
§ 696

Schon der Antrag auf Erlass eines Mahnbescheides muss die Bezeichnung des Gerichts des Schuldners enthalten, das für ein späteres Verfahren sachlich zuständig wäre. Außerdem kann der Gläubiger bereits im Gesuch für den Fall, dass der Schuldner Widerspruch erheben sollte, die Durchführung eines Streitverfahrens beantragen.

Die Kosten des Verfahrens sind in Kostenmarken zu entrichten, die bei jeder Gerichtskasse erhältlich sind. Sie werden auf das Antragsformular geklebt. Die Kosten können auch überwiesen oder durch Gerichtskostenstempler beglichen werden.

§ 693

**Erlass und Zustellung.** Das Amtsgericht erlässt den Mahnbescheid und stellt ihn von Amts wegen zu. Der Schuldner kann sich folgendermaßen verhalten:

a) **Er zahlt** an den Gläubiger (nicht an das Gericht). Das Verfahren ist beendet.

§ 694

b) **Er erhebt Widerspruch** bei Gericht. Dies ist innerhalb der nächsten 6 Monate auch nach Ablauf der Widerspruchsfrist möglich, sofern der Mahnbescheid noch nicht für vollstreckbar erklärt worden ist. Der Gläubiger wird von dem rechtzeitig erhobenen Widerspruch benachrichtigt. Beantragt der Gläubiger ein Streitverfahren, so gibt das Gericht, das den Mahnbescheid erlassen hat, den Rechtsstreit an das Gericht des Schuldners ab. Dieses fordert den Gläubiger auf, den Anspruch zu begründen, und bestimmt nach Eingang der Begründung einen Termin zur mündlichen Verhandlung.

§§ 696, 697

c) **Er unternimmt nichts.** Binnen 6 Monaten kann der Gläubiger nach Ablauf der Widerspruchsfrist den Antrag stellen, den Vollstreckungsbescheid zu erlassen.

### Vollstreckungsbescheid

Auf der Grundlage des Mahnbescheides erlässt das Gericht den Vollstreckungsbescheid.

Der **Vollstreckungsbescheid** ist ein „vollstreckbarer Titel"; er gestattet dem Gläubiger, gegen den Schuldner die **Zwangsvollstreckung zu betreiben.**

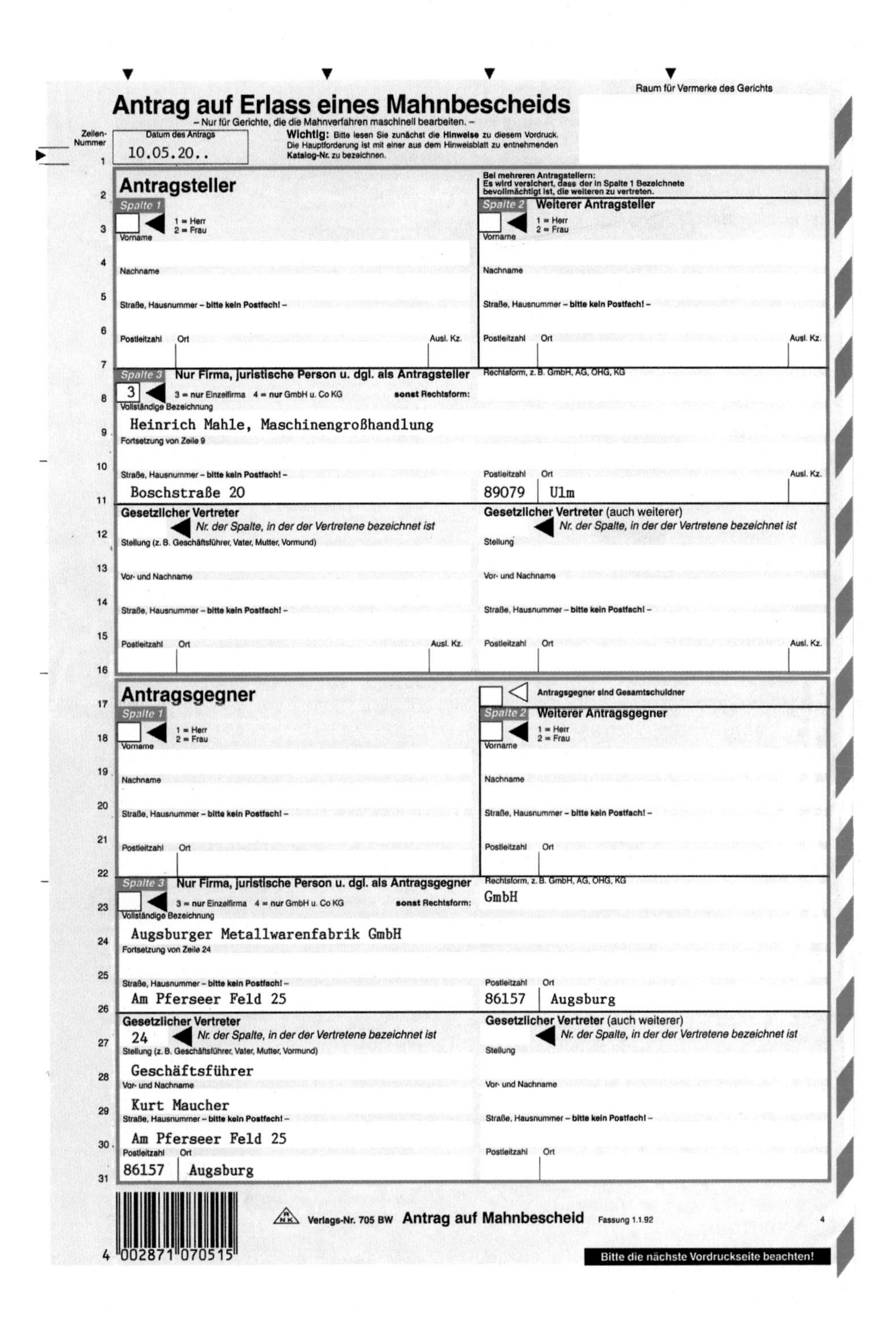

Raum für Vermerke des Gerichts

# Antrag auf Erlass eines Mahnbescheids

– Nur für Gerichte, die die Mahnverfahren maschinell bearbeiten. –

Datum des Antrags: 10.05.20..

**Wichtig:** Bitte lesen Sie zunächst die **Hinweise** zu diesem Vordruck. Die Hauptforderung ist mit einer aus dem Hinweisblatt zu entnehmenden Katalog-Nr. zu bezeichnen.

## Antragsteller

Bei mehreren Antragstellern: Es wird versichert, dass der in Spalte 1 Bezeichnete bevollmächtigt ist, die weiteren zu vertreten.

Spalte 1: 1 = Herr, 2 = Frau; Vorname; Nachname; Straße, Hausnummer – bitte kein Postfach! –; Postleitzahl, Ort, Ausl. Kz.

Spalte 2: Weiterer Antragsteller: 1 = Herr, 2 = Frau; Vorname; Nachname; Straße, Hausnummer – bitte kein Postfach! –; Postleitzahl, Ort, Ausl. Kz.

Spalte 3: Nur Firma, juristische Person u. dgl. als Antragsteller

3 (3 = nur Einzelfirma, 4 = nur GmbH u. Co KG, sonst Rechtsform:) Rechtsform, z. B. GmbH, AG, OHG, KG

Vollständige Bezeichnung: Heinrich Mahle, Maschinengroßhandlung

Fortsetzung von Zeile 9

Straße, Hausnummer – bitte kein Postfach! –: Boschstraße 20

Postleitzahl: 89079 Ort: Ulm Ausl. Kz.

**Gesetzlicher Vertreter** – Nr. der Spalte, in der der Vertretene bezeichnet ist; Stellung (z. B. Geschäftsführer, Vater, Mutter, Vormund); Vor- und Nachname; Straße, Hausnummer – bitte kein Postfach! –; Postleitzahl, Ort, Ausl. Kz.

**Gesetzlicher Vertreter** (auch weiterer) – Nr. der Spalte, in der der Vertretene bezeichnet ist; Stellung; Vor- und Nachname; Straße, Hausnummer – bitte kein Postfach! –; Postleitzahl, Ort, Ausl. Kz.

## Antragsgegner

Antragsgegner sind Gesamtschuldner

Spalte 1: 1 = Herr, 2 = Frau; Vorname; Nachname; Straße, Hausnummer – bitte kein Postfach! –; Postleitzahl, Ort

Spalte 2: Weiterer Antragsgegner: 1 = Herr, 2 = Frau; Vorname; Nachname; Straße, Hausnummer – bitte kein Postfach! –; Postleitzahl, Ort

Spalte 3: Nur Firma, juristische Person u. dgl. als Antragsgegner

(3 = nur Einzelfirma, 4 = nur GmbH u. Co KG, sonst Rechtsform:) Rechtsform, z. B. GmbH, AG, OHG, KG: GmbH

Vollständige Bezeichnung: Augsburger Metallwarenfabrik GmbH

Fortsetzung von Zeile 24

Straße, Hausnummer – bitte kein Postfach! –: Am Pferseer Feld 25

Postleitzahl: 86157 Ort: Augsburg

**Gesetzlicher Vertreter**: 24 – Nr. der Spalte, in der der Vertretene bezeichnet ist

Stellung (z. B. Geschäftsführer, Vater, Mutter, Vormund): Geschäftsführer

Vor- und Nachname: Kurt Maucher

Straße, Hausnummer – bitte kein Postfach! –: Am Pferseer Feld 25

Postleitzahl: 86157 Ort: Augsburg

**Gesetzlicher Vertreter** (auch weiterer) – Nr. der Spalte, in der der Vertretene bezeichnet ist; Stellung; Vor- und Nachname; Straße, Hausnummer – bitte kein Postfach! –; Postleitzahl, Ort

4 002871 070515

Verlags-Nr. 705 BW **Antrag auf Mahnbescheid** Fassung 1.1.92 4

**Bitte die nächste Vordruckseite beachten!**

Bild 146

Der Vollstreckungsbescheid kann dem Schuldner zugestellt werden,

- von Amts wegen durch das Gericht, z.B. durch die Post mit Postzustellungsurkunde,
- auf Antrag des Gläubigers durch einen Gerichtsvollzieher. Dieser kann auch schon mit der Pfändung beauftragt werden (Abschnitt 8.6.5).

Mit der Zustellung beginnt eine zweiwöchige Einspruchsfrist. Der Schuldner kann sich wie folgt verhalten:

**a) Er zahlt.** Das Verfahren ist beendet.

ZPO § 700

**b) Er erhebt Einspruch** gegen den Vollstreckungsbescheid innerhalb der gesetzlichen Frist von 2 Wochen. Das Gericht gibt den Rechtsstreit an das im Mahnbescheid bezeichnete Gericht des Schuldners ab.

**c) Er unternimmt nichts.** Der Gerichtsvollzieher pfändet und kann nach Ablauf der Einspruchsfrist gepfändete Gegenstände versteigern.

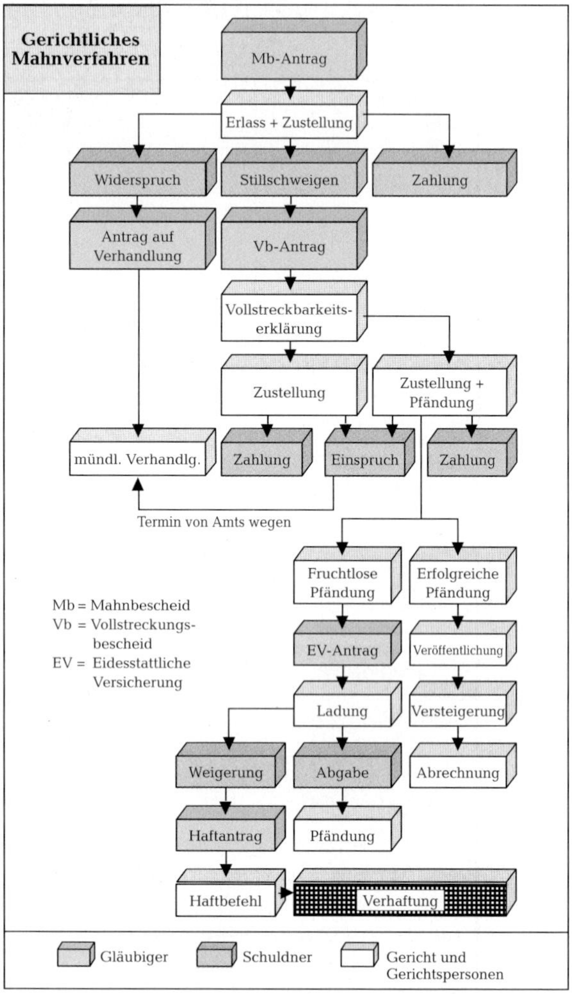

**Gerichtliches Mahnverfahren**

Mb-Antrag
Erlass + Zustellung
Widerspruch
Stillschweigen
Zahlung
Antrag auf Verhandlung
Vb-Antrag
Vollstreckbarkeitserklärung
Zustellung
Zustellung + Pfändung
mündl. Verhandlg.
Zahlung
Einspruch
Zahlung
Termin von Amts wegen
Fruchtlose Pfändung
Erfolgreiche Pfändung
EV-Antrag
Veröffentlichung
Ladung
Versteigerung
Weigerung
Abgabe
Abrechnung
Haftantrag
Pfändung
Haftbefehl
Verhaftung

Mb = Mahnbescheid
Vb = Vollstreckungsbescheid
EV = Eidesstattliche Versicherung

Gläubiger
Schuldner
Gericht und Gerichtspersonen

Bild 147

## Eidesstattliche Versicherung

§ 807

Durch sie versichert der Schuldner eidesstattlich die Vollständigkeit eines von ihm aufgestellten Vermögensverzeichnisses. Der Schuldner ist zur Abgabe einer eidesstattlichen Versicherung verpflichtet, wenn die Pfändung fruchtlos oder unbefriedigend verlaufen ist und der Gläubiger den Antrag auf Abgabe der eidesstattlichen Versicherung gestellt hat. Dem Antrag sind der Bericht des Gerichtsvollziehers über die ganz oder teilweise fruchtlose Pfändung beizufügen. Zuständig ist das Prozessgericht. Der Gläubiger erhält auf Antrag eine Abschrift des Vermögensverzeichnisses. Aus ihr ist ersichtlich, ob weitere Vermögensteile gepfändet werden können. Eine eidesstattliche Versicherung darf innerhalb von 3 Jahren nur einmal abgegeben werden. Sie wird bei dem betreffenden Gericht in die Schuldnerliste eingetragen, die jedermann zur Einsicht offen steht.

§§ 901 ff.

## Verhaftung

Erscheint der Schuldner nicht fristgerecht zur Abgabe einer eidesstattlichen Versicherung, oder verweigert er die Abgabe einer eidesstattlichen Versicherung, so kann beantragt werden, einen Haftbefehl gegen ihn zu erlassen. Der Antrag eines Haftbefehls kann bereits im Antrag auf Bestimmung eines Termins zur Abgabe einer eidesstattlichen Versicherung enthalten sein. Die Verhaftung erfolgt durch den Gerichtsvollzieher. Die Haft darf die Dauer von 6 Monaten nicht übersteigen.

**Zur Wiederholung und Vertiefung**

Die Lebensmittelgroßhandlung Gebr. Esser OHG, ..., hatte mit Rechnung vom ... an den Einzelhändler Max Groß e.K., ..., Ware über 1.235 EUR geliefert. Der Betrag ist seit über 2 Monaten zur Zahlung fällig. Zwei Mahnungen vom ... und ... waren ohne Wirkung geblieben.

1. Verfassen Sie eine letzte außergerichtliche Mahnung. Anfang nächsten Monats haben Gebr. Esser selbst größeren Zahlungsverpflichtungen durch fällige Wechsel und infolge Steuerterminen nachzukommen. Androhung eines Mahnbescheids.

Brief

2. Nach Ablauf von 14 Tagen ist noch keine Zahlung eingegangen. Stellen Sie auf einem Formularsatz den Antrag auf Erlass eines Mahnbescheids. Neben der Hauptforderung sollen Verzugszinsen, Kosten der außergerichtlichen und gerichtlichen Mahnung und andere Auslagen geltend gemacht werden.

### 8.6.4 Klageverfahren

Das **Klageverfahren** bezweckt die **Erlangung des staatlichen Rechtsschutzes** durch ein *Prozessverfahren* und ein *gerichtliches Urteil.*

#### Erhebung der Klage

Befürchtet der Gläubiger, dass das gerichtliche Mahnverfahren nicht zum Ziele führt, dann erhebt er sofort Klage. Das Klageverfahren wird auch bei Widerspruch gegen einen Mahnbescheid oder bei Einspruch gegen einen Vollstreckungsbescheid eingeleitet.

GVG §§ 12, 13 § 38

*Örtlich* zuständig für die Erhebung der Klage ist das Gericht, in dessen Bezirk der Schuldner seinen Wohnsitz oder seine Geschäftsniederlassung hat. Kaufleute können vertraglich einen anderen Gerichtsstand vereinbaren.

§§ 23, 71

*Sachlich* zuständig ist bei einem Streitwert bis zu 10.000 DM das Amtsgericht, in anderen Fällen das Landgericht (Zivilkammern oder Kammern für Handelssachen).

#### Durchführung des Klageverfahrens

ZPO § 496 § 274 (2)

Nach Prüfung der Klage, die schriftlich oder beim Amtsgericht auch mündlich erhoben werden kann, setzt das Gericht einen Termin zur mündlichen Verhandlung fest. Mit der amtlichen Zustellung der Klageschrift wird dem Beklagten ein Termin mitgeteilt. Er kann durch Gegenschriften und Beweismittel zu den Anklagepunkten Stellung nehmen.

§§ 371 ff.

Die **mündliche Verhandlung** dient zur Klärung des Tatbestandes (Parteivernehmung). Als Beweismittel kommen in Frage: Sachverständigengutachten, Augenschein, Urkunden und Zeugenaussagen, u.U. unter Eid.

Die **Beendigung des Verfahrens** erfolgt durch Urteil, Zurücknahme der Klage oder durch Vergleich.

§§ 592 ff.

Der **Wechselprozess** weist folgende Besonderheiten auf:

a) Die Wechselurkunde muss der Klageschrift in Urschrift oder Abschrift beigefügt werden.
b) Die Ladungsfristen sind sehr kurz, u.U. nur 24 Stunden.
c) Die Einwendungen des Beklagten sind äußerst begrenzt (Fälschung, Formmangel, Unterlassung der Protestierung).
d) Das Urteil wird auch ohne Antrag des Antragstellers für vorläufig vollstreckbar erklärt.
e) Als Beweismittel sind nur Wechselurkunde, Protesturkunde und Parteivernehmung zugelassen.

## Berufung und Revision

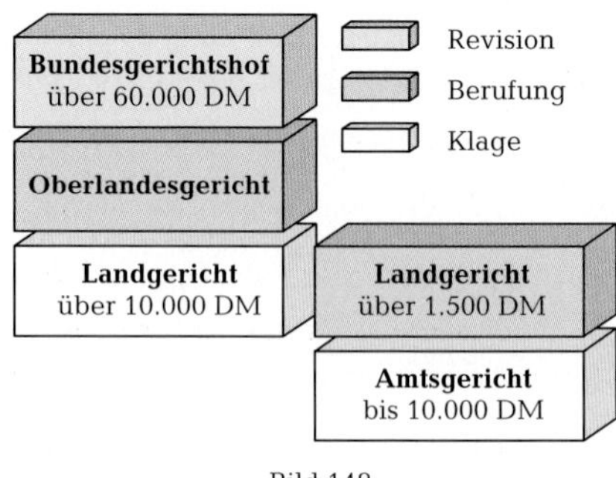


Bild 148

Ist eine Partei mit dem Urteil des Gerichts nicht einverstanden, so kann sie den in der **Klageinstanz** begonnenen Streit beim übergeordneten Gericht als **Berufungsinstanz** weiterführen, sofern die Berufungssumme 1.500 DM übersteigt. Dort wird der Tatbestand noch einmal untersucht. Gegen das Urteil des Oberlandesgerichts ist Revision möglich beim Bundesgerichtshof in Karlsruhe als **Revisionsinstanz**. Sie ist allerdings nur möglich, wenn der Streitwert 60.000 DM übersteigt oder wenn die Rechtssache grundsätzliche Bedeutung hat und die Revision vom OLG ausdrücklich zugelassen wird. Das Revisionsgericht (BGH) überprüft nur, ob das Gesetz auf den vom OLG festgestellten Sachverhalt richtig angewendet wurde.

ZPO
§ 546

**Zur Wiederholung und Vertiefung**

1. Firma Holl OHG, Ulm, schuldet der Firma Eisenmann e. K., Stuttgart, 17.000 DM aus einem Kaufvertrag, in dem über Erfüllungsort und Gerichtsstand nichts vereinbart wurde.
   Welches Gericht (Gerichtsort, Gerichtsart) ist zuständig
   a) für die Beantragung des Mahnbescheids,
   b) für die Einreichung einer Klage?
2. a) Welche Vorzüge hat das gerichtliche Mahnverfahren gegenüber dem Klageverfahren?
   b) Was könnte einen Gläubiger veranlassen, einen Schuldner sofort zu verklagen, statt zunächst einmal einen Mahnbescheid zu beantragen?

## 8.6.5 Zwangsvollstreckung

§ 753
§ 794

Die **Zwangsvollstreckung** ist ein Verfahren zur **zwangsweisen Eintreibung einer Geldforderung** mit Hilfe eines Gerichtsvollziehers oder des Gerichts.

Voraussetzung ist ein vollstreckbarer Titel (Urteil, Vollstreckungsbescheid, vollstreckbare Urkunde).

## Zwangsvollstreckung in das bewegliche Vermögen

§§ 803 ff.

Zum beweglichen Vermögen zählen körperliche Sachen sowie Forderungen und Rechte. Die Zwangsvollstreckung erfolgt durch Pfändung und Verwertung der Pfandstücke.

**a) Pfändung von körperlichen Sachen.** Der Gerichtsvollzieher nimmt bei der Pfändung Geld, Kostbarkeiten und Wertpapiere in Besitz. Andere verwertbare Gegenstände des Schuldners bleiben zwar in dessen Besitz, werden aber durch Aufkleben von *Pfandsiegelmarken* als gepfändet gekennzeichnet.

§ 811

**Nicht pfändbar sind**

- die dem persönlichen Gebrauch oder Haushalt dienenden Sachen (Kleidung, Betten, Haus- und Küchengeräte),
- die für den Haushalt erforderlichen Nahrungsmittel und Heizmaterialien für 4 Wochen oder der zu ihrer Beschaffung notwendige Geldbetrag,
- die zur Fortsetzung der Erwerbstätigkeit notwendigen Sachen (Berufskleidung, Fachbücher, Handwerkszeug, PC, Auto beim Handelsvertreter).

Wertvolle Gegenstände, die ihrem Gebrauch nach unpfändbar sind, können gegen geringwertige eingetauscht werden (*Austauschpfändung* bei Pelzmänteln und Videogeräten).

Die *Versteigerung* kann frühestens eine Woche nach dem Tage der Pfändung geschehen, Gläubiger und Schuldner dürfen mitbieten. Der Zuschlag wird dem Meistbietenden erteilt. Sobald der Erlös zur Befriedigung des Gläubigers und zur Deckung der Kosten der Zwangsvollstreckung ausreicht, wird die Versteigerung eingestellt. ZPO § 816

**b) Pfändung von Forderungen und anderen Rechten.** Bei der Pfändung einer **Geldforderung** gebietet das Gericht durch einen Pfändungs- und Überweisungsbeschluss dem Drittschuldner, das Geld an den Gläubiger zu überweisen. Dem Schuldner wird verboten, die Forderung einzuziehen. §§ 828 ff.

**Arbeitseinkommen** und sonstige Bezüge können nur bis zu einem bestimmten Betrag gepfändet werden, um dem Arbeitnehmer ein Existenzminimum zu sichern. § 850

**Nicht pfändbar sind**

- Alters- und Erwerbsunfähigkeitsrenten,
- Bezüge aus Unterstützungskassen (Witwen-, Waisen- und Krankengeld),
- Weihnachtsvergütungen bis 540 DM, Urlaubsgelder, Erziehungsbeihilfen, Kindergeld, Arbeitslosengeld, soweit diese den Rahmen des Üblichen nicht übersteigen.

## ■ Zwangsvollstreckung in das unbewegliche Vermögen

Die Zwangsvollstreckung *in ein Grundstück* kann auf folgende Weise vorgenommen werden: §§ 864 ff.

**a) Eintragung einer Sicherungshypothek** in das Grundbuch (Abschnitt 12.4.5).

**b) Zwangsversteigerung.** Aus dem Erlös werden die Gläubiger befriedigt. Ein Überschuss gehört dem bisherigen Grundstückseigentümer. Droht ein Mindererlös, so können die Gläubiger das Grundstück selbst ersteigern, in der Hoffnung, es später günstiger zu verkaufen.

**c) Zwangsverwaltung.** Der Grundeigentümer behält sein Eigentumsrecht. Die Verfügung wird ihm aber so lange entzogen, bis die Gläubiger befriedigt sind. Das Gericht bestellt einen Verwalter, der aus den Erträgen die Kosten bestreitet und einen Überschuss an die Gläubiger abführt.

### Zur Wiederholung und Vertiefung

1. Welche der folgenden Vermögensgegenstände des Schuldners Max Moldering, technischer Angestellter, kann der Gerichtsvollzieher pfänden: Schmuck 1.000 DM, Anzug 200 DM, Radio 250 DM, Farbfernseher 2.500 DM, Bett 250 DM, Armbanduhr 80 DM, Waschmaschine 400 DM, Klavier 2.500 DM, Personalcomputer 800 DM, Kaffeemaschine 80 DM?
2. Warum sieht der Gesetzgeber vor, dass gewisse Gegenstände aus dem Eigentum des Schuldners sowie Mindestbeträge seines Arbeitseinkommens nicht pfändbar sind?
3. Warum müssen gepfändete Gegenstände versteigert werden, warum bekommt sie der Gläubiger nicht einfach ausgehändigt?

# 9 Steuern in der Betriebswirtschaft

Abgabenordnung (AO 1977) vom 16. März 1976 mit Änderungen

AO
§ 1

**Steuern** sind **Geldleistungen**, die **öffentliche Gemeinwesen** kraft ihrer Finanzhoheit von den **Steuerpflichtigen ohne unmittelbare Gegenleistung** zur Finanzierung der kollektiven Bedarfsdeckung erheben.

## 9.1 Steuersystem in der Bundesrepublik Deutschland

### 9.1.1 Notwendigkeit der Besteuerung

Bund, Länder und Gemeinden haben Aufgaben zu bewältigen, die den Bürgern zur kollektiven Bedarfsdeckung dienen sollen (Abschnitt 1.1.4).

#### Einnahmen und Ausgaben des Staates

Zur Finanzierung dieser Aufgaben erzielt die öffentliche Hand **Einnahmen** aus mehreren Quellen:

- **Steuern.** Sie sind die wichtigsten Einnahmequellen.
- **Gebühren und Beiträge.** Dies sind Geldeinnahmen, denen direkte Gegenleistungen des Staates entsprechen, z.B. Gebühr für Passausstellung, Anliegerbeitrag der Hauseigentümer.
- **Erwerbseinkünfte.** Zu diesen gehören vor allem Einnahmen aus Grundstücksverkäufen sowie aus Unternehmertätigkeit der öffentlichen Hand (Staatsbetriebe).

Diesen Einnahmen stehen folgende **Ausgaben** gegenüber:

- **Sachaufwand.** Bau von Krankenhäusern, Schulen, Straßen, Verteidigungsanlagen.
- **Personalaufwand.** Personalkosten für Beamte, Angestellte und Arbeiter im Öffentlichen Dienst.
- **Sozialleistungen.** Unterstützung der sozial Schwachen.
- **Subventionen.** Erhaltung und Förderung volkswirtschaftlich notwendiger Betriebe und privater Haushalte.

**Beispiel:**

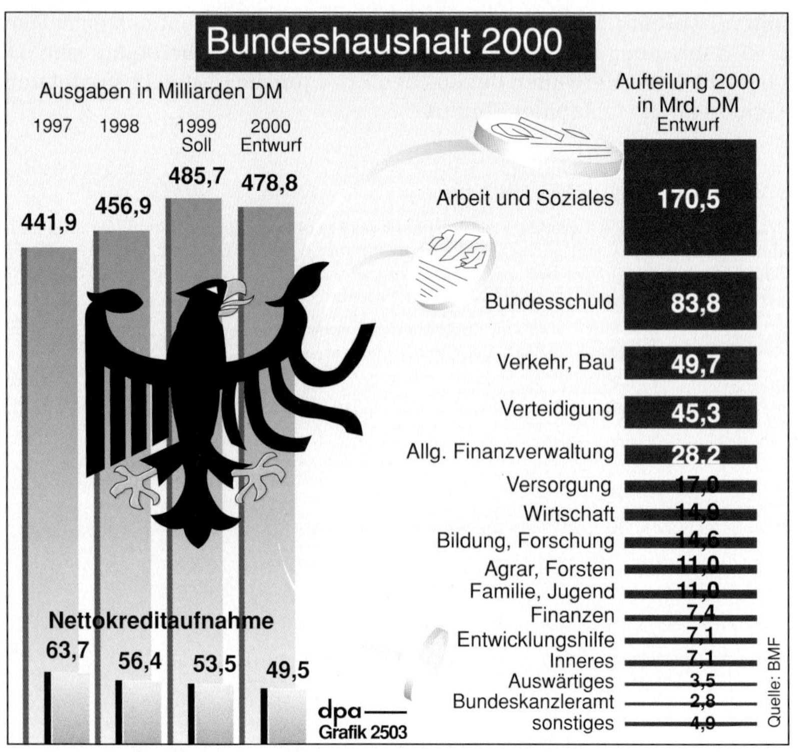


Bild 149

## Verteilung der Steuern

Der Bund, die Länder und Gemeinden haben im Jahre 1998 an Steuern rund 833 Milliarden DM eingenommen. 45,5% entfielen auf den Bund, 36,7% auf die Länder, 5,1% an die EU und 12,7% auf die Gemeinden (Bild 150).

Steuern beeinflussen in starkem Maße die Kosten und den Gewinn eines Unternehmens. Sie mindern die Kaufkraft der Besteuerten und wirken sich somit auf die Lebenshaltung des Einzelnen aus. Es ist deshalb verständlich, dass die Veränderung der Steuersätze oder die Einführung einer neuen Steuer die Aufmerksamkeit weiter Bevölkerungskreise auf sich zieht.

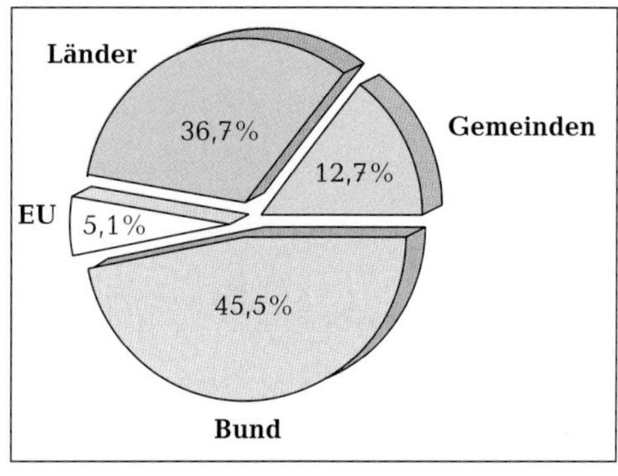


Bild 150

Das Aufkommen einzelner Steuern wird dem Bund, den Ländern und Gemeinden zugewiesen (Bild 150). Weil es sich dabei um einen Ausgleich des Aufkommens zwischen über- und untergeordneten Körperschafen handelt, spricht man vom **vertikalen Finanzausgleich**. Ferner haben leistungsstarke Länder den leistungsschwachen Ländern Ausgleichszahlungen zu gewähren. Weil es sich hierbei um einen Ausgleich zwischen gleichgeordneten Körperschaften handelt, spricht man von **horizontalem Finanzausgleich**. Dadurch sind alle Länder in der Lage, bei gleichen Steuersätzen ihre öffentlichen Aufgaben in ungefähr gleichem Umfang zu erfüllen.

GG Art. 106

Art. 107

### Zur Wiederholung und Vertiefung

1. Warum müssen Steuern erhoben werden?
2. Für welche Leistungen des Staates müssen Sie eine Gebühr bezahlen, für welche nicht?
3. Nennen Sie Unternehmen, die dem Staat gehören oder an denen der Staat beteiligt ist.
4. Bringen Sie die einzelnen Ausgabenarten in Bild 149 in eine Reihenfolge entsprechend ihrer Bedeutung.
5. Nennen Sie Maßnahmen der sozialen Sicherung.
6. Warum ist der Posten für Bildung und Forschung im Bundeshaushalt so niedrig?
7. Welche Steuerarten des Bundes bringen diesem die höchsten Einnahmen?
8. Die Gesamtverschuldung des Bundes betrug 1999 rund 1.504 Mrd. DM. Wie viel Steuern müssen erhoben werden, damit eine Zinslast von 8% abgedeckt werden kann?

## 9.1.2 Steuerarten (Bild 151)

Steuern können nach folgenden Gesichtspunkten eingeteilt werden:

a) Nach dem *Gegenstand* der Besteuerung in **Besitz-, Verkehr- und Verbrauchsteuern**.

Bei Besitzsteuern unterscheidet man **Personen- und Realsteuern,** je nachdem, ob bei der Steuerbemessung die persönlichen Verhältnisse (Alter, Familienstand) des Steuerpflichtigen berücksichtigt werden oder nicht.

b) Nach den *Hoheitsträgern*, denen **das Aufkommen** der einzelnen Steuern zufließt, in **Bundes-, Länder-, Gemeinde- und Kirchensteuern**. Steuern, deren Aufkommen dem Bund, den Ländern und Gemeinden gemeinsam zukommen, heißen **Gemeinschaftssteuern**.

Art. 106

**Beispiele:** Einkommen-, Körperschaft- und Umsatzsteuer.

c) Nach der Art der *Erhebung* in **direkte und indirekte Steuern**. Bei den direkten Steuern sind Steuerbelasteter und Steuerzahler dieselbe Person.

**Beispiel:** Die Einkommensteuer trägt und zahlt der Steuerpflichtige selbst unmittelbar an das Finanzamt.

Bei den indirekten Steuern sind Steuerbelasteter und Steuerzahler nicht dieselbe Person.

**Beispiel:** Die Umsatzsteuer wird über die Preise der Waren und Dienstleistungen bei den Konsumenten erhoben und von den Unternehmen an das Finanzamt abgeführt. Der Staat erhebt die Steuer über die Unternehmen an die Verbraucher.

d) Nach der *Abzugsfähigkeit* unterscheidet man **Betriebs- und Personensteuern**, je nachdem ob die Steuern als abzugsfähige Betriebsausgaben den Gewinn mindern (z.B. Gewerbesteuer, Kfz-Steuer für Geschäftswagen) oder von der Person des Unternehmers getragen werden (Einkommensteuer, Kfz-Steuer für Privatwagen).

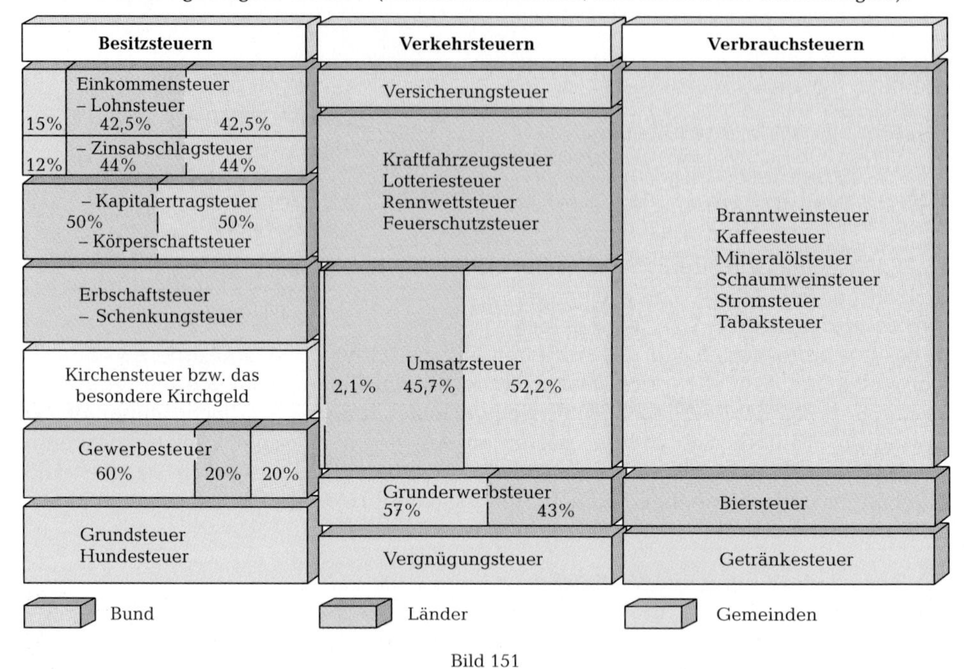


Bild 151

**Zur Wiederholung und Vertiefung**

1. Was ist der Unterschied zwischen
   a) direkten und indirekten Steuern,
   b) Verkehr- und Verbrauchsteuern,
   c) Betriebs- und Personensteuern?
2. Welche Steuern entrichten a) Ihre Eltern, b) Sie selbst, c) eine Unternehmung?

## 9.1.3 Steuerverfahren

Für die Erhebung der Steuern werden zwei Verfahren angewendet, das Veranlagungsverfahren und das Abzugsverfahren.

### ■ Veranlagungsverfahren

In einer **Steuererklärung** hat der Steuerpflichtige dem Finanzamt alle Angaben zu machen, die zur Errechnung der Steuerschuld erforderlich sind. Die **Veranlagung**, d.h. die Festsetzung der Steuerschuld, erfolgt durch das Finanzamt auf Grund der eingereichten Steuererklärung. In einem **Steuerbescheid** wird dem Pflichtigen die Höhe der Steuerschuld und die Art der Berechnung mitgeteilt. Bereits geleistete Vorauszahlungen, bei der Einkommensteuer insbesondere die bezahlte Kapitalertrag- und Lohnsteuer, werden von der Steuerschuld abgezogen. Sie ist binnen eines Monats zu bezahlen. Zuviel bezahlte Steuer wird zurückerstattet. Schließlich wird dem Steuerpflichtigen mitgeteilt, wie hoch die künftigen vierteljährlichen **Vorauszahlungen** sind.

### ■ Abzugsverfahren

Zur Vereinfachung des Steuereinzuges und zur Sicherung der Steuerzahlung ist das Abzugsverfahren *bei Lohn- und Gehaltsbezügen* sowie *bei Kapitalerträgen* eingeführt worden.

Das auszahlende Unternehmen ist verpflichtet, die Steuerschuld des Empfängers zu errechnen, den Betrag einzubehalten und an das Finanzamt abzuführen. Dem Empfänger des Nettobetrages ist eine Bescheinigung über die einbehaltenen und abgeführten Steuerbeträge zu erteilen.
Wird der Empfänger nach Jahresende veranlagt, so muss er die Bescheinigung mit seiner Steuererklärung an das Finanzamt einsenden, damit die bereits bezahlten Beträge von der veranlagten Steuerschuld abgezogen werden können.

# 9.2 Steuern vom Einkommen

## 9.2.1 Einkommensteuer

Einkommensteuergesetz 1997 (EStG 1997) in der Fassung vom 16. April 1997 mit Änderungen

**Einkommensteuerpflichtig** sind **natürliche** Personen. Sie sind

EStG § 1

- *unbeschränkt* steuerpflichtig, also mit sämtlichen Einkünften, wenn sie ihren Wohnsitz im Inland haben,
- *beschränkt* steuerpflichtig, d.h. nur mit inländischen Einkünften, wenn sie keinen inländischen Wohnsitz haben.

Juristische Personen unterliegen der Körperschaftsteuer.

**Bemessungsgrundlage** für die tarifliche Einkommensteuer ist das zu versteuernde Einkommen innerhalb eines Kalenderjahres.

§ 2

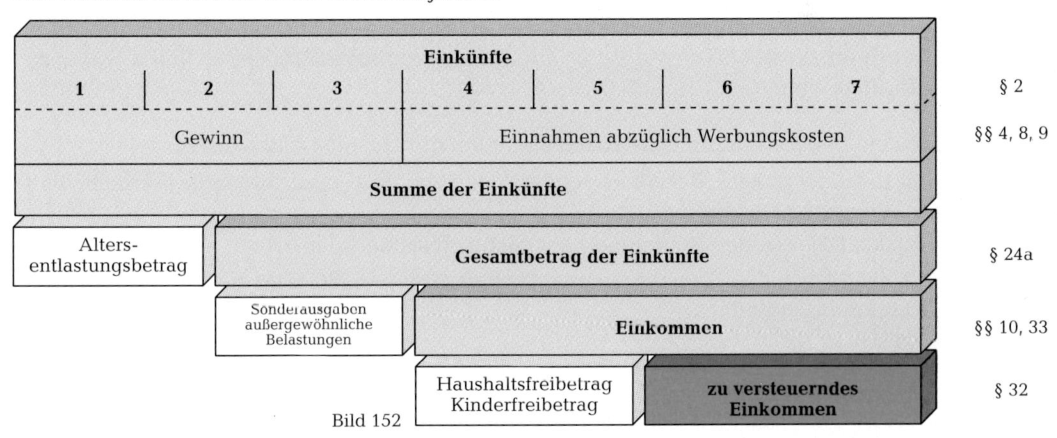

Bild 152

### Arten der Einkünfte

Das Einkommensteuergesetz unterscheidet folgende Arten von Einkünften:

§ 2

1. Einkünfte aus **Land- und Forstwirtschaft**, auch aus Gartenbaubetrieben.
2. Einkünfte aus **Gewerbebetrieb**.
3. Einkünfte aus **selbstständiger Arbeit**. Dazu gehören die Einkünfte von selbstständig Tätigen, die keinen gewerblichen, land- oder forstwirtschaftlichen Betrieb haben, also von Ärzten, Architekten, Steuerberatern, Künstlern.
4. Einkünfte aus **nichtselbstständiger Arbeit** (Löhne und Gehälter).
   Die bei der Lohn- oder Gehaltszahlung *einbehaltene* **Lohnsteuer** stellt dabei nur eine *Vorauszahlung* auf die Einkommensteuerschuld dar.
5. Einkünfte aus **Kapitalvermögen**, z.B. Zinsen, Dividenden, Gewinnanteile eines stillen Gesellschafters.
   Auch die bei der Zinszahlung von der Bank *einbehaltene* **Kapitalertragsteuer** (Zinsabschlagsteuer) stellt nur eine *Vorauszahlung* auf die Einkommensteuerschuld dar.
   Eine solche Kapitalertragsbesteuerung entfällt bis zur Höhe des Freibetrags von 3.000 DM pro Person (2000), sofern ein Freistellungsauftrag an die auszahlende Bank erteilt wurde.
6. Einkünfte aus **Vermietung und Verpachtung**. Dazu gehören Einkünfte aus Vermietung und Verpachtung von Gebäuden, die nicht zu einem land- oder forstwirtschaftlichen oder gewerblichen Betrieb gehören.
7. **Sonstige** Einkünfte, z.B. Spekulationsgewinne, Einkünfte aus gelegentlichen Vermittlungen.

EStG § 2 § 24a

Der Einkommensteuer unterliegen die *Einkünfte* eines Kalenderjahres, die der Steuerpflichtige in der Steuererklärung zusammenfassend darzustellen hat. Die Summe der Einkünfte, vermindert um den Altersentlastungsbetrag, ist der *Gesamtbetrag der Einkünfte.* Vermindert man diesen um die Sonderausgaben und die außergewöhnlichen Belastungen, erhält man das *Einkommen.* Nach Abzug von Sonderfreibeträgen (Kinderfreibetrag, Haushaltsfreibetrag) ergibt sich das zu *versteuernde Einkommen,* das die Bemessungsgrundlage für die *tarifliche Einkommensteuer* bildet (Bild 152).

## Betriebsausgaben und Werbungskosten

### Betriebsausgaben

**Betriebsausgaben** sind Aufwendungen, die *in einem Betrieb* anfallen. Nach *Abzug der Betriebsausgaben von den Betriebseinnahmen* erhält man den **Gewinn.**

**Beispiele:** Personalkosten, Raumkosten, Anschaffungskosten für Waren, Abschreibungen auf Maschinen und Betriebsausstattung, Energiekosten.

### Werbungskosten

§ 9

**Werbungskosten** sind Aufwendungen zur *Erwerbung, Sicherung* und *Erhaltung* der Einnahmen.

Sie sind bei der Einkunftsart abzuziehen, bei der sie entstanden sind.

§ 9a

Sofern nicht höhere Beträge nachgewiesen werden, sind folgende jährliche Pauschalbeträge abzuziehen:

- 2.000 DM von den Einnahmen aus nichtselbstständiger Arbeit,
- 100 DM von den Einnahmen aus Kapitalvermögen (200 DM bei zusammenveranlagten Ehegatten).

**Beispiele:**

- bei Einkünften aus nichtselbstständiger Arbeit die Kosten für Berufskleidung, für Fahrten zwischen Wohnung und Arbeitsstätte,
- bei Einkünften aus Vermietung und Verpachtung die Schuldzinsen, Abschreibungen, Ausgaben für Instandhaltung.

## Sonderausgaben

§ 10

**Sonderausgaben** sind meist Aufwendungen der Lebensführung, die mit keiner Einkunftsart in wirtschaftlichem Zusammenhang stehen. Sie werden *aus sozial-, finanz- und wirtschaftspolitischen Gründen* steuerlich begünstigt.

Bis zu gewissen *Höchstsummen,* die vom Familienstand und vom Alter des Steuerpflichtigen abhängen, sind als *Vorsorgeaufwendungen abzugsfähig:*

- Beiträge zu Kranken-, Pflege-, Unfall- und Haftpflichtversicherungen, den gesetzlichen Rentenversicherungen und der Arbeitslosenversicherung, ferner Beiträge zu bestimmten Versicherungen auf den Erlebens- oder Todesfall.

In *unbegrenzter* Höhe sind abzugsfähig:

- Renten, die mit keiner Einkunftsart in wirtschaftlichem Zusammenhang stehen, z.B. Renten als Schadenersatz,
- gezahlte Kirchensteuer bzw. das besondere Kirchgeld in glaubensverschiedenen Ehen,
- Steuerberatungskosten,
- Verluste bei den einzelnen Einkunftsarten dürfen bis 2 Mio. DM auf das vergangene Jahr zurückgetragen werden (Verlustrücktrag); weitere Verluste dürfen in beschränktem Umfang auf die folgenden Jahre vorgetragen werden (Verlustvortrag). (§ 10d)

§ 10 § 10b

Außerdem sind in *begrenzter* Höhe abzugsfähig: Aufwendungen für die eigene Berufsausbildung sowie Spenden zur Förderung mildtätiger, kirchlicher, religiöser, wissenschaftlicher und staatspolitischer Zwecke.

Werden die Sonderausgaben nicht nachgewiesen, so wird statt dessen abgezogen

EStG § 10c

a) für Vorsorgeaufwendungen
   - eine *Vorsorgepauschale*, sofern Einkünfte aus nichtselbstständiger Arbeit vorliegen; sie wird prozentual vom Arbeitslohn berechnet;

b) für die übrigen Sonderausgaben
   - ein *Sonderausgaben-Pauschbetrag* von 108 DM.

Bei zusammenveranlagten Ehegatten gelten die doppelten Pauschbeträge.

## Außergewöhnliche Belastungen

**Außergewöhnliche Belastungen** sind *zwangsläufig* entstandene Aufwendungen, die einem Steuerpflichtigen in *höherem* Maße erwachsen als der überwiegenden Mehrzahl der Steuerpflichtigen.

§§ 33–33c

Zwangsläufig sind Aufwendungen, wenn sich der Steuerpflichtige ihnen aus rechtlichen, tatsächlichen oder sittlichen Gründen nicht entziehen kann. Gründe können sein: Krankheit, Körperbehinderung, Beschäftigung einer Haushaltshilfe, Berufsausbildung von Kindern. Einen Teil der Aufwendungen hat der Steuerpflichtige in jedem Fall als *zumutbare Belastung* selbst zu tragen.

## Eigenheimzulage

Die *Herstellung* oder *Anschaffung* sowie der *Ausbau* und die *Erweiterung einer eigenen Wohnung* wird steuerlich gefördert durch die **Eigenheimzulage**. Diese umfasst den Fördergrundbetrag und die Kinderzulage. Der **Fördergrundbetrag** beträgt 5% der Baukosten einschließlich Grundstückspreis (zusammen höchstens 5.000 DM im Jahr). Die **Kinderzulage** beträgt 1.500 DM je Kind. Die Eigenheimzulage wird 8 Jahre gewährt, sofern der Gesamtbetrag der Einkünfte 80.000/160.000 DM + 30.000 DM je Kind nicht übersteigt. Sie wird auf Antrag vom Finanzamt zum 15. März ausbezahlt.

EigZulG § 2

§ 9

§ 13

## Kinderfreibetrag bzw. Kindergeld

Steuerpflichtige mit Kindern haben die Wahl zwischen **Kinderfreibetrag / Betreuungsfreibetrag** und **Kindergeld:**

EStG § 32 (6) § 52 (22a)

- Der **Kinderfreibetrag** von 6.912 DM pro Kind im Jahr wird bei der Besteuerung vom Einkommen abgezogen, für Kinder unter 16 Jahren zusätzlich ein **Betreuungsfreibetrag** von 3.024 DM. Die Höhe der Steuerersparnis hängt also vom persönlichen Steuersatz ab.
- Das **Kindergeld** beträgt für das 1. und 2. Kind 270 DM je Monat, für das 3. Kind 300 DM, für jedes weitere Kind 350 DM (2000). Das Kindergeld ist ein fester, einkommensunabhängiger Auszahlungsbetrag. Es wird vom Arbeitgeber bzw. von der Familienkasse des Arbeitsamtes ausbezahlt.

§ 66 BKGG §§ 6, 20

Das Finanzamt berücksichtigt beim Veranlagungsverfahren die günstigere Alternative.

## Haushaltsfreibetrag

Alleinerziehenden mit Kindern wird ein **Haushaltsfreibetrag** von 5.616 DM gewährt.

EStG § 32 (7)

## Veranlagung

Der Steuerpflichtige hat nach Ablauf eines Kalenderjahres in einer Steuererklärung dem Finanzamt alle Angaben zu machen, die zur Errechnung der Steuer erforderlich sind, also

1. den Familienstand und die Kinderzahl,
2. die einzelnen Einnahmen, Werbungskosten und Einkünfte,

EStG
§§ 33, 33a
§§ 34–34c

4. beantragte Vergünstigungen wegen
   - *außergewöhnlicher Belastung,*
   - *außerordentlicher Einkünfte,*
5. Art der Veranlagung.

§ 26

**Ehegatten** können zwischen getrennter Veranlagung und Zusammenveranlagung wählen.

§ 26a

**a) Getrennte Veranlagung.** Jedem Ehegatten werden die von ihm bezogenen Einkünfte zugerechnet.

§ 26b
§ 32a (5)

**b) Zusammenveranlagung.** Die Einkünfte der Ehegatten werden zusammengerechnet und dann halbiert **(Splitting)**. Von der Hälfte wird die Steuer errechnet und der sich ergebende Steuerbetrag sodann verdoppelt.

## Steuertarif (2000/2001)

§§ 32a
52 (22b)

Die Steuerpflichtigen werden nicht gleich hoch besteuert, vielmehr wird die **Leistungsfähigkeit** durch *höhere Besteuerung steigender Einkommen* berücksichtigt:

- zu versteuernde Einkommen bis 13.499 DM sind steuerfrei *(Grundfreibetrag, Freizone),*
- zu versteuernde Einkommen von 13.500 DM bis 17.495 DM werden mit 22,9% besteuert *(untere Proportionalzone),*
- zu versteuernde Einkommen von 17.496 DM bis 114.695 DM werden mit von 22,9% bis 51% linear ansteigenden Prozentsätzen besteuert *(Progressionszone)*
- zu versteuernde Einkommen über 114.696 DM werden mit 51% besteuert *(obere Proportionalzone).*

§ 32c

Die Einkünfte aus Gewerbebetrieb bis zur Höhe von 84.780 DM werden mit höchstens 43% besteuert.

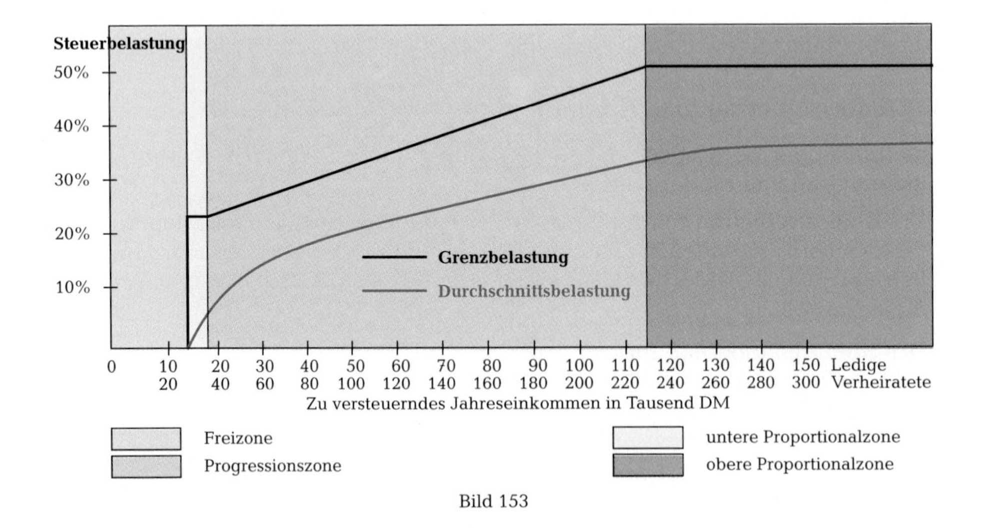


Bild 153

Die **Grenzbelastung** (der Steuersatz) gibt an, mit wie viel Prozent **jede zusätzliche** Mark, um die das Einkommen anwächst, besteuert wird.

Die **Durchschnittsbelastung** zeigt an, mit wie viel Prozent das jeweilige Einkommen **insgesamt** belastet wird.

### Beispiel

Der 49-jährige Angestellte Karl Reusch ist seit 23 Jahren verheiratet mit Ida, geborene Flamm. Der 22-jährige Sohn Horst studiert und wohnt auswärts auf Kosten der Eltern. Sohn Ewald, 17 Jahre alt, ist kaufmännischer Auszubildender mit einer Ausbildungsvergütung von 860 DM monatlich. Seit Jahren wird die heute 5-jährige mittellose Vollwaise Eva Glück in der Familie erzogen. Frau Reusch ist an der elterlichen Unternehmung Flamm & Co. als Kommanditistin beteiligt und arbeitet dort mit. Im Haushalt ist deshalb eine Haushaltshilfe tätig, die tagsüber die Kinder betreut; ihr Entgelt betrug 7.800 DM. Die Familie bewohnt ein Einfamilienhaus.

**Karl Reusch** hat laut Lohnsteuerkarte 104.000 DM als Gehalt bezogen. 18.720 DM Lohnsteuer und 1.498 DM Kirchensteuer waren einbehalten worden. Der Arbeitnehmeranteil zur Sozialversicherung insgesamt betrug 14.586 DM, davon zur gesetzlichen Rentenversicherung 7.823 DM.

Durch freiberufliche Beratungen hatte er einen Nebenverdienst von 3.000 DM, von dem kein Steuerabzug vorgenommen wurde. Bürobedarf, Porti und Fahrtkosten verursachten ihm dabei 380 DM Betriebsausgaben.

Aus einem 1958 erbauten Miet-Wohnhaus erzielt er 15.100 DM Mieteinnahmen; einem Mieter wurden ferner 600 DM gestundet. An Werbungskosten wurden bezahlt: Grundsteuer 1.476 DM, Reparaturen 9.218 DM, Hausgebühren 1.070 DM. Die AfA beträgt 2% aus 65.900 DM.

Das selbstgenutzte Einfamilienhaus wurde 1998 für 540.000 DM gebaut. Der dafür gekaufte Bauplatz hat einschließlich Grunderwerbsteuer 170.000 DM gekostet.

Auf Bausparverträge hat Herr Reusch 5.000 DM eingezahlt. Auf bestehende Bausparkonten wurden 1.300 DM Zinsen gutgeschrieben. Außerdem hat er für die Kfz-Haftpflichtversicherung 470 DM, für eine Lebensversicherung 840 DM aufgewandt.

**Frau Reusch** erhielt als Kommanditistin für das am 30. Juni endende Wirtschaftsjahr einen Gewinnanteil von 44.000 DM.

Für ihr Festgeldguthaben erhielt sie 5.600 DM Zinsen. Aus Obligationen bezog sie 1.600 DM Zinsen.

Wegen eines früheren Betriebsunfalls erhält sie von der Berufsgenossenschaft eine monatliche Rente von 30 DM.

Die Firma Flamm & Co. hat zu Lasten von Frau Reusch Einkommensteuervorauszahlungen in Höhe von 6.524 DM und Kirchensteuervorauszahlungen in Höhe von 522 DM geleistet.

## ■ Steuerpflicht

Weil die Ehegatten ihren Wohnsitz in Deutschland haben, sind sie *unbeschränkt,* also mit sämtlichen Einkünften steuerpflichtig. (EStG § 1)

**Zusammenveranlagung.** Die Ehegatten haben die Wahl zwischen **getrennter** Veranlagung und **Zusammenveranlagung**. Sie wählen die Zusammenveranlagung. Diese ist in den meisten Fällen die günstigere. Sämtliche Einkünfte der Ehegatten werden zusammengerechnet. Kinder werden mit ihren Einkünften selbstständig veranlagt. (§ 26)

| ■ **Feststellung der steuerpflichtigen Einkünfte** | DM | DM | DM | |
|---|---|---|---|---|
| **a) aus Land- und Forstwirtschaft** | | | 0 | § 2 |
| **b) aus Gewerbebetrieb** | | | 44.000 | |
| **c) aus selbstständiger Arbeit** | | | | |
| Einnahmen | | 3.000 | | |
| Betriebsausgaben | | 380 | 2620 | |
| **d) aus nichtselbstständiger Arbeit** | | | | |
| laut beigefügter Lohnsteuerkarte | | 104.000 | | |
| Werbungskosten (Pauschbetrag) | | 2.000 | 102.000 | § 9a |
| **e) aus Vermietung und Verpachtung** | | | | |
| Mietwohngrundstück: | | | | |
| Mieteinnahmen | | 15.100 | | |
| Die gestundeten 600 DM sind nicht anzusetzen, weil sie noch nicht zugeflossen sind. | | | | § 11 |
| Grundsteuer | 1.476 | | | |
| Reparaturkosten | 9.218 | | | |
| Hausgebühren | 1.070 | | | |
| AfA 2% aus 65.900 DM | 1.318 | 13.082 | 2.018 | § 7 (4) |
| **f) aus Kapitalvermögen** | | | | |
| Zinsen aus Bausparguthaben | | 1.300 | | |
| Zinsen für Festgeldkonten | | 5.600 | | |
| Zinsen von Obligationen | | 1.600 | | |
| | | 8.500 | | |
| Werbungskosten (Pauschbetrag) 2 x 100 DM | 200 | | | § 9a |
| Sparerfreibetrag 2 x 3.000 DM | 6.000 | 6.200 | 2.300 | § 20 (4) |
| **g) sonstige Einkünfte** | | | | |
| Hierher gehören Renten; die Unfallrente der Berufsgenossenschaft ist als Rente aus der gesetzlichen Unfallversicherung steuerfrei. | | | 0 | § 3 Zi. 1.a |
| **Summe der Einkünfte** | | | 152.938 | § 2 (3) |
| – Altersentlastungsbetrag | | | 0 | § 24a |
| **Gesamtbetrag der Einkünfte** | | | 152.938 | |

| | | DM | DM | DM |
|---|---|---|---|---|
| EStG § 10 | **■ Feststellung der Sonderausgaben** | | | |
| | **Beschränkt abzugsfähige tatsächliche Vorsorgeaufwendungen sind:** | DM | DM | DM |
| | Versicherungsbeiträge (14.586 + 470 + 840) | | 15.896 | |
| | Vorweg abziehbar (6.000 DM/bei Ehegatten 12.000 DM) (Vorwegabzug) | 12.000 | | |
| | davon ab: Kürzung wegen Entlastung bei der Altersversorgung 16% vom Bruttolohn von 104.000 DM | – 16.640 | 0 | |
| | Niedrigerer Betrag von 15.896 und 0 DM | | 15.896 | 0 |
| | Höchstbetrag (2.610 DM/bei Ehegatten 5.220 DM) (Grundhöchstbetrag) | | – 5.220 | |
| § 10 (3) | Niedrigerer Betrag von 15.896 und 5.220 DM | | | + 5.220 |
| | Übersteigender Betrag | | 10.676 | |
| | Hälfte des übersteigenden Betrags (hälftiger Höchstbetrag) | | 5.338 | |
| | 50% des Grundhöchstbetrags | | 2.610 | |
| | Niedrigerer Betrag von 5.338 und 2.610 DM | | | + 2.610 |
| | Abzugsfähige Vorsorgeaufwendungen | | | 7.830 |
| | **Vorsorgepauschale:** | | | |
| | Maßgebender Arbeitslohn | 104.000 | | |
| § 10c | abzüglich 40% des Altersentlastungsbetrags | 0 | | |
| | Maßgebender Betrag | 104.000 | | |
| | Niedrigerer Betrag von | | | |
| | – 20% von 104.000 DM | | 20.800 | |
| | – Vorwegabzug abzüglich 16% vom Arbeitslohn (12.000 – 16.640 DM) | | 0 | 0 |
| | Niedrigerer Betrag von | | | |
| | – Übersteigender Betrag | | 20.800 | |
| | – Grundhöchstbetrag | | – 5.220 | + 5.220 |
| | Übersteigender Betrag | | 15.580 | |
| | Niedrigerer Betrag von | | | |
| | – Hälfte des übersteigenden Betrags 15.580 DM | | 7.790 | |
| | – Hälfte des Grundhöchstbetrags (hälftiger Höchstbetrag) | | 2.610 | + 2.610 |
| | Abzugsfähige Vorsorgepauschale | | | 7.830 |
| | **Abzugsfähiger Betrag für Vorsorgeaufwendungen:** | | | |
| | Höherer Betrag von 7.830 und 7.830 DM | | | 7.830 |
| | **Unbeschränkt abzugsfähige Sonderausgaben, die nicht Vorsorgeaufwendungen sind:** | | | |
| | Höherer Betrag von | | | |
| | – Kirchensteuer 1.498 + 522 DM | 2.020 | | |
| | – Sonderausgabenpauschbetrag 2 x 108 DM | 216 | | 2.020 |
| | | | | 9.850 |
| | **■ Außergewöhnliche Belastungen** | | | |
| | a) Kosten der auswärtigen Unterbringung von Horst | | 4.200 | |
| § 33a | b) Beschäftigung einer Haushaltshilfe | | 0 | 4.200 |
| | **■ Einkommen** | | | |
| | Gesamtbetrag der Einkünfte | | 152.938 | |
| | Sonderausgaben | | 9.850 | |
| | außergewöhnliche Belastungen | | 4.200 | 138.888 |
| | **■ Persönliche Freibeträge** | | | |
| § 52 (22a) | Kinderfreibetrag 3 x 6.912 DM + 1 Betreuungsfreibetrag 3.024 DM | | 23.760 | |
| | Haushaltsfreibetrag | | 0 | 23.760 |

**■ Zu versteuerndes Einkommen**

| | DM | DM | EStG |
|---|---|---|---|
| Einkommen | 138.888 | | § 32a |
| persönliche Freibeträge | 23.760 | 115.128 | |
| Abrundung auf den nächsten durch 54 ohne Rest teilbaren vollen DM-Betrag | | 115.128 | § 32a (2) |

**■ Berechnung der tariflichen Einkommensteuer und der Einkommensteuerschuld**

| | | |
|---|---|---|
| Tarifliche Einkommensteuer (Splittingtabelle 2000/2001) | 26.280 | |
| Einbehaltene Lohnsteuer | 18.720 | § 34f (2) |
| Geleistete Vorauszahlung | 6.524 | |
| Nachzahlung | 1.036 | |

Der Bau des Einfamilienhauses wird 8 Jahre lang wie folgt gefördert:

| | | | EigZulG § 9 |
|---|---|---|---|
| Fördergrundbetrag: | | | |
| – 5% der Anschaffungs- oder Herstellungskosten von 710.000 DM | 35.500 | | |
| – höchstens jedoch | 5.000 | 5.000 | |
| Kinderzulage: 3 x 1.500 DM | | 4.500 | |
| **Eigenheimzulage:** | | 9.500 | |

Auszahlung auf Antrag durch das Finanzamt am 15. März.

## Zur Wiederholung und Vertiefung

1. Welcher Unterschied besteht zwischen Einkommen und Einkünften?
2. Wie kann der Steuerpflichtige bei der Einkommensteuer auf erlaubte Weise das steuerpflichtige Einkommen verringern?
3. Wie trägt die Steuergesetzgebung bei der Einkommensteuer den sozialen Verhältnissen des Besteuerten Rechnung?
4. Wie hoch ist der steuerliche Gewinn, der durch Vermögensausgleich ermittelt wird, wenn das Anfangskapital 143.800 DM und das Endkapital 152.500 DM betrugen, eine Kapitaleinlage von 5.000 DM und Privatentnahmen von 12.000 DM gemacht wurden?
5. Warum sind feste Freibeträge im Einkommensteuerrecht unsozial?
6. Was ist der Unterschied zwischen Werbungskosten und Sonderausgaben?
7. In welchen Fällen können außergewöhnliche Belastungen geltend gemacht werden?
8. Warum ist die Aussage „bei meinem Einkommen muss ich 40% Einkommensteuer bezahlen" kritisch zu beurteilen?
9. Ermitteln Sie das zu versteuernde Einkommen und die Eigenheimzulage des 39-jährigen Heinz Gossler, Vater von 3 Kindern (8, 5 und 3 Jahre alt). Als Angestellter verdiente er im Veranlagungszeitraum brutto 73.380 DM. Für Werbungskosten macht er nur den Pauschbetrag geltend, die gezahlte Lohnsteuer beträgt 7.800 DM, die Kirchensteuer 624 DM. Sein Einfamilienhaus wurde Ende 1996 für 450.000 DM gebaut, der Bauplatz kostete 95.000 DM. Für sein Guthaben erhielt er von seiner Bausparkasse 230 DM, seine Frau erhielt für ein Festgeldguthaben 450 DM, für Aktien 130 DM Dividende. Die für Vorsorgeaufwendungen geltend gemachten Sonderausgaben betragen 5.780 DM.

## 9.2.2 Lohnsteuer

Einkommensteuergesetz 1997 (EStG 1997) in der Fassung vom 16. April 1997 mit Änderungen, insbesondere §§ 38 bis 42.

Die **Lohnsteuer** ist die **Einkommensteuer** der **nicht selbstständig Tätigen** und wird im **Abzugsverfahren** beim Arbeitgeber erhoben. (EStG § 38)

**Lohnsteuerpflichtig** sind alle Empfänger von Einkünften aus nichtselbstständiger Arbeit, also Arbeiter, Angestellte, Beamte. Sie werden jedoch nach Jahresende zur Einkommensteuer veranlagt **(Pflichtveranlagung)**, wenn

a) neben den Einkünften aus nichtselbstständiger Arbeit noch andere Einkünfte von mehr als 800 DM netto erzielt wurden,

b) der Steuerpflichtige von mehreren Arbeitgebern Arbeitslohn bezogen hat,

c) das Finanzamt einen Freibetrag oder eine Kinderfreibetragszahl auf der Lohnsteuerkarte eingetragen hat.

d) wenn steuerfreie, aber dem Progressionsvorbehalt unterliegende Lohnersatzleistungen (Arbeitslosengeld, Krankengeld) oder ausländische Einkünfte von mehr als 800 DM bezogen wurden.

Alle Eintragungen in der Lohnsteuerkarte genau prüfen!
Lesen Sie die Informationsschrift „Lohnsteuer 2000"

Ordnungsmerkmale des Arbeitgebers

# Lohnsteuerkarte 2000

Gemeinde
Stadt Saulgau

AGS
08437100

Finanzamt und Nr.
88348 Saulgau Nr.2881

Geburtsdatum
05.12.1948*

Hürner,Nikolaus
Hauptstraße 102 1
88348 Saulgau

I. Allgemeine Besteuerungsmerkmale

| Steuerklasse | Kinder unter 18 Jahren: Zahl der Kinderfreibeträge |
|---|---|
| EINS | -- |

Kirchensteuerabzug
RK

(Datum)
20.09.1999

(Gemeindebehörde)
Stadtverwaltung Saulgau

II. Änderungen der Eintragungen im Abschnitt I

| Steuerklasse | Zahl der Kinderfreibeträge | Kirchensteuerabzug | Diese Eintragung gilt, wenn sie nicht widerrufen wird: | Datum, Stempel und Unterschrift der Behörde |
|---|---|---|---|---|
| | | | vom 2000 an<br>bis zum 31. 12. 2000 | I. A. |
| | | | vom 2000 an<br>bis zum 31. 12. 2000 | I. A. |
| | | | vom 2000 an<br>bis zum 31. 12. 2000 | I. A. |

III. Für die Berechnung der Lohnsteuer sind vom Arbeitslohn als steuerfrei **abzuziehen:**

| Jahresbetrag DM | monatlich DM | wöchentlich DM | täglich DM | Diese Eintragung gilt, wenn sie nicht widerrufen wird: | Datum, Stempel und Unterschrift der Behörde |
|---|---|---|---|---|---|
| | | | | vom 2000 an | |
| in Buchstaben | -tausend | | Zehner und Einer wie oben -hundert | bis zum 31. 12. 2000 | I. A. |
| | | | | vom 2000 an | |
| in Buchstaben | -tausend | | Zehner und Einer wie oben -hundert | bis zum 31. 12. 2000 | I. A. |
| Ggf. zusätzlich zum o. a. Freibetrag | | | | vom 2000 an | |
| in Buchstaben | -hundert (Zehner und Einer wie oben) | | | | |
| bei der Tätigkeit als | | | | | I. A. |

LSt 1 (EDV) zweibahnig

Bild 154 a

## IV. Lohnsteuerbescheinigung für das Kalenderjahr 2000 und besondere Angaben

| | vom – bis | | vom – bis | | vom – bis | |
|---|---|---|---|---|---|---|
| 1. Dauer des Dienstverhältnisses | 1. Jan.- 31. Dez. | | | | | |
| 2. Zeiträume ohne Anspruch auf Arbeitslohn | Anzahl „U“: | | Anzahl „U“: | | Anzahl „U“: | |
| | DM | Pf | DM | Pf | DM | Pf |
| 3. Bruttoarbeitslohn einschl. Sachbezüge ohne 9. und 10. | 52.600 | 00 | | | | |
| 4. Einbehaltene Lohnsteuer von 3. | 9.384 | 00 | | | | |
| 5. Einbehaltener Solidaritätszuschlag von 3. | 512 | 12 | | | | |
| 6. Einbehaltene Kirchensteuer des Arbeitnehmers von 3. | 750 | 72 | | | | |
| 7. Einbehaltene Kirchensteuer des Ehegatten von 3. (nur bei konfessionsverschiedener Ehe) | | | | | | |
| 8. In 3. enthaltene steuerbegünstigte Versorgungsbezüge | | | | | | |
| 9. Steuerbegünstigte Versorgungsbezüge für mehrere Kalenderjahre | | | | | | |
| 10. Ermäßigt besteuerter Arbeitslohn für mehrere Kalenderjahre (ohne 9.) und ermäßigt besteuerte Entschädigungen | | | | | | |
| 11. Einbehaltene Lohnsteuer von 9. und 10. | | | | | | |
| 12. Einbehaltener Solidaritätszuschlag von 9. und 10. | | | | | | |
| 13. Einbehaltene Kirchensteuer des Arbeitnehmers von 9. und 10. | | | | | | |
| 14. Einbehaltene Kirchensteuer des Ehegatten von 9. und 10. (nur bei konfessionsverschiedener Ehe) | | | | | | |
| 15. Kurzarbeitergeld, Winterausfallgeld und Zuschuß zum Mutterschaftsgeld | | | | | | |
| 16. Verdienstausfallentschädigung (Bundes-Seuchengesetz), Aufstockungsbetrag und Altersteilzeitzuschlag | | | | | | |
| 17. Steuerfreier Arbeitslohn nach – Doppelbesteuerungsabkommen | | | | | | |
| 17. Steuerfreier Arbeitslohn nach – Auslandstätigkeitserlaß | | | | | | |
| 18. Steuerfreie Arbeitgeberleistungen für Fahrten zwischen Wohnung und Arbeitsstätte | | | | | | |
| 19. Pauschalbesteuerte Arbeitgeberleistungen für Fahrten zwischen Wohnung und Arbeitsstätte | | | | | | |
| 20. Steuerfreie Verpflegungszuschüsse bei Auswärtstätigkeit | | | | | | |
| 21. Steuerfreie Arbeitgeberleistungen bei doppelter Haushaltsführung | | | | | | |
| 22. Steuerfreie Arbeitgeberzuschüsse zur freiwilligen Krankenversicherung und zur Pflegeversicherung | | | | | | |
| 23. Arbeitnehmeranteil am Gesamtsozialversicherungsbeitrag | 12.203 | 20 | | | | |
| 24. Ausgezahltes Kindergeld | | – | | – | | – |
| Anschrift des Arbeitgebers (lohnsteuerliche Betriebsstätte) Firmenstempel, Unterschrift; | Dipl.-Ing. Gross + Partner 88348 Saulgau Pfarrstraße 9 Tel. [illegible] | | | | | |
| **Finanzamt,** an das die Lohnsteuer abgeführt wurde **(Name und dessen vierstellige Nr.)** | 88348 Saulgau 2881 | | | | | |

Um Rückfragen zu vermeiden, wird die Ausfüllung empfohlen.

Bild 154 b

Jeder Arbeitnehmer erhält von seiner Gemeindebehörde eine **Lohnsteuerkarte** (Bild 154), auf der alle für die Errechnung der Steuer wichtigen Daten eingetragen sind. Auf Antrag ergänzt das Finanzamt die Steuerkarte durch Eintragung von steuerfreien Beträgen wegen erhöhter Werbungskosten oder Sonderausgaben oder wegen außergewöhnlicher Belastungen. Der Arbeitgeber ist dadurch in der Lage, die jeweilige Steuerschuld zu errechnen. Sie ist einzubehalten und bis zum 10. des folgenden Monats an das Finanzamt abzuführen.

EStG § 39a

Am Jahresende oder bei Auflösung des Arbeitsverhältnisses bescheinigt der Arbeitgeber auf der Lohnsteuerkarte den Bruttolohn, die einbehaltene Lohn- und Kirchensteuer, die gesetzlichen Sozialversicherungsbeiträge und etwaige vermögenswirksame Leistungen.

Zur Vereinfachung des Abzugs der Lohnsteuer stellt der Gesetzgeber **Lohnsteuertabellen** für monatliche, wöchentliche und tägliche Lohnzahlungen auf.

§ 38c

In der Lohnsteuertabelle werden die Steuerpflichtigen in folgende **Steuerklassen** eingeteilt:

§ 38b

| Steuerklasse | Arbeitnehmergruppe |
|---|---|
| I | Unverheiratete (Ledige, Verwitwete, Geschiedene) und dauernd getrennt Lebende. |
| II | Unverheiratete und dauernd getrennt Lebende, wenn sie einen Kinderfreibetrag erhalten. |
| III | 1. Verheiratete, wenn der Ehegatte<br>a) keinen Arbeitslohn bezieht oder<br>b) auf Antrag beider Ehegatten in Steuerklasse V eingereiht wird.<br>2. Verwitwete für das Kalenderjahr, das dem Todesjahr des Ehegatten folgt.<br>3. Geschiedene im Jahr der Ehescheidung. |
| IV | Verheiratete, wenn der Ehegatte ebenfalls Arbeitslohn bezieht. |
| V | Verheiratete, wenn der Ehegatte<br>a) ebenfalls Arbeitslohn bezieht und<br>b) auf Antrag beider Ehegatten in Steuerklasse III eingereiht wird. |
| VI | Steuerpflichtige, die Arbeitslohn aus einem zweiten oder weiteren Dienstverhältnis beziehen. |

Bild 155

## Änderung der Eintragung auf der Lohnsteuerkarte

Die Eintragungen auf der Lohnsteuerkarte sind

§ 39 (5)

a) zu *ergänzen,*
   1. von der Gemeindebehörde, wenn sich der Familienstand, die Steuerklasse oder die Zahl der Kinder *zu Gunsten* des Arbeitnehmers geändert haben;
   2. vom Finanzamt, wenn weitere Kinderfreibeträge, z.B. für Kinder in Berufsausbildung oder eine Änderung der Steuerklasse beantragt werden.

§ 39 (3a)

b) zu *berichtigen,* wenn sich die Steuerklasse *zu Ungunsten* des Arbeitnehmers geändert hat oder die Voraussetzungen für einen eingetragenen Freibetrag weggefallen sind (Stilllegung des Kraftfahrzeuges). Die Berichtigung ist von der Behörde vorzunehmen, welche die Eintragung gemacht hat.

§ 42b

## Antragsveranlagung

Es ist möglich, dass die im Laufe des Kalenderjahres einbehaltene Lohnsteuer höher ist als die auf den Jahresarbeitslohn entfallene Lohnsteuer. Ursachen können sein: Zeitweilige Arbeitslosigkeit, schwankender Arbeitslohn, Änderung im Familienstand. Sofern der Arbeitnehmer nicht zur Abgabe einer Einkommenssteuererklärung verpflichtet ist,

(Pflichtveranlagung), kann er die Erstattung zu viel bezahlter Lohnsteuer beantragen. Hierzu hat er nach Ablauf des Kalenderjahres in einer **Steuererklärung** dem Finanzamt alle Angaben zu machen, die zur Errechnung der Steuer erforderlich sind.

### Lohnsteuerbescheinigung und Lohnzettel

Die *Lohnsteuerbescheinigung* erfolgt am Jahresende durch den Arbeitgeber auf der *Lohnsteuerkarte*. Es werden die Dauer des Dienstverhältnisses, der Bruttolohn sowie die einbehaltene Lohn- und Kirchensteuer eingetragen. Dann ist die Lohnsteuerkarte dem Finanzamt einzusenden. Die Eintragung dient der Ermittlung des Steueranteils der Wohnsitzgemeinde des Steuerpflichtigen.

§ 41b

Der *Lohnzettel* ist ebenfalls eine Bescheinigung des Arbeitgebers über Bruttolohn und einbehaltene Steuer. Ihn benötigen solche Lohnsteuerpflichtige, die noch veranlagt werden. Der Lohnzettel ist der Einkommensteuererklärung beizufügen.

**Zur Wiederholung und Vertiefung**

1. Welche Bedeutung hat die Lohnsteuerkarte bei Einstellung und Entlassung eines Arbeitnehmers?
2. Wodurch unterscheiden sich Einkommensteuer und Lohnsteuer im Hinblick auf die Entrichtung?

## 9.2.3 Kapitalertragsteuer

Einkommensteuergesetz 1997 (EStG 1997) in der Fassung vom 16. April 1997 mit Änderungen, insbesondere §§ 43 bis 45

Die **Kapitalertragsteuer** ist eine **besondere Form** der **Einkommensteuer**. Sie ist gekennzeichnet durch die Art der Erhebung und die gleichbleibende Höhe des Steuersatzes. Sie ist als *Vorauszahlung zur Einkommensteuer* zu verstehen.

### Steuerabzugspflichtige Kapitalerträge

Gewinnanteile aus Aktien, Genussscheinen, Anteilen an GmbH, eG, ferner Einkünfte aus der Beteiligung an einem Handelsgewerbe als typischer stiller Gesellschafter. Steuersatz 25%.

§ 43

### Entrichtung

Der Schuldner der Kapitalerträge hat die Steuer bei Auszahlung der Beträge einzubehalten und binnen eines Monats an das Finanzamt abzuführen (**Zinsabschlagsteuer**). Dem Empfänger des Nettobetrages ist für eine etwaige Veranlagung eine Bescheinigung zu erteilen, aus der Bruttobetrag, Steuersatz und einbehaltene Steuer ersichtlich sind.

§ 44

Der Steuerabzug unterbleibt, insoweit der Empfänger der Kapitalerträge einen Freistellungsauftrag (bis 3.000 DM Freibetrag zuzüglich 100 DM Werbungskosten pro Person) erteilt hat.

Weil bei kleineren Einkommen der Einkommensteuersatz weniger als 25% beträgt, ist eine *nachträgliche Veranlagung* vorteilhaft, wenn Kapitalertragsteuer einbehalten worden ist. Die Bescheinigung des zahlenden Unternehmens über die einbehaltenen Steuern ist der Steuererklärung beizufügen.

**Zur Wiederholung und Vertiefung**

Warum ist die Kapitalertragsteuer im Einkommensteuergesetz enthalten?

## 9.2.4 Körperschaftsteuer

Körperschaftsteuergesetz 1999 (KStG 1996) vom 22. April 1999 mit Änderungen

**Die Körperschaftsteuer** ist die **Einkommensteuer der juristischen** Personen, z.B. der Kapitalgesellschaften (AG, GmbH) und der Genossenschaften.

### Steuerpflicht

*Unbeschränkt* steuerpflichtig sind *juristische Personen,* wenn sie ihre Geschäftsleitung oder ihren Sitz im Inland haben,

KStG § 1

*beschränkt* steuerpflichtig, wenn sie weder Geschäftsleitung noch Sitz im Inland haben.

§ 2

KStG § 5

*Befreit* sind u.a. die Deutsche Bundesbank, die Deutsche Post AG, die Deutsche Telekom AG, gemeinnützige Körperschaften, Pensions-, Kranken- und Unterstützungskassen sowie die Gewerkschaften.

### Grundlagen der Besteuerung

§§ 7, 8

Die Körperschaftsteuer bemisst sich grundsätzlich nach dem zu versteuernden Einkommen im Sinne des Einkommensteuergesetzes (Abschnitt 9.2.1).

### Steuertarif

§§ 23, 27

Die Körperschaftsteuer beträgt

a) bei Kapitalgesellschaften **40%** für die nicht ausgeschütteten Gewinne, **30%** für die ausgeschütteten Gewinne, die jedoch bei der Einkommensteuer des Anteilseigners in der Art berücksichtigt werden, dass die Gesamtbelastung aus Körperschaftsteuer und Kapitalertragsteuer seinen persönlichen Einkommensteuersatz nicht übersteigt.

b) Bei den übrigen Körperschaften gelten besondere Sätze.

### Zusammenhang zwischen Körperschaftsteuer und Kapitalertragsteuer

Die Gewinne einer juristischen Person unterliegen als deren Einkommen der Körperschaftsteuer. Ausgeschüttete Gewinne sind für den Empfänger Kapitalerträge und unterliegen der Kapitalertragsteuer.

Da aber die Besteuerung des Gewinnempfängers mit seinem individuellen Einkommensteuersatz erfolgen muss, wird die gezahlte Körperschaft- und Kapitalertragsteuer auf seine Einkommensteuerschuld angerechnet.

**Beispiel:** Horst Merz erhielt nach Ausschüttung der Dividende für seine 50 Aktien eine Bankgutschrift von 515,37 DM. In seiner Steuererklärung gibt er den zu versteuernden Aktienertrag wie folgt an:

| | | |
|---|---|---|
| Einkünfte aus Kapitalvermögen | 1.000,00 DM | ↑ |
| – 30% Körperschaftsteuer | 300,00 DM | |
| Veröffentlichte Dividende (14,00 DM) | 700,00 DM | Rechenweg |
| – 25% Kapitalertragsteuer | 175,00 DM | |
| – Solidaritätszuschlag (5,5% der KESt) | 9,63 DM | |
| Dividendengutschrift der Bank | 515,37 DM | |

Bei einem persönlichen Einkommensteuersatz von 30% muss Horst Merz von den 1.000 DM Kapitaleinkünften 300 DM Einkommensteuer und 5,5% Solidaritätszuschlag, also 16,50 DM, bezahlen. Auf diese Steuerschuld werden ihm die bereits einbehaltenen Körperschaft- und Kapitalertragsteuerbeträge als Steuerguthaben angerechnet. Bei einer

| | | |
|---|---|---|
| Steuerschuld von 300,00 + 16,50 DM | 316,50 DM | und einem |
| Steuerguthaben von 300,00 + 175,00 + 9,63 DM | 484,63 DM | |
| erstattet ihm das Finanzamt | 168,13 DM | |
| Nettoertrag = Bankgutschrift + Erstattung | 683,50 DM | |

**Zur Wiederholung und Vertiefung**

Warum werden für nicht ausgeschüttete Gewinne 40%, für ausgeschüttete Gewinne 30% Körperschaftsteuer erhoben?

## 9.3 Gewerbesteuer

Gewerbesteuergesetz 1999 (GewStG 1999) vom 19. Mai 1999 mit Änderungen

GewStG § 1, 2

Die Gewerbesteuer ist eine Gemeindesteuer. Sie ist eine Betriebsteuer; Gegenstand der Besteuerung ist jeder Gewerbebetrieb (Objektsteuer).

### Bemessungsgrundlage

§ 6

Bemessungsgrundlage ist der *Gewerbeertrag*. Hier tritt ganz besonders deutlich das Wesen einer **Realsteuer** hervor. Es wird *der Betrieb* besteuert. Die persönlichen Verhältnisse der Eigentümer werden nicht berücksichtigt.

**Gewerbeertrag.** Ausgangspunkt der Berechnungen ist der *Gewinn*, der nach dem Einkommen- bzw. Körperschaftsteuergesetz ermittelt worden ist. GewStG § 7

*Hinzuzurechnen* sind 50% der Zinsen für Dauerschulden, Gewinnanteile des stillen Gesellschafters u.a. § 8

*Abzuziehen* sind u.a. 1,2% von 140% des Einheitswertes des zum Betrieb gehörenden Grundstücksbesitzes, Anteile am Gewinn einer anderen Unternehmung, Ausbildungsplatz-Abzugsbetrag. § 9 BewG § 121 a

## Berechnung der Steuer

Vom Gewerbeertrag ist eine **Messzahl** zu errechnen. GewStG § 11

Die Messzahl beträgt zwischen 1% und 5% des auf volle 100 DM abgerundeten Ertrags, in Stufen von jeweils 24.000 DM. Bei Einzelunternehmungen und Personengesellschaften besteht ein Freibetrag von 48.000 DM.

Die Berechnung dieses Wertes erfolgt durch das *Finanzamt*, das darüber einen **Gewerbesteuerbescheid** erteilt. § 14

Die *Gemeinden* setzen einen **Hebesatz** fest, der angibt, wie viel Prozent der Messzahl als Gewerbesteuer zu zahlen sind. § 16

**Beispiel:** Das Unternehmen Paul Groß e.K. erzielte im Veranlagungszeitraum einen Gewinn von 167.000 DM laut Bilanz. Für die Dauerschulden in Höhe von 360.000 DM wurden 18.000 DM Zinsen bezahlt. Der Einheitswert der betrieblichen Grundstücke beträgt 200.000 DM. Die Gemeinde hat den Hebesatz auf 300% festgesetzt.

| DM | |
|---|---|
| 167.000 | Gewinn lt. Bilanz |
| + 9.000 | 50% der Zinsen für Dauerschulden |
| 176.000 | |
| – 3.360 | 1,2% von 140% der Einheitswerte der Betriebsgrundstücke |
| 172.640 | Gewerbeertrag |
| 172.600 | abgerundeter Gewerbeertrag |
| – 48.000 | Freibetrag |
| 124.600 | verbleibender Gewerbeertrag |

**Messzahlen vom Gewerbeertrag:**

| | | | |
|---|---|---|---|
| – für die ersten | 24.000 DM | 1% | 240 DM |
| – für die weiteren | 24.000 DM | 2% | 480 DM |
| – für die weiteren | 24.000 DM | 3% | 720 DM |
| – für die weiteren | 24.000 DM | 4% | 960 DM |
| – für die restlichen | 28.600 DM | 5% | 1.430 DM |
| | 124.600 DM | | 3.830 DM |
| **Steuermesszahl vom Gewerbeertrag** | | | 3.830 DM |
| **Hebesatz** 300% | | | |
| **Gewerbesteuerschuld** | | | **11.490 DM** |

### Zur Wiederholung und Vertiefung

1. Welche Bestimmungen des Gewerbesteuergesetzes weisen darauf hin, dass nicht der Unternehmer, sondern der Betrieb an sich besteuert wird?
2. Wie viel Gewerbesteuer muss ein Unternehmer bezahlen, wenn die Messzahl für den Gewerbeertrag 1.150 DM und der Hebesatz 320% beträgt?
3. Ermitteln Sie die Gewerbesteuerschuld des Holzsägewerkes Steinmühle KG: Bilanzgewinn 97.500 DM. Einheitswert des Betriebsgrundstücks 50.000 DM, Dauerschulden 210.000 DM zu 6% Jahreszins; Hebesatz der Gemeinde 420%.
4. Im Gemeinderat von Gunzenhausen wird über die Erhöhung des Hebesatzes diskutiert. Was spricht für, was gegen die Erhöhung?

# 9.4 Umsatzsteuer (Mehrwertsteuer)

Umsatzsteuergesetz 1999 (UStG 1999) vom 9. Juni 1999 mit Änderungen

UStG § 2

Steuerschuldner sind **Unternehmer**, das sind natürliche und juristische Personen, die beruflich oder gewerblich selbstständig und nachhaltig zur Erzielung von Einnahmen tätig sind, auch wenn die Absicht fehlt, Gewinne zu erzielen.

Die Umsatzsteuer ist eine Gemeinschaftssteuer. Sie gehört zu den **indirekten** Steuern.

## ■ Steuerbare Umsätze

§ 1

**a) Lieferungen und sonstige Leistungen** eines Unternehmers innerhalb der Europäischen Union (EU) gegen Entgelt.

§ 3

**b) Unentgeltliche Wertabgaben**

1. Entnahme von Gegenständen aus dem eigenen Unternehmen für private Zwecke, z.B. Waren.
2. Unentgeltliche Zuwendung eines Gegenstandes durch einen Unternehmer an sein Personal für dessen privaten Bedarf, z.B. Firmenwagenüberlassung. Ausgenommen sind Aufmerksamkeiten wie Blumen, Geschenke bis ca. 60 DM.
3. Andere unentgeltliche Zuwendung eines Gegenstandes, z.B. Sachspenden an Vereine, Gewinne für Tombolas, auch Aufwendungen für einen Geschäftsfreund (Überlassung von Gästehäusern und Segelyachten und damit zusammenhängende Bewirtungen bis 75 DM im Jahr je Geschäftsfreund).

§ 1 (1), Ziff 4

**c) Einfuhr von Gegenständen.** Importgüter aus Ländern außerhalb der EU (Drittländer) werden wie die vergleichbaren im Inland hergestellten Güter mit Umsatzsteuer belastet **(Einfuhrumsatzsteuer)**.

## ■ Bemessungsgrundlage

§ 10

**a) Bei Lieferungen und sonstigen Leistungen** wird der Umsatz nach dem Entgelt bemessen.

*Entgelt* ist alles, was der Empfänger vereinbarungsgemäß aufzuwenden hat, um die Lieferung zu erhalten, jedoch abzüglich der Umsatzsteuer (Nettopreis).

§ 17

*Entgeltminderungen* wie Rabatte, Skonti, Wechselzinsen, Nachlässe und Forderungsausfälle dürfen abgezogen werden.

§ 10 (1)

Nicht zum Entgelt gehören durchlaufende Posten; das sind Beträge, die ein Unternehmen im Namen und für Rechnung eines anderen vereinnahmt und verausgabt, z.B. Umsatzsteuer, Versandfrachten, Versicherungsprämien, ferner Auslagen der Spediteure, Frachtführer und Handelsvertreter für ihre Auftraggeber.

§ 10 (4)

**b) Bei unentgeltlichen Wertabgaben** sind Bemessungsgrundlage

1. die Selbstkosten bei Entnahme von Gegenständen,
2. die Selbstkosten bei unentgeltlicher Zuwendung von Gegenständen oder Ausführung von Leistungen,

§ 11

**c) Bei Einfuhr** ist Bemessungsgrundlage grundsätzlich der Zollwert zuzüglich Zoll, Verbrauchsteuer und Beförderungskosten bis zum ersten Bestimmungsort innerhalb der EU. Bei zollfreier Einfuhr tritt an die Stelle des Zollwerts das Entgelt.

Der Besteuerung werden zugrunde gelegt

§ 16 (1)

- **vereinbarte Entgelte** (Sollbesteuerung). Dies ist der Regelfall.

§ 20

- **vereinnahmte Entgelte** (Istbesteuerung). Diese Art kann das Finanzamt auf Antrag den nicht buchführungspflichtigen Unternehmern gestatten oder solchen Unternehmern, deren Gesamtumsatz im vorangegangenen Kalenderjahr nicht mehr als 250.000 DM betragen hat.

§ 12

## ■ Steuersätze

**Allgemeiner Steuersatz:** 16%. Dieser Steuersatz ist anzuwenden, sofern nicht der ermäßigte Satz gilt.

**Ermäßigter Steuersatz:** 7 %. Er ist anzuwenden auf die Umsätze des Buchhandels und grafischen Gewerbes sowie für Umsätze von Waren, die in einer besonderen Liste aufgeführt sind, insbesondere von Lebensmitteln und landwirtschaftlichen Erzeugnissen.

## Innergemeinschaftlicher Erwerb

UStG § 1a

Für Lieferungen innerhalb der Europäischen Union wird eine einheitliche Regelung mit einer *europäischen Umsatzsteuer* angestrebt. Bis dahin werden sie als **innergemeinschaftliche Lieferungen** oder **innergemeinschaftliche Erwerbe** wie folgt besteuert:

- Lieferungen an *Privatverbraucher* werden mit der Umsatzsteuer des *Lieferlandes* belastet (Erwerbslandprinzip).

  **Beispiel:** Ein deutscher Tourist kauft in Paris eine Brille: Besteuerung mit französischer Umsatzsteuer. Für den Verkauf von Kraftfahrzeugen an Privatpersonen gibt es Sonderregelungen. § 1b

- Lieferungen an *Unternehmer* werden mit der Umsatzsteuer des *Käuferlandes* belastet, weil dort die Verwendung endet, auch bei Selbstabholung (Bestimmungslandprinzip).

  **Beispiel:** Lieferung einer Maschine von Rotterdam nach Dresden: Besteuerung mit deutscher Umsatzsteuer.

## Rechnungserteilung

Jeder Unternehmer muss für seine Leistungen an ein anderes *Unternehmen* Rechnungen ausstellen und darin angeben § 14

- das *Entgelt* für seine Leistung (Nettopreis),
- den *Umsatzsteuerbetrag*, der auf das Entgelt entfällt.

Die gesonderte Angabe des Steuerbetrages **kann** bei Rechnungen, die den Gesamtbetrag von 200 DM nicht übersteigen, unterbleiben. Dies gilt auch bei Gutschriften, Fahrausweisen, Reisespesen und bei Lieferungen an Nichtunternehmer.

## Vorsteuerabzug

*Von der geschuldeten Umsatzsteuer* können *abgesetzt* werden § 15 (1)

- die *auf Eingangsrechnungen angegebenen Umsatzsteuerbeträge* **(Vorsteuer)**.
- die *entrichtete* **Einfuhrumsatzsteuer**.

Bei Kleinrechnungen, Gutschriften, Fahrausweisen und Reisespesen kann der Unternehmer den Vorsteuerabzug in Anspruch nehmen, wenn er den Gesamtbetrag in Entgelt und Steuerbetrag aufteilt.

**Ausgeschlossen** ist der Vorsteuerabzug, soweit versteuerte Leistungen zu steuerfreien Umsätzen verwendet werden (Gebäudeaufwand für vermietete Werkswohnungen). § 15 (2)

**Erlaubt** ist Vorsteuerabzug jedoch bei *Ausfuhrlieferungen* in Drittländer, Leistungen und Lohnveredelung für ausländische Rechnung. § 15 (3)

Jeder Rechnungsempfänger hat seinem Vormann die gesamte angegebene Umsatzsteuer zu ersetzen. Er selbst darf aber *von der Umsatzsteuer seiner Ausgangsrechnung diese Vorsteuer absetzen*, sodass bei jedem Umsatz **nur der Mehrwert versteuert** wird. Die Vorsteuer stellt keine Kosten dar, sondern ist ein *durchlaufender Posten*.

## Steuerbefreiungen

Zu den zahlreichen Steuerbefreiungen gehören Ausfuhrumsätze, die innergemeinschaftlichen Lieferungen, die Umsätze der Seeschifffahrt und Luftfahrt, der Kreditgewährung, der Vermietung und Verpachtung von Grundstücken. § 4

*Nachteilig* kann Steuerfreiheit für Unternehmer werden, die an andere inländische Unternehmer liefern. Da durch das Verbot des Vorsteuerabzugs die Vorsteuer für sie zu Kosten werden und auch ihre Abnehmer keine Vorsteuern abziehen können, wird

USTG § 9

die Wettbewerbsfähigkeit beeinträchtigt. Je höher die Vorsteuern sind, desto größer ist der Nachteil. Jeder Unternehmer kann deshalb dem Finanzamt seinen Verzicht auf Steuerbefreiung erklären.

*Vorteilhaft* ist Steuerbefreiung für Unternehmer nur dann, wenn sie an Nichtunternehmer liefern, da diese ohnehin keine Vorsteuern abziehen dürfen.

## Voranmeldung, Vorauszahlung, Veranlagung

§ 18

Der Unternehmer hat dem Finanzamt binnen 10 Tagen nach Ablauf eines Monats eine **Voranmeldung** einzureichen, in der er die vereinbarten Entgelte und die abziehbare Vorsteuer angibt. *Gleichzeitig* hat er die *entsprechende* **Vorauszahlung** zu leisten, die sich *durch Abzug der Vorsteuer von der Steuerschuld* ergibt **(Zahllast)**.

Übersteigt die Summe der abziehbaren Vorsteuer die Steuerschuld, so wird der Überschuss erstattet.

Jeder Unternehmer hat nach Ablauf eines Kalenderjahres eine **Jahressteuererklärung** abzugeben. Nach der **Veranlagung** erhält er einen **Steuerbescheid**.

**Beispiel:**

Flamm & Co. verkauft ausschließlich an Gewerbetreibende. Die vereinbarten Entgelte betrugen insgesamt 2.995.293,00 DM. Darin sind enthalten

12.739,00 DM Lieferungen ins Ausland,
1.440,00 DM Mieten für Werkswohnungen.

Für Eigenbedarf wurden Waren im Werte von 420,00 DM entnommen, aber nicht gebucht.

Die Vorauszahlungen betrugen 289.779,92 DM; die in der Buchführung erfassten Vorsteuerbeträge 179.706,65 DM. Davon entfallen 685,87 DM auf Rechnungen für Reparaturen der Werkswohnungen.

| **Angaben über den Umsatz** | DM | DM |
|---|---|---|
| Gesamtbetrag der vereinbarten Entgelte | | 2.995.293,00 |
| Eigenverbrauch (ohne Umsatzsteuer) | | 420,00 |
| steuerbarer Umsatz | | 2.995.713,00 |
| davon sind umsatzsteuerfrei | | |
| a) § 4 Nr. 1 (Ausfuhrlieferungen) | 12.739,00 | |
| b) § 4 Nr. 12 (Mieteinnahmen) | 1.440,00 | 14.179,00 |
| steuerpflichtiger Umsatz | | 2.981.534,00 |
| **Berechnung der Umsatzsteuer** | | |
| a) 2.981.534,00 DM zum Steuersatz von 16% | | 477.045,44 |
| b) 0,00 " " " 7% | | 0,00 |
| Umsatzsteuer (zusammen) | | 477.045,44 |
| **Abziehbare Vorsteuerbeträge** | | |
| Vorsteuerbeträge (einschl. Einfuhrumsatzsteuer) | | 179.706,65 |
| vom Abzug ausgeschlossene Vorsteuerbeträge | | 685,87 |
| abziehbare Vorsteuerbeträge | | 179.020,78 |
| **Berechnung der zu entrichtenden Umsatzsteuer** | | |
| Umsatzsteuer | | 477.045,44 |
| davon ab: | | |
| Vorsteuerbeträge | 179.020,78 | |
| Kürzungen nach Berlinhilfegesetz | 0,00 | 179.020,78 |
| zu entrichtende Umsatzsteuer (Zahllast) | | 298.024,66 |
| an die Finanzkasse bezahlt | | 289.779,92 |
| noch an die Finanzkasse zu entrichten | | 8.244,74 |

### Zur Wiederholung und Vertiefung

1. Warum werden Umsätze des Buchhandels und der Lebensmittelgeschäfte nur mit dem ermäßigten Steuersatz besteuert?
2. Wodurch unterscheidet sich die Soll- von der Ist-Besteuerung?

# 9.5 Betriebswirtschaftliche Bedeutung der Steuern und Steuerpolitik

## 9.5.1 Betriebswirtschaftliche Bedeutung

Steuern belasten die Betriebe durch

a) die Höhe der Steuerschuld,

b) unentgeltliche Verwaltungsarbeit,

c) die Notwendigkeit, Sachverständige zur Erledigung steuerlicher Angelegenheiten zuzuziehen.

Die Einteilung der Steuern durch die Finanzverwaltung in Besitz-, Verkehr- und Verbrauchsteuern ist für betriebliche Zwecke unbrauchbar. Die Betriebswirtschaftslehre gliedert die Steuern nach ihrer Auswirkung auf den Betrieb.

### Steuern als Kosten

Steuern sind Kosten, soweit sie durch die Leistungserstellung verursacht werden. Dazu gehören

a) die Gewerbesteuer, durch die der Betrieb als solcher besteuert wird,

b) die Grundsteuer und die Kraftfahrzeugsteuer, soweit sie durch betriebsbedingte Vermögensteile verursacht werden,

c) die Grunderwerbsteuer für Gebäude, soweit sie in den kalkulatorischen Abschreibungen erfasst wird,

d) die Umsatzsteuer, normalerweise ein durchlaufender Posten, in Form der nicht abzugsfähigen Vorsteuer (§ 15 UStG).

### Steuern als Gewinnverwendung

Steuern sind weder Aufwand noch Kosten, sondern lediglich Ausgaben, wenn sie aus dem Ergebnis zu zahlen sind. Zu dieser Gruppe gehören die Einkommen-, Körperschaft- und Kirchensteuer. Sie stellen Gewinnverwendung dar. Diese Steuern entziehen dem Betrieb flüssige Mittel und beeinträchtigen damit die Liquidität und die Selbstfinanzierung des Betriebes.

### Steuern als neutraler Aufwand

Steuern sind neutraler Aufwand, soweit sie zwar die Erfolgsrechnung, nicht aber die Kostenrechnung beeinflussen. Hierher gehören z.B. Steuern für Grundstücke, die lediglich der Kapitalanlage dienen.

### Steuern als durchlaufende Posten

Die von den Betrieben einbehaltenen Lohn-, Kirchen- und Kapitalertragsteuern, ferner die von den Käufern zu erhebenden Verbrauchsteuern und die Umsatzsteuer sind weder Aufwand noch Kosten. Berechnung, Erhebung und Abführung dieser Steuern sind eine *unentgeltliche Dienstleistung für die Finanzbehörde*, die nicht unerhebliche Kosten verursacht. Das Institut für Mittelstandsforschung schätzt diese versteckte Leistung für die Öffentlichkeit auf mehr als eine Milliarde DM im Jahr.

**Zur Wiederholung und Vertiefung**

Nennen Sie Beispiele für Steuern

a) als Kosten,

b) als Gewinnverwendung,

c) als neutraler Aufwand,

d) als durchlaufender Posten.

## 9.5.2 Betriebliche Steuerpolitik

Die Belastung der Unternehmung mit Steuern ist groß. Die Steuerpolitik der Unternehmung hat deshalb zwei Ziele,

a) Minderung der Steuerlast,

b) zeitliche Verschiebung der Steuerbelastung.

Dabei ist jedoch zu beachten, dass steuerpolitische Maßnahmen anderweitig zu Nachteilen führen können (Erhöhung der Verwaltungskosten, Fehlinvestitionen).

**Beispiele:** Steuerberatungskosten, Anschaffung von geringwertigen Wirtschaftsgütern am Ende des Jahres, um den Gewinn zu vermindern.

### Minderung der Steuerlast

a) Die entstehende *Einkommensteuer*-Belastung lässt sich vermindern durch

1. Geltendmachung von Betriebsausgaben oder Werbungskosten, Sonderausgaben und außergewöhnlichen Belastungen,
2. Aufteilung des Gewinns auf mehrere Personen, damit ein niedrigerer Steuersatz angewendet wird.

   **Beispiel:** Ein Unternehmer beteiligt seine Kinder als Komplementäre oder Kommanditisten. Damit kann er die Belastung durch die progressive Einkommenbesteuerung mit 22,9 bis 51% mindern (Bild 153).

b) Bei der *Umsatzsteuer* kann es vorteilhaft sein, auf Steuerbefreiung nach §§ 9 und 19 UStG zu verzichten, wenn hohe Vorsteuerbeträge abgezogen werden können; denn Vorsteuern dürfen nur abgezogen werden, wenn Umsatzsteuer bezahlt wird.

### Zeitliche Verschiebung der Steuerbelastung

Bei späterer Steuerzahlung entstehen ein Zinsvorteil und eine Liquiditätsverbesserung. Werden die Steuersätze in folgenden Jahren gesenkt, kann sich außerdem eine echte Steuerersparnis ergeben. Dem steht aber die Gefahr einer höheren Belastung gegenüber, wenn die Steuersätze angehoben werden. Eine zeitliche Verschiebung ist möglich durch

a) Ausnützung der *Bewertungsfreiheit.* Das Einkommensteuerrecht gestattet beispielsweise in begrenztem Rahmen

1. Abschreibungen nach der geometrisch-degressiven Methode. Die Abschreibungsbeträge sind hier bei längerer Nutzungsdauer in den ersten Jahren wesentlich höher als bei Abschreibung mit gleichbleibenden Jahresquoten.
2. Sofortige Abschreibung geringwertiger Wirtschaftsgüter.

b) Bildung von *Rückstellungen* für soziale Aufwendungen (Pensionskassen).

**Zur Wiederholung und Vertiefung**

Welche Möglichkeiten hat eine Unternehmung

a) um die Steuerlast zu vermindern,

b) um die Steuerbelastung auf später zu verschieben?

# 10 Kosten- und Leistungsrechnung des Industriebetriebes

Die Kosten- und Leistungsrechnung ist Bestandteil des **betrieblichen Rechnungswesens**, welches sich insgesamt gliedert in
- Buchführung,
- Kosten- und Leistungsrechnung,
- Statistik,
- Planungsrechnung.

**a) Die Buchführung** ist eine **Zeitraumrechnung**. Sie erfasst die Vermögens- und Kapitalbestände und deren Veränderungen zum Zwecke der Ermittlung des Erfolges eines Rechnungszeitraumes (Jahr, Monat). Der Erfolg kann Gewinn oder Verlust sein.

Vermögen und Kapital müssen zum Zwecke der Rechenschaftslegung und der Kontrolle nach Art, Menge und Wert aufgezeichnet werden. Diese Aufgabe übernehmen in der Buchführung vor allem das Inventar und die Bilanz.

**b) Die Kosten- und Leistungsrechnung** ist eine **Stückrechnung bzw. Leistungseinheitsrechnung** (Abschnitte 10.1 bis 10.7).

Die *Kostenrechnung* erfasst den in Geld bewerteten Gütereinsatz zur Herstellung von Erzeugnissen, zur Bereitstellung von Waren und zur Leistung von Diensten. Ihr Zweck ist die Ermittlung der Selbstkosten des hergestellten Produktes bzw. der Leistungseinheit.

Die *Leistungsrechnung* hat die Aufgabe, die betrieblichen Leistungen, gemessen an den Umsatzerlösen, Bestandsveränderungen und innerbetrieblichen Eigenleistungen, zu erfassen und sie den Kosten gegenüberzustellen.

**c) Die Statistik** ist eine **Vergleichsrechnung**. Sie besteht in der zahlenmäßigen Erfassung von immer wiederkehrenden Vorgängen (Umsätze, Auftragseingänge, Geldeingänge, Laufstunden von Maschinen). Die wichtigste Quelle für das statistische Material ist die Buchführung mit ihren Belegen. Hinzu treten Erhebungen durch unmittelbare Mengenfeststellung mittels Zählung und durch Befragung.

Mit Hilfe der Statistik gewinnt die Unternehmensleitung die für Zielsetzung, Planung, Organisation, Kontrolle und Revision erforderlichen Informationen.

**Beispiel:** Die Leitung einer Unternehmung steht vor der Entscheidung, den Schwerpunkt ihrer Werbung zu bestimmen. Sie gewinnt die dafür erforderlichen Informationen aus einer gebietsweise gegliederten
- Umsatzstatistik (Art, Menge und Wert der verkauften Waren),
- Kundenstatistik (Anzahl, Größe, Streuung),
- Statistik der Kundenbesuche.

**d) Die Planungsrechnung** ist eine **Vorschaurechnung**, also eine auf die Zukunft gerichtete Rechnung und besteht in der Aufstellung und Vorgabe von Sollzahlen für begrenzte Zeiträume oder bestimmte Projekte.

**Beispiel:** Eine Industrieunternehmung entschließt sich, ein neues Erzeugnis in ihr Produktionsprogramm aufzunehmen, und stellt eine aus folgenden Teilplänen bestehende Vorschaurechnung auf:
1. Absatzplan (auf Grund von Marktanalysen erwarteter Mindestabsatz, Anpassung der Absatzorganisation an die erwarteten Anforderungen, z.B. durch Bereitstellung von Personal, Werbemitteln, Lieferwagen),
2. Investitionsplan (veranschlagte Anschaffungskosten für zusätzliche Gebäude, Maschinen, Werkzeuge),
3. Beschaffungsplan für die notwendigen Roh-, Hilfs- und Betriebsstoffe,
4. Finanzierungsplan (voraussichtlicher Geldbedarf, insgesamt und aufgeteilt nach Finanzierungsquellen, Zinsen, Tilgung),
5. Kosten- und Leistungsplan. In ihm werden für eine bestimmte Zeit alle sich aus den Teilplänen 1 bis 4 ergebenden Kosten zusammengestellt und dem Wert der bei verfügbarer Kapazität erwarteten Ausbringung gegenübergestellt.

Die **Istwerte** der tatsächlichen Entwicklung werden laufend mit den **Sollwerten** der Pläne verglichen. Wenn ins Gewicht fallende Abweichungen auftreten, werden Fehleinschätzungen sichtbar. Neue, den nicht erwarteten Gegebenheiten angepasste Pläne müssen aufgestellt werden. Auf diese Weise wird das Betriebsgeschehen unter steter Kontrolle gehalten.

Buchführung, Kosten- und Leistungsrechnung, Statistik und Planung beschaffen der Unternehmungsleitung und den Mitarbeitern wichtige Informationen für die Vorbereitung ihrer Entscheidungen und über den Vollzug und das Ergebnis getroffener Entscheidungen.

Außerdem liefern sie die Mittel zur **Rechnungslegung** der Unternehmung, deren Aufgabe es ist, verantwortlich Rechenschaft abzulegen gegenüber

a) den Kapitalgebern, b) den Arbeitnehmern, c) der Finanzbehörde,

d) der Öffentlichkeit, insbesondere, wenn die Unternehmung eine juristische Person ist.

Die Unternehmung ist durch gesetzliche Bestimmungen zur Rechenschaftslegung verpflichtet (Handelsgesetzbuch, Aktiengesetz, GmbH-Gesetz, Genossenschaftsgesetz, Kreditwesengesetz).

**Zur Wiederholung und Vertiefung**

Wodurch unterscheiden sich Buchführung, Kosten- und Leistungsrechnung, Statistik und Planungsrechnung?

## 10.1 Bedeutung und Aufgaben der Kosten- und Leistungsrechnung

Wirtschaftliches Handeln erfordert, das Verhältnis von Ergebnissen der Leistungserstellung zum Mitteleinsatz so günstig wie möglich zu gestalten, also die höchste Wirtschaftlichkeit zu erzielen. Die Verkaufserlöse müssen die Kosten der Leistungserstellung mindestens decken und nach Möglichkeit Gewinn bringen. Die Kontrolle der Wirtschaftlichkeit setzt eine genaue Kostenerfassung voraus; den Leistungen sind Kosten in der Höhe zuzuordnen, wie sie durch die Erstellung der Leistungen *verursacht* werden (Verursachungsprinzip). Die **Bedeutung** der Kosten- und Leistungsrechnung lässt sich folglich aus dem Wirtschaftlichkeitsprinzip ableiten.

**Aufgaben** der Kosten- und Leistungserfassung:

a) Überwachung der Kosten und der Wirtschaftlichkeit der Leistungserstellung.

b) Schaffung von Unterlagen sowohl für die Beurteilung der Kostenlage im Verhältnis zum Marktpreis als auch für die Preisbildung.

c) Schaffung von Unterlagen für die Durchführung von Vergleichsrechnungen.

d) Schaffung von Unterlagen für die übrigen Zweige des Rechnungswesens (Buchhaltung, Statistik, Planung).

## 10.2 Grundbegriffe der Kosten- und Leistungsrechnung

### 10.2.1 Kostenbegriff

**Kosten** sind die **Werte des Einsatzes von Gütern zur Erstellung von betrieblichen Leistungen.**

Drei Merkmale kennzeichnen den Kostenbegriff:

**a) Einsatz von Gütern im weitesten Sinne.** Zu den Gütern zählen Sachen, Rechte und Dienstleistungen. Der Einsatz ist losgelöst von etwaigen Geldausgaben. Auch unentgeltlich erworbene Güter (Schenkung, Erbschaft) oder im Betrieb anfallende Abfallprodukte (Sägemehl und Hobelspäne zur Herstellung von Hartfaserplatten) werden zu Kosten, wenn sie zur Leistungserstellung eingesetzt werden.

**b) Bewertung.** Der Einsatz von Gütern kann grundsätzlich in Geldwerten oder in Mengen (Stück, Stunde, m, $m^2$, $m^3$, l, hl, kg, t, kWh) gemessen werden. Da aber die Kostenrechnung die Addierbarkeit und Vergleichbarkeit der Kosten verlangt, so müssen sie in Geld ausgedrückt, also *bewertet* werden.

**c) Leistungsbezogenheit.** Kosten sind nur der durch die Leistungserstellung bedingte Einsatz. Keinen Kostencharakter haben somit z.B. Ordnungsstrafen und Spenden für betriebsfremde Zwecke.

**Zur Wiederholung und Vertiefung**

1. Welche Sachgüter und Dienstleistungen werden eingesetzt bei der Herstellung von
   - Stahlblechen,
   - Keramikerzeugnissen,
   - Fruchtsäften?
2. In welchen Maßeinheiten werden die einzelnen eingesetzten Güter erfasst?

## 10.2.2 Kosten und Ausgaben

Zwischen Kosten und Ausgaben bestehen folgende Beziehungen:

**a) Es gibt Ausgaben, die keine Kosten sind und auch nie zu Kosten werden** (Bild 156).

1. Ausgaben für den Erwerb eines unbebauten Grundstückes, das keiner Abnutzung (keinem Abbau) unterliegt.
2. Ausgaben, mit denen kein betriebsbedingter Verbrauch verbunden ist (neutraler Aufwand).
3. Privatentnahmen, Gewinnausschüttungen und Kapitalrückzahlungen in Geld.

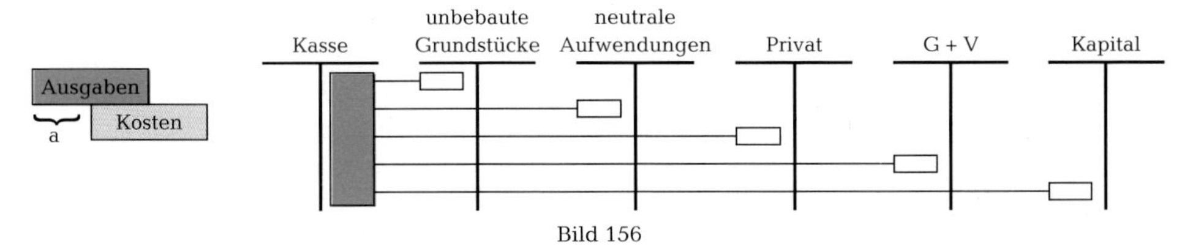


Bild 156

**b) Es gibt Kosten, die keine Ausgaben sind, denen keine Ausgabe vorausging und die auch zu keiner Ausgabe führen** (Bild 157).

1. Unentgeltlich (durch Erbfolge, Schenkung) erworbene und eingebrachte Güter (Gebäude, Maschinen, Hilfs- und Betriebsstoffe) werden zur Leistungserstellung eingesetzt.
2. Eigenkapitalzinsen und Unternehmerlohn.

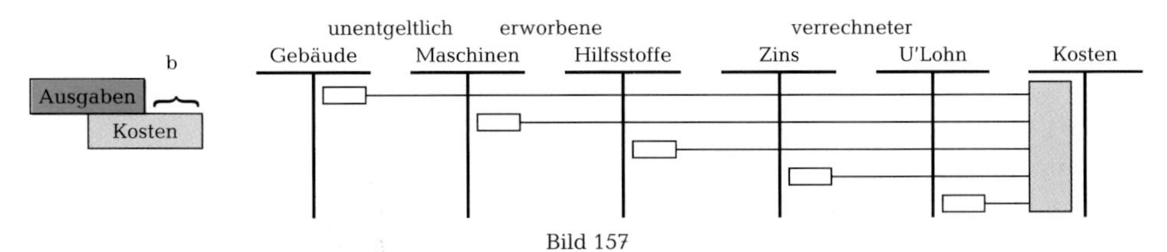


Bild 157

**c) Es gibt Ausgaben, die zugleich Kosten sind, sofern sie zeitlich zusammenfallen** (Bild 158). Zahlung von Personalkosten, Raumkosten, Vertriebskosten.

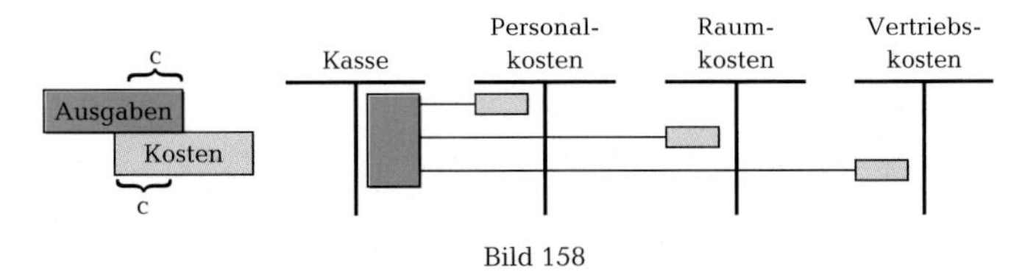


Bild 158

**d) Es gibt Ausgaben, die nicht gleichzeitig Kosten sind, aber später zu Kosten führen** (Bild 159). Die Kosten folgen den Ausgaben.

1. Ausgaben für die Beschaffung von Vermögenswerten (zunächst Aktivierung), deren Einsatz (Abschreibung, Stoffkosten) sich auf spätere Perioden erstreckt.
2. Vorauszahlung von Versicherungsbeiträgen. Die Ausgabe dient erst später der Leistungserstellung. Die im Zeitpunkt der Ausgaben „gebuchten" Kosten sind zeitlich abzugrenzen.

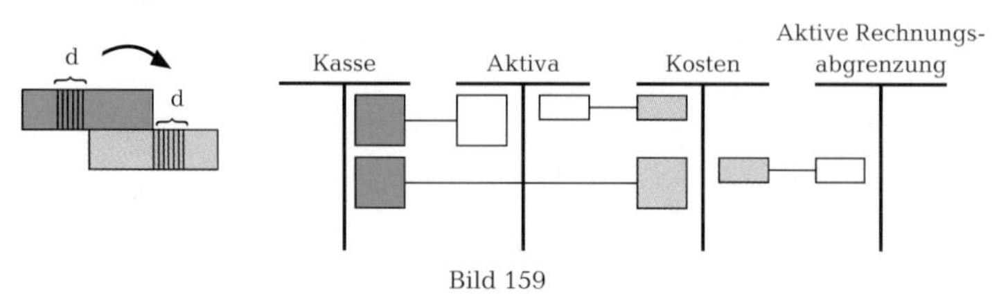


Bild 159

**e) Es gibt Kosten, die im Zeitpunkt ihrer Entstehung keine Ausgaben sind, aber zu Ausgaben führen** (Bild 160). Die Kosten entstehen vor den Ausgaben.

1. Güter werden bereits eingesetzt, ehe sie bezahlt sind (Einsatz noch nicht bezahlter Rohstoffe).
2. Personalkosten, Raumkosten, Vertriebskosten werden erst in der folgenden Rechnungsperiode bezahlt. Sie sind zeitlich abzugrenzen.
3. Kosten werden durch periodengerechte Verteilung erfasst und später zu Ausgaben (Urlaubslöhne, Weihnachtsgratifikationen).
4. Für Kosten, die zu Ausgaben führen, deren Höhe oder Fälligkeit ungewiss ist, werden Rückstellungen gebildet (Prozesskosten, Beiträge zur gesetzlichen Unfallversicherung).

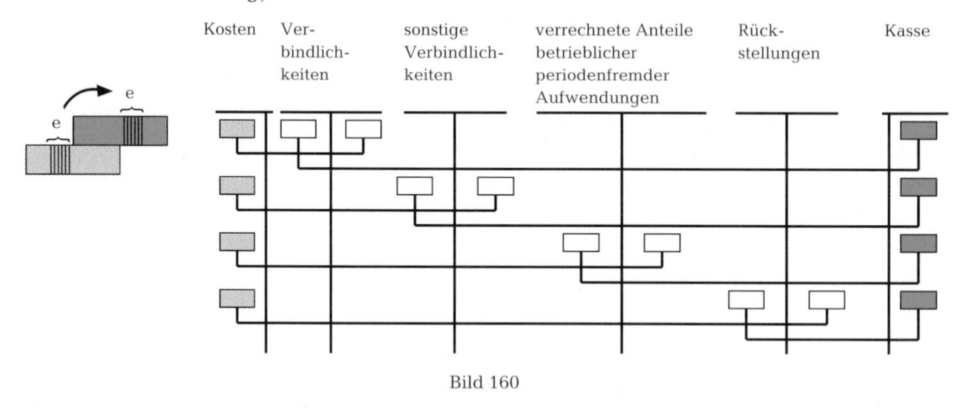


Bild 160

**f) Ausgaben und Kosten können in der Bewertung voneinander abweichen** (Bild 161). Dies ist der Fall, wenn die Verrechnungspreise der Kostenrechnung mit den Beschaffungspreisen nicht übereinstimmen. Die Bewertungsabweichungen werden auf Preisdifferenzkonten erfasst.

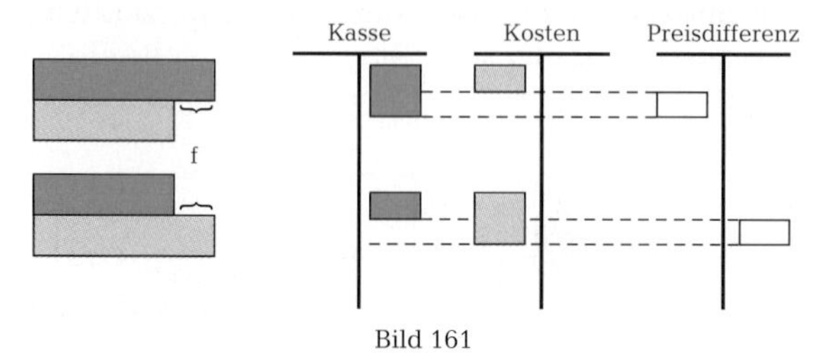


Bild 161

**Zur Wiederholung und Vertiefung**

Ordnen Sie die Vorgänge

a) Vorausbezahlung des Heizölvorrats,
b) Privatentnahmen,
c) Abschreibung auf geerbte Fabrikanlagen,
d) Verarbeitung von noch nicht bezahlten Rohstoffen,
e) sofortige Bezahlung von Transportkosten.

in einer Tabelle den folgenden Aussagen zu:

1. Ausgaben – keine Kosten,
2. Kosten – keine Ausgaben,
3. Kosten – gleichzeitig Ausgaben,
4. Ausgaben – später Kosten,
5. Kosten – später Ausgaben.

## 10.2.3 Aufwand und Ausgaben

Aufwendungen sind die der **Rechnungsperiode** zugerechneten Werte des Einsatzes von Gütern. Über das Verhältnis von Ausgaben zu Aufwand gilt dasselbe wie über das Verhältnis von Ausgaben zu Kosten. Es gibt

a) Ausgaben, die kein Aufwand sind: Rückzahlung von Eigenkapital, Privatentnahmen.

b) Aufwand, der keine Ausgabe ist: Einsatz von Gütern, die keine Ausgabe verursachen (Schenkung, Erbschaft).

c) Ausgaben, die zugleich Aufwand sind: Lohnzahlung.

d) Ausgaben und Aufwand, die zeitlich auseinanderfallen: Abschreibung und zeitliche Abgrenzung.

**Zur Wiederholung und Vertiefung**

1. Warum sind Eigenkapitalrückzahlungen und Privatentnahmen kein Aufwand?
2. Es wurden für die Produktion erforderliche Maschinen
   a) aus Eigenmitteln bezahlt,
   b) mittels Wechselakzept finanziert.

   Inwiefern stimmen beim Gebrauch dieser Betriebsmittel Ausgaben und Aufwendungen nicht überein?

## 10.2.4 Aufwand und Kosten

Der Kostenbegriff ist vom Begriff Aufwand zu trennen. „Aufwand" ist ein Begriff der Buchführung (Bilanz- und GuV-Rechnung), „Kosten" ist ein Begriff der Kostenrechnung.

**a) Der Aufwand** wird eingeteilt in neutralen Aufwand und Zweckaufwand.

1. **Neutraler Aufwand** ist derjenige Aufwand, der keine Kosten darstellt. Er wird auch *kostenloser Aufwand* genannt (Abschnitt 10.2.5).

   **Beispiele:**

   Betriebsfremde Aufwendungen, z.B. Spenden, gehen nicht in die Kostenrechnung ein, da sie nicht durch die Leistungserstellung verursacht sind.

   Außerordentliche betriebliche Aufwendungen, z.B. Aufwand durch Lkw-Unfall, können wegen ihrer außergewöhnlichen Höhe und ihres unregelmäßigen Anfalls nicht in die Kostenrechnung aufgenommen werden.

2. **Zweckaufwand** ist der Aufwand, der zugleich Kosten darstellt. Er wird auch *kostengleicher Aufwand* genannt.

   **Beispiele:**

   Rohstoffeinsatz und Arbeitsentgelte für Facharbeiter sind durch Leistungserstellung entstanden und deshalb auch Kosten.

**b) Die Kosten** werden eingeteilt in Grundkosten, Zusatzkosten und Anderskosten.

1. **Grundkosten** sind diejenigen Kosten, die zugleich Aufwand darstellen. Man nennt sie auch *aufwandsgleiche Kosten.*

   **Beispiele:**

   Werbekosten und Fertigungslöhne stellen immer Grundkosten dar, da die entsprechenden Aufwandsbeträge in gleicher Höhe in die Kostenrechnung eingehen.

2. **Zusatzkosten** sind Kosten, die kein Aufwand sind. Sie müssen den Grundkosten hinzugerechnet werden. Man nennt sie auch *aufwandslose Kosten* (Abschnitt 10.2.7).

   **Beispiel:**

   Unternehmerlohn stellt immer Zusatzkosten dar, da für den Eigentümerunternehmer keine Lohn- und Gehaltszahlungen anfallen.

3. **Anderskosten** sind Kosten, die in der Kostenrechnung mit einem anderen Wert erfasst werden als der entsprechende Aufwand in der Buchführung. Sie sind *aufwandsungleiche Kosten.*

   **Beispiele:**

   Kalkulatorische Abschreibungen (Abschnitt 10.2.6) haben einen anderen Wert als die auf das gleiche Objekt bezogenen bilanzmäßigen Abschreibungen.

   Kalkulatorische Zinsen weichen von den tatsächlich gezahlten Zinsen ab.

   Soweit die Anderskosten kleiner sind als der gegenüberstehende Aufwand, gehören sie zu den *Grundkosten.*

   Soweit die Anderskosten größer sind als der gegenüberstehende Aufwand, wirken sie in der Kosten- und Leistungsrechnung wie *Zusatzkosten.*

   **Beispiel:**

   In einem Betrieb wurde mit kalkulatorischen Wagnissen von 10.000 EUR gerechnet. Die gegenüberstehenden tatsächlichen Aufwendungen für eingetretene Wagnisverluste belaufen sich

   a) auf 12.000 EUR,

   b) auf 7.500 EUR.

   Die Wagniskosten von 10.000 EUR sind in beiden Fällen aufwandsungleich und damit Anderskosten.

   Im Falle a) sind sie bis zur Höhe von 10.000 EUR gleich den tatsächlichen Aufwendungen und damit Grundkosten. In Höhe von 2.000 EUR ist neutraler Aufwand entstanden.

   Im Falle b) gehören die Wagniskosten mit 7.500 EUR zu den Grundkosten und mit 2.500 EUR zu den Zusatzkosten.

### Zur Wiederholung und Vertiefung

1. Wodurch unterscheiden sich
   a) Zweckaufwand und neutraler Aufwand,
   b) Grundkosten und Zusatzkosten,
   c) Grundkosten und Anderskosten,
   d) Anderskosten und Zusatzkosten?
2. Die kalkulatorischen Fremdkapitalzinsen werden mit 8.400 EUR angesetzt. Die tatsächlich zu zahlenden Zinsen belaufen sich auf

   a) 6.800 EUR, b) 8.400 EUR, c) 9.000 EUR.

   Geben Sie für die drei Fälle an, inwieweit vorliegende Anderskosten zu den Grundkosten und zu den Zusatzkosten zu rechnen sind.

## 10.2.5 Neutraler Aufwand

Beim neutralen Aufwand unterscheiden wir

a) **Betriebsfremde Aufwendungen.** Dies sind solche Aufwendungen, die mit der betrieblichen Leistungserstellung in **keinem** Zusammenhang stehen.

   **Beispiele:** Aufwendungen für nicht betriebsnotwendiges Kapital, für Sanierungen, Umwandlungen; Spenden für mildtätige, wissenschaftliche oder politische Zwecke, Kursverluste bei Wertpapieren, die nicht zu betrieblichen Zwecken beschafft worden sind.

b) **Betriebliche außerordentliche Aufwendungen.** Sie sind Aufwendungen, die zwar betriebsbedingt sind, jedoch wegen ihres großen Umfangs, ihrer besonderen Art oder ihres unregelmäßigen (aperiodischen) Auftretens nicht zu den normalerweise anfallenden Aufwendungen gerechnet werden können.

   **Beispiele:** Verkauf einer gebrauchten Computer-Anlage unter dem bilanzmäßigen Abschreibungswert, hohe Insolvenzverluste, Schäden durch höhere Gewalt.

c) **Betriebliche periodenfremde Aufwendungen.** Das sind betriebliche Aufwendungen, die einer anderen Rechnungsperiode zugehören, sofern sie nicht passiviert wurden.

   **Beispiele:** Prozesskosten für einen im vergangenen Jahr abgelaufenen Prozess, soweit sie etwaige Rückstellungen übersteigen; im Juli bezahlte Urlaubslöhne; im Dezember bezahlte Weihnachtsgratifikationen (Vor- und Nachleistungen bei kurzfristiger Erfolgsrechnung).

d) **Betriebliche, aber neutral behandelte Aufwendungen.** Dazu gehören tatsächliche Zinsaufwendungen, bilanzmäßige Abschreibungen, eingetretene Wagnisverluste, Haus- und Grundstücksaufwendungen, soweit sie die entsprechenden *kalkulatorischen* Beträge übersteigen.

   **Beispiel:** Die bilanzmäßige Abschreibung übersteigt die kalkulatorische.

e) **Das Gesamtergebnis betreffende Aufwendungen.** Das sind Aufwendungen, die nicht in die Kalkulation einbezogen werden können, sondern vom Betrieb aus dem Gewinn zu tragen sind.

   **Beispiel:** Körperschaftsteuer.

**Zur Wiederholung und Vertiefung**

Welche der vorliegenden Aussagen sind richtig?

a) Betriebliche periodenfremde Aufwendungen fallen aperiodisch an und können deswegen in keinen Zusammenhang mit der betrieblichen Leistungserstellung gebracht werden.

b) Das Gesamtergebnis betreffende Aufwendungen gehören zu den betriebsfremden Aufwendungen, weil sie nicht in die Kalkulation mit einbezogen werden dürfen.

c) Soweit tatsächliche Aufwendungen die ihnen entsprechenden kalkulatorischen Beträge übersteigen, gehören sie zu den neutralen Aufwendungen.

## 10.2.6 Kalkulatorische Kosten

Die Verschiedenartigkeit der Unternehmungsformen, der Kapitalstrukturen, der Abschreibungen sowie die Unbestimmtheit im Auftreten bestimmter Wagnisverluste machen einen Kostenvergleich und eine einheitliche Selbstkostenrechnung beinahe unmöglich. Deshalb werden für Zinsen, Abschreibungen, Unternehmerlohn, Grundstücksaufwendungen und Wagnisverluste grundsätzlich nur diejenigen Beträge in die Kostenrechnung eingesetzt, die durch die Leistungserstellung bedingt sind. Die tatsächlichen Zins- und Grundstücksaufwendungen, die bilanzmäßigen Abschreibungen und die eingetretenen Wagnisverluste werden als neutrale Aufwendungen behandelt (Bild 162).

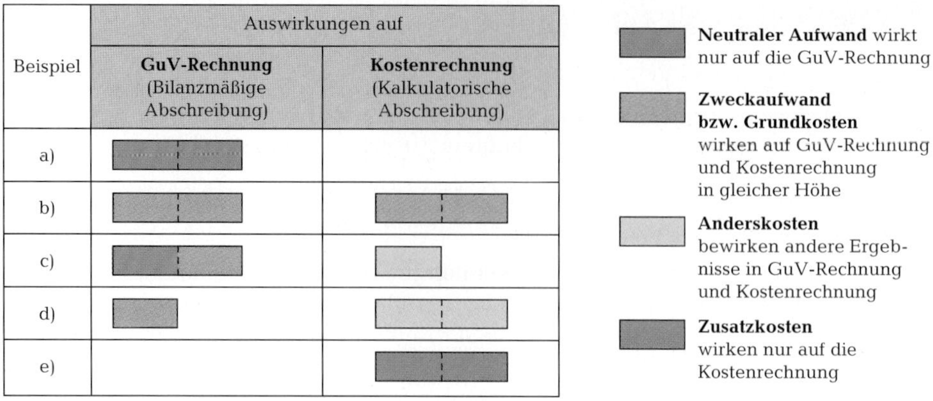

| Beispiel | Auswirkungen auf | |
|---|---|---|
| | **GuV-Rechnung** (Bilanzmäßige Abschreibung) | **Kostenrechnung** (Kalkulatorische Abschreibung) |
| a) | | |
| b) | | |
| c) | | |
| d) | | |
| e) | | |

**Neutraler Aufwand** wirkt nur auf die GuV-Rechnung

**Zweckaufwand bzw. Grundkosten** wirken auf GuV-Rechnung und Kostenrechnung in gleicher Höhe

**Anderskosten** bewirken andere Ergebnisse in GuV-Rechnung und Kostenrechnung

**Zusatzkosten** wirken nur auf die Kostenrechnung

Bild 162

Die Trennung von Aufwand und Kosten lässt erkennen,

a) inwieweit nur neutraler Aufwand entsteht.

**Beispiel:** Der Restwert einer stillgelegten Maschine muss immer noch bilanzmäßig abgeschrieben werden, kann aber nicht mehr kalkulatorisch verrechnet werden, weil die Maschine nicht mehr zur Leistungserstellung dient.

b) inwieweit Aufwand in voller Höhe zu Zweckaufwand und damit zu Grundkosten wird.

**Beispiel:** Bilanzmäßige und kalkulatorische Abschreibung für eine Anlage stimmen überein.

c) inwieweit Aufwand mit dem gegenüberstehenden kleineren Kostenbetrag nicht übereinstimmt und nur in Höhe des Kostenbetrages zu Zweckaufwand bzw. Anderskosten wird.

**Beispiel:** Die bilanzmäßige Abschreibung für einen Lastwagen übersteigt die kalkulatorische.

d) inwieweit Aufwand mit dem höheren gegenüberstehenden Kostenbetrag nicht übereinstimmt und bei höheren Anderskosten vollständig zu Zweckaufwand wird.

**Beispiel:** Die kalkulatorische Abschreibung einer Förderanlage übersteigt die bilanzmäßige.

e) inwieweit lediglich Zusatzkosten entstehen.

**Beispiel:** Eine bilanzmäßig vollkommen abgeschriebene Maschine wird kalkulatorisch weiterhin abgeschrieben, da sie noch zur Leistungserstellung dient.

## ■ Kalkulatorische Abschreibungen

Kalkulatorische Abschreibungen werden vom *betriebsbedingten* Anlagevermögen vorgenommen. Sie berücksichtigen

- bei Sachgütern: den abnutzungsbedingten Verschleiß sowie den natürlichen Verschleiß auch ohne Inbetriebnahme,
- bei Abbauvermögen: den Substanzverlust,
- bei befristeten Rechten: die Entwertung durch Zeitablauf,
- bei allen Anlagewerten: die Entwertung infolge technisch-wirtschaftlicher Überholung.

Für die Errechnung des Abschreibungsbetrages sind maßgebend

a) der Anschaffungs-, Herstellungs- oder Wiederbeschaffungswert,

b) die voraussichtliche, betriebliche Nutzungsdauer oder die betriebliche Gesamtleistung (Fahrkilometer, Maschinenstunden),

c) der Substanzwert (bei Abbauvermögen).

## Kalkulatorische Zinsen

Sie werden errechnet aus dem *zu verzinsenden betriebsbedingten Kapital*. Dieses wird wie folgt errechnet:

|   | |
|---|---|
|   | Kalkulatorische Restwerte des betriebsbedingten Anlagevermögens |
| + | durchschnittlich gebundenes betriebsbedingtes Umlaufvermögen |
|   | betriebsbedingtes Vermögen oder Kapital |
| – | zinsfrei überlassenes Fremdkapital (Abzugskapital) |
|   | zu verzinsendes betriebsbedingtes Kapital |

Zum zinsfrei überlassenen Fremdkapital gehören Anzahlungen von Kunden, passive Posten der Rechnungsabgrenzung und Rückstellungen sowie Verbindlichkeiten, soweit sie zinsfrei überlassen sind.

Die kalkulatorischen Zinsen umfassen somit die Kosten für die Nutzung des gesamten betriebsbedingten Kapitals. Der Zinssatz für das betriebsbedingte Kapital kann vom Unternehmer grundsätzlich nach eigenem Ermessen bestimmt werden. Im Allgemeinen wird der landesübliche Zinssatz für langfristige Darlehen angewendet.

## Kalkulatorische Wagnisse

Man unterscheidet

a) **allgemeines Unternehmungswagnis** (Wahl des Standorts, Wahl des Geschäftszweigs). Es ist nicht kalkulierbar und wird somit im Gewinn abgegolten.

b) **Einzelwagnisse**, die mit der Leistungserstellung verbunden sind (Feuer, Einbruch, Autounfall, Ausfall von Forderungen, Arbeitsstockung, Ausschuss). Sie werden als kalkulatorische Wagnisse in die Kostenrechnung einbezogen.

Der Zeitpunkt des Auftretens sowie die Höhe der Wagnisverluste sind ungewiss und zufällig. Daher können die tatsächlichen Wagnisverluste nicht auf eine Leistungsperiode bezogen werden. Sie tragen **aperiodischen** Charakter und können deshalb nur als neutrale Aufwendungen gebucht werden. Um sie in die Kostenrechnung einbeziehen zu können, ist eine gleichmäßige periodische Verteilung der Zufallsaufwendungen erforderlich.

## Kalkulatorischer Unternehmerlohn

Durch ihn soll bei **Personenunternehmungen** ein Entgelt für die Arbeit der im Betrieb ohne Entlohnung tätigen Unternehmer sowie ihrer Angehörigen in die Kostenrechnung einbezogen werden. Seine Höhe richtet sich nach dem Entgelt für eine vergleichbare Arbeitsleistung (Gehälter an Direktoren oder Geschäftsführer im gleichen Geschäftszweig mit gleichem Betriebsumfang).

Bei **Kapitalgesellschaften** entfällt der kalkulatorische Unternehmerlohn, weil die Bezüge der Vorstandsmitglieder bzw. Geschäftsführer laufend als Gehalt bezahlt und damit als Kosten gebucht werden.

### Zur Wiederholung und Vertiefung

1. Inwieweit unterscheiden sich die kalkulatorischen Kosten von den tatsächlichen Aufwendungen?
2. Nach welchen Kriterien werden
   a) das der kalkulatorischen Abschreibung als Abschreibungsgrundwert dienende Anlagevermögen berechnet,
   b) der kalkulatorische Abschreibungsbetrag ermittelt?

3. Berechnen Sie die kalkulatorischen Zinsen.

   Kalkulatorische Restwerte des Anlagevermögens insgesamt 750.000 EUR. Betriebsbedingtes Umlaufvermögen durchschnittlich 800.000 EUR. Zinsfreies Fremdkapital 90.000 EUR.

   Branchenüblicher kalkulatorischer Zinssatz 8%.

4. a) Wodurch unterscheidet sich das allgemeine Unternehmungswagnis von den betrieblichen Einzelwagnissen?

   b) Wodurch unterscheiden sich eingetretene Wagnisverluste von den kalkulatorischen Wagnisverlusten?

5. a) Wie lässt sich der Unternehmerlohn ermitteln?

   b) Der kalkulatorische Unternehmerlohn ist kein Aufwand. Inwiefern kann er sich trotzdem in der Gewinn- und Verlustrechnung auswirken?

## 10.2.7 Zusatzkosten

Zusatzkosten sind kalkulatorische Kosten, denen in der Gewinn- und Verlustrechnung kein Aufwand entspricht. Dazu gehören

a) als **Zusatzkosten**
   - der kalkulatorische Unternehmerlohn,

b) als **Anderskosten**, die wie Zusatzkosten wirken, die Überschüsse
   - der kalkulatorischen Abschreibungen über die bilanzmäßigen Abschreibungen,
   - der kalkulatorischen über die gezahlten Zinsen,
   - der kalkulatorischen Wagnisse über die tatsächlich eingetretenen Wagnisverluste.

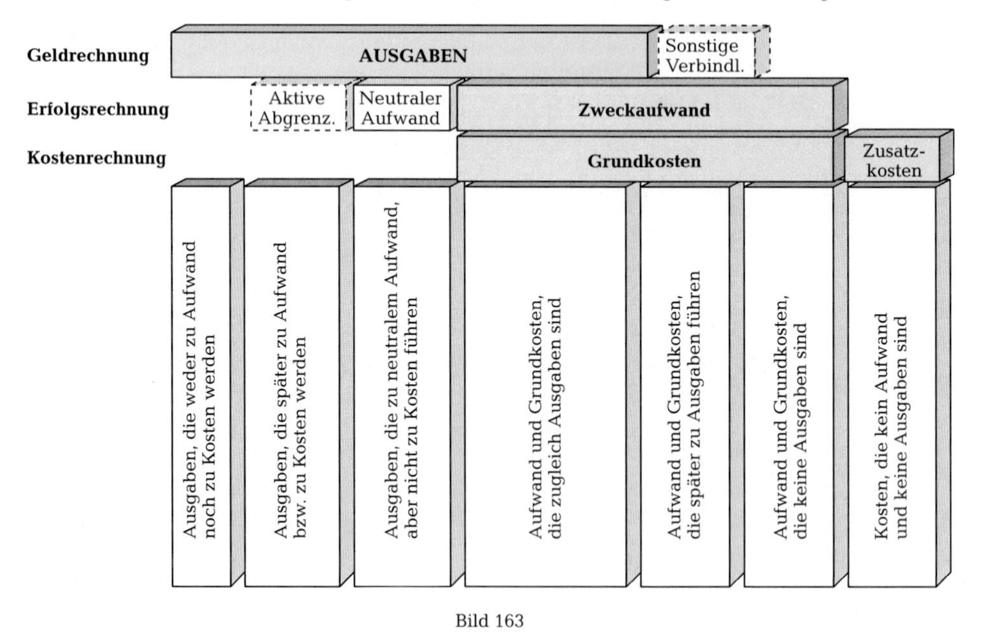


Bild 163

### Zur Wiederholung und Vertiefung

1. Finden Sie jeweils ein Beispiel zu den in Bild 163 definierten Kosten, Aufwendungen und Ausgaben.

2. Ermitteln Sie anhand der gegebenen Zahlen in den Betrieben 1 und 2 die Werte für
   - den neutralen Aufwand,
   - den Zweckaufwand,
   - die Grundkosten,
   - die Zusatzkosten,
   - die Anderskosten.

| Aufwands- bzw. Kostenbetrag | | bilanzmäßiger Wert | kalkulatorischer Wert |
|---|---|---|---|
| Abschreibungen | in Betrieb 1<br>in Betrieb 2 | 200.000 EUR<br>86.000 EUR | 180.000 EUR<br>90.000 EUR |
| Zinsen | in Betrieb 1<br>in Betrieb 2 | 22.000 EUR<br>50.000 EUR | 105.000 EUR<br>44.000 EUR |
| Wagnisverluste | in Betrieb 1<br>in Betrieb 2 | 25.000 EUR<br>18.000 EUR | 25.000 EUR<br>40.000 EUR |
| Unternehmerlohn | in Betrieb 1<br>in Betrieb 2 | 0 EUR<br>0 EUR | 90.000 EUR<br>75.000 EUR |

### 10.2.8 Leistungsbegriff

**Leistung** ist die **in Geld bewertete Ausbringung von Erzeugnissen des Betriebes.**

Drei Merkmale kennzeichnen den Leistungsbegriff:

**a) Ausbringung von Erzeugnissen.** Dazu zählen

- die bereits **umgesetzten Erzeugnisse**,
- die für den Umsatz vorgesehenen, aber noch **gelagerten Erzeugnisse (unfertige und fertige Erzeugnisse)**,
- die zur Verwendung im eigenen Betrieb bestimmten Güter **(innerbetriebliche Eigenleistungen)**.

**b) Bewertung.** Die Ausbringung von Erzeugnissen kann je nach Erzeugnisart in Geldwerten oder in Mengen (Stück, m, $m^2$, $m^3$, l, hl, kg, t, kWh) gemessen werden. Da aber die Leistungsrechnung die Addierbarkeit und Vergleichbarkeit der verschiedenen Leistungen verlangt, so müssen sie in Geld ausgedrückt, also bewertet werden.

- Der Wert der bereits umgesetzten Erzeugnisse ergibt sich aus ihrem **Verkaufserlös**.
- Der Wert der gelagerten unfertigen und fertigen sowie der zur innerbetrieblichen Verwendung vorgesehenen Erzeugnisse bestimmt sich nach ihren **Herstellkosten**.

**c) Betriebsbezogenheit.** Die Leistung entsteht durch den betrieblichen Einsatz. Nicht zur Betriebsleistung gehören z.B. Zinserträge.

### 10.2.9 Abgrenzungen und Korrekturen zwischen Gewinn- und Verlustrechnung sowie Kosten- und Leistungsrechnung

Ziel der Gewinn- und Verlustrechnung ist die Ermittlung des *Gesamtergebnisses* der Unternehmung. Es ergibt sich als Saldo aus allen Aufwendungen und Erträgen.

Erfolgsausweis der Kosten- und Leistungsrechnung ist das *Betriebsergebnis*. Es ergibt sich aus dem Saldo von Kosten und Leistungen.

Weil Aufwendungen und Kosten einerseits, Erträge und Leistungen andererseits nicht vollständig miteinander übereinstimmen, fallen auch Gesamt- und Betriebsergebnis in aller Regel auseinander. Sie differieren um das *Neutrale Ergebnis*, welches sich mit Hilfe

- der so genannten **„unternehmungsbezogenen Abgrenzung"** von neutralen Aufwendungen und Erträgen sowie
- **kostenrechnerischen Korrekturen** von Unterschiedsbeträgen zwischen Aufwendungen und Kosten errechnen lässt.

Um eine getrennte Ermittlung von Gesamtergebnis und Betriebsergebnis zu ermöglichen, ist auch der das industrielle Rechnungswesen ordnende **Industriekontenrahmen (IKR)** gegliedert nach einem Zweikreissystem in den

- **Rechnungskreis I**, die *„Geschäftsbuchführung"* mit den Kontenklassen 0 bis 8, welche zum Gesamtergebnis führt, und den
- **Rechnungskreis II**, die *„Betriebsbuchführung"* mit der Kontenklasse 9, welche das Betriebsergebnis und das neutrale Ergebnis ausweist.

Eine Verbindung der beiden Rechnungskreise erfolgt in der Praxis weniger in kontenmäßiger Form über Abgrenzungs- und Korrekturkonten als vielmehr durch tabellarische Erfassung. Damit lässt sich die Ergebnisabstimmung einfach und deutlich darstellen.

**Beispiel:**

1. Das **GuV-Konto** eines Industrieunternehmens weist folgende Werte aus:

| Aufwendungen (Tsd. EUR) | | GuV-Konto | Erträge (Tsd. EUR) |
|---|---|---|---|
| Rohstoffaufwendungen | 2.000 | Umsatzerlöse | 5.000 |
| Gesamte Personalaufwendungen | 2.300 | Innerbetriebliche Eigenleistungen | 150 |
| Abschreibungen auf Sachanlagen | 400 | Erträge aus Abgang von Vermögensgegenständen | 120 |
| Verluste aus Abgang von Vermögensgegenständen | 40 | Zinserträge | 30 |
| Betriebssteuern | 45 | | |
| Zinsaufwendungen | 65 | | |
| Spenden | 10 | | |
| Gesamtergebnis (Gewinn) | 440 | | |
| | 5.300 | | 5.300 |

2. In der Kosten- und Leistungsrechnung sind abweichend von den bilanzmäßigen Aufwendungen als **Anderskosten** eingesetzt:
   - kalkulatorische Abschreibungen auf Sachanlagen 350 Tsd. EUR,
   - kalkulatorische Zinsen für das betriebsbedingte Kapital 80 Tsd. EUR.

3. **Ergebnistabelle:**

| **Rechnungskreis I (Tsd. EUR)** | | | **Rechnungskreis II (Tsd. EUR)** | | | | | |
|---|---|---|---|---|---|---|---|---|
| Bereich der Geschäftsbuchführung | | | Abgrenzungsbereich | | | | Kosten- und Leistungsbereich | |
| Erfolgskonten | GuV/Gesamtergebnisrechnung | | Neutrales Ergebnis aus unternehmensbezogenen Abgrenzungen | | Neutrales Ergebnis aus kostenrechnerischen Korrekturen | | Betriebsergebnisrechnung | |
| | | | Neutraler | | Verrechnete Kosten | | | |
| | Aufwand | Ertrag | Aufwand | Ertrag | Aufwand | Kosten | Kosten | Leistungen |
| | – | + | – | + | – | + | – | + |
| Umsatzerlöse | | 5.000 | | | | | | 5.000 |
| Innerbetriebliche EL | | 150 | | | | | | 150 |
| Erträge a. A. v. VG. | | 120 | | 120 | | | | |
| Zinserträge | | 30 | | 30 | | | | |
| Rohstoffaufwend. | 2.000 | | | | | | 2.000 | |
| Personalaufwend. | 2.300 | | | | | | 2.300 | |
| Abschr. a. Sachanl. | 400 | | | | 400 | 350 | 350 | |
| Verluste a. A. v. VG. | 40 | | 40 | | | | | |
| Betriebssteuern | 45 | | | | | | 45 | |
| Zinsaufwendungen | 65 | | | | 65 | 80 | 80 | |
| Spenden | 10 | | 10 | | | | | |
| Summen | 4.860 | 5.300 | 50 | 150 | 465 | 430 | 4.775 | 5.150 |
| Ergebnisse | + 440 | | = + 100 | | | – 35 | + 375 | |
| | **Gesamtergebnis** = | | **Neutrales Ergebnis** (Saldo: + 65) | | | | **+ Betriebsergebnis** | |

**Zur Wiederholung und Vertiefung**

Erstellen Sie für einen als Einzelunternehmung geführten Industriebetrieb eine Tabelle zur Abstimmung von Gesamtergebnis, Neutralem Ergebnis und Betriebsergebnis anhand folgender Daten

| | Tsd. EUR |
|---|---|
| a) aus der Geschäftsbuchführung: | |
| – Umsatzerlöse | 12.500 |
| – Bestandsmehrungen an fertigen und unfertigen Erzeugnissen | 500 |
| – Mieterträge | 200 |
| – Aufwendungen für Roh-, Hilfs- und Betriebsstoffe | 6.500 |
| – Fertigungslöhne und Gehälter | 4.600 |
| – Soziale Abgaben | 850 |
| – Abschreibungen auf Sachanlagen | 600 |
| – Aufwendungen aus eingetretenen Wagnisverlusten | 100 |
| – Außerordentliche Aufwendungen | 260 |
| b) aus der Kosten- und Leistungsrechnung: | |
| – Kalkulatorische Abschreibungen auf Sachanlagen | 720 |
| – Kalkulierte Wagniskosten | 60 |
| – Kalkulatorischer Unternehmerlohn | 120 |

# 10.3 Gliederung der Kosten- und Leistungsrechnung

Nach den Gemeinschaftsrichtlinien für die Kostenrechnung (GRK) unterscheidet man die Kostenarten-, Kostenstellen- und Kostenträgerrechnung (Bild 169) sowie die Leistungs- und Betriebsergebnisrechnung (Abschnitt 10.3.4).

## 10.3.1 Kostenartenrechnung

Sie soll die anfallenden Kosten *sammeln* und nach Kostengruppen *ordnen*. Die Kosten lassen sich in folgende Gruppen zusammenfassen:

### ■ Stoffkosten

Stoffkosten entstehen in allen Betrieben (Fertigungsmaterial in Industriebetrieben, Büromaterial in Bankbetrieben). Ihre Bedeutung für die einzelnen Wirtschaftszweige ist aber verschieden. Im Fertigungsbereich unterscheidet man Kosten für Rohstoff-, Hilfsstoff- und Betriebsstoffverbrauch sowie Kosten für bezogene Fertigteile (Abschnitt 1.3.1).

### ■ Arbeitskosten

Arbeitskosten sind Kosten, die durch den Einsatz von Arbeitskräften entstehen. Sie gliedern sich in

**a) Löhne und Gehälter** einschließlich aller Familien-, Gefahren-, Schmutz-, Sonntags-, Feiertags- und Nachtzuschläge,

**b) Sozialkosten,**

1. gesetzliche soziale Abgaben (Arbeitgeberbeiträge zur Sozialversicherung, Krankengeldzuschüsse),
2. freiwillige soziale Aufwendungen (Jubiläumsgaben, Zuschüsse zur Werksküche),

c) **sonstige Personalkosten** (Stellenausschreibungen, Vorstellungskosten, Umzugskosten),

d) **kalkulatorischen Unternehmerlohn** (Entgelt für unternehmerische Arbeitsleistung, Abschnitt 10.2.6).

### Anlagekosten

Anlagekosten sind Kosten, die durch das Anlagevermögen bedingt sind, insbesondere durch die Instandhaltung und Abnutzung. Die Instandhaltung verursacht Stoff-, Arbeits- und Fremdleistungskosten. Die Abnutzung verursacht **Abschreibungen**.

Unter Abschreibung verstehen wir den auf eine Wirtschaftsperiode entfallenden *Aufwand*, der durch den Einsatz solcher Vermögenswerte entsteht, deren betriebsgewöhnliche Nutzungsdauer sich über mehrere Perioden erstreckt.

Abschreibungen sind insoweit *Kosten*, als die Vermögensverminderung durch die normale betriebliche Inanspruchnahme sowie durch voraussehbare wirtschaftliche Entwertung verursacht wird.

### Kapitalkosten

Das Problem der kalkulatorischen Zinsen für das betriebsbedingte Kapital sowie der Wagniskosten ist in Abschnitt 10.2.6 behandelt.

### Fremdleistungskosten

Sie entstehen durch die Inanspruchnahme von Leistungen fremder Betriebe. Dazu gehören:

a) Transportkosten, Entgelte für Nachrichtenübermittlung,
b) Miet- und Pachtkosten,
c) Kosten für Strom, Gas, Wasser aus fremden Betrieben,
d) Kosten für Reparaturen und Instandsetzungen durch fremde Betriebe,
e) Kosten für die Übernahme der Werbung durch Werbeunternehmungen,
f) Kosten für den Einsatz erworbener Patente und Lizenzen (Abschreibungen),
g) Rechts- und Beratungskosten,
h) Versicherungskosten.

### Kosten der menschlichen Gesellschaft

Die öffentlichen Gemeinwesen benötigen zur Erfüllung ihrer Aufgaben beträchtliche Mittel. Diese werden durch Steuern aufgebracht. Inwieweit die Steuern bei den Betrieben Kosten sind, ergibt sich aus den einzelnen Steuergesetzen (Abschnitt 9.5.1).

**Zur Wiederholung und Vertiefung**

Teilen Sie die einzelnen Konten der Klassen 6 und 7 des Industrie-Kontenrahmens (IKR) den oben genannten Kostengruppen zu.

## 10.3.2 Kostenstellenrechnung

In der Kostenstellenrechnung werden die Kosten auf den Ort ihrer Entstehung verteilt. Deshalb muss bereits die Kostenartenrechnung den Bedürfnissen der Kostenstellen- und Kostenträgerrechnung angepasst werden. Insbesondere sind die Kosten nach Einzel- und Gemeinkosten getrennt zu erfassen.

## Einzelkosten und Gemeinkosten

**Einzelkosten** sind Kosten, die für die **einzelne Leistungseinheit** (Stück) genau erfasst und ihr **unmittelbar** (direkt) zugerechnet werden können. Zu ihnen gehören vor allem Fertigungsmaterial und Fertigungslöhne.

Wenn Einzelkosten nur in besonderen Fällen und in unterschiedlicher Höhe anfallen, spricht man von *Sonder*einzelkosten. Man unterscheidet:

**a)** **Sondereinzelkosten der Fertigung** (Lizenz- und Patentgebühren, Kosten für Sonderwerkzeuge, Vorrichtungen und Modelle),

**b)** **Sondereinzelkosten des Vertriebs** (Ausgangsfrachten, Verpackungskosten, Vertreterprovision). Sie werden dem Verkaufspreis zugerechnet.

**Gemeinkosten** sind Kosten, die für einen **Abrechnungszeitraum** erfasst, mit Hilfe eines Verteilungsschlüssels auf die Kostenstellen verteilt und der Leistungseinheit mit Hilfe von Zuschlagsprozentsätzen **mittelbar** (indirekt) zugerechnet werden. Dazu gehören alle Kosten, die nicht Einzelkosten sind, wie Gehälter, Gemeinkostenmaterial, Abschreibungen, Raumkosten.

## Zweck der Kostenstellenrechnung

a) Sie soll die **Betriebsüberwachung** erleichtern und die Entwicklung jeder Kostenstelle gesondert beobachten lassen.

b) Sie soll **Verantwortungsbereiche** schaffen und damit das Verantwortungsbewusstsein stärken und den Leistungswillen innerhalb der Kostenstellen steigern. Damit könnte sie zugleich eine Voraussetzung zur Ermittlung einer leistungsgerechten Beteiligung der Belegschaft an der betrieblichen Wertschöpfung schaffen.

c) Sie dient der **genauen Kostenträgerrechnung**, insbesondere dann, wenn die Kostenträger die Kostenstellen *ungleich* in Anspruch nehmen oder wenn eine Kostenstelle eine *selbstständige* Leistung zu vollbringen hat (betriebseigene Kraftanlage).

## Kostenbereiche – Kostenstellen

In jedem Betrieb werden **Kostenbereiche** gebildet. Man unterscheidet

- Stoffbereich,
- Fertigungsbereich,
- Entwicklungs- und Konstruktionsbereich,
- Verwaltungsbereich,
- Vertriebsbereich,
- Allgemeiner Bereich.

Innerhalb der Kostenbereiche werden **Kostenstellen** gebildet. Für ihre gegenseitige Abgrenzung können räumliche, funktionale oder kalkulatorische Gründe maßgebend sein. Es gibt folgende Möglichkeiten:

a) Für **mehrere** Kostenbereiche wird **eine** Kostenstelle gebildet (Kostenstelle Verwaltung und Vertrieb),

b) für **einen** Kostenbereich wird nur **eine** Kostenstelle gebildet,

c) innerhalb **eines** Kostenbereichs werden **mehrere** Kostenstellen gebildet (Strickerei, Zuschneiderei, Näherei, Büglerei).

Man unterscheidet

**a) Hauptkostenstellen.** Sie werden auch als *Endkostenstellen* bezeichnet, weil sie diejenigen Gemeinkostensummen enthalten, die am *Ende* des Umlageverfahrens den Kostenträgern zugerechnet werden können. Hauptkostenstellen sind die Materialstellen, Fertigungsstellen, Verwaltungsstellen, Vertriebsstellen.

**b) Hilfskostenstellen.** Sie werden auch als *Vorkostenstellen* bezeichnet, weil ihre Gemeinkosten *zuvor* auf die Hauptkostenstellen verteilt werden müssen. Man unterscheidet:

1. **Allgemeine** Hilfskostenstellen. Auf ihnen werden Kosten gebucht, die auf *alle* übrigen Hilfs- und Hauptstellen anteilmäßig umzulegen sind (Gebäudeverwaltung, Heizung).
2. **Besondere** Hilfskostenstellen. Die auf ihnen erfassten Kosten werden auf die *übergeordneten* Hauptstellen umgelegt (Werkzeugmacherei, Materialprüfstelle, Werbeabteilung).

## Betriebsabrechnungsbogen (BAB)

Die Kostenstellenrechnung erfolgt in der Regel außerhalb der Buchführung in der statistischen Form eines BAB (Bild 164). Dieser ermöglicht

a) Verrechnung der Gemeinkosten auf die Kostenstellen,

b) Umlegung der Summen der Hilfsstellen auf die Hauptstellen,

c) Ermittlung der Gemeinkostenzuschläge für die Kostenträgerrechnung,

d) Errechnung statistischer Betriebskennzahlen.

| **Kostenarten** | Zahlen der Buchf. | **Allgem. Kostenstellen** | **Fertigungsstellen** | | | **Fert.-Hilfsstellen** | **Materialstellen** | **Verwaltungsstellen** | **Vertriebsstellen** |
|---|---|---|---|---|---|---|---|---|---|
| | | | I | II | III | | | | |
| Hilfslöhne | 300 | 20 | 90 | 80 | 60 | 10 | 15 | 5 | 20 |
| Gehälter | 2.000 | 30 | 100 | 80 | 70 | 40 | 60 | 1.500 | 120 |
| Gemeink.-Material | 80 | 5 | 20 | 15 | 15 | 5 | 5 | 10 | 5 |
| Steuern, Abgaben | 50 | – | – | – | – | – | – | 50 | – |
| Versch. Kosten | 70 | 5 | 10 | 10 | 5 | 5 | 10 | 15 | 10 |
| Abschreibungen | 3.000 | 40 | 1.300 | 900 | 685 | 30 | 10 | 20 | 15 |
| Instandhaltung | 1.000 | 8 | 450 | 320 | 186 | 10 | 12 | 6 | 8 |
| Zinsen | 400 | 20 | 140 | 115 | 100 | 5 | 4 | 10 | 6 |
| Raumkosten | 500 | 47 | 160 | 140 | 88 | 10 | 20 | 24 | 11 |
| Energieverbrauch | 600 | 5 | 250 | 200 | 121 | 5 | 4 | 10 | 5 |
| Summen | 8.000 | 180 | 2.520 | 1.860 | 1.330 | 120 | 140 | 1.650 | 200 |
| **Umlage der Allg. Kostenstellen** | | → | 50 | 40 | 35 | 20 | 5 | 15 | 15 |
| **Umlage der Fertigungs-Hilfsstellen** | | | 60 | 55 | 25 | ← | | | |
| **Gemeinkosten** | | | 2.630 | 1.955 | 1.390 | | 145 | 1.665 | 215 |
| **Zuschlagsbasis** | | | **Zuschlagssätze** | | | | | | |
| Fert. Material | 2.500 | | 105,2% | 78,2% | 55,6% | | 5,8% | | |
| MGK | 145 | | | | | | | | |
| Materialkosten | | 2.645 | | | | | | | |
| F. Löhne I | 900 | | 292% | | | | | | |
| F. Löhne II | 740 | | | 264% | | | | | |
| F. Löhne III | 660 | | | | 211% | | | | |
| FGK | 5.975 | | | | | | | | |
| Fertigungskosten | | 8.275 | | | | | | 20,1% | 2,6% |
| Herstellkosten | | 10.920 | | | | | | 15,3% | 2% |

Bild 164

Der BAB ist ein Formblatt der Betriebsabrechnung, in das in **vertikaler** Anordnung Art und Höhe der einzelnen Kosten und in **horizontaler** Gliederung die einzelnen Kostenstellen aufgenommen werden. Man unterscheidet

a) den **einstufigen** BAB. Er enthält **nur Haupt**kostenstellen,

b) den **mehrstufigen** BAB. Er enthält **Haupt- und Hilfs**kostenstellen.

### ■ Verteilung der Gemeinkosten im BAB

Nach der Art der Umlegung unterscheidet man

**a) Stelleneinzelkosten.** Es sind Gemeinkosten, die für die einzelne Kostenstelle **genau** erfasst werden können (Stromzähler für jede Kostenstelle).

**b) Stellengemeinkosten.** Es sind Gemeinkosten, die mehrere Kostenstellen betreffen und mit Hilfe eines **Verteilungsschlüssels** auf die betreffenden Kostenstellen umgelegt werden (nur ein Stromzähler für alle Kostenstellen).

**Kostenverteilungsschlüssel** sollen möglichst der Kostenverursachung entsprechen, aber auch einfach zu ermitteln sein (Heizungskosten = Heizraum-$m^3$, Stromkosten = kW-Verbrauch). Da das Auffinden eines zutreffenden Verteilungsschlüssels meist schwierig ist, muss die Erfassung der Gemeinkosten als Stelleneinzelkosten angestrebt werden (Stromzähler in möglichst vielen Kostenstellen).

Sind die Kostenarten auf die Haupt- und Hilfsstellen verteilt, dann werden die Summen der Hilfskostenstellen in zwei Stufen auf die Hauptkostenstellen umgelegt:

1. Stufe: Die Summen der **allgemeinen** Hilfskostenstellen werden auf **alle übrigen** Kostenstellen umgelegt.

2. Stufe: Die Summen der **besonderen** Hilfskostenstellen werden auf die ihnen **übergeordneten** Hauptstellen umgelegt.

Danach sind die Gemeinkostensummen der einzelnen Hauptkostenstellen ersichtlich. Diese Summen werden zu bestimmten Bezugsgrößen (Verrechnungsgrundwert) ins *Verhältnis* gesetzt. Dabei sind solche Verrechnungsgrundlagen zu wählen, die sich zu den Gemeinkostensummen annähernd proportional verhalten (Materialgemeinkosten: Fertigungsmaterial; Fertigungsgemeinkosten: Fertigungslöhne). Die Verwaltungs- und Vertriebsgemeinkosten werden in der Regel auf die Herstellkosten bezogen. Das Verhältnis der Gemeinkosten zu ihrer Bezugsgröße heißt **Zuschlagssatz**.

Der tatsächliche Zuschlagssatz (Istzuschlag) kann erst am Ende einer Abrechnungsperiode ermittelt werden. Deshalb wird meist der Istzuschlag vergangener Leistungsperioden als Normalzuschlag künftiger Perioden verwendet, wobei veränderte Verhältnisse (Lohnhöhe, Beschäftigungsgrad) durch entsprechende Erhöhung oder Senkung des Zuschlagssatzes berücksichtigt werden.

Aus dem Vergleich der Ist- und Normalkosten lassen sich **Kostenunter- und Kostenüberdeckungen** ermitteln (Abschnitte 10.3.4 und 10.4.1).

### ■ BAB mit Maschinenstundensätzen (Bild 166)

Im modernen Industriebetrieb wird die Höhe der Fertigungsgemeinkosten in hohem Maße durch den Einsatz von Maschinen bestimmt. Die entsprechend zurückgegangenen Fertigungslöhne eignen sich nicht mehr als Zuschlagsbasis für alle Fertigungsgemeinkosten. Deshalb werden die **maschinenabhängigen FGK** ausgegliedert und in Maschinenstundensätzen zusammengefasst.

**a) Die Ermittlung des Maschinenstundensatzes** (Bild 165)

Die unmittelbar mit dem Einsatz der Maschinen verbundenen Fertigungsgemeinkosten (Abschreibung, Instandhaltung, Reparatur, Zinsen, Raumkosten und Energieverbrauch) werden auf einer Maschinenstundensatzkarte unter Berücksichtigung der voraussichtlichen Nutzungsdauer auf die Laufstunde der Maschine bezogen.

| **Maschinenstundensatz-Karte** | |
|---|---|
| Laufende Nr. 23 | Anschaffungskosten: 120.000 EUR |
| Bezeichnung: Stanz- und Bohrwerk | Wiederbeschaffungskosten: 120 % |
| Standort: Werkhalle II | Nutzungsdauer: 10 Jahre |
| Anschaffungsjahr: 1999 | monatliche Stundenleistung: 150 Std. |
| | Gesamtstundenleistung: 18.000 Std. |

| Kostenart | Berechnungsbasis | Wertansatz | Betrag EUR |
|---|---|---|---|
| **Abschreibung** | $\frac{\text{Wiederbeschaffungskosten}}{\text{Gesamtstundenleistung}}$ | $\frac{144.000}{18.000}$ | 8,00 |
| **Instandhaltung Reparatur** | 40% des Abschreibungssatzes | $\frac{8 \times 40}{100}$ | 3,20 |
| **Zinsen** | 6 % von $\frac{\text{halbe Wiederbeschaffungskosten}}{\text{jährliche Stundenleistung}}$ | $\frac{72.000 \times 6}{1.800 \times 100}$ | 2,40 |
| **Raumkosten** | 50 $m^2$ Arbeitsfläche zu je 13,50 EUR monatlich | $\frac{50 \times 13,50}{150}$ | 4,50 |
| **Energieverbrauch** | 5 kWh zu je 0,18 EUR | | 0,90 |
| **Maschinenstundensatz** | | | **19,00** |

Bild 165

Maschinen mit ungefähr gleichem Maschinenstundensatz werden unabhängig von ihrem Standort zu einer Maschinengruppe zusammengefasst (z.B. Maschinengruppe A bis zu einem Stundensatz von 15 EUR, Gruppe B bis zu 20 EUR usw.).

**b) Verteilung der Restgemeinkosten**

Die nach der Ausscheidung der Maschinenkosten verbleibenden Restgemeinkosten werden nach dem bisherigen Verfahren auf dem BAB verteilt:

| **Kostenarten** | Zahlen der Buchf. | **Maschinenkosten** Gruppen | | | | **Restgemeinkosten** | **Allgem. Kostenstellen** | **Fertigungsstellen** | | | **Fert. Hilfsstellen** | **Materialstellen** | **Verwaltungsstellen** | **Vertriebsstellen** |
|---|---|---|---|---|---|---|---|---|---|---|---|---|---|---|
| | | A | B | C | D | | | I | II | III | | | | |
| Hilfslöhne | 300 | | | | | 300 | 20 | 90 | 80 | 60 | 10 | 15 | 5 | 20 |
| Gehälter | 2.000 | | | | | 2.000 | 30 | 100 | 80 | 70 | 40 | 60 | 1.500 | 120 |
| Gemeink.-Material | 80 | | | | | 80 | 5 | 20 | 15 | 15 | 5 | 5 | 10 | 5 |
| Steuern, Abgaben | 50 | | | | | 50 | – | – | – | – | – | – | 50 | – |
| Versch. Kosten | 70 | | | | | 70 | 5 | 10 | 10 | 5 | 5 | 10 | 15 | 10 |
| Abschreibungen | 3.000 | 390 | 500 | 550 | 700 | 860 | 40 | 280 | 265 | 200 | 30 | 10 | 20 | 15 |
| Instandhaltung | 1.000 | 80 | 150 | 200 | 300 | 270 | 8 | 100 | 69 | 57 | 10 | 12 | 6 | 8 |
| Zinsen | 400 | 15 | 20 | 40 | 50 | 275 | 20 | 140 | 60 | 30 | 5 | 4 | 10 | 6 |
| Raumkosten | 500 | 40 | 35 | 60 | 80 | 285 | 47 | 62 | 74 | 37 | 10 | 20 | 24 | 11 |
| Energieverbrauch | 600 | 80 | 100 | 130 | 150 | 140 | 5 | 38 | 47 | 26 | 5 | 4 | 10 | 5 |
| Summen | 8.000 | 605 | 805 | 980 | 1.280 | 4.330 | 180 | 840 | 700 | 500 | 120 | 140 | 1.650 | 200 |
| **Umlage der Allgem. Kostenstellen** | | | | | | | | 50 | 40 | 35 | 20 | 5 | 15 | 15 |
| **Umlage der Fertigungs-Hilfsstellen** | | | | | | | | 60 | 55 | 25 | | | | |
| **Restgemeinkosten** | | | | | | | | 950 | 795 | 560 | | 145 | 1.665 | 215 |

Bild 166

## c) Berechnung der Zuschlagssätze für die Fertigungsstellen (Meisterschaften)

| | F.-Stelle I | F.-Stelle II | F.-Stelle III |
|---|---|---|---|
| Fertigungslöhne | 900 | 740 | 660 |
| Rest-FGK (Regiekosten) | 950 | 795 | 560 |
| Regie-Zuschlag auf Fertigungslöhne | 106% | 107% | 85% |

Da sich die Zuschlagssätze von Stelle I mit 106% und Stelle II mit 107% nur unwesentlich voneinander unterscheiden, werden diese beiden Stellen zu einer Meisterschaft zusammengefasst und gemeinsam verrechnet.

## d) Berechnung der Selbstkosten unter Berücksichtigung von Maschinenstundensätzen

**Beispiel:** Berechnet werden die Selbstkosten eines Erzeugnisses, für das 500 EUR Fertigungsmaterial, 210 EUR Fertigungslöhne I und 160 EUR Fertigungslöhne III aufgewendet werden. In der Unternehmung bestehen 4 Maschinengruppen: A bis 15 EUR, B bis 20 EUR, C bis 25 EUR und D bis 31,20 EUR. Zur Bearbeitung des Erzeugnisses werden 7 Stunden in Gruppe A, 5 Stunden in Gruppe B und 8 Stunden in Gruppe D benötigt.

| | EUR | EUR | EUR |
|---|---|---|---|
| **a) Materialkosten** | | | |
| Fertigungsmaterial | | 500,00 | |
| MGK-Zuschlag 5,8% | | 29,00 | 529,00 |
| **b) Fertigungskosten** | | | |
| Fertigungslöhne I | 210,00 | | |
| Regiekosten I 106% | 222,60 | | |
| Fertigungslöhne III | 160,00 | | |
| Regiekosten III 85% | 136,00 | 728,60 | |
| Maschinenkosten Gruppe A: 7 Std. zu je 15,00 EUR | 105,00 | | |
| Gruppe B: 5 Std. zu je 20,00 EUR | 100,00 | | |
| Gruppe D: 8 Std. zu je 31,20 EUR | 249,60 | 454,60 | 1.183,20 |
| **c) Herstellkosten** | | | 1.712,20 |
| VwGK-Zuschlag 15,3% der Herstellkosten | | 261,97 | |
| VtGK-Zuschlag 2% der Herstellkosten | | 34,24 | 296,21 |
| **d) Selbstkosten** | | | 2.008,41 |

### Zur Wiederholung und Vertiefung

1. Welche Aufgaben hat die Kostenstellenrechnung?
2. Nennen Sie Einzel- und Gemeinkosten
   a) einer Maschinenfabrik,
   b) einer Lebensmittelgroßhandlung,
3. Wodurch unterscheiden sich
   a) einstufiger und mehrstufiger BAB,
   b) Haupt- und Hilfskostenstellen,
   c) allgemeine und besondere Hilfskostenstellen,
   d) Stelleneinzel- und Stellengemeinkosten?
4. Welche Arbeitsvorgänge fallen im mehrstufigen BAB an, und in welcher Reihenfolge sind sie zu bearbeiten?
5. a) Welche Kostenarten sind im Maschinenstundensatz erfasst?
   b) Was versteht man unter Restgemeinkosten?
   c) Wie werden Restgemeinkosten verrechnet?
6. Kalkulieren Sie die Selbstkosten für eine Fertiggarage aufgrund folgender Daten:

| | |
|---|---|
| – Fertigungsmaterial | 3.500 EUR |
| – Fertigungslöhne | 1.500 EUR |
| – Maschinenstunden | 6 zu je 125 EUR |
| – Fertigungsrestgemeinkostensatz | 20% |
| – Verwaltungsgemeinkostenzuschlag | 10% |
| – Vertriebsgemeinkostenzuschlag | 12% |

### 10.3.3 Kostenträgerrechnung

Kostenträger sind die Leistungen eines Betriebes (unfertige und fertige Erzeugnisse, Dienstleistungen).

Die Kostenträgerrechnung gliedert sich in die Kostenträger-Zeitrechnung und die Kostenträgereinheit-Rechnung.

a) Die Kostenträger-**Zeit**rechnung dient
   1. der Erfassung der Kosten des Rechnungszeitabschnittes, gegliedert nach Kostengruppen,
   2. der Vorbereitung der Kalkulation,
   3. der Ermittlung der Bestandsveränderungen unfertiger und fertiger Erzeugnisse,
   4. der Vorbereitung der Betriebsergebnisrechnung.

b) Die Kostenträger**einheit**-Rechnung dient der Errechnung der Kosten je Leistungseinheit (Kostenträgereinheit). Dabei unterscheidet man das Divisions- und das Zuschlagsverfahren.

#### ■ Divisionsverfahren

Die verschiedenen Formen der Divisionsverfahren setzen grundsätzlich die Fertigung von Gütern *gleicher* Art voraus.

**a) Divisionskalkulation**

Sie ist anwendbar in Betrieben, die nur eine **einzige Erzeugnisart** in Massen (Margarine, Strom, Trinkwasser, Ziegelsteine) herstellen. Die Kosten je Leistungseinheit werden errechnet durch Division der Gesamtkosten eines Rechnungszeitabschnittes durch die Gesamtzahl der Leistungseinheiten dieses Zeitabschnittes.

$$\text{Kosten der Leistungseinheit} = \frac{\text{Gesamtkosten des Rechnungszeitabschnitts}}{\text{Gesamtzahl der Leistungseinheiten}}$$

**b) Äquivalenzzahlenkalkulation** (äqui-valent = gleich-wertig)

Sie wird angewendet, wenn ein Betrieb **mehrere gleichartige Erzeugnisse** (Seifen, Gemüsekonserven, Limonaden) herstellt, die im Allgemeinen denselben Fertigungsgang haben, sich aber in der Endstufe in Güte, Form, Stärke oder Ausstattung unterscheiden. Diese Unterschiede bedingen Kostenunterschiede. Sie werden mit Hilfe von Äquivalenzzahlen (Bewertungszahlen, Verhältniszahlen) in die Kalkulation einbezogen.

**Äquivalenzzahlen** sind *Verhältniszahlen,* die angeben, wie sich die Kosten der verschiedenen gleichartigen Erzeugnis**einheiten** zueinander verhalten. *Genaue* Äquivalenzzahlen lassen sich nur ermitteln aus dem Vergleich der tatsächlich entstandenen Kosten der verschiedenen gleichartigen Erzeugnisse. *Hilfsmittel* zur Bestimmung der Äquivalenzzahlen ist das Verhältnis der Marktpreise oder technischer Größen (Materialverbrauch, Maschinenstunden, Lohnstunden).

**Durchführung einer Äquivalenzzahlenkalkulation** (Bild 167)

1. Die gleichartigen Erzeugnisse eines Betriebes (sie unterscheiden sich nur in Güte, Stärke, Form oder Ausstattung) werden durch Äquivalenzzahlen **vergleichbar** gemacht.
2. Durch Multiplikation der Leistungsmenge mit der Äquivalenzzahl werden *Rechnungseinheiten* ermittelt.
3. Die Gesamtkosten des Betriebes werden durch die Summe der Rechnungseinheiten dividiert. Daraus ergeben sich die Kosten der Rechnungseinheit.
4. Die Stückkosten errechnen sich durch Multiplikation der Äquivalenzzahl mit den Stückkosten der Rechnungseinheit.

| Sorte | Leistungs-menge | Äquivalenz-zahl | Rechnungs-einheiten | Gesamt-kosten | Kosten der Leistungseinheit |
|---|---|---|---|---|---|
| A<br>B<br>C | 1.250<br>2.000<br>4.000 | 0,8<br>1,0<br>1,5 | 1.000<br>2.000<br>6.000 | 1.500<br>3.000<br>9.000 | 0,8 x 1,5 = 1,2<br>1,0 x 1,5 = 1,5<br>1,5 x 1,5 = 2,25 |
| | | | 9.000<br>1 → | 13.500<br>1,5 | |

Bild 167

## Zuschlagsverfahren (Zuschlagskalkulation)

Die Anwendung der Zuschlagskalkulation setzt die Fertigung **mehrerer verschiedenartiger Erzeugnisse** (verschiedenartige Werkzeuge, Möbel, Kleidungsstücke) voraus sowie die Aufteilung der Kosten in Einzel- und Gemeinkosten. Zunächst werden die Einzelkosten (Materialverbrauch, Fertigungslöhne) für die Leistungseinheit erfasst und dann die Gemeinkosten mit Hilfe von Zuschlagssätzen zugeschlagen.

### a) Auftragskalkulation

Kostenträger ist ein mengenmäßig abgegrenzter Auftrag, dessen Abrechnung ohne Berücksichtigung des Zeitabschnitts erfolgt (Auftrag über eine Zentralheizung; Auftrag über 100 Schreibtische).

Je nachdem, ob mit einem oder mehreren Zuschlagssätzen kalkuliert wird, sind zu unterscheiden:

1. Die *summarische* Zuschlagsmethode, bei der **alle** Gemeinkosten mit nur **einem** Verrechnungssatz auf eine Verrechnungsgrundlage zugeschlagen werden. Diese kann sein der Fertigungslohn oder der Fertigungsmaterialverbrauch oder die Summe aus Fertigungslohn und Fertigungsmaterialverbrauch.
2. Die *differenzierte* Zuschlagsmethode, bei der die Gemeinkosten der einzelnen Kostenstellen mit **gesonderten** Zuschlagssätzen auf **verschiedene** Verrechnungsgrundlagen zugeschlagen werden.
3. Die Zuschlagsmethode *mit Maschinenstundensätzen*, bei der die maschinenabhängigen Fertigungsgemeinkosten in einem Maschinenstundensatz verrechnet und die verbleibenden Fertigungsgemeinkosten wie bei den anderen Zuschlagsverfahren in einem %-Satz zugeschlagen werden.

### b) Sortenrechnung

Die Sortenrechnung wird vorzugsweise bei *Massen*fertigung *verschiedenartiger* Erzeugnisse angewendet. Kostenträger ist die in einem Rechnungszeitabschnitt hergestellte Menge jeder Sorte.

Die Einzelkosten der verschiedenen Sorten werden direkt erfasst. Die Gemeinkosten werden auf die jeweiligen Sorten (Erzeugnisserien) verrechnet. Zur Errechnung der Stückkosten wird die Summe der Einzel- und Gemeinkosten der Sorte durch die Anzahl der ausgebrachten Stücke geteilt. Die Sortenkalkulation ist somit eine Kombination von Zuschlags- und Divisionskalkulation.

### Zur Wiederholung und Vertiefung

1. Wozu dienen
   a) die Kostenträgerzeitrechnung,
   b) die Kostenträgereinheitrechnung?
2. Für welche Betriebe eignet sich
   a) die einfache Divisionskalkulation,
   b) die Äquivalenzzahlenkalkulation,
   c) die Zuschlagskalkulation,
   d) die Zuschlagskalkulation mit Maschinenstundensätzen?

3. Eine kleine Limonadenfabrik stellt pro Quartal 2.000 hl Zitronenlimonade, 4.000 hl Orangenlimonade und 1.000 hl Grapefruitlimonade her. Die Stückkosten der drei Getränkesorten verhalten sich zueinander wie 1,2 : 1 : 1,5. Die Gesamtkosten im Vierteljahr belaufen sich auf 395.000 EUR.
Berechnen Sie die Kosten pro Liter der drei verschiedenen Limonaden mit Hilfe der Äquivalenzzahlenkalkulation.

## 10.3.4 Leistungs- und Betriebsergebnisrechnung

### Leistungsrechnung

Sie hat die Aufgabe, die betrieblichen Leistungen (Abschnitt 10.2.8) zu erfassen und sie den Kosten gegenüberzustellen. Zu den betrieblichen Leistungen zählen sowohl die bereits **umgesetzten** als auch die für den Umsatz vorgesehenen, aber noch **gelagerten Erzeugnisse (unfertige und fertige Erzeugnisse)** als auch die zur Verwendung im eigenen Betrieb bestimmten Güter **(innerbetriebliche Eigenleistungen)**.

Um die Leistungen und Kosten vergleichbar zu machen, müssen sowohl die Leistungs*mengen* als auch die dafür eingesetzten Kostengüter *bewertet* werden. Damit die Leistungsrechnungen mehrerer Zeitabschnitte verglichen werden können, ist ein gleichbleibender Bewertungsmaßstab anzulegen (Verrechnungspreise, Indizes).

### Betriebsergebnisrechnung

Sie entsteht durch Gegenüberstellung von Kosten und betrieblichen Leistungen (Betriebserträgen) eines Rechnungszeitabschnittes. Das neutrale Ergebnis ist nicht in diese Gegenüberstellung einzubeziehen.

Die Betriebsergebnisrechnung kann in Form eines **Kostenträgerzeitblattes** (Bild 168) dargestellt werden. Auf diesem Blatt werden sowohl die tatsächlich angefallenen Gesamtkosten (Istkosten) als auch die während des Rechnungszeitabschnittes in der Kalkulation verwendeten Gesamtkosten (Normalkosten, Plankosten – Abschnitt 10.4) den gesamten Betriebserträgen gegenübergestellt.

Dabei ergibt sich aus

- der Gegenüberstellung der Istkosten und der Betriebserträge das **Betriebsergebnis**,
- der Gegenüberstellung der kalkulierten Kosten und der Umsatzerlöse das **Umsatzergebnis**.

Um zu diesen Ergebnissen zu gelangen, müssen im Kostenträgerzeitblatt

a) die *Bestandsänderungen* an unfertigen und fertigen Erzeugnissen berücksichtigt werden.

   Dies geschieht dadurch, dass

   1. **Bestandsmehrungen** zu den Betriebserträgen addiert oder von den Gesamtkosten der Leistungserstellung abgezogen werden,
   2. **Bestandsminderungen** von den Betriebserträgen subtrahiert oder zu den Gesamtkosten der Leistungserstellung addiert werden.

b) die *Abweichungen* zwischen den kalkulierten Kosten und den Istkosten ermittelt werden.

   Dabei ergeben sich

   1. **Überdeckungen**, wenn die kalkulierten Kosten > Istkosten sind,
   2. **Unterdeckungen**, wenn die kalkulierten Kosten < Istkosten sind.

   Der Saldo aller Über- und Unterdeckungen stellt die Differenz zwischen Umsatzergebnis und Betriebsergebnis dar:

   Umsatzergebnis + Überdeckung = Betriebsergebnis,
   Umsatzergebnis – Unterdeckung = Betriebsergebnis.

**Beispiel:** In dem nachfolgenden Kostenträgerzeitblatt sind verrechnet:

- Bestandsminderungen an unfertigen Erzeugnissen 1.080 Geldeinheiten,
- Bestandsmehrungen an fertigen Erzeugnissen 200 Geldeinheiten,
- Innerbetriebliche Eigenleistungen 600 Geldeinheiten.

Die Verwaltungs- und Vertriebsgemeinkosten-Zuschläge sind in % der Herstellkosten des Abrechnungszeitraumes angegeben.

| **Kostenträgerzeitblatt** | | | | | | |
|---|---|---|---|---|---|---|
| Zeilen | Bezeichnungen | **Istwerte** | Ist-% | **Normal-werte** | Normal-% | Überdeckung: + Unterdeckung: – |
| 1 | Fertigungsmaterial | 2.500 | | 2.500 | | |
| 2 | MGK | 145 | 5,8 | 150 | 6 | + 5 |
| 3 = 1 + 2 | Materialkosten | 2.645 | | 2.650 | | + 5 |
| 4 | Fertigungslöhne I | 900 | | 900 | | |
| 5 | FGK I | 2.630 | 292,2 | 2.610 | 290 | – 20 |
| 6 | Fertigungslöhne II | 740 | | 740 | | |
| 7 | FGK II | 1.955 | 264,2 | 1.924 | 260 | – 31 |
| 8 | Fertigungslöhne III | 660 | | 660 | | |
| 9 | FGK III | 1.390 | 210,6 | 1.452 | 220 | + 62 |
| 10 = 4/9 | Fertigungskosten | 8.275 | | 8.286 | | + 11 |
| 11 = 3 + 10 | Herstellk. d. Abr.-Zeitraumes | 10.920 | | 10.936 | | + 16 |
| 12 | + Best.-Minderung UE | + 1.080 | | + 1.080 | | |
| 13 | – Best.-Mehrung FE | – 200 | | – 200 | | |
| 14 | – Innerbetr. Eigenleistungen | – 600 | | – 600 | | |
| 15 | Herstellk. d. umges. Erzeugn. | 11.200 | | 11.216 | | + 16 |
| 16 | VwGK | 1.665 | 15,25 | 1.531 | 14 | – 134 |
| 17 | VtGK | 215 | 1,97 | 219 | 2 | + 4 |
| 18 | Selbstkosten des Umsatzes | 13.080 | | 12.966 | | – 114 |
| 19 | Nettoverkaufserlöse | 15.000 | | 15.000 | | |
| 20 | Umsatzergebnis | | | 2.034 | | |
| 21 | – Unterdeckungssaldo | | | – 114 | | |
| 22 | **Betriebsergebnis** | 1.920 | | 1.920 | | |

Bild 168

## Zur Wiederholung und Vertiefung

1. Tragen Sie die im Kostenträgerzeitblatt verwendeten Istwerte in ein Betriebsergebniskonto ein und vergleichen Sie den Kontensaldo mit dem im Kostenträgerzeitblatt ermittelten Betriebsergebnis.
2. Wie werden Bestandsveränderungen und innerbetriebliche Eigenleistungen im Kostenträgerzeitblatt berücksichtigt?
3. Wodurch unterscheiden sich Betriebsergebnis und Umsatzergebnis?
4. Worauf ist das Entstehen von Über- und Unterdeckungen zurückzuführen?

## 10.3.5 Kostenrechnung im Fertigungsbetrieb

Einen Überblick über die Kostenrechnung im Fertigungsbetrieb zeigt Bild 169.

**Kostenartenrechnung** – Erfassung – Buchführung

| Gemeinkosten | |
|---|---|
| Gemeink. Löhne | 300 |
| Gehälter | 2.000 |
| Gemeink. Material | 80 |
| Steuern, Abgaben | 50 |
| Versch. Kosten | 70 |
| Abschreibungen | 3.000 |
| Instandhaltung | 1.000 |
| Zinsen | 400 |
| Raumkosten | 500 |
| Energieverbrauch | 600 |
| Summen | 8.000 |
| **Einzelkosten** | |
| Fertigungsmaterial | 2.500 |
| Fertigungslöhne I | 900 |
| Fertigungslöhne II | 740 |
| Fertigungslöhne III | 660 |

**Kostenstellenrechnung** – Verteilung – Betriebsabrechnung (BAB)

| | Zahlen der Buchführung | → Allgem. Kostenstellen | MGK Materialstellen | FGK Fertigungsstellen I | FGK Fertigungsstellen II | FGK Fertigungsstellen III | ← Fert. Hilfsstellen | VwGK Verwaltungsstellen | VtGK Vertriebsstellen |
|---|---|---|---|---|---|---|---|---|---|
| Gemeink. Löhne | 300 | 20 | 15 | 90 | 80 | 60 | 10 | 5 | 20 |
| Gehälter | 2.000 | 30 | 60 | 100 | 80 | 70 | 40 | 1.500 | 120 |
| Gemeink. Material | 80 | 5 | 5 | 20 | 15 | 15 | 5 | 10 | 5 |
| Steuern, Abgaben | 50 | – | – | – | – | – | – | 50 | – |
| Versch. Kosten | 70 | 5 | 10 | 10 | 10 | 5 | 5 | 15 | 10 |
| Abschreibungen | 3.000 | 40 | 10 | 1.300 | 900 | 685 | 30 | 20 | 15 |
| Instandhaltung | 1.000 | 8 | 12 | 450 | 320 | 186 | 10 | 6 | 8 |
| Zinsen | 400 | 20 | 4 | 140 | 115 | 100 | 5 | 10 | 6 |
| Raumkosten | 500 | 47 | 20 | 160 | 140 | 88 | 10 | 24 | 11 |
| Energieverbrauch | 600 | 5 | 4 | 250 | 200 | 121 | 5 | 10 | 5 |
| Summen | 8.000 | 180 | 140 | 2.520 | 1.860 | 1.330 | 120 | 1.650 | 200 |
| Umlage d. Allgem. KSt. | | | 5 | 50 | 40 | 35 | 20 | 15 | 15 |
| Umlage d. Fert.-Hilfsstellen | | | | 60 | 55 | 25 | | | |
| Zuschlagsgemeinkosten | | | 145 | 2.630 | 1.955 | 1.390 | | 1.665 | 215 |
| Zuschlagsgrundwerte | | | 2.500 | 900 | 740 | 660 | | | |
| | | | 2.645 | 3.530 | 2.695 | 2.050 | | Herstellkosten 10.920 | 10.920 |
| Zuschlagssätze | | | 5,8% | 292% | 264% | 211% | | 15,3% | 2% |

**Kostenträgerrechnung** – Zurechnung – Kalkulation

| | | | |
|---|---|---|---|
| **Materialkosten** | | | |
| Fe. Mat. Verbr. | 500,00 | | |
| MGK 5,8% | 29,00 | | 529,00 |
| **Fertigungskosten** | | | |
| Fe. Löhne I | 210,00 | | |
| FGK I 292% | 613,20 | 823,20 | |
| Fe. Löhne II | – | | |
| FGK II 264% | – | – | |
| Fe. Löhne III | 160,00 | | |
| FGK III 211% | 337,60 | 497,60 | 1.320,80 |
| **Herstellkosten** | | | 1.849,80 |
| VwGK 15,3% | 283,02 | | |
| VtGK 2% | 37,00 | | 320,02 |
| **Selbstkosten** | | | 2.169,82 |

In diesem **Beispiel** wurden die Selbstkosten eines Erzeugnisses kalkuliert, für das
500 EUR Fertigungsmaterial,
210 EUR Fertigungslöhne I und
160 EUR Fertigungslöhne III anfielen.

Bild 169

Nach der in Bild 169 dargestellten Ermittlung des Selbstkostenpreises gelangt man zum kalkulatorischen *Nettoverkaufspreis* durch Einbezug des *Gewinnzuschlages* und der so genannten *„Verkaufszuschläge"* (= Sondereinzelkosten des Vertriebs) in die Kalkulation (Abschnitt 10.3.6).

**Zur Wiederholung und Vertiefung**

Für ein Erzeugnis ist der Nettoverkaufspreis zu errechnen:
Fertigungsmaterial 500 EUR, Fertigungslöhne 120 EUR.

Zuschlagssätze:
- Materialgemeinkosten 6%,
- Fertigungsgemeinkosten 250%,
- Verwaltungsgemeinkosten 20%,
- Vertriebsgemeinkosten 5%.

Gewinnzuschlag: 8%.

Verkaufszuschläge:
- Kundenskonto 3%,
- Vertreterprovision 4%,
- Kundenrabatt 5%.

## 10.3.6 Kalkulation von Handelswaren

Viele Industriebetriebe verkaufen nicht nur die selbst hergestellten Erzeugnisse, sondern ergänzen ihr Güterangebot durch Waren, die sie von anderen Betrieben fertig bezogen haben. Die Preiskalkulation für diese Handelswaren gestaltet sich wie die Kostenrechnung in einem Handelsbetrieb.

### Aufbau der Warenkalkulation (Bild 170)

Durch die **Bezugskalkulation** wird der Bezugspreis der gekauften Ware ermittelt. Ausgangspunkt ist der *Rechnungspreis* (netto, d.h. ohne Vorsteuer), in vielen Geschäftszweigen, vor allem bei Markenartikeln, der *Listenpreis.* Nach Abzug von Mengenrabatt und Skonto bleibt der *Einkaufspreis.* Durch Zurechnung der Bezugskosten ergibt sich der *Bezugspreis* oder *Einstandspreis.*

Die **Verkaufskalkulation** geht vom Bezugspreis aus. Durch Aufschlag der im Betrieb entstehenden Geschäfts- oder Handlungskosten ergeben sich die *Selbstkosten.* Durch Zuschlag des Gewinns erhält man den *Barverkaufspreis.* Darauf werden im Hundert Kundenskonti und evtl. auch Vertreterprovisionen prozentual aufgeschlagen, damit sich der *Zielverkaufspreis* ergibt. Der Zielverkaufspreis erhöht sich um den ebenfalls im Hundert zugeschlagenen Kundenrabattsatz auf den *Nettoverkaufspreis.*

Nettoverkaufspreis plus Umsatzsteuer ergeben den *Bruttoverkaufspreis.*

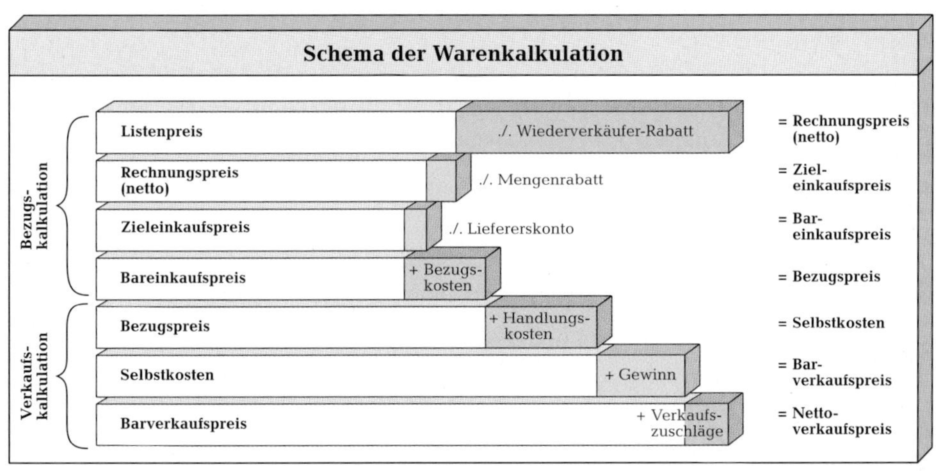


Bild 170

## Berechnung der Zuschläge

a) Die **Bezugskosten** für Verpackung, Verladen, Transport, Versicherung der Ware und Verzollung können anhand der Rechnungen (Rollgeldrechnungen, Frachtbrief, Zollbescheinigung) erfasst und dem Einkaufspreis der betreffenden Waren als Einzelkosten direkt zugeschlagen werden.

b) Die **Geschäftskosten (Handlungskosten),** wie Personalkosten (Löhne, Gehälter, Sozialkosten), Abschreibungen, Mieten, Kommunikationskosten (u.a. Büromaterial, Werbekosten), Fuhrparkkosten, Betriebssteuern, werden für einen Zeitraum erfasst und als *Gemeinkosten* in einem Prozentsatz des Bezugspreises ausgedrückt. Diesen Prozentsatz bezeichnet man als *Geschäftskosten-Zuschlagssatz* (Gemeinkostenzuschlagssatz).

c) Der **Gewinn** wird *prozentual* von den Selbstkosten errechnet und diesen zugeschlagen. Im Gewinn erhält der Unternehmer den **Unternehmerlohn** als Vergütung für seine Tätigkeit, den **Zins** für das im Geschäft angelegte Eigenkapital, einen **Wagnisaufschlag** für die speziellen, kalkulierbaren Risiken des Betriebes und den eigentlichen **Unternehmergewinn**, der auch zur Deckung des allgemeinen, nicht kalkulierbaren Unternehmungsrisikos dient.

d) Die **Verkaufszuschläge**. Dazu gehören Skonto, Rabatt und gegebenenfalls Vertreterprovision. Diese Beträge sind ihrem Wesen nach **Sondereinzelkosten des Vertriebs** und werden im Hundert zugeschlagen.

## Kalkulationsbeispiel

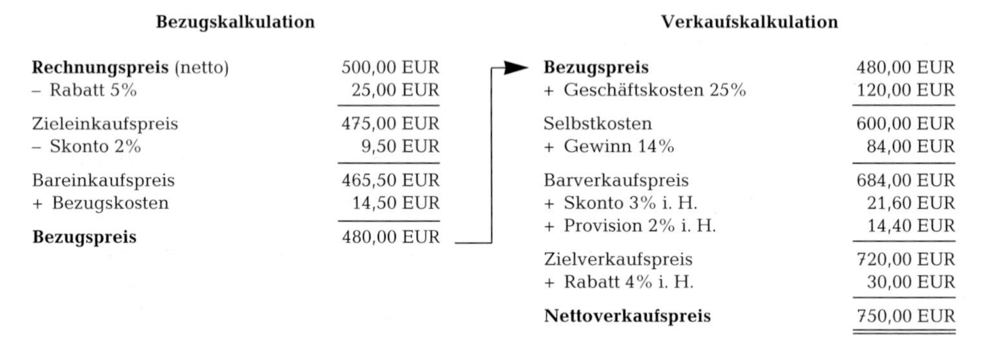

**Bezugskalkulation**

| | |
|---|---|
| **Rechnungspreis** (netto) | 500,00 EUR |
| – Rabatt 5% | 25,00 EUR |
| Zieleinkaufspreis | 475,00 EUR |
| – Skonto 2% | 9,50 EUR |
| Bareinkaufspreis | 465,50 EUR |
| + Bezugskosten | 14,50 EUR |
| **Bezugspreis** | 480,00 EUR |

**Verkaufskalkulation**

| | |
|---|---|
| **Bezugspreis** | 480,00 EUR |
| + Geschäftskosten 25% | 120,00 EUR |
| Selbstkosten | 600,00 EUR |
| + Gewinn 14% | 84,00 EUR |
| Barverkaufspreis | 684,00 EUR |
| + Skonto 3% i. H. | 21,60 EUR |
| + Provision 2% i. H. | 14,40 EUR |
| Zielverkaufspreis | 720,00 EUR |
| + Rabatt 4% i. H. | 30,00 EUR |
| **Nettoverkaufspreis** | 750,00 EUR |

## Vereinfachte Kalkulation mittels Kalkulationszuschlag, Handelsspanne und Kalkulationsfaktor

Geschäftskosten bzw. Handlungskosten, Gewinn und Verkaufszuschläge ergeben zusammen den *Rohgewinn* (Bild 171).

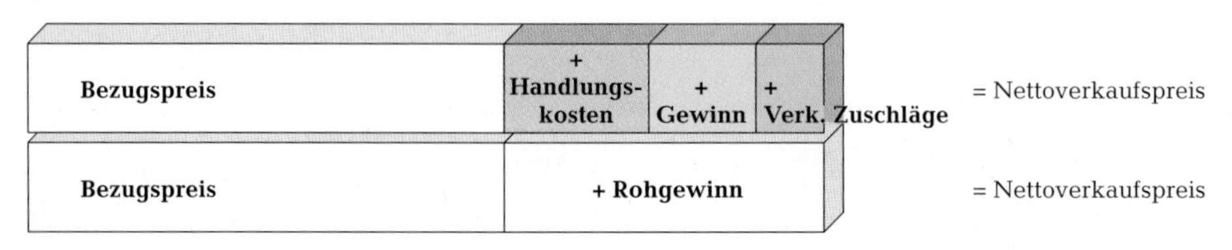


Bild 171

Der Rohgewinn, in Prozenten des *Bezugspreises* ausgedrückt, heißt **Kalkulationszuschlag.**

Der Rohgewinn, in Prozenten des *Nettoverkaufspreises* ausgedrückt, heißt **Handelsspanne.**

**Beispiel:**

| | | |
|---|---|---|
| Bezugspreis | = | 480 EUR |
| Nettoverkaufspreis | = | 750 EUR |
| Gesamtzuschlag (Rohgewinn) | = | 270 EUR |
| **Kalkulationszuschlag** | = | $\frac{270}{480}$ x 100% = **56,25%** |
| **Handelsspanne** | = | $\frac{270}{750}$ x 100% = **36%** |

Die Kalkulation lässt sich weiter vereinfachen mit Hilfe des Kalkulationsfaktors.

Der **Kalkulationsfaktor** ist die Zahl, mit der der Bezugspreis vervielfacht werden muss, um den Nettoverkaufspreis zu erhalten.

Bezugspreis x Kalkulationsfaktor = Nettoverkaufspreis

oder

$$\text{Kalkulationsfaktor} = \frac{\text{Nettoverkaufspreis}}{\text{Bezugspreis}}$$

**Beispiel:**

**Kalkulationsfaktor** = 480 x **1,5625** = 750 EUR

oder $\frac{750}{480}$ = **1,5625**

Man verwendet diese Verfahren

a) für die **rasche Ermittlung des Nettoverkaufspreises** bei bekanntem Bezugspreis durch **Auf**schlag des Kalkulationszuschlages auf den Bezugspreis oder durch Vervielfältigung des Bezugspreises mit dem Kalkulationsfaktor;

b) für die **rasche Ermittlung des aufwendbaren Bezugspreises** bei bekanntem Nettoverkaufspreis durch **Ab**schlag der Handelsspanne vom Verkaufspreis oder Division des Nettoverkaufspreises durch den Kalkulationsfaktor.

**Beispiele:**

| | | |
|---|---|---|
| a1) Bezugspreis einer Ware | = 48 EUR |
| + Kalkulationszuschlag 50% | = 24 EUR |
| Nettoverkaufspreis | = 72 EUR |
| a2) 48 EUR x Kalkulationsfaktor 1,5 | = 72 EUR |

| | |
|---|---|
| b1) Nettoverkaufspreis | = 72 EUR |
| – Handelsspanne 33 $^{1}/_{3}$% | = 24 EUR |
| Bezugspreis | = 48 EUR |
| b2) 72 EUR : Kalkulationsfaktor 1,5 | = 48 EUR |

## Zur Wiederholung und Vertiefung

1. Woraus setzen sich die Handlungskosten eines Handelsbetriebes zusammen?
2. Wozu lassen sich Kalkulationszuschlag, Kalkulationsfaktor und Handelsspanne verwenden?
3. Der Bruttoverkaufspreis (bei 16% Umsatzsteuer) einer Ware ist 522,00 EUR. Die Handelsspanne beträgt 50%. Berechnen Sie
   a) den Warenbezugspreis,
   b) den Kalkulationszuschlag,
   c) den Kalkulationsfaktor.

### 10.3.7 Kalkulierter Preis und Marktpreis

Die *Vorkalkulation* ermittelt die voraussichtlichen Selbstkosten und ist die Grundlage für Preisangebote.

Die *Nachkalkulation* ermittelt die tatsächlichen Kosten, dient der Kostenkontrolle und ist Grundlage für künftige Vorkalkulationen.

Nicht immer wird der Anbieter einer Ware den **kalkulierten Verkaufspreis** ansetzen. Der am Markt erzielbare Preis kann sich auch aus Angebot und Nachfrage **(Marktpreis)** oder aus Preisempfehlungen **(empfohlener Richtpreis)** ergeben. Liegt der Marktpreis über dem kalkulierten Angebotspreis, so erhöht sich der eigentliche Unternehmergewinn. Liegt der Marktpreis unter dem kalkulierten Preis, so ergibt sich eine Gewinnminderung, unter Umständen ein Verlust.

Meistens führt die *Konkurrenzsituation* unter Berücksichtigung der *Ziele* der Unternehmung (Erhöhung des Absatzes, Umsatzes, Gewinnes) zu einer entsprechenden Gestaltung der Verkaufspreise und -konditionen (Abschnitt 8.4.3).

**Zur Wiederholung und Vertiefung**

1. Nach welchen Gesichtspunkten wird der Gewinnprozentsatz in der Kalkulation vom Unternehmer festgelegt?
2. Mit welchen Maßnahmen kann ein Unternehmer auf niedrigere Preise der Konkurrenz reagieren?

## 10.4 Kostenrechnungssysteme

Weil bei *Vorkalkulationen* die wirklich angefallenen Kosten noch nicht feststehen, werden hierbei **Normal- oder Plankosten** verrechnet (Abschnitte 10.4.1 und 10.4.2).

Bei *Nachkalkulationen* rechnet man mit **Istkosten** (Abschnitt 10.4.1).

### 10.4.1 Ist- und Normalkosten

Die Ergebnisse von Kostenrechnungen mit **tatsächlich angefallenen Kosten (Istkosten)** können infolge verschiedener Einflussfaktoren großen Schwankungen unterliegen. Kosteneinflussfaktoren sind z.B.

- unterschiedliche Beschaffungspreise,
- unterschiedlicher Einsatz von teureren Überstunden,
- verschieden hoch anfallende Ausschussmengen,
- schwankende Kapazitätsausnutzung und damit schwankende Fixkosten pro Stück,
- nicht vorherzusehende Risiken wie Maschinenschäden oder Werkhallenbrand.

Um solche Schwankungen auszuschalten, werden in der Normalkostenrechnung **durchschnittliche Istkostenwerte (Normalkosten)** eingesetzt. Die gegebenenfalls anhand von Marktprognosen aktualisierten, d.h. an die allgemeine Wirtschaftsentwicklung angepassten Normalkosten können dann *für längere Zeit* (oft ein Jahr) verwendet werden

a) als **feste Verrechnungspreise** für Materialien und als **feste Lohnsätze** (feste *Einzel*kosten) sowie

b) in Form **fester Gemeinkostenzuschläge** (Normal*gemein*kostenzuschläge).

Von Zeit zu Zeit werden die laufend kalkulierten Normalkosten den nachträglich ermittelten Istkosten gegenübergestellt und die **Kostenabweichungen** ermittelt:

Sind die Normalkosten > Istkosten, ergibt sich eine *Überdeckung*, sind die Normalkosten < Istkosten, ergibt sich eine *Unterdeckung* (Abschnitt 10.3.4).

### 10.4.2 Plankosten

Plankosten sind **optimale Kosten**, welche die Planungsinstanzen für die einzelnen Produktarten und Kostenstellen für eine Planperiode vorgeben.

Sie werden ermittelt auf Grund von Erfahrungen, Arbeits-, Verfahrens- und Zeitstudien, technischen Berechnungen, Trendlagen, volks- und weltwirtschaftlichen Entwicklungen.

Am Ende des Abrechnungszeitraumes findet eine Gegenüberstellung der kalkulierten Plankosten mit den tatsächlich angefallenen Istkosten **(Soll/Ist-Vergleich)** statt. Die dabei festgestellten **Kostenabweichungen** (Abschnitt 10.4.1) werden auf ihre Ursachen hin untersucht. Bei dieser Untersuchung kommt es nicht – wie bei der Normalkostenrechnung – vornehmlich darauf an, durch istkostenbezogene Nachkalkulation neue verbesserte Durchschnittskosten zu finden, sondern hier werden vor allem jene Istkosten kritisiert, welche die (optimalen) Plankosten überstiegen haben. Kostenstellen, in denen zuviel Istkosten anfielen, haben nun zu begründen, warum sie „unwirtschaftlich" arbeiteten. Die **Kostenkontrolle** ist also bei der Verwendung von Plankosten schon mit der Angabe des Planansatzes vorgegeben.

**Zur Wiederholung und Vertiefung**

1. Wodurch unterscheiden sich
   a) Istkosten von Normalkosten, b) Normalkosten von Plankosten?
2. a) Welche Faktoren beeinflussen ständig die Höhe der Kosten?
   b) Nennen Sie Arten von Kosten, deren Höhe gerade in letzter Zeit besonderen Schwankungen unterliegt.
3. a) Warum sind Plankosten gleichzeitig Optimalkosten?
   b) Was versteht man bei der Plankostenrechnung unter Kostenabweichungen?

## 10.5 Kostenanalyse

### 10.5.1 Kapazität und Beschäftigungsgrad

#### Kapazität

Unter **Kapazität** versteht man das **Leistungsvermögen eines Betriebes in einer Zeiteinheit** (Monat, Arbeitsschicht, Arbeitsstunde, Maschinenstunde), gemessen in Leistungseinheiten.

Sie ist das Ergebnis des Zusammenwirkens aller Faktoren der Leistungserstellung.

Die Kapazität ist also abhängig

a) von der Zahl und der Leistungsfähigkeit technischer Betriebsmittel,
b) von der Zahl und der Leistungsfähigkeit der Arbeitskräfte,
c) von der Verfügbarkeit über Werkstoffe und Energie,
d) von der Leistungsfähigkeit des dispositiven Faktors, d.h. von der Art und Weise, wie die Elementarfaktoren durch die leitenden Organe zum Zwecke optimaler Gestaltung der Leistungserstellung kombiniert werden.

Folgende **Arten der Kapazität** sind zu unterscheiden:

**a) Maximalkapazität** ist die technisch bedingte obere Leistungsgrenze eines Betriebes oder einer Maschine, also die höchstmögliche Ausbringung. Die Ausnutzung der Maximalkapazität führt zu progressiv steigenden Kosten (Verschleiß, Gefahr geringerer Präzision, hohe Ausschussquoten).

**b) Minimalkapazität** ist die technisch bedingte untere Leistungsgrenze eines Betriebes oder Maschine. Sie kann aus technischen oder wirtschaftlichen Gründen nicht unterschritten werden, wenn der Betrieb funktionsfähig sein soll (Mindestgeschwindigkeit eines Fließbandes, Untergrenze der Beschäftigung).

c) **Optimalkapazität** ist die technisch *und* kostenmäßig optimale Inanspruchnahme der Maschinen und Anlagen. Bei Optimalkapazität weist die Maschine oder Anlage ein besonders günstiges Verhältnis zwischen erzielten Leistungen und dafür entstandenen Kosten aus.

d) **Normalkapazität** ist das Leistungsvermögen eines Betriebes
   - bei technisch und kostenmäßig optimaler Inanspruchnahme der Maschinen und Anlagen,
   - bei auf durchschnittlicher Beschäftigung ausgerichteter Besetzung der Arbeitsplätze,
   - und bei dauerhaft erbringbaren Leistungen der Stammbelegschaft.

e) **Genutzte Kapazität** ist die effektive Leistung, gemessen in Leistungseinheiten, die tatsächlich erstellt wurden. Sie wird auch **Ausbringungsmenge** genannt.

Die Kapazität kann auch auf einzelne Faktoren bezogen werden. Dann spricht man z.B. von Anlagekapazität und Arbeitskapazität.

## Beschäftigungsgrad

Das Verhältnis von genutzter Kapazität zur Bezugsgrundlage (normale oder maximale Kapazität) ergibt den **Beschäftigungsgrad**. Er wird normalerweise in einem Prozentsatz ausgedrückt.

$$\textbf{Beschäftigungsgrad} = \frac{\text{genutzte Kapazität}}{\text{normale oder maximale Kapazität}} \cdot 100\%$$

Die zwischenbetriebliche Vergleichbarkeit verliert ohne Kenntnis der Bezugsgrundlage ihren Aussagewert.

**Zur Wiederholung und Vertiefung**

1. Von welchen Faktoren ist die Kapazität eines Betriebes abhängig?
2. Wodurch unterscheiden sich
   a) Normalkapazität und Maximalkapazität,
   b) Normalkapazität und genutzte Kapazität?
3. Ein Textilbetrieb könnte bei voller Ausnutzung seiner Normalkapazität pro Halbjahr 100.000 Herrenhemden „ausbringen". Es wurden aber nur 60.000 Hemden gefertigt.
   a) Wie hoch ist der Beschäftigungsgrad?
   b) Nennen Sie Gründe, wodurch die volle Kapazitätsausnutzung verhindert sein kann.

# 10.5.2 Einfluss des Beschäftigungsgrades auf die Kosten

Der Einfluss des Beschäftigungsgrades zeigt sich sowohl bei den Gesamtkosten als auch bei den Stückkosten.

## Beschäftigungsgrad und Gesamtkosten

Die Gesamtkosten lassen sich im Verhältnis zum Beschäftigungsgrad einteilen in (Bild 172):

a) **Fixe Kosten.** Es sind Kosten, die vom Beschäftigungsgrad *unabhängig* sind. Sie werden als Zeitkosten erfasst und auf die produzierten Leistungseinheiten desselben Zeitraumes verteilt. Dazu gehören die Kosten der Betriebsbereitschaft, die kalkulatorischen Zinsen sowie ein großer Teil der Abschreibungen und Personalkosten.

   Die fixen Kosten lassen sich einteilen in

   1. **Absolut fixe Kosten.** Diese fallen unabhängig von Veränderungen der Gesamtkapazität in *gleich bleibender Höhe* an. Man bezeichnet sie daher auch als reine *Bereitschaftskosten.*

      **Beispiel:** Gehalt des Pförtners.

      In den folgenden Darstellungen sind hauptsächlich die absolut fixen Kosten eingesetzt.

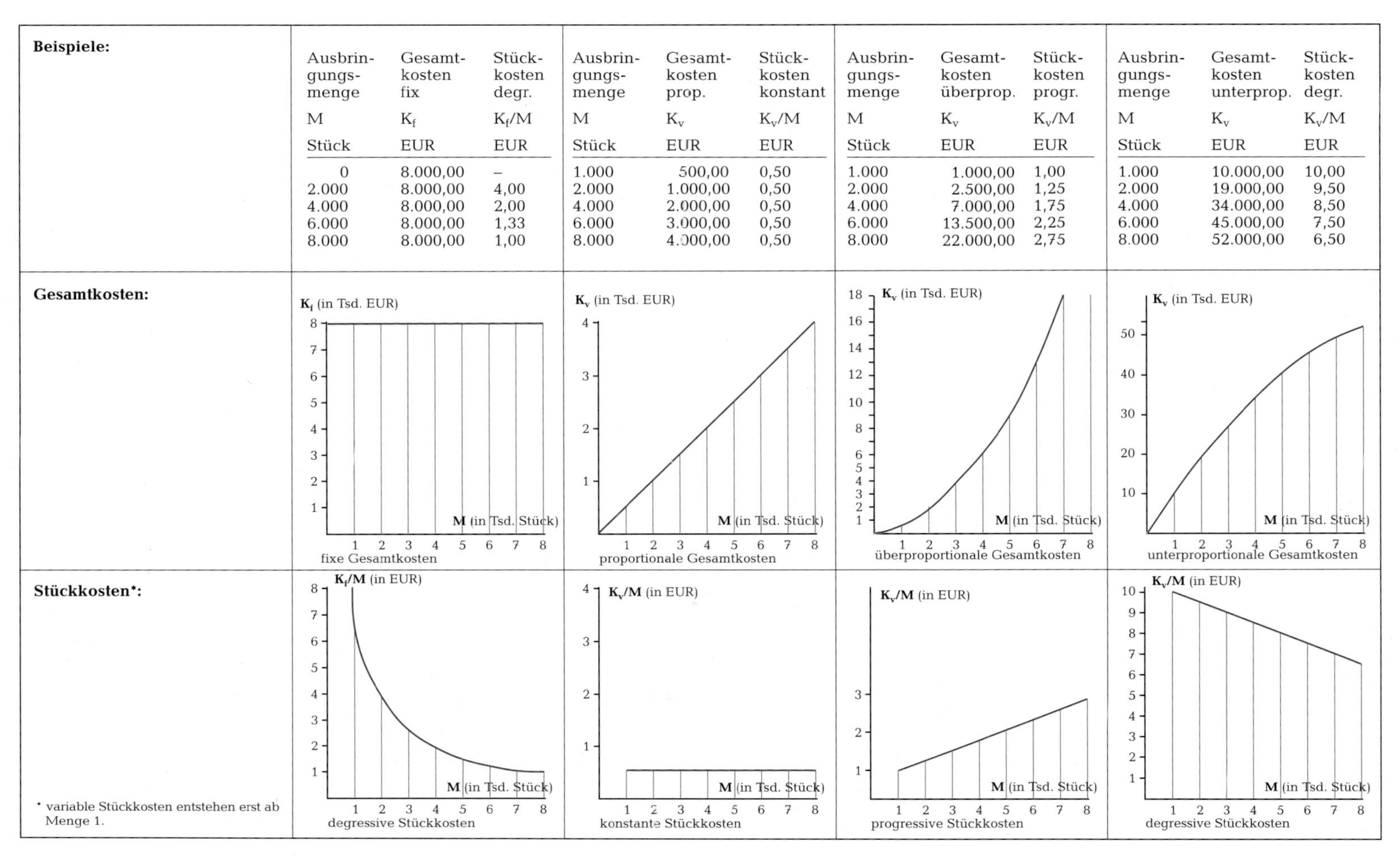

**Beispiele:**

| Ausbringungsmenge M Stück | Gesamtkosten fix $K_f$ EUR | Stückkosten degr. $K_f/M$ EUR |
|---|---|---|
| 0 | 8.000,00 | – |
| 2.000 | 8.000,00 | 4,00 |
| 4.000 | 8.000,00 | 2,00 |
| 6.000 | 8.000,00 | 1,33 |
| 8.000 | 8.000,00 | 1,00 |

| Ausbringungsmenge M Stück | Gesamtkosten prop. $K_v$ EUR | Stückkosten konstant $K_v/M$ EUR |
|---|---|---|
| 1.000 | 500,00 | 0,50 |
| 2.000 | 1.000,00 | 0,50 |
| 4.000 | 2.000,00 | 0,50 |
| 6.000 | 3.000,00 | 0,50 |
| 8.000 | 4.000,00 | 0,50 |

| Ausbringungsmenge M Stück | Gesamtkosten überprop. $K_v$ EUR | Stückkosten progr. $K_v/M$ EUR |
|---|---|---|
| 1.000 | 1.000,00 | 1,00 |
| 2.000 | 2.500,00 | 1,25 |
| 4.000 | 7.000,00 | 1,75 |
| 6.000 | 13.500,00 | 2,25 |
| 8.000 | 22.000,00 | 2,75 |

| Ausbringungsmenge M Stück | Gesamtkosten unterprop. $K_v$ EUR | Stückkosten degr. $K_v/M$ EUR |
|---|---|---|
| 1.000 | 10.000,00 | 10,00 |
| 2.000 | 19.000,00 | 9,50 |
| 4.000 | 34.000,00 | 8,50 |
| 6.000 | 45.000,00 | 7,50 |
| 8.000 | 52.000,00 | 6,50 |



* variable Stückkosten entstehen erst ab Menge 1.

Bild 172

Bild 173

2. **Relativ fixe Kosten.** Sie ergeben sich bei Kapazitätsveränderungen. Jede Kapazitätserweiterung führt zu einer *sprunghaften Erhöhung* der fixen Kosten. Deswegen spricht man auch von *sprungfixen* oder *intervallfixen Kosten.*

   **Beispiel:** Abschreibung einer zusätzlich angeschafften Maschine.

   Bei Beschäftigungseinschränkungen lassen sich die relativ fixen Kosten oft nicht abbauen und bleiben als so genannte **„Remanenzkosten"** (lat. remanere = übrigbleiben) bestehen (Abschnitt 10.5.4).

**b) Variable Kosten.** Es sind Kosten, die vom Beschäftigungsgrad *abhängig* sind. Sie werden je Leistungseinheit erfasst. Man unterscheidet

1. **Proportionale Kosten.** Es sind Kosten, die sich im *gleichen* Verhältnis wie der Beschäftigungsgrad ändern.

   **Beispiel:** Fertigungsmaterial, Stücklöhne, Kraftstrom.

2. **Überproportionale Kosten.** Es sind Kosten, die bei zunehmender Beschäftigung *stärker* ansteigen, als es der Beschäftigungszunahme entspricht.

   **Beispiele:** Überstundenlöhne; Kosten, die durch Überbeanspruchung der Maschinen verursacht werden.

3. **Unterproportionale Kosten.** Es sind Kosten, die bei zunehmender Beschäftigung *schwächer* ansteigen, als es der Beschäftigungszunahme entspricht.

   **Beispiele:** Transportkosten beim Bezug und Absatz größerer Mengen; Materialkosten bei Gewährung von Mengenrabatt.

## Beschäftigungsgrad und Stückkosten

Nach dem Verhältnis der Stückkosten zur Beschäftigung kann folgende Einteilung getroffen werden (Bild 173):

a) Die absolut fixen Gesamtkosten verursachen bei steigendem Beschäftigungsgrad *abnehmende,* d.h. **degressive Stückkostenanteile**; bei sinkendem Beschäftigungsgrad verursachen sie *steigende,* d.h. **progressive Stückkostenanteile**.

b) Die relativ fixen Gesamtkosten verursachen bei steigendem Beschäftigungsgrad ebenfalls **degressive Stückkostenanteile**, die sich aber nach jeder neuen Kapazitätsstufe immer wieder **sprunghaft** erhöhen.

c) Bei proportionalen Gesamtkosten bleiben die **Stückkostenanteile** bei steigendem oder sinkendem Beschäftigungsgrad *immer gleich,* d.h. **konstant**.

d) Die überproportionalen Gesamtkosten verursachen **progressive Stückkostenanteile**.

e) Die unterproportionalen Gesamtkosten verursachen **degressive Stückkostenanteile.**

**Zur Wiederholung und Vertiefung**

1. Welche Zusammenhänge bestehen zwischen fixen Kosten, Beschäftigungsgrad und Stückkosten?
2. Bei welchen Arten von Betrieben ist der Anteil der fixen bzw. der variablen Kosten besonders hoch?
3. Nennen Sie Beispiele für a) Personalkosten, b) Verwaltungskosten, c) Abschreibungen, die fixen bzw. variablen Kostencharakter haben.
4. Welche der folgenden Kostenarten gelten im Allgemeinen innerhalb einer Abrechnungsperiode als variabel?
   a) Hausmeistergehalt,
   b) Abschreibungen auf Gebäude,
   c) Bezugskosten für Rohstoffe.
   d) Miete für Geschäftsräume,
   e) Akkordlohn eines Fabrikarbeiters,
5. Welche verschiedenen Verlaufsformen können variable Kosten aufweisen und wodurch werden diese Verläufe bewirkt?

## 10.5.3 Kostenverlauf und kritische Kostenpunkte

Nach einschlägigen Betriebsuntersuchungen verlaufen die gesamten Kosten (fixe + variable) im Industriebetrieb bis zur Grenze der Normalkapazität proportional (linear).

## Linearer Gesamtkostenverlauf (Bilder 174 und 175)

Ein ununterbrochen linearer Gesamtkostenverlauf ist möglich, sofern

a) keine unterproportionalen und keine überproportionalen Kosten gegeben sind

**Beispiele:** Gleichmäßiger Anstieg der Materialkosten und Fertigungslöhne bei zunehmendem Beschäftigungsgrad; keine Überstundenlöhne.

*oder*

b) aufgetretene unterproportionale Kosten und aufgetretene überproportionale Kosten sich ausgleichen.

**Beispiel:** Mengenrabatte bei der Materialbeschaffung und Kostensteigerung durch vermehrte Materiallagerung gleichen sich aus.

Wird die Normalkapazität überschritten, dann können bei weiteren Beschäftigungsphasen jeweils erhöhte proportional-variable Kosten entstehen (z.B. phasenweise zusätzliche Überstundenzuschläge). Die Gesamtkostenkurve (Bild 175) verläuft dann nicht mehr proportional, sondern steigt überproportional an.

## Stückkostendegression bei linearen Gesamtkosten (Bilder 174 und 176)

Bei linearem Verlauf der Gesamtkosten bis zur Grenze der Normalkapazität müssen die Stückkosten mit zunehmender Fertigungsmenge fallen, da der Stückkostenanteil der proportional-variablen Kosten konstant bleibt, während der Fixkostenanteil pro Stück laufend abnimmt **(Fixkostendegression)**.

Dieses Fallen der Stückkosten mit zunehmender Beschäftigung ist im so genannten „Gesetz der Kostendegression" oder **„Gesetz der Massenproduktion"** mathematisch festgehalten.

$$\text{Kosten der LE} = \frac{\text{Fixe Kosten}}{\text{Ausbringungsmenge}} + \text{variable Kosten je LE}$$

$$\mathbf{k} = \frac{\mathbf{F}}{\mathbf{M}} + \mathbf{v}$$

## Kosten und Erlös

Wenn für die Gesamtausbringung ein einheitlicher Preis pro Stück erzielt wird, so verläuft der **Gesamterlös** (**E** = Menge x Stückerlös) **proportional**, der **Stückerlös (e) konstant**.

Ist der Erlös einer bestimmten Ausbringungsmenge größer als die Kosten dieser Menge, so ergibt sich ein **Gewinn**, ist der Erlös kleiner als die Kosten, so ergibt sich ein **Verlust**.

Kosten- und Erlösverläufe sind in dem folgenden Beispiel dargestellt (Bilder 175 und 176).

## Verlauf der Kosten und Erlöse in Tabelle und Diagramm

(Beispiele siehe Bilder 174, 175 und 176)

## Kritische Kostenpunkte

Wenn die Stückkosten bis zur Grenze der Normalkapazität degressiv, die Stückerlöse aber konstant verlaufen, ergeben sich für den Betrieb bei unterschiedlicher Ausbringung immer andere Kosten-Erlös-Verhältnisse und damit immer andere Gewinn-Verlust-Situationen.

Unternehmerische Entscheidungen über die Ausbringungsmenge müssen daher von folgenden kritischen Überlegungen getragen werden:

a) Wie viel muss produziert werden, damit der Erlös gerade die Kosten deckt?
   – Frage nach der **Nutzenschwelle**, dem *break-even-point*.

**Beispiel:** Linearer Gesamtkostenverlauf bis zur Grenze der Normalkapazität

| **Ausbringung** | M | 0 | 10 | 20 | 30 | 40 | 50 | 60 | 70 | 80 | 90 | 100 | 110 |
|---|---|---|---|---|---|---|---|---|---|---|---|---|---|
| **Gesamtkosten:** | | | | | | | | | | | | | |
| Fixe Gesamtkosten | F | 200 | 200 | 200 | 200 | 200 | 200 | 200 | 200 | 200 | 200 | 200 | 200 |
| Variable Gesamtkosten | V | 0 | 30 | 60 | 90 | 120 | 150 | 180 | 210 | 240 | 270 | 300 | 330 |
| Gesamtkosten | K | 200 | 230 | 260 | 290 | 320 | 350 | 380 | 410 | 440 | 470 | 500 | 530 |
| Gesamterlös | E | 0 | 80 | 160 | 240 | 320 | 400 | 480 | 560 | 640 | 720 | 800 | 880 |
| Gesamtgewinn | G | – 200 | – 150 | – 100 | – 50 | ± 0 | + 50 | + 100 | + 150 | + 200 | + 250 | + 300 | + 350 |
| **Stückkosten** | | | | | | | | | | | | | |
| Fixe Kosten/Stück | $\frac{F}{M} = f$ | – | 20,00 | 10,00 | 6,67 | 5,00 | 4,00 | 3,33 | 2,86 | 2,50 | 2,22 | 2,00 | 1,82 |
| Variable Kosten/Stück | $\frac{V}{M} = v$ | – | 3,00 | 3,00 | 3,00 | 3,00 | 3,00 | 3,00 | 3,00 | 3,00 | 3,00 | 3,00 | 3,00 |
| Kosten/Stück | $\frac{K}{M} = k$ | – | 23,00 | 13,00 | 9,67 | 8,00 | 7,00 | 6,33 | 5,86 | 5,50 | 5,22 | 5,00 | 4,82 |
| Erlös/Stück | $\frac{E}{M} = e$ | – | 8,00 | 8,00 | 8,00 | 8,00 | 8,00 | 8,00 | 8,00 | 8,00 | 8,00 | 8,00 | 8,00 |
| Gewinn/Stück | $\frac{G}{M} = g$ | – | – 15,00 | – 5,00 | – 1,67 | ± 0 | + 1,00 | + 1,67 | + 2,14 | + 2,50 | + 2,78 | + 3,00 | + 3,18 |
| **Kritische Punkte** | | | | | | Nutzenschwelle | | | | | | | Normalkapazität<br>• Gewinnmaximum<br>• Stückkostenminimum |

Bild 174

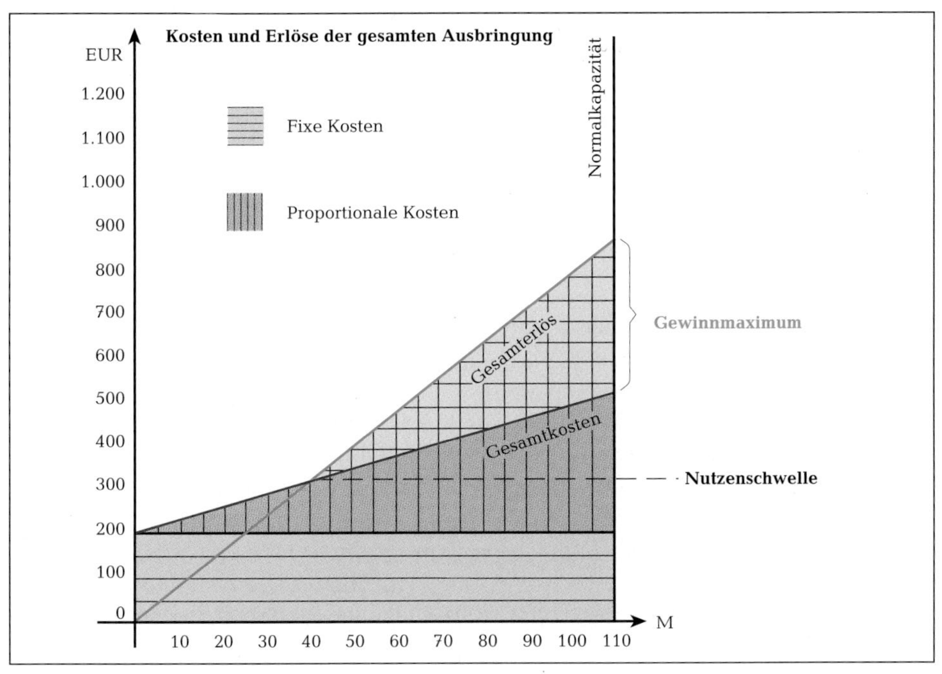


Bild 175

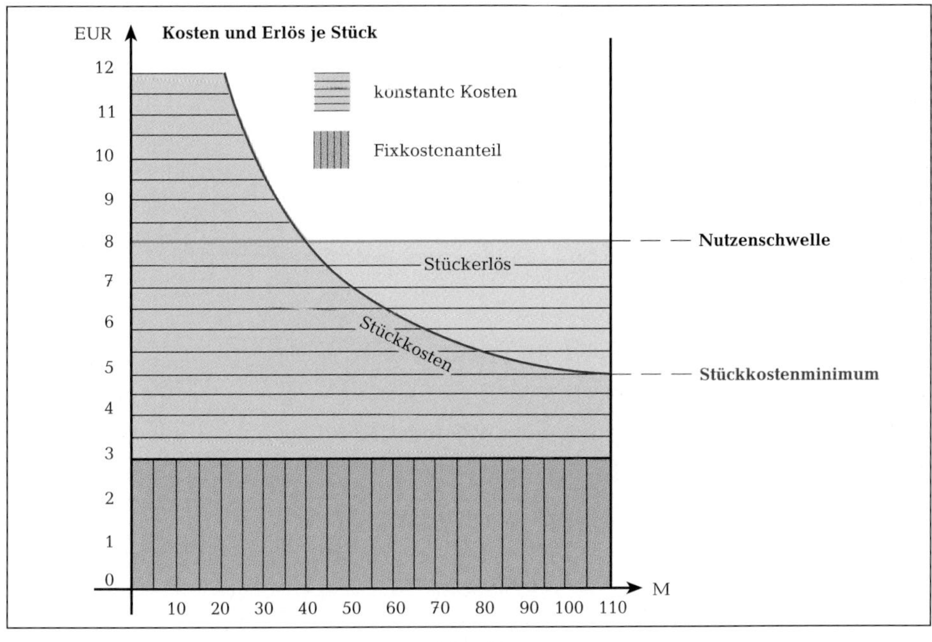


Bild 176

**Erläuterungen zu den Bildern 175 und 176:**

Die **Nutzenschwelle** als Schnittpunkt zwischen Kosten und Erlös liegt in beiden Bildern bei der Ausbringungsmenge 40.

Bei scherenförmig auseinanderstrebendem Verlauf von Gesamtkosten und Gesamterlös ist das **Gewinnmaximum** an der Kapazitätsgrenze bei der Ausbringungsmenge 110 erreicht.

Das **Stückkostenminimum** liegt ebenfalls an der Kapazitätsgrenze bei der Menge 110, weil der in den Stückkosten enthaltene Fixkostenanteil mit zunehmender Ausbringung immer kleiner wird und dadurch die Stückkosten degressiv fallen.

b) Bei welcher Ausbringungsmenge ist der Gesamtgewinn besonders groß?
   - Frage nach dem **Gewinnmaximum**.

c) Bei welcher Ausbringungsmenge arbeitet der Betrieb mit den geringsten Stückkosten?
   - Frage nach dem **Stückkostenminimum**.

## ■ Nutzenschwelle (break-even-point)

Die in Bild 175 von 0 ausgehende Gesamterlöslinie verläuft zunächst unterhalb der roten Gesamtkostenlinie. Bis zum Schnittpunkt der beiden Geraden ist der Erlös geringer als die Kosten (Verlustzone). Erst ab dem Schnittpunkt (Nutzenschwelle – NS) übersteigt der Erlös die Kosten und es entsteht zunehmend Gewinn.

Die Ausbringungsmenge des Betriebes darf auf Dauer gesehen nicht kleiner sein als die durch die NS bestimmte Menge.

In Bild 176 liegt die Nutzenschwelle dort, wo die degressiv fallenden Stückkosten die waagrecht verlaufende Stückerlöskurve schneiden. Hier verlässt der Betrieb die Verlustzone und arbeitet bis zur Kapazitätsgrenze mit zunehmendem Stückgewinn.

Für die **Nutzenschwelle** gilt: $K = E$ bzw. $k = e$

## ■ Gewinnmaximum

Zwischen Nutzenschwelle und Kapazitätsgrenze arbeitet der Betrieb mit Gewinn (Bilder 175 und 176).

Das Gewinnmaximum liegt an jener Stelle, an der der Gesamtgewinn am größten ist ($G_{max}$).

Für das **Gewinnmaximum** gilt: $E - K = G_{max}$

Bei linearem Kostenverlauf wird der höchstmögliche Gewinn **an der Grenze der Normalkapazität** erzielt.

## ■ Stückkostenminimum

Innerhalb der Normalbeschäftigung sind die Fixkosten pro Stück degressiv, die variablen Kosten pro Stück konstant. Dies bewirkt ein Sinken der Stückkosten bis an die Kapazitätsgrenze (Bild 176). Das Stückkostenminimum liegt damit an der Grenze der Normalkapazität.

Minimale Stückkosten ergeben einen maximalen Stückgewinn (Bilder 174 und 176).

Für das **Stückkostenminimum** gilt: $e - k_{min} = g_{max}$

## Zur Wiederholung und Vertiefung

1. Erklären Sie die Begriffe
   a) Nutzenschwelle,
   b) Stückkostenminimum,
   c) Gewinnmaximum.
2. Begründen Sie die besondere Krisenanfälligkeit von Betrieben mit hoher Fixkostenquote.
3. Eine Textilfabrik darf wegen des Konkurrenzpreises die Kosten für 1 m Wollstoff nicht über 7 EUR steigen lassen.
   Die fixen Kosten der Ausbringung betragen 54.000 EUR, die variablen Kosten pro m Wollstoff belaufen sich auf 4 EUR.
   a) Wie viel m muss die Fabrik mindestens produzieren, um die Nutzenschwelle einzuhalten?
   b) Beurteilen Sie die Kosten pro m bei einer Produktion von (1) 30.000 m Wollstoff, (2) 12.000 m Wollstoff.
   c) Welches wirtschaftliche Gesetz kommt bei diesen Rechnungen zum Tragen?
4. Eine Fahrradfabrik produziert im Monat durchschnittlich 2.000 Fahrräder vom Typ Standard. Die Gesamtkosten der Herstellung belaufen sich auf 400.000 EUR, die sich in 160.000 EUR fixe und 240.000 EUR variable Kosten aufteilen lassen.
   a) Berechnen Sie die Stückkosten pro Fahrrad bei durchschnittlichen Produktionszahlen.
   b) Wie viel EUR variable Stückkosten verursacht die Herstellung eines Fahrrades bei durchschnittlicher Produktion?
   c) Stellen Sie fest, welchen Preis der Betrieb am Markt für ein Standardfahrrad mindestens erzielen muss, damit er keinen Verlust macht.
   d) Wie viel Gewinn pro Monat und wie viel Gewinn pro Fahrrad erzielt der Betrieb bei durchschnittlicher Produktion, wenn die Fahrräder zu einem Preis von 250 EUR pro Stück abgesetzt werden können?
   e) Wie hoch sind jeweils die Gesamtkosten der Herstellung, wenn
      - wegen starker Nachfrage im Monat März 2.500 Fahrräder,
      - wegen sinkender Nachfrage im November nur 1.600 Fahrräder

      produziert werden?
   f) Auf welchen Betrag ändern sich im März und November jeweils die Stückkosten pro Fahrrad?
   g) Welche Gewinne insgesamt und pro Fahrrad ergeben sich
      - bei Produktion von 2.500 Fahrrädern im März,
      - bei Produktion von 1.600 Fahrrädern im November?
   h) Wegen der Anschaffung neuer Fabrikationsmaschinen ändern sich die fixen Kosten auf 260.000 EUR.
      Welche Anzahl von Standardfahrrädern müsste hergestellt werden, damit sich die unter a) ermittelten durchschnittlichen Stückkosten pro Fahrrad nicht ändern?
5. Eine Waschmaschine kostet 900 EUR. Jeder Waschgang verursacht an laufenden Kosten (Waschmittel, Strom, Wasser) 1 EUR. Es ist damit zu rechnen, dass während der Gesamtnutzungsdauer der Maschine für Reparaturen und Ersatzteile 300 EUR anfallen.
   Ab wie viel Waschgängen lohnt sich die Anschaffung einer eigenen Waschmaschine, wenn in der Wäscherei für einen Waschgang ein Preis von 3 EUR zu zahlen wäre? Eigene Arbeitskosten werden nicht berücksichtigt.

## 10.5.4 Verschiebungen der kritischen Kostenpunkte

Kosten und Erlöse eines Industriebetriebes unterliegen einer Vielfalt von Einflüssen, welche immer wieder deren Verlauf verändern und damit die kritischen Kostenpunkte verschieben. Gewichtigen Einfluss nehmen Entscheidungen über den Kapazitätsumfang, Kapazitätsänderungen, die Auswahl zwischen verschiedenen Produktionsfaktoren, Tariflohnerhöhungen und Differenzierungen der Absatzpreise.

## Einfluss der Betriebsgröße auf die fixen Kosten

**Beispiel: Entscheidung über den Kapazitätsumfang bei Betriebsgründung**

Bei günstiger Absatzlage haben sowohl kleinere als auch größere Betriebe Erfolgsaussichten.

In Bild 177 macht ein Betrieb mit kleinerer Kapazität an der Grenze seiner Normalkapazität KG1 den Gewinn G1, der sich aus der Differenz zwischen dem Gesamterlös E und den Gesamtkosten K1 dieses Betriebes ergibt. Die Gewinnzone beginnt für den Betrieb bei seiner Nutzenschwelle NS1.

Würde der Betrieb mit einem größeren Kapazitätsumfang bis zur Kapazitätsgrenze KG2 ausgestattet, so würde sich die Nutzenschwelle wegen der höheren fixen Kosten F2 nach rechts zum Punkt NS2 verschieben. Der Gewinn G2 an der neuen Kapazitätsgrenze wäre größer als G1.

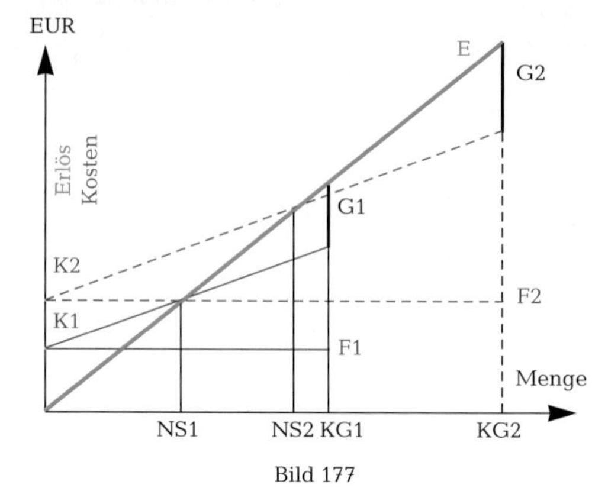


Bild 177

Würde nur die durch die KG1 bedingte Ausbringungsmenge abgesetzt, so wäre eine Ausstattung bis zur KG2 unwirtschaftlich.

## Erhöhung der fixen Kosten

**Beispiel: Kapazitätserweiterung**

Verbesserte Marktchancen veranlassen die Unternehmer, mehr zu produzieren und abzusetzen.

In Bild 178 wird die durch den Punkt KG1 markierte Kapazität durch eine Erweiterungsinvestition, z.B. die Anschaffung weiterer Maschinen, bis zur KG2 ausgedehnt.

Die Betriebsmittelinvestition erhöht die ursprünglichen fixen Kosten F1 sprunghaft um die zusätzlichen fixen Kosten F2. Aus ursprünglich absolut fixen Kosten werden nun von der jeweiligen Betriebsausstattung abhängige, d.h. relativ fixe Kosten (Abschnitt 10.5.2).

Durch die Kapazitätserweiterung verschiebt sich die Nutzenschwelle von NS1 nach NS2. Der Gewinn G2 ist größer als der Gewinn G1.

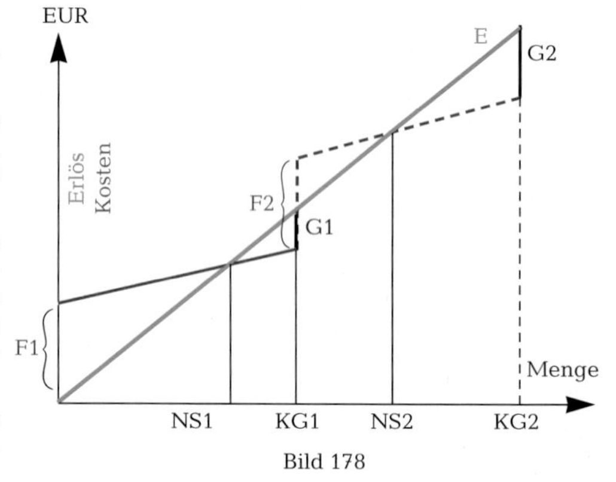


Bild 178

Würde die durch den Punkt KG1 festgelegte bisherige Ausbringungsmenge nur bis zur Menge der NS2 erhöht, so wäre die Kapazitätserweiterung unrentabel, da sie den vorher erzielten Gewinn aufzehren würde.

## Wahl zwischen verschiedenen Kostenverhältnissen

**Beispiel: Ersatz von Arbeitskraft durch Maschinen**

Kann das gleiche Produktionsziel mit unterschiedlichem Faktoreinsatz erreicht werden, so muss die gewinnträchtigste bzw. kostengünstigste Kombination herausgefunden werden.

Die in Bild 179 an der Kapazitätsgrenze KG festgelegte Ausbringungsmenge kann entweder

a) mit den Kosten K1 einer geringeren Betriebsmittelausstattung und einem entsprechend größeren Arbeitseinsatz oder

b) mit den Kosten K2 von mehr technischem und weniger menschlichem Einsatz erreicht werden.

Im Falle a) sind die fixen Kosten gering und die variablen Kosten hoch; im Falle b) ist es umgekehrt.

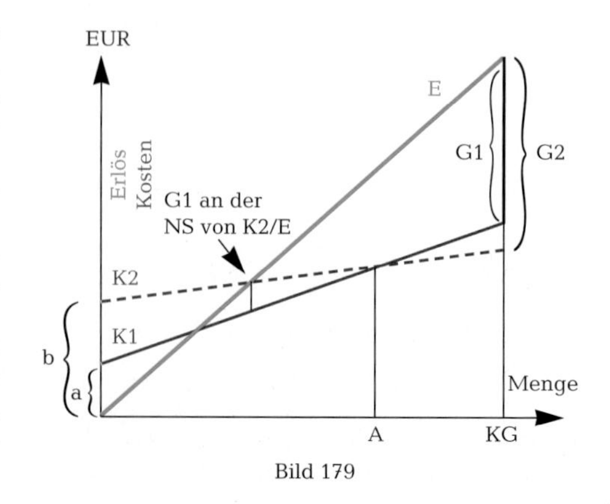


Bild 179

Bei Vollausschöpfung der Kapazität bringt der Einsatz K2 einen größeren Gewinn G2 als der Einsatz K1 mit dem Gewinn G1.

Im Punkt A ist der Gewinn der Ausstattungen a) und b) gleich groß. Bei noch geringerer Ausbringung ist G1 > G2.

## ■ Änderung der variablen Kosten

**Beispiel: Tariflohnerhöhung**

Solange eine Tariflohnerhöhung nicht auf die Marktpreise übertragen werden kann, sinkt der Unternehmensgewinn.

In Bild 180 zeigt sich die Lohnerhöhung in einem steileren Ansteigen der variablen Kosten, aus V1 wird V2.

Entsprechend vermindert sich der bisher bei Vollausnutzung der Normalkapazität erreichte Gewinn G1 auf den Gewinn G2.

Gleichzeitig verschiebt sich die Nutzenschwelle auf eine höhere Ausbringungsmenge von NS1 auf NS2.

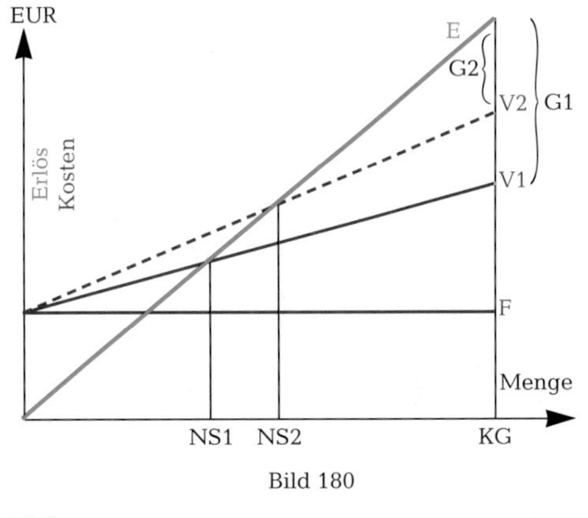


Bild 180

## ■ Erlösänderung

**Beispiel: Zwang zur Preisdifferenzierung**

Einem steigenden Konkurrenzdruck, z.B. im Fotoartikelbereich durch japanische Hersteller, kann der einzelne Betrieb oft nur durch Preisherabsetzungen begegnen.

Die Preisherabsetzung erfolgt vielfach in Form der Preisdifferenzierung, d.h. es werden für das gleiche Produkt in verschiedenen Absatzbereichen unterschiedliche Preise verlangt.

Wie Bild 181 zeigt, zehrt eine Preisherabsetzung am Gewinn. Ein gewisser Erhalt des Gewinns ist vielfach nur dann möglich, wenn über eine Erhöhung der Ausbringungsmenge eine weitere Kostendegression erreicht werden kann bzw. solange der herabgesetzte Preis nicht kleiner als die variablen Kosten pro Stück ist.

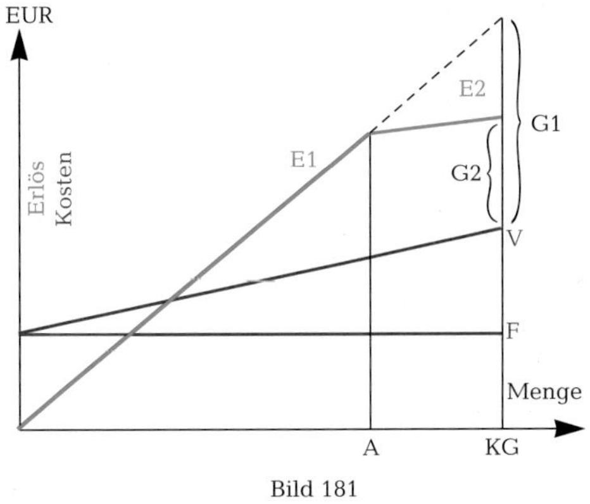


Bild 181

Würde die volle Ausbringungsmenge mit dem hohen Erlös E1 verkauft, so ergäbe sich an der Kapazitätsgrenze KG ein Gewinn G1. Da aber nur die Menge A zum alten Preis, die über A hinausgehende Menge zu einem geringeren Preis verkauft werden muss, verläuft die Erlösgerade nach einem Knick ab der Menge A flacher. An der Kapazitätsgrenze ergibt sich nur noch ein Gewinn G2.

## ■ Beharrlichkeit der Kosten bei rückläufiger Beschäftigung (Kostenremanenz)

Bei rückläufiger Beschäftigung müssten die Kosten eigentlich dem Kostenverlauf entsprechend zurückgehen. Aus wirtschaftlichen, rechtlichen, organisatorischen, sozialen und arbeitsrechtlichen Gründen ist der Betrieb jedoch häufig nicht in der Lage, die Kosten des Faktoreinsatzes gleichzeitig mit dem Rückgang der Beschäftigung abzubauen.

**Beispiele:** Vermehrte Lagerkosten bei Absatzstockung; Einhaltung von Abnahmeverpflichtungen im Beschaffungsbereich; Abschreibung stillliegender Anlagen; Kündigungsschutz für Arbeitnehmer.

Wie Bild 182 zeigt, bleibt der Kostenabbau hinter dem Beschäftigungsrückgang zurück. Diese Erscheinung bezeichnet man als **Kostenremanenz**.

Sie hat zur Folge, dass die Stückkosten bei rückläufiger Beschäftigung erheblich steigen und den Betrieb sehr rasch in die Verlustzone treiben können.

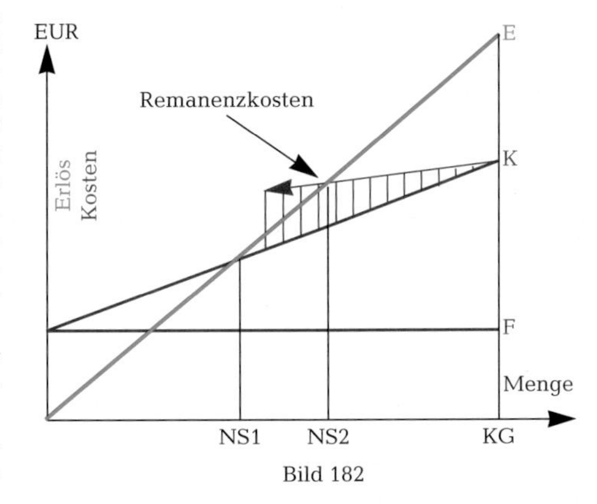


Bild 182

Bei der im Bild dargestellten rückläufigen Beschäftigung beginnt die Verlustzone bereits ab dem Punkt NS2, während früher die Nutzenschwelle bei Punkt NS1 lag.

Die Remanenzkosten hindern die Unternehmung auch daran, durch Preissenkung dem schrumpfenden Absatz entgegenzuwirken. Sie zwingen unter Umständen dazu, entgegen den Marktgesetzen die Preise zu erhöhen.

**Zur Wiederholung und Vertiefung**

Durch die vollständige Umstellung eines bisher lohnintensiv arbeitenden Betriebes auf Fertigung mit automatischen Anlagen wird bei gleichzeitiger Erhöhung der Ausbringungsmenge eine kostengünstigere Kombination der Produktionsfaktoren erreicht. Der Verkaufserlös pro Produkt ändert sich nicht.

Verdeutlichen Sie die sich ergebenden Änderungen der kritischen Kostenpunkte mit Hilfe folgender Diagrammdaten:

Ordinate: 16 cm, Abszisse: 14 cm.

| | | | |
|---|---|---|---|
| KG1 = 9 cm | F1 = 2 cm | V1 an KG1 = 3 cm | E an KG 1 = 10 cm |
| KG2 = 13 cm | F2 = 4 cm | V2 an KG2 = 4 cm | |

## 10.5.5 Kostenanpassung

Muss die Ausbringungsmenge eines Betriebes infolge veränderter Absatzlage vermehrt oder vermindert werden, so wirkt sich die erforderliche Produktionsanpassung in aller Regel auch auf die Kostenstruktur des Betriebes aus. Dabei verändern sich die Produktionskosten des Betriebes meist nicht proportional mit der Ausbringungsmenge, vielmehr bewirkt die Form der Anpassung dann eine Änderung des bisherigen Kostenverlaufs.

Man unterscheidet die intensitätsmäßige, die quantitative und die zeitliche Form der Anpassung.

### ■ Intensitätsmäßige Anpassung (Anpassung der Arbeitsgeschwindigkeit)

Sie kann dort erfolgen, wo die Produktion den verbundenen Einsatz der gesamten technischen Anlagen erfordert. Je nach Absatzlage wird die gesamte technische Apparatur mehr oder weniger intensiv in Anspruch genommen.

**Beispiel:** Die miteinander verbundenen Turbinen eines Wasserkraftwerks laufen je nach Wasserdurchlass schneller oder langsamer und erzeugen somit eine größere oder geringere Menge Strom.

Intensitätsmäßige Anpassung ist aber auch erreichbar, indem man die Arbeitsgeschwindigkeit der menschlichen Arbeitskraft variiert.

**Beispiel:** Bei gleicher Arbeitszeit wird die Ausstoßmenge geringer durch Übergang vom Akkord- zum Zeitlohn.

Entlohnungen der maschinellen oder menschlichen Arbeitsgeschwindigkeit führen zwangsläufig zu größerem Verschleiß, zu überhöhtem Energieeinsatz (Motoren im höheren Drehzahlbereich), zu vermehrtem Ausschuss, zu höheren Lohnzuschlägen und damit zu *überproportionalen Gesamtkosten.*

### ■ Quantitative Anpassung (Anpassung der Kapazität)

Sie ist dort durchführbar, wo die Betriebseinrichtungen aus selbstständigen Teileinheiten bestehen und ein unterschiedlicher Einsatz einzelner Produktionsfaktoren möglich ist.

**Beispiele:** Bei Absatzrückgang werden in Betrieben der Autoindustrie parallel produzierende Maschinen, Fließbandanlagen, Fertigungsstraßen stillgelegt, weniger Werkstoffe eingekauft, Arbeitnehmer entlassen oder in Kurzarbeit beschäftigt.

Bei Absatzsteigerung verfährt man entsprechend umgekehrt.

Stilllegung und Wiedereinsatz von Betriebsmitteln, verbunden mit der Senkung oder Erhöhung der technischen Kapazität, führen zu *sprunghaften* Veränderungen der fixen *Gesamtkosten.*

■ **Zeitliche Anpassung** (Anpassung der Arbeitszeit)

Sie besteht in einer Anpassung der Arbeitszeit an die erforderliche Ausbringungsmenge.

**Beispiele:**

1. Ein Transistorhersteller führt zur Befriedigung der vermehrten Nachfrage eine Nachtschicht ein.
2. In der Textilindustrie wird wegen Absatzrückgang statt 8 nur 7 Stunden pro Arbeitstag gearbeitet (Kurzarbeit).

Für Tätigkeiten außerhalb der üblichen Tagesarbeitszeit müssen in aller Regel Lohnzuschläge bezahlt werden. Bei Einführung von Überstunden oder Schichtarbeit werden daher die *proportional-variablen Gesamtkosten* schlagartig *stärker ansteigen.*

**Zur Wiederholung und Vertiefung**

1. Wann ist Kostenanpassung erforderlich und welche Möglichkeiten der Anpassung kommen in Betracht?
2. Welche Probleme sind mit dem Auftreten von Remanenzkosten verbunden?
3. Finden Sie weitere Beispiele für die verschiedenen Möglichkeiten der Kostenanpassung.

## 10.6 Teilkostenrechnung (Deckungsbeitragsrechnung, direct costing)

Die bisher dargestellten Verfahren der Kostenrechnung (Abschnitt 10.3) sind Formen der **Vollkostenrechnung**, bei der alle Leistungseinheiten nach dem Verursachungsprinzip mit den **anteiligen variablen und fixen Kosten** voll belastet werden. Ist der erzielte Erlös größer als die Kosten, so ergibt sich ein Gewinn, umgekehrt ein Verlust.

Die **Teilkostenrechnung** *(Deckungsbeitragsrechnung, direct costing)* geht von der Teilung der Kosten in ihre variablen und fixen Bestandteile aus. Sie beruht auf der Erkenntnis, dass der Erlös (Preis) nicht in jedem Falle die gesamten Stückkosten decken muss. Man berechnet deswegen zunächst **nur die variablen Kosten** der einzelnen unterschiedlichen Leistungseinheiten und vergleicht diese mit den erzielbaren Stückpreisen.

Für die Produktion ergeben sich aus diesem Vergleich verschiedene Folgerungen:

a) Die Produktion ist unwirtschaftlich, wenn die variablen Stückkosten größer als der Stückpreis sind.

b) Die Produktion ist riskant, wenn die variablen Stückkosten gleich dem Stückpreis sind. In diesem Falle müsste auf eine Erstattung der fixen Kosten verzichtet werden. Das ist jedoch nur zeitweilig möglich oder nur dann, wenn andere Produktionsbereiche die Deckung der fixen Kosten für diesen Produktionsbereich (bzw. Produktbereich) mit übernehmen können (Beispiel – Fall 1, Bild 183).

c) Die Produktion wird wirtschaftlich, wenn die variablen Stückkosten kleiner als der Stückpreis sind. In diesem Falle ergibt sich nämlich ein Überschussbetrag, der zur Deckung der fixen Kosten verwendet werden kann. Man nennt ihn **Deckungsbeitrag**. Die Deckungsbeiträge der unterschiedlichen Leistungseinheit werden je nach Struktur der variablen Kosten und je nach den erzielbaren Marktpreisen unterschiedlich hoch sein (Beispiel – Fälle 2 und 3, Bild 183).

d) Die Produktion ist wirtschaftlich, wenn die Summe aller Deckungsbeiträge nicht nur die gesamten fixen Kosten des Betriebes (Fixkostenblock) deckt, sondern auch noch einen mehr oder minder hohen Gewinn abwirft (Beispiel – Fall 4, Bild 183).

**Beispiele:**

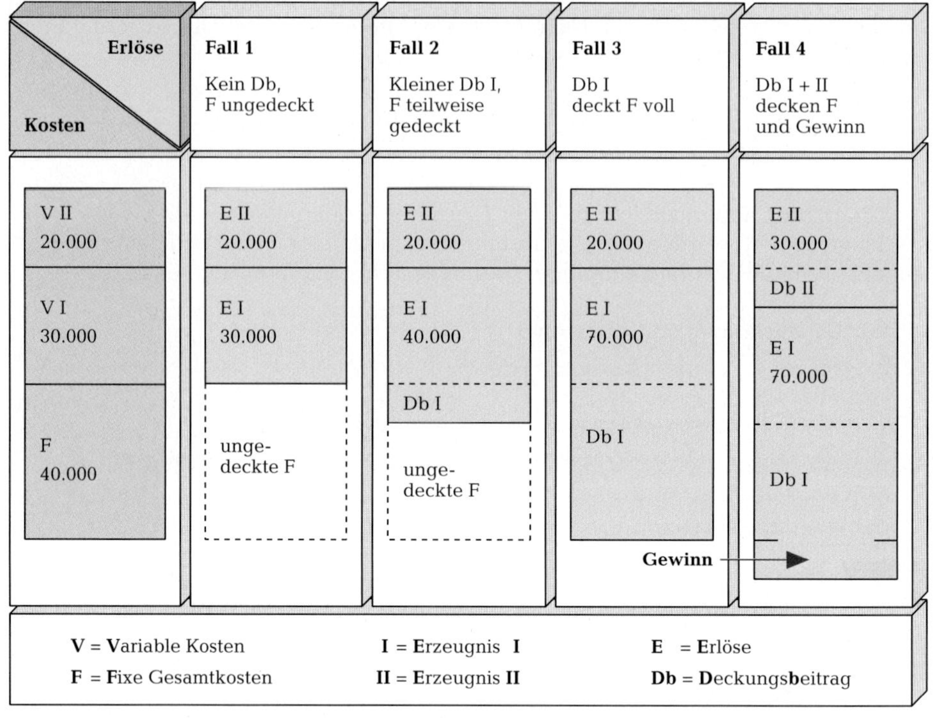


Bild 183

Die grafische Darstellung des Verlaufes von Kosten, Erlös und Deckungsbeitrag zeigt Bild 184.

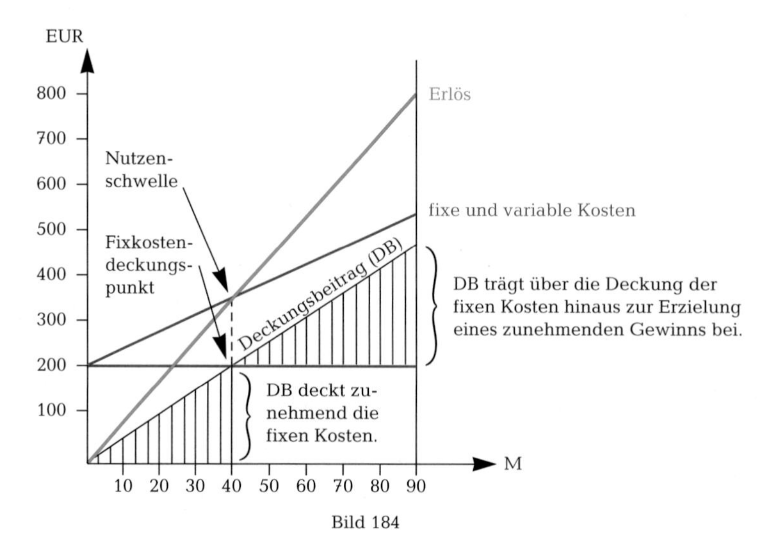


Bild 184

Im vorliegenden Bild ergibt sich der Deckungsbeitrag pro Stück aus der am Fixkostendeckungspunkt orientierten Rechnung: 200 EUR : 40 Stück = 5 EUR/Stück.

Jedes Stück, das über 40 Stück hinaus produziert wird, wirft 5 EUR Deckungsbeitrag und damit 5 EUR Gewinn ab, da die gesamten Fixkosten bereits durch die Deckungsbeiträge der ersten 40 Stück abgedeckt sind.

**Zur Wiederholung und Vertiefung**

Zeichnen Sie ein Diagramm mit Erklärungen wie bei Bild 184 anhand folgender Daten:

- Unterschiedliche Ausbringungsmengen in Stück: 2.000, 2.500, 3.000, 3.500, 4.000, 4.500.
- Erlös pro Stück 120 EUR, variable Kosten pro Stück 80 EUR, gesamte Fixkosten 100.000 EUR.

Diagrammabmessungen: Abszisse = 10 cm, 1 cm = 500 Stück,
Ordinate = 6 cm, 1 cm = 100.000 EUR.

## 10.6.1 Kostenstellenrechnung beim direct costing

Auch bei der Teilkostenrechnung verwendet man zur Verrechnung der Gemeinkosten und zur Vorbereitung der Kalkulation die Kostenstellenrechnung mit dem Betriebsabrechnungsbogen (Abschnitt 10.3.2).

Da im Gegensatz zur Vollkostenrechnung aber nur die variablen Kosten für die einzelnen Leistungseinheiten bzw. Produkte kalkuliert werden, muss im BAB eine Trennung sämtlicher Kosten in fixe und variable Kosten vorgenommen werden.

### Problem der Mischkostenzerlegung

Neben den eindeutig als fixe Kosten (Raummieten, Zinsen, lineare Abschreibungen) bzw. als variable Kosten (alle Einzelkosten, z.B. Fertigungsmaterial, Fertigungslöhne, Verpackungskosten) feststehenden Kosten fallen auch solche Kosten an, die fixe *und* variable Bestandteile enthalten. Sie finden sich im Bereich der Gemeinkosten; man nennt sie **Mischkosten**. Zu ihnen gehören Hilfslöhne, Sozialkosten, Energie-, Heizungs- und Beleuchtungskosten, Wartungskosten, Werbekosten, Gewerbesteuern.

Zur Aufteilung der Mischkosten sind verschiedene Verfahren entwickelt, die mittels erfassungstechnischer, schätzungsweiser, mathematischer oder statistisch-bildlicher Zerlegung mehr oder minder genau ihrer Zielsetzung gerecht werden.

**Beispiele:**

1. Kosten für elektrischen Strom werden zerlegt in
   - fixe Kosten = Kosten der Zählergrundgebühren,
   - variable Kosten = Kosten der verbrauchten Kilowattstunden.
2. Die Wartungskosten für einen Maschinenkomplex werden in Beziehung zur Erzeugnisausbringung dieser Maschinen gesetzt:

| Wartungskosten in Tsd. EUR | 26 | 31 | 33,5 | 37 | 41,5 | 47 | 49,5 |
|---|---|---|---|---|---|---|---|
| Ausbringung (m) | 1.000 | 1.500 | 2.000 | 2.500 | 3.000 | 3.500 | 4.000 |

Zieht man im Punktediagramm eine *Kostenmittellinie*, so ergeben sich bei der Ausbringung 0 18.000 EUR fixe Kosten.

Jeder Wartungskostenblock besteht damit in Höhe von 18.000 EUR aus Fixkosten und mit dem Rest aus variablen Kosten.

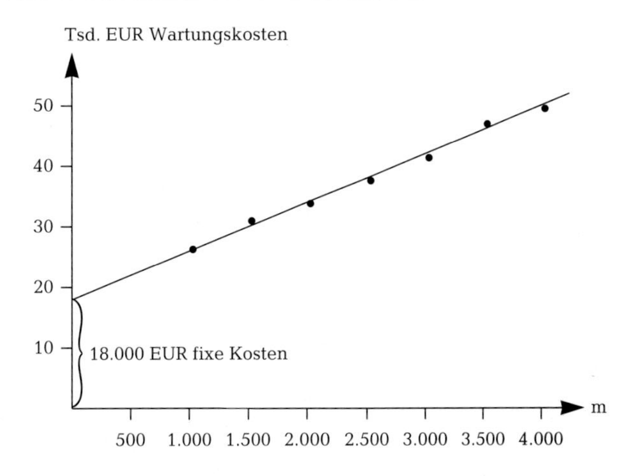

3. Bei einer monatlichen Produktausbringung von 900 Stück (= m1) fallen 60.000 EUR Hilfslöhne (= K1), bei verminderter Ausbringung von 750 Stück (= m2) fallen 52.500 EUR (= K2) Hilfslöhne an.

   Nach mathematischer Berechnung ergibt sich folgende Kostenstruktur:

   a) Variable Stückkosten $= \frac{K1 - K2}{m1 - m2} = \frac{60.000 - 52.500}{900 - 750} = \underline{\underline{50\text{ EUR}}} = \mathbf{kv}$

   b) Fixe Gesamtkosten $= K \quad - kv \times m = \mathbf{F}$

   $60.000 - 50 \times 900 = 15.000\text{ EUR}$

   oder $52.500 - 50 \times 750 = 15.000\text{ EUR}$

**Ergebnis:** Unabhängig von der Beschäftigungslage bzw. von der Ausbringungsmenge fallen pro Monat 15.000 EUR Hilfslöhne als fixe Kosten an.

## Betriebsabrechnungsbogen beim direct costing (Bild 185)

Im folgenden Beispiel sind die Gemeinkosten in einem mehrstufigen BAB bereits in fixe und variable Bestandteile zerlegt. Unter Ausgliederung der fixen Kosten sind die variablen Gemeinkosten auf Haupt- und Hilfskostenstellen (Abschnitt 10.3.2) für die Zuschlagskalkulation aufbereitet. Die variablen Gemeinkosten sind in aller Regel proportional-variable Kosten.

**Beispiel:**

**BAB beim direct costing**

| Gemeinkosten | Zahlen d. Buchführung | **Allgem. Kostenstellen** | | **Fertigungsstellen** | | **Fert.-Hilfsstellen** | | **Materialstellen** | | **Verwaltungsstellen** | | **Vertriebsstellen** | |
|---|---|---|---|---|---|---|---|---|---|---|---|---|---|
| | in Tsd. EUR | fix | var. | fix | var. | fix | var. | fix | var. | fix | var. | fix | var. |
| Gem. Ko. Material | 260 | 5 | 12 | 26 | 150 | 4 | 15 | 4 | 6 | 15 | 10 | 8 | 5 |
| Energieverbrauch | 500 | 5 | 10 | 162 | 250 | 4 | 12 | 5 | 10 | 8 | 16 | 6 | 12 |
| Hilfslöhne | 600 | 50 | 150 | 10 | 30 | 20 | 60 | 60 | 180 | – | – | 10 | 30 |
| Gehälter | 1.200 | 40 | – | 60 | – | 100 | 20 | 40 | – | 800 | 50 | 90 | – |
| Sozialabgaben | 560 | 31 | 47 | 22 | 10 | 37 | 26 | 31 | 56 | 239 | 21 | 30 | 10 |
| Abschreibungen | 3.200 | 20 | 20 | 1.750 | 1.300 | 20 | 10 | 25 | 10 | 8 | 8 | 15 | 14 |
| Zinsen | 60 | 2 | – | 40 | – | 2 | – | 4 | – | 6 | – | 6 | – |
| Steuern, Abgaben | 420 | – | – | – | – | – | – | – | – | 320 | 100 | – | – |
| Wartg., Instandh. | 480 | 17 | 33 | 95 | 173 | 15 | 22 | 19 | 23 | 25 | 45 | 5 | 8 |
| Raumkosten | 320 | 10 | 13 | 160 | 67 | 8 | 5 | 12 | 5 | 9 | 10 | 15 | 6 |
| Summen | 7.600 | 180 | 285 | 2.325 | 1.980 | 210 | 170 | 200 | 290 | 1.430 | 260 | 185 | 85 |
| Umlage der Allgemeinen KSt. | | | | | 175 | | 20 | | 25 | | 45 | | 20 |
| Umlage der Fertigungs-HiKSt. | | | | | 190 | | | | | | | | |
| Variable Kosten | 3.070 | | | | 2.345 | | | | 315 | | 305 | | 105 |
| Fixe Kosten | 4.530 | 180 | | 2.325 | | 210 | | 200 | | 1.430 | | 185 | |

| **Zuschlagsgrundwerte:** | | | | | |
|---|---|---|---|---|---|
| Fertigungslöhne | 1.876 | | | | |
| Fertigungsmaterial | | | 3.500 | | |
| Variable Herstellkosten | 4.221 | + | 3.815 | = 8.036 | 8.036 |
| **Zuschlagssätze der variablen GK** | **125%** | | **9%** | **3,8%** | **1,3%** |

Bild 185

## Zur Wiederholung und Vertiefung

1. Welche der angegebenen Kostenarten sind zuzuordnen den

   a) eindeutig variablen Kosten,

   b) eindeutig fixen Kosten,

   c) Mischkosten?

   - Kosten des Rohstoffeinsatzes
   - Abschreibungen
   - Heizungs- und Beleuchtungskosten
   - Raummieten
   - Hilfslöhne
   - Sozialkosten
   - Gehälter
   - Werbekosten
   - Wartungskosten
   - Beiträge zu Sachversicherungen
   - Verpackungskosten
   - Zinsen
   - Fertigungslöhne
   - Energiekosten

2. Die Betriebsleitung stellt anhand der folgenden Tabelle fest, dass das Ausmaß des Werbeetats von direktem Einfluss auf die Höhe des Absatzes ist:

| Werbekosten in Tsd. EUR | 50 | 57 | 68 | 89 | 96 | 112 |
|---|---|---|---|---|---|---|
| Warenabsatz in Stück | 2.000 | 2.400 | 4.000 | 5.600 | 6.800 | 8.000 |

   Ermitteln Sie den in allen Werbekostenblocks enthaltenen Fixkostenanteil mittels der statistisch-bildlichen Zerlegung.

   Diagrammmaße: Ordinate 10.000 EUR = 0,5 cm,
   Abszisse 400 Stück = 0,5 cm.

3. Die Energiekosten betragen bei einer monatlichen Erzeugnisausbringung von 50.000 Stück insgesamt 120.000 EUR. Eine Steigerung der Ausbringung auf 70.000 Stück verursacht Energiekosten von insgesamt 150.000 EUR.

   Berechnen Sie den in den Energiekosten enthaltenen Fixkostenanteil auf mathematischem Wege.

4. Berechnen Sie die Zuschlagssätze für die variablen Gemeinkosten eines Fertigungsbetriebes anhand der folgenden im BAB ermittelten Gemeinkostensummen:

| Kostenstellen | Summe der variablen Kosten in EUR | Summe der fixen Kosten in EUR |
|---|---|---|
| Allgemeine Kostenstelle | 240.000 | 300.000 |
| Materialstelle | 96.000 | 53.000 |
| Fertigungshauptstelle I | 114.000 | 1.081.000 |
| Fertigungshauptstelle II | 261.000 | 966.000 |
| Fertigungshilfsstelle | 200.000 | 151.000 |
| Verwaltungsstelle | 129.960 | 360.000 |
| Vertriebsstelle | 169.950 | 344.000 |

   und folgender variabler Einzelkosten als Zuschlagsgrundwerte:

   - Fertigungsmaterial 1.325.000 EUR,
   - Fertigungslöhne I 250.000 EUR,
   - Fertigungslöhne II 240.000 EUR.

   Die Kosten der Allgemeinen Kostenstelle sind in gegebener Reihenfolge auf die nachfolgenden Kostenstellen im Verhältnis 1 : 9 : 6 : 2 : 3 : 3 zu verteilen.

   Die Kosten der Fertigungshilfsstelle sind auf die Hauptstellen I mit 55% und II mit 45% umzulegen.

## 10.6.2 Kostenträgerrechnung beim direct costing

Beim direct costing beginnen sowohl die Kostenträgerzeitrechnung als auch die Kostenträgereinheitrechnung (Stückrechnung) mit den Verkaufserlösen. Maßgebliche Größe sind dabei die erzielbaren bzw. die erzielten Barverkaufserlöse, also die tatsächlichen Einnahmen.

### Kostenträgerzeitrechnung

Sie bedient sich für die **Deckungsbeitragsrechnung des Abrechnungszeitraumes** des folgenden Schemas:

| | Beispiel 1 | Beispiel 2 |
|---|---|---|
| **Barverkaufserlöse der Abrechnungsperiode** (Beträge ohne Umsatzsteuer) | 8.000.000 EUR | 7.500.000 EUR |
| – variable Leistungskosten (variable Kosten der verkauften Produkte) | – 3.200.000 EUR | – 3.200.000 EUR |
| **Deckungsbeitrag der Abrechnungsperiode** | 4.800.000 EUR | 4.300.000 EUR |
| – fixe Kosten insgesamt | – 4.530.000 EUR | – 4.530.000 EUR |
| **Betriebsergebnis** (Gewinn oder Verlust) | + 270.000 EUR | – 230.000 EUR |

### Kostenträgereinheitrechnung

Die **Deckungsbeitragsrechnung für die einzelne verkaufte Leistungseinheit (Stück)** gliedert sich wie folgt:

| | Beispiel |
|---|---|
| **Barverkaufserlös pro Leistungseinheit** (Betrag ohne Umsatzsteuer) | 160 EUR |
| – variable Kosten (Teilkosten) der Leistungseinheit | – 90 EUR |
| **Deckungsbeitrag je Leistungseinheit** (pro Stück) | 70 EUR |

Die variablen Kosten einer Leistungseinheit setzen sich zusammen aus

- den Einzelkosten (Fertigungsmaterial und Fertigungslöhne),
- den beschäftigungsabhängigen Gemeinkosten (variable Gemeinkosten).

**Zur Wiederholung und Vertiefung**

1. Die in Rechnung gestellten Verkaufspreise (Beträge ohne Umsatzsteuer) des in Aufgabe 4., S. 317, genannten Fertigungsbetriebes belaufen sich in der Abrechnungsperiode auf insgesamt 6.976.000 EUR.

   Als Erlösschmälerungen sind 5% abzuziehen.

   Die Beträge für die fixen und variablen Kosten ergeben sich aus der Lösung der vorgenannten Aufgabe.

   Berechnen Sie mittels der Kostenträgerzeitrechnung
   - den Deckungsbeitrag der Abrechnungsperiode und
   - das Betriebsergebnis.

2. Kalkulieren Sie mit den nach Aufgabe 4., S. 317, ermittelten Zuschlagssätzen den Deckungsbeitrag eines Produktes, dessen Herstellung 500 EUR Materialeinzelkosten, 100 EUR Fertigungslöhne I und 80 EUR Fertigungslöhne II verursacht.

   Das Produkt kann auf dem Markt zu einem Rechnungspreis von 1.500 EUR (Betrag ohne Umsatzsteuer) mit 3% Skonto verkauft werden.

   Lösungshilfe: Berechnen Sie
   - in einem 1. Schritt die variablen Leistungs- oder Selbstkosten nach dem Schema der Zuschlagskalkulation (Abschnitt 10.3.5) und danach
   - in einem 2. Schritt den Deckungsbeitrag nach der Deckungsbeitragsrechnung für ein Stück.

## 10.6.3 Einstufige und mehrstufige Deckungsbeitragsrechnung

Bei der **einstufigen Deckungsbeitragsrechnung** ergibt sich der betriebliche Gewinn oder Verlust durch Abzug der gesamten Fixkosten von der Summe der Deckungsbeiträge aller Erzeugnisse.

Werden verschiedene Erzeugnisse hergestellt, so empfiehlt es sich zum Zwecke besserer Produktionsentscheidungen, den *Fixkostenblock verursachungsgerecht aufzuteilen* in

- Fixkosten, die den verschiedenen Erzeugnissen zuzurechnen sind, d.h. *Erzeugnisfixkosten* wie Forschungs- und Entwicklungskosten für einzelne Erzeugnisarten, Patent- und Lizenzgebühren, Kosten spezieller Produktionsanlagen, und in
- Fixkosten, die allen Erzeugnissen gemeinsam zuzurechnen sind, d.h. *Unternehmungsfixkosten* wie Kosten der Unternehmensverwaltung und Unternehmensleitung.

Durch diese Aufteilung der Fixkosten ergibt sich eine **mehrstufige Deckungsbeitragsrechnung**.

**Beispiele:** In einem Betrieb, der Schrauben, Nägel und Beschläge herstellt, fallen in einem Abrechnungszeitraum insgesamt 550.000 EUR fixe Kosten an. Es werden folgende Barverkaufserlöse erzielt: Schrauben 406.000 EUR, Nägel 451.000 EUR, Beschläge 564.000 EUR. Die variablen Kosten betragen für Schrauben 199.000 EUR, für Nägel 168.000 EUR und für Beschläge 322.000 EUR.

**1. Einstufige Deckungsbeitragsrechnung (Beträge in EUR):**

| Kalkulation \ Produkte | Schrauben | Nägel | Beschläge | insgesamt |
|---|---|---|---|---|
| Barverkaufserlöse | 406.000 | 451.000 | 564.000 | 1.421.000 |
| – variable Teilkosten | 199.000 | 168.000 | 322.000 | 689.000 |
| Deckungsbeitrag | 207.000 | 283.000 | 242.000 | 732.000 |
| – fixe Kosten | | | | 550.000 |
| Betriebsergebnis | | | | 182.000 |

**2. Mehrstufige Deckungsbeitragsrechnung**

Die fixen Kosten lassen sich aufteilen in **Erzeugnisfixkosten** von 80.000 EUR für Schrauben, 100.000 EUR für Nägel und 244.000 EUR für Beschläge. Es verbleiben 126.000 EUR **Unternehmungsfixkosten**. Die Kalkulationstabelle ändert sich wie folgt (Beträge in EUR):

| Kalkulation \ Produkte | Schrauben | Nägel | Beschläge | insgesamt |
|---|---|---|---|---|
| Barverkaufserlöse<br>– variable Teilkosten | 406.000<br>199.000 | 451.000<br>168.000 | 564.000<br>322.000 | 1.421.000<br>689.000 |
| **Deckungsbeitrag 1**<br>– Erzeugnisfixkosten | 207.000<br>80.000 | 283.000<br>100.000 | 242.000<br>244.000 | 732.000<br>424.000 |
| **Deckungsbeitrag 2** | 127.000 | 183.000 | – 2.000 | 308.000 |
| – Unternehmungsfixkosten | | | | 126.000 |
| Betriebsergebnis | | | | 182.000 |

Erst aus der zweiten Tabelle ist ersichtlich, dass die Produktion von Beschlägen bereits nicht mehr zur vollen Deckung der Erzeugnisfixkosten beiträgt.

### Zur Wiederholung und Vertiefung

1. Inwiefern ermöglicht eine mehrstufige Deckungsbeitragsrechnung mit Erzeugnis- und Unternehmungsfixkosten bessere Produktionsentscheidungen?

2. In einem Betrieb zur Herstellung von Rasenmähern mit Benzinmotoren (Produktgruppe B) und Elektromotoren (Produktgruppe E) fallen monatlich 567.000 EUR fixe Kosten an. Für die verschiedenen Erzeugnisse ergeben sich im gleichen Zeitraum folgende Barverkaufserlöse und variable Teilkosten.

| Erzeugnisart | Barverkaufserlöse EUR | variable Teilkosten EUR |
|---|---|---|
| B 35 | 720.000 | 698.000 |
| B 45 | 860.000 | 700.000 |
| B 50 | 725.000 | 660.000 |
| E 25 | 540.000 | 470.000 |
| E 45 | 910.000 | 650.000 |

Die fixen Kosten enthalten Erzeugnisfixkosten für

| B 35 | B 45 | B 50 | E 25 | E 45 |
|---|---|---|---|---|
| 25.000 EUR | 28.000 EUR | 24.000 EUR | 60.000 EUR | 158.000 EUR |

a) Erstellen Sie die Deckungsbeitragsrechnung bis zum Betriebsergebnis.
b) Beurteilen Sie das Produktionsprogramm.

## 10.6.4 Verwendung der Deckungsbeitragsrechnung bei unternehmerischen Entscheidungen

Ziel jeder Produktionsunternehmung ist die Herstellung möglichst Gewinn bringender Erzeugnisse.

Die Deckungsbeitragsrechnung erleichtert unternehmerische Entscheidungen bei der Produktions- und Absatzplanung sowie bei der Sortiments- und Preispolitik.

a) Hat ein Betrieb noch **freie** Kapazitäten, so lohnt sich, sofern dadurch *überhaupt* ein Deckungsbeitrag erzielt werden kann,
   - die Aufnahme eines neuen Erzeugnisses oder
   - die Hereinnahme zusätzlicher Aufträge (Abschnitt 8.4.3, Preisdifferenzierung).

b) Ist die Kapazität eines Betriebes bereits **ausgelastet**, so lohnt sich, sofern man damit einen *höheren* Deckungsbeitrag, also eine günstigere Ausnutzung der verfügbaren Kapazität erreicht,

   - die Aufnahme eines neuen Erzeugnisses anstelle eines bisherigen oder
   - die Produktions- und Absatzförderung eines bereits eingeführten Erzeugnisses anstelle eines anderen bereits hergestellten Erzeugnisses.

Entscheidungshilfe gibt die Höhe der erzielbaren oder erzielten Deckungsbeiträge. Je nach Höhe des Deckungsbeitrages ergeben sich folgende kritische Eckdaten:

- Ist der Deckungsbeitrag = 0, so deckt der Barverkaufserlös (e) nur die variablen Kosten eines Produkts (v). Ein Unternehmen kann mit dieser Deckung der laufenden variablen Kosten nur kurze Zeit weiter bestehen, weil längerfristig auch die Fixkosten gedeckt werden müssen. Ein solcher Verkaufserlös erweist sich damit nur als **kurzfristig haltbare Preisuntergrenze (e = v)** für ein Produkt.
- Erzielt ein Produkt einen Deckungsbeitrag, so sind dessen variable Kosten und ein Teil der gesamten Fixkosten gedeckt. Volle Kostendeckung ist dann erreicht, wenn die Summe aller Deckungsbeiträge (DB) gleich den gesamten fixen Kosten (F) ist. Man nennt diesen Ausbringungspunkt *Nutzenschwelle* oder *break-even-point* (Abschnitt 10.5.3). Dieser Kostendeckungspunkt stellt die **langfristige Preisuntergrenze (DB = F)** dar.
- Ist die Summe aller Deckungsbeiträge (DB) größer als die fixen Gesamtkosten (F), so erzielt die Unternehmung **Gewinn (DB – F = G)**.

Jedes Unternehmen wird bestrebt sein, sein Produktionsprogramm möglichst auf solche Produkte auszurichten, die hohe Deckungsbeiträge abwerfen. Damit wird die **Deckungsbeitragsrechnung ein Instrument der Sortimentspolitik**. Im Rahmen der Sortimentsauswahl spielen eine besondere Rolle

- Programmentscheidungen bei Produktionsengpässen,
- Produktionsentscheidungen bei noch freien Kapazitäten,
- Annahme von Zusatzaufträgen mit Änderungen des Produktionsprogramms.

## Programmentscheidungen bei Produktionsengpässen

Die Entscheidung, nach welcher Reihenfolge verschiedene Erzeugnisse herzustellen sind, hängt von der Höhe der je Erzeugnis erzielbaren Deckungsbeiträge ab.

**Beispiel:** Für 5 produzierbare Erzeugnisse würde sich nach den pro Stück erzielbaren Deckungsbeiträgen folgende Produktionsrangfolge ergeben:

| Erzeugnisse | Erzielbare Barverkaufserlöse pro Stück | Variable Kosten pro Stück | Deckungsbeiträge pro Stück **(absolute Deckungsbeiträge)** | Produktionsrangfolge nach der Höhe der absoluten Deckungsbeiträge |
|---|---|---|---|---|
| A | 40 EUR | 28 EUR | 12 EUR | 2. |
| B | 50 EUR | 40 EUR | 10 EUR | 4. |
| C | 54 EUR | 45 EUR | 9 EUR | 5. |
| D | 60 EUR | 47 EUR | 13 EUR | 1. |
| E | 64 EUR | 53 EUR | 11 EUR | 3. |

Die Produktionsrangfolge richtet sich im obigen Beispiel nach den unterschiedlichen Deckungsbeiträgen je Stück. Den **Deckungsbeitrag je Stück** nennt man auch **absoluten Deckungsbeitrag**.

Bei Programmentscheidungen nach absoluten Deckungsbeiträgen ist die technische Seite der Produktion, d.h. Zeiten und Durchführbarkeit der Produktionsdurchläufe und -schritte, nicht berücksichtigt. Es ergeben sich oft Engpässe, welche in die nach der Höhe der Deckungsbeiträge getroffenen Rangfolgeentscheidung mit einzubeziehen sind. Solcher Einbezug ist möglich durch die Festlegung von **relativen Deckungsbeiträgen** oder **Deckungsbeiträgen je Engpasseinheit**.

**Beispiel:** Die im vorigen Beispiel genannten 5 Erzeugnisse laufen alle über das gleiche Montagefließband. Die Durchlaufzeiten je Erzeugnisart sind aber unterschiedlich: für Erzeugnis A = 10 Minuten, B = 12 Minuten, C = 6 Minuten, D = 15 Minuten, E = 8 Minuten. Das Montageband läuft monatlich maximal 300 Stunden. Damit ist der Engpass die Zahl der montierbaren Stücke pro Laufstunde des Fließbandes.

| Erzeugnisse | Absolute Deckungsbeiträge pro Stück | Durchlaufzeiten auf Montagefließband | Montierbare Stücke je Laufstunde | Deckungsbeiträge je Engpasseinheit bzw. Laufstunde **(relative Deckungsbeiträge)** | Produktionsrangfolge nach relativen Deckungsbeiträgen |
|---|---|---|---|---|---|
| A | 12 EUR | 10 Min. | 6 | 72,00 EUR | 3. |
| B | 10 EUR | 12 Min. | 5 | 50,00 EUR | 4. |
| C | 9 EUR | 6 Min. | 10 | 90,00 EUR | 1. |
| D | 13 EUR | 15 Min. | 4 | 42,00 EUR | 5. |
| E | 11 EUR | 8 Min. | 7,5 | 82,50 EUR | 2. |

Die wegen des vorhandenen Engpasses notwendige Berechnung relativer Deckungsbeiträge ergibt eine völlig andere Produktionsentscheidung als vorher.

Neben den von Durchlauf- oder Bearbeitungszeiten bedingten Engpässen können auch Engpässe bei der Verfügbarkeit von Materialien, Räumen und Facharbeitskräften auftreten.

## Produktionsentscheidungen bei noch freien Kapazitäten

Ist die Kapazität eines Betriebes nicht voll ausgelastet, so lohnt sich die Hereinnahme aller zusätzlichen Aufträge, die einen Deckungsbeitrag abwerfen. Es ist also eine Preisdifferenzierung oberhalb der kurzfristigen Preisuntergrenze möglich (Abschnitt 8.4.3).

**Beispiel:** Ein Industriebetrieb mit einer normalen Kapazität von wöchentlich 10.000 Einheiten arbeitet mit einem Beschäftigungsgrad von 80%. Für 8.000 Einheiten ergibt sich folgende Kalkulation:

| Kostenart | Gesamtkosten | Variable Kosten | Fixe Kosten |
|---|---|---|---|
| Materialverbrauch | 60.000 EUR | 60.000 EUR | |
| Energieverbrauch | 8.000 EUR | 8.000 EUR | |
| Fertigungslöhne | 16.000 EUR | 16.000 EUR | |
| Gemeinkosten | 64.000 EUR | 12.000 EUR | 52.000 EUR |
| Selbstkosten | 148.000 EUR | 96.000 EUR | 52.000 EUR |

In dieser Kostensituation hat die Geschäftsleitung zu entscheiden, ob sie alternative Aufträge, nämlich wöchentlich entweder

a) 2.500 Einheiten zum Preis von 15 EUR oder

b) 2.000 Einheiten zum Preis von 12 EUR oder

c) 1.000 Einheiten zum Preis von 14 EUR

zu liefern, annimmt.

Da die variablen Kosten pro Stück 96.000 EUR : 8.000 = 12 EUR betragen, ergeben sich folgende Lösungen zu

a) Der Auftrag würde pro Stück 3 EUR Deckungsbeitrag abwerfen, ist jedoch nicht durchführbar, da die noch freie Kapazität nur eine zusätzliche Fertigung von 2.000 Stück zulässt.

b) Von der Kapazität her wäre der Auftrag erfüllbar, jedoch bringt der Verkaufserlös von 12 EUR keinen Deckungsbeitrag ein. Sofern nicht aus beschäftigungspolitischen Gründen diese untere Preisgrenze akzeptiert werden sollte, ist der Auftrag abzulehnen.

c) Der Auftrag ist anzunehmen, da er sowohl kapazitätsmäßig durchführbar ist als auch einen zusätzlichen Deckungsbeitrag von 2 EUR pro Stück abwirft.

Werden in einem von der Kapazität her nicht voll ausgelasteten Betrieb mehrere Erzeugnisse hergestellt, so ergibt sich im Kapazitätsfreiraum Produktionsvorrang für jene Erzeugnisse, welche die höchsten Deckungsbeiträge abwerfen. Bei vorhandenen Engpasssituationen ist die Höhe der relativen Deckungsbeiträge ausschlaggebend.

## Annahme von Zusatzaufträgen mit Änderungen des Produktionsprogramms

Ist die Kapazität eines Betriebes ausgelastet, so muss die Hereinnahme zusätzlicher Aufträge Veränderungen des Produktionsprogramms bewirken. Bisher hergestellte Erzeugnisse werden durch die zusätzlich zu fertigenden Erzeugnisse „verdrängt". Eine solche Verdrängung ist nur dann wirtschaftlich, wenn der Deckungsbeitrag der zusätzlichen Produktion größer ist als die wegfallenden Deckungsbeiträge der verdrängten Produkte.

**Beispiel:**

Das monatliche Produktionsprogramm eines Industriebetriebes, der mit voller Kapazitätsauslastung arbeitet, zeigt die folgende Tabelle:

| Erzeugnisse | Herstellmenge pro Monat | Barverkaufserlöse pro Stück | Variable Kosten pro Stück | Absolute Deckungsbeiträge pro Stück | Produktionsrangfolge nach absoluten Deckungsbeiträgen |
|---|---|---|---|---|---|
| A | 800 | 200 EUR | 100 EUR | 100 EUR | 3. |
| B | 840 | 150 EUR | 102 EUR | 48 EUR | 4. |
| C | 600 | 300 EUR | 180 EUR | 120 EUR | 2. |
| D | 1.200 | 120 EUR | 80 EUR | 40 EUR | 5. |
| E | 540 | 600 EUR | 360 EUR | 240 EUR | 1. |

Der Betrieb könnte einen zusätzlichen Auftrag über 1.000 Stück von Produkt A zum Barverkaufserlös von 180 EUR annehmen. Dieser Auftrag würde die Fertigung von Produkten mit niedrigeren Deckungsbeiträgen verdrängen, und zwar Produkt D vollständig und Produkt B mit 200 Stück.

Es ergibt sich folgende Rechnung:

| | |
|---|---|
| Deckungsbeitrag aus Zusatzauftrag: 1.000 x 80 = | 80.000 EUR |
| – Deckungsbeiträge der verdrängten Produkte | |
| D: 1.200 x 40 = | 48.000 EUR |
| B: 200 x 48 = | 9.600 EUR |
| **Deckungsbeitragserhöhung** durch Annahme des Zusatzauftrages | 22.400 EUR |

Nach dieser Rechnung ist der Zusatzauftrag anzunehmen und das Produktionsprogramm entsprechend zu ändern.

## Zur Wiederholung und Vertiefung

1. Durch die Teilkostenrechnung lässt sich die kurzfristige Preisuntergrenze feststellen.
   a) Erklären Sie, wie diese Feststellung möglich ist.
   b) Inwieweit spielt diese Preisuntergrenze eine Rolle für das betriebliche Produktionsprogramm?
   c) Wodurch unterscheidet sich die kurzfristige von der langfristigen Preisuntergrenze?

2. Der relative Deckungsbeitrag bezieht sich auf die Beitragsergebnisse unter Einbezug von Engpässen. Beschreiben Sie Engpässe im Betriebsablauf und die sich daraus ergebenden Engpassmessgrößen für die Deckungsbeitragsrechnung.

3. Eine Gemüsekonservenfabrik produziert in Blechdosen die Hülsenfrüchte Erbsen, Bohnen und Linsen. Produktionsengpässe ergeben sich bei der Verarbeitung von Massenanlieferungen zur Erntezeit. Deshalb ist in dieser Zeit eine Produktionsmengenrangfolge nach der Höhe der erzielbaren Deckungsbeiträge einzuhalten. Zu deren Berechnung stehen folgende Daten zur Verfügung:

| | Erbsen | Bohnen | Linsen |
|---|---|---|---|
| Erzielbare Barverkaufserlöse | 2,00 EUR | 1,80 EUR | 2,40 EUR |
| Variable Kosten | 1,00 EUR | 0,85 EUR | 1,20 EUR |

   Das Enthülsen, Reinigen und Sortieren der Früchte erfolgt in einer mit Spezialmaschinen ausgerüsteten Betriebshalle. Dabei ergeben sich folgende Durchlaufzeiten:

   - 30 Minuten pro Tonne Erbsen,
   - 25 Minuten pro Tonne Bohnen,
   - 40 Minuten pro Tonne Linsen.

   Der Inhalt einer Konservendose entspricht dem Frischgewicht von 1 kg jeder Hülsenfruchtart.

   a) Berechnen Sie die absoluten Deckungsbeiträge pro Dose und stellen Sie nach den Ergebnissen eine Produktionsrangfolge auf.
   b) Berechnen Sie die relativen Deckungsbeiträge pro Engpasseinheit und eine sich gegenüber a) ergebende Änderung der Produktionsrangfolge.

4. Ein Produzent von Wandkacheln stellt zur Zeit pro Monat her

   - 2.500 $m^2$ Kacheln, Serie A, Modell AK,
   - 2.000 $m^2$ Kacheln, Serie A, Modell AL,
   - 1.200 $m^2$ Kacheln, Serie B, Modell BR,
   - 2.400 $m^2$ Kacheln, Serie B, Modell BX.

   Die Gesamtkosten der Produktion belaufen sich auf 330.240 EUR monatlich. Für die Deckungsbeitragsrechnung ergeben sich folgende Daten:

| Kachelmodelle | Barverkaufserlöse pro $m^2$ | Variable Kosten pro $m^2$ |
|---|---|---|
| AK | 36,00 EUR | 24,40 EUR |
| AL | 32,40 EUR | 22,60 EUR |
| BR | 60,00 EUR | 48,00 EUR |
| BX | 50,60 EUR | 40,00 EUR |

   a) Berechnen Sie die absoluten Deckungsbeiträge pro $m^2$ und markieren Sie die Produktionsrangfolge.
   b) Ermitteln Sie das Betriebsergebnis.

5. Die beiden Kachelserien A und B werden jeweils in einer eigenen Formpresse hergestellt. Die Presse für A ist zu 90%, die Presse für B zu 75% ausgelastet.

   In dieser Situation steht die Annahme eines Zusatzauftrages zur Debatte. Der Interessent möchte 800 $m^2$ der Kachel AK zum Preis von 30 EUR pro $m^2$ und 1200 $m^2$ der Kachel BX zum Preis von 41 EUR pro $m^2$ kaufen. Er will nur abnehmen, wenn der gesamte Auftrag angenommen wird.

   Entscheiden Sie über den Zusatzauftrag unter Verwendung eines optimalen Produktionsprogramms.

# 10.7 Zusammenhänge der Kostenträgerrechnung

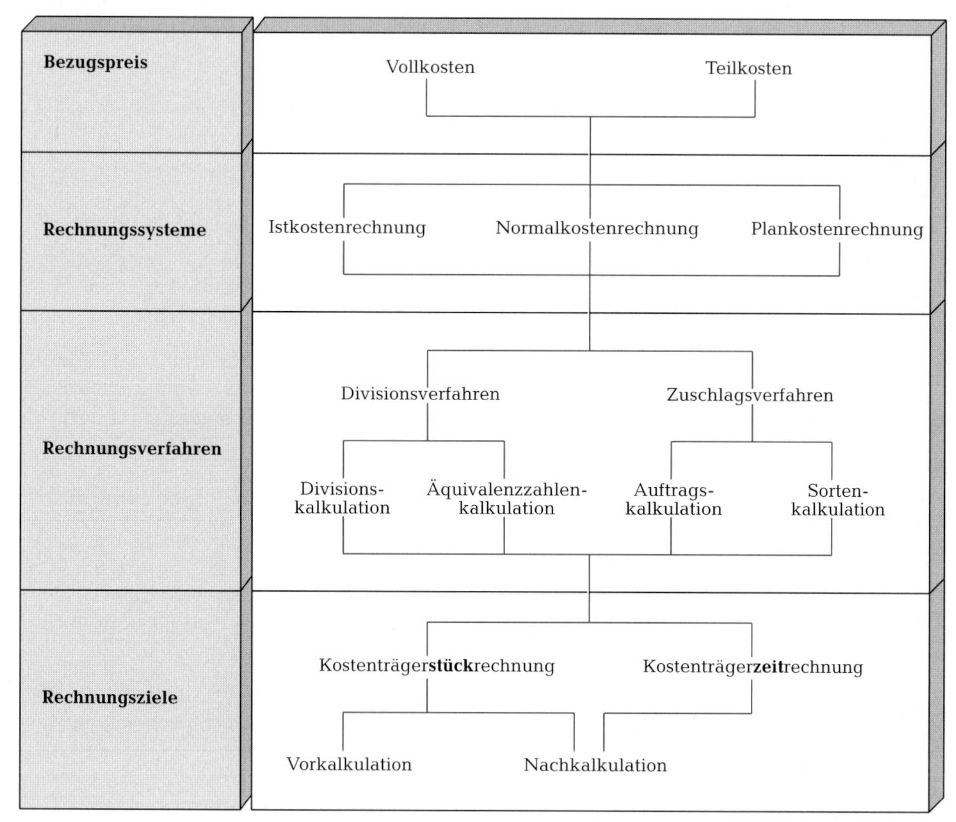


Bild 186

# 11 Die Unternehmung

Die wirtschaftliche Tätigkeit in der Marktwirtschaft vollzieht sich hauptsächlich in den erwerbswirtschaftlichen Unternehmungen. Von der Gründung bis zur Auflösung der Unternehmung sind wirtschaftliche Entscheidungen zu treffen, wobei rechtliche Rahmenbedingungen zu beachten sind.

## 11.1 Wirtschaftliche Entscheidungen bei der Gründung

Sie betreffen die Wahl des Geschäftszweiges, der Betriebsgröße und des Standorts der Unternehmung.

### 11.1.1 Wahl des Geschäftszweiges und der Betriebsgröße

**Vorkenntnisse und Geschäftskontakte.** Der Gründer ist im Allgemeinen in einem bestimmten Geschäftszweig ausgebildet. Die dort gewonnenen Fachkenntnisse, Erfahrungen und Beziehungen will er nun in der eigenen Unternehmung nutzen.

**Lücken in der Bedürfnisbefriedigung.** Es ist zu untersuchen, inwieweit bereits vorhandene Bedürfnisse nicht ausreichend befriedigt werden und schlummernde Bedürfnisse noch geweckt werden können. Ein wichtiges Mittel dazu ist die Marktforschung.

**Ertragsaussichten.** Ohne Gewinnaussicht besteht kein Anreiz für den Einsatz von Arbeitskraft und Kapital. Eine möglichst genaue Rentabilitätsprüfung ist notwendig, aber schwierig.

**Kapitalkraft.** Die Wahl von Art und Umfang des Betriebes hängt von der Höhe des Kapitals ab, das bereitgestellt werden kann (Fertigungsbetrieb – Handelsvertreter; Warenhaus – Fachgeschäft).

**Zur Wiederholung und Vertiefung**
Welche Überlegungen sind vor der Gründung einer Unternehmung notwendig?

### 11.1.2 Wahl des Standorts

Die Entscheidung über den **Ort der Niederlassung** wirkt sich langfristig auf die Lebensfähigkeit eines Betriebes aus. Sie kann nach der Ansiedlung meist nicht mehr oder nur unter erheblichen Verlusten verändert werden. Die Standortentscheidung beeinflusst die Umsatzhöhe und die erzielbaren Preise, aber auch die Kosten und damit den Erfolg.

Die Wahl des Standorts kann von folgenden **Beweggründen** abhängen:

a) **Persönliche Gründe.** Der Unternehmer trifft die Entscheidung auf der Grundlage seiner *persönlichen Verhältnisse.*

   **Beispiel:** Ein Industriemeister besitzt im Gewerbegebiet seiner Heimatgemeinde ein größeres Baugrundstück. Er möchte sich als Selbstständiger eine Existenz aufbauen und errichtet auf diesem Grundstück einen Fertigungsbetrieb, um ein eigenes Patent auszuwerten.

b) **Sachliche Zwänge.** Bestimmte Sachverhalte verhindern eine freie Standortwahl. Man spricht in diesen Fällen von *gebundenem Standort.* Dies gilt vor allem, wenn durch die Natur der Standort eines Betriebes vorgegeben ist.

   **Beispiele:** Bergwerke, Kiesgruben, Steinbrüche, Schiffsbau, Wasserkraftwerke.

c) **Wirtschaftliche Erwägungen.** In diesem Fall ist die Entscheidung über den Standort des Betriebes ein Problem des Abwägens zwischen Kosten- und Absatzvorteilen.

Den Vorteil, der für eine wirtschaftliche Tätigkeit dann eintritt, wenn sie sich an einem bestimmten Ort vollzieht, nennt man **Standortfaktor**. Meistens wirken mehrere Standortfaktoren mit- und auch gegeneinander.

**Beispiele:**

1. Ein Stahlwerk in der Oberpfalz (Nordostbayern) kann mit günstigen Arbeitskosten (niedrigeren Löhnen) rechnen, dafür aber wegen ungünstiger Verkehrsverbindungen mit hohen Transportkosten.
2. Für ein Stahlwerk in Bremen entstehen niedrige Transportkosten bei der Beschaffung von Eisenerzen aus Skandinavien; aber wegen der großen Entfernung zu den Verwendern sind die Absatzchancen beschränkt.

Bei der Standortwahl aufgrund wirtschaftlicher Erwägungen sind diese Standortfaktoren **nicht nur auf das Inland** anzuwenden. Vor allem hohe Arbeitskosten führen zu einer Verlagerung der Produktion ins Ausland („Export von Arbeitsplätzen").

**Beispiel:** Ein Hersteller von Herrenhemden lässt 60% seiner Produktion in einem Niedriglohnland fertigen. Trotz hoher Transportkosten für die Fertigwaren sind die Selbstkosten bei der Herstellung in einem ausländischen Zweigwerk niedriger.

**Wahl des optimalen Standorts.** Ziel bei der Wahl des Standortes ist, den Betrieb dort anzusiedeln, wo der **größtmögliche Gewinn** als Unterschied zwischen standortbedingten Erträgen und standortabhängigen Aufwendungen erwartet werden kann *(optimaler Standort).*

Maßgebend für die Wahl des Standortes eines Betriebes sind im Allgemeinen:

**a) Die Bevölkerung,** ihre Dichte und Zusammensetzung, ihr Erwerbssinn und Bildungsstand.

**b) Die naturgegebenen Verhältnisse,** z.B. Bauland, Rohstoffe, Klima.

**c) Die Infrastruktur.** Man versteht darunter die allgemeinen Einrichtungen, die ein Gebiet erst zum geeigneten Wirtschafts- und Lebensraum machen. Dazu gehören Verkehrswege, Wasser- und Energieversorgung, Schulen, Krankenhäuser, Ordnungs- und Verwaltungseinrichtungen, Erholungs- und Freizeitanlagen.

**d) Die Konkurrenz.** Vorhandene Konkurrenz erschwert die Standortwahl, eine Marktlücke erleichtert sie.

An welchen Gegebenheiten sich die Entscheidung über den Standort orientieren kann, wird im Bild 187 dargestellt.

| **Orientierungsmerkmale Standortfaktoren** | **Beispiele** | **Bezeichnung des Standorts** |
|---|---|---|
| **Naturgegebene Verhältnisse**<br>Bindung an das Vorkommen von Bodenschätzen, Energiequellen | a) Rohstoff gewinnende Betriebe (Bergwerke, Kiesgruben) | a) natürlicher Standort |
| | b) Rohstoff verarbeitende Betriebe mit großem Verbrauch schwerer Stoffe (Hüttenwerk, Zuckerfabriken) | b) roh- und betriebsstofforientierter Standort |
| | c) Betriebe mit großem Energiebedarf (Roheisen-, Aluminiumgewinnung; Mühlen, Sägewerke) | c) energieorientierter Standort |
| klimatische und landschaftliche Vorzüge | d) High-Tech-Betriebe am Bodensee | d) freizeitorientierter Standort |

| Standortfaktoren | Beispiele | Bezeichnung |
|---|---|---|
| **Verkehrswege**<br>Bindung an Verkehrsnetze auf Schiene, Straße und Wasser sowie im Luftverkehr | Massengüter verarbeitende Industrien (Großmühlen, Kohlekraftwerke) | verkehrsorientierter Standort |
| **Absatzmöglichkeiten**<br>Bindung an Absatzmärkte | a) Zulieferindustrie<br>b) Brauereien | a) absatzorientierter Standort<br>b) konsumorientierter Standort |
| **Menschliche Arbeitskräfte**<br>Bindung an Arbeitnehmer | a) Betriebe mit hoher Beschäftigtenzahl oder mit Bedarf an Spezialkräften (feinmechanische, optische Industrie)<br>b) Betriebe mit hohem Lohnaufwand (Lohngefälle zwischen Hoch- und Niedriglohngebieten) | a) arbeitsorientierter Standort<br>b) lohnorientierter Standort |
| **Gesamtwirtschaftliche und politische Gegebenheiten**<br>Bindung an die Gewährung von Vorteilen durch Bund, Länder und Gemeinden (Subventionen, Steuervorteile, verbilligte Betriebsgrundstücke) | a) Betriebsansiedlung in strukturschwachen Gebieten<br>b) Betriebsaussiedlung in Ballungsräumen wegen Umweltgefährdung | a) gesamtwirtschaftlich orientierter Standort<br>b) umweltorientierter Standort |

Bild 187

Hilfsmittel für die Wahl des Standorts kann eine **Entscheidungsbewertungstabelle** sein (Bild 188). Die Bedeutung der einzelnen Standortfaktoren kommt dabei jeweils in einer Idealpunktzahl zum Ausdruck. Die tatsächlichen Standortfaktoren der alternativen Standorte werden im Verhältnis zur Idealpunktzahl bewertet. Aus der Summe der Punkte ergibt sich die Rangfolge der Wahl.

Die **Raumordnungspolitik** des Staates muss danach streben, Landschaft, Wirtschaft und Bevölkerung so einander zuzuordnen, dass Räume entstehen, in denen die Menschen eine Existenzgrundlage finden und, ohne Schaden zu nehmen, leben können. Dazu ist erforderlich,

a) *Ballungsräume* im Rahmen der gegebenen Möglichkeiten *aufzulösen,*

**Beispiel:**

Entscheidungstabelle für den Standort einer Papierfabrik*)

| Standortfaktoren | Idealgewichtung | Standorte | | |
|---|---|---|---|---|
| | | A | B | C |
| Wasserversorgung | 120 | 100 | 90 | 60 |
| Abwasserklärung | 80 | 70 | 40 | 80 |
| Transportlage | 50 | 40 | 40 | 35 |
| Arbeitskräfte | 40 | 25 | 30 | 35 |
| Energie | 40 | 35 | 30 | 35 |
| Rohmaterial | 100 | 70 | 80 | 90 |
| Lebensverhältnisse in der Gemeinde | 35 | 30 | 25 | 10 |
| Grundstück | 25 | 20 | 20 | 25 |
| Steuern | 20 | 10 | 15 | 15 |
| Gesamt | 510 | 400 | 370 | 385 |
| Reihenfolge der Wahl | | 1 | 3 | 2 |

*) Management-Enzyklopädie, Zweiburgen Verlag, Weinheim

Bild 188

b) *strukturschwache Gebiete* mit der erforderlichen Infrastruktur zu versehen und sie durch Bereitstellung von finanziellen Mitteln (Subventionen) zu Räumen mit leistungsfähiger Wirtschaft und guten Lebensbedingungen *zu entwickeln*.

Die rechtliche Grundlage bildet das Raumordnungsgesetz (ROG).

**Zur Wiederholung und Vertiefung**

1. Welche Wirtschaftszweige haben in den Räumen Pforzheim, Offenbach (Main), Solingen, Pirmasens, Meißen, Erzgebirge, ihren bereits zur Tradition gewordenen Standort?
2. Das Freizeitangebot hat für die Standortwahl von Unternehmen, die hohe Ansprüche an die Qualifikation ihrer Mitarbeiter stellen, größeres Gewicht als wirtschaftliche Standortfaktoren. Zu diesem Ergebnis kam eine Studie des Kommunalverbandes Ruhrgebiet. Ordnen Sie diese Aussage den Orientierungsmerkmalen im Bild 187 zu.
3. Ein Fertighaushersteller kann zwischen 5 Standorten wählen. Die Idealgewichtung sowie die Gewichtung der tatsächlichen Standortfaktoren ergibt sich aus der nachstehenden Übersicht:

| Faktoren | Idealgewichtung | Standortgewichtung | | | | |
|---|---|---|---|---|---|---|
| | | A | B | C | D | E |
| Materialbeschaffung | 80 | 60 | 30 | 50 | 40 | 70 |
| Arbeitskosten/-kräfte | 100 | 50 | 80 | 60 | 90 | 40 |
| Grundstückspreise | 40 | 10 | 20 | 40 | 30 | 30 |
| Absatzchancen | 90 | 40 | 70 | 60 | 60 | 50 |
| | 310 | | | | | |

   a) Welche Entscheidung wird der Unternehmer treffen?
   b) Auf welche Überlegungen könnte sich Ihrer Meinung nach die Idealgewichtung stützen?
4. a) Wodurch ist das Ruhrgebiet zu einem industriellen Ballungsraum geworden?
   b) Nennen Sie weitere Ballungsräume in Deutschland.
5. Welche Maßnahmen kann die öffentliche Hand zur Förderung der Gewerbeansiedlung ergreifen?

# 11.2 Rechtliche Rahmenbedingungen für die Gründung

## 11.2.1 Gewerbefreiheit

Nach dem Grundgesetz und der Gewerbeordnung kann **grundsätzlich jedermann ein Gewerbe betreiben**. Die Gewerbefreiheit ermöglicht den freien Wettbewerb und damit preisgünstige Bedarfsdeckung.

GG Art. 12 GewO § 1

Der Schutz der Öffentlichkeit gebietet aber eine gewisse **Beschränkung** der Gewerbefreiheit. Es gibt genehmigungspflichtige Tätigkeiten, bei denen die Ausübung des Gewerbes von der Erfüllung bestimmter Voraussetzungen abhängig ist.

§§ 30–36

**Beispiele:**

1. Privatkrankenhäuser, Makler, Bauträger, Bewachungsgewerbe, Spielhallen.
2. Im *Einzelhandel* ist ein Sachkundenachweis erforderlich beim Handel mit frei verkäuflichen Arzneimitteln, Milch, Hackfleisch.
3. Wer eine *Gaststätte* betreiben will, muss an einem Unterrichtsverfahren bei einer zuständigen Industrie- und Handelskammer teilnehmen.
4. Die Gründung von *Handwerksbetrieben* setzt die Eintragung in die Handwerksrolle voraus. Die Eintragung ist in aller Regel davon abhängig, ob der Inhaber die Meisterprüfung des Handwerkszweiges besitzt.

GewO § 24

Die *Errichtung* und der *Betrieb von Anlagen*, die wegen ihrer Gefährlichkeit einer besonderen Überwachung bedürfen (Dampfkessel, Druckbehälter, Aufzugsanlagen, elektrische Anlagen in besonders gefährdeten Räumen), können von einer behördlichen Erlaubnis abhängig gemacht werden. Die Bundesregierung kann verordnen, dass diese Anlagen vor Inbetriebnahme und regelmäßig wiederkehrend technisch geprüft werden müssen. Aufsichtsbehörde ist das **Gewerbeaufsichtsamt.**

Zum Schutze der Umwelt wurden für Anlagen, von denen schädliche Wirkungen für Menschen, Tiere, Pflanzen und Sachgüter ausgehen können, weitere Auflagen gemacht.

Das **Bundes-Immissionsschutzgesetz (BImSchG)** enthält einen Katalog mit 10 Gruppen derartiger Anlagen, die sich einem strengen Genehmigungsverfahren unterwerfen müssen.

Das **Umwelthaftungsgesetz (UmweltHG)** begründet eine Gefährdungshaftung des Inhabers einer Anlage bei Tötung, Körperverletzung oder Sachbeschädigung. Schadenersatzansprüche entstehen allein schon aus dem Betrieb einer solchen Anlage, der Nachweis eines Verschuldens durch den Geschädigten ist nicht erforderlich.

StGB §§ 324–328

Mit dem *Gesetz zur Bekämpfung der Umweltkriminalität* sind im **Strafgesetzbuch** Bestimmungen aufgenommen worden, welche die Verunreinigung von Gewässern, Luft und Boden als kriminelles Delikt bestrafen.

### Anmeldung der Unternehmung

GewO § 14, § 15, § 55

a) Die Eröffnung eines *stehenden* Geschäftsbetriebes muss nach der Gewerbeordnung der *zuständigen Ortsbehörde* unverzüglich gemeldet werden. Die Behörde muss innerhalb von drei Tagen den Empfang der Anzeige bescheinigen (Gewerbeanmeldeschein). Zur Ausübung eines *Reisegewerbes* ist eine Reisegewerbekarte notwendig.

HGB § 14

b) Für *Kaufleute* verlangt das HGB die Anmeldung beim Amtsgericht zur Eintragung in das *Handelsregister* (Abschnitt 11.2.4).

AO § 138

c) Nach der Abgabenordnung (AO) ist *jeder* neu eröffnete Gewerbebetrieb dem *Finanzamt* zu melden.

SGB VII §§ 121, 192

d) Das Sozialgesetzbuch verlangt die Anmeldung zur zuständigen *Berufsgenossenschaft* (Unfallversicherung).

e) Schließlich wird die Gründung der Unternehmung noch der zuständigen *Industrie- und Handelskammer bzw. Handwerkskammer* gemeldet.

**Zur Wiederholung und Vertiefung**

1. Warum kann der Grundsatz der Gewerbefreiheit nicht uneingeschränkt gelten?
2. Nennen Sie Beispiele für Betriebsgründungen, die
   a) genehmigungspflichtig sind,
   b) einen Sachkundenachweis erfordern.
3. Welche Vorschriften aus der Gewerbeordnung und anderen Gesetzen dienen dem Umweltschutz?

## 11.2.2 Kaufmannseigenschaft

Handelsgesetzbuch (HGB) vom 10. Mai 1897 mit Änderungen.

Unternehmungen sind Gewerbebetriebe, bei denen der *Unternehmer* oder das *Unternehmen* **Kaufmannseigenschaft** besitzt.

HGB § 1 (1)

**Kaufmann ist, wer ein Handelsgewerbe** im Sinne des HGB **betreibt.**

Ein **Handelsgewerbe** ist jeder Gewerbebetrieb, der durch *andauernde, selbstständige Tätigkeit die Absicht hat, Gewinn zu erzielen,* es sei denn, dass das Unternehmen nach Art und Umfang einen in kaufmännischer Weise eingerichteten Geschäftsbetrieb nicht erfordert (Kleingewerbetreibende).

Mitglieder freier Berufe, z.B. Ärzte, Rechtsanwälte, Wirtschaftsprüfer, Steuerberater, betreiben kein Handelsgewerbe. Sie sind deshalb keine Kaufleute.

Nach dem **Erwerb der Kaufmannseigenschaft** unterscheidet das Gesetz (Bild 189):

a) **Kaufleute, die einen in kaufmännischer Weise eingerichteten Gewerbebetrieb betreiben** *(Istkaufleute)*. Dazu gehören alle, die ein Handelsgewerbe betreiben, ohne Rücksicht auf die Branche. — HGB § 1 (2)

b) **Kaufleute kraft Eintragung ins Handelsregister** *(Kannkaufleute)*.

1. **Ein gewerbliches Unternehmen,** dessen Gewerbebetrieb nicht schon nach § 1 (2) HGB Handelsgewerbe ist, gilt als Handelsgewerbe, wenn die Firma des Unternehmens in das Handelsregister eingetragen ist. — § 2

2. **Land- und forstwirtschaftliche Unternehmen,** die nach Art und Umfang einen in **kaufmännischer Weise eingerichteten Geschäftsbetrieb** erfordern, gelten als Handelsgewerbe, wenn die Firma des Unternehmens in das Handelsregister eingetragen ist. — § 3

Die Inhaber solcher Unternehmen sind berechtigt, aber nicht verpflichtet, die Eintragung ins Handelsregister herbeizuführen. Sie erlangen durch die Eintragung die Kaufmannseigenschaft.

c) **Kaufleute kraft Rechtsform** *(Formkaufleute)*. Dazu gehören alle Kapitalgesellschaften, die Genossenschaften und die Versicherungsvereine auf Gegenseitigkeit ohne Rücksicht, ob sie gewerblichen Charakter haben oder nicht, ob sie einen kaufmännischen Geschäftsbetrieb erfordern oder nicht. Die Rechtsform wird erst durch die Handelsregistereintragung begründet. Dabei ist zu beachten, dass weder der Vorstand oder Geschäftsführer noch der Gesellschafter Kaufmann wird, sondern die Gesellschaft selbst als juristische Person. — § 6

**Umfang der Rechte und Pflichten** von Kaufleuten:

Auf die Kaufleute finden alle Vorschriften des HGB Anwendung.

Die Eintragung von Istkaufleuten in das Handelsregister hat *rechtsbezeugende (deklaratorische) Wirkung.*

Kann- und Formkaufleute werden erst durch die Eintragung Kaufleute. Die Eintragung hat hier *rechtserzeugende (konstitutive) Wirkung* (Abschnitt 11.2.4).

| Kaufmannseigenschaft | | |
|---|---|---|
| **Istkaufmann** | **Kannkaufmann** | **Formkaufmann** |
| Kaufmann kraft **kaufmännisch eingerichteten Geschäftsbetriebes** | Kaufmann kraft **Eintragung** ins Handelsregister | Kaufmann kraft **Rechtsform** |
| HGB § 1 | Eintragung freiwillig HGB §§ 2, 3 | AG, GmbH, Genossenschaft HGB § 6 |

Umfang der Vorschriften: **Alle Rechte und Pflichten des HGB**

**Beispiele** für **Rechte**:
- Führung einer Firma (HGB §§ 18, 19; AktG §§ 4, 279; GmbHG § 4; GenG § 3);
- Ernennung von Prokuristen (HGB § 48),
- Gründung einer OHG oder KG (HGB §§ 105, 161),
- mündliche Erteilung einer Bürgschaftserklärung, eines Schuldversprechens oder Schuldanerkenntnisses (HGB § 350),
- Festsetzung eines vom Kalenderjahr abweichenden Geschäftsjahres.

**Beispiele** für **Pflichten:**
- Eintragung ins Handelsregister (HGB § 29),
- Führung von Handelsbüchern (HGB § 238),
- Übernahme von nur selbstschuldnerischen Bürgschaften (HGB § 349).

Bild 189

## Zur Wiederholung und Vertiefung

1. Warum regelt das Handelsgesetzbuch in den §§ 1, 2, 3, 5 und 6 die Kaufmannseigenschaft?
2. Welche Selbstständigen sind keine Kaufleute nach HGB?
3. Begründen Sie, ob es sich bei den folgenden Personen bzw. Unternehmen um Kaufleute handelt:
   a) Vorstandsmitglied einer Aktiengesellschaft,
   b) Inhaber eines Elektroinstallationsgeschäftes mit zwei Verkaufsfilialen,
   c) Prokurist einer Großbank,
   d) Inhaber eines Zeitungskiosks,
   e) Zwei Landwirte, die gemeinsam eine Hühnerfarm betreiben,
   f) Inhaber einer Autovermietung,
   g) Forschungsgesellschaft m.b.H.
4. Ein Abschlusszeugnis der Industrie- und Handelskammer enthält die Berufsbezeichnung „Bankkaufmann". Beurteilen Sie diese Bezeichnung nach § 1 HGB.
5. Vergleichen Sie den § 477 BGB mit dem § 377 HGB. Erläutern Sie, wie sich Nichtkaufleute bzw. Kaufleute beim Eingang einer mangelhaften Lieferung verhalten müssen.

## 11.2.3 Firma der Unternehmung

HGB § 17

Die **Firma** ist der **Name eines Kaufmanns,** unter dem er seine Handelsgeschäfte betreibt, die Unterschrift abgibt, klagen und verklagt werden kann.

Man muss unterscheiden zwischen dem *bürgerlichen Namen* eines Kaufmanns, unter dem er seine Privatangelegenheiten erledigt, und dem *kaufmännischen Namen*, der **Firma**. Beide weichen insbesondere dann voneinander ab, wenn beim Wechsel in der Person des Inhabers (Erbschaft, Kauf, Pacht) die bisherige Firma beibehalten wird, um den bei den Kunden eingeführten Namen zu erhalten.

Im allgemeinen Sprachgebrauch wird das Wort Firma abweichend vom Handelsrecht an Stelle von Unternehmung oder Betrieb gebraucht.

### Arten der Firma

Die Wahl der Firma hängt wesentlich von der Rechtsform der Unternehmung ab (Abschnitt 11.3). Man unterscheidet:

**a) Personenfirma.** Sie enthält einen oder mehrere Personennamen („Karl Berg e.K." oder „Berg & Grün OHG", „Berg & Co. KG").

**b) Sachfirma.** Sie ist von dem Gegenstand der Unternehmung abgeleitet („Bayerische Motoren-Werke Aktiengesellschaft" oder „Winzergenossenschaft Deidesheim eG").

**c) Fantasiefirma.** Sie enthält eine werbewirksame, häufig vom Markenzeichen abgeleitete Bezeichnung („Coca-Cola GmbH"; „Salamander Aktiengesellschaft").

**d) Gemischte Firma.** Sie enthält sowohl Personennamen als auch den Gegenstand der Unternehmung („Schultheiss-Brauerei Aktiengesellschaft" oder „Thyssen Industrie Aktiengesellschaft").

### Öffentlichkeit der Firma

Jeder Kaufmann ist verpflichtet, seine Firma und deren spätere Änderung zur Eintragung in das Handelsregister anzumelden. Die Eintragungen werden veröffentlicht.

HGB §§ 29, 31

### Firmenschutz

a) Wer am *gleichen* Ort die gleiche Firma benützt, kann von dem Inhaber der bereits bestehenden Unternehmung verklagt werden und ist vom Registergericht von Amts wegen zur Unterlassung des Gebrauchs anzuhalten.

§ 37

b) Wer eine Firma in der Weise benutzt, dass Verwechslungen mit einer bereits bestehenden Unternehmung am *gleichen* oder an einem *anderen* Ort möglich sind, kann von der geschädigten Unternehmung auf Unterlassung und Schadenersatz verklagt werden.

### Firmen- oder Geschäftswert (Abschnitt 13.2)

**Zur Wiederholung und Vertiefung**

1. Warum sieht der Gesetzgeber im § 17 HGB bei Kaufleuten eine Firma vor?
2. Welcher Unterschied besteht zwischen Personen-, Sach-, Fantasie- und gemischter Firma? Nennen Sie dafür Beispiele aus Ihrer Umgebung.
3. Warum darf am selben Ort eine Firma nur einmal vorkommen?
4. Warum lässt das HGB die Weiterführung einer Firma beim Wechsel des Inhabers zu?

## 11.2.4 Eintragung der Unternehmung in das Handelsregister

### Wesen und Bedeutung des Handelsregisters

Das **Handelsregister** ist ein **amtliches Verzeichnis der Kaufleute eines oder mehrerer Amtsgerichtsbezirke,** das vom *Registergericht* des zuständigen Amtsgerichts geführt wird.

**Handelsregister – Abt. A - des Amtsgerichts** Essen — **HRA** 55

| Nummer der Eintragung | a) Firma<br>b) Sitz<br>c) Gegenstand des Unternehmens (bei juristischen Personen) | Geschäftsinhaber Persönlich haftende Gesellschafter Geschäftsführer Abwickler | Prokura | Rechtsverhältnisse | a) Tag der Eintragung und Unterschrift<br>b) Bemerkungen |
|---|---|---|---|---|---|
| 1 | 2 | 3 | 4 | 5 | 6 |
| 1 | a) Sportgerätefabrik Kurfeß<br>b) Hattingen | Christian Kurfeß, geb. am 17. Juli 1949, Hattingen<br>Katrin Scheuermann, geb. am 24. April 1952, Hattingen | | Kommanditgesellschaft<br>Kommanditistin Monika Lück, geb. Remp, geb. am 12. Juli 1939, in Freudenstadt mit einer Einlage von 900.000,00 DM | a) Umgeschrieben von HRA 3296 am 19. September 1968<br>b) Tag der ersten Eintragung am 10. |
| 2 | | | | | |

Bild 190a

**Handelsregister – Abt. B - des Amtsgerichts** Halle — **HRB** 3870

| Nummer der Eintragung | a) Firma<br>b) Sitz<br>c) Gegenstand des Unternehmens (bei juristischen Personen) | Grundkapital oder Stammkapital DM | Vorstand Persönlich haftende Gesellschafter Geschäftsführer Abwickler | Prokura | Rechtsverhältnisse | a) Tag der Eintragung und Unterschrift<br>b) Bemerkungen |
|---|---|---|---|---|---|---|
| 1 | 2 | 3 | 4 | 5 | 6 | 6 |
| 1 | a) B&G Elektro-GmbH<br>b) Halle<br>c) Gegenstand des Unternehmens ist die Produktion von Elektro-Geräten, Elektro-Einzelteile und Elektro-Ersatzteilen | 50.000,00 | Karl Krotsche, geb. am 31. Mai 1956, Kaufmann, Schkeuditz | | Gesellschaft mit beschränkter Haftung.<br>Gesellschaftervertrag vom 3. April 1991, geändert am 25. Januar 1993.<br>Die Gesellschaft hat einen oder mehrere Geschäftsführer.<br>Jeder Geschäftsführer vertritt die Gesellschaft allein.<br>Der Geschäftsführer Karl Krotsche ist allein vertretungsberechtigt und befugt, mit sich selbst im eigenen Namen oder als Vertreter eines Dritten Rechtsgeschäfte mit der Gesellschaft abzuschließen (Befreiung von § 181 BGB).<br>Die Gesellschafterversammlung vom 26. Februar 1994 hat die Sitzverlegung von Leipzig nach Halle mit der entsprechenden Änderung des § 1 Satz 2 des Gesellschaftsvertrages beschlossen. | a) 24. April 1994<br>Stromer<br>(Stromer)<br>b) Ges.Vertrag Bl. 36/43 Sbd.<br>bisher:<br>AG Leipzig<br>HR B 937<br>Erster Eintrag:<br>15. April 1991<br>AG Leipzig<br>HR B 995 |
| 2 | | | | | Die Gesellschafterversammlung vom 3. März 1994 hat die Änderung des § 7 des Gesellschaftsvertrages durch Anfügen des Abs. 5 (Wettbewerbsverbot) beschlossen. | a) 23. März 1994<br>b) Bl. 49/52 Sbd. |
| 3 | | | Klaus Troff, geb. am 11. September 1953, DV-Kaufmann, Dresden<br>Karl Krotsche, geb. am 31. Mai 1956, Kaufmann, Schkeuditz | | Karl Krotsche ist nicht mehr Geschäftsführer.<br>Klaus Troff, DV-Kaufmann, Dresden, ist zum Geschäftsführer bestellt. Ihm ist es gestattet, die Gesellschaft auch bei Rechtsgeschäften mit sich selbst in eigenem und fremden Namen zu vertreten.<br>Klaus Troff ist nicht mehr Geschäftsführer.<br>Karl Krotsch, Kaufmann, Schkeuditz, ist zum Geschäftsführer bestellt. Ihm ist es gestattet, die Gesellschaft auch bei Rechtsgeschäften mit sich selbst in eigenem und fremden Namen zu vertreten. | a) 14. Juni 1996 |

Bild 190b

Es unterrichtet die Öffentlichkeit über wichtige Tatbestände (Firma, Inhaber, Haftung, Geschäftssitz, Prokura) und schafft klare Rechtsverhältnisse.

Bei maschinell geführten Handelsregistern gilt der in den Datenspeicher genommene Inhalt als Handelsregister. Der Inhalt muss auf Dauer in lesbarer Form wiedergeben werden können.

Eintragungen können sein

a) rechts**er**zeugend (rechtsbegründend, konstitutiv), d.h. die Rechtswirkung tritt erst durch die Eintragung ein. Dies gilt z.B. für
   - das Firmenmonopol aller eingetragenen Unternehmungen, — HGB § 30 (1)
   - die Kaufmannseigenschaft für Kannkaufleute, — § 2
   - die Rechtsform der Kapitalgesellschaften, — § 6
   - die beschränkte Haftung der Kommanditisten; — § 172

b) rechts**be**zeugend (rechtserklärend, deklaratorisch), d.h. die Rechtswirkung ist schon vor der Eintragung eingetreten; sie wird durch die Eintragung bestätigt. Dies gilt z.B. für
   - die Kaufmannseigenschaft der Istkaufleute, — § 1
   - die Rechtsstellung des Prokuristen, — § 53
   - die Rechtsform der Personengesellschaften.

## ■ Gliederung und Inhalt des Handelsregisters

In der **Abteilung A** werden *Einzelunternehmungen und Personengesellschaften* (Bild 190a), in der **Abteilung B** *Kapitalgesellschaften* (Bild 190b) eingetragen.

## ■ Öffentlichkeit des Handelsregisters und Veröffentlichung der Eintragungen

**a) Öffentlichkeit.** Jedermann kann — § 9
   - das Handelsregister sowie die eingereichten Schriftstücke einsehen,
   - von den Eintragungen und den zum Handelsregister eingereichten Schriftstücken eine Abschrift gegen Gebühr fordern.

**b) Veröffentlichung.** Alle Eintragungen im Handelsregister werden vom Gericht öffentlich bekanntgemacht — §§ 10, 11
   - im Bundesanzeiger (Bild 191),
   - in mindestens einem Blatt im Amtsgerichtsbezirk, das jährlich vom Gericht bezeichnet wird (Amtsblatt).

## ■ Öffentlichkeitswirkung

Das Handelsregister schützt weitgehend den gutgläubigen Dritten. Die Eintragungen genießen öffentlichen Glauben, allerdings in beschränkterem Umfang als Eintragungen im Grundbuch (Abschnitt 12.4.5).

*Eingetragene und bekanntgemachte Tatsachen* muss ein Dritter grundsätzlich gegen sich gelten lassen. — § 15 (2)

*Nicht eingetragene und bekanntgemachte*, aber eintragungspflichtige Tatsachen können einem gutgläubigen Dritten nicht entgegengehalten werden. — § 15 (1)

**Beispiel:**

Dem Angestellten Mack wurde die Prokura entzogen. Der Widerruf der Prokura war ins Handelsregister eingetragen und bekanntgemacht worden. Mack nimmt für das Unternehmen ein Darlehen auf. Der Darlehensgeber hat nur Anspruch gegen Mack. Das Unternehmen ist nicht verpflichtet.

Wäre der Widerruf nicht eingetragen und bekanntgemacht worden, so wäre das Unternehmen dem Darlehensgeber verpflichtet; es sei denn, der Widerruf der Prokura wäre dem Darlehensgeber mitgeteilt worden.

HGB § 15 (3)

Auf *unrichtig bekannt gemachte* Tatsachen kann sich ein gutgläubiger Dritter berufen.

Eine Mitteilung hebt die Wirksamkeit einer anderslautenden Eintragung im Handelsregister oder Bekanntmachung gegenüber dem Benachrichtigten auf.

**Zentralhandelsregister-Beilage**

**zum Bundesanzeiger**

1. **Handelsregister**
2. **Güterrechtsregister**
3. **Genossenschaftsregister**
4. **Musterregister**
5. **Urheberrolle**
6. **Insolvenzverfahren**
7. **Verschiedenes**

**1. Handelsregister**

Für die Angaben in ( ) keine Gewähr

**28832 Achim** [98 038]

**Neueintragung**

▶ HRA 1760 – 19. April 2000: **Glahr Moden GmbH + Co. Kommanditgesellschaft, Achim-Uphusen,** (*David-Ricardo-Str. 16*). Kommanditgesellschaft, die am 23. März 2000 begonnen hat. Persönlich haftende Gesellschafterin ist die Glahr Moden GmbH, Achim, 1 Kommanditist vorhanden. Der Sitz der Gesellschaft ist von Bremen nach Achim-Uphusen verlegt.

Amtsgericht Achim

**58762 Altena/Westf.** [98 129]

**Veränderungen**

▶ 7 HRA 124 – 22. April 1999: **Gebrüder Knoche GmbH & Co. KG., Werdohl.**

Die Gesamtprokuren Dieter Knoche und Heinz Kreckel sowie die Einzelprokura Kurt Oehme sind erloschen.

Einzelprokurist: Heinz Kreckel, Stahlhofen am Wiesensee.

Amtsgericht Altena

**17033 Neubrandenburg** [97 044]

**Neueintragungen**

▶ HRB 531 – 2. April 2000: **Prenzlauer Glasverarbeitung GmbH**, Prenzlau (*Franz-Wienholz-Str. 19,* **Prenzlau**).

Gegenstand des Unternehmens: Bearbeitung von Glas und Spiegel, Herstellung von Erzeugnissen aus Glas und deren Vertrieb, Handwerksleistungen auf dem Gebiet des Glaserhandwerkes.

Stammkapital: 50000 DM. Geschäftsführer: Ökonom Manfred Soope, Prenzlau; Gesellschaft mit beschränkter Haftung. Abschluss des Gesellschaftsvertrages 4. Dez. 1999. Die Gesellschaft hat einen oder mehrere Geschäftsführer. Sind mehrere Geschäftsführer bestellt, so wird die Gesellschaft jeweils von zwei Geschäftsführern gemeinsam oder von einem Geschäftsführer zusammen mit einem Prokuristen vertreten.

Amtsgericht Neubrandenburg

**35578 Wetzlar** [97 164]

**Löschungen**

▶ HRB 820 – 2. April 1999: Firma **FS Gebäudereinigungs- und Dienstleistungs GmbH i.L.** in **35647 Waldsolms.**

Die Liquidation ist beendet; die Firma ist erloschen.

Amtsgericht Wetzlar

Bild 191

## Löschung von Eintragungen

Eintragungen werden auf Antrag oder von Amts wegen gelöscht, indem sie *rot unterstrichen* werden.

### Zur Wiederholung und Vertiefung

1. Warum wird das Handelsregister geführt?
2. Welche unterschiedlichen Informationen enthält das Handelsregister in den Abteilungen A und B?

3. Prüfen Sie, welche der folgenden Eintragungen ins Handelsregister
   a) rechtserzeugende,
   b) rechtsbezeugende Wirkung hat.
   - Eintragung der Bauunternehmung Otto Bitz e. K.,
   - Eintragung der Münstertäler Fleischwaren AG,
   - Eintragung der Papiergroßhandlung Seboth GmbH & Co. KG,
   - Eintragung der Landgold-Hähnchen OHG.
4. Wer kann Einsicht in das Handelsregister nehmen?

## 11.3 Rechtsform der Unternehmung

Mit der Entscheidung über die Rechtsform erhält die Unternehmung ihre rechtliche Verfassung. Sie regelt die Rechtsbeziehungen der Unternehmung im Innen- und Außenverhältnis. Bild 192 gibt einen Überblick über die verschiedenen Rechtsformen.

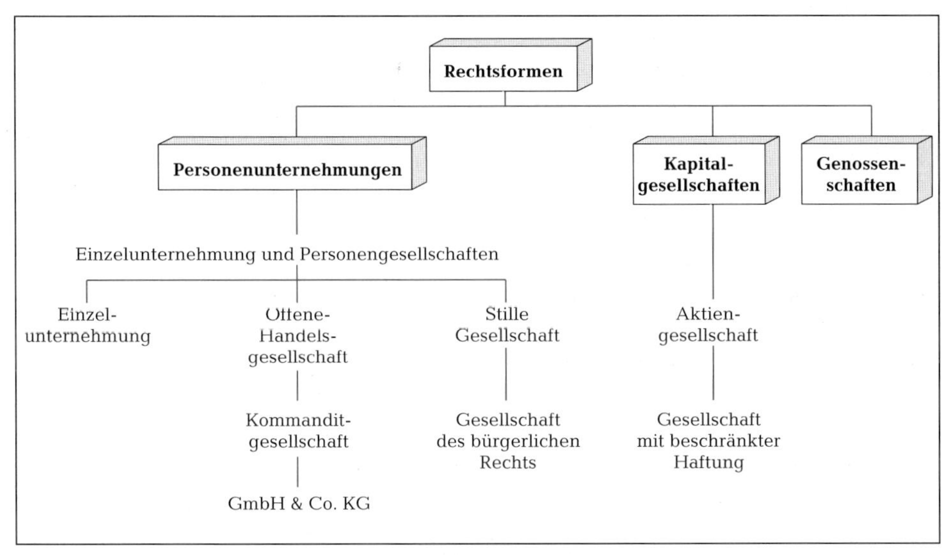


Bild 192

### 11.3.1 Einzelunternehmung

Die **Einzelunternehmung** ist ein **Gewerbebetrieb,** dessen **Eigenkapital von einer Person aufgebracht** wird, die das **Unternehmen verantwortlich leitet** und das Risiko allein trägt.

HGB §§ 18, 19

**Firma.** Sie muss zur Kennzeichnung des Kaufmanns geeignet sein und Unterscheidungskraft besitzen. Bei Einzelkaufleuten muss die Bezeichnung „eingetragener Kaufmann", „eingetragene Kauffrau" oder eine allgemein verständliche Abkürzung dieser Bezeichnung, insbesondere „e. K.", „e. Kfm." oder „e. Kfr." enthalten sein.

**Beispiel:** Der Geschäftsmann Jens Uwe Lück, der eine Kfz-Zubehörgroßhandlung gegründet hat, kann als Firma wählen: Jens Uwe Lück e. K., Jens Lück eingetragener Kaufmann, Lück e. K., Kfz-Zubehörgroßhandel, Kaefzet-Lück e. K., Teile World.

**Vorteile:**

a) Der Unternehmer kann frei und rasch entscheiden.

b) Meinungsverschiedenheiten in der Geschäftsführung, wie sie bei Gesellschaftsunternehmungen vorkommen können, sind ausgeschlossen.

c) Über den Gewinn verfügt der Unternehmer allein.

**Nachteile:**

a) Das Risiko trägt der Unternehmer allein.

b) Er haftet den Gläubigern mit seinem gesamten Vermögen, also auch mit seinem Privatvermögen.

c) Die Kapitalkraft ist begrenzt.

**Zur Wiederholung und Vertiefung**

1. Welches sind die wesentlichen Merkmale der Einzelunternehmung hinsichtlich der
   a) Kapitalaufbringung,
   b) Haftung,
   c) Geschäftsführung und Vertretung,
   d) Ergebnisverteilung?
2. Herr Neu erfand ein Übungsgerät für den Freizeitsport. Er möchte dieses Gerät herstellen und vertreiben und gründet zu diesem Zweck eine Einzelunternehmung. Überlegen Sie,
   a) warum Herr Neu die Rechtsform der Einzelunternehmung wählt,
   b) welche Probleme Herrn Neu als Einzelunternehmer erwachsen können,
   c) wie er auf eine rasche Absatzausweitung bzw. Konjunkturschwächen reagieren kann.
3. Wie kann Hans Eugen Neu firmieren?

## 11.3.2 Gesellschaften

BGB § 705

Eine **Gesellschaftsunternehmung** entsteht in aller Regel durch **vertraglichen Zusammenschluss von zwei oder mehr Personen zur Erreichung eines gemeinsamen Zwecks.**

Die *Gründe*, die im Wirtschaftsleben zur Bildung einer Gesellschaft führen, können mannigfacher Art sein:

- Erhöhung des Eigenkapitals,
- Ergänzung der Arbeitskraft und Verteilung der Arbeitslast,
- Ausschaltung der gegenseitigen Konkurrenz,
- Verteilung des Unternehmerrisikos oder Begrenzung auf das Gesellschaftsvermögen,
- Erhöhung der Kreditwürdigkeit durch Erweiterung der Haftung,
- steuerliche Vorteile,
- persönliche Gründe (Alter, Krankheit, Erbfall).

Je nachdem, ob die Gesellschafter den Gläubigern der Gesellschaft gegenüber persönlich haften oder nur das Gesellschaftsvermögen der juristischen Person, unterscheidet man **Personen- und Kapitalgesellschaften**.

**Haftung** bedeutet in diesem Zusammenhang, dass die Gesellschafter oder die Gesellschaft *Außenstehenden* (Dritten) gegenüber für die Verbindlichkeiten der Gesellschaft mit ihrem Vermögen einstehen müssen.

Im Einzelnen ergeben sich folgende **weitere Unterschiede**:

| Merkmale | Personengesellschaft | Kapitalgesellschaft |
|---|---|---|
| **Rechtspersönlichkeit** | keine juristische Person | juristische Person |
| **Gesellschaftsvermögen** | Gesamthandvermögen der Gesellschafter | eigenes Vermögen der juristischen Person |

| Merkmale | Personengesellschaft | Kapitalgesellschaft |
|---|---|---|
| **Geschäftsführungsbefugnis Vertretungsmacht** | in der Regel durch Gesellschafter | durch besondere Leitungsorgane |
| **Haftungskapital** | das Gesellschaftsvermögen, das Privatvermögen der Vollhafter und das Privatvermögen der Teilhafter bis zur Höhe der eingetragenen, aber noch nicht geleisteten Einlage | nur das Gesellschaftsvermögen |
| **Bestehen der Unternehmung** | grundsätzlich vom Gesellschafterbestand abhängig | grundsätzlich vom Gesellschafterbestand unabhängig |
| **Besteuerung des Gewinns** | nicht körperschaftsteuerpflichtig | körperschaftsteuerpflichtig |

Bild 193

Als *typische Personengesellschaft* gilt die **Offene Handelsgesellschaft (OHG)**, als *typische Kapitalgesellschaft* die **Aktiengesellschaft (AG)**.

Nicht bei allen Gesellschaftsformen treten diese Unterschiede eindeutig hervor. Es gibt Kapitalgesellschaften mit Merkmalen der Personengesellschaften (KGaA) und umgekehrt (GmbH & Co. KG).

**Zur Wiederholung und Vertiefung**

Welche persönlichen und wirtschaftlichen Beweggründe gibt es, um einen Gesellschafter in die Unternehmung aufzunehmen?

# 11.4 Personengesellschaften

## 11.4.1 Offene Handelsgesellschaft (OHG)

Handelsgesetzbuch (HGB) vom 10. Mai 1897 mit Änderungen; insbesondere §§ 105 ff.

Die **Offene Handelsgesellschaft** ist die vertragliche Vereinigung von zwei oder mehr Personen zum Betrieb eines Handelsgewerbes unter gemeinschaftlicher Firma **mit unbeschränkter Haftung aller Gesellschafter.**

HGB § 105 (1)

### Firma

Die Firma der OHG kann aus Personen-, Sach-, Fantasiefirma oder einer gemischten Firma bestehen. Darüber hinaus muss die Bezeichnung „Offene Handelsgesellschaft" oder eine allgemein verständliche Abkürzung dieser Bezeichnung in der Firma enthalten sein (OHG, oHg.).

§ 19

**Beispiele:** Karl Berg, Fritz Grün und Willi Müller, die eine Maschinengroßhandlung OHG gründen, können firmieren: Berg, Grün & Müller OHG, Maschinenhandel oHg, Kafriwima OHG.

### Gründung

a) **Form.** Der Gesellschaftsvertrag ist formfrei. Schriftform ist jedoch üblich. Werden in die Gesellschaft Grundstücke eingebracht, so ist notarielle Beurkundung notwendig.

BGB § 313

b) **Beginn der Gesellschaft.** Im *Innenverhältnis* bestimmt der Gesellschaftsvertrag den Beginn. Im *Außenverhältnis* beginnt die Gesellschaft, sobald ein Gesellschafter Geschäfte in ihrem Namen tätigt, *spätestens* jedoch, wenn die Gesellschaft in das Handelsregister eingetragen ist. Bei Kannkaufleuten beginnt die OHG *frühestens* mit dem Registereintrag, weil dieser rechtsbegründende Wirkung hat.

HGB § 123

## Rechtsverhältnisse der Gesellschafter untereinander (Innenverhältnis)

Die Pflichten und Rechte der Gesellschafter untereinander ergeben sich aus dem *Gesellschaftsvertrag.* In Ergänzung dazu gilt das Gesetz.

### a) Pflichten

BGB § 706

1. **Leistung der Kapitaleinlage.** Jeder Gesellschafter ist verpflichtet, die im Gesellschaftsvertrag festgesetzte Kapitaleinlage zu leisten. Sie kann *in bar, in Sachwerten und Rechtswerten* eingebracht werden (Grundstücke, Maschinen, Einrichtungsgegenstände, Wertpapiere, Patente usw.). Eine Mindesthöhe ist nicht vorgeschrieben.

§§ 718, 719

Obwohl die Kapitalanteile der Gesellschafter getrennt gebucht werden, erlischt das persönliche Eigentum der Gesellschafter und wird *gemeinschaftliches Vermögen der Gesellschafter* **(Gesamthandvermögen).** Ein einzelner Gesellschafter kann über seinen Kapitalanteil nicht mehr verfügen. Eingebrachte Grundstücke werden im Grundbuch auf die OHG eingetragen.

HGB § 114 (1)

2. **Geschäftsführung.** *Jeder* Gesellschafter hat die Pflicht, die Geschäfte der Gesellschaft zu führen und Dienste persönlich zu leisten.

§§ 112 f.

3. **Wettbewerbsenthaltung.** Einem Gesellschafter ist es verboten, ohne Einwilligung der anderen Gesellschafter im Handelsgewerbe der eigenen Gesellschaft Geschäfte auf eigene Rechnung zu machen und sich an einer anderen gleichartigen Gesellschaft als persönlich haftender Gesellschafter zu beteiligen. Verstößt ein Gesellschafter gegen dieses Konkurrenzverbot, so macht er sich schadenersatzpflichtig. Die OHG hat das Eintrittsrecht. Ferner können die übrigen Gesellschafter die Auflösung der Gesellschaft verlangen.

§ 121 (3)

4. **Verlustbeteiligung.** Der Verlust wird **nach Köpfen** verteilt und vom Kapitalanteil abgezogen (Bild 194).

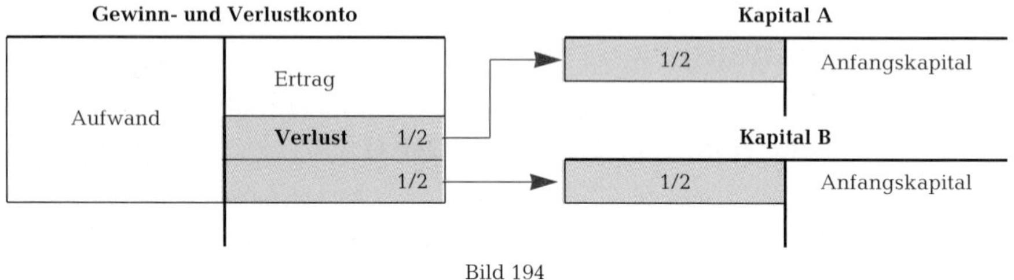


Bild 194

### b) Rechte

§§ 114–117

1. **Geschäftsführung.** *Gesetzlich* ist *jeder* Gesellschafter *allein* zur Geschäftsführung berechtigt, d.h. er ist den anderen Gesellschaftern gegenüber zur Vornahme aller Handlungen berechtigt, die der Betrieb des Handelsgewerbes der Gesellschaft *gewöhnlich* mit sich bringt. Es besteht also der Grundsatz der **Einzelgeschäftsführungsbefugnis**. *Vertraglich* kann die Befugnis zur Geschäftsführung beschränkt oder aufgehoben werden. Widerspricht ein geschäftsführender Gesellschafter der Vornahme einer Handlung, so muss diese unterbleiben.

   Zum *gewöhnlichen* Betrieb gehören Wareneinkauf und Warenverkauf, Ausstellung von Schecks und Wechseln, Einstellung und Entlassung von Arbeitskräften.

   Für *außergewöhnliche* Geschäfte ist der Gesamtbeschluss aller Gesellschafter, also auch der nichtgeschäftsführenden Gesellschafter, erforderlich, z.B. für den Kauf und Verkauf von Grundstücken und für die Gründung von Filialbetrieben.

   Auf Antrag der übrigen Gesellschafter kann einem Gesellschafter bei grober Pflichtverletzung oder Unfähigkeit zur ordnungsmäßigen Geschäftsführung durch gerichtliche Entscheidung die Geschäftsführungsbefugnis entzogen werden.

§ 118

2. **Kontrolle.** Ein Gesellschafter, der von der *Geschäftsführung ausgeschlossen* ist, kann sich *jederzeit* über die Geschäftslage persönlich unterrichten, die Handelsbücher und die Papiere der Gesellschaft einsehen und sich daraus eine Bilanz (Zwischenbilanz) bzw. einen Jahresabschluss anfertigen.

3. **Anteil am Gewinn.** Gesetzlich hat jeder Gesellschafter Anspruch auf *4% seines Kapitalanteils (Vordividende).* Reicht der Jahresgewinn für 4% nicht aus, so wird ein entsprechend niedrigerer Prozentsatz angewendet. Privatentnahmen und Einlagen eines Gesellschafters während des Geschäftsjahres sind zinsenmäßig zu berücksichtigen. Der *Restgewinn* wird *nach Köpfen* verteilt. — HGB § 121

**Beispiel:** Verteilung des Jahresgewinns von 60.000 EUR nach § 121 HGB.

Einlage von A am 30. Juni 20.000 EUR;

Entnahme von B mit Zustimmung von A am 31. März 10.000 EUR und am 30. September 8.000 EUR.

**Berechnung der Vordividende:**

| | | | |
|---|---|---|---|
| **Anteil A:** | 4% aus 250.000 EUR | 10.000 EUR | |
| | + 4% aus 20.000 EUR für 180 Tage | 400 EUR | 10.400 EUR |
| **Anteil B:** | 4% aus 180.000 EUR | 7.200 EUR | |
| | – 4% aus 10.000 EUR für 270 Tage | 300 EUR | |
| | – 4% aus 8.000 EUR für 90 Tage | 80 EUR | 6.820 EUR |

| Gesellschafter | Kapitalanteil | 4% Vordividende | Kopfanteil | Gesamtgewinn |
|---|---|---|---|---|
| A | 250.000 | 10.000 | | |
| | + 20.000 | + 400 | | |
| | 270.000 | 10.400 | 21.390 | 31.790 |
| B | 180.000 | 7.200 | | |
| | – 10.000 | – 300 | | |
| | – 8.000 | – 80 | | |
| | 162.000 | 6.820 | 21.390 | 28.210 |
| A + B | 432.000 | 17.220 | 42.780 | 60.000 |

Bild 195

Im *Gesellschaftsvertrag* kann eine vom Gesetz *abweichende Regelung* für die Verteilung des Gewinns vereinbart werden.

Der Gewinnanteil wird dem *Kapitalkonto* eines jeden Gesellschafters *gutgeschrieben.* Die *Auszahlung* des Gewinns darf *nur auf Verlangen* des Gesellschafters erfolgen. Der Gesellschafter kann also seinen Gewinn im Unternehmen stehen lassen und damit seine Kapitaleinlage erhöhen. — § 120

4. **Kapitalentnahme.** Jeder Gesellschafter ist berechtigt, bis zu 4% seines zu Beginn des Geschäftsjahres vorhandenen Kapitalanteils zu entnehmen, selbst dann, wenn die OHG *Verluste* hatte. Größere Entnahmen sind nur mit Zustimmung der anderen Gesellschafter möglich. — § 122

5. **Kündigung.** Ein Gesellschafter kann nur auf den *Schluss eines Geschäftsjahres* unter Einhaltung einer *Frist* von mindestens *6 Monaten* kündigen. — § 132

Auf Antrag eines Gesellschafters kann aber bei wichtigem Grund eine **gerichtliche Entscheidung** zur Auflösung der Gesellschaft herbeigeführt werden. Das Gericht kann auch den Ausschluss eines Gesellschafters aussprechen, wenn die übrigen Gesellschafter dies beantragen. — §§ 133, 140

## Rechtsverhältnisse der Gesellschafter zu Dritten (Außenverhältnis)

Die Rechtsbeziehungen der Gesellschafter Dritten gegenüber sind durch das *Gesetz* geregelt. *Abweichende* Vereinbarungen müssen, soweit sie überhaupt gesetzlich zulässig sind, im Handelsregister eingetragen werden.

### a) Vertretungsmacht der Gesellschafter

*Gesetzlich* ist jeder Gesellschafter *allein* zur Vertretung ermächtigt. Er kann Dritten gegenüber Willenserklärungen abgeben, durch welche die Unternehmung berechtigt und verpflichtet wird. Es besteht also der Grundsatz der **Einzelvertretungsmacht**. — § 125

*Vertraglich* kann von diesem Grundsatz in folgender Weise abgewichen werden:

1. Die Gesellschafter können nur zusammen die OHG vertreten (Gesamt- oder Kollektivvertretung).
2. Die Vertretungsmacht wird nur einem oder mehreren Gesellschaftern (mit Einzel- oder Gesamtvertretungsmacht) erteilt; die übrigen Gesellschafter sind von der Vertretung ausgeschlossen.
3. Ein Gesellschafter mit Einzelvertretungsmacht kann nur mit einem Prokuristen zusammen die Gesellschaft vertreten.

HGB § 126

Die Vertretungsmacht erstreckt sich auf *alle* Rechtsgeschäfte einschließlich der Veräußerung und Belastung von Grundstücken, Erteilung und Widerruf der Prokura sowie Vertretung der Unternehmung im Prozess. Der Umfang der Vertretungsmacht ist also *unbeschränkt* und auch *unbeschränkbar,* während die Geschäftsführungsbefugnis beschränkbar ist.

**Beispiel:** Der Gesellschafter Berg der Berg & Grün OHG erteilt dem Angestellten Gut Prokura, ohne dass ein Gesamtbeschluss der Gesellschafter vorliegt. Die Prokura ist Dritten gegenüber gültig. Handlungen des Prokuristen binden die Unternehmung. Allerdings kann der Gesellschafter Grün gegen Berg wegen grober Pflichtverletzung vorgehen. Entsteht durch die Handlung des Prokuristen Gut ein Schaden, so muss ihn Berg ersetzen (Bild 196).

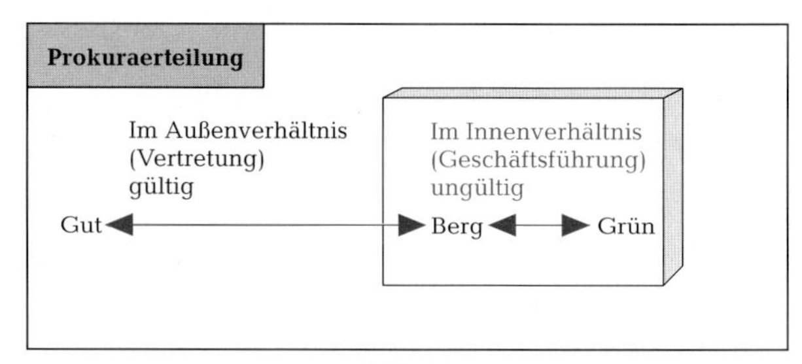


Bild 196

§ 127

Der *Entzug* der Vertretungsmacht ist bei *wichtigem Grund,* z.B. Prokuraerteilung ohne Gesamtbeschluss, auf Antrag der übrigen Gesellschafter durch *gerichtliche Entscheidung* möglich.

§ 128

### b) Haftung der Gesellschafter

Für die Verbindlichkeiten der OHG haften *alle Gesellschafter persönlich als Gesamtschuldner* und *die OHG mit dem Gesellschaftsvermögen.* Eine entgegenstehende Vereinbarung ist Dritten gegenüber unwirksam.

Die **Gesellschafter haften** demnach wie folgt:

**1. Persönlich**

- **Unbeschränkt.** Der Gesellschafter haftet nicht nur in Höhe seines Kapitalanteils, sondern auch mit seinem ganzen Privatvermögen. Er kann nicht die „Einrede der Haftungsbeschränkung" geltend machen. Eine Vereinbarung zwischen den Gesellschaftern, durch die z.B. die Haftung auf den Kapitalanteil beschränkt wird, hat nur im Innenverhältnis Gültigkeit.

  **Beispiel:** Der Gesellschafter Grün der Berg & Grün OHG hat mit Berg im Gesellschaftsvertrag vereinbart, dass er für Schulden nur in Höhe seines Kapitalanteils haftet. Muss Grün an einen Gläubiger, der gerichtlich gegen ihn vorgeht, mehr zahlen, so kann er die Differenz zwischen seinem Kapitalanteil und seiner Zahlung von Berg fordern.

- **Direkt (unmittelbar) und primär.** Jeder Gläubiger kann sich unmittelbar an jeden beliebigen Gesellschafter halten. Die Gesellschafter können nicht fordern, dass der Gläubiger zuerst gegen die Gesellschaft klagt. Es fehlt ihnen die „Einrede der Vorausklage". Zur Zwangsvollstreckung in das Vermögen eines Gesellschafters braucht der Gläubiger aber einen vollstreckbaren Titel gegenüber dem Gesellschafter. Aus einem gegen die Gesellschaft als solche vollstreckbaren Titel kann nur die Zwangsvollstreckung in das Gesellschaftsvermögen stattfinden. Deshalb wird der Gläubiger zweckmäßig sofort gegen die Gesellschaft und gegen die einzelnen Gesellschafter klagen.

§ 129 (4)

2. **Gesamtschuldnerisch (solidarisch).** Alle Gesellschafter haften für die gesamten Schulden der Gesellschaft. Der Gläubiger kann die Leistung nach seinem Belieben von jedem Gesellschafter ganz oder zu einem Teil fordern. Ein Gesellschafter kann nicht fordern, dass der Gläubiger außer ihm auch die anderen Gesellschafter verklagt. Die „Einrede der Haftungsteilung" kann er nicht geltend machen. Hat ein Gesellschafter den Gläubiger befriedigt, so hat er aber gegenüber seinen Mitgesellschaftern einen Ausgleichsanspruch. Die Forderung des Gläubigers geht dann in Höhe des Ausgleichsbetrages auf ihn über. BGB § 421 § 426

Ein Gesellschafter, der in eine bestehende OHG *eintritt,* haftet auch für die Schulden der Gesellschaft, die bei seinem Eintritt bereits bestehen. Der Ausschluss oder die Beschränkung dieser Haftung ist nur im Innenverhältnis gültig. Wird aus einer Einzelunternehmung eine OHG, so haftet die entstandene OHG, und damit auch der neu eintretende Gesellschafter, für die alten Schulden der bisherigen Unternehmung. Der neu eintretende Gesellschafter kann aber diese Haftung durch Eintragung in das Handelsregister oder Mitteilung an jeden einzelnen Gläubiger ausschließen. HGB § 130 § 28

Ein Gesellschafter, der aus einer OHG *ausscheidet,* haftet noch 5 Jahre für die bei seinem Austritt vorhandenen Verbindlichkeiten der Gesellschaft. § 159

## Bedeutung

Es muss zwischen den geschäftsführenden Gesellschaftern ein enges Vertrauensverhältnis bestehen. Von ihnen wird in aller Regel der volle persönliche Einsatz verlangt. Die Rechtsform der OHG wird vor allem von kleineren und mittleren Gewerbebetrieben gewählt. Oft handelt es sich dabei um ein Familienunternehmen.

Damit bei Tod, Kündigung oder Insolvenz eines Gesellschafters dem Unternehmen nicht plötzlich Kapital entzogen wird, sind im Gesellschaftsvertrag meist Vereinbarungen getroffen, die darauf abzielen, das Unternehmen weiterzuführen.

### Zur Wiederholung und Vertiefung

1. Welches sind die wesentlichen Merkmale einer OHG hinsichtlich der
   a) Kapitalaufbringung,
   b) Haftung,
   c) Geschäftsführung und Vertretung,
   d) Ergebnisverteilung?
2. Warum wird in aller Regel der Gesellschaftsvertrag in Schriftform abgeschlossen?
3. Welcher Unterschied besteht zwischen Geschäftsführungsbefugnis und Vertretungsmacht?
4. Zeigen Sie, dass die OHG *personenbezogen* ist, durch die Beantwortung folgender Fragen:
   a) Wie viele Personen können bereits eine OHG gründen?
   b) Wer ist zur Geschäftsführung verpflichtet?
   c) Wie kann das Vertretungsrecht wahrgenommen werden?
   d) Was versteht man unter persönlicher Haftung?
   e) Warum ist nach dem Gesetz die Kündigung, der Tod oder die Insolvenz eines Gesellschafters ein Auflösungsgrund?
5. Warum werden die Kapitalanteile der Gesellschafter einer OHG nicht im Handelsregister eingetragen?
6. a) Wie kann ein Gesellschafter der OHG seinen Kapitalanteil erhöhen?
   b) Welche Auswirkungen hätte dies hinsichtlich seiner Geschäftsführungsbefugnis und seiner Vertretungsmacht?
7. Der Kraftfahrzeugmeister Buhl und der kaufmännische Angestellte Ruf beschließen die Gründung einer Großhandlung für Kfz-Bedarf in der Rechtsform einer OHG.
   Beantworten Sie folgende Fragen (mit Begründung):
   a) Welche Gründe können Buhl veranlassen, statt einer Einzelunternehmung zusammen mit Ruf eine OHG zu gründen?
   b) Zur Finanzierung eines Auslieferungslagers beantragte Ruf einen Bankkredit. Zu welchen Überlegungen dürfte die Bank durch die Tatsache gelangen, dass die Schuldnerfirma eine OHG ist?

c) Wie ist die Rechtslage nach der gesetzlichen Regelung?
   - Gesellschafter Ruf kündigt dem Angestellten Berner,
   - er gibt schriftlich Anweisungen an die Mitarbeiter der Buchhaltungsabteilung,
   - er erteilt einem Angestellten Prokura,
   - er unterschreibt einen Überweisungsauftrag an die Hausbank zu Lasten des Kontos der OHG.

8. Die im HGB vorgesehene Gewinnbeteiligung ergibt sich aus dem Wesen der OHG:
   a) Warum erhält jeder Gesellschafter 4% seines Kapitalanteils?
   b) Weshalb wird der Restgewinn nach Köpfen verteilt?
   c) Welche Wirkung auf die Verteilung des Gewinns wird der vertragliche Ausschluss eines Gesellschafters von der Geschäftsführung haben?

9. Eine OHG erzielt in einem Geschäftsjahr (= Kalenderjahr) einen Reingewinn von 350.800 EUR. Beteiligungsverhältnis der Gesellschafter: A 800.000 EUR, B 600.000 EUR, C 400.000 EUR. Privatentnahme von A am 18. Okt. 40.000 EUR, Einlage von C am 6. Aug. 60.000 EUR.

   Nach dem Gesellschaftsvertrag werden die Kapitalanteile mit 5% verzinst. Privatentnahmen und Einlagen sind mit 5% zinsenmäßig zu berücksichtigen. Der Restgewinn ist im Verhältnis 5 : 5 : 3 zu verteilen. Berechnen Sie die Gewinn- und die neuen Kapitalanteile der Gesellschafter.

## 11.4.2 Kommanditgesellschaft (KG)

Handelsgesetzbuch (HGB) vom 10. Mai 1897 mit Änderungen; insbesondere §§ 161 ff.

HGB § 161

Die **Kommanditgesellschaft** ist die vertragliche Vereinigung von zwei oder mehr Personen zum Betrieb eines Handelsgewerbes unter gemeinschaftlicher Firma, wobei den Gläubigern gegenüber mindestens ein **Gesellschafter unbeschränkt und mindestens ein Gesellschafter beschränkt haftet.**

Die **Vollhafter** heißen **Komplementäre**, die **Teilhafter Kommanditisten**.

Bei einer Kommanditgesellschaft können auch juristische Personen Vollhafter sein. Häufig handelt es sich dabei um Gesellschaften mit beschränkter Haftung (GmbH). Man spricht dann von einer **GmbH & Co. KG** (Abschnitt 11.5.2). Tritt eine Aktiengesellschaft (AG) an diese Stelle, so handelt es sich um eine AG & Co. KG. Die sich aus dem Personengesellschaftsrecht ergebenden Gestaltungsmöglichkeiten im Innenverhältnis einer solchen Gesellschaft sind sehr vielfältig.

### Firma

§ 19 (1)

Die Firma der KG kann aus Personen-, Sach-, Fantasiefirma oder einer gemischten Firma bestehen. Darüber hinaus muss die Bezeichnung „Kommanditgesellschaft" oder eine allgemein verständliche Abkürzung dieser Bezeichnung in der Firma enthalten sein (KG, Kges.).

**Beispiele:** Karl Berg, Fritz Grün und Willi Müller, die eine Maschinengroßhandlung-KG gründen, können firmieren: Berg, Grün & Müller KG, Maschinenhandel KG, Kafriwima KG.

### Gründung

§ 161

Für die Form der Gründung und den Beginn der Gesellschaft gelten dieselben Vorschriften wie für die OHG.

### Pflichten und Rechte des Komplementärs

Für die Komplementäre gelten die gleichen Bestimmungen wie für die Gesellschafter der OHG.

### Pflichten und Rechte des Kommanditisten

**a) Pflichten des Kommanditisten**

1. **Leistung der Einlage**, die vertraglich festgelegt wurde. Diese kann von der ins Handelsregister eingetragenen Einlage, der Haftsumme, abweichen.

2. **Unmittelbare Haftung** für den noch nicht geleisteten Teil seiner Haftsumme, der noch ausstehenden Kommanditeinlage. — HGB §§ 171, 172

**Beispiel:** Vereinbarte und ins Handelsregister eingetragene Kommanditeinlage 100.000 EUR. Darauf wurden als Einlage geleistet 40.000 EUR. Der Kommanditist haftet dann unmittelbar mit 60.000 EUR gegenüber den Gesellschaftsgläubigern.

Beim Eintritt in eine bestehende Handelsgesellschaft haftet er für die vor seinem Eintritt bestehenden Verbindlichkeiten der Gesellschaft bis zur Höhe seiner noch nicht geleisteten in das Handelsregister eingetragenen Einlage. Ist die Handelsgesellschaft oder der neu eingetretene Kommanditist noch nicht in das Handelsregister eingetragen, so haftet der Kommanditist wie ein Vollhafter. — § 173, § 176

3. **Verlustbeteiligung** in angemessenem Verhältnis der Anteile bis zum Betrag des Kapitalanteils und der noch rückständigen Einlage. — §§ 168, 167

**b) Rechte des Kommanditisten**

1. **Widerspruch.** Der Kommanditist kann nur Handlungen widersprechen, die über den gewöhnlichen Betrieb des Handelsgewerbes der Gesellschaft hinausgehen, z.B. Verkauf eines Grundstückes. Gewöhnlichen Geschäftshandlungen der Komplementäre kann er nicht widersprechen, da er von der Geschäftsführung und Vertretung ausgeschlossen ist. — § 164
2. **Kontrolle.** Der Kommanditist hat nur Anspruch auf Mitteilung des Jahresabschlusses. Er kann ihn durch Einsicht in die Bücher und Papiere der Gesellschaft nachprüfen. Das Recht der laufenden Kontrolle, das der von der Geschäftsführung ausgeschlossene Gesellschafter der OHG besitzt, hat er *nicht*. — § 166
3. **Gewinnanteil.** Jeder Gesellschafter erhält bis zu *4% seines Kapitalanteils*. Der *Rest* ist *in angemessenem Verhältnis* zu verteilen. Um Streitigkeiten vorzubeugen, wird das Verhältnis meist im Gesellschaftsvertrag festgelegt. — § 168 (2)
4. **Gewinnverwendung** (Abschnitt 13.4.3). Hat der Kommanditist die bedungene Einlage geleistet, so kann er am Ende des Geschäftsjahres die Auszahlung seines Gewinnanteils fordern. Solange die bedungene Einlage nicht erreicht ist, wird der Gewinnanteil dem Konto „noch ausstehende Einlage" gutgeschrieben. — § 167

   Der Kommanditist kann die Auszahlung des Gewinnanteils auch dann nicht fordern, wenn sein Kapital durch Verlust gemindert ist. Der Gewinnanteil wird in diesem Falle zur Auffüllung der bedungenen Einlage verwendet. Früher erhaltene Gewinne braucht ein Kommanditist nicht zurückzuzahlen, wenn später Verluste eintreten. — § 169

   Werden Gewinnanteile, die die bedungene Einlage übersteigen, nicht ausbezahlt, so stellen diese Verbindlichkeiten der KG, nicht aber gewinnberechtigtes Kommanditkapital dar.
5. **Kündigung.** Der Kommanditist kann auf den Schluss eines Geschäftsjahres unter Einhaltung einer Frist von mindestens 6 Monaten kündigen, wenn der Vertrag nichts anderes vorsieht. — § 132

   Auf Antrag eines Gesellschafters kann aber bei wichtigem Grund eine **gerichtliche Entscheidung** zur Auflösung der Gesellschaft herbeigeführt werden. Das Gericht kann auch den Ausschluss eines Gesellschafters aussprechen, wenn die übrigen Gesellschafter dies beantragen. — §§ 133, 140

## ■ Bedeutung

Der Vollhafter der KG kann die Kapitalgrundlage der Gesellschaft erweitern, ohne in der Geschäftsführung wesentlich eingeschränkt zu werden, wenn er einen Teilhafter in die Gesellschaft aufnimmt. Der Teilhafter erhält die Möglichkeit, sich *kapitalmäßig*, ohne persönliche Mitarbeit, *bei nur beschränkter Haftung* zu beteiligen. Weil jedoch die Vollhafter die KG leiten und den bestimmenden Einfluss ausüben, wird die KG den Personengesellschaften zugeordnet.

Die Rechtsform der KG wird von kleineren und mittleren Gewerbebetrieben gewählt, wobei es sich häufig um Familienunternehmen handelt. In Erbfällen wird von den

Erbengemeinschaften die Rechtsform der KG gewählt, wenn Familienangehörige nur als Teilhafter beteiligt werden sollen.

## Unterschiede zwischen OHG und KG

| Merkmale | Offene Handelsgesellschaft | Kommanditgesellschaft |
|---|---|---|
| **Kapitalaufbringung** | Mindestens zwei vollhaftende Gesellschafter. | Mindestens ein vollhaftender und ein teilhaftender Gesellschafter. |
| **Firma** | Personen-, Sach-, Fantasiefirma oder gemischte Firma mit der Bezeichnung „Offene Handelsgesellschaft" oder eine Abkürzung dieser Bezeichnung. | Personen-, Sach-, Fantasiefirma oder gemischte Firma mit der Bezeichnung „Kommanditgesellschaft" oder eine Abkürzung dieser Bezeichnung. |
| **Leitungsbefugnis (Geschäftsführung, Vertretung)** | Einzelgeschäftsführungsbefugnis und -vertretungsmacht eines jeden Gesellschafters; vertragliche Abweichung möglich. | Einzelgeschäftsführungsbefugnis und -vertretungsmacht nur der vollhaftenden Gesellschafter. |
| **Haftung** | Alle Gesellschafter persönlich (unbeschränkt, direkt) und gesamtschuldnerisch (solidarisch). | Vollhafter wie bei OHG, Teilhafter nur mit der im Handelsregister eingetragenen Einlage. |
| **Ergebnisverteilung** | Nach Vertrag; nach Gesetz: 4% der Einlage, Rest nach Köpfen; Verlustverteilung nach Köpfen. | Nach Vertrag; nach Gesetz: 4% der Einlage, Restgewinn und Verlustverteilung in angemessenem Verhältnis. |

Bild 197

### Zur Wiederholung und Vertiefung

1. Welches sind die wesentlichen Merkmale einer Kommanditgesellschaft hinsichtlich der
   a) Kapitalaufbringung,
   b) Haftung,
   c) Geschäftsführung und Vertretung,
   d) Ergebnisverteilung?
2. Warum ist nach dem Gesetz die Kündigung, der Tod oder ein Insolvenzverfahren eines Komplementärs ein Auflösungsgrund?
3. Wodurch unterscheiden sich Vollhafter und Teilhafter hinsichtlich
   a) des Kontrollrechts,
   b) des Rechts auf Kapitalentnahme,
   c) der Haftung eintretender und ausscheidender Gesellschafter?
4. Kann ein Angestellter gleichzeitig Kommandist
   a) in der Unternehmung seines Arbeitgebers,
   b) in einer fremden Unternehmung sein?
5. Warum wird in Gesellschaftsverträgen oft vereinbart, dass beim Tod eines Komplementärs dessen Erben Kommandisten werden?
6. Warum ist nach dem HGB bei Kommanditgesellschaften der Restgewinn nicht nach Köpfen, sondern in angemessenm Verhältnis zu verteilen?

## 11.4.3 Stille Gesellschaft

Handelsgesetzbuch (HGB) vom 10. Mai 1897 mit Änderungen; insbesondere §§ 230 ff.

HGB § 230

Die **stille Gesellschaft** ist die vertragliche Vereinigung eines Kaufmanns (natürliche oder juristische Person) mit einem **Kapitalgeber** (natürliche oder juristische Person), dessen **Einlage in das Vermögen des Kaufmanns** übergeht.

Durch Beteiligung des stillen Gesellschafters entsteht kein echtes Gesellschaftsverhältnis, sondern ein **langfristiges Gläubigerverhältnis** *mit Merkmalen einer Teilhaberschaft.* Die stille Gesellschaft ist demnach eine *umvollkommene Gesellschaft.*

## Firma

Der Name des stillen Gesellschafters erscheint nicht in der Firma. Das Gesellschaftsverhältnis ist aus der Firma nicht ersichtlich.

## Rechtsstellung des stillen Gesellschafters

Die Höhe der Einlage des stillen Gesellschafters tritt nach außen nicht in Erscheinung, weil er nicht in das Handelsregister eingetragen wird.

Der stille Gesellschafter nimmt an der Geschäftsführung nicht teil, soweit nichts anderes vereinbart ist. Er hat das Kontrollrecht wie ein Kommanditist und ist somit berechtigt, den Jahresabschluss zu prüfen. HGB § 233

Obwohl ein Gläubigerverhältnis vorliegt, ist der stille Gesellschafter am Gewinn und Verlust nach vertraglicher Vereinbarung beteiligt. Die Verlustbeteiligung kann vertraglich begrenzt oder ausgeschlossen werden. § 231

## Bedeutung

Die stille Gesellschaft gibt einem Kaufmann die Gelegenheit, einen anderen zu beteiligen, ohne dass er in der Geschäftsführung beschränkt wird und die Beteiligung nach außen in Erscheinung tritt. Der Tod des stillen Teilhabers oder seine Insolvenz löst die Gesellschaft nicht auf.

> **Zur Wiederholung und Vertiefung**
>
> Welche Gründe können vorliegen, wenn sich ein Einzelunternehmer für die Aufnahme eines stillen Gesellschafters entscheidet, die Gründung einer OHG oder einer KG aber ablehnt?

# 11.4.4 Gesellschaft des bürgerlichen Rechts (GBR)

Bürgerliches Gesetzbuch (BGB) vom 18. August 1896 mit Änderungen; insbesondere §§ 705 ff.

> Die **Gesellschaft des bürgerlichen Rechts** ist die vertragliche Vereinigung von Personen, die sich verpflichten, die **Erreichung eines gemeinsamen Zieles** in der durch den Vertrag bestimmten Weise **zu fördern,** insbesondere die vereinbarten Beiträge zu leisten. BGB § 705

## Rechtsverhältnisse

Die Gesellschaft des bürgerlichen Rechts hat **keine Firma**, wird **nicht** ins Handelsregister **eingetragen** und endet mit der Erfüllung des beabsichtigten Zweckes.

**Die Beiträge** können in Geld, Sachen, Forderungen, Rechten und Dienstleistungen bestehen. Das Vermögen, das durch die Beiträge der Gesellschafter und durch die Geschäftsführung erworben wird, ist **gemeinschaftliches Vermögen** (Gesellschaftsvermögen); es ist Vermögen zur gesamten Hand (Gesamthandvermögen). Der einzelne Gesellschafter kann über seinen Anteil nicht verfügen und auch keine Teilung vor der Auflösung der Gesellschaft verlangen. § 706 § 718 § 719

**Die Geschäftsführung** steht den Gesellschaftern gemeinschaftlich zu. In diesem Falle ist für jedes Geschäft die Zustimmung aller Gesellschafter erforderlich. Meist wird die Geschäftsführung einem einzelnen Gesellschafter übertragen. § 709

**Die Vertretung** ist nur mit Vollmacht der Gesellschafter möglich. Ist einem einzelnen Gesellschafter die Geschäftsführung übertragen, so ist er im Zweifel auch allein vertretungsbefugt. § 714

Die Gesellschafter **haften** für eingegangene Verpflichtungen persönlich, im Zweifel als Gesamtschuldner. § 427

**Anteile an Gewinn und Verlust** sind für jeden Gesellschafter gleich. § 722

## ■ Bedeutung

Jeder *beliebige Zweck* kann Gegenstand des Zusammenschlusses sein.

**Beispiele:**

1. Gelegenheitsgesellschaften von Nichtkaufleuten: Schüler machen zusammen einen Ausflug. Mehrere Personen spielen gemeinsam Lotto oder mieten ein Auto.
2. Zusammenschluss von Kaufleuten und Nichtkaufleuten: Banken schließen sich zusammen, um gemeinsam Wertpapiere beim Publikum unterzubringen (Bankenkonsortium). Unternehmen verbinden sich zum gemeinsamen Einkauf großer Warenmengen. Zusammenschluss von Unternehmungen zu Kartellen, Interessengemeinschaften, Konzernen. Gemeinschaftliche Ausübung der Praxis durch Rechtsanwälte. Gemeinsame Übernahme von Großaufträgen durch Handwerker oder Baugesellschaften. Bildung von Familienbetrieben.
3. Kapitalgesellschaften vor ihrer Eintragung ins Handelsregister (Vorgründungsgesellschaften).

**Zur Wiederholung und Vertiefung**

An einer Großbaustelle lesen Sie auf einer Anschlagtafel: „Hier baut im Auftrag des Landes Mecklenburg-Vorpommern die ARGE NORDOST." Erklären Sie die wirtschaftliche und rechtliche Bedeutung dieser Bezeichnung.

# 11.5 Kapitalgesellschaften

## 11.5.1 Aktiengesellschaft (AG)

Aktiengesetz (AktG) vom 6. September 1965 mit Änderungen.

AktG §§ 1, 3

Die **Aktiengesellschaft** ist eine Handelsgesellschaft mit eigener Rechtspersönlichkeit (juristische Person), deren Gesellschafter (Aktionäre) **mit Einlagen auf das in Aktien zerlegte Grundkapital beteiligt** sind. Für die Verbindlichkeiten der Gesellschaft **haftet** den Gläubigern **nur das Gesellschaftsvermögen.**

Die Aktionäre riskieren lediglich ihren Kapitaleinsatz.

### ■ Kapital

§§ 6, 7

Das **Grundkapital** ist der Teil des Eigenkapitals, der sich aus *dem Nennwert* bzw. *den Anteilen sämtlicher Aktien* ergibt. Es ist in der Bilanz als **„gezeichnetes Kapital"** auszuweisen. Der Mindestnennbetrag des Grundkapitals ist 50.000 EUR. Zum Eigenkapital der AG gehören neben dem Grundkapital die **Rücklagen** (Bild 198). Wurden diese aus nicht ausgeschütteten Gewinnen gebildet, nennt man sie **Gewinnrücklagen**.

Durch den Verkauf von Aktien fließt bei der Gründung und bei späteren Kapitalerhöhungen der AG das benötigte Kapital zu.

§ 8

**Aktien** sind Urkunden über die Beteiligung an einer Aktiengesellschaft. Sie können als *Nennbetragsaktien* oder als *Stückaktien* begründet werden.

*Nennbetragsaktien* müssen auf mindestens 1 EUR, höhere Nennbeträge auf volle EUR lauten. Stückaktien lauten auf keinen Nennbetrag. Die Stückaktien einer Gesellschaft sind am Grundkapital in gleichem Umfang beteiligt. Der auf die einzelne Aktie entfallende anteilige Betrag des Grundkapitals darf 1 EUR nicht unterschreiten.

Der **Anteil am Grundkapital** bestimmt sich bei Nennbetragsaktien nach dem Verhältnis ihres Nennbetrags zum Grundkapital, bei Stückaktien nach der Zahl der Aktien.

§ 9

Für einen geringeren Betrag als den Nennbetrag oder den auf die einzelne Stückaktie entfallenden anteiligen Betrag des Grundkapitals dürfen Aktien nicht ausgegeben werden *(geringster Ausgabebetrag)*. In der Regel werden sie *mit Aufgeld (Agio)* verkauft. Das Aufgeld muss in die **Kapitalrücklage** eingestellt werden.

HGB § 272 (2)

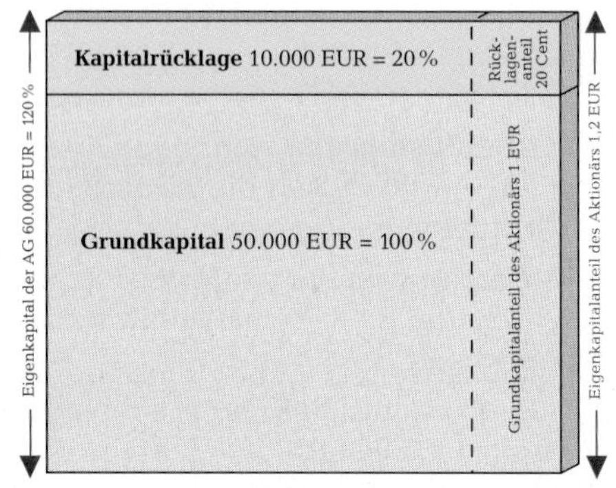


Bild 198

## Firma

Die Firma der AG kann eine Personen-, Sach-, Fantasiefirma oder gemischte Firma sein. Sie muss die Bezeichnung „Aktiengesellschaft" oder eine allgemein verständliche Abkürzung dieser Bezeichnung enthalten. — AktG § 4

**Beispiele:** Thyssen Handelsunion Aktiengesellschaft, Eisen- und Hüttenwerke Aktiengesellschaft, Dresdner Bank Aktiengesellschaft, Universa-Versicherungs-Aktiengesellschaft.

## Gründung

a) **Gründer und Gesellschaftsvertrag.** Die Aktiengesellschaft kann von *einer oder mehreren Personen* gegründet werden. Die Gründer stellen den *Gesellschaftsvertrag*, die **Satzung**, auf. Diese muss notariell beurkundet werden. — § 2, § 23

   Die Gründer müssen alle Aktien gegen Einlagen übernehmen.

b) **Gründungsarten.** In der Satzung ist festzulegen, ob eine Bargründung oder eine Sachgründung erfolgen soll.

   1. Bei der *Bargründung* werden die Einlagen der Aktionäre durch Einzahlungen geleistet. — § 54
   2. Bei der *Sachgründung* bringen die Aktionäre statt Bargeld Sachen und Rechte in die AG ein, wie Grundstücke, Maschinen, Patente (Sacheinlagen), oder die Gesellschaft übernimmt vorhandene oder herzustellende Anlagen oder andere Vermögensgegenstände (Sachübernahme). — § 27

c) **Errichtung der AG.** Mit der Übernahme aller Aktien durch die Gründer ist die Gesellschaft „errichtet". — § 29

d) **Bestellung des Aufsichtsrates (AR), des Vorstandes und des Abschlussprüfers.** Die Gründer bestellen den ersten AR und den Abschlussprüfer für das erste Geschäftsjahr. Der AR bestellt den ersten Vorstand. — § 30

e) **Gründungsbericht und -prüfung.** Die Gründer erstatten einen schriftlichen Bericht über den Hergang der Gründung. Dieser Hergang ist vom Vorstand, vom AR und in der Regel auch von außenstehenden Gründungsprüfern zu prüfen. — §§ 32, 33

f) **Entstehung der AG.** Bis zur Eintragung ins Handelsregister bilden die Gründer eine Gesellschaft des bürgerlichen Rechts. Jeder, der im Namen der Gesellschaft Geschäfte macht, haftet deshalb persönlich und gesamtschuldnerisch. — § 41

   Sämtliche Gründer sowie alle Mitglieder des Vorstandes und AR müssen die *Anmeldung* vornehmen. Sie haben nachzuweisen, dass die notwendigen Sacheinlagen und Einzahlungen auf das Grundkapital erfolgt sind. In der Anmeldung ist ferner anzugeben, welche Vertretungsbefugnis die Vorstandsmitglieder haben. Alle Urkunden über die Gründung sind beizufügen. Nach Prüfung der Anmeldung durch das Gericht erfolgt der Eintrag und die Bekanntmachung. — §§ 37–40

   Erst durch die *Eintragung* „entsteht" die AG als juristische Person mit Kaufmannseigenschaft. Die Eintragung hat also rechts**er**zeugende Wirkung. — HGB § 6

## Aufbau der AG

Die AG hat drei Organe: den **Vorstand**, der die Unternehmung leitet, den **Aufsichtsrat** (AR), der die Geschäftsführung des Vorstandes überwacht, und die **Hauptversammlung** (HV), in der die Aktionäre ihre Interessen vertreten (Bild 199).

### Vorstand

a) **Rechtsstellung.** Besteht der Vorstand aus mehreren Personen, so haben sie **gesetzlich** die **Gesamtgeschäftsführungsbefugnis** und die **Gesamtvertretungsmacht**. In der *Satzung* kann auch *Einzelgeschäftsführungsbefugnis* und *Einzelvertretungsmacht* festgelegt werden. Die Einzelgeschäftsführungsbefugnis wird aber dadurch beschränkt, dass bei Meinungsverschiedenheiten im Vorstand nie gegen die Mehrheit der Vorstandsmitglieder entschieden werden darf. — AktG §§ 77, 78

Die Satzung kann auch bestimmen, dass ein Vorstandsmitglied zusammen mit einem Prokuristen die Gesellschaft vertritt.

AktG § 81

Die Einzelvertretungsbefugnis wie auch die Vertretungsbefugnis zusammen mit einem Prokuristen sind ins Handelsregister einzutragen.

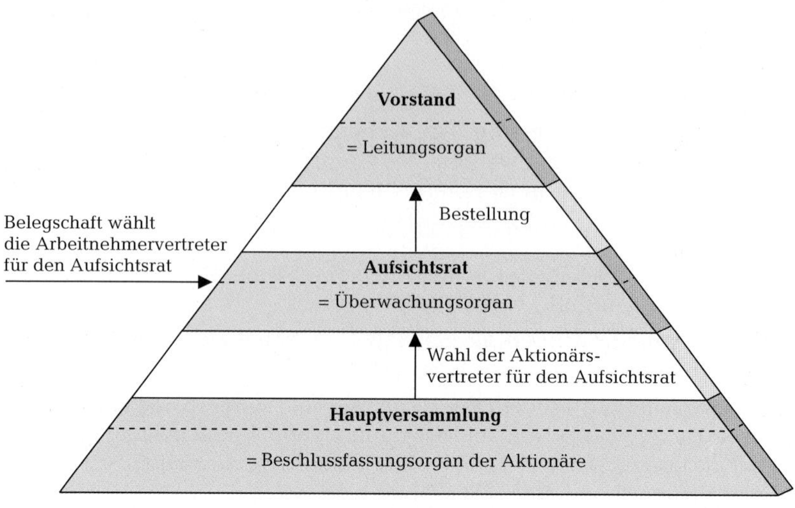


Bild 199

§§ 84, 85
§ 105
§ 84 (3)

**b) Bestellung und Abberufung.** Der Vorstand wird in der Regel vom AR auf höchstens *fünf Jahre* bestellt. Wiederholte Bestellung ist zulässig. AR-Mitglieder können nicht gleichzeitig Vorstandsmitglieder sein. Der AR kann die Ernennung widerrufen, wenn ein wichtiger Grund vorliegt, z.B. grobe Pflichtverletzung.

§ 76 (2)

**c) Zusammensetzung.** Der Vorstand kann aus einer oder mehreren Personen, den Vorstandsmitgliedern oder Direktoren, bestehen. Bei Gesellschaften mit einem Grundkapital von mehr als 3 Millionen EUR hat er aus mindestens 2 Personen zu bestehen, es sei denn, die Satzung bestimmt, dass er aus einer Person besteht.

MitbestG § 33
MG § 13

In Gesellschaften mit mehr als 2.000 Arbeitnehmern sowie in Gesellschaften der Montanindustrie gehört dem Vorstand ein Arbeitsdirektor als gleichberechtigtes Mitglied an. Er wird vom Aufsichtsrat bestellt und bearbeitet insbesondere arbeitsrechtliche, soziale und personelle Angelegenheiten.

AktG § 76

**d) Aufgaben.**

- Der Vorstand hat unter eigener Verantwortung die Gesellschaft zu leiten.
- (§ 90) Er muss dem AR regelmäßig, mindestens vierteljährlich, Bericht erstatten über den Gang der Geschäfte und die Lage des Unternehmens.
- (HGB § 264) Er hat jeweils für das vergangene Geschäftsjahr den Jahresabschluss sowie den Lagebericht aufzustellen und dem Abschlussprüfer vorzulegen.
- (AktG § 121) Er hat die HV einzuberufen und ihr einen Vorschlag über die Verwendung des Bilanzgewinns zu unterbreiten.
- (§ 92) Er muss bei Zahlungsunfähigkeit oder Überschuldung die Eröffnung des Insolvenzverfahrens oder die Aufstellung eines Insolvenzplanes beantragen.

§ 93
§ 88

Bei der Durchführung seiner Aufgaben hat er die Sorgfalt eines ordentlichen und gewissenhaften Geschäftsleiters anzuwenden. Bei Verletzung seiner Obliegenheiten ist er schadenersatzpflichtig. Die *Wettbewerbsenthaltungspflicht* besteht für den Vorstand der AG in entsprechender Weise wie für die Gesellschafter einer OHG.

e) **Öffentlichkeit.** Die Zusammensetzung des Vorstandes und jede Änderung müssen im Handelsregister eingetragen und veröffentlicht werden. Die Unterschriften der Vorstandsmitglieder sind der Anmeldung beizufügen. Weiter erfolgt die Veröffentlichung der Namen des Vorstandes in den Gesellschaftsblättern und durch Rundschreiben. Schließlich müssen die Namen der Vorstandsmitglieder auf den Geschäftsbriefen der AG angegeben werden. Der Vorsitzende des Vorstandes ist als solcher zu bezeichnen.

AktG § 81

§ 80

f) **Vergütung.** Neben dem *festen Gehalt* kann der Vorstand eine *Beteiligung am Jahresgewinn* (Tantieme) erhalten. Der Gewinnanteil wird errechnet von dem Jahresüberschuss, vermindert um einen Verlustvortrag aus dem Vorjahr und um die Beträge, die nach Gesetz oder Satzung aus dem Jahresüberschuss in offene Rücklagen einzustellen sind.

§ 86

## ■ Aufsichtsrat (AR)

a) **Bestellung und Zusammensetzung.** Der AR wird auf vier Jahre bestellt. Er setzt sich wie folgt zusammen:

§§ 101, 102

1. In Gesellschaften mit **weniger als 500 Arbeitnehmern** ist die Mitbestimmung der Arbeitnehmer im Aufsichtsrat nicht zwingend vorgeschrieben. Der AR kann also *ausschließlich* mit Vertretern der **Anteilseigner** besetzt sein.

2. In Gesellschaften, die **mindestens 500**, aber **nicht mehr als 2.000 Arbeitnehmer** beschäftigen, wird der AR zu *zwei Dritteln* aus Vertretern der **Anteilseigner,** zu *einem Drittel* aus Vertretern der **Arbeitnehmer** gebildet. Die Zahl der AR-Mitglieder muss also mindestens drei Mitglieder betragen; die Satzung kann eine höhere, durch drei teilbare Mitgliederzahl bestimmen. Die Höchstzahl beträgt jedoch bei Gesellschaften mit dem Grundkapital

   BetrVG § 129

   AktG § 95

   - bis zu 1.500.000 EUR neun,
   - von mehr als 1.500.000 EUR fünfzehn,
   - von mehr als 10.000.000 EUR einundzwanzig Mitglieder.

3. In Gesellschaften, die **mehr als 2.000 Arbeitnehmer** beschäftigen, setzt sich der AR je *zur Hälfte* **(paritätisch)** aus Vertretern der **Anteilseigner** und der **Arbeitnehmer** zusammen. Die Zahl der AR-Mitglieder beträgt in diesem Falle

   MitbestG § 7

   - bei 2.000 bis 10.000 beschäftigten Arbeitnehmern zwölf, davon vier Arbeitnehmer des Unternehmens und zwei Gewerkschaftsvertreter;
   - bei mehr als 10.000 beschäftigten Arbeitnehmern sechzehn, davon sechs Arbeitnehmer des Unternehmens und zwei Gewerkschaftsvertreter;
   - bei mehr als 20.000 beschäftigten Arbeitnehmern zwanzig, davon sieben Arbeitnehmer des Unternehmens und drei Gewerkschaftsvertreter.

Die Vertreter der Anteilseigner werden in beiden Fällen von der HV, die Vertreter der Arbeitnehmer von der Belegschaft gewählt. Sie brauchen nicht Aktionäre zu sein. Die AR-Sitze der Arbeitnehmer sollen sich auf Arbeiter, Angestellte und leitende Angestellte entsprechend ihrem Anteil an der Gesamtbelegschaft verteilen; jede Gruppe muss aber mindestens einen Sitz erhalten. Der AR wählt aus seiner Mitte einen Vorsitzenden und einen Stellvertreter. Wird die dazu erforderliche 2/3-Mehrheit nicht erreicht, so wählen die AR-Mitglieder der Kapitaleigner den Vorsitzenden. Dieser hat bei Stimmengleichheit im AR eine zweite Stimme.

b) **Persönliche Voraussetzungen für Aufsichtsratsmitglieder.** Mitglied des AR kann nur eine natürliche, unbeschränkt geschäftsfähige Person sein. Eine Person kann höchstens 10 AR-Sitze innehaben. Dabei werden aber bis zu 5 AR-Sitze bei Konzern-Tochtergesellschaften angerechnet. Verboten ist die Entsendung von gesetzlichen Vertretern anderer Kapitalgesellschaften in den AR einer AG, wenn ein Vorstandsmitglied dieser

AktG § 100

AG bereits dem AR der anderen Kapitalgesellschaft angehört (Überkreuzverflechtung). Ferner kann ein Vorstandsmitglied eines abhängigen Unternehmens (Tochterunternehmen) nicht dem AR der herrschenden Gesellschaft (Muttergesellschaft) angehören (Bild 200).

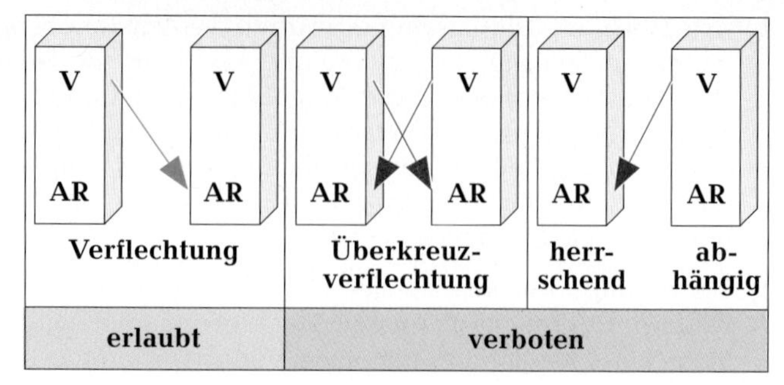


Bild 200

**c) Aufgaben**

AktG §§ 82, 111 – Der AR bestellt den Vorstand, überwacht seine Tätigkeit und beruft ihn ab, wenn ein wichtiger Grund vorliegt.

§ 171 (1) – Er hat den Jahresabschluss, den Lagebericht, den Prüfungsbericht des Abschlussprüfers und den Vorschlag des Vorstandes für die Verwendung des Bilanzgewinns zu prüfen.

§ 171 (2) – Er hat der HV über das Ergebnis der Prüfung schriftlich zu berichten.

§ 171 (3) – Er hat eine außerordentliche HV einzuberufen, wenn das Wohl der Gesellschaft es erfordert.

Neben den im Gesetz formulierten Aufgaben gewinnt die *Beratung des Vorstandes* zunehmend an Bedeutung.

**Beispiel:** Beratung bei geplanten Investitionen; bei der Überwindung von Krisensituationen.

§ 116 Der AR hat wie der Vorstand die Sorgfaltspflicht und Schadenersatzpflicht.

§§ 36, 37 § 40 § 106 § 80 **d) Öffentlichkeit.** Namen, Geburtsdatum und Wohnort der AR-Mitglieder müssen dem Registergericht gemeldet werden. Sie werden aber nicht eingetragen, sondern nur in den Gesellschaftsblättern veröffentlicht. Ferner ist jeder Wechsel der AR-Mitglieder unverzüglich bekannt zu machen und die Bekanntmachung zum Handelsregister einzureichen. Der Name des Vorsitzenden des AR ist auf den Geschäftsbriefen anzugeben.

§ 113 **e) Vergütung.** Dem AR kann eine Vergütung bezahlt werden. Sie kann in der Satzung festgesetzt oder von der HV bewilligt werden. Wird den AR-Mitgliedern ein Anteil am Jahresgewinn gewährt, so berechnet sich der Anteil nach dem Bilanzgewinn, vermindert um einen Betrag von mindestens 4% der auf den Nennbetrag der Aktien geleisteten Einlage.

## ■ Hauptversammlung (HV)

§ 118 § 119 § 131 § 132 **a) Rechtsstellung.** Die HV ist die Versammlung der Aktionäre. In ihr nehmen sie die ihnen gesetzlich zustehenden Rechte durch Ausübung des Stimmrechts wahr. Sie beschließen in dem im Gesetz und in der Satzung ausdrücklich bestimmten Fällen. Jedem Aktionär muss auf Verlangen in der HV durch den Vorstand Auskunft über Angelegenheiten der Gesellschaft gegeben werden, soweit sie zur sachgemäßen Beurteilung des Gegenstandes der Tagesordnung erforderlich ist. Eine Auskunft darf nur verweigert werden, wenn dadurch der Gesellschaft oder einem verbundenen Unternehmen ein nicht unerheblicher Nachteil zugefügt würde. Im Zweifelsfalle entscheidet das Gericht über die Berechtigung einer Auskunftsverweigerung.

**b) Aufgaben**

AktG §§ 101, 103

- Die HV wählt die AR-Mitglieder der Anteilseigner mit einfacher Mehrheit und kann sie vor Ablauf ihrer Amtszeit mit Dreiviertelmehrheit abberufen.

§ 119

- Sie beschließt über lebenswichtige Grundfragen der AG, die einer Satzungsänderung bedürfen wie Kapitalerhöhung und -herabsetzung, Verschmelzung und Auflösung.
- Sie wählt den Abschlussprüfer und Prüfer für Sonderprüfungen, z.B. bei der Gründung.
- Sie beschließt über die Verwendung des festgestellten Bilanzgewinns.

§ 173

- Sie stellt den Jahresabschluss fest, wenn Vorstand und AR dies beschließen oder wenn der AR den Jahresabschluss des Vorstandes nicht billigt.

§ 120

- Sie beschließt über die Entlastung der Vorstands- und Aufsichtsratsmitglieder.

§§ 121, 175

**c) Einberufung.** Die *ordentliche HV* muss jährlich in den ersten 8 Monaten des Geschäftsjahres einberufen werden zur Entgegennahme des Jahresabschlusses und des Lageberichtes sowie zur Beschlussfassung über die Verwendung des Bilanzgewinns.

§ 122

Eine *außerordentliche HV* wird einberufen, wenn

1. Aktionäre, deren Anteile zusammen mindestens den zwanzigsten Teil des Grundkapitals ausmachen, dies fordern,
2. der Verlust die Hälfte des Grundkapitals erreicht hat,
3. Kapitalerhöhungen bzw. -herabsetzungen geplant sind.

§ 92

§ 119

Die Einberufung erfolgt bei *Publikumsgesellschaften* durch eine Veröffentlichung der Tagesordnung in den Gesellschaftsblättern (Bild 201), außerdem durch Mitteilung an die Kreditinstitute, welche die Mitteilung an die betroffenen Depotkunden weitergeben.

§ 134

**d) Abstimmung.** Das Stimmrecht wird nach Aktiennennbeträgen, bei Stückaktien nach deren Zahl ausgeübt. Aktionäre, die „Aktienpakete" besitzen (Großaktionäre), haben also einen entscheidenden Einfluss in der HV. Die Satzung kann allerdings das Stimmrecht durch Festsetzung von Höchstbeträgen beschränken. Die Unterwanderung einer AG durch Großaktionäre soll auch öffentlich

**Bayer**

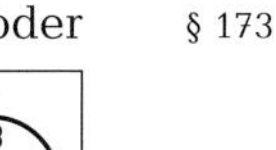


Wir laden unsere Aktionäre ein zur

**ordentlichen Hauptversammlung**

am Freitag, den 30. April 1999 um 10:00 Uhr, Kongresshalle, Messegelände Köln-Deutz.

**Tagesordnung**

1. Vorlage des festgestellten Jahresabschlusses und des Konzernabschlusses, des zusammengefassten Lageberichts für die Gesellschaft und den Konzern sowie des Berichts des Aufsichtsrates für 1998; Beschlussfassung über die Gewinnverwendung
2. Entlastung des Vorstandes
3. Entlastung des Aufsichtsrates
4. Umstellung des Grundkapitals und des genehmigten Kapitals auf Euro; Satzungsänderungen
5. Glättung des Euro-Betrages des Grundkapitals durch Kapitalerhöhung aus Gesellschaftsmitteln; Satzungsänderung
6. Ermächtigung zur Begebung von Wandel- und Optionsanleihen, Schaffung bedingten Kapitals und Satzungsänderung
7. Vergütung des Aufsichtsrats
8. Ermächtigung zum Erwerb eigener Aktien
9. Wahl des Abschlussprüfers für 1999

Die vollständige Einberufung mit dem Wortlaut der Vorschläge zur Beschlussfassung ist im Bundesanzeiger Nr. 51 vom 16. März 1999 abgedruckt.

Leverkusen, 16. März 1999
**Der Vorstand der**
**Bayer Aktiengesellschaft**

Bild 201

AktG § 20

bekannt werden. Sobald ein Unternehmen 25% des Kapitals einer AG erworben hat, muss es dies der AG mitteilen. Diese hat den Tatbestand in den Gesellschaftsblättern zu veröffentlichen. Unternehmen, welche die Mitteilungspflicht verletzt haben, können die Rechte aus den Aktien nicht geltend machen.

§ 133

Für die Beschlüsse der HV genügt grundsätzlich die *einfache Mehrheit* der abgegebenen Stimmen.

§ 179

§ 129

Beschlüsse über Satzungsänderungen der AG müssen mit der *qualifizierten Mehrheit* von 75% des bei der Beschlussfassung vertretenen Grundkapitals gefasst werden. Besitzt ein Aktionär also nur wenig mehr als 25%, so kann er solche *Beschlüsse verhindern (Sperrminorität)*. Ein Verzeichnis der Teilnehmer an der HV gibt Aufschluss über deren Aktienbesitz.

§ 134

Der Aktionär braucht das Stimmrecht jedoch nicht persönlich auszuüben. Er kann sich durch einen *Bevollmächtigten* vertreten lassen. Da die Aktien sehr häufig bei einer Bank deponiert werden, liegt es nahe, dass sie den Aktionär vertritt. Um die Machtfülle, die auf diese Weise den Banken zufallen kann, einzuschränken und Missbräuche zu verhindern, verlangt das Gesetz die *schriftliche* Ermächtigung der Bank durch den Aktionär zur Ausübung des Stimmrechts. Dieses **Depotstimmrecht** kann nur für einen Zeitraum von längstens 15 Monaten erteilt werden und ist jederzeit widerruflich. Außerdem müssen die Banken ihre eigenen Vorschläge für die Ausübung des Stimmrechts zu den einzelnen Gegenständen der Tagesordnung mitteilen. Der Bankkunde hat das Recht, seiner Bank bestimmte Weisungen für die HV zu erteilen.

§ 130

Bei Aktiengesellschaften, deren Aktien zum Börsenhandel zugelassen sind, müssen die Beschlüsse *notariell beurkundet* werden.

## Pflichten und Rechte des Aktionärs

### a) Pflichten des Aktionärs

§ 54
§ 36 (2)

1. Leistung der übernommenen Einlage. Bei *Bargründungen* sind mindestens 25% des geringsten Ausgabebetrags der Aktien und das volle Agio einzuzahlen.

| **Beispiel:** | | |
|---|---|---|
| | Grundkapital | 10 Millionen EUR |
| | Emissionskurs | 120% |
| | Leistung der Mindesteinlage | |
| | Gründungskosten | 500.000 EUR |

| Aktiva | Gründungsbilanz | | Passiva |
|---|---|---|---|
| Ausstehende Einlagen | 7.500.000 | Gezeichnetes Kapital | 10.000.000 |
| Vermögen | 4.000.000 | Kapitalrücklage | 2.000.000 |
| Verlustvortrag | 500.000 | | |
| | 12.000.000 | | 12.000.000 |

Bei *Sachgründungen* sind die Sacheinlagen voll einzubringen.

§ 55

2. Nebenverpflichtung zu nicht in Geld bestehenden Leistungen, wenn die Übertragung der Aktien an die Zustimmung der Gesellschaft gebunden *(vinkulierte Namensaktie)* und die Verpflichtung durch die Satzung auferlegt ist (Lieferung von Zuckerrüben an Zuckerfabrik).

### b) Rechte des Aktionärs

§ 118 — 1. Recht auf Teilnahme an der HV.

§ 134 — 2. Stimmrecht in der HV nach Aktiennennbeträgen, bei Stückaktien nach deren Zahl.

§ 131 — 3. Auskunftsrecht über Angelegenheiten der Gesellschaft, soweit die Auskunft zur sachgemäßen Beurteilung des Gegenstandes der Tagesordnung erforderlich ist.

§ 243 — 4. Anfechtung eines Beschlusses der HV wegen Verletzung des Gesetzes oder der Satzung.

5. Recht auf Anteil am Bilanzgewinn (Dividende) nach ihren Anteilen am Grundkapital.

   AktG §§ 58 (4), 60

   Bei Nennwertaktien wird die Dividende aus dem Nennwert gerechnet (Nominalverzinsung), die effektive Rendite ergibt sich aus dem Verhältnis des Dividendenbetrages zum Stückkurs.

   **Beispiel:** Die Makrota AG schüttete 1999 eine Dividende von 1,10 EUR auf eine Nennbetragsaktie im Nennbetrag von 1 EUR aus. Bei einem Börsenkurs von 36,43 (Tiefstkurs 1999) (Kaufpreis 36,43 EUR für eine Aktie) bzw. von 52,75 EUR (Höchstkurs 1999) entspricht dies einer effektiven Rendite von 3,02 % bzw. von 2,09 %.

6. Recht auf Bezug neuer (junger) Aktien im Verhältnis der Kapitalerhöhung zum alten Grundkapital.

   **Beispiel:** Ein Aktionär hat 60 Aktien. Die AG erhöht das Grundkapital von 50 Mio. auf 60 Mio. EUR, also um 20%. Somit kann der Aktionär bei diesem Bezugsverhältnis (5 : 1) zwölf junge Aktien beziehen.

7. Recht auf Anteil am Liquidationserlös nach dem Anteil am Grundkapital.

   § 271 (2)

## Bedeutung

Aktiengesellschaften sind in der Mitte des 19. Jahrhunderts entstanden, um den bei der beginnenden Industrialisierung gewaltigen Kapitalbedarf der großen Schifffahrts-, Eisenbahn- und Industrieunternehmen zu decken (Kapitalsammelfunktion).

In Deutschland gab es 1994 annähernd 3.200 Aktiengesellschaften. Die Zahl der Umwandlungen in diese Gesellschaftsform steigt, bedingt durch den hohen Kapitalbedarf aufgrund des technischen Fortschritts und der Tendenz zur Konzentration (internationale Wettbewerbsfähigkeit).

Mit dem *Gesetz für kleine Aktiengesellschaften* von 1994 wird die Umwandlung in eine AG auch für mittelständische **(Familien-)Unternehmen (Familien-AG)** möglich, weil die strengen Formvorschriften für solche Unternehmen wesentlich vereinfacht wurden.

**Beispiele:**

1. Gründung durch eine Person (natürliche oder juristische) möglich.
2. Die Eigentümer sind im Aufsichtsrat und in der Hauptversammlung repräsentiert, der Vorstand führt die Geschäfte eigenverantwortlich und vergleichsweise unabhängig (institutionalisierte Trennung von Geschäftsführung und Anteilseigentum).
3. Zur Einberufung der Hauptversammlung genügt ein eingeschriebener Brief, soweit die Aktionäre namentlich bekannt sind.
4. Prüfungspflicht des Jahresabschlusses entfällt.
5. Eingeschränkte Offenlegungspflichten (Erstellung einer verkürzten Bilanz und Gewinn- und Verlustrechnung, Offenlegung im Bundesanzeiger wird nicht verlangt).

Die niedrigen Ausgabebeträge für Aktien ermöglichen einer großen Zahl von Personen die Teilhaberschaft, auch wenn sie nur ein begrenztes Vermögen besitzen. Wenn die Zahl der Aktionäre in einer Volkswirtschaft groß ist, wird eine breite Streuung des Eigentums an Produktionsmitteln erreicht. Die Privatisierung von Staatsunternehmen (Telekom) und die Ausgabe von Belegschaftsaktien dienen diesem Ziel.

Mit der Ausgabe von Aktien erhalten die Gesellschaften Kapital, über das sie immer verfügen, während die Aktionäre ihren Kapitalanteil jederzeit veräußern können.

Die Unternehmungsgröße und die Kapitalzusammenballung bei einer AG führen zu zahlreichen und weitverzweigten Bindungen und Verflechtungen mit anderen Unternehmen und wirtschaftlichen Partnern. Der gesamtwirtschaftliche Schaden, der durch den finanziellen Zusammenbruch einer AG entstehen würde, macht daher eine Reihe von Bestimmungen zum Schutze der wirtschaftlichen Partner erforderlich.

a) **Aktionärsschutz.** Aktionäre mit geringem Aktienbesitz haben kaum Einfluss auf den Vorstand der AG. Einflussreicher sind Großaktionäre, Aktionärsvereine und Banken, die ihre Depotstimmrechte ausüben. Die Bildung von Aufsichtsräten und das gesetzlich festgelegte Auskunftsrecht des Aktionärs zwingen den Vorstand zur Rechenschaftslegung.

**b) Arbeitnehmerschutz.** Der Produktionsfaktor Arbeit ist im Aufsichtsrat der AG vertreten, bei Gesellschaften mit mehr als 2.000 Arbeitnehmern sowie bei Gesellschaften der Montanindustrie durch einen Arbeitsdirektor auch im Vorstand. Diese Aufsichtsräte und Vorstandsmitglieder sollen die Interessen der Arbeitnehmer schützen.

**c) Gläubigerschutz.** Die Beschränkung der Haftung auf das Gesellschaftsvermögen ist Ursache für Schutzbestimmungen im HGB und Aktiengesetz zu Gunsten der Gläubiger. Dazu gehören die Bestimmungen über die Pflichtprüfung. Veröffentlichung des Jahresabschlusses, Bildung und Verwendung von Rücklagen.

**d) Öffentlichkeitsschutz.** Die mit der Leitung der Aktiengesellschaft beauftragten Manager verfügen über wesentliche Teile des volkswirtschaftlichen Kapitals. Der Zusammenschluss von Unternehmungen durch kapitalmäßige Verflechtung von Aktiengesellschaften führt zu einer immer stärker werdenden Machtkonzentration in den Händen weniger Personen, deren Einfluss auf die Wirtschaft groß und auch von politischem Gewicht ist. Im Interesse der Öffentlichkeit liegt es, dass diese Verflechtungen bekannt und staatlich kontrollierbar sind (Abschnitt 11.6).

**Zur Wiederholung und Vertiefung**

1. Welches sind die wesentlichen Merkmale einer Aktiengesellschaft hinsichtlich der
   a) Kapitalaufbringung,
   b) Haftung,
   c) Geschäftsführung und Vertretung,
   d) Ergebnisverteilung?
2. a) Welche Vorschriften enthält das Aktiengesetz im Bezug auf die Firmierung von Aktiengesellschaften?
   b) Beurteilen Sie, ob die Firmen „Daimler-Benz Aktiengesellschaft" bzw. „Bayerische Motorenwerke Aktiengesellschaft" den Vorschriften entsprechen.
3. Warum bietet sich die Rechtsform der AG an, wenn der Eigenkapitalbedarf einer Unternehmung besonders groß ist?
4. Welche Merkmale des Aktienrechts deuten auf die Kapitalbezogenheit der Aktiengesellschaft hin?
5. Bei der Gründung emittiert eine AG Nennbetragsaktien mit dem kleinstmöglichen Nennwert zur Deckung des gesetzlich vorgeschriebenen Mindestkapitals zum Kurse von 3,50 EUR.
   a) Wie groß ist der Nennwert einer solchen Aktie?
   b) Wie groß ist der Kurswert dieser Aktie?
   c) Wie viele Aktien wurden ausgegeben?
   d) Dürfte der Ausgabekurs auch 0,50 EUR sein?
6. Beschreiben Sie die Hauptaufgaben der Organe einer AG.
7. Vorstand und Aufsichtsrat einer AG werden auf verschieden lange Zeiten bestellt. Was bezweckt der Gesetzgeber damit?
8. Wie kann man erfahren, wer im Aufsichtsrat und Vorstand einer AG ist?
9. Welche gesetzlichen Bestimmungen stärken die Stellung des Produktionsfaktors Arbeit in einer AG?
10. Aus welchen Interessengruppen stammen Aufsichtsratsmitglieder, die zugleich Aufsichtsratssitze in verschiedenen Aktiengesellschaften einnehmen?
11. Die Aktionäre üben in der Hauptversammlung ihr Stimmrecht aus.
    Welche Stimmzahlen sind erforderlich für
    a) die einfache Mehrheit,
    b) die qualifizierte Mehrheit,
    c) die Sperrminorität?
12. Warum bestehen für das Depotstimmrecht der Banken einschränkende Bestimmungen?
13. Der Dividendensatz einer AG beträgt 1 EUR; Nennwert des kleinsten Stücks 5 EUR; Stückkurs 20 EUR. Berechnen Sie die effektive Verzinsung (ohne Berücksichtigung von Steuern).
14. a) Warum ist eine AG verpflichtet, ihren Jahresabschluss zu veröffentlichen?
    b) Nennen Sie Personengruppen und Institutionen, die an dieser Veröffentlichung interessiert sind.
15. Was sind Rücklagen, und warum sind sie bei Kapitalgesellschaften notwendig?

## 11.5.2 Kommanditgesellschaft auf Aktien (KGaA)

Aktiengesetz (AktG) vom 6. September 1965 mit Änderungen, insbesondere §§ 278 ff.

Die **KGaA** ist eine Gesellschaft mit eigener Rechtspersönlichkeit, bei der **mindestens ein Gesellschafter** den Gesellschaftsgläubigern **unbeschränkt haftet** (persönlich haftender Gesellschafter oder Komplementär) und **die übrigen mit Einlagen auf das in Aktien zerlegte Grundkapital beteiligt** sind, **ohne persönlich** für die Verbindlichkeiten der Gesellschaft **zu haften** (Kommanditaktionäre).

AktG § 278

Die Komplementäre können ihre Einlagen leisten

- als Vermögenseinlage auf das *Grundkapital*, wofür sie Aktien erhalten, oder
- als *freies* Gesellschaftskapital außerhalb des Grundkapitals oder
- als Mischung von beidem.

§ 281 (2)

Die **Satzung** muss von mindestens fünf Personen festgestellt werden; zu ihnen gehören alle Vollhafter.

§§ 278, 280

Die Firma der KGaA kann wie die AG eine Personen-, Sach-, Fantasiefirma oder gemischte Firma sein. Sie muss die Bezeichnung „Kommanditgesellschaft auf Aktien" oder eine allgemein verständliche Abkürzung dieser Bezeichnung enthalten (KGaA, Kommand.ges. a. A.).

§ 279

**Beispiele:** Gabriel Sedlmayer Spaten-Franziskaner-Bräu KGaA; Sektkellerei Kupferberg KGaA.

### Organe

a) **Vorstand.** Die persönlich haftenden Gesellschafter sind Vorstand kraft Gesetzes (geborener Vorstand). Er wird also *nicht* wie bei der AG vom Aufsichtsrat *bestellt* und kann deshalb auch nicht abberufen werden.

§ 278

b) **Aufsichtsrat.** Er wird wie bei der AG von den Kommanditaktionären und von den Arbeitnehmern der KGaA gewählt. Natürlich können persönlich haftende Gesellschafter nicht Aufsichtsratsmitglieder sein.

§ 287

c) **Hauptversammlung.** Sie umfasst alle Kommanditaktionäre und beschließt nicht nur über die Gewinnverwendung, sondern auch über den Jahresabschluss.

§ 286

Die Vollhafter haben in der HV nur insoweit ein Stimmrecht, als sie neben ihren persönlichen Einlagen auch Aktien besitzen.

§ 285

### Bedeutung

In Deutschland gab es im Jahre 1998 28 KGaA.

Diese Unternehmungsform ermöglicht die Beschaffung eines größeren Kapitals und legt Führung und Verantwortung in die Hände weniger unabhängiger Unternehmer. Das Gedeihen der Unternehmung ist allerdings für lange Zeit von der Tüchtigkeit der Vorstandsmitglieder abhängig.

**Zur Wiederholung und Vertiefung**

Welches sind die wesentlichen Merkmale einer KGaA hinsichtlich der

a) Kapitalaufbringung,
b) Haftung,
c) Geschäftsführung und Vertretung,
d) Ergebnisverteilung?

## 11.5.3 Gesellschaft mit beschränkter Haftung (GmbH)

Gesetz betreffend die Gesellschaften mit beschränkter Haftung vom 20. April 1892 mit Änderungen

GmbHG § 13

**Die Gesellschaft mit beschränkter Haftung (GmbH)** ist eine Handelsgesellschaft **mit eigener Rechtspersönlichkeit,** deren Gesellschafter **mit Stammeinlagen am Stammkapital** der Gesellschaft beteiligt sind. **Für die Verbindlichkeiten der Gesellschaft haftet** den Gläubigern nur das **Gesellschaftsvermögen.**

Die GmbH kann auch durch *eine* Person errichtet werden. Bei einer solchen *Einmann-GmbH* hat der Gesellschafter volle Handlungsfreiheit bei beschränkter Haftung.

### Stammkapital, Stammeinlage, Geschäftsanteil

§ 5, § 42

a) **Das Stammkapital** ist der in der Satzung festgelegte Gesamtbetrag aller *Stammeinlagen*; es ist in der Bilanz als „gezeichnetes Kapital" auszuweisen. Es muss mindestens 25.000 EUR betragen.

§ 3, § 5

b) **Die Stammeinlage** ist der von einem Gesellschafter übernommene Anteil am Stammkapital. Sie muss mindestens 100 EUR betragen und durch 50 EUR teilbar sein. Durch die Übernahme wird die Pflicht zur Leistung der Einlage (Geld- oder Sacheinlage) begründet. Ein Gesellschafter kann bei der Errichtung der Gesellschaft nur *eine* Stammeinlage übernehmen. Ihr Betrag kann für die einzelnen Gesellschafter verschieden hoch sein. Der Gesamtbetrag der Stammeinlagen muss mit dem Stammkapital übereinstimmen.

§ 14, §§ 15, 16, § 17

Die von der Stammeinlage abgeleiteten Mitgliedschaftsrechte werden vom Gesetz als **Geschäftsanteil** bezeichnet. Über ihn kann eine Urkunde ausgestellt werden. Sie ist aber kein Wertpapier, sondern nur Beweisurkunde. Der Geschäftsanteil kann als Ganzes oder in Teilen durch notarielle Beurkundung veräußert oder vererbt werden. Nur die Veräußerung als Ganzes muss der Gesellschaft gemeldet werden, die Veräußerung von Teilen bedarf der Genehmigung der Gesellschaft.

### Firma

Die Firma der GmbH kann eine Personen-, Sach-, Fantasie- oder gemischte Firma sein. Sie muss die Bezeichnung „Gesellschaft mit beschränkter Haftung" oder eine allgemein verständliche Abkürzung dieser Bezeichnung enthalten.

**Beispiele:** Michael Hald GmbH; JK Software GmbH; Autogroßhandel Wilhelm Neuss GmbH, rokado Werke GmbH.

### Errichtung und Entstehung der GmbH

§§ 1, 2

Die GmbH wird durch einen notariell beurkundeten **Gesellschaftsvertrag (Satzung)** von einem oder mehreren Gesellschaftern (Gründern) *errichtet.*

§ 11

Erst durch die *Eintragung* ins Handelsregister *entsteht* die GmbH als juristische Person mit Kaufmannseigenschaft. Vor der Eintragung haften die handelnden Gesellschafter persönlich bis zur Höhe ihrer Einlageschuld und gesamtschuldnerisch.

### Pflichten der Gesellschafter

§ 7 (2)

**a) Leistung der Stammeinlage**

*Vor* Anmeldung zum Eintrag ins Handelsregister ist eine Einzahlung von einem Viertel auf jede Stammeinlage zu leisten. Insgesamt muss auf das Stammkapital so viel eingezahlt sein, dass mit Geld- und Sacheinlagen zusammen die Hälfte des Mindeststammkapitals erreicht wird. Bei nicht rechtzeitiger Einzahlung sind Verzugszinsen zu entrichten.

**b) Nachschusspflicht**

§ 26

Die Satzung kann eine *beschränkte* oder *unbeschränkte* Nachschusspflicht vorsehen, Nachschüsse dienen nur mittelbar zur Sicherung der Gläubiger.

## Rechte der Gesellschafter

a) **Gewinnanteil.** Die Gesellschafter haben Anspruch auf den Jahresüberschuss *im Verhältnis ihrer Geschäftsanteile.* Sie können Teile des Jahresüberschusses aber auch in *Gewinnrücklagen* einstellen. — GmbHG § 29

b) **Mitverwaltung.** Aus der persönlichen Bindung der Gesellschafter an die GmbH ergibt sich für sie ein weitgehendes *Mitverwaltungsrecht.* — §§ 45, 46

c) **Auskunftsrecht.** Der Geschäftsführer hat einem Gesellschafter auf dessen Wunsch *unverzüglich* Auskunft über die Angelegenheit der Gesellschaft zu geben und die Einsicht in die Bücher zu gestatten. — § 51a

## Organe der GmbH

### a) Geschäftsführer

Die Geschäftsführungsbefugnis und Vertretungsmacht wird von einem oder von mehreren Geschäftsführern ausgeübt. Sie können Gesellschafter oder dritte Personen sein. In Gesellschaften, die mehr als 2.000 Arbeitnehmer beschäftigen, wird ein Arbeitsdirektor bestellt. — §§ 35 ff.; MitbestG §§ 1, 33

Die Art der Vertretungsmacht ist ins Handelsregister einzutragen. Die Stellung eines Geschäftsführers entspricht im Allgemeinen der des Vorstandes einer AG. Auch die Vorschriften über die Angabe auf Geschäftsbriefen gelten sinngemäß für die Geschäftsführer der GmbH. Ihre Amtszeit ist gesetzlich nicht festgelegt. — GmbHG § 10

### b) Gesellschafterversammlung — §§ 45 ff.

Sie ist das beschließende Organ. Ihre Einberufung erfolgt durch eingeschriebenen Brief. Die Abhaltung der Versammlung der Gesellschafter kann unterbleiben, wenn sich sämtliche Gesellschafter mit der schriftlichen Stimmabgabe einverstanden erklären.

Trifft der Gesellschaftsvertrag keine besondere Regelung, so können die Gesellschafter u.a. über folgende Punkte beschließen:

1. Feststellung des Jahresabschlusses und der Verwendung des Ergebnisses,
2. Einforderungen von Einzahlungen auf die Stammeinlagen,
3. Rückzahlung von Nachschüssen,
4. Teilung sowie Einziehung von Geschäftsanteilen (Kaduzierung),
5. Bestellung, Entlastung und Abberufung von Geschäftsführern,
6. Bestellung von Prokuristen und Handlungsbevollmächtigten.

Die Beschlussfassung erfolgt mit einfacher Mehrheit der abgegebenen Stimmen. Je 50 EUR eines Geschäftsanteils gewähren *eine* Stimme.

### c) Aufsichtsrat

Im GmbH-Gesetz ist die Bildung eines Aufsichtsrates nicht vorgeschrieben; sie kann aber durch den Gesellschaftsvertrag festgelegt werden. Allerdings ist nach dem Betriebsverfassungsgesetz ein Aufsichtsrat notwendig bei Gesellschaften mit mindestens 500 Arbeitnehmern, nach dem Mitbestimmungsgesetz bei Gesellschaften mit mehr als 2.000 Arbeitnehmern. — § 52; BetrVG § 129; MitbestG § 1

## Rechnungslegung und Gewinnverwendung

Die Geschäftsführer haben den Jahresabschluss zu erstellen. Dafür gelten die Regelungen des Handelsgesetzbuches für Kapitalgesellschaften (Abschnitt 13.3). — GmbHG § 41 (2)

Der *Jahresüberschuss* der GmbH kann verwendet werden

1. für Tantiemen der Geschäftsführer und Mitglieder des AR,
2. zur Bildung von Gewinnrücklagen gemäß Satzung, — § 29
3. zur Verteilung an die Gesellschafter im Verhältnis der Geschäftsanteile,
4. zur Rückzahlung von Nachschusskapital, wenn es nicht mehr zur Deckung eines Verlustes am Stammkapital erforderlich ist. — § 30 (2)

## Bedeutung

Im Jahre 1998 gab es in Deutschland nahezu 660.000 Gesellschaften mit beschränkter Haftung.

Die Rechtsform der GmbH ist aus folgenden Gründen sehr häufig:

a) Sie kann mit wenig Kapital gegründet werden.

b) Das Risiko der Gesellschafter ist auf die Stammeinlage beschränkt.

c) Die GmbH kann auch für nicht gewerbliche (z.B. wissenschaftliche) Zwecke gegründet werden.

d) Die Gesellschafter haben ein weit gehendes Mitverwaltungsrecht.

e) Die Gründungs- und Verwaltungskosten sind niedriger als bei großen Aktiengesellschaften.

f) Sie sichert als juristische Person die Fortführung einer Unternehmung beim Tode eines Gesellschafters.

g) Sie eignet sich zur Ausgliederung bestimmter Funktionen aus einer Unternehmung und zur Zusammenfassung gleichartiger Funktionen aus mehreren Unternehmungen, z.B. Entwicklung, Vertrieb.

Die GmbH wird vor allem für Familienunternehmungen, für Eigengesellschaften der Gemeinden und für den Zusammenschluss von Unternehmungen zur Erreichung bestimmter Zwecke verwendet (Erprobung von Erfindungen).

Der rechtliche Rahmen einer GmbH, **Mantel** genannt, kann ohne Geschäftsbetrieb veräußert werden. Der Erwerber erspart Gründungskosten.

Die Unterschiede zwischen GmbH und AG zeigt Bild 202:

| | **GmbH** | **AG** |
|---|---|---|
| **Gesetzliche Grundlage** | GmbH-Gesetz | Aktiengesetz |
| **Firma** | Personen-, Sach-, Fantasiefirma oder gemischte Firma. Zusatz Gesellschaft mit beschränkter Haftung (§ 4). | Personen-, Sach-, Fantasiefirma oder gemischte Firma. Zusatz Aktiengesellschaft (§ 4) |
| **Mindestkapital** | Stammkapital mindestens 25.000 EUR (§ 5) (gezeichnetes Kapital) | Grundkapital 50.000 EUR (§ 7) (gezeichnetes Kapital) |
| **Anteil** | 1. Stammeinlage mindestens 100 EUR (§ 5,1) und muss durch 50 EUR teilbar sein.<br>2. Nur eine Stammeinlage kann bei der Gründung übernommen werden (§ 5, 2)<br>3. Persönliche Bindung; kein börsenmäßiger Verkauf<br>Notarielle Form des Abtretungsvertrags (§ 15) | 1. Aktie mindestens 1 EUR (§ 8)<br>2. Mehrere Aktien können bei Gründung übernommen werden<br>3. Keine persönliche Bindung; börsenmäßiger Handel<br>Formloser Eigentumsübergang bei Inhaberaktien, durch Indossament bei Namensaktien |
| **Haftung** | Für die Verbindlichkeiten der Gesellschaft haftet nur das Gesellschaftsvermögen. Der einzelne Gesellschafter riskiert lediglich die Stammeinlage. Evtl. Nachschusspflicht. | Für die Verbindlichkeiten der Gesellschaft haftet nur das Gesellschaftsvermögen. Der Aktionär riskiert lediglich den Wert seiner Aktie(n). |
| **Geschäftsführung und Vertretung** | 1. Geschäftsführer<br>2. Ohne Zeitbeschränkung | 1. Vorstand<br>2. Auf 5 Jahre |
| **Aufsichtsrat** | Nur vorgeschrieben bei Gesellschaften mit mindestens 500 Arbeitnehmern nach § 129 BetrVG | Immer vorgeschrieben |
| **Gesamtheit der Gesellschafter** | 1. Gesellschafterversammlung<br>2. Einberufung durch eingeschriebenen Brief (§ 51)<br>3. Je 50 EUR Geschäftsanteil eine Stimme (§ 47) | 1. Hauptversammlung<br>2. Einberufung der HV bei großer AG durch öffentliche Bekanntmachung<br>3. Stimmrecht durch Aktiennennbeträge, bei Stückaktien nach deren Zahl (§ 134) |
| **Jahresabschluss** | Keine gesetzliche Rücklage | Gesetzliche Rücklage |

Bild 202

**Zur Wiederholung und Vertiefung**

1. Welches sind die wesentlichen Merkmale einer GmbH hinsichtlich der
   a) Kapitalaufbringung,
   b) Haftung,
   c) Geschäftsführung und Vertretung,
   d) Ergebnisverteilung?
2. Herr Richter ist Alleininhaber der „Datenverarbeitung Klaus Richter GmbH". Beurteilen Sie diese Firmierung.
3. Welche Unterschiede bestehen zwischen Aktie und Geschäftsanteil einer GmbH?
4. Warum eignet sich die Rechtsform der GmbH für Familienunternehmungen?
5. Welche Merkmale der GmbH sind typisch für
   a) Kapitalgesellschaften, b) Personengesellschaften?
6. Warum findet man die Rechtsform der GmbH sowohl bei großen als auch bei kleinen Unternehmungen? Nennen Sie einige Beispiele.

## 11.5.4 GmbH & Co. KG

Die **GmbH & Co. KG** ist eine **Kommanditgesellschaft**, bei der eine **Gesellschaft mit beschränkter Haftung** (GmbH) **Vollhafter** ist.

Kommanditisten können die Gesellschafter der GmbH (Bild 203) oder andere Personen sein.

### Firma

HGB § 19 (2)

Für die Firma der GmbH & Co. KG gelten grundsätzlich die gleichen Firmierungsvorschriften wie bei der KG. Da aber in dieser KG keine natürliche Person haftet, muss die Firma eine Bezeichnung enthalten, welche die Haftungsbeschränkung kennzeichnet.

**Beispiele:** Gastronomiegroßhandel GmbH & Co. KG; Literaturgroßhandel Mann & Hum GmbH & Co. KG.

**Beispiel für den Aufbau einer GmbH & Co. KG**

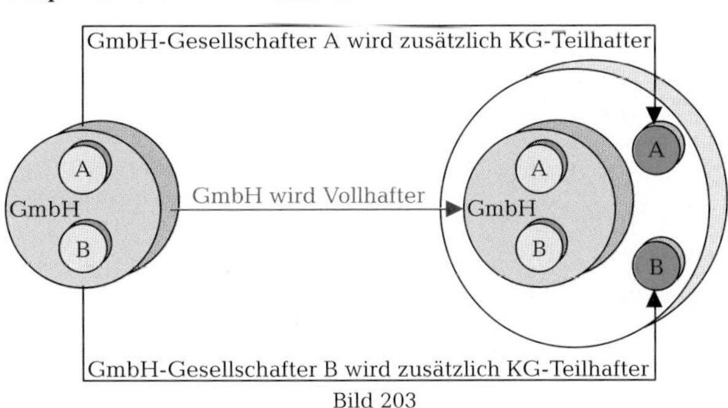

Bild 203

### Geschäftsführung und Vertretung

Bei der KG hat der Komplementär die Geschäftsführungsbefugnis und Vertretungsmacht; bei der GmbH & Co. übt sie deshalb die Komplementär-GmbH aus, vertreten durch Geschäftsführer. Im Übrigen sind die Rechnungsgrundlagen die gleichen wie bei der KG.

### Bedeutung

In Deutschland gibt es annähernd 60.000 GmbH & Co. KG.

Als Personengesellschaft (Kommanditgesellschaft) können sich steuerliche Vorteile ergeben, da die Gewinnanteile der Kommanditisten – wenn sie in der Gesellschaft zurückbehalten werden – nur deren individueller Einkommensteuerbelastung unterliegen, nicht aber wie in der reinen GmbH zur Körperschaftsteuer herangezogen werden.

Die Entscheidung für die GmbH & Co. KG kann aber auch aus gesellschaftsrechtlichen Gründen erfolgen:

**Firma.** Es muss kein persönlicher Name enthalten sein. Die Sachfirma der GmbH ermöglicht es, in einem Wirtschaftszweig bekannt zu werden.

**Haftungsbeschränkung.** Die GmbH haftet als Komplementärin zwar unbeschränkt mit ihrem Vermögen, ihre Gesellschafter dagegen nur mit ihren Einlagen.

**Nachfolgeregelung.** Bei Familienunternehmen ist die Unternehmungsfortführung gesichert, weil an Stelle einer natürlichen Person als Vollhafter eine GmbH tritt. Die persönlich haftende GmbH ist „unsterblich".

**Kapitalbeschaffung.** Mit der Aufnahme weiterer Kommanditeinlagen kann Eigenkapital beschafft werden, wobei von den Teilhaftern nur ein geringer Einfluss auf das Unternehmen genommen werden kann.

Die GmbH & Co. KG erlaubt eine flexiblere Eigenfinanzierung als dies bei der GmbH der Fall ist (Kommanditeinlagen statt schwer zu übertragender Stammeinlagen). Die Haftungsbeschränkung erhöht jedoch das Risiko der Gläubiger und kann damit die Beschaffung von Fremdkapital beeinträchtigen.

**Mitbestimmung.** Der Einfluss der Arbeitnehmer im Wege der Mitbestimmung ist geringer als bei der GmbH, weil die GmbH im Rahmen der GmbH & Co. KG nur ein Mantel ist.

**Geschäftsführung.** Außenstehende Fachleute können als Geschäftsführer der Komplementär-GmbH eingesetzt werden.

**Zur Wiederholung und Vertiefung**

1. Welches sind die wesentlichen Merkmale einer GmbH & Co. KG hinsichtlich der
   a) Kapitalaufbringung,
   b) Haftung,
   c) Geschäftsführung und Vertretung,
   d) Ergebnisverteilung?
2. Aus welchen Gründen wird die GmbH & Co. KG als Unternehmungsform gewählt?
3. Erklären Sie die Gesellschafterverhältnisse einer AG & Co. KG.

## 11.6 Genossenschaft (eG)

Gesetz betreffend die Erwerbs- und Wirtschaftsgenossenschaften (GenG) vom 1. Mai 1889 mit Änderungen

GenG §§ 1, 2

Die **Genossenschaft** ist eine **Gesellschaft mit nicht geschlossener Mitgliederzahl** (mindestens 7), welche die **Förderung des Erwerbs oder der Wirtschaft ihrer Mitglieder** durch gemeinschaftlichen Geschäftsbetrieb bezweckt. **Für die Verbindlichkeiten** der Genossenschaft **haftet** den Gläubigern das **Vermögen der Genossenschaft.**

### Arten der Genossenschaft

| Arten | Aufgaben | Beispiele |
|---|---|---|
| **Einkaufsgenossenschaften** | Großeinkauf von Waren<br>Materialbeschaffung | Intersport eG<br>Malereinkaufsgenossenschaft eG |
| **Kreditgenossenschaften** | Gewährung von Krediten und Durchführung anderer Bankgeschäfte | Volksbank eG<br>Raiffeisenbank eG |

| Arten | Aufgaben | Beispiele |
|---|---|---|
| **Warengenossenschaften** | Bezug landwirtschaftlicher Bedarfsstoffe: Erfassung, Absatz und Verwertung landwirtschaftlicher Erzeugnisse | Landwirtschaftliche Bezugs- und Absatzgenossenschaft eG |
| **Teilproduktions-genossenschaften** | Milchverarbeitung, Weinausbau | Milchwerk eG Winzergenossenschaft eG |
| **Konsumgenossenschaften** | Zentraler Großeinkauf und Eigenfertigung; Verkauf an Verbraucher | coop Konsumgenossenschaft eG |
| **Baugenossenschaften** | Bau von Wohnhäusern mit Nutzungsrecht der Mitglieder; Eigenheim- und Siedlungsbau | Wohnbau- und Siedlungsgenossenschaft eG |

Bild 204

## ■ Gründung

Zur Gründung der Genossenschaft wird zunächst ein **Statut** (Satzung) durch mindestens *sieben* Personen (Gründer) aufgestellt. Dann erfolgt die Wahl des Vorstandes und Aufsichtsrates, die Prüfung durch den Prüfungsverband und Eintragung in das *Genossenschaftsregister* beim Amtsgericht. Die Genossenschaft wird erst durch die Eintragung juristische Person und zugleich Formkaufmann.

GenG §§ 4, 5, 9–11, 13

## ■ Mitgliedschaft

Mitglieder einer Genossenschaft (Genossen) können natürliche und juristische Personen sein. Der Eintritt in eine schon bestehende Genossenschaft ist jederzeit durch schriftliche Beitrittserklärung möglich. Die Mitgliedschaft wird aber erst wirksam mit der Eintragung in die bei der Genossenschaft geführte *Liste der Genossen.*

§ 15
§ 30

Wer aus der Genossenschaft austreten will, muss auf den Schluss eines Geschäftsjahres unter Einhaltung einer Frist von mindestens drei Monaten bis zu fünf Jahren schriftlich kündigen.

§ 65

## ■ Firma

Die Firma der Genossenschaft kann eine Personen-, Sach-, Fantasie- oder gemischte Firma sein. Sie muss die Bezeichnung „eingetragene Genossenschaft" oder die Abkürzung „eG" enthalten. Der Firma darf kein Zusatz beigefügt werden, der darauf hindeutet, ob und in welchem Umfang die Genossen zur Leistung von Nachschüssen verpflichtet sind.

§ 3

**Beispiele:** Weingärtner Zentralgenossenschaft eG; Volksbank Nussdorf eG.

## ■ Geschäftsanteil und Geschäftsguthaben

Der **Geschäftsanteil** ist der im Statut bestimmte Betrag, bis zu dem sich ein Genosse an der Genossenschaft *beteiligen* kann. Im Statut kann festgelegt werden, dass sich ein Genosse mit mehr als einem Geschäftsanteil beteiligen darf. Ein Geschäftsanteil kann aber auch in mehrere Geschäftsanteile zerlegt werden.

§ 7
§ 7a
§ 22b

Die *Mindesteinlage* ist der im Statut bestimmte Betrag, der *einbezahlt* werden muss. Sie muss mindestens ein Zehntel des Geschäftsanteils betragen.

Das **Geschäftsguthaben** ist der Betrag, mit dem der Genosse an der Genossenschaft tatsächlich beteiligt ist. Es ist die Summe der Einzahlungen, vermehrt durch Gewinn- und vermindert durch Verlustanteile. Zuschreibung des Gewinns erfolgt, bis der

§ 19

GenG § 21a

Geschäftsanteil erreicht ist. Die Geschäftsguthaben aller Genossen ergeben das in der Bilanz ausgewiesene Geschäftsguthaben. Im Statut kann festgelegt sein, dass die Geschäftsguthaben verzinst werden.

## Nachschusspflicht im Insolvenzfall

§ 6

Das Statut kann bestimmen, dass bei Insolvenz der Genossenschaft die Genossen **Nachschüsse** in unbeschränkter Höhe oder in beschränkter Höhe bis zu einer festgelegten **Haftsumme** zu leisten haben.

Die Haftsumme bei beschränkter Nachschusspflicht darf nicht kleiner sein als der Geschäftsanteil.

Die Verpflichtung der Genossen zur Leistung von Nachschüssen kann jedoch im Statut auch ausgeschlossen werden. Das Risiko des Genossen umschließt also

- in jedem Fall seinen Geschäftsanteil (Geschäftsguthaben, rückständige Einlagen auf den Geschäftsanteil) sowie
- eine Nachschussleistung, sofern eine solche im Statut bestimmt ist.

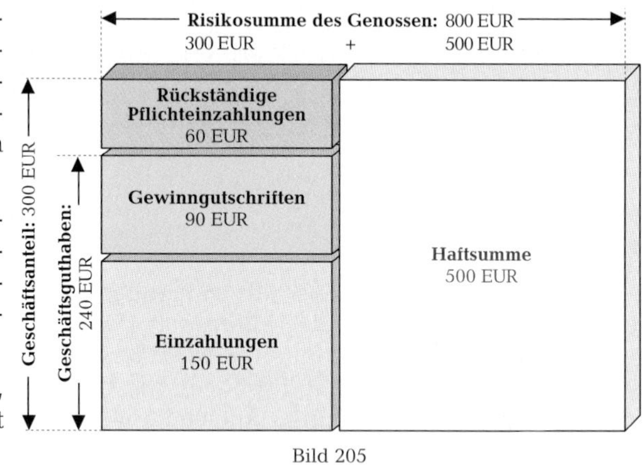


Bild 205

## Organe

§§ 24–35 MitbestG §§ 1, 33

a) **Vorstand.** Der Vorstand besteht aus mindestens 2 Mitgliedern. Sie werden von der Generalversammlung oder vom Aufsichtsrat gewählt und haben *Gesamtbefugnis* für Geschäftsführung und Vertretung. Nach dem Mitbestimmungsgesetz wird in Genossenschaften, die mehr als 2.000 Arbeitnehmer beschäftigen, ein Arbeitsdirektor bestellt. Im Statut kann bestimmt werden, dass einzelne Vorstandsmitglieder allein oder in Gemeinschaft mit einem Prokuristen zur Vertretung der Genossenschaft befugt sind.

GenG §§ 36–41 BetrVG § 129 MitbestG §§ 1, 7

b) **Aufsichtsrat.** Er muss aus mindestens 3 Genossen bestehen. Sie werden von der Generalversammlung gewählt. Das Betriebsverfassungsgesetz verlangt, dass in Genossenschaften mit mehr als 500 Arbeitnehmern ein Drittel der Aufsichtsratsmitglieder Arbeitnehmer sind. In Genossenschaften mit mehr als 2.000 Arbeitnehmern ist der Aufsichtsrat paritätisch aus Mitgliedern der Anteilseigner und der Arbeitnehmer zu bilden.

GenG § 43

c) **Generalversammlung.** Sie entspricht der Hauptversammlung der AG, hat aber mehr Rechte. Sie wählt nicht nur den Aufsichtsrat, sondern auch den Vorstand und beschließt über den Jahresabschluss. Die Abstimmung erfolgt nicht nach Geschäftsanteilen, sondern **nach Köpfen**. Jeder Genosse hat unabhängig von der Zahl seiner Geschäftsanteile und der Höhe seines Geschäftsguthabens **eine** Stimme.

§ 43a

Bei Genossenschaften mit mehr als 3.000 Mitgliedern *muss*, bei mehr als 1.500 Mitgliedern *kann* eine Vertreterversammlung die Rechte der Generalversammlung ausüben.

## Pflichten und Rechte der Genossen

### a) Pflichten der Genossen

§ 7

1. Leistung der im Statut vorgeschriebenen Einzahlung auf den übernommenen Geschäftsanteil.

2. Beschränkte oder unbeschränkte Nachschusspflicht im Insolvenzfall, sofern das Statut eine solche bestimmt. — GenG § 6

**b) Rechte der Genossen**

1. Benutzung der Einrichtungen der Genossenschaft.
2. Teilnahme an der Generalversammlung, sofern keine Vertreterversammlung besteht. — § 43, § 43a
3. Recht auf Anteil am Gewinn, sofern er nicht den Rücklagen zugeschrieben wird. — §§ 19, 20
4. Recht auf Kündigung der Mitgliedschaft. — § 65
5. Auszahlung des Geschäftsguthabens beim Ausscheiden. — § 73 (2)
6. Anteil am Liquidationserlös nach dem Verhältnis der Geschäftsguthaben bis zu deren Höhe. Etwaige Überschüsse werden nach Köpfen verteilt. — § 91

## Prüfung

Die Einrichtungen, die Vermögenslage und die Geschäftsführung der Genossenschaft müssen mindestens alle zwei Jahre geprüft werden. Bei einer Bilanzsumme von über 2 Mio. EUR findet die Prüfung jährlich statt. Jede Genossenschaft gehört zu diesem Zweck einem *Prüfungsverband* an. — §§ 53 ff.

## Bedeutung

In Deutschland gab es 1994 annähernd 7.800 Genossenschaften.

Nach dem Grundsatz: „Vereint sind auch die Schwachen mächtig" gründete Schulze-Delitzsch 1849 in der sächsischen Stadt Delitzsch die ersten deutschen *gewerblichen Genossenschaften*. Etwa zur gleichen Zeit hat der Landbürgermeister *Raiffeisen* im Westerwald den genossenschaftlichen Gedanken in der *Landwirtschaft* verwirklicht.

Die Bedeutung der Genossenschaften liegt im Zusammenschluss von wirtschaftlich Schwachen zur Selbsthilfe im Wettbewerb mit Großbetrieben. Sie wurde noch dadurch erhöht, dass sich die *Genossenschaften* zu *Verbänden* zusammenschlossen.

Genossenschaften sind im Sinne ihrer ursprünglichen Zielsetzung keine Kapitalgesellschaften. Unternehmungsziel ist die Förderung des Erwerbs und der Wirtschaft ihrer Mitglieder. Dies schließt nicht aus, dass die Organe einer Genossenschaft eine wirtschaftliche Betriebsführung und die Erzielung von Gewinn anstreben.

Die Mitglieder der Genossenschaft als *Kapitaleigner* zählen zum *Kundenstamm* der Genossenschaft.

**Beispiele:**

1. Kunden und Kapitaleigner einer Einkaufsgenossenschaft des Malerhandwerks sind Malermeister.
2. Landwirte beziehen ihr Saatgut bei der von ihnen gegründeten Landwirtschaftlichen Bezugsgenossenschaft (Warengenossenschaft).

Die Genossenschaftsverbände arbeiten eng mit den Verbänden des Handwerks, des Handels und der Landwirtschaft zusammen.

### Zur Wiederholung und Vertiefung

1. Welches sind die wesentlichen Merkmale einer Genossenschaft hinsichtlich der
   a) Kapitalaufbringung,
   b) Haftung,
   c) Geschäftsführung und Vertretung,
   d) Ergebnisverteilung?
2. Nennen Sie einige Genossenschaften aus Ihrer örtlichen Umgebung und ordnen Sie diese in die in der Übersicht Bild 204 genannten Genossenschaftsgruppen ein.
3. Wodurch unterscheidet sich die Genossenschaft als „soziale" Gesellschaft von den Kapitalgesellschaften?
4. Die Firma einer Genossenschaftsbank lautet: „Raiffeisenbank Nußdorf eG".
   a) Welchen geschichtlichen Hintergrund hat diese Firmierung?
   b) Entspricht die Firma dem § 3 GenG (Begründung)?

5. Sie werden Mitglied in einer Genossenschaftsbank.
   a) Welche Pflichten übernehmen Sie als Mitglied?
   b) Welche Rechte können Sie aus dem Beitritt ableiten?
6. Welche Unterschiede bestehen zwischen AG, GmbH und Genossenschaft hinsichtlich der Beschlussfassung der Gesellschafter?
7. Für welche Personengruppen ist der genossenschaftliche Zusammenschluss von Vorteil?
8. In welchen Bestimmungen des Genossenschaftsgesetzes kommt der genossenschaftliche Gedanke zum Ausdruck?
9. Welche Organe der AG, KGaA, GmbH und eG entsprechen sich, und welche Unterschiede bestehen in ihrer Rechtsstellung?
10. Hotelier Schnurr ist mit einer Einzahlung von 900 EUR in die Hotel-Einkauf eG eingetreten. Vom Rechnungsergebnis der folgenden Jahre entfielen auf ihn nacheinander ein Verlust von 70 EUR, dann Gewinnanteile von 160 EUR und 200 EUR.

    Satzungsgemäß ist die Beteiligung eines Genossen auf höchstens 1.200 EUR festgesetzt. Im Insolvenzfall haftet jeder Genosse mit dem Mindestbetrag, der im Genossenschaftsgesetz bei beschränkter Nachschusspflicht vorgesehen ist. Ermitteln Sie für Herrn Schnurr nach dem neuesten Stand Geschäftsanteil, Geschäftsguthaben, Haftsumme und die Risikosumme.

## 11.7 Entscheidungskriterien für die Wahl der Rechtsform

Erst nach sehr sorgfältiger Abwägung **aller** Unterscheidungsmerkmale sollte die Entscheidung für die Rechtsform der Unternehmung fallen. Die Gewichtung der einzelnen Prüfsteine kann dabei von Unternehmung zu Unternehmung recht unterschiedlich sein.

Beim Entscheidungsprozess stellen sich folgende Fragen:

- Wie viel *Kapital* kann der einzelne Unternehmer bzw. Gesellschafter *aufbringen?*
- Wollen die Gesellschafter *Leitungsbefugnisse* übernehmen oder nur Kapital einbringen?
- Welches *persönliche Verhältnis* besteht zwischen den beteiligten Personen?
- Wie groß soll der *Einfluss der Kapitalgeber* auf die Unternehmung sein?
- Wie soll das *Risiko verteilt* werden?
- Welche *steuerlichen Vor- und Nachteile* sind bei der entsprechenden Rechtsform zu erwarten?
- Welche *geschäftlichen Informationen* müssen an die *Öffentlichkeit* gegeben werden?

**Klein- und Mittelbetriebe** werden in der Regel als **Einzelunternehmung, Personengesellschaft** oder auch als **GmbH** betrieben, für **Großbetriebe** eignet sich die Rechtsform der **Aktiengesellschaft** in besonderem Maße.

Eine zusammenfassende Darstellung der Entscheidungskriterien zeigt Bild 206.

### Zur Wiederholung und Vertiefung

Gewichten Sie im nachfolgenden Schema die Vorteile der einzelnen Rechtsformen für den Kapitalgeber nach den vorgegebenen Kriterien. Verwenden Sie dafür die Bewertungsziffer 1 bei geringem, Bewertungsziffer 2 bei mittelmäßigem und Bewertungsziffer 3 bei hohem Gewicht.

| Entscheidungskriterien | Einzelunternehmung | OHG | KG | GmbH | AG |
|---|---|---|---|---|---|
| Kapitalvolumen | | | | | |
| Persönliche Mitarbeit des Kapitalgebers | | | | | |
| Risikoaufteilung | | | | | |
| Sicherung der Unternehmungsexistenz beim Tod der Kapitalgeber | | | | | |

| Entscheidungskriterien / Rechtsform | Gewinn- und Verlustbeteiligung | Haftung und Risiko | Finanzierungsmöglichkeiten | Leitungsbefugnis | Besteuerung | Offenlegungspflicht |
|---|---|---|---|---|---|---|
| **Einzelunternehmung** | **Gewinn** fließt an den Einzelunternehmer *allein*.<br>**Verlust** trägt der Einzelunternehmer *allein*. | *Persönliche* Haftung (unbeschränkt, direkt).<br>*Volles* Risiko. | Auf die Vermögensverhältnisse *einer* Person begrenzt. Enger Kreditspielraum. Nicht ausgeschütteter Gewinn fließt dem Eigenkapitalkonto zu. | *Allein*bestimmung durch den Eigentümerunternehmer. | Unternehmer mit ganzem Gewinn *einkommensteuerpflichtig. Progressive Steuersätze* von 22,9 bis 51% bei steigendem Gewinn. | *Keine*, sofern nicht nach dem *Publizitätsgesetz* erforderlich. Nach § 1 PublG ist Offenlegung gefordert, wenn am Abschlussstichtag und den darauf folgenden zwei Abschlussstichtagen jeweils zwei der drei nachstehenden Merkmale zutreffen:<br>*Bilanzsumme* > 125 Mio. DM,<br>*Umsatzerlöse* > 250 Mio. DM,<br>*Arbeitnehmer* > 5.000. |
| **Offene Handelsgesellschaft** | **Gewinn:** Verteilung nach *Kapitalanteilen* und *Mitarbeit*, gemäß Vertrag oder Gesetz.<br>**Verlust:** Von allen Gesellschaftern zu tragen, gesetzlich nach Köpfen. | *Persönliche* Haftung (unbeschränkt, direkt, solidarisch).<br>*Teilung* des Risikos. | Auf die Vermögensverhältnisse und Beteiligungsabsichten *der Gesellschafter begrenzt. Kein Mindestkapital.* Erweiterter Kreditspielraum durch die persönliche Haftung aller OHG-Gesellschafter und der Komplementäre bei der KG. Nicht ausgeschütteter Gewinn fließt den Eigenkapitalkonten zu (nicht bei Kommanditeinlagen). | *Jeder* Gesellschafter als Eigentümerunternehmer. | Gesellschafter mit ihrem Gewinnanteil *einkommensteuerpflichtig. Steuersätze* wie beim Einzelunternehmer. | |
| **Kommanditgesellschaft** | **Gewinn:** *Vertragliche* Gestaltung nach *Kapitalanteilen, Risiko* und *Mitarbeit*.<br>**Verlust:** *Vertraglich* geregelt. *Kommanditisten* nur bis zur *Höhe ihres Kapitalanteils*. | *Komplementäre:* wie OHG.<br>*Kommanditisten:* Beschränkt auf Einlage. Begrenztes Risiko. | | *Nur Komplementäre* als Eigentümerunternehmer. | | |
| **Gesellschaft mit beschränkter Haftung** | **Gewinn:** Im Falle der Bildung von *Rücklagen* nur begrenzte Gewinnausschüttung. Gewinnverteilung auf Gesellschafter *nach Anteilen*.<br>**Verlust:** Deckung durch *Rücklagenauflösung* und/oder *Nachschüsse*. | Haftung der *Gesellschaft unbeschränkt* mit dem Gesellschaftsvermögen.<br>*Keine persönliche* Haftung.<br>*Risiko beschränkt* auf *Stammeinlage*.<br>*Eventuell Nachschusspflicht.* | Auf die *Beteiligungsbereitschaft* der Gesellschafter begrenzt. *Mindeststammkapital* von *25.000 EUR*. Kreditspielraum durch beschränkte Haftung der Gesellschafter begrenzt. Nicht ausgeschütteter Gewinn fließt *den Rücklagen* zu. | Eigentümer- oder Auftragsunternehmer als *Geschäftsführer*. | Gesellschaft *körperschaftsteuerpflichtig. Feste Sätze:* Für nicht ausgeschüttete Gewinne 40%, für ausgeschüttete Gewinne 30%. | *Verpflichtet* nach § 325 HGB. |
| **GmbH & Co. KG** | **Gewinn:** Verteilung auf GmbH und Kommanditisten *nach Vertrag*.<br>**Verlust:** *Vertraglich* geregelt. | *Komplementär-GmbH unbeschränkt* mit Gesellschaftsvermögen. *Kommanditisten* wie KG. | Wie KG. | Komplementär-GmbH durch ihre *Geschäftsführer*. | Komplementär-GmbH *körperschaftsteuerpflichtig*. Kommanditisten wie KG. | Wie Kommanditgesellschaft. |
| **Aktiengesellschaft** | **Gewinn:** *Rücklagenbildung* zwingend. *Dividende* nach *Aktiennennwerten*.<br>**Verlust:** Deckung durch *Rücklagenauflösung* und/oder *Herabsetzung des Grundkapitals*. | Haftung der *Gesellschaft unbeschränkt* mit Gesellschaftsvermögen. Keine *persönliche* Haftung. Aktionäre *riskieren* lediglich ihren *Kapitaleinsatz*.<br>*Keine Nachschusspflicht.* | Von den Beteiligungsabsichten *sehr vieler Aktionäre* abhängig. Mindestgrundkapital von 50.000 EUR. Kreditspielraum groß (Aufnahme von Anleihen). Nicht ausgeschüttete Gewinne fließen den Rücklagen zu. | Auftragsunternehmer als *Vorstandsmitglieder*. | Wie GmbH. | Wie GmbH |
| **Genossenschaft** | **Gewinn:** Bildung von Rücklagen zwingend. Gewinnverteilung nach den Geschäftsguthaben der Mitglieder.<br>**Verlust:** Deckung durch *Rücklagenauflösung* und/oder *Nachschüsse*. | Haftung der *Genossenschaft unbeschränkt. Keine persönliche Haftung.* Mitglieder riskieren lediglich ihr *Geschäftsguthaben* zu verlieren. Nach Statut *begrenzte* oder *unbegrenzte Nachschusspflicht.* | Von den Beteiligungsabsichten *vieler Mitglieder* abhängig. *Kein Mindestkapital.* Fremdfinanzierung meist über genossenschaftliche Verbandsunternehmen. Nicht ausgeschüttete Gewinne fließen den Rücklagen zu. | Genossen als *Vorstandsmitglieder*. | | *Verpflichtet* nach § 339 HGB. |

Bild 206

# 11.8 Kooperation und Konzentration von Unternehmungen

## 11.8.1 Ursachen, Ziele und Formen der Kooperation und Konzentration

### Ursachen

Der Wettbewerb ist ein Wesensmerkmal der Marktwirtschaft. Dabei handelt es sich auf der Mehrzahl der Märkte um Anbieterwettbewerb. Die Anbieter kämpfen unabhängig voneinander um den Absatz ihrer Leistungen an die Nachfrager. Bei gleichbleibendem Marktvolumen zwingt dies jeden Anbieter, zu möglichst günstigen Bedingungen (Preis, Qualität, Kundendienst usw.) seine Leistung anzubieten.

Er steht damit unter dem dauernden Zwang, konkurrenzfähig zu bleiben, um seinen Absatz zu sichern und nicht vom Markt verdrängt zu werden. Sollen weitere Marktanteile erobert werden, muss das eigene Leistungsangebot das der Konkurrenten übertreffen.

Um diesem ständigen Wettbewerb zu begegnen oder zu entgehen, bedient man sich in vielen Bereichen der Wirtschaft in zunehmendem Maße der Kooperation und Konzentration.

**Kooperation** liegt vor, wenn wirtschaftlich selbstständige und weit gehend selbstständig bleibende Unternehmen sich durch **Verträge** zur **Zusammenarbeit** verpflichten.

**Beispiele:** Interessengemeinschaften zur gemeinsamen Grundlagenforschung, Kartellabsprachen über einheitliche Lieferungs- und Zahlungsbedingungen.

Von **Konzentration** spricht man, wenn die wirtschaftliche Selbstständigkeit aufgegeben wird und die Betriebe einer umfassenden **zentralen Leitung** unterstellt werden.

**Beispiel:** Selbstständige Arzneimittelhersteller vereinigen sich unter einheitlicher Leitung.

### Ziele

a) Sicherung der Rohstoff- und Absatzbasis.
   **Beispiel:** Zellulosefabrik, Papierfabrik, Druckerei, Zeitungsverlag vereinbaren gegenseitige Beteiligungen.

b) Gemeinsame Werbung.
   **Beispiel:** Reisebüro und Hersteller von Freizeitkleidung werben gemeinsam.

c) Höhere Erträge durch Beschränkung und Ausschaltung des Wettbewerbs.
   **Beispiel:** Konkurrierende Unternehmen treffen Preisabsprachen.

d) Sicherung der Beschäftigung durch Übernahme von Aufträgen, die das Leistungsvermögen und die Finanzkraft einer einzelnen Unternehmung übersteigen würden.
   **Beispiel:** Mehrere Bauunternehmen erstellen in einer Arbeitsgemeinschaft (Arge) ein Großbauwerk.

e) Höherer technischer und wirtschaftlicher Wirkungsgrad durch gemeinsame Entwicklungs- und Forschungsarbeiten.
   **Beispiel:** Gründung einer Forschungs-GmbH mit Kapitalbeteiligung mehrerer Unternehmungen (Automobil-, Elektroindustrie, chemische Industrie).

f) Größere Wirtschaftlichkeit durch gemeinsame Rationalisierung der Fertigungsverfahren, der Fertigungsgegenstände und der Sortimentgestaltung.
   **Beispiele:** Absprachen über gemeinsame Normen und Typen; Zusammenfassung, Ergänzung oder Aufteilung der Produktionsprogramme (Spezialisierung).

g) Erhaltung der Konkurrenzfähigkeit gegenüber ausländischen Großunternehmen.
   **Beispiel:** Zusammenschluss inländischer Automobilfabriken zum gemeinsamen Vertrieb ihrer Erzeugnisse auf Auslandsmärkten.

### Zielrichtungen = Erscheinungsformen der Kooperation und Konzentration

Nach dem **wirtschaftlichen Zusammenhang** der zusammengeschlossenen Unternehmungen unterscheidet man:

**a) Horizontale** Zusammenschlüsse (gleiche Produktions- oder Handelsstufen).

**Beispiel:** Walzwerk ←→ Walzwerk ←→ Walzwerk oder
Kaufhaus ←→ Kaufhaus ←→ Kaufhaus

Ziel ist die Schaffung einer stärkeren Marktposition.

**b) Vertikale** Zusammenschlüsse (aufeinanderfolgende Produktions- und Handelsstufen).

**Beispiel:** Maschinenhandel ↑
Maschinenfabrik
Walzwerk
Hüttenwerk
Bergwerk ↓

Sie sollen die Beschaffung und den Absatz sichern.

**c) Anorganische** (branchenfremde) Zusammenschlüsse.

**Beispiel:** Brauerei ←→ Zeitungsverlag

Sie dienen dem Ausgleich eines branchenspezifischen Risikos.

Ein **rechtlicher Zusammenhang** begründet sich durch

a) mündliche oder schriftliche Vereinbarung (Abrede),
b) Gründung einer Arbeitsgemeinschaft (Gesellschaft des bürgerlichen Rechts),
c) gegenseitige Kapitalbeteiligung (Kapitalverflechtung),
d) Verschmelzung von mehreren Unternehmen (Fusion).

**Zur Wiederholung und Vertiefung**

1. Was unterscheidet die Kooperation von der Konzentration in der Wirtschaft?
2. Welche Zielsetzungen sind volkswirtschaftlich erwünscht bzw. nicht erwünscht?
3. In den letzten Jahren sind viele Klein- und Mittelbetriebe des Einzelhandels verkauft oder aufgegeben worden.
   a) Nennen Sie mögliche Ursachen.
   b) Welche Auswirkungen hatte dies auf die Verbraucher?
   c) Wie versuchen noch existierende Kleinbetriebe des Einzelhandels diese Entwicklung zu überleben?
   d) Welche Maßnahmen ergreift der Staat, um den Mittelstand zu fördern?
   e) Aus welchen Gründen tut er dies?
4. Welche Ziele verfolgen Unternehmungen bei
   a) horizontalem,
   b) vertikalem,
   c) anorganischem Zusammenschluss?

## 11.8.2 Kartell

Das **Kartell** ist ein vertraglicher *horizontaler* Zusammenschluss von Unternehmungen, die **rechtlich selbstständig** bleiben, aber einen **Teil ihrer wirtschaftlichen Selbstständigkeit aufgeben.**

**Beispiel:** Die Vereinigte Stahlwerke AG trifft mit der Metallwerke AG die Abrede, sich bei der Herstellung auf bestimmte Produkte zu spezialisieren.

Die Mitglieder des Kartells verpflichten sich zu gemeinsamem Handeln und zur Zahlung von Vertragsstrafen, wenn sie gegen Bestimmungen des Kartellvertrages verstoßen.

Nach dem Zweck und dem Inhalt der Vereinbarungen unterscheidet man folgende **Kartellarten**:

a) **Preiskartelle**, die einheitliche Preise neben gleichen Lieferungs- und Zahlungsbedingungen festsetzen (horizontale Preisbindung).

**Das Submissionskartell.** Bei Ausschreibung von Aufträgen vereinbaren die Unternehmen Angebotspreise, die nicht unterboten werden dürfen. Gegenstand der Vereinbarung kann auch sein, dass nur ein Kartellmitglied ein Angebot abgibt.

b) **Konditionenkartelle**, welche die einheitliche Anwendung allgemeiner Geschäfts-, Lieferungs- und Zahlungsbedingungen vereinbaren.

c) **Rabattkartelle**, die einheitliche Verkaufsrabatte vertraglich festsetzen.

d) **Kalkulationskartelle**, die gleichen Aufbau und Inhalt ihrer Kostenrechnung vereinbaren.

e) **Rationalisierungskartelle**

1. *Normen-* und *Typenkartelle,* die lediglich die einheitliche Anwendung von Normen und Typen regeln.
2. *Spezialisierungskartelle,* welche die Rationalisierung wirtschaftlicher Vorgänge durch Spezialisierung zum Gegenstand haben.
3. *Syndikate.* Das sind gemeinsame Beschaffungs- oder Vertriebseinrichtungen (Einkaufs-, Verkaufskontore) mit eigener Rechtspersönlichkeit, welche die Rationalisierung der Beschaffung oder des Absatzes ihrer Mitglieder verwirklichen.

   Am häufigsten sind die Vertriebssyndikate. Die Abnehmer bestellen direkt beim Syndikat. Dieses verteilt die Aufträge an die Mitglieder nach einem vereinbarten Schlüssel. Die Mitglieder liefern an die Käufer direkt. Die Käufer zahlen an das Syndikat, das den Erlös an die Mitglieder weitergibt.

   Syndikate werden besonders in Grundstoffindustrien gebildet (z.B. Kohle, Kali, Eisen, Stahl), weil deren Produkte standardisiert werden können.

f) **Kontingentierungskartelle**

1. *Quotenkartelle* (Produktionskartelle), die jedem Unternehmen die Absatzmenge (Produktionsquote) im Verhältnis seiner Kapazität zuteilen, um über das Angebot die Preise zu beeinflussen.
2. *Gebietskartelle,* die jedem Unternehmen das Absatzgebiet zuteilen und somit dort gegenseitigen Wettbewerb ausschließen.

g) **Einfuhr- und Ausfuhrkartelle**, die der Sicherung und Förderung der Einfuhr und Ausfuhr dienen.

h) **Krisenkartelle**, die bei *nachhaltigem* Sinken der Nachfrage (Strukturkrisenkartell) oder *vorübergehendem* Absatzrückgang (Konjunkturkrisenkartell) den Wettbewerb beschränken, indem sie eine planmäßige Anpassung der Kapazität an den Bedarf herbeiführen.

### 11.8.3 Konzerne und andere verbundene Unternehmen

AktG § 15

**Verbundene Unternehmen** entstehen vor allem **durch kapitalmäßige und personelle Verflechtung** sowie **durch Unternehmensverträge.**

Zur kapitalmäßigen Verflechtung eignet sich insbesondere die Rechtsform der AG, weil sich gegenseitige Bindung durch Aktienerwerb leicht herbeiführen lässt.

Ein Unternehmen, das die Kapital- oder Stimmenmehrheit eines anderen Unternehmens besitzt, wird als *herrschendes* Unternehmen (mit Mehrheit beteiligtes Unternehmen) bezeichnet. Das beherrschte Unternehmen ist das *abhängige* Unternehmen (in Mehrheitsbesitz stehende Unternehmen).

AktG § 16 § 17

## Konzern

Der **Konzern** ist ein horizontaler, vertikaler oder anorganischer Zusammenschluss von Unternehmungen, die rechtlich **selbstständig** bleiben, aber ihre **wirtschaftliche Selbstständigkeit durch einheitliche Leitung aufgegeben** haben.

**Beispiel:** Die Vereinigte Stahlwerke AG erwirbt die Aktienmehrheit an der Metallwerke AG. Die Metallwerke AG bleibt unter ihrer Firma bestehen. Ihre Geschäftspolitik wird künftig vom Vorstand der Vereinigte Stahlwerke AG bestimmt.

Man unterscheidet

**a) Unterordnungskonzerne**, bei denen ein Unternehmen ein oder mehrere Unternehmen beherrscht.

1. Ein Unternehmen (Ober- oder Muttergesellschaft) beherrscht ein anderes Unternehmen (Unter- oder Tochtergesellschaft) durch Kapital- oder Stimmenmehrheit (Bild 207).

   Die Obergesellschaft ist häufig eine Dachgesellschaft (Holding-Gesellschaft). Sie erwirbt die Kapital- oder Stimmenmehrheit mehrerer Unternehmen und gibt dafür eigene Aktien her oder gibt eigene Aktien am Kapitalmarkt aus. Die Dachgesellschaft ist in der Regel reine Finanzierungs- und Verwaltungsgesellschaft ohne Betrieb.

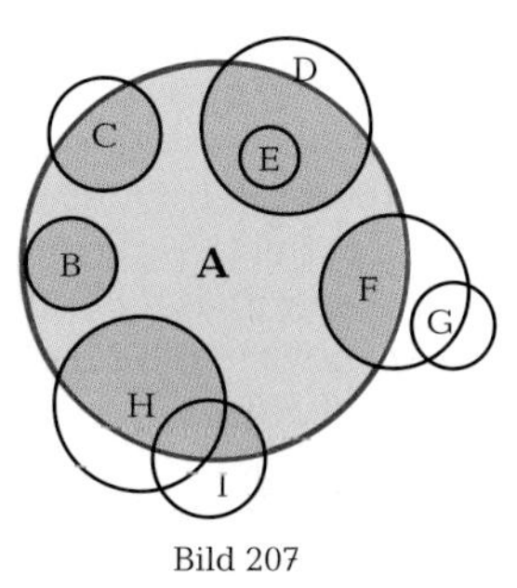

Bild 207

2. Ein Unternehmen unterstellt die Leitung einem anderen Unternehmen durch Beherrschungsvertrag. Eine kapitalmäßige Verflechtung braucht dabei nicht zu bestehen.

§ 291 (2)

**b) Gleichordnungskonzerne**, bei denen Unternehmen zu einheitlicher Leitung zusammengefasst sind, ohne dass das eine von dem anderen abhängig ist.

§ 18

## Wechselseitig beteiligte Unternehmen

§ 19

Auch bei ihnen bleiben die Unternehmen rechtlich selbstständig. Ihre wirtschaftliche Selbstständigkeit wird aber dadurch beschränkt, dass *jedes* Unternehmen mehr als 25% der Kapitalanteile des anderen Unternehmens erwirbt (Sperrminorität). Die Unternehmen erhalten dadurch gegenseitigen Einfluss auf die Geschäftsführung (Schwestergesellschaften).

**Beispiel:** Die Versicherungs-Aktiengesellschaften A, B und C sind wechselseitig beteiligt. A besitzt 26% des Aktienkapitals von B und 29% von C; B 60% von A und 51% von C; C 30% von A und 27% von B (Bild 208).

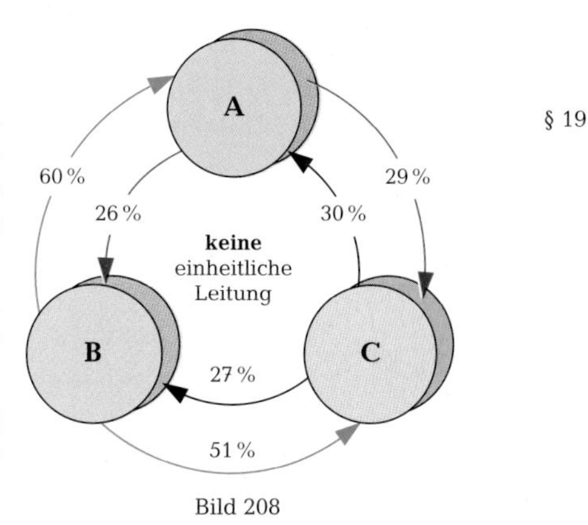

Bild 208

## Durch Vertrag verbundene Unternehmen

AktG
§ 291
§ 292

Neben dem konzernmäßigen Zusammenschluss durch Beherrschungsvertrag können verbundene Unternehmen auch durch Gewinnabführungs-, Gewinngemeinschafts-, Teilgewinnabführungs-, Betriebspacht- oder Betriebsüberlassungsvertrag entstehen.

**Beispiel:** Patent gegen 10% vom Bilanzgewinn.

## 11.8.4 Vereinigte Unternehmen (Trust)

**Vereinigte Unternehmen** sind ein Zusammenschluss von Unternehmen, die **ihre rechtliche und wirtschaftliche Selbstständigkeit aufgeben.**

**Beispiel:** Die Vereinigte Stahlwerke AG beschließt, nach Erwerb von 100% des Aktienkapitals der Metallwerke AG die Fusion. Die Metallwerke AG wird als Zweigwerk eingegliedert. Ihre Firma erlischt.

Es besteht nur noch eine einzige Unternehmung. Die früheren Unternehmungen sind Betriebe des Trust geworden.

**Entstehung.** Die *Verschmelzung* oder *Fusion* von Unternehmen zum Trust kann auf zwei Arten erfolgen (Bild 209):

§ 339

a) **Verschmelzung durch Aufnahme.** Das Vermögen der übertragenden Gesellschaft (B), die durch starken Wettbewerb aufnahmewillig gemacht wurde, oder deren Aktien allmählich aufgekauft wurden, geht als Ganzes auf die übernehmende Gesellschaft (A) über gegen Gewährung von Aktien dieser Gesellschaft. Die übertragende Gesellschaft erlischt.

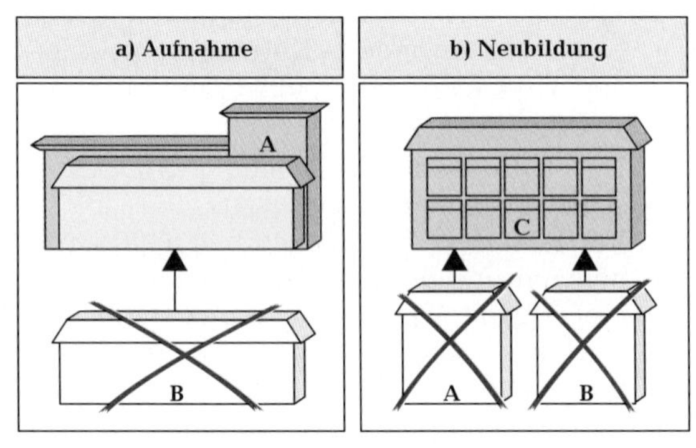


Bild 209

b) **Verschmelzung durch Neubildung.** Es wird eine neue Gesellschaft (C) gegründet, auf die das Vermögen der sich vereinigenden Gesellschaften (A, B) übergeht gegen Gewährung von Aktien der neuen Gesellschaft. Alle übertragenden Gesellschaften erlöschen.

## 11.8.5 Bedeutung der Unternehmungszusammenschlüsse

Je nach Zielsetzung des Zusammenschlusses können für die Volkswirtschaft Vorteile, aber auch Nachteile erwachsen.

## Vorteile

a) Senkung der Preise, wenn die Unternehmen ihre Kostenminderungen im Preis weitergeben.

b) Bessere Versorgung der Verbraucher, wenn Rationalisierungsmaßnahmen mengen- und gütemäßig Leistungssteigerungen ermöglichen.

c) Sicherung der Abnahme von Waren und Dienstleistungen von Lieferern.

d) Größere Übersichtlichkeit des Marktes (Markttransparenz) durch Bereinigung der Produktionsprogramme und der Sortimente.

e) Unternehmen mit Absatzproblemen werden von expandierenden Unternehmen übernommen. Dadurch können Arbeitsplätze erhalten werden.
f) Die außenwirtschaftliche Wettbewerbsfähigkeit kann erhalten oder gestärkt werden.
g) Sozialprodukt und Wirtschaftswachstum werden gesichert und damit auch die Einnahmen der öffentlichen Hand.

## Nachteile

a) Die Preise können überhöht sein, sofern kein hinreichender Wettbewerb gegeben ist.
b) Die Preise werden überhöht, wenn sie durch die Kosten unwirtschaftlich arbeitender Betriebe bestimmt werden.
c) Durch die Beschränkung der Ordnungsfunktion des freien Wettbewerbs wird die volkswirtschaftlich notwendige Leistungsauslese verzögert.
d) Die Vielfalt des Angebots an Waren und Dienstleistungen wird im Allgemeinen vermindert.
e) Freisetzung von Rationalisierungspotenzial gefährdet Arbeitsplätze.
f) Der technische Fortschritt kann durch den Schutz rückständiger Betriebe gehemmt werden.
g) Durch Stilllegung unwirtschaftlich arbeitender Betriebe kann örtlich Arbeitslosigkeit eintreten.
h) Die Konzentration wirtschaftlicher Macht birgt Gefahr ihres Missbrauchs zu politischer Macht in sich.

**Zur Wiederholung und Vertiefung**

1. Welche Unterschiede bestehen zwischen Kartell, Konzern und vereinigten Unternehmen im Hinblick auf ihre rechtliche und wirtschaftliche Selbstständigkeit?
2. Warum werden Konjunktur- und Strukturkrisenkartelle unterschiedlich behandelt?
3. Auf welche Formen der Kooperation oder Konzentration von Unternehmungen lassen folgende Pressenotizen schließen?
   a) „Zwei Autoproduzenten wollen bis zum Jahre 2002 gemeinsam ein Elektromobil bauen, das weltweit vertrieben werden soll. An einen Aktienerwerb bei einem der beteiligten Unternehmen ist dabei nicht gedacht."
   b) „Die Spezialbrot- und Keksfabrik Steinfurt GmbH wird von der Holzofenbrotfabrik Karl Jause & Co., Starnberg, übernommen."
   c) „Aus informierten Branchenkreisen verlautet, dass sich ein führendes Unternehmen der Unterhaltungselektronik mit mehr als 50% an einem anderen Unternehmen der gleichen Branche beteiligen wird."
   d) „Mehrere Bauunternehmer werden mit erheblichen Geldbußen belegt, weil sie sich bei der Vergabe öffentlicher Aufträge gegenseitig über ihre Angebotssummen verständigt und gemäß einer Absprache Aufträge zu überhöhten Preisen zugeschoben haben."

## 11.8.6 Begrenzung der Marktbeherrschung durch staatliche Wettbewerbspolitik

Gesetz gegen Wettbewerbsbeschränkungen (GWB) vom 20. Februar 1990 mit Änderungen

Um die Allgemeinheit vor den Nachteilen der Unternehmungszusammenschlüsse zu bewahren und einen marktwirtschaftlichen Wettbewerb zu gewährleisten, sind in vielen Ländern Gesetze gegen Wettbewerbsbeschränkungen erlassen worden.

Auch die Europäische Union (EU) verbietet allen Unternehmungen und Unternehmungsvereinigungen ihrer **Mitgliedstaaten,** Vereinbarungen zu treffen, durch die der Wettbewerb innerhalb des Gemeinsamen Marktes beeinträchtigt, verhindert, eingeschränkt oder verfälscht wird, sowie die missbräuchliche Ausnutzung einer marktbeherrschenden Stellung (§§ 85 und 86 EWG-Vertrag).

## Wettbewerbsförderung durch Kartellrecht

GWB § 1

Im deutschen Kartellrecht ist die **Bildung von Kartellen** grundsätzlich verboten **(Verbotsprinzip)**.

Auch wenn Unternehmen oder Vereinigungen von Unternehmen sich *gegenseitig in ihrem Verhalten abstimmen* und diese Vereinbarungen nicht vertraglich festgehalten werden, so ist solch ein Verhalten verboten. Man nennt solche Verhaltensweisen „Frühstücks-Kartelle".

**Spezielle Ausnahmen:**

§§ 5, 6

a) **Genehmigungspflichtige Kartelle:** Rationalisierungskartelle, Syndikate, Strukturkrisenkartelle.

§ 10

Solche Kartellverträge und -beschlüsse sind unwirksam, solange das Bundeskartellamt keine Genehmigung erteilt hat **(Verbotsprinzip)**. Die Genehmigung ist in der Regel auf 5 Jahre befristet.

§§ 2, 3, 4

b) **Anmeldepflichtige Kartelle:** Konditionen-, Typen-, Normen-, Spezialisierungs-, Mittelstandskartelle.

Sie sind grundsätzlich erlaubt und werden lediglich überwacht, um Missbrauch der Marktstellung zu verhindern **(Missbrauchsprinzip)**.

§ 8 (1)

**Generalausnahmeklausel.** Der Bundeswirtschaftsminister kann Kartelle, die nicht genehmigt oder an sich verboten sind genehmigen. Die Erlaubnis wird erteilt, wenn die Beschränkung des Wettbewerbs aus überwiegenden Gründen der Gesamtwirtschaft und des Gemeinwohls notwendig ist oder eine unmittelbare Gefahr für den Bestand des überwiegenden Teiles der Unternehmungen eines Wirtschaftszweiges besteht.

Alle Kartelle sind bei der Kartellbehörde mündlich oder schriftlich anzumelden. Sie werden in das *Kartellregister* eingetragen und im Bundesanzeiger bekannt gemacht.

§ 48

**Kartellbehörden** sind das Bundeskartellamt in Bonn und das Bundeswirtschaftsministerium sowie die Kartellämter der Länder.

## Wettbewerbsförderung durch Kontrolle marktbeherrschender Unternehmen

Das Gesetz gegen Wettbewerbsbeschränkungen enthält neben dem Kartellrecht auch Regelungen zur Kontrolle marktbeherrschender Unternehmen.

§ 19 (1)

Ein Unternehmen ist **marktbeherrschend**, soweit es

a) **ohne Wettbewerb** ist oder keinem wesentlichen Wettbewerb ausgesetzt ist oder

§ 19 (2)

b) eine im Verhältnis zu seinen Wettbewerbern **überragende Marktstellung** hat. Merkmale hierfür sind der Marktanteil, die Finanzkraft, der Zugang zu Beschaffungs- oder Absatzmärkten, Verflechtung mit anderen Unternehmen und rechtliche oder tatsächliche Schranken für den Marktzutritt anderer Unternehmen.

Marktbeherrschung wird vermutet, wenn z.B. ein einzelnes Unternehmen für eine bestimmte Art von Waren oder Dienstleistungen einen Marktanteil von mindestens 33 1/3% hat, zwei bis drei Unternehmen mindestens 50% Marktanteil besitzen oder zwei bis fünf Unternehmen mindestens einen Marktanteil von 2/3 erreichen.

Marktbeherrschende Unternehmen unterliegen der **Wettbewerbskontrolle** durch die Kartellbehörde:

**a) Fusionskontrolle.** Der Zusammenschluss von Unternehmen zu Konzernen und Vereinigten Unternehmen (Trusts) ist dem Bundeskartellamt vor dem Vollzug anzumelden. Den Vollzug des Zusammenschlusses haben die beteiligten Unternehmen unverzüglich anzuzeigen. Diese Bestimmungen gelten, wenn im letzten Geschäftsjahr vor dem Zusammenschluss die beteiligten Unternehmen insgesamt weltweit Umsatzerlöse von mehr als einer Milliarde DM oder mindestens ein beteiligtes Unternehmen im Inland Umsatzerlöse von mehr als 50 Mrd. DM erzielt haben. — GWB § 35 (1)

Die Kartellbehörden können von den Unternehmen Auskunft und Aufklärung über Marktanteile sowie über Umsatzerlöse verlangen und sie überwachen. — § 39 (5)

Ist zu erwarten, dass durch den **Zusammenschluss eine marktbeherrschende Stellung entsteht oder verstärkt** wird, so kann die Kartellbehörde einen Zusammenschluss *untersagen*, sobald ihr das Vorhaben des Zusammenschlusses bekannt geworden ist. Eine bereits vollzogene Fusion kann unter bestimmten Voraussetzungen *aufgelöst (entflochten)* werden **(Fusionsverbot).** — § 41

Auf Antrag kann das **Bundeskartellamt** einen solchen Zusammenschluss genehmigen, wenn die beteiligten Unternehmen hierfür wichtige Gründe geltend machen, insbesondere um schweren Schaden von einem beteiligten Unternehmen oder von Dritten abzuwenden.

Darüber hinaus kann der **Bundesminister für Wirtschaft** auf Antrag die Erlaubnis zu dem Zusammenschluss erteilen, wenn dieser von gesamtwirtschaftlichem Vorteil ist oder durch ein überragendes Interesse der Allgemeinheit gerechtfertigt wird.

Zur Begutachtung der Entwicklung der Unternehmenskonzentration ist eine **Monopolkommission** aus Fachleuten der Wirtschaft und Wissenschaft gebildet. — § 44

**b) Missbrauchsaufsicht.** Der Missbrauchsaufsicht unterliegen

- alle marktbeherrschenden Unternehmen, soweit die Marktbeherrschung nicht durch Fusionsverbot verhindert werden kann,
- alle Formen der Kooperation, die nicht dem Verbotsprinzip unterliegen, z.B. anmelde- und genehmigungspflichtige Kartelle.

Nutzen sie ihre marktbeherrschende Stellung missbräuchlich aus, so kann die Kartellbehörde dieses Verhalten untersagen und Verträge für unwirksam erklären.

Gegen Verfügungen der Kartellbehörde kann Beschwerde beim Kammergericht am Oberlandesgericht in Berlin geführt werden. Gegen Entscheidungen des Kammergerichts können Rechtsbeschwerden an den Kartellsenat des Bundesgerichtshofs gerichtet werden. — § 74

## Geldbußen

Bei Nichtbeachtung der Vorschriften des Gesetzes, bei unrichtiger und ungenügender Auskunftserteilung und bei Aufsichtspflichtverletzung können Geldbußen auferlegt werden. — § 81

Die Geldbuße kann bis zu 1 Million DM, über diesen Betrag hinaus bis zur dreifachen Höhe der durch die Zuwiderhandlung erzielten Mehrerlöse betragen. Die Höhe der Mehrerlöse kann geschätzt werden.

### Zur Wiederholung und Vertiefung

1. Preiskartelle, Konditionenkartelle und Syndikate werden im Gesetz gegen Wettbewerbsbeschränkungen im Bezug auf ihren wettbewerbshemmenden Einfluss verschiedenartig gewichtet.
   a) Welche Regelungen enthält das Gesetz für Kartelle?
   b) Aus welchen Erwägungen hat der Gesetzgeber diese Regelungen getroffen?
2. Auf welche Weise kann wirtschaftliche Macht zu politischer Macht führen?

# 11.9 Krise und Auflösung der Unternehmung

Das Krankheitsbild eines Menschen zeigt sich an unterschiedlichen Symptomen. Die Schwere der Krise einer Unternehmung ist ebenfalls an Symptomen absehbar, die unterschiedlich zu bewerten sind.

Solche Hinweise können sein: Umsatzrückgang, geringer werdende Gewinne, anhaltende Verluste, Schrumpfung des Eigenkapitals, steigende Verschuldung, Zahlungsschwierigkeiten und schließlich Zahlungsunfähigkeit (Insolvenz).

Als **Insolvenzen** bezeichnet man **vorübergehende Zahlungsschwierigkeiten** oder die **dauernde Zahlungsunfähigkeit** eines Schuldners.

Unter **Zahlungsschwierigkeiten** versteht man den *vorübergehenden* Mangel an flüssigen Mitteln. Der Schuldner kann fällige Verbindlichkeiten nicht rechtzeitig erfüllen.

Unter **Zahlungsunfähigkeit** versteht man den *dauernden* Mangel an flüssigen Mitteln. Der Schuldner kann seine fälligen Zahlungspflichten nicht mehr erfüllen; er stellt seine Zahlungen ein.

**Ursachen** einer solchen Entwicklung können inner- und außerbetrieblicher Natur sein:

| Innerbetriebliche Ursachen | Außerbetriebliche Ursachen |
|---|---|
| Mangel an Kapital,<br>falsche Kapitalverwendung,<br>Kapitalentzug durch überhöhte Privatentnahmen,<br>fehlende Marktanpassung,<br>zu geringe kaufmännische Kenntnisse,<br>fehlerhafte Buchführung,<br>technische Überalterung des Betriebs,<br>Verluste durch Fehldispositionen,<br>mangelhafte Organisation,<br>Streitigkeiten zwischen Gesellschaftern. | Rückgang der Nachfrage durch<br>– Abschwächung der Konjunktur<br>– Änderung der Verbrauchergewohnheiten,<br>– Beschränkung der Kaufkraft infolge steigender Arbeitslosigkeit,<br>– Verschärfung des Wettbewerbs;<br><br>Rückgang der Zahlungseingänge infolge<br>– größerer Verluste an Außenständen. |

Bild 210

Eine *Gesundung auf Kosten der Eigentümer,* also des Unternehmers oder der Gesellschafter, nennt man **Sanierung** (Abschnitt 11.9.1). Verlangt die *Gesundung Opfer der Gläubiger,* so kann sie durch einen **Insolvenzplan** (Abschnitt 11.9.3) erfolgen. Sind Sanierung oder Insolvenzplan nicht zu verwirklichen, kommt es zur *zwangsweisen Auflösung* des Unternehmens, zum **Insolvenzverfahren** (Abschnitt 11.9.2), oder einer *freiwilligen Auflösung*, der **Liquidation** des Unternehmens (Abschnitt 11.9.7), unter Befriedigung der Gläubiger.

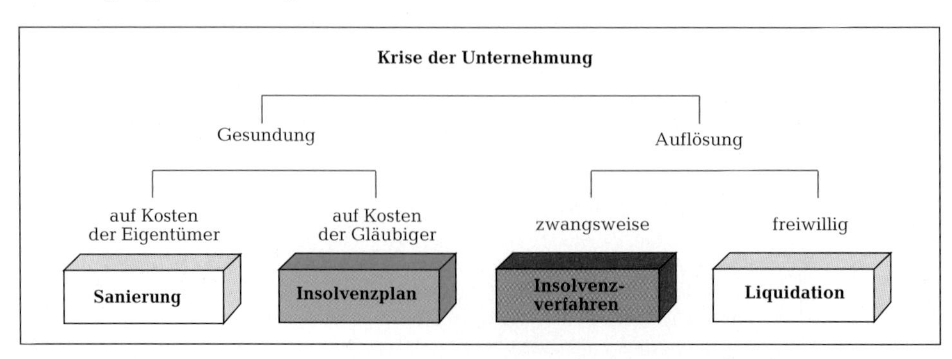


Bild 211

**Zur Wiederholung und Vertiefung**

1. Wodurch kann der Mangel an flüssigen Mitteln verursacht werden?
2. Nennen Sie je zwei Gründe für die Krise der Unternehmung, bei denen der Unternehmer die Krise
   a) verschuldet hat,
   b) nicht verschuldet hat.
3. Das Vermögen der Klammer KG beträgt 500.000 EUR. Entscheiden Sie, welche Maßnahmen zu ergreifen sind, wenn die Schulden
   a) 2.000.000 EUR,
   b) 500.000 EUR,
   c) 900.000 EUR betragen.
   Begründen Sie Ihre Entscheidung.

## 11.9.1 Sanierung

Unter **Sanierung** versteht man die Gesamtheit der Maßnahmen **zur Gesundung** eines Unternehmens **ohne Hilfe der Gläubiger.**

### Sanierung im weiteren Sinne

Dazu gehören alle Maßnahmen zur Beseitigung von Mängeln und Schäden, damit das Unternehmen wieder wirtschaftlich und erfolgreich arbeiten kann. Dies kann geschehen:

- *personell* durch Umbesetzung der Unternehmungsleitung, bessere Besetzung der Arbeitsplätze,
- *organisatorisch* durch Rationalisierung,
- *sachlich* durch Abstoßen unwirtschaftlich arbeitender Betriebsteile,
- *finanziell* durch Zuführung neuen Kapitals, aber auch durch Rückgabe nicht mehr benötigten Kapitals.

### Sanierung im engeren Sinne

Darunter versteht man die Angleichung des *nominellen*, in der Bilanz ausgewiesenen Kapitals an das tatsächlich vorhandene. Weil bei Kapitalgesellschaften das Nominalkapital durch Jahresergebnisse nicht verändert werden darf, müssen Jahresfehlbeträge als Abzugsbeträge beim gezeichneten Kapital ausgewiesen werden (Bild 212). Übersteigen die Verluste schließlich das Eigenkapital, sodass die Schulden größer sind als das Vermögen, so spricht man von **Überschuldung** (Bild 213). Eine Sanierung ist bei Kapitalgesellschaften dann nicht mehr möglich. In diesem Falle muss die Eröffnung des Insolvenzverfahrens beantragt werden (Abschnitt 11.9.2).

Bilanz mit Jahresfehlbetrag

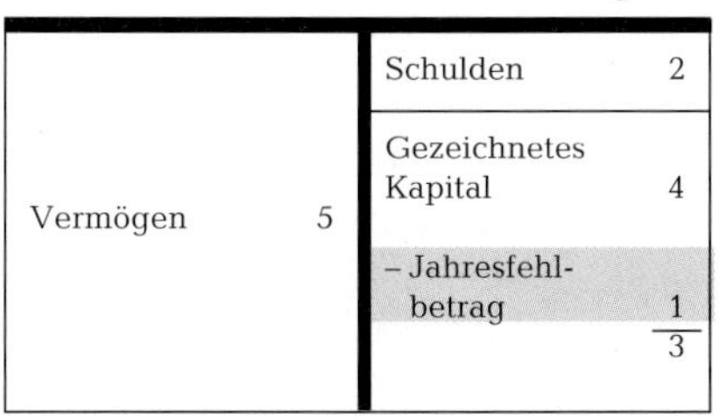


Bild 212

Bilanz bei Überschuldung

HGB § 268 (3)

Bild 213

**Reine Sanierung.** Sie ist die Beseitigung einer Unterbilanz ohne Vermögensmehrung. Dazu stehen drei Möglichkeiten offen, die zuvor in einer Hauptversammlung beschlossen werden müssen:

AktG § 150

a) Verrechnung von Rücklagen mit dem Jahresfehlbetrag (Bild 214). Das Nominalkapital ändert sich nicht.

vor der Sanierung

| Aktiva | | Passiva | |
|---|---|---|---|
| Vermögen | 5 | Schulden | 2 |
| | | Gezeichnetes Kapital | 2,5 |
| | | Rücklagen | 1,5 |
| | | – J.-fehlbetrag | 1,0 |
| | | | 3,0 |

nach der Sanierung

| Aktiva | | Passiva | |
|---|---|---|---|
| Vermögen | 5 | Schulden | 2 |
| | | Gezeichnetes Kapital | 2,5 |
| | | Rücklagen | 0,5 |

Bild 214

§ 222

b) Zusammenlegung der Aktien oder Herabstempelung des Nennwertes der einzelnen Aktien.

**Beispiel:** Zusammenlegung auf die Hälfte (Bild 215).

vor der Sanierung

| Aktiva | | Passiva | |
|---|---|---|---|
| Vermögen | 5 | Schulden | 2 |
| | | Gezeichnetes Kapital | 4 |
| | | – Jahresfehlbetrag | 1 |
| | | | 3 |

nach der Sanierung

| Aktiva | | Passiva | |
|---|---|---|---|
| Vermögen | 5 | Schulden | 2 |
| | | Gezeichnetes Kapital | 2 |
| | | Rücklagen | 1 |

Bild 215

§§ 237, 71

c) Rückkauf von eigenen Aktien unter pari und deren Vernichtung. Die Differenz zwischen Kurswert und Nennwert wird zum Ausgleich des Jahresfehlbetrags verwendet.

**Beispiel:** Vernichtung eigener Aktien nach Rückkauf zum Kurs 50% (Bild 216).

vor der Sanierung

| Aktiva | | Passiva | |
|---|---|---|---|
| eigene Aktien | 1 | Schulden | 2 |
| Vermögen | 4 | Gezeichnetes Kapital | 4 |
| | | – Jahresfehlbetrag | 1 |
| | | | 3 |

nach der Sanierung

| Aktiva | | Passiva | |
|---|---|---|---|
| Vermögen | 4 | Schulden | 2 |
| | | Gezeichnetes Kapital | 2 |

Bild 216

**Alternativsanierung.** Sie lässt den Aktionären die Wahl zwischen Herabsetzung des Nennwertes ihrer Aktien oder entsprechenden Zuzahlungen. In letzterem Falle fließen der Unternehmung neue Mittel zu (Bild 217), ohne die eine wirkliche Gesundung nicht möglich ist. Den Aktionären können dafür Vorteile in Form von Vorzugsaktien oder Genussscheinen geboten werden.

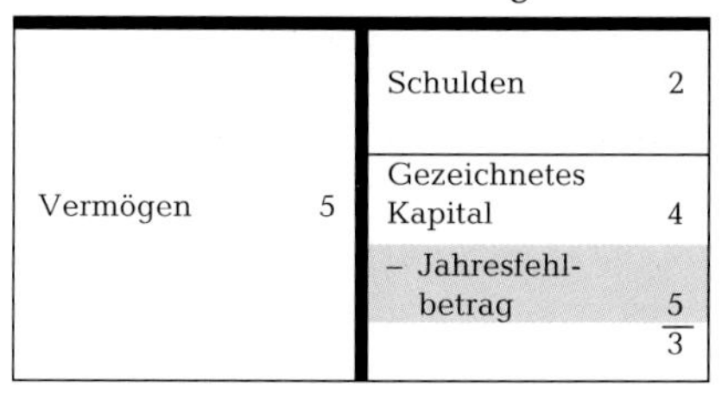

Bild 217

**Zweistufige Sanierung.** Bei ihr folgt auf die bilanzmäßige Kapitalherabsetzung zur Stärkung des Substanzwertes der alten Aktien eine Kapitalerhöhung mit Zuführung neuer Geldmittel durch Ausgabe junger Aktien.

**Zur Wiederholung und Vertiefung**

1. Wie kann eine Sanierung in den verschiedenen betrieblichen Bereichen durchgeführt werden?
2. Was ist der Unterschied zwischen einer Bilanz mit Jahresfehlbetrag und bei Überschuldung?
3. Warum gibt es bei der Personenunternehmung keine Bilanz mit Jahresfehlbetrag?
4. Wann kann ein Personenunternehmen bei Überschuldung trotzdem weitergeführt werden?
5. Wie kann eine Bilanz mit Jahresfehlbetrag bei einer AG beseitigt werden?
6. Zu welchen Lasten geht die Sanierung einer Unternehmung?
7. In welchen Bilanzposten wird ein Verlust ausgewiesen
   a) bei Personengesellschaften,
   b) bei Aktiengesellschaften?
8. Die Bilanz einer AG hat folgende Positionen:
   Vermögen 8 Mio. EUR, Schulden 10 Mio. EUR, gezeichnetes Kapital 3 Mio. EUR, Jahresfehlbetrag 5 Mio. EUR.
   a) Erstellen Sie die Bilanz und analysieren Sie diese.
   b) Entscheiden Sie, welche Maßnahme zu treffen ist.
   c) Angenommen, die Schulden würden nur 6 Mio. EUR betragen. Für welche Maßnahmen könnten Sie sich dann entscheiden?

## 11.9.2 Insolvenzverfahren

Insolvenzordnung (InsO) vom 5. Oktober 1994, ab 1. Januar 1999 in Kraft

Mit dem Insolvenzverfahren soll vermieden werden, dass einzelne Gläubiger versuchen, durch raschen Zugriff volle Befriedigung ihrer Forderungen zu erlangen, während andere leer ausgehen würden. Ein **Insolvenzverfahren** *löscht ein Unternehmen aus.* Dies ist für die Volkswirtschaft, vor allem aber für die Belegschaft, mit schweren Nachteilen verbunden (Abschnitt 11.9.6). Deshalb besteht ein nachhaltiges Interesse, die Existenz einer Unternehmung zu sichern. Mit einem **Insolvenzplan** kann eine *Regelung für den Erhalt des Unternehmens* getroffen werden.

InsO § 1

Das **Insolvenzverfahren** ist ein gerichtliches Verfahren zur gemeinschaftlichen **Befriedigung** der Gläubiger. Das Vermögen des Schuldners wird **verwertet** und der Erlös **verteilt.** Dem **redlichen Schuldner** wird die Gelegenheit gegeben, sich von seinen **restlichen Verbindlichkeiten** zu **befreien.**

## Voraussetzungen

Voraussetzungen für die Eröffnung eines Insolvenzverfahrens sind

InsO §§ 17 ff.
a) **Zahlungsunfähigkeit**, bei juristischen Personen auch **Überschuldung**.

§ 3
b) **Antrag** an das Gericht. **Insolvenzgericht** ist das *Amtsgericht*, in dessen Bezirk der Schuldner seinen allgemeinen Gerichtsstand hat (Abschnitt 3.2.7).

Der Antrag kann gestellt werden

§§ 13 ff.
1. vom *Schuldner* selbst. Dieser kann auch bereits bei drohender Zahlungsunfähigkeit einen Antrag stellen;
2. von einem *Gläubiger*. Dieser muss nachweisen, dass er ein rechtliches Interesse an der Eröffnung des Insolvenzverfahrens hat. Er muss seine Forderung und den Grund glaubhaft machen, z.B. durch erfolglose Zwangsvollstreckung oder Wechselprotest.

## Eröffnung des Verfahrens

§ 26
§ 207
Das Gericht prüft, ob die Voraussetzungen zur Eröffnung des Insolvenzverfahrens vorliegen und ernennt einen vorläufigen Insolvenzverwalter. Reicht das vorhandene Vermögen zur Deckung der Kosten des Verfahrens nicht aus, so wird der Antrag **mangels Masse** *abgewiesen*. Stellt sich dies erst im Laufe des Verfahrens heraus, wird das Verfahren *eingestellt*. Die Gläubiger können dann wieder Einzelvollstreckungen einleiten.

§ 27
Wird das Verfahren *eröffnet*, so ernennt das Gericht einen **Insolvenzverwalter**. Der Eröffnungsbeschluss ist zu *veröffentlichen* und ins Handelsregister und zur Verhinderung gutgläubigen Erwerbs von Grundstücken ins Grundbuch *einzutragen*.

Der **Eröffnungsbeschluss** enthält

a) Firma oder Name und Vornamen, Geschäftszweig und Anschrift des Schuldners,
b) Name und Anschrift des Insolvenzverwalters,
c) Tag und Stunde der Eröffnung,
d) die Aufforderung an die Gläubiger, ihre Forderungen beim Insolvenzverwalter anzumelden und mitzuteilen, welche Sicherungsrechte sie beanspruchen,
e) die Aufforderung an die Schuldner, nicht mehr an den Insolvenzschuldner, sondern nur an den Verwalter zu bezahlen,

§ 29
f) einen Termin für die erste Gläubigerversammlung, in der die angemeldeten Forderungen geprüft werden **(Prüftermin).**

§ 156
g) einen weiteren Termin, an dem der Insolvenzverwalter über die wirtschaftliche Lage des Schuldners und deren Ursachen Bericht erstattet **(Berichtstermin)** und in dem über den Fortgang des Verfahrens beschlossen wird.

## Wirkungen des Eröffnungsbeschlusses

a) Wirkungen auf den **Schuldner:**

§ 80
1. Mit der Eröffnung geht das Recht des Schuldners, das Vermögen zu verwalten und darüber zu verfügen, auf den Insolvenzverwalter über.
2. Der Schuldner ist verpflichtet, sich jederzeit auf Anordnung des Gerichts zur Verfügung zu stellen.

§§ 99, 102
3. Auf Anordnung des Gerichts kann eine Postsperre erlassen werden, d.h. die Geschäftspost darf nur vom Insolvenzverwalter geöffnet werden.

§ 100
4. Auf Beschluss der Gläubigerversammlung kann dem Schuldner, dem Ehegatten und den minderjährigen Kindern Unterhalt aus seinem Vermögen gewährt werden.

5. Vom Schuldner erteilte Vollmachten, z.B. Prokura, erlöschen. InsO § 117
6. Der Schuldner hat dem Verwalter gegenüber Auskunftspflicht und hat ihn bei der Erfüllung seiner Aufgaben zu unterstützen. § 97

b) Wirkungen auf die **Drittschuldner**: § 82

Es ist ihnen untersagt, an den Schuldner zu leisten. Leistet ein Drittschuldner trotzdem, so wird er nur befreit, wenn er nachweisen kann, dass er zur Zeit der Leistung die Eröffnung des Verfahrens nicht kannte.

c) Wirkungen auf die **Gläubiger**: § 89

1. Die einzelnen Gläubiger verlieren das Recht auf Zwangsvollstreckungen.
2. Sie müssen ihre Forderungen beim Gericht anmelden. Dort werden sie in eine Tabelle eingetragen. §§ 174, 175
3. Die Verjährung ihrer Forderungen ist unterbrochen.

## Gläubigerversammlungen

Gläubigerversammlungen dienen der Wahrnehmung der gemeinsamen Interessen der Gläubiger. Sie werden vom Gericht einberufen und geleitet. § 74

In der *ersten* Gläubigerversammlung berichtet der Insolvenzverwalter über die Ursachen des Verfahrens und über die ergriffenen Maßnahmen. In einer *weiteren* Gläubigerversammlung werden die angemeldeten Forderungen geprüft. Diese müssen vorher schriftlich beim Insolvenzverwalter angemeldet werden, wobei Grund und Betrag der Forderungen anzugeben sind. § 29 § 174

Die Gläubigerversammlung beschließt, ob ein **Gläubigerausschuss** eingesetzt werden soll. §§ 67, 68

**Stimmberechtigt** sind Gläubiger, deren Forderungen weder vom Insolvenzverwalter noch von einem stimmberechtigten Gläubiger bestritten werden. § 77

Ein Beschluss kommt zustande, wenn die *Forderungssumme der zustimmenden Gläubiger* **mehr als die Hälfte** der *Forderungen aller abstimmenden Gläubiger* beträgt. § 76

## Stellung und Aufgaben des Insolvenzverwalters

**Stellung.** Das **Insolvenzgericht** bestellt den **Insolvenzverwalter**. Es soll eine für den Einzelfall geeignete, geschäftskundige Person sein (Rechtsanwalt, Wirtschaftsprüfer). Die erste **Gläubigerversammlung** kann an dessen Stelle aber auch eine andere Person wählen. §§ 56 ff.

Der Insolvenzverwalter hat gewissenhaft und sorgfältig zu arbeiten. Wenn er schuldhaft seine Pflicht verletzt, ist er zum Ersatz des Schadens verpflichtet.

**Aufgaben.** Nach der Eröffnung des Verfahrens hat der Insolvenzverwalter das gesamte zur Insolvenzmasse gehörende Vermögen sofort in *Besitz* und *Verwaltung* zu nehmen. Vom Schuldner kann er die *Herausgabe* von Sachen verlangen, die zur Insolvenzmasse gehören.

Er hat ein Verzeichnis der Massegegenstände, ein Gläubigerverzeichnis und eine Bilanz zu erstellen und jede angemeldete Forderung in eine Tabelle einzutragen. § 175

Weitere Aufgaben sind:

- Bei noch nicht vollständig abgewickelten Verträgen kann der Insolvenzverwalter entscheiden, ob er den *Vertrag erfüllen* will oder ob er die *Erfüllung ablehnt*. Im letzteren Fall hat der Gläubiger nur als Insolvenzgläubiger einen Anspruch an die Insolvenzmasse. § 103

InsO § 109 – *Miet- oder Pachtverträge* kann der Insolvenzverwalter ohne Rücksicht auf die vereinbarte Vertragsdauer unter Einhaltung der gesetzlichen Frist *kündigen.*

– *Dienstverträge* können vom Insolvenzverwalter und vom Vertragspartner ohne Rücksicht auf die vereinbarte Vertragsdauer *gekündigt* werden.

– *Betriebsvereinbarungen* können mit einer Frist von 3 Monaten *gekündigt* werden.

§§ 129 ff. – Der Insolvenzverwalter kann *Rechtshandlungen anfechten,* die vor Eröffnung des Verfahrens vorgenommen wurden und *welche die Insolvenzgläubiger benachteiligen.*

## Einteilung der Gläubiger

**a) Keine Insolvenzgläubiger** sind

§ 47 – **Aussonderungsberechtigte.** Das sind Gläubiger, die ein *dingliches* oder *persönliches Eigentumsrecht* an Gegenständen haben, die sich im Besitz des Schuldners befinden (mit Eigentumsvorbehalt gelieferte und noch nicht bezahlte Waren, gepachtete und gemietete Gegenstände, abgetretene Forderungen).

§§ 49 ff. – **Absonderungsberechtigte.** Das sind Gläubiger, die ihre Forderungen durch ein *Pfandrecht* gesichert haben oder ein kaufmännisches *Zurückbehaltungsrecht* geltend machen können. Eine Sicherung durch Zwangsvollstreckung, die im § 88 letzten Monat vor dem Antrag auf Eröffnung des Insolvenzverfahrens erworben wurde, ist unwirksam (Sperrfrist).

§ 94 – **Aufrechnungsberechtigte.** Das sind Gläubiger, die kraft Gesetzes oder auf Grund einer Vereinbarung zur Aufrechnung berechtigt sind. Es werden *Forderungen des Schuldners mit Forderungen an den Schuldner verrechnet.*

§§ 53 ff. **b) Massegläubiger** sind vorweg zu befriedigen. Masseverbindlichkeiten sind

– *Kosten des Insolvenzverfahrens* (Gerichtskosten, Vergütungen und Auslagen des Insolvenzverwalters).

– Sonstige Masseverbindlichkeiten, die *durch Handlungen des Insolvenzverwalters* bei der Verwaltung, Verwertung und Verteilung der Insolvenzmasse entstanden sind oder Schulden, die *nach der Eröffnung* des Verfahrens entstanden sind (Löhne, Gehälter, Mieten).

– Zu den Masseverbindlichkeiten gehören auch die Verbindlichkeiten aus dem *Sozialplan,* sofern sie den Gesamtbetrag von zweieinhalb Monatsverdiensten und ein Drittel der für die Verteilung zur Verfügung stehenden Insolvenzmasse nicht übersteigen.

§ 38 **c) Insolvenzgläubiger.** Das sind solche Gläubiger, die *zum Zeitpunkt der Eröffnung* des Verfahrens einen begründeten Vermögensanspruch an den Schuldner haben. Sie erhalten bei der Verteilung der Restmasse einen vom Gläubigerausschuss auf § 195 Vorschlag des Insolvenzverwalters festgelegten **Bruchteil** von ihrem Anspruch.

**Beispiel:** Ein Insolvenzgläubiger (Bild 218) erhält als Bruchteil 1/20 seines Vermögensanspruchs von 10.000 EUR.

Auszahlung: $\frac{10.000 \text{ EUR}}{20} = 500 \text{ EUR}$

§ 39 **d) Nachrangige Insolvenzgläubiger.** Im Rang nach den übrigen Forderungen werden in folgender Rangfolge, bei gleichem Rang nach dem Verhältnis ihrer Beträge unter anderem befriedigt

– die seit der Eröffnung des Insolvenzverfahrens laufenden Zinsen für die Forderungen der Insolvenzgläubiger,

– die Kosten, die den einzelnen Insolvenzgläubigern durch ihre Teilnahme am Verfahren erwachsen.

## Verwertung der Insolvenzmasse und Verteilung

Im **Berichtstermin** hat der Insolvenzverwalter darzulegen, welche

InsO § 156

- Aussichten bestehen, das Unternehmen zu erhalten,
- Möglichkeiten für einen Insolvenzplan bestehen,
- Auswirkungen jeweils für die Befriedigung der Gläubiger eintreten würden.

**Verwertung.** Auf Beschluss der Gläubigerversammlung hat der Insolvenzverwalter das zur Insolvenzmasse gehörende Vermögen zu verwerten. Bei der Verwertung der Insolvenzmasse erzielte Barmittel können an die Gläubiger ausgezahlt werden.

§ 159

**Verteilung.** Vor der Verteilung hat der Insolvenzverwalter ein Verzeichnis der Forderungen aufzustellen. Die Summe der Forderungen und der für die Verteilung verfügbare Betrag sind öffentlich bekanntzumachen.

§ 188

Für die *Abschlagszahlung* bestimmt der Gläubigerausschuss den zu zahlenden Bruchteil. Das Ergebnis muss der Insolvenzverwalter den Gläubigern mitteilen. In einer abschließenden Gläubigerversammlung bestimmt das Gericht den Schlusstermin, in dem die Schlussrechnung des Verwalters erörtert wird. Die *Schlussverteilung* darf nur mit Zustimmung des Gerichts erfolgen. Sie erfolgt, wenn die Insolvenzmasse verwertet ist. Ein etwaiger *Überschuss* steht dem Schuldner zu.

§ 199

**Beispiel:** Verteilung der Insolvenzmasse

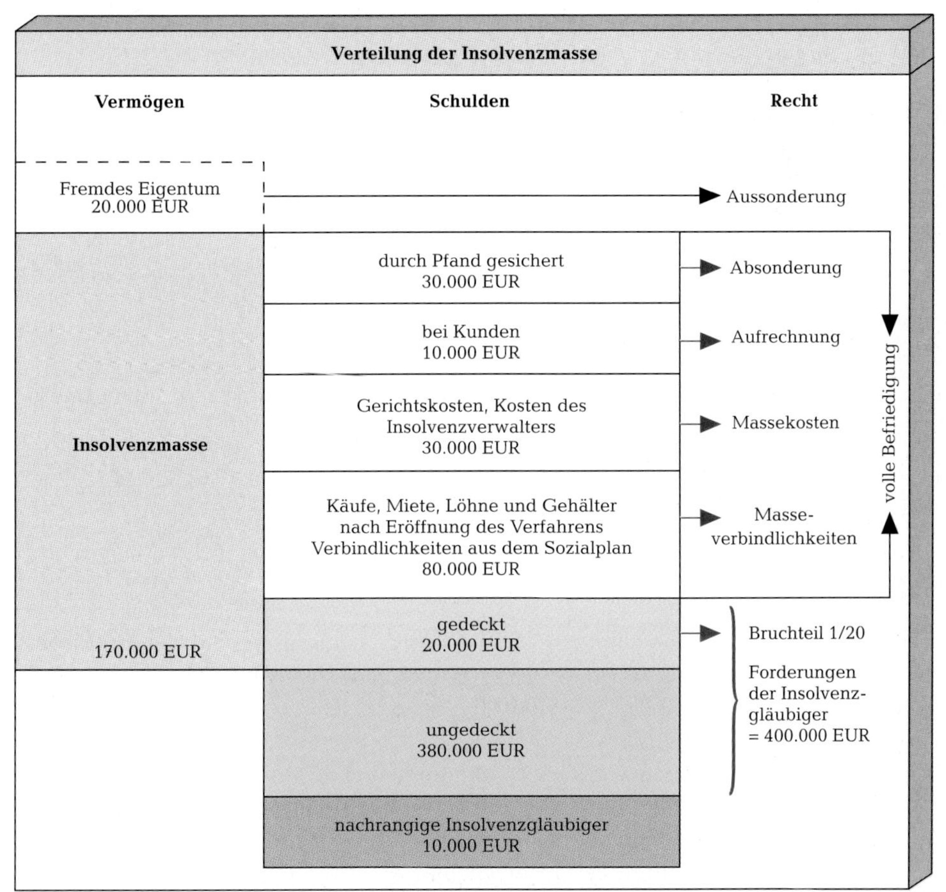


Bild 218

■ **Beendigung des Verfahrens**

Sobald die Schlussverteilung vollzogen ist, beschließt das Gericht die **Aufhebung** des Insolvenzverfahrens.

■ **Folgen der Beendigung**

Der Schuldner kann über etwa noch vorhandene Masse wieder selbst verfügen. Insolvenzverwalter, Gläubigerversammlung und -ausschuss sowie das Gericht stellen ihre Tätigkeit ein. Das Unternehmen wird im Handelsregister gelöscht.

InsO § 201

Die Insolvenzgläubiger können ihre restlichen Forderungen gegen den Schuldner unbeschränkt geltend machen. Aus der Eintragung in die Insolvenztabelle können die Gläubiger wie aus einem vollstreckbaren Urteil die Zwangsvollstreckung gegen den Schuldner betreiben.

§ 286

■ **Restschuldbefreiung** (Abschnitt 11.9.4)

■ **Insolvenzgeld** (früher Konkursausfallgeld)

Das Arbeitsamt zahlt jedem Arbeitnehmer den vollen Nettolohn für die letzten drei Monate vor der Insolvenzeröffnung als Insolvenzgeld. Auf Antrag der Einzugsstelle (z.B. AOK) werden auch die für diese Zeit rückständigen Sozialversicherungsbeiträge abgeführt. Das Arbeitsamt hat dafür Anspruch an die Insolvenzmasse als Insolvenzgläubiger. Ausfälle müssen von der Gesamtheit der Arbeitgeber durch eine Umlage getragen werden, welche die Unfallversicherung erhebt.

**Betriebsrenten** werden vom Pensionssicherungsverein der deutschen Wirtschaft übernommen, dem alle Betriebe angehören, die Betriebsrenten zugesagt haben. Dies gilt für Arbeitnehmer über 35 Jahre mit mindestens 10-jähriger Versorgungszusage.

**Zur Wiederholung und Vertiefung**

1. Von welchen Voraussetzungen ist die Eröffnung des Insolvenzverfahrens abhängig?
2. Wer kann das Insolvenzverfahren beantragen?
3. Welcher Unterschied besteht zwischen Aussonderung und Absonderung?
4. Warum kann die Gläubigerversammlung den vom Gericht bestellten Insolvenzverwalter durch eine andere Person ersetzen?
5. Warum werden Verbindlichkeiten aus dem Sozialplan vorweg befriedigt?
6. Welche Folgen hat die Beendigung des Insolvenzverfahrens?
7. Wer zahlt das Ausfallgeld beim Insolvenzverfahren?
8. Wer trägt die Kosten des Ausfallgeldes?
9. Melden Sie beim Insolvenzgericht Ihre Forderung an Peter Winter e.K., Schillerstr. 19, 49074 Osnabrück, in Höhe von 1.627 EUR für die am 6. März 20.. unter Eigentumsvorbehalt gelieferte Ware an. Bitten Sie um Aussonderung, wenn dies noch möglich ist.

## 11.9.3 Insolvenzplan

§ 227

Durch den **Insolvenzplan** kann erreicht werden, dass das insolvente **Unternehmen bestehen bleibt.** Der **Schuldner** wird **von seinen restlichen Verbindlichkeiten** gegenüber den Insolvenzgläubigern **befreit.**

§§ 217 ff.

Ein Insolvenzplan kann dem Gericht sowohl durch den *Schuldner* als auch durch den *Insolvenzverwalter* vorgelegt werden. Darin werden geregelt die

- Befriedigung der Gläubiger,
- Verwertung und Verteilung der Insolvenzmasse,
- Haftung des Schuldners nach Beendigung des Verfahrens.

## Aufstellung des Planes

Der **darstellende** Teil des Planes enthält

InsO § 220

- Maßnahmen, die nach Eröffnung des Verfahrens getroffen werden (Fortsetzung der Produktion),
- alle sonstigen Angaben zu den Grundlagen und Auswirkungen des Planes, die für die Entscheidung der Gläubiger über die Zustimmung des Planes und für dessen gerichtliche Bestätigung erheblich sind.

§ 221

Im **gestaltenden** Teil wird dargelegt, wie die Rechtsstellung der Beteiligten durch den Plan geändert wird. Hierbei wird entschieden, ob und in welchem Umfang die Rechte der absonderungsberechtigten Gläubiger *gekürzt* oder *gestundet* und wie sie *gesichert* werden.

Ebenso muss festgelegt werden, um welchen Bruchteil die Forderungen der Insolvenzgläubiger *gekürzt* bzw. für welchen Zeitraum sie *gestundet* werden.

§ 225

Die Forderungen nachrangiger Insolvenzgläubiger gelten als *erlassen*. Dem Insolvenzplan muss eine Vermögensübersicht und eine Übersicht über die Aufwendungen und Erträge beigefügt werden, und zwar für den Zeitraum, während dessen die Gläubiger befriedigt werden sollen.

§ 222

Bei der Festlegung der Rechte der Beteiligten sind Gruppen zu bilden, also absonderungsberechtigte Gläubiger, Insolvenzgläubiger, nachrangige Gläubiger, Arbeitnehmer und evtl. Kleingläubiger.

## Annahme und Bestätigung des Planes

§ 244

Beim *Erörterungs- und Abstimmungstermin* werden der Insolvenzplan und das Stimmrecht der Gläubiger *erörtert*.

Anschließend wird über den Plan *abgestimmt*.

Der Plan gilt als **angenommen**, wenn

- die **Mehrheit der abstimmenden Gläubiger** dem Plan *zustimmt* und
- die **Summe der Ansprüche der zustimmenden Gläubiger mehr als die Hälfte** der *Summe der Ansprüche* der *abstimmenden* Gläubiger beträgt.

## Wirkungen des Insolvenzplanes

Sobald der Insolvenzplan rechtskräftig ist

§ 258

- wird ein bereits eingeleitetes *Insolvenzverfahren aufgehoben*.

  Vor der Aufhebung hat der Verwalter die unbestrittenen Masseansprüche zu befriedigen und für die bestrittenen Sicherheit zu leisten.

§ 259

- erhält der Schuldner damit das Recht zurück, *über die Insolvenzmasse frei zu verfügen*. Es kann vorgesehen werden, dass der Insolvenzverwalter die Planerfüllung überwacht.

§ 255

§ 257

Kommt der Schuldner mit der Erfüllung in Verzug, so wird die Stundung oder der Erlass für den Gläubiger hinfällig, gegenüber dem der Schuldner im Rückstand ist, d.h. der Schuldner wurde gemahnt und lässt eine mindestens zweiwöchige Nachfrist verstreichen. Der Gläubiger kann dann zur Zwangsvollstreckung greifen.

Wird vor vollständiger Erfüllung des Planes über das Vermögen des Schuldners ein neues Insolvenzverfahren eröffnet, so ist die Stundung oder der Erlass für alle Insolvenzgläubiger hinfällig **(Wiederauflebensklausel)**.

## Außergerichtlicher Vergleich

BGB § 779

Die Verhandlungen werden ohne gerichtliche Mitwirkung völlig frei, meist vertraulich geführt. *Alle* Gläubiger sollen zustimmen, brauchen aber nicht in gleicher Weise behandelt zu werden. Häufig schließt der Schuldner nur mit einzelnen Großgläubigern einen Vertrag ab.

**Vorteile:**
Rasche Durchführung,
keine Veröffentlichung,
keine Gerichtskosten.

**Nachteil:**
Gläubiger können bei nachfolgendem Insolvenzverfahren nur noch ihre Restforderung geltend machen.

Beim Vergleich unterscheidet man

**a)** **Stundungsvergleich** (Moratorium), bei dem die Gläubiger ihre Forderungen stunden und einem Tilgungsplan zustimmen,

**b)** **Erlassvergleich** (Quotenvergleich), bei dem die Gläubiger auf einen Teil ihrer Forderungen verzichten.

**Beispiel:** 50%iger Erlass.

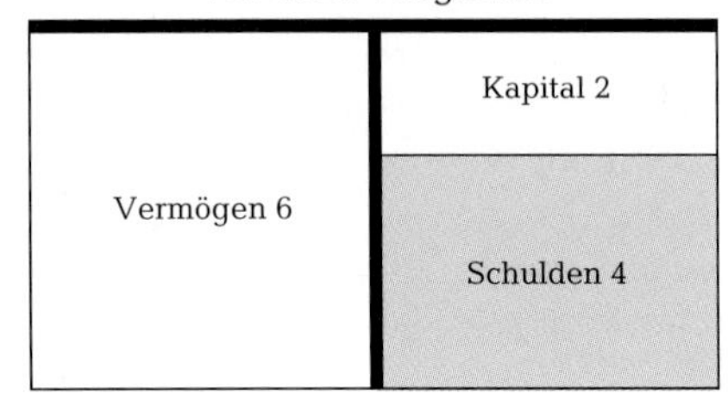


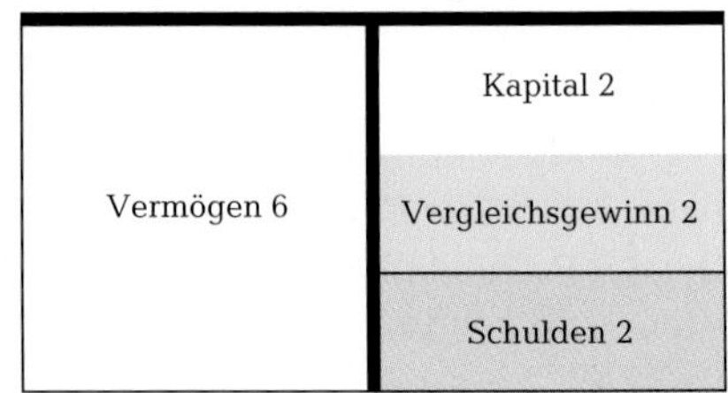


Bild 219

**Zur Wiederholung und Vertiefung**

1. Begründen Sie, warum der Gesetzgeber zwischen Insolvenzverfahren und Insolvenzplan unterscheidet.
2. Welche Vorteile bietet der Insolvenzplan
   a) dem Schuldner,
   b) den Gläubigern?
3. Welchen wirtschafts- und gesellschaftspolitischen Sinn haben die gesetzlichen Vorschriften über den Insolvenzplan?
4. Wodurch unterscheiden sich Insolvenzplan und außergerichtlicher Vergleich?
5. Egon Franke e.K. schreibt seinem Lieferer Jakob Fischer OHG, Bahnhofstraße 3, 99224 Amberg, dass er vor zwei Tagen beim zuständigen Amtsgericht einen Antrag auf die Durchführung eines Insolvenzplanes gestellt habe. Franke verspricht, 50% seiner bestehenden Schuld binnen eines Jahres zu bezahlen; er bittet um Zustimmung zu diesem Insolvenzplan und stellt in Aussicht, auch künftig bei Fischer zu kaufen und mit Skonto zu bezahlen.
   Schreiben Sie den Brief Frankes und begründen Sie, wodurch diese missliche Lage entstanden ist.

Brief

## 11.9.4 Restschuldbefreiung

InsO
§§ 286, 287

Ist der **Schuldner eine natürliche Person,** so kann er **auf seinen Antrag** vom Insolvenzgericht **von den Restschulden befreit werden.**

Eine Restschuldbefreiung kann auch für natürliche Personen beantragt werden, die nicht Kaufleute sind **(Verbraucherinsolvenz)**.

§§ 304 ff.

Der Schuldner muss dafür eine Erklärung abgeben, dass er seine pfändbaren Forderungen für die Zeit von **7 Jahren** nach Aufhebung des Verfahrens an einen Treuhänder abtritt. In dieser Zeit sind Zwangsvollstreckungen einzelner Insolvenzgläubiger in das Vermögen des Schuldners **nicht** zulässig.

Der Schuldner ist **verpflichtet**,

InsO § 295

- sich um eine angemessene Erwerbstätigkeit zu bemühen,
- von einem Vermögen, das er erbt, die Hälfte an den Treuhänder abzuführen,
- jeden Wechsel des Wohnsitzes oder der Arbeitsstelle anzuzeigen,
- Zahlungen zur Befriedigung der Insolvenzgläubiger nur an den Treuhänder zu leisten.

Mit dem Verfahren soll erreicht werden, dass der Insolvenzschuldner nach dem Ablauf von 7 Jahren wieder ein Geschäft gründen oder eine normale Erwerbstätigkeit ausüben kann, ohne unter dem dauernden Druck der restlichen Schulden zu stehen.

Eine Befreiung wird **versagt**, wenn z.B.

§ 290

- der Schuldner schriftlich unrichtige oder unvollständige Angaben über seine wirtschaftlichen Verhältnisse macht,
- dem Schuldner in den letzten 10 Jahren bereits schon einmal Restschuldbefreiung erteilt oder versagt wurde.

**Zur Wiederholung und Vertiefung**

1. Warum hat der Gesetzgeber neben dem Insolvenzplan die Restschuldbefreiung eingeführt?
2. Unter welchen Voraussetzungen wird die Restschuldbefreiung
   a) durchgeführt, b) nicht durchgeführt?

## 11.9.5 Bankrott

Ein **Bankrott** liegt vor, wenn der **Schuldner die Insolvenz verschuldet** hat.

StGB § 283

| Insolvenz | Bankrott | | |
|---|---|---|---|
| ohne Verschulden | mit Verschulden | | |
| | Fahrlässigkeit | Vorsatz | Vorsatz und Gewinnsucht |
| | bis 2 Jahre | bis 5 Jahre | bis 10 Jahre |
| straffrei | Freiheitsstrafe | | |

Bild 220

Er wird mit Freiheitsstrafen geahndet.

Bis zu 2 Jahren Freiheitsstrafe erhält, wer den Vermögensverfall durch *Fahrlässigkeit* verursacht hat.

**Beispiel:** Der Schuldner hat durch Spiel, Wetten oder Börsenspekulationen übermäßige Summen verbraucht, Waren und Wertpapiere verschleudert oder Bestandteile seines Vermögens beiseite geschafft, Handelsbücher zu führen unterlassen oder diese nicht ordnungsgemäß aufbewahrt.

Bis zu 5 Jahren Freiheitsstrafe erhält der Schuldner, wenn er seine Gläubiger *vorsätzlich* geschädigt hat.

**Beispiel:** Der Schuldner hat in Absicht, seine Gläubiger zu benachteiligen, Vermögensstücke verheimlicht oder beiseite geschafft, Geschäftsbücher nicht oder unordentlich geführt, Schulden und Rechtsgeschäfte anerkannt oder aufgestellt, die ganz oder teilweise erdichtet sind, Waren oder Wertpapiere auf Kredit beschafft, um sie erheblich unter ihrem Wert zu veräußern.

Bis zu 10 Jahren Freiheitsstrafe erhält, wer vorsätzlich aus *Gewinnsucht* handelt.

**Beispiel:** Wer aus Gewinnsucht oder wissentlich viele Personen in die Gefahr des Verlustes ihrer ihm anvertrauten Vermögenswerte oder in wirtschaftliche Not bringt.

**Zur Wiederholung und Vertiefung**

1. Was ist der wesentliche Unterschied zwischen dem Insolvenzverfahren und dem Bankrott?
2. Warum regelt der Gesetzgeber den Bankrott im Strafgesetzbuch und nicht in der Insolvenzordnung?

## 11.9.6 Auswirkungen von Unternehmungszusammenbrüchen

Der Zusammenbruch einer Unternehmung wirkt sich in mehrfacher Beziehung aus:

a) **Auswirkung auf die Volkswirtschaft.** Lieferer können durch den Ausfall ihrer Forderungen selbst zahlungsunfähig werden (Kettenreaktion). Bund, Länder, Gemeinden und Sozialversicherungsträger verlieren Steuer- und Beitragszahler; sie können deshalb ihre öffentlichen Aufgaben nur noch in entsprechend eingeschränktem Maße erfüllen.

b) **Auswirkung auf die Belegschaft.** Durch den Zusammenbruch verlieren die Mitarbeiter neben einem Teil ihrer Lohnforderungen ihren Arbeitsplatz. Sie haben nicht nur Schwierigkeiten, einen gleichwertigen Arbeitsplatz zu finden, oft müssen sie auch den Wohnort wechseln. Ältere Arbeitnehmer bekommen bei schlechter Wirtschaftslage keinen Arbeitsplatz mehr und sind gezwungen, vorzeitig in Rente zu gehen.

**Zur Wiederholung und Vertiefung**

Welche Auswirkungen hat der Zusammenbruch eines Unternehmens für den Eigentümer?

## 11.9.7 Liquidation der Unternehmung

Die **Liquidation** ist die **freiwillige Auflösung einer Unternehmung.** Dabei wird das ganze Vermögen der Unternehmung in liquide (flüssige) Mittel verwandelt.

**Auflösungsgründe** können sein: Arbeitsunfähigkeit, hohes Alter oder Tod des Unternehmers, Austritt eines Gesellschafters aus der OHG, Streitigkeiten der Gesellschafter oder Erben, schlechte Ertragsaussichten, Erreichung des Unternehmungszieles, Erschöpfung von Rohstoffvorkommen (Steine, Lehm, Erze, Kohlen, Salze).

Die **Abwicklung** liegt meist in den Händen des Unternehmers, der bisherigen Gesellschafter, Geschäftsführer oder Vorstandsmitglieder. Es kann aber auch eine andere Person bestellt werden. Man nennt sie Abwickler *(Liquidator)*.

AktG § 267

Dem **Gläubigerschutz** dienen folgende Bestimmungen:

a) Der Auflösungsbeschluss muss *veröffentlicht* und ins *Handelsregister* eingetragen werden. Die Gläubiger sind dabei aufzufordern, sich zu melden.

b) Auf allen Geschäftsbriefen der Firma ist der *Zusatz* „i. L.“, d.h. „in Liquidation“, beizufügen.

c) Gesellschafter von Personengesellschaften *haften* noch *fünf Jahre* ab Eintragung des Auflösungsbeschlusses in das Handelsregister, sofern ein Anspruch nicht schon vorher verjährt.

Die **Verteilung** des verbleibenden Vermögens erfolgt im Verhältnis der Kapitalanteile.

§§ 262 ff. GmbHG §§ 60 ff. GenG §§ 78 ff.

Die **Beendigung** der Liquidation und das Erlöschen der Firma ist im Handelsregister einzutragen. Die Gesellschaftsbücher und Papiere sind 10 Jahre aufzubewahren. Bei Kapitalgesellschaften und Genossenschaften bestimmt das Gericht den Ort der Aufbewahrung.

**Zur Wiederholung und Vertiefung**

1. Wann wird man sich für den Verkauf eines Unternehmens und wann für die Liquidation entscheiden?
2. Warum dürfen Kapitalrückzahlungen erst nach einer Sperrfrist erfolgen?

# 12 Finanzierung der Unternehmung

**Finanzierung** ist der Inbegriff aller Maßnahmen, die der **Bereitstellung von Geld und Sachmitteln für die betriebliche Leistungserstellung** dienen.

Sie ist nicht nur eine einmalige, bei der Gründung zu lösende Aufgabe, sondern eine laufende Tätigkeit des Beschaffens, Freisetzens und Wiedereinsetzens von Mitteln, um sich veränderten Gegebenheiten anzupassen. Diese Finanzierungsmaßnahmen finden demnach ihren Niederschlag in der Kapital- und Vermögensausstattung der Betriebswirtschaften.

## 12.1 Vermögen und Kapital

**Vermögen** im betriebswirtschaftlichen Sinn ist die **Gesamtheit aller Güter,** die der Betrieb **zur Aufgabenerfüllung** verwendet.

Dazu gehören die **materiellen** Wirtschaftsgüter wie Gebäude, Maschinen und Stoffe und die **immateriellen** Wirtschaftsgüter wie Konzessionen und Patente. Aus Größe und Zusammensetzung des Vermögens lassen sich Art und konkrete Gestalt eines Betriebes erkennen.

Vermögen im **rechtlichen** Sinne umfasst nur die Wirtschaftsgüter, die Eigentum der Unternehmung sind.

Das in der **Bilanz** ausgewiesene Anlage- und Umlaufvermögen enthält neben Vermögen im rechtlichen Sinne auch Wirtschaftsgüter, die unter Eigentumsvorbehalt erworben wurden oder zur Sicherung übereignet sind. Andererseits kommt in der Bilanz nicht das ganze Vermögen zum Ausdruck, da Anlagen, die geliehen, gemietet oder gepachtet sind (Leasing), in der Regel nicht aktiviert werden.

**Kapital** ist der **abstrakte Gegenwert des Vermögens,** der über die **Herkunft** und den Umfang des Vermögens Auskunft gibt (Eigen- und Fremdkapital).

Aus der Tatsache, dass das Vermögen die konkrete Gestalt des Kapitals darstellt, ergibt sich die Bilanzgleichung:

**Vermögen = Kapital**

**Vermögen** (Aktiva) **Bilanz** (Passiva) **Kapital**

| Mittelverwendung ≙ **Investition** | Mittelherkunft ≙ **Finanzierung** |
|---|---|
| **Beispiele:** | **Beispiele:** |
| 1. Mit den vom Unternehmer eingebrachten Mitteln werden Maschinen gekauft. | 1. Der Unternehmer stellt der Unternehmung aus einer Erbschaft Mittel in Form von Geld zur Verfügung. |
| 2. Der vom Gesellschafter eingebrachte Wagen dient jetzt als Firmenwagen. | 2. Ein neu eintretender Gesellschafter stellt seinen Privatwagen zur Verfügung. |
| 3. Mit dem bereitgestellten Kredit wird ein Grundstück bezahlt. | 3. Die Bank gewährt dem Unternehmen einen Kredit zum Kauf eines Grundstücks. |

Bild 221

Trotz dieser Trennung in Herkunft und Verwendung der Mittel stehen Finanzierung und Investitionen in engem Zusammenhang: Finanzierungsvorhaben sind nämlich wertlos, wenn für sie keine Investitionsanlässe bestehen; Investitionsüberlegungen sind nutzlos, wenn sie nicht finanzierbar sind. Jeder Finanzierungsvorgang muss also Investitionen zur Folge haben; jede Investition setzt deren Finanzierbarkeit voraus.

### 12.1.1 Vermögen

Das Vermögen der Unternehmung lässt sich in folgende Positionen gliedern:

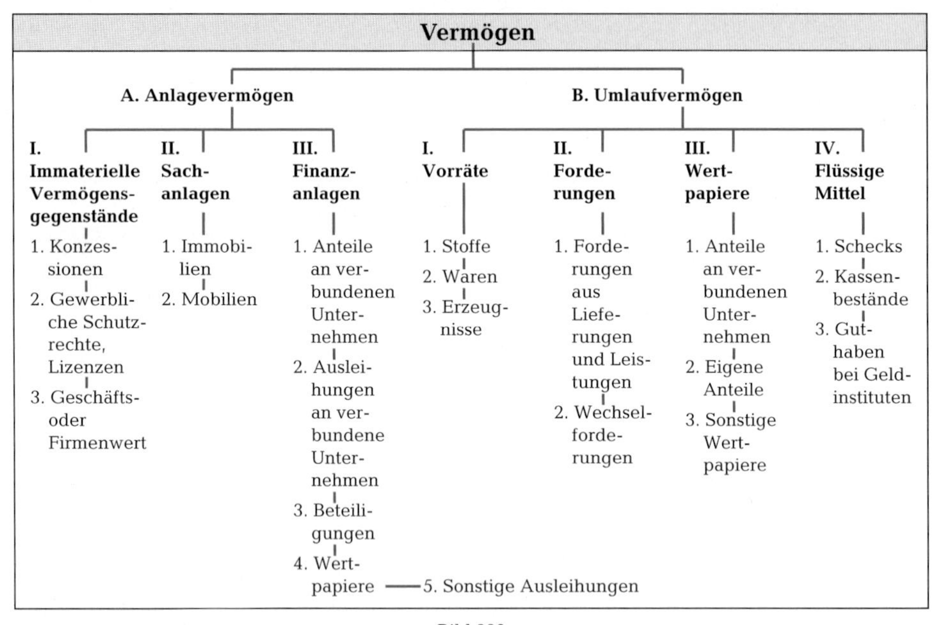


Bild 222

HGB § 266

Für Kapitalgesellschaften ist die Bilanzgliederung des Vermögens im HGB vorgeschrieben (Abschnitt 13.3.1).

#### Anlagevermögen

Das Anlagevermögen ist dazu bestimmt, langfristig der betrieblichen Leistungserstellung zu dienen und die technische Betriebsbereitschaft zu sichern. Mit Ausnahme von Grund und Boden wird das Anlagevermögen durch ständige Teilnahme am Produktionsprozess abgenützt. Der ständige Verschleiß wird nur langsam in den Umsatzerlösen ersetzt.

Dem einzelnen Vermögensteil sieht man oft nicht an, ob er zum Anlage- oder Umlaufvermögen gehört; entscheidend ist die Art der Verwendung.

Bei Unternehmungen, die mit Kraftfahrzeugen handeln, gehören die Kraftwagen nicht zum Anlagevermögen, weil sie Umsatzgüter sind; ein Abschleppwagen einer Autowerkstatt dagegen gehört zum Anlagevermögen.

Das Anlagevermögen besteht aus immateriellen Vermögensgegenständen, Sach- und Finanzanlagen. Es bestimmt die *technische Betriebskapazität.*

**a) Immaterielles Vermögen** umfasst

1. **Konzessionen** (behördliche Genehmigung eines ganzen Betriebes oder von Betriebsteilen),
2. **Gewerbliche Schutz- und Nutzungsrechte** (Patente, Lizenzen, Gebrauchsmuster, Geschmacksmuster, Markenzeichen),
3. **Geschäfts- oder Firmenwert** (goodwill). Er ist Inbegriff für alle sonstigen immateriellen, nicht genau wägbaren Faktoren einer Unternehmung wie gute Geschäftslage, guter Ruf einer Firma, guter Kundenstamm, zuverlässiges Stammpersonal, gesundes Betriebsklima und nicht zuletzt zweckmäßige Organisation einer Unternehmung.

Von ihr sagte der amerikanische Stahlkönig Carnegie: „Take away all our factories, our trade, our avenues of transportation, our money; leave me only our organisation, and in four years I will have reestablished myself!"

Der *originäre*, selbst geschaffene Geschäftswert darf weder nach Handels- noch nach Steuerrecht aktiviert werden. Erscheint der Geschäftswert in der Bilanz, so handelt es sich um den erworbenen, *derivativen* Geschäftswert, den ein Erwerber bezahlt hat.

Die Errechnung des Geschäftswertes setzt die Kenntnis folgender Wertbegriffe voraus:
SW = Substanzwert (Reproduktionswert) = Tageswert der Vermögensteile minus Schulden

$$\text{EW = Ertragswert} = \frac{\text{Durchschnittsertrag x 100}}{\text{Kapitalisierungszinssatz}}$$

$$\text{UW = Unternehmungswert} = \frac{\text{SW + EW}}{2}$$

GW = Geschäftswert = a) UW – SW oder = b) EW – UW oder = c) (EW – SW): 2

**Beispiel:** Durchschnittlicher Gewinn mehrerer Jahre, ohne extrem hohen oder niedrigen Gewinn einzelner Jahre = 480.000 EUR, Substanzwert = 2.500.000 EUR, Kapitalisierungszinssatz (einschließlich Risikozuschlag) = 16%.

$$\text{SW} = 2.500.000 \text{ EUR}$$

$$\text{EW} = \frac{480.000 \text{ x } 100}{16} = 3.000.000 \text{ EUR}$$

$$\text{UW} = \frac{2.500.000 + 3.000.000}{2} = 2.750.000 \text{ EUR}$$

$$\text{GW} = \text{a) } 2.750.000 - 2.500.000 = 250.000 \text{ EUR}$$

$$\text{b) } 3.000.000 - 2.750.000 = 250.000 \text{ EUR}$$

$$\text{c) } \frac{3.000.000 - 2.500.000}{2} = 250.000 \text{ EUR}$$

**Steuerrechtlich** darf der *erworbene* Geschäftswert linear innerhalb 15 Jahren abgeschrieben werden (Bild 276).

EStG §§ 7, 52

**Handelsrechtlich** ist der *erworbene* Geschäftswert abzuschreiben

HGB § 255 (4)

- in jedem folgenden Geschäftsjahr mit mindestens einem Viertel oder
- planmäßig auf die Jahre der voraussichtlichen Nutzung verteilt (Bild 275).

**b) Sachanlagen** können unbeweglich (Immobilien) oder beweglich (Mobilien) sein.

1. **Immobilien** sind Grundstücke und Bauten, z.B. Lagerplätze, Fabrik- und Geschäftsgebäude.
2. **Mobilien** sind technische Anlagen und Maschinen, Betriebs- und Geschäftsausstattung.

**c) Finanzanlagen** sind Anteile an verbundenen Unternehmen, Ausleihungen an verbundene Unternehmen, Beteiligungen und Wertpapiere des Anlagevermögens.

1. **Anteile an verbundenen Unternehmen.** Verbundene Unternehmen sind solche Unternehmen, die als Mutter- oder Tochterunternehmen in einem Konzern verbunden sind (Abschnitt 11.8.3).

§ 271 (2)

2. **Ausleihungen an verbundene Unternehmen.** Hierunter fallen z.B. Forderungen von Mutter- an Tochtergesellschaften mit Darlehenscharakter und Laufzeiten von mindestens vier Jahren.
3. **Beteiligungen** sind Kapitalanteile an anderen Unternehmungen, die eine wirtschaftliche *Verflechtung* mit diesen bezwecken. Es handelt sich in der Regel um erworbene Aktien, GmbH-Anteile, Anteile an Personengesellschaften, die dazu bestimmt sind, dauernd oder jedenfalls langfristig dem Zweck des Unternehmens zu dienen. Sie sind besondere in den Bilanzen von Industriebetrieben und Banken bedeutsame Posten. Beteiligungen dienen vornehmlich der *Einflussnahme* und weniger der Geldanlage, in Industriebetrieben z.B. häufig der Sicherung des Bezuges von Werkstoffen oder des Absatzes der Erzeugnisse. Als Beteiligungen gelten im Zweifel Anteile an einer Kapitalgesellschaft, deren Nennbeträge insgesamt 20% des Nennkapitals dieser Gesellschaft überschreiten.

§ 271 (1)

4. **Wertpapiere des Anlagevermögens** sind solche Wertpapiere, die einer dauernden *Kapitalanlage* dienen, ohne dass dabei von vornherein die Absicht einer wirtschaftlichen Verflechtung oder Einflussnahme besteht.
5. **Sonstige Ausleihungen.** Das sind Darlehensforderungen mit einer Laufzeit von mindestens vier Jahren. Sie sind oft durch Grundpfandrechte (Grundschuld, Hypothek) gesichert.

   Finanzanlagen in Wertpapieren und langfristigen Ausleihungen können zweckgebunden sein (Fonds für Betriebserweiterung, Baudarlehen an Mitarbeiter) oder allgemein einer finanzwirtschaftlichen Vorsorge dienen.

## ■ Umlaufvermögen

Das Umlaufvermögen ist keine einheitliche Vermögensmasse. Es umfasst die Vermögensteile, die nur kurz im Betrieb verbleiben, also möglichst oft eingesetzt werden sollen. Je kürzer der Umsatzprozess ist, umso öfter besteht die Gewinnchance und desto geringer ist die Zinsbelastung je umgesetzter Einheit (Lagerzinssatz).

HGB § 266

Man unterscheidet Vorräte, Forderungen, Wertpapiere und flüssige Mittel.

a) **Vorräte** sind die eigentlichen Umsatzgüter und sichern die Bereitschaft der Leistungserstellung. Im Handelsbetrieb sind es die Waren, im Industriebetrieb die Roh-, Hilfs- und Betriebsstoffe, die unfertigen und fertigen Erzeugnisse.

b) **Forderungen** sind Rechte, die sich aus Warenlieferungen und Leistungen ergeben. Sie beruhen auf kurzfristigen Krediten, die Kunden oder anderen Personen eingeräumt wurden. Sie sind noch keine flüssigen Mittel und deshalb mit dem Risiko des Verlustes belastet. Zu den Forderungen gehören auch *Warenwechsel.*

c) **Wertpapiere** sind Anteile an verbundenen Unternehmen, eigene Anteile und sonstige Wertpapiere, die zur *kurzfristigen Anlage* angeschafft wurden. Zu den sonstigen Wertpapieren gehören auch *Finanzwechsel.*

d) **Flüssige Mittel** sind die jederzeit in eine andere Vermögensform umwandelbaren Vermögensteile wie Schecks, Kassenbestände, Bundesbankguthaben sowie Guthaben bei Kreditinstituten. Sie erfüllen Zahlungszwecke oder stellen Kaufkraft in neutraler Vermögensform dar.

## ■ Funktionen des Vermögens

Die einzelnen Vermögensteile erfüllen verschiedene Funktionen in der Unternehmung. Die wichtigsten Funktionen sind:

a) **Erhaltung** der Unternehmung. Ohne Vermögen kann die Unternehmung nicht wirtschaften. Durch die Leistungserstellung werden die einzelnen Vermögensteile ständig umgeformt. Es ist dabei darauf zu achten, dass sich die Vermögenssubstanz nicht verringert und dass das Vermögen stets in den Formen bereitsteht, die für einen reibungslosen Betriebsablauf benötigt werden.

b) **Sicherung** der Unternehmung. Nicht unmittelbar zur Leistungserstellung eingesetzte Vermögensteile, das so genannte Reservevermögen, dienen der Vorsorge zur Behebung von Engpässen im Betrieb, bei Lieferschwierigkeiten und besonderen Marktlagen. Das Reservevermögen kann die Form von Stoffen (eiserne Bestände), Wertpapieren, Bankguthaben oder Grundstücken haben. Auch Teile der technischen Ausstattung und der Arbeitsplätze, die nur bei eiligen Aufträgen oder bei Überschreiten der Normalbeschäftigung eingesetzt werden, gehören zum Reservevermögen.

c) **Erweiterung** (Expansion) der Unternehmung. Aus dem betrieblichen Vermögenskreislauf werden gezielt Vermögensteile abgesondert, um als Finanzierungsmittel einer geplanten Unternehmenserweiterung zur Verfügung zu stehen. Dieses zur

Expansionsfinanzierung vorgesehene Vermögen hat in etwa dieselbe Form wie das Reservevermögen. Es unterscheidet sich aber vom reinen Sicherungsvermögen dadurch, dass es nicht der Vorsorge vor ungewissen Ereignissen dient, sondern dass es zur Erreichung eines bestimmten Zieles benötigt wird.

**d) Gewährleistung** für die Verbindlichkeiten der Unternehmung. Das Vermögen bietet Gewähr für die Erfüllung von Ansprüchen, die z.B. aus Krediten, Stundungen, Eigentumsvorbehalten und Sachmängelhaftungen entstehen können. Als Pfand oder zur Sicherung übereignet, dient das Vermögen zur dinglichen Sicherung von Krediten.

## Struktur und Größe des Vermögens

Die *Struktur* des Vermögens ergibt sich aus dem Verhältnis der Vermögensteile zueinander und zum Gesamtvermögen.

Die *Größe* des Vermögens ist wertmäßig aus der Bilanz sowie mengen- und wertmäßig aus dem Inventar ersichtlich.

Für Struktur und Größe des Vermögens können folgende Faktoren bestimmend sein:

**a) Zweck** und **Art des Betriebes.** Bergbau – verarbeitende Industrie; Handwerk – Industrie.

**b) Technische Faktoren** der Leistungserstellung. Neuzeitliche Anlagen und Fertigungsverfahren.

**c) Wirtschaftlichkeitserwägungen.** Kostensenkung durch Massenproduktion; zentralisierte oder dezentralisierte Produktion; Finanzierungskosten.

**d) Marktwirtschaftliche Faktoren.** Die Lage auf dem Warenmarkt (Beschaffung und Absatz), Kapitalmarkt und Arbeitsmarkt; Beschaffung der Stoffe in großen Mengen, z.B. Zuckerrüben, Früchte für die Konservenindustrie, Tabak nach der Ernte; Absatzmenge.

**e) Art der Absatzorganisation.** Zentralisiert – dezentralisiert.

**f) Subjektive Faktoren.** Beabsichtigte Betriebsgröße.

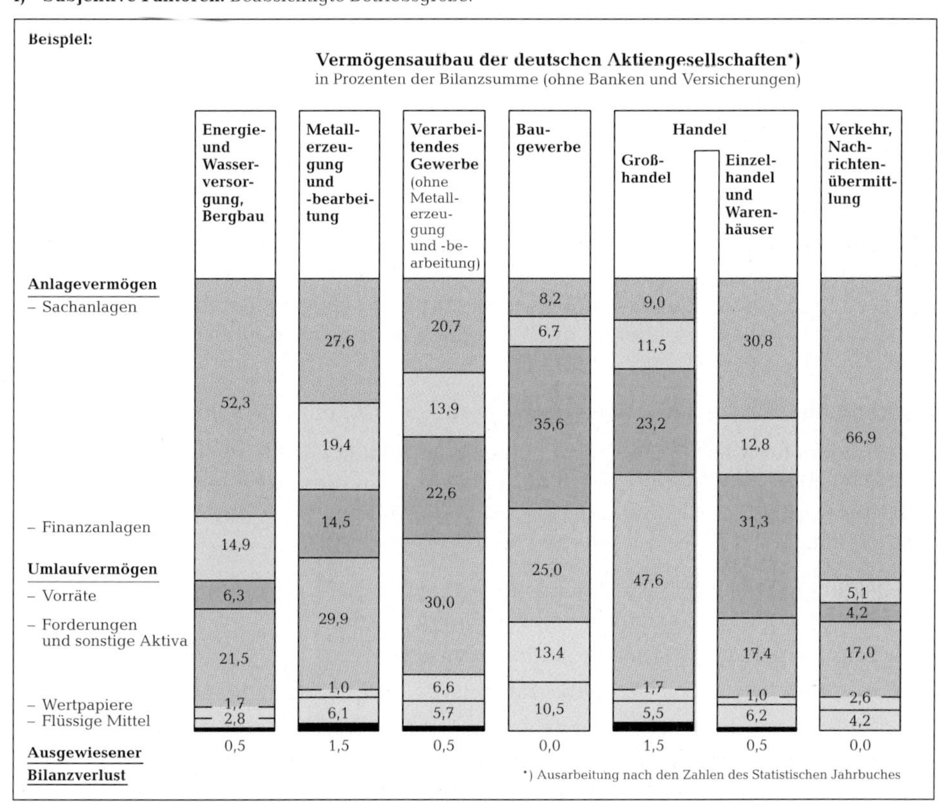


Bild 223

## Kreislauf des Vermögens

Bei Erstellung der Leistungen werden die Vermögensteile ständig umgeformt, der Umsatzprozess bewirkt den Kreislauf des gesamten Vermögens. Flüssige Mittel werden zu Anlagen und Vorräten. Vorräte wiederum werden entweder unverändert oder be- und verarbeitet als neue Produkte verkauft, um sich danach wieder in flüssige Mittel zu verwandeln. In diesem ständigen Umsatzprozess geht auch das Anlagevermögen in Höhe seiner Wertminderung in die Produkte ein. Während sich das Umlaufvermögen gegenüber dem Anlagevermögen meist schnell umsetzt, können indessen beim Anlagevermögen Jahre vergehen, bis es über die Abschreibungen in den Verkaufserlösen ersetzt wird und wiederum die Form von flüssigen Mitteln annimmt.

**Zur Wiederholung und Vertiefung**

1. Begründen Sie anhand des Bildes 223 die Größe des Sachanlagenanteils am Vermögen von Energiewirtschaft, Wasserversorgung, Bergbau.
2. Vergleichen Sie das Verhältnis von Anlage- und Umlaufvermögen
   a) zwischen Groß- und Einzelhandel,
   b) zwischen Verkehr und Baugewerbe.
   Versuchen Sie, die Ursachen der Unterschiede zu ergründen.
3. Wovon hängt es ab, ob ein Vermögensteil dem Anlagevermögen oder dem Umlaufvermögen zugerechnet wird?
4. Nennen Sie Gründe, die den Geschäftswert erhöhen oder verschlechtern.

# 12.1.2 Kapital

Man unterscheidet Eigen- und Fremdkapital.

HGB § 266

Das Handelsrecht schreibt für Kapitalgesellschaften eine besondere Gliederung vor, die auch Unternehmungen anderer Rechtsform als Vorbild dient.

## Eigenkapital (Beteiligungskapital)

Das Eigenkapital ist das **Beteiligungskapital** der *Eigentümer.*

### Ausgewiesenes Eigenkapital

Bei **Personenunternehmungen** umfasst das ausgewiesene Eigenkapital die Mittel, welche die Unternehmer selbst der Unternehmung zugeführt haben, vermehrt um die nicht entnommenen Gewinne und vermindert um die eingetretenen Verluste. Das in der Bilanz ausgewiesene Eigenkapital ist gleich dem Vermögen abzüglich Fremdkapital.

Bei **Kapitalgesellschaften** umfasst das Eigenkapital folgende Posten:

§ 272 (1)

**a) Gezeichnetes Kapital.** Das *Grundkapital* der AG und das *Stammkapital* der GmbH werden als gezeichnetes Kapital ausgewiesen. Auf dieses gezeichnete Kapital beschränkt sich die Haftung der Gesellschafter. Stehen noch Kapitalanteile aus, so muss dies in der Bilanz angegeben werden (Abschnitt 13.3.1).

**b) Rücklagen.** Diese sind zusätzliches Eigenkapital. Bei Kapitalgesellschaften unterscheidet man Kapital- und Gewinnrücklagen.

§ 272 (2)

**1. Kapitalrücklage.** Als solche sind auszuweisen

- Aufgelder bei der Ausgabe von Anteilen (Agio bei Aktienemission),
- Beträge, die bei der Ausgabe von Schuldverschreibungen für Wandlungs- und Optionsrecht zum Erwerb von Anteilen erzielt werden,
- Zuzahlungen, welche Gesellschafter (Aktionäre) gegen Gewährung eines Vorzugs für ihre Anteile leisten,

- Zuzahlungen, die Gesellschafter in das Eigenkapital leisten (Zuzahlungen bei Sanierungen, Nachschüsse bei der GmbH).

2. **Gewinnrücklagen.** Als solche sind Beträge auszuweisen, die aus dem Ergebnis gebildet worden sind. Dazu gehören

HGB § 272 (3)

- *gesetzliche Rücklage* bei der AG. Ihr sind jährlich 5% des um einen Verlustvortrag verminderten Jahresüberschusses solange zuzuführen, bis sie zusammen mit der Kapitalrücklage 10% oder den in der Satzung bestimmten höheren Teil des Grundkapitals erreicht. Bei der GmbH gibt es keine gesetzliche Rücklage,

AktG § 150

- *satzungsmäßige und andere Gewinnrücklagen.* Wird die Rücklagenbildung durch die Satzung bestimmt, so handelt es sich um satzungsmäßige Rücklagen. Darüber hinaus kann die Hauptversammlung weitere Beträge als andere Gewinnrücklage einstellen.

§ 58

c) **Gewinnvortrag/Verlustvortrag.** Dies ist der Übertrag von Gewinn oder Verlust aus dem Vorjahr.

d) **Jahresüberschuss/Jahresfehlbetrag.** Er stellt das Jahresergebnis *vor* der Gewinnausschüttung dar.

Bei **Genossenschaften** steht anstelle des gezeichneten Kapitals der Betrag der Geschäftsguthaben aller Genossen. Die Gewinnrücklagen werden bei der Genossenschaft als Ergebnisrücklagen bezeichnet.

HGB § 337

### Zweck und Verwendung von Rücklagen

Die **gesetzliche** Rücklage dient zusammen mit der Kapitalrücklage als eiserne Reserve. Sie dürfen zum *Verlustausgleich* erst dann angegriffen werden, wenn ein vorhandener Gewinnvortrag verwendet und alle anderen Gewinnrücklagen aufgelöst wurden. Übersteigen sie den gesetzlichen oder satzungsmäßig höheren Teil, so kann der übersteigende Betrag vor anderen Gewinnrücklagen zum Verlustausgleich verwendet werden, aber nur, wenn nicht gleichzeitig andere Gewinnrücklagen zur Gewinnausschüttung aufgelöst werden. Der übersteigende Betrag kann auch *in Grundkapital umgewandelt* werden.

AktG § 150

**Satzungsmäßige** und **andere** Gewinnrücklagen dienen der Sicherung und Erweiterung des Unternehmens, der Erhaltung des gezeichneten Kapitals (Ausbuchung von Verlust), der Erhöhung des gezeichneten Kapitals und bei der AG der Dividendenpolitik. Außerdem werden sie für beabsichtigte Neuinvestitionen oder Wohlfahrtseinrichtungen gebildet.

§ 58 GmbHG § 29 (2)

Die Umwandlung von Rücklagen in Grundkapital bei der AG nennt man **Kapitalerhöhung aus Gesellschaftsmitteln** (Abschnitt 12.6.1).

## ■ Wirkliches Eigenkapital

Es ist das ausgewiesene Eigenkapital zuzüglich der **stillen Rücklagen** (Abschnitt 13.2.5 und Bild 224). Stille Rücklagen entstehen durch

1. Unterbewertung von Vermögensteilen,
2. Nichtaktivierung von Vermögenswerten,
3. Überbewertung von Rückstellungen.

**Offizielle Jahresbilanz**

| Ausgewiesenes Vermögen | Ausgewiesenes Fremdkapital |
|---|---|
| | Ausgewiesenes Vermögen |

**Bilanz mit realen Verhältnissen**

Bild 224

Selten ist das wirkliche Eigenkapital kleiner als das ausgewiesene, da das Vermögen nicht überbewertet werden darf.

Eine **genaue** Feststellung des wirklichen Eigenkapitals, das also auch die stillen Rücklagen umfasst, ist bei allen Unternehmungen nur durch Bewertung des Vermögens zu Zeitwerten oder bei der Liquidation möglich. Bei der AG kann es von Außenstehenden **annäherungsweise** festgestellt werden mit Hilfe des Börsenkurses und des gezeichneten Kapitals (Abschnitt 12.1.3).

Die gesamte Kapitalkraft und Sicherheit der Unternehmung lassen sich erst erkennen, wenn man neben dem ausgewiesenen Eigenkapital und den stillen Rücklagen auch das Rückgriffskapital und Haftungskapital einbezieht. **Rückgriffskapital** ist die Differenz zwischen vertraglichen Einzahlungsverpflichtungen und geleisteten Einzahlungen der Kapitaleigner. **Haftungskapital** umfasst neben dem ausgewiesenen Eigenkapital auch das Privatvermögen der persönlich haftenden Gesellschafter; bei Genossenschaften erstreckt sich das Haftungskapital auf die Geschäftsanteile und die Haftsumme.

## ■ Fremdkapital

Das Fremdkapital ist der Teil des Gesamtkapitals, der dem Unternehmen *von Gläubigern* als *Kredit* überlassen wird; es sind die **Schulden (Verbindlichkeiten)** der Unternehmung. Nach der Kreditdauer unterscheidet man langfristiges und kurzfristiges Fremdkapital.

**a) Langfristiges Fremdkapital**

1. Schuldverschreibungen (Anleihen, Pfandbriefe, Obligationen),
2. Darlehen und sonstige langfristige Verbindlichkeiten – meist gesichert durch Grundpfandrechte und Bürgschaften.

**b) Kurzfristiges Fremdkapital**

1. **Geld**verbindlichkeiten:
   - Liefererkredit auf Grund von Warenlieferungen und Leistungen, auch in Form von Schuldwechselkredit,
   - Bankkredit, z.B. in Form von Diskont-, Lombard-, Grundschuldkredit,
   - sonstige kurzfristige Verbindlichkeiten.
2. **Leistungs**verbindlichkeiten:
   - Kundenkredit durch Anzahlungen von Kunden,
   - passive Posten der Rechnungsabgrenzung.

HGB §§ 249, 274

**c) Rückstellungen** sind Schulden, die ihrem Grund, nicht aber ihrer Höhe und dem Zeitpunkt ihrer Fälligkeit nach bekannt sind. Man bildet sie z.B. für zu erwartende Steuernachzahlungen und Abgaben, Gewährleistungsansprüche, Schadenersatzverpflichtungen, für Verpflichtungen aus Prozessen, deren Ausgang unsicher ist. Besonders hoch sind die Rückstellungen für zugesicherte Pensionen und Unterstützungsleistungen.

§ 251

**d) Eventualverbindlichkeiten** sind Schulden, die nur unter einer bestimmten Bedingung entstehen. Wichtigste Formen sind Bürgschafts- und Wechselrückgriffsverpflichtungen. Eine echte Schuld entsteht erst, wenn das Unternehmen als Bürge oder im Rückgriff in Anspruch genommen wird. Eventualverbindlichkeiten werden aus diesem Grunde nur unter der Bilanz oder in einer Sonderspalte der Bilanz vermerkt. Außerdem sind sie im Anhang zum Jahresabschluss zu erörtern.

§ 285 Zi. 3

## Unterschiedliche Merkmale zwischen Eigen- und Fremdkapital

| Merkmale | Eigenkapital | Fremdkapital |
|---|---|---|
| Rechte und Pflichten der **Kapitalgeber** | 1. Teilhaberverhältnis | 1. Gläubigerverhältnis |
| | 2. Geschäftsführungsrecht bei Personenunternehmungen | 2. kein Geschäftsführungsrecht |
| | 3. häufig keine Kündigung | 3. Kündigung |
| | 4. Gewinnbeteiligung | 4. Zinsen |
| | 5. Verlusttragung | 5. keine Verlusttragung |
| | 6. Anteil am wirklichen Vermögen | 6. meist nominelle Rückzahlung |
| | 7. Haftung für Schulden | 7. keine Haftung |
| | 8. hohes Risiko bei Insolvenz | 8. beschränktes Risiko bei Insolvenz |
| Vor- und Nachteile für die **Unternehmung** | 9. geringes finanzielles Risiko | 9. hohes finanzielles Risiko |
| | 10. kein Zinsaufwand | 10. Zinsaufwand |
| | 11. vermehrter Mittelzufluss durch Agio | 11. verminderter Mittelzufluss durch Disagio |
| | 12. Dividendenzahlung steuerlich keine Betriebsausgabe | 12. Zinszahlung ist steuerlich Betriebsausgabe |
| | 13. Mittelzufluss ohne Rückzahlungsverpflichtung | 13. Mittelzufluss mit Rückzahlungsverpflichtung |

## Struktur des Kapitals

**Beispiel:**

**Kapitalstruktur der deutschen Aktiengesellschaften*)**
in Prozenten der Bilanzsumme (ohne Banken und Versicherungen)

| | Energie- und Wasserversorgung, Bergbau | Metallerzeugung und -bearbeitung | Verarbeitendes Gewerbe (ohne Metallerzeugung und -bearbeitung) | Baugewerbe | Handel: Großhandel | Handel: Einzelhandel und Warenhäuser | Verkehr, Nachrichtenübermittlung |
|---|---|---|---|---|---|---|---|
| **Eigenkapital** | | | | | | | |
| – gezeichnetes Kapital | 14,1 | 13,8 | 12,0 | 4,9 | 10,4 | 15,0 | 17,3 |
| – Rücklagen und Sonderposten mit Rücklagenanteil | 20,5 | 16,1 | 15,8 | 10,2 | 8,1 | 17,6 | 20,4 |
| **Fremdkapital** | | | | | | | |
| – Rückstellungen | 34,2 | 29,9 | 34,3 | 26,2 | 14,5 | 21,4 | 19,1 |
| – langfristige Verbindlichkeiten | 14,2 | 16,4 | 15,4 | 32,5 | 6,1 | 11,7 | 24,6 |
| – kurzfristige und sonstige Verbindlichkeiten | 16,0 | 22,8 | 20,2 | 25,7 | 58,9 | 30,6 | 17,8 |
| **Ausgewiesener Bilanzgewinn** | 1,0 | 1,0 | 2,3 | 0,5 | 2,0 | 3,1 | 0,8 |

*) Ausarbeitung nach den Zahlen des Statistischen Jahrbuches

Bild 226

Die Kapitalstruktur, d.h. das Verhältnis der Kapitalteile zueinander und zum Gesamtkapital, ist in den einzelnen Wirtschaftszweigen verschieden (Bild 226).

Sehr verschieden ist das Verhältnis von Eigen- zu Fremdkapital bei Energiewirtschaft, Wasserversorgung und Bergbau im Vergleich zum Baugewerbe. Dies erklärt sich aus dem unterschiedlichen Anteil des Anlagevermögens, das möglichst mit Eigenkapital und langfristigem Fremdkapital finanziert sein soll.

**Zur Wiederholung und Vertiefung**

1. Vergleichen Sie das Verhältnis von Eigen- und Fremdkapital aus Bild 226
   a) zwischen Groß- und Einzelhandel,
   b) zwischen Verkehr und Baugewerbe.
   Versuchen Sie, die Ursachen der Unterschiede zu ergründen.
2. Worin unterscheiden sich Rücklagen von Rückstellungen?
3. Warum kann man sagen, der ausgewiesene Bilanzgewinn einer AG habe die Wirkung einer Verbindlichkeit?
4. Warum wird das Nominalkapital von Kapitalgesellschaften durch den Gewinn nicht verändert?

## 12.1.3 Bilanzkurs und Börsenkurs

Kapitalanleger interessiert es, ob der von der Wertpapierbörse veröffentlichte Aktienkurs ein realistischer ist, d.h. ob er die Vermögens-, Schulden- und Gewinnsituation der Aktiengesellschaft widerspiegelt. So versucht man, sich über die Bilanz der Aktiengesellschaft an die Höhe des Aktienkurses „heranzutasten".

### Bilanzkurs

Ein Aktionär ist nicht nur am Grundkapital seiner AG, sondern auch an den Kapital- und Gewinnrücklagen sowie am Gewinnvortrag beteiligt. Rücklagen und Gewinnvortrag sind Werte, auf deren Ausschüttung er kraft Gesetzes oder freiwillig verzichtet hat; rechtlich und damit rechnerisch gesehen stehen sie ihm aber zu. Folglich kann man ausrechnen, wie viel Prozent das ausgewiesene Eigenkapital im Verhältnis zum Grundkapital ausmacht. Diesen so errechneten Prozentsatz nennt man **Bilanzkurs**.

$$\textbf{Bilanzkurs} = \frac{\text{ausgewiesenes Eigenkapital}}{\text{Grundkapital}} \times 100\%$$

**Beispiel:**

| | |
|---|---|
| Grundkapital | 100.000 EUR |
| Kapitalrücklage | 10.000 EUR |
| Gewinnrücklagen | 70.000 EUR |
| Gewinnvortrag | 10.000 EUR |
| ausgewiesenes Eigenkapital | 190.000 EUR |

$$\text{Bilanzkurz} = \frac{190.000}{100.000} \times 100\% = \mathbf{190\%}$$

Eine Aktie mit dem Mindestbetrag von 100 EUR ist nach diesem Bilanzkurs 190 EUR wert; eine Aktie im Wert von 1 EUR ist 1,90 EUR wert. Der effektive Börsenkurs kann jedoch ein ganz anderer sein.

### Börsenkurs

Der Kurs einer Aktie entsteht durch das freie Spiel von Angebot und Nachfrage an der Börse. Viele Beweggründe beeinflussen Anbieter und Nachfrager. Es sind wirtschaftliche, politische und spekulative Gründe (Abschnitt 12.5.4).
Liegt der Börsenkurs der Aktie bei 70 EUR und der Bilanzkurs bei 45 EUR, so kann auf stille Rücklagen und günstige Geschäftslage geschlossen werden, sofern nicht andere Einflüsse wirksam sind.

**Zur Wiederholung und Vertiefung**

1. Berechnen Sie den Bilanzkurs bei einem Grundkapital von 2,5 Mio. EUR und einem ausgewiesenen Eigenkapital von 6,25 Mio. EUR.
2. Welche Schlüsse können Sie daraus ziehen, wenn der Börsenkurs über oder unter dem errechneten Bilanzkurs liegt?

# 12.2 Geld- und Kapitalmarkt

Neben die Gütermärkte und den Arbeitsmarkt treten als weitere für die Wirtschaft bedeutende Märkte der Geldmarkt und der Kapitalmarkt.

## 12.2.1 Geldmarkt

**Geldmarkt** ist der **Markt für kurzfristige Kredite** mit einer Laufzeit bis zu einem halben Jahr. Er versorgt die Wirtschaft mit **liquiden Mitteln.**

Der Geldmarkt umfasst zwei Marktstufen,

a) den Geldverkehr zwischen der Bundesbank und den Kreditinstituten sowie zwischen den Kreditinstituten untereinander (Geldmarkt im engeren Sinne),
b) den Geldverkehr der Bundesbank sowie der Kreditinstitute mit anderen Betriebswirtschaften (Geldmarkt im weiteren Sinne).

Der *Preis für die Überlassung von Geld* wird **Geldmarktzins** genannt. Je nach Kreditbefristung sind die Geldmarktsätze unterschiedlich hoch. Sie richten sich nach Angebot und Nachfrage auf dem Geldmarkt und liegen in der Nähe des Leitzinssatzes der Europäischen Zentralbank (EZB).

## 12.2.2 Kapitalmarkt

**Kapitalmarkt** ist der **Markt für langfristige Finanzierungsmittel.** Er versorgt die Wirtschaft vorwiegend mit **Investitionsmitteln.**

Der Kapitalmarkt umfasst drei Bereiche:

**a) Effektenmarkt (Renten- und Aktienmarkt).** Dabei ist zwischen dem Markt für Neuemissionen (Primärmarkt) und dem Markt für bereits im Umlauf befindliche Effekten (Sekundärmarkt) zu unterscheiden. Für den Handel mit Effekten und für die Kursbildung besitzt die Effektenbörse eine zentrale Bedeutung (Abschnitt 12.5.4).

**b) Kapitalmarkt der Banken und anderer Finanzierungsinstitute** (Bausparkassen, Versicherungen). Er stellt den Betriebswirtschaften längerfristige Kredite und Beteiligungskapital bereit.

**c) Kapitalmarkt der Privaten.** Darunter versteht man die längerfristige Kreditgewährung sowie Beteiligungen an Betriebswirtschaften durch Privatpersonen.

Das *Entgelt für die Überlassung von Kapital* ist der **Kapitalmarktzins** und der **Gewinn** aus Beteiligungen.

## 12.3 Kreditgeschäfte

Unter **Kredit** versteht man das **Vertrauen,** dass **einer Leistung in der Gegenwart eine vereinbarte Gegenleistung in der Zukunft** folgt (credere = glauben, vertrauen).

Die dabei beteiligten Personen heißen: Kreditgeber = Kreditor = Gläubiger
Kreditnehmer = Debitor = Schuldner

### 12.3.1 Grundsätze der Kreditgewährung

Jedes Kreditinstitut hat bei der Gewährung von Krediten auf Liquidität, Rentabilität und Sicherheit zu achten.

**a) Liquidität** (Zahlungsbereitschaft). Damit die Kreditinstitute zahlungsfähig bleiben, müssen sie einen Teil der Einlagen als „Barreserve" bereithalten. Auch sollten sie kurzfristige Einlagen nicht langfristig ausleihen („Goldene Bankregel") mit Ausnahme des Teils der kurzfristigen Einlagen, der den Kreditinstituten erfahrungsgemäß dauernd zur Verfügung steht („Bodensatz").

**b) Rentabilität** ist das Verhältnis des Gewinns zum Eigenkapital. Zwischen Rentabilität und Liquidität besteht ein Wechselverhältnis. Je höher die Liquidität, desto niedriger ist die Rentabilität, denn je mehr flüssige Mittel als Barreserven bereitgehalten werden, desto weniger Geld kann ausgeliehen werden.

**c) Sicherheit.** Sie hängt davon ab, ob der Kreditnehmer kreditwürdig, d.h. ob er charakterlich zuverlässig ist, ausreichende Sicherheiten stellen sowie Zinsen und Tilgungsbeträge aus dem Ertrag zahlen kann.

**Zur Wiederholung und Vertiefung**

Welche Bedeutung haben Liquidität und Rentabilität bei der Kreditgewährung?

### 12.3.2 Kreditvertrag

Ein **Kreditvertrag kommt zustande** durch

**a) Kreditzusage des Kreditgebers** nach eingehender Prüfung der persönlichen Kreditwürdigkeit des Kunden, d.h. ob er charakterlich zuverlässig ist, ausreichende Sicherheiten stellen sowie Zins und Tilgung aus dem Erfolg seines Unternehmens zahlen kann, und

**b) Einverständniserklärung des Kreditnehmers.**

Der **Inhalt des Kreditvertrages** erstreckt sich im Allgemeinen auf folgende Gesichtspunkte:

- Bereitstellung als Darlehen oder als Kontokorrentkredit,
- Höhe des Kredits oder der Beleihungsgrenze,
- Zinsen, evtl. Provision, Höhe der Auszahlung (Disagio),
- Fristen für Bereitstellung, Rückzahlung und Kündigung des Kredites,
- Kreditsicherung,
- Verwendungszweck.

Um einen möglichst umfassenden Einblick in den Zahlungsverkehr des Kreditnehmers zu erlangen, bestehen die Kreditinstitute häufig darauf, dass sich der Kreditnehmer verpflichtet, seinen Zahlungsverkehr vorwiegend über die kreditgebende Bank abzuwickeln und keine Kredite bei anderen Kreditinstituten aufzunehmen.

Der Kreditvertrag wird stets schriftlich abgeschlossen. Ist eine Sicherheitsleistung vereinbart, so wird die Kreditsumme immer erst dann freigegeben, wenn sich die Sicherheit in den Händen des Kreditinstitutes befindet und auf ihre Ordnungsmäßigkeit und Verwertbarkeit geprüft ist.

**Zur Wiederholung und Vertiefung**

1. Auf welchen persönlichen und sachlichen Voraussetzungen beruht die Kreditwürdigkeit einer Unternehmung?
2. Über welche Einzelheiten muss in einem Kreditvertrag eine klare Regelung getroffen werden?

# 12.4 Kreditarten und Kreditsicherung

Die Bezeichnung der Kredit*art* hängt von verschiedenen Gesichtspunkten ab (Bild 227). Die Kredit*sicherung* ist eine Folge der Kreditwürdigkeitsprüfung, denn aus ihr geht hervor, ob die Bank die Mithaftung von weiteren Personen, Sachwerten oder Rechten verlangen muss (Bild 228).

## 12.4.1 Kreditarten

| Bezeichnung des Kredits nach | Bedeutung | Beispiele |
|---|---|---|
| **Verwendungszweck** | | |
| Produktivkredit | Steigerung der Gütererzeugung | Finanzierung des Anlage- und Umlaufvermögens. |
| – Investitionskredit | – Errichtung und Erweiterung von Anlagen | – Finanzierung von Gebäuden, Maschinen, Büroausstattung. |
| –Betriebsmittelkredit | – Verstärkung des Umlaufvermögens | – Finanzierung der laufenden Ausgaben wie Warenkäufe, Gehälter, Steuern. |
| – Saisonkredit | – Überbrückung des gesteigerten Geldbedarfs vor oder während der Saison | – Finanzierung von Hopfenkäufen der Brauereien, Gemüsekäufen der Konservenfabriken. |
| Konsumkredit | Hebung des privaten Lebensstandards | Finanzierung von Wohnungseinrichtungen, Urlaubsreisen, Autos. |
| **Dauer** | | |
| kurzfristig | Laufzeit bis 6 Monate | Unternehmer skontiert Rechnungen mittels Kreditaufnahme. |
| mittelfristig | Laufzeit länger als 6 Monate | Unternehmer finanziert den Geschäftswagen. |
| langfristig | Laufzeit ab 4 Jahre | Unternehmer finanziert seine Gebäudeerweiterung durch ein zehnjähriges Grundschulddarlehen. |
| **Verfügbarkeit** | | |
| Kontokorrentkredit | Verfügung entsprechend den wirtschaftlichen Bedürfnissen innerhalb einer bestimmten Höchstsumme und einer bestimmten Zeit. | Abwicklung des laufenden Zahlungsverkehrs für Wareneinkäufe, Gehälter, Steuern; Begleichung von Verbindlichkeiten. |
| Darlehen | Einmalige Auszahlung in bestimmter Höhe für bestimmte Zeit. Über Rückzahlungen kann nicht mehr verfügt werden. | Abwicklung der Fremdfinanzierung eines Grundstücks. |

Bild 227

**Zur Wiederholung und Vertiefung**

1. Worin unterscheiden sich Produktivkredit und Konsumkredit?
2. Worin unterscheiden sich Investitionskredit und Betriebsmittelkredit?

## 12.4.2 Kreditsicherungen

| Bezeichnung | Bedeutung | Beispiele |
|---|---|---|
| **Personalkredit, Blankokredit** | Sicherheit liegt allein in der Person der Kreditnehmers | Gehaltsempfänger darf bis zum Zweifachen seines Gehaltes sein Konto überziehen (Dispositionskredit). |
| **Verstärkter Personalkredit** | Sicherheit wird verstärkt durch die Haftung weiterer Personen | Wechselbeteiligte, Bürgen haften zusätzlich zum Hauptschuldner. |
| – Wechseldiskontkredit | – Haftung der Wechselverpflichteten | – Kaufmann verkauft seine Besitzwechsel vor Fälligkeit an die Bank. |
| – Forfaitierung | – Haftung einer Bank anstelle des Wechselnehmers | – Exporteur verkauft seine langfristige Exportforderung vor Fälligkeit unter Abzug von Diskont, Zins- und Währungsrisiken an eine Bank. |
| – Bürgschaftskredit | – Haftung des Bürgen | – Bank verbürgt sich für einen Jungunternehmer bei der Existenzgründung; Onkel verbürgt sich für seinen Neffen. |
| – Zessionskredit | – Haftung des Drittschuldners | – Bank beleiht sehr gute Forderungen eines Kaufmanns, die dieser Dritten gegenüber hat, zu 80%. |
| – Factoring | – Haftung des Drittschuldners, aber auch Sicherheit durch Bonität des Kreditnehmers | – Kaufmann verkauft Forderungen an ein Factoringinstitut und erwirbt neben ca. 90% der Forderung zusätzliche Dienstleistungen wie Übernahme des Mahn- und Klagewesens. |
| **Realkredit** (Mobilien) | Sicherheit durch ein Recht an einer beweglichen Sache | Kreditgeber lässt sich Gold, Münzen, Wertpapiere übergeben oder Rechte an Sparguthaben übertragen. |
| – Lombardkredit | – Pfandrecht an einer beweglichen Sache | – Bank beleiht Wertpapiere, die bei ihr in Verwahrung liegen und nicht benötigt werden, zu 70%. |
| – Sicherungsübereignungskredit | – pfandrechtähnliches Recht; Kreditgeber wird bedingter Eigentümer | – Bank beleiht einen Lkw zu 50%, den der Kreditnehmer weiterhin benutzt. Er hinterlegt bei der Bank seinen Kfz-Brief. |
| **Realkredit** (Immobilien) | Sicherheit durch ein Recht an einer **un**beweglichen Sache | Grundstücke allein oder Häuser mit dem Grundstück dienen als Pfand. |
| – Grundschuld-, Hypothekenkredit | – Pfandrecht an einer unbeweglichen Sache | – Bank beleiht ein Haus zu 80%, das der Kreditnehmer weiterhin benutzt. |

Bild 228

### Zur Wiederholung und Vertiefung

Worin unterscheiden sich verstärkte Personalkredite und Realkredite?

### 12.4.3 Personalkredit

Bei einem **Personalkredit** wird ein Kredit lediglich **auf Grund der Kreditwürdigkeit des Kreditnehmers,** aber **ohne** Stellung einer **dinglichen** Sicherheit gegeben.

Er ist meist ein kurzfristiger Kredit; zu Investitionszwecken eignet er sich nicht. Personalkredit wird in der Regel als Kontokorrentkredit, seltener als Darlehen gewährt.

**Schuldschein**

Heute habe ich von der

Kreissparkasse Torgau

ein bares Darlehen von

EURO 10.000 (Zehntausend EURO)

erhalten.

Ich verpflichte mich, dafür 6% Zins, in halbjährlichen Raten, erstmals am 31. Dezember 20.., zu zahlen.

Das Darlehen kann von beiden Seiten mit vierteljähriger Frist auf Vierteljahresende gekündigt werden.

Torgau (Elbe), 18. Juli 20..

(Unterschrift des Schuldners)

Bild 229

Der Darlehensvertrag ist formfrei. Üblich ist die Ausstellung eines **Schuldscheines**, der die Höhe der Schuld, die Verzinsung und Rückzahlung angibt (Bild 229). Wird die Schuld getilgt, so kann der Schuldner die Rückgabe des Schuldscheines verlangen.

**Zur Wiederholung und Vertiefung**

1. Welche Angaben muss ein Schuldschein mindestens enthalten?
2. Bankdirektoren behaupten bisweilen, Personalkredite seien die sichersten Kredite. Wie können Sie das begründen?

### 12.4.4 Verstärkte Personalkredite

Bei einem **verstärkten Personalkredit** *haften neben dem Kreditnehmer noch weitere Personen* für die Rückzahlung und Verzinsung des Kredits. Diese Personen sind Wechselgaranten beim Wechseldiskontkredit, Bürgen beim Bürgschaftskredit und Drittschuldner bei der Forderungsabtretung (Zession).

#### Wechseldiskontkredit

Der **Diskontkredit** ist ein Kredit, bei welchem **dem Kreditnehmer der Barwert später fälliger Wechsel zur Verfügung gestellt** wird, im Vertrauen darauf, dass am Verfalltag die Wechsel eingelöst werden. Dem Kreditinstitut haften mindestens zwei Wechselbeteiligte, der Akzeptant und der Einreicher.

**Vorteile des Wechseldiskontkredits.** Kreditinstitute legen vorübergehend freie Gelder Ertrag bringend in Wechseln an, die sie bei Bedarf durch die Bundesbank refinanzieren lassen können. Infolge dieser Refinanzierbarkeit, der Wechselstrenge, der Kurzfristigkeit, der Bestimmtheit des Zahlungstages und der Vorprüfung der Zahlungsfähigkeit des Akzeptanten durch den Aussteller ist der Diskontkredit für das Kreditinstitut ein sicherer und daher für den Kunden ein billiger Kredit.

## Forfaitierung

**Forfaitierung** ist der **Ankauf einer wechselmäßig verbrieften Exportforderung** unter **Verzicht auf einen Rückgriff** gegen den Verkäufer bei Zahlungsausfall.

Der ankaufende Forfaiteur übernimmt damit das wirtschaftliche und politische Risiko (franz. à forfait – in Bausch und Bogen kaufen), verlangt aber vom Verkäufer (Forfaitist) der Wechselforderung meist eine Bankbürgschaft. Durch den vertraglichen Ausschluss des Wechselregresses verbleibt beim Forfaitist nur das Risiko für den rechtlichen Bestand der Forderung sowie für Gewährleistungen aus dem Lieferungsgeschäft.

**Vorteile der Forfaitierung**

- Sofortige Verflüssigung längerfristiger Auslandsforderungen,
- Fortfall aller Risiken bei Auslandsforderungen,
- Fortfall der Kosten für Forderungsüberwachung und Eintreibung.

## Bürgschaftskredit

BGB § 765

Der **Bürgschaftskredit ist ein Personalkredit, der zusätzlich durch eine Bürgschaft gesichert** ist.

Es liegen zwei Rechtsgeschäfte vor (Bild 230):

a) Kreditvertrag, b) Bürgschaftsvertrag.

Neben dem Kreditnehmer haftet noch eine weitere Person für Zinsen und Rückzahlung.

§ 766

Die **Bürgschaft** ist ein Vertrag zwischen dem Gläubiger und dem Bürgen, wonach der Bürge für den Schuldner haftet. Der Kreditgeber hat also für seine Forderung zwei Schuldner.

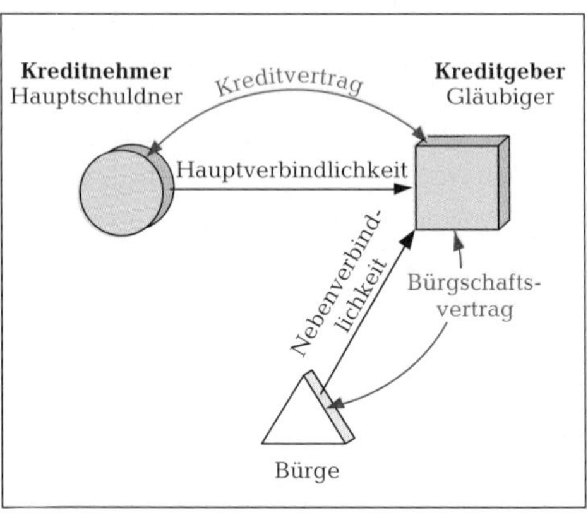


Bild 230

### Form der Bürgschaft

Der Bürgschaftsvertrag kommt durch die **schriftliche Bürgschaftserklärung** des Bürgen und die **formlose Entgegennahme** durch das Kreditinstitut zustande. Kaufleute können sich im Rahmen ihres Geschäftsbetriebes auch mündlich verbürgen.

HGB § 350

### Art der Bürgschaft

BGB § 771

a) Bei der **gewöhnlichen Bürgschaft** hat der Bürge das Recht zur „Einrede der Vorausklage“, d.h. er kann verlangen, dass der Gläubiger zunächst alle außergerichtlichen und gerichtlichen Maßnahmen ergreift, um vom Hauptschuldner sein Geld zu erhalten, bevor vom Bürgen die Zahlung des Ausfalles gefordert werden kann.

   Bei der **Ausfallbürgschaft** *muss* der Ausfall durch Zwangsvollstreckung in das gesamte Vermögen des Schuldners nachgewiesen werden.

§ 773

b) Eine **selbstschuldnerische Bürgschaft** liegt vor, wenn der Bürge bei Vertragsabschluss auf die „Einrede der Vorausklage“ verzichtet hat. Verweigert der Schuldner die Zahlung, so muss der Bürge auf Verlangen des Gläubigers sofort zahlen. Kreditinstitute verlangen stets diese Art der Bürgschaft. Die Bürgschaft von Kaufleuten ist stets selbstschuldnerisch. Der Kreditgeber kann sofort vom Bürgen die volle Forderung verlangen.

HGB § 349

BGB § 769

Diese beiden Arten der Bürgschaft können jeweils auch als **gesamtschuldnerische Bürgschaft** eingegangen werden. Sie liegt vor, wenn sich *mehrere Personen für dieselbe Schuld* verbürgen (Mitbürgschaft).

## Zessionskredit

Der **Zessionskredit** ist ein Personalkredit, der **zusätzlich durch Abtretung (Zession) einer oder mehrerer Forderungen** des Kreditnehmers gegen Dritte **gesichert** ist.

BGB § 398

Es liegen zwei Rechtsgeschäfte vor:

a) Kreditvertrag, b) Zessionsvertrag.

Die **Zession** ist ein formfreier Vertrag zwischen dem alten und dem neuen Gläubiger. Durch ihn geht die Forderung des alten Gläubigers gegen seinen Schuldner (Drittschuldner) auf den neuen Gläubiger über (Bild 231).

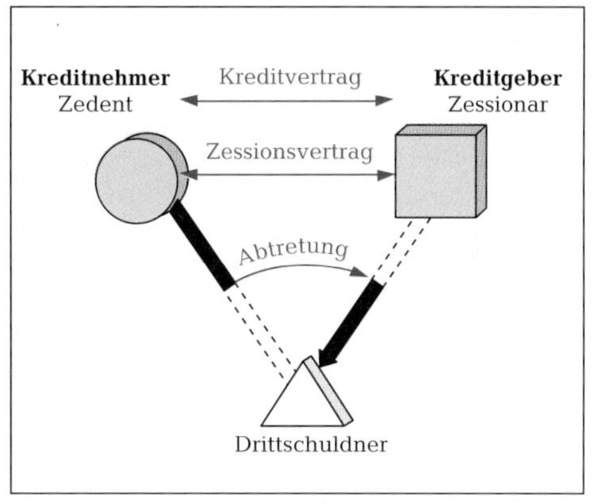


Bild 231

### Wirkung der Zession

Der Zessionar kann im Rahmen des Vertrages nach seinem Ermessen über die Forderung verfügen. Der Drittschuldner kann dem neuen Gläubiger alle Einwendungen entgegensetzen, die gegen den Zedenten begründet waren, z.B. mangelhafte Lieferung.

§ 404

### Arten der Zession

Je nachdem, ob der Drittschuldner **von der Abtretung erfährt oder nicht**, unterscheidet man die stille und die offene Zession.

§ 407

a) Bei der **stillen** Zession weiß der Drittschuldner von der Abtretung nichts. Er wird also an den bisherigen Gläubiger zahlen.

b) Bei der **offenen** Zession weiß der Drittschuldner von dem Forderungsübergang. Er kann dann „mit befreiender Wirkung" nur an den Zessionar zahlen. Oft wird im Zessionsvertrag vereinbart, dass die stille Zession jederzeit in eine offene umgewandelt werden darf, sobald dem Kreditinstitut etwas Ungünstiges über seinen Kreditnehmer zu Ohren kommt.

Je nachdem, wann die **Zession entsteht**, unterscheidet man die Global- und Mantelzession.

a) Die Abtretung wird meist als **Globalzession** vorgenommen, bei der nicht einzelne Forderungen, sondern Forderungsgruppen abgetreten werden, z.B. die Forderungen gegen alle Schuldner A bis K. Damit gehen alle bestehenden und künftigen Forderungen bereits mit ihrer Entstehung auf den Zessionar über. Aus diesen Gründen bevorzugen Kreditinstitute die Globalzession.

b) Die Abtretung kann auch in der Form eines Mantelvertrages **(Mantelzession)** über eine bestimmte Summe abgetretener Forderungen vorgenommen werden. Die abgetretenen Forderungen werden in einer „Debitorenliste" (z.B. Debitoren von A bis K) diesem Vertrag beigefügt. Bezahlte Forderungen müssen durch neue Forderungen ersetzt werden. Die Abtretung tritt aber immer erst mit der Genehmigung der Debitorenliste durch den Zessionar ein.

## Factoring

**Factoring** ist der **Ankauf von Forderungen** aus Lieferungen und Leistungen durch **ein Factoringinstitut.**

Dabei nennt man den Verkäufer der Forderung *Anschlusskunde*, das ankaufende Institut *Factor*.

Das Factoringinstitut kann folgende Funktionen übernehmen:

a) **Finanzierungsfunktion** durch die „wechsellose Diskontierung" von Buchforderungen.

b) **Delkrederefunktion** (Kreditversicherungsfunktion) durch die Übernahme des Risikos von Forderungsausfällen, d.h. der Factor übernimmt das Risiko für die Bezahlung der Forderung von Seiten des Debitors.

c) **Dienstleistungsfunktion** durch die Übernahme der Buchführung und/oder durch die Eintreibung der Forderungen.

### ■ Vorteile des Factoring

- Kostenminderung für die Anschlussfirma, da wesentliche Teile der Buchführung (Forderungen a. L. u. L.) einschließlich Mahnwesen von der Factoring-Gesellschaft übernommen werden.
- Abwälzung des Kreditrisikos im Verkaufsgeschäft (Forderungsausfälle) auf die Factoring-Gesellschaft.
- Verbesserung der eigenen Liquidität durch die Diskontierung der Buchforderungen. Hierdurch ist die Anschlussfirma in der Lage, eigene Verbindlichkeiten mit Skontoabzug zu bezahlen.

### ■ Nachteile des Factoring

- Es entstehen Kosten der Diskontierung der Buchforderungen (Zins) und der Dienstleistungen des Factoring-Instituts (Provision).
- Die Anschlussfirma gerät in eine gewisse wirtschaftliche Abhängigkeit von dem Factoring-Institut.
- Die schematische Eintreibung der Forderungen durch das Factoring-Institut kann zur Verärgerung der Kunden führen.

### ■ Unterschied zwischen Zession, Factoring und Forfaitierung

| Zession | Factoring | Forfaitierung |
|---|---|---|
| Zessionar *übernimmt* die Forderungen nur als *Sicherheit.* Er kann sie *jederzeit* zurückgeben und bessere verlangen. | Factor *kauft alle* Forderungen und kann sie *im Regelfall nicht* mehr zurückgeben. | Forfaiteur *kauft* im Allgemeinen *nur* eine langfristige Exportforderung in Form von *Auslandswechseln.* Er kann diesen Kauf *nie mehr* rückgängig machen. |

Bild 232

**Zur Wiederholung und Vertiefung**

1. Warum ist der Wechseldiskontkredit ein günstiger Kredit?
2. Welcher Unterschied besteht zwischen gewöhnlicher Bürgschaft und selbstschuldnerischer Bürgschaft?
3. Wodurch unterscheiden sich stille und offene Zession?
4. Welche Vor- und Nachteile hat die offene Zession?
5. Welche Gründe veranlassen die Unternehmer, zunehmend die Factoring- und Forfaitierungsfinanzierung zu wählen, anstelle anderer, kostengünstigerer Möglichkeiten der Kreditfinanzierung?
6. Ab wann gilt bei der Globalzession eine Forderung als abgetreten?

## 12.4.5 Realkredite

**Realkredite** sind Kredite, bei denen die Forderung des Kreditgebers **zusätzlich durch Pfandrechte an realen Vermögenswerten gesichert** ist.

Pfandrechte können auf drei Arten begründet werden.

- durch Pfandvertrag zwischen Verpfänder und Pfandgläubiger,
- kraft Zwangsvollstreckung (Abschnitt 8.6.5),
- kraft Gesetzes bei bestimmten Verträgen, z.B. Mietvertrag, Werkvertrag, Frachtvertrag, Kommissionsvertrag. Der Gesetzgeber räumt dem Gläubiger ein unmittelbares Zugriffsrecht bei Schuldnerverzug ein.

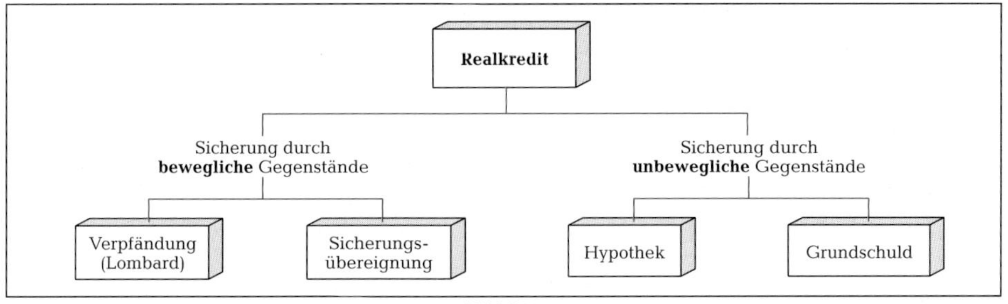


Bild 233

## Lombardkredit (Faustpfandkredit)

Der **Lombardkredit** ist ein Realkredit, der **durch Pfandrecht an einer beweglichen Sache** oder einem verbrieften Recht (Faustpfand) **gesichert** ist.

BGB §§ 1204 ff.

Er ist stets kurzfristig. Der Kreditnehmer erhält als Kredit nicht den vollen Wert seines Pfandes, sondern nur einen bestimmten Prozentsatz davon (Beleihungswert). Der Zinssatz beim Lombardkredit wird Lombardsatz genannt.

Kreditinstitute beleihen vor allem Effekten, Wechsel, Warenwertpapiere, Lebensversicherungen und Bausparverträge.

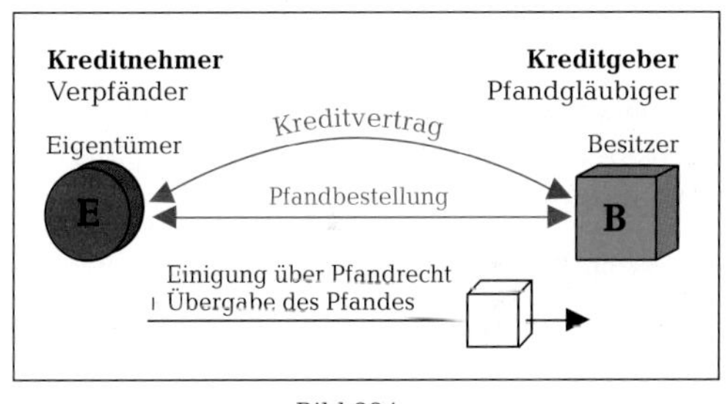


Bild 234

**Bestellung des Pfandrechts.** Die Verpfändung erfolgt durch **Einigung** der beiden Parteien, dass ein Pfandrecht bestehen soll, und **Übergabe** des zu verpfändenden Gegenstandes (Faustpfand). Durch die Übergabe wird der Pfandgläubiger **Besitzer**, aber nicht Eigentümer der verpfändeten Sache (Bild 234).

**Verwahrung des Pfandes.** Der Pfandgläubiger hat die Pflicht, das Pfand mit der Sorgfalt eines Lagerhalters zu verwahren und zu verwalten. Wenn keine Sammelverwahrung vereinbart ist, hat er es getrennt von seinen eigenen Beständen zu halten.

§ 1215

**Verwertung des Pfandes.** Der Pfandgläubiger ist berechtigt, das Pfand zu verwerten, wenn der Schuldner die fällige Leistung nicht erbringt (Pfandreife). Er kann das Pfand versteigern lassen oder, sofern es einen Markt- oder Börsenpreis hat, verkaufen.

§§ 1228 ff.

**Erlöschen des Pfandrechtes.** Es erlischt durch

§§ 1252 ff.

a) Rückgabe des Pfandes. Ein Vorbehalt, dass das Pfandrecht fortbestehen soll, ist unwirksam.

b) Erlöschen der Forderung, für die es bestellt ist,

c) ausdrücklichen Verzicht des Pfandgläubigers gegenüber dem Verpfänder.

**Vorteile des Lombardkredits.** Der Lombardkredit ermöglicht die Beschaffung kurzfristiger Betriebsmittel durch Beleihung von Gegenständen, die der Kreditnehmer nicht veräußern will oder nur zu ungünstigem Preis veräußern könnte. Ferner ermöglicht er bei Einfuhr großer Warenmengen (Schiffsladungen) die kurzfristige Bezahlung des Kaufpreises und lässt dem Käufer Zeit, die Ware nach und nach abzusetzen.

## Sicherungsübereignungskredit

Der **Sicherungsübereignungskredit** ist ein Realkredit, bei dem der Kreditgeber das **bedingte Eigentum** an einer beweglichen Sache **zur Sicherung erwirbt,** der Schuldner aber Besitzer bleibt.

Übereignet werden meist Maschinen, Kraftfahrzeuge und Warenlager.

Die Übereignung hat nicht den Sinn, dem Gläubiger das unbedingte Eigentumsrecht zu übertragen wie beim Kauf oder bei der Schenkung, sondern sie geschieht *nur sicherheitshalber*. Der Kreditgeber kann nicht frei über den übereigneten Gegenstand verfügen, denn das Eigentum daran soll mit der Rückzahlung des Kredits von selbst wieder auf den Kreditnehmer übergehen.

Die Sicherungsübereignung ist nicht gesetzlich geregelt, aber durch die Rechtsprechung anerkannt worden. Kreditgeber und Kreditnehmer schließen neben dem Kreditvertrag einen **Sicherungsübereignungsvertrag**. Dieser enthält

BGB § 929

- die **Einigung**, dass der Kreditgeber Eigentümer einer Sache werden soll, und
- die **Vereinbarung**, dass der Kreditnehmer Besitzer bleibt. Diese Vereinbarung ersetzt die Übergabe (Besitzkonstitut).

§ 930

**Wirkung der Übereignung.** Der neue Eigentümer kann **Dritten gegenüber** seine Rechte uneingeschränkt geltend machen, insbesondere einer Pfändung der übereigneten Sache durch andere Gläubiger des Kreditnehmers mit Erfolg widersprechen. Gegenüber dem **Kreditnehmer** sind jedoch seine Rechte aus dem Eigentum beschränkt. Im Insolvenzverfahren des Kreditnehmers ist der Kreditgeber nicht aussonderungs-, sondern nur absonderungsberechtigt wie ein Pfandgläubiger. Die Sicherungsübereignung hat also einen pfandrechtähnlichen Charakter.

### Vorteile der Sicherungsübereignung

a) Der **Kreditnehmer** kann mit den übereigneten Gegenständen weiterarbeiten und hat trotzdem die Möglichkeit der Kreditsicherung. Die Übereignung ist nach außen nicht erkennbar.

**Beispiel:** Bei Sicherungsübereignung eines Omnibusses wird der Kfz-Brief der kreditgebenden Bank übergeben. Der Reiseunternehmer kann den Bus im Geschäft verwenden.

b) Der **Kreditgeber** kann als Eigentümer bei Gefahr die Herausgabe der Gegenstände fordern und sie wie ein Faustpfand verwerten; er braucht keinen vollstreckbaren Titel. Außerdem wird sein Einfluss auf den Kreditnehmer größer.

### Nachteile der Sicherungsübereignung

a) Der **Kreditnehmer** darf über die Gegenstände nicht mehr frei verfügen. Er muss sie gegen alle Gefahren versichern und die Kosten dafür tragen.

b) Der **Kreditgeber** läuft Gefahr, dass die ihm zu übereignenden Gegenstände bereits übereignet sind oder dass ein Eigentumsvorbehalt des Lieferers darauf lastet. Sie können verkauft, verpfändet, beschädigt oder vernichtet werden. Fest eingebaute Maschinen können wesentliche Bestandteile des Grundstücks sein und deshalb unter ein Grundpfandrecht fallen. Befinden sich die Sachen in gemieteten Räumen, so kann ein Vermieterpfandrecht (gesetzliches Pfandrecht) vorgehen.

### Rechtlicher Unterschied zwischen Sicherungsübereignung und Verpfändung

| Sicherheit | **Eigentümer** | **Besitzer** |
|---|---|---|
| **Sicherungsübereignung** | Kreditgeber | Kreditnehmer |
| **Verpfändung** | Kreditnehmer | Kreditgeber |

Bild 235

## Grundpfandrechtlich gesicherte Kredite

Diese Realkredite sind durch ein **Pfandrecht** an einer **unbeweglichen** Sache gesichert (Grundpfandrecht, Grundkredit).

Sie sind ausgesprochen langfristig und bedürfen deshalb einer Sicherung, die möglichst unabhängig von den persönlichen Verhältnissen des Kreditnehmers ist. Eine Übergabe des Pfandes ist bei der Verpfändung von Grundstücken nicht möglich. Sie wird durch **Eintragung** in ein öffentliches Register, das **Grundbuch**, ersetzt. Ohne Eintragung entsteht und erlischt kein Recht an einem Grundstück.

BGB § 873

## Grundbuch

**Zweck** des Grundbuches ist, den Rechtszustand eines Grundstückes erkennbar zu machen. Jeder, der ein berechtigtes Interesse darlegt, darf Einsicht nehmen, also der Eigentümer, oder jeder mit dessen Erlaubnis, oder wer ein Recht am Grundstück hat oder erwerben will.

**Inhalt** des Grundbuches sind Angaben über

- Gemeindebezirk,
- Lage, Art, Größe des Grundstücks (Bestandsverzeichnis),
- Eigentumsverhältnisse (Abteilung I),
- Lasten und Beschränkungen (Abteilung II, z.B. Wegerecht, Vorkaufsrecht, Wohnrecht eines anderen),
- Grundpfandrechte (Abteilung III, z.B. Grundschuld).

**Eintragungen** in das Grundbuch werden nur auf **Antrag** eines Berechtigten gemacht. Antragsberechtigt ist jeder, der ein Recht an einem Grundstück hat, das von der Eintragung betroffen wird, z.B. der Eigentümer, wenn er das Grundstück verkaufen oder verpfänden will. Jeder aber, dessen Recht durch eine Eintragung betroffen würde, muss seine **Bewilligung** dazu erteilen, z.B. der Hypothekengläubiger, dessen Hypothek gelöscht werden soll.

GBO § 13 § 19

Der Antrag muss entweder vor dem Grundbuchamt zu Protokoll gegeben oder in Form einer öffentlichen oder öffentlich beglaubigten Urkunde gestellt werden. Auch eine Löschung ist eine Eintragung ins Grundbuch; mit ihr hört ein Recht auf zu bestehen. Die Ungültigkeit einer Eintragung wird äußerlich durch rote Unterstreichung sinnfällig gemacht.

§ 29

Das Grundbuch genießt **öffentlichen Glauben,** d.h. jedermann kann grundsätzlich darauf vertrauen, dass die Eintragungen darin richtig sind. Wer dagegen weiß, dass eine Eintragung falsch ist, kann sie nicht zu seinen Gunsten ausnützen. Nicht geschützt sind Eintragungen, die sich auf die Größe, Benutzungsart, Beschaffenheit und ähnliche Angaben über das Grundstück beziehen.

BGB § 892

**Rangfolge der Eintragungen.** Unter „Rang" versteht man den Platz des Berechtigten in der Reihe derer, die durch Verwertung des Grundstücks Befriedigung suchen können. Der Rang wird durch die Reihenfolge des Eingangs der bewilligten Anträge beim Grundbuchamt bestimmt, wenn nicht eine andere Rangordnung vereinbart worden ist. Wird das Grundstück verwertet, so wird der im Rang Vorgehende voll befriedigt, sofern der Erlös ausreicht. Kreditinstitute verlangen daher grundsätzlich den ersten Rang. Bei gleichrangigen Eintragungen werden die Gläubiger im Verhältnis ihrer Forderungen befriedigt.

§ 879

## Hypothek (griechisch: Unterpfand)

Eine **Hypothek** ist ein **Pfandrecht an einem Grundstück,** wodurch der Gläubiger berechtigt ist, sich **wegen einer bestimmten Forderung** aus dem Grundstück zu befriedigen.

§§ 1113 ff.

**Voraussetzung für das Bestehen einer Hypothek** sind demnach

- das **Bestehen einer Forderung**. Die Hypothek ist mit dieser Forderung untrennbar verbunden.
- die **Eintragung in das Grundbuch** (Abteilung III) samt Zinssätzen und etwaigen Nebenleistungen.

Dem Kreditgeber **haftet**

- der *Kreditnehmer* persönlich, also mit seinem ganzen Vermögen **(persönliche Haftung),**
- ein *Grundstück* als Pfand **(dingliche Sicherung).**

**a) Arten der Hypothek**

Nach der **Form der Bestellung** unterscheidet man

BGB § 873 § 1116

1. **Buchhypothek.** Sie entsteht durch *Einigung* zwischen dem Grundstückseigentümer und dem Gläubiger, dass eine Hypothek bestehen soll, und ihre *Eintragung* im Grundbuch.

2. **Briefhypothek.** Sie wird bestellt durch Einigung, Eintragung und Erteilung eines *Hypothekenbriefes*. Dieser ist eine vom Grundbuchamt ausgestellte öffentliche Urkunde, die zum Erwerb, zur Übertragung und zur Geltendmachung der Briefhypothek erforderlich ist. Der Brief macht die Hypothekenforderung beweglich. Der Hypothekengläubiger erwirbt die Briefhypothek erst, wenn ihm der Brief übergeben wird. Bis zur Übergabe steht sie dem Eigentümer zu. (§ 1117)

Nach dem **Nachweis der Forderung** bei Geltendmachung der Hypothek unterscheidet man

1. **Verkehrshypothek.** Sie ist die im Verkehr übliche Hypothekenart. Erhält der Gläubiger bei Fälligkeit der Forderung keine Zahlung, so kann er gegen den Grundstückseigentümer auf Duldung der Zwangsvollstreckung in das verpfändete Grundstück klagen, um sich einen vollstreckbaren Titel zu verschaffen. Zum Nachweis seines Forderungsrechts kann sich der Gläubiger kurzerhand auf das Grundbuch oder den Hypothekenbrief berufen. Beide genießen den Schutz des öffentlichen Glaubens. Wird die Höhe der Forderungen bestritten, so trägt der *Schuldner* die Beweislast. (§ 1147)

   Da die Klage auf Duldung der Zwangsvollstreckung umständlich und zeitraubend ist, wird häufig schon bei der Bestellung der Verkehrshypothek die Unterwerfung des Grundstückseigentümers unter die sofortige Zwangsvollstreckung vereinbart und im Grundbuch eingetragen **(Zwangsvollstreckungsklausel)**. Dann braucht der Gläubiger den Gerichtsvollzieher nur noch mit der Durchführung der Zwangsvollstreckung zu beauftragen (Abschnitt 8.6.5).

2. **Sicherungshypothek.** Bei ihr genießt das Grundbuch hinsichtlich der Höhe der Forderung *nicht* den Schutz des öffentlichen Glaubens. Der *Gläubiger* selbst trägt die Beweislast bezüglich der Höhe der Forderung. Er kann sich zum Beweise seiner Forderung nicht auf die Eintragung berufen. (§ 1184)

   Die Sicherungshypothek muss im Grundbuch als solche bezeichnet werden. Es kann kein Hypothekenbrief über sie ausgestellt werden. Die Eintragung der Zwangsvollstreckungsklausel ist ausgeschlossen. (§ 1185)

**b) Übertragung der Hypothek.** Sie findet in folgenden Fällen statt:

1. Der Hypotheken*gläubiger* deckt einen nach der Kreditgewährung auftretenden Geldbedarf durch eigene Kreditaufnahme gegen Abtretung der Hypothekenforderung. Mit der Forderung geht auch die Hypothek auf den Gläubiger über. (§ 1153)
2. Der Hypotheken*schuldner* lässt nach Tilgung seiner Schuld die Hypothek nicht löschen, sondern überträgt sie zur Aufnahme eines neuen Kredits an den neuen Gläubiger.

Dabei sind folgende Erfordernisse zu erfüllen:

- Zur Übertragung einer **Buchhypothek** muss der Hypothekengläubiger seine *Abtretungserklärung* notariell beglaubigen und im Grundbuch die *Umschreibung* auf den neuen Gläubiger vornehmen lassen. (§ 1154)
- Zur Übertragung einer **Briefhypothek** genügt die *Übergabe* des Hypothekenbriefes mit einer schriftlichen *Abtretungserklärung* an den neuen Gläubiger. Die Übertragung muss nicht, sie kann aber sofort oder später ins Grundbuch eingetragen werden. Für die Eintragung muss die Abtretungserklärung notariell beglaubigt sein.

**c) Erlöschen der Hypothek.** Wird die Schuld zurückgezahlt, so „vereinigt sich die Hypothek mit dem Grundeigentum in einer Person". Es entsteht eine **Eigentümergrundschuld**. Damit hat der Grundeigentümer drei Möglichkeiten:

BGB § 1177

1. Er kann die Hypothek löschen lassen. Dazu ist eine Löschungsbewilligung des bisherigen Hypothekengläubigers und ein Löschungsantrag des Grundeigentümers notwendig.
2. Er kann die Hypothek als *unechte* Eigentümergrundschuld **stehen** lassen und bei Bedarf wieder zur Sicherung einer Forderung verwenden.
3. Er kann die Hypothek in eine echte Eigentümergrundschuld **umschreiben** lassen, wozu neben der Löschungsbewilligung ein Antrag auf Umschreibung erforderlich ist.

§ 1179a, 1

Einem nachrangigen Gläubiger steht ein **gesetzlicher Löschungsanspruch** zu. Dadurch erreicht er, dass sein Recht an dem belasteten Grundstück auf den nächstbesseren Rang vorrückt.

## ■ Grundschuld

Die **Grundschuld** ist ein **Pfandrecht an einem Grundstück,** wodurch der Berechtigte ermächtigt wird, sich aus dem Grundstück in **Höhe einer Geldsumme** zu befriedigen.

§§ 1191 ff.

Sie unterscheidet sich von der Hypothek dadurch, dass für ihre Bestellung ein Schuldverhältnis nicht vorhanden sein muss **(Grundschuld ohne Schuldgrund)**. Ist ein solches vorhanden, braucht die Forderung nicht nachgewiesen zu werden. Deshalb besteht bei ihr auch keine persönliche Haftung, sondern nur eine **dingliche Sicherung** durch das Grundstück.

**a) Arten der Grundschuld**

Nach der **Form der Bestellung** unterscheidet man

1. **Buchgrundschuld.** Sie entsteht durch Einigung und Eintragung im Grundbuch.
2. **Briefgrundschuld.** Sie entsteht wie die Buchgrundschuld. Zusätzlich wird aber noch eine Urkunde ausgestellt. Dieser Grundschuldbrief enthält den Inhalt des Rechts (Betrag, Nebenleistungen, Gläubiger), die Nummer des Grundbuchblattes und die laufende Nummer im Bestandsverzeichnis.

§ 1195

Nach der **Person des Grundschuldberechtigten** unterscheidet man

1. **Fremdgrundschuld.** Berechtigter ist nicht der Eigentümer des Grundstücks, sondern eine andere Person, z.B. ein Kreditgeber. Die Fremdgrundschuld dient zur Sicherung von Krediten.
2. **Eigentümergrundschuld.** Bei ihr stehen die Rechte aus der Grundschuld dem Grundstückseigentümer selbst zu. Sie kann durch Rechtsgeschäft oder kraft Gesetzes entstehen.

Durch *Rechtsgeschäft.* Die Grundschuld wird für den Grundstückseigentümer *bestellt.* Dieser kann dadurch eine bevorzugte Rangstelle im Grundbuch freihalten. Besteht die Grundschuld als Briefgrundschuld, so kann sich der Grundstückseigentümer später durch Zession oder Verpfändung einfach und schnell Geld beschaffen. Zum Schutz der nachstellig Berechtigten kann er jedoch nicht die Zwangsvollstreckung zum Zwecke seiner Befriedigung betreiben.

Kraft *Gesetzes.* Eine Eigentümergrundschuld ist *gegeben,* wenn

- ein Hypothekenkredit nach Eintragung nicht sofort ausgezahlt wird,
- bei einer Briefhypothek der Brief nicht sofort dem Gläubiger übergeben wird,
- ein Hypothekenkredit durch den Schuldner zurückgezahlt ist.

**b) Übertragung der Grundschuld**

Für die Bestellung, Übertragung, Verpfändung und Löschung gelten im Wesentlichen die gleichen Bestimmungen wie bei der Hypothek.

§ 1192

c) **Vorteile der Grundschuld gegenüber der Hypothek.** Die Grundschuld wird aus folgenden Gründen oft der Hypothek vorgezogen:

1. Die Grundschuld stellt ein abstraktes Grundpfandrecht dar. Einwendungen aus dem Grundgeschäft können daher bei der Grundschuld *nicht* geltend gemacht werden.
2. Schwankungen des Schuldsaldos beeinträchtigen deshalb den Bestand der Grundschuld nicht. Sie eignet sich damit sowohl zur Absicherung von Kontokorrentkrediten als auch für Tilgungsdarlehen.
3. Die Grundschuld kann als Eigentümergrundschuld eingetragen werden. Bei späterer Kreditbeschaffung bedarf es dann nur deren Abtretung.
4. Diese Abtretung braucht bei Briefrechten nicht in das Grundbuch eingetragen zu werden, sodass der Kreditgeber anonym bleiben kann. Hypothekenbriefrechte werden auf Grund ihrer Forderungsgebundenheit immer eingetragen.
5. Eingeräumte, aber noch nicht in Anspruch genommene Kredite können nur durch eine Grundschuld gesichert werden. Die an die Forderung gebundene Hypothek ermöglicht dies nicht.

BGB § 1199

**Rentenschuld.** Sie ist eine Grundschuld zur Sicherung einer Rente, die zu regelmäßig wiederkehrenden Terminen aus dem Grundstück zu zahlen ist. Bei ihrer Bestellung muss ein Betrag bestimmt und im Grundbuch eingetragen werden, durch dessen Zahlung die Rentenschuld abgelöst werden kann.

## Zur Wiederholung und Vertiefung

1. Warum nehmen Kreditinstitute nicht gerne wertvollen Schmuck als Faustpfand?
2. Wodurch unterscheiden sich Diskontierung und Lombardierung eines Wechsels?
3. Wodurch unterscheidet sich die Verpfändung einer Forderung von der Abtretung einer Forderung (Zession)?
4. Wodurch unterscheiden sich Sicherungsübereignung und Verpfändung?
5. Nennen und begründen Sie drei Gefahren für den Kreditgeber aus der Sicherungsübereignung.
6. Warum ist im Wirtschaftsleben die Sicherungsübereignung neben der Lombardierung notwendig?
7. Welcher Unterschied besteht zwischen Verkehrs- und Sicherungshypothek?
8. Wodurch unterscheiden sich Hypothek und Grundschuld?
9. Warum wird ein Kontokorrentkredit grundpfandrechtlich nicht durch Hypothek, sondern durch Grundschuld gesichert?
10. Warum bevorzugen die Banken die Grundschuld?
11. Worin unterscheiden sich Lombardkredit und Hypothekenkredit, und worin stimmen sie überein?
12. a) Welche Möglichkeiten der Fremdkapitalbeschaffung sind aufgrund der nachstehenden Bilanz gegeben?

| **Aktiva** | **Bilanz** | | **Passiva** |
|---|---|---|---|
| Grundstücke | 165.000 | Eigenkapital | 428.000 |
| Fuhrpark | 25.000 | Grundschulden | 90.000 |
| Maschinen | 100.000 | Verbindlichkeiten | 112.000 |
| Rohstoffe | 170.000 | Schuldwechsel | 20.000 |
| Forderungen | 70.000 | | |
| Wertpapiere | 40.000 | | |
| Wechsel | 30.000 | | |
| Zahlungsmittel | 50.000 | | |
| | 650.000 | | 650.000 |

   b) Errechnen Sie den möglichen Mittelzufluss bei einem durchschnittlichen Beleihungsprozentsatz von 60%.

## 12.4.6 Kreditleihe

Bei der **Kreditleihe** werden nicht Waren, Geld oder Dienstleistungen zur Verfügung gestellt, sondern **der gute Ruf** (Kreditwürdigkeit) eines Unternehmens **wird „verliehen".**

Dies geschieht bei einem Kreditinstitut in Form des Aval-, Akzept- und Rembourskredits. Weil kein Geld ausgeliehen wird, können keine Zinsen, sondern nur Provision für die Dienstleistung berechnet werden.

### Avalkredit

Der **Avalkredit** ist ein **Bürgschaftskredit,** bei welchem **ein Kreditinstitut** eine selbstschuldnerische Bürgschaft übernimmt (Bild 236).

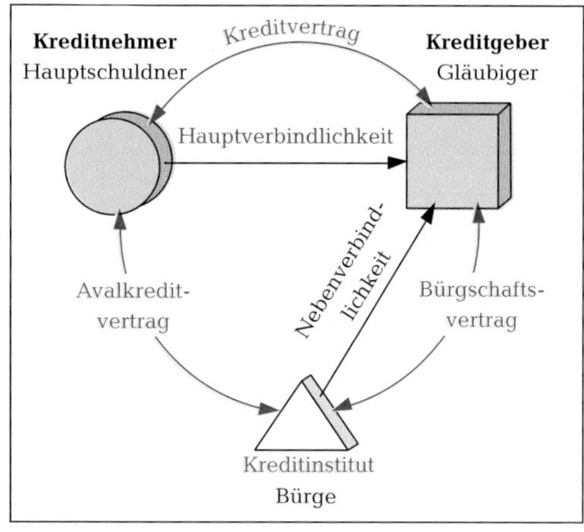


Bild 236

Bankbürgschaften werden hauptsächlich von Behörden, aber auch von privaten Unternehmungen gefordert.

- für Zahlungsverpflichtungen der Bankkunden aus Frachten, Steuern und Zöllen, z.B. beim Frachtstundungsverfahren der Bahn,
- für vereinbarte Vertragsstrafen bei nicht rechtzeitiger Fertigstellung einer Leistung, z.B. Straßen-, Brücken-, Hausbau.

### Akzeptkredit

Der **Akzeptkredit** ist ein Kredit, bei welchem sich **ein Kreditinstitut** für einen Kunden **durch Wechselakzept** verpflichtet.

Der Akzeptkredit wird nur erstklassigen Unternehmen eingeräumt, über deren Zahlungsfähigkeit kein Zweifel besteht. Sie bekommen in dem Bankakzept ein vorzügliches und leicht verwertbares Kredit- und Zahlungsmittel.

- Als **Kreditmittel** dient es der Beschaffung von flüssigen Mitteln (Finanzwechsel). Die akzeptierende Bank bedingt sich aber gewöhnlich aus, dass der Wechsel bei ihr diskontiert wird, damit sie den Diskont selbst verdient. Die Wechselform wählt man, weil der Kredit für den Kunden trotz Diskont billiger ist als ein anderer Kredit.
- Als **Zahlungsmittel** kann es einem Lieferer zur Begleichung der Verbindlichkeiten gegeben werden (Warenwechsel). Besonders im internationalen Güterverkehr wird dies von vielen Lieferern verlangt. Häufig wird vereinbart, dass der Lieferer direkt auf das Kreditinstitut des Kunden ziehen soll, wobei das Kreditinstitut vorher seine Akzeptbereitschaft dem Lieferer bestätigt.

**Zur Wiederholung und Vertiefung**

1. Worin bestehen die Kosten bei der Kreditleihe?
2. Wodurch unterscheiden sich Avalkredit und Akzeptkredit?
3. Wodurch unterscheidet sich der Avalkredit vom Bürgschaftskredit?
4. Wodurch unterscheidet sich der Akzeptkredit vom Diskontkredit?

## 12.5 Wertpapiere und Wertpapierbörse

**Wertpapiere sind Urkunden, die Vermögensrechte so verbriefen, dass deren Ausübung an den Besitz des Papiers geknüpft ist.** Das Recht **aus** dem Papier folgt dem Recht **am** Papier.

### 12.5.1 Einteilung der Wertpapiere

**Einteilung nach verbrieften Vermögensrechten**

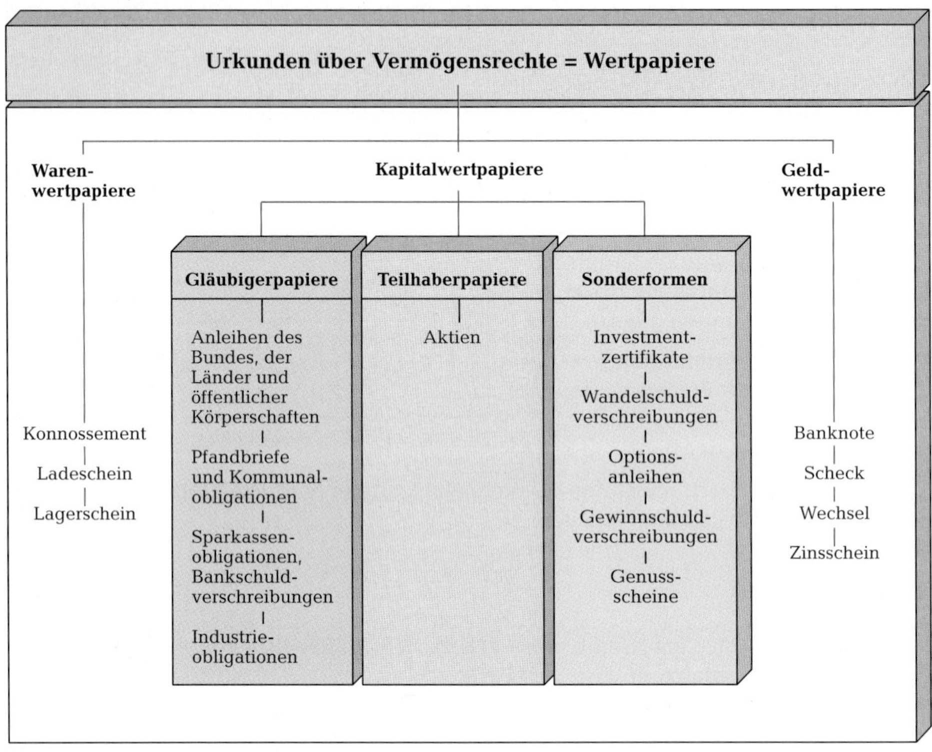


Bild 237

Die Vermögensrechte können in einer Verfügungsberechtigung über Waren, in einem Geldwert oder in Gläubiger- oder Teilhaberrechten bestehen (Bild 237). Daraus ergibt sich die **Einteilung der Wertpapiere** in

- **Warenwertpapiere** (Konnossement, Ladeschein, Lagerschein),
- **Geldwertpapiere** (Banknote, Scheck, Wechsel, Zinsschein),
- **Kapitalwertpapiere** (Aktie, Obligation, Hypothekenbrief).

**Kapitalwertpapiere** verbriefen eine Kapitalanlage. Sie lassen sich unterteilen in

- nicht vertretbare (Hypothekenbrief),
- vertretbare Kapitalwertpapiere oder Effekten (Aktie, Obligation, Pfandbrief). Innerhalb ihrer Gattung sind die Papiere einander vollständig gleich. Die Eigenschaft der Vertretbarkeit macht sie *börsenfähig* (fungibel).

**Effekten** sind **Urkunden über Gläubiger- oder Teilhaberrechte** mit festem oder schwankendem Ertrag und der **Eigenschaft der Vertretbarkeit.**

## ■ Einteilung nach ihrer Übertragbarkeit

| **Arten der Wertpapiere** nach der<br>**Benennung des Berechtigten** | <br>**Form der Übertragung** | **Einwendungen** gegen neuen Besitzer | **Gestaltung der Urkunde** | Beispiele |
|---|---|---|---|---|
| **Inhaberpapiere**<br>Berechtigter<br>*nicht*<br>*namentlich*<br>benannt | **Inhaberpapiere**<br>Einigung<br>+ Übergabe | Einwendungen nur gegen Verfügungsberechtigung über die Urkunde (BGB § 793); dadurch hohe Verkehrsfähigkeit. | a) mit ausdrücklicher Inhaberklausel | a) Inhaberscheck, Inhaberschuldverschreibung, Inhaberaktie |
| | | | b) ohne ausdrückliche Inhaberklausel | b) Banknote, Zins- und Dividendenschein |
| **Namenspapiere**<br>Berechtigter<br>*namentlich*<br>benannt | **Orderpapiere**<br>(HGB § 363)<br>Einigung<br>+ Indossament<br>+ Übergabe | Einwendungen nur gegen Inhalt der Urkunde und persönliche Einwendungen gegen Besitzer (HGB § 364); dadurch Verkehrsfähigkeit. | **geborene** (kraft Gesetzes) / **gekorene** (durch Orderklausel)<br>a) mit oder ohne Orderklausel | a) Wechsel, Namensscheck, Namensaktie |
| | | | b) nur mit Orderklausel des Ausstellers | b) Orderkonnossement, Orderladeschein, Orderlagerschein |
| | **Rektapapiere**<br>(BGB § 410)<br>Abtretung<br>+ Übergabe | Alle Einwendungen, die zum Zeitpunkt der Abtretung gegen den alten Gläubiger bestanden (BGB § 404); geringe Verkehrsfähigkeit. | a) mit negativer Orderklausel | a) Rektascheck, Rektawechsel |
| | | | b) ohne Orderklausel | b) Rektakonnossement, Rektaladeschein, Rektalagerschein |
| | | | c) reines Rektapapier | c) Hypothekenbrief |

Bild 238

## 12.5.2 Wertpapierarten

Wertpapiere werden hinsichtlich der in ihnen verbrieften Rechte eingeteilt in

### ■ Gläubigerpapiere

Die **Gläubigerpapiere**, auch festverzinsliche Wertpapiere, Schuldverschreibungen, Rentenpapiere, Anleihen, Obligationen genannt, verbriefen dem **Gläubiger** das **Recht auf**

**a) Verzinsung,**

**b) Rückzahlung,**

**c) Anteil an der Insolvenzmasse** des Schuldners.

Das **Gläubigerpapier** besteht aus zwei Teilen,

- dem **Mantel**, der eigentlichen Urkunde, und
- dem **Zinsscheinbogen**, bestehend aus den Zinsscheinen (Coupons) und dem Erneuerungsschein (Talon). Wer von dem Zinsscheinbogen einen Zinsschein abtrennt und ihn bei Fälligkeit dem Schuldner vorlegt, bekommt die Zinsen ausbezahlt. Wenn alle Zinsscheine abgeschnitten sind, kann ein neuer Zinsscheinbogen mit Hilfe des Erneuerungsscheines bezogen werden.

**Nach dem Schuldner** (Emittent) unterscheidet man

**a) Öffentliche Anleihen.** Sie sind Schuldverschreibungen über Forderungsrechte gegenüber Bund, Ländern, Städten und sonstigen öffentlich-rechtlichen Körperschaften. Die Anleihen sind durch die Steuerkraft und das Vermögen dieser Schuldner indirekt gesichert. Mittel für große Aufgaben (Straßenbau, Wohnungsbau u.a.), die aus laufenden Einnahmen (ordentlicher Haushalt) nicht beschafft werden können, werden durch den Verkauf dieser Papiere aufgebracht. Anleihen können mittel- oder langfristig sein und gehören zu den **Kapitalmarktpapieren.**

Die wichtigsten **Kapitalmarktpapiere der öffentlichen Hand** sind:

- *Anleihen* mit einer Laufzeit von 5 bis 30 Jahren, Mindeststückelung 0,01 EUR, Mindestanlage (Neuemission) 1.000 EUR,
- *Bundesschatzbriefe* mit einer Laufzeit von 6 oder 7 Jahren, Mindeststückelung 0,01 DM (bis 31. Dez. 2001), Mindestanlage (Neuemission) 1.000 DM,
- *Bundesobligationen* mit einer Laufzeit von 5 Jahren, Mindeststückelung 0,01 EUR, Mindestanlage (Neuemission) 100 EUR.

Im Gegensatz dazu stehen die **Geldmarktpapiere der öffentlichen Hand.** Sie sind keine Effekten.

Die wichtigsten **Geldmarktpapiere** sind

- *Schatzwechsel.* Sie sind Solawechsel mit einer Laufzeit von 3 Monaten, ausgestellt von den Schuldenverwaltungen des Bundes, der Länder oder der Sondervermögen des Bundes. Sie werden über die Notenbank begeben und auch bei ihr zahlbar gestellt.
- *Unverzinsliche Schatzanweisungen* (U-Schätze). Sie sind nicht wechselmäßige Zahlungsversprechen der Schuldenverwaltungen mit einer Laufzeit von 6 bis 24 Monaten. Bei der Ausgabe werden die Zinsen bis zum Fälligkeitstag abgezogen. Sie werden als „unverzinslich" bezeichnet, weil sie kein Zinsversprechen enthalten und nicht mit einem Zinsscheinbogen ausgestattet sind.
- *Finanzierungsschätze.* Sie sind abgezinste Wertpapiere der Bundes mit einem Mindestnennwert von 1.000 DM (bis 31. Dez. 2001) und einer Laufzeit von 1 oder 2 Jahren. Im Gegensatz zu den anderen Geldmarktpapieren können sie von jedermann erworben werden.

**b) Pfandbriefe und Kommunalobligationen.** Sie sind Schuldverschreibungen über Forderungen gegen öffentliche Kreditanstalten oder private Hypothekenbanken.

HypbankG § 5

**Pfandbriefe:** Der Erlös aus ihrem Verkauf wird nach bestimmten gesetzlichen Vorschriften an die Eigentümer erstklassiger Grundstücke (meist Wohnhäuser) ausgeliehen. Die Sicherung dieser Kredite geschieht ausschließlich durch 1. Hypotheken, sodass indirekt jeder Pfandbrief durch eine 1. Hypothek gesichert ist.

§ 1

**Kommunalobligationen.** Der Erlös aus ihrem Verkauf fließt Gemeinden oder Gemeindeverbänden für Zwecke des außerordentlichen Haushalts zu. Sie sind durch die Steuerkraft dieser Gemeinden, durch Staatsbürgschaften oder nachstellige Hypotheken indirekt gesichert. Schuldner aber ist, wie bei den Pfandbriefen, das emittierende Kreditinstitut (bei Kommunal*anleihen* eine *Gemeinde*).

**c) Sparkassenobligationen und Bankschuldverschreibungen.** Sie sind Urkunden über Schuldverschreibungen gegen Girozentralen (Deutsche Girozentrale) und Zentralkassen (Deutsche Genossenschaftsbank) sowie gegen Banken.

Sie werden durch das Vermögen und die Ertragskraft dieser Institute gesichert. Ihre Laufzeit ist kürzerfristig. Mit dem Erlös aus dem Verkauf dieser Papiere werden Kredite an die gewerbliche Wirtschaft gewährt.

**d) Industrieobligationen.** Sie sind Schuldverschreibungen über Forderungsrechte gegen Industrieunternehmungen, die meist durch eine 1. Hypothek oder Grundschuld oder durch Bürgschaft anderer Unternehmungen gesichert sind.

50 DM

# Bayer

## Aktie über 50 DM

Nr. 1234567

Der Inhaber ist mit dieser Aktie über
Fünfzig Deutsche Mark
an der Bayer Aktiengesellschaft
nach Maßgabe der Satzung als Aktionär beteiligt.

Leverkusen,
im Dezember 1972

**Bayer Aktiengesellschaft**

Aufsichtsrat

Vorstand

Vorsitzender

Kontrollunterschrift

GD Giesecke & Devrient München

Bayer
32. DIVIDENDENSCHEIN zur Aktie Nr. 1234567
über Fünfzig Deutsche Mark
Leverkusen, im Dezember 1972 BAYER AKTIENGESELLSCHAFT
32
GIESECKE & DEVRIENT

Bayer
31. DIVIDENDENSCHEIN zur Aktie Nr. 1234567
über Fünfzig Deutsche Mark
Leverkusen, im Dezember 1972 BAYER AKTIENGESELLSCHAFT
31
GIESECKE & DEVRIENT

Bayer
34. DIVIDENDENSCHEIN zur Aktie Nr. 1234567
über Fünfzig Deutsche Mark
Leverkusen, im Dezember 1972 BAYER AKTIENGESELLSCHAFT
34
GIESECKE & DEVRIENT

Bayer
33. DIVIDENDENSCHEIN zur Aktie Nr. 1234567
über Fünfzig Deutsche Mark
Leverkusen, im Dezember 1972 BAYER AKTIENGESELLSCHAFT
33
GIESECKE & DEVRIENT

Bayer
36. DIVIDENDENSCHEIN zur Aktie Nr. 1234567
über Fünfzig Deutsche Mark
Leverkusen, im Dezember 1972 BAYER AKTIENGESELLSCHAFT
36
GIESECKE & DEVRIENT

Bayer
35. DIVIDENDENSCHEIN zur Aktie Nr. 1234567
über Fünfzig Deutsche Mark
Leverkusen, im Dezember 1972 BAYER AKTIENGESELLSCHAFT
35
GIESECKE & DEVRIENT

Bayer
38. DIVIDENDENSCHEIN zur Aktie Nr. 1234567
über Fünfzig Deutsche Mark
Leverkusen, im Dezember 1972 BAYER AKTIENGESELLSCHAFT
38
GIESECKE & DEVRIENT

Bayer
37. DIVIDENDENSCHEIN zur Aktie Nr. 1234567
über Fünfzig Deutsche Mark
Leverkusen, im Dezember 1972 BAYER AKTIENGESELLSCHAFT
37
GIESECKE & DEVRIENT

Bayer
40. DIVIDENDENSCHEIN zur Aktie Nr. 1234567
über Fünfzig Deutsche Mark
Leverkusen, im Dezember 1972 BAYER AKTIENGESELLSCHAFT
40
GIESECKE & DEVRIENT

Bayer
39. DIVIDENDENSCHEIN zur Aktie Nr. 1234567
über Fünfzig Deutsche Mark
Leverkusen, im Dezember 1972 BAYER AKTIENGESELLSCHAFT
39
GIESECKE & DEVRIENT

Bayer
ERNEUERUNGSSCHEIN ZUR AKTIE ÜBER FÜNFZIG DEUTSCHE MARK Nr. 1234567
Gegen Rückgabe dieses Erneuerungsscheines werden neue Dividendenscheine, deren erster auf Nummer 41 zu lauten hat, nebst Erneuerungsschein ausgehändigt.
Leverkusen, im Dezember 1972
BAYER AKTIENGESELLSCHAFT
Aufsichtsrat Vorsitzender Vorstand
GIESECKE & DEVRIENT MÜNCHEN

7% Anleihe von 1967 der Landeshauptstadt München
14. Zinsschein zu der Teilschuldverschreibung von 1967 über 1000.- Deutsche Mark, zahlbar am 1. Februar 1974 mit 35.- Deutsche Mark. München, im Januar 1967
STADTRAT DER LANDESHAUPTSTADT MÜNCHEN
Oberbürgermeister Stadtkämmerer
14. Serie 1 ZINSSCHEIN 123456 DM 35.- 1. Februar 1974
GIESECKE & DEVRIENT

7% Anleihe von 1967 der Landeshauptstadt München
13. Zinsschein zu der Teilschuldverschreibung von 1967 über 1000.- Deutsche Mark, zahlbar am 1. August 1973 mit 35.- Deutsche Mark. München, im Januar 1967
STADTRAT DER LANDESHAUPTSTADT MÜNCHEN
Oberbürgermeister Stadtkämmerer
13. Serie 1 ZINSSCHEIN 123456 DM 35.- 1. August 1973
GIESECKE & DEVRIENT

7% Anleihe von 1967 der Landeshauptstadt München
16. Zinsschein zu der Teilschuldverschreibung von 1967 über 1000.- Deutsche Mark, zahlbar am 1. Februar 1975 mit 35.- Deutsche Mark. München, im Januar 1967
STADTRAT DER LANDESHAUPTSTADT MÜNCHEN
Oberbürgermeister Stadtkämmerer
16. Serie 1 ZINSSCHEIN 123456 DM 35.- 1. Februar 1975
GIESECKE & DEVRIENT

7% Anleihe von 1967 der Landeshauptstadt München
15. Zinsschein zu der Teilschuldverschreibung von 1967 über 1000.- Deutsche Mark, zahlbar am 1. August 1974 mit 35.- Deutsche Mark. München, im Januar 1967
STADTRAT DER LANDESHAUPTSTADT MÜNCHEN
Oberbürgermeister Stadtkämmerer
15. Serie 1 ZINSSCHEIN 123456 DM 35.- 1. August 1974
GIESECKE & DEVRIENT

7% Anleihe von 1967 der Landeshauptstadt München
18. Zinsschein zu der Teilschuldverschreibung von 1967 über 1000.- Deutsche Mark, zahlbar am 1. Februar 1976 mit 35.- Deutsche Mark. München, im Januar 1967
STADTRAT DER LANDESHAUPTSTADT MÜNCHEN
Oberbürgermeister Stadtkämmerer
18. Serie 1 ZINSSCHEIN 123456 DM 35.- 1. Februar 1976
GIESECKE & DEVRIENT

7% Anleihe von 1967 der Landeshauptstadt München
17. Zinsschein zu der Teilschuldverschreibung von 1967 über 1000.- Deutsche Mark, zahlbar am 1. August 1975 mit 35.- Deutsche Mark. München, im Januar 1967
STADTRAT DER LANDESHAUPTSTADT MÜNCHEN
Oberbürgermeister Stadtkämmerer
17. Serie 1 ZINSSCHEIN 123456 DM 35.- 1. August 1975
GIESECKE & DEVRIENT

7% Anleihe von 1967 der Landeshauptstadt München
20. Zinsschein zu der Teilschuldverschreibung von 1967 über 1000.- Deutsche Mark, zahlbar am 1. Februar 1977 mit 35.- Deutsche Mark. München, im Januar 1967
STADTRAT DER LANDESHAUPTSTADT MÜNCHEN
Oberbürgermeister Stadtkämmerer
20. Serie 1 ZINSSCHEIN 123456 DM 35.- 1. Februar 1977
GIESECKE & DEVRIENT

7% Anleihe von 1967 der Landeshauptstadt München
19. Zinsschein zu der Teilschuldverschreibung von 1967 über 1000.- Deutsche Mark, zahlbar am 1. August 1976 mit 35.- Deutsche Mark. München, im Januar 1967
STADTRAT DER LANDESHAUPTSTADT MÜNCHEN
Oberbürgermeister Stadtkämmerer
19. Serie 1 ZINSSCHEIN 123456 DM 35.- 1. August 1976
GIESECKE & DEVRIENT

7% Teilschuldverschreibung von 1967 Erneuerungsschein
ERNEUERUNGSSCHEIN zu der 7% Teilschuldverschreibung von 1967 über Eintausend Deutsche Mark
Gegen Rückgabe dieses Erneuerungsscheines wird nach Fälligkeit des letzten Zinsscheins ein neuer Bogen ausgegeben, dessen erster Zinsschein am 1. August 1977 fällig wird. München, im Januar 1967
STADTRAT DER LANDESHAUPTSTADT MÜNCHEN
Oberbürgermeister Stadtkämmerer
Serie 1 123456 Erneuerungsschein über DM 1000.-
GIESECKE & DEVRIENT MÜNCHEN

FEBRUAR/AUGUST 7% ANLEIHE VON 1967 SERIE 1 DM 1000.-

DM 1000.-
SERIE 1

NR. 123456

ANLEIHE VON 1967 DER

# BAYERISCHEN LANDESHAUPTSTADT MÜNCHEN

# TEILSCHULDVERSCHREIBUNG

ÜBER

DM 1000 DM

Die Landeshauptstadt München verpflichtet sich, dem Inhaber dieser Teilschuldverschreibung nach Maßgabe der umstehenden Anleihebedingungen den Betrag von

**EINTAUSEND DEUTSCHE MARK**

am Fälligkeitstag zurückzuzahlen und bis dahin mit jährlich 7 vom Hundert, zahlbar halbjährlich nachträglich am 1. Februar und 1. August jedes Jahres, zu verzinsen. Für die in dieser Urkunde eingegangenen Verpflichtungen haftet die Landeshauptstadt München mit ihrem gesamten gegenwärtigen und zukünftigen Vermögen und mit ihrer ganzen Steuerkraft.
Die Teilschuldverschreibungen dieser Anleihe sind im gesamten Bundesgebiet zur Anlegung von Mündelgeld geeignet (BGB § 1807 Abs. 1 Ziff. 4; Bekanntmachung vom 7. Juli 1901, RGBl. S. 263). Sie sind ferner gemäß § 68 VAG zur Anlage für den Deckungsstock von Versicherungsunternehmen zugelassen.

---

Die Ausgabe der Anleihe wurde auf Grund § 795 BGB in Verbindung mit § 3 des Gesetzes vom 26. 6. 1954 (BGBl. I S. 147) vom Bundesminister für Wirtschaft im Einvernehmen mit dem Bayerischen Staatsministerium für Wirtschaft und Verkehr mit Bescheid vom 19. Jan. 1967 Gesch. Nr. VI A2 - 864400 genehmigt. Die Aufnahme der Anleihe wurde vom Stadtrat am 18. Jan. 1967 beschlossen. Die Regierung von Oberbayern hat die rechtsaufsichtliche Genehmigung mit Entschließung vom 18. Jan. 1967 Nr. II/5 - 8357 a 1 erteilt.

München, im Januar 1967

BAYERN LANDESHAUPTSTADT MÜNCHEN

STADTRAT DER LANDESHAUPTSTADT MÜNCHEN

| Oberbürgermeister: | Stadtkämmerer: |
| --- | --- |
| Dr. Vogel | Gittel |

Der Kontrollbeamte: Günther

Eingetragen im Anleihe-Stammbuch
Serie 1 Seite 12

GD GIESECKE & DEVRIENT MÜNCHEN

Februar ganzj. 6% Em. 204 Kommunal-Schuldverschreibung DM 1000,-

Mündelsicher Em. 204 Lit. A Nr. 123456

# 6% Kommunal-Schuldverschreibung über 1000 DM

Die Westfälische Hypothekenbank Aktiengesellschaft schuldet dem Inhaber dieser Kommunal-Schuldverschreibung Eintausend Deutsche Mark.
Die Kommunal-Schuldverschreibung wird mit 6% jährlich verzinst. Die Zinsen werden zum 1. Februar eines jeden Jahres nachträglich gezahlt. Die Verzinsung endet mit dem Fälligkeitsdatum. Der Inhaber und die Bank können diese Kommunal-Schuldverschreibung nicht kündigen. Die Rückzahlung erfolgt in einer Summe zum 1. Februar 1987; sie wird im Bundesanzeiger bekanntgegeben. Die Einlösung der fälligen Stücke erfolgt wie die Einlösung der Zinsscheine an der Kasse der Bank über sämtliche Kreditinstitute.

Dortmund, im Januar 1978

WESTFÄLISCHE HYPOTHEKENBANK AKTIENGESELLSCHAFT

Aufsichtsrat Vorstand

WESTFÄLISCHE HYPOTHEKENBANK AKTIENGESELLSCHAFT DORTMUND

Für diese Kommunal-Schuldverschreibung ist die vorschriftsmäßige Deckung vorhanden und in das Deckungsregister eingetragen.

Kontrollunterschrift Der staatlich bestellte Treuhänder

GIESECKE & DEVRIENT MÜNCHEN

FEBRUAR 7¼% ANLEIHE VON 1977 GRUPPE A DM 1000

THYSSEN

GRUPPE A Nr. 123456

7¼%

INHABER-TEILSCHULDVERSCHREIBUNG

EINTAUSEND DEUTSCHE MARK

der grundbuchlich gesicherten Anleihe von 1977
der Thyssen Aktiengesellschaft
vorm. August Thyssen-Hütte im Nennbetrag von
Deutsche Mark 150 000 000, eingeteilt in
630 000 Stück Nr. 000 001 - 630 000 zu je DM 100
42 000 Stück Nr. 630 001 - 672 000 zu je DM 1000
9 000 Stück Nr. 672 001 - 681 000 zu je DM 5000
zusammengefaßt in 12 Gruppen (A-M) von je DM 12 500 000.

Nach Maßgabe der umstehend abgedruckten Anleihebedingungen verpflichten wir uns, dem Inhaber dieser Teilschuldverschreibung den Betrag von Eintausend Deutsche Mark mit 7¼ v. H. jährlich zu verzinsen und am Fälligkeitstag zum Nennwert zurückzuzahlen. Die Zinsen werden jährlich nachträglich am 1. Februar eines jeden Jahres gezahlt.

Duisburg, im Mai 1977

THYSSEN AKTIENGESELLSCHAFT VORM. AUGUST THYSSEN-HÜTTE

Der Aufsichtsrat Der Vorstand

Vorsitzender

Für die obige Anleihe haben wir das Amt als Treuhänderin der jeweiligen Gläubiger nach Maßgabe der Anleihebedingungen übernommen.

Düsseldorf, im Mai 1977

Deutsche Bank
Aktiengesellschaft

Kontrollunterschrift:

GIESECKE & DEVRIENT MÜNCHEN

# Hessische Landesbank
# - Girozentrale -

Ausgabe 94 Nr. 1234567

Mündelsicher

## 8% Pfandbrief

über Eintausend Deutsche Mark

## 1000 DM

Die Hessische Landesbank - Girozentrale - schuldet dem Inhaber dieses Pfandbriefes Eintausend Deutsche Mark.
Dieser Betrag wird nach den umstehenden Anleihebedingungen mit 8% jährlich verzinst und am 1. September 1990 zur Rückzahlung zum Nennwert fällig.
Für diesen Pfandbrief ist die gesetzlich vorgeschriebene Deckung vorhanden und in das Deckungsregister eingetragen.

Frankfurt am Main, im Juni 1980

**Hessische Landesbank**
**- Girozentrale -**

HESSISCHE LANDESBANK GIROZENTRALE

Ausgefertigt:

Kontrollunterschrift

GIESECKE & DEVRIENT MÜNCHEN

JANUAR 4½% WANDELANLEIHE VON 1978 DM 50,-

# COMMERZBANK
AKTIENGESELLSCHAFT

DM 50,- 4½% Nr. 1234567

## WANDELSCHULDVERSCHREIBUNG
ÜBER FÜNFZIG DEUTSCHE MARK

DM DM

DER WANDELANLEIHE VON 1978
IM GESAMTNENNBETRAG VON DM 250 000 000,-

WIR VERPFLICHTEN UNS, DEM INHABER DIESER WANDELSCHULDVERSCHREIBUNG GEMÄSS DEN UMSEITIG ABGEDRUCKTEN ANLEIHEBEDINGUNGEN DEN BETRAG VON

**FÜNFZIG DEUTSCHE MARK**

MIT 4½% JÄHRLICH ZU VERZINSEN UND DIESE WANDELSCHULDVERSCHREIBUNG ENTWEDER AUF VERLANGEN DES INHABERS NACH MASSGABE DER ANLEIHEBEDINGUNGEN IN AKTIEN UNSERER GESELLSCHAFT UMZUTAUSCHEN ODER BEI FÄLLIGKEIT EINZULÖSEN.

FRANKFURT AM MAIN, IM MAI 1978

COMMERZBANK
AKTIENGESELLSCHAFT

KONTROLLUNTERSCHRIFT

GIESECKE & DEVRIENT MÜNCHEN

5 ANTEILE

Gothaer Gothaer Gothaer Gothaer Gothaer Gothaer Gothaer

# ADIG Allgemeine Deutsche Investment-Gesellschaft mbH

LIT. B

## GOTHARENT-ADIG

FÜNF ANTEILE

Nr. 1234567

5

Der Inhaber dieses Anteilscheines ist gemäß dem Gesetz über Kapitalanlagegesellschaften und den Vertragsbedingungen in der jeweils geltenden vom Bundesaufsichtsamt für das Kreditwesen genehmigten Fassung an dem Sondervermögen GOTHARENT–ADIG mit fünf Anteilen beteiligt.

5

ADIG Allgemeine Deutsche Investment-Gesellschaft mbH, München

Für den Aufsichtsrat

Vorsitzender

Die Geschäftsführung

Eingetragen in das Anteilschein-Register Seite 411

Düsseldorf, den 12.5.78

Kontrollperson

ADIG INVESTMENT

Wir haben die Pflichten und Rechte der Depotbank gemäß dem Gesetz über Kapitalanlagegesellschaften für das Sondervermögen GOTHARENT–ADIG der ADIG Allgemeine Deutsche Investment-Gesellschaft mbH, übernommen.

COMMERZBANK
AKTIENGESELLSCHAFT
Düsseldorf



Gothaer Gothaer Gothaer Gothaer Gothaer Gothaer Gothaer

## Teilhaberpapiere

**Teilhaberpapiere**, auch Dividendenpapiere oder Wertpapiere mit variablem Ertrag genannt, verbriefen dem **Teilhaber**

a) das **Stimmrecht** in der Hauptversammlung (Abschnitt 11.5.1),

b) das Recht auf Anteil am **Gewinn** (Dividende),

c) das Recht auf Anteil am **Liquidationserlös** (Abschnitt 11.5.1),

d) das **Bezugsrecht** bei Neuausgabe von Aktien der AG (Abschnitt 12.6.1).

Auch das **Teilhaberpapier** besteht aus zwei Teilen,

- dem **Mantel** und
- dem **Dividendenscheinbogen**, dieser aus den Dividendenscheinen (Coupons) und dem Erneuerungsschein (Talon). Die Dividendenscheine unterscheiden sich von den Zinsscheinen dadurch, dass bei ihnen kein Betrag und keine Fälligkeit aufgedruckt ist; sie tragen statt dessen eine laufende Nummer.

Zu den Teilhaberpapieren gehören vor allem die **Aktien**.

**Aktien** sind Urkunden über die Beteiligung an einer Aktiengesellschaft. Der Anteil am Grundkapital bestimmt sich bei **Nennbetragsaktien** nach dem *Verhältnis ihres Nennbetrags zum Grundkapital*, bei **Stückaktien** nach der *Zahl der Aktien im Verhältnis zur Anzahl aller Aktien*. — AktG § 8 (4)

Man unterscheidet

- **nach dem Gewerbezweig** (Einteilung der Kursblätter)

  Industrieaktien, Bankaktien, Verkehrsaktien, Versicherungsaktien,

- **nach der Übertragbarkeit**

  *Inhaberaktien*. Das Eigentum an ihnen wird durch Einigung und Übergabe übertragen. — § 10

  *Namensaktien*. Sie lauten auf den Namen des Aktionärs und sind im Aktienbuch der Gesellschaft eingetragen. Die Eigentumsübertragung erfolgt durch Einigung und Übergabe des **indossierten** Papiers unter Umschreibung im Aktienbuch. Trotz erschwerter Übertragbarkeit werden auch sie börsenmäßig gehandelt (Blankoindossament) und finden nach amerikanischem Vorbild immer mehr Nachahmer (Daimler, Siemens, Deutsche Bank). — §§ 67 f.

  *Vinkulierte* (gebundene) *Namensaktien*. Sie werden wie Namensaktien übertragen. Außerdem ist die Zustimmung der Gesellschaft einzuholen.

- **nach den Rechten**

  *Stammaktien* (gewöhnliche Aktien). — §§ 11, 12, 139–141

  *Vorzugsaktien*. Sie gewähren dem Besitzer einen Vorzug vor den Stammaktien, der bestehen kann in höherer Dividende ohne oder mit Nachzahlungspflicht der AG, in einer Bevorzugung bei der Verteilung des Liquidationserlöses oder mit besonderer behördlicher Genehmigung in mehrfachem Stimmrecht. Es gibt auch Vorzugsaktien ohne Stimmrecht.

- **nach dem Zeitpunkt der Ausgabe**

  *alte* und *junge* Aktien.

  *Berichtigungsaktien* (Zusatzaktien) werden ausgegeben, wenn das Grundkapital der AG durch Umwandlung von Rücklagen erhöht wird (Kapitalerhöhung aus Gesellschaftsmitteln, Abschnitt 12.6.1).

## Sonderformen

a) **Wandelschuldverschreibungen** sind Schuldverschreibungen einer Aktiengesellschaft, die den Inhabern das Recht einräumen, nach einer bestimmten Zeit Aktionäre zu werden. Man unterscheidet — § 221

   1. **Wandelobligationen (Convertible Bonds).** Die Inhaber haben das Recht auf **Umtausch** in Aktien anstelle des Rückzahlungsanspruchs.
   2. **Optionsanleihen.** Sie enthalten das Bezugs- oder Optionsrecht auf **Erwerb** von Aktien zusätzlich zur Schuldverschreibung.

   Das Kapital der AG wird dabei soweit erhöht, wie die Gläubiger von ihrem Umtausch- oder Bezugsrecht Gebrauch machen (bedingte Kapitalerhöhung, Abschnitt 12.6.1). — § 192

**Vorteile:** Die Wandelobligation bietet dem Erwerber einen festen Ertrag und die Möglichkeit, später Teilhaber zu werden. Für die Unternehmung ergibt sich dadurch die Möglichkeit, bei angespannter Kapitalmarktlage zu einem günstigen Zinssatz Fremdkapital zu beschaffen. Der Kurs der echten Wandelobligation nähert sich mit Ablauf der Umtauschfrist, je nach den Umtauschbedingungen, mehr oder weniger dem Aktienkurs; er bietet somit bei guter Geschäftslage Kursgewinne, während bei schlechter Geschäftslage die Rückzahlung zum festgesetzten Rückzahlungskurs den Ersterwerber vor Verlusten schützt.

**Nachteile:** Der Wandelobligationär hat zunächst nur Gläubigerrechte. Stärkere Kursverluste sind nicht ausgeschlossen. Die Unternehmung muss auch bei schlechter Ertragslage einen festen Zins zahlen.

AktG § 221

**b) Gewinnschuldverschreibungen** sind Urkunden, die neben den Gläubigerrechten das Recht auf Beteiligung am Unternehmungsgewinn verbriefen (Zins und Gewinnanteil).

§ 221

**c) Genussscheine** sind Urkunden, die einen Anspruch auf Gewinnbeteiligung oder einen Anteil am Liquidationserlös einer AG, aber ohne Stimmrecht und sonstige Teilhaberrechte verbriefen. Die Ausgabe wird von der Hauptversammlung mit $^3/_4$ Mehrheit beschlossen.

KAGG § 1

**d) Investmentzertifikate.** Sie sind Urkunden über eine Beteiligung an einem Wertpapierfonds einer Kapitalanlagegesellschaft. Darunter versteht man eine Gesellschaft, die Zertifikate verkauft und deren Erlös in Wertpapieren der verschiedensten Wirtschaftszweige und Unternehmungen, gesondert vom eigenen Vermögen, anlegt (Bild 239).

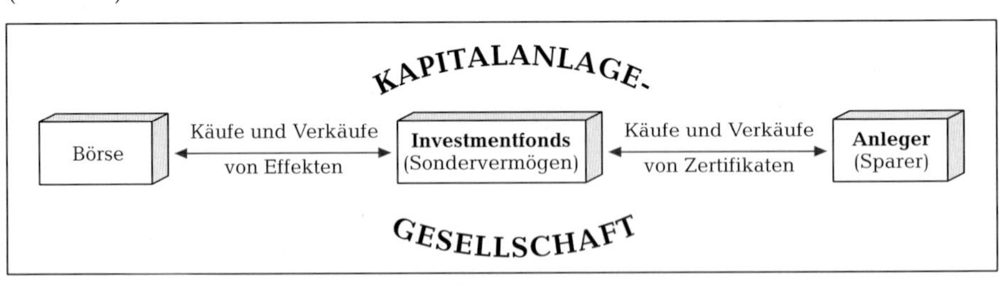


Bild 239

Nach der Zusammensetzung des Fondsvermögens unterscheidet man Rentenfonds, Aktienfonds, gemischte Fonds, Fonds of Fonds (Dachfonds).

Investmentzertifikate werden nicht an der Börse gehandelt. Sie haben keinen Nennwert. Die einzelnen Stücke lauten auf 1, 2, 5, 10 oder 100 Anteile. Der Wert des Anteils wird von der Investmentgesellschaft auf Grund der Börsenkurse der im Fonds vereinigten Papiere täglich neu errechnet. Der Ausgabepreis setzt sich aus diesem Anteilwert und einem prozentualen Aufschlag zur Abgeltung der Ausgabekosten zusammen.

$$\textbf{Ausgabepreis} = \frac{\text{Tageswert des Fondsvermögens}}{\text{Zahl der umlaufenden Anteile}} + \text{Ausgabekostenaufschlag}$$

Die Kapitalanlagegesellschaften sind verpflichtet, die ausgegebenen Zertifikate zurückzunehmen. Die Rücknahme erfolgt zum Anteilwert des Rücknahmetages.

Investmentzertifikate sind mit einem Ertragsscheinbogen ausgestattet. Der auszuschüttende Ertrag wird aus den angesammelten Dividenden, Zinserträgen und realisierten Kursgewinnen des Fondsvermögens abzüglich der Verwaltungskosten der Investmentgesellschaft errechnet.

$$\textbf{Ertrag des Zertifikats} = \frac{\text{Erträge des Fondsvermögens} - \text{Verwaltungskosten}}{\text{Zahl der umlaufenden Zertifikate}}$$

Neben den Fonds mit Ertragsausschüttung gibt es auch **Wachstumsfonds**. Bei diesen werden die Erträge nicht ausgeschüttet, sondern in zusätzlichem Fondsvermögen angelegt, wodurch der Wert des Zertifikates steigt.

**Vorteile:** Das **Kursrisiko** wird durch Streuung der Wertpapiere des Fonds weitgehend eingeebnet. Das **Ertragsrisiko** wird dadurch gemindert, dass geringere Erträge einzelner Wertpapiere mit Erträgen anderer Papiere ausgeglichen werden. Die starke Stückelung bis hin zu Bruchanteilen ermöglicht auch Kleinsparern eine Beteiligung an einem breit gestreuten Millionenvermögen (Investmentsparen). Die Investmentgesellschaft enthebt den Investmentsparer der Sorge um die **Auswahl** und **Verwaltung** der im Fonds zusammengefassten Wertpapiere.

**Nachteile:** Die Zwischenschaltung der Kapitalanlagegesellschaft verursacht Aufwand, der den Ertrag des Zertifikats mindert. Das Zertifikat verbrieft kein Stimmrecht. Der Rücknahmepreis ist niedriger als der Ausgabepreis.

KAGG § 8 (1)

Neben den Wertpapierfonds gibt es noch **Immobilienfonds**. Die Erlöse aus den von den Gesellschaften verkauften Immobilienzertifikaten dienen der Finanzierung ertragreicher Wohn- und Geschäftsbauten.

## 12.5.3 Ausgabe, Übernahme und Unterbringung von Effekten

Durch die **Ausgabe (Emission)** von Effekten beschaffen sich Unternehmungen und öffentlich-rechtliche Körperschaften Kapital. Weil eine unmittelbare Unterbringung solcher Papiere beim Publikum selten möglich ist, stellen sich Kreditinstitute in den Dienst der Emittenten durch Übernahme und Unterbringung (Platzierung) der Effekten.

Emittent —Übernahme→ Bank —Unterbringung→ Publikum

**6,25% Anleihe der Bundesrepublik Deutschland von 1994 (2024)**

– Wertpapier-Kenn-Nummer 113 492 –

**Verkaufsangebot**

**Die Bundesrepublik Deutschland begibt von der 6,25% Anleihe von 1994 (2024) einen weiteren Teilbetrag von 3 000 000 000 DM.**

**Ausstattung der Anleihe:**

| | |
|---|---|
| **Ausgabekurs:** | 98,90% spesenfrei, unter Verrechnung von 6,25% Stückzinsen. |
| **Zinszahlung:** | Nachträglich am 4. Januar eines jeden Jahres – gegebenenfalls abzüglich 30% Zinsabschlag –, erstmals am 4. Januar 1995. Die Verzinsung endet mit dem Ablauf des dem Fälligkeitstag vorhergehenden Tages; das gilt auch dann, wenn die Lösung nach § 193 BGB bewirkt wird. |
| **Nennbeträge:** | 1000 DM oder ein Mehrfaches davon. |
| **Laufzeit:** | 30 Jahre. Die Anleihe wird am 4. Januar 2024 zum Nennwert zurückgezahlt. Vorzeitige Kündigung ist ausgeschlossen. |
| **Rendite:** | 6,33% |
| **Mündelsicherheit:** | Gemäß § 1807 Abs. 1 Nr. 2 BGB. |
| **Lombardfähigkeit:** | Gemäß § 19 Abs. 1 Nr. 3d des Gesetzes über die Deutsche Bundesbank. |
| **Deckungsstockfähigkeit:** | Die Anleihe ist nach §§ 54a, 66 VAG deckungsstockfähig. |
| **Börseneinführung:** | In den amtlichen Handel an den Wertpapierbörsen in der Bundesrepublik Deutschland. |
| **Lieferung:** | Den Käufern wird zur Wahl gestellt:<br>a) die Einlegung in ein Sammeldepot bei einer Wertpapiersammelbank über ein Kreditinstitut (Sammelbestandsanteile) oder<br>b) die Eintragung als Einzelschuldbuchforderung in das bei der Bundesschuldenverwaltung, Bad Homburg v. d. Höhe, geführte Bundesschuldbuch. |
| **Verkaufsfrist und Verkaufsstellen:** | Die Anleihe wird **bis einschließlich 11. Februar 1994** während der üblichen Geschäftsstunden bei den unterzeichnenden Banken, deren Zweigniederlassungen sowie bei den Landeszentralbanken zum Verkauf gestellt. Die Anleihe kann auch durch Vermittlung aller übrigen nicht namentlich genannten Kreditinstitute (Banken, Sparkassen, Kreditgenossenschaften) gekauft werden. Während der Verkaufsfrist werden Kaufverträge von natürlichen Personen bevorzugt berücksichtigt.<br>Im Übrigen bleibt die Zuteilung den Verkaufsstellen überlassen. |
| **Zahlungstag:** | 11. Februar 1994 |

Im Februar 1994, Deutsche Bundesbank.
Dem Bankenkonsortium gehören 108 Banken an.

Bild 240

**Erläuterungen:**

- **Ausstattung der Anleihe:** Man versteht darunter eine Übersicht über alle Anleihebedingungen.
- **Mündelsicherheit:** Das Papier ist für die Anlage von Mündelgeldern gesetzlich zugelassen.
- **Deckungsstockfähigkeit:** Lebensversicherungsgesellschaften dürfen mündelsichere Wertpapiere in ihre Prämienreservefonds (Deckungsstock) aufnehmen.
- **Lombardfähigkeit:** Die Europäische Zentralbank hat die Anleihe in ihr Lombardverzeichnis aufgenommen. Damit können Kreditinstitute von der Deutschen Bundesbank gegen Verpfändung dieses Papiers ein Darlehen erhalten.

## Übernahme der Effekten

Ist die Emission klein, so werden die Wertpapiere gelegentlich nur von *einem* Kreditinstitut übernommen, bei größeren Emissionen hingegen regelmäßig durch ein Bankenkonsortium. Die Emission wird in „Quoten" aufgeteilt. Die Bank, welche die größte Quote übernimmt, ist gewöhnlich die Konsortialleiterin.

Die übernehmenden Kreditinstitute haben drei Möglichkeiten:

a) Die *feste* Übernahme der *ganzen* Emission zu einem festen Kurs, dem Übernahmekurs. Die Gefahr für die Unterbringung der Papiere tragen die Kreditinstitute. Sie haben dafür als Gewinn die Spanne zwischen dem Übernahme- und dem Ausgabekurs, die „Marge". Der Emittent hat sofort den Gesamterlös. **Volles Risiko.**

b) Die *feste* Übernahme *eines Teils* der Wertpapiere zum Übernahmekurs mit Optionsrecht (Bezugsrecht) auf den Rest der Emission. **Eingeschränktes Risiko.**

c) Die *kommissionsweise* Übernahme zum Verkauf. Das Konsortium setzt die Effekten in eigenem Namen und für Rechnung des Emittenten ab und erhält eine zuvor mit ihm vereinbarte Provision. **Kein Risiko.**

## Unterbringung der Effekten

a) **Freihändiger Verkauf**. Je nach Vereinbarung übernimmt das Konsortium die Papiere voll oder teilweise, um sie dann entsprechend der Nachfrage an das Publikum zu verkaufen. Dieses wird durch Zeitungsannoncen auf das Kaufangebot (Prospekte) aufmerksam gemacht. In dieser Werbung sind die wichtigsten Daten des Wertpapiers und die ersten Verkaufstage enthalten.

Gegenüber der Auflegung zur Zeichnung bieten sich folgende Vorteile:

- Der Verkaufskurs ist nicht bindend; er kann der Nachfrage angepasst werden.
- Der Käufer kann ab dem ersten Verkaufstag beziehen und muss keine Zeichnungsfrist abwarten.
- Das Angebot ist „freibleibend", d.h. es wird je nach Marktlage verkauft.

b) **Auflegung zur Zeichnung.** Sie ist bei der Unterbringung von Staatsanleihen und Industrieschuldverschreibungen üblich. Ein Zeichnungsprospekt wird aufgelegt und verteilt. Darin werden Angaben gemacht, die zur Beurteilung der „Bonität" der Papiere wichtig sind, z.B. Zweck und Ausstattung der Anleihe, Angaben über die Unternehmung selbst (Bild 240).

c) **Bookbuilding-Verfahren.** Aufgrund einer Unternehmens- und Marktchancenanalyse geben die Emissionsbanken eine Bandbreite vor, innerhalb welcher der Ausgabekurs liegen soll (49 EUR – 56 EUR). Investoren können nun bieten (51 EUR oder 54 EUR). Am Ende der Bietungsfrist (etwa 10 Tage) ermitteln die Emissionsbanken unter Berücksichtigung von Großinvestoren, deren Anlageabsichten sowie dem insgesamt erzielbaren Absatzvolumen den endgültigen Ausgabekurs (53 EUR).

### Zur Wiederholung und Vertiefung

1. Worin unterscheiden sich
   a) Gläubiger- und Teilhaberpapiere,
   b) Kommunalanleihe und Kommunalobligation,
   c) Zins- und Dividendenscheine?
2. Worin besteht der Zusammenhang zwischen Wandelanleihe, Fremdfinanzierung und Eigenfinanzierung?
3. Wodurch sind öffentliche Anleihen abgesichert?
4. Begründen Sie beim Begriff Pfandbrief das Wort Pfand.

## 12.5.4 Effektenbörse

Infolge ihrer Vertretbarkeit eignen sich die Effekten zum börsenmäßigen Handel. Effektenbörsen befinden sich in Frankfurt (Main), Düsseldorf, Hamburg, Bremen, Hannover, München, Stuttgart und Berlin.

### Effektenhandel

**Zulassung von Effekten.** An *einer* Börse werden nur solche Effekten gehandelt, die an ihr ausdrücklich zugelassen sind. Über die Zulassung entscheidet ein Ausschuss von Börsenmitgliedern (Zulassungsstelle). Dadurch soll verhindert werden, dass an der Börse Wertpapiere gehandelt werden, die zu Schädigungen allgemeiner Interessen und des Wertpapierbesitzers führen könnten. Den Antrag auf Zulassung kann ein Kreditinstitut, das Börsenmitglied ist, schriftlich stellen. Ein beigefügter Prospekt muss alles enthalten, was zur Beurteilung der Güte (Bonität) des Papiers notwendig ist.

### Formen des Wertpapierhandels

Man unterscheidet

**a) nach der Zulassung zum Börsenhandel**

1. den **amtlichen Börsenmarkt**. Dieser Markt ist für Großunternehmen gedacht, die bereits drei Jahre bestehen müssen, ein Emissionsvolumen von 2,5 Mio. DM haben und sich zur Zwischenberichterstattung sowie zur Zeitungspublizität verpflichten. Von der jeweiligen Landesregierung bestellte amtliche Makler stellen die Einheits- oder variable Notierung fest.
2. den **geregelten Börsenmarkt**. Dieser Markt ist für kleinere und mittlere Unternehmen gedacht. Die Zulassungsvoraussetzungen wurden bewusst niedriger gehalten: Ein Unternehmen kann bereits nach 1 Jahr mit 0,5 Mio. DM an die Börse und unterliegt nicht der Publizitätspflicht. Vom Börsenvorstand bestellte Makler stellen einen Einheitskurs fest.
3. den **Neuen Markt**. In diesem Markt sollen junge Unternehmen mit Ideen und Plänen für neue Produkte risikofreudige Kapitalgeber zur Finanzierung solcher Investitionen finden. Wesentliches Merkmal des Neuen Marktes ist die Emissionspflicht von Stammaktien, ein Emissionsvolumen von mindestens 10 Mio. DM sowie eine hohe Transparenz, die die Unternehmen den Investoren bieten müssen (regelmäßige Veröffentlichung von Quartalsberichten, Jahresabschlüssen, wichtigen Kennzahlen, jährliche Analystenveranstaltung).
4. den **Freiverkehrsmarkt**. Hierunter fallen alle Papiere, für die weder zu 1. noch zu 2. oder 3. ein Antrag gestellt wurde.

   Die weit verbreitete Vorstellung, dass solche Papiere weniger gut seien, ist irrig. Dass ein Papier nur im Freiverkehr an einer Börse gehandelt wird, kann auf Umstände zurückzuführen sein, die mit seiner Bonität nichts zu tun haben. Es kann z.B. ein Papier an seiner Heimatbörse amtlich notiert sein; an den übrigen Börsen wird es jedoch nur im Freiverkehr gehandelt, weil ein Antrag auf Zulassung zum amtlichen Börsenhandel nicht gestellt wurde.

**b) nach dem Zeitpunkt der Geschäftsabwicklung**

1. das **Kassageschäft**. Es muss am Abschlusstag oder einem der nächsten beiden Börsentage erfüllt werden.
2. das **Termingeschäft**. An den deutschen Effektenbörsen sind Termingeschäfte in Form von Optionsgeschäften mit mehrmonatigen Erfüllungsfristen zugelassen.

   Beim **Optionsgeschäft** erwirbt der Käufer bzw. Verkäufer von Effekten das Recht, Aktien, die zum Optionshandel zugelassen sind, jederzeit während der Optionsfrist (0,5 bis 9,5 Monate) zu einem im Voraus vereinbarten Preis (Basispreis) zu fordern bzw. zu liefern und bezahlt dafür bei Abschluss des Optionsgeschäftes den Optionspreis. Das Risiko wird damit eingeschränkt.

c) **nach dem Handel im Parkett oder per Computer**

1. **Präsenzbörse.** Der traditionelle Börsenhandel findet zeitgleich in acht deutschen Börsensälen statt (9:00 – 17:30 Uhr). Er ist gekennzeichnet durch die Anwesenheit der Bankenvertreter und der Makler, die aufgrund der unterschiedlichsten Kauf- und Verkaufsaufträge die Kurse für alle an dieser Börse notierten Werte feststellen.
2. **Computerbörse.** Sie bietet allen *institutionellen Anlegern* von ihrem Bildschirm aus die Möglichkeit, Geschäfte in über 100 umsatzstarken Aktien über das Computersystem **E**x**change** **E**lectronic **Tra**ding **(XETRA)** abzuschließen (9:00 – 17:30 Uhr). Alle Auftragsdaten (Papiere, Stückzahl, Kurs, Börsenplatz, Kontonummer) werden über PC in das Abwicklungssystem eingegeben, wobei die Teilnehmer anonym bleiben. Auf Tastendruck wird der Auftrag ausgeführt und 30 Sekunden später ausgedruckt.

## ■ Kursfeststellung

Der **Börsenkurs** ist der *Preis eines Wertpapiers.* Man unterscheidet

– **Prozentkurs.** Der Kurs ist der Preis für 100 EUR Nennwert. Diese Notierung besteht vor allem bei festverzinslichen Papieren.
– **Stückkurs.** Der Kurs ist der Preis für das kleinste Stück. Diese Notierung besteht in der Regel bei Aktien.
Da das kleinste Stück bei Aktiengesellschaften auf unterschiedliche Nennbeträge lauten kann, z.B. 1 oder 5 EUR, lassen sich die Stückkurse an der Börse nicht ohne weiteres miteinander vergleichen.

a) **Kursfeststellung im amtlichen und im geregelten Markt.** Dabei unterscheidet man den *Einheitskurs* und den *variablen Kurs* (fortlaufende Notierung).

1. Der **Einheitskurs** ist der Kurs, welcher auf Grund der dem Makler bis zu einer bestimmten Uhrzeit (12:30 Uhr) vorliegenden Kauf- und Verkaufsaufträge den größten Umsatz in einem Papier ermöglicht.

Man unterscheidet folgende *Auftragsarten:*

- *billigst* (bei Kaufaufträgen) und *bestens* (bei Verkaufsaufträgen): Der Auftrag ist möglichst sofort zum erzielbaren günstigsten Kurs auszuführen. Der Kunde will sich den im Augenblick bestehenden Kurs sichern.
- *limitiert:* Der Kunde gibt eine Grenze an, bis zu der das Kreditinstitut gehen darf. Bei Kaufaufträgen ist das Limit eine Obergrenze, bei Verkaufsaufträgen eine Untergrenze. Setzt der Kunde die Buchstaben ca (circa) hinzu, so gestattet er eine Abweichung um $^1/_2$ – 1%.
- *interessewahrend:* Große Aufträge, welche bei einer Ausführung im Ganzen den Kurs zu ungünstig beeinflussen würden, dürfen von dem Kreditinstitut *allmählich* in kleineren und größeren Posten, so wie die Börsenlage es zulässt, ausgeführt werden.

**Beispiel:** Dem Kursmakler liegen folgende Aufträge in Aktien der Computer-AG vor:

| **Verkaufsaufträge:** | | **Kaufaufträge:** | |
|---|---|---|---|
| 13.000 Stück | bestens | 16.000 Stück | billigst |
| 12.000 Stück | limit 224 | 14.000 Stück | limit 222 |
| 18.000 Stück | limit 225 | 11.000 Stück | limit 223 |
| 16.000 Stück | limit 226 | 13.000 Stück | limit 225 |
| 20.000 Stück | limit 227 | 8.000 Stück | limit 226 |
| | | 6.000 Stück | limit 227 |

Auf Grund dieser Aufträge ergibt sich folgende Marktlage:

| Kurs (EUR) | Angebot (Stück) | Nachfrage (Stück) | mögliche Umsätze (Stück) |
|---|---|---|---|
| 222 | 13.000 | 68.000 | 13.000 |
| 223 | 13.000 | 54.000 | 13.000 |
| 224 | 25.000 | 43.000 | 25.000 |
| **225** | **43.000** | **43.000** | **43.000** |
| 226 | 59.000 | 30.000 | 30.000 |
| 227 | 79.000 | 22.000 | 22.000 |

Der größte Umsatz in diesem Papier, 43.000 Stück, ergibt sich also bei dem Kurs von 225. Er wird als Einheitskurs festgesetzt und im Kursblatt veröffentlicht. Sämtliche ausführbaren Geschäfte in diesem Papier werden an diesem Börsentag zum Kurs 225 abgerechnet, also auch die niedriger limitierten Verkaufsaufträge und die höher limitierten Kaufaufträge.

2. Der **variable Kurs** wird für solche Aktien (mindestens 1 Stück) und Anleihen (5.000 DM/EUR) errechnet, in denen täglich ein großer Umsatz stattfindet. Aus Aufträgen, welche zu Beginn der Börse vorliegen, wird auf dieselbe Art wie beim Einheitskurs ein Anfangs- oder erster Kurs errechnet. Die vorhandenen Aufträge werden zu diesem Kurs ausgeführt. Es wird sofort bekanntgegeben. Aus weiter einlaufenden Aufträgen entstehen neue Kurse, Mittelkurse, und schließlich der Schlusskurs. Die variablen Kurse werden im Kursblatt unter „fortlaufende Notierungen" veröffentlicht.

**b) Kursfeststellung bei Freiverkehrswerten.** Sie kommt völlig formlos unter Mitwirkung freier Makler oder nur unter Banken zustande. Im Börsensaal, mehr noch im börslichen und außerbörslichen Telefonverkehr, werden für jedes einzelne Geschäft *Spannenkurse* genannt (172G–180B, Umsatz 176). Ein Anspruch auf Ausführung des Auftrags, wie im amtlichen und im geregelten Markt, besteht nicht.

**c) Zusätze zu den Kursen.** Die Kurse geben schon allein durch ihre Höhe, ihr Auf und Ab ein Bild der Marktlage eines Wertpapiers. Um das Verhältnis von Angebot und Nachfrage noch zu verdeutlichen, fügt man den Kursen erläuternde Zusätze bei:

G = Geld: nur Nachfrage vorhanden;
B = Brief: nur Angebot vorhanden;
T = Taxe: auf Schätzung beruhender Kurs;
– = Strich: weder Angebot noch Nachfrage vorhanden;
b = bezahlt: sämtliche Aufträge ausgeführt;
bG = bezahlt Geld: Kaufaufträge nicht vollständig ausgeführt;
ebG = etwas bezahlt Geld: nur unbedeutende Abschlüsse zustandegekommen; Kaufaufträge nicht vollständig ausgeführt;
ex D = ex Dividende: Aktien erstmalig ohne fälligen Dividendenschein gehandelt;
ex BR = ex Bezugsrecht: Aktien erstmalig ohne Anspruch auf Bezug junger Aktien gehandelt.

## ■ Höhe und Schwankungen der Effektenkurse

Die Bewegungen der Börsenkurse lassen sich meist nicht eindeutig auf die eine oder andere Ursache zurückführen.

### ■ Gründe für die Kursbildung bei Teilhaberpapieren (Bild 241)

**a) Substanzwert.** Das Gesamtvermögen der AG abzüglich der Schulden, also das Reinvermögen oder der Substanzwert, gehört den Aktionären. Beträgt der Substanzwert z.B. 24 Millionen EUR bei einem Grundkapital von 10 Millionen EUR, so entfällt auf einen Nennwert von 100 EUR ein Substanzwert von 240 EUR. Der Kurs der Aktie müsste 240% betragen, bei einer 5-EUR-Aktie 12 EUR, bei einer Stückaktie (1 EUR) ca. 2,40 EUR.

Der Substanzwert ist schwierig zu ermitteln, weil die Vermögensteile stille Rücklagen enthalten können. *Ungefähr* lassen sich die stillen Rücklagen mit Hilfe von Bilanz- und Börsenkurs ermitteln. Der Börsenkurs ist nur der geschätzte Ausdruck für das gesamte Eigenkapital (Reinvermögen, Substanzwert) der AG einschließlich der stillen Rücklagen. Er wird allerdings auch von anderen Faktoren beeinflusst. Die Differenz zwischen dem in der Bilanz ausgewiesenen Eigenkapital und dem mit Hilfe des Börsenkurses ermittelten Eigenkapital entspricht ungefähr den stillen Rücklagen, sofern nicht andere Einflüsse wirksam gewesen sind.

**Beispiel:**

**Ausgewiesenes Eigenkapital**

| | | | |
|---|---|---|---|
| Gezeichnetes Kapital | | EUR 10.000.000 = | 100% |
| Kapitalrücklagen | EUR 1.000.000 | | |
| Gewinnrücklagen | 5.400.000 | | |
| Gewinn | 2.100.000 | 8.500.000 = | 85% |
| | | EUR 18.500.000 = | 185% (Bilanzkurs) |

Der Börsenkurs sei 240% (vor der Gewinnverteilung)

| | | | |
|---|---|---|---|
| **Eigenkapital nach dem Börsenkurs** | | 24.000.000 = | 240% |
| Stille Rücklagen | (ungefähr) | EUR 5.500.000 = | 55% |

**b) Ertragswert der Aktien.** Er hängt von den Dividenden und Steuergutschriften ab, die die Aktie schon gebracht hat und in Zukunft vermutlich bringen wird. Man errechnet daraus eine Durchschnittsdividende und erhält den Ertragskurs aus folgender Formel:

$$\textbf{Ertragskurs} = \frac{\text{Durchschnittsdividende}}{\text{Kapitalisierungszinssatz}} \times 100\%$$

Der Kapitalisierungszinssatz richtet sich nach dem „landesüblichen Zinssatz". Dieser ergibt sich aus der durchschnittlichen Effektivverzinsung langfristiger, festverzinslicher Effekten wie Staatsanleihen und Pfandbriefe.

Substanzwert und Ertragswert einer Aktie stehen in keinem Zusammenhang miteinander und können stark voneinander abweichen. Keiner kann als der wirklich zutreffende Wert bezeichnet werden. Dieser liegt in der Regel zwischen Substanz- und Ertragswert.

**Beispiel:**

| | |
|---|---|
| Landesüblicher Zinssatz | 8,5% |
| – Abzug für die Gefahr der Geldentwertung, angenommen | 1 % |
| Kapitalisierungszinssatz | 7,5% |

Bei einer angenommenen Durchschnittsdividende von 15 EUR für eine Stückaktie (100 EUR) ist der

$$\text{Ertragskurs} = \frac{15}{7,5} \times 100\% = 200\%.$$

**c) Wirtschaftspolitik des Staates.** Die Neigung des Staates, die Wirtschaft bis in die Betriebe hinein zu beeinflussen, kann sich auf die Kursbildung auswirken (Steuer-, Sozial-, Konjunkturpolitik). Auch die Außenhandels- und Währungspolitik kann Kursveränderungen bei Wertpapieren der betroffenen Wirtschaftszweige auslösen.

**d) Politische Ereignisse.** Sie können wirtschaftliche Auswirkungen nach sich ziehen und sogar eine schlagartige Änderung des gesamten Kursniveaus hervorrufen (Arbeitskämpfe, Unruhen, Kriege).

**e) Spekulative Erwägungen.** Spekulanten hoffen auf Änderungen von Angebot und Nachfrage und suchen die dadurch entstehenden Kursbewegungen zur Gewinnerzielung auszunutzen. Dadurch aber wirken sie ihrerseits auf Angebot und Nachfrage und damit auf die Kurse ein.

■ **Gründe für die Kursbildung bei Gläubigerpapieren** (Bild 241)

**a) Nominalverzinsung.** Festverzinsliche Papiere verbriefen eine Forderung auf den Rückzahlungsbetrag und auf eine Verzinsung des Nennbetrages (Nominalverzinsung) unabhängig von der Ertragslage des Schuldners. Ein kapitalmarktgerechter Zins kann somit Anlagebereitschaft hervorrufen.

**b) Effektivverzinsung.** Liegt der Emissionskurs durch einen Kursabschlag (Disagio) oder der Börsenkurs unter dem Rückzahlungskurs, so verdient der Käufer neben der Nominalverzinsung noch den Rückzahlungsgewinn zwischen Kaufpreis und Rückzahlungsbetrag. Dadurch erhöht sich die *tatsächliche* (effektive) Verzinsung über den Nominalzins. Mit heranrückendem Rückzahlungstermin nähert sich jedoch der Börsenkurs dem Rückzahlungskurs und damit auch der Effektiv- dem Nominalzins.

**Beispiel:**

Eine Anleihe von 2 Mio. EUR wird zu 98% begeben. Der Zinssatz ist 9%. Für die Rückzahlung ist ein Kurs von 101% vereinbart. Die Anleihe wird nach 5 tilgungsfreien Jahren in 10 gleichen Jahresraten, die durch Auslosung bestimmt werden, jeweils am Jahresende (postnumerando) getilgt.

Zu berechnen ist die effektive Gläubigerrendite bei Emission eines 100-EUR-Papiers für die mittlere Laufzeit (wahrscheinliche Laufzeit dieses Papiers).

1. **Berechnung der mittleren Laufzeit**

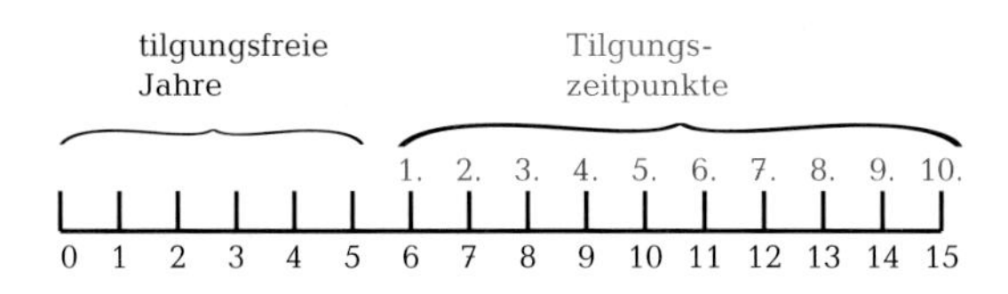


Da postnumerando getilgt wird, erfolgt die erste Tilgung am Ende des 6. Jahres, die letzte am Ende des 15. Jahres. Die Mitte zwischen 6 und 15 liegt bei 10,5. Die mittlere Laufzeit beträgt also 10,5 Jahre.

2. **Berechnung der effektiven Gläubigerrendite**

98 einbezahlte EUR bringen p. a. 9 EUR Zins, dazu bringt das fiktive Aktivum, verteilt auf 10,5 Jahre, jährlich 3/10,5 = 0,29 EUR

Daraus ergibt sich eine **Emissionsrendite** von $\frac{9{,}29 \cdot 100\%}{98} = \mathbf{9{,}48\%}$.

Von der Emissionsrendite zu unterscheiden ist die **Umlaufrendite**. Bei ihrer Berechnung werden der Börsenkurs am Erwerbstage und die Restlaufzeit zugrunde gelegt.

**c) Kapitalmarktbedingungen.** Veränderungen des Kapitalmarktzinses finden bei Gläubigerpapieren ihren Niederschlag im Börsenkurs. Verbessern sich die Bedingungen von Neuemissionen, so sinkt der Börsenkurs der umlaufenden Papiere, weil diese nun vermehrt abgestoßen und weniger nachgefragt werden.

## ■ Gründe für die Kursbildung beider Effektenarten

**a) Konjunkturschwankungen.** Im Konjunktur*anstieg* wird der Kurs der **Rentenwerte** abbröckeln, weil die Unternehmungen zur Verbesserung ihrer angespannten Liquidität ihre in solchen Papieren angelegten Reserven flüssig zu machen suchen. Private Anleger „steigen um" von Gläubigerpapieren auf Teilhaberpapiere in der Hoffnung auf Kursgewinn. Beides bewirkt ein vergrößertes Angebot, das auf die Kurse drückt. Dagegen werden die Kurse der **Aktien** steigen, weil der gute Geschäftsgang eine Verminderung des Risikos bedeutet und eine Verbesserung der Vermögens- und Ertragslage der AG bringen muss, was wiederum die Nachfrage anregt.

Im Konjunktur*rückgang* wird Kapital frei; es sucht wegen des geringen Risikos Anlage in **festverzinslichen** Papieren. Die Nachfrage nach diesen Papieren steigt, und damit ziehen die Kurse an. Bei den **Aktien** hingegen erhöht sich infolge des Nachlassens der Geschäftstätigkeit

**Renditen im Umlauf befindlicher Festverzinslicher, Diskontsatz der Deutschen Bundesbank und Lebenshaltungskostenindex**

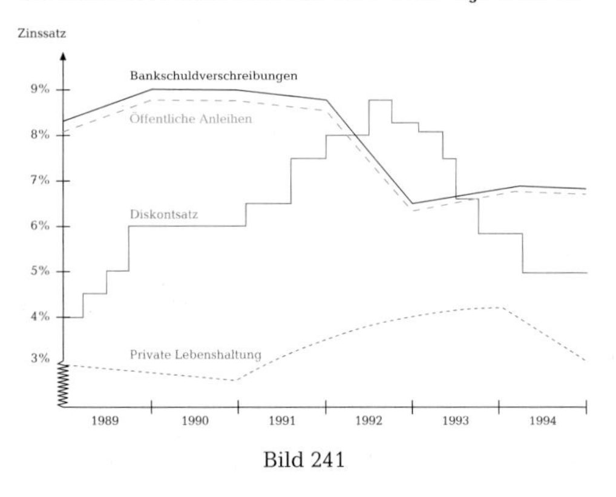


Bild 241

das Risiko, die Gewinne gehen zurück und damit die Dividendenaussichten der Aktionäre. Mancher von ihnen sieht sich dadurch veranlasst, seine Aktien zu verkaufen. Das Aktienangebot an der Börse verstärkt sich, die Nachfrage geht zurück, die Kurse sinken.

b) **Spekulative Geld- und Kapitalbewegungen.** Vertrauensverlust in die Stabilität einer Währung, chronisch unausgeglichene Zahlungsbilanzen, unterschiedliches Zinsniveau in verschiedenen Ländern und Veränderungen der Wirtschafts- und Gesellschaftssysteme können zu „Fluchtgeldern" führen und internationale Geldbewegungen großen Ausmaßes hervorrufen.

c) **Währungspolitik der Zentralbank.** Es ist die wichtigste Aufgabe der Zentralbank, den Geldwert stabil zu halten. Dies geschieht durch Steuerung des Geldumlaufs und der Kreditversorgung der Wirtschaft. Der Zentralbank stehen dazu eine Reihe von Mitteln zur Verfügung.

d) **Kurspflege.** Darunter versteht man die Maßnahmen von Kreditinstituten zur Verhinderung von Kursschwankungen. Solche Bemühungen gelten in erster Linie den öffentlichen Anleihen, gelegentlich auch Aktien. Bei Angebotsdruck treten diese Institute als Käufer auf, bei gesteigerter Nachfrage geben sie „Material" ab.

Meist sind mehrere Gründe in unterschiedlichem Maße gleichzeitig wirksam. Im Hinblick auf die zukünftige Entwicklung nimmt die Börse gehegte Hoffnungen und Befürchtungen vorweg.

## ■ Darstellung der Kursentwicklung

Bei der Vielzahl an der Börse gehandelter Wertpapiere ist ein Überblick über die allgemeine Kursentwicklung schwer zu gewinnen. Dieser Schwierigkeit begegnet man mit *Indexzahlen,* also Zahlenreihen, welche die durchschnittlichen *Wertveränderungen im Zeitablauf* aufzeigen. Die bekannteste Indexzahl ist der **D**eutsche **A**ktieninde**x** **(DAX)**: Darin wurden 30 deutsche Standardwerte mit dem prozentualen Grundkapital ihrer Gesellschaften gewichtet und auf die Startbasis 1000 Punkte umgerechnet. Seither wird alle 15 Sekunden während der offiziellen Börsenhandelszeit ein neuer Indexwert errechnet und veröffentlicht. Damit kann man die Kursentwicklung objektiv verfolgen, denn der DAX repräsentiert 80% aller Börsenumsätze.

Am Rentenmarkt gilt analog der **Re**nteninde**x** **(REX)**, der mit 100 Punkten startete.

### Zur Wiederholung und Vertiefung

1. Warum sagt man, der Kurs 225 aus Beispiel Seite 422 „räumt" den Markt?
2. Was nützen dem Börsianer die Kurszusätze?
3. In welcher Phase der Börsenkursentwicklung ist es sinnvoll zu limitieren?
4. Errechnen Sie den Ertragswert einer Aktie: Durchschnittsdividende 1,20 EUR je 5-EUR-Aktie; Kapitalisierungszinssatz 8%.
5. Ein Industrieunternehmen emittierte zum 1. Januar 1995 eine Obligation zu 99% bei einem Zinssatz von 5 1/2%. Nach 10 tilgungsfreien Jahren soll die Tilgung in 8 gleichen Jahresraten zum Kurs 101% erfolgen. Die zur jeweiligen Ratenrückzahlung gelangenden Papiere werden durch Auslosung bestimmt.
   a) Berechnen Sie die Effektivrendite eines Gläubigers, der zum Emissionszeitpunkt gekauft hat und dessen Papier bei der ersten Auslosung dabei ist.
   b) Berechnen Sie die Gläubigerrendite für die mittlere Laufzeit der Obligation.
   c) Welche Emissionsrendite hätte ein Gläubiger, dessen Papier erst mit der letzten Tilgungsrate zurückgekauft wird?
   d) Welche Umlaufrendite hätte ein Gläubiger, der das Papier am 30. Juni 1997 zu 89% kaufte? Der Kurs am Erwerbstage und die Restlaufzeit sind zu berücksichtigen.
6. Welche Aussagen sind aus den Entwicklungen des Bildes 241 abzulesen?

## 12.6 Arten der Finanzierung

Die verschiedenen Finanzierungsarten sind aus Bild 242 zu ersehen.

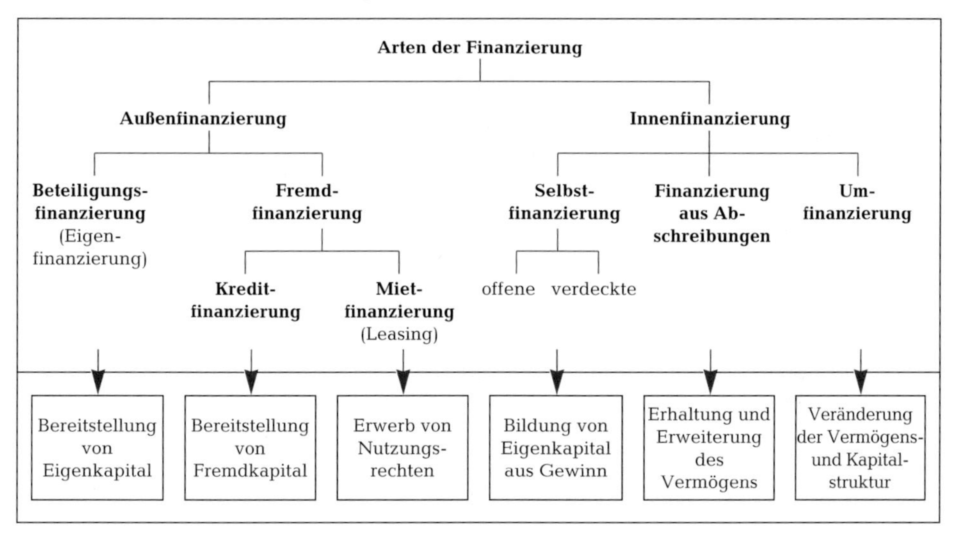


Bild 242

### 12.6.1 Beteiligungsfinanzierung (Eigenfinanzierung)

**Beteiligungsfinanzierung** ist die **Bereitstellung von Kapital durch den oder die Eigentümer** der Unternehmung.

Sie ist Außenfinanzierung.

#### ■ Beteiligungsfinanzierung bei den verschiedenen Unternehmungsformen

Art und Weise der Beteiligungsfinanzierung ist bei den einzelnen Unternehmungsformen verschieden.

a) Bei der **Einzelunternehmung** wird das gesamte Eigenkapital von *einem* Unternehmer aufgebracht. Ihre Kapitalkraft ist deshalb begrenzt.

b) Bei der **OHG** ist die Kapitalkraft größer, da *mehrere* Gesellschafter das Eigenkapital aufbringen. Auch die Kreditwürdigkeit ist größer, da alle Gesellschafter mit ihrem ganzen Vermögen haften. Eine Eigenkapitalerhöhung ist durch weitere Kapitaleinlagen, aber auch durch Aufnahme neuer Gesellschafter möglich.

c) Bei der **KG** bringen neben den Komplementären auch Kommanditisten das Eigenkapital auf, ohne dass das Verfügungsrecht der Komplementäre durch die Kommanditisten wesentlich eingeschränkt ist.

d) Bei der **GmbH** wird das Eigenkapital dadurch beschafft, dass die Gesellschafter zu Stammeinlagen verpflichtet werden. Das Eigenkapital kann notfalls durch vertraglich festgelegte Nachschüsse erhöht werden. Stamm- und Nachschusskapital sind getrennt auszuweisen.

e) Bei der **AG** und **KGaA** kann durch die Ausgabe von Aktien an viele Kapitalgeber ein großes Eigenkapital aufgebracht werden. Eine Kapitalerhöhung durch weitere Einlagen ist bei der AG nur durch Neuemission von Aktien möglich.

f) Bei der **Genossenschaft** wird das Eigenkapital durch Einzahlung der Genossen auf ihre Geschäftsanteile eingebracht. Eine Kapitalerhöhung ist durch Erhöhung der Geschäftsanteile der Genossen und durch Eintritt neuer Mitglieder möglich.

Bei allen Personengesellschaften und Genossenschaften besteht das Risiko des Kapitalentzugs durch Kündigung oder Tod von Gesellschaftern sowie durch Eröffnung des Insolvenzverfahrens über das Vermögen eines Gesellschafters. Das Risiko des Kapitalentzugs durch Kündigung oder Tod eines Gesellschafters kann nur durch entsprechende Gestaltung des Gesellschaftsvertrags, z.B. Nachrücken von Erben oder Teilhaberversicherung, beschränkt werden.

Die Kapitalgesellschaften brauchen eine Herabsetzung des Eigenkapitals wegen Kündigung von Gesellschaftern nicht zu befürchten.

## ■ Besonderheiten der Finanzierung bei der AG und KGaA

Unter Kapitalerhöhung im Sinne des AktG ist eine Erhöhung des Grundkapitals zu verstehen.

### ■ Kapitalerhöhung gegen Einlagen

AktG §§ 182–191

Sie wird durch Ausgabe (Emission) neuer Aktien durchgeführt und erbringt einen Mittelzufluss in Höhe der Einlage auf das Grundkapital und des vollen Aufgeldes (Agio), das der Kapitalrücklage zugeführt werden muss. Jedem Aktionär steht das **Bezugsrecht** zu, d.h. es muss ihm auf sein Verlangen ein seinem Anteil an dem bisherigen Grundkapital entsprechender Teil der jungen Aktien zugeteilt werden, sofern das Bezugsrecht von der HV nicht ausgeschlossen worden ist.

Die Kapitalerhöhung bedarf einer Satzungsänderung und damit eines qualifizierten Mehrheitsbeschlusses der HV.

**Ermittlung des rechnerischen Wertes des Bezugsrechts**

**Beispiel:**

Das Grundkapital einer AG wird durch die Ausgabe junger (zusätzlicher) Aktien von 8 Mio. EUR auf 10 Mio. EUR erhöht. Das **Verhältnis der Kapitalerhöhung** ist also 4 : 1. Der Börsenkurs der alten Aktien vor der Kapitalerhöhung betrug 230 EUR für ein Stück. Die jungen Aktien werden zu je 80 EUR emittiert.

Rein rechnerisch gesehen verschmelzen nach der Emission die Kurse der alten und jungen Aktien zu einem **Durchschnittskurs:**

| | | | |
|---|---|---|---|
| Zu je | 4 alten Aktien, Kurs 230 EUR, | Gesamtwert | 920 EUR, |
| kommt | 1 junge Aktie, Kurs 80 EUR, | Gesamtwert | 80 EUR. |
| | 5 Aktien haben den rechnerischen Gesamtwert | | 1.000 EUR, |
| | 1 Aktie davon hat den Durchschnittskurs | | 200 EUR. |
| Damit ist der rechnerische Kursverlust je alter Aktie | | | 30 EUR, |
| und der rechnerische Kursgewinn je junger Aktie | | | 120 EUR. |

Um den Verlust-/Gewinn-Gegensatz zwischen den Kursen der alten und jungen Aktien auszugleichen, steht das Recht zum Bezug junger Aktien den Altaktionären zur Verfügung. Sie können von diesem Recht Gebrauch machen oder es aber veräußern.

**Der rechnerische Wert eines Bezugsrechts** bestimmt sich nach dem Kursverlust des Altaktionärs pro Aktie, hier 230 EUR – 200 EUR = 30 EUR.

Zum Bezug einer jungen Aktie benötigt man – entsprechend dem Verhältnis der Kapitalerhöhung – im vorgenannten Beispiel die Bezugsrechte aus 4 alten Aktien; an einer alten Aktie hängt dementsprechend das Bezugsrecht auf 1/4 junge Aktien. Also ist das **Bezugsrecht das Recht zum Bezug junger Aktien, soweit es an einer alten Aktie hängt.**

Ein *Altaktionär,* der 4 alte Aktien besaß, verlor durch die Kurssenkung von 230 EUR auf 200 EUR insgesamt 4 x 30 = 120 EUR Kurswert. Diesen Verlust kann er ausgleichen, indem er

a) die 4 an die alten Aktien gebundenen Bezugsrechte für 30 EUR pro Stück verkauft und so die verlorenen 120 EUR wieder erhält oder aber

b) seine 4 Bezugsrechte zum Erwerb einer jungen Aktie verwendet. Diese kostet ihn nur 80 EUR, ist aber 200 EUR wert. Er gewinnt also 120 EUR; der Kursverlust der alten Aktien ist ausgeglichen.

Ein *Jungaktionär* benötigt zum Kauf einer jungen Aktie 80 EUR *und* 4 Bezugsrechte zu je 30 EUR. Eine junge Aktie kostet ihn also beim Erwerb 200 EUR, den Durchschnittskurs aller Aktien nach der Kapitalerhöhung.

Der **rechnerische Wert des Bezugsrechts** lässt sich auch mit Hilfe folgender Formel errechnen:

$$\frac{K_a - K_j}{\frac{a}{j} + 1} = B \qquad \frac{230 - 80}{\frac{4}{1} + 1} = 30 \text{ EUR.}$$

$K_a$ = Börsenkurs der alten Aktien vor der Kapitalerhöhung

$K_j$ = Emissionskurs der jungen Aktien

$\frac{a}{j}$ = Verhältnis der Kapitalerhöhung (Bezugsverhältnis)

B = Rechnerischer Wert des Bezugsrechts

Bei diesen Berechnungen ist zu berücksichtigen, dass sowohl der rechnerische Wert des Bezugsrechts als auch der errechnete Durchschnittskurs insofern nicht mit den entsprechenden Börsenkursen übereinstimmen, als diese den vielfältigen Einflüssen der Marktlage unterworfen sind.

Für den Altaktionär spielt nicht nur der rechnerische Vermögensausgleich bei der Ausgabe billiger junger Aktien eine Rolle, sondern auch die Veränderung des stimmberechtigten Kapitals. Wer z.B. mehr als 25% der Aktien einer AG und damit die Sperrminorität für Abstimmungen besaß, verliert diese Machtstellung, wenn er seine Bezugsrechte bei einer Kapitalerhöhung verkauft, z.B. bei einer Erhöhung der Aktienmenge von 100 auf 130.

**Vorher** besaß er

26/100 x 100% = **26%** aller Stimmen.

**Jetzt** würde er besitzen

26/130 x 100% = **20%** aller Stimmen.

**Bilanzveränderung durch Kapitalerhöhung gegen Einlagen**

**Beispiel:**

Das Grundkapital einer AG wird durch Ausgabe junger Stückaktien (5 EUR) um 2 Mio. EUR auf 10 Mio. EUR erhöht. Die jungen Aktien werden zu je 20 EUR emittiert.

| | Vorher | Zugang | Nachher |
|---|---|---|---|
| **Grundkapital** | 8.000.000 EUR | 2.000.000 EUR | 10.000.000 EUR |
| **Kapitalrücklage** | 1.000.000 EUR | 6.000.000 EUR | 7.000.000 EUR |
| **ausgewiesenes Eigenkapital** | 9.000.000 EUR | 8.000.000 EUR | 17.000.000 EUR |
| **Anzahl der Stückaktien** | 1.600.000 Stück | 400.000 Stück | 2.000.000 Stück |

Bild 243

## ■ Genehmigtes Kapital

Die Satzung oder ein satzungsändernder Beschluss der Hauptversammlung kann den Vorstand für höchstens fünf Jahre **ermächtigen**, das Grundkapital **um einen bestimmten Nennbetrag** (genehmigtes Kapital), höchstens bis zur Hälfte des bei der Ermächtigung vorhandenen Grundkapitals, durch Ausgabe neuer Aktien gegen Einlagen zu erhöhen.

AktG §§ 202–206

Diese Ermächtigung macht den Vorstand bei erforderlichen Kapitalerhöhungen von besonderen HV-Beschlüssen unabhängig. Sie ermöglicht damit eine rasche Anpassung an den steigenden Kapitalbedarf der AG (Erweiterung der Unternehmung, Erwerb einer Beteiligung) und an eine günstige Kapitalmarktlage.

## ■ Bedingte Kapitalerhöhung

Sie ist eine Kapitalerhöhung, zu welcher der Vorstand durch die HV in dem Ausmaß **ermächtigt** wird, wie **von einem eingeräumten Umtausch- oder Bezugsrecht Gebrauch gemacht** wird.

§§ 192–201

Die bedingte Kapitalerhöhung soll nur beschlossen werden

- zur Gewährung von Umtausch- oder Bezugsrechten an Gläubiger von Wandelschuldverschreibungen (Abschnitt 12.5.2),
- zur Vorbereitung des Zusammenschlusses mehrerer Unternehmungen (Schaffung von Umtauschaktien bei einer Fusion),
- zur Gewährung von Belegschaftsaktien aus einer von der AG ihren Arbeitnehmern eingeräumten Gewinnbeteiligung.

Auch der Nennbetrag des bedingten Kapitals darf höchstens 50% des bei der Beschlussfassung vorhandenen Grundkapitals betragen.

Bedingtes Kapital muss in der Bilanz vermerkt werden, genehmigtes Kapital im Lagebericht.

## ■ Kapitalerhöhung aus Gesellschaftsmitteln

AktG §§ 207–220

Die Hauptversammlung beschließt eine Grundkapitalerhöhung durch Umwandlung von Kapital- und Gewinnrücklagen in Grundkapital. Hierdurch wird nur das Grundkapital, jedoch nicht das ausgewiesene Eigenkapital, erhöht. Zur Durchführung werden **Berichtigungsaktien** ausgegeben.

Der für Berichtigungsaktien häufig verwendete Ausdruck „Gratisaktien" ist irreführend, da bei dieser Kapitalerhöhung dem Aktionär unmittelbar keine Werte zufließen.

**Beispiel:** Die HV einer AG beschließt eine Kapitalerhöhung aus Gesellschaftsmitteln im Verhältnis 2 : 1. Das Grundkapital wird von 4 Mio. EUR auf 6 Mio. EUR durch die Umwandlung von Rücklagen in Höhe von 2 Mio. EUR erhöht. Auf jeweils 2 alte Aktien entfällt 1 Berichtigungsaktie.

| | **vor** der Erhöhung | **nach** der Erhöhung |
|---|---|---|
| **Grundkapital**<br>**Kapital- und Gewinnrücklagen** | 4.000.000 EUR<br>8.000.000 EUR | 6.000.000 EUR<br>6.000.000 EUR |
| **ausgewiesenes Eigenkapital** | 12.000.000 EUR | 12.000.000 EUR |
| **innerer Wert des Aktienkapitals** | nominell 4.000.000 EUR<br>zum Bilanzkurs **300%** =<br>12.000.000 EUR | nominell 6.000.000 EUR<br>zum Bilanzkurs **200%** =<br>12.000.000 EUR |

Bild 244

Durch die Ausgabe von Berichtigungsaktien wird

- das Grundkapital an das ausgewiesene Eigenkapital angepasst,
- der Kurs der Aktien gesenkt,
- die Stückzahl der Aktien erhöht,
- der Dividendensatz unter Umständen gesenkt.

## ■ Wirkung der vier Kapitalerhöhungen

| | |
|---|---|
| **Kapitalerhöhung gegen Einlagen** | **sofortiger Zugang** flüssiger Mittel im Betrage der Erhöhung des Grundkapitals + Agio |
| **Genehmigtes Kapital** | **späterer und begrenzter Zugang** flüssiger Mittel, oder **möglicher Zugang** flüssiger Mittel bei Verwendung des genehmigten Kapitals für Belegschaftsaktien, oder Zugang von Beteiligungen |
| **Bedingte Kapitalerhöhung** | **möglicher Zugang** flüssiger Mittel bei Zuzahlung durch umtauschberechtigte Wandelobligationäre, bei Bezug von Aktien auf Grund einer Optionsanleihe oder Zugang von AV und UV bei Verschmelzung |
| **Kapitalerhöhung aus Gesellschaftsmitteln** | **kein Zugang** flüssiger Mittel, Veränderung der Eigenkapitalstruktur |

Bild 245

**Zur Wiederholung und Vertiefung**

1. Die Eigenkapitalausstattung der deutschen Unternehmen ist in den letzten 10 Jahren von 27% auf 21% gesunken. Was bedeutet dies
   a) für den Eigentümer,
   b) für seine Gläubiger?
2. Wie kann Eigenkapital bei den verschiedenen Unternehmungsformen gebildet werden?
3. Errechnen Sie das Bezugsrecht aus folgenden Angaben: Kapitalerhöhung um 80 Mio. EUR auf 320 Mio. EUR, Kurs der alten Aktien 400 EUR, Preis der jungen Aktie 280 EUR.
4. Stellen Sie die Bilanzveränderungen dar auf Grund folgender Angaben: Altes Grundkapital 680 Mio. EUR, Kapital- und Gewinnrücklagen 200 Mio. EUR, neues Grundkapital 850 Mio. EUR; die neuen Stückaktien lauten auf 1 EUR und werden zu 8 EUR verkauft.

## 12.6.2 Fremdfinanzierung

**Fremdfinanzierung** ist die **Bereitstellung von Geld- und Sachmitteln durch fremde Personen (Gläubiger).**

Im Gegensatz zur Eigenfinanzierung entsteht bei der Fremdfinanzierung keine Beteiligung, sondern ein Kreditverhältnis. Fremdfinanzierung verursacht einerseits Ausgaben durch den Kapitaldienst (Zins und Tilgung), die zu Liquiditätsschwierigkeiten führen können, weshalb auf die zeitliche Befristung des überlassenen Fremdkapitals zu achten ist. Andererseits können Zinsen als Betriebsausgaben von den Betriebseinnahmen abgezogen werden und vermindern so den zu versteuernden Gewinn.

### ■ Bereitstellung von langfristigem Fremdkapital

Langfristiges Fremdkapital wird aufgenommen, wenn zu erwarten ist, dass die zu dessen Tilgung notwendigen Mittel erst nach längerer Zeit zur Verfügung stehen. Häufig dient es der Anlagenfinanzierung und der Schuldenkonsolidierung, d.h. der Umwandlung kurzfristiger in langfristige Kredite.

Langfristiges Fremdkapital kann mittels Schuldverschreibung oder Darlehen aufgenommen werden.

**a) Schuldverschreibungen** sind Anleihen, Obligationen und Pfandbriefe. Sie werden in aller Regel erst nach Ablauf einiger tilgungsfreier Jahre amortisiert. Langfristige Schuldverschreibungen sind durch Konjunkturschwankungen besonders gefährdet.

Der Schuldner behält sich deshalb bei der Emission den **R**ückkauf, die **A**uslosung und die **K**ündigung (**RAK**-Bedingungen) vor. Dadurch besteht die Möglichkeit

- des vorzeitigen **Rückkaufs** der Schuldverschreibungen zu einem Börsenkurs, der unter dem Rückzahlungskurs liegt,
- der erleichterten Rückzahlung in Raten, wobei die an der jeweiligen Rate beteiligten Papiere durch **Auslosung** bestimmt werden,
- der **Kündigung** vor Ende der angegebenen Laufzeit, wenn ein Rückkauf nicht in Frage kommt, weil der Börsenkurs höher ist als der vereinbarte Rückzahlungskurs.

Es kann auch eine Konversion (Umtausch in eine Schuldverschreibung mit geringerem Zinsfuß) für den Fall vereinbart werden, dass der Zinsfuß des Kapitalmarktes den Zinsfuß der Schuldverschreibung nachhaltig unterschreitet.

Damit die Emission einer Schuldverschreibung als Finanzierungsinstrument nicht versagt, hat der Schuldner bei Festlegung vor allem des Emissionskurses, der Laufzeit und Verzinsung nicht nur sein Interesse, sondern auch das Interesse des Gläubigers sowie die Kapitalmarktlage in Betracht zu ziehen.

Die Kosten der Schuldverschreibung sind hoch, da außer Zinsen, Disagio bei der Ausgabe und Agio bei der Rückzahlung noch erhebliche Emissionskosten (Prospekte, Werbung, Bankprovision) entstehen.

Andererseits liegt die effektive Rendite (Emissionsrendite, Umlaufrendite) meist über dem Zinssatz der Schuldverschreibung, da dem Gläubiger zusätzlich noch das über die Laufzeit der Schuldverschreibung zu verrechnende fiktive Aktivum (Disagio + eventuelles Agio) zugute kommt (Abschnitt 12.5.3).

BGB §§ 607 ff.

**b) Darlehen.** Als Darlehen bezeichnet man längerfristige Kredite, die in Form von Geld oder anderen vertretbaren Sachen gewährt werden können.

Das besondere Merkmal des Gelddarlehens besteht darin, dass der Schuldner sich festlegen muss,

- in welcher Höhe und welcher Zeit er tilgen will, *und*
- dass er über getilgte Beträge nicht mehr verfügen kann.

**Beispiel:** Darlehen 100.000 EUR; derzeitiger Stand 60.000 EUR. Der Schuldner kann nicht mehr zurück auf 100.000 EUR, selbst wenn die ursprüngliche Sicherheitsleistung noch besteht. Er muss einen neuen Kreditantrag stellen.

Als Finanzierungskosten können Zinsen, Disagio (Damnum), Provisionen und Gebühren entstehen.

Disagio bedeutet, dass der beantragte Kredit nicht zu 100% ausbezahlt wird, sondern z.B. nur zu 98%. Getilgt werden müssen aber 100%, sodass das Disagio die angegebene Nominalverzinsung erhöht.

Nach der **Art der Rückzahlung** unterscheidet man

1. **Fest- und Kündigungsdarlehen.** Das **Festdarlehen** ist *in voller Höhe am vereinbarten Fälligkeitstag,* das **Kündigungsdarlehen** *nach Ablauf einer vertraglich festgesetzten Kündigungsfrist* zurückzuzahlen (Bild 246). Der Kreditnehmer muss lediglich die Zinsen regelmäßig aufbringen. Er kann also während der ganzen Laufzeit mit dem vollen Kapital arbeiten. Allerdings können bei Fälligkeit Zahlungsschwierigkeiten entstehen.

2. **Abzahlungsdarlehen (Ratendarlehen).** Bei dem **Abzahlungsdarlehen** zahlt der Schuldner regelmäßig neben den Zinsen *gleichbleibende Tilgungsraten* (Ratentilgung). Es wird deshalb auch *Ratendarlehen* genannt. Die Zinsen verringern sich entsprechend der Restschuld (Bilder 247, 248, 249).

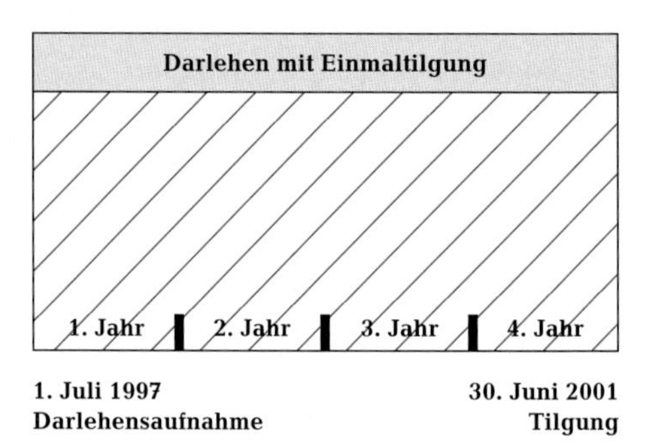

Bild 246

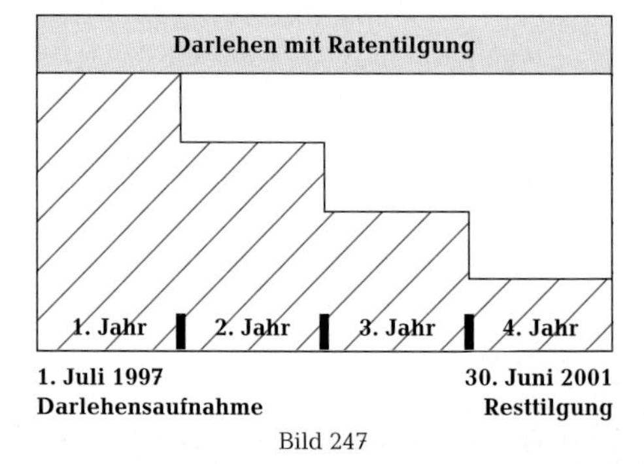

Bild 247

3. **Annuitätendarlehen (Tilgungsdarlehen).** Bei dem *Annuitätendarlehen* sieht der Tilgungsplan *eine jährlich gleichbleibende Annuität* vor (Annuitätentilgung), die einen jährlich steigenden Tilgungs- und einen jährlich fallenden Zinsanteil umfasst (Bilder 248 und 250).

Die Formel für die Annuitätsberechnung lautet:

$$A = K \times \frac{q^n (q - 1)}{q^n - 1}$$

A = Annuität
K = Darlehen
q = 1 + p/100
n = Laufzeit in Jahren

**Gegenüberstellung von Raten- und Annuitätentilgung**
Darlehen: 10.000 EUR Zinssatz: 10% Tilgungsdauer: 10 Jahre

| | **Ratentilgung** (gleichbleibende Tilgungsquote) | | | **Annuitätentilgung** (gleichbleibende Annuität) | | |
|---|---|---|---|---|---|---|
| Jahr | T-Rate | Zinsen | Gesamtbetrag | T-Rate | Zinsen | Annuität |
| 1 | 1.000 | 1.000 | 2.000 | 627,45 | 1.000,00 | 1.627,45 |
| 2 | 1.000 | 900 | 1.900 | 690,19 | 937,26 | 1.627,45 |
| 3 | 1.000 | 800 | 1.800 | 759,21 | 868,24 | 1.627,45 |
| 4 | 1.000 | 700 | 1.700 | 835,14 | 792,31 | 1.627,45 |
| 5 | 1.000 | 600 | 1.600 | 918,65 | 708,80 | 1.627,45 |
| 6 | 1.000 | 500 | 1.500 | 1.010,51 | 616,94 | 1.627,45 |
| 7 | 1.000 | 400 | 1.400 | 1.111,57 | 515,88 | 1.627,45 |
| 8 | 1.000 | 300 | 1.300 | 1.222,72 | 404,73 | 1.627,45 |
| 9 | 1.000 | 200 | 1.200 | 1.344,99 | 282,46 | 1.627,45 |
| 10 | 1.000 | 100 | 1.100 | 1.479,57 | 147,96 | 1.627,53 |
| | 10.000 | 5.500 | 15.500 | 10.000,00 | 6.274,58 | 16.274,58 |

Bild 248

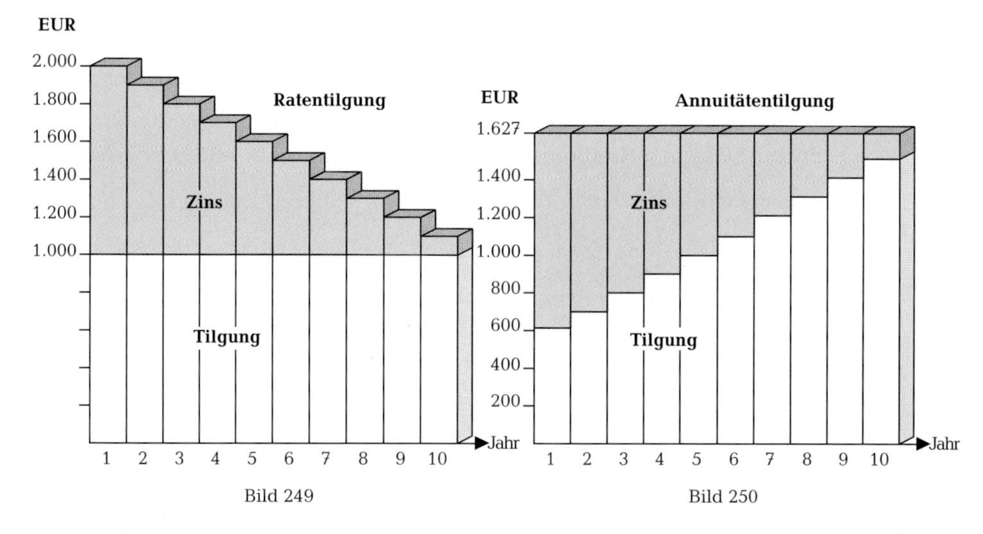


Bild 249

Bild 250

Das Annuitätendarlehen hat den Vorteil, dass im Finanzplan der Unternehmung gleichbleibende Ausgaben für den Schuldendienst eingesetzt werden können.

c) **Schuldscheindarlehen.** Diese Finanzierungsform wird in erster Linie von Großunternehmen, aber auch von mittleren, nicht emissionsfähigen Unternehmen gewählt. Hierbei stellt die Hausbank dem Kreditnehmer ein Darlehen (in Millionenhöhe) zu festen Konditionen langfristig zur Verfügung. Sicherheiten sind in Form von Grundpfandrechten oder öffentlichen Bürgschaften zu leisten. Gleichzeitig wird vereinbart, dass sich die Hausbank auf dem Kapitalmarkt refinanzieren kann, indem sie diese Darlehensforderung im Ganzen oder in Teilbeträgen an Kapitalsammelstellen, wie z.B. Versicherungen, Pensionskassen, verkauft (Bild 251). Damit scheidet sie aus dem Darlehensverhältnis ganz oder teilweise aus.

**Schuldscheindarlehen** sind **langfristige Kredite,** die von Großunternehmen **gegen Hergabe von Schuldscheinen** aufgenommen werden.

Die Schuldscheine werden im Gegensatz zu Schuldverschreibungen nicht an der Börse gehandelt.

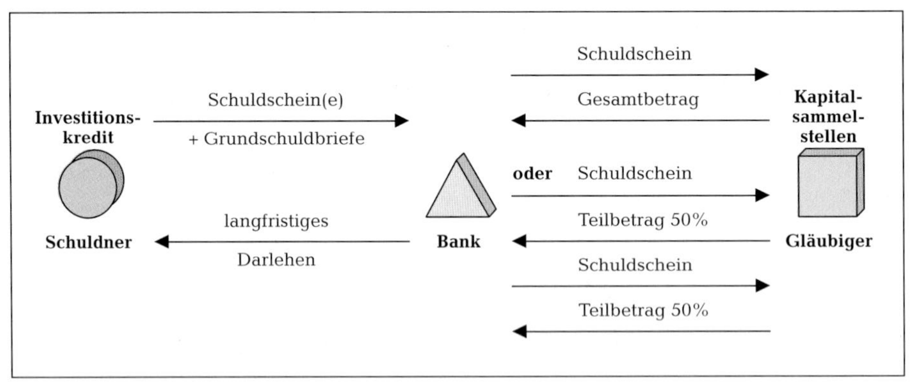


Bild 251

Ein wesentlicher Teil der Investitionsfinanzierung wird mittels dieser Form der Fremdfinanzierung abgewickelt. Gegenüber der Finanzierung durch Industrieanleihen ergeben sich folgende Unterschiede:

- Die Druckkosten für die Wertpapierurkunden, die Emissionskosten und Werbekosten entfallen.
- Das Schuldverhältnis ist nur wenigen bekannt.
- Die Kreditkonditionen können auf den Einzelfall besser zugeschnitten werden.
- Die nicht emissionsfähigen Unternehmen können hohe Beträge fremdfinanzieren.
- Der Zeitraum zwischen Kreditantrag und Bereitstellung der Mittel ist kürzer.

Alle diese Gesichtspunkte rechtfertigen den etwas höheren Zinssatz des Schuldscheindarlehens.

## ■ Bereitstellung von kurzfristigem Fremdkapital

a) **Liefererkredite** finanzieren die Warenbeschaffung bzw. den Materialkauf im Allgemeinen bis zu 3 Monaten. Oft ist eine Tilgung innerhalb des Liefererzieles mit dem Erlös der verkauften Ware möglich. Wird vom Lieferer Skonto gewährt, so kann die Ausnutzung für den Betrieb sehr vorteilhaft sein, ja sogar die Aufnahme eines Bankkredits nahelegen. Da Skonto meist in den Preis einkalkuliert wird, ist der Liefererkredit nicht zinslos.

b) **Wechselkredite,** meist von Lieferern gewährt, verlangen vom Bezogenen die Zahlungsbereitschaft am Fälligkeitstag des Wechsels. Eine Prolongation ist in der Regel möglich, aber mit Kosten verbunden (Abschnitt 4.2.7).

**c) Kontokorrentkredite.** Der Unternehmer muss bezüglich seiner kurzfristigen Zahlungsbereitschaft rasch über Geldmittel verfügen können. Beim Kontokorrentkredit erhält er eine Kreditgrenze eingeräumt, bis zu der er jederzeit sein laufendes Konto (Kontokorrent) in Anspruch nehmen darf. Die Inanspruchnahme des Kredits ist also ganz in sein Belieben gestellt: Er kann sein Limit voll ausschöpfen oder teilweise in Anspruch nehmen (Bild 252). Die Zinsen rechnen sich stets vom jeweiligen Saldo. Wenn das vereinbarte Limit überzogen wird, fallen außerdem Überziehungszinsen an. Theoretisch ist der Kontokorrentkredit ein *kurzfristiger Kredit*, in der Praxis ein langfristiger, da die zeitlichen Befristungen stets verlängert werden.

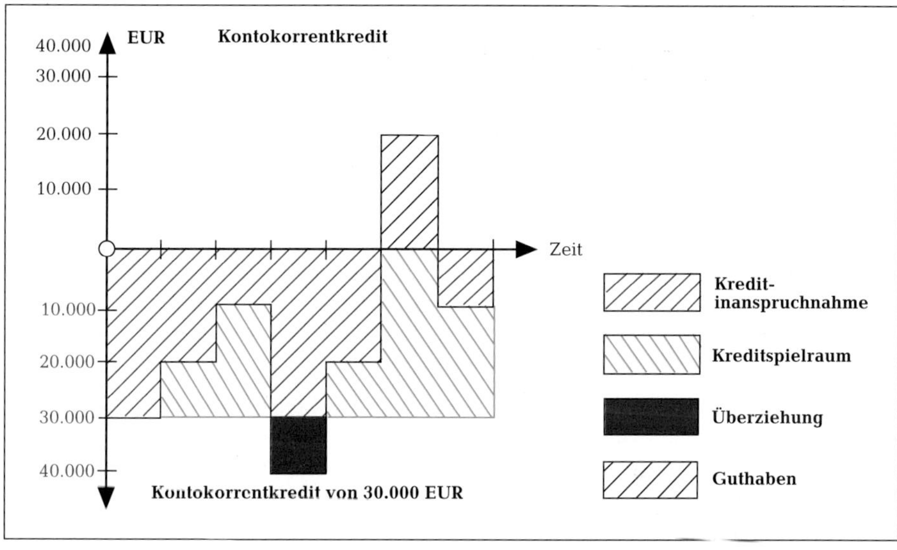


Bild 252

**d) Anzahlungen von Kunden** kommen besonders in der Maschinenindustrie bei großen Aufträgen vor. Die Kosten der Entwicklung und der Materialbeschaffung für diese Aufträge werden dadurch häufig von den Kunden vorfinanziert. Darüber hinaus bieten sie dem Lieferer eine teilweise Sicherung gegen Forderungsausfälle.

**e) Akzeptkredite** (Abschnitt 12.4.6).

## Zur Wiederholung und Vertiefung

1. Welche besonderen Merkmale bestehen beim Darlehen?
2. Wodurch unterscheiden sich Abzahlungs- und Annuitätendarlehen?
3. Was kann einen Kaufmann veranlassen, ein hohes Disagio zu vereinbaren?
4. Welche Unterschiede bestehen zwischen einem Kontokorrentkredit und einem Darlehen hinsichtlich Bereitstellung, Rückzahlung und Laufzeit?
5. Warum ist ein Kontokorrentkredit grundsätzlich teurer als ein Darlehen?
6. Wodurch unterscheiden sich Agio und Disagio?
7. Warum ist der Zinsaufwand insgesamt bei Annuitätentilgung größer als bei Ratentilgung (Bild 248)?
8. Wie verläuft die Ratentilgung für ein mit 9% verzinsliches Darlehen von 30.000 EUR bei gleichbleibenden Annuitäten in 8 Jahren? Erstellen Sie eine entsprechende Tabelle.
9. Wie verläuft die Annuitätentilgung für das unter 8. genannte Darlehen? Verwenden Sie die Formel für die Annuitätenberechnung.
10. a) Welche Tilgungsmöglichkeiten sollte sich ein Anleiheschuldner offenhalten?
    b) Welche Vorteile bieten ihm diese Wahlmöglichkeiten?
11. Erklären Sie das Schuldscheindarlehen.
12. Welche Vor- und Nachteile bietet das Schuldscheindarlehen gegenüber der Industrieobligation?

## 12.6.3 Leasing

Die Möglichkeit, technische Neuerungen in der Produktion zu nutzen, setzt beim Kauf moderner Anlagen voraus, dass der Anschaffungspreis aufgebracht werden kann. Eine weitere Hemmschwelle ist die Übernahme des Alterungsrisikos dieser Anlagen. Mit dem immer rascheren Fortschreiten der Technik sind die Produktionsanlagen oft nach wenigen Jahren überholt. Der Abschluss von Leasingverträgen erleichtert dem Industriebetrieb, seine Anlagen auf einem modernen Stand zu halten, weil er den *Leasing-Gegenstand mittelfristig zurückgeben* und eine *neue Investitionsentscheidung treffen* kann.

BGB §§ 535 ff.

Bei der Finanzierung durch **Leasing** werden **langfristige Nutzungsrechte an beweglichen und unbeweglichen Wirtschaftsgütern durch Miet- oder Pachtverträge erworben.**

Wirtschaftlich betrachtet ist ein **Leasingvertrag** ein *Mietvertrag besonderer Art* und – da Eigenkapitaleinsatz entfällt – einer objektbezogenen Fremdfinanzierung gleichzusetzen.

Im *Unterschied zur Miete* trägt der Leasingnehmer die Sachgefahr für das Leasingobjekt, d.h. er wird auch für den unverschuldeten Untergang der Sache zur Rechenschaft gezogen. Außerdem steht bei Leasing der Finanzierungsaspekt im Vordergrund, während dies bei der Miete der Nutzungsaspekt ist.

Das Leasingobjekt (Immobilien, Mobilien) wird vom Leasingnehmer *nicht* in der Bilanz erfasst, da der Leasinggeber grundsätzlich rechtlicher und wirtschaftlicher Eigentümer ist. Leasing ist nicht durch spezielle Gesetzesvorschriften geregelt, sondern richtet sich nach dem Willen der Vertragspartner und den Erlassen der Finanzverwaltung. Nach einem Erlass des Bundesfinanzministeriums vom 19. April 1971 wird bei einer Grundmietzeit zwischen 40% und 90% der betriebsgewöhnlichen Nutzungsdauer der Leasinggegenstand dem *Leasinggeber* zugerechnet, von ihm bilanziert und abgeschrieben. Weitaus die meisten Leasingverträge liegen in der Grundmietzeit zwischen 40% und 90% der betriebsgewöhnlichen Nutzungsdauer.

### Möglichkeiten der Vertragsgestaltung

Man unterscheidet

**a) nach dem Leasinggeber**

1. **Herstellerleasing.** Der *Hersteller* der Anlagen selbst ist Leasinggeber. Diese Leasingart ist seit langem üblich bei Datenverarbeitungs- und Telefonanlagen.

   Manche Hersteller haben zur Durchführung des Leasing Tochterunternehmungen gegründet, z.B. die „V·A·G Leasing GmbH, Wolfsburg" der Volkswagen Werke AG, um auf diese Weise zusätzliche Absatzmöglichkeiten zu schaffen.

2. **Finanzierungsleasing.** Bei dieser Leasingart kaufen *Finanzierungsunternehmen* die Anlagen, um sie dann zu vermieten, z.B. die „Südleasing GmbH, Stuttgart".

**b) nach der vertraglichen Bindung**

1. **Operate-Leasing-Verträge** (engl. to operate = für jemand wirken). Sie sind gewöhnliche Mietverträge und können von beiden Vertragspartnern *kurzfristig gekündigt* werden. Die vom Leasingnehmer zu entrichtenden Mietraten sind so kalkuliert, dass dem Leasinggeber erst *nach Ablauf* der betriebsgewöhnlichen Nutzungsdauer des Wirtschaftsgutes die vollen Objektkosten und ein angemessener Gewinn vergütet sind. Eine völlige Objektamortisation erfolgt bei kurzfristiger Kündigung also erst nach weiteren Vermietungen oder der Leistung einer der Vollamortisation entsprechenden Abschlagszahlung. Wegen des damit ver-

bundenen vollen Investitionsrisikos für den Leasinggeber werden Operate-Leasing-Verträge nur für solche Wirtschaftsgüter abgeschlossen, die infolge breiter Nachfrage jederzeit erneut vermietet werden können, z.B. Autovermietung, Vermietung von Telefonanlagen mit vierteljährlicher Kündigungsfrist.

2. **Finance-Leasing-Verträge** (engl. to finance = für jemand die Finanzierung besorgen). Hier wird zwischen den Vertragspartnern eine *unkündbare Grundmietzeit* festgelegt. Diese Grundmietzeit ist in aller Regel kürzer als die betriebsgewöhnliche Nutzungsdauer des Wirtschaftsgutes.

   Man unterscheidet

   - **Full-pay-out-Verträge.** Hier decken die während der Grundmietzeit zu entrichtenden Mietraten die *vollen* Objektkosten des Leasinggebers und vermitteln ihm zusätzlich einen angemessenen Gewinn. Das volle Investitionsrisiko liegt beim Leasingnehmer (Vollamortisationsvertrag).

     **Beispiele:** Hochwertige Maschinen, Immobilien, schnelllebige Wirtschaftsgüter (DV-Anlagen).

   - **Non-pay-out-Verträge.** Bei dieser Form werden dem Leasinggeber *nicht* die gesamten Objektkosten während der Grundmietzeit ersetzt (Teilamortisationsvertrag). Dem Leasingnehmer wird durch diese nur teilweise Deckung der Objektkosten die Investitionsentscheidung erleichtert. Dafür muss er nach Ablauf der Grundmietzeit das Verwertungsrisiko übernehmen. Diese Übernahme erfolgt entweder in Form einer Verlängerung der Mietdauer und wenn nicht, durch das Andienungsrecht des Leasinggebers, vom Leasingnehmer die Abnahme des Gegenstandes durch Kaufvertrag zu verlangen.

     **Beispiel:** Kfz-Leasing mit km-Angaben.

   - **Restwert-Verträge.** Misst der Leasinggeber dem Leasinggegenstand nach Ablauf der Mietzeit noch einen echten Wert bei, so vereinbart er mit dem Leasingnehmer einen Mietpreis, der die Differenz zwischen Anschaffungskosten und Restwert darstellt. Dadurch reduzieren sich die Leistungen. Nach Ablauf der Vertragsdauer hat der Leasingnehmer keine Rechte und Pflichten mehr.

     **Beispiel:** Kfz-Leasing mit km-Angaben.

**c) nach dem Gegenstand**

1. **Mobilien-Leasing.** Der Leasingnehmer erwirbt ein Nutzungsrecht an einem beweglichen Gegenstand. Geleast werden vor allem Büromaschinen, EDV-Anlagen und Fahrzeuge.
2. **Immobilien-Leasing.** Der Leasingnehmer erwirbt ein Nutzungsrecht an einer gewerblich zu nutzenden Immobilie wie Produktionsgebäude, Lagerhallen, Bürogebäude.

## ■ Vertragsdauer und Kosten

Die Vertragsdauer beträgt im Allgemeinen für Maschinen 4 bis 5 Jahre, mindestens 40% der betriebsgewöhnlichen Nutzungsdauer. Die Pachtdauer für Gebäude beträgt in der Regel 18 Jahre.

Der Mietsatz richtet sich nach der Vertragsdauer. Je kürzer die Vertragsdauer, desto höher der Mietsatz. Die übliche *monatliche* Mietrate beträgt bei einer Vertragsdauer von 3 Jahren etwa 3%, von 5 Jahren etwa 2%, jeweils vom Kaufpreis.

Die Miete ist also so bemessen, dass in dem jeweiligen Zeitraum das vom Leasinggeber eingesetzte Kapital getilgt und verzinst wird. Weitere Kosten können durch Transport, Montage, Unterhaltung, Demontage und Versicherung entstehen, die aber direkt vom Leasingnehmer zu bezahlen sind.

**Beispiel:** Beim Full-pay-out-Leasing bezahlt der Leasingnehmer bis zum Vertragsablauf den Anschaffungspreis plus Verzinsung, Refinanzierungskosten und Risikoprämie. Dies entspricht ungefähr 120% des Anschaffungspreises.

## Vorteile des Leasing

- Leasing bindet kein Kapital im Anlagenbereich; es schont die Liquidität.
- Eine Investition durch Leasing finanziert, wirkt sich nicht bei den Dauerschuldzinsen aus; man spart also Gewerbesteuer.
- Durch eine Aneinanderreihung mehrerer Verträge ist der Leasingnehmer flexibler als der traditionelle Käufer, denn dieser muss wieder die Hürde des Kaufpreises nehmen; den Leasingnehmer erwartet nur die veränderte Leasingrate.
- Die bei der herkömmlichen Fremdfinanzierung zu beachtende Beleihungsgrenze entfällt.
- Die durch Leasing eingesparten Finanzmittel können, im Umlaufvermögen eingesetzt, dort über Skonti und Rabatte über 30% Verzinsung erwirtschaften.
- Das beleihbare Vermögen des Leasingnehmers wird nicht beansprucht, da dem Leasinggeber sein Leasingobjekt als Sicherheit genügt.
- Unveränderliche Leasingraten über die gesamte Vertragsdauer garantieren eine sichere Kalkulationsbasis; Zins- und Tilgungsänderungen entfallen.
- Rücklagenbildung für die Ersatzbeschaffung entfällt.
- Keine Veränderung der Bilanzstruktur, da das Leasingobjekt nicht in der Bilanz erscheint; Leasing ist bilanzneutral.
- Legale Verkürzung der Abschreibungsdauer aufgrund des Erlasses des Bundesfinanzministeriums vom 19. April 1971.

## Nachteile des Leasing

- Die Miet- und Pachtkosten für die Anlagen sind hoch, weil das eingesetzte Kapital in kurzer Zeit amortisiert werden muss, der Vermieter eine Risikoprämie einkalkuliert und einen angemessenen Gewinn erzielen will.
- Das Unternehmen kann durch die monatlich wiederkehrenden Miet- und Pachtzahlungen in Liquiditätsschwierigkeiten kommen, wenn die Mietausgaben in den Umsatzerlösen nicht rechtzeitig zurückfließen.
- Bei stagnierenden oder gar rückläufigen Gewinnen kann der Unternehmer über Leasing noch eine Weile ein verfügbares Vermögen vorzeigen, das ihm gar nicht gehört. Aufgrund dieses Scheinvermögens wird sein wirtschaftlicher Abstieg für einige Zeit verdeckt.
- Bei Non-pay-out-Verträgen geht der Leasingnehmer das Risiko ein, dass ihm bei Vertragsende trotz seines Wunsches das Leasingobjekt *nicht* angedient wird.
- Der Leasinggeber muss für alle Ein- und Umbauten seine Zustimmung geben. Trotzdem kann er bei Vertragsende verlangen, dass der ursprüngliche Zustand wiederhergestellt wird.
- Dem Leasinggeber steht bei Reparaturschäden ein Anspruch auf Wertminderung zu. Die Höhe dieser Entschädigung kann zum Streitpunkt werden.
- Investitionen, die öffentlich bezuschusst werden, können nicht geleast werden, da der Staat nur den Erwerb von Eigentum fördert.

**Beispiel zu Bild 254:** Eine Anlage im Anschaffungswert von 200.000 EUR wird durch die Aufnahme eines langfristigen Kredits in Höhe des Anlagewertes finanziert. Der Zinssatz beträgt 9%, das Auszahlungsdamnum 1,5%. Anschaffungskosten und Damnum sind linear in 6 Jahren abzuschreiben. Der Schrottwert wird auf 2.000 EUR geschätzt. Die Tilgung erfolgt in 6 gleichen Jahresraten.

Berechnen und vergleichen Sie die gesamten Abschreibungs- und Kreditaufwendungen mit denen einer Leasingfinanzierung auf 65 Monate (90% von 72 Monaten). Der monatliche Mietsatz ist 1,97%, die linear abzuschreibenden Installationskosten betragen 6.000 EUR.

Steuerliche Auswirkungen werden nicht berücksichtigt.

| Beschaffung einer Anlage durch Kredit- und Leasingfinanzierung im Vergleich | | |
|---|---|---|
| **Unterschiede** | **Kreditfinanzierung** | **Leasingfinanzierung** |
| **Rechtslage** | Beschaffung von Geldmitteln durch Kreditvertrag zur Finanzierung der Anlage. Benutzer wird Eigentümer. | Beschaffung von Nutzungsrechten an der Anlage durch Leasingvertrag. Benutzer wird nicht Eigentümer. |
| **Bindung an das Wirtschaftsgut** | Endgültiger Erwerb bindet den Eigentümer während der gesamten Nutzungsdauer. | Zeitlich begrenzte Gebrauchsüberlassung bindet den Leasingnehmer nur während der vereinbarten, in aller Regel kürzeren Mietzeit innerhalb der gesamten Nutzungsdauer. |
| **Geldmittelbedarf** | Großer anfänglicher Bedarf in Höhe der Anschaffungskosten. | Geringer anfänglicher Bedarf in Höhe der ersten Monatsmiete und der Installationskosten. |
| **Laufende Liquiditätsbelastung** | Die Zins- und Tilgungsraten sind abhängig vom Eigenkapital an der Finanzierung. Je höher der Fremdfinanzierungsanteil, desto höher die Liquiditätsbelastung. | Bei Full-pay-out-Verträgen ist die Liquiditätsbelastung ähnlich wie bei der Kreditfinanzierung. Bei Restwertverträgen ist die Belastung niedriger, da nur der Wertverlust ersetzt werden muss. |
| **Steuern** | Aus den Dauerschulden ergeben sich Schuldzinsen, die der Gewerbesteuer unterliegen. | Die Berechnungsgrundlage für die Gewerbesteuer wird *nicht* beeinflusst. |
| **Abschreibung** | Der Käufer schreibt ab. | Der Leasinggeber schreibt ab. |
| **Rechnungslegung**<br>– in der Bilanz | Aktivierung der Anlage zu den Anschaffungs- bzw. Herstellungskosten. Passivierung des Kredits. | Es erfolgt kein Bilanzausweis beim Leasingnehmer. |
| – in der Erfolgsrechnung | Abschreibung der Anlage + Zinsen und sonstige Kreditkosten als Aufwand des Kreditnehmers. | Volle Mietrate (Tilgungs-, Zins-, Risiko-, Gewinnanteil) als Aufwand des Leasingnehmers. |
| **Sicherheit des Gläubigers** | Beim Kreditnehmer muss ein großes Kreditsicherungsvermögen vorhanden sein.<br><br>Im Insolvenzverfahren wird die dem Kreditgeber zur Sicherung übereignete Anlage abgesondert. | Die dem Leasinggeber zur Verfügung gestellten Sicherheiten sind unbedeutend; bei Ausfall der Mietzahlung nimmt er die von ihm gestellte Anlage zurück.<br><br>Im Insolvenzverfahren wird die vom Leasinggeber zur Verfügung gestellte Anlage ausgesondert. |
| **Objekterneuerung** | Im Markt muss ein Erwerber gesucht werden. Je nach Marktlage muss das Objekt mit Verlust verkauft werden. Für den Restkaufpreis muss eine Finanzierung erstellt werden. | Nach Vertragsende wird das alte Objekt einfach gegen ein neues ausgetauscht. Im schlechtesten Falle erhöhen sich die Leasingraten. Der ganze Erneuerungsvorgang vollzieht sich viel einfacher. |

Bild 253

| **Kredit**finanzierung | | **Gesamtbelastung** | **Leasing**finanzierung |
|---|---|---|---|
| Abschreibungen der Anschaffungskosten | 198.000 EUR | Installationskosten | 6.000 EUR |
| Abschreibung des Damnums | 3.000 EUR | Mieten 1,97% x 65 = 128,05% (von 200.000 EUR) | 256.100 EUR |
| Zinsen 9% vom Schuldmittelwert 118.444 EUR auf 6 Jahre | 63.960 EUR | Insgesamt | 262.100 EUR |
| Insgesamt | 264.960 EUR | | |
| Die Leasingfinanzierung ist um 2.860 EUR günstiger. | | | |

Bild 254

**Zur Wiederholung und Vertiefung**

1. Welche Gründe könnten Sie veranlassen, sich trotz des Ergebnisses in Bild 254 für die Kreditfinanzierung zu entscheiden?
2. Wie wirkt sich ein Leasinggeschäft in der Bilanz- und Erfolgsrechnung des Leasinggebers und Leasingnehmers aus?
3. Welche Vor- und Nachteile sind mit der Leasingfinanzierung verbunden?
4. Welche Vorteile bietet der Kauf gegenüber dem Leasing?
5. Was für Überlegungen könnten für Leasing sprechen, obwohl sich kein finanzieller Vorteil ergibt?
6. Wie hoch ist die maximale bzw. minimale Leasing-Vertragslaufzeit bei einer angenommenen AfA-Dauer von 60 Monaten?
7. Vergleichen Sie Kreditfinanzierung und Leasing im Hinblick auf
   a) Kapitalbedarf, b) laufende Liquiditätsbelastung sowie c) Bindung an das Wirtschaftsgut.
8. Einem Unternehmen liegen für ein 100 Tsd. EUR-Objekt folgende Finanzierungsalternativen vor: Leasing mit fünf Jahren Grundmietzeit und einer Jahresrate von 25 Tsd. EUR. Das Bankdarlehen für fünf Jahre wird gleichmäßig in Raten getilgt und kostet 10% Zinsen von der Restschuld.
   a) Errechnen Sie die Liquiditätsbelastung beider Vorschläge für die fünf Jahre insgesamt.
   b) Prüfen Sie am Ende der fünf Jahre, ob Leasing auch dann noch einen Vorteil besitzt, wenn die Gewinnsteuerminderung bei einem Steuersatz von 50% berücksichtigt wird. Das Objekt soll mit 20% linear abgeschrieben werden.
   c) Begründen Sie Ihre Finanzierungsentscheidung.

## 12.6.4 Selbstfinanzierung

Werden Teile des Gewinnes nicht ausgeschüttet, so bleiben der Unternehmung flüssige Mittel erhalten, die für Investitionen ausgegeben werden können.

**Selbstfinanzierung** ist **die Bereitstellung von Mitteln aus dem Gewinn der Unternehmung selbst.**

### Offene und verdeckte Selbstfinanzierung

**a) Offene Selbstfinanzierung.** Bei ihr wird der ausgewiesene Gewinn nicht entnommen bzw. nicht ausgeschüttet. Der im Unternehmen verbleibende Gewinn erhöht das Eigenkapital.

Bei **Personenunternehmungen** wird der Gewinn den Kapitalkonten zugeschrieben (Bild 255).

**Kapitalkonten (OHG)**

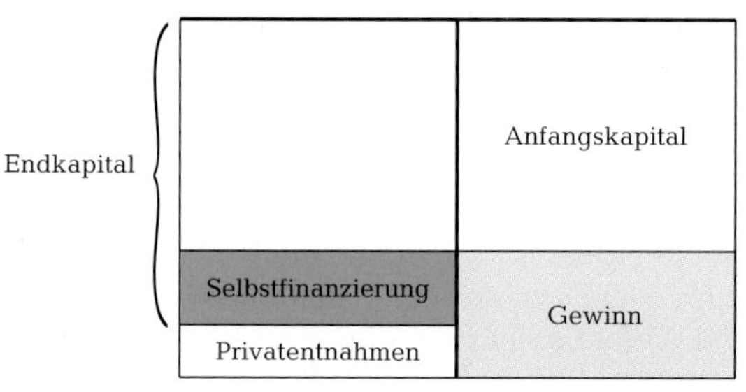


Bild 255

Bei **Kapitalgesellschaften** werden aus dem Jahresüberschuss Gewinnrücklagen gebildet (Bild 256). Dabei sind vier Möglichkeiten zu unterscheiden: (HGB § 272)

- die durch *Gesetz* erzwungene Selbstfinanzierung (gesetzliche Gewinnrücklage), (AktG § 150)
- die durch *Satzung* bestimmte Selbstfinanzierung (statutarische Gewinnrücklage), (§ 58 (1))
- die von den *Leitungsorganen* (Vorstand und Aufsichtsrat) bestimmte Selbstfinanzierung, (§ 58 (2))
- die von den *Versammlungen* der Gesellschafter beschlossene Selbstfinanzierung. (§ 58 (3))

**Bilanz (AG)**

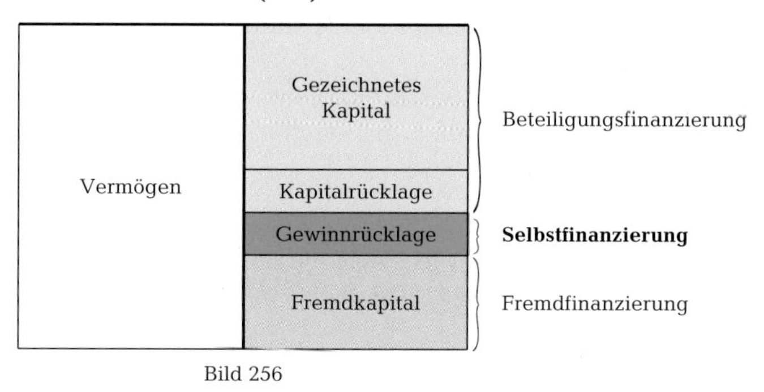


Bild 256

**b) Verdeckte Selbstfinanzierung.** Sie entsteht durch Unterbewertung des Vermögens (überhöhte, aber steuerlich zulässige Abschreibung) oder Überbewertung der Schulden (steuerlich zulässige Rückstellungen).

Dieser überhöht ausgewiesene Aufwand (Abschreibungen, Steuerrückstellungen) verdeckt den tatsächlich erzielten Gewinn und bewahrt ihn somit vor der Besteuerung und der Ausschüttung.

## ■ Vor- und Nachteile der Selbstfinanzierung

**a) Vorteile der Selbstfinanzierung**

- Die Sicherheit und Kreditfähigkeit der Unternehmung wird durch zusätzliches Eigenkapital erhöht.
- Die Eigenkapitalbildung erfolgt progressiv, denn bei zweckmäßiger Verwendung wirft das Zusatzkapital ebenfalls Gewinne ab, die ihrerseits wiederum Gewinn bringen.
- Es entstehen keine Finanzierungsprobleme.

- Die Notwendigkeit zur Aufnahme kostspieligen Fremdkapitals vermindert sich. Bereits aufgenommenes Fremdkapital kann zurückgezahlt werden. Die Unternehmung wird unabhängiger. Der Zinsaufwand wird gemindert.
- Sie erleichtert den Entschluss des Unternehmers zu zusätzlichen Investitionen, zur Rationalisierung, Anpassung an den technischen Fortschritt.

**b) Nachteile der Selbstfinanzierung**

- Hohe Bestände an liquiden Mitteln, die aus einbehaltenen Gewinnen entstanden sind, verführen leicht zu Kapitalfehlleitungen, wenn die Marktlage nicht beachtet wird und die bei einer Fremdfinanzierung notwendige Berechnung des Kapitalbedarfs unterbleibt.
- Sie führt bei der AG zu unliebsamen Auseinandersetzungen mit den Aktionären, die hohe Dividenden erstreben.

  Einsichtige Aktionäre erkennen natürlich, dass durch die Selbstfinanzierung der Substanzwert der Unternehmung steigt und damit die Möglichkeit von Kursgewinnen bei Veräußerung der Aktien. Jedoch sind auch steuerliche Belastungen zu berücksichtigen.
- Die verdeckte Selbstfinanzierung verschleiert häufig der Unternehmungsleitung die **tatsächliche Rentabilität.**
  1. Der wirkliche **Gewinn** wird teilweise oder ganz **verdeckt**. Die mögliche Wiederaufdeckung kann auch dann noch Gewinn erscheinen lassen, wenn überhaupt keiner mehr erzielt oder sogar mit Verlust gearbeitet wurde. Misserfolge können so verdeckt werden.
  2. Der Rentabilitätsberechnung liegt nur das **ausgewiesene** und nicht das wirkliche **Eigenkapital** zugrunde.

  Die Berechnung falscher Rentabilitätssätze kann ebenfalls zu Kapitalfehlleitungen führen.
- Soweit die Selbstfinanzierung durch überhöhte Preise erfolgt, trägt der Käufer die Last der Bildung zusätzlichen Eigenkapitals.

**Zur Wiederholung und Vertiefung**

1. Worin besteht der Unterschied zwischen offener und verdeckter Selbstfinanzierung?
2. Nennen Sie Beispiele für vom Gesetzgeber erzwungene offene und verdeckte Selbstfinanzierung.
3. Wodurch unterscheiden sich Beteiligungsfinanzierung und Selbstfinanzierung?

## 12.6.5 Finanzierung aus Abschreibungen

Sie stellt eine Mischform der Innenfinanzierung dar, da sie sowohl Umfinanzierung als auch Selbstfinanzierung sein kann.

**Abschreibungsfinanzierung** ist die **Bereitstellung von Mitteln aus den** in den Verkaufserlösen **zurückfließenden kalkulierten Abschreibungen.**

### Finanzierungswirkung bei Übereinstimmung der kalkulatorischen mit der bilanzmäßigen Abschreibung

Durch die kalkulatorische Abschreibung werden regelmäßig hohe flüssige Mittel freigesetzt, da die Wertminderung des Anlagevermögens in die Selbstkostenrechnung einbezogen wird und als Kostenersatz zurückfließt. Aus Anlagevermögen wird Umlaufvermögen (Umfinanzierung). Die flüssigen Mittel können die verschiedensten Vermögensformen annehmen. Es empfiehlt sich jedoch, ihre Verwendung planmäßig zu steuern (Abschnitt 12.6.6, Bild 259).

a) Abschreibungsrückflüsse haben zwar grundsätzlich der **Ersatzbeschaffung (Re-Investition)** langlebiger Wirtschaftsgüter zu dienen. Diese erfolgt jedoch in der Regel erst nach Jahren.

b) Vor der Ersatzbeschaffung stehen der Unternehmung durch den Abschreibungsrückfluss liquide Mittel zur Verfügung. Sind diese hoch genug, können **Zusatz-Investitionen** damit finanziert werden. Diese können ihrerseits wieder abgeschrieben werden. Das Anlagevermögen wird bis zum Zeitpunkt der Ersatzbeschaffung mengenmäßig erhöht, ohne dass der Buchwert des Anlagevermögens höher wird **(Kapazitätserweiterungs-Effekt).**

**Beispiel 1** (Bild 257):

Ein anfänglicher Maschinenbestand von 100 Einheiten (Lebensdauer 5 Jahre) wird konstant (linear) abgeschrieben. Jahr für Jahr soll der ganze Rückfluss der kalkulatorischen Abschreibung für Investitionen verwendet werden.

| Jahr | 1. | 2. | 3. | 4. | 5. |
|---|---|---|---|---|---|
| Vorgang | B1 + a1 | B2 + a2 | B3 + a3 | B4 + a4 | B5 + a5<br>./. B1 |
| Maschinenzahl | 100 + 20<br>= 120 | 120 + 24<br>= 144 | 144 + 28,8<br>= 172,8 | 172,8 + 34,6<br>= 207,4 | 207,4 + 41,5<br>./. 100 |
| | | | | | 148,9 |

B = Bestand — Bild 257 — a = Abschreibungsbetrag

Die maximale Kapazitätsausweitung tritt in diesem Falle Ende des 4. Jahres mit + 107,4% ein. Sie müsste aber bis zum Ende des 5. Jahres auf + 48,9% schrumpfen, wenn auch weiterhin nur Abschreibungsrückflüsse zur Finanzierung des Ersatzes der Erstausstattung verwendet würden. Da aber in der Regel eine einmal erreichte Kapazität erhalten werden soll, muss zur Finanzierung des Ersatzes der Erstausstattung zusätzliches Kapital beschafft werden (2. Beispiel).

**Beispiel 2** (Bild 258):

Eine Metallwarenfabrik nimmt auf Grund ihrer Investitionsplanung zum Jahresbeginn 25 Arbeitsplätze mit einer maschinellen Ausstattung von je 2.000 EUR in Betrieb. Nutzungsdauer 5 Jahre. Abschreibung konstant unter der Annahme, dass kalkulatorische und bilanzmäßige Abschreibung gleich sind. Die Marktpreise gestatten den Ersatz der Abschreibungen aus den Verkaufserlösen.

Mit den Abschreibungswerten werden zu Beginn eines jeden neuen Jahres weitere gleichartige Maschinen gekauft, wenn es die angesammelten Abschreibungserlöse erlauben. Am Anfang des 6. Jahres werden die 25 Erstausstattungen durch 25 neue ersetzt. Soweit diese Ersatzbeschaffungen nicht durch Abschreibungen finanziert werden können, wird Kredit aufgenommen.

Diese Finanzierungsart ist unabhängig vom Jahresergebnis, solange die Verkaufserlöse die Selbstkosten decken. Es besteht aber die Gefahr, die Kapazität über die Aufnahmefähigkeit des Marktes hinaus zu erweitern.

## Finanzierungswirkung überhöhter bilanzmäßiger Abschreibung

Übersteigt die bilanzmäßige Abschreibung die kalkulatorische, so stellt der verrechnete Mehraufwand eine Finanzierung aus dem Gewinn dar. Ein Teil des tatsächlichen Gewinns wird nicht als Gewinn, sondern als Aufwand ausgewiesen und damit vor einer Ausschüttung und Versteuerung bewahrt. Der zurückbehaltene Gewinn stellt also eine verdeckte Selbstfinanzierung dar (Abschnitt 12.6.4).

In der Praxis ist es schwierig, eine scharfe Trennung zwischen der Umfinanzierungswirkung und der Selbstfinanzierungswirkung durch Abschreibungen vorzunehmen. Die Vielzahl von Anlagegütern, die unterschiedlichen Abschreibungssätze und die mangelnde Übereinstimmung der angesetzten mit der tatsächlichen Wertminderung der Wirtschaftsgüter lassen dies nicht zu.

### Zur Wiederholung und Vertiefung

Eine Maschine hat eine Nutzungsdauer von 8 Jahren und wird bilanziell nach dem höchst zulässigen degressiven Satz abgeschrieben. Kalkulatorisch wird sie linear abgeschrieben. In Höhe welchen Prozentsatzes erfolgt eine Abschreibungsfinanzierung?

| Jahr | Vorgang | 1. | 2. | 3. | 4. | 5. | 6. E1 | 7. E2 | 8. E3 | 9. E4 | Summe der Abschreibg. | flüssige Mittel/ Kredit | Bilanzwert | Masch.-bestand |
|---|---|---|---|---|---|---|---|---|---|---|---|---|---|---|
| 1. | A B | 50.000 | | | | | | | | | | | 50.000 | 25 |
| | a 1 | – 10.000 | | | | | | | | | 10.000 | + 10.000 | | |
| 2. | R 1 | 40.000 | | | | | | | | | | 10.000 | 40.000 | |
| | Z 2 | | 10.000 | | | | | | | | | – 10.000 | | + 5 |
| | a 2 | – 10.000 | – 2.000 | | | | | | | | 12.000 | + 12.000 | | |
| 3. | R 2 | 30.000 | 8.000 | | | | | | | | | 12.000 | 38.000 | 30 |
| | Z 3 | | | 12.000 | | | | | | | | – 12.000 | | + 6 |
| | a 3 | – 10.000 | – 2.000 | – 2.400 | | | | | | | 14.400 | + 14.400 | | |
| 4. | R 3 | 20.000 | 6.000 | 9.600 | | | | | | | | 14.400 | 35.600 | 36 |
| | Z 4 | | | | 14.000 | | | | | | | – 14.000 | | + 7 |
| | a 4 | – 10.000 | – 2.000 | – 2.400 | – 2.800 | | | | | | 17.200 | + 17.200 | | |
| 5. | R 4 | 10.000 | 4.000 | 7.200 | 11.200 | | | | | | | 17.600 | 32.400 | 43 |
| | Z 5 | | | | | 16.000 | | | | | | – 16.000 | | + 8 |
| | a 5 | – 10.000 | – 2.000 | – 2.400 | – 2.800 | – 3.200 | | | | | 20.400 | + 20.400 | | |
| 6. | R 5 | – | 2.000 | 4.800 | 8.400 | 12.800 | | | | | | 22.000 | 28.000 | 51 |
| | Z 6 | | | | | | 50.000 | | | | | – 50.000 | | + 25 |
| | Kr | | | | | | | | | | | 28.000 | | – 25 |
| | a 6 | | – 2.000 | – 2.400 | – 2.800 | – 3.200 | – 10.000 | | | | 20.400 | + 20.400 | | |
| 7. | R 6 | | – | 2.400 | 5.600 | 9.600 | 40.000 | | | | | 7 600 | 57.600 | 51 |
| | Z 7 | | | | | | | 10.000 | | | | – 10.000 | | + 5 |
| | Kr | | | | | | | | | | | 17 600 | | – 5 |
| | a 7 | | | – 2.400 | – 2.800 | – 3.200 | – 10.000 | – 2.000 | | | 20.400 | + 20.400 | | |
| 8. | R 7 | | | – | 2.800 | 6.400 | 30.000 | 8.000 | | | | 2.800 | 47.200 | 51 |
| | Z 8 | | | | | | | | 12.000 | | | – 12.000 | | + 6 |
| | Kr | | | | | | | | | | | 9.200 | | – 6 |
| | a 8 | | | | – 2.800 | – 3.200 | – 10.000 | – 2.000 | – 2.400 | | 20.400 | + 20.400 | | |
| 9. | R 8 | | | | – | 3.200 | 20.000 | 6.000 | 9.600 | | | 11.200 | 38.800 | 51 |
| | Z 9 | | | | | | | | | 14.000 | | – 14.000 | | + 7 |
| | Kr | | | | | | | | | | | 2.800 | | – 7 |
| | a 9 | | | | | – 3.200 | – 10.000 | – 2.400 | – 2.400 | – 2.800 | 20.400 | + 20.400 | | |

AB = Anfangsbestand    a = Abschreibungsbetrag    R = Restwert    Z = Zugang    E = Ersatzinvestition    Kr = Kredit

Bild 258

## 12.6.6 Umfinanzierung

Sollen einer Unternehmung neue flüssige Mittel zugeführt bzw. hohe Mittelabflüsse erspart werden, ist zu prüfen, ob dies durch eine *Umschichtung der Vermögens- oder Kapitalstruktur* möglich ist. Solche Umschichtungen nennt man **Umfinanzierung.**

**Umfinanzierung** ist die **Freisetzung von Mitteln für andere Verwendungszwecke** durch Änderung der Vermögens- und Kapitalstruktur.

### Maßnahmen der Umfinanzierung

a) Liquidierung nicht betriebsnotwendiger Vermögensgegenstände.

**Beispiele:**

1. Veräußerung von Wertpapieren oder Beteiligungen, sofern sie nicht wegen der Sicherung der Beschaffung oder des Absatzes oder aus anderen Gründen gebunden bleiben müssen.
2. Verkauf von unbebauten Grundstücken, sofern sie nicht für Betriebserweiterungen vorgesehen sind.
3. Abbau zu hoher Vorräte.

b) Rationalisierung in Beschaffung, Fertigung und Vertrieb. Hierbei bewirkt eine Erhöhung der Umschlagshäufigkeit eine Freisetzung von gebundenen Mitteln, die für andere Zwecke verwendet werden können.

**Beispiele:**

1. Minderung der Bestände an Werkstoffen durch bessere Einkaufsdisposition.
2. Minderung der Bestände der unfertigen Erzeugnisse durch Beschleunigung oder Verkürzung des Fertigungsprozesses.
3. Verkürzung der Lagerdauer von fertigen Erzeugnissen durch Beschleunigung des Absatzes.
4. Verbesserung der Zahlungsgewohnheiten von Kunden.

c) Änderung der Kapitalstruktur.

**Beispiele:**

1. Ablösung kurzfristiger durch langfristige Kredite.
2. Umwandlung von Fremdkapital in Eigenkapital (z.B. Wandelschuldverschreibung).

d) Freisetzung von Mitteln durch den Rückfluss von Abschreibungen (Abschnitt 12.6.5).

### Verwendung freigesetzter Mittel

Die Freisetzung und Wiederverwendung finanzieller Mittel ist ein fortlaufender Prozess, der ständig überwacht werden muss. Welche Vorteile und Gefahren mit der Verwendung freigesetzter Mittel verbunden sein können, zeigt Bild 259.

| Verwendung freigesetzter Mittel | Vorteile | Gefahren |
|---|---|---|
| **zum Ersatz und zur Erweiterung der Anlagen** | Erhöhung des Produktionsvolumens, Anpassung an den technischen Fortschritt | Fehlinvestitionen, wenn Markt Erzeugnisse nicht abnimmt |
| **zur Vermehrung des Vorratsvermögens** | Nutzung der Vorteile des Großeinkaufs | Entwertung bei Preisrückgang, Finanzierungsschwierigkeit bei Ersatzbeschaffung |
| **für Schuldentilgung** | Zinsersparnis, Minderung der fixen Kosten, Minderung der Abhängigkeit | Kreditabhängigkeit bei Ersatzbeschaffung |
| **für betriebsfremde Anlagen (Wertpapiere, Festgelder)** | Liquidierbarkeit bei notwendiger Ersatzbeschaffung | u.U. geringere Rendite |

Bild 259

**Zur Wiederholung und Vertiefung**

Wie viel flüssige Mittel werden in einem Unternehmen frei bei folgenden Maßnahmen:

1. Veräußerung von 1.000 Stück Aktien zu 460 EUR; Kaufpreis 240,
2. Veräußerung von 500 Stück Aktien zu 280 EUR; Kaufpreis 310,
3. Abbau des Lagerbestandes von 600.000 EUR um 20% durch Barverkauf mit 30% Preisnachlass?

# 12.7 Grundsätze der Finanzierung

Jedes Unternehmen hat bei seinen Finanzierungsentscheidungen auf Stabilität, Liquidität und Rentabilität zu achten.

## 12.7.1 Stabilität

Die Stabilität einer Unternehmung hängt in hohem Maße von deren Eigenkapitalausstattung ab. Eigenkapital verursacht keinen betrieblichen Aufwand und Mittelabfluss durch Zinsen- und Tilgungsdienst wie beim Fremdkapital. Eigenkapital macht deswegen unabhängig und das Unternehmen krisensicher.

Daraus folgt:

**a) Langfristig gebundene Vermögensteile** sollten grundsätzlich *durch Eigenkapital und langfristiges Fremdkapital gedeckt* sein **(„Goldene Bilanzregel")**.

**b) Risikoreiche Investitionen** sollten *mit Eigenkapital finanziert* werden.

**Wagnisfinanzierung (Venture Capital).** Für die kurzfristige Durchsetzung von Produktinnovationen, also dem Bestreben, neue und bessere Produkte hervorzubringen, ist für viele, vor allem mittlere und kleinere Unternehmen, die Eigenkapitaldecke zu kurz. Der andere Weg über die klassische Finanzierung ist deswegen ungeeignet, da die „zündende Idee" als solche dem Kreditgeber keine dingliche Sicherheit bietet. Gefragt sind also Kapitalgeber, die bereit sind, für erfolgversprechende Innovationen große Verluste zu riskieren, die aber im Erfolgsfalle auch kräftige Gewinne erwarten können. Unter Wagnisfinanzierung versteht man also die *zunächst kostenlose Bereitstellung von langfristigem Risikokapital.* Der Ablauf der Wagnisfinanzierung kann in drei Phasen unterteilt werden:

1. **Kapitalsammelphase:** Venture-Capital-Geber beteiligen sich direkt an einem Jungunternehmen oder bringen ihr Kapital in eine Finanzierungsgesellschaft ein, die darauf spezialisiert ist, von ihr ausgesuchte Innovationsvorhaben zu finanzieren.

   **Beispiele:** „Venture Capital Tochter", Berlin, gegründet von Banken;
   „Techno-Venture", München, gegründet von Siemens AG.

2. **Investitionsphase:** Die Finanzierungsgesellschaft investiert Wagniskapital kostenlos in ein junges Erfolg versprechendes Unternehmen. Gleichzeitig berät es das junge Unternehmen in Management-, Marketing- und Organisationsfragen.

3. **Desinvestitionsphase:** Die Finanzierungsgesellschaft verkauft nach gelungenem Start und erfolgreicher Marktdurchdringung des Pionierunternehmens in fünf bis zehn Jahren ihren Wagniskapitalanteil mit kräftigem Gewinn und sucht ein neues Projekt.

**c) Übereinstimmende Fristen** *bezüglich Mittelherkunft und Mittelverwendung* festigen die Stabilität **(„Goldene Finanzierungsregel")**.

**d) Nichtausschüttung von Gewinn** fördert die Stabilität.

**e) Überhöhte Privatentnahmen** gefährden die Stabilität.

**Zur Wiederholung und Vertiefung**

1. Was versteht man unter der a) „Goldenen Bilanzregel", b) „Goldenen Finanzierungsregel"?
2. Nennen Sie Finanzierungsmaßnahmen, die die Stabilität des Unternehmens fördern.

## 12.7.2 Liquidität

Die Liquidität einer Unternehmung hängt ab von deren Möglichkeiten, Mittel zu beschaffen (Abschnitte 14.1.3 und 14.2.5).

Daraus folgt:

a) Der **Umfang** der zu beschaffenden Mittel ist dem tatsächlichen Bedarf anzupassen, sonst droht die Gefahr der Unter- oder Überfinanzierung.

- **Unterfinanzierung.** Ein zu kleines Kapital führt zu Engpässen in Produktion und Absatz und zu Zahlungsschwierigkeiten. Zu knapp bemessene Liquidität kann den Erfolg des Unternehmens gefährden und damit dessen Rentabilität.
- **Überfinanzierung.** Ein Teil des Kapitals liegt brach. Die Kosten dafür verteuern die Erzeugnisse und schmälern den Gewinn. Hier beeinträchtigt eine zu reichlich bemessene Kapital- und Liquiditätsausstattung den optimalen Unternehmenserfolg und damit wiederum dessen Rentabilität.

b) Die **Fristigkeit** der zu beschaffenden Kredite muss dem Tempo und der Dauer der Erlöseinnahmen entsprechen (Bild 260).

c) Die **Kapitalkosten** für steigende Zinsen sollten durch in gleichem Maße steigende Erlöse gedeckt werden, sonst leidet die Rentabilität.

d) Die **Rückzahlung** der Kredite sollte geplant und nicht um der Rentabilität willen (Zinsersparnis) erfolgen, denn sonst können Liquiditätsschwierigkeiten auftreten.

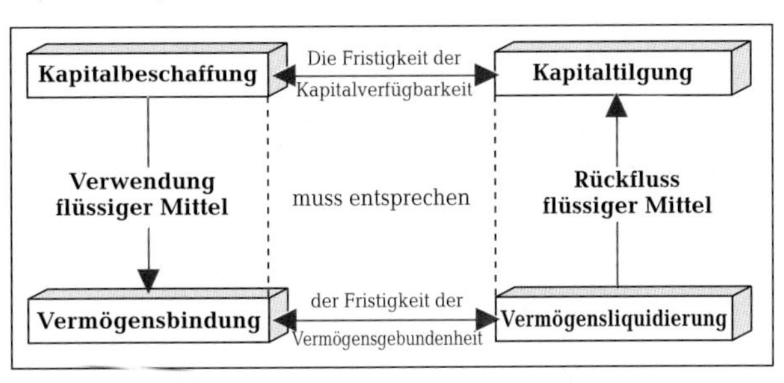


Bild 260

**Zur Wiederholung und Vertiefung**

1. Welche Gefahren sind mit der a) Überfinanzierung, b) Unterfinanzierung verbunden?
2. Erklären Sie das Problem der Fristenkongruenz bei der Aufnahme von Fremdkapital.

## 12.7.3 Rentabilität

Die Rentabilität einer Unternehmung hängt von dem Verhältnis des erzielten Gewinnes zum eingesetzten Kapital ab (Abschnitt 14.2.8).

Daraus folgt:

a) Bei der Kapitalbeschaffung ist das **ökonomische Prinzip** zu beachten. Deshalb muss ein **Kostenvergleich** für die verschiedenen Finanzierungsmöglichkeiten vorausgehen.

b) Der Kapitaleinsatz muss eine **Rendite** gewährleisten, die **höher** ist als der Zins für Fremdkapital. Deshalb ist die zu erwartende Rentabilität neuer Investitionen zuvor zu berechnen.

c) Eine hohe **Rentabilität des Eigenkapitals** sollte durch das richtige Verhältnis von Eigen- und Fremdkapital gewährleistet sein. Ist der Zinssatz für Fremdkapital niedriger als die Rentabilität des Gesamtkapitals, so ist **viel** Fremdkapital zu verwenden, **wenig** dagegen, wenn die Rentabilität des Gesamtkapitals niedriger ist als der Zinssatz für Fremdkapital. Diesen **Leverage-Effekt** (Hebelwirkung) zeigt Bild 261.

| Kapital in Tsd. EUR Eigen | Fremd zu 8% | Fall 1 Gewinn | Fall 1 Rendite | Fall 2 Gewinn | Fall 2 Rendite | Fall 3 Gewinn | Fall 3 Rendite |
|---|---|---|---|---|---|---|---|
| 1.000 | – | 200 | 20 | 80 | 8 | 40 | 4 |
| 900 | 100 | 192 | $21\frac{1}{3}$ | 72 | 8 | 32 | $3\frac{5}{9}$ |
| 800 | 200 | 184 | 23 | 64 | 8 | 24 | 3 |
| 700 | 300 | 176 | $25\frac{1}{7}$ | 56 | 8 | 16 | $2\frac{2}{7}$ |
| 600 | 400 | 168 | 28 | 48 | 8 | 8 | $1\frac{1}{3}$ |
| 500 | 500 | 160 | 32 | 40 | 8 | | – |
| 400 | 600 | 152 | 38 | 32 | 8 | | |
| 300 | 700 | 144 | 48 | 24 | 8 | | |
| 200 | 800 | 136 | 68 | 16 | 8 | | |
| 100 | 900 | 128 | 128 | 8 | 8 | | |
| – | 1.000 | 120 | | | | | |

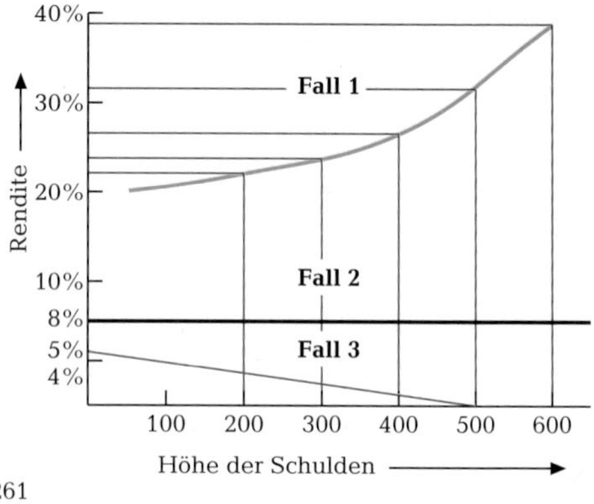

Bild 261

d) Rentabilität, Liquidität und Stabilität beeinflussen sich gegenseitig.

| Finanzierungsart / Gesichtspunkte | Eigenfinanzierung, Selbstfinanzierung | Fremdfinanzierung langfristig | Fremdfinanzierung kurzfristig |
|---|---|---|---|
| **Stabilität** | Zeitlich *unbefristete* Mittelverfügbarkeit. Stabilität nur durch Kündigung eines Gesellschafters oder übermäßige Gewinnentnahmen gefährdet. | Zeitlich *befristete* Mittelverfügbarkeit. Stabilität im Tilgungszeitpunkt besonders gefährdet. Mittel, die aus Rückstellungen stammen, können wie Eigenkapital eingesetzt werden. | Zeitlich *eng befristete* Mittelverfügbarkeit. Aufgrund der hohen Zins- und Tilgungsverpflichtungen ist die Stabilität dauernd gefährdet. |
| **Liquidität** | Mittelzufluss *ohne* Rückzahlungsverpflichtung. Mittelabfluss nur aufgrund freiwilliger Entscheidung. | Mittelzufluss *mit* Rückzahlungsverpflichtung. Je nach Tilgungsart mehr oder wenig hoher Mittelabfluss. | Zugeflossene Mittel müssen nach *kurzer* Inanspruchnahme wieder zurückbezahlt werden. Hohe Zinsen und rasche Rückzahlung erfordern ständige Zahlungsbereitschaft. |
| **Rentabilität** | Absolut gesehen ist der Gewinn um den eingesparten Zinsaufwand höher. | Absolut gesehen schmälert jeder Zinsaufwand den Gewinn. | |
| | Relativ betrachtet kommt es auf das Verhältnis zwischen Kapitalertrag und Kapitaleinsatz an oder darauf, ob der Fremdkapitalzins höher oder niedriger als die Rentabilität des Gesamtkapitals ist (Leverage-Effekt). | | |

Bild 262

## Zur Wiederholung und Vertiefung

Worin bestehen die Zielkonflikte zwischen den Finanzierungsgrundsätzen Liquidität und Rentabilität?

## 12.8 Finanzplanung

Die Finanzplanung hat die Aufgabe, die Finanzierungsvorgänge zu steuern und die Zahlungsbereitschaft zu gewährleisten.

Man unterscheidet

a) Planung des Kapitalbedarfs einer zu gründenden Unternehmung,

b) Planung des laufenden Geldbedarfs (Geldmittel-Vorschaurechnung) einer Unternehmung,

c) Planung des Kapitalbedarfs einer Unternehmung für spezielle Vorhaben.

### 12.8.1 Planung des Kapitalbedarfs einer zu gründenden Unternehmung

Der gesamte Kapitalbedarf umfasst das erforderliche Kapital vom Beginn der Gründungsplanung bis zu dem Zeitpunkt, in dem Leistungen des Betriebes bezahlt werden, also eingesetztes Kapital wieder zurückfließt.

#### Kapitalbedarf für die Gründung und Errichtung der Unternehmung

Kapital wird für folgende Zwecke benötigt:

**a) Vorbereitung** der betrieblichen Leistungserstellung wie Gründungsplanung, Versuchsarbeiten, eventueller Patenterwerb, Marktanalyse, Einführungswerbung.

**b) Aufbau der Anlagen.** Die Höhe des Kapitalbedarfs für das Anlagevermögen richtet sich

1. nach **Geschäftszweig und Vermögensstruktur** (Abschnitt 12.1.1),
2. nach der beabsichtigten **Betriebskapazität** (Abschnitt 10.5.1),
3. nach dem **Fertigungsverfahren**. Maschinelle Produktion, Fließfertigung und Automaten erfordern größere Anlagen als einfache Werkstattfertigung.

**c) Aufbau der Organisation.**

**d) Beschaffung des Mindestbestandes** an Stoffen oder Waren, um den reibungslosen Betriebsablauf zu sichern.

#### Kapitalbedarf für die anlaufende Betriebstätigkeit

Laufender Kapitalbedarf wird verursacht im

**a) Materialbereich:** (Fertigungsmaterial für Tagesausbringung + MGK) x (Lagerdauer für Material – Lieferziel + Fertigungsdauer + Lagerdauer der fertigen Erzeugnisse + Kundenziel).

**b) Fertigungsbereich:** (Tagesbedarf für FL + FGK) x (Fertigungsdauer + Lagerdauer der fertigen Erzeugnisse + Kundenziel).

**c) Verwaltungs- und Betriebsbereich:** (Durchschnittlicher Tagesbedarf für VwGK und VtGK) x (Lagerdauer für Material + Fertigungsdauer + Lagerdauer der fertigen Erzeugnisse + Kundenziel).

Bei Personenunternehmungen ist auch der Geldbedarf für **Privatentnahmen** zu berücksichtigen.

Unberücksichtigt bleiben diejenigen Gemeinkosten, die während der Zeitspanne bis zum ersten Eingang von Erlösen keine flüssigen Mittel erfordern, z.B. nachträglich zu zahlende Kreditkosten sowie Zusatzkosten (nicht ausgabewirksame Gemeinkosten).

Auch Abschreibungen entfallen, da der Geldbedarf für die abzuschreibenden Anlagegüter bereits im Kapitalbedarf für die Errichtung enthalten ist. Diese Beträge sind vom errechneten Kapitalbedarf abzuziehen.

**Zusammenfassendes Beispiel** (Bild 263)

Eine Fertigungsunternehmung braucht bei der Errichtung 30.000 EUR für Vorbereitungsaufwand, 1.000.000 EUR für Anlagen, 50.000 EUR für Organisationsaufwand und Mindestvorräte, die einem Verbrauch von 20 Tagen entsprechen.

Sie rechnet mit einem täglichen Materialbedarf + MGK von 3.000 EUR, einem täglichen Einsatz an Fertigungslöhnen + FGK von 2.500 EUR und an VwGK und VtGK von 1.500 EUR.

Die Lagerdauer der Stoffe beträgt 50 Tage, die Fertigungsdauer 40 Tage, die Lagerdauer der fertigen Erzeugnisse 30 Tage, das Kundenziel 60 Tage, das Liefererziel 30 Tage.

Arbeitstage = Kalendertage.

| Abzugsbeträge: | Abschreibungsbetrag (Jahresbetrag) | 100.000 EUR |
|---|---|---|
| | sonstige nicht ausgabewirksame Gemeinkosten | 5.000 EUR |

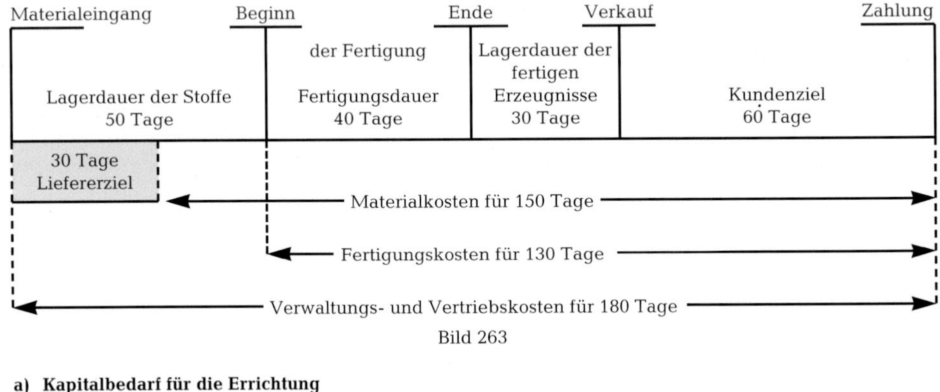


Bild 263

| | | | |
|---|---|---|---|
| **a) Kapitalbedarf für die Errichtung** | | | |
| Vorbereitungsaufwand | | EUR 30.000 | |
| Anlagen | | 1.000.000 | |
| Organisationsaufwand | | 50.000 | |
| Mindestbestand 20 Tage x 3.000 EUR | | 60.000 | 1.140.000 |
| **b) Kapitalbedarf für die anlaufende Betriebstätigkeit** | | | |
| Materialkosten | 150 Tage x 3.000 EUR | EUR 450.000 | |
| Fertigungskosten | 130 Tage x 2.500 EUR | 325.000 | |
| Verwaltungs- und Vertriebskosten | 180 Tage x 1.500 EUR | 270.000 | 1.045.000 |
| | | | 2.185.000 |
| **c) Abzugsbeträge** | | | |
| 180 Tage Abschreibung | | EUR 50.000 | |
| sonstige nicht ausgabewirksame Gemeinkosten | | 5.000 | 55.000 |
| **Kapitalbedarf** | | | EUR 2.130.000 |

Diese Berechnung kann selbstverständlich nicht alle Einzelheiten erfassen. Es muss z.B. bedacht werden, dass Materialbeschaffung, Produktion und Absatz nicht kontinuierlich fließen, dass die eingerechneten Kundenziele nicht eingehalten werden und dass ein Kapitalpolster zur Finanzierung von Umsatzspitzen und für Liquiditätsengpässe geschaffen wird.

## Folgen fehlerhafter Ermittlung des Kapitalbedarfs

a) **Unterfinanzierung.** Ein zu kleines Kapital führt zu Engpässen in Produktion und Absatz und zu Zahlungsschwierigkeiten.

b) **Überfinanzierung.** Ein Teil des Kapitals liegt brach. Die Kosten dafür verteuern die Erzeugnisse und schmälern den Gewinn. Überschüssige Mittel im Betrieb werden aber auch der Volkswirtschaft vorenthalten und solchen Betrieben entzogen, die sie nutzbringender einsetzen könnten.

## 12.8.2 Planung des laufenden Geldbedarfs (Geldmittel-Vorschaurechnung)

Diese Art der Finanzplanung findet ihren Niederschlag in **Finanzplänen**. Diese sind *kurzfristige* Vorschaurechnungen für den Geldbedarf im normalen Betriebsablauf (Monats-, Quartals- und Jahresplan). Sie haben Ähnlichkeit mit dem Haushaltsplan öffentlicher Gemeinwesen. Auch in den Finanzplänen der Unternehmungen werden die erwarteten Einnahmen und Ausgaben (Sollzahlen) einander gegenübergestellt. Später werden zur Kontrolle die tatsächlichen Einnahmen und Ausgaben (Istzahlen) mit den Sollzahlen verglichen. Dabei zwingen auftretende Überdeckungen (Überschussbeträge) oder Unterdeckungen (Fehlbeträge) zu steter Anpassung.

Jeder Finanzplan besteht aus Einnahmen-, Ausgaben- und Kreditplan. Letzterer enthält Höhe und Art der Kredite, die zur Schließung der Finanzierungslücken notwendig sind. Die einfachste und bequemste Möglichkeit des Ausgleichs ist der Kontokorrentkredit, weil sich die Inanspruchnahme automatisch dem jeweiligen Geldbedarf anpasst. Wird im Kreditvertrag ein für den normalen betrieblichen Ablauf genügend hoher Kontokorrentkredit vereinbart, erübrigt sich die Aufstellung eines besonderen Kreditplanes.

**Beispiel eines Quartalplanes** (Bild 264)

In einer Unternehmung soll der Finanzplan für das kommende Quartal aufgestellt werden. Der gesamte Zahlungsverkehr wird über das Bankkonto abgewickelt und für Finanzierungslücken ein Kontokorrentkredit in Anspruch genommen.

Der Finanzstatus zum 30. September weist folgende Planzahlen aus:

**Bankschuld** 3.000 EUR; **Forderungen** 115.000 EUR, von denen entsprechend dem gewährten Ziel und den Zahlungsgewohnheiten der Kunden im Oktober 90.000 EUR, im November 15.000 EUR und der Rest im Dezember eingehen werden. **Verbindlichkeiten** 100.000 EUR, von denen 70.000 EUR im Oktober, der Rest im November und Dezember je zur Hälfte beglichen werden müssen.

Auf Grund der Absatzplanung wird mit monatlichen **Umsatzerlösen** von 85.000 EUR gerechnet, die unter Inanspruchnahme eines durchschnittlichen Ziels von einem Monat gezahlt werden. Außerdem rechnet man im Dezember mit Einnahmen aus **sonstigen Erträgen** von 1.500 EUR.

Die voraussichtlichen **Ausgaben** setzen sich nach Planzahlen und Schätzungen wie folgt zusammen: Werkstoffe 50.000 EUR je Monat. Die Eingangsrechnungen dafür werden jeweils im folgenden Monat (1 Monat Ziel) bezahlt. Personalkosten 20.000 EUR je Monat, Zinsen 1.200 EUR im Oktober, Versicherungen 2.000 EUR im Dezember, sonstige Aufwendungen 4.000 EUR je Monat.

| | Oktober | November | Dezember |
|---|---|---|---|
| Stand des Bankkontos am Anfang des Monats | 3.000 | 8.200 | 2.800 |
| **Einnahmen** | | | |
| Forderungen alt | 90.000 | 15.000 | 10.000 |
| Forderungen neu | | 85.000 | 85.000 |
| sonstige Erträge | | | 1.500 |
| | 90.000 | 100.000 | 96.500 |
| **Ausgaben** | | | |
| Verbindlichkeiten alt | 70.000 | 15.000 | 15.000 |
| Verbindlichkeiten neu | | 50.000 | 50.000 |
| Personalkosten | 20.000 | 20.000 | 20.000 |
| Zinsen | 1.200 | | |
| Versicherungen | | | 2.000 |
| sonstige Kosten und Aufwendungen | 4.000 | 4.000 | 4.000 |
| | 95.200 | 89.000 | 91.000 |
| Überschuss | | 11.000 | 5.500 |
| Fehlbetrag | 5.200 | | |
| Saldo | 8.200 | 2.800 | 8.300 |

Bild 264

**Zur Wiederholung und Vertiefung**

1. Worin unterscheiden sich Investitionsplanung und Finanzplanung?
2. Führen Sie das Beispiel der Geldmittelvorschaurechnung für die Monate Januar und Februar weiter:

   **Januar** – Zahlungseingänge von Kunden 85.000 EUR, sonstige Erträge aus dem Verkauf von Wertpapieren 15.000 EUR, Ausgaben für Rohstoffe 50.000 EUR für die Lieferung des Vormonats. Eine Rohstofflieferung wird vorzeitig mit 20.000 EUR bezahlt. Personalkosten und sonstige Kosten wie im Vormonat, Zinsen wie im Oktober.

   **Februar** – Zahlungseingänge von Kunden 80.000 EUR, Rohstoffausgaben 50.000 EUR. Personalkosten und sonstige Kosten wie im Vormonat.

   Welchen Stand hat das Bankkonto Ende Februar?

### 12.8.3 Planung des Kapitalbedarfs für spezielle Vorhaben

*Langfristige* Vorschaurechnungen für den Kapitalbedarf sind aufzustellen bei Betriebserweiterungen, Umstellungen, Rationalisierungen, Sanierungen.

Von besonderer Bedeutung ist dabei die Finanzplanung für Investitionen zur Erweiterung der Produktion oder Rationalisierung des Fertigungsverfahrens. Da es sich hierbei zumeist um die Bereitstellung und den Einsatz größerer Kapitalbeträge handelt, muss der Finanzplanung eine Analyse der Investitionsrentabilität vorausgehen. Mit dieser Analyse beschäftigen sich die Investitionsrechnungen (Abschnitt 12.9).

## 12.9 Investitionsrechnungen

Die wirtschaftliche Verwendung der Finanzierungsmittel setzt eine Investitionsrechnung voraus. Man nennt die Investitionsrechnung deshalb auch **Kapitalverwendungsrechnung**. Von den zahlreichen Verfahren der Investitionsrechnung werden das Kapitalwert-Verfahren und das Interner-Zinssatz-Verfahren dargestellt.

### 12.9.1 Kapitalwert-Verfahren

Um die Wirtschaftlichkeit einer geplanten Investition zu ermitteln, werden sämtliche mit ihr zusammenhängende Ausgaben und Einnahmen vom Beginn bis zum Ende der Nutzungszeit des Investitionsgutes vorauskalkuliert und einander gegenübergestellt. Dabei wird untersucht, wie sich die Summe der mit einer geforderten Rendite **(Kalkulationszinssatz)** abgezinsten Einnahmeüberschüsse zu den Anschaffungskosten des Investitionsgutes verhält. Die Differenz nennt man **Kapitalwert**.

**Beispiel** (vereinfacht):

Ein Transportunternehmen will für seinen Fuhrpark einen Lastzug beschaffen, dessen Anschaffungskosten 180.000 EUR betragen. Es werden jährliche Ausgaben von mindestens 98.000 EUR und Einnahmen von mindestens 158.000 EUR bei einer Nutzungsdauer von 4 Jahren erwartet. Der Schrottwert wird mit 0 EUR, der Kalkulationszinssatz mit 10% angesetzt.

Lohnt sich diese Investition? Zur Vereinfachung ist so zu rechnen, als würden die Einnahmen und Ausgaben erst am jeweiligen Jahresende erfolgen.

| | Ausgaben | Einnahmen | Überschüsse |
|---|---|---|---|
| Anschaffungskosten zu Beginn des 1. Jahres | 180.000 EUR | | |
| 1. Jahr | 98.000 EUR | 158.000 EUR | 60.000 EUR |
| 2. Jahr | 98.000 EUR | 158.000 EUR | 60.000 EUR |
| 3. Jahr | 98.000 EUR | 158.000 EUR | 60.000 EUR |
| 4. Jahr | 98.000 EUR | 158.000 EUR | 60.000 EUR |

Bild 265

Die Formel für den Abzinsungsfaktor der Reihe der Überschüsse, den **Barwertgewinnungsfaktor**, lautet

$$\frac{(1 + i)^n - 1}{i\,(1 + i)^n}$$

i = Kalkulationszinssatz (hier 10% = 0,10)
n = Nutzungszeit in Jahren

Um zeitraubende Rechenarbeit zu ersparen, sind Tabellen erstellt worden, in denen Barwertgewinnungsfaktoren für eine Reihe von Jahren und Zinssätzen verzeichnet sind (Bild 266). Unter Verwendung der Faktorformel lautet die Formel für die Berechnung des Kapitalwertes

$$K_o = \frac{g\,[(1 + i)^n - 1]}{i\,(1 + i)^n} - a_o$$

$K_o$ = Kapitalwert der Investitionen
g = Einnahmeüberschuss p.a.
$a_o$ = Anschaffungskosten

Bei Anwendung der Formel ergeben sich für das Beispiel folgende Zahlen:

$$\frac{1{,}10^4 - 1}{0{,}10 \times 1{,}10^4} = 3{,}16987 \text{ Barwertgewinnungsfaktor (vgl. Bild 266)}$$

| | | |
|---|---|---|
| Barwert der Überschussreihe: 60.000 x 3,16987 | = | 190.192 EUR |
| – Anschaffungskosten des Investitionsgutes | = | 180.000 EUR |
| = Kapitalwert der Investition | + | 10.192 EUR |

Ist der Kapitalwert **positiv**, so ist die Investition vorteilhaft. Ergäbe sich ein Kapitalwert von **Null**, so würden die Renditeerwartungen gerade erfüllt. Wäre der Kapitalwert **negativ**, so müsste die Investition unterbleiben, es sei denn, man würde sich mit einer geringeren Rendite begnügen.

Der Kalkulationszinssatz darf nie geringer sein als die Rendite, die bei Anlage des Geldes auf dem Kapitalmarkt zu erzielen wäre. Bei Ansatz eines solchen kleinsten Zinssatzes ist allerdings das besondere Investitionsrisiko noch nicht abgedeckt.

Die Problematik des Kapitalwert-Verfahrens liegt in der zutreffenden Vorauserfassung der zukünftigen Einnahmen und Ausgaben sowie in der Anwendung eines vernünftigen Kalkulationszinssatzes, der auch die Risiken der Zinsentwicklung richtig einschätzt.

**Zur Wiederholung und Vertiefung**

Anschaffungskosten eines Investitionsgutes 200.000 EUR, pro Jahr veranschlagte Ausgaben 120.000 EUR, entsprechende Einnahmen 170.000 EUR, Nutzungsdauer 5 Jahre, Kalkulationszinssatz 8%.

Berechnen Sie die Wirtschaftlichkeit dieser Investition mit Hilfe des Kapitalwert-Verfahrens.

## 12.9.2 Interner Zinssatz-Verfahren

Während man beim Kapitalwert-Verfahren mit einer vorgegebenen Verzinsung des Kapitaleinsatzes bzw. einem vorgegebenen Kalkulationszinssatz rechnet, wird bei dem Interner Zinssatz-Verfahren derjenige Kalkulationszinssatz ermittelt, bei dessen Anwendung die Summe der abgezinsten Einnahmeüberschüsse gleich den Anschaffungskosten des Investitionsgutes bzw. der **Kapitalwert der Investition null** ist. Der interne Zinssatz gibt damit die **erzielbare Kapitalrentabilität** an.

Der erforderlichen Rechnung liegt folgende Gleichung zugrunde:

$$a_o = \frac{g\,[(1 + i)^n - 1]}{i\,(1 + i)^n} \quad \text{umgeformt} \quad \frac{g}{a_o} = \frac{i\,(1 + i)^n}{(1 + i)^n - 1}$$

Die Symbole haben die gleiche Bedeutung wie beim Kapitalwert-Verfahren (Abschnitt 12.9.1). Der Ausdruck nach dem Gleichheitszeichen (in der rot umrandeten Formel) ist der **Kapitalwiedergewinnungsfaktor**. Wie die Barwertgewinnungsfaktoren sind auch ihre Kehrwerte, die Kapitalwiedergewinnungsfaktoren, tabellarisch erfasst (Bild 266).

**Beispiel** (vereinfacht):

Ein Transportunternehmen will seinen Fuhrpark um einen Lastzug erweitern, dessen Anschaffungskosten 180.000 EUR betragen. Es werden jährliche Ausgaben von mindestens 98.000 EUR und Einnahmen von mindestens 158.000 EUR bei einer Nutzungsdauer von 4 Jahren erwartet. Der Schrottwert wird mit 0 EUR angesetzt.

Wie groß ist die interne Kapitalrentabilität der Investition?

Unter Anwendung der Formel ergibt sich folgende Lösung:

$$\frac{60.000}{180.000} = 0{,}33\ ... = \frac{i\,(1+i)^n}{(1+i)^n - 1}$$

Man findet für das 4. Jahr bei dem 0,33 ... nächsten Betrag in der Tabelle der Kapitalwiedergewinnungsfaktoren, also beim Werte 0,32923, einen Zinssatz von 12%.

Damit wird auch das zum gleichen Beispiel errechnete positive Ergebnis des Kapitalwert-Verfahrens (+ 10.192 EUR) bestätigt.

Aus dem Vergleich des ermittelten internen Zinssatzes mit dem gewünschten Kalkulationszinssatz schließt man auf die Wirtschaftlichkeit der Investition. Außerdem kann man aus den internen Zinssätzen alternativer Investitionen die den optimalen Erfolg versprechende Investition herauslesen.

Auch beim Interner Zinssatz-Verfahren liegt die Verfahrensproblematik in der richtigen Vorauserfassung der zukünftigen Einnahmen und Ausgaben. Die Aussagekraft des errechneten Zinssatzes für die Kapitalanlage steht und fällt also mit der Richtigkeit der Planungsgrößen.

## Zur Wiederholung und Vertiefung

Die Anschaffungskosten eines Investitionsgutes werden mit 200.000 EUR beziffert, die jährlichen Einnahmen am Jahresende werden mit 170.000 EUR, die entsprechenden Ausgaben mit 120.000 EUR angesetzt. Die Nutzungszeit des Gutes ist auf 5 Jahre veranschlagt; ein Schrottwert ist nicht zu erwarten.

Berechnen Sie den internen Zinssatz dieser Investition, und vergleichen Sie das Ergebnis mit dem erwarteten Kalkulationszinssatz von 8%.

**Auszug aus den Tabellen für den Barwertgewinnungsfaktor und für den Kapitalwiedergewinnungsfaktor**

$\frac{(1+i)^n - 1}{i\,(1+i)^n}$ : Barwertgewinnungsfaktor

| n | 8% | 9% | 10% | 11% | 12% |
|---|---|---|---|---|---|
| 1 | 0,92593 | 0,91743 | 0,90909 | 0,90090 | 0,89286 |
| 2 | 1,78327 | 1,75911 | 1,73554 | 1,71252 | 1,69005 |
| 3 | 2,57710 | 2,53129 | 2,48685 | 2,44372 | 2,40182 |
| 4 | 3,31213 | 3,23973 | 3,16987 | 3,10244 | 3,03735 |
| 5 | 3,99271 | 3,88966 | 3,79079 | 3,69591 | 3,60478 |
| 6 | 4,62283 | 4,48592 | 4,35526 | 4,23051 | 4,11140 |

$\frac{i\,(1+i)^n}{(1+i)^n - 1}$ : Kapitalwiedergewinnungsfaktor

| n | 8% | 9% | 10% | 11% | 12% |
|---|---|---|---|---|---|
| 1 | 1,08000 | 1,09000 | 1,10000 | 1,11000 | 1,12000 |
| 2 | 0,56077 | 0,56847 | 0,57619 | 0,58393 | 0,59170 |
| 3 | 0,38803 | 0,39506 | 0,40212 | 0,40921 | 0,41635 |
| 4 | 0,30192 | 0,30867 | 0,31547 | 0,32233 | 0,32923 |
| 5 | 0,25046 | 0,25709 | 0,26380 | 0,27057 | 0,27740 |
| 6 | 0,21632 | 0,22292 | 0,22961 | 0,23638 | 0,24323 |

Bild 266

# 13 Rechnungsführung und Rechnungslegung der Unternehmung

## 13.1 Rahmenbedingungen der Rechnungslegung

Der Kreislauf Geld – Güter – Geld, der sich in der Unternehmung und ihren Betrieben zum Zweck der Wertschöpfung vollzieht, bringt eine Fülle von Erscheinungen und Vorgängen mit sich. Sie einzeln in richtiger zeitlicher Reihenfolge nach Art, Umfang und Wert sowie in ihrer Wirkung auf Vermögen und Kapital, Aufwand und Ertrag sowie auf die Leistungserstellung zu *erfassen* und *aufzurechnen*, ist Aufgabe des betrieblichen **Rechnungswesens**. Es gliedert sich in folgende Zweige

**a) Buchführung**, in der Regel nach dem System der Doppik (Zeitrechnung),

**b) Kostenrechnung** (Leistungsrechnung),

**c) Statistik** (Vergleichsrechnung),

**d) Planungsrechnung** (Vorschaurechnung).

Die Unternehmung ist insbesondere durch die im **Dritten Buch des Handelsgesetzbuches** enthaltenen Vorschriften zur Rechnungslegung verpflichtet. Dabei gilt der *Erste Abschnitt* für **alle Kaufleute**. Der *Zweite Abschnitt* enthält Bestimmungen zur Rechnungslegung von **Kapitalgesellschaften** mit unterschiedlichen Auflagen für kleine, mittelgroße und große Kapitalgesellschaften. Für die Zuordnung müssen mindestens zwei der drei nachstehenden Merkmale an zwei aufeinander folgenden Abschlussstichtagen erfüllt sein:

HGB § 267

| Merkmale / Zuordnung | **Kleine** Kapitalgesellschaft § 267 (1) HGB | **Mittelgroße** Kapitalgesellschaft § 267 (2) HGB | **Große** Kapitalgesellschaft § 267 (3) HGB |
|---|---|---|---|
| **Bilanzsumme** | ≦ 5,31 Mio. DM | ≦ 21,24 Mio. DM | > 21,24 Mio. DM |
| **Umsatzerlöse** | ≦ 10,62 Mio. DM | ≦ 42,48 Mio. DM | > 42,48 Mio. DM |
| **Arbeitnehmer** | ≦ 50 Arbeitnehmer | ≦ 250 Arbeitnehmer | > 250 Arbeitnehmer |

Bild 267

Im *Dritten Abschnitt* sind ergänzende Vorschriften für **Genossenschaften** enthalten.

Außer dem HGB ergibt sich die Verpflichtung zur Rechnungslegung auch aus dem Aktiengesetz, GmbH-Gesetz, Genossenschaftsgesetz, den verschiedenen Steuergesetzen, dem Betriebsverfassungsgesetz, dem Publizitätsgesetz und weiteren Gesetzen. Darüber hinaus gebietet die Verantwortung, die eine Unternehmung für ihre Mitarbeiter und für das von ihr verwaltete Vermögen trägt, eine gewissenhafte Rechnungslegung.

### 13.1.1 Zielsetzung und Mittel der Rechnungslegung

#### ■ Zielsetzung der Rechnungslegung

**Ziel** des Rechnungswesens ist es, der Unternehmungsleitung und den Mitarbeitern wichtige *Informationen* zu beschaffen.

– für die Vorbereitung der Entscheidungen,

– über den Vollzug und das Ergebnis getroffener Entscheidungen.

Darüber hinaus aber liefert das Rechnungswesen die Mittel zur **Rechnungslegung** der Unternehmungsleitung, deren Pflicht es ist, gewissenhaft und verantwortlich *Rechenschaft abzulegen* gegenüber

a) den Kapitalgebern,

b) den Arbeitnehmern,

c) der Finanzbehörde,

d) der Öffentlichkeit, insbesondere, wenn die Unternehmung eine juristische Person ist.

### Mittel zur Rechnungslegung

Für die Rechnungslegung *gegenüber Kapitalgebern, Arbeitnehmern, Finanzbehörde* und der interessierten *Öffentlichkeit* dienen

HGB § 242 §§ 264, 284

- der **Jahresabschluss** (Bilanz, Ergebnisrechnung), der bei Kapitalgesellschaften um einen erläuternden **Anhang** zu erweitern ist,

§ 289

- der **Lagebericht** (nur bei Kapitalgesellschaften).

Außerdem erstellen manche Unternehmungen auf freiwilliger Basis eine so genannte **Sozialbilanz** mit Angaben über das Engagement der Unternehmung im sozialen Umfeld und beim Umweltschutz.

Für die Rechnungslegung *innerhalb* der Unternehmung treten hinzu

a) Zwischenbilanzen,

b) Zwischenberichte in Statusform,

c) Betriebsübersichten (Abschlussübersichten, Hauptabschlussübersichten),

d) Betriebsabrechnungsbogen,

e) Statistiken.

**Hauptabschlussübersichten** dienen vor allem *zur Rechnungslegung gegenüber der Finanzbehörde.* Sie enthalten neben der Eröffnungs- und Schlussbilanz als Steuerbilanzen und der Gewinn- und Verlustrechnung auch die Summen der Zu- und Abgänge auf den einzelnen Konten, sodass damit nicht nur die Höhe und Zusammensetzung des Vermögens und Kapitals und der erzielte Erfolg, sondern auch der Wertefluss durch die Unternehmung dargestellt wird.

**Zur Wiederholung und Vertiefung**

1. Welche Mittel der Rechnungslegung dienen überwiegend
   a) der Information,
   b) der Rechenschaftslegung?
2. Worin unterscheiden sich die Interessen der Kreditgeber, der Arbeitnehmer und der Finanzbehörde an der Rechnungslegung?

## 13.1.2 Grundsätze ordnungsmäßiger Buchführung und Bilanzierung

Die Zielsetzungen der Rechnungslegung fordern für das Rechnungswesen die Einhaltung bestimmter Grundsätze, die weitgehend zu zwingenden handels- und steuerrechtlichen Grundsätzen geworden sind, zum Teil auch auf Handelsbrauch beruhen.

EStR Abschn. 29

Das Steuerrecht verlangt die Anwendung der Grundsätze ordnungsgemäßer Buchführung (GOB) von 1952 und Grundsätze ordnungsmäßiger DV-gestützter Buchführungssysteme (GoBS) von 1995.

## Grundsätze ordnungsmäßiger Buchführung

### Überwiegend formelle Grundsätze

a) Es sind Bücher zu führen (HGB § 238, AO §§ 140 ff.). Bestimmte Formen sind nicht vorgeschrieben. Bücher und sonst erforderliche Aufzeichnungen können auch geführt werden (AO § 146 [5], HGB § 239 [4])
   - auf losen Blättern (Hand- oder Maschinen-Durchschreibe-Buchführung),
   - durch geordnete Ablage von Belegen (Offene-Posten-Buchführung),
   - auf Datenträgern.

   In jedem Fall ist ein Kontenverzeichnis (Kontenplan) erforderlich. Aufeinanderfolgende Blätter und EDV-Ausdrucke sind fortlaufend zu nummerieren (GoBS).

b) Die Buchungen und die sonst erforderlichen Aufzeichnungen sind in einer lebenden Sprache vorzunehmen. Die Bedeutung von Abkürzungen oder Symbolen muss einwandfrei festliegen. Bei fremdsprachlichen Aufzeichnungen kann die Finanzbehörde Übersetzungen verlangen (HGB § 239 [1], AO § 146 [3]).

c) Keine Buchung ohne Beleg. Aufbewahrung der Bücher und Buchungsbelege 10 Jahre, der Handelsbriefe 6 Jahre (HGB § 257, AO § 147 [3]).

d) Die Buchführung muss so beschaffen sein, dass sie einem sachverständigen Dritten einen Überblick über die Geschäftsvorfälle und über die Vermögenslage des Unternehmens vermitteln kann. Die Geschäftsvorfälle müssen sich in ihrer Entstehung und Abwicklung verfolgen lassen (HGB § 238 [1], AO § 145 [1]). Dies setzt voraus, dass die Übereinstimmung der Buchungen mit den Belegen leicht feststellbar ist.

e) Die Buchführung soll tagfertig sein (à-jour-Prinzip, Richtlinien 1952).

f) Eine Buchung oder Aufzeichnung darf nicht so verändert werden, dass der ursprüngliche Inhalt nicht mehr feststellbar ist (HGB § 239 [3], AO § 146 [4]). Wird dagegen verstoßen, verliert die Buchführung ihre Beweiskraft.

g) Konten sollen eindeutig und gleichbleibend benannt werden (Richtlinien 1952).

h) Alle Unterlagen (mit Ausnahme der Bilanz) können unter bestimmten Voraussetzungen auf Datenträgern aufbewahrt werden (HGB § 239 [4]).

### Überwiegend materielle Grundsätze

a) Buchungen und sonst erforderliche Aufzeichnungen sind vollständig, richtig, zeitgerecht und geordnet vorzunehmen (HGB § 239 [2]). Kasseneinnahmen und -ausgaben sollen täglich festgehalten werden (AO § 146 [1]).

b) Wareneingang und Warenausgang müssen gesondert aufgezeichnet werden. Die Aufzeichnungen müssen enthalten: Tag des Warenein- oder ausgangs bzw. Datum der Rechnung, Namen und Anschrift des Lieferers oder Kunden, handelsübliche Bezeichnung der Ware, Preis der Ware und Hinweis auf den Beleg (AO §§ 143, 144).

c) Die Buchführung darf keine Konten enthalten, die auf falsche oder erfundene Namen lauten (fingierte Konten, AO § 146 [1]). Die den Buchungen zugrunde liegenden Vorgänge müssen nachgewiesen werden können (AO § 154 [1]).

d) Der Inhalt der Konten soll dem Gegenstand nach immer der gleiche sein (Richtlinien 1952).

e) Bestands-, Aufwands- und Ertragsposten müssen klar erfasst und tiefgegliedert dargestellt sein. Gemischte Konten sind möglichst zu vermeiden (Richtlinien 1952).

## Grundsätze ordnungsmäßiger Bilanzierung

### Überwiegend formelle Grundsätze

a) Am Beginn einer Unternehmung (eines Handelsgewerbes) sind ein Inventar und eine Eröffnungsbilanz aufzustellen (HGB §§ 240, 242).

b) Zum Schluss jedes Geschäftsjahres sind ein Inventar, der Jahresabschluss und bei Kapitalgesellschaften der Lagebericht aufzustellen. Bei großen und mittelgroßen Kapitalgesellschaften hat das innerhalb 3 Monaten, bei kleinen innerhalb 6 Monaten zu geschehen (HGB §§ 240, 242, 264; GmbHG § 42; GenG § 33).

c) Inventare, Bilanzen, Lagebericht und die ihnen zugrunde liegenden Belege (Inventurlisten, Kontoauszüge, Grundbuchauszüge usw.) sind geordnet 10 Jahre aufzubewahren (AO § 147 [3], HGB § 257).

d) Bilanzen und Gewinn- und Verlustrechnungen sind nach den gesetzlichen Vorschriften zu gliedern (HGB §§ 247, 266, 276) und im Anhang zu erläutern (HGB § 284).

e) Bilanztabellen, Betriebsübersichten, Hauptabschlussübersichten sollen den Nachweis für den Zusammenhang zwischen Buchführung und Bilanz erbringen.

f) Die Bilanzen sind in deutscher Sprache in EURO aufzustellen (HGB § 244).

g) Der Jahresabschluss ist unter Angabe des Datums zu unterzeichnen (HGB § 245)
- bei der Einzelunternehmung von dem Unternehmer selbst,
- bei Personengesellschaften von allen persönlich haftenden Gesellschaftern,
- bei Kapitalgesellschaften und Genossenschaften vom Vorstand bzw. den Geschäftsführern.

### Überwiegend materielle Grundsätze

a) Die Bestandsverzeichnisse (Inventare) und der Jahresabschluss müssen vollständig sein und den Tatsachen entsprechen (AO § 146 [1], HGB §§ 240 [1], 246 [1]).

b) Die gesetzlichen Bewertungsvorschriften sind zu beachten (HGB §§ 240, 252–256, EStG §§ 6, 7 u.a.).

c) Der Zusammenhang aufeinander folgender Bilanzen soll nach Inhalt und Wertansätzen klar erkenntlich sein (HGB § 252 [1]).

Aus dieser Übersicht lassen sich die folgenden vier **Bilanzierungsgrundsätze** ableiten:

### Grundsatz der Sicherheit und Vorsicht

Dieser Grundsatz verlangt eine vorsichtige Bewertung des Vermögens, d.h.

a) von zwei gesetzlich zulässigen Wertansätzen soll beim Vermögen der niedrigere, bei den Schulden der höhere gewählt werden,

b) noch nicht realisierte Gewinne **dürfen nicht** ausgewiesen werden,

c) noch nicht realisierte Verluste **müssen** ausgewiesen werden (Abschnitt 13.2.3).

Die Beachtung dieses Grundsatzes dient in erster Linie dem Schutz der Gläubiger. Sie sollen sich ein zuverlässiges Urteil über den Grad der Sicherheit ihrer Kapitalanlage bilden können. Außerdem wird der Unternehmer vor einer zu optimistischen Beurteilung seiner wirtschaftlichen Lage bewahrt.

### Grundsatz der Klarheit

Diesem Grundsatz folgend verlangen

a) §§ 240, 242, 243, 252 HGB, dass der Kaufmann sein Vermögen und seine Schulden einzeln angibt und bewertet, den Jahresabschluss klar und übersichtlich macht und Aufwendungen und Erträge gegenüberstellt,

b) § 247 [1] HGB die Trennung von Anlage- und Umlaufvermögen, Eigenkapital, Schulden sowie Rechnungsabgrenzungsposten,

c) § 268 [2] HGB die Darstellung der Entwicklung der einzelnen Posten des Anlagevermögens als *Anlagenspiegel („Anlagengitter")* in der Bilanz oder im Anhang in folgender Reihenfolge:

**Beispiel** (in Mio. EUR):

| **Anlagevermögen** (Aufteilung nach der Bilanz) | Gesamte Anschaffungs- und Herstellungskosten | Zugänge | Abgänge | Umbuchungen | Zuschreibungen | Abschreibungen (insgesamt) | Schlussbestand des Geschäftsjahres | Schlussbestand des Vorjahres | Abschreibungen des Geschäftsjahres |
|---|---|---|---|---|---|---|---|---|---|
| | | des Geschäftsjahres zu Anschaffungs- oder Herstellungskosten | | | | | | | |
| Fuhrpark | 18,6 | 1,7 | 0,3 | | | 16,0 | 4,0 | 3,8 | 1,2 |

Bild 268

d) § 268 [4] HGB die Angabe aller Forderungen mit einer Restlaufzeit von mehr als einem Jahr und aller Verbindlichkeiten mit einer Restlaufzeit bis zu einem Jahr bei den entsprechenden Positionen in der Bilanz oder im Anhang *(Verbindlichkeitenspiegel)*,

e) §§ 266 und 275 HGB zwingend für alle Kapitalgesellschaften eine größenabhängige Gliederung von Bilanz sowie Gewinn- und Verlustrechnung.

Die Missachtung dieses Grundsatzes führt zu **Bilanzverschleierungen** und ist in schwerwiegenden Fällen strafbar.

## ■ Grundsatz der Vollständigkeit und Wahrheit

Die Rechnungslegung soll den Tatsachen entsprechen; sie soll nichts verschweigen und nichts vorgeben, was nicht vorhanden ist. Die Bilanz insbesondere, als wichtigster Teil der Rechnungslegung, soll daher alle Vermögensteile und alle Schulden, keinesfalls aber fingierte Posten enthalten.

Der Grundsatz der Wahrheit muss auch hinsichtlich der Bewertung der Aktiv- und Passivposten gewahrt bleiben. Diese Forderung erscheint unerfüllbar. Wie der Abschnitt über die Bewertung zeigen wird, gibt es hier keine Wertfeststellung, deren Wahrheit nicht in irgendeiner Beziehung bezweifelt werden könnte. Objektiv wahr kann der Wert des Vermögens nicht ermittelt werden, sondern dies ist nur im Hinblick auf die vorhandenen gesetzlichen Bewertungsvorschriften möglich.

HGB §§ 246 ff.

Wer wissentlich unvollständig bilanziert oder entgegen den gesetzlichen Bestimmungen bewertet, begeht eine **Bilanzfälschung**. Sie ist strafbar.

Der Grundsatz der Vollständigkeit und Wahrheit gilt auch für die Gewinn- und Verlustrechnung.

## ■ Grundsatz der Kontinuität

Dieser Grundsatz verlangt, dass aufeinander folgende Bilanzen sowie Gewinn- und Verlustrechnungen nach Form und Inhalt gleichartig und somit vergleichbar sind. Der Gesetzgeber fordert die Kontinuität nur hinsichtlich der Bilanzen, dennoch gilt alles, was hier verlangt wird, für eine geordnete Rechnungslegung überhaupt.

§ 265 (1)

Der Grundsatz der *formellen* Kontinuität verlangt:

a) Die Bilanzen sowie Gewinn- und Verlustrechnung müssen gleich gegliedert sein (§§ 247, 265, 266 HGB).

b) Die Eröffnungsbilanz eines Jahres muss mit der Schlussbilanz des vorangehenden Jahres übereinstimmen (Bilanzidentität, Bilanzkongruenz, § 252 [1] HGB).

Der Grundsatz der *materiellen* Kontinuität verlangt:

a) Gleiche Positionen müssen denselben Inhalt haben.

**Beispiel:** Gewinnen Aktien, die in einem Jahr als „Wertpapiere des Anlagevermögens" geführt wurden, den Charakter einer Beteiligung, und werden sie deshalb jetzt unter „Beteiligung" geführt, so ist dies in der Bilanz und im Anhang zu vermerken. Sonst würde der Vergleich beider Positionen zu irrigen Schlüssen führen.

b) Die Aktiv- und Passivposten müssen jeweils nach den gleichen Grundsätzen bewertet sein.

**Beispiel:** Wird z.B. von der geometrisch-degressiven Abschreibung zur linearen übergegangen, dann ist der abgeschriebene Gegenstand nach einem anderen Grundsatz bewertet und das Prinzip der materiellen Kontinuität durchbrochen. § 284 (3) HGB verlangt daher die Erörterung derartiger Änderungen der Bewertungsmethoden im Anhang.

EStG § 6 (1)

c) Die Wertansätze der Vermögensgegenstände in zwei aufeinander folgenden Bilanzen mit gleichem Stichtag müssen miteinander im Zusammenhang bleiben *(Wertzusammenhang)*. Es ist jedoch in begründeten Fällen erlaubt, den Wertansatz in der neuen Bilanz bis zu den Anschaffungs- bzw. Herstellungskosten zu erhöhen, d.h. den Wertansatz der vorausgehenden Bilanz zu überschreiten. Diese Maßnahme ist im Anhang anzugeben.

Dabei muss bei Wirtschaftsgütern des Anlagevermögens, die der Abnutzung unterliegen, die planmäßige AfA berücksichtigt werden. Die Bilanzkontinuität wird dadurch gewahrt, dass die Abschreibungsgrundsätze und die Teilwerte aus der planmäßigen AfA gleich bleiben.

Sollte der Verkauf eines solchen Vermögensgegenstandes beabsichtigt sein, wird die Aufdeckung eventueller stiller Reserven im Zeitpunkt des Verkaufs hingenommen werden. Eine Übertragung auf Ersatzwirtschaftsgüter oder die Inanspruchnahme verminderter Steuersätze für Gewinne aus mehreren Jahren könnte die Steuerbelastung vermeiden bzw. vermindern.

## Zur Wiederholung und Vertiefung

1. a) Welche Auswirkungen kann es haben, wenn noch nicht realisierte Gewinne ausgewiesen werden?
   b) Nennen Sie ein Beispiel aus dem Börsenbereich.
2. Inwieweit dient der Anlagespiegel dem Prinzip der Klarheit?
3. Warum hat der Gesetzgeber bestimmt, dass aufeinander folgende Bilanzen formell und materiell übereinstimmen müssen?
4. Bei der Medizintechnik GmbH ist für folgende Vermögensgegenstände das Anlagengitter zu entwickeln:
   a) Panzerschrank, Nutzungsdauer 20 Jahre, ursprüngliche Anschaffungskosten 72.000 EUR, bisher sind die Abschreibungen für 12 Jahre, bis zum 31. Dezember vorgenommen worden, insgesamt 43.200 EUR; die Abschreibung für dieses Geschäftsjahr ist mit 3.600 EUR anzusetzen.
   b) Eine bereits in den Vorjahren voll abgeschriebene Maschine (Anschaffungskosten 168.000 EUR) wird verschrottet.
   c) Erwerb eines Pkw im ersten Halbjahr für 50.000 EUR netto. Abschreibung in diesem Geschäftsjahr 12.500 EUR.
   d) Inzahlunggabe eines gebrauchten Pkw am 28. Februar dieses Geschäftsjahres mit 8.000 EUR. Der Restbuchwert auf den 31. Dezember des vorhergehenden Geschäftsjahres beträgt 3.000 EUR. Ursprüngliche Anschaffungskosten 24.000 EUR, 4 Jahre Nutzungsdauer. Die anteilige Geschäftsjahresabschreibung macht für 2 Monate 1.000 EUR aus.
   e) Zugang an geringwertigen Wirtschaftsgütern mit insgesamt 7.300 EUR Anschaffungskosten. Sofortabschreibung nach § 6 Abs. 2 EStG.
   f) Eine vor Jahren für 480.000 EUR erworbene Beteiligung war in den Vorjahren außerplanmäßig mit 180.000 EUR abgeschrieben worden. In diesem Geschäftsjahr wird eine Zuschreibung in Höhe von 140.000 EUR vorgenommen.

### 13.1.3 Rechnungslegung und Datenverarbeitung

Gesetzliche Vorschriften über die lückenlose Darstellung und Dokumentation des rechnungsmäßigen Geschäftsablaufs führen zu einem großen Arbeits- und Beleganfall. Zur Bewältigung dieser Aufgabe werden Datenverarbeitung und Mikroverfilmung eingesetzt. Dies ist gesetzlich zulässig, wenn sichergestellt ist, dass die Daten vollständig erfasst, innerhalb der Aufbewahrungsfrist verfügbar und jederzeit lesbar gemacht werden können.

AO §§ 146, 147
HGB § 257

Unter diesen Bedingungen erlaubt der Gesetzgeber sowohl die Anfertigung von Mikrofilmen von den ausgedruckten Unterlagen (Rollenverfilmung) als auch von den druckfertigen Magnetbändern nach dem **COM**-Verfahren (**C**omputer **O**utput in **M**icrofilm).

AO § 147
EinfErl. 1977
HGB § 257 (3)

Datenverarbeitung und Mikroverfilmung können auch bei der Erstellung und Dokumentation des Inventars verwendet werden. Die Aufbewahrung einer Bilanz auf Mikrofilm ist jedoch nicht gestattet.

**Zur Wiederholung und Vertiefung**

1. Unter welchen Voraussetzungen können Unternehmungen ihre Buchführungsunterlagen auf Magnetbändern oder im Film festhalten?
2. Welche Vorteile sind damit verbunden?

## 13.2 Bewertung

Gewinne entstehen durch Vermehrung, Verluste durch Verminderung des Vermögens. Deshalb wirkt der Wertansatz für die einzelnen Vermögensteile unmittelbar auf das ausgewiesene Ergebnis. Jede Unterbewertung vermindert den buchmäßigen Gewinn, jede Überbewertung erhöht ihn. Soll also das Ergebnis nicht verfälscht werden, so muss die Bewertung möglichst zutreffend sein.

Der Maßstab für die Bewertung von wirtschaftlichen Gütern ist das Geld.

**Bewerten** heißt also, ein **Gut mit einem Geldbetrag beziffern.**

Dies darf natürlich nicht auf Grund einer willkürlichen subjektiven Schätzung geschehen, sondern es ist dabei entweder von dem *Preis* auszugehen, der sich für das zu bewertende Gut auf seinem Markt gebildet hat, oder von den *Kosten*, die zu seiner Herstellung aufgewendet worden sind. Manchmal aber versagt dieses Verfahren.

### 13.2.1 Abschreibungen als besonderes Bewertungsproblem

Im Rahmen der Bewertung ist das Abschreibungsproblem von besonderer Bedeutung.

Unter **Abschreibung** versteht man die rechnerische Erfassung einer **im Laufe einer Rechnungsperiode eingetretenen Minderung des Wertes** eines Wirtschaftsgutes und ihre **Verrechnung als Aufwand bzw. Kosten.**

Die Abschreibung dient damit der **Feststellung**

**a)** **des** auf einen bestimmten Stichtag **fortgeschriebenen Wertes** eines Wirtschaftsgutes,

**b)** **des Aufwandes**, der durch die Wertminderung auf die betroffene Rechnungsperiode entfällt.

Abschreibungen sind insoweit *Kosten*, als die Wertminderung durch den betrieblichen Einsatz sowie durch voraussehbare wirtschaftliche Entwertung verursacht ist (Abschnitt 10.2.6).

Abschreibungen werden vornehmlich an den Wertansätzen des Anlagevermögens, aber auch einiger Gegenstände des Umlaufvermögens (Forderungen, Devisenguthaben auf Währungskonten bei Abwertung) vorgenommen.

## Grundbegriffe der Abschreibung

a) **Abschreibungsgrundwert** ist derjenige Betrag, von dem abgeschrieben wird (100%). Er kann der Anschaffungs- oder Herstellungswert, aber auch der jeweilige Buchwert sowie der Tages- oder Wiederbeschaffungswert sein.

b) **Abschreibungssatz** ist der Prozentsatz, der auf den Abschreibungsgrundwert angewendet wird.

c) **Abschreibungsbetrag** ist der Betrag, der für die wertmäßige Vermögensminderung vom Abschreibungsgrundwert abgesetzt wird.

d) **Abschreibungsrestwert** ist der Abschreibungsgrundwert abzüglich Abschreibungsbetrag.

**Beispiel:** Die Anschaffungskosten einer Maschine betragen 100.000 EUR; der Abschreibungssatz wird auf 10% festgelegt. Daraus ergeben sich:

| Abschreibungsgrundwert | Abschreibungssatz | Abschreibungsbetrag | Abschreibungsrestwert |
|---|---|---|---|
| 100.000 EUR | 10% | 10.000 EUR | 90.000 EUR |

## Ursachen der Abschreibung

Die Abschreibung kann verursacht werden durch
- Abnutzung (betriebsbedingter Verbrauch),
- Forderungsausfall durch Insolvenz eines Kunden,
- Substanzverringerung (betriebsbedingter Verbrauch bei Abbaubetrieben),
- wirtschaftliche Überholung (technischer Fortschritt, veränderte Absatzverhältnisse),
- Umwelteinflüsse (Rost, Verwitterung),
- Preisschwankungen auf dem Markt (Preisrückgang für Anlagegüter),
- Zeitablauf bei befristeten Rechten (Konzessionen, Patente),
- Missverhältnisse zwischen Buchwert und Ertragswert (Abschreibung auf Rentabilitätsbasis im Zusammenhang mit Sanierungen),
- bilanz- und finanzpolitische Zielsetzungen (Problem der stillen Reserven, Abschnitt 13.2.5).

## Arten der Abschreibung

### Nach dem Zweck

a) **Bilanzmäßige** Abschreibung. Sie bezweckt die Feststellung der Buch- und Bilanzwerte und die Erfassung der Wertminderung als Aufwand.

b) **Kalkulatorische** Abschreibung. Sie bezweckt die Erfassung der einsatzbedingten Wertminderung, Einbeziehung des Wertverzehrs in die Selbstkosten, den Ersatz der Abschreibungskosten im Erlös und die Sicherung der Ersatzbeschaffung (Abschnitt 10.2.6).

### Nach Zahl und Art der abzuschreibenden Gegenstände

HGB § 252 (3)

a) **Einzel**abschreibung.

§ 240 (4)

b) **Gruppen**abschreibung. Sie erstreckt sich auf eine Gesamtheit gleichartiger Güter, z.B. beim beweglichen Vorratsvermögen.

c) **Pauschal**abschreibung. Sie erstreckt sich auf eine Gesamtheit verschiedenartiger Güter, z.B. bei Forderungen aus Warenlieferungen und Leistungen.

## Nach der Regelmäßigkeit der Abschreibung

**a) Planmäßige Abschreibung**, bestimmt durch die Höhe der Anschaffungs- oder Herstellungskosten und deren Verteilung auf die einzelnen Rechnungsperioden der voraussichtlichen Gesamtnutzungsdauer. HGB § 253 (2)

**b) Außerplanmäßige Abschreibung** bei nicht voraussehbaren Ereignissen, z.B. Brandschaden, Umstellung auf ein neues Fertigungsverfahren, übermäßigem Verschleiß sowie bei steuerlicher Vergünstigung, z.B. Umweltschutzanlagen. § 253 (3, 4)

**c) Sonderabschreibung.** Gewerbebetriebe mit einem Betriebsvermögen unter 400.000 EUR können bewegliche Wirtschaftsgüter im Jahr der Anschaffung und in den folgenden vier Jahren neben der regulären AfA mit zusätzlich bis zu 20% vom Anschaffungswert abschreiben. Diese Sonderabschreibungsmöglichkeiten sollen ab 2000 entfallen. EStG § 7g (2)

**Beispiel:** AW 50.000 EUR; ND 10 Jahre; geometrisch-degressive AfA 30%

| | EUR |
|---|---|
| Anschaffungswert | 50.000 |
| 30% AfA v. 50.000 EUR | 15.000 |
| 20% Sonderabschreibung | 10.000 |
| Buchwert Ende 1. Jahr | 25.000 |
| 30% AfA v. 25.000 EUR | 7.500 |
| 20% Sonderabschreibung | 10.000 |
| Buchwert Ende 2. Jahr | 7.500 |
| 30% AfA v. 7.500 EUR | 2.250 |
| Sonderabschreibung (Rest) | 5.250 |
| Buchwert Ende 3. Jahr | 0 |

## Nach dem Abschreibungsgrundwert

a) Abschreibungen vom **Anschaffungs- oder Herstellungswert.**

b) Abschreibung vom **Buchwert** (Abschreibungsrestwert).

c) Abschreibung vom **Tages- oder Wiederbeschaffungswert**. Sie wird damit begründet, dass die angesammelten Abschreibungsbeträge die Ersatzbeschaffung eines gleichartigen Gegenstandes sichern sollen.

## Nach der Buchungstechnik

**a) Direkte Abschreibung.** Buchungssatz: Abschreibung an Vermögenskonto.

Auf diese Weise wird *auf der Aktivseite jeweils nur der Restwert des Gegenstandes* ausgewiesen, sodass kein Schluss auf seinen Anschaffungswert (Abschnitt 13.2.2) gezogen werden kann.

**b) Indirekte Abschreibung.** Buchungssatz: Abschreibungen an Wertberichtigung.

Hier bleibt *der Anschaffungswert eines Gegenstandes auf dem Aktivkonto* so lange unverändert ausgewiesen, wie er sich im Vermögen der Unternehmung befindet.

Die indirekte Abschreibung gewährt so einen gewissen Einblick in den Umfang der Betriebsmittel der Unternehmung. Der Gesamtbetrag der aufsummierten Wertberichtigungen ist das Spiegelbild des zeitweilig durch Abschreibungen freigesetzten Kapitals.

In der *Bilanz* muss *der Betrag der indirekten Abschreibung* aber bei den jeweiligen *Vermögensposten abgesetzt* werden. HGB § 253 (3)

**Beispiel:** Eine Werkzeugmaschine soll abgeschrieben werden. Anschaffungswert 50.000 EUR; Nutzungsdauer 5 Jahre. Abschreibungsbetrag 10.000 EUR.

Buchungssatz bei *direkter Abschreibung:*

| | Soll | Haben |
|---|---|---|
| – Abschreibung auf Sachanlagen | 10.000 EUR | |
| an Werkzeugmaschinen | | 10.000 EUR |

Buchungssatz bei *indirekter Abschreibung:*

| | Soll | Haben |
|---|---|---|
| – Abschreibung auf Sachanlagen | 10.000 EUR | |
| an Wertberichtigung auf Werkzeugmaschinen | | 10.000 EUR |

EStG § 7 EStR Abschnitt 44

## ■ Nach dem rechnerischen Verfahren

**a) Konstante (lineare) Abschreibung.** Bei ihr bleiben die *Abschreibungsbeträge jährlich gleich.*

$$\text{Abschreibungsbetrag} = \frac{\text{Anschaffungs- oder Herstellungswert}}{\text{Gesamtnutzungsdauer}}$$

EStG § 7 (2)

**b) Geometrisch-degressive Abschreibung.** Bei ihr werden die *Abschreibungsbeträge jährlich kleiner,* da vom Buchwert mit gleichen Abschreibungssätzen abgeschrieben wird. Das Abschreibungsverfahren führt theoretisch nie zum Restwert 0 (unendliche Abschreibung). Es hat daher nur einen Sinn, wenn ein Restwert etwa in Höhe des Schrottwertes verbleibt.

Soll die geometrisch-degressive Abschreibung innerhalb der Gesamtnutzungsdauer zum gleichen Ergebnis führen wie die konstante Abschreibung, so muss der Abschreibungssatz höher sein als bei der konstanten. Er lässt sich nach folgender Formel berechnen.

$$\text{Abschreibungssatz} = 100 \times \left(1 - \sqrt[n]{\frac{\text{Schrottwert}}{\text{Anschaffungswert}}}\right)$$

| **Beispiel:** | | | |
|---|---|---|---|
| | Nutzungsdauer | 5 Jahre | 5 Jahre |
| | Anschaffungswert | 10.000 EUR | 10.000 EUR |
| | Schrottwert | 1 EUR | 1.000 EUR |
| | Abschreibungssatz | 84,2% | 36,9% |

Je niedriger der Schrottwert, desto höher wird der Abschreibungssatz.

§ 7 (1) EStR Abschnitt 44 (5)

**c) Abschreibung nach der Beanspruchung oder Leistung.** Der *Abschreibungsbetrag* richtet sich *nach dem Ausmaß der Beanspruchung* (Betriebsstunden, Fahrkilometer) oder *den erzeugten Produktionseinheiten* einer Leistungsperiode.

$$\text{Abschreibungsbetrag} = \frac{\text{Anschaffungswert x jährliche Betriebsstunden}}{\text{Gesamtbetriebsstunden}}$$

Abschnitt 44 a

**d) Abschreibung für Substanzverringerung.** Der *Abschreibungsbetrag* richtet sich *nach dem Substanzabbau* (Bergbau) der Rechnungsperiode.

$$\text{Abschreibungsbetrag} = \frac{\text{Anschaffungswert x jährl. Substanzverbrauch}}{\text{Gesamtsubstanz}}$$

## ■ Abschreibung als Finanzierungs- und Investitionsproblem

(Abschnitt 12.6.5)

## ■ Abschreibung im Einkommensteuerrecht

Das Einkommensteuerrecht teilt zum Zwecke der Bewertung das Vermögen auf in

a) *Wirtschaftsgüter des Anlagevermögens, die der Abnutzung unterliegen:* Bauten, Maschinen und maschinelle Anlagen, Betriebs- und Geschäftsausstattung.

b) *Wirtschaftsgüter des Anlagevermögens, die* **nicht** *der Abnutzung unterliegen:* Grundstücke, Beteiligungen, Wertpapiere des Anlagevermögens, Geschäfts- oder Firmenwert, gewerbliche Schutzrechte.

c) *Wirtschaftsgüter des Umlaufvermögens:* Vorräte, Forderungen, Wertpapiere.

d) *Geringwertige Wirtschaftsgüter:* Bewegliche Wirtschaftsgüter des Anlagevermögens, die der Abnutzung unterliegen und die einer selbstständigen Bewertung und Nutzung fähig sind, wenn die Anschaffungs- oder Herstellungskosten für das einzelne Wirtschaftsgut 800 DM (ohne Umsatzsteuer) nicht übersteigen.

EStG § 7 (1)

Die Abschreibungen auf Wirtschaftsgüter, die technischer oder wirtschaftlicher Abnutzung unterliegen, werden im Steuerrecht **Absetzung für Abnutzung** (AfA) genannt.

Abschreibungen auf Grundstücke mit Rohstoffvorkommen, die abgebaut werden, heißen **Absetzungen für Substanzverringerung**. Das Wort „Abschreibung" wird im Steuerrecht nur dann verwendet, wenn der Wertansatz für ein Wirtschaftsgut auf den niedrigeren Teilwert herabgesetzt wird **(Abschreibung auf den Teilwert)**.

EStG § 7 (6)

## ■ Grundsätzliche Regelung der Absetzung für Abnutzung (AfA)

Die Anschaffungs- und Herstellungskosten sind auf die Jahre der **betriebsgewöhnlichen Nutzungsdauer** zu verteilen. Bei Wirtschaftsgütern, die im Laufe eines Jahres angeschafft oder hergestellt werden, richtet sich die AfA des ersten Jahres nach der **tatsächlichen Nutzungszeit in diesem Jahr (zeitanteilige AfA)**. Für bewegliche Wirtschaftsgüter des Anlagevermögens gilt folgende Vereinfachung:

§ 7 (1)

EStR Abschnitt 44 (2)

Bei Anschaffung oder Herstellung
- *im ersten Halbjahr* kann die *volle* Jahres-AfA,
- *im zweiten Halbjahr* die *halbe* Jahres-AfA angesetzt werden.

## ■ Zulässige Verfahren der Absetzung für Abnutzung (AfA)

**a) AfA in gleichen Jahresbeträgen (konstante AfA)** bei **allen** Wirtschaftsgütern, die der Abnutzung unterliegen. Absetzungen für außergewöhnliche technische oder wirtschaftliche Abnutzung sind zugelassen.

EStG § 7 (1)

Unter außergewöhnlicher technischer oder wirtschaftlicher Abnutzung versteht man das Unwirtschaftlichwerden durch übermäßigen Verschleiß oder den technischen Fortschritt.

**b) AfA in fallenden Jahresbeträgen (geometrisch-degressive AfA)** bei allen **beweglichen** Wirtschaftsgütern des Anlagevermögens, die der Abnutzung unterliegen. Der dabei anzuwendende Hundertsatz darf höchstens das Dreifache des Satzes bei konstanter AfA betragen und 30% nicht übersteigen. Bei diesem Verfahren sind Absetzungen für *außergewöhnliche* technische oder wirtschaftliche Abnutzung *nicht* erlaubt.

§ 7 (2)

Ein **Wechsel des Verfahrens während der Nutzungsdauer** ist nur in der Weise erlaubt, dass **von der geometrisch-degressiven AfA auf die konstante AfA** übergegangen wird. Zweckmäßigerweise wird der Übergang dann vollzogen, wenn die Absetzungsbeträge bei künftig konstanter AfA höher wären als bei weiterhin geometrisch-degressiver AfA.

§ 7 (3)

Die AfA bemisst sich dann vom Zeitpunkt des Übergangs an nach dem noch vorhandenen Restwert und der Restnutzungsdauer des einzelnen Wirtschaftsgutes. Der Vorteil des Wechsels liegt darin, dass unzutreffende Restwerte, die infolge der Begrenzung der Hundertsätze bei geometrisch-degressiver AfA auftreten, vermieden werden.

**Beispiel:** Im Januar 1999 ist eine Maschine angeschafft und in Betrieb genommen worden: Anschaffungskosten 80.000 EUR, Nutzungsdauer 8 Jahre. Bei konstanter AfA wäre der AfA-Satz 12 1/2% der Anschaffungskosten, bei geometrisch-degressiver AfA der Höchstsatz 30% vom jeweiligen Restwert (Bild 269).

**c) AfA mit fallenden Hundertsätzen.** Sie wird angewandt bei Wohngebäuden.

**Beispiel:** Die Sätze sind bei Wohngebäuden, deren Bauantrag nach dem 31. 12. 1995 gestellt wurden:
In den ersten 8 Jahren 5%,
in den darauf folgenden 6 Jahren jeweils 2,5%, in den darauf folgenden 36 Jahren jeweils 1,25%.

§ 7 (5)

**d) AfA nach der Leistung** bei beweglichen Wirtschaftsgütern des Anlagevermögens, die **stark schwankender Nutzung** unterliegen, wenn deren Leistung gemessen und nachgewiesen werden kann.

§ 7 (1)

**Beispiele:** Reiseomnibusse, Skilifte.

**e) Volle Absetzung** der Anschaffungskosten **bei geringwertigen Wirtschaftsgütern.** Die Anschaffungskosten dürfen im Jahr des Erwerbs in voller Höhe als Betriebsausgaben (Aufwand) behandelt, also abgeschrieben werden. Geringwertige Wirtschaftsgüter müssen aber *inventarisiert* und über besondere Konten gebucht werden.

§ 6 (2)

**Beispiel:** Aktenregal, dessen Anschaffungskosten 800 DM (ohne Umsatzsteuer) nicht übersteigen.

| Vergleichsrechnung | | Abschreibungsverlauf bei | |
|---|---|---|---|
| Jahr | **konstanter** AfA | **geometrisch-degressiver** AfA | **gemischter** AfA |
| 1. 1999<br>AfA | 80.000<br>10.000 | 80.000<br>24.000 | |
| 2. 2000<br>AfA | 70.000<br>10.000 | 56.000<br>16.800 | |
| 3. 2001<br>AfA | 60.000<br>10.000 | 39.200<br>11.760 | |
| 4. 2002<br>AfA | 50.000<br>10.000 | 27.440<br>8.232 | |
| 5. 2003<br>AfA | 40.000<br>10.000 | 19.208<br>5.762 | |
| 6. 2004<br>AfA | 30.000<br>10.000 | 13.446<br>4.034 | 13.446<br>4.482 |
| 7. 2005<br>AfA | 20.000<br>10.000 | 9.412<br>2.824 | 8.964<br>4.482 |
| 8. 2006<br>AfA | 10.000<br>10.000 | 6.588<br>1.977 | 4.482<br>4.482 |
| | 0 | 4.611 | 0 |

**Ergebnis:** Am Ende des 6. Jahres übersteigt der konstante Betrag der gemischten AfA den Betrag der geometrisch-degressiven AfA.

Bild 269

## Beurteilung der Abschreibungsverfahren

Vom betriebswirtschaftlichen Standpunkt aus wäre ein rechnerisches Verfahren wünschenswert, bei dem

- der Abschreibungsbetrag für die einzelne Rechnungsperiode der tatsächlichen Wertminderung entspräche,
- die Summe aller Abschreibungen die Anschaffungs- bzw. Herstellungskosten bei Wiederbeschaffung ergäbe.

Keines der beschriebenen Verfahren genügt den betriebswirtschaftlichen Erfordernissen in vollem Maße,

a) die Abschreibung **nach der Leistung** nicht, weil
   - die Leistung vieler Wirtschaftsgüter nicht messbar ist,
   - die Veränderung des Eignungswertes (Abschnitt 13.2.2) nicht mit der Entwicklung des Marktwertes (Veräußerungswertes) übereinstimmt,
   - die Wiederbeschaffungs- bzw. Wiederherstellungskosten nach der herrschenden Gesetzgebung nicht in Betracht gezogen werden dürfen;

b) die **konstante** Abschreibung nicht, weil sie ohne Rücksicht auf die tatsächlichen, in den einzelnen Rechnungsperioden meist *unterschiedlich* eintretenden Wertminderungen die Anschaffungs- bzw. Herstellungskosten *gleichmäßig* auf die Nutzungsdauer aufteilt;

c) die **geometrisch-degressive** Abschreibung nicht, weil sie durch die steuerrechtliche Beschränkung der Hundertsätze zu wirklichkeitsfremden Restwerten am Ende der Nutzungsdauer führt.

Am ehesten dürfte **die geometrisch-degressive Abschreibung mit Übergang auf die konstante** wirklichkeitsnah sein und den betriebswirtschaftlichen Anforderungen genügen, und zwar aus folgenden Gründen:

a) Sie ergibt in den ersten Abschnitten der Nutzungsdauer überdurchschnittliche Abschreibungsbeträge und trägt so der Tatsache Rechnung, dass in Gebrauch genommene Gegenstände anfänglich rasch an Wert verlieren.

b) Durch die Aufteilung des Buchwertes auf die im Zeitpunkt des Übergangs gegebene Restnutzungsdauer erreicht sie planmäßig die Vollabschreibung.

c) Vorausgesetzt, dass die anfänglich höheren Abschreibungsbeträge in den Erlösen zurückfließen, wird ein Teil des investierten Kapitals früher wieder freigesetzt als bei der konstanten Abschreibung. Aufgenommenes Fremdkapital kann rascher getilgt werden. Beide Möglichkeiten erleichtern die Anpassung an etwaigen technischen Fortschritt und veränderte Marktlagen.

Von besonderer Bedeutung ist die richtige Schätzung der Nutzungsdauer. Die Steuergesetzgebung verlangt die Aufteilung der Anschaffungs- bzw. Herstellungskosten auf die **betriebsgewöhnliche Nutzungsdauer**. Das Bundesfinanzministerium gibt AfA-Tabellen für allgemein verwendbare Anlagegüter heraus. Sie enthalten Richtsätze für Wirtschaftsgüter, deren betriebsgewöhnliche Nutzungsdauer von der Verwendung in einem bestimmten Wirtschaftszweig unabhängig ist.

| Wirtschaftsgut | Betriebsgewöhnliche Nutzungsdauer |
|---|---|
| Lastkraftwagen | 5–7 Jahre |
| Adressiermaschinen | 5 Jahre |
| Ladeneinrichtungen | 8 Jahre |
| Bohrmaschinen, stationär | 10 Jahre |
| Stromgeneratoren | 15 Jahre |

Bild 270

Betriebsbedingte Unterschreitungen müssen begründet werden.

**Beispiel:** Es ist leicht nachweisbar, dass bei einem zum Transport von Steinen und Erde eingesetzten Lkw die betriebsgewöhnliche Nutzungsdauer geringer ist als bei einem Lkw, der Getränke in Flaschenkörben zu befördern hat. Für letzteren gilt der Richtsatz der AfA-Tabelle.

Sowohl bei zu kurz angesetzter Nutzungsdauer als auch bei geometrisch-degressiver Abschreibung entstehen in den ersten Jahren stille Rücklagen, die sich jedoch nach einiger Zeit unbemerkt wieder auflösen, weil vorgezogene erhöhte Gewinnkürzungen später durch entsprechend geringere oder ganz wegfallende Gewinnkürzungen wieder ausgeglichen werden (Abschnitt 13.2.5).

## Zur Wiederholung und Vertiefung

1. Welche Unterschiede bestehen zwischen
   a) bilanzmäßigen und kalkulatorischen Abschreibungen,
   b) der linearen und der geometrisch-degressiven Abschreibung?
2. In welchen Fällen ist die lineare bzw. die geometrisch-degressive Abschreibung günstiger?
3. Welche Bedeutung haben Abschreibungstabellen der Finanzverwaltung?
4. Ein Lkw-Unternehmer setzt ein Fahrzeug ein, für das der Hersteller eine Fahrleistung von 600.000 km angibt. Der Anschaffungswert beträgt 180.000 EUR. Der Lkw-Unternehmer schätzt die Nutzungsdauer auf 5 Jahre. Fahrleistung im 1. Jahr 140.000 km; im 2. Jahr 90.000 km; im 3. Jahr 150.000 km.
   a) Errechnen Sie die jeweiligen Abschreibungsbeträge für konstante, geometrisch-degressive und leistungsabhängige Abschreibung.
   b) Zeichnen Sie ein Schaubild, das den Verlauf der Abschreibungsverfahren in den ersten drei Jahren zeigt.
   c) Bei welchem Abschreibungsverfahren erreicht der Lkw-Unternehmer den niedrigsten Gewinnausweis?

## 13.2.2 Die wichtigsten Wertarten

### Eignungswert (Gebrauchswert)

Er ist der Wert, der einem Gut *nach dem Zweck* beizulegen ist, den es *im Betrieb* zu erfüllen vermag. Dieser dem Produktionspotenzial eines Gutes entsprechende Wert ist sehr schwer in einem Geldbetrag auszudrücken. Oft ist für ein Gut nur noch ein geringer Preis auf seinem Markt zu erzielen, obwohl es seinem betrieblichen Zweck noch vollkommen dient.

**Beispiel:** Ein gut gepflegter Mercedes 200 D Baujahr 1975 kann unter Umständen in einer Bauunternehmung dem Bauführer, der täglich verschiedene Baustellen zu besuchen hat, völlig den notwendigen Dienst erweisen, während auf der Gebrauchtwagenmesse für ihn kaum mehr als 1.000 EUR erlöst werden dürften.

Auch der umgekehrte Fall ist möglich.

**Beispiel:** Oft werden bei Änderung der Fertigungsverfahren Maschinen für einen Betrieb völlig wertlos, während auf dem Gebrauchtmaschinenmarkt noch ansehnliche Preise für sie erzielt werden können.

Obwohl die Bewertung zum Eignungswert betriebswirtschaftlich richtig wäre, ist er doch für die Rechnungslegung unbrauchbar, weil es kein Verfahren gibt, ihn hinreichend genau zu ermitteln.

### Anschaffungswert

HGB § 255 (1)

Der Anschaffungswert bemisst sich *nach den Anschaffungskosten*. Sie besehen aus dem Kaufpreis des Gegenstandes, vermindert um Abzüge (Rabatt, Skonto) und vermehrt um die zur Herstellung *eines betriebsbereiten Zustandes* aufgewendeten Nebenkosten.

**Beispiele:**

| | EUR |
|---|---|
| 1. *Bebautes Grundstück* | |
| Kaufpreis | 120.000,00 |
| Grunderwerbsteuer | 4.200,00 |
| Notariats- und Grundbuchgebühren | 860,00 |
| Maklergebühr | 1.200,00 |
| Anschaffungskosten | 126.260,00 |
| 2. *Büroausstattung* | |
| Listenpreis | 5.000,00 |
| – 20% Rabatt | 1.000,00 |
| | 4.000,00 |
| – 3% Skonto | 120,00 |
| Anschaffungskosten | 3.880,00 |
| 3. *Maschine* | |
| Kaufpreis ab Werk des Lieferers | 3.640,00 |
| – Skonto 2% | 72,80 |
| | 3.567,20 |
| Fracht für den Antransport | 260,00 |
| Transportversicherung | 36,00 |
| Demontage der alten Maschine | 90,00 |
| Instandsetzung und Anpassung des alten Fundaments | 170,00 |
| Montage | 80,00 |
| Anschaffungskosten | 4.203,20 |
| 4. *Wollgewebe* | |
| Preis frei Grenze | 8.340,00 |
| Abfertigungsgebühren an der Grenze | 35,00 |
| Transportversicherung | 84,00 |
| Fracht ab Grenze | 350,00 |
| Zoll 13% vom Grenzwert | 1.084,20 |
| Rollgeld | 45,00 |
| Kosten des Spediteurs | 104,00 |
| Anschaffungskosten | 10.042,20 |

## Herstellungswert

Der Herstellungswert bemisst sich *nach den Herstellungskosten.* Für den Begriff „Herstellungskosten" gibt es keine einheitliche Definition. Man unterscheidet Herstellungskosten nach Handelsrecht, nach Einkommensteuerrecht und nach den Kostenrechnungsrichtlinien (GRK).

HGB § 255 (2)

a) **Nach Handelsrecht** versteht man unter Herstellungskosten Aufwendungen, die durch den Verbrauch von Gütern und die Inanspruchnahme von Diensten für die *Herstellung* eines Vermögensgegenstands, seine *Erweiterung* oder für eine über den ursprünglichen Zustand hinausgehende *Verbesserung* entstehen.

Dazu gehören die Materialkosten, die Fertigungskosten und die Sondereinzelkosten der Fertigung. Es dürfen auch angemessene Teile der notwendigen Materialgemeinkosten, der notwendigen Fertigungsgemeinkosten und des Wertverzehrs des Anlagevermögens, soweit er durch die Fertigung veranlasst ist, eingerechnet werden. Kosten der allgemeinen Verwaltung brauchen nicht eingerechnet zu werden. Gemeinkosten und Verwaltungskosten dürfen nur insoweit berücksichtigt werden, als sie auf den Zeitraum der Herstellung entfallen. Vertriebskosten dürfen nicht in die Herstellungskosten einbezogen werden.

EStR Abschnitt 33

b) **Das Einkommensteuerrecht** gibt in den Einkommensteuerrichtlinien eine genaue Anweisung, was in die Herstellungskosten einzurechnen ist.

Herstellungskosten im Sinne des § 6 EStG sind die Aufwendungen, die durch den Verbrauch von Gütern und die Inanspruchnahme von Diensten für die Herstellung eines Erzeugnisses entstehen. Sie setzen sich zusammen aus den Materialkosten einschließlich der Materialgemeinkosten und den Fertigungskosten einschließlich der notwendigen Fertigungsgemeinkosten und Sonderkosten der Fertigung (z.B. Entwurfskosten, Lizenzgebühren).

Auch Verwaltungskosten können zu den Herstellungskosten gehören, soweit das branchen- oder betriebsüblich ist. Die Vertriebskosten gehören in keinem Falle zu den Herstellungskosten.

Für die Berechnung der Gemeinkostenzuschläge ist *Normalbeschäftigung* zugrunde zu legen.

c) **Die Kostenrechnungsrichtlinien** unterscheiden sich von den einkommensteuerrechtlichen Bestimmungen dadurch, dass

1. in die Herstellungskosten noch *zusätzliche Kosten* (z.B. Unternehmerlohn, kalkulatorische Zinsen) eingerechnet werden,
2. bei der Berechnung der Gemeinkostenzuschlagsätze der *tatsächliche* Beschäftigungsgrad zugrunde gelegt wird.

### Verfahren in der Praxis

In der Regel bedient sich die Praxis der vorhandenen Herstellungs-Kostenrechnung nach den Kostenrechnungsrichtlinien, gliedert aus ihr die Zusatzkosten aus und passt die Gemeinkostenzuschläge einem normalen Beschäftigungsgrad an.

Die Rechnung führt damit zur Bewertung nach den EStR und entspricht zugleich dem handelsrechtlichen Prinzip der Vorsicht.

**Beispiel:** In einem Betrieb (GmbH), der elektrische Haushaltsgeräte herstellt, sind am Bilanzstichtag 120 Waschmaschinen auf Lager. Sie sind mit den Herstellungskosten zu bewerten. Obwohl bei normaler Ausnutzung der Kapazität 3.000 Stück hergestellt werden könnten, wurden nur 2.000 gefertigt. Die Nachkalkulation der Kostenrechnungsabteilung zeigt Bild 271 (in Tausend EUR).

| | Gesamtkosten | Gemeinkostenzuschlag | fixe Kosten | proportionale Kosten |
|---|---|---|---|---|
| Fertigungsmaterialeinsatz | 400 | | | 400 |
| Materialgemeinkosten | 20 | 5% | 12 | 8 |
| Materialkosten | 420 | | 12 | 408 |
| Fertigungslöhne | 180 | | – | 180 |
| Fertigungsgemeinkosten | 240 | $133^1/_3$% | 170 | 70 |
| Herstellungskosten | | | | |
| – für 2.000 Stück | 840 | | 182 | 658 |
| – für 1 Stück | 420 EUR | | 91 EUR | 329 EUR |

Bild 271

In den Fertigungsgemeinkosten sind folgende Zusatzkosten enthalten:

| | |
|---|---|
| 20 Tsd. EUR | über die bilanzmäßigen Abschreibungen hinausgehende kalkulatorische Abschreibungen. Sie seien im vorliegenden Falle fix. |
| 10 | Produktionswagniskosten (variabel) |
| 30 | Zinsen des Eigenkapitals (fix) |
| 60 Tsd. EUR | |

Die um die Zusatzkosten bereinigte Kostenrechnung zeigt folgendes Bild 272 (in Tsd. EUR).

| | **Gesamtkosten** | **Gemeinkostenzuschlag** | **fixe Kosten** | **proportionale Kosten** |
|---|---|---|---|---|
| Fertigungsmaterialeinsatz | 400 | | | 400 |
| Materialgemeinkosten | 20 | 5% | 12 | 8 |
| Materialkosten | 420 | | 12 | 408 |
| Fertigungslöhne | 180 | | – | 180 |
| Fertigungsgemeinkosten (240 – 60) | 180 | 100% | 120 | 60 |
| Herstellungskosten für 2 000 Stück | 780 | | 132 | 648 |
| für 1 Stück | 390 EUR | | 66 EUR | 324 EUR |

Bild 272

Der Bestand von 120 Stück ist nun noch so zu bewerten, als sei er ein Teil einer Normalproduktion von 3.000 Stück. Es ist also zu rechnen:

$$\text{Herstellungskosten je Stück} = \frac{\text{Fixe Kosten}}{\text{Normalmenge}} + \text{proportionale Kosten je Stück}$$

$$= \frac{132.000}{3.000} + 324 = 44 + 324 = 368$$

Die einzelne Waschmaschine ist also mit 368 EUR zu bewerten.

Hätte man die Herstellungskosten nach der Kostenrechnung für das abgeschlossene Jahr angesetzt, so stünden in der Bilanz

| | | |
|---|---|---|
| | EUR 420 x 120 = | EUR 50.400 |
| statt | 368 x 120 = | EUR 44.160 |
| also mehr | | EUR 6.240 |

## ■ Tages- oder Zeitwert

Der Tages- oder Zeitwert bemisst sich nach dem *Preis,* der sich *am Bilanzstichtag an der Börse oder auf dem Markt* für ein Gut gebildet hat.

## ■ Wiederbeschaffungs- oder Wiederherstellungswert

Dieser Wert bemisst sich nach dem *Preis,* der *am Bewertungsstichtag für die Wiederbeschaffung oder die Wiederherstellung* des zu bewertenden Gutes zu bezahlen wäre. Er errechnet sich aus den Anschaffungs- oder Herstellungskosten eines Gutes gleicher Art und Güte am Bewertungsstichtag, vermindert um die Abschreibungen, die für die seitherige Nutzungsdauer hätten gemacht werden müssen.

## ■ Teilwert

BewG § 10 EStG § 6

Der Teilwert ist ein rein steuerlicher Wert. Er ist der *Betrag, den ein Erwerber des ganzen Unternehmens im Rahmen des Gesamtkaufpreises* für das einzelne Wirtschaftsgut ansetzen würde. Dabei ist davon auszugehen, dass *der Erwerber das Unternehmen fortführt.*

**Beispiel:** Ein Bekleidungshaus hat einen Posten Herrenhosen, die im Vorjahr zu je 58 EUR gekauft worden waren. Inzwischen ist der Schnitt der Hosen aus der Mode gekommen. Um die Ware richtig zu bewerten, muss sich der Unternehmer vorstellen, es würde sein ganzer Betrieb veräußert. Was in diesem Falle der Erwerber, der den Betrieb fortsetzen und auch an den unmodern gewordenen Hosen noch etwas verdienen will, für sie bezahlen würde, angenommen 30 EUR, ist der Teilwert des Warenpostens.

HGB § 254

Wenn der Teilwert niedriger ist als die Anschaffungs- oder Herstellungskosten oder auch als der unter diesen liegende Börsen- oder Marktpreis am Bilanzstichtag, so darf er auch in der Handelsbilanz angesetzt werden.

## Gemeiner Wert

Der gemeine Wert wird durch den *Preis* bestimmt, der im gewöhnlichen Geschäftsverkehr nach der Beschaffenheit des Wirtschaftsgutes *bei einer Veräußerung zu erzielen* wäre. Dabei sind alle Umstände, die den Preis beeinflussen, zu berücksichtigen. Ungewöhnliche oder persönliche Verhältnisse (Liebhaberwerte) sind nicht zu berücksichtigen. Diese Wertart ist nur für die Besteuerung von Bedeutung.

BewG § 9

## Ertragswert

Der Ertragswert ist der *kapitalisierte durchschnittliche Jahresreinertrag* des zu bewertenden Gutes.

$$\textbf{Ertragswert} = \frac{\text{durchschnittlicher Jahresreinertrag}}{\text{Kapitalisierungszinssatz}} \times 100\%$$

Er findet Anwendung bei der Bewertung von bebauten Grundstücken und bei der Bewertung eines Unternehmens im Ganzen (Abschnitt 12.1.1).

## Substanzwert (Abschnitt 12.1.1)

## Einheitswert

Einheitswert ist ein rein steuerlicher Wertbegriff. Er ist der nach dem Bewertungsgesetz *einheitlich festgesetzte Maßstab für schwer feststellbare Vermögenswerte,* die mehreren Steuern zugrunde gelegt werden, damit man nicht in jedem Einzelfalle die schwierige Bewertung erneut durchführen muss. Der Einheitswert bildet so die einheitliche Bemessungsgrundlage für diejenigen Steuern, bei denen das Vermögen besteuert wird (Grund- und Erbschaft- bzw. Schenkungsteuer).

§§ 18 ff.

Er wird vor allem für folgende Vermögensarten festgesetzt:

§ 19 (1)

a) Land- und forstwirtschaftliches Vermögen, b) Grundvermögen, c) Betriebsvermögen.

Im Einheitswert des Betriebsvermögens ist der Einheitswert des betrieblichen Grundvermögens enthalten.

Festgestellt wird der Einheitswert *durch das Finanzamt,* das ihn mittels des **Einheitswertbescheides** dem Steuerpflichtigen mitteilt.

### Zur Wiederholung und Vertiefung

1. Warum können Wirtschaftsgüter in der Bilanz nicht nach ihrem Gebrauchswert bewertet werden?
2. Welcher Unterschied besteht zwischen dem Teilwert und dem gemeinen Wert?
3. Welche der nachfolgend genannten Aufwendungen gehören zum Anschaffungswert eines Lkw: Überführungskosten, Aufwendungen für den Kfz-Brief, Zulassungskosten, Kaufpreis, Montage eines Autoradios, Haftpflichtversicherung, Kraftfahrzeugsteuer?
4. Beim Kauf eines Lkw wird ein gebrauchter Pkw in Zahlung gegeben. Listenpreis des Lkw 144.500 EUR. Verhandlungspreis des Pkw 8.500 EUR; Restzahlung durch Banküberweisung 157.760 EUR einschließlich 16% Umsatzsteuer.
   Wie muss der Lkw bilanziert werden?
5. Der Listenpreis der Büroausstattung beträgt 25.000 EUR. Darauf gewährt der Händler einen Rabatt in Höhe von 25% und einen Barzahlungsnachlass von 3%. Transport und Montage durch einen Vertragsschreiner des Lieferers kosten 580 EUR (einschließlich 16% Umsatzsteuer).
   a) Welcher Anschaffungswert ist anzusetzen?
   b) Wie ist der Wertansatz am Ende des 2. Jahres, wenn bei einer 10-jährigen Nutzungsdauer degressiv abgeschrieben wird?
   c) Am Ende des 3. Jahres stellt man fest, dass die Listenpreise inzwischen um 30% niedriger sind als zum Anschaffungszeitpunkt. Welchen Wertansatz schlagen Sie vor?
6. Ein Unternehmen stellt Fahrräder her. Zum Bilanzstichtag sind 300 Stück auf Lager. Die Herstellungskosten betrugen für 2.400 Stück 1,2 Mio. EUR; darin sind 180.000 EUR fixe Kosten enthalten. Die Produktionskapazität wurde zu 80% ausgenutzt.
   Errechnen Sie den Bilanzansatz unter Berücksichtigung der Kostenrechnungsrichtlinien.

## 13.2.3 Bewertungsgrundsätze

HGB § 252 (4)

### Realisationsprinzip

Oberster Grundsatz der Gesetzgebung für die Bewertung ist das Realisationsprinzip. Unter Realisation versteht man den Vorgang im betrieblichen Kreislauf, bei dem sich die betriebliche Leistung *in einen klagbaren Anspruch auf Geld* verwandelt.

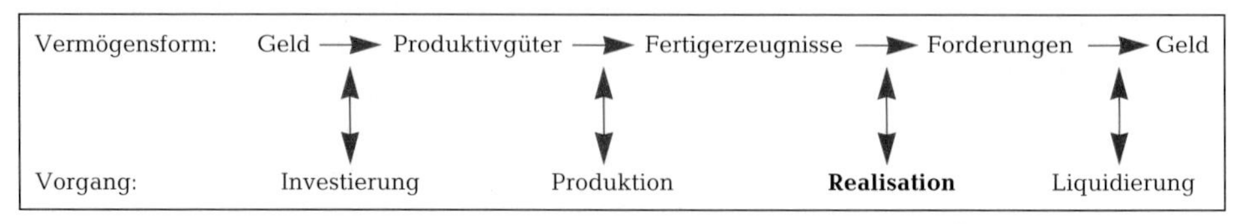


Bild 273

Für den Ausweis von Gewinnen und Verlusten, die am Bilanzstichtag noch nicht realisiert sind, gelten folgende Grundsätze:

**Nicht realisierte Gewinne** dürfen **nicht ausgewiesen** werden; **nicht realisierte Verluste** sind **auszuweisen.**

Der mit der Entstehung von Forderungen realisierte Gewinn könnte durch Ausfälle geschmälert werden. Deshalb sind unsichere Forderungen durch Wertberichtigungen zu bereinigen.

Um das Realisationsprinzip zu verwirklichen, dürfen nach Handels- und Steuerrecht alle Teile des Vermögens höchstens zu Anschaffungs- oder Herstellungskosten bewertet werden, nicht aber mit einem am Bilanzstichtag vielleicht höheren Marktpreis. Hat sich jedoch der Wert der Vermögensteile gegenüber ihren Anschaffungs- bzw. Herstellungskosten vermindert, so werden sie mit dem verminderten Wert in die Bilanz aufgenommen. Das Realisationsprinzip dient so

- der *Substanzerhaltung,* weil der Ausweis und damit auch die Ausschüttung nicht realisierter Gewinne verhindert wird;
- dem *Gläubigerschutz,* weil die Bilanz keine unsicheren Werte enthält.

### Tageswertprinzip

§ 253 (2)

Dieses Prinzip verlangt die Bewertung der Vermögensteile zu dem Werte, der ihnen *am Bilanzstichtag beizumessen* ist. Würde man dieser Forderung auch dann folgen, wenn der Wert über den Anschaffungs- oder Herstellungskosten liegt, dann würden nicht realisierte Gewinne in der Bilanz erscheinen, was gegen das Realisationsprinzip verstoßen würde. Der Vorrang des Realisationsprinzips erzwingt zuweilen erhebliche stille Reserven.

**Beispiel:** Im Laufe der letzten Jahre sind die Grundstückspreise erheblich gestiegen. Hat nun eine Unternehmung im Jahre 1960 ein unbebautes Grundstück für 10.000 EUR erworben, so kann der heutige Wert recht wohl 300.000 EUR betragen, ohne dass zu fürchten wäre, dass dieser in absehbarer Zeit wieder auf die Anschaffungskosten zurücksinkt. Gleichwohl muss das Grundstück zum Werte von 10.000 EUR in die Bilanz aufgenommen werden.

§ 253 (2, 3)

### Niederstwertprinzip

Dieses Prinzip ist vom Realisationsprinzip abgeleitet und fordert, dass beim Vergleich des **Anschaffungswertes** mit dem **Tageswert** der **niedrigere** von beiden zu verwenden ist.

Das *strenge* Niederstwertprinzip verlangt **zwingend**, dass beim Vergleich zwischen Anschaffungswert (Herstellungswert) und dem Tageswert am Bilanzstichtag unbedingt der niedrigere Wert anzusetzen ist.

**Beispiel:**

Eine AG hat am 31. Dez. 20.. unfertige Erzeugnisse auf Lager, deren Herstellungskosten pro Stück mit 16.000 EUR angegeben sind. Für die fertigen Erzeugnisse, in welche die unfertigen Erzeugnisse eingehen sollen, rechnet die AG mit einem voraussichtlichen Marktpreis von 30.000 EUR je Stück. Nach dem Grundsatz der verlustfreien Bewertung errechnet sich der beizulegende Wert wie folgt:

| | | |
|---|---|---|
| Voraussichtlicher Marktpreis je Stück | | 30.000 EUR |
| Bis zur Fertigstellung der unfertigen Erzeugnisse werden voraussichtlich folgende anteilige Kosten je Stück entstehen: | | |
| Variable Herstellungskosten | 10.000 EUR | |
| Fixe Herstellungskosten | 2.000 EUR | |
| Verwaltungskosten | 3.600 EUR | |
| Transportkosten | 4.200 EUR | |
| Provision | 2.400 EUR | |
| Fixe Vertriebskosten | 1.600 EUR | |
| Zinsen und sonstige Finanzierungskosten | 1.200 EUR | |
| Schätzung der voraussichtlich anteiligen Erlösschmälerungen (Rabatte, Skonti) | 800 EUR | 25.800 EUR |
| Beizulegender Wert (HGB § 253 Abs. 3, Satz 2) | | 4.200 EUR |

Das *gemilderte* Niederstwertprinzip stellt die Wahl des jeweils niedrigeren Wertes **frei**, sofern der Tageswert niedriger ist als der Anschaffungswert.

Die Milderung trägt der Möglichkeit Rechnung, dass der Tageswert einmal wieder auf die Höhe der Anschaffungs- oder Herstellungskosten steigt.

**Beispiel:**

| | | |
|---|---|---|
| Kauf von 1.000 Stück Aktien zum Kurs von 140 | Kurswert | 140.000 EUR |
| + 1% Spesen | | 1.400 EUR |
| Belastung auf dem Bankkonto am 12. Mai | | 141.400 EUR |
| Börsenkurs am 31. Dez. 120 EUR je Stück, daher | Kurswert | 120.000 EUR |
| + 1% Spesen | | 1.200 EUR |
| Bilanzansatz zum 31. Dez. (strenges Niederstwertprinzip) | | 121.200 EUR |

Wäre der Kurs am 31. Dez. auf 160 EUR je Stück geklettert, dürfte nur der Anschaffungswert angesetzt werden, weil er niedriger ist.

## Wertaufholung bei Kapitalgesellschaften

Nach § 280 HGB ist die Wertaufholung bei einem Vermögensgegenstand dann geboten, wenn der Grund für eine Sonderabschreibung später wegfällt. Als *Obergrenze* gilt *der ursprüngliche Anschaffungswert vermindert um die planmäßigen Abschreibungen.* Von diesem so genannten Wertaufholungsgebot kann abgewichen werden, soweit das Steuerrecht die Wertbeibehaltung davon abhängig macht, dass diese auch in der Handelsbilanz geschieht (Grundsatz der umgekehrten Maßgeblichkeit).

**Beispiel:** Eine Tankstellen-Organisation in der Rechtsform einer AG hat ein Grundstück auf den beizulegenden Wert abgeschrieben (HGB § 253, Abs. 2), weil die an dem Grundstück vorbeiführende Straße durch öffentliche Baumaßnahmen zur Sackgasse wurde und damit als Standort für eine Tankstelle nicht in Frage kommt. Nach einigen Jahren wird aus der Sackgasse wieder eine Durchgangsstraße. Die Tankstellen-Organisation errichtet eine Tankstelle. Nach Handelsrecht (§ 280, Abs. 2) und Steuerrecht (EStG § 6, Abs. 1, Nr. 2, Satz 3) kann der niedrigere Wert beibehalten werden, wenn die ursprüngliche Abwertung in der Handels- und Steuerbilanz wirksam wurde.

## ■ Höchstwertprinzip

HGB § 253 (1)

Auch das Höchstwertprinzip ist vom Realisationsprinzip abgeleitet. Es verlangt, dass **Schulden** zum **Rückzahlungsbetrag** bewertet werden. Damit dient auch dieses Prinzip der Vorsicht und dem Gläubigerschutz. Eine Ausnahme bilden die Rentenverpflichtungen, die zu ihrem Barwert am Bilanzstichtag anzusetzen sind.

**Beispiel:** Ein Industrieunternehmen hat eine Anleihe mit einem Emissionskurs von 97% und einem Rückzahlungskurs von 103% ausgegeben. Die Anleihe ist zu 103% in die Bilanz aufzunehmen, auch wenn der Rückkauf zu einem niedrigeren Kurs bereits beschlossen, aber noch nicht durchgeführt ist.

### Zur Wiederholung und Vertiefung

1. Beim Kauf eines Hauses sind folgende Kosten entstanden: Kaufpreis 300.000 EUR; Maklergebühr 2,5%; Bankgebühren, Rechtsanwaltskosten 500 EUR; Notariatsgebühr 550 EUR; Grundbucheintragungsgebühr 340 EUR; Reisekosten zur Besichtigung des Objektes 150 EUR. Grunderwerbsteuer 3,5%.

   Wie wird aktiviert, wenn der Grund- und Bodenanteil am Kaufpreis 30% beträgt?

2. Ein unbebautes Grundstück ist durch eine Sonderabschreibung um 30.000 EUR abgeschrieben worden.

   Beschreiben Sie die Bewertungssituation, wenn eine Aktiengesellschaft Eigentümerin des unbebauten Grundstücks ist.

3. Beim Kauf eines Pkw auf Ziel gewährt der Fahrzeughändler 10% Rabatt. Listenpreis des Pkw 30.000 EUR. Welcher Betrag muss passiviert werden?

4. Die Herstellungskosten einer Maschine betragen 16.000 EUR; der voraussichtliche Verkaufserlös wird auf 25.000 EUR geschätzt.

   Mit welchem Wert muss die Maschine bilanziert werden, wenn die anteiligen Herstellungs-, Verwaltungs- und Vertriebskosten 19.000 EUR betragen?

5. Wertpapiere des Umlaufvermögens haben folgende Wertbewegung durchgemacht: Kaufpreis für 180 Stück am 15. Juni 36.000 EUR; Spesen 1%; Börsenkurs am 31. Dezember 169; Börsenkurs am 14. Juli 240; Börsenkurs am 31. Dezember des nächsten Jahres 309.

   a) Welche Wertansätze müssen/können zum jeweiligen Jahresende verwendet werden?

   b) Welche Bedeutung haben die Kurse während des laufenden Jahres?

   c) Wie müsste am 31. Dez. des Folgejahres bewertet werden, wenn am 15. Aug. 100 Stück zum Kurs von 350 verkauft werden?

6. Ein Kaufmann erfährt im Januar, dass einer seiner Kunden das Insolvenzverfahren eröffnet hat. Die Forderung beläuft sich auf 30.000 EUR.

   a) Nach welchem Bewertungsprinzip wird er vorgehen?

   b) Wie hoch könnte der Wertansatz sein?

7. Eine Aktiengesellschaft verpflichtet sich bei Ausgabe einer Anleihe zur Rückzahlung nach 10 Jahren zu 102%. Nominalwert 30 Mio. EUR.

   Die Ausgabe erfolgt zu 99%.

   Wie muss diese Anleihe bilanziert werden?

## 13.2.4 Bewertung in der Handels- und Steuerbilanz

## ■ Auswirkung der Bewertungsmethode auf den Wertansatz

Der Wertansatz hängt entscheidend von den angewandten Bewertungs- und Abschreibungsmethoden ab. Das gilt vor allem für das Anlage- und Vorratsvermögen. Auch die Vereinfachungsverfahren bei der Bewertung des Vorratsvermögens (z.B. Lifo, Fifo) können zu unterschiedlichen Wertansätzen führen (Bild 274).

**Beispiele:**

1. Die Maschinenfabriken A und B verwenden gleiche Drehbänke. Schon ein Jahr nach der Anschaffung sind sie mit verschiedenen Werten in der Bilanz angesetzt, wenn A linear, B degressiv abschreibt.

2. Die Metallhandlungen C und D verfahren bei der Umsetzung ihres Lagers unterschiedlich. C lässt die zuerst gekauften Barren auf Lager liegen und verkauft jeweils die zuletzt eingekaufte Ware (Lifo = last-in-first-out-Verfahren). D verkauft die zuerst eingekaufte Ware auch zuerst wieder (Fifo = first-in-first-out-Verfahren).

   C und D müssen zwar nach dem Niederstwertprinzip verfahren, aber C vergleicht bei Lifo den Preis am Abschlusstag mit dem **ersten** (niedrigeren) Einstandspreis, D bei Fifo mit dem **letzten** (höheren) Einstandspreis.

   Bei gestiegenen Preisen liegen also die Wertansätze für die gleiche Ware bei D (Fifo) höher als bei C (Lifo); bei gesunkenen Preisen umgekehrt.

HGB § 256 EStR Abschnitt 36a

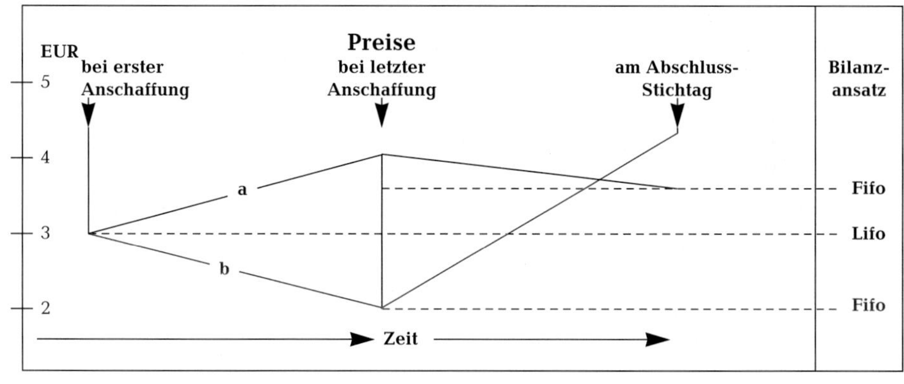


Bild 274

a) Die Preise steigen von der ersten Anschaffung bis zum Zeitpunkt der letzten Anschaffung, dann aber fallen sie, sodass der Wert am Abschlussstichtag unter dem Höchststand liegt.

b) Die Preise fallen von der ersten Anschaffung bis zum Zeitpunkt der letzten Anschaffung, dann aber steigen sie, sodass der Wert am Abschlussstichtag über dem Preis der ersten Anschaffung liegt.

3. Eine Mineralölgesellschaft bewertet den Heizölbestand zu Durchschnittswerten.

Abschnitt 36 (3)

| | Menge l | Preis/l EUR | Gesamtwert EUR |
|---|---|---|---|
| Anfangsbestand | 300.000 | 0,185 | 55.500,00 |
| Zugang | 120.000 | 0,167 | 20.040,00 |
| | 420.000 | 0,180 | 75.540,00 |
| Abgang | 184.502 | 0,180 | 33.184,00 |
| | 235.498 | 0,180 | 42.356,00 |
| Zugang | 230.050 | 0,185 | 42.559,25 |
| | 465.548 | 0,182 | 84.915,25 |
| Abgang | 310.000 | 0,182 | 56.543,53 |
| Schlussbestand | 155.548 | 0,182 | 28.371,72 |

Aufgrund der unterschiedlichen Preise beim Zugang ergeben sich entsprechende Preise für den Abgang und Schlussbestand. Differenzen entstehen bei der Rundung des Preises je Liter auf 3 Stellen nach dem Komma.

Die Wahl der Bewertungs- und Abschreibungsmethoden ist dem Kaufmann freigestellt. Kapitalgesellschaften müssen die gewählte Methode, wie auch jede Änderung, im Anhang darlegen. Dabei sind die Auswirkungen auf den Jahresüberschuss bzw. den Jahresfehlbetrag nachzuweisen.

HGB §§ 256, 284, 285

## Vergleich zwischen Handels- und Steuerbilanz

<table>
<tr><th colspan="3">Bewertung in der Handelsbilanz nach HGB §§ 250, 252–256, 282</th></tr>
<tr><th>Gegenstand</th><th>obere Wertgrenze</th><th>untere Wertgrenze</th></tr>
<tr><td>Immaterielle Anlagewerte, die entgeltlich erworben worden sind<br><br>Sachanlagen mit zeitlich begrenzter Nutzung</td><td>Anschaffungs- oder Herstellungskosten (AHK), vermindert um planmäßige Abschreibungen.<br>Zugänge mit AHK.</td><td rowspan="4">AHK vermindert um zusätzliche außerplanmäßige Abschreibungen.<br><br>Diese können vorgenommen werden, um die Gegenstände<br>1. mit dem niedrigeren Wert, der ihnen am Abschlussstichtag beizulegen ist, oder<br>2. mit dem noch niedrigeren Wert, der steuerlich zulässig ist, anzusetzen.<br><br>Sie müssen vorgenommen werden bei voraussichtlich dauernder Wertminderung. Der niedrigere Wertansatz darf beibehalten werden, auch wenn die Gründe dafür später wegfallen. Wertaufholung ist aber möglich.</td></tr>
<tr><td>Aktivierte Aufwendungen für die Ingangsetzung und Erweiterung des Geschäftsbetriebs</td><td>Aufgewendete Kosten, vermindert um planmäßige Abschreibungen von mindestens 25% jährlich in den 4 folgenden Geschäftsjahren.</td></tr>
<tr><td>Derivativer Geschäfts- oder Firmenwert</td><td>AHK, vermindert um planmäßige Abschreibungen von mindestens 25% in den 4 folgenden Geschäftsjahren oder planmäßig nach ND.</td></tr>
<tr><td>Sachanlagen mit zeitlich nicht begrenzter Nutzung (Grundstücke ohne Bauten)</td><td>AHK</td></tr>
<tr><td>Umlaufvermögen</td><td>AHK. Sind diese höher als der Börsen- oder Marktpreis am Abschlussstichtag, so ist höchstens dieser Preis anzusetzen; mangels eines solchen, höchstens der Wert, der den Gegenständen am Abschlussstichtag beizulegen ist (Tageswert). Strenges Niederstwertprinzip.<br><br>Bei gleichartigen Gegenständen freie Wahl zwischen Lifo- und Fifo-Verfahren und gewogener Durchschnitt (HGB § 240 [4]).</td><td>Wertansatz, der<br>1. bei am Abschlussstichtag erkennbarer sinkender Preistendenz geboten erscheint oder<br>2. steuerlich zulässig ist.<br><br>Der niedrigere Wertansatz darf beibehalten werden, auch wenn die Gründe dafür später wegfallen. Wertaufholung ist aber möglich.</td></tr>
<tr><td>Grundkapital</td><td colspan="2">Nennwert (HGB § 283).</td></tr>
<tr><td>Verbindlichkeiten</td><td colspan="2">Rückzahlungsbetrag (HGB § 253 [1]). Der Unterschiedsbetrag zwischen ihm und dem Ausgabebetrag darf unter den Rechnungsabgrenzungsposten aktiviert werden. Er muss während der Laufzeit planmäßig jährlich abgeschrieben werden.</td></tr>
<tr><td>Rentenverpflichtungen</td><td colspan="2">Barwert (HGB § 253 [1] Satz 2).</td></tr>
<tr><td>Rückstellungen</td><td colspan="2">Wertansatz nach vernünftiger kaufmännischer Beurteilung (HGB § 253 [1]).</td></tr>
</table>

Bild 275

| **Bewertung in der Steuerbilanz nach EStG §§ 6 und 7** | | |
|---|---|---|
| **Gegenstand** | **obere Wertgrenze** | **untere Wertgrenze** |
| **Wirtschaftsgüter des Anlagevermögens, die der Abnutzung unterliegen** (Gebäude, Maschinen, maschinelle Anlagen, Werkzeuge, Betriebs- und Geschäftsausstattung) | AHK, vermindert um die Absetzung für Abnutzung (AfA). | Teilwert, wenn er niedriger ist als die AHK, vermindert um die AfA. Wertaufholung auch über den letzten Bilanzansatz hinaus bis zu den AHK, vermindert um planmäßige AfA, gestattet (EStG § 6 [1] 1). Geringwertige Wirtschaftsgüter dürfen im Jahr der Anschaffung oder Herstellung in voller Höhe als Betriebsausgaben abgesetzt werden (EStG § 6 [2]). |
| **Wirtschaftsgüter des Anlagevermögens, die der Abnutzung nicht unterliegen** (Grund und Boden, Konzessionen, gewerbliche Schutzrechte, Lizenzen, Beteiligungen, Wertpapiere des Anlagevermögens) | AHK, Abschreibungen auf Grund und Boden grundsätzlich nicht erlaubt. Bei bebauten Grundstücken ist der Grund und Boden auszuscheiden und für sich zu bewerten. | Teilwert, wenn er niedriger ist als die Anschaffungskosten. Zwischenwerte erlaubt. Wertaufholung auch über den letzten Bilanzansatz hinaus bis zu den AHK gestattet (EStG § 6 [1] 2). |
| **Derivativer Geschäfts- oder Firmenwert** | Das für seinen Erwerb entrichtete Entgelt. Planmäßige Abschreibungen innerhalb 15 Jahren (EStG § 7 [1] Satz 3). | Ein nachweislich niedrigerer Teilwert (EStG § 6 [1] 2). |
| **Umlaufvermögen** (Vorräte, Wertpapiere) | AHK. Wegen des Grundsatzes der Maßgeblichkeit der Handelsbilanz für die Steuerbilanz **muss** entgegen dem Wortlaut des EStG § 6 (1) 2 der Teilwert angesetzt werden, wenn er niedriger ist als die AHK. | Niedrigerer Teilwert. Wertaufholung auch über den letzten Bilanzansatz hinaus bis zu den AHK gestattet (EStG § 6 [1] 2). |
| **Verbindlichkeiten** | Rückzahlungsbetrag bei gleichzeitiger Aktivierung des Unterschiedsbetrags zwischen Rückzahlungs- und Verfügungsbetrag. Der Unterschiedsbetrag ist auf die Laufzeit zu verteilen (EStG §§ 5 [5], 6 [1] 3, EStR Abschnitt 37 [1 und 3]). | |
| **Rentenverpflichtungen** | Barwert (EStR Abschnitt 37 [1] 2). | |
| **Rückstellungen** | Teilwert, Pensionsverpflichtungen mit dem versicherungsmathematisch errechneten Gegenwartswert (EStG § 6a, EStR Abschnitt 41). | |

Bild 276

## Zweck der Bewertungsvorschriften

Da der Wertansatz von den Bewertungsmethoden abhängt, hat der Gesetzgeber Bewertungsvorschriften geschaffen. Durch sie wird eine gewisse Bewertungsstetigkeit erreicht und dem Prinzip der materiellen Bilanzkontinuität gedient.

a) **Bewertungsvorschriften nach Handelsrecht.** Die Bewertungsvorschriften, die im Handelsrecht für die Handelsbilanz aufgestellt worden sind, sollen verhindern, dass
   - den Gläubigern Werte vorgespiegelt werden, die im Notfalle nicht realisiert werden können,
   - den Gläubigern durch Über- oder Unterbewertung ein falsches Bild von der tatsächlichen Lage der Gesellschaft vermittelt wird,
   - den Aktionären durch ungerechtfertigt niedrige Wertansätze Gewinn vorenthalten wird,
   - durch willkürliche Bildung stiller Reserven der wirkliche Umfang des investierten Kapitals so verschleiert wird, dass Fehlinvestitionen und Kapitalfehlleitungen Vorschub geleistet wird.

   Die Bewertungsvorschriften sollen so eine wahrheitsgemäße Rechnungslegung sichern und damit dem Gläubigerschutz und dem Aktionärschutz dienen sowie die Bereitschaft fördern, Ersparnisse in Aktien anzulegen.

b) **Bewertungsvorschriften nach Einkommensteuerrecht.** Sie bezwecken
   - die gerechte Besteuerung durch die Festsetzung von unteren Grenzen für die Bewertung des Vermögens und oberen Grenzen für die Bewertung der Schulden (Rückstellungen),
   - die Berücksichtigung wirtschafts- und sozialpolitischer Belange.

## Zusammenhang zwischen Handels- und Steuerbilanz

Die nach den Grundsätzen des Handelsrechts erstellte Bilanz nennt man **Handelsbilanz**.

Für sie gelten die Bewertungsvorschriften des HGB, AktG, GmbHG und GenG. Sie ist maßgeblich für die steuerrechtliche Gewinnermittlung nach § 5 Abs. 1 EStG. Deshalb spricht man auch von der **Maßgeblichkeit der Handelsbilanz** für die **Steuerbilanz**.

Hat ein Kaufmann eine rechtsgültige Handelsbilanz erstellt, so ist er auch bei der Steuerermittlung an sie gebunden.

**Beispiel:** Werden in der Handelsbilanz Pensionsrückstellungen gebildet, so müssen sie auch in der Steuerbilanz ausgewiesen werden.

Von diesem Prinzip kann abgewichen werden, wenn steuerliche Sonderbestimungen bei der Bewertung andere Wertansätze als im Handelsrecht zulassen. Die Wertansätze des Steuerrechts können aber nur dann gewählt werden, wenn sie auch in der Handelsbilanz verwendet werden und das Handelsrecht die Anwendung ausdrücklich vorschreibt (§ 6 Abs. 3 und 6b EStG in Verbindung mit §§ 279–281 HGB). Man nennt dies die **„umgekehrte Maßgeblichkeit"**.

**Beispiele:**

1. Eine Anlage zur Reinigung der Abluft kann nach § 7d EStG im Jahr der Anschaffung bis zu 60% abgeschrieben werden, wenn dies auch in der Handelsbilanz geschieht (§ 6 Abs. 3 EStG).
2. Eine Maschine mit einer Nutzungsdauer von 10 Jahren kann steuerlich bis zu 30% degressiv abgeschrieben werden, wenn dieser Prozentsatz auch für die Wertermittlung in der Handelsbilanz gilt (§ 6 Abs. 3 EStG).
3. Gewinne, die bei der Veräußerung eines Gebäudes erzielt werden, können in eine Rücklage steuermindernd eingestellt werden, wenn auch in der Handelsbilanz ein entsprechender Sonderposten mit Rücklagenanteil gebildet wird (§ 6b Abs. 3 EStG).

**Zur Wiederholung und Vertiefung**

1. Stellen Sie zeichnerisch die Änderung der Bilanzwerte in Bild 274 dar, wenn der Preis am Bilanzstichtag unter dem ersten Einstandspreis liegt.
2. Errechnen Sie den Bilanzansatz für den Heizölbestand in Beispiel 3, Seite 475.
   a) nach dem LIFO-Bewertungsverfahren und
   b) nach dem FIFO-Bewertungsverfahren.
3. Ein Schmuckwarenhersteller hat seine Goldvorräte nach Sinken des Goldpreises auf den niedrigeren Teilwert abgeschrieben. Nachdem der Goldpreis wieder gestiegen ist, behält er den niedrigeren Wert bei.
   a) Begründen Sie, ob diese Bewertung zulässig ist.
   b) Welche Vorteile hätte er durch diese Bewertung?
4. Vergleichen Sie die Bewertung nach Handels- und Steuerrecht
   a) beim Firmenwert,
   b) bei den Herstellungskosten der Fertigerzeugnisse.
5. Bei der Herstellung einer Spezialmaschine für eigene Zwecke fallen folgende Kosten an:

| | |
|---|---|
| Fertigungsmaterial | 800.000 EUR |
| Fertigungslöhne | 600.000 EUR |
| Sondereinzelkosten der Fertigung | 20.000 EUR |
| Materialgemeinkostensatz | 15% |
| Fertigungsgemeinkostensatz | 110% |
| Verwaltungsgemeinkostensatz | 20% |

   Welcher Bilanzbetrag muss
   a) nach Handelsrecht und
   b) nach Steuerrecht
   mindestens angesetzt werden?
6. Für eine Darlehensverbindlichkeit gelten folgende Bedingungen:

| | |
|---|---|
| Darlehensbetrag | 250.000 EUR |
| Laufzeit | 5 Jahre |
| Zinssatz | 8% |
| Auszahlungstag | 1. Juni 20.. |
| Auszahlungskurs | 95% |
| Rückzahlungsaufgeld | 2% |

   Bestimmen und begründen Sie die Bilanzansätze in der Handelsbilanz und in der Steuerbilanz.

## 13.2.5 Stille Rücklagen

**Stille (verborgene) Rücklagen** sind **vorhandene, aber in der Bilanz nicht ausgewiesene Teile des Eigenkapitals.**

Man unterscheidet:

**a) Willkürlich** angelegte stille Rücklagen. Ihre Bildung ist durch die gesetzliche Festlegung von oberen und unteren Wertgrenzen eingeengt (Bilder 275 und 276).

HGB § 253

**b) Gesetzlich erzwungene** stille Rücklagen. Die Gesetzgebung folgt dem Realisationsprinzip (Abschnitt 13.2.3). Steigt der Wert von Vermögensgegenständen über ihren Anschaffungs- oder Herstellungswert hinaus bzw. fällt der Wert von Verbindlichkeiten unter den ursprünglich ausgewiesenen Rückzahlungsbetrag, so entstehen **nicht realisierte Gewinne**, die zwar das Eigenkapital vermehren, in der Bilanz aber nicht in Erscheinung treten dürfen und somit zwangsläufig stille Rücklagen sind.

## Entstehung stiller Rücklagen

Stille Rücklagen **entstehen** durch

### a) Nichtaktivierung von Vermögenswerten

EStG § 6 (2)
HGB § 248

**Beispiele:**

**Willkürlich:** Nichtaktivierung von geringwertigen Wirtschaftsgütern (Abschnitt 13.2.1).

**Gesetzlich erzwungen:** Verbot der Aktivierung des originären Geschäfts- oder Firmenwertes und sonstiger nicht entgeltlich erworbener immaterieller Wirtschaftsgüter.

### b) Unterbewertung von Aktiva

**Beispiele:**

§ 253 (5)
§ 256
§ 254

**Willkürlich:** Bewertung von Stoffbeständen nach der Lifo-Methode bei steigenden Anschaffungskosten; Unterlassung gestatteter Wertaufholung (Bild 261); zeitweilige Unterbewertung durch Anwendung des degressiven Abschreibungsverfahrens und bei Ausnutzung gesetzlich zugelassener Sonderabschreibungen (Umweltschutzanlagen).

§ 253 (3)

**Gesetzlich erzwungen:** Bei Grundstücken ohne Bauten, wenn sie in zurückliegenden Perioden erworben worden sind und ihr Verkehrswert inzwischen gestiegen ist; bei Bauten, wenn die Baukostensteigerung die Abschreibung übertroffen hat; bei Beteiligungen, wenn ihr Wert über die Anschaffungskosten gestiegen ist; bei Wertpapieren, wenn der Kurswert über den Anschaffungskosten liegt.

Bei Maschinen und maschinellen Anlagen sind infolge des technischen Fortschritts und der Veränderungen auf den Beschaffungs- und Absatzmärkten stille Rücklagen meist nur von begrenzter Lebensdauer. Das gleiche gilt für das Vorratsvermögen, mit Ausnahme lang lagernder, nicht verderblicher Stoffe (Edelmetalle).

### c) Überbewertung von Passiva

**Beispiele:**

§ 249

**Willkürlich:** Überhöhte Rückstellungen, die aus übertriebener Vorsicht gebildet worden sind. Dabei ist in manchen Fällen ein weiter Spielraum gegeben, wie etwa bei einer Rückstellung für Kosten und ungewisse Verbindlichkeiten in einem Schadenersatzprozess oder bei Rückstellungen für Gewährleistungsverpflichtungen.

**Gesetzlich erzwungen:** Bei Verbindlichkeiten in fremder Währung, wenn der Devisenkurs zurückgegangen ist. Das Realisationsprinzip verbietet den Ausweis von nicht realisierten Schuldnergewinnen.

Einer gegenüber dem tatsächlichen Wert niedrigeren Bewertung von Aktiva bzw. höheren Bewertung von Passiva entspricht in der Erfolgsrechnung ein **höherer** Aufwand (Gewinnkürzung).

**Beispiel:**

1. Der Schlussbestand wird mit 80 Tsd. EUR bewertet.

| S | Waren (Tsd. EUR) | | H |
|---|---|---|---|
| AB | 60 | SB | 80 |
| Zugang | 300 | G + V (Aufwand) | 280 |
| | 360 | | 360 |

Der Schlussbestand wird um 10 Tsd. EUR niedriger mit 70 Tsd. EUR bewertet.

| S | Waren (Tsd. EUR) | | H |
|---|---|---|---|
| AB | 60 | SB | 70 |
| Zugang | 300 | G + V (Aufwand) | 290 |
| | 360 | | 360 |

2. Rückstellung für unterlassene Instandhaltung.

| S | Instandhaltungskosten | | H |
|---|---|---|---|
| Zahlungen | 40 | G + V | 46 |
| Rückstellung | 6 | | |
| | 46 | | 46 |

| S | Rückstellungen für Instandhaltung | | H |
|---|---|---|---|
| Bilanz | 6 | Instandhaltungskosten | 6 |
| | 6 | | 6 |

Je höher die Rückstellung, desto größer der Aufwand und umso niedriger der Gewinn. Rückstellungen, welche die tatsächlich entstehende Verbindlichkeit übersteigen, enthalten somit stille Rücklagen.

## Auflösung stiller Rücklagen

Stille Rücklagen **werden aufgelöst** bei

a) Verkauf unterbewerteter Vermögensgegenstände zu einem über dem Buchwert liegenden Preis;

b) Inanspruchnahme von Rückstellungen in geringerer Höhe als sie gebildet und ausgewiesen worden waren;

c) Bezahlung von Währungsverbindlichkeiten mit weniger EUR als ursprünglich ausgewiesen;

d) Absinken des tatsächlichen Wertes auf den Buchwert, der ursprünglich eine stille Rücklage enthielt;

e) Weiterverwendung völlig abgeschriebener Vermögensgegenstände, weil jenseits des Nullpunktes die Gewinnkürzung durch Abschreibung wegfällt.

**Beispiel:**

| AHK EUR | ND 5 Jahre | AfA = Gewinnkürzung | ND 4 Jahre | AfA = Gewinnkürzung | stille Rücklage |
|---|---|---|---|---|---|
| 10.000 | 1. | 2.000 | 1. | 2.500 | 500 |
| | 2. | 2.000 | 2. | 2.500 | 1.000 |
| | 3. | 2.000 | 3. | 2.500 | 1.500 |
| | 4. | 2.000 | 4. | 2.500 | 2.000 |
| | 5. | 2.000 | 5. | 0 | Auflösung der stillen Rücklage |
| (AHK = Anschaffungs- oder Herstellungskosten, ND = Nutzungsdauer, AfA = Absetzung für Abnutzung). | | | | | |

Bild 277

Durch Ansatz einer nicht betriebsbedingten kürzeren Nutzungsdauer wird Gewinn auf spätere Rechnungsperioden verschoben (Gewinnmanipulation).

## Rolle der stillen Rücklagen in der Unternehmungspolitik

Obwohl bei den Unternehmungsleitungen oft keine klare Übersicht über Umfang, Zu- und Abnahme der stillen Rücklagen besteht, werden sie in der Praxis, wo immer dies möglich ist, den offenen Rücklagen vorgezogen. Die Hauptgründe dafür sind:

a) Offene Rücklagen können nur aus dem versteuerten Gewinn gebildet werden, während stille Rücklagen aus nicht ausgewiesenem und somit zunächst nicht versteuertem Gewinn entstehen. Die Steuerlast wird auf die Periode verschoben, in der die Auflösung erfolgswirksam stattfindet.

b) Die Bildung stiller Rücklagen ist ein Mittel der verdeckten Selbstfinanzierung (Abschnitt 12.6.4).

Stille Rücklagen, die durch überhöhte Abschreibungen gebildet werden, bewirken nicht nur einen zeitweiligen Steuervorteil, sondern erhöhen auch die Liquidität.

c) Vorsorge für etwaige Krisenzeiten.

Die Gefahren (geringerer Informationsgehalt der Abschlussrechnungen, mögliche Fehldispositionen) werden dabei in Kauf genommen. In gut geleiteten Unternehmungen werden die stillen Rücklagen mittels interner Aufzeichnungen überwacht.

**Zur Wiederholung und Vertiefung**

1. Wie entstehen
   a) offene Rücklagen,
   b) stille Rücklagen?
2. Nennen Sie willkürlich gebildete und gesetzlich erzwungene stille Rücklagen.
3. Ein Bauunternehmer verkauft ein 8.000 m² großes Grundstück zum Quadratmeterpreis von 450 EUR. Das Grundstück wurde 1952 zum Quadratmeterpreis von 3,50 EUR gekauft.
   Wie hoch sind die aufgedeckten stillen Rücklagen?
4. Entscheiden Sie, ob und inwieweit bei folgenden Tatbeständen stille Rücklagen gebildet werden:
   a) Am 10. Mai wurde ein Tischrechner für netto 155,60 EUR angeschafft. In der Jahresbilanz am 31. Dez. desselben Jahres ist dieser Posten nicht enthalten.
   b) Das Rohstoffkonto weist folgende Eintragungen auf:

   **Soll**

   1. Jan. Anfangsbestand 1.000 Stück zum Stückpreis von 45,00 EUR

   30. April Zugang 1.000 Stück zum Stückpreis von 58,00 EUR

   **Haben**

   15. Febr. Entnahme 300 Stück

   30. Sept. Entnahme 500 Stück

   Aufgrund der näheren Umstände des Betriebes können für die Ermittlung des Bilanzansatzes das Durchschnittswertverfahren, das LIFO-Verfahren und das FIFO-Verfahren angewendet werden.
   c) Das Konto „Wertpapiere des Umlaufvermögens" zeigt folgende Entwicklung:

   Belastung für 1.000 Stück am 15. Jan. mit 258.000 EUR;

   Gutschrift für 500 Stück am 20. Okt. mit 172.000 EUR;

   Kurswert für 500 Stück am 31. Dez. mit 154.000 EUR.
   d) Eine Importrechnung lautet über 154.000 CHF. Das Zahlungsziel liegt im neuen Geschäftsjahr. Kurs bei Rechnungsstellung 1,6011; Kurs am 31. Dez. 1,5890.

## 13.2.6 Problem der Scheingewinne

In Zeiten steigender Preise stellt sich für die Unternehmung die Frage, ob aufgrund der kalkulatorischen Abschreibung über die Umsatzerlöse genügend Mittel zurückfließen, um die teurere Ersatzbeschaffung finanzieren zu können. Entsprechen die kalkulatorischen Abschreibungsrückflüsse den steuerlich zulässigen bilanziellen Abschreibungen vom Anschaffungs- oder Herstellungswert, so reichen sie zur Finanzierung des gestiegenen Wiederbeschaffungspreises nicht aus. Es müssen deswegen erwirtschaftete Gewinnanteile zur Restfinanzierung herangezogen werden. Damit erweisen sich diese Gewinnanteile als *Scheingewinne*, denn bei ihrer Entnahme und Versteuerung kann der Wiederbeschaffungspreis nur aus der Substanz der Unternehmung finanziert werden.

**Beispiel:**

| | | | |
|---|---|---|---|
| Anschaffungswert | 75.000 EUR | bilanzmäßige Abschreibung | 75.000 EUR |
| Wiederbeschaffungswert | 125.000 EUR | kalkulatorische Abschreibung | 75.000 EUR |
| Der Fehlbetrag von | 50.000 EUR | | |

ist aus Gewinn zu finanzieren; dieser Gewinnanteil ist also nur Scheingewinn.

Bild 278

**Scheingewinne** ergeben sich als **Differenz** *zwischen* **Wiederbeschaffungswert** und **Anschaffungswert** der zu ersetzenden Vermögenswerte.

Um Scheingewinn bzw. Substanzverlust zu vermeiden, müsste aus betriebswirtschaftlicher Sicht **vom Wiederbeschaffungswert abgeschrieben** werden. Aber selbst wenn die Unternehmen kalkulatorisch vom Wiederbeschaffungswert abschreiben und diese Beträge in den Umsatzerlösen zurückfließen, ergibt sich in der Gewinn- und Verlustrechnung ein Scheingewinn. Denn jetzt entsprechen zwar die Rückflüsse dem Wiederbeschaffungspreis, sie übersteigen jedoch die bilanziell (steuerlich) zulässige Höhe, und diese Differenz unterliegt der Besteuerung. Damit ist auch dieser Gewinn ein Scheingewinn, denn nach Abzug der Steuern reicht er zur Ersatzbeschaffung nicht aus.

**Beispiel:**

| | | | |
|---|---|---|---|
| Anschaffungswert | 75.000 EUR | bilanzmäßige Abschreibung | 75.000 EUR |
| Wiederbeschaffungswert | 125.000 EUR | kalkulatorische Abschreibung | 125.000 EUR |
| Vor der Ersatzbeschaffung noch zu versteuern, und damit Scheingewinn in Höhe von | | | 50.000 EUR |

Bild 279

Um auch diesen Nachteil auszugleichen, müsste man bilanziell vom Wiederbeschaffungswert abschreiben. Das Steuerrecht hält jedoch am Anschaffungswert als Höchstwert fest und vertritt somit das Prinzip der *nominellen Kapitalerhaltung*. Problematisch ist diese Bewertungs- und Besteuerungspraxis und damit die Hinnahme von Scheingewinnen deswegen, weil Gewinnanteile ausgewiesen und besteuert werden, die gar keine echten Gewinne sind, sondern die man für den gestiegenen Wiederbeschaffungspreis einsetzen muss. Die Besteuerung und Ausschüttung der Scheingewinne greift somit die Substanz der Unternehmen an; sie kann investitionshemmend wirken und deshalb volks- und betriebswirtschaftlich schädlich sein.

EStG § 6 (1) Satz 4

**Beispiel:** Bei einem zu versteuernden Scheingewinn von 50.000 EUR und einem angenommenen Steuersatz von 40% verbleiben aus einem Gewinn bloß 30.000 EUR, sodass 20.000 EUR aus der Substanz des Unternehmens genommen werden müssen.

Die Abschreibung vom fiktiven Wiederbeschaffungswert wäre kaum nachprüfbar und würde die Problematik der steuerlichen Anerkennung von Abschreibungen erschweren. Scheingewinne werden damit als das kleinere Übel angesehen. Um sie ganz zu vermeiden, müsste man kalkulatorisch vom Wiederbeschaffungswert *einschließlich* der Steuer auf den Scheingewinn abschreiben.

**Beispiel:** Der Wert einer vergleichbaren neuen Maschine ist von ehemals 60.000 EUR auf 84.000 EUR gestiegen. Der Steuersatz auf den Scheingewinn beträgt 40%.

| | | |
|---|---|---|
| Zusätzlich benötigte flüssige Mittel | 60% | 24.000 EUR |
| Steuer auf den nominellen Scheingewinn | 40% | + 16.000 EUR |
| Nomineller Scheingewinn | 100% | 40.000 EUR |
| Betrag der gesamten bilanziellen Abschreibung | | + 60.000 EUR |
| Wiederbeschaffungswert einschließlich Steuer auf den Scheingewinn | | 100.000 EUR |

## Zur Wiederholung und Vertiefung

1. Aus welchen Gründen entstehen Scheingewinne?
2. Aus welchen Gründen hält der Steuergesetzgeber an der nominellen Substanzerhaltung fest?
3. Welche Probleme sind mit der Abschreibung vom Wiederbeschaffungswert verbunden?
4. Ein Unternehmer befürchtet, dass der Wiederbeschaffungswert eines Gutes jährlich um 4% steigt.
   a) Um wie viel EUR (volle Tausend) ist die Wiederbeschaffung nach vier Jahren bei einem Anschaffungswert von 100.000 EUR teurer?
   b) Wie hoch muss er den kalkulatorischen Wiederbeschaffungswert einschließlich Steuer in Höhe von 32% ansetzen, um nicht die Substanz des Unternehmens angreifen zu müssen?
   c) Um wie viel Prozent muss der Unternehmer im Jahresdurchschnitt rein rechnerisch die Preise erhöhen?

## 13.3 Jahresabschluss als Mittel der Rechnungslegung

Die handels- und steuerrechtlich vorgeschriebenen Mittel der Rechnungslegung einer Unternehmung sind die *Bilanz* und die *Gewinn- und Verlustrechnung.* Sie bilden den **Jahresabschluss**. Bei Kapitalgesellschaften enthält der Jahresabschluss auch einen erläuternden *Anhang.* Kapitalgesellschaften müssen außerdem einen **Lagebericht** erstellen. Diese Angaben können durch eine **Sozialbilanz** ergänzt werden.

### 13.3.1 Bilanz

HGB § 247

Die **Bilanz** gibt Auskunft über die in Geld gemessene Größe, Art und Zusammensetzung des *Vermögens* einer Unternehmung in einem genau bestimmten Zeitpunkt und stellt fest, mit wie viel eigenem und fremdem *Kapital* das Vermögen finanziert worden ist. Sie ist Anfangs- und Schlussrechnung der Buchführung einer Rechnungsperiode, die mindestens einen Tag und im Allgemeinen nicht länger als ein Jahr dauert. Als Schlussrechnung kann sie auch Auskunft über den in der Rechnungsperiode erzielten Erfolg geben.

Die Grundlage für die Jahresbilanz bildet eine körperliche Bestandsaufnahme des Vermögens und der Schulden, die **Inventur**. Die einzelnen Teile des Vermögens müssen dabei nach Art, Gattung und Menge ermittelt und bewertet sowie die Schulden nach Gläubiger, Höhe, Grund und Zeit ihrer Entstehung festgestellt werden. Der Bestand der Vermögensgegenstände kann auch mit Hilfe anerkannter und gleichwertiger mathematisch-statistischer Methoden auf Grund von Stichproben ermittelt werden.

§ 240

Die mengen- und wertmäßige Zusammenstellung der Teile des Vermögens und der Schulden wird **Inventar** genannt. Die ihm zugrunde liegenden Urkunden bilden zusammen mit der Gesamtaufstellung die **Bilanzbelege**, ohne die eine Bilanz keine Beweiskraft hat. Besondere Beachtung verdient der Umstand, dass die Bilanz ein Augenblicksbild, gewissermaßen eine „Blitzlichtaufnahme" des Vermögens und des Kapitals im Zeitpunkt ihrer Feststellung ist.

§ 266

#### ■ Jahresbilanz der Kapitalgesellschaft

Die Bilanz ist in Kontoform (Bild 280) aufzustellen. Bezeichnung und Reihenfolge der Posten ist verbindlich vorgeschrieben. Für Kreditinstitute und Versicherungsgesellschaften gelten besondere Gliederungs- und Bezeichnungsvorschriften. Kleine Kapitalgesellschaften brauchen nur eine verkürzte Bilanz mit den Posten aufzustellen, die durch Buchstaben und römische Ziffern bezeichnet sind. Die mit arabischen Ziffern bezeichnete Untergliederung entfällt.

**Beispiel:** Unter „B.I. Vorräte" werden bei kleinen Kapitalgesellschaften Roh-, Hilfs- und Betriebsstoffe, unfertige und fertige Erzeugnisse und geleistete Anzahlungen zusammengefasst.

■ **Gliederung der Aktivseite** (siehe auch Abschnitt 12.1.1)

**Erläuterung zu einzelnen Posten:**

§ 255 (4)

- **A. I. 2. Geschäfts- oder Firmenwert.** Unter dieser Position darf nur der Unterschiedsbetrag angesetzt werden, der bei Übernahme des ganzen Unternehmens über den Wert des Unternehmens hinaus gezahlt wird. Der Betrag ist in jedem folgenden Geschäftsjahr zu mindestens einem Viertel durch Abschreibung zu tilgen. Die Abschreibung kann aber auch planmäßig auf die Geschäftsjahre verteilt werden, in denen der Geschäfts- oder Firmenwert voraussichtlich genutzt wird.
- **A. II. 1. Grundstücksgleiche Rechte** sind dingliche Rechte, die wie Grundstücke behandelt werden, z.B. Abbaurechte, Erbbaurechte.
- **B. II. 1. Forderungen aus Lieferungen und Leistungen** enthalten auch die aus Warengeschäften herrührenden Kundenwechsel.

- **C. Rechnungsabgrenzungsposten** sind Erfolgsregulierungsposten. Sie bezwecken die periodisch gerechte Ermittlung des Unternehmungsergebnisses verschiedener Geschäftsjahre. Als aktive Posten der Rechnungsabgrenzung dürfen nur **Ausgaben** vor dem Abschlussstichtag ausgewiesen werden, soweit sie Aufwand für eine bestimmte Zeit nach diesem Tag darstellen (transitorische Aktiva).

  Erträge des laufenden Geschäftsjahres, die erst nach dem Abschlussstichtag Einnahmen werden (antizipative Aktiva), sind unter anderen Posten des Umlaufvermögens, z.B. unter „Sonstige Vermögensgegenstände" auszuweisen.

## ■ Gliederung der Passivseite (siehe auch Abschnitt 12.1.2)

**Erläuterungen zu einzelnen Posten:**

HGB § 272

- **A. Eigenkapital.**

  **I. Gezeichnetes Kapital** ist das Grund- oder Stammkapital, auf das sich die Haftung der Gesellschafter der Kapitalgesellschaft beschränkt. Wenn das gezeichnete Kapital nicht voll einbezahlt ist (ausstehende Einlagen), muss dies in der Bilanz angegeben werden. Dafür sind nach Handelsrecht folgende Möglichkeiten vorgesehen:

  a) Ausweis des eingeforderten Kapitals auf der Passivseite der Bilanz. Der Betrag ergibt sich aus der Verminderung des gezeichneten Kapitals um den Betrag der *nicht eingeforderten* ausstehenden Einlagen; außerdem Ausweis des Betrags der *eingeforderten* Einlagen unter den Forderungen;

  b) Ausweis als „Ausstehende Einlagen, davon eingefordert" auf der Aktivseite der Bilanz vor dem Anlagevermögen.

  **Beispiel:** Eine AG hat ein gezeichnetes Kapital von 2 Mio. EUR. Die ausstehenden Einlagen betragen 400.000 EUR, davon sind 50.000 EUR eingefordert.

  *Bilanzausweis nach Alternative a)*

| Aktiva | | Bilanz zum 31. Dezember | | Passiva |
|---|---|---|---|---|
| **B. II. 4.** | | **A.** Eigenkapital | | |
| Forderungen aus eingeforderten ausstehenden Einlagen | 50.000 | **I.** Gezeichnetes Kapital | 2.000.000 | |
| | | Nicht eingeforderte ausstehende Einlagen | 350.000 | |
| | | Eingefordertes Kapital | | 1.650.000 |

  *Bilanzausweis nach Alternative b)*

| Aktiva | | | Passiva |
|---|---|---|---|
| Ausstehende Einlage | 400.000 | **A.** Eigenkapital | |
| (davon eingefordert 50.000) | | **I.** Gezeichnetes Kapital | 2.000.000 |

§ 273

- **Sonderposten mit Rücklageanteil** dürfen nur insoweit gebildet werden, als ihr Ansatz in der Handelsbilanz für die steuerrechtliche Anerkennung vorausgesetzt wird. Der Posten ist vor den Rückstellungen auszuweisen und wird erst bei der Auflösung versteuert.

  EStG § 6 b

  **Beispiel:**

  Während des Geschäftsjahres wurde ein abnutzbares Wirtschaftsgut mit einer betriebsgewöhnlichen Nutzungsdauer von 25 Jahren, das mit 1.000 EUR zu Buch stand, zu 7.000 EUR verkauft. Der Gewinn von 6.000 EUR braucht nicht auf G + V verbucht zu werden, sondern darf auf die Dauer von vier Jahren in eine steuerfreie Rücklage eingestellt werden. Bei Beschaffung des Ersatzgutes dürfen die 6.000 EUR an den Anschaffungskosten gekürzt werden (stille Reserve). Aus dem so verminderten Anschaffungswert ergeben sich verminderte Abschreibungen, wodurch die stille Reserve unmerklich wieder gewinnerhöhend aufgelöst und damit steuerlich erfasst wird.

HGB
§ 266

## Gliederung der Bilanz (für große und mittelgroße Kapitalgesellschaften)

| Aktiva | Passiva |
|---|---|
| **A. Anlagevermögen:**<br>**I. Immaterielle Vermögensgegenstände:**<br>1. Konzessionen, gewerbliche Schutzrechte und ähnliche Rechte und Werte sowie Lizenzen an solchen Rechten und Werten;<br>2. Geschäfts- oder Firmenwert;<br>3. geleistete Anzahlungen;<br>**II. Sachanlagen:**<br>1. Grundstücke, grundstücksgleiche Rechte und Bauten, einschließlich der Bauten auf fremden Grundstücken;<br>2. technische Anlagen und Maschinen;<br>3. andere Anlagen, Betriebs- und Geschäftsausstattung;<br>4. geleistete Anzahlungen und Anlagen im Bau;<br>**III. Finanzanlagen:**<br>1. Anteile an verbundenen Unternehmen;<br>2. Ausleihungen an verbundene Unternehmen;<br>3. Beteiligungen;<br>4. Ausleihungen an Unternehmen, mit denen ein Beteiligungsverhältnis besteht;<br>5. Wertpapiere des Anlagevermögens;<br>6. sonstige Ausleihungen. | **A. Eigenkapital:**<br>**I. Gezeichnetes Kapital**<br>**II. Kapitalrücklage**<br>**III. Gewinnrücklagen:**<br>1. gesetzliche Rücklage;<br>2. Rücklage für eigene Anteile;<br>3. satzungsmäßige Rücklagen;<br>4. andere Gewinnrücklagen;<br>**IV. Gewinnvortrag/Verlustvortrag:**<br>**V. Jahresüberschuss/Jahresfehlbetrag.** |
| **B. Umlaufvermögen:**<br>**I. Vorräte:**<br>1. Roh-, Hilfs- und Betriebsstoffe;<br>2. unfertige Erzeugnisse, unfertige Leistungen;<br>3. fertige Erzeugnisse und Waren;<br>4. geleistete Anzahlungen;<br>**II. Forderungen und sonstige Vermögensgegenstände:**<br>1. Forderungen aus Lieferungen und Leistungen;<br>2. Forderungen gegen verbundene Unternehmen;<br>3. Forderungen gegen Unternehmen, mit denen ein Beteiligungsverhältnis besteht;<br>4. sonstige Vermögensgegenstände;<br>**III. Wertpapiere:**<br>1. Anteile an verbundenen Unternehmen;<br>2. eigene Anteile;<br>3. sonstige Wertpapiere;<br>**IV. Schecks, Kassenbestand, Bundesbank- und Postbankguthaben, Guthaben bei Kreditinstituten.** | **B. Rückstellungen:**<br>1. Rückstellungen für Pensionen und ähnliche Verpflichtungen;<br>2. Steuerrückstellungen;<br>3. sonstige Rückstellungen.<br>**C. Verbindlichkeiten:**<br>1. Anleihen, davon konvertibel;<br>2. Verbindlichkeiten gegenüber Kreditinstituten;<br>3. erhaltene Anzahlungen auf Bestellungen;<br>4. Verbindlichkeiten aus Lieferungen und Leistungen;<br>5. Verbindlichkeiten aus der Annahme gezogener Wechsel und der Ausstellung eigener Wechsel;<br>6. Verbindlichkeiten gegenüber verbundenen Unternehmen;<br>7. Verbindlichkeiten gegenüber Unternehmen, mit denen ein Beteiligungsverhältnis besteht;<br>8. sonstige Verbindlichkeiten, davon aus Steuern, davon im Rahmen der sozialen Sicherheit. |
| **C. Rechnungsabgrenzungsposten.** | **D. Rechnungsabgrenzungsposten.** |

Bild 280

- **B. Rückstellungen müssen** von jedem Kaufmann gebildet werden für
  - ungewisse Verbindlichkeiten, z.B. Pensionsverpflichtungen,
  - drohende Verluste aus schwebenden Geschäften (im Einkommensteuerrecht nicht mehr erlaubt),
  - im Geschäftsjahr unterlassene Aufwendungen für Instandhaltungen oder Abraumbeseitigung,
  - Gewährleistungen, die ohne rechtlichen Grund erbracht werden.

  HGB § 249

  Rückstellungen **dürfen** gebildet werden für Aufwendungen, die am Abschlussstichtag wahrscheinlich oder sicher, aber hinsichtlich ihrer Höhe oder des Zeitpunktes ihres Eintritts unbestimmt sind.

  **Große** und **mittelgroße** Kapitalgesellschaften haben die Rückstellungen wie folgt besonders **auszuweisen:**
  1. Rückstellungen für Pensionen und ähnliche Verpflichtungen,
  2. Steuerrückstellungen und  § 274
  3. Sonstige Rückstellungen. Der hier angegebene Betrag muss im Anhang erläutert werden.  § 285 Ziff. 12

- **C. Verbindlichkeiten.** Bei jedem einzelnen Posten muss der Betrag der Verbindlichkeiten mit einer Restlaufzeit bis zu einem Jahr vermerkt werden. Außerdem müssen **Restlaufzeiten** zwischen 1 und 5 sowie über 5 Jahren und **Pfandrechte** im Anhang angegeben werden. Erhaltene Anzahlungen auf Bestellungen können auch bei den Vorräten offen abgesetzt werden.  § 268 § 285

  Für besondere Haftungsverhältnisse aus Verbindlichkeiten ist ein Vermerk „unter der Bilanz" vorgeschrieben. Außerdem sind die Tatbestände im Anhang zu erläutern.  § 251

- **D. Rechnungsabgrenzungsposten.** Als passive Posten der Rechnungsabgrenzung dürfen nur **Einnahmen** vor dem Abschlussstichtag, soweit sie Erträge für eine bestimmte Zeit nach diesem Tag darstellen, ausgewiesen werden (transitorische Passiva).  § 250

  Aufwendungen des laufenden Geschäftsjahres, die erst nach dem Abschlussstichtag Ausgaben werden (antizipative Passiva) sind unter „Sonstige Verbindlichkeiten" aufzuführen.

## Jahresbilanzen von Unternehmungen anderer Rechtsform

Einzelunternehmungen, Personengesellschaften und Genossenschaften haben in der Bilanz das Anlagevermögen, das Umlaufvermögen, das Eigenkapital, die Schulden und die Rechnungsabgrenzungsposten **vollständig** und hinreichend gegliedert anzugeben. Soweit Verbindlichkeiten, drohende Verluste aus schwebenden Geschäften, nachzuholende Instandhaltungen und Gewährleistungen vorliegen, sind Rückstellungen zu bilden.  § 247 § 249

Die Gliederungsvorschriften für die Bilanz von Kapitalgesellschaften sind für diese Unternehmungen nicht verbindlich.

Die Weiterentwicklung der Bilanzierungs- und Bewertungsgrundsätze (Abschnitt 13.1.3) hat zur Aufstellung von Kontenrahmen für die einzelnen Wirtschaftszweige und damit gewissermaßen zu „genormten" Bilanzierungsgliederungen geführt, sodass die Rechtsform im Wesentlichen nur eine unterschiedliche Darstellung und Benennung des Eigenkapitals bedingt.

**a) Einzelunternehmung.** In ihrer Bilanz wird für den Eigentümer ein **variables** Eigenkapitalkonto geführt. Diesem werden Einlagen und Gewinne zugeschrieben und Entnahmen (private Sach- und Geldentnahmen) und Verluste abgeschrieben, sodass der Posten Eigenkapital den jeweiligen Stand am Ende der Rechnungsperiode ausweist.

**b) OHG.** In der Bilanz der OHG wird für jeden Gesellschafter ein besonderes Eigenkapital geführt, das inhaltlich dem eines Einzelunternehmers entspricht. Die in der Bilanz ausgewiesenen Eigenkapitalanteile der Gesellschafter sind somit **variabel**. Da Vertragsfreiheit besteht, können jedoch die Kapitalanteile der Gesellschaft auch  § 120 auf bestimmte Beträge festgelegt und zusätzliche Beträge anderweitig auf Sonderkonten (Gesellschafterdarlehen, Unternehmungsrücklage) ausgewiesen werden.

HGB §§ 167, 168

c) **KG.** Für die Eigenkapitalanteile der Vollhafter (Komplementäre) gelten die gleichen Regeln wie für die Gesellschafter der OHG. Die Kapitalanteile der Kommanditisten (Kommanditeinlagen) jedoch sind nur **beschränkt variabel** und können den im Gesellschaftsvertrag festgelegten Betrag nicht übersteigen. Soweit Gewinnanteile den Kommanditisten nicht ausbezahlt worden sind, werden sie als Verbindlichkeiten ausgewiesen (Abschnitt 13.4.3).

PublG §§ 1, 9

d) **Großunternehmungen.** Nach dem Gesetz über die Rechnungslegung von bestimmten Unternehmungen und Konzernen (Publizitätsgesetz) vom 15. Aug. 1969 haben Großunternehmen ihre Bilanzen zwingend den Vorschriften des HGB für große Kapitalgesellschaften entsprechend aufzustellen und zu veröffentlichen, wenn für drei aufeinander folgende Abschlussstichtage jeweils mindestens zwei der drei nachstehenden Merkmale zutreffen:

1. Die **Bilanzsumme** übersteigt **125 Mio. DM**.
2. Die **Umsatzerlöse** des Unternehmens übersteigen **250 Mio. DM**.
3. Das Unternehmen hat im abgelaufenen Jahr durchschnittlich **mehr als 5.000 Arbeitnehmer** beschäftigt.

Sobald erstmals in einem Geschäftsjahr zwei der drei Merkmale eingetreten sind, haben dies die gesetzlichen Vertreter der Großunternehmen unverzüglich dem Handelsregister gegenüber zu erklären.

Großunternehmen, die Personengesellschaften oder Einzelunternehmen sind, können ihre Eigenkapitalkonten **variabel** führen, d.h. Gewinn- oder Verlustanteile sowie Privatentnahmen auf den Kapitalkonten buchen.

**Zur Wiederholung und Vertiefung**

1. Welcher Zusammenhang und welcher Unterschied bestehen zwischen einer Bilanz und dem Inventar?
2. Welche Bezeichnung hat das „gezeichnete Kapital" bei
   a) einer AG, b) einer GmbH?
3. Welche Informationen geben Rechnungsabgrenzungsposten in der Bilanz?
4. Welche Bedeutung haben die Posten „unter der Bilanz"?
5. Inwieweit unterscheidet sich die Bilanz einer Einzelunternehmung von der einer Kapitalgesellschaft?
6. Die Getränkegeräte-GmbH hat ein gezeichnetes Kapital von 5 Mio. EUR. Die Gesellschafter haben noch 1,6 Mio. EUR einzuzahlen. Von diesem Betrag sind 400.000 EUR eingefordert.
   Wie kann dieser Sachverhalt in der Bilanz dargestellt werden?

## 13.3.2 Gewinn- und Verlustrechnung

Die Gewinn- und Verlustrechnung gibt Auskunft über die Aufwendungen und Erträge einer Rechnungsperiode. Sie stellt dabei den in Geld gemessenen **laufenden** Einsatz von Vermögen sowie dessen Ersatz durch den Markt und das Ergebnis innerbetrieblicher Leistung dar. Während die Bilanz nur den *Zustand* des Unternehmens am Bilanzstichtag darstellt, zeigt die Erfolgsrechnung das *wirtschaftliche Geschehen*, das sich im Laufe eines Geschäftsjahres in der Unternehmung vollzogen hat.

### Gewinn- und Verlustrechnung der Kapitalgesellschaft

HGB § 275

**Kapitalgesellschaften** haben die Gewinn- und Verlustrechnung in der *Staffelform* aufzustellen. Man unterscheidet dabei das Brutto- und das Nettoprinzip.

a) Die Gewinn- und Verlustrechnung nach dem **Bruttoprinzip** zeigt Bild 281. *Große Kapitalgesellschaften müssen* die Gewinn- und Verlustrechnung mit dieser Mindestgliederung erstellen und veröffentlichen.

| Gliederung der Gewinn- und Verlustrechnung (nach dem Gesamtkostenverfahren) | |
|---|---|
| 1. Umsatzerlöse<br>2. Erhöhung oder Verminderung des Bestandes an fertigen und unfertigen Erzeugnissen<br>3. andere aktivierte Eigenleistungen<br>4. sonstige betriebliche Erträge<br>5. Materialaufwand:<br>a) Aufwendungen für Roh-, Hilfs- und Betriebsstoffe und für bezogene Waren<br>b) Aufwendungen für bezogene Leistungen<br>6. Personalaufwand:<br>a) Löhne und Gehälter<br>b) soziale Abgaben und Aufwendungen für Altersversorgung und für Unterstützung, davon für Altersversorgung<br>7. Abschreibungen:<br>a) auf immaterielle Vermögensgegenstände des Anlagevermögens und Sachanlagen sowie auf aktivierte Aufwendungen für die Ingangsetzung und Erweiterung des Geschäftsbetriebs<br>b) auf Vermögensgegenstände des Umlaufvermögens, soweit diese die in der Kapitalgesellschaft üblichen Abschreibungen überschreiten | BETRIEBSERGEBNIS |
| 8. sonstige betriebliche Aufwendungen<br>9. Erträge aus Beteiligungen, davon aus verbundenen Unternehmen<br>10. Erträge aus anderen Wertpapieren und Ausleihungen des Finanzanlagevermögens, davon aus verbundenen Unternehmen<br>11. sonstige Zinsen und ähnliche Erträge, davon aus verbundenen Unternehmen<br>12. Abschreibungen auf Finanzanlagen und auf Wertpapiere des Umlaufvermögens<br>13. Zinsen und ähnliche Aufwendungen, davon an verbundene Unternehmen | FINANZ-ERGEBNIS |
| 14. Ergebnis der gewöhnlichen Geschäftstätigkeit | |
| 15. außerordentliche Erträge<br>16. außerordentliche Aufwendungen | |
| 17. außerordentliches Ergebnis | |
| 18. Steuern vom Einkommen und vom Ertrag<br>19. sonstige Steuern | |
| 20. Jahresüberschuss/Jahresfehlbetrag | |

Bild 281

**Erläuterungen zu einzelnen Posten:**

- **Umsatzerlöse** sind Erlöse aus dem Verkauf, der Vermietung und Verpachtung von Erzeugnissen, Waren und Dienstleistungen des gewöhnlichen Geschäftsbetriebs abzüglich der Erlösschmälerungen und der Umsatzsteuer. Die Erlöse aus Nebentätigkeiten sind unter sonstigen betrieblichen Erträgen auszuweisen.
- **Sonstige betriebliche Erträge** sind z.B. Erträge aus der Auflösung von Rückstellungen, Sonderposten mit Rücklagenanteil, aus Anlagenabgängen; Kursgewinne aus Zahlungsverkehr und Kurssicherung bei Auslandsgeschäften; Erlöse aus Nebengeschäften; Erlöse aus der Weiterbelastung von Kosten und Leistungen, Miet- und Pachterlöse, Lizenzerlöse, Investitionszulagen und Umsatzsteuervergütungen.
- **Abschreibungen.** Der Betrag stimmt mit dem Betrag im Anlagespiegel überein. Die darin enthaltenen außerplanmäßigen Abschreibungen sind gesondert auszuweisen oder im Anhang anzugeben.
- **Sonstige betriebliche Aufwendungen** enthalten Verluste aus dem Abgang von Gegenständen des Anlagevermögens, Einstellung in Sonderposten mit Rücklagenanteil, Aufwendungen aus anderen Geschäftsjahren, soweit sie der gewöhnlichen Geschäftstätigkeit zuzurechnen sind, u.a.

- **Außerordentliche Erträge und Aufwendungen** entstehen z.B. bei Sanierungen, Umwandlungen u. Ä. Soweit sie für die Beurteilung der Ertragslage nicht von untergeordneter Bedeutung sind, müssen sie im Anhang erläutert werden.
- **Steuern vom Einkommen und vom Ertrag** betreffen die Körperschaftsteuer und die Gewerbesteuer. Die Höhe hängt von der Gewinnverwendung ab, die erst nach der Beschlusslage der Hauptversammlung endgültig feststeht. Eine notwendige Korrektur erfolgt im Folgejahr.
- **Sonstige Steuern** beziehen sich auf die Grundsteuer und alle übrigen Steuern.

b) Bei der Gewinn- und Verlustrechnung nach dem **Nettoprinzip** werden die Umsatzerlöse nicht ausgewiesen, sondern vorweg zum *Rohergebnis* saldiert.

Umsatzerlöse
+/– Bestandsveränderung der unfertigen und fertigen Erzeugnisse
+ andere aktivierte Eigenleistungen
+ sonstige betriebliche Erträge
– Materialaufwand (für Roh-, Hilfs- u. Betriebsstoffe sowie bezogene Leistungen)

Durch Saldieren von Erträgen mit Aufwendungen ist die Aussagekraft der G + V-Rechnung vermindert. Die Unternehmung gibt ihre Umsatzerlöse nicht offen bekannt.

Nur *kleine und mittelgroße Kapitalgesellschaften dürfen* das Nettoprinzip bei der Erstellung der Gewinn- und Verlustrechnung anwenden.

Die Gewinn- und Verlustrechnung kann nach dem **Gesamtkostenverfahren** (Bild 281) oder nach dem **Umsatzkostenverfahren** aufgestellt werden.

| **Gliederung der G + V-Rechnung nach dem Umsatzkostenverfahren** |
|---|
| 1. Umsatzerlöse |
| 2. Herstellungskosten der zur Erzielung des Umsatzerlöses erbrachten Leistung |
| 3. Bruttoergebnis vom Umsatz |
| 4. Vertriebskosten |
| 5. allgemeine Verwaltungskosten |
| 6. sonstige betriebliche Erträge |
| 7. sonstige betriebliche Aufwendungen |
| 8. Erträge aus Beteiligungen, davon aus verbundenen Unternehmen |
| 9. Erträge aus anderen Wertpapieren und Ausleihungen des Finanzanlagevermögens, davon aus verbundenen Unternehmen |
| 10. sonstige Zinsen und ähnliche Erträge, davon aus verbundenen Unternehmen |
| 11. Abschreibungen auf Finanzanlagen und auf Wertpapiere des Umlaufvermögens |
| 12. Zinsen und ähnliche Aufwendungen, davon an verbundene Unternehmen |
| 13. **Ergebnis der gewöhnlichen Geschäftstätigkeit** |
| 14. außerordentliche Erträge |
| 15. außerordentliche Aufwendungen |
| 16. **außerordentliches Ergebnis** |
| 17. Steuern vom Einkommen und vom Ertrag |
| 18. sonstige Steuern |
| 19. **Jahresüberschuss/Jahresfehlbetrag** |

Bild 282

## Erläuterungen zu einzelnen Posten:

- **Vertriebskosten.** Hier sind alle in der Periode angefallenen Vertriebskosten, auch wenn der Umsatz noch nicht realisiert wurde, aufzunehmen.

  **Beispiele:** Werbe-, Akquisitions-, Packmaterialkosten.

- **Verwaltungskosten.** Diese Position enthält alle nicht aktivierten und nicht in die Herstellungskosten einbezogenen Aufwendungen.

**Beispiel:**

Das Konto „Gesamtergebnis“ einer Kapitalgesellschaft enthält folgende Angaben (in Mio. EUR)

| | | | |
|---|---|---|---|
| Materialaufwand | 120 | Umsatzerlöse | 320 |
| Personalaufwand | 92*) | Bestandserhöhungen | 30 |
| Abschreibungen | 105 | Sonstige betriebliche Erträge | 20 |
| Sonstige betriebliche Aufwendungen | 60 | Außerordentliche Erträge | 12 |
| Außerordentliche Aufwendungen | 5 | Aktivierte Eigenleistungen | 40 |
| Steuern vom Einkommen und Ertrag | 17 | | |
| Sonstige Steuern | 7 | | |
| Jahresüberschuss | 16 | | |

*) Im Personalaufwand sind 3 Mio. EUR Vertriebskosten und 11 Mio. EUR Allgemeine Verwaltungskosten enthalten.

Daraus ergibt sich folgende Darstellung des Gesamtergebnisses nach dem Gesamtkostenverfahren und dem Umsatzkostenverfahren:

| **Gesamtergebnis (Gesamtkostenverfahren):** | |
|---|---|
| Umsatzerlös | 320 |
| Bestandserhöhung FE und UE | 30 |
| Aktivierte Eigenleistungen | 40 |
| sonstige betriebliche Erträge | 20 |
| Materialaufwand | 120 |
| Personalaufwand | 92 |
| Abschreibungen | 105 |
| sonstige betriebliche Aufwendungen | 60 |
| **Ergebnis der gewöhnlichen Geschäftstätigkeit** | 33 |
| außerordentliche Erträge | 12 |
| außerordentliche Aufwendungen | 5 |
| **außerordentliches Ergebnis** | 7 |
| Steuern vom Einkommen und Ertrag | 17 |
| sonstige Steuern | 7 |
| **Jahresüberschuss** | 16 |

| **Gesamtergebnis (Umsatzkostenverfahren):** | |
|---|---|
| Umsatzerlös | 320 |
| Herstellungskosten der zur Erzielung des Umsatzerlöses erbrachten Leistung | 233 |
| Bruttoergebnis vom Umsatz | 87 |
| Vertriebskosten | 3 |
| allgemeine Verwaltungskosten | 11 |
| sonstige betriebliche Erträge | 20 |
| sonstige betriebliche Aufwendungen | 60 |
| **Ergebnis der gewöhnlichen Geschäftstätigkeit** | 33 |
| außerordentliche Erträge | 12 |
| außerordentliche Aufwendungen | 5 |
| **außerordentliches Ergebnis** | 7 |
| Steuern vom Einkommen und Ertrag | 17 |
| sonstige Steuern | 7 |
| **Jahresüberschuss** | 16 |

## Gewinn- und Verlustrechnung bei Aktiengesellschaften

Bei Aktiengesellschaften ist die Staffel außerdem um Positionen der Gewinnverwendung erweitert (§ 158 AktG). Damit wird die Verwendung des erzielten Gewinns übersichtlich dargestellt (Bild 283).

**Jahresüberschuss/Jahresfehlbetrag**

1. **Gewinnvortrag/Verlustvortrag** aus dem Vorjahr

2. **Entnahme** aus der *Kapitalrücklage*

3. **Entnahme** aus *Gewinnrücklagen*
   a) aus der gesetzlichen Rücklage
   b) aus der Rücklage für eigene Aktien
   c) aus der satzungsmäßigen Rücklage
   d) aus anderen Gewinnrücklagen

4. **Einstellung** in *Gewinnrücklagen*
   a) in die gesetzliche Rücklage
   b) in die Rücklagen für eigene Aktien
   c) in satzungsmäßige Rücklagen
   d) in andere Gewinnrücklagen

5. **Bilanzgewinn/Bilanzverlust**

Bild 283

## Erfolgsrechnungen von Unternehmungen anderer Rechtsform

a) **Einzelunternehmen und Personengesellschaften.** Für ihre Erfolgsrechnungen bestehen keine Gliederungsvorschriften. In zunehmendem Maße richten sich die Unternehmen ebenfalls nach den Vorschriften des HGB und den von den Fachverbänden entwickelten Kontenrahmen.

b) **Großunternehmen** (Abschnitt 13.3.1). Für sie gelten die gleichen Gliederungsvorschriften wie für die große Kapitalgesellschaft.

### Zur Wiederholung und Vertiefung

1. Welche Positionen der G + V-Rechnung gehören
   a) zum Betriebsergebnis, b) zum Finanzergebnis?
2. In einer G + V-Rechnung ist das Betriebsergebnis kleiner als das Finanzergebnis. Wie beurteilen Sie diesen Sachverhalt?
3. Sowohl in der Bilanz als auch in der G + V-Rechnung sind die Vorjahreszahlen bei den jeweiligen Beträgen anzugeben. Welchem Zweck dient diese Vorschrift?
4. Die ABC-Werke bereiten den Jahresabschluss 20.. vor. Folgende Unterlagen aus der Buchhaltung liegen Ihnen vor:

Zusammengefasstes vorläufiges Gewinn- und Verlustkonto zum 31. Dez. 20.. (Mio. EUR)

| Aufwendungen | | Erträge | |
|---|---|---|---|
| Materialaufwand | 24,8 | Umsatzerlöse | 98,4 |
| Personalaufwand | 41,9 | Bestandsveränderungen an fertigen und unfertigen Erzeugnissen | 1,1 |
| Abschreibungen auf Gegenstände des Anlagevermögens | 12,8 | andere aktivierte Eigenleistungen | 2,7 |
| Abschreibungen auf Finanzanlagen | 3,3 | Erträge aus Beteiligungen | 2,1 |
| Zinsaufwand | 0,8 | sonstige betriebliche Erträge | 2,3 |
| Steuern v. Einkommen u. sonstige Steuern | 8,8 | | |
| sonstige betriebliche Aufwendungen | 8,0 | | |
| vorläufiger Jahresüberschuss | 6,2 | | |
| | 106,6 | | 106,6 |

Zusammengefasste vorläufige Bilanz zum 31. Dez. 20.. (Mio. EUR)

| Aktiva | | Passiva | |
|---|---|---|---|
| A. Summe Anlagevermögen | 56,2 | A. Eigenkapital | |
| B. Summe Umlaufvermögen | 41,9 | I. Gezeichnetes Kapital | 42,0 |
| | | II. Kapitalrücklage | 0,5 |
| | | III. Gewinnrücklagen | |
| | | 1. gesetzliche Rücklage | 3,6 |
| | | 2. andere Gewinnrücklagen | 7,9 |
| | | IV. Verlustvortrag | - 2,2 |
| | | V. vorläufiger Jahresüberschuss | 6,2 |
| | | B. Rückstellungen | 4,9 |
| | | C. Verbindlichkeiten | 35,2 |
| | 98,1 | | 98,1 |

a) Erstellen Sie die Gewinn- und Verlustrechnung in Staffelform gemäß § 275 HGB, und ermitteln Sie den Jahresüberschuss entsprechend den gesetzlichen Bestimmungen.

b) Der Jahresabschluss wird von Vorstand und Aufsichtsrat festgestellt. Aus Gründen der Dividendenkontinuität soll wie in den Vorjahren eine Dividende von 10% ausgeschüttet werden. Außerdem soll die Belegschaft halb soviel Gewinnbeteiligung wie die Aktionäre erhalten. Sollte der Jahresgewinn dafür nicht ausreichen, so ist er notfalls aus den „anderen Gewinnrücklagen" auf die notwendige Höhe aufzufüllen.
   - Welcher Betrag wird – vorbehaltlich der Zustimmung der Hauptversammlung – an die Aktionäre und welcher an die Belegschaft ausgeschüttet?
   - Führen Sie unter diesen Bedingungen die Gewinn- und Verlustrechnung gemäß den gesetzlichen Bestimmungen des Aktiengesetzes fort, und ermitteln Sie den Bilanzgewinn.
   - Was spricht für, was gegen eine Dividendenkontinuität?
   - Ermitteln Sie die einzelnen Posten der Kapitalseite der Bilanz nach Feststellung des Jahresabschlusses entsprechend folgendem Muster:

| Konten | Werte vor Gewinnverteilung Mio. EUR | Wertzu-/ -abgänge Mio. EUR | Werte nach Gewinnverteilung Mio. EUR |
|---|---|---|---|

c) Nennen Sie je zwei Gründe, die dafür und dagegen sprechen, Gewinnrücklagen über das vom Gesetzgeber vorgeschriebene Maß hinaus zu bilden.

d) Erläutern Sie die Unterschiede zwischen den Posten „Kapitalrücklage", „Gewinnrücklagen" und „Rückstellungen".

e) Aufgrund welcher Rechtsgrundlage könnte die Belegschaft Gewinnanteile beanspruchen?

f) Ermitteln Sie den Bilanzkurs der Aktien nach der Gewinnausschüttung, und vergleichen Sie diesen Kurs mit dem gegenwärtigen Börsenkurs von 80 EUR/Stück.

g) Nennen Sie zwei mögliche Gründe für den Kursunterschied.

## 13.3.3 Anhang zur Bilanz und G + V-Rechnung

Zur *Erläuterung der Bilanz sowie der Gewinn- und Verlustrechnung* ist für Kapitalgesellschaften ein **Anhang** gesetzlich vorgeschrieben. Für kleine und mittelgroße Kapitalgesellschaften sind Erleichterungen, für Aktiengesellschaften Erweiterungen vorgesehen.

HGB §§ 284, 285, 288

**Beispiele:**

1. Die Aufgliederung der Umsatzerlöse nach Tätigkeitsbereichen sowie nach geographisch bestimmten Märkten kann unterbleiben.
2. Im Anhang der Aktiengesellschaft müssen Zahl, Nennbetrag und Zeitpunkt des Erwerbs eigener Aktien angegeben werden.

AktG § 160

Große Kapitalgesellschaften sind u.a. zu folgenden Angaben im Anhang gesetzlich verpflichtet:

1. Erläuterungen zu Posten der Bilanz sowie Gewinn- und Verlustrechnung.

   **Beispiele:**

   - Einzelheiten über die Aufwendungen im Zusammenhang mit der Ingangsetzung des Geschäftsbetriebs;
   - Forderungen und Verbindlichkeiten von erheblichem Umfang, die erst nach dem Abschlussstichtag rechtlich entstehen;
   - Aufgliederung der Umsatzerlöse nach Tätigkeitsbereichen.

2. Angabe der Bilanzierungs- und Bewertungsmethoden sowie ihrer Änderung mit den sich daraus ergebenden Einflüssen auf die Vermögens-, Finanz- und Ertragslage.
3. Verbindlichkeiten mit einer Restlaufzeit von mehr als 5 Jahren sowie Art und Form der dafür eingesetzten Sicherheiten.
4. Steuerbelastung der gewöhnlichen Geschäftstätigkeit und des außerordentlichen Ergebnisses.
5. Gesamtbezüge, Vorschüsse und Kredite der Mitglieder des Geschäftsführungsorgans, eines Aufsichtsrats, eines Beirats oder einer ähnlichen Einrichtung sind ausführlich nach Personengruppen getrennt anzugeben.

Außerdem sind in Ausübung des **Wahlrechts** zwischen der Angabe in der Bilanz oder im Anhang die entsprechenden Erläuterungen im Anhang zu machen, wenn der Ausweis in der Bilanz unterbleibt.

**Beispiele:**

1. Wenn die Gründe für eine außerplanmäßige Abschreibung in späteren Geschäftsjahren wegfallen, sind entsprechende Zuschreibungen vorzunehmen. Soweit der niedrigere Wertansatz bei der steuerlichen Gewinnermittlung beibehalten werden kann, gilt dies auch für die Handelsbilanz. In diesem Fall ist der Betrag der unterlassenen Zuschreibung im Anhang anzugeben, sofern er nicht in der Bilanz gemacht wird (§ 280 HGB).
2. Wenn die Bewegung des Anlagevermögens (Anlagengitter) nicht in der Bilanz dargestellt wird, muss dies im Anhang geschehen (Bild 268).

## Zur Wiederholung und Vertiefung

1. Wann werden die im Anhang gesetzlich vorgeschriebenen Angaben besondere Bedeutung haben?
2. Welche Gründe sprechen für die Darstellung des Anlagengitters im Anhang?
3. Warum müssen Zahl, Nennbetrag und Zeitpunkt des Erwerbs eigener Aktien im Anhang einer AG angegeben werden?
4. Welche Informationen liefern Ihnen folgende Angaben im Anhang einer Aktiengesellschaft?
   a) Erworbene immaterielle Vermögensgegenstände werden aktiviert und planmäßig nach der Nutzungsdauer innerhalb 3 bis 15 Jahren abgeschrieben.
   b) Im Geschäftsjahr wurden Wertaufholungen in Höhe von 30,5 Mio. EUR unterlassen. Die durch planmäßige oder außerplanmäßige Abschreibungen bedingte Verminderung des Jahresüberschusses beträgt 25,4 Mio. EUR.
   c) Durch Anwendung der Lifo-Methode bei der Bewertung von Vorräten ergibt sich ein Unterschiedsbetrag (Lifo-Reserve) von 10 Mio. EUR bei Rohstoffen und 60 Mio. EUR bei unfertigen und fertigen Erzeugnissen und Waren.

## 13.3.4 Lagebericht

Die gesetzlichen Vertreter einer Kapitalgesellschaft haben neben dem Jahresabschluss auch einen **Lagebericht** aufzustellen.

HGB §§ 264, 289, 312

Der Lagebericht muss mindestens Angaben enthalten über
- den Geschäftsverlauf,
- die gegenwärtige Lage der Kapitalgesellschaft,
- Vorgänge von besonderer Bedeutung, die nach dem Schluss des Geschäftsjahres eingetreten sind,
- die voraussichtliche Entwicklung der Kapitalgesellschaft,
- den Bereich Forschung und Entwicklung,
- die Beziehungen zu anderen Unternehmen.

Mit dem Lagebericht sollen die Angaben des Jahresabschlusses, die sich nicht im Zahlenwerk niederschlagen, um die aktuellen Erkenntnisse und Absichten der Geschäftsleitung der Kapitalgesellschaft erweitert und ergänzt werden. Es soll auf diese Weise ein den tatsächlichen Verhältnissen entsprechendes Bild der Vermögens-, Finanz- und Ertragslage der Kapitalgesellschaft vermittelt werden.

**Zur Wiederholung und Vertiefung**

Besorgen Sie sich den Geschäftsbericht einer Kapitalgesellschaft. Prüfen Sie, mit welchen Mitteln der Lagebericht übersichtlich gestaltet wird.

## 13.3.5 Prüfung, Feststellung und Offenlegung des Jahresabschlusses

### Prüfung der Rechnungslegung bei Kapitalgesellschaften

**Abschlussprüfer.** Bei mittleren und großen Kapitalgesellschaften ist die Prüfung der Buchführung, des Jahresabschlusses und des Lageberichts gesetzlich vorgeschrieben.

§§ 316 ff.

Dazu wählen die Gesellschafter vor Ablauf des zu prüfenden Geschäftsjahres einen **Abschlussprüfer**; bei Gesellschaften mit beschränkter Haftung kann der Gesellschaftsvertrag etwas anderes bestimmen.

Für die Durchführung der Prüfung haben die gesetzlichen Vertreter der Kapitalgesellschaft (Vorstand, Geschäftsführer) dem Abschlussprüfer
- alle Unterlagen unverzüglich vorzulegen,
- jeden geforderten Einblick zu gestatten und
- alle notwendigen Nachweise und Aufklärungen zu geben, die für eine sorgfältige Prüfung notwendig sind.

**Prüfungsbericht.** Das Ergebnis der Prüfung ist vom Abschlussprüfer in einem schriftlichen **Prüfungsbericht** ausführlich darzulegen. Der Prüfungsbericht muss insbesondere enthalten, ob

§ 321

- die gesetzlichen Vorschriften eingehalten wurden,
- die gesetzlichen Vertreter die nötigen Aufklärungen und Nachweise gegeben haben,
- nachteilige, wesentliche Veränderungen der Vermögens-, Finanz- und Ertragslage das Jahresergebnis nicht wesentlich beeinflusst haben.

**Bestätigungsvermerk.** Wenn keine Einwendungen erhoben werden, hat der Abschlussprüfer dies durch folgenden Vermerk zum Jahresabschluss, der wie der Jahresabschluss veröffentlicht wird, zu bestätigen:

§ 322

Die Buchführung und der Jahresabschluss entsprechen nach unserer pflichtgemäßen Prüfung den gesetzlichen Vorschriften. Der Jahresabschluss vermittelt unter Beachtung der Grundsätze ordnungsgemäßer Buchführung ein den tatsächlichen Verhältnissen entsprechendes Bild der Vermögens-, Finanz- und Ertragslage der Kapitalgesellschaft.

Der Lagebericht steht im Einklang mit dem Jahresabschluss.

Frankfurt (Main), im Mai 20..

Deutsche Treuhand-Gesellschaft

Dr. Hofmann
Wirtschaftsprüfer

Braun
Wirtschaftsprüfer

## Vorlage an die Gesellschafter

HGB §§ 325–328

Die **Feststellung des Jahresabschlusses** obliegt im Allgemeinen den Gesellschaftern der Kapitalgesellschaft. Nur bei der Aktiengesellschaft gilt der Jahresabschluss bereits als festgestellt, wenn ihn der Aufsichtsrat billigt. Vorstand und Aufsichtsrat können jedoch beschließen, dass die Feststellung an die Hauptversammlung verwiesen wird. Ist der Jahresabschluss festgestellt, darf er nicht mehr verändert werden.

## Offenlegung und Publizität

§ 325

Die Offenlegung des Jahresabschlusses und weiterer Abschlussunterlagen ist unverzüglich nach der Vorlage an die Gesellschafter zu veranlassen. Sie geschieht durch Einreichung der Unterlagen beim Handelsregister (HR) und eventuell durch Bekanntmachung im Bundesanzeiger (BA). Umfang und Art der Veröffentlichung ist von der Größe der Kapitalgesellschaft abhängig. Dies zeigt Bild 267.

| Kapital-gesellschaft | Offenlegung | | | | | Veröffent-lichungsfrist |
|---|---|---|---|---|---|---|
| | Jahresabschluss | | | Lage-bericht | Einreichung bzw. Bekanntmachung | |
| | Bilanz | G+V | Anhang | | | |
| **große** | X | X | X | X | HR und BA | 9 Monate |
| **mittelgroße** | X | X | X | X | HR | 9 Monate |
| **kleine** | X | – | X | – | HR | 12 Monate |

Bild 284

**Zur Wiederholung und Vertiefung**

1. Welche Angaben müssen enthalten
   a) der Lagebericht, b) der Prüfungsbericht?
2. Welche Personen interessieren sich für den Lagebericht?
3. Welche Gesellschaften müssen veröffentlichen
   a) die Bilanzen, b) die G + V-Rechnungen, c) den Lagebericht?

# 13.4 Gewinnverwendung

## 13.4.1 Gewinnausweis bei unterschiedlicher Rechtsform

Der im Jahresabschluss ausgewiesene Gewinn hat bei den verschiedenen Unternehmungsformen unterschiedliche Inhalte und Bestandteile.

**Unternehmungen, die juristische Personen** (AG, GmbH, KGaA, eG) sind, verrechnen
- die den Auftragsunternehmern (Vorstand, Geschäftsführer) und den Aufsichtsratsmitgliedern gezahlten Entgelte,
- die Steuern vom Einkommen

gewinnmindernd als Aufwand in der Erfolgsrechnung.

Bei **Einzelunternehmen** und **Personengesellschaften** dagegen sind die entsprechenden Belastungen Bestandteile des ausgewiesenen Gewinns. Sie müssen von ihm abgezogen werden, um zu dem Betrag zu gelangen, über dessen Verwendung entschieden werden kann.

Wie viel Einkommensteuer auf den Gewinnanteil eines einzelnen Gesellschafters einer Gesellschaft natürlicher Personen trifft, ist nur für jeden Einzelfall festzustellen; denn nicht die Gesellschaft wird zur ESt veranlagt, sondern jeder einzelne Gesellschafter für sich. Die Bilanz der Gesellschaft wird deshalb als das Bündel der Einzelbilanzen der Mitunternehmer angesehen (Bilanzbündeltheorie). Sie ist lediglich Beleg für Gewinnanteile (Einkünfte aus Gewerbebetrieb) der einzelnen Gesellschafter. Jeder von ihnen kann aber noch andere Einkünfte (Abschnitt 9.2.1) haben, die zusammen mit den Einkünften aus Gewerbebetrieb in ihrer Gesamtheit zu versteuern sind.

### 13.4.2 Möglichkeiten der Gewinnverwendung

Grundsätzlich gibt es nur zwei Möglichkeiten, den **Gewinn zu verwenden**, nämlich
**a) Einbehaltung** in der Unternehmung, **b) Ausschüttung** an die Berechtigten.

Die Einbehaltung von Gewinnteilen (Selbstfinanzierung) soll dazu dienen, die Substanz der Unternehmung nicht nur zu erhalten, sondern sie der fortschreitenden technischen, organisatorischen und gesamtwirtschaftlichen Entwicklung anzupassen.

Im Einzelnen kann die Einbehaltung folgende Zwecke haben:

a) Bindung von Finanzmitteln
   1. für Anlagen- und Finanzinvestitionen,
   2. zur Stärkung der Liquidität;

b) Schaffung zusätzlichen Eigenkapitals
   1. zur Sicherung der Unternehmung bei späterem Verlust,
   2. zur Verbesserung des Verhältnisses zwischen Eigen- und Fremdkapital;

c) Ausgleich des Verlustvortrags.

### 13.4.3 Gewinnverwendung bei Personenunternehmungen

Bei Einzelunternehmungen und Personengesellschaften wird der einbehaltene Teil des Gewinns dem Kapitalkonto des Unternehmers bzw. des einzelnen Gesellschafters gutgeschrieben. Eine Ausnahme bildet die Regelung bei der Kommanditgesellschaft, weil Gewinnanteile der Kommanditisten nicht in ihre Einlagenkonten eingestellt werden dürfen, wenn diese den im Gesellschaftsvertrag bestimmten Betrag ausweisen. Wenn jedoch Kommanditeinlagen durch vorangegangene Verluste gemindert sind, müssen Gewinnanteile der Kommanditisten zunächst zur Wiederauffüllung verwendet werden, bevor eine Auszahlung stattfinden kann.

HGB § 169

Sofern sich Kommanditisten bereitfinden, einen Teil ihres Gewinnanteils in der Unternehmung zu belassen, geschieht dies dadurch, dass sie
- entweder durch Änderung des Gesellschaftsvertrags ihre Kommanditeinlage erhöhen
- oder den einzubehaltenden Teil ihrer Dividende der Unternehmung als Darlehen zur Verfügung stellen (Schütt aus-hol zurück-Verfahren).

Die Gewinnverwendung der KG wird heute, da die Vorschriften des HGB nicht praxisnah sind, wohl ausnahmslos durch Gesellschaftsvertrag geregelt. Dabei wird meist dem persönlich haftenden, geschäftsführenden Gesellschafter (Komplementär) vorab

§ 168

eine Arbeitsvergütung (Unternehmerlohn) zugestanden und der Rest als eine Art Dividende in einem Hundertsatz des jeweiligen Kapitalanteils ausgeschüttet. Oft erhält dabei der Komplementär eine Vordividende.

**Beispiele:**

1. Einzelunternehmer Fischer nahm zu Beginn des Geschäftsjahres (1. Januar) den persönlich haftenden Gesellschafter Hauser in seine Unternehmung auf. Hauser bringt von der vertraglich vereinbarten Einlage in Höhe von 400.000 EUR zum 1. Januar 240.000 EUR (Wert 31.Dez. des Vorjahres) und zum 30. Juni den Rest ein. Das Kapitalkonto Fischer weist in der Eröffnungsbilanz 900.000 EUR aus. Fischer entnimmt am 15. Febr. 6.000 EUR, am 30. April 8.000 EUR, am 28. Mai 10.000 EUR und am 30. Sept. 10.000 EUR. Laut Gesellschaftsvertrag sind Privatentnahmen und ausstehende Einlagen mit 5% zu verzinsen.

   Der Reingewinn des Geschäftsjahres beträgt 135.051,39 EUR. Das eingebrachte Kapital wird zunächst mit 4% verzinst. Fischer, der allein die Geschäftsführung ausübt, erhält eine Arbeitsvergütung von monatlich 4.000 EUR. Der verbleibende Restgewinn wird im Verhältnis 1 : 1 aufgeteilt.

**Berechnung der Vordividende**

*Anteil Fischer:*

4% aus 900.000 EUR = 36.000,00 EUR

5% Zins für Privatentnahmen

| Betrag | Zinstage | Zinszahlen | | |
|---|---|---|---|---|
| 6.000 EUR | 315 | 18.900 | | |
| 8.000 EUR | 240 | 19.200 | | |
| 10.000 EUR | 212 | 21.200 | | |
| 10.000 EUR | 90 | 9.000 | | |
| 34.000 EUR | | 68.300 : 72 (Zinsdivisor) | = | – 948,61 EUR |
| | | | | 35.051,39 EUR |

*Anteil Hauser:*

4% aus 240.000 EUR (12 Monate) = 9.600,00 EUR

4% aus 160.000 EUR (6 Monate) = 3.200,00 EUR

12.800,00 EUR

5% aus 160.000 EUR (6 Monate) wegen ausstehender Einlage = – 4.000,00 EUR

8.800 EUR

| Kapitalanfangsbestand | 4% Vordividende | Arbeitsvergütung | Kopfanteil | Gesamtanteil | Privatentnahmen | Kapitalendbestand |
|---|---|---|---|---|---|---|
| **Fischer:**<br>900.000 EUR | 35.051,39 | 48.000,00 | 21.600,00 | 104.651,39 | 34.000,00 | 970.651,39 |
| **Hauser:**<br>240.000 EUR<br>bis 30. Juni<br>400.000 EUR<br>ab 30. Juni | 8.800,00 | – | 21.600,00 | 30.400,00 | – | 430.400,00 |
| | 43.851,39 | 48.000,00 | 43.200,00 | 135.051,39 | 34.000,00 | 1.401.051,39 |

Bild 285

**Stand der Kapitalkonten am 31. Dez.**

Kapital Fischer

| | | | |
|---|---|---|---|
| Privat | 34.000,00 | AB | 900.000,00 |
| SB | 970.651,39 | GuV | 104.651,39 |
| | 1.004.651,39 | | 1.004.651,39 |

Kapital Hauser

| | | | |
|---|---|---|---|
| SB | 430.400,00 | AB | 240.000,00 |
| | | Zugang | 160.000,00 |
| | | GuV | 30.400,00 |
| | 430.400,00 | | 430.400,00 |

2. Die Kommanditgesellschaft Schwarz & Co. KG besteht aus dem persönlich haftenden Gesellschafter Karl Schwarz und den Kommanditisten Ernst Schwarz und Irma Lutz, geb. Schwarz.

   a) Im Gesellschaftsvertrag sind Einnahmen, Einlagen und Gewinnverwendung wie folgt geregelt:

      Der Komplementär darf entnehmen

      1. ohne Zinsbelastung am Ende jedes Monats 4.000 EUR als **Arbeitsvergütung**,
      2. unter Belastung von 8% Zins jeweils bis zum Jahresende, am 10. März, 10. Juni, 10. September und 10. Dezember den Betrag seiner **Einkommensteuer-Vorauszahlungen**.

      **Gewinnverteilung.** Der Jahresgewinn ist zunächst um die Arbeitsvergütung des Komplementärs zu kürzen. Sodann erhält der Komplementär eine **Vordividende** in Höhe von 2% seines zu Beginn des Jahres vorhandenen Geschäftsanteils abzüglich der Zinsen für seine Entnahmen nach Ziffer 2. Der Rest wird als **Dividende** verteilt, die sich nach den Kapitalanteilen zu Beginn des Geschäftsjahres bemisst.

      Über Einbehaltungen beschließt die Gesellschafterversammlung nach Fertigstellung des Jahresabschlusses. Die Darlehen der Kommanditisten werden mit 8% verzinst.

   b) Sachverhalt am Ende des Geschäftsjahres:

      1. Stand des Kapitalkontos Karl Schwarz am 1. Januar 20.. 320.000 EUR. Verzinsliche Entnahmen: 10. März, 10. Juni, 10. September je 6.800 EUR und 10. Dezember 9.770 EUR ESt-Vorauszahlungen einschließlich Nachzahlung für den vorangegangenen Veranlagungszeitraum. Die Arbeitsvergütung ist vertragsgemäß entnommen worden.
      2. Stand der Kommanditeinlagen:

         Ernst Schwarz 100.000 EUR }
         Irma Lutz 100.000 EUR } voll eingezahlt und während des Jahres nicht verändert.
      3. Stand der Darlehenskonten der Kommanditisten:

         Ernst Schwarz 40.000 EUR }
         Irma Lutz 50.000 EUR } während des Jahres nicht verändert.

         8% Zins sind ausbezahlt worden.
      4. Jahresgewinn: 115.850 EUR
      5. Gewinnverwendungsbeschluss: Es verpflichten sich, in der Unternehmung zu belassen:

         Karl Schwarz den nicht entnommenen Rest, Ernst Schwarz und Irma Lutz je 3.000 EUR, die beiden letzteren durch Erhöhung ihres Darlehens.

**Lösung: Zinsrechnung**

| Betrag | Tage | Zinszahl |
|---|---|---|
| 6.800 | 290 | 19.720 |
| 6.800 | 200 | 13.600 |
| 6.800 | 110 | 7.480 |
| 9.770 | 20 | 1.954 |
| 30.170 | | 42.754 : 45 (Zinsdivisor) = 950 EUR Zins |

| | | Karl Schwarz | Ernst Schwarz | Irma Lutz | Jahresgewinn |
|---|---|---|---|---|---|
| Jahresgewinn | | | | | 115.850 |
| Arbeitsvergütung | | 48.000 | | | – 48.000 |
| Vordividende | | | | | |
| 2% aus 320.000 EUR | 6.400 | | | | |
| – 8% Entnahmezinsen lt. besonderer Zinsrechnung | 950 | 5.450 | | | – 5.450 |
| | | 53.450 | | | |
| Dividende $\frac{(115.850 - 53.450) \times 100}{520.000} = 12\%$ | | 38.400 | 12.000 | 12.000 | – 62.400 |
| Gewinnanteile | | 91.850 | 12.000 | 12.000 | – |
| – Entnahmen (48.000 + 30.170) | | 78.170 | | | |
| Einbehaltungen | | 13.680 | 3.000 | 3.000 | |
| Ausschüttung | | – | 9.000 | 9.000 | |

Bild 286

Nach Feststellung der Gewinnverwendung zeigt die Passivseite der Bilanz folgendes Bild:

| **Eigenkapital** | | EUR | EUR |
|---|---|---|---|
| Kapital Karl Schwarz | 1. Januar | 320.000 | |
| | Entnahmen | 78.170 | |
| | | 241.830 | |
| | Gewinnanteil | 91.850 | |
| | 31. Dezember | | 333.680 |
| Kommanditeinlage Ernst Schwarz | | | 100.000 |
| Kommanditeinlage Irma Lutz | | | 100.000 |
| | | | |
| **Verbindlichkeiten** | | | |
| Darlehen: | Ernst Schwarz 1. Januar | 40.000 | |
| | Erhöhung aus Gewinnanteil | 3.000 | |
| | 31. Dezember | | 43.000 |
| | Irma Lutz 1. Januar | 50.000 | |
| | Erhöhung aus Gewinnanteil | 3.000 | |
| | 31. Dezember | | 53.000 |
| Kurzfristige Verbindlichkeiten: | | | |
| | Ernst Schwarz | | 9.000 |
| | Irma Lutz | | 9.000 |

In ihrer Einkommensteuererklärung müssen die Kommanditisten die Zinsen für ihre Gesellschafterdarlehen ihrem Gewinnanteil (Einkünfte aus Gewerbebetrieb) hinzurechnen, weil sie Mitunternehmer sind.

## Zur Wiederholung und Vertiefung

1. Gesellschafter Artel (A), Binger (B) und Caroli (C) betreiben eine Unternehmung in der Rechtsform der OHG.

   Im Gesellschaftsvertrag ist vereinbart, dass A eine Arbeitsvergütung von 48.000 EUR, B und C jeweils eine Arbeitsvergütung von 24.000 EUR erhalten. Außerdem wird aus dem Reingewinn eine Kapitalverzinsung von 6% bezahlt. Im Übrigen gelten die gesetzlichen Gewinnverteilungsvorschriften. Kapitalanteil A 250.000 EUR; B 200.000 EUR; C 150.000 EUR. Jahresgewinn 208.000 EUR.

   Für private Zwecke haben entnommen:

   A am 15. Mai und 15. Okt. je 5.000 EUR;

   B am 15. Febr. und 15. Aug. je 3.000 EUR;

   C am 15. Jan. und 15. Mai je 3.000 EUR.

   Die Privatentnahmen werden mit 6% verzinst.

   a) Führen Sie die Gewinnverteilung durch.

   b) Ermitteln Sie den Stand der Kapitalkonten zum 31. Dez.

2. Sachverhalt:

| | |
|---|---|
| Komplementär: | Roth; Stand seiner Kapitaleinlage am 1. Januar 240.000 EUR. |
| Kommanditisten: | Einlagen, gemäß Gesellschaftsvertrag voll eingezahlt, jedoch durch Verluste in den Vorjahren gemildert, |
| | Pauli 80.000 EUR, Stand 1. Januar 60.000 EUR; |
| | Holl 48.000 EUR, Stand 1. Januar 36.000 EUR. |
| Jahresgewinn: | 65.000 EUR. |
| Gewinnverteilung: | Roth erhält eine Vordividende von 1% seiner zu Beginn des Geschäftsjahres vorhandenen Kapitaleinlage und eine Arbeitsvergütung von 30.000 EUR. Von dem danach noch verbleibenden Rest erhält Roth 65%, Pauli 22% und Holl 13%. Die Entnahmen sind mit 6% zu verzinsen und die Zinsen mit der Vordividende zu verrechnen. |

   Roth hat am 15. jeden Monats 2.500 EUR entnommen.

   a) Stellen Sie die Gewinnverteilung dar.

   b) Welches Bild zeigen die Kapitalkonten nach der Gewinnverteilung, wenn Roth den über seine Arbeitsvergütung hinaus gehenden Gewinnanteil in der Unternehmung belässt?

## 13.4.4 Gewinnverwendung bei Kapitalgesellschaften

(dargestellt am Beispiel der Aktiengesellschaft)

### Ermittlung des Jahresergebnisses

Der Jahresabschluss einer AG vollzieht sich stufenweise. Zuerst wird der Bruttogewinn und dann der Jahresüberschuss ermittelt.

**a) Bruttogewinn** ist der Überschuss der Erträge über die Aufwendungen. Gewinnabhängige Steuern (Gewerbesteuer, Körperschaftsteuer) und die Tantiemen für den Vorstand und Aufsichtsrat sind dabei in den Aufwendungen nicht enthalten.

Die Gewerbesteuer (Abschnitt 9.3) beträgt bei einem Hebesatz von 400% etwa 20% des Bruttogewinns. Eine genaue Berechnung ist nur im Einzelfall möglich. — GewStG §§ 11, 16

Die Körperschaftsteuer beträgt 30% des auszuschüttenden und 40% des einzubehaltenden Gewinns. — KStG §§ 23, 27

Die Tantiemen für den Vorstand werden durch Satzung, Arbeitsvertrag oder Aufsichtsratsbeschluss, die Tantiemen für den Aufsichtsrat durch Satzung oder Beschluss der Hauptversammlung bestimmt.

Formeln für die Berechnung nach dem Aktiengesetz:

$$\text{Vorstandstantieme} = \frac{(\text{Jahresüberschuss}^{1)} - \text{etwaiger Verlustvortrag aus dem Vorjahr} - \text{Einstellung in die Gewinnrücklage}) \times \text{Hundertsatz}}{100}$$ AktG § 86 (2)

$$\text{Aufsichtsratstantieme} = \frac{(\text{Bilanzgewinn} - 4\%\text{ der auf den Nennbetrag der Aktien geleisteten Einlagen}) \times \text{Hundertsatz}}{100}$$ § 113 (3)

Die Tantiemen können auch auf bestimmte Beträge festgelegt sein. Letzteres ist infolge der Schwierigkeit der Berechnung die Regel.

**b) Jahresüberschuss.** Er ist der zunächst um die Tantiemen, danach um die gewinnabhängigen Steuern verminderte Bruttogewinn[2].

### Verwendung des Jahresüberschusses

Der **Jahresüberschuss** (Gewinn) ist wie folgt zu verwenden:

a) Einstellung in die *gesetzliche Rücklage:* — § 150

5% des um einen etwaigen Verlustvortrag aus dem Vorjahr geminderten Jahresüberschusses müssen ihr solange zugeführt werden, bis sie, einschließlich der Kapitalrücklage, den zehnten oder den in der Satzung bestimmten höheren Teil des Grundkapitals erreicht hat.

b) Einstellung in *andere Gewinnrücklagen:* — § 58 (2)

Vorstand und AR können, sofern sie den Jahresabschluss feststellen, bis zur Hälfte des Jahresüberschusses, der nach Abzug des in die gesetzliche Rücklage eingestellten Betrages und eines eventuellen Verlustvortrages bleibt, den anderen Gewinnrücklagen zuführen. Die Satzung kann Vorstand und AR zur Einstellung eines größeren Teils ermächtigen.

Die HV kann im Beschluss über die Verwendung des **Bilanzgewinns** (restlicher Jahresüberschuss) weitere Beträge in die Gewinnrücklage einstellen. — § 58 (3)

c) *Dividende:* Die HV beschließt über die Gewinnanteile der Aktionäre.

d) *Gewinnvortrag:* Der Gewinnrest wird auf neue Rechnung vorgetragen. — § 174

---

[1] Abzüglich Tantieme, weil sie als Personalaufwand gebucht ist und somit den Jahresüberschuss vermindert.

[2] Bei der Berechnung der Körperschaftsteuer darf die Vorstandstantieme ganz, die Aufsichtsratstantieme nur zur Hälfte abgezogen werden (§ 10 KStG).

## Die bilanzpolitische Entscheidung

Der gespaltene Körperschaftsteuersatz zwingt vor der Feststellung des Jahresabschlusses zu der Entscheidung, welcher Teil des Jahresüberschusses

a) als Dividende verteilt,

b) nach einer etwa erforderlichen Aufstockung der gesetzlichen Rücklage in andere Gewinnrücklagen eingestellt werden soll.

Von dieser Entscheidung hängt dann auch die Höhe des Jahresüberschusses ab.

**Beispiel:**

| **Sachverhalt** | EUR | EUR |
|---|---|---|
| Grundkapital | | 40.000.000 |
| Gesetzliche Rücklage | | 3.700.000 |
| Andere Gewinnrücklagen | | 5.000.000 |
| Gewinnvortrag aus dem Vorjahr | | 1.400 |
| Vorstandstantieme | | 100.000 |
| Aufsichtsratstantieme | | 100.000 |
| Bruttogewinn | | 8.820.000 |
| Dividende 0,10 EUR je Aktie | | |
| Gewerbesteuer (5% mal Hebesatz 400 = 20% i.H.): 16 2/3% aus 8.620.000 EUR | | |
| Körperschaftsteuer 40% | | |
| Körperschaftsteuer für Ausschüttung 30% Ausschüttungsermäßigung 10/70 (40 – 30 = 10; 60 + 10 = 70) | | |

**Ermittlung der gewinnabhängigen Steuern, des Jahresüberschusses, der Rücklagen und des Bilanzgewinns:**

| | | |
|---|---|---|
| Bruttogewinn | | 8.820.000 |
| abzüglich Tantiemen | | 200.000 |
| Zwischenergebnis für Gewerbesteuer | | 8.620.000 |
| abzüglich 16 2/3% Gewerbesteuer | | 1.436.667 |
| Zwischenergebnis | | 7.183.333 |
| zuzüglich 1/2 Aufsichtsratstantieme | | 50.000 |
| Zwischenergebnis für Körperschaftsteuer | | 7.233.333 |
| 40% Körperschaftsteuer | 2.893.333 | |
| abzüglich 10/70 Ausschüttungsermäßigung von 4,0 Mio. EUR Dividende | 571.429 | 2.321.904 |
| Gewinn nach Steuer | | 4.911.429 |
| **= Jahresüberschuss** | | |
| + Gewinnvortrag vom Vorjahr | | 1.400 |
| **– Einstellung in die gesetzliche Rücklage** (5% aus 4.911.429 EUR) | | 245.571 |
| **– Einstellung in andere Gewinnrücklagen** | | 590.000*) |
| **Bilanzgewinn** | | **4.077.258** |

*) angenommen

Um den Jahresüberschuss feststellen zu können, werden die Aufwendungen für Tantiemen und, soweit die geleisteten Vorauszahlungen nicht ausreichen, die Steuern als Rückstellungen in die Bilanz aufgenommen.

### Zur Wiederholung und Vertiefung

Grundkapital 50 Mio. EUR; Gesetzliche Rücklage 4 Mio. EUR; Andere Gewinnrücklagen 5 Mio. EUR. Gewinnvortrag 4.500 EUR; Tantieme des Vorstands 1,2 Mio. EUR; Tantieme des Aufsichtsrats 500.000 EUR; Bruttogewinn 12 Mio. EUR; Gewerbesteuer 20%; Auffüllung der Gesetzlichen Rücklage nach Gesetz. Errechnen Sie die mögliche Ausschüttung an die Aktionäre.

# 14 Auswertung der Bilanz

Bilanzen und Gewinn- und Verlustrechnungen sollen nicht nur Rechenschaft ablegen, sondern auch den interessierten Personenkreisen die Möglichkeit zu kritischer Beurteilung der wirtschaftlichen Verhältnisse geben und wertvolle Erkenntnisse für ihre zukünftigen Dispositionen vermitteln.

Schon die Betrachtung der *einzelnen* Bilanz und Gewinn- und Verlustrechnung lässt Schwächen und Stärken einer Unternehmung erkennen. Noch aufschlussreicher ist der Vergleich *mehrerer* solcher Rechnungen miteinander.

Dies wird unterstützt durch die vom Gesetzgeber vorgeschriebenen Angaben im
- Anlagespiegel, Verbindlichkeitenspiegel,
- Anhang zur Bilanz und
- Lagebericht.

| Vergleichsmöglichkeiten | Ziele |
|---|---|
| a) Bilanzen und Erfolgsrechnungen **mehrerer** Unternehmungen *(zwischenbetrieblicher Vergleich)* | Erkenntnisse typischer Merkmale und Unterschiede in der Vermögens- und Kapitalstruktur sowie der Aufwands- und der Ertragsverhältnisse. Ortung der eigenen Unternehmung im Gesamtgefüge der Wirtschaft. |
| 1. verschiedener Produktionsstufen, z.B. Industrie, Großhandel, Einzelhandel, | |
| 2. verschiedener Produktionszweige, z.B. Möbelindustrie, Bekleidungsindustrie, | |
| 3. gleicher Produktionsstufen und -zweige, z.B. mehrere Hüttenwerke, Brauereien, Webereien. | Feststellung der Unterschiede der eigenen Unternehmung gegenüber dem Durchschnitt aller und gegenüber einzelnen Konkurrenten. |
| b) Bilanzen und Erfolgsrechnungen einer **einzelnen** Unternehmung *(innerbetrieblicher Zeitvergleich)* | Einsicht in Stand und Entwicklung der Verhältnisse in der eigenen Unternehmung. Gewinnung von Erfahrungen und Richtlinien für die Disposition. |
| 1. zu periodisch wiederkehrenden Stichtagen (mehrere aufeinander folgende Jahresrechnungen), | |
| 2. zu kritischen Stichtagen (Bilanzen einer Konservenfabrik zur Zeit der Kampagne und zur Zeit der Geschäftsstille). | |

Bild 287

Unter den Möglichkeiten, mit Hilfe der Abschlussrechnungen die Unternehmung zu durchleuchten, ist der *Zeitvergleich* von besonderem Interesse.

## 14.1 Bereinigung und Aufbereitung der Bilanz

### 14.1.1 Bereinigung der Bilanz

Die gesetzlichen Vorschriften über die Gliederung der Bilanz und Gewinn- und Verlustrechnung erleichtern die Analyse von Bilanzen zum Zweck der Vorbereitung unternehmerischer Entscheidungen. Trotzdem gibt es die vom Gesetzgeber zugelassenen Aufblähungen und Einschränkungen der tatsächlichen Werte und somit die Notwendigkeit der Bereinigung.

Es können hier nicht alle Möglichkeiten aufgezeigt werden, weil sie von der Art und Größe der Unternehmungen abhängen. Beispielhaft für alle übrigen sind folgende Positionen einer Bilanz zu untersuchen und gegebenenfalls zu korrigieren:

**Positionen der Aktivseite**

- Ausstehende Einlagen
- Stillgelegte Anlagen
- Reservegrundstücke
- Beteiligungen
- Erkennbare stille Reserven
- Eigene Aktien

} Verrechnung mit Eigenkapital

- Anzahlungen an Lieferer gelten zwar als Forderungen, werden aber den Vorräten zugeschlagen, weil sie für deren Beschaffung geleistet wurden.
- Anzahlung von Kunden (unter Verbindlichkeiten ausgewiesen) sollten bei den Erzeugnissen abgezogen werden, weil sie für diese bestimmt sind.
- Forderungen sind um die Pauschalwertberichtigungen gekürzt. Es gilt zu prüfen, ob der angesetzte Abschlag gerechtfertigt ist.
- Aktive Posten der Rechnungsabgrenzung sind dem Umlaufvermögen zuzuschlagen.

**Positionen der Passivseite**

- Sonderposten mit Rücklagenanteil müssen in ihrer Zusammensetzung im Anhang erläutert werden. Soweit daraus erkennbar, ist der Rücklagenanteil dem Eigenkapital, der Rest dem kurzfristigen Fremdkapital hinzuzufügen.
- Rückstellungen sind in lang- und kurzfristige aufzuteilen und dem jeweiligen Fremdkapital zuzuschlagen.
- Passive Posten der Rechnungsabgrenzung gehören zum kurzfristigen Fremdkapital.

Bei Saldierungen verkürzt sich die Bilanz; bei Aufdeckung stiller Reserven erhöht sich die Bilanzsumme.

**Zur Wiederholung und Vertiefung**

1. In welcher Konjunkturlage werden
   a) hohe Anzahlungen an Lieferer und
   b) hohe Anzahlungen von Kunden
   in der Bilanz erscheinen?
2. Wie kann geprüft werden, ob ein Forderungsabschlag für die Pauschalwertberichtigung gerechtfertigt ist?

### 14.1.2 Aufbereitung der Bilanz

Vor der eigentlichen Auswertung müssen die verfügbaren Unterlagen aufeinander abgestimmt werden.

a) **Bilanzen und Erfolgsrechnungen** zweier oder **mehrerer** aufeinander folgender Perioden (Jahre) werden **einander gegenübergestellt.**

b) Ein geeigneter **Maßstab** für die Darstellung der Zahlen, z.B. Tausend EUR (Tsd. EUR) oder in Millionen EUR (Mio. EUR), wird gewählt.

c) Zusammengehörige Posten werden durch Zwischensummen **zu Gruppen zusammengefasst** (z.B. Vorratsvermögen, langfristiges Fremdkapital).

d) Zur übersichtlichen Darstellung verwendet man folgendes **Schema:**

**AKTIVA** in Tausend EUR **PASSIVA**

| | **BILANZ** | | | | **Index** | | **BILANZ** | | | | **Index** |
|---|---|---|---|---|---|---|---|---|---|---|---|
| | **I** | | **II** | | | | **I** | | **II** | | |
| | **Tsd. EUR** | % | **Tsd. EUR** | % | | | **Tsd. EUR** | % | **Tsd. EUR** | % | |
| **Anlagevermögen** | | | | | | **Eigenkapital** | | | | | |
| Sachanlagen | | | | | | Gezeichn. Kapital | | | | | |
| Finanzanlagen | | | | | | Rücklagen | | | | | |
| **Umlaufvermögen** | | | | | | **Fremdkapital** | | | | | |
| Vorräte | | | | | | Langfr. Fremdk. | | | | | |
| Forderungen | | | | | | | | | | | |
| Flüssige Mittel | | | | | | Kurzfr. Fremdk. | | | | | |
| Übriges UV | | | | | | | | | | | |
| | | 100 | | 100 | | | | 100 | | 100 | |

Bild 288

e) **Errechnung von Kennzahlen.** Die wichtigsten Kennzahlen sind u.a.

- **Gliederungszahlen.**

**Beispiel:** Bei einer Bilanzsumme von 370 Tsd. EUR = 100%
ist das Anlagevermögen von 245 Tsd. EUR = 66%
und das Umlaufvermögen von 125 Tsd. EUR = 34%

- **Indexzahl.**

**Beispiel:** Wenn die letzte Bilanzzahl 399 Tsd. EUR, die früheste Bilanzzahl 370 Tsd. EUR beträgt, dann ist die Indexzahl

$$= \frac{\text{letzte Bilanzzahl x 100\%}}{\text{früheste Bilanzzahl}} = \frac{399 \text{ x } 100\%}{370} = \underline{\underline{107{,}84\%}}$$

Es wird ausgedrückt, auf wie viel % sich der Wert der letzten Bilanz gegenüber dem Wert der frühesten verändert hat.

- **Trendfaktor (TF).**

**Beispiel:** (Angaben wie bei Indexzahl)

$$= \frac{\text{letzte Bilanzzahl}}{\text{vorhergehende Bilanzzahl}} = \frac{399}{370} = \underline{\underline{1{,}08}}$$

Mit dem Trendfaktor werden ebenfalls Entwicklungsrichtung und Ausmaß der Veränderung gezeigt und vergleichbar gemacht.

**Zur Wiederholung und Vertiefung**

Worin unterscheiden sich Indexzahl und Trendfaktor?

## 14.1.3 Grundlagen für die Beurteilung eines Unternehmens

Grundlagen für die Beurteilung eines Unternehmens aufgrund der veröffentlichten Bilanz sind:

1. **Vermögensstruktur (Konstitution),**
2. **Kapitalstruktur (Finanzierung),**
3. **Anlagendeckung (Investierung),**
4. **Liquidität (Zahlungsbereitschaft).**

Diese Beurteilungskriterien ergeben sich aus folgendem Bilanzzusammenhang:

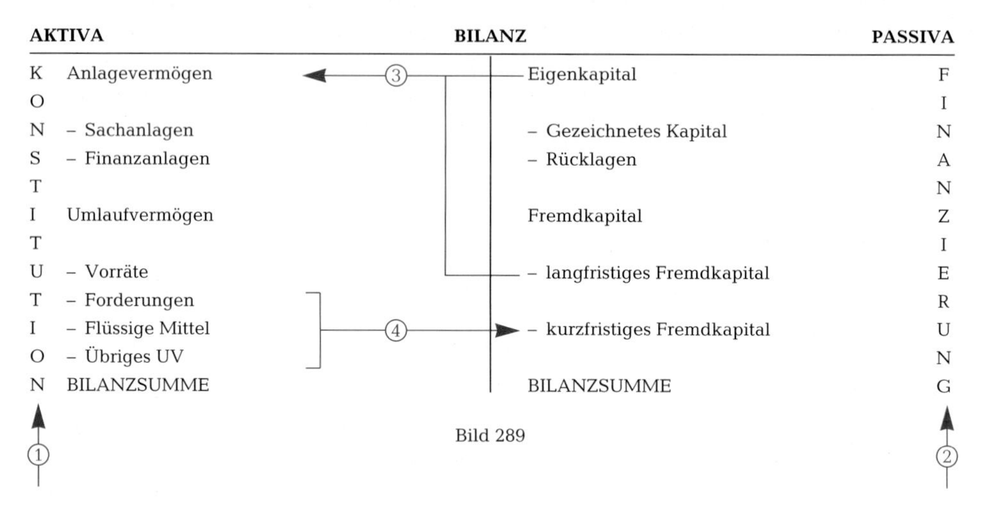


Bild 289

Die Nummern ① und ② ergeben **Gliederungszahlen**, die Nummern ③ und ④ **Beziehungszahlen.**

### ■ Vermögensstruktur (Abschnitte 12.1.1 und 14.2.2)

Unter Vermögensstruktur (Konstitution) versteht man die Darstellung der Aktivseite der Bilanz. Dabei begnügt man sich in aller Regel mit der Darstellung der

- **Anlagenquote** (= Anlagevermögen : Gesamtvermögen), um die Gewinnaussichten und Risiken abzuschätzen.

  Eine *hohe Anlagenquote* kann sich über hohe Fixkosten negativ auf den Gewinn auswirken. Sie signalisiert eine mangelhafte Ausnutzung der Kapazität, wenn gleichzeitig der Absatz stagniert oder zurückgeht.

- **Vorratsquote** (= Vorräte : Gesamtvermögen), um die möglichen Risiken und Kosten (Lagergebäude, Einrichtungen, Kapitalbindung, Zinsbelastung) zu erkennen.

  Eine *hohe Vorratsquote* kann je nach Konjunkturlage ein Vorteil (bei Aufschwung) oder ein Nachteil (bei Abschwung) sein. Bei weiter gehender Aufschlüsselung der Vorräte in Rohstoffe, unfertige oder fertige Erzeugnisse ergeben sich zusätzliche Informationen über Produktion und Absatzlage.

- **Forderungsquote** (= Forderungen : Gesamtvermögen), um die möglichen Risiken aus der Abhängigkeit vom Markt und die Kapitalbindung zu erkennen.

  Eine *hohe Forderungsquote* kann Ausdruck der schwachen Stellung der Unternehmung am Markt, aber auch einer nachlässigen (großzügigen) Überwachung der Außenstände sein.

- **Zahlungsmittelquote** (= Zahlungsmittel : Gesamtvermögen), zur Aufdeckung von „totem Kapital".

  Ein *hoher Zahlungsmittelanteil* zeigt eine unwirtschaftliche Bereithaltung von „totem Kapital", weil Geld im Kassenschrank oder auf einem Kontokorrentkonto keine oder wenig Zinsen bringt.

- **Anlagenintensität** (= Anlagevermögen : Umlaufvermögen) zur Beurteilung der durch den Betriebscharakter bedingten Gewichtung zwischen Anlage- und Umlaufvermögen.

  Ein *hohes Anlagevermögen* ist typisch für Industrie- und Verkehrsbetriebe; dagegen ist der Anteil im Handel eher klein. Es sind jedoch auch gegenseitige Abhängigkeiten vorhanden. So bedingt die volle Kapazitätsausnutzung großer Anlagen meist ein entsprechend großes Betriebsvermögen (Vorräte, Zahlungsmittel, Forderungen).

  Da der Erfolg eines Unternehmens im Allgemeinen immer eine Umsatzfrage ist, wird der Anteil des Umlaufvermögens, insbesondere der Erzeugnisse, die Erfolgsaussichten verkörpern.

### ■ **Kapitalstruktur** (Abschnitte 12.1.2 und 14.2.1)

Die Kapitalstruktur gibt Aufschluss über die Arten der Finanzierung, d.h. über die Herkunft und Zusammensetzung der Mittel, die dem Unternehmen zur Verfügung stehen. Damit wird auch die Abhängigkeit von fremden Kapitalgebern sichtbar.

Bei der Beurteilung der Finanzierung geht es um die

- **Sicherheit**, ausgedrückt durch das Verhältnis Fremd- zu Eigenkapital *(Verschuldungsgrad)*. Idealverhältnis = 1 : 1 **(goldene Finanzierungsregel)**.

  Ein *hohes Eigenkapital* macht unabhängig von fremden Einflüssen, verkörpert ein hohes Maß an Garantie gegenüber Gläubigern, stellt den billigsten Betriebsmittelfonds dar (zinsfrei) und lässt einen großen Spielraum für unternehmerisches Wagnis.

  Auch langfristiges Fremdkapital bietet eine gewisse Sicherheit, weil es nicht zu kurzfristigen Liquiditätsbelastungen kommt.

  Ein *hoher Anteil langfristiger Verbindlichkeiten* an den gesamten Verbindlichkeiten signalisiert das Vertrauen der Kreditgeber in die langfristige Geschäftspolitik des Unternehmens.

- **Solidität**, d.h. um das Verhältnis gezeichnetes Kapital zu Rücklagen **(Selbstfinanzierung)**.

  *Hohe Rücklagen* bzw. ein hoher Selbstfinanzierungsgrad zeigen die Vorsorge vor Risiken und den Umfang eines möglichen Ausgleichs ohne Inanspruchnahme des Eigentümers bzw. nicht zu Lasten fremder Kapitalgeber.

- **Kreditwürdigkeit**, d.h. um das Vertrauen der Kreditgeber in die Zahlungsmoral des Kreditgebers, das sich niederschlägt im Verhältnis zwischen gesicherten und *ungesicherten Krediten*. In aller Regel zählen Wechselkredite zu den ungesicherten Krediten (Angabe „unter der Bilanz" oder im Anhang). Außerdem kann man davon ausgehen, dass alle kurzfristigen Verbindlichkeiten (noch abzuführende Abgaben und Steuern) dazugehören. Bei den Verbindlichkeiten aus Lieferungen und Leistungen könnte es sich um Lieferungen unter Eigentumsvorbehalt handeln, womit sie als gesicherte Kredite anzusehen sind.

Um diese Aussagen machen zu können, ermittelt man folgende **Kennzahlen:**

| | |
|---|---|
| **Eigenkapitalquote:** | (Eigenkapital x 100%) : Gesamtkapital |
| **Fremdkapitalquote:** | (Fremdkapital x 100%) : Gesamtkapital |
| **Selbstfinanzierungsquote:** | (Rücklagen x 100%) : Gezeichnetes Kapital |
| **Verschuldungsgrad:** | Fremdkapital : Eigenkapital |

### Anlagendeckung (Abschnitt 14.2.3)

Die **Anlagendeckung (Investierung)** zeigt die Kapitalverwendung im Anlagevermögen. Als Idealverhältnis wird nach der „goldenen Bilanzregel" angesehen, wenn das Eigenkapital voll ausreicht, um das Anlagevermögen zu decken. Der Unternehmung steht damit für langfristige Investierung Kapital zur Verfügung, das nicht von fremden Einflüssen abhängig ist und weder einen betrieblichen Aufwand noch einen Mittelabfluss durch Zins- und Tilgungsdienst verursacht. Dieser Idealzustand ist in der Praxis kaum anzutreffen.

Eine Erweiterung der Deckungsvorstellung bezieht das Vorratsvermögen und langfristige Fremdkapital ein. Das Vorratsvermögen deshalb, weil in manchen Industriezweigen eine umfangreiche, langfristige Lagerhaltung notwendig ist (Trocknen von Holz für den Instrumentenbau, Energievorräte durch gesetzliche Auflagen). Das langfristige Fremdkapital kann dann herangezogen werden, wenn seine Rückzahlung mit dem Rücklauf verdienter Abschreibungen übereinstimmt.

**Anlagendeckung I:** $\frac{\text{Eigenkapital}}{\text{Anlagevermögen}}$

**Anlagendeckung II:** $\frac{\text{Eigenkapital + langfristiges Fremdkapital}}{\text{Anlagevermögen}}$

**Anlagendeckung III:** $\frac{\text{Eigenkapital + langfristiges Fremdkapital}}{\text{Anlagevermögen + Vorratsvermögen}}$

### Liquidität (Abschnitte 12.7.2 und 14.2.5)

Unter **Liquidität** versteht man einerseits die **Eigenschaft** eines Vermögensgegenstandes, mehr oder weniger leicht in bares Geld umwandelbar zu sein, andererseits die **Fähigkeit** eines Betriebes, auftretende Zahlungsverpflichtungen pünktlich zu erfüllen (**Zahlungsbereitschaft**).

Je nach Schnelligkeit, mit der sich **Vermögenswerte in flüssige Mittel** umwandeln, unterscheidet man

- **flüssige Mittel I. Ordnung** (Barmittel). Zu ihnen gehören Vermögensteile, die unmittelbar zur Zahlung verwendet werden können: Kassenbestand, täglich fällige Bankguthaben, Schecks und diskontierbare oder sonst begebbare Wechsel und lombardfähige Wertpapiere.
- **flüssige Mittel II. Ordnung** (einzugsbedingt liquid). Dazu gehören Vermögensteile, die nicht unbedingt zur Zahlung verwendet werden können, die aber bereits einen Anspruch auf kurzfristige Umwandlung in Bar- oder Giralgeld verkörpern: Forderungen aus Warenlieferungen und Leistungen, nicht diskontierbare Wechsel, sonstige kurzfristige Forderungen und fällige Teile langfristiger Forderungen.
- **flüssige Mittel III. Ordnung** (umsatzbedingt liquid). Es sind Vermögensteile, die erst umgesetzt werden müssen. Zu ihnen gehören fertige Erzeugnisse und Waren. Fertigungsmaterial gehört nur dann dazu, wenn es aus Rohstoffen besteht, die auf zentralisierten Märkten gehandelt werden und so auch „rückwärts" verkauft werden können (z.B. Baumwolle). Das Vorhandensein gängiger Waren ist für die Beurteilung der Zahlungsbereitschaft von Bedeutung (z.B. im Einzelhandel, im Gaststättenbetrieb).

Im Grunde befinden sich alle Vermögensteile auf dem Weg ins Geld. Die Ordnung deutet die Strecke an, die zu überwinden ist.

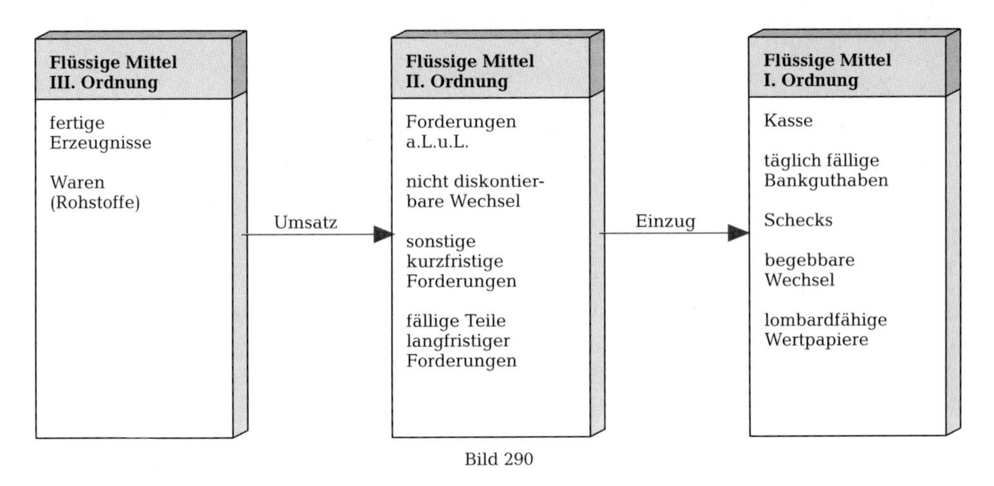


Bild 290

Zur Beurteilung der Zahlungsbereitschaft werden die flüssigen Mittel den Verpflichtungen gegenübergestellt und der **Grad der Liquidität** ermittelt.

Es sind dies:

- **Liquidität 1. Grades** (Barliquidität) $= \dfrac{\text{liquide Mittel 1. Ordnung}}{\text{kurzfristige Verbindlichkeiten}} \times 100\%$
- **Liquidität 2. Grades** (einzugsbedingte L.) $= \dfrac{\text{liquide Mittel 1. und 2. Ordnung}}{\text{kurzfristige Verbindlichkeiten}} \times 100\%$
- **Liquidität 3. Grades** (umsatzbedingte L.) $= \dfrac{\text{liquide Mittel 1. bis 3. Ordnung}}{\text{kurzfristige Verbindlichkeiten}} \times 100\%$

## ■ Stichtagsliquidität

Aus einer einzelnen Bilanz kann nur die Stichtagsliquidität ermittelt werden. Das hat den Nachteil, dass nur die am **Bilanzstichtag** *zufällig* vorhandenen flüssigen Mittel und Verbindlichkeiten in Betracht gezogen werden, nicht aber Zahlungseingänge und Verpflichtungen, die unmittelbar auf den Stichtag folgen. Der Aussagewert von Kennzahlen der Stichtagsliquidität (Liquiditätsgrade) ist deshalb sehr beschränkt. Man kann nur durch Vergleich von mindestens zwei Bilanzen feststellen, ob sich die Liquidität verbessert oder verschlechtert hat.

**Beispiel:** Der Liquiditätsstatus einer Unternehmung enthält folgende Angaben:

| Anlagevermögen (illiquid) | 4. Ordnung | EUR 80.000 | Eigenkapital und Rücklagen | EUR 90.000 |
|---|---|---|---|---|
| Roh- und Hilfsstoffe<br>Fertigerzeugnisse<br>Unfertige Erzeugnisse | 3. Ordnung | 20.000<br>7.000<br>3.000 | Langfristige Verbindlichkeiten | 30.000 |
| Kundenforderungen<br>Wechsel<br>Wertpapiere | 2. Ordnung | 30.000<br>10.000<br>5.000 | Kurzfristige Verbindlichkeiten<br>Lieferer, Schuldwechs. in 1–3 Mon. fällig | 30.000 |
| Bankguthaben<br>Kassenbestand | 1. Ordnung | 14.000<br>1.000 | In den nächsten Tagen fällige Zahlungen<br>Lieferer, Schuldwechsel | 20.000 |

Bild 291

Daraus ergeben sich folgende Liquiditätsgrade:

- Barliquidität: $\frac{15.000}{50.000} \times 100\% = \underline{\underline{30\%}}$

- Einzugsbedingte Liquidität: $\frac{60.000}{50.000} \times 100\% = \underline{\underline{120\%}}$

- Umsatzbedingte Liquidität: $\frac{90.000}{50.000} \times 100\% = \underline{\underline{180\%}}$

Die aus der Bilanz abgeleiteten Liquiditätskennzahlen erlauben nur eine **vergangenheitsbezogene Aussage über den Grad der Zahlungsbereitschaft**. Die Unternehmungsleitung muss darüber hinaus berücksichtigen, dass **Zahlungsverpflichtungen aus der laufenden Betriebstätigkeit hinzukommen** (z.B. Lohn- und Lohnnebenkosten), für die ebenfalls Deckungsmittel vorhanden sein müssen.

Außerdem lassen die Angaben der Bilanz nicht erkennen, wann die Verbindlichkeiten fällig sind. Das kann zu Fehleinschätzungen führen, weil die durchschnittlichen Deckungsverhältnisse nichts aussagen über die tatsächliche Zahlungsbereitschaft. Auch hier muss die Unternehmensleitung die internen Daten zur richtigen Entscheidungsfindung heranziehen.

## ■ Periodenliquidität

Eine weitere Möglichkeit zur besseren Übersicht über die Liquiditätsverhältnisse erhält die Unternehmensleitung durch die Ermittlung von **periodenbezogenen Kennzahlen** (Monat, Quartal) aus dem internen Zahlenmaterial.

Hier werden die in der betreffenden Periode notwendigen **Zahlungsausgänge den zu erwartenden Zahlungseingängen** gegenübergestellt.

**Beispiel:**

Im Monat März hat eine Industrieunternehmung mit folgenden Zahlungsausgängen zu rechnen (in EUR):

| | | |
|---|---|---|
| Umsatzsteuer | 150.600 | |
| Körperschaftsteuer | 260.000 | |
| Löhne und Gehälter | 490.000 | |
| Abführung der Sozialversicherungsbeiträge | 169.900 | |
| fällige Verbindlichkeiten | 980.600 | |
| Zahlungsausgänge insgesamt | 2.051.100 | |
| Folgende Zahlungseingänge werden erwartet (in EUR). | | |
| fällige Kundenzahlungen | 477.000 | |
| fällige Beteiligungserträge | 155.000 | 632.000 |
| Stand der fälligen Bankguthaben zum 1. März | | 277.300 |
| übrige Bankguthaben (Termingelder) | 807.000 | |
| Kassenbestand zum 1. März | | 54.700 |
| bundesbankfähige Wechsel | | 133.600 |
| übrige Wechselforderungen | 260.000 | |
| übrige Forderungen | 390.550 | |
| zur Verfügung stehende liquide Mittel | | 1.097.600 |

**Periodenliquidität (März)** $\frac{1.097.600 \times 100\%}{2.051.100} = \mathbf{53{,}51\%}$

**Ergebnis:** Die im Monat März zur Verfügung stehenden Zahlungsmittel reichen nur zu 53,5%, um die fälligen Zahlungen leisten zu können. Die Unternehmungsleitung kann den Fehlbetrag durch entsprechende Zeitdisposition bei den übrigen Bankguthaben (807.000 EUR), Diskontierung der übrigen Wechsel (260.000 EUR) oder Aufnahme eines Kredites ausgleichen.

## Zur Wiederholung und Vertiefung

1. Warum sollten vor der Errechnung von Kennzahlen die vorliegenden Bilanzen bereinigt werden?
2. Welche Positionen einer Bilanz müssen kritisch überprüft werden, bevor die Aufbereitung begonnen werden kann?
3. Warum müssen die Rückstellungen in lang- und kurzfristige aufgeteilt werden?
4. a) Warum werden die Rechnungsabgrenzungsposten nicht getrennt gehalten?
   b) Welchen Positionen der Bilanz werden sie zugeschlagen?
5. Eine Industrieunternehmung legt folgende Bilanz vor (zusammengefasst):

**Bilanz zum 31. Dez. 2000**

| **Aktiva** | | | **Passiva** | | |
|---|---|---|---|---|---|
| Anlagevermögen | | 5.000.000 | Eigenkapital | | 6.000.000 |
| Umlaufvermögen | | 10.000.000 | Fremdkapital | | 9.000.000 |
| darin: | | | darin: | | |
| – Vorräte | 7.000.000 | | | | |
| – Forderungen | 2.000.000 | | – langfristig | 4.000.000 | |
| – flüssige Mittel | 1.000.000 | | – kurzfristig | 5.000.000 | |
| Summe Aktiva | | 15.000.000 | Summe Passiva | | 15.000.000 |

   a) Ermitteln Sie mit Hilfe von Gliederungszahlen entsprechend Bild 289 die Vermögens- und Kapitalstruktur.
   b) Welche für eine Bilanzanalyse notwendigen Beziehungszahlen lassen sich daraus ableiten (mit Berechnung)?
   c) Erläutern Sie den Unterschied zwischen Gliederungszahl und Beziehungszahl.
   d) Wie würde sich der Index „Entwicklung des Anlagevermögens der letzten 5 Jahre" darstellen, wenn dazu folgende Vorjahreswerte vorliegen:

| | |
|---|---|
| 31. Dez. 1995 | 4.000.000 |
| 31. Dez. 1996 | 4.100.000 |
| 31. Dez. 1997 | 4.300.000 |
| 31. Dez. 1998 | 4.400.000 |
| 31. Dez. 1999 | 4.700.000 |

   e) Zu welchem Zweck werden Indexzahlen verwendet?
6. Wer interessiert sich besonders für die Eigenkapitalquote (Begründung)?
7. Worauf lässt eine hohe Selbstfinanzierungsquote schließen?
8. Welche relative Sicherheit gewährt langfristiges Fremdkapital?
9. Welche Gefahr besteht in einem zu großen Anteil von Fremdkapital?
10. Welche Erkenntnisse gewinnt man durch Errechnung der Kennzahlen der Anlagendeckung?
11. Welche Auswirkung auf die Anlagendeckung könnte es haben, wenn durch intensiveres Mahnen und durch entsprechende Konditionen (Skonto-Gewährung) der Rückfluss der in den Forderungen steckenden Mittel auf 20% geschätzt wird?
12. Eine Industrieunternehmung plant einen Erweiterungsbau. Baukosten-Voranschlag 2,5 Mio. EUR; Maschinenausstattung 1,2 Mio. EUR; zusätzliche Geschäftsausstattung 200 Tsd. EUR; zusätzliche Transportgeräte 350 Tsd. EUR; Erhöhung der Vorräte 400 Tsd. EUR; Erhöhung der flüssigen Mittel 100 Tsd. EUR; Erhöhung der Forderungen 50 Tsd. EUR.

    Das bisherige Anlagevermögen in Höhe von 35 Mio. EUR ist zu 75% durch Eigenkapital und zu 20% durch langfristiges Fremdkapital gedeckt. Dem Vorstand der Industrieunternehmung steht ein genehmigtes Kapital von 3 Mio. EUR zur Verfügung. Außerdem hat die Hausbank angeboten, kurzfristige Bankverbindlichkeiten in Höhe von 1,4 Mio. EUR in langfristige umzuwandeln, wenn ein nicht benötigtes Reservegrundstück abgestoßen würde. Aufgrund einer internen Schätzung könnte das Grundstück für 1,3 Mio. EUR verkauft werden. Buchwert 300 Tsd. EUR.

a) Wie ändert sich die Anlagendeckung bei Durchführung des Erweiterungsbaus?

b) Wie ändert sich die Anlagendeckung, wenn der Vorstand das genehmigte Kapital in Anspruch nimmt?

c) Wie ändert sich die Anlagendeckung, wenn der Vorschlag der Bank verwirklicht wird?

13. Die Bilanz einer Industrieunternehmung zeigt folgendes Bild:

| **Aktiva** | **Bilanz zum 31. Dez. 20..** | | **Passiva** |
|---|---|---|---|
| Grundstücke | 2.890.000 | Gezeichnetes Kapital | 3.890.000 |
| Gebäude | 5.900.000 | Kapitalrücklage | 560.000 |
| Maschinen | 256.000 | Jahresüberschuss | 89.000 |
| Fuhrpark | 455.000 | Rückstellungen | 950.000 |
| Betriebs- und Geschäftsausstattung | 150.800 | Verbindlichkeiten | 6.900.000 |
| Vorräte | 3.450.000 | Sonstige Verbindlichkeiten | 1.160.200 |
| Forderungen | 278.400 | | |
| Zahlungsmittel | 169.000 | | |
| | 13.549.200 | | 13.549.200 |

a) Errechnen Sie die Anlagendeckung.

b) Inwieweit sind Abweichungen von der „goldenen Bilanzregel" festzustellen?

c) Welche Untersuchungen müsste man noch anstellen, um die Finanzierung beurteilen zu können?

d) Wie wirkt sich die Abschreibung in Höhe von 5% auf Gebäude, 10% auf Maschinen, 20% auf Fuhrpark und 8% auf Betriebs- und Geschäftsausstattung auf die Entscheidung für oder gegen eine Neuinvestition und die entsprechende Finanzierung aus?

14. Eine Unternehmung verfügt über folgende Vermögenswerte (in Tsd. EUR):

| | | |
|---|---|---|
| Rohstoffe | | 690.000 |
| Fertigerzeugnisse | | 450.000 |
| Kassenbestand | | 23.000 |
| Bankguthaben | | 413.900 |
| Besitzwechsel, | davon zentralbankfähig | 140.000 |
| | übrige | 30.700 |
| Forderungen, | davon innerhalb der Periode fällig | 250.990 |
| | übrige Forderungen | 87.900 |

Diese Unternehmung hat in der Periode folgende Verpflichtungen zu erfüllen (in Tsd. EUR):

| | |
|---|---|
| Verbindlichkeiten aus Lieferungen insgesamt | 380.000 |
| davon innerhalb der Periode fällig | 108.990 |
| Löhne und Gehälter einschließlich Lohnnebenkosten | 455.090 |
| Haftpflichtversicherungsbeiträge | 49.000 |
| Umsatzsteuer | 120.780 |

a) Errechnen Sie die Barliquidität und die einzugsbedingte Liquidität.

b) Welche Sicherheit bietet die umsatzbedingte Liquiditätsberechnung?

c) Wie beurteilen Sie die Angaben in Bezug auf die Periodenliquidität (Rechnerischer Nachweis)?

d) Wie kann die Liquidität eines Betriebes verbessert werden?

## 14.2 Auswertung einer Abschlussrechnung

Eine vollständige Lehre von der Analyse der Unternehmung kann hier nicht gegeben werden. Wohl aber kann man, wie an dem nachstehenden Beispiel aus der Kunststoffverarbeitung gezeigt wird, mittels ausgewählter Kennzahlen wichtige Tatsachen und Zusammenhänge erkennen (Beispiel s. Faltblatt am Ende des Buches).

## 14.2.1 Finanzierung

### Kapitalstruktur (Abschnitte 12.1.2 und 14.1.3)

**a) Jahresvergleich**

| | II | | I | |
|---|---|---|---|---|
| Eigenkapital | 9.038 | 40,8% | 8.528 | 38,2% |
| Fremdkapital | 9.041 | 40,8% | 9.942 | 44,6% |
| Rückstellungen | 3.580 | 16,1% | 3.314 | 14,9% |
| Gewinnausschüttung und Rechnungsabgrenzung | 510 | 2,3% | 508 | 2,3% |
| Gesamtkapital | 22.169 | 100,0% | 22.292 | 100,0% |

**b) Aufgliederung** für das Geschäftsjahr II (Bild 292)

| | Bilanz II | Eigenkapital | | Fremdkapital | | Rückstellungen | | sonstige Passiva | % |
|---|---|---|---|---|---|---|---|---|---|
| | | von außen | von innen | langfristig | kurzfristig | langfristig | kurzfristig | | |
| Gezeichnetes Kapital | 4.200 | 4.200 | | | | | | | |
| Rücklagen einschl. Sonderposten mit Rücklageanteil | 4.832 | | 4.832 | | | | | | |
| Gewinnvortrag[1] | 6 | | 6 | | | | | | |
| Eigenkapital | 9.038 | | | | | | | | 40,8 |
| Verbindlichkeiten gegenüber Kreditinstituten Davon durch Grundpfandrechte gesichert: 3.000 | 3.600 | | | 3.600 | | | | | |
| aus Lieferungen und Leistungen | 1.770 | | | | 1.770 | | | | |
| gegenüber Kreditinstituten | 3.059 | | | | 3.059 | | | | |
| sonstige (von innen gebildet) | 612 | | | | 612 | | | | |
| Fremdkapital | 9.041 | | | | | | | | 40,8 |
| Pensionsrückstellungen | 2.600 | | | | | 2.400 | 200 | | |
| sonstige Rückstellungen | 980 | | | | | | 980 | | |
| Rückstellungen | 3.580 | | | | | | | | 16,1 |
| Gewinnausschüttung | 504 | | | | | | | 504 | 2,3 |
| Rechnungsabgrenzung | 6 | | | | | | | 6 | |
| Gesamtkapital | 22.169 | 4.200 | 4.838 | 3.600 | 5.441 | 2.400 | 1.180 | 510 | |
| | 100% | 18,9% | 21,9% | 16,2% | 24,6% | 10,8% | 5,3% | 2,3% | 100,0% |

[1] Vortrag auf das folgende Jahr bei 12% Dividende

Bild 292

**Feststellungen**

1. Das Eigenkapital beträgt 40,8% des Gesamtkapitals.
2. Die Rücklagen zuzüglich Gewinnvortrag betragen

   $\frac{4.838}{4.200}$ x 100% = 115,2% des Grundkapitals (Selbstfinanzierungsgrad).

   Das Eigenkapital, in% des Grundkapitals gerechnet, ergibt den Bilanzkurs. Er beträgt

   $\frac{9.038}{4.200}$ x 100% = 215,2%.

   Liegt der Börsenkurs über dem Bilanzkurs, dann kann auf stille Rücklagen und günstige Geschäftslage geschlossen werden, sofern nicht andere Einflüsse wirksam sind.

3. Das kurzfristige Fremdkapital, das zu 56,2% aus Verbindlichkeiten gegenüber Kreditinstituten besteht, übersteigt das langfristige Fremdkapital.
4. Das von **außen** zugeflossene Fremdkapital (3.600 + 1.770 + 3.059 = 8.429) beträgt 38,0% des Gesamtkapitals.

   Das von **innen** gebildete Fremdkapital ist

   | | | |
   |---|---|---|
   | langfristig (Rückstellungen) mit | 2.400 | 10,8% |
   | kurzfristig mit (612 + 1.180 + 504) | 2.296 | 10,4% |
   | | 4.696 | 21,2% des Gesamtkapitals. |

5. Teilt man das Fremdkapital (Verbindlichkeiten + Rückstellungen) nach **Gläubigergruppen** auf, so ergibt sich folgendes Bild:

   | | | |
   |---|---|---|
   | Kreditinstitute (3.600 + 3.059) | 6.659 | 50,8% |
   | Lieferer | 1.770 | 13,5% |
   | Belegschaftsangehörige | 2.600 | 19,8% |
   | Staat, Sozialversicherung und sonstige nicht näher bestimmte Gruppen (612 + 980) | 1.592 | 12,1% |
   | Aktionäre | 504 | 3,8% |
   | | 13.125 | 100,0% |

**Folgerungen**

1. Für die Gläubiger ist hinreichend Sicherheit gegeben, da zuerst rund 2/5 des Vermögens verloren gehen müssten, bevor für sie Verlustgefahr bestünde.
2. Der Grad der Selbstfinanzierung lässt auf vorsichtige Gewinnverwendung schließen.
3. Die im Verhältnis zur langfristigen Verschuldung hohen kurzfristigen Bankverbindlichkeiten lassen vermuten, dass für eine bessere Schuldenkonsolidierung nicht die dazu erforderlichen Sicherheiten (Grundpfandrechte) zur Verfügung stehen. Die Trendfaktoren deuten auf das Bemühen hin, die Verschuldung im Ganzen, besonders aber die kurzfristigen Verbindlichkeiten, abzubauen.
4. Die stärkste Gläubigergruppe wird durch die Kreditinstitute gestellt. Dies macht die Unternehmung empfindlich gegen kredit- und währungspolitische Maßnahmen.
5. Das Verhältnis des durch die Unternehmung selbst gebildeten Fremdkapitals (Rückstellungen) zu dem von außen zugeflossenen Fremdkapital kann auf das Bestreben hindeuten, möglichst viele Finanzmittel vor dem Abfluss aus dem Kapitalfonds der Unternehmung zu bewahren.

   Dass für die Bildung der relativ hohen Pensionsrückstellungen auch andere als finanztaktische Überlegungen maßgebend waren, ist selbstverständlich (Erhaltung eines leistungsfähigen Mitarbeiterstammes).

## Finanzierungsvorgänge

Die Finanzierungsvorgänge im Jahre II lassen sich mit Hilfe folgender Berechnungen beobachten:

a) **Nettofinanzierungsbilanz.** Sie bedient sich vornehmlich der Differenzen zwischen den Bilanzen I und II und zeigt die Mittelherkunft und Mittelverwendung.

b) **Cashflow-Berechnungen.** Es werden die Mittel errechnet, die der Unternehmung aus den Umsatzerlösen zugeflossen sind und zur Innenfinanzierung zur Verfügung stehen.

### a) Netto-Finanzierungsbilanz

| Mittelverwendung ◄── | | ── Mittelherkunft | |
|---|---|---|---|
| Vorgang | Betrag | Vorgang | Betrag |
| Vermehrung der Aktiva | | Vermehrung der Passiva | |
| Investitionen | | Einstellung in die | |
| in Sachanlagen | 2.242 | Rücklagen (500 + 12) | 512 |
| im Vorratsvermögen: | | Vermehrung | |
| Roh-, Hilfs-, Betriebsstoffe | 76 | der Rückstellungen | |
| unfertige Erzeugnisse | 152 | (210 + 126) | 336 |
| | | der Verbindlichkeiten | 20 |
| | | Rechnungsabgrenzung | 2 |
| geleistete Anzahlungen | 10 | | |
| Forderungen (134 + 26) | 160 | | |
| Rechnungsabgrenzung | 8 | Verminderung der Aktiva | |
| | | (Umfinanzierung- | |
| | | Kapitalfreisetzung) | |
| Verminderung der Passiva | | Abschreibungen | 2.114 |
| Tilgung von Verbind- | | Anlagenabgang | 53 |
| lichkeiten gegenüber: | | Verminderung | |
| Lieferern | 214 | der fertigen Erzeugnisse | 470 |
| Kreditinstituten | 707 | der flüssigen Mittel | |
| | | (8 + 116) | 124 |
| | | der sonst. Forderungen | 10 |
| Sonstige Abflüsse | | Sonstige Zuflüsse | |
| laufende Pensionen | 70 | Bilanzgewinn (510 – 8) | 502 |
| Gewinnabflüsse | 504 | | |
| | 4.143 | | 4.143 |

Die Nettofinanzierungsbilanz wird auch Bewegungsbilanz genannt, weil sie den Fluss der Finanzierungsmittel zwischen zwei Bilanzen zeigt.

**Feststellung**

1. Es erfolgte kein Zufluss von Finanzierungsmitteln aus Kapitalerhöhungen durch Einzahlung der Eigentümer (Eigenfinanzierung), aber ein Zufluss durch Erhöhung der Rücklage (Selbstfinanzierung) um 512 Tsd. EUR.
2. Der Vermehrung der Verbindlichkeiten um 20 Tsd. EUR steht eine Tilgung von Verbindlichkeiten von 921 Tsd. EUR, insbesondere bei Kreditinstituten, gegenüber.
3. Investition in Sachanlagen von 2.242 Tsd. EUR bei gleichzeitiger Abschreibung von 2.114 Tsd. EUR.
4. Ausweitung der Vorräte (RHB und UE) um 228 Tsd. EUR und Abbau der Lagerhaltung bei FE um 470 Tsd. EUR.
5. Verminderung der flüssigen Mittel um 124 Tsd. EUR.

**Folgerung**

1. Die Unternehmung hat die benötigten Mittel durch Nichtausschüttung von Gewinn (RL 512 Tsd. EUR), also durch Selbstfinanzierung aufgebracht. Daneben erfolgte eine beträchtliche Umfinanzierung (Abschreibung, Anlagenabgang, Lagerabbau und Abbau der liquiden Mittel).
2. Es wurde kräftig investiert (2.242 Tsd. EUR), die Mittel stammen aus verdienten Abschreibungen (2.114 Tsd. EUR).
3. Die Tilgung der Verbindlichkeiten (921 Tsd. EUR) ist auf Kapitalfreisetzungen (Umfinanzierung) und Gewinnzurückhaltung (Selbstfinanzierung) zurückzuführen und zeigt vorsichtige Finanzplanung.

**b) Cashflow-Berechnung**

Aus den Umsatzerlösen fließen der Unternehmung ständig flüssige Mittel zu. Davon werden zunächst die sofort fälligen ausgabewirksamen Aufwendungen bestritten. Der darüber hinaus in den Umsatzerlösen zurückfließende Betrag kann zu Gewinnausschüttung, Schuldentilgung und Investitionen verwendet werden. Diesen Betrag nennt man **Cashflow (Kassenzufluss)**.

Der Cashflow wird im Allgemeinen aus dem Bilanzgewinn ermittelt, indem zum Bilanzgewinn die nicht ausgabewirksamen Aufwendungen hinzugezählt und die nicht ausgabewirksamen Erträge abgezogen werden. Auch die gezahlte Dividende wird als Kassenabfluss berücksichtigt.

**Nicht ausgabewirksame Aufwendungen** sind z.B. Abschreibungen, Einstellung in die Rücklagen und langfristigen Rückstellungen, Verluste aus Anlagenabgängen.

**Nicht ausgabewirksame Erträge** sind z.B. Erträge aus Anlagenabgang, Erträge aus der Auflösung von Rückstellungen, Kursgewinne bei Wertpapierverkauf.

Die Cashflow-Kennzahl erlaubt Aussagen über die Zahlungsfähigkeit, Ertragskraft und Selbstfinanzierungsmöglichkeit eines Unternehmens. Im Vergleich mit vorherigen Kennzahlen und Branchenwerten zeigt der Cashflow die Entwicklungstendenz.

Durch die Berechnung von Beziehungszahlen wird der Grad der Unabhängigkeit der Unternehmung und die Möglichkeit der Schuldentilgung sowie der Gewinnausschüttung ohne Beeinträchtigung der Substanz sichtbar.

Es werden im Allgemeinen Beziehungen zu den Umsatzerlösen, zum Gesamtkapital, zum Eigenkapital und zu den Abschreibungen hergestellt.

**Cashflow-Berechnungsbeispiel**
(siehe Faltblatt am Ende des Buches)

| | II | I |
|---|---|---|
| Bilanzgewinn (ohne Gewinnvortrag) | 502 | 508 |
| + Abschreibungen zum Anlage- und Umlaufvermögen | 2.276 | 2.151 |
| + Einstellung in die Rücklagen | 512 | 300 |
| + Erhöhung der langfristigen Rückstellungen | 210 | 180* |
| + außergewöhnlicher Aufwand | 280 | 367 |
| **Cashflow (brutto)** | 3.780 | 3.506 |
| – Dividende | 504 | 504 |
| **Cashflow (netto)** | 3.276 | 3.002 |
| – Erträge aus Anlagenabgang | 12 | 4 |
| – Erträge aus der Auflösung von Rückstellungen | 18 | 16 |
| – außerordentliche Erträge | 6 | 8 |
| **betrieblich erwirtschafteter Cashflow** | 3.240 | 2.974 |
| in % der Umsatzerlöse | 8,6 | 8,3 |
| in % des Gesamtkapitals | 14,6 | 13,3 |
| in % des Eigenkapitals | 35,8 | 34,9 |
| Abschreibung in % des Cashflow | 70,2 | 72,3 |

**Feststellung**

1. Von jedem EUR erzieltem Umsatzerlös bleiben im Jahre I 8,3 ct und im Jahre II 8,6 ct im Unternehmen zurück.
2. Der betrieblich erwirtschaftete Cashflow stieg von 13,3 auf 14,6% des Gesamtkapitals und von 34,9 auf 35,8% des Eigenkapitals an.
3. Der Anteil des aus der Abschreibung erwirtschafteten Cashflow ging von 72,3 auf 70,2% zurück.

**Folgerung**

Mit dem Cashflow konnten alle Zugänge im Anlagevermögen finanziert und ein Teil der Verbindlichkeiten getilgt werden. Die Zunahme des Anteils des betrieblich erwirtschafteten Cashflow am Umsatzerlös, Gesamtkapital und Eigenkapital zeigt eine zunehmende Ertragskraft des Unternehmens im Vergleich der beiden Geschäftsjahre. Die Abnahme des Anteils des aus der Abschreibung erwirtschafteten Cashflow unterstreicht diese Tendenz.

Die ermittelten Kennzahlen stellen Erfahrungswerte dar, welche die Aufstellung von Planungsrechnungen erleichtern.

Damit die Kennzahl auch für den externen Bilanzleser errechenbar ist, wird sie für die veröffentlichten Bilanzanalysen auf folgender Basis ermittelt:

**Cashflow = Jahresüberschuss + Abschreibungen + Rückstellungen**

## Verschuldungsgrenze

Fremdkapital ist in der Regel nur bis zur Höhe der Beleihbarkeit des Vermögens zu erhalten. In unserem Beispiel sind bei vorsichtiger Betrachtung *nicht beleihbar:*

a) Grundstücke mit Geschäfts- und Fabrikbauten (3.185), weil sie bereits durch Grundpfandschulden (3.000) stark belastet erscheinen;

* geschätzt

b) Betriebs- und Geschäftsausstattung (1.004), weil sie großenteils schwer anderweitig verwertbar ist;

c) Roh-, Hilfs- und Betriebsstoffe (1.466), weil sie in der Regel unter Eigentumsvorbehalt geliefert sind und somit als Sicherheit für die Verbindlichkeiten aus Lieferungen (1.770) dienen;

d) ein großer Teil der Forderungen aus Lieferungen und Leistungen (4.674 + 880), weil zu vermuten ist, dass er zur Sicherung der kurzfristigen Bankverbindlichkeiten (3.059) herangezogen wird.

Danach bleiben aber als *beleihbar* übrig

| | |
|---|---:|
| – Maschinen und maschinelle Anlagen | 3.852 |
| – Beteiligungen | 1.200 |
| – Forderungen aus Lieferungen und Leistungen, soweit sie nicht schon zur Kreditsicherung verwendet worden sind (5.554 – 3.059[1]) | 2.495 |
| vorhandenes beleihbares Vermögen | 7.547 |

Unter der Voraussetzung, dass dieses Vermögen und auch das mit dem zusätzlichen Fremdkapital zu beschaffende Vermögen im Durchschnitt mit 60% beleihbar ist, lässt sich die **Verschuldungsgrenze** wie folgt ermitteln:

| **beleihbares Vermögen** | | **zusätzlich aufnehmbares Fremdkapital** (Beleihungssatz 60%, q = 0,6) |
|---|---:|---|
| vorhanden (a) | 7.547 | 4.528 |
| | 4.528 | 2.717 |
| | 2.717 | 1.630 |
| | 1.630 | usw. |
| | usw. | |

Bild 293

Die Beträge bilden eine unendliche Reihe, in welcher der nachfolgende Betrag jeweils 60% des vorangegangenen Betrages ausmacht. Die Summe dieser Reihe kann deshalb auch durch folgende Formel ermittelt werden:

$$s = \frac{a}{1 - q} = \frac{7.547}{0{,}4} = 18.868$$

| | |
|---|---:|
| abzüglich des vorhandenen Vermögens = | 7.547 |
| zusätzliches Fremdkapital = | 11.321 |

Die Kapitalstruktur würde sich dann wie folgt ändern:

| | | jetzt | seither |
|---|---:|---:|---:|
| Eigenkapital einschließlich Sonderposten mit Rücklageanteil | 9.038[2] | 27,4% | 41,7% |
| seitheriges Fremdkapital einschl. Rückstellungen (3.580 + 9.041) | 12.621 | | 58,3% |
| zusätzliches Fremdkapital | 11.321 (23.942) | 72,6% | |
| | 32.980 | 100,0% | 100,0% |

**Folgerung**

Die Unternehmung hat die Verschuldungsgrenze noch nicht erreicht und kann deshalb noch zusätzliches Fremdkapital aufnehmen.

[1] Bankverbindlichkeiten

[2] Seite 513

## Einfluss der Kapitalstruktur auf die Rentabilität des Eigenkapitals

Eine Kreditausweitung bis zur Verschuldungsgrenze erhöht die Rentabilität des Eigenkapitals, sofern der durch die zusätzlichen Investitionen erzielte Ertrag den Mehraufwand an Zinsen übersteigt. Trifft dies zu, dann erhöht sich die Rentabilität des Eigenkapitals, obwohl das Verhältnis Eigenkapital : Fremdkapital von 27 : 73 ungünstiger erscheint als das in der Bilanz ausgewiesene Verhältnis 42 : 58.

Trotzdem gebietet die Vorsicht, die auch mit Rückschlägen und Misserfolgen rechnen muss, nicht allzu dicht an die Verschuldungsgrenze heranzugehen. **Eine Richtkennzahl für ein Idealverhältnis von Eigenkapital: Fremdkapital kann nicht aufgestellt werden.**

### Zur Wiederholung und Vertiefung

1. Welche Bedeutung kann es für die Unternehmensleitung haben, wenn
   a) kurzfristige Verbindlichkeiten,
   b) langfristige Verbindlichkeiten überwiegen?
2. Auf welche Finanzierungsarten weisen folgende Bilanzposten hin:
   a) Gezeichnetes Kapital,
   b) Rücklagen,
   c) Rückstellungen?
3. Untersuchen Sie, bei welchen Posten des Fremdkapitals
   a) die Geschäftsführung,
   b) die Geschäftspartner Kreditinstitute,
   c) die Geschäftspartner Lieferer nähere Informationen verlangen.
4. Warum wird die Nettofinanzierungsbilanz auch Bewegungsbilanz genannt?
5. Worauf kann zurückgeführt werden
   a) die Vermehrung der Aktiva,
   b) die Verminderung der Passiva?
6. Auszug aus dem Jahresabschluss einer Industrie-AG (in Mio. EUR):

| | **Berichtsjahr** | **Vorjahr** |
|---|---|---|
| Eigenkapital | 8.780 | 7.500 |
| Langfristiges Fremdkapital | 9.800 | 9.910 |
| Kurzfristiges Fremdkapital | 5.763 | 6.344 |
| Liquide Mittel 1. Ordnung | 3.220 | 2.880 |
| Liquide Mittel 2. Ordnung | 4.400 | 3.255 |
| Liquide Mittel 3. Ordnung | 5.350 | 3.309 |
| Abschreibungen | 3.250 | 4.560 |
| Einstellung in Rückstellungen | 498 | 350 |
| Gewinn aus Anlagenabgang | 2.199 | 3.400 |
| Kursverluste | 480 | 100 |
| Einstellung in Rücklagen | 490 | 290 |
| Umsatzerlöse | 37.000 | 42.000 |
| Bilanzgewinn | 875 | 980 |
| Anzahl der Aktien | 40 Mio. Stück | 38 Mio. Stück |

   a) Was versteht man unter Cashflow?
   b) Errechnen und beurteilen Sie den Cashflow in obigen Bilanzen.
   c) Welche Aussage ermöglicht der Cashflow in der Beziehung zum Gesamtkapital?
   d) Inwieweit reicht der Cashflow zur Abdeckung der Nettoverschuldung (Nettoverschuldung = Fremdkapital abzüglich liquider Mittel 1. und 2. Ordnung)?
   e) Errechnen und beurteilen Sie die Beziehung zwischen Cashflow und Umsatzerlös.
   f) Errechnen und beurteilen Sie die Beziehung zwischen Cashflow und Abschreibungen.
   g) Welche Dividende wäre durch den in obigen Bilanzen ausgewiesenen Cashflow gerechtfertigt, ohne dass die Substanz angegriffen werden müsste?

7. Welche Rolle spielt bei der Cashflow-Berechnung der Verlustausweis in der Bilanz?
8. Was versteht man unter Verschuldungsgrenze?
9. Wovon hängt die Verschuldungsgrenze ab?
10. Welche weiteren Kriterien sollte die Geschäftsleitung bei der Kreditausweitung beachten?

### 14.2.2 Vermögensstruktur (Konstitution) (Abschnitte 12.1.1 u. 14.1.3)

| | II | | I | |
|---|---|---|---|---|
| Sachanlagen | 8.041 | 36,3% | 7.966 | 35,7% |
| Beteiligungen | 1.200 | 5,4% | 1.200 | 5,4% |
| Vorräte | 6.966 | 31,4% | 7.208 | 32,3% |
| Forderungen + Anzahlungen + Rechnungsabgrenzung | 5.676 | 25,6% | 5.508 | 24,7% |
| flüssige Mittel | 286 | 1,3% | 410 | 1,9% |
| Gesamtvermögen | 22.169 | 100,0% | 22.292 | 100,0% |

Nahezu alle Teile des Vermögens und das Vermögen im Ganzen unterliegen mehr oder minder großen Schwankungen. Deshalb vermitteln die oben errechneten Kennzahlen nur einen groben Überblick über den Aufbau des Vermögens. Exakte Vergleiche sind nicht möglich. Schlussfolgerungen können nur mit Vorbehalt gezogen werden.

#### Sachanlagenquote

$$\frac{\text{Sachanlagevermögen}}{\text{Gesamtvermögen}} \times 100\%; \quad \frac{8.041}{22.169} \times 100 = \underline{\underline{36,3\%}}$$

Sie ist in hohem Maße von der Investitionsplanung, der Abschreibungspolitik und den angewandten Abschreibungsverfahren bestimmt.

| Im Jahre II | Anfangsbestand | 7.966 | |
|---|---|---|---|
| | Zugang | 2.242 | |
| | | 10.208 | = 100,0% |
| | Abschreibungen | 2.114 | = 20,7% |
| | Abgänge | 53 | = 0,5% |

Die Bilanzstatistik der Branche liefert für eine vergleichbare Rechnungsperiode folgende Durchschnittswerte:

Sachanlagenquote 37,5%, Abschreibungen von Anfangsbestand + Zugängen 17,3%.

**Feststellung**

Die Unternehmung liegt mit ihrer Sachanlagenquote unter dem Durchschnitt, mit ihrem Abschreibungssatz aber über ihm. Die Abgänge fallen nicht ins Gewicht.

**Folgerungen**

1. Die Anlagenquote ist branchenüblich.
2. Der Abschreibungssatz lässt darauf schließen, dass die Unternehmung eine rasche Amortisation der Investitionen anstrebt, vermutlich, um sich dem technischen Fortschritt und den sich schnell wandelnden Wünschen der Käufer anpassen zu können. Man vergleiche dazu auch Zugang und Abschreibungsbetrag bei Maschinen.

## Vorratsquote

$$\frac{\text{Vorräte}}{\text{Gesamtvermögen}} \text{ x } 100\%; \quad \frac{6.966}{22.169} \text{ x } 100 = \underline{\underline{31{,}4\%}}$$

**Feststellungen**

1. Die Vorratsquote ist um 0,9% zurückgegangen. Der Gesamtbetrag ist um 242 geringer.
2. Die RHB-Bestände sind um 5,5% = 76 und somit überproportional zum Aufwand (TF 1,034) gestiegen.
3. Die in der Fertigungsphase befindlichen unfertigen Erzeugnisse haben um 11,2% = 152 zugenommen.
4. Die Bestände an fertigen Erzeugnissen sind um 10,5% = 470 zurückgegangen.
5. Von dem im Vorratsvermögen gebundenen Kapital wurden 3,4% = 242 freigesetzt.

**Folgerungen**

1. Die Beschaffung der RHB ist auf in der Zukunft steigenden Bedarf eingestellt.
2. Die starke Steigerung der Bestände an unfertigen Erzeugnissen deutet auf eine Verbesserung der Auftragslage hin.
3. Die Verminderung der Bestände an fertigen Erzeugnissen lässt auf gesteigerten Absatz schließen.

## Forderungen

**Feststellungen**

1. Ein Vergleich der TF zeigt, dass die Forderungen (TF 1,030) in geringerem Maße zugenommen haben als die Umsatzerlöse (TF 1,050).
2. Die sonstigen Forderungen (20) sind unbedeutend.
3. Insgesamt sind $\frac{(4.674 + 880)}{22.169}$ x 100% = 25% des Gesamtkapitals in Forderungen

   nachhaltig gebunden.

**Folgerungen**

1. Die Zahlungsweise der Kunden hat sich leicht verbessert. Wie sie im Hinblick auf die gegebenen Zahlungsbedingungen zu beurteilen ist, zeigt erst die Umschlagshäufigkeit.
2. Die relativ hohe Kapitalbindung in den Forderungen gibt Anlass, nach einer Verminderung dieses Bilanzpostens zu streben.

## Flüssige Mittel

**Feststellung**

Die flüssigen Mittel machen mit $\frac{(40 + 246)}{22.169}$ x 100% = 1,3% einen relativ kleinen Teil des Gesamtvermögens aus. Da den Guthaben bei Kreditinstituten (246) kurzfristige Bankverbindlichkeiten (3.059) gegenüberstehen, ist zu vermuten, dass der Bestand auf das unerlässliche Mindestmaß beschränkt ist.

**Folgerung**

Es ist kein „totes Kapital" vorhanden.

**Zur Wiederholung und Vertiefung**

1. Vergleichen Sie die Vermögensstruktur einer Bauunternehmung mit der eines Kraftwerkes (siehe Bild 223).
2. Welche Information liefert der Vergleich der Sachanlagenquote zweier Geschäftsjahre?
3. Der Geschäftsleitung ist die Vorratsquote zu hoch. Untersuchen Sie die Möglichkeiten und Konsequenzen, die mit der Verminderung der Vorräte verbunden sein können.
4. Mit welchen organisatorischen Maßnahmen können zu hohe Forderungen abgebaut werden?
5. Bei Kreditverhandlungen wird von der Bank beanstandet, dass der Anteil der Vorräte von 408 Tsd. EUR am Gesamtvermögen von 3.879 Tsd. EUR zu hoch ist. Eine Analyse zeigt, dass nur 30% der Vorräte für die Betriebsbereitschaft nötig sind. Anlagevermögen 2.543 Tsd. EUR; Umlaufvermögen 1.336 Tsd. EUR.

   Wie würde sich die Anlagenintensität ändern, wenn die Vorräte um 50% vermindert werden können und die freigesetzten Mittel zur Anlageninvestition verwendet würden?

## 14.2.3 Investierung (Abschnitt 14.1.3)

Die Investierung gibt Auskunft über die **Kapitalverwendung.**

**Feststellungen**

Die Kennzahlen zur Messung der Investierung lauten:

1. $$\frac{\text{Eigenkapital}}{\text{Anlagevermögen}} \text{ x } 100\% \triangleq \frac{9.038}{9.241} \text{ x } 100\% = \underline{\underline{97{,}8\%}}.$$

2. $$\frac{(\text{Eigenkapital + langfr. Verbindlichkeiten + langfr. Rückstellungen})}{\text{Anlagevermögen + Vorräte}} \text{ x } 100\%$$

$$\triangleq \frac{(9.038 + 3.600 + 2.400^{1})}{9.241 + 6.966} \text{ x } 100\% = \underline{\underline{92{,}8\%}}.$$

3. $$\frac{(\text{kurzfristige Verbindlichkeiten + kurzfristige Rückstellungen})}{\text{andere Gegenstände des Umlaufvermögens}} \text{ x } 100\%$$

$$\triangleq \frac{(5.441 + 1.180)}{5.890} \text{ x } 100\% = \underline{\underline{112{,}4\%}}.$$

[1] siehe Seite 513

**Folgerungen**

1. Das Anlagevermögen erscheint nahezu vollständig durch Eigenkapital gedeckt. Unterdeckung (9.241 – 9.038) = 203.

2. Der Rest des Anlagevermögens, die RHB-Bestände und die unfertigen Erzeugnisse (203 + 1.466 + 1.510 = 3.179) sind durch langfristiges Fremdkapital (3.600) gedeckt; Überdeckung (3.600 – 3.179) = 421.

   Rechnet man dazu die langfristigen Rückstellungen (2.400), so wird ersichtlich, dass auch die relativ geldwertnahen fertigen Erzeugnisse (3.990) größtenteils durch langfristig zur Verfügung stehendes Kapital gedeckt sind; Unterdeckung (3.990 – 2.821) = 1.169.

   Die Betriebsbereitschaft ist gesichert. Die Unternehmungsführung ist nicht von Gläubigereinflüssen eingeengt und hat somit weit gehende Entscheidungsfreiheit. Im Ganzen erscheinen Investierung und Finanzierung aufeinander abgestimmt.

Die Zuordnung des Eigenkapitals und des langfristigen Fremdkapitals zum Anlagevermögen und den Vorräten, bzw. des kurzfristigen Fremdkapitals zum Umlaufvermögen, ist anfechtbar. Zwar entspricht sie den Finanzierungs- und Investitionsvorgängen bei der Gründung und der Aufnahme zusätzlicher Fertigungszweige. Ist aber die Betriebsbereitschaft erst einmal hergestellt, dann kann es zweckmäßig sein, Anlageinvestitionen mit kurzfristigem Fremdkapital (Kontokorrentkredit) und Umlaufvermögen mit langfristigem Kapital zu finanzieren.

Wenn nämlich die Verkaufserlöse hohe Abschreibungsrückflüsse und Gewinne enthalten, können Kontokorrentkredite verhältnismäßig rasch abgebaut werden, während das fortlaufend zu ersetzende Umlaufvermögen dauernd Kapital in bestimmter, oft sogar in steigender Höhe bindet.

**Zur Wiederholung und Vertiefung**

1. Warum ist es für die Unternehmung grundsätzlich günstiger, wenn das Eigenkapital das Anlagevermögen deckt?
2. Welche Risiken können entstehen, wenn Stoffevorräte mit Liefererkrediten finanziert sind?
3. Welche Möglichkeiten hat die Unternehmungsführung, die Deckungsverhältnisse zwischen Anlagevermögen und Eigenkapital zu verändern?

## 14.2.4 Umsatzprozess

Um Einblick in den zeitlichen Ablauf des Umsatzprozesses zu gewinnen, werden **Umschlagsrechnungen** durchgeführt. Man berechnet Häufigkeit und Dauer des Umschlages des **gesamten** Kapitals (Vermögens) und **einzelner** Vermögens- und Kapitalteile.

Es wäre besser, vom Vermögensumschlag zu sprechen, denn das Vermögen schlägt sich im Aufwand um, z.B. Material im Materialverbrauch, Maschinen in den Abschreibungen, Geld in Dienstleistungen.

### Umschlag des Umlaufvermögens

In ein Konto zusammengefasst, zeigt das Umlaufvermögen folgende Entwicklung:

| S | | **Umlaufvermögen** | | H |
|---|---|---|---|---|
| AB (7.208 + 5.854) | 13.062 | Einsatz: | | |
| Zugänge*) | 34.279 | Aufwand (19.442 + 17.157) | | |
| | | | 36.599 | |
| | | – Abschreibungen | 2.114 | 34.485 |
| | | SB (6.966 + 5.890) | | 12.856 |
| | 47.341 | | | 47.341 |

*) durch Saldierung ermittelt

**Feststellungen**

1. Durchschnittliches Umlaufvermögen $\triangleq \frac{13.062 + 12.856}{2} = 12.959$

2. Umschlagshäufigkeit $\triangleq \frac{34.485}{12.959} = 2{,}66$ (mal)

3. Durchschnittliche Laufzeit $\triangleq \frac{365}{2{,}66} = 137$ (Tage)

$\frac{\text{Umschlagshäufigkeit des Umlaufvermögens}}{\text{Umschlagshäufigkeit des beweglichen Sachanlagevermögens}} \triangleq \frac{2{,}66}{0{,}292} = 9{,}1$ (mal)

Das Umlaufvermögen schlägt sich 9,1-mal schneller um als das bewegliche Sachanlagevermögen.

**Folgerungen**

1. Die kurze Durchlaufzeit verleiht Dispositionsfreiheit.
2. Bei einer nach Art, Menge, Güte, Kosten und Preisen gleich bleibenden Leistung und bei Verzicht auf Investitionen im Sachanlagevermögen wäre nach 9,1-maligem Umschlag des Umlaufvermögens das Unternehmungskapital bis auf die Grundstücke liquidiert.

## Umschlag der Roh-, Hilfs- und Betriebsstoffe

| S | Roh-, Hilfs- und Betriebsstoffe | | H |
|---|---|---|---|
| AB | 1.390 | Einsatz laut G + V | 19.442 |
| Zugang | 19.518 | SB | 1.466 |
| | 20.908 | | 20.908 |

**Feststellungen**

1. Durchschnittliche Lagerbestände $\triangleq \frac{1.390 + 1.466}{2} = 1.428$

2. Umschlagshäufigkeit $\triangleq \frac{19.442}{1.428} = 13{,}6$ (mal)

3. Durchschnittliche Lagerdauer $\triangleq \frac{365}{13{,}6} = 27$ (Tage)

**Folgerung**

Der rasche Umschlag der Stoffbestände deutet auf rationelle Lagerhaltung hin. Außerdem ist rasche Anpassung an sich verändernden Bedarf gewährleistet. Bei Verlängerung der Lieferfristen können allerdings Engpässe entstehen.

## Forderungsumschlag

| S | Forderungen aus Lieferungen und Leistungen | | | H |
|---|---|---|---|---|
| AB (4.540 + 854) | | 5.394 | Zahlungseingänge | 41.557 |
| Umsatzerlöse | 37.715 | | Forderungsverluste | |
| Erlöse aus Anlagen- | | | (G + V Nr. 7b) | 162 |
| abgang[1] | 65 | | SB (4.674 + 880) | 5.554 |
| USt[2] | 4.099 | 41.879 | | |
| | | 47.273 | | 47.273 |

[1] Bilanzabgänge + Erträge aus Abgängen des AV

[2] 16% vom Inlandsumsatz 25.618 Tsd. EUR

**Feststellungen**

1. Durchschnittlicher Bestand $\triangleq \frac{5.394 + 5.554}{2} = 5.474$

2. Umschlagshäufigkeit $\triangleq \frac{41.557}{5.474} = 7{,}6$ (mal)

3. Durchschnittliche Kreditdauer $\triangleq \frac{365}{7{,}6} = 48$ (Tage)

Die Verluste an Außenständen betrugen 162 (G + V Nr. 7b) = 3% des durchschnittlichen Bestandes und 0,4% der Zahlungseingänge.

**Folgerung**

Bei einem branchenüblichen Ziel von 60 Tagen wurde der Kundenkredit für einen großen Teil der Forderungen beansprucht und damit auch der in den Verkaufspreis eingerechnete Skonto eingenommen. Im Ganzen aber war die Zahlungsweise der Kunden normal. Die Zunahme der Forderungsausfälle um 21 ist bei einem Umsatzzuwachs von 1.807 kaum von Bedeutung.

## ■ Verbindlichkeitsumschlag

Auf dem Konto Verbindlichkeiten aus Lieferungen und Leistungen sind in der Regel Verbindlichkeiten verbucht, die aus folgenden Gründen entstehen:

1. Beschaffung von Roh-, Hilfs- und Betriebsstoffen,
2. Beschaffung von Gegenständen des Anlagevermögens,
3. Lieferungen und Leistungen, die in den sonstigen Aufwand eingehen wie Bürobedarfsartikel, Reparatur- und Verpackungsmaterial, Werbemittel, Fremdreparaturen, Rechtsschutzkosten, Transport- und Lagerkosten, Verbandsbeiträge[1]. Für all diese Lieferungen und Leistungen gehen Rechnungen ein, die meist auch dann auf dem Konto Verbindlichkeiten verbucht werden, wenn sie kurzfristig beglichen werden.

Dem rekonstruierten Konto kann deshalb der folgende Inhalt unterstellt werden:

| S | Verbindlichkeiten aus Lieferungen und Leistungen | | H |
|---|---|---|---|
| Zahlungsausgänge | 28.132 | AB | 1.984 |
| verrechnete Anzahlungen | 20 | Zugänge bei | |
| ARA I | 64 | RHB (19.442 + 76) | 19.518 |
| SB | 1.770 | beweglichen Sachanlagen – aktivierte Eigenleistungen (1.963 – 68) | 1.895 |
| | | sonstigen Aufwendungen | 2.727 |
| | | Vorsteuer[2] | 3.862 |
| | 29.986 | | 29.986 |

**Feststellungen**

1. Durchschnittlicher Bestand $\triangleq \frac{1.984 + 1.770}{2} = 1.877$

2. Umschlagshäufigkeit $\triangleq \frac{26.378}{1.877} = 14{,}1$ (mal)

3. Durchschnittliche Kreditdauer $\triangleq \frac{365}{14{,}1} = 26$ (Tage)

[1] nach Adler, Düring, Schmalz: Handkommentar
[2] 16% aus (19.518 + 1.895 + 2.727) Tsd. EUR

Die bei den Lieferern in Anspruch genommenen Kreditfristen waren im Durchschnitt 23 Tage kürzer als die von den Kunden genutzten Fristen.

Stellt man den Eingang der Forderungen den Zahlungen an Lieferer gegenüber, so ergibt sich

| | | |
|---|---|---|
| Forderungseingang (II) | 41.557 | 100,0% |
| Zahlungen an Lieferer (II) | 28.132 | 67,7% |

Von je 100 EUR Kundenzahlungen konnten 68 EUR zu Zahlungen an Lieferer verwendet werden.

**Folgerungen**

1. In Anbetracht des Umstandes, dass die von Lieferern gewährten Zahlungsfristen meist zwischen 10 und 90 Tagen liegen, kann auf pünktliche und zum großen Teil auf sofortige Zahlung mit Skontoausnutzung geschlossen werden.
2. Der im Durchschnitt reibungslose Zahlungsverkehr mit einem starken Überschuss der Forderungseingänge über die an die Lieferer zu leistenden Zahlungen lässt auf stetige Zahlungsbereitschaft schließen.

## ■ Umschlag der unfertigen und fertigen Erzeugnisse

Die bisherigen Untersuchungen können von einem Außenstehenden anhand der Bilanzen und Erfolgsrechnungen vorgenommen werden. Die folgende Messung der Fertigungsdauer und der Lagerdauer der fertigen Erzeugnisse ist nur möglich, wenn der Aufbau der Kostenrechnung bekannt ist. Es sei angenommen, die Herstellungskosten der fertigen Erzeugnisse hätten 60% der Umsatzerlöse ausgemacht. Die rekonstruierten Konten haben dann folgendes Aussehen:

| S | **unfertige Erzeugnisse (Fertigung)** | | H |
|---|---|---|---|
| AB | 1.358 | fertiggestellte Erzeugnisse | 22.159 |
| Herstellungsaufwand | 22.311 | SB | 1.510 |
| | 23.669 | | 23.669 |

| S | **fertige Erzeugnisse** | | H |
|---|---|---|---|
| AB | 4.460 | Verkauf 60% aus 37.715 | 22.629 |
| Fertigung | 22.159 | SB | 3.990 |
| | 26.619 | | 26.619 |

**Feststellungen**

| | unfertige Erzeugnisse (Fertigung) | fertige Erzeugnisse |
|---|---|---|
| 1. Durchschnittlicher Bestand | $\frac{1.358 + 1.510}{2} = 1.434$ | $\frac{4.460 + 3.990}{2} = 4.225$ |
| 2. Umschlagshäufigkeit | $\frac{22.159}{1.434} = 15,5$ (mal) | $\frac{22.629}{4.225} = 5,4$ (mal) |
| 3. Durchschnittliche Fertigungsdauer | $\frac{365}{15,4} = 24$ (Tage) | |
| 4. Durchschnittliche Lagerdauer der fertigen Erzeugnisse | | $\frac{365}{5,4} = 68$ (Tage) |

Auffällig ist die im Verhältnis zur Fertigungsdauer lange Lagerdauer der fertigen Erzeugnisse.

**Folgerungen**

Ursache kann die Notwendigkeit sein,

- ein reich sortiertes, räumlich weit gestreutes und ein auf Stoßgeschäft gerüstetes Verkaufslager zu unterhalten,
- die Fertigung ohne Rücksicht auf Absatzschwankungen konstant zu halten.

Es könnte aber auch die Fertigung nicht ausreichend auf den Absatz abgestimmt sein.

## Gesamter Umsatzprozess

Aus den durchgeführten Einzelrechnungen ergibt sich für den ganzen Umsatzprozess das folgende Bild 294:

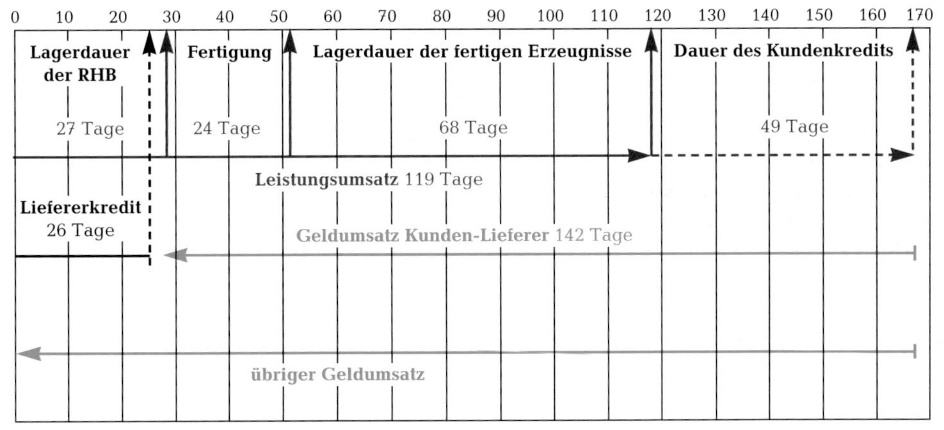


Bild 294

Durch den Vergleich mit vorausgegangenen Rechnungsperioden kann festgestellt werden, in welchem Ausmaß sich die Durchlaufzeiten im Ganzen und im Einzelnen verändert haben. Es ist dabei fortgesetzt nach einer Verkürzung der Durchlaufzeiten zu streben. Je mehr es gelingt, die Zeiten zu verkürzen, desto geringer ist der Kapitalbedarf, desto geringer der Fixkostenanteil je produzierter Einheit und desto größer die Anpassungsfähigkeit der Unternehmung an veränderte Verhältnisse.

**Zur Wiederholung und Vertiefung**

1. Durch welche Kennzahlen kann der Umsatzprozess dargestellt werden?
2. Wie errechnet man die Zugänge bei
   a) Sachanlagen,
   b) Roh-, Hilfs- und Betriebsstoffen,
   c) Fertigen Erzeugnissen,
   d) Forderungen und
   e) Verbindlichkeiten?

## 14.2.5 Liquidität (Abschnitte 12.7.2 und 14.1.3)

Aus den Zahlenangaben in der Aufgabe auf dem Faltblatt am Ende des Buches in Verbindung mit der Einführung zur Liquidität in Abschnitt 14.1.3 ergeben sich folgende Kennzahlen zur **Stichtagsliquidität:**

$$\textbf{Liquidität ersten Grades (Barliquidität)} \triangleq \frac{\text{(flüssige Mittel I. Ordnung)}}{\text{kurzfristige Verbindlichkeiten}} \times 100\%$$

Zu den kurzfristigen Verbindlichkeiten werden im vorliegenden Falle gerechnet

| | II | I |
|---|---|---|
| Verbindlichkeiten a.L. und L. | 1.770 | 1.984 |
| sonstige Verbindlichkeiten | 612 | 592 |
| Halbjahresbetrag der laufenden Pensionen (geschätzt) | 35 | 34 |
| kurzfristige Rückstellungen | 980 | 854 |
| Halbjahresbetrag der Tilgung an den langfristigen Verbindlichkeiten | 200 | 200 |
| | 3.597 | 3.664 |

Nicht berücksichtigt werden erhaltene Anzahlungen (hier nicht vorkommend), weil sie nicht Geldschulden, sondern Leistungsschulden darstellen, und kurzfristige Verbindlichkeiten gegenüber Kreditinstituten, weil sie zwar täglich kündbar, aber in der Regel nicht zur Rückzahlung fällig sind.

$$L_1\,(I) \triangleq \frac{(48 + 362)}{3.664} \times 100\% = \frac{41.000}{3.664} = \underline{\underline{11{,}19\%}}$$

$$L_1(II) \triangleq \frac{(40 + 246)}{3.597} \times 100\% = \frac{28.600}{3.597} = \underline{\underline{7{,}95\%}}$$

**Feststellung**

Die Barliquidität hat sich um 3,24% verschlechtert. Falsch wäre es, aus dem geringen Satz von 11,19% bzw. 7,95% auf Zahlungsschwierigkeiten schließen zu wollen, und zwar aus folgenden Gründen:

1. Die kurzfristigen Verbindlichkeiten sind sicher nur zu einem ganz kleinen Teil am Bilanzstichtag fällig. Bis sie aber fällig werden, sind bereits wieder Teile der kurzfristigen Forderungen eingegangen.
2. Es besteht noch ein beträchtlicher Kreditspielraum.

$$\textbf{Liquidität zweiten Grades (einzugsbedingte L.)} \triangleq \frac{\text{(flüssige Mittel I. + II. Ordnung)}}{\text{kurzfristige Verbindlichkeiten}} \times 100\%$$

$$L_2\,(I) \triangleq \frac{(410 + 4.540 + 854 + 30)}{3.664} \times 100\% = \frac{583.400}{3.664} = \underline{\underline{159{,}22\%}}$$

$$L_2(II) \triangleq \frac{(286 + 4.674 + 880 + 20)}{3.597} \times 100\% = \frac{586.000}{3.597} = \underline{\underline{162{,}91\%}}$$

**Feststellung**

Die einzugsbedingte Liquidität hat sich um 3,69% verbessert. Diese Kennzahlen geben ein treffenderes Bild, weil den Verbindlichkeiten auch die Forderungen gegenüberstehen, deren Eingang den Ausgleich der Verbindlichkeiten ermöglicht. Im Regelfall muss bei gleicher Kreditdauer gegenüber den Kunden und von Seiten der Lieferer die Kennzahl über 100 liegen, da neben den Ausgaben für Materialien und fremde Dienstleistungen auch die Ausgaben für Personalaufwand, Steuern und sonstige Aufwendungen aus den Zahlungseingängen zu bestreiten sind.

**Folgerung**

Die Zahlungsbereitschaft ist gesichert, ohne dass „totes Kapital" gehalten wird. Dies wird auch durch die Nettofinanzierungsbilanz (Seite 515) sowie durch den Forderungs- und den Verbindlichkeitsumschlag (Seite 524/525) bewiesen. Es wäre somit auch falsch gewesen, aus der scheinbar geringen und etwas verschlechterten Barliquidität auf Zahlungsschwierigkeiten zu schließen.

Die den Umsatzerlösen entsprechende Zunahme der RHB-Bestände (siehe Trendfaktoren) zeigt, dass auch nicht versucht wurde, durch Verschiebung der Beschaffung großer Stoffmengen auf den Anfang der nächsten Rechnungsperiode ein günstigeres Bild von der Liquidität vorzutäuschen (window dressing).

**Zur Wiederholung und Vertiefung**

1. In einer Bilanz sind unter anderem folgende Teile des Umlaufvermögens angegeben:

   Waren, Wertpapiere, Schecks, Besitzwechsel, Bankguthaben, eigene Aktien, Forderungen aus Lieferungen und Leistungen, Kasse, Roh-, Hilfs- und Betriebsstoffe, unfertige Erzeugnisse, andere Wertpapiere, sonstige Vermögensgegenstände, Postbankguthaben, Forderungen gegenüber verbundenen Unternehmungen.

   Ordnen Sie diese Positionen den Flüssigen Mitteln I. Ordnung, II. Ordnung und III. Ordnung zu.
2. Warum ist die Barliquidität nicht unbedingt als Kriterium für die Zahlungsbereitschaft anzusehen?

## 14.2.6 Struktur des Aufwands

### Anteil der Aufwendungen am Gesamtaufwand

Um Einblick in die Zusammensetzung des Aufwands zu erhalten, setzt man die einzelnen Aufwandsarten zum Gesamtaufwand ins Verhältnis. Im vorliegenden Falle ergibt sich Bild 295.

| Arten | II | | I | |
|---|---|---|---|---|
| Aufwendungen für RHB | 19.442 | 53,1% | 18.802 | 53,1% |
| Personalaufwand | 10.518 | 28,7% | 9.862 | 27,9% |
| Abschreibungen | 2.114 | 5,8% | 2.010 | 5,7% |
| Zinsen | 428 | 1,2% | 404 | 1,1% |
| Steuern | 1.196 | 3,3% | 1.098 | 3,1% |
| übrige Aufwendungen | 2.901 | 7,9% | 3.227 | 9,1% |
| Gesamtaufwand | 36.599 | 100,0% | 35.403 | 100,0% |

Bild 295

Trendfaktor des Gesamtaufwandes 1,034.

**Feststellung**

Die Unternehmung ist in erster Linie material-, in zweiter Linie lohnintensiv. Die anderen Aufwandsposten haben geringeres Gewicht. Auffallend ist lediglich die relative Verringerung der in einem Posten zusammengefassten übrigen Aufwendungen.

**Folgerung**

Das Unternehmen ist empfindlich gegen Erhöhung der Materialpreise und Löhne. Sorgsame Disposition bei der Materialbeschaffung und rationelle, dem technischen Fortschritt angepasste, arbeitssparende Fertigung sind deshalb lebenswichtige Aufgaben. Die relative Verringerung der „übrigen Aufwendungen" lässt auf sorgsames Wirtschaften bei den zahlreichen kleinen Aufwendungen schließen.

## ■ Anteil des Aufwands am Umsatzerlös

In der Gewinn- und Verlustrechnung (Faltblatt am Ende des Buches) sind folgende Aufwendungen angegeben:

| | II | | I | | TF |
|---|---|---|---|---|---|
| Aufwand für RHB | 19.442 | 51,55% | 18.802 | 52,37% | 1,03 |
| Personalaufwand | 10.518 | 27,89% | 9.862 | 27,46% | 1,07 |
| Abschreibungen | 2.114 | 5,61% | 2.010 | 5,60% | 1,05 |
| Zinsen | 428 | 1,13% | 404 | 1,13% | 1,06 |
| Steuern | 1.196 | 3,17% | 1.098 | 3,06% | 1,09 |
| übrige Aufwendungen | 2.901 | 7,69% | 3.227 | 8,99% | 0,90 |
| Gesamtaufwand | 36.599 | 97,04% | 35.403 | 98,59% | 1,03 |
| Umsatzerlöse | 37.715 | 100,00% | 35.908 | 100,00% | 1,05 |

Bild 296

**Feststellung:** Der Anteil des Aufwands am Umsatzerlös ist gesunken, und zwar der Aufwand für RHB im gleichen Verhältnis, die übrigen Aufwendungen stärker. Dagegen sind Steuern und Personalaufwand gestiegen.

**Folgerung:** Die Unternehmensleitung konnte durch geeignete Maßnahmen das Ergebnis verbessern. Im Personalbereich können steigende Kosten sicher nur durch stärkere Rationalisierungsinvestitionen aufgefangen werden. Die nicht so stark gestiegene Abschreibungsquote lässt noch Spielraum.

### Zur Wiederholung und Vertiefung

1. Aufgrund von laufenden Verhandlungen zwischen den Tarifparteien ist davon auszugehen, dass die Löhne und Gehälter um 4% steigen werden. Außerdem signalisiert das Kreditgewerbe, dass eine allgemeine Zinsanhebung um 1,5% demnächst zu erwarten ist.
   Wie wirkt sich das auf die Zusammensetzung des Aufwands aus?
2. Weil ein Zweigwerk aus Konkurrenzgründen geschlossen werden muss, ist demnächst mit folgenden außerordentlichen Aufwendungen zu rechnen:
   20% weniger Personalaufwand, weil die nicht anderweitig einsetzbaren Arbeitnehmer entlassen werden; jedoch 3.200 Tsd. EUR Entschädigungszahlungen im Sinne des vereinbarten Sozialplans.
   Zeigen Sie die Auswirkungen auf die Struktur des Aufwands, wenn alle anderen Bedingungen bleiben.
3. Ein Kreditgeber verlangt als Vorbedingung die Verminderung der Vorräte um 25%.
   Wie wirkt sich das auf das Verhältnis Gesamtaufwand zu Umsatzerlösen aus?

## 14.2.7 Struktur des Ergebnisses

Bei Anwendung des Gesamtkostenverfahrens unterscheidet man das Ergebnis aus der gewöhnlichen Geschäftstätigkeit und das außerordentliche Ergebnis. Es handelt sich dabei jeweils um die Zusammenfassung von Erträgen und Aufwendungen.

In der Bilanz am Schluss des Buches ist das Ergebnis wie folgt strukturiert (siehe Faltblatt am hinteren Teil des Einbandes):

| | II | | I | | TF |
|---|---|---|---|---|---|
| | Tsd. EUR | % | Tsd. EUR | % | |
| Ergebnis aus der gewöhnlichen Geschäftstätigkeit | 2.472 | 247 | 2.265 | 280 | 1,09 |
| Außerordentliches Ergebnis | – 274 | – 27 | – 359 | – 44 | 0,76 |
| Steuern | – 1.196 | – 120 | – 1.098 | – 136 | 1,09 |
| Jahresüberschuss | 1.002 | 100 | 808 | 100 | 1,24 |

Bild 297

**Feststellung:** Das Ergebnis aus der gewöhnlichen Geschäftstätigkeit hat sich verbessert. Im gleichen Verhältnis sind die Steuern gestiegen. Der Aufwandsüberhang im außerordentlichen Ergebnis wurde um ca. 1/4 verringert. Daraus resultiert eine gleiche Verbesserung des Jahresüberschusses.

**Folgerung:** Das Unternehmen hat erfolgreich gearbeitet. Es ist gelungen, die außerordentlichen Aufwendungen zu verringern. Die Entwicklung des Unternehmens ist dadurch kalkulierbar geworden.

**Zur Wiederholung und Vertiefung**

1. Vergleichen Sie das Ergebnis aus der gewöhnlichen Geschäftstätigkeit mit den Umsatzerlösen. Beschreiben Sie Ihre Feststellung.
2. Die Geschäftsleitung plant die Erweiterung der Aktivitäten im Ausland und erhofft sich eine Umsatzsteigerung um 15%. Gleichzeitig wird damit gerechnet, dass sich das Währungsrisiko erhöht. Experten schätzen einen Verlust von 10%.

   Wie ändert sich die Struktur des Ergebnisses, wenn im abgelaufenen Jahr Erzeugnisse für 12.097.000 EUR im Ausland abgesetzt wurden und davon 6 Mio. EUR in ausländischer Währung fakturiert werden mussten?
3. Welche Wirkung hatte die Senkung der Körperschaftsteuer von 45% auf 40% auf die Struktur des Ergebnisses? Gehen Sie bei der Berechnung davon aus, dass bisher 950 Tsd. EUR Körperschaftsteuer bezahlt wurden und sich die Ertragsverhältnisse nicht wesentlich ändern.

## 14.2.8 Rentabilität (Abschnitt 12.7.3)

**Rentabilität** ist das **Verhältnis des Reinertrags zum eingesetzten Kapital** oder **zum Umsatz**, meist ausgedrückt in einem Prozentsatz.

Die Grundformel für die Errechnung ihrer Kennzahl lautet

$$\textbf{Rentabilität} = \frac{\text{Reinertrag}}{\text{Kapital oder Umsatz}} \times 100\%$$

### ■ Rentabilität des Grundkapitals

$$\textbf{Rentabilität des Grundkapitals} = \frac{\text{Jahresüberschuss}}{\text{Grundkapital}} \times 100\%$$

| | | |
|---|---|---|
| I | $\frac{808}{4.200}$ x 100% = 19,2% | **Feststellung**<br>Die Rentabilität des Grundkapitals hat sich um 4,7% erhöht. |
| II | $\frac{1.002}{4.200}$ x 100% = 23,9% | |

**Folgerung**

AktG § 58 (2)

Die Organe der Gesellschaft hätten eine Erhöhung der Dividende in Erwägung ziehen können. Offenbar wollte man jedoch bei dem Dividendensatz des Vorjahres bleiben. Das wurde erreicht, weil Vorstand und Aufsichtsrat von der im Aktiengesetz zugestandenen Möglichkeit der Einstellung in Rücklagen im Höchstmaß Gebrauch machten und rund 50% des Jahresüberschusses in die anderen Gewinnrücklagen einstellten. Da einbehaltene Gewinne mit 40% Körperschaftsteuer belastet sind, ist dieses durch offene Selbstfinanzierung geschaffene Kapital teuer.

Eine Erhöhung des Grundkapitals aus Gesellschaftsmitteln könnte in Erwägung gezogen werden.

Für den Aktionär ist nicht die nominelle Rentabilität des Grundkapitals maßgebend, sondern die Rentabilität seines in Aktien angelegten Kapitals, die sich aus den Anschaffungskosten, der Dividende und Steuergutschriften ergibt (Abschnitt 12.7.3).

## Rentabilität des Eigenkapitals

Grundwert kann dabei sein

- das Anfangskapital (siehe Beispiel)
- das Anfangskapital + halber Jahresgewinn (Jahresüberschuss)
- der Durchschnitt von Anfangs- und Endkapital.

$$\textbf{Rentabilität des Eigenkapitals} = \frac{\text{Jahresüberschuss}}{\text{Eigenkapital}} \text{ x } 100\%$$

| | | |
|---|---|---|
| I | $\frac{808}{8.220 + 4}$ x 100% = 9,8% | **Feststellung**<br>Die Rentabilität des Eigenkapitals hat sich um 1,9% erhöht. |
| II | $\frac{1.002}{8.520 + 8}$ x 100% = 11,7% | |

**Bemerkung:** Am Ende des Jahres I waren in die Rücklagen lt. G + V 300 eingestellt worden. Das Eigenkapital betrug also Anfang I 8.520 – 300 = 8.220.

**Folgerung**

Es ist gelungen, durch rationelleren Einsatz der sachlichen und finanziellen Mittel die Ertragskraft der Unternehmung zu steigern. Dies wird auch durch den Vergleich folgender Trendfaktoren (TF) bewiesen:

| | |
|---|---|
| TF für Gesamtertrag | $\frac{37.601}{36.211} = 1{,}038$ |
| TF für Einsatz des Eigenkapitals | $\frac{8.528}{8.224} = 1{,}037$ |
| TF für Gesamtaufwand | $\frac{36.599}{35.403} = 1{,}034$ |

## Rentabilität des Gesamtkapitals

Das Gesamtkapital setzt sich aus dem Eigenkapital und dem Fremdkapital zusammen. Deshalb müssen dem Gesamtkapital der Jahresüberschuss + Zinsaufwand für das Fremdkapital gegenübergestellt werden.

$$\textbf{Rentabilität des Gesamtkapitals} = \frac{\text{(Jahresüberschuss + Zinsaufwand)}}{\text{durchschnittliches Gesamtkapital}} \times 100\%$$

Der Grundwert, das durchschnittliche Gesamtkapital, ist aus Jahresbilanzen kaum zu ermitteln. Jede Wertbewegung, die eine Vermehrung oder Verminderung der Schulden oder auch des Eigenkapitals zur Folge hat, verändert die Bilanzsumme und damit das Gesamtkapital.

**Beispiel:** Anfang Dezember wird ein großer Posten Rohstoffe auf Ziel gekauft. Selbst wenn dies in jedem Jahr in gleicher Weise geschieht, ist die Höhe des Fremdkapitals verschieden, wenn einmal unter Abzug von Skonto **vor** dem Bilanzstichtag und ein anderes Mal **nach** diesem bezahlt wird.

Um einen hinreichend zutreffenden Grundwert zu erhalten, müssten mehrere Zwischenbilanzen zur Verfügung stehen, deren durchschnittliche Bilanzsumme annähernd dem durchschnittlichen Gesamtkapital entspricht. Die folgende Rechnung geht von der Voraussetzung aus, dass der verwendete Grundwert das durchschnittliche Gesamtkapital richtig darstellt.

| Bilanzsumme | |
|---|---|
| 1. Jan. II | 22.292 |
| 31. Dez. II | 22.169 |
| Durchschnitt | 22.230,5 |

Rentabilität des Gesamtkapitals

$$\frac{(1.002 + 428)}{22.230,5} \times 100\% = 6,43\%$$

Verzinsung des durchschnittlichen offen verzinslichen Fremdkapitals:

Durchschnittliches Fremdkapital
- langfristig (4.000 + 3.600) : 2 = 3.800
- kurzfristig (3.366 + 3.059) : 2 = 3.213 7.013

$$\frac{428}{7.013} \times 100\% = 6,1\%$$

Das Ergebnis dieser Rechnung muss mangelhaft bleiben, weil die in den Zahlungen an die Lieferer verborgenen Zinsaufwendungen (einkalkulierte Skonti) mangels gesonderten Ausweises in der G + V nicht berücksichtigt werden können. Die errechnete Kennzahl lässt deshalb keine exakte Schlussfolgerung zu.

Wenn der Fremdkapitalzins niedriger ist als die Gesamtkapitalrentabilität, ist die Finanzierung von zusätzlichen Investitionen mit Fremdkapital sinnvoll. Dabei ergibt sich u.U. sogar eine Steigerung der Eigenkapitalrentabilität **(Leverage-Effekt)**. Die Verminderung des Verschuldungsgrades zeigt, dass Spielraum für eine weitere Aufnahme von Fremdkapital gegeben ist.

**Beispiel:**

| Jahr | Jahresüberschuss | Verschuldungsgrad | Eigenkapital-Rentabilität |
|---|---|---|---|
| I | 808 Tsd. EUR | 14.068 : 8.224 = 1,71 | 9,8% |
| II | 1.002 Tsd. EUR | 13.641 : 8.528 = 1,60 | 11,7% |

Gesamtkapital-Rentabilität 6,43%;
Fremdkapitalzins 6,1%.

**Feststellung**

Die Rentabilität des Gesamtkapitals liegt über dem Zinssatz für das Fremdkapital.

**Folgerung**

Die Heranziehung von Fremdkapital war wirtschaftlich (Abschnitt 12.7).

## Umsatzrentabilität

Sie ist das Verhältnis des Reinertrages zum Umsatz.

**Umsatzrentabilität** = $\frac{\text{Jahresüberschuss}}{\text{Umsatzerlöse}} \times 100\%$

| | | |
|---|---|---|
| I | $\frac{808}{35.908} \times 100\% = 2{,}25\%$ | **Feststellung**<br>Die Umsatzrentabilität hat sich um 0,41% verbessert. |
| II | $\frac{1.002}{37.715} \times 100\% = 2{,}66\%$ | |

**Folgerung**

Im Rahmen des Gesamtumsatzes sind der Unternehmung im Jahre II 0,41% aus 37.715 = 155 mehr zugeflossen, über die frei verfügt werden konnte. Erfolgreiche Verkaufstätigkeit bei günstiger Entwicklung des Preis-Kosten-Verhältnisses ist zu vermuten.

## Return on Investment

Einzelne Kennzahlen vermitteln nur begrenzte Einsichten in die Verhältnisse einer Unternehmung und sind zum Teil zusammenhanglos. Deshalb sind Kennzahlen-Systeme entwickelt worden, welche diese Nachteile beseitigen sollen. So zeigt zum Beispiel der „Return on Investment" (ROI) den Rückfluss des investierten Kapitals in einer Kennzahl:

ROI = Umsatzrentabilität x Kapitalumschlag

$$\text{ROI} = \frac{\text{Gewinn}}{\text{Umsatz}} \times \frac{\text{Umsatz}}{\text{investiertes Kapital}}$$

| | | | | |
|---|---|---|---|---|
| $ROI_I$ | $\frac{808}{35.908}$ | x | $\frac{35.908}{22.292}$ | x 100 = 3,6 |
| $ROI_{II}$ | $\frac{1.002}{37.715}$ | x | $\frac{37.715}{22.169}$ | x 100 = 4,5 |

**Feststellung**

Der Rückfluss des investierten Kapitals erfolgt im Jahr II schneller auf Grund der Faktoren Gewinn + 24% und Umsatz + 5% bei leicht vermindertem eingesetztem Kapital – 0,6%.

**Folgerung**

Der Kapitaleinsatz war im Jahr II erfolgreicher.

## 14.2.9 Wirtschaftlichkeit

**Wirtschaftlichkeit** ist das **Verhältnis von Ertrag zu Aufwand.**

$$\textbf{Wirtschaftlichkeit} = \frac{\text{Erträge bzw. Leistungen}}{\text{Aufwendungen bzw. Kosten}}$$

| | |
|---|---|
| I | $\frac{36.211}{35.403} = 1{,}0228$ |
| II | $\frac{37.601}{36.599} = 1{,}0274$ |

**Feststellung**

Der Grad der Wirtschaftlichkeit ist gestiegen. Diese Feststellung entspricht den Folgerungen aus der Ermittlung der Rentabilität des Eigenkapitals und der Umsatzrentabilität.

**Folgerung**

Die Umsatzsteigerung war von einer leichten Kostendegression begleitet.

**Zur Wiederholung und Vertiefung**

1. Was versteht man unter Rentabilität?
2. Inwieweit wird die Rentabilität des Kapitals (Grundkapital, Eigenkapital, Gesamtkapital) durch Ausgabe von Aktien berührt?
3. Warum vergleicht man die Rentabilität des Gesamtkapitals mit dem Zinssatz für Fremdkapital?
4. Inwieweit hängt die Umsatzrentabilität von der Art des Betriebes ab?
5. Folgende Angaben eines Industriebetriebes aus zwei aufeinander folgenden Geschäftsjahren liegen vor:

| Geschäftsjahr II | Geschäftsjahr I (Vorjahr) |
|---|---|
| Eigenkapital 3,5 Mio. EUR | Eigenkapital 3,2 Mio. EUR |
| Fremdkapital 5,9 Mio. EUR | Fremdkapital 6,3 Mio. EUR |
| Umsatzerlöse 33,5 Mio. EUR | Umsatzerlöse 30,4 Mio. EUR |
| Jahresüberschuss 905 Tsd. EUR | Jahresüberschuss 770 Tsd. EUR |
| Zinsaufwand 180 Tsd. EUR | Zinsaufwand 80 Tsd. EUR |
| Gesamterträge 34,9 Mio. EUR | Gesamterträge 33,1 Mio. EUR |
| Gesamtaufwand 33,8 Mio. EUR | Gesamtaufwand 32,9 Mio. EUR |

a) Errechnen und beurteilen Sie die Rentabilität
   - des Eigenkapitals,
   - des Gesamtkapitals und
   - des Umsatzes.

b) Wie lautet zu den obigen Angaben die Kennzahl „Return on Investment", und welche Informationen liefert sie?

c) Beurteilen Sie die Wirtschaftlichkeit des genannten Industriebetriebes.

# Stichwörterverzeichnis

## C



## D



## E

## F



## G

## H



## I



## J



## K

## L



## M

## N



## O



## P

## Q



## R



## S

## T



## U



## V

## W



## X



## Z